"十三五"国家重点出版物出版规划项目

经济科学译丛

国际商务
亚洲视角

查尔斯·W. L. 希尔（Charles W. L. Hill）
黄昭虎（Chow-Hou Wee）   著
克里希纳·乌代阿桑卡（Krishna Udayasankar）

倪晓宁　李娜　邹颖妮　梅敏超　周宇翔　译
倪晓宁　校

International Business
An Asian Perspective

中国人民大学出版社
·北京·

《经济科学译丛》
编辑委员会

学术顾问

高鸿业　王传纶　胡代光　范家骧　朱绍文　吴易风

主　编

陈岱孙

副主编

梁　晶　海　闻

编　委（按姓氏笔画排序）

王一江　王利民　王逸舟　贝多广　平新乔　白重恩
朱　玲　刘　伟　许成钢　李　扬　李晓西　李稻葵
杨小凯　汪丁丁　张宇燕　张维迎　林毅夫　易　纲
金　碚　姚开建　钱颖一　徐　宽　高培勇　盛　洪
梁小民　樊　纲

《经济科学译丛》总序

中国是一个文明古国，有着几千年的辉煌历史。近百年来，中国由盛而衰，一度成为世界上最贫穷、落后的国家之一。1949年中国共产党领导的革命，把中国从饥饿、贫困、被欺侮、被奴役的境地中解放出来。1978年以来的改革开放，使中国真正走上了通向繁荣富强的道路。

中国改革开放的目标是建立一个有效的社会主义市场经济体制，加速发展经济，提高人民生活水平。但是，要完成这一历史使命绝非易事，我们不仅需要从自己的实践中总结教训，也要从别人的实践中获取经验，还要用理论来指导我们的改革。市场经济虽然对我们这个共和国来说是全新的，但市场经济的运行在发达国家已有几百年的历史，市场经济的理论亦在不断发展完善，并形成了一个现代经济学理论体系。虽然许多经济学名著出自西方学者之手，研究的是西方国家的经济问题，但他们归纳出来的许多经济学理论反映的是人类社会的普遍行为，这些理论是全人类的共同财富。要想迅速稳定地改革和发展我国的经济，我们必须学习和借鉴世界各国包括西方国家在内的先进经济学的理论与知识。

本着这一目的，我们组织翻译了这套经济学教科书系列。这套译丛的特点是：第一，全面系统。除了经济学、宏观经济学、微观经济学等基本原理之外，这套译丛还包括了产业组织理论、国际经济学、发展经济学、货币金融学、公共财政学、劳动经济学、计量经济学等重要领域。第二，简明通俗。与经济学的经典名著不同，这套丛书都是国外大学通用的经济学教科书，大部分都已发行了几版或十几版。作者尽可能地用简明通俗的语言来阐述深奥的经济学原理，并附有案例与习题，对于初学者来说，更容易理解与掌握。

经济学是一门社会科学，许多基本原理的应用受各种不同的社会、政治或经济体制的影响，许多经济学理论是建立在一定的假设条件上的，假设条件不同，结论也就不一定成立。因此，正确理解并掌握经济分析的方法而不是生搬硬套某些不同条件下产生的结论，才是我们学习当代经济学的正确方法。

本套译丛于1995年春由中国人民大学出版社发起筹备并成立了由许多经济学专家学者组织的编辑委员会。中国留美经济学会的许多学者参与了原著的推荐工作。中国人民大学出版社向所有原著的出版社购买了翻译版权。北京大学、中国人民大学、复旦大学以及中国社会科学院的许多专家教授参与了翻译工作。前任策划编辑梁晶女士为本套译丛的出版做出了重要贡献，在此表示衷心的感谢。在中国经济体制转轨的历史时期，我们把这套译丛献给读者，希望为中国经济的深入改革与发展做出贡献。

《经济科学译丛》编辑委员会

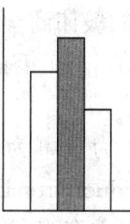

关于作者

查尔斯·W. L. 希尔，华盛顿大学

查尔斯·W. L. 希尔（Charles W. L. Hill）先生是美国华盛顿大学（University of Washington）商学院的国际商务"休斯·M. 布莱克"* 教授，早年在英国曼彻斯特理工大学（UMIST）获得博士学位，曾先后就职于曼彻斯特理工大学、得克萨斯农工大学（Texas A&M University）和密歇根州立大学（Michigan State University）。

希尔教授已经在包括《管理学会杂志》（*Academy of Management Journal*）、《管理学会评论》（*Academy of Management Review*）、《战略管理杂志》（*Strategic Management Journal*）及《组织科学》（*Organization Science*）在内的同行评审学术期刊上发表了50余篇论文；还出版了两本大学教科书：一本有关战略管理，另一本有关国际商务；也是包括《战略管理杂志》和《组织科学》在内的数本学术期刊的编委。他在1993—1996年还担任过《管理学会评论》的顾问编辑。

希尔教授在华盛顿大学为MBA、EMBA、管理及博士项目授课，也为定制的培训项目授课，并在MBA、EMBA、管理项目的教学活动中获得了优秀教学奖。

希尔教授还为大量机构提供咨询服务，其客户包括新能源科技（ATL）、波音（Boeing）、百路驰（BF Goodrich）、赫氏（Hexcel）、弗雷泽百货（House of Fraser）、微软（Microsoft）、西雅图城市照明（Seattle City Light）、塔科马城市照明（Tacoma City Light）、汤普森金融服务（Thompson Financial Services）及威世智（Wizards of the Coast）。

黄昭虎，南洋理工大学

黄昭虎（Chow-Hou Wee）先生是一位战略与营销专业的教授，担任南洋理工大学（Nanyang Technological University）南洋商学院市场营销与国际商务系主任职务，同时是中国厦门大学（Xiamen University）和马来西亚东姑阿都拉曼大学

---

* "休斯·M. 布莱克"是为教授设置的一个荣誉称号。——译者注

（Tunku Abdul Rahman College）的管理学专业荣誉教授。

作为优秀奖学金、科伦坡计划奖学金及英联邦国家奖学金的获得者，黄教授早年在加拿大西安大略大学（University of Western Ontario）的毅伟商学院获得MBA学位和博士学位，并在1995年获得公共管理奖章（银奖），在1999年获得公共服务奖章，在2006年获得由新加坡总统颁发的公共服务之星奖。

黄教授在各种法定机构和公司实体中处于重要位置，作为董事为其提供服务，包括华达利国际（HTL）、国家生产力委员会（National Productivity Board）、新加坡通信局（Telecommunications Authority of Singapore）、东方海皇航运（Neptune Orient Lines）和中兴精密技术（China Precision Technology）。黄教授也是年度泰晤士-敦豪（Times-DHL）商务奖的评委。

黄教授在各种国际期刊、区域性期刊、本地期刊和会议论文集中发表了300多篇文章，同时是数本畅销书的作者。他为30多个国家的250多家公司提供了咨询和经营培训服务，包括戴尔（Dell）、摩托罗拉（Motorola）、诺基亚（Nokia）、罗氏诊断（Roche Diagnostics）和吉沃丹（Givaudan）等大型公司。他还定期收到世界各地重要商务和专业会议的致辞邀请。

克里希纳·乌代阿桑卡，南洋理工大学

克里希纳·乌代阿桑卡（Krishna Udayasankar）女士是南洋理工大学南洋商学院市场营销与国际商务系国际商务团队中的一员，拥有南洋理工大学战略管理专业的博士学位、悉尼大学（University of Sydney）国际商务专业的硕士学位及印度大学（India University）国立法学院法律专业的荣誉学位。

乌代阿桑卡博士的研究兴趣是商务-政府-社会交互作用，这是一个跨度很广的动态领域。她已经在该领域的重要期刊如《商业伦理学杂志》（*Journal of Business Ethics*）上以公司社会责任为主题发表了论文。她也因在跨国公司治理方面的工作获得了奖励，包括在2005年管理学学术会议上获得最佳论文奖，在2008年最重要的公司治理国际会议上获得高度推荐论文奖。

乌代阿桑卡博士将其担任律师、非政府组织活动家、公司管理者及商务顾问期间获得的丰富经验注入自己的课堂，将抽象和复杂的理论概念分解成经理人能够吸收和应用的直观模块，她特别注重为实践和理论之间的沟壑铺平道路。

乌代阿桑卡博士在其闲暇时间里喜欢创作诗歌和小说，喜欢与其丈夫和两条西伯利亚爱斯基摩犬一起长距离散步。

亚洲版序言

能够编写《国际商务：亚洲视角》一书是我们的荣幸。作为这个特定领域中的教育者，我们一直对这本教材的优势和价值保持赞赏，同时理解一个逐渐一体化的全球经济需要本书有多视角的不同版本。我们写作本书的目标是在保留原始版本独特价值——易于理解、与实践相关及综合性——的基础上沿用相同方式增加其价值。在保留其众多使命的基础上，我们尤其专注于以下几件事情：

（1）增加更多有关亚洲现象的信息和内容；

（2）采用更加全球化的方法替代原先以美国为中心的管理应用；

（3）从发展中国家的视角讨论理论和现象的应用，而不只是从主导的西方国家视角。

实际上，这种寻找平衡点的态度，以及对全球社会、文化和经济差异表示尊敬和接受的方式——为了在全球竞争环境中获得进展和成功——构成了关键的"亚洲"价值之一，这种价值正是我们寻找并期待注入本教材以使其真正体现全球化所需要的内容。

■ 为什么要出版亚洲版？

向今天的全球学生教授国际商务既是一件吸引人的事情，也是一件颇具挑战性的工作。学生们现在越来越想要超越典型西方跨国公司在挑战性国际环境中从事商务的主流视角。我们认为这种情况由两方面原因造成。

首先，今天的学生不再是那些寻求在其他国家学会如何从事商务活动的典型西方国家经理人。现代跨国公司很可能源于亚洲、欧洲或南美洲，其经理人意在在发达国家市场上与知名跨国公司进行品牌竞争。因此，任何一门国际商务课程现在都必须用竞争的、全球环境的多视角意识来武装学生，以使其参与一个全球化的世界。

其次，我们也看到读者的需求是变化的。在当前这个时代，国际商务不仅是经理人自己的话题，同时也是政策制定者、立法者甚至社会活动家们的兴趣。作为这个领域的教师，这要求我们采用一种多视角方式来对待国际商务主题——不仅要考虑公司的需求，也要考虑国际商务对众多选民的影响和意义。

这些结果是全球环境变化的结果——环境恰好构成我们详细审视本书时的关注点。正是带着这样的观点，我们着手进行了这本最优秀教材的重构和重写。

我们真诚感谢所有麦格劳-希尔教育（McGraw-Hill Education）集团（亚洲部）的员工对本书给予的支持和参与。

亚洲及对国际商务不同方式的需求

本教材使所有内容在亚洲环境中变得更相关，甚至更加必要。随着亚洲跨国公司数量的增多、主要亚洲经济体从制造到消费的趋势变化，以及中国和印度经济力量的上升（所有这些内容我们将在随后的章节中做出详细安排），出现了一类全新的经理人——既有来自亚洲国家的，也有来自其他地区的，他们代表亚洲公司的利益在全球环境中竞争。我们的教材可以满足这一类新出现的经理人的诉求。同时，本书对那些在西方国家跨国公司工作的更传统的经理人也一样具有意义，因为他们都正在寻求向亚洲和世界其他地区扩张的机会。

我们的多视角意识——一种将亚洲看作全球商务活动关键地点的国际商务方法，因此变得相当重要。商务活动不再跟随源自西方并扩展到东方的模式，而是很有可能倒过来。这改变了我们对国际商务的理解，也改变了我们进行全球商务决策的方法。

与此同时，对全球化的争论更多了，随全球化发生的外国投资和企业私有化也获得了更大的推动。作为自由化时代的结果，自由贸易及20世纪90年代结构调整的效果现在开始展现，对世界贸易及全球商务体系未来的讨论也呈现新的深度。对国际商务的实践应用及其效果，尤其是对其利益相关群体不同影响的批判式评价，现在代替了纯理论讨论，这些讨论原本在很大程度上基于那些极端的政治观点。

在这个具有新经济政治视角的年代中，与以往相比，对国际商务的研究变得更重要，同时更具有挑战性。我们着力使本书成为那些承担挑战的教育者和学生的不可缺少的有价值的工具。

全球趋势

近年来在全球发生的事情，尤其是2008年的经济危机，已经迫使包含批评家在内的许多人从更公平的角度重新考虑他们原先对不加管制的自由市场的明确支持是否可取。同时，支持可持续发展及人类福利而非单纯的增长和利润的宽泛经济哲学因此变得更完善并获得更多认可。结果，许多国际商务环境要素现在成为人们争论和寻求改进的主题。

我们相信这折射出国际商务环境的各种政治、社会和经济体系（也译作体制）的趋同和共存，这种趋同和共存降低了风险的同质利益，并使得人们积极展望未来，同时仍然能够接受渗透了全球商务环境的社会文化差异性。

实际上，这才是真正的全球化结果——国际商务领域所依存其上的基础建设模块。这种混杂的全球商务环境的形成，预示着国际商务和国际商务教育进入了一个新时代。我们谦恭地希望本书是最早涉足这一新领域的教材之一。

亚洲版中的新内容

在本书中，我们同时在理论和实务方面引入了关注全球商务环境的内容以及基于亚洲公司的案例。本书通过"聚焦国家"和"聚焦管理"两个专栏对主要章节的叙述进行修改，并引入全新的有趣逸事，以突出本书内容的前沿性。

例如，在第二章中我们针对国际企业治理体制引入了一个"聚焦管理"专栏，在第八章涉及区域经济一体化时增加了有关东南亚国家联盟（ASEAN，简称东盟）、亚洲太平洋经济合作组织（APEC，简称亚太经合组织）及南亚区域合作联盟（SAARC）的新材料。同样，在第十五章中提供了一个有关巴基斯坦出口加工区管理局的"聚焦国家"专栏。

此外，我们也尽可能更新了美国版第八版教材中的所有统计数据和其他信息。

致谢

我们深深感谢麦格劳-希尔教育集团（亚洲部）的团队，尤其是波林·蔡（Pauline Chua）和艾琳·杨（Irene Yeow），他们和我们一起不知疲倦地持续工作，使得本书得以最终出版。

我们也将深深的谢意送给以下审稿人和评论者，他们提供了许多宝贵的反馈意见和有助于本教材完成的建议：

阿祖拉·奥马尔（Azura Omar），马来西亚国际伊斯兰大学（International Islamic University Malaysia）；

克里斯蒂娜·谢赫·伊·英（Christine Cheah Yeh Ying），国家能源大学（Universiti Tenaga Nasional）；

玛丽·汉（Mary Han），香港科技大学（The Hong Kong University of Science and Technology）；

汉弗莱·欣-莱普·亨（Humphry Hing‐Lap Hung），香港理工大学（Hong Kong Polytechnic University）；

约翰·利姆·基·吉廷（Johan Lim Kii Geat），东姑阿都拉曼大学（Tunku Abdul Rahman College）；

劳伦斯·洛（Lawrence Loh），新加坡国立大学（National University

of Singapore);

莫汉·尤尼斯·宾·哈杰·马吉德（Mohd Yunus Bin Haji Majid），国家能源大学；

萨利纳·达乌德（Salina Daud），国家能源大学；

伯克哈特·施拉格（Burkhard Schrage），新加坡管理大学（Singapore Management University）；

沙姆斯·巴哈林·赛罕（Shamsul Baharin Saihani），马拉工业大学（Universiti Teknologi Mara）；

保罗·惠特拉（Paul Whitla），岭南大学（Lingnan University）。

我们也希望将感谢送给我们各自的家庭，家人的理解和支持有助于我们一点点付出努力并最终获取成功。

黄昭虎
克里希纳·乌代阿桑卡

亚洲版新增内容

第一章
全球化的动态变化
　　我们通过从亚洲情况中提取出大量例子，说明了当今全球化不仅是产品和服务在东西方之间的往返流动，而且是贸易、社会和文化跨越许多国家的多边交流。我们通过展示消费者使用的产品和服务如何在本质上变得具有多国性，着力说明全球商务环境发生了何种改变。这些例子同时突出了另一个要点——单一产品或服务可以不再从一个国家产生，就像消费者现在变成多元文化的"全球公民"一样。我们还更新了本章的统计数据，使其时间得以更新，并且与主题更相关。

第二章
亚洲内外的国家政治经济差异
　　本章新增了一个"开篇案例"，用来将现有"章尾案例"补充完整。该案例通过聚焦印度尼西亚苏哈托政权的崛起，追踪了苏哈托的权力上升过程，包括其政权曾经如何在腐败的基础上引领了一个经济快速发展的时代。该案例不仅突出了国家经济政治差异的程度和影响，也突出了从不同角度来深刻理解这些差异的必要性。同时，本章增加了一个关于菲律宾腐败的"聚焦国家"专栏，以便读者们能够比较和领会不同亚洲国家之间的趋势——以这种方式理解亚洲国家是不同实体，而非将整个亚洲看作一个同质的地区。在同样的思路下，本章包含了一个新的国际企业治理方面的"聚焦管理"专栏，用来突出全球企业治理环境的差异及趋同的大趋势。本章还包含了有关2008年经济危机及2010年欧洲危机的内容。

第三章
理解亚洲文化
　　本章加入了一个与关系相关的"聚焦管理"专栏，采用更深入及更有洞见的方式去辨别亚洲内部各国及世界其他地区的文化差异。此外，我们也对本章有关亚洲哲学和宗教及文化实践的部分材料进行了修订。

第四章
发展中的经济伦理

本章介绍了伦理困境,尤其是出现在亚洲和世界其他地区新兴经济体中的伦理困境,例如与雇用童工有关的问题。这些增加的材料强调了伦理变化并非来自不同的精神信仰或品德,而是来自这些发展中国家因社会经济条件不同而呈现的现实。本章还包含了一个新的"聚焦管理"专栏,论述了全球环境中公司的社会责任及其对国际商务的启示。

第五章
国际贸易和亚洲新兴产业的崛起

在线游戏——一种众所周知且流行于当今年轻人中的活动,并不如人们所猜测的那样始于西方国家,而是始于韩国。新"聚焦管理"专栏论述了在韩国的在线游戏产业中,其新产品、革新甚至整个产业如何在世界各个不同地区尤其是亚洲独特的社会经济环境中形成,并成长为价值数十亿美元的商务活动。本章附录还更新了涉及国际贸易和国际收支平衡的基础内容。

第六章
国际贸易环境中的发展中国家

我们加入了一个涉及国际贸易的政治经济问题的新"聚焦管理"专栏,内容有关"印度香米"专利权。这个专栏追踪了一家母公司位于美国的公司如何就"印度香米"递交专利申请及最终导致争议的案例,而这种大米原本是一种在巴基斯坦和印度得到广泛种植的作物。本章还包含一些有关倾销对发展中国家的影响的材料,以及一个有关发达国家使用补贴和保护主义措施的简要讨论,以便从多个角度理解不同贸易体系下的全球不同观点。本章还对部分其他讨论问题进行了修订。

第七章
外国直接投资

我们删除了一些有关美国直接投资流入和流出统计数据的内容以便突出全球贸易流,更新了其他统计数据以便反映全球趋势,并且修订了部分其他讨论问题。

第八章
亚洲的区域经济一体化

我们在有关东南亚国家联盟及亚洲太平洋经济合作组织的章节中加入了大量新材料,还增加了有关南亚区域合作联盟的一个新章节。

第九、十、十一章
外汇、货币体系和全球资本市场

我们修订了这些章节中的一些例子和讨论问题,以便反映外汇市场、国际货币环境及全球资本市场的全球本质。我们还更新了这些章节的内容,以便反映最新的趋势和统计数据。

第十二章
国际商务战略

本章已经更新,并修订了部分讨论问题。

第十三章
国际商务组织
本章通过日本企业集团和韩国财阀的案例增加了有关亚洲不同公司结构和不同所有制类型的新内容，也增添了一些有关组织文化差异的材料，还增添了一个有关亚洲企业有效领导力的新"聚焦管理"专栏。这部分内容极为有趣，尤其是对非亚洲经理人和学生，以及对亚洲文化有相当了解的人而言。

第十四章
跨国公司进入战略及战略联盟
我们通过跟踪亚洲跨国公司与传统西方国家跨国公司的并肩崛起来剖析变化的商务环境。而跨国公司正在这种变化的环境中制定各自的进入决策。我们也突出了亚洲和南美洲公司给竞争性环境带来的独特的有价值的观点，在这样一种环境中，这些将可能影响各跨国公司的进入决策和联合决策。我们也修订了部分其他讨论问题，以鼓励学生在一个更广阔的全球商务环境中利用其知识和技能。

第十五章
发展中国家的出口导向
本章新增了一个例子，内容有关亚洲进出口银行及其提供的出口信贷保险的类型。这部分内容因其说明了如何减轻政治风险和经济风险，因此具有特别重要的意义，对那些更小的公司和来自新兴经济体的公司而言尤其如此。我们通过添加一个有关巴基斯坦出口加工区管理局的"聚焦国家"专栏来进一步强调这一点。本章还新增了一个"聚焦管理"专栏，该专栏概括了新比亚迪卡（Symbiotica）案例，这是一家成长为全球出口商的马来西亚制药企业。

第十六章
外包和物流
本章已经更新。

第十七章
全球营销
本章增加了一个有关本田（Honda）的例子，并修订了部分讨论问题。

第十八章
全球商务环境中侨居国外的经理人
本章用一个新"聚焦管理"专栏探讨了经理人移居国外的动机和态度，辨识了经理人移居国外的5种不同类型，特别是通过研究从西方国家移居亚洲人员的行为，得出移居国外者和东道国都可从中获益的结论。

第十九章
会计实务中的差异
本章新增的内容有关各种非正式资本市场机制。在不同类型的经济体中都能找到这类机制，无论是发达经济体还是新兴经济体。通过关注印度企业的商务案例，例如印度的塔塔集团（Tata group），以及日本企业集团，我们说明了金融约定上的不同如何导致会计实务的变化。

第二十章

金融管理的全球化

　　我们新引入了一个"聚焦国家"专栏来强调金融管理实务的差异，探讨了软件巨头印孚瑟斯（Infosys）和萨蒂扬（Satyam）等印度公司在美国股票市场上市，以期完全受益于全球金融资源的问题。本章还修订了部分其他讨论问题，以便增添全球化意蕴。

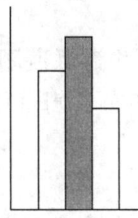

使用说明

贯穿全书的案例、专栏和习题使得书中的理论变得可接受及有趣味，同时也展示了如何将理论与国际商务实践相联系。

开篇案例

"开篇案例"用于引入本章的主题。

章尾案例

"章尾案例"证明了本章材料与国际商务实践的相关性。

每部分的结尾案例

每部分的结尾案例更长，用来对诸如快乐蜂（Jollibee）这样的国际企业进行更深入的研究。

聚焦国家

每一个"聚焦国家"例子都提供了与国际商务问题紧密相关的国家的政治、经济、社会或文化方面的背景。

聚焦管理

"聚焦管理"中的例子更好地说明了章节材料和国际商务实践的相关性。

给管理者的启示

在第二部分、第三部分和第四部分中，每章结尾处所关注的都是国际商务环境，而不是个别公司——而"给管理者的启示"清楚解释了本章所讨论材料在管理上的应用。

研究任务

学生利用本教材及globalEDGE™网站可以解决与每一章相关的实际国际商务问题。这些练习向学生展示了国际经理人进行明智商务决策所使用的工具和数据资源种类。

为教师提供的补充材料

教师手册

更新后的教师手册［由韦罗妮卡·霍顿（Veronica Horton）准备］包含课程大

纲、章节总览、教学建议、讲课大纲、学生习题和项目创意，以及本书所有案例的教学笔记。

试题库

试题库中有超过100道判断题、多项选择题和论述题，并为每道题标注了学习目标、页码、难度，以及国际高等商学院协会（AACSB）和布鲁姆（Bloom）的分类标准。

幻灯片

每章都有一套幻灯片（由韦罗妮卡·霍顿准备），幻灯片中除了再现本教材的关键图表和地图外，还突出了没有出现在本教材中的原始材料。

在线学习中心（OLC）网站

本网站提供在线教师手册、幻灯片及研究任务的答案，设有保护密码。本网站允许本教材的使用者获取上述内容。教师也可以看到学生资源，以便更有效率地布置作业。

对学生来说，本网站也提供了帮助他们学习如何实践国际商务的丰富交互资源，包括每章小测试和交互模块。

目 录

第一部分 总览 ... 1

第一章 全球化 ... 3
- 引言 ... 4
- 什么是全球化? ... 6
- 全球性机构的出现 ... 10
- 全球化的驱动力量 ... 12
- 变化中的全球经济统计数据 ... 19
- 对全球化的争议 ... 27
- 全球市场中的管理活动 ... 36

第二部分 国家差异 ... 41

第二章 国家的政治经济差异 ... 43
- 引言 ... 44
- 政治体系 ... 45
- 经济体系 ... 48
- 法律体系 ... 50
- 经济发展的决定因素 ... 59
- 转轨中的国家 ... 65
- 经济转型的本质 ... 67
- 政治经济变革的意义 ... 71

第三章 文化差异 ... 80
- 引言 ... 81
- 什么是文化? ... 83
- 社会结构 ... 86
- 宗教和伦理体系 ... 90
- 语言 ... 97

教育 · 99
　　　文化和工作场所 · 100
　　　文化的变化 · 103

第四章　国际商务伦理　111
　　　引言 · 112
　　　国际商务中的伦理问题 · 113
　　　伦理困境 · 120
　　　不道德行为的根源 · 121
　　　伦理的哲学方法 · 126

第二部分结尾案例 · 141
　　　蚀刻图案玩具中的伦理 · 141
　　　松下和变化的日本文化 · 143
　　　安然和印度大博电力公司 · 145

第三部分　全球贸易和投资环境 · 163

第五章　国际贸易理论　165
　　　引言 · 166
　　　贸易理论概览 · 167
　　　重商主义 · 169
　　　绝对优势 · 170
　　　比较优势 · 172
　　　赫克歇尔-俄林理论 · 181
　　　产品生命周期理论 · 183
　　　新贸易理论 · 185
　　　国际竞争优势：波特的钻石模型 · 189
　　　附录：国际贸易和国际收支平衡 · 200

第六章　国际贸易中的政治经济　204
　　　引言 · 205
　　　贸易政策工具 · 206
　　　政府干预案例 · 213
　　　对自由贸易的修正 · 219
　　　世界贸易体系的发展 · 220

第七章　外国直接投资　241
　　　引言 · 242
　　　世界经济中的外国直接投资 · 243
　　　外国直接投资理论 · 250
　　　政治意识形态和外国直接投资 · 256
　　　外国直接投资的收益和成本 · 259
　　　政府政策工具和外国直接投资 · 265

第八章 区域经济一体化 ... 275
- 引言 ... 276
- 经济一体化层次划分 ... 278
- 区域一体化情况 ... 280
- 反对区域一体化的情况 ... 281
- 欧洲区域经济一体化 ... 282
- 美洲地区的区域经济一体化 ... 292
- 亚洲地区的区域经济一体化 ... 298
- 非洲的区域贸易集团 ... 301

第三部分结尾案例 ... 308
- 农业补贴和发展 ... 308
- 波音公司 VS 空中客车公司：两个世纪的贸易纠纷 ... 311
- 迪克森公司：全球化的受害者？ ... 319
- 韩国的发展和西方经济学 ... 321
- 罗技公司 ... 336

第四部分 全球货币体系 ... 339

第九章 外汇市场 ... 341
- 引言 ... 342
- 外汇市场的功能 ... 343
- 外汇市场的性质 ... 348
- 汇率决定的经济理论 ... 349
- 预测汇率 ... 357
- 货币的可兑换性 ... 359

第十章 国际货币体系 ... 367
- 引言 ... 368
- 金本位制度 ... 370
- 布雷顿森林体系 ... 372
- 固定汇率制的崩溃 ... 374
- 浮动汇率制 ... 375
- 固定汇率与浮动汇率 ... 379
- 实践中的汇率制度 ... 382
- 国际货币基金组织的危机管理 ... 384

第十一章 全球资本市场 ... 401
- 引言 ... 402
- 全球资本市场的好处 ... 403
- 全球资本市场的风险 ... 411
- 欧洲货币市场 ... 414
- 全球债券市场 ... 416
- 全球股票市场 ... 418

外汇风险及资金成本 ································ 419
　第四部分结尾案例 ································ 424
　　　刚果的悲剧 ································ 424
　　　日本蒸蒸日上的武士债券市场 ································ 426
　　　新加坡的汇率管理机制 ································ 427

第五部分　国际商务战略和国际企业结构 ································ 437

第十二章　国际商务战略 ································ 439
　　　引言 ································ 440
　　　战略和企业 ································ 441
　　　全球扩张、盈利能力和利润增长 ································ 446
　　　削减成本压力和本土化运营压力 ································ 453
　　　战略选择 ································ 456
　　　附录：盈利能力、利润增长率和估值 ································ 466

第十三章　国际企业的组织 ································ 468
　　　引言 ································ 469
　　　组织架构 ································ 470
　　　组织结构 ································ 471
　　　控制系统和奖励机制 ································ 486
　　　工作流程 ································ 490
　　　组织文化 ································ 491
　　　综合分析：战略和组织架构 ································ 495
　　　组织变革 ································ 497

第十四章　进入战略和战略联盟 ································ 504
　　　引言 ································ 505
　　　基本进入决策 ································ 506
　　　进入模式 ································ 511
　　　选择进入模式 ································ 518
　　　选择绿地投资还是收购？ ································ 520
　　　战略联盟 ································ 524

第五部分结尾案例 ································ 534
　　　林肯电气的组织文化和激励体制 ································ 534
　　　美国稻谷公司在越南 ································ 536
　　　快乐蜂公司：迎合世界各地人的"味蕾" ································ 559

第六部分　国际商务运营 ································ 565

第十五章　出口、进口和易货贸易 ································ 567
　　　引言 ································ 568
　　　出口的前景和问题 ································ 568
　　　提升出口业绩 ································ 570
　　　进出口融资 ································ 574

易货贸易 ··· 580
第十六章　全球生产、外包和物流 ································· 587
　　引言 ··· 588
　　策略、生产和物流 ··· 589
　　在哪里生产？ ··· 591
　　国外工厂的战略性角色 ····································· 598
　　生产外包：自制或外购决策 ································· 601
　　管理公司全球供应链 ······································· 606

第十七章　全球营销和研发 ··· 612
　　引言 ··· 613
　　市场和品牌的全球化 ······································· 614
　　市场分割 ··· 615
　　产品属性 ··· 616
　　分销策略 ··· 618
　　沟通策略 ··· 622
　　定价策略 ··· 628
　　配置营销组合 ··· 632
　　新产品研发 ··· 633

第十八章　全球人力资源管理 ····································· 643
　　引言 ··· 644
　　人力资源管理的战略性角色 ································· 645
　　人事政策 ··· 647
　　培训和管理发展 ··· 656
　　绩效考核 ··· 660
　　薪资 ··· 662
　　劳工关系 ··· 666

第十九章　国际商务会计 ··· 672
　　引言 ··· 673
　　会计准则的国家差异 ······································· 674
　　各国标准和国际标准 ······································· 679
　　跨国合并和货币换算 ······································· 682
　　控制系统中的会计 ··· 685

第二十章　国际企业财务管理 ····································· 692
　　引言 ··· 693
　　投资决策 ··· 694
　　融资决策 ··· 698
　　国际资金管理：效率目标 ··································· 700
　　国际资金管理：税收目标 ··································· 701
　　资金跨国流转：提高效率，降低税收 ······················· 702

国际资金管理技巧	706
第六部分 结尾案例	**712**
莫莱克斯公司	712
宝洁公司在日本	714
美林证券公司在日本	716
词汇表	719
后　记	727

第一部分

总览

第一部分

总史

第一章

全球化

学习目标

学完本章后，你应该能够：
1. 理解全球化的含义；
2. 熟知全球化主要的驱动力量；
3. 领会全球经济的变化特征；
4. 清楚全球化影响中的主要争议；
5. 领悟为何全球化进程为经理人创造了机遇和挑战。

● 开篇案例：医疗保健行业的全球化

长期以来，人们认为医疗保健行业是全球化中最不容易实现非本土化的产业之一。毕竟，就像许多服务业一样，人们购买医疗保健和要求提供医疗保健服务的区位一般是一致的。然而，现在对于一些医疗保健活动和服务来说，上述情况正在发生改变。这种变化始于某些诊断服务，例如核磁共振扫描片。美国缺少专门阅读和解释医疗诊断成像片的放射科医生，这些诊断片包括 X 光片、计算机体层摄影（CT）扫描片、核磁共振扫描片及超声波扫描片。市场对这些放射科医生的需求的增长速度是医学院培养称职放射科医生速度的两倍。这种供求之间的不平衡意味着雇用放射科医生的成本很高：一个美国放射科医生一年收入可以高达 40 万美元。在 21 世纪头 10 年的早期，一个在马萨诸塞综合医院工作的印度裔放射科医生桑贾伊·萨伊尼（Sanjay Saini）博士想出了解决这个问题的办法——通过互联网将医学诊断片发送到印度，那里拥有可以解读医学诊断片的放射科医生。这么做减轻了美国放射科医生的工作负荷并减少了成本开支，因为印度放射科医生的工资只是美国同行的 1/10。另外，由于印度相对于美国位于地球的另一面，这些医学诊断片可以在美国处于夜间时被解读，并在美国进入清晨后美国医生开始工作时就被准备好。

全球化趋势如今也波及外科。例如，2008 年秋天，两个没有参保的病人在印度接受了外科手术：科罗拉多的埃德里安娜·德·福瑞斯特（Adrienne De Forrest）在印度钦奈做了髋部手术，得克萨斯人戴维·琼斯（David Jones）在印度新德里接受了冠状动脉搭桥手术。加上往返路费，福瑞斯特花了 8 000 美元，琼斯花了 16 000 美元，而如果这些手术在美国做，他们两个人的花费将分别达到 45 000 美元和 250 000 美元。福瑞斯特和琼斯并不是特例，2007 年，大约有 75 万个美国人通过旅行到国外接受医疗服务。

有些人可能会担心其他国家的医疗质量不够好，但是医疗旅游通常瞄准那些新医院，其中大多数是私立医院，这些医院里有技巧高超的医生，并且许多医生都在英国或美国这样的地方接受过训练。3 个最大的美国病人接收国是墨西哥（因为距离近）、印度（2007 年治疗人数超过 45 万人）和新加坡（2007 年治疗人数超过 40 万人，并且当地医学院被认为在世界上名列前茅）。在这些国家的医疗花费通常是美国同样手术的 20%～35%。

这种全球化发展趋势受到许多因素驱动。第一，美国高昂的医疗开支使得美国有最大数量的病人需求群体。第二，有超过 4 500 万个美国人没有医疗保险，同时有更多的人没有全额保险，从而需要为昂贵的手术费用承担很高的自付份额，于是他们当中的许多人发现去国外接受治疗要便宜得多。第三，在诸如印度或新加坡这样的地方出现了高质量的私立医院产业链。第四，劳动力保险费用的上涨促使一些美国大公司开始考虑转向国外。第五，一些保险公司开始尝试为那些在受信任的国际医院接受治疗的投保人付费。例如，2008 年，一家大保险公司安泰（Aetna）认为在新加坡合作伙伴处的医疗质量优于美国医院的平均水平，因此与新加坡的医院发起了一个合作飞行计划，为参保的美国人提供选择——在新加坡花费 2 万美元做手术，或者选择在花费更多的美国做手术。①

引言

世界经济正在发生根本性的转变。过去的各国经济是相对独立的实体，借由设置跨国界的贸易和投资壁垒，借由距离、时区及语言的不同，以及政府制度、文化和商务系统的不同，实现彼此之间的隔离，而现在我们正在远离这样的世界。在我们正在转向的世界中，跨国界的贸易和投资壁垒正在被削弱，已知的距离借由交通和通信技术的进步在无形中被缩小，就连重要的文化差异如今看上去也有全球相似性了。各国经济正在合并成一个内在相互依赖的、一体化的全球经济体系。这种正在发生的变化就叫作全球化。

在今天相互依赖的全球经济中，一个美国人在上班路上所开的汽车，可能由美国汽车制造商福特（Ford）在德国设计并在墨西哥组装，其零部件在美国和日本生产但使用来自韩国的钢材和马来西亚的橡胶，并且已经在一家英国跨国公司——英

---

① G. Colvin, "Think Your Job Can't Be Sent to India?" *Fortune*, December 13, 2004, p. 80; A. Pollack, "Who's Reading Your X-Ray?" *The New York Times*, November 16, 2003, pp. 1 and 9; "Sun, Sand and Scalpels," *The Economist*, March 10, 2007, p. 6; "Operating Profit," *The Economist*, August 16, 2008, pp. 74-76; R. Bailey, "Hips Abroad," *Reason*, May 2009, p. 14.

国石油（BP）的所有服务站加满了汽油。而制造汽油所需的原油可能来自一家法国石油公司在非洲海岸的油井，并由一家希腊船运公司运往美国。这个美国人可能途经一家由韩国移民开设的咖啡店并买了一杯"单份大杯无脂肪拿铁"及一块巧克力裹着的意大利脆饼，咖啡豆来自巴西，巧克力来自秘鲁，而意大利脆饼则根据一份古老的意大利配方在当地制作。

在世界的其他地方，一个新加坡人可能正在用诺基亚手机和他的股票经纪人通话，这种手机在芬兰设计，在得克萨斯组装，所使用的芯片由为得州仪器（Texas Instruments）工作的印度工程师设计，并在中国台湾制造。在电话里，他可能要求股票经纪人买入德国电信（Deutsche Telekom）的股票，这是一家德国通信公司，一个精力充沛的以色列首席执行官（CEO）已经将这家过去的国有垄断公司转变成一家全球公司。

一个印度人可能正在调一台由日本公司在马来西亚制造的收音机，想要收听一首由英国的丹麦乐团演唱的嘻哈流行歌曲，这个乐团为了在亚洲促销他们的唱片和一家法国音乐公司签订了一份唱片合同。在歌曲结束后，一位新闻播音员可能出来向听众播报说，在瑞士达沃斯举行的世界经济论坛上，一个反全球化集会上的抗议行动已经转向暴力，一位抗议者被杀身亡。接着，播音员转向下一个节目，讲述了美国市场利率上升带来的忧虑已经使日本股票市场上的日经指数严重下跌。

这就是我们所生活的世界。在这个世界中，跨国界的商品、服务和投资数量一直比半个多世纪前的世界产出扩张速度更快。在这个世界中，每天成交的外汇数额高达4万亿美元，每天成交的跨国界商品数额和服务数额则分别高达15万亿美元和3.7万亿美元。在这个世界中，诸如世界贸易组织（WTO）这样的国际机构及来自世界最强大经济体的领导人集会，一直呼吁把跨国界贸易和投资壁垒降得更低。在这个世界中，物质和流行文化的象征越来越具有全球性质：从可口可乐到星巴克咖啡，再到索尼游戏机、诺基亚手机、音乐电视节目、迪士尼电影、宜家家居店和苹果音乐播放器。在这个世界中，产品生产中的投入来自全世界。亚洲的经济危机能够引起美国经济的衰退，而美国提高利率带来的威胁真的在2006年春天打压了日本的日经指数并使其下跌，美国的次贷危机触发了全球2008—2009年的经济放缓。这是一个全球化既得到包容也受到质疑的世界。在一些人认为全球化是全球经济发展的驱动力并为此欢呼的同时，其他人却正在积极抗议全球化。全球化在诸如发达国家的失业、环境恶化，以及大众文化美国化等核心问题上仍有争议。是的，这些抗议有时候也会转变为暴力。

对于商务活动来说，这个过程产生了很多机遇。公司可以在全世界出售产品，或者通过选择在关键投入（包括劳动力）较低廉的国家生产来减少成本，从而扩大利润。公司在全球的扩张由于良好的政治和经济潮流而变得更加便捷。20世纪90年代初，俄罗斯等国的公共政策摆向经济制度的另一端——自由市场，它们不仅降低了去国外从事商务活动的管制和行政壁垒，也进行了经济改革，如私有化国有企业、放松市场管制、增强市场竞争及鼓励外国企业投资等。这使得企业不论大小，不论来自发达国家还是发展中国家，都能够进行国际扩张。

与此同时，全球化为那些主导了其国内市场的企业带来了新的威胁。外国公司

第一章

全球化

现在已经进入了发展中国家许多先前受到保护的产业，这增强了市场竞争并降低了市场价格。在最近30年中，美国汽车公司一直在和外国企业艰苦竞争，因为日本、欧洲及韩国公司从其手中抢走了市场份额。通用汽车（General Motors）眼睁睁地看着自己在美国本土的市场份额从超过50%一直降低到大约26%，而日本丰田（Toyota）首先超过福特，然后超过通用汽车，成为世界上最大的汽车公司，以及在美国仅次于通用汽车的第二大制造商。同样，亚洲及世界其他地方的小企业，尤其是那些美国小企业，也正挣扎着在强大的高度跨国成本竞争中求生存。

作为全球化展现的图景，全球化正在改变产业，并在那些曾经相信自己的工作不会受到外国公司竞争干扰的人群中制造焦虑。从历史来说，尽管许多产业工人担心外国企业竞争可能已经给他们的工作带来了冲击，那时的产业工人却有更多安全感。但是这种情形现在正在发生变化。先进的技术、更低的交通成本及发展中国家工人技能的提高，意味着很多服务不再像过去那样需要在其交付地点完成。例如，会计工作正在源源不断地从美国外包到印度。2005年，大约40万份个人税收申报单从印度递交。接受了美国税收规则训练的印度会计人员为美国会计公司完成了工作。① 他们获取储存在美国计算机上的个人税收报表，完成常规计算，然后保存他们的工作以便接受一位美国会计师的审查，之后再由美国会计师将单据发送给客户。正如畅销书作者托马斯·弗里德曼（Thomas Friedman）最近指出的那样，世界正日益变得扁平化。② 游戏场不再由发达国家人们的喜好主导，那些有创业精神的居住在印度、中国或巴西的人们，不断获得与居住在西欧、美国或加拿大的人们一样的机遇，使自己变得更好。

本书将对此处引出的问题进行多方位的近距离观察；探究伴随政治体系和技术变化产生的国际贸易和投资规则变化如何大大改变了许多商务游戏场的竞争；讨论全球化机遇和威胁带来的结果，并对经理人利用机遇和应对威胁时所寻求的不同策略进行评议；考察经济理论中不得不提的制造业和服务工作外包问题，诸如外包到印度和中国，并从外包对商务公司及其雇员以及对整个经济影响的角度考察外包成本和收益问题。但是在开展这些工作之前，首先需要对全球化进程和性质进行更全面的总览，这就是本章的作用。

什么是全球化？

本书提到的**全球化**（globalization）指世界经济向更加一体化和相互依赖的转变。全球化有不同的方面，包括市场全球化和生产全球化。

□ 市场全球化

市场全球化（globalization of markets）指原本彼此不同且各自分开的各国市场

---

① T. L. Friedman, *The World Is Flat* (New York: Farrar, Straus and Giroux, 2005).
② T. L. Friedman, *The World Is Flat* (New York: Farrar, Straus and Giroux, 2005).

融合成一个巨大的全球市场。不断降低的跨国界贸易壁垒已经使得国际销售变得更容易。人们有时候认为，不同国家消费者的喜好正在向某种全球范式靠拢，因而有助于创造出一个全球市场。① 诸如花旗集团（Citigroup）的信用卡、可口可乐（Coca-Cola）的软饮料、索尼游戏机（Sony PlayStation）的视频游戏、麦当劳（McDonald）的汉堡包、星巴克（Starbucks）的咖啡及宜家（IKEA）的家具这些消费产品，正被人们频繁看成这股潮流中的典型案例。而这类公司并非只是这种潮流的受益者，它们也是这种潮流的推动者。这类公司通过向全世界提供相同的基本产品，帮助并创造出了全球市场。

一家公司无须具有上述那些跨国公司巨头的规模就可以促进并从全球市场中获益。例如在美国，近乎90%有出口业务的公司都是雇用人数少于100人的小公司，在过去10年中，它们在美国出口总量中所占的份额稳步增长，目前已经超过20%。② 雇员少于500人的公司占美国出口商的比重是97%，这些公司的出口总额在美国出口总额中所占的比重是30%左右。③ 黑貂（Hytech）是这些企业中的典型代表，这家总部位于纽约的制造业公司生产太阳能电池板，在其每年300万美元的销售额中有40%的份额来自出口到5个国家的产品，另一家纽约企业B&S飞机合金（B&S Aircraft Alloys）也很典型，其800万美元年收益中的40%来自出口。④ 在其他一些国家中情况类似。例如在德国，作为世界上最大的出口国，通过出口或国际生产进入国际市场的中小企业份额达到令人瞠目的98%。⑤

尽管花旗集团的信用卡、麦当劳的汉堡包、星巴克的咖啡及宜家的家具都是全球主流产品，但重要的是不要误以为国内市场正在让位于国际市场。正如本书随后章节中将会展示的，在许多层面上，国家和地区之间仍然存在巨大差异，包括消费者偏好、分销渠道、根植于价值观中的文化、商务体系及法律规制等方面的差异。这些差异常常要求公司按客户情况定制营销策略、产品特点及运营实务，以便与特定国家条件进行最大限度的匹配。

当前全球化程度最高的市场不是消费品市场——国家之间偏好的差异在这个市场中仍然足够重要，能够起到阻碍全球化的作用——而是能够满足全世界通用需求的工业品和原材料市场，包括诸如铝、石油、小麦等商品市场，诸如微处理器、计算机记忆芯片及商用喷气飞机等工业品市场，诸如由美国国债、欧洲债券、日经指数期货等形成的金融资产市场。

在许多全球市场中，产品相同的公司从一国到另一国频繁作为竞争者相互对决。可口可乐和百事可乐（PepsiCo），通用汽车和丰田，飞机市场中的波音和空中客车（Airbus，简称空客），土方工程设备市场中的卡特彼勒（Caterpillar）和日本小松（Komatsu），以及视频游戏市场中的索尼（Sony）、任天堂（Nintendo）和微软

---

① T. Levitt, "The Globalization of Markets," *Harvard Business Review*, May-June 1983, pp. 92–102.
② U. S. Department of Commerce, "A Profile of U. S. Exporting Companies, 2000—2001," February 2003.
③ U. S. Department of Commerce, "A Profile of U. S. Exporting Companies, 2000—2001," February 2003.
④ C. M. Draffen, "Going Global: Export Market Proves Profitable for Region's Small Businesses," *Newsday*, March 19, 2001, p. C18.
⑤ B. Benoit and R. Milne, "Germany's Best Kept Secret, How Its Exporters Are Betting the World," *Financial Times*, May 19, 2006, p. 11.

(Microsoft)，它们都是国际市场中成对的竞争者。如果一家公司进入某国，那里尚未出现可作为竞争者的本土供应商，那么该公司的许多其他竞争者肯定会随之进入该国，以阻止作为竞争对手的该公司获得优势。[1] 随着各公司在全世界相互跟随着进入某市场，它们也会随身带去许多在其他市场上能服务于公司的资产，包括它们的产品、运行策略、市场策略及品牌名称，以便市场良好运行。因此，更多的一致性在这一趋势中代替了多样化。谈论德国市场、韩国市场、巴西市场或日本市场在越来越多的产业中不再具有意义，这时对许多公司来说，只有全球市场。

生产全球化

生产全球化（globalization of production）指利用**生产要素**（factors of production）（例如劳动力、能源、土地和资本）在国家之间的成本和质量差异从全球范围采购商品和服务。公司希望通过这种做法降低总成本，或者提高其所提供产品的功能或质量，从而使它们能够更有效地参与竞争。思考一下波音777商用喷气客机的例子，有8个日本供应商为其机身、机门及机翼生产零件，有1个新加坡供应商为其生产前起落架门，有3个意大利供应商为其生产襟翼，等等。[2] 总之，如果波音777商用喷气客机用价值来表示，那么大约有30%的部分由外国公司生产。波音在其喷气机产品787上走得更远，在该机型价值中，大约有65%的部分已被安排外包给外国公司生产，其中35%的部分将被交给3家日本公司。[3]

波音向外国供应商采购这么多产品的基本原则之一是，这些供应商在其特定生产中是世界上最好的公司。全球供应商网络让波音生产出了更好的最终产品。在波音与空中客车的全球竞争中，波音可能会赢得更大的市场份额。波音还将某些生产外包到其他国家来增加从该国航空公司获得大订单的机会。

瑞轩（Vizio）是另一个全球生产网络的例子。该公司是一家仅有75名员工的美国公司，通过整合全球生产网络资源，将韩国、中国和美国生产的元器件集中到墨西哥装配出成品后销往美国市场，仅用4年时间就成为美国最大的平板电视销售商之一。

对外包的早期尝试基本局限于制造活动，例如波音和瑞轩进行的尝试，但是越来越多的公司正在利用现代通信技术，尤其是互联网，将服务活动外包给其他国家低成本的制造商。互联网使医院能够将其放射科工作外包给印度，在美国的夜晚时间，美国医生睡觉时，印度医生正在阅读核磁共振扫描片等，并在美国的早晨将阅读结果准备好。许多软件公司，包括国际商业机器（IBM），现在雇用印度工程师对在美国设计的软件执行功能维护工作。当美国工程师睡觉时，时差允许印度工程师运行调试程序，测试在美国写成的软件，并将纠正后的代码通过安全网络传回美国，

---

[1] F. T. Knickerbocker, *Oligopolistic Reaction and Multinational Enterprise* (Boston: Harvard Business School Press, 1973); R. E. Caves, "Japanese Investment in the U. S.: Lessons for the Economic Analysis of Foreign Investment," *The World Economy* 16 (1993), pp. 279 - 300.

[2] I. Metthee, "Playing a Large Part," *Seattle Post-Intelligencer*, April 9, 1994, p. 13.

[3] D. Pritchard, "Are Federal Tax Laws and State Subsidies for Boeing 787 Selling America Short?" *Aviation Week*, April 12, 2004, pp. 74 - 75.

这样就在接下来的工作日中为美国工程师的工作做好了准备。将价值创造活动以这样的方式分配，能够压缩工作时间并降低开发新软件所需的成本。其他各种公司，从计算机制造商到银行，都在将客户服务功能，例如客户呼叫中心，外包到劳动力更便宜的发展中国家。

罗伯特·莱克（Robert Reich）曾是美国克林顿政府期间的劳工部部长，他认为，波音、IBM和瑞轩等例子证实了全球化趋势，因此在许多案例中谈论美国产品、日本产品、德国产品或韩国产品正在变得不合潮流。莱克认为，将生产性活动外包给不同的供应商，会导致人们创造出具有全球性质的产品，即全球产品。[①] 但是，和全球化市场一样，公司不应过分强调生产全球化。正如本书将在随后章节中展示的，对于公司的最优配置举措——将生产性活动从本土配置到全球来说，现实中存在大量的障碍使其难以实现。这些障碍包括针对国家间贸易的正式和非正式壁垒、针对外国直接投资的壁垒、交通成本，以及与经济风险和政治风险有关的问题。例如，对于将核磁共振扫描片解读工作外包给放射科医生工资更便宜的发展中国家这件事来说，政府规制最终将限制医院这么做。

不过，市场全球化和生产全球化的过程将持续下去。现代公司是这股潮流中的重要力量，正是它们的行动促进了全球化的深化。然而，这些公司只是以一种有效率的方式对其运营环境条件的变化做出回应——这也是它们应该做的。

● 聚焦管理：瑞轩与平板电视机市场

瑞轩最初由其位于韩国、中国和日本的高科技制造中心生产玻璃平板。这些工厂的精密工具运行环境必须保持绝对干净，生产出的玻璃薄片每张大小是特大床尺寸的两倍，而且必须符合精密规格的要求。接着，玻璃平板从这些地方被运往位于美国和墨西哥边境沿线的墨西哥工厂，被切割成合适的尺寸，与那些从亚洲和美国运来的电子元器件一起，被组装成最终的电视机，再被装上美国零售店的货运卡车。这是一笔大买卖，美国消费者每年在平板电视上的花费超过350亿美元。

20世纪60年代末期，平板显示的基础技术由美国无线电公司（Radio Corporation of America，RCA）在美国发明。但是，当美国无线电公司及其竞争者西屋电气（Westinghouse）和施乐（Xerox）选择不再继续研究这项技术后，日本公司夏普（Sharp）在平板显示上进行了大量投资。20世纪90年代早期，夏普开始出售第一批平板屏幕。但是，随着日本经济陷入长达10年的衰退期，这项投资的引领者随后转变为三星（Samsung）等韩国公司。再接着，1997年亚洲金融危机狠狠打击了韩国经济，这时中国企业抓住了领导权。今天，中国企业正在平板显示制造业中努力打出一条路。

随着公司将平板显示生产转移到全球来降低区位成本，这件事情就分出了胜负方。美国消费者受益于平板电视机价格的下降，正在抢购。有效率的制造商利用全球配置的供应链，生产和销售了低成本且高质量的平板电视机，其中居于首位的是总部在美国加利福尼亚的公司瑞轩。这家公司由一位中国台湾移民创建，仅用了6

[①] R. B. Reich, *The Work of Nations* (New York: A. A. Knopf, 1991).

年时间，瑞轩平板电视机的销售额就像气球一样，从最初的零膨胀到 2008 年的超过 20 亿美元。2009 年年初，瑞轩成为美国市场上最大的供应商，市场份额为 21.7%。然而，瑞轩的员工人数不超过 100 人，他们主要从事终端市场的设计、销售和客户服务。瑞轩将其大部分工程工作、所有制造工作及许多物流工作外包。对其每一个平板电视机型号，瑞轩都组织了一个全球供应商合作团队。例如其 42 英寸的平板电视机，包含来自韩国的平板、来自中国的电子元件及来自美国的处理器，然后在墨西哥被组装。瑞轩的经理人不断在全球寻找最便宜的平板显示和电子元件制造商，并将其大多数平板电视机出售给大折扣零售商，如好市多（Costco）超市和山姆会员店（Sam's Club）。来自零售商的明显优质的订单及对全球物流严密的管理，使得瑞轩的库存每 3 周周转 1 次，速度是其许多竞争者的两倍，这就是商务成本削减即价格持续降低的主要原因。

然而，向平板电视机的转变给一些经济部门带来了痛苦，例如那些在高成本地区生产传统阴极射线电视机的企业。例如，2006 年，日本电子制造商三洋（Sanyo）在其美国的工厂解雇了 300 名雇员，日立（Hitachi）关闭了其在加利福尼亚南部的电视机生产工厂并解雇了 200 名雇员。当然，索尼和日立也在生产平板电视机，它们会在亚洲生产元器件，并在墨西哥装配整机。①

全球性机构的出现

随着市场全球化及更多的商务活动越过了国界，人们需要有相应的机构来帮助管理、规范和监督全球市场，推动多国条款建立，以管理全球商务体系。在过去的半个世纪中，人们设立了许多重要的全球机构来执行这些功能，包括**关税及贸易总协定**（General Agreement on Tariffs and Trade，GATT）及其继任者**世界贸易组织**（World Trade Organization，WTO）、**国际货币基金组织**（International Monetary Fund，IMF）及其姊妹机构**世界银行**（World Bank，WB）和**联合国**（United Nations，UN）。所有这些机构都由其成员间的自愿协议创立，并且其功能在国际条约中得以保持。

世界贸易组织（类似从前的关税及贸易总协定）主要负责监督世界贸易体系，确保其成员遵守世界贸易组织成员所签署贸易协议中的条款。2010 年，153 个世界贸易组织成员合计占世界贸易总量的 90%，因此该组织覆盖范围广且影响巨大。世界贸易组织也负责促进其成员建立附加的协议。纵观其整个历史，以及其前身关税及贸易总协定，世界贸易组织促成了跨国界贸易和投资壁垒的降低。在这么做的过程中，世界贸易组织成员将世界贸易组织作为工具，寻求建立一个更开放的、没有被成员之间的贸易和投资壁垒阻碍的全球商务体系。如果没有类似世界贸易组织这

---

① D. J. Lynch, "Flat Panel TVs Display Effects of Globalization," *USA Today*, May 8, 2007, pp. 1B and 2B; P. Engardio and E. Woyke, "Flat Panels, Thin Margins," *Business Week*, February 26, 2007, p. 50; B. Womack, "Flat TV Seller Vizio Hits $600 Million in Sales, Growing," *Orange County Business Journal*, September 4, 2007, pp. 1 and 64.

样的国际机构，市场和生产的全球化不会走得今天这么远。然而，正如本章及本书第六章所要展示的，当人们近距离观察世界贸易组织时，世界贸易组织受到了批评家们的指责。

国际货币基金组织和世界银行都是由44个成员于1944年在美国新罕布什尔州的布雷顿森林会议上创立的。国际货币基金组织成立的目的是维护国际金融体系的秩序，世界银行成立的目的是促进经济发展。这两个机构自创立以来，都在国际经济中扮演了重要角色。相比国际货币基金组织，世界银行较少受到争议。对那些想要从事重要的基础设施投资（例如修建水坝和公路）却缺乏资金的穷国政府，世界银行着力于促成其获得低息贷款。

对处于经济动乱且货币相对他国正大幅贬值的民主国家来说，国际货币基金组织常常是它们最后可求助的贷款机构。例如在过去的10年中，国际货币基金组织反复将钱贷给处于困境的国家政府，包括阿根廷、印度尼西亚、墨西哥、俄罗斯、韩国、泰国和土耳其。而国际货币基金组织在帮助一些国家应对2008年经济危机带来的某些影响上发挥了非常积极主动的作用。但是，国际货币基金组织的贷款是有附加条件的，作为换取贷款的条件，国际货币基金组织要求民主国家采取特定的经济政策，这些政策意在将陷入困境的经济转向稳定和增长。国际货币基金组织提出的这些贷款附加条件产生了很大争议，一些批评家指责国际货币基金组织的政策推荐常常不合国情，其他人则认为国际货币基金组织告诉国家政府必须采用什么经济政策的做法，和世界贸易组织一样，是侵犯了民主国家的主权。本书第十章将展示人们对国际货币基金组织作用的争论。

联合国成立于1945年10月24日，由51个成员承诺通过国际协作和集体防卫来维护和平。今天，几乎世界上每一个经济体都是联合国一员，成员总数达到193。当这些经济体变成联合国成员时，即意味着它们同意接受《联合国宪章》的约束，这个宪章是一个设立了国际关系基本原则的国际条约。根据宪章，联合国有4个目标：维护国际和平和安全，发展成员间友好关系，合作解决国际问题并推动对人权的尊重，以及充当协调各成员行动的中心。尽管联合国最著名的作用是维护和平，但该组织的中心任务之一是促进更好的生存条件、更好的充分就业、更好的经济条件及社会进步和发展——所有这些问题都是创造生机勃勃的全球经济的中心点。联合国体系内多达70%的工作致力于实现这项使命。为了开展工作，联合国与其他国际机构例如世界银行紧密合作，并以这样的信念指导工作：在世界范围内消除贫困和提高人类幸福是为长久的维护世界和平创造条件的必要步骤。

另一个在近年新闻中出现的机构是**20国集团**（G20）。20国集团于1999年成立，由世界上最大的19个经济体的财政部部长、中央银行行长，以及欧洲联盟（简称欧盟）和欧洲中央银行的代表组成。该机构最初成立的目的是为了制定出用以应对发展中国家金融危机的协调政策。2008—2009年，20国集团变成一个由各主要国家发起应对全球金融危机协调政策的讨论组织。

全球化的驱动力量

有两个宏观因素成为全球化进一步深入的基础。[①] 第一个因素是自从第二次世界大战结束后，针对商品、服务和资金自由流动的壁垒减少了。第二个因素是技术的变化，尤其是近年来在通信技术、信息处理技术和交通技术方面获得的巨大进步。

贸易和投资壁垒下降

在20世纪20—30年代，世界上许多国家对国际贸易和外国直接投资设立了强大的壁垒。当一个公司将商品或服务出口给另一个国家的消费者时，就发生了**国际贸易**（international trade）；当一个公司将其商务活动中的资源投资到母国范围之外的地区时，就发生了**外国直接投资**（foreign direct investment）。许多国际贸易壁垒采用向进口制成品征收高关税的形式，这种关税的典型目的是保护国内产业免受外国竞争。然而，这么做的后果之一是带来"与邻为壑"的报复性贸易政策，其他国家相互之间也逐渐提高贸易壁垒。最终，这样做的结果是打压了世界需求，并成为20世纪30年代大衰退的部分原因。

吸取这一教训后，西方发达工业国家在第二次世界大战后承诺消除壁垒，以实现彼此之间商品、服务和资本的自由流动。[②] 这个目标在关税及贸易总协定中得到体现和尊重。在关税及贸易总协定的框架下，当时的成员进行了8轮谈判，针对商品和服务的自由流动设置了较低的壁垒。其中完成的一轮谈判叫乌拉圭回合，于1993年12月最终达成。乌拉圭回合进一步削减了贸易壁垒，并将关税及贸易总协定的覆盖范围扩展到服务和制成品，提高了对专利、商标和版权的保护，并建立了世界贸易组织来监督国际贸易体系。[③] 表1.1总结了关税及贸易总协定对制成品平均关税税率的影响。如表1.1所示，自1950年以来，平均关税税率大大下降了，现在仅维持在大约4%的水平上。

表1.1　　　　　　　　　　　制成品平均关税税率　　　　　　　　　　　单位：%

国家	1913年	1950年	1990年	2005年	2008年
法国	21	18	5.9	3.9	3.9
德国	20	26	5.9	3.9	3.9
意大利	18	25	5.9	3.9	3.9
日本	30	—	5.3	2.3	3.9

[①] J. A. Frankel, "Globalization of the Economy," National Bureau of Economic Research, working paper no. 7858, 2000.

[②] J. Bhagwati, *Protectionism* (Cambridge, MA: MIT Press, 1989).

[③] F. Williams, "Trade Round Like This May Never Be Seen Again," *Financial Times*, April 15, 1994, p. 8.

续前表

国家	1913年	1950年	1990年	2005年	2008年
荷兰	5	11	5.9	3.9	3.9
瑞典	20	9	4.4	3.9	3.9
英国	—	23	5.9	3.9	3.9
美国	44	14	4.8	3.2	3.9

资料来源：1913—1990年的数据来自"Who Wants to Be a Giant?" *The Economist*：*A Survey of the Multinationals*，June 24，1995，pp. 3-4。2008年的数据来自WTO，2009 World Trade Report（Geneva：WTO，2009）

2001年，世界贸易组织发起了新一轮谈判，意在进一步放松对全球贸易和投资框架的限制。这次会议选择在偏远的波斯湾国家卡塔尔的多哈召开。虽然到2009年时，由于一些关键成员的反对，这轮谈判实际上停止了，但当时世界贸易组织成员在多哈制定出一个议程表，计划了接下来3年的议程。多哈的谈判议程包括削减工业产品、服务和农产品的关税，逐步停止对农业生产者的补助，减少跨边界投资的障碍及限制反倾销法律的应用。如果这些议题能够成功完成，那么最大的收获将来自对农产品的讨论。目前农业的平均关税税率仍然在40%左右，富国每年花费大约3 000亿美元补助用以扶植其农业部门，因此，世界上相对贫穷的国家将从农业关税和农业补助削减中获益最多，这项改革将使它们能够获得发达国家的市场。[1]

除了削减贸易壁垒，许多国家也被强烈要求移除对外国直接投资的限制。根据联合国的数据，1992—2007年，全世界规制外国直接投资的法律零星发生了约2 500次变化，其中大约90%的变化为外国直接投资创造了更有利的投资环境。[2]

这样的潮流既是市场全球化驱动的结果，也是生产全球化驱动的结果。国际贸易壁垒的降低，使得公司能够将全世界而不是单个国家看作自己的市场，也使得公司能将其生产放置到对其商务活动最有利的地区。这样，公司就可以在一个国家设计产品，在另外两个国家生产零部件，再选一个不同的国家组装产品，接着将最终产品出口到全世界。

图1.1列示的数据说明了几件事情。第一，更多的公司在生产中选择了类似波音生产777机型和787机型以及瑞轩生产平板电视机的策略：将零部件生产过程分散到全世界的不同地区以降低生产成本并提高产品质量。第二，世界各国经济之间的联系变得更紧密和复杂。随着贸易的扩张，各国因重要商品和服务变得日益相互依赖。第三，这个世界自从1950年以来变得比以往富有得多，这意味着贸易增长是帮助驱动全球经济不断前行的引擎。

根据世界贸易组织的数据，自从1950年以来，世界商品贸易总量增长得比世界经济的速度更快。[3] 1970—2008年，世界货物贸易总量的增长超过30倍，超过了全

---

[1] W. Vieth, "Major Concessions Lead to Success for WTO Talks," *Los Angeles Times*, November 14, 2001, p. A1；"Seeds Sown for Future Growth," *The Economist*, November 17, 2001, pp. 65-66.

[2] United Nations, World Investment Report, 2006.

[3] World Trade Organization, International Trade Trends and Statistics, 2006 (Geneva：WTO, 2007).

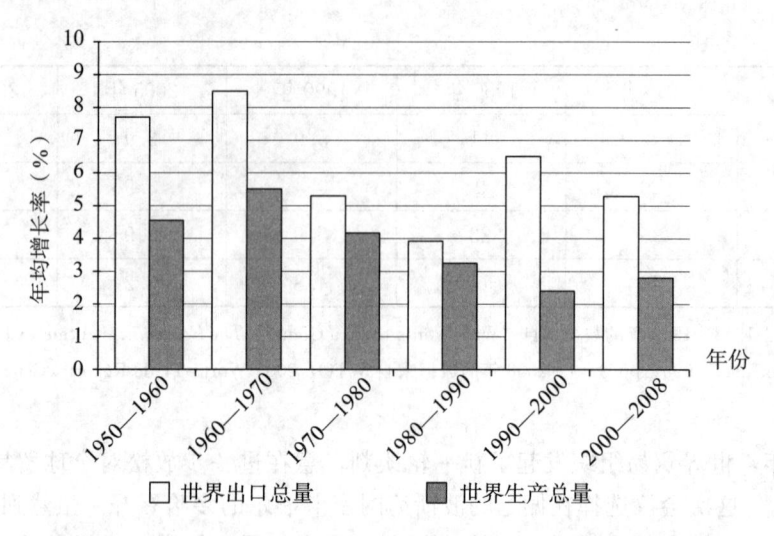

图 1.1　1950—2008 年世界出口总量和世界生产总量的年均增长率

资料来源：作者根据世界贸易组织 2008 年的世界贸易统计数据绘制

世界生产的扩张，按实际价格计算的世界生产总量同期只增长了 10 倍左右。（世界货物贸易包括制造品、农产品、矿产品的贸易，但是不包括服务。）图 1.1 没有展示的是，自从 20 世纪 80 年代中期以来，世界服务贸易总量一直在稳步增长，现在大约占世界商品贸易总量的 20%。世界服务贸易总量日益受到通信技术进步的驱动，通信技术的进步使得公司能够将服务活动外包到世界不同地区（参见本章"开篇案例"），这样，如前所述，许多发达国家的公司将客户服务功能，从软件维护到客户呼叫中心，外包到劳动力成本更低的发展中国家。

证据也表明，随着公司增加其跨国界投资，外国直接投资也在全球经济中扮演着日益重要的角色。外国直接投资的年流出量，1975 年为 250 亿美元，到 2000 年时增加到 1.2 万亿美元。在 21 世纪的头几年里，这个数字有所回落，但是到 2007 年时，外国直接投资年流出量约为 1.8 万亿美元，大大高于 2000 年的 1.2 万亿美元。[1] 在这一期间，外国直接投资数量的增长速度快于世界商品贸易的增长，也快于世界生产的增长。例如，1992—2008 年，所有国家外国直接投资总量的增长超过 8 倍，同期世界商品贸易总量增长了 160%，世界生产总量增长了 47%。[2] 外国直接投资数量强劲增长的结果是，2005 年全球外国直接投资的存量是 10 万亿美元，到 2007 年时这一数字超过了 15 万亿美元。全球至少有 7.9 万家母公司在外国市场上拥有 79 万家子公司，这些子公司在国外总共雇用了超过 8 200 万名雇员，所产生的价值占世界生产总量的 11% 左右。世界出口总量接近 19.5 万亿美元，而跨国公司的外国子公司据估计拥有 31 万亿美元的全球销售额，远远高于世界出口总量。[3]

---

[1] United Nations, World Investment Report, 2006; "Foreign Direct Investment Rose by 34% in 2006," UN Conference on Trade and Development, press release, January 23, 2007.

[2] World Trade Organization, International Trade Statistics, 2006 (Geneva: WTO, 2006); United Nations, World Investment Report, 2006.

[3] United Nations, World Investment Report, 2006.

市场全球化和生产全球化，以及其导致的国际贸易、外国直接投资及进口的增长，都意味着各国公司正在外国竞争者的进攻下获取母国市场。日本汽车制造商正在美国获取可观的市场份额，同时，美国公司柯达（Kodak）、宝洁（Procter & Gamble）和美林证券（Merrill Lynch）正在日本扩张其势力。荷兰的飞利浦（Philips）在欧洲的主导地位被亚洲品牌，例如日本的胜利（JVC）、松下（Panasonic）、索尼及韩国的三星和乐金（LG）夺走了，但是飞利浦在家用电子产品上保持了领先地位，在美国和中国都是市场份额最大的公司。世界经济日益被整合为一个单一的巨大市场，增加了制造业竞争和服务业竞争的剧烈程度。

然而，不要理所当然地认为跨国界贸易和投资壁垒会降低。本书随后的章节将说明，世界各国（包括美国）寻求贸易保护的呼声不时响起。尽管不太可能回到20世纪20—30年代的限制性贸易政策，但是发达国家中多数派政治力量的态度是否更偏向于削减贸易壁垒尚不明确。特别是2008年经济危机及随后发生的全球产出下降，引出了更多人要求监管并使用贸易壁垒保护国内工作的呼声。

□ 技术变化的作用

降低贸易壁垒使市场全球化和生产全球化在理论上成为可能，技术变化则使其成为可触摸的现实。自从第二次世界大战结束后，人们目睹了世界在通信技术、信息处理及交通技术上的巨大进步，其中包含互联网和万维网爆炸式的涌现。远程通信创造出了一个全球听众，交通进步创造出一个世界村庄。从布宜诺斯艾利斯到波士顿，从伯明翰到北京，人们正看着音乐电视，穿着蓝色牛仔裤，并在通勤路上听着音乐播放器里的音乐。

□ 微处理器和远程通信

微处理器的研发也许是其中最重要的一个发明，这使得高功能低成本的计算出现爆炸式增长成为可能，极大增加了个人与公司能够处理的信息数量。微处理器也是最近许多远程通信技术进步的基础。在过去的30年里，人造卫星、光纤、无线通信及现在互联网和万维网的发展，都对全球通信产生了革命性的影响，这些技术依赖微处理器对沿着信息高速路流动的巨量信息进行加密、传输和解码。尽管微处理器的功能不断增强，其成本却一直在下降［有一种现象叫作**摩尔定律**（Moore's Law），该定律认为每18个月微处理器技术的功能就会翻倍，同时制造成本下降］。[①] 随着微处理器的不断革新，全球通信成本快速下降，这同时降低了一个全球组织的协调和控制成本。因此可以看到，1930—1990年，从纽约到伦敦的3分钟长途电话成本从244.65美元下降到3.32美元。[②] 到1998年时，对消费者来说价格已经下降

[①] 摩尔定律以英特尔公司创始人戈登·摩尔（Gordon Moore）的名字命名。
[②] J. A. Frankel, "Globalization of the Economy," National Bureau of Economic Research, working paper no. 7858, 2000.

到仅36美分,而企业还可以获得比这低很多的价格。① 实际上通过使用互联网,国际电话的成本正朝着每分钟仅几美分的目标迅速降低。

互联网和万维网

万维网的快速增长是这种发展的最新展示。1990年,互联网只有不到100万用户;到1995年时,这个数字上升到5 000万;到2010年时,互联网的用户数量达到19.6亿。万维网已经发展成全球经济的信息支柱。仅在美国,电子商务零售额就从1997年几乎为零增长到1 130亿美元。从全球来看,网络的出现也成为一架平衡器。它帮助人们克服了商务活动中某些区位、规模和时区方面的障碍。② 网络使买卖双方无论其位置和规模如何都更容易找到彼此,允许公司无论大小都能以比以往更低的成本扩张其全球业务。

交通技术

自从第二次世界大战以来,除了通信技术的发展,交通技术也出现了几个重要的革新。从经济角度来说,最重要的也许是商务喷气飞机和超级运输机的发展,以及出现能够简化不同运输方式之间转运的集装箱化运输。商务喷气飞机旅行的出现,通过减少两地之间旅行所需要的时间,实际上使得地球"变小"了。现在纽约离东京的距离较殖民地时期离费城的距离"更近"了。

集装箱化运输使商务运输发生了巨大变化,大大降低了远距离货运成本,在集装箱化运输出现以前,货物在不同运输方式之间的转运是一件需要很多劳动力长距离搬运并且成本很高的事情,需要花费不少时日及劳动力——数百个港口工人从船上卸货后再搬上卡车和火车。随着20世纪70年代—80年代集装箱化运输的普及,现在整个过程只需要少量港口工人在数日内即可完成。自从1980年以来,世界集装箱船队的数量翻了4倍多,这部分反映了国际贸易数量的增长,也部分反映了运输方式之间的转化。集装箱化运输带来了因效率提高获得的收益,其结果是运输成本迅速下降,使得将商品海运到全球成为一种更经济的方式,因此这种变化有助于推动市场全球化和生产全球化。1920—1990年,美国进出口货物每吨的平均海路运费及港口收费从95美元降低到29美元(以1990年价格表示)。③ 美国铁路的货运成本(每吨-英里)从1985年的3.04美分降低到2000年的2.3美分,在很大程度上是集装箱利用普及后效率提高所带来的结果。④ 在货物运输中,空运的份额在增加。1955—1999年,平均空运收益(每吨-英里)下降超过80%。⑤ 作为空运成本下降的结果,空运在美国贸易总量中所占的份额,从1965年的7%上升到21世纪最初10年的28%。

生产全球化的含义

与生产全球化有关的运输成本下降了,在地理上分散的不同位置配置产品变得

---

① J. G. Fernald and V. Greenfield, "The Fall and Rise of the Global Economy," *Chicago Fed Letters*, April 2001, pp. 1 – 4.

② "Geography and the Net: Putting It in Its Place," *The Economist*, August 11, 2001, pp. 18 – 20.

③ J. A. Frankel, "Globalization of the Economy," National Bureau of Economic Research, working paper no. 7858, 2000.

④ Bureau of Transportation Statistics, 2001.

⑤ J. G. Fernald and V. Greenfield, "The Fall and Rise of the Global Economy," *Chicago Fed Letters*, April 2001, pp. 1 – 4.

更经济了。作为上述讨论的技术进步的结果，信息处理和通信的实际成本在过去的20年中急剧下降。这些发展使得公司创立并管理一个全球分散的生产体系成为可能，也更进一步促进了生产全球化。许多国家之间商务往来的重要条件是要有一个遍布全球的通信网络。例如，戴尔使用互联网对分散在全球的生产体系实施有效的协调和控制，达到了在其最后组装地点只需要保持3天库存的程度。戴尔的订单由客户通过公司网站递交，其基于互联网的系统自动记录了客户的计算机设备订单，因此戴尔能够看到订单的实时信息，并能够据此调整其相应的生产进程。在空运成本较低的情形下，戴尔能够使用空运来加速关键元器件的配送，在完全不耽误将最终产品配送到客户处的情况下，从容应对客户意料之外的需求变化。戴尔也使用现代通信技术将其客户服务运营部分外包到印度。当美国客户因使用中遇到疑问向戴尔电话求助时，他们的电话被连接到印度的班加罗尔，由那里说英语的客服人员处理。

互联网已经成为推动国际服务贸易的主要力量。因为网络的出现，芝加哥的医院可将核磁共振扫描片发送到印度检查，旧金山的会计师事务所可将报税准备工作外包给居住在菲律宾的会计师，华盛顿州雷德蒙德市微软总部的软件开发者可将其编写的代码交由印度软件调试师测试除错。我们可能尚处于这一发展阶段的早期。随着摩尔定律指出的进步不断持续及远程通信带宽的持续增加，未来几乎所有能够数字化的工作，都将因此能够在世界最有效率的地方被有效完成。

商务喷气飞机的发展，也有助于将许多国际企业的全球运营连接在一起。例如，一个在新加坡工作的经理，如果使用商业喷气飞机旅行，最多只需要一天就可以从新加坡到达其公司在欧洲或美国的经营部门，这样就使得监督其全球分散的生产系统成为可能。

市场全球化的含义

除了生产全球化，技术革新也推动了市场全球化的发展。低成本的全球通信网络，例如万维网，正在创造出一个全球电子市场。正如前文所指出的，低成本运输使得全世界的产品运输变得更便宜，因此有助于创造出全球市场。例如，由于商品空运成本的大幅度下降，生长于厄瓜多尔的玫瑰花能够在两天之内被运到纽约市场上新鲜出售。这在厄瓜多尔引出了一个过去20年不曾存在过的新产业，即向全球市场供应玫瑰花。此外，低成本飞机旅行也导致了大量人员在国家之间的流动。这减少了国家之间文化的距离，并带来了消费者偏好的某种一致。与此同时，全球通信网络及全球媒体也正在创造出一个全球文化。许多国家的居民收看美国电视网络的节目，例如美国有线电视新闻网（CNN）、全球音乐电视台（MTV，也译为音乐电视网）及时代华纳集团的有线电视网（HBO），好莱坞电影正在全球放映。在某些社会中，媒体是主要的文化传播者，随着全球媒体的发展，我们预期一种类似全球文化的东西正在演化中。符合逻辑的演化结果是，世界将出现全球性的消费者产品市场。这一趋势的第一个标志已经非常明显，如今在东京找到一家麦当劳餐厅和在纽约一样容易，在里约热内卢购买一个音乐播放器和在柏林一样容易，在巴黎购买一件盖普（Gap）牛仔裤和在旧金山一样容易。

尽管出现了这些趋势，我们必须注意不能过分强调其重要性。当现代通信和交通技术在"地球村"引领这些趋势时，各国在文化、消费者偏好和商务实操上仍然存在很大差异。当一家公司忽略这些国家之间的差异时，就已将自己置于危险境地。我们将在本书中反复强调这一点，并在随后的章节中进行详细阐述。

● 聚焦管理：通用电气的全球化

通用电气（GE）——托马斯·爱迪生（Thomas Edison）创建的公司，目前是美国最大的工业企业，生产大量各种不同种类的商品和服务，从医疗设备、动力发电机、喷气飞机引擎、家用电器到金融服务，乃至电视节目播放［通用电气拥有美国三大广播网络之一——美国全国广播公司（NBC）］。这个拥有1 800亿美元收益的公司巨头熟知国际商务，已经从事海外商品买卖长达数十年。在传奇的首席执行官杰克·韦尔奇（Jack Welch）的任期内，通用电气的主要目标是在其参与的每种商务活动中都做全球第一或第二。为了实现这个目标，韦尔奇支持向外国进行积极的、常常也是投机的直接投资战略。通用电气利用1989—1995年欧洲经济走弱的机会，向该地区投资了175亿美元，其中半数用来并购约50家公司。当墨西哥比索的价值在1995年崩溃时，通用电气利用经济中的不确定性在拉丁美洲各处购买公司。当亚洲在1997—1998年陷入严重的金融危机时，韦尔奇利用亚洲货币市场的混乱，力劝其手下经理们将其看作买入机会。仅在日本，在仅6个月里通用电气就花费了150亿美元用于并购。结果，到2001年韦尔奇任期结束的时候，通用电气从国际销售中挣得的收益超过了40%，而1985年这一比例为20%。

但是，韦尔奇的通用电气在很大程度上还是作为一家美国公司在海外开展商务活动。在他后来的继任者杰弗里·伊梅尔特（Jeffery Immelt）的领导下，通用电气看起来要成为一家真正的全球公司。国际收益比国内收益更快速地持续增长，2007年时这一数字超过了50%。这种扩张日益由强有力的亚洲经济，尤其是印度和中国经济快速推动。通用电气现在向印度而不是美国出售更多类型的喷气发动机，而且随着中国当前在机场、铁路和发电厂进行快速投资，通用电气也是中国这场巨大的基础设施投资的受益者。

为了反映这种业务重心的变化，伊梅尔特在通用电气的组织和运行方面进行了一些重要改变。直到前不久，通用电气所有主要业务都还在美国，并由公司总部对这些业务进行严格控制。2004年，通用电气将其健康保健业务的总公司从美国搬到伦敦。接下来，通用电气将其出售石油和天然气设备的公司总部重新布局到意大利的佛罗伦萨。2008年，公司又将其金融总部转移到伦敦，而且给了驻外区域经理更多的权利。通用电气为什么这样做？因为该公司相信，为了获得国际成功，公司必须离客户更近。例如，将金融总部转移到离欧洲和亚洲客户更近的伦敦，借此获得的需求能够促进该部门发展，而通用电气将其健康保健部门转移到伦敦也是因为，这样做使得公司员工更容易飞往世界各地。

通用电气也将研究部门转移到海外。2004年以来，该公司在德国慕尼黑、中国上海及印度班加罗尔开设了研发中心。其中的要点是，通过在这些正在快速增长的国家设置研发中心，通用电气可以更好地设计出适合当地需求的产品。例如，通用电气健康保健部门制造的核磁共振扫描仪每台需要花费150万美元，但其中国研发中心正在设计的核磁共振扫描仪定价为50万美元,该产品在发展中国家将获得更大的销售量。

通用电气也正在将其高级管理部门国际化。一旦人们认为通用电气因为美国中西部人具有较强的工作道德而更喜欢雇用他们,更高层的管理人员中就开始出现越来越多的外国口音。驻外区域经理在过去通常是外派的美国人,现在日益从工作所在地的人员中产生。通用电气发现,成功将商品出售给当地公司和政府的关键,就是对该地的语言和文化有深刻理解,因此当地的国民就是珍贵的资源。例如在中国,政府就是一个大客户,与政府当局紧密合作就需要一种外来者很难获得的文化敏感度。除了将其高级管理层国际化,通用电气的美国经理们越来越多地飞往海外参加管理培训和公司活动。2008年,总部位于宾夕法尼亚州伊利市的通用电气交通部门以一种高度象征性的姿态,将其年度销售会议的召开地点从美国的佛罗里达变为意大利的索伦托。该部门领导人说:"是时候让美国人来对付飞行时差了。"

变化中的全球经济统计数据

在过去几十年里,全球经济统计数据与全球化趋势一起出现了相当巨大的变化。在20世纪60年代晚期,全球经济统计数据描述了当时的4种趋势。第一,美国是世界经济和世界贸易的主导者;第二,美国是世界上外国直接投资的主导者;第三,美国的大型跨国公司是国际商务的主导者;第四,几乎半个地球的中央计划经济被禁止进入西方国家之间的商务活动。正如在下文即将解释的,这些年来,这4个特征已经发生了变化,并且还在继续快速变化之中。

□ 世界生产总量和世界贸易的变化

20世纪60年代早期,美国仍然是居世界主导地位的工业大国。1963年,以国内生产总值(GDP)计量,美国在世界生产总量中占40.3%。到2008年,美国在世界生产总量中占20.7%,虽仍是世界上最大的工业国家,但其规模与20世纪60年代相比大大下降了,如表1.2所示。美国并不是唯一相对停滞和下降的发达国家,相同的情况也发生在德国、法国、英国及所有曾经首先实现工业化的国家身上。从美国的角度来看,这并不是绝对的下降,因为美国经济1963—2008年以超过3%的稳健的年均增长率增长(德国、法国和英国经济在此期间也在增长)。更准确地说,这是一种相对下降,反映出一些国家尤其是亚洲国家拥有更快的经济增长。例如,从表1.2可以看出,1963—2008年,中国在世界生产总量中的份额从微不足道的数量增加到11.4%(表1.2中的数据是在购买力平价基础上进行调整后的数据,以便反映不同国家的生活成本),在世界生产总量中所占份额增加显著的其他国家有日本、泰国、马来西亚和韩国。

表 1.2　　　　　　　　世界生产总量和世界贸易的统计数据变化

国家	在1963年世界生产总量中所占份额（%）	在2008年世界生产总量中所占份额（%）	在2008年世界出口总量中所占份额（%）
美国	40.3	20.7	9.3
德国	9.7	4.2	8.7
法国	6.3	3.1	3.8
意大利	3.4	2.6	3.4
英国	6.5	3.2	3.9
加拿大	3.0	1.9	2.7
日本	5.5	6.4	4.5
中国	NA	11.4	8.4

资料来源：2008年的数据来自 IMF，World Economic Outlook，April 2009。1963年的数据来自 N. Hood and J. Young, *The Economics of the Multinational Enterprise* (New York: Longman, 1973)

在过去的几十年中，正如日本和德国，美国在出口市场上的主导地位衰落了。许多新的工业化国家，例如韩国和中国在世界出口总量中占有更大份额。20世纪60年代，美国通常占有20%的世界制成品出口市场，但是如表1.2所示，美国在世界出口总量中的份额到2008年时已经下滑到9.3%。尽管这个数字是下降的，但美国仍然超过德国、日本、法国及正在快速增长的中国，保持了世界最大出口国的地位。然而，如果中国的增长持续下去，那么就会很快超过美国成为世界上最大的经济体和最大的出口国。

随着中国、印度和巴西等新兴经济体持续增长，美国和其他完成工业化较早的发达国家在世界生产总量中所占份额和在世界出口总量中所占份额，看起来很可能会进一步下降。这种情况本身并不是坏事。美国经济指标的相对下降反映出世界经济的发展和工业化增长，与美国经济健康指标的任何绝对下降所反映的情况正好相反。

目前的大多数预测认为，中国、印度、印度尼西亚、泰国、韩国、墨西哥和巴西等发展中国家在世界生产总量中所占份额会快速上升，同时富有的工业化国家，诸如英国、德国、日本和美国，所占的份额会相应下降。如果当前这种趋势持续下去，以购买力平价计算的中国经济总量就会超过美国，同时印度经济总量将接近德国。据世界银行估算，今天的这些发展中国家到2020年时在世界生产总量中的比重将超过60%；同时今天的这些富有国家，当前占世界生产总量超过55%的富国，到2020年时所占份额将只有38%左右。尽管预测并不总是正确，但这些预测结果说明了世界经济地理的转换正在进行中，虽然这种转换的重要性还没有完全显现。这种变化中的经济地理，对国际商务而言意义很明确：未来人们将在发展中国家找到许多经济机遇，未来最有力的竞争者可能也将出现在这些地区。"聚焦国家：印度的软件产业"专栏对这一情况进行了描述。

● 聚焦国家：印度的软件产业

大约 30 年前，人们在印度的班加罗尔建立了许多小型软件企业。其中有一家比较典型的企业名叫印孚瑟斯，当时由 7 位企业家用 1 000 美元创建。如今，印孚瑟斯每年的收益是 220 亿美元，有大约 6 万名雇员，但其不过是班加罗尔周边 100 多家软件公司中的一员，而班加罗尔已经变成印度快速增长的信息技术产业中心。从 20 世纪 80 年代中期有这个产业开始，到 2009 年时这个产业产生了 600 亿美元的收益。对于世界上增长最快的一些软件服务企业来说，印度也是它们的发源地，这些企业包括印孚瑟斯、威普罗（Wipro）、塔塔咨询服务（Tata Consultancy Services）及 HCL 科技（HCL Technologies）。

有 4 个因素成为印度软件产业增长的基础。第一，印度有充足的工程人才供给，每年都有大约 40 万名工程师从印度的大学毕业。第二，印度的劳动力成本很便宜，雇用一个印度大学毕业生的成本差不多是雇用一个美国大学毕业生成本的 12%。第三，许多印度人的英语很流利，这使得印度与西方公司合作起来更容易。第四，由于时差，印度人可以在美国人睡觉的时候工作，这意味着，在美国白天编写的软件代码，可以在美国夜晚由印度人测试，然后在印度夜晚通过互联网在下一个美国工作日开始时被传送回美国。换句话说，通过利用印度劳动力和互联网，软件企业可以创造出一天工作 24 小时的全球软件开发工厂。

最初，印度软件公司专注于软件产业的低端部分，向西方公司提供基础的软件开发和测试服务，但是随着这个产业在规模和复杂性上的增加，印度公司开始向产业上端移动。今天，领先的印度公司能够为 IBM 和电子数据系统（EDS）公司完成大型软件开发项目、商务服务外包合同及信息技术咨询服务。这些市场正在迅速扩大，据估计，全球在信息技术外包上的花费将从 2004 年的 1 930 亿美元上升到 2010 年的 2 500 亿美元，而印度公司将从中获得一块大蛋糕。对这一逐渐浮现的竞争威胁，西方公司的反应之一是向印度投资，以便获得与印度公司同样的经济优势。例如，IBM 已经向其印度运营部门投资了 20 亿美元，目前在当地有 53 000 名雇员，这个人数超过其在美国之外任何国家的雇员数量。2007 年，IBM 宣布了一个计划——将在接下来的数年里向印度再投资 60 亿美元。微软也在印度进行了重要投资，包括在海德拉巴建立了一个有 900 名雇员的研发中心。而微软将研发中心建在那里的目的，是为了吸引那些不想搬到美国去的有天分的印度工程师。[①]

□ 外国直接投资的变化

20 世纪 60 年代，美国公司占全球外国直接投资流量的 66.3%，这反映了美国在全球经济中的主导地位。同期英国公司位居第二，占 10.5%；日本公司相差较多，位居第八，仅占 2%。美国公司的主导地位如此强大，以至于连当时出版的书籍都在

---

① "America's Pain, India's Gain: Outsourcing," *The Economist*, January 11, 2003, p. 59; "The World Is Our Oyster," *The Economist*, October 7, 2006, pp. 9–10; "IBM and Globalization: Hungry Tiger, Dancing Elephant," *The Economist*, April 7, 2007, pp. 67–69.

讨论美国公司对欧洲施加的经济威胁。[①] 一些欧洲政府，最突出的是法国，开始讨论对美国公司的投资施加限制。

然而，随着商品、服务和资本自由流动壁垒的下降，以及其他国家在世界生产总量中的份额的增加，越来越多的非美国公司开始进行跨国界投资。许多非美国公司进行外国直接投资的动机是，想要将其生产活动分散到最有利的地区去，并直接在主要的外国市场上出售产品。因此，从20世纪70年代开始，欧洲公司和日本公司开始将劳动密集型产业的生产从其母国转移到劳动力成本更便宜的发展中国家。此外，许多日本公司在北美和欧洲进行投资——通常是针对不利汇率波动进行对冲及针对可能因贸易壁垒产生的不公平负担。例如，日本汽车公司丰田在20世纪80年代末期和20世纪90年代早期，迅速增加了其在美国和欧洲的汽车制造投资。丰田的领导者认为，日益增值的日元将通过定价把日本汽车从外国市场中驱逐出去，因此在最重要的外国市场上生产而不是从日本出口是合理的选择。丰田也通过这些投资摆脱了因日本汽车出口到美国和欧洲市场引起的政治压力。

这些发展造成美国、英国、德国、荷兰、法国和日本的外国直接投资存量发生了变化。**外国直接投资存量**（stock of foreign direct investment）指外国投资的总累计价值。1980—2007年外国直接投资存量的份额如图1.2所示。美国公司在外国直接投资存量中所占份额从1980年的38%下降到2007年的17.9%，而同期法国和发展中国家所占份额显著增加。发展中国家所占外国直接投资存量份额的上升，反映出这些国家出现了企业跨国界投资的趋势。2007年，发展中国家的公司在外国直接投资存量中所占的份额上升到14.7%，相比之下，1980年该数字仅为1.1%。这些投资中的很大一部分来自韩国、新加坡、印度和中国的公司。

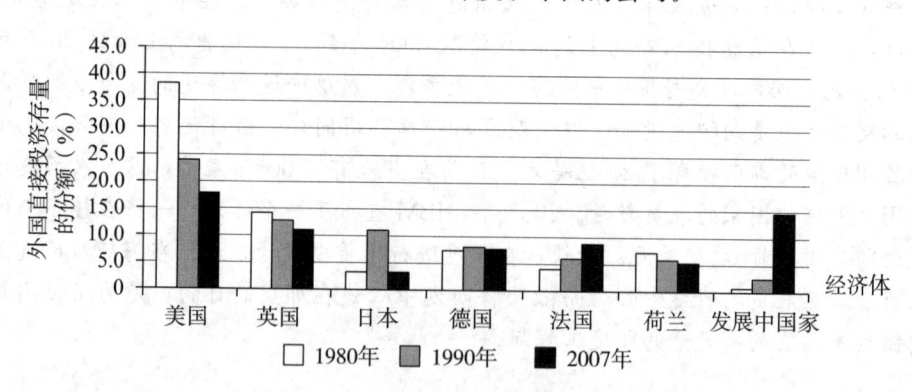

图1.2　1980—2007年外国直接投资存量的份额

资料来源：UNCTAD, World Investment Report, 2008 (United Nations, Geneva)

图1.3显示了另外两种重要的趋势——20世纪90年代出现了外国直接投资跨国流量可持续增长，以及发展中国家成为外国直接投资的重要目的地。整个20世纪90年代，投向发达国家和发展中国家的投资数量都急剧增加了，这反映了商务公司不

[①] N. Hood and J. Young, *The Economics of the Multinational Enterprise* (New York: Longman, 1973).

断加强的国际化趋势。外国直接投资在1998—2000年出现猛增之后，紧跟着在2001—2003年出现了下滑，这与20世纪90年代末期及2000年金融泡沫破灭后出现的全球经济活动放缓有关。然而，外国直接投资在2004年重新出现了增长，并持续到2007年，创下新高。但是在2008年，由于受到全球经济危机影响，外国直接投资下降了。中国是发展中国家中最大的外国直接投资接受国，2004—2008年每年接收600亿美元～900亿美元的流入。正如本书随后将说明的，外国直接投资的持续流入是发展中国家经济增长的重要激励，这意味着中国、墨西哥和巴西等国家拥有良好前景，它们都是这股趋势的主要受益者。

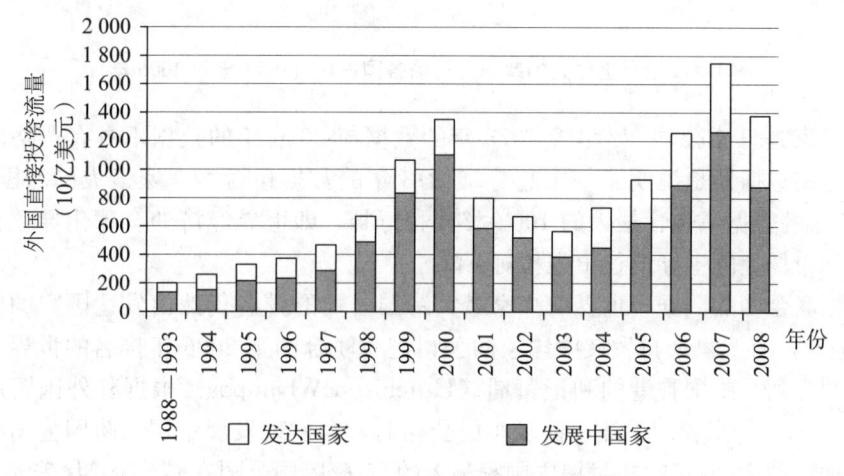

图1.3　1988—2008年外国直接投资流量

资料来源：UNCTAD, World Investment Report, 2008 (United Nations, Geneva); "Global Foreign Investment Now in Decline," January 19, 2009, UNCTAD Press

□ 跨国公司性质的变化

跨国公司（multinational enterprise, MNE）指那些在两个及两个以上国家拥有生产性活动的公司。跨国公司的统计数据从20世纪60年代开始呈现两个明显趋势：(1) 非美国跨国公司的增加，(2) 微型跨国公司的增加。

非美国跨国公司

20世纪60年代，大型美国跨国公司主宰了全球商务活动。这一时期美国公司约占全球外国直接投资总额的2/3，这意味着大部分跨国公司都是美国公司。根据图1.4中的数据，1973年，在全球260家最大的跨国公司中，有48.5%是美国公司，位居第二的是占18.8%的英国公司，日本公司当时在全球最大跨国公司数量中只占3.5%。美国跨国公司数量众多，这反映出在第二次世界大战结束后的30年中，美国经济在全球占主导地位。同时，英国跨国公司数量众多，这也反映出该国工业在20世纪早期的几十年中处于全球主导地位。

到2006年时，情况发生了很大变化。在全球100家最大的非金融跨国公司中，有24家是美国公司，有13家是法国公司，有12家是德国公司，有12家是英国公

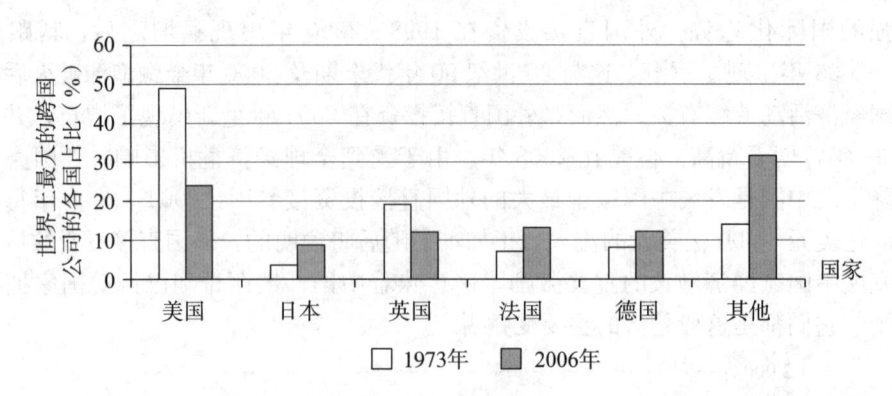

图 1.4 世界上最大的跨国公司的各国占比（1973 年和 2006 年）

司，有 9 家是日本公司。[①] 尽管 1973 年的数据与 2006 年的数据不具有严格的可比性，但这些数据还是说明了一个趋势（1973 年的数据包含 260 家最大的跨国公司，但 2006 年的数据只包含最大的 100 家跨国公司），即世界经济的全球化导致美国公司在全球市场上的主导地位出现相对下降。

根据联合国的数据，世界 100 家最大跨国公司的排名仍然由发达国家的公司主导。[②] 但是，有 7 家来自发展中国家的公司进入联合国于 2006 年排名的世界 100 大跨国公司之列。中国香港的和记黄埔（Hutchison Whampoa）根据其外国资产数额排名第 20 位。[③] 当我们关注一些较小的公司时，会发现发展中国家跨国公司的数量明显增加。到 2005 年时，发展中国家最大的 50 家跨国公司在其 7 380 亿美元总销售额中有 3 230 亿美元是外国销售额，并且这些公司在其母国之外雇用了 110 万名雇员。在发展中国家的前 100 名跨国公司中，大约有 64% 来自新加坡和中国。其他在排名中拥有多家公司的国家有韩国、巴西、墨西哥和马来西亚。可以合理预期的是，发展中国家会出现更多新的跨国公司，来自发展中国家的公司将成为世界市场的重要竞争者，进一步将世界经济的轴心从北美和西欧转向他处，并对西方公司长期的主导地位产生威胁。海信（Hisense）——中国家用电器及电信设备主要制造商之一，是其中一个上升中的竞争者，本书将在随后的"聚焦管理"专栏中对其进行剖析。

● 聚焦管理：中国的海信——一个正在兴起的跨国公司

海信正作为中国主要的跨国公司快速出现在人们面前。如同其他许多中国公司，海信的发展轨迹可以追溯到一个国有制造企业——成立于 1969 年且当时仅有 10 个雇员的青岛无线电二厂。这个国有工厂在 20 世纪 70 年代增加了产品品种，开始生产电视机。到 20 世纪 80 年代时，该厂通过松下电器的授权生产由松下电器设计的电视机，成为中国主要的彩色电视机生产厂商之一。1992 年，35 岁的工程师周厚健被任命为企业领导。1994 年，中国对国有企业的管制放松了，这时该企业被改制成

---

① United Nations, World Investment Report, 2006.
② United Nations, World Investment Report, 2006.
③ United Nations, World Investment Report, 2006.

了海信集团有限公司，由周厚健出任首席执行官（目前他是董事会主席）。

在周厚健的领导下，海信进入了高速发展期，产品多样化并进行全球扩张。到2007年时，公司的销售额达到62亿美元，并成为中国最大的电视机（占国内市场11%的份额）、空调、电冰箱、个人电脑（也译为计算机）和电信设备制造商之一。2007年，海信总计出售了大约1 000万台电视机，300万台空调，400万部码分多址（CDMA）无线电话，600万台冰箱及100万台个人电脑。其中，国际销售额占4.9亿美元，是总收益的15%。公司在阿尔及利亚、匈牙利、伊朗、巴基斯坦和南非建立了国外制造子公司，不断从那些老牌家用电子和电器制造商手中夺取市场份额，从而在发展中国家的市场中快速增长。

海信的雄心很大，想要变成拥有世界级消费品牌的全球企业。该公司在2010年的目标是获得超过120亿美元的收益。海信的不同在于，尽管其毫无疑问是一个低成本制造企业，但它认为自己的核心竞争力不是低成本制造，而是快速的产品创新。海信认为，在高度竞争的市场中获得领先地位的唯一方法是持续开发出先进的、高质量和价格有竞争力的产品。为了实现这个目标，海信于20世纪90年代在中国建立了第一个研发中心，随后1997年在南非、2007年在欧洲分别建立了研发中心。2010年8月，海信在美国的亚特兰大也建立了一个研发中心。2006年，这些研发中心一共递交了大约534项专利申请。

海信的技术进取在其数字电视业务中表现得尤为明显。1999年，该公司引入了电视机机顶盒，使得通过电视机浏览互联网成为可能。2002年，海信引入了首个交互式数字电视机。2005年，海信为数字电视开发出中国第一个核心电子处理芯片，打破了中国在这种核心技术中对外国芯片制造商的依赖。2006年，海信开始了多媒体电视机的创新，这种电视机将数字高清技术、网络技术及平板电视显示器整合在一起。①

微型跨国公司

国际企业中的另一个趋势是中等规模和小规模跨国公司（微型跨国公司）的增加。② 当想到跨国公司时，人们倾向于想起类似埃克森石油（Exxon）、通用汽车、福特、富士、柯达、松下电器、宝洁、索尼和联合利华（Unilever）这样的公司，即实现了全球运作的大型和综合型跨国公司。尽管大型公司仍然引导了大部分国际贸易和投资，但是越来越多的中型和小型公司正日益加入国际贸易和投资中。

华盛顿州肯特市的润滑系统股份有限公司（Lubricating Systems, Inc.）为机器工具等生产润滑液，该公司雇用了25个员工，每年有650万美元的销售额。人们很难把这家公司看作大型和综合型的跨国公司，但是，该公司的产品被出口到包括日本、以色列和阿拉伯联合酋长国在内的20多个国家，出口销售额超过200万美元。该公司还和一家德国公司合作建立了一家合资企业，为欧洲市场提供产品。③ 再看一家很小的美国X射线设备制造企业——利克斯（Lixi），该公司每年450万美元收益

---

① H. L. Sirkin, "Someone May Be Gaining on Us," *Barron's*, February 5, 2007, p. 53; "Hisense Plans to Grab More International Sales," *Sino Cast China IT Watch*, November 30, 2006; "Hisense's Wonder Chip," *Financial Times Information Limited—Asian Intelligence Wire*, October 30, 2006.

② S. Chetty, "Explosive International Growth and Problems of Success among Small and Medium Sized Firms," *International Small Business Journal*, February 2003, pp. 5–28.

③ R. A. Mosbacher, "Opening Up Export Doors for Smaller Firms," *Seattle Times*, July 24, 1991, p. A7.

中的70%来自其对日本的出口。① 或者还可以看一下德国路德维希堡一家叫作巴斯（Barth）的可可豆烘焙机器制造商，这家小公司只雇用了65人，但拥有全球可可豆烘焙机器市场的70%份额。② 国际商务不再像过去那样只由大公司主导，中小公司现在也成为其中的主导者。

□ 世界秩序的变化

人们在几个东欧和中亚国家中持续观察到令人不安的迹象，即日益增长的动荡局面。例如，在普京政府的领导下，俄罗斯在经济活动问题上已经表现出想要重返更大经济体的迹象。③ 因此，与这些国家进行商务活动时的风险很高，但回报也会很高。

除了这些变化，在中国、东南亚其他国家及拉丁美洲静悄悄地发生了更多的改革。例如，中国正在积极推行尺度更大的自由市场改革。如果这种情况持续20年以上，中国就会从第三世界国家变成工业化大国，速度甚至比当年的日本更快。如果中国的人均国内生产总值每年平均增长6～7个百分点，这个数字比上一个10年中实现的8%的增速略慢，那么到2020年时，中国将能以大约1.3万美元的年人均收入感到自豪，这个数字差不多相当于今天西班牙的收入水平。

对跨国公司来说，这种变化带来的潜在影响非常大。一方面，由于拥有的人口超过10亿人，中国代表了一个巨大的市场，该市场在很大程度上还没有得到开发。1983—2008年，中国每年获得的外国直接投资额从不到20亿美元增加到900亿美元，在很大程度上反映出这个市场的巨大潜力。另一方面，中国的新公司被证明是非常有能力的竞争者，它们能够从西方公司和日本公司手中夺取国际市场份额（例如，"聚焦管理"专栏中提到的海信）。因此，中国的变化正在为以往存在的跨国公司创造机遇和威胁。

至于拉丁美洲，它同样实行了民主和自由市场改革。数十年来，大部分拉丁美洲国家由独裁者统治，许多独裁者将西方跨国公司当作帝国主义的控制工具，因此它们限制外国公司的直接投资。此外，拉丁美洲国家的经济管理水平很差，其经济表现出低增长、高负债和高通货膨胀的特征——所有这些都阻止了跨国公司投资的进入。但是在过去的20年里，许多情况发生了改变。拉丁美洲大部分国家的负债和通货膨胀水平普遍下降了，政府将国有企业出售给私营部门，欢迎外国投资进入，并且区域经济扩张了。巴西、墨西哥和智利成为地区发展的引领者。同时在过去数年产业相关问题中，玻利维亚、厄瓜多尔和委内瑞拉政府开始引导产业朝着规模更大的方向发展，外国投资现在不再像20世纪90年代那样受到欢迎。这些国家的政府从外国投资者手中夺回了对油田和天然气矿的控制权，并对外国能源公司提炼本国石油和天然气的权限进行了限制。因此，在拉丁美洲，制约和风险伴随着大量的

---

① "Small Companies Learn How to Sell to the Japanese," *Seattle Times*, March 19, 1992.
② Holstein, "Why Johann Can Export, but Johnny Can't."
③ N. Buckley and A. Ostrovsky, "Back to Business—How Putin's Allies Are Turning Russia into a Corporate State," *Financial Times*, June 19, 2006, p. 11.

发展机会。

□ 21世纪的全球经济

正如本书曾提到的，全球经济在过去几十年变化很快。对商品、服务和资金自由流动设置的障碍一直在降低。跨国界的贸易和投资比全球产出的增长速度更快，这意味着各国经济正结合成更紧密的单一的相互联系的全球经济系统。随着这些经济体的发展，更多的国家加入了发达国家的队伍。大约几十年前，韩国还被看成二线的发展中国家，但现在它以自己巨大的经济体量而自豪，韩国的公司是许多全球产业的主要参与者。一些国家在长达60年甚至更长的时间里原本坚决反对自由经济政策，但现在它们广泛采用自由经济政策，因此经济全球化趋势得到进一步加强。于是，我们看到一个又一个国家，为了和自由经济思想的规范性保持一致，私有化国有企业，普遍放松产业规制，对更多的竞争开放市场，并承诺进一步移除跨国界贸易和投资的壁垒。这种情况说明，在接下来的几十年中，诸如捷克、墨西哥、波兰、巴西、中国、印度和南非等国，可能建立起强大的市场导向经济。简而言之，当前趋势意味着世界正快速朝着更有利于国际商务的经济体系发展。

但是，利用已经存在的趋势来预测未来总是有风险的。世界可能正朝向更全球性的经济体系发展，但是全球化并非不可避免。如果各国的实践所得与其预期不一致，它们也可以收回最近对自由经济思想的承诺。例如，在俄罗斯发生的周期信号意味着该国从自由经济思想中的撤退。俄罗斯在从中央计划经济向市场经济转型的尝试中经历了巨大的经济阵痛。如果俄罗斯的犹豫不决变得更加持久和普遍，基于自由市场准则的更繁荣的自由版全球经济，可能不会像很多人希望的那样很快出现。

同样，更广泛的全球化也为国家自身带来了风险。这已经完全被1997年和1998年发生的金融危机所证明，当时泰国的金融危机首先传播到其他东亚国家，接着在1998年传播到俄罗斯和巴西。最终，金融危机也威胁到包括美国在内的发达国家经济体，使其陷入经济衰退中。本书将在第十章中详细讨论这次危机和其他类似全球金融危机的原因和后果。就算是从纯经济视角来看，全球化也并非都是好事。全球化的经济可能大大增加了从事商务活动的机会，但是正如1997—1998年的情况所示，全球金融危机蔓延的风险也变得更大了。此外，本书随后章节会说明，公司在通过恰当的对冲策略减少风险的同时，能够利用全球化带来的机遇。

■ 对全球化的争议

向更加一体化及相互依赖的全球经济转变是一件好事吗？许多有影响力的经济学家、政治家和商务领袖看起来是这么想的。他们认为，降低的跨国贸易和投资壁垒是驱动全球经济走向繁荣的双引擎，增加的国际贸易和跨国投资将带来更低的商品和服务价格。他们相信全球化刺激了经济增长，增加了消费者的收入，并有助于所有参加国际贸易体系的国家创造工作岗位。本书第五章、第六章、第七章将详述支持全球化的各种理由。正如本书将要展示的,理论能够很好地支持这个观点,即降低国际贸易和跨国投资壁垒确实能够刺激经济增长,创造工作岗位,并提高收入水平。本书第六章、第七章将给出支持理论预测的实证证据。然而,尽管有令人信服的理论和证据,还是有人批评全球化。[①] 其中一些批评人士变得越来越激进,甚至利用街头抗议来表明他们对全球化的反对。可以看到抗议的本质是反对全球化,以及对全球化优点的争议。本书将在后续章节中对上文中提到的诸多要点详加说明。

□ 反对全球化的抗议

对全球化的街头抗议可以追溯到1999年12月,当时有4万多名抗议者拥堵了西雅图的街道,试图关闭即将在该市召开的世界贸易组织会议。示威者对很多问题进行了抗议,包括由外国竞争者造成的产业工人失业问题、非技术工人工资下降压力问题、环境恶化问题,以及被美国"文化贫困"利益和价值所证实的由全球媒体和跨国公司带来的"文化帝国主义"问题。抗议者声称,所有这些问题都能够归因于全球化。世界贸易组织召开会议,试图通过发起新一轮谈判来削减跨国贸易和投资壁垒。人们认为这一轮新谈判是对全球化的促进,也因此成为反全球化抗议者的目标。抗议活动转向暴力,平时平静的西雅图街头变成了无政府主义者和困惑且乏于准备的西雅图警察部门之间持久的战场。扔砖头的抗议者和全副武装挥舞警棍的警察的对峙场景被全球媒体及时录下并随后播放给全世界。同时,国际贸易组织会议没有达成一致意见,尽管会议厅外面的抗议和失败的会议结果几乎没有任何关系,但还是给人们留下了抗议者成功地使会议流产的印象。

反全球化的抗议者因西雅图获得的经验更大胆了,在几乎所有主要的全球机构会议上现在都能看到他们的身影。在一些国家发生了几次规模小于西雅图抗议的活动,比如1999年8月,法国的反全球化激进人士通过破坏一家麦当劳餐厅来抗议由美国"文化帝国主义"引起的法国文化贫乏问题(更多细节参见"聚焦国家:法国发生抗议全球化活动"专栏)。尽管暴力败坏了反全球化抗议的名声,但从抗议规模来说,有一件事情很清楚,支持抗议的远不止无政府主义的核心人物。在许多国家都有大量民众相信全球化对生活水平和环境有不良影响。

● 聚焦国家:法国发生抗议全球化活动

1999年8月的一个晚上,在当地绵羊农场主和来自农村的激进人士约瑟·波夫(Jose Bove)的领导下,有10个人溜进法国中部米洛镇一家在建的麦当劳餐厅,并肆意毁坏了这家餐厅,造成大约15万美元的损失。但他们的支持者们认为,他们不是普通的破坏者,因为麦当劳销售点的"象征性摧毁"有崇高的目标。袭击的初衷是为了抗议不公平的美国贸易政策。当时欧盟已经禁止从美国进口摄入过激素的牛肉,主要是因为担心这种牛肉可能引起健康问题(尽管欧盟科学家已经证明这种说

---

① R. Batra, *The Myth of Free Trade* (New York: Touchstone Books, 1993); W. Greider, *One World, Ready or Not: The Manic Logic of Global Capitalism* (New York: Simon & Schuster, 1997); D. Radrik, *Has Globalization Gone Too Far?* (Washington, DC: Institution for International Economics, 1997).

法没有根据)。经过仔细审查后,世界贸易组织声明欧盟的禁令违反了欧盟和美国签署过的贸易规定,欧盟必须去除禁令或面临报复。欧盟拒绝遵从,因此美国政府对某些欧盟产品征收了100%的关税,其中包括法国的主要产品,例如鹅肝酱、芥末和洛克福羊乳干酪。波夫和其他人在米洛镇邻近地区的农场饲养的绵羊,就是其羊奶用于制作洛克福羊乳干酪的绵羊。因此,他们对美国的关税感到愤怒,并决定将他们的失望发泄到麦当劳身上。

波夫和他的同伴们被逮捕并被起诉。他们很快变成法国反全球化运动的焦点,该运动抗议的内容包含各种事务,从国家主权的丧失和不公平贸易政策即试图将含激素的牛肉强加给法国消费者,到法国文化被外来美国价值观侵蚀。法国总理利昂内尔·若斯潘(Lionel Jospin)认为约瑟·波夫事件的起因是正当的。波夫因此被允许保持自由身并暂缓判决,他在1999年11月前往西雅图抗议世界贸易组织,并在那里被奉为反全球化运动的英雄。2000年7月,波夫在法国的审判吸引了大约4万名支持者前往小镇米洛,他们在那里的法院外扎营并等待裁决。波夫被判有罪及3个月监禁,远远少于最高5年的刑罚。他的支持者们穿着印字的短袖衫,上面写着:"世界不是商品,我也不是!"

大约同一时间在法国的郎格多克地区,美国加利福尼亚的酿酒商罗伯特·蒙达维(Robert Mondavi)与阿丽亚娜(Aniane)村的村长、村委会及地区政府达成了协议,将属于该村的125英亩林间山地变成葡萄园。蒙达维计划在该项目上投资700万美元,并希望生产出顶级葡萄酒。该葡萄酒能够以每瓶60美元的价格被销售到欧洲市场和美国市场。然而,当地的环保主义者反对这个计划,他们声称这将会破坏该地区独特的生态遗产。约瑟·波夫为这件事情提供了支持,于是抗议活动开始了。2001年5月,当初批准该项目的社会党市长在当地的选举中落选,而蒙达维项目是其落选的主要原因。曼纽尔·迪亚兹(Manuel Diaz)取而代之成为市长,他谴责这个项目是资本家的阴谋,是以当地村民和当地环境为代价为美国投资者谋取财富。随着迪亚兹在选举中获胜,蒙达维宣布他将退出这个项目。一位发言人指出:"这是巨大的浪费,但是这场博弈中所体现的个人利益和政治利益很明显不符合我们的利益。"

因此,法国反对外国投资吗?从麦当劳和蒙达维的经历来看,事情似乎确实如此,相关新闻报道也这样说,但是再仔细分析一下,会发现情况似乎并不全然如此。麦当劳在法国有800多家餐厅,并且在当地依然经营良好。事实上,法国是麦当劳最有利可图的市场之一。法国长期以来是最受欢迎的外国直接投资流入地区,在2006—2008年获得超过4 500亿美元的外国直接投资额,超过除英国之外的所有其他欧洲国家。美国在法国的投资市场总是占有相当大的比重。而且,法国企业也是重要的外国投资者,在全球外国直接投资存量中,法国约1 100家跨国公司在其中所占的比重为8%左右。[①]

[①] "Behind the Bluster," *The Economist*, May 26, 2001; "The French Farmers' Anti-global Hero," *The Economist*, July 8, 2000; C. Trueheart, "France's Golden Arch Enemy?" *Toronto Star*, July 1, 2000; J. Henley, "Grapes of Wrath Scare Off U. S. Firm," *The Economist*, May 18, 2001, p.11; United Nations, World Investment Report, 2006 (New York and Geneva: United Nations, 2006).

□ 全球化、工作和收入

全球化反对者的第一个关注点是，国际贸易壁垒降低后破坏了在发达地区如美国和西欧的制造业就业机会。评论家认为，国际贸易壁垒下降使得公司能够将制造业生产转移到工资水平比母国低得多的国家。① 事实上，由于中国、印度和东欧国家进入了全球贸易体系，再加上全球人口的增长，据估计全球劳动力储备在1985—2005年翻了4倍，其中大部分增长发生在1990年后。② 其他事情也一样，可以推出的结论是，全球劳动力的海量扩张，在同期国际贸易扩张的伴随下，会压低发达国家的工资。

在过去几年中，服务日益被外包到其他工资更低的国家，人们对服务领域产生了同样的担忧。在受到影响的国家中，人们普遍感到，当戴尔、IBM或花旗集团等公司将服务外包给成本更低的外国供应商时——这3家公司都这么干了——它们实际上是将工作"出口"到了低工资国家，并引起母国更多的失业和更低的生活水平。美国一些法律制定机构已经通过提起法定工作外包壁垒的方式对此做出了回应。

全球化的支持者回应说，对这些趋势的批评没有看到自由贸易的关键——利益大于成本。③ 他们认为，自由贸易将带来各国对商品和服务的专业化生产，这种专业化生产将使得他们能够以最有效率的方式生产，同时进口那些他们无法高效率生产的商品和服务。当一国接受自由贸易时总会发生一些混乱——丢了纺织工作或在戴尔丢了呼叫中心的工作——但是总体经济会得到更好的结果。根据这个观点，当纺织品能够在成本更低的洪都拉斯或中国（中国不同于洪都拉斯，中国是美国的主要纺织品进口国）生产时，美国在本国生产这些产品几乎毫无意义。从中国进口纺织品使得美国服装价格更低，从而使美国消费者能够将更多收入用于购买其他商品。同时在中国，由于纺织品出口增加的收入提高了该国的收入水平，这将有助于中国人购买更多的美国制造产品，例如安进（Amgen）的药物、波音喷气飞机、使用英特尔（Intel）技术的计算机、微软（Microsoft）的软件，以及思科（Cisco）的路由器。

同样的论据也可以用来支持将服务外包到工资更低的国家。戴尔通过将消费者服务呼叫中心外包到印度，降低了成本，也因此降低了其个人电脑的价格。美国消费者是这种发展的得益者。随着个人电脑价格的下降，美国人可以把更多的钱花在其他商品和服务上。而且，印度收入水平的增加使得印度人能够购买更多的美国商品和服务，这有助于在美国创造出工作岗位。因此，全球化的支持者认为，自由贸易有利于所有坚持自由贸易体系的国家。

如果全球化的反对者是正确的，那么他们必须能够说明三件事情：第一，劳动

---

① J. Goldsmith, "The Winners and the Losers," in *The Case against the Global Economy*, eds. J. Mander and E. Goldsmith (San Francisco: Sierra Club, 1996); Lou Dobbs, *Exporting America* (New York: Time Warner Books, 2004).

② "The Globalization of Labor," Chapter 5 in IMF, World Economic Outlook 2007 (April 2007); R. Freeman, "Labor Market Imbalances," Harvard University Working Paper, 2007.

③ Paul Krugman, *Pop Internationalism* (Cambridge, MA: MIT Press, 1996).

者收入在一国收入中所占的份额，而不是资本拥有者（例如股票和债券拥有者）收入在一国收入中所占的份额，作为工资水平下行压力的结果在发达国家应当下降。第二，即使劳动者收入在经济总量中所占的份额下降，如果经济总量的增加多到能够补偿劳动者收入份额的下降，那么生活水平也不应当恶化（这是全球化支持者们认同的观点）。第三，劳动力收入在国民收入中份额的下降必须由生产被转移到低工资国家所造成，而不是由生产技术和生产率的提高所造成。

那么数据到底是怎样的呢？一些研究报告清楚地回答了这些问题。[①] 数据显示，在过去的几十年里，劳动力收入在国民收入中所占的份额是下降的。这种份额的下降在欧洲和日本（大约10个百分点）比在美国和英国（大约3～4个百分点）影响大得多。但是，详细分析后发现，技术工人收入在国民收入中所占的份额实际上是上升的，也就是说，劳动力收入份额的下降是由非技术工人收入所占份额下降引起。例如，美国一份针对收入分布长期趋势的研究报告得出的结论是：

> 从20世纪70年代末期到20世纪90年代末期，从全美国范围来看，最低收入家庭的平均收入在剔除通货膨胀因素后下降了6%，中间1/5家庭的平均实际收入增加了5%，与其对比强烈的是，最高收入的1/5家庭的平均实际收入的增加超过了30%。[②]

另一个研究表明，技术工人和非技术工人之间的收入鸿沟在过去的20多年里扩大了25%。[③] 总的来说，在过去的几十年里，人们目睹了发达国家非技术工人收入在国民收入中份额的下降。

但是，这并不表明发达国家非技术工人生活水平下降。发达国家的经济增长有可能补偿了非技术工人在国民收入中的份额下降，提高了他们的生活水平。实际上，有证据表明，自从20世纪80年代开始，这种实际劳动力补偿在包括美国的大多数发达国家稳定增长。经济合作与发展组织（OECD）的成员是世界上最富有的经济体，它的一份研究报告指出，在一些经济合作与发展组织成员的社会阶层中，尽管最富有和最贫困人群的鸿沟在扩大，但是这种趋势绝不是普遍现象。[④]

发展中国家的情形则可能不同。如前所述，全球化的反对者认为，非技术工人工资水平的下降由低工资制造业工作的外包转移造成，这种工作转移相应减少了对非技术工人的需求。然而，全球化的支持者看到了更复杂的场景。他们认为，非技术工人实际工资水平的明显下降更多归因于，发达国家内部的由技术引导产生的转移带走了工作机会，那些需要重要教育和技能的工作岗位只接受合格的工人。他们指出，许多发达国家都报道缺少高技术工人，以及非技术工人存在超额供给。因此，

[①] Milanovic and L. Squire, "Does Tariff Liberalization Increase Wage Inequality?" *National Bureau of Economic Research*, working paper no. 11046, January 2005; B. Milanovic, "Can We Discern the Effect of Globalization on Income Distribution?" *World Bank Economic Review*, 19, 2005, pp. 21–44.

[②] Jared Bernstein, Elizabeth C. McNichol, Lawrence Mishel, and Robert Zahradnik, "Pulling Apart: A State by State Analysis of Income Trends," *Economic Policy Institute*, January 2000.

[③] "The Globalization of Labor," Chapter 5 in IMF, World Economic Outlook 2007 (April 2007); R. Freeman, "Labor Market Imbalances," Harvard University Working Paper, 2007.

[④] M. Forster and M. Pearson, "Income Distribution and Poverty in the OECD Area," *OECD Economic Studies* 34 (2002).

收入增长不平等是劳动力市场对技术工人工资竞价,以及对非技术工人工资打折扣的结果。实际上最近有证据表明,与全球化相比,技术变化对劳动力收入在国民收入份额中的下降有更大影响。① 这表明解决非技术工人收入水平停滞的办法,并不是限制自由贸易和全球化,而是增加社会对教育的投资并减少非技术工人的供给。② 全球化不是一个单独的经济话题,它也带来了深远的社会意义。

特别需要指出的是,随着发展中国家经济快速增长,发达国家和发展中国家之间的工资鸿沟正在缩小。例如,据估计,在未来大约 30 年里,中国的工资将接近西方国家水平。③ 具体到本书的研究,任何非技术工作被转移到低工资国家都代表了这个世界向更紧密一体化的全球经济进行的结构调整。

全球化、劳动力政策和环境

全球化反对者的第二个关注点是,自由贸易促使发达国家的公司将制造设施转移到欠发达的、对劳动力的保护管制不充分的、对肆无忌惮破坏环境的保护管制不充分的国家。④ 全球化的反对者通常认为,坚持对劳动力和环境实行管制大大增加了制造业企业的成本,并使他们在全球市场上面对发展中国家不必遵循这些规制的企业时处于竞争劣势。企业应对这种劣势,从理论上说,就是将其生产设施转移到没有这些恼人管制的国家,或者转移到有管制政策但无法强制实施的国家去。

如果这是事实,那么可以预期自由贸易会导致污染增加,并导致发达国家公司利用欠发达国家的劳动力。⑤ 那些反对加拿大、墨西哥和美国在 1994 年签署《北美自由贸易协议》(North American Free Trade Agreement) 的人,反复使用这一点反对全球化。他们描绘的图景是:美国制造业公司陆陆续续被转移到墨西哥,以便随意污染环境、雇用童工、忽略工作场所安全及健康问题,并且所有这些都以追求更高利润的名义进行。⑥

支持自由贸易及扩大全球化的人们对反对者们描述的这种场景表示质疑。他们认为,更严厉的环境管制和更严格的劳动力标准与经济发展联系在一起。⑦ 一般而言,随着国家变得更富有,这些国家就会实施更严厉的环境管制和劳动力管制。⑧ 由

---

① "The Globalization of Labor," Chapter 5 in IMF, World Economic Outlook 2007 (April 2007); R. Freeman, "Labor Market Imbalances," Harvard University Working Paper, 2007.

② Paul Krugman, *Pop Internationalism* (Cambridge, MA: MIT Press, 1996); D. Belman and T. M. Lee, "International Trade and the Performance of U. S. Labor Markets," in *U. S. Trade Policy and Global Growth*, ed. R. A. Blecker (New York: Economic Policy Institute, 1996).

③ R. Freeman, "Labor Market Imbalances," Harvard University Working Paper, 2007.

④ E. Goldsmith, "Global Trade and the Environment," in *The Case against the Global Economy*, eds. J. Mander and E. Goldsmith (San Francisco: Sierra Club, 1996.)

⑤ P. Choate, *Jobs at Risk: Vulnerable U. S. Industries and Jobs under NAFTA* (Washington, DC: Manufacturing Policy Project, 1993).

⑥ P. Choate, *Jobs at Risk: Vulnerable U. S. Industries and Jobs under NAFTA* (Washington, DC: Manufacturing Policy Project, 1993).

⑦ B. Lomborg, *The Skeptical Environmentalist* (Cambridge, UK: Cambridge University Press, 2001).

⑧ H. Nordstrom and S. Vaughan, *Trade and the Environment*, World Trade Organization Special Studies No. 4 (Geneva: WTO, 1999).

于自由贸易能够使发展中国家提高经济增长率并变得更富有，这样它们就应该实施更严厉的环境和劳动力法律。通过创造财富和企业实施技术革新的内在动力，自由市场体系及自由贸易使得整个世界能够更容易处理污染和人口增长问题。

确实，尽管污染水平在发达国家已经处于下降中，但是在世界上更穷的国家中正在上升。尽管这证实了经济发展能够培育出更好的环境这一论点，却没有描绘出整个世界的场景，尤其是新兴经济体的情况。

大量计量研究已经找到一致证据，人均收入和污染水平之间存在驼峰形关系，如图 1.5 所示。① 随着一国经济增长和人均收入上升，起初污染水平也会上升，但是在经过某个点之后，人均收入的上升就会导致对环境保护的更大需求，随后污染水平就会下降。格罗斯曼（Grossman）和克鲁格（Krueger）的一个重要研究发现，转折点通常在人均收入达到 8 000 美元时出现。②

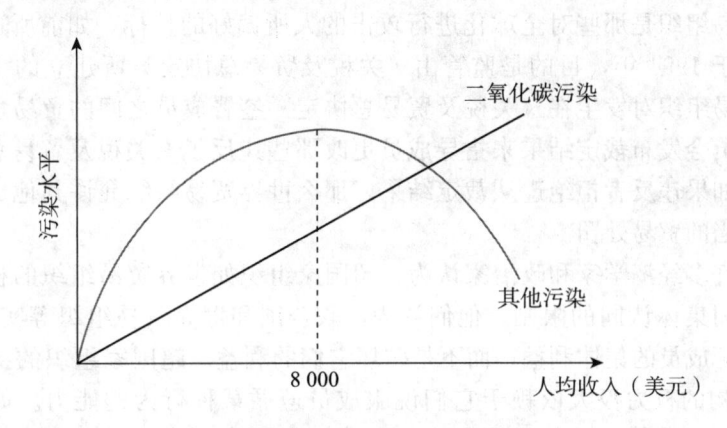

图 1.5 污染水平和人均收入

尽管图 1.5 中描述的驼峰形关系看上去包含范围较广的污染——二氧化硫污染、铅污染和水污染——但二氧化碳污染是一个重要的例外，它会随着更高的收入水平稳定增长。假定大气中二氧化碳浓度的增加是全球变暖的原因，那么这个问题应该受到认真的关注。但是，问题的解决方案可能不是把已经努力培育出经济增长和全球化的贸易自由化拉回到过去，而是让世界各国一致同意对二氧化碳排放实施更严厉的限制标准。尽管自 1992 年里约热内卢地球高峰会议以来，联合国发起的会谈将削减碳排放列为主要目标——不仅在里约热内卢地球高峰会议上，也在随后的日本东京会谈中主张——但联合国在实现这个雄心勃勃的目标上几乎没有取得任何实际进展，部分原因是最大的二氧化碳排放国——美国拒绝在全球协议上签字，美国认为这个协议会不合理地妨碍经济增长。此外，尽管美国的二氧化碳排放在以令人担忧的速度增加，但美国对采取更严格的污染控制措施几乎完全没有表现出兴趣。

虽然情况如此，但自由贸易的支持者们也指出，将自由贸易协议与欠发达国家更严格的环境和劳动力法律捆绑在一起是有可能实现的。例如，《北美自由贸易协

---

① B. R. Copeland and M. Scott Taylor, "Trade, Growth and the Environment," *Journal of Economic Literature*, March 2004, pp. 7 - 77.

② G. M. Grossman and A. B. Krueger, "Economic Growth and the Environment," *Quarterly Journal of Economics* 110 (1995), pp. 353 - 378.

议》在墨西哥承诺实施更严格的环境保护规制的协定附件被相关方拿上会桌谈判后,才得以通过。因此,自由贸易的支持者们认为,与没有加入《北美自由贸易协议》的情形相比,现在墨西哥的工厂更干净了。

□ 全球化和成员权益

全球化反对者的第三个关注点是,当今全球经济日益相互依赖,这种情况使得各国政府的经济权力被转移到超国家组织例如世界贸易组织、欧盟和联合国等手中。正如反对者认为的那样,现在这些未经选举产生的机构,将其制定的政策强加到各成员经民主选举产生的政府身上,结果逐渐侵害了这些成员的主权,并限制了这些成员控制其自身命运的能力。[1]

世界贸易组织是那些对全球化进行攻击的人所偏好的目标。如前所述,世界贸易组织成立于1994年,目的是监管由《关税及贸易总协定》所建立的世界贸易体系。世界贸易组织对发生在《关税及贸易总协定》签署成员之间的贸易争端进行仲裁。仲裁委员会发布裁定结果来指导成员更改那些违反了《关税及贸易总协定》的贸易政策。如果违反者拒绝遵从裁定结果,那么世界贸易组织允许其他成员对违规成员施加适当的贸易处罚。

然而,许多经济学家和政治家认为,超国家组织如世界贸易组织的权力受到成员与成员之间集体认同的限制。他们认为,联合国和世界贸易组织等实体的存在,是为了服务于成员的集体利益,而不是破坏它们的利益。超国家组织的支持者们指出,这些机构的权力极大依赖于它们说服成员遵循某种行为的能力。如果这些机构不能为成员的集体利益提供服务,那么这些成员将撤回它们的支持,超国家组织很快就会崩溃。根据这个观点,实际权力仍然属于单个成员,而不是超国家组织。

□ 全球化和世界贫穷

全球化反对者的第四个关注点是,抛开想象的自由贸易和投资的相关利益,在过去百余年中,世界富国和穷国之间的差距一直在扩大。1870年,世界最富有的17个国家的平均人均收入是其他国家的2.4倍。1990年,同样的国家群体比其他国家富有4.5倍。[2] 尽管最近的历史表明,一些世界较穷的国家进入了经济快速增长期——某些东南亚国家,例如韩国、泰国和马来西亚发生的变化就是证据——但是其他一些世界最穷的国家似乎进入了难以自拔的停滞期。在这些国家中,1/4人均国内生产总值在1960年少于1 000美元的国家,在1960—1995年的增长率小于零;1/3国

---

[1] R. Kuttner, "Managed Trade and Economic Sovereignty," in *U. S. Trade Policy and Global Growth*, ed. R. A. Blecker (New York: Economic Policy Institute, 1996).

[2] L. Pritchett, "Divergence, Big Time," *Journal of Economic Perspectives* 11, no. 3 (Summer 1997), pp. 3 – 18.

家的同期增长率小于0.05%。① 然而，问题依然存在，如果全球化是这样一种积极的发展，那么穷国和富国之间经济差距的扩大就不应该发生。

尽管经济停滞的理由不同，但是有些因素表现得很突出，这些国家没有一个对自由贸易和全球化采取了行动。② 许多世界最穷的国家在遭受着很多痛苦：极权主义政府、破坏财富而不是有利于创造财富的经济政策、地方性腐败、对产权保护乏力及战争。这样的因素有助于解释阿富汗、柬埔寨、古巴、海地、伊拉克、利比亚、尼日利亚、苏丹、越南和刚果等国家为什么在最近几十年里没能提高其经济状况。较复杂的一个原因是，在这些国家中，有很多国家人口在快速扩张。在政府缺少大作为的情况下，人口增长可能恶化了原本存在的问题。自由贸易的促进者们认为，这些国家改善其状况的最好方式是降低对自由贸易和投资的壁垒，并实施基于自由市场经济的经济政策。③

许多世界上较穷的国家正在被拉回巨额债务中。有40个左右"高负债贫穷国家"需要被特别关注，总共涉及大约7亿常住人口。在这些国家中，以国内生产总值来衡量的政府平均债务负担是其经济总量的85%，每年政府债务的偿债成本占其出口收入的15%。④ 偿还如此沉重的债务负担，导致这些国家的政府几乎没有余钱用于投资重要的公共基础设施项目，比如教育、保健、道路和能源。结果就是"高负债贫穷国家"陷入了经济发展的贫穷和债务循环中。一些人认为，自由贸易是必需的，但单有自由贸易并不足以成为帮助这些国家摆脱贫困的先决条件。大规模的债务免除，反而是世界上最穷的国家所需要的，因为这能够给予这些国家重构其经济并步入长期繁荣之路的机遇。债务免除的支持者们还认为，不应当强迫穷国新的民主政府偿还那些很久之前由其腐败和独裁前任招致并处置不当的债务。

20世纪90年代后期，债务免除运动开始获得全世界较富有国家的政治支持。⑤ 在爱尔兰摇滚歌星博诺（Bono）、教皇约翰·保罗二世（John Paul Ⅱ）及有影响力的哈佛经济学家杰弗里·萨克斯（Jeffrey Sachs）高调支持的刺激下，债务免除运动使得美国在2000年实施法案为"高负债贫穷国家"债务免除提供4.35亿美元资金。也许更重要的是，美国也支持国际货币基金组织的一个计划，即出售部分黄金储备并对债务免除提供帮助。国际货币基金组织和世界银行已经打出了横幅——开始着手实行系统的债务免除项目。

然而，对这样一个拥有长久效应的项目，债务免除必须与明智的能够促进经济增长的公共项目投资（例如教育）相配套，与有利于贸易和投资的经济政策的制定相配套。通过削减从世界较穷国家进口商品的壁垒，尤其是对农产品和纺织品的进

---

① L. Pritchett, "Divergence, Big Time," *Journal of Economic Perspectives* 11, no. 3 (Summer 1997), pp. 3-18.

② W. Easterly, "How Did Heavily Indebted Poor Countries Become Heavily Indebted?" *World Development*, October 2002, pp. 1 677-1 696; J. Sachs, *The End of Poverty* (New York, Penguin Books, 2006).

③ D. Ben-David, H. Nordstrom, and L. A. Winters, "Trade, Income Disparity and Poverty," *World Trade Organization Special Studies No. 5* (Geneva: WTO, 1999).

④ W. Easterly, "Debt Relief," *Foreign Policy*, November-December 2001, pp. 20-26.

⑤ J. Sachs, "Sachs on Development: Helping the World's Poorest," *The Economist*, August 14, 1999, pp. 17-20.

口关税进行削减，世界上的富国也能够起到帮助作用。高关税壁垒和其他贸易壁垒使得穷国难以出口更多的农产品。据世界贸易组织估计，如果世界上的发达国家消除对其农产品生产者的补贴，并去除对农产品贸易的关税壁垒，那么这将使得全球经济福利增加1 280亿美元，其中有300亿美元将流向包括许多高负债国家在内的发展中国家。根据世界贸易组织的估算，2015年，与农业贸易关联的更快的经济增长能够使贫困人口减少13%。

全球市场中的管理活动

本书多处涉及对国际企业管理的挑战。**国际企业**（international business）指致力于国际贸易和投资的公司。一家公司不必非要成为在其他国家直接投资并运行、致力于国际商务的跨国公司，尽管跨国公司是国际企业。一家公司变成国际企业所要做的事情是，从其他国家出口或进口产品。随着世界向一体化的全球经济转变，更多的公司，有大公司也有小公司，变成了国际企业。这种向全球经济的转变对国际企业中的经理人意味着什么？

随着他们所在的企业日益投身于跨国贸易和投资，经理们需要认识到管理国际企业的任务在很多方面不同于管理纯粹的国内企业。在最基本的层面上，这些差异来自简单的事实，因为国家不同。各国在文化、政治体系、经济体系、法律体系和经济发展水平上都不同。抛开所有有关即将出现地球村的言论，以及市场和生产的全球化趋势，正如我们将在本书中看到的，许多差异的影响深刻而持久。

国家之间的差异要求国际企业改变其在各国的实操。在巴西营销一种产品也许需要不同于在德国营销产品的方法，管理美国工人也许需要不同于管理日本工人的技巧，与特定层面的政府机关保持亲近关系也许在墨西哥非常重要但是在英国则无关紧要，追求商务策略也许在加拿大能够获得成功但是在韩国就不管用，等等。国际企业的经理不仅必须对这些差异保持敏感，而且必须采取合适的措施和策略来处理这些问题。本书在多处专门解释了这些差异的来源及成功处理这些差异的方法。

不同于国内企业，国际企业带来的更进一步的问题是，管理国际企业更复杂。除了国家之间差异产生的问题之外，国际企业的经理还必须面对大量在国内企业绝不会遇到的各种问题。国际企业的经理必须做出决策：应当在世界的什么地方进行生产来最小化成本并最大化增加值？他们必须做出判断：坚持实施许多欠发达国家现有的较低的劳动力和环境标准是否符合道德？他们还必须决策：如何最优化全球生产活动分散后的合作和控制（正如本书稍后将要说明的，这是一个重要问题）？国际企业的经理也必须决策：该进入哪个以及不该进入哪个外国市场？他们必须选择进入特定外国市场的合适方式：这对将其产品出口到外国市场是最优的吗？公司应该准许当地企业在授权情况下生产其产品吗？公司应当与当地企业合资生产其产品吗？或者公司是否应该设立一个完全自有的附属机构来服务于该国市场？正如本书将要揭示的，进入方式的选择至关重要，因为这对公司的长期健康发展具有重要影响。

进行跨国商务交易要求理解国际贸易和投资体系的适用规则，国际企业中的经理也必须处理当地政府对国际贸易和投资进行限制带来的问题。他们必须在具体的强制实施的政府干预限制许可范围内找出开展工作的办法。正如本书所解释的，虽然很多政府名义上致力于自由贸易，但它们也常实施干预以便对跨国贸易和投资进行管制。国际企业的经理必须找出应对这种政府干预的策略和措施。

跨国交易也要求将公司母国货币转换成外国货币，反过来也一样。由于货币汇率随着经济条件的改变而变化，国际企业的经理必须找出措施来应对汇率波动问题。在这个问题上，采取了错误措施的公司将在市场上损失大量金钱，而采取了正确措施的公司则能够增加其国际交易的利润。

总之，至少有四个原因使得管理国际企业不同于管理一个纯粹的国内企业：（1）国与国不同；（2）国际企业的经理要面对范围更广的问题，这些问题本身也比在国内企业要面对的问题更复杂；（3）国际企业必须在一国对国际贸易和投资体系干预的限制范围内找出工作的办法；（4）国际交易涉及不同货币之间的转换。

本书将对所有这些问题进行深度研究，特别关注当公司成为国际企业后，在处理因此产生的各种挑战中，经理人寻求的不同策略和措施。第二章和第三章研究不同国家在政治、经济、法律和文化方面如何互相不同。第四章详细叙述由国际企业产生的伦理问题。第五章到第八章在国际企业必须运作的范围内研究国际贸易和投资环境问题。第九章到第十一章回顾国际货币体系的内容，这些章节关注外汇市场的本质和新兴全球货币体系。第十二章到第十四章研究国际企业战略。第十五章到第二十章研究在国际企业中对各种功能性操作的管理，包括生产、营销和人力资源关系。在你学完这本书的时候，你应该能够很好地掌握那些国际企业经理必须掌握的日常主要工作，而且应该熟悉在当今快速发展的全球经济中进行更有效竞争的各种策略和运行措施。

● 本章总结

本章介绍了本书其余各部分的主要内容，向读者表明世界经济如何正在变得更加全球化并回顾了主要的全球化驱动力量，认为这些驱动力推动了国与国向着更紧密的一体化的全球经济发展。本章研究了国际企业的本质如何改变了其对全球经济变化的回应，讨论了由快速全球化带来的一些问题，回顾了快速全球化对个体经理人的影响。本章要点如下：

1. 在过去几十年中，人们见证了市场和生产的全球化。

2. 市场全球化指国内市场与一个巨大的市场融合在一起，但重要的是不要太多人为地推动这种变化。

3. 生产全球化指公司将特定的单个生产活动建立在全球区位最优化基础上。因此，自从美国产品、日本产品或德国产品被"全球"产品逐渐替代后，这些产品之间的差异变得越来越无足轻重。

4. 全球化趋势产生的基础有两个：贸易壁垒的降低，以及通信、信息及交通技术的改变。

5. 自从第二次世界大战结束后，商品、服务和资本的自由流动壁垒被大大降低了。这比其他任何因素都更有助于生产全球化趋势的发展,并使得公司将世界看成单一市场。

6. 作为生产全球化和市场全球化的结果,在过去10年中,世界商品贸易总量比世界生产总量增长得更快,外国直接投资大大增加,出口更深入渗透到世界工业化国家,产业的竞争压力也在不断增加。

7. 微处理器以及通信和信息处理技术的相关发展,帮助企业将其遍及世界的运作连接成一个复杂的信息网络。喷气飞机运输通过缩短旅行时间,也帮助国际企业将其全球运作联系在一起。这些变化使得公司的全球运营实现了紧密合作,而且世界可被看成一个单一市场。

8. 到20世纪90年代中期时,美国经济的主导地位已经被削弱,美国在全球产出中的份额已经减半,西欧和东南亚经济体占主要份额。美国在全世界外国直接投资中的份额也已经下降大约2/3。美国跨国公司面临来自大量日本跨国公司和欧洲跨国公司的竞争。此外,市场上出现了微型跨国公司。

9. 过去几十年中,中国和拉丁美洲向自由市场经济的转变也为西方国际企业创造了大量机会(或威胁)。

10. 新兴全球化经济的成本和收益是商务界人士、经济学家和政治家们的热门讨论问题。争论聚焦于全球化对工作、工资、环境、工作条件等的影响上。

11. 最少有四个理由可以说明管理国际企业不同于管理国内企业:(1) 国与国不同;(2) 国际企业的经理要面对范围更广的问题,这些问题本身也比原来在国内企业要面对的问题更复杂;(3) 国际企业必须在一国对国际贸易和投资体系干预的限制范围内找出工作的办法;(4) 国际交易涉及不同货币之间的转换。

●批判性思考和问题讨论

1. 请描述过去30年中世界经济发生的转变。这些转变对总部位于英国、北美和中国香港的国际企业有何影响?

2. 评述下列说法:"如果你将在一家大型跨国公司中工作,那么研究国际企业有意义,但是对即将在小公司任职的人来说,这完全没有必要。"

3. 技术变化如何促成了生产全球化和市场全球化?没有这些技术的变化,生产全球化和市场全球化还有可能发生吗?

4. "对国际企业和对国内企业的研究根本没有差别,所以,单独开设国际企业相关课程毫无意义。"请评述这种说法。

5. 互联网和万维网是如何影响国际商务活动及世界经济全球化的?

6. 如果当前趋势持续下去,到2020年时,中国可能成为世界上最大的经济体,讨论一下这种发展可能对下列事物产生的影响:(1) 世界贸易体系;(2) 世界金融体系;(3) 当今欧洲和美国全球企业的商务策略;(4) 全球商品的价格。

7. 阅读"聚焦管理:通用电气的全球化"专栏,然后回答下列问题:

(1) 你认为通用电气为何积极向国外进行投资扩张?它是想利用什么机遇?

(2) 通过将其全球商务的部分总部搬到外国,通用电气是想实现什么目标?

(3) 通用电气试图将高级管理层"国际化"的目标是什么?对于"国际化"高

级管理层，你是怎么看的？

(4) 就真实的全球商务本质而言，通用电气的例子告诉了你什么？

● 研究任务：全球化

利用 globalEDGE™ 网站完成下列练习：

练习 1

公司开发出一种对各个国家和各种文化都具有普遍吸引力的新产品。实际上，在不考虑当地人群平均收入的情况下，人们希望这种产品在所有引入国家中都有很好的普及率。考虑到产品发布成本，管理团队决定最初只在那些有一定人口规模的国家发布该产品。你被要求为人口规模最大的 10 个国家准备一份初步报告。管理层成员之一指出，世界人口数据表可能对这份报告有用。由于增长机遇是另一个主要关注点，因此平均人口增长率也应该被列入管理层的考虑因素中。

练习 2

你目前工作的公司正想要去另一个国家投资。对具有不同习俗的国家进行投资是你公司长期策略目标中的重要组成部分。同样，管理层要求你根据外国直接投资的潜在回报针对可选国家的吸引力准备一份报告。因此，根据外国直接投资吸引力列出的最高的 25 个国家的排名是你报告中至关重要的组成部分。一位同事提出，定期更新的外国直接投资信心指数可能是一个有用的工具。找到这个指数，并且给出有关该指数如何构成的附加信息。

● 章尾案例：宜家——全球零售商

宜家有可能是世界上最成功的全球零售商。1943 年，英格瓦·坎普拉德（Ingvar Kamprad）在瑞典成立了这家公司，当时他只有 17 岁。今天，这家大型家装超市已经成长为全球知名品牌，在 33 个国家拥有 230 家分店，每年有 4.1 亿名购物者光顾，产生 148 亿欧元的销售额。而坎普拉德依然拥有这家私人公司，并被《福布斯》（Forbes）杂志列为 2010 年世界排名第十一位的有钱人。

宜家的目标市场是全球的中产阶级，他们在市场上搜寻价格便宜同时设计有吸引力的家具和日用品。该公司在全世界采用相同的基本模式：开放式大型仓储店，用瑞典国旗中的蓝色和黄色装饰，提供 8 000~10 000 种产品，品种从橱柜到烛台都有。宜家利用古怪的促销活动驱动人们开车前往商店，商店内部的配置使得顾客必须经过每一个商品部门才能到达收款台，在店内增设饭店和儿童照顾设施使得购物者尽可能停留更久，对商品的标价尽可能低，确保产品设计具有已成为宜家标志的简洁的瑞典线条。接下来人们看到的结果是——原本只计划购买价值 40 美元咖啡桌的顾客，进入店内后花了 500 美元，所购之物从储存箱到厨房用具都有。

宜家努力将其所提供商品的价格每年降低 2%~3%，这要求工作人员对成本削减付出不间断的关注。宜家利用其在全球 53 个国家的 300 个供应商，为找到每件产品的合适制造商付出了相当大的努力。以该公司的畅销产品克利帕（Klippan）双人椅为例，该产品于 1980 年由设计师克利帕设计，具有线条简洁、颜色明快、椅腿简单和尺寸紧凑的特点，自产品发布后已经被售出大约 1 500 万件。最初宜家在瑞典生产该产品，但很快将生产转移到波兰的低成本供应商那里。随着市场对该产品需求的增加，宜家接着做出决策，认为与公司每一个大市场的供应商合作才是更合理的选择，这样可以避免将产品运到全世界的运输成本。如今，该产品的框架在欧洲有5个供应商，在美国有3个供应商，在中国有2个供应商。为了削减棉布沙发套的成本，宜家将生产集中在中国和欧洲的4个主要供应商处。这种全球外包带来的效率，使得宜家在1999—2005年将该产品的价格降低了40%。

抛开其标准化模式，宜家为了实现全球成功，还必须适当调整其产品以迎合不同国家消费者的口味和偏好。宜家在20世纪90年代早期进入美国市场时第一次发现这一情况。当时公司很快发现，欧洲风格的产品并不总能引起美国消费者的共鸣。宜家的床类产品以厘米计量，而美国人熟悉的是特大号床、大床和单人床。宜家的沙发不够大，衣柜抽屉尺寸不够深，玻璃镜太小，窗帘太短，美国尺寸的家用电器也和厨房尺寸不匹配。从那时起，宜家重新设计了它在美国的产品以吸引美国消费者，这个举措带来了更多的销售额。同样的处理现在也在中国展开，截至2010年，公司已经在中国建立了8家分店，在中国的店铺布局体现了中国人住房布局的特点。由于许多中国人的住房有阳台，宜家中国店就增加了一个阳台部门。由于中国人汽车普及率还不够高，宜家也必须对其分店在中国的位置进行调整。在西方国家，宜家店通常位于郊外并且有很多停车位，在中国的宜家店则位于靠近公共交通的地方，并且宜家店为客户提供送货服务以便客户能将其所购商品拿回家。①

案例讨论问题

1. 宜家如何从市场全球化中受益？
2. 宜家如何从生产全球化中受益？
3. 通过将整个世界看成一个单一的一体化全球市场，宜家的故事教会了你什么？

---

① K. Capell, A. Sains, C. Lindblad, and A. T. Palmer, "IKEA," *BusinessWeek*, November 14, 2005, pp. 96 - 101; K. Capell et al., "What a Sweetheart of a Love Seat," *BusinessWeek*, November 14, 2005, p. 101; P. M. Miller, "IKEA with Chinese Characteristics," *Chinese Business Review*, July-August 2004, pp. 36 - 69; C. Daniels, "Create IKEA, Make Billions, Take Bus," *Fortune*, May 3, 2004, p. 44.

第二部分

国家差异

第二章

国家的政治经济差异

学习目标

学完本章后，你应该能够：

1. 清楚各国政治体系如何不同；
2. 领会各国经济体系如何不同；
3. 理解各国法律体系如何不同；
4. 能够解释一国经济发展水平的决定因素；
5. 讨论全世界发生的宏观政治和经济的变化；
6. 描述转型经济如何向市场经济转变；
7. 清楚政治经济中国家差异在管理实操中的意义。

● 开篇案例：苏哈托的印度尼西亚

1966年，当苏哈托（Suharto）中将作为总统入主政府时，《时代》（*Time*）杂志如此描述他："一个职业军官，长着一头黑色的波浪状头发，一双警觉的棕色眼睛，以及一张坦率得几乎是无辜的脸。"

30多年之后，还是《时代》杂志，查出苏哈托的某个瑞士银行账户里有超过90亿美元的存款。根据《时代》杂志的报道，除了其中部分巨额财富由苏哈托及其家族拥有之外，苏哈托还在新西兰有一个价值400万美元的猎场，在新加坡有一套价值800万美元的顶层公寓，在洛杉矶有一栋价值1 200万美元的独家住宅，以及一队飞机，其中包括一架波音747-200大型喷气客机，一架DC-10及一架波音737。

苏哈托的政治生涯始于强烈反对共产主义，他在全国清洗所有先前追随印度尼西亚共产党（Partai Komunis Indonesia）的人，并且宣扬要开拓一个发展和繁荣的新时代。在许多年里，印度尼西亚是工业化的范例。苏哈托采取中央集权并抓住军权，除了利用这种权力允许印度尼西亚有价值的自然资源私有化，他还修改了劳动法使得在印度尼西亚进行投资对跨国公司更有吸引力。从1980年到20世纪90年代中期，印度尼西亚的国内生产总值以每年6.5%的速度增长。

然而，允许苏哈托对印度尼西亚实行改革的严格控制和网络化体系，同样是包庇回扣和腐败体系的基础。卷入腐败的公司可以成为代理经销商，总体的商务环境使得家族成员和亲密朋友更容易成为进口商。这些企业经常可以得到优先合同，其中一些甚至在诸如石油化学产品等重要商品的分销中拥有垄断权。印度尼西亚私人所有的自然资源，包括房地产，被集中在苏哈托家族及其某些亲近的伙伴手中。银行以低得不可思议的利息向这些家族企业放贷，并常常需要放弃回报。

曾经带来经济高速发展的体系，现在同样是腐败和包庇体系的基础，其程度之深，以至于腐败和包庇成为公司在印度尼西亚从事商务活动的常规之道。世界银行曾经估算过，在20年的时间里，通过遍布公务部门的腐败，多达30%的印度尼西亚发展预算消失了。苏哈托本人被人们认为是世界上最腐败的领导人之一，根据透明国际（Transparency International）的估计，他个人掠夺的财富总数在150亿美元～350亿美元。

在苏哈托的后期统治中，满眼都是控告他违反了人权，以及控告他派遣印度尼西亚军队占领东帝汶24年间犯下的罪行。

最后，在差不多执政32年后，苏哈托被迫在1998年下台，原因是：1997年的亚洲金融危机使过半印度尼西亚人口生活在贫困线以下，印度尼西亚的国内生产总值比1996年减少了大约13%，这种下跌意味着经济的衰退。①

引言

国际企业比国内企业要复杂得多，因为国与国在很多方面都不同。各国的政治、经济和法律体系不同，文化习俗、教育和劳动技能水平大相径庭，经济发展水平也可能处在不同的发展阶段。所有这些差异，能够并且确实对国际企业的实操产生了重大影响，深刻影响了国际企业的收益、成本、在不同国家从事业务时所冒的风险、国际企业在不同国家管理运行的方式，并促使国际企业在不同的国家寻求不同的策略。本章及第三章的主要作用是，帮助读者认知和鉴别各国在政治体系、经济体系、法律体系和国家文化上的差异及重要性。这两章的另一个作用是，向读者说明世界各国的政治、经济、法律和文化体系正在如何变化，以及这些变化对国际企业实操的影响。

"开篇案例"说明了本章中提到的一些问题，即各国的政治、经济、法律体系如何不同。我们将这些体系统称为一国的政治经济体制构成。我们使用**政治经济**（political economy）这个词来强调一国的政治、经济、法律体系是相互依赖的，它们相互作用并相互影响，以这样的方式影响经济福利的水平。除了考察这些系统，本章还研究了政治经济中的差异如何影响了国际企业在不同国家从事商务活动时涉及的利益、成本和风险，以及如何影响了它们的管理实操和策略。在第三章中，本书将研究文化中的差异如何影响国际企业的实操。正如本书所指出的，政治经济和国家

---

① "Indonesia: Vengeance With a Smile," *Time*, July 15, 1996, p.26; "Suharto Inc.: A Special Report," *Time* (Asia), May 24, 1999; "Suharto Tops Corruption Rankings," *BBC News*, March 25, 2004.

文化彼此并不独立。第三章将更明确地指出，文化能够对政治经济——一国的政治、经济和法律体系——施加影响，并且反过来也成立。

政治体系

一国的政治体系形成了其经济和法律体系。[①] 就这一点来说，在讨论经济和法律体系之前，读者需要先理解不同政治体系的本质。本书用**政治体系**（political system）一词指一国政府的体系。我们可以从两个维度来评估政治体系。第一个维度是，强调与个人主义相反的集体主义的程度。第二个维度是，民主或极权主义的程度。这两个维度是相互关联的，强调集体主义的体系倾向极权主义，而那些高度重视个人价值的体系则倾向民主。但是，两个极端中间有很大一块是灰色地带。一国有可能是强调集体主义和个人主义混合体的民主社会，同样，也有可能是非集体主义的极权主义社会。

集体主义和个人主义

集体主义

集体主义（collectivism）指的是，强调集体目标高于个人目标的政治体系。[②] 当强调集体主义时，人们将整体的社会目标看得比个人自由更重要。在这样的社会环境中，个人做一些事情的权利，有可能由于其与"社会利益"或者"公众利益"背道而驰而受到限制。对集体主义的主张可以追溯到古希腊哲学家柏拉图（公元前427—公元前347）的思想，他在一本叫《理想国》（*The Republic*）的书中认为，个人权利应当为大多数人的利益做出牺牲，财富应当共有。柏拉图没有将集体主义等同于平等，他认为应当将社会分出阶层，让那些最适合统治的人（对柏拉图来说，这些人自然是哲学家和战士）为全体的利益管理社会。

个人主义

个人主义（individualism）与集体主义对立，指个人在其经济和政治追求中应当拥有自由的哲学思想。与集体主义相比，个人主义强调个人利益应当优先于集体利益。个人主义和集体主义一样可以追溯到一个古希腊哲学家——柏拉图的弟子亚里士多德（公元前384—公元前322）。与柏拉图不同的是，亚里士多德认为，个人差异和私有权是值得拥有的东西。一位坚持自由市场思想的当代政治家认为，由于私有财产比公有财产更多产，因此能够激励进步。根据亚里士多德的思想，公有财产很少受到爱护，而个人拥有的财产会获得更多的爱护并因此更多产。

16世纪，个人主义作为有影响力的政治哲学在新教徒贸易国家英格兰和荷兰盛

---

① A. O. Hirschman, "The On-and-Off Again Connection between Political and Economic Progress," *American Economic Review* 84, no. 2 (1994), pp. 343–348.

② H. W. Spiegel, *The Growth of Economic Thought* (Durham, NC: Duke University Press, 1991); M. Friedman and R. Friedman, *Free to Choose* (London: Penguin Books, 1980).

行。大量英国哲学家，包括大卫·休谟（David Hume，1711—1776）、亚当·斯密（Adam Smith，1723—1790）及约翰·斯图尔特·穆勒（John Stuart Mill，1806—1873），对这种哲学进行了改良。个人主义对那些寻求脱离英国独立的美洲殖民地产生了深远影响。实际上，《独立宣言》（Declaration of Independence）所表达的思想就是以这个概念为基础。几个20世纪诺贝尔经济学奖的获得者也都支持这种哲学，这些经济学家包括米尔顿·弗里德曼（Milton Friedman）、弗里德里希·冯·哈耶克（Friedrich von Hayek）及詹姆斯·布坎南（James Buchanan）。

个人主义建立在两条中心原则上。第一条中心原则是强调保障个人自由和自我实现的重要性。正如约翰·斯图尔特·穆勒所表达的：

> 人类有理由对他人行动自由进行个人方式或者集体方式的干涉，这么做的唯一目的是实现自我保护……在文明社会中对任何成员正当地施加干涉该成员自由的权力的唯一目的是阻止他危害他人。该成员的利益，无论是身体上的还是精神上的，都不足以成为他伤害他人的理由……任何人的行为只有当涉及他人利益时才需对社会负责，在只涉及其自身利益的情况下，其权利的独立性是绝对的。个体超越其自身，超越其身心，是至高无上的。[1]

第二条中心原则是，让人们追求他们自己的经济利益才能实现社会福利最大化，同时反对由某种集体性质的实体（例如政府）指定的符合社会最大利益的内容。亚当·斯密在其著作《国富论》中有一段著名的话，指出想要获得自身利益的个体被

> 一只看不见的手引导着去实现与其自身意愿无关的目标。这对社会并非总是坏事。通过追求其自身利益，个体常常推动社会变得比其真实意愿想要推动的更有效率。我从未听说那些进行公共产品交换的部门能够做得更好。[2]

因此，个人主义的中心思想是个人的经济和政治自由是一个社会构建的基本法则，这与集体主义发生了冲突。集体主义支持的是集体比个人优先，而个人主义支持的东西恰好相反。这种根本性的思想冲突在世界近代历史中变得更加具体化。例如冷战在很多方面就是一场由苏联支持的集体主义和由美国支持的个人主义之间的战争。

在实践问题中，个人主义体现为支持民主政治体系和自由市场经济。一方面，自从20世纪80年代末期以来，与集体主义力量被削弱对照的是个人主义的上升。过去20年发生的变化远不止东欧和苏联的演变，还包括向更多个人主义转变的拉丁美洲及许多西方社会民主国家（例如英国和瑞典）。这样说并不是在宣称个人主义最终赢得了与集体主义的长期战争。另一方面，允许自由市场在缺少国家干预和监管的情况下运行，也会招来意想不到的后果。2008年在美国发生的金融海啸就是证明自由市场经济黑暗面的绝好例子。在缺少强大国家干预的情况下，一些美国公司被

---

[1] J. S. Mill, *On Liberty* (London: Longman's, 1865), p. 6.
[2] A. Smith, *The Wealth of Nations*, Vol. 1 (London: Penguin Books), p. 325.

贪婪和追求利润蒙蔽了双眼，以至于完全忽略了公司的社会责任。实际上，在这场金融海啸中，不仅一些最大的公司倒闭了，例如美国国际集团（AIG）和雷曼兄弟（Lehman Brothers），而且它们的倒闭也给世界其他地区带来了更多的连锁效应。

□ 民主和极权主义

民主和极权主义是政治维度的两个不同极端。**民主**（democracy）所指的政治体系，其政府由人民直接构成或者由通过选举的人民代表构成。**极权主义**（totalitarianism）的政府形式是由一个人或者一个政党对全体人民生活的各方面实行绝对控制并禁止有反对党。民主-极权主义的维度与集体主义-个人主义的维度彼此联系，民主和个人主义手牵着手，集体主义和极权主义也是如此。但是，这两个极端之间始终存在灰色地带。一个集体主义价值观占主导地位的民主国家是完全有可能出现的。同样，一个鼓励某种程度个人主义尤其是在经济领域鼓励个人主义的极权国家，也是有可能出现的。

民主

单纯的民主形式，正如最初几个古希腊城市国家的实践，建立在公民应当直接参与决策的信念上。在复杂的拥有上千万甚至上亿人口的开明社会中，这种直接的民主具有不可操作性。大部分现代民主国家实行**代议制民主**（representative democracy）。在代议制民主中，公民定期选举能够代表他们的个体。然后由被选举出来的代表构成政府，再由政府为选民们做出决策。在代议制民主中，被选举出的代表若不能很好地完成工作，则将在下一次投票选举中被淘汰出政府。

为了保证被选举出的代表能够做出对选民负责的行为，一个理想中的代议制民主通常会有很多被记录在宪法中的保障措施，包括：(1) 公民自由言论、思想和集会的权利；(2) 自由的媒体；(3) 所有有资格的公民都获准参加投票的常规选举；(4) 成年人的普选权；(5) 对被选代表的限定条件；(6) 独立于政治体系的公平法律体系；(7) 非政治性的政府机构；(8) 非政治性的警察力量和军队；(9) 可以相对自由地获取国家信息。[①]

极权主义

在绝对的极权主义国家中，公民会被剥夺所有那些代议制民主建立其上的宪法保障——个人言论和集会的自由、自由的媒体及定期举行的选举。但在现实中的多数极权主义国家中，存在以下部分或者全部现象：较为普遍的政治压迫，缺少自由和公平的选举，媒体受到严格审查，公民基本的自由被剥夺，质疑统治者统治权力的人会被关进监狱并常常得不到公平审判。

今天，世界上主要存在以下几种类型的极权主义。

第一种极权主义叫作**宗教极权主义**（theocratic totalitarianism）。当一个政党、团体或者个人根据宗教教义垄断一个国家的政治统治时，就是宗教极权主义。

第二种极权主义叫作**部落极权主义**（tribal totalitarianism）。部落极权主义通常

[①] R. Wesson, *Modern Government - Democracy and Authoritarianism*, 2nd ed. (Englewood Cliffs, NJ: Prentice Hall, 1990).

出现在非洲国家。大部分非洲国家的分界线是过去欧洲殖民政府划分的行政边界，而非各部落的实际分界线。因此，典型的非洲国家通常包含很多个部落，当代表特定部落（并非总是最大的部落）利益的政党垄断权力时，就会出现部落极权主义。如今这种国家在非洲依然存在。

第三种极权主义可以叫作**右翼极权主义**（right-wing totalitarianism）。右翼极权主义通常赋予个体某些经济自由，但是以防止出现共产主义为由限制个体的政治自由。许多右翼独裁者的共同点是公开持有对社会主义或共产主义思想的敌意。许多右翼极权主义者由军队做后盾，在许多案例中由军队的军官出任政府官员。20世纪30年代到20世纪40年代由法西斯主义统治的德国和意大利就是右翼极权主义国家。直到20世纪80年代早期，拉丁美洲还遍布右翼独裁，其中许多也是军队独裁。这种情况过去也能在某些亚洲国家找到，特别是在过去的韩国、印度尼西亚和菲律宾。但是，从20世纪80年代早期开始，这种类型的政府数量开始减少。大部分拉丁美洲国家现在是真正的多党民主制。同样，如今的韩国、印度尼西亚和菲律宾也都已经实施了民主制。

经济体系

上述内容应该已经把政治思想和经济体系之间的关联交代清楚了。在置个人目标优先于集体目标的国家，更有可能看到的是自由市场经济；作为对照，在集体目标高于一切的国家，国家可能会控制许多企业，该国市场很可能是受限制而不是自由的。经济体系可以分为三个大类——市场经济、计划经济和混合经济。

市场经济

在一个纯粹的**市场经济**（market economy）中，所有的生产活动都由私人拥有，而不是由国家拥有。该国生产的商品和服务并非经过任何人提前计划，生产由供给和需求的相互作用决定，并且通过价格体系向生产者发出信号。如果产品需求大于供给，那么价格将上升，向生产者发出应该生产更多产品的信号。如果产品供给大于需求，那么价格将下跌，向生产者发出应该减少生产的信号。消费者的购买方式，通过价格机制向生产者发出信号，决定了应该生产什么及应该生产多少。

对于以这种方式运行的市场来说，供给必须没有约束。当只有一家单一公司垄断市场时会发生供给约束，这时，垄断者可能会限制产出来提高价格，而不是增加产出来满足增加的需求。这会使得垄断者从每一个出售的产品中都获得更多的边际收益。尽管这样做对垄断者自身有利，但是对支付了更高商品价格的消费者不利，同时可能对社会福利不利。由于垄断者没有竞争对象，没有动力寻找减少生产成本的方法，只是简单地通过提高商品价格的方式将增加的成本转移给消费者。最后的综合结果就是垄断者可能变得日益缺乏效率，制造价高质次的商品，最终给整个社会福利带来负面影响。

已知垄断的内在危害性，政府在市场经济中的作用就应该是通过宣布垄断不合法并且对计划垄断市场的商务操作进行限制（美国的反托拉斯法即为此目的设立），来鼓励市场中的私人生产者展开活跃的、自由的、公平的竞争。私人所有权也会鼓励积极竞争和经济效率。私人所有权确保企业家有权获得由其自身努力获得的收益，这使得企业家有内在动力为满足消费者的需求搜寻更好的解决办法，可能是开发出新产品、找到更有效率的生产流程、设计出更好的营销方案和售后服务，或者只是简单地将自己的公司经营得比竞争对手更有效率。人们相信，由这种内在动力导致的产品和生产流程的不断改进会对经济增长产生很大的积极影响。

□ 计划经济

在一个纯粹的**计划经济**（command economy）中，由政府计划该国生产什么商品和服务、生产多少数量及出售价格的高低。与集体主义的思想相一致，对政府来说，计划经济的目标就是以有利于社会的方式分配资源。此外，在一个纯粹的计划经济中，所有企业都是国家所有。理论上来说，政府能够指导企业做出最有利于国家整体利益而不是私人利益的投资。从历史来说，有些社会主义国家建立过集体目标高于个人目标的计划经济体制，但由于20世纪80年代末东欧剧变和苏联的解体，现在采用计划经济体制的国家数量大大减少了。计划经济中的一些基本组成部分，也可以在许多民主国家中看到，这些国家由倾向社会党的政府执政。法国和印度都经历过广泛的政府计划和国家所有制，尽管政府计划在这两个国家都不受欢迎。

尽管计划经济的目标是为了公共利益调集经济资源，但似乎同时出现了一些负面情况。在计划经济中，由国家所有的企业几乎没有内在动力去控制成本并保持效率，因为它们不可能停业。同样，废除私人所有制意味着个人也没有内在动力去寻求更好的解决方法来满足消费者的需求，因此，计划经济中缺少活力和创新，这样的经济体制趋向停滞而不是增长和更加繁荣。

□ 混合经济

在市场经济和计划经济之间，还有一种混合经济。在**混合经济**（mixed economy）中，某些经济部门完全向私有制和自由市场机制开放，同时其他经济部门严格实行国家所有制和政府计划。尽管混合经济如今少多了，但过去曾经普遍存在于许多国家中。不久之前，英国、法国和瑞典还属于混合经济，但是广泛的私有化进程减少了这三个国家商务中的国家所有制比重。在其他许多曾经拥有大比例国有经济部门的国家，例如巴西、意大利和新加坡，人们也能看到类似趋势。

在混合经济中，政府也倾向于接管那些处在困境中的被认为对国家利益有重大影响的企业，如法国汽车公司雷诺（Renault）。法国政府在雷诺遭遇严重财务问题时接管了该公司，因为法国政府有理由相信，雷诺破产可能会造成大量失业，由此带来的社会成本是不可接受的，因此法国政府将其国有化，使雷诺摆脱了破产的命运。雷诺的竞争者不会因为这种变化而感到激动，因为它们不得不与一家成本得到政府补贴的企业展开竞争。注意以下这个事实：即便是世界上最完备的市场驱动经济体——美国，在2008年的经济危机中，也曾通过接管濒临破产的公司（例如银行业和汽车产业的公司）来稳定经济。

法律体系

一国的**法律体系**（legal system）由法律或法令构成，这些法律或法令规定了人们行为应当合乎的程序。这种程序不仅使法律得以强制执行，而且使不公平得到纠正。一国的法律体系对国际商务极端重要，因为它规定了即将执行的商务交易方式，并设定了商务交易中各方的权利和义务。国与国之间的法律环境在很多方面非常不同，正如本章将要讲述的，法律体系的差异能够影响一国作为投资地区或市场的吸引力。

和一国的经济体系一样，法律体系也受到一国占优势的政治体系的影响（尽管也受到历史传统的很大影响）。一国政府规定了公司合法从事商务活动的法律框架——通常商务管制相关的法律能够反映统治者处于支配地位的政治思想。例如，有集体主义倾向的极权国家，趋向于颁布严格限制私有企业的法律，但是由个人主义主导政治哲学的民主制国家政府，则倾向于颁布赞成私有企业和消费者优先的法律。

本书将用一些例子来说明法律体系如何变化，以及这样的变化会如何影响国际商务。本书首先介绍一些法律体系之间的基本差异，然后介绍合同法，接着介绍规定产权尤其是涉及专利、版权和商标的法律以及对知识产权的保护，最后介绍涉及产品安全和产品责任的法律。

□ 不同的法律体系

世界各国主要有三种类型的法律体系或者法律惯例：普通法系、大陆法系和宗教法系。

普通法系

普通法系（common law system）在英国经历了数百年的发展，如今美国和大多数英国前殖民地采用的都是普通法系。普通法系建立在惯例、先例和习俗的基础上。惯例指一国法律历史，先例指在法庭判决之前就已经有过的案例，习俗指在特定情形下应用法律的方式。当法庭解释普通法系时，会考虑这些特点后行事。这赋予普通法系一定的灵活度，而其他法系没有。普通法系中的法官有权解释法律，以便将法律应用于单个案件的独有场景中。每一次新的解释又转而设定出可能被未来案例遵循的先例。随着新的先例的产生，法律有可能被改变、被阐明或者被修正，以便处理新情况。

大陆法系

大陆法系（civil law system）建立在由一套详尽法律条文构成的法典基础上。当法庭解释大陆法系时，会根据这些法典内容进行解释。包括德国、法国、日本和俄罗斯在内的 80 多个国家采用大陆法系。与普通法系相比，大陆法系倾向于较少的控辩双方对抗，因为法官必须依赖详细的法典而不是经过解释的惯例、先例和习俗行事，出于同样的原因，与普通法系相比，大陆法系的法官也很少有灵活性。普通法系中的法官有权解释法律，但是大陆法系的法官只有权决定采用哪条法律。

宗教法系

在**宗教法系**（theocratic law system）中，法律建立在宗教教义的基础上。尽管印度教法律和犹太教法律被持续应用到 20 世纪，但是现代社会中得到最广泛应用的宗教法系是伊斯兰法律。伊斯兰法律主要是一部道德法而不是商务法。[1] 在现实生活中，许多伊斯兰国家的法律体系是伊斯兰法律和普通法系或者大陆法系的混合体。

尽管伊斯兰法律主要与道德行为有关，但是如今也已经扩展到某些商务活动范围。利息的收取和支付就是一个例子。这并不仅是一个宗教问题，在一些伊斯兰国家，这也变成了一个法律问题。例如在 20 世纪 90 年代，巴基斯坦的联邦伊斯兰法庭（Federal Shariat Court）——该国最高等级的伊斯兰法律制定机构，宣布利息是非法的，并要求政府据此修改所有金融法律。1999 年，巴基斯坦最高法院（Pakistan's Supremet Court）裁定，该国应当在 2001 年 7 月 1 日后使用伊斯兰银行业相关法案。[2] 到 2005 年时，世界上大约有 300 个伊斯兰金融机构共同管理着超过 2 500 亿美元的资产。除了巴基斯坦，在许多海湾国家、埃及和马来西亚也可以看到伊斯兰金融机构。[3]

合同法中的差异

普通法系和大陆法系之间的差异也可以通过合同法来说明（记住，大部分宗教法系也会包含普通法系或者大陆法系的基本内容）。**合同**（contract）是一个文件，规定了交易将在何种条件下进行，以及交易各方的权利和义务细节。某种合同类型管理了许多商务交易。**合同法**（contract law）就是管辖合同执行的法律集合体。一般来说，当协议中的一方感到另一方违背了协议条款和精神时会求助于合同法。

由于普通法系有一定的不确定性，因此在普通法系框架下起草合同时要对所有可能出现的意外都加以非常详细的说明。但是，在大陆法系中，由于许多问题已经由民法法典进行了明确规定，合同相对简短得多，同时也不必像在普通法系中那样面面俱到。因此在普通法系中，起草合同需要向律师支付更多的钱，并且解决合同争议时双方也会非常具有对抗性。但是普通法系也有优势，它比大陆法系更灵活，允许法官根据主要情况对合同争议进行解释。国际企业必须对这样的差异保持敏感，在实行大陆法系的国家处理合同争议时，若以普通法系的方式去处理，那无疑将适得其反。反之亦然。

---

[1] T. W. Lippman, *Understanding Islam* (New York: Meridian Books, 1995).
[2] "Islam's Interest," *The Economist*, January 18, 1992, pp. 33-34.
[3] Rodney Wilson, "Islamic Banking," *Economic Record*, September 2002, pp. 373-374; M. EL Qorchi, "Islamic Finance Gears Up," *Finance and Development*, December 2005, pp. 46-50.

当国际贸易中出现合同争议时，总会涉及究竟哪国法律适用的问题。为了解决这个问题，包括美国在内的许多国家加入了《联合国国际货物销售合同公约》（United Nations Convention on Contracts for the International Sale of Goods，CIGS）。《联合国国际货物销售合同公约》建立了一套统一的规则，对商务地点处于不同国家的企业，就其制定和执行日常商务合同的特定方面进行管理。一国通过接受《联合国国际货物销售合同公约》向另一个接受《联合国国际货物销售合同公约》的国家发出信号，声明将其中的规则视为其国家法律组成部分。对来自不同国家的企业，只要它们所在的国家都认可《联合国国际货物销售合同公约》，那么它们签订的所有货物销售合同自动实行《联合国国际货物销售合同公约》，除非合同各方明确说明自愿退出。但是，《联合国国际货物销售合同公约》的一个问题是，全世界加入该公约的国家数量只有不到 70 个（《联合国国际货物销售合同公约》在 1988 年开始生效）。① 全世界许多更大的贸易国没有加入该公约，其中包括日本和英国。

当公司不想采用《联合国国际货物销售合同公约》时，经常通过选择共同认可的仲裁庭来仲裁解决合同争议。其中最著名的仲裁庭是位于巴黎的国际商会的国际仲裁庭。2005 年，这个仲裁庭处理了大约 521 个仲裁申请，涉及来自 117 个国家的 1 422 个当事方。

□ 产权和腐败

在法律层面上，财产一词指个人或公司以法律名义持有的资源，即属于它们自己的资源。资源的种类包括土地、建筑物、设备、资金、矿产权、企业和知识产权（由专利、版权和商标保护的思想）。**产权**（property rights）指使用资源及从中获得各种收益的法律权利。② 各国的法律体系对产权的定义和保护不同。目前几乎所有国家都有书面的法律来保护产权。尽管有了这些法律，但是许多国家的政府并不严格实施这些法律，产权仍然处于被侵犯中。产权可通过两种方式受到侵犯——私行为和公行为。

私行为

私行为（private action）指由个人或团体进行的偷窃、盗版、敲诈及类似事情。尽管各国存在偷窃问题，但是一国法律体系的执行不力，会造成该国比其他国家高得多的犯罪行为。例如在苏联解体后的混乱时期，俄罗斯陈旧的法律体系以及力量薄弱的警力和司法体系，无法向本国和外国遭受俄罗斯黑手党勒索的企业提供足够保护，俄罗斯的成功企业主常常被迫向俄罗斯黑手党支付"保护费"。③

俄罗斯并不是唯一有黑手党问题的国家（20 世纪 90 年代中期以后，俄罗斯黑手党问题得到很大解决）。黑手党在美国有很悠久的历史（20 世纪 30 年代的芝加哥与

---

① 此内容可在联合国条约中找到。
② D. North, *Institutions, Institutional Change, and Economic Performance* (Cambridge: Cambridge University Press, 1991).
③ P. Klebnikov, "Russia's Robber Barons," *Forbes*, November 21, 1994, pp. 74 – 84; C. Mcllow, "Russia: Making Cash from Chaos," *Fortune*, April 17, 1995, pp. 145 – 151; "Mr Tatum checks Out," *The Economist*, November 9, 1996, p. 78.

20世纪90年代莫斯科的情况类似)。在日本也曾存在黑手党问题。① 但是，20世纪90年代的俄罗斯黑手党活动的量级程度与日本和美国黑手党的有限影响力相比存在很大不同，其产生原因是苏联解体后俄罗斯的法律执行机构如警察和法院系统太缺乏效力。许多其他国家时不时也会出现类似问题，甚至出现的问题比俄罗斯经历过的更严重。

公行为

当公务人员例如政治家和政府官员强取收入和资源，或者从财产拥有者处强取财产本身时，就发生了侵犯产权的**公行为**（public action）。这可以通过法律机制来实施，比如征收额外的税收、向财产拥有者要求昂贵的执照或许可、将财产收归国有而不给予所有者补偿或者给予数量不足的补偿、重新配置资产而不对先前的所有者予以补偿。这也可以通过非法途径或者腐败实施，比如向企业索取贿赂以换取企业在某国、某产业或某地区经营的权利。②

每一个社会都能够给腐败的存在提供很好的证明，从刚果河两岸到荷兰皇家宫殿，从日本政治家到巴西银行家，从印度尼西亚政府官员到纽约城的警察局，无不如此。菲律宾费迪南德·马科斯（Ferdinand Marcos）政府统治后期因向欲在该国经营的外国企业索取贿赂而闻名，③印度尼西亚前总统苏哈托统治下的政府官员同样如此。没有一个社会能对腐败免疫。但是，在腐败程度上各国存在系统性的差异。在一些国家，法治将腐败减轻到最小，腐败被看作并且被当作非法行为处理，而且一旦被发现，触犯者将受到强有力的法律制裁。在另一些国家，法治薄弱并且政治家和官员们的腐败行为盛行，甚至在有些国家，腐败盛行到政治家和官员们将其当作从政小费并公开嘲笑反腐败的法律。

透明国际（Transparency International）是一个致力于揭露腐败并和腐败做斗争的独立的非营利组织，根据其研究，每年全世界的企业和个人仅为了获得政府采购合同花费的贿赂就高达4 000亿美元。④ 透明国际还测度了不同国家公务人员的腐败程度。如图2.1所示，该机构认为芬兰和新西兰等国是廉洁的，其他国家例如俄罗斯、印度、印度尼西亚和越南则是较为腐败的。索马里在180个调查对象的排名中位于最后一位，芬兰则排在第一。

来自经济方面的证据表明，严重的腐败会大大减少外国直接投资和国际贸易数量，并降低一国的经济增长水平。⑤ 腐败的政治家和官员们通过抽取企业利润减少了

---

① K. van Wolferen, *The Enigma of Japanese Power* (New York: Vintage Books, 1990), pp. 100 – 105.

② P. Bardhan, "Corruption and Development: A Review of the Issues," *Journal of Economic Literature*, September 1997, pp. 1 320 – 1 346.

③ K. M. Murphy, A. Shleifer, and R. Vishny, "Why Is Rent Seeking So Costly to Growth?" *American Economic Review* 83, no. 2 (1993), pp. 409 – 414.

④ Transparency International, Global Corruption Report, 2008.

⑤ J. Cooldge and S. Rose Ackerman, "High Level Rent Seeking and Corruption in Africa Regimes," World Bank policy research working paper no. 1780, June 1997; Murphy et al., "Why Is Rent Seeking So Costly to Growth?"; M. Habib and L. Zurawicki, "Corruption and Foreign Direct Investment," *Journal of International Business Studies* 33 (2002), pp. 291 – 307; J. E. Anderson and D. Marcouiller, "Insecurity and the Pattern of International Trade," *Review of Economics and Statistics* 84 (2002), pp. 342 – 352; T. S. Aidt, "Economic Analysis of Corruption: A Survey," *The Economic Journal* 113 (November 2003), pp. 632 – 653.

企业的投资回报，并因此降低了本国企业和外国企业在该国投资的内在愿望。这个结果会进一步降低投资水平并伤及经济增长。因此，与其他腐败水平较低的国家相比，可以预期如印度尼西亚、伊拉克和索马里等腐败水平较高国家的经济增长率可能要低很多。腐败对经济增长有负面效应的具体例子参见"聚焦国家：菲律宾的腐败"专栏，该案例研究了腐败对菲律宾经济增长的影响。

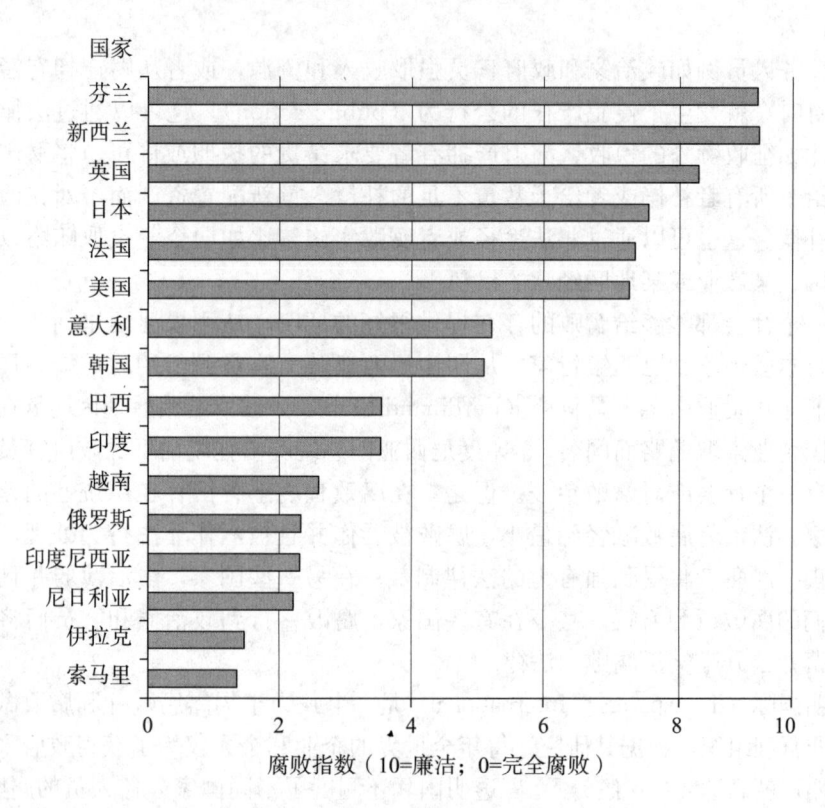

图 2.1　2008年国家腐败排行榜

资料来源：Transparency International, Global Corruption Report, 2006

《反海外腐败法》

20世纪70年代，随着美国公司为获得有利的合同贿赂外国政府官员一事被披露，美国通过了《反海外腐败法》（Foreign Corrupt Practices Act）。这个法律规定，为了获得或者维护商务关系而向有权力的外国政府官员行贿是非法行为，同时要求所有进行公开贸易的公司（不管是否涉及国际贸易）都要保留详细的记录，因为这些记录有可能揭露该公司是否存在违反法律的行为。按照同一思路，1997年，来自经济合作与发展组织成员的贸易和财政部部长们正式通过了《打击国际企业交易中行贿外国公务人员的公约》（Convention on Combating Bribery of Foreign Public Officials in International Business Transactions）。该公约责成其成员将行贿外国公务人员视为犯罪行为。

然而，不管是美国法律还是《打击国际企业交易中行贿外国公务人员的公约》中的措辞，都有以帮助费（也叫作润滑金或加速费）或促进费名义存在的例外，其目的是获得加速处理或者确保政府日常工作执行。① 例如，允许利用小额支付来加速许可或者授权的发放、处理文案工作，或者只是为了从码头卸下蔬菜并送往市场。对常规反贿赂规定中存在这种例外的解释是，尽管帮助费在技术上是行贿，但是与意在获取或维持商务关系的行贿不同（明显比行贿触犯法律的程度轻），因为这只是为了加快任务的执行，而收取者早就已经有义务执行了。

●聚焦国家：菲律宾的腐败

菲律宾是一个由太平洋中 7 000 多个岛屿组成的群岛国家，拥有多种族人口和多彩的政治历史，同时是亚洲发展银行（Asian Development Bank）总部的所在国。该国 2007 年被高盛列入"未来 11 国"名单中，显示出中等高速的发展速度，同时在最近几次通货膨胀中保持通货膨胀率每年小于 1%。

但是，政治和经济风险咨询（Political and Economic Risk Consultancy）公司认为，应当将菲律宾看成亚洲最腐败的国家。这个不光彩的称号在过去相当长时期内由印度尼西亚占据，但是该国过去几年里采取了有力的反腐败措施，所以现在这个"荣誉"归菲律宾了。进一步的调查显示，较高的腐败程度阻碍了该国的企业发展和外国投资进入。据联合国发展计划署估计，菲律宾每年由于腐败损失将近 20 亿美元，这个数字在该国每年预算中占比超过 10%。

该如何认识这个问题？菲律宾的腐败不是简单问题。在过去几年各种解决这个问题的努力中，世界银行通过集中研究该国的主要腐败案例来寻找菲律宾的腐败原因。

在问题清单上，排在最上面的是菲律宾的法律执行效力和司法体系效力。较低的起诉率和惩罚率——如果这样的罪行被披露——降低了法律的威慑力，此外，公众对法律体系的信心也很低，结果就是投资者特别是外国公司不再愿意在该国从事商务活动。

菲律宾的另一个特点是政府采购水平很高，这导致行政部门涉足商务交易和合同。这样的体系也有助于通过贪污和行贿发生腐败。根据世界银行的报告，由于腐败，每个合同都要遭受平均 20%～30% 的价值损失。《全球竞争力报告》（Global Competitiveness Report）对需要为公共合同进行不合法支付的国家进行了排名，菲律宾在 125 个国家中排第 112 位。

当 2003 年《政府采购改革法案》（Government Procurement Reform Act）通过后，政府和行政部门内部腐败程度发生的改进是整体的变化，而非局部操作上的变化。针对政府采购的监管环境得到改善，但是在实践中政府采购还是受到腐败的影响。世界银行和其他机构指出，只有通过政府和行政机构改革，包括重新审视公务员工资的高低，才能大大改善腐败情况。

特定的项目资金，以及留作发展活动包括改善基础设施的资金，尤其容易受到侵占和误用。逃税是另一个重要的问题，因为它间接加剧了腐败行为。

---

① Dale Stackhouse and Kenneth Ungar, "The Foreign Corrupt Practices Act: Bribery, Corruption, Record Keeping and More," *Indiana Lawyer*, April 21, 1993.

随着菲律宾贫困水平日益成为受关注的事情,对腐败问题加以重视成为菲律宾更迫切的需求。腐败除了会影响商务环境并抑制该国投资,还会直接耗尽政府的税收。[①]

对知识产权的保护

知识产权(intellectual property)中所指的财产由知识活动中产生的产品带来,例如计算机软件、电影剧本、乐谱或新药物的化学配方。专利、著作权和商标确立了知识财产的所有权。**专利**(patent)授予新产品或新流程的发明者在指定期限内制造、使用或出售其发明的专有权。**著作权**(copyrights)是作者、作曲家、剧作家、艺术家和出版商以他们认为合适的方式出版并传播其作品的专有权。**商标**(trademarks)通常是经过正式注册的图案和名称,制造商和经销商通过商标标出自己的产品,并使其看上去与其他企业生产出来的不同,例如克里斯汀·迪奥(Christian Dior)的服装。在21世纪的高技术"知识"经济中,知识产权日益变为企业中有重要价值的经济资源。保护知识产权也日益成为疑难问题,尤其当能够将其制作成数字形式,并通过盗版光盘或经由互联网以非常低的成本进行复制和传播时(例如计算机软件、音乐唱片和录像带)。[②]

知识产权法背后的哲学是,奖励新发明、新书、新音乐唱片、新服装设计、新连锁饭店和类似事物的原创者,让他们的创意和努力得到回报。这样的法律会激励技术革新和创造性工作,为人们搜寻解决问题的新方法提供内在动力,并且是对创造力的奖励。例如制药业的创新,新药发明者将获得这种药20年期限的专有生产权,这使得制药公司有内在动力去承担研制新药所需要的成本昂贵、过程困难并耗时良久的基础研究(可能要在研发工作上耗费8亿美元成本,并在新药上市前花费12年时间)。没有专利提供利益保障,制药公司就不太可能致力于广泛的基础研究。[③]

国与国对知识产权的保护有很大不同。尽管许多国家对知识产权在书面上有严厉的管制条款,但是对这些管制条款的实施很松懈,即便在**世界知识产权组织**(World Intellectual Property Organization)成员中,还是有不少成员处于这种状态。世界知识产权保护组织的所有成员,都签署了旨在保护知识产权的国际条约,其中包括可追溯到1883年的最古老的《**保护工业产权巴黎公约**》(Paris Convention for the Protection of Industrial Property),到2006年时,大约有169个成员已经签署过该公约。法律执行中的松懈意味着变相鼓励对知识财产的偷窃(盗版)。最近几年,

---

[①] "Asian Risk Prospects," Political and Economic Risk Consultancy, 2006; C. H. Conde, "Philippines Most Corrupt," *The New York Times*, March 13, 2007; "Philippines Country Procurement Assessment Review," World Bank, 2007; "Accelerating Inclusive Growth and Deepening Fiscal Stability: Report for the Philippines Development Forum 2008," World Bank, 2007.

[②] 有关处理低成本拷贝和发行数字信息的有趣的战略讨论,参见下文中有关权利管理的章节: H. R. Varian, *Information Rules* (Boston: Harvard Business School Press, 1999); Charles W. L. Hill, "Digital Piracy," *Asia Pacific Journal of Management*, 24, no.1 (2007), pp. 9 – 25。

[③] 道格拉斯·诺斯认为,对知识产权进行正确界定是降低商务活动成本的因素之一,并将因此刺激经济增长。参见: D. North, *Institutions, Institutional Change, and Economic Performance* (Cambridge: Cambridge University Press, 1991)。

在亚洲的某些国家很容易就可以获取盗版的计算机软件，摊贩们也都沿街出售伪冒劳力士（Rolex）手表、李维斯（Levi Strauss）牛仔裤、录像带和计算机软件。

音乐唱片的盗版很猖獗，据国际唱片业联合会（International Federation of the Phonographic Industry）声称，2005年全世界售出的所有录制音乐产品中，有大约1/3是盗版（非法的），并且该产业每年因盗版遭受的损失超过45亿美元。① 计算机产业也因知识产权保护法律执行不力遭受损失。据估计，2007年对该产业知识产权的侵犯给个人电脑软件公司造成了480亿美元的收益损失。② 根据软件产业协会商务软件联盟（Business Software Alliance）的估计，在2007年全世界的软件应用中，有大约38%是盗版软件。最糟糕的地区是中欧和东欧，这些地区的盗版率高达68%，如图2.2所示。中国的情况也不容乐观，2007年的盗版情况使软件产业损失了超过67亿美元的销售额。美国的盗版率相对而言低得多，只有20%，但是由于美国市场更大，因此盗版造成的销售额损失也更大，据估计，2007年该项损失超过80亿美元。③

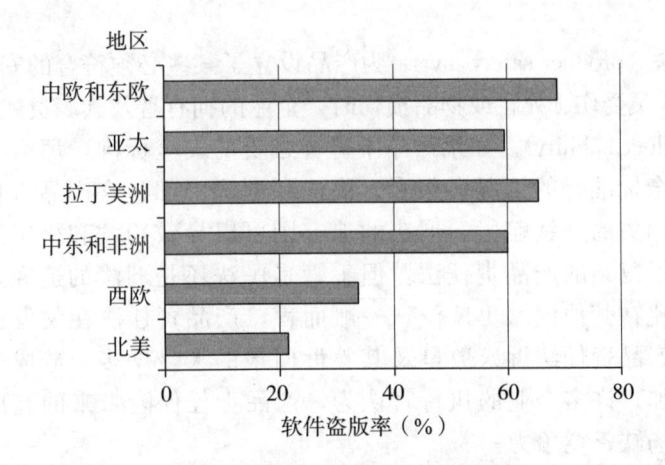

图2.2 2007年各地区的软件盗版率

资料来源：Business Software Alliance, "Fourth Annual BSA and IDC Global Software Piracy Study," May 2007

国际企业通过多种途径对侵犯它们知识产权的行为做出回应。它们可以游说各自的政府，敦促它们加入国际协议，以确保自己的知识产权得到保护，并确保保护知识产权的法律得到执行。这样做的另一个结果是国际法得到加强。正如本书将在第六章讨论的，1994年各国所签署的最新国际贸易协议第一次将《关税及贸易总协定》的范围扩展到可以覆盖知识产权问题。新达成的协议名叫《与贸易有关的知识产权协定》（Trade Related Aspects of Intellectual Property Rights, TRIPS）。从1995年开始，世界贸易组织设立了一个委员会来对较以往严格得多的知识产权管制

---

① International Federation of the Phonographic Industry, The Commercial Music Industry Global Piracy Report, 2005.
② Business Software Alliance, "Fourth Annual BSA and IDC Global Software Piracy Study," May 2008.
③ Business Software Alliance, "Fourth Annual BSA and IDC Global Software Piracy Study," May 2008.

规定的执行情况进行监督。这些规定强制世界贸易组织成员授予专利至少 20 年的有效期或对专利执行至少 20 年的有效期，对著作权则要求期限为 50 年。发达国家必须在一年内执行该规定；发展中国家的保护力度薄弱很多，因此可以有 5 年的宽限期；而最穷的国家则得到 10 年的宽限期。①（关于《与贸易有关的知识产权协定》的更多情况请参见第六章。）

除了游说政府，企业还可以为了自己的利益向法院提起诉讼。例如 2006 年，星巴克（Starbucks）在中国赢得了一场有重大影响的针对模仿者的商标权诉讼案。企业还可以选择不进入那些对知识产权法执行不力的国家，而不是甘冒创意被当地企业窃取的风险进入该国。企业也需要得到警报来确保某国盗版产品没有出现在母国市场或第三国市场。例如，美国计算机巨头微软发现，在某国非法生产的盗版微软软件被当成正版软件销往全世界。

□ 产品安全和产品责任

产品安全法（product safety laws）为产品设立了某些必须符合的安全标准。当一种产品造成了人员受伤、死亡或物品损伤时，企业的拥有者及其职员就须承担相应的**产品责任**（product liability）。如果产品不符合必要的安全标准，那么要承担的产品责任就会比符合标准时的情况大很多。民法和刑法中都包含产品责任法部分。民法的诉求是对损失的金钱赔偿，刑法的追究则可以导致罚款和坐牢。尽管许多西方国家都规定了复杂的产品责任法，但不管是民法还是刑法的追究，在美国涉及的范围都可能比在其他国家更广泛。一般而言，产品责任法在欠发达国家的覆盖面最小。美国产品责任法诉讼数量及其胜诉回报的大量增多，造成产品责任保险成本的急剧增加。许多企业的执行官认为，产品责任保险带来的高成本造成美国企业在全球市场缺乏竞争力。

除了竞争力问题，产品安全法和产品责任法在国别上的差异，为企业从事国外商务工作带来了重要的道德问题。当企业所在母国的产品安全法比外国更严格时，或者当外国的产品责任法更宽松时，企业在外国从事商务活动时应该遵循更宽松的当地标准还是应该坚持其母国的标准呢？毫无疑问，从道德来说应该坚持更严格的母国标准，但是众所周知，企业会利用更宽松的产品安全和责任标准从事商务活动，虽然这种方式在其母国是不被允许的。

● 聚焦管理：星巴克在中国打赢了重要的商标案

星巴克在中国市场有一个很大的商业计划，它相信这个快速增长的国家将成为仅次于美国的第二大市场。星巴克在 1999 年进入中国，到 2007 年年末时已经有了 300 家分店。但是在中国，星巴克也面临着模仿者的竞争。一家看起来很像星巴克的上海"星巴克"（Xing Ba Ke）咖啡店，采用了星巴克风格的店面，该店拥有一个绿色和白色的"星巴克"圆形商标，模仿了星巴克那个到处可见的商标。而且，该店的名字也模

---

① "Trade Tripwires," *The Economist*, August 27, 1994, p. 61.

仿了星巴克的标准中文翻译名字。"Xing"就是"Star"的中文翻译"星"的拼音,"Ba Ke"的读音听上去就是"bucks"。

2003年,星巴克决定在中国的法庭上起诉"星巴克"(Xing Ba Ke)侵犯其商标权,"星巴克"(Xing Ba Ke)的总经理回应说,它们的名字和商标与星巴克那么像只不过是碰巧。他还声称,因为"星巴克"(Xing Ba Ke)于1999年在上海作为公司注册过,那时候星巴克还没有进入上海,因此它们有权使用相应的名字和商标。这位总经理说:"那时候我从没听说过星巴克。因此我怎么能够去模仿它的商标和牌子呢?"

然而,2006年1月,上海法庭裁决星巴克有优先权,其中部分原因是星巴克在中国注册其名字的时间是1998年。法庭认为,"星巴克"(Xing Ba Ke)使用该名字和类似商标是"明显恶意",造成了不恰当的竞争。法庭命令"星巴克"(Xing Ba Ke)停止使用该名字并赔偿星巴克6.2万美元。尽管本案涉及的赔偿数额不大,但是这个判例的意义很重大。法庭的裁决意味着发出了将逐渐加大对知识产权保护的信号。考虑到近年来中国政府在外国政府和世界贸易组织的推动下越来越重视对知识产权的保护,因此这个判决结果并不那么令人意外。[①]

经济发展的决定因素

一国的政治、经济、法律体系对经济发展水平有深远影响,也因此对该国吸引企业进入市场或落地生产具有很大影响。本章首先说明国家在经济发展水平上如何不同,然后阐述政治经济对经济进步的影响。

经济发展中的差异

不同国家的经济发展水平有巨大不同。经济发展的常用度量指标是一国的人均**国民总收入**(gross national income,GNI)。国民总收入被人们视为一国经济活动的评价尺度,测度了一国居民获得的总的年收入。如日本、瑞典、瑞士和美国是世界上最富有的国家,像中国和印度这样的大国则相对贫穷。例如,日本2007年的人均国民总收入是3.767万美元,但同期中国这一指标的数值是2 360美元,印度更低,仅为950美元。[②]

人均国民总收入的数字也可能会误导大众,因为其中没有考虑到生活成本。例如,尽管瑞士于2007年的人均国民总收入为5.988万美元,超过美国的4.604万美元,但瑞士的生活成本比美国更高,这意味着和瑞士人相比,美国居民实际上能够

---

① M. Dickie, "Starbucks Wins Case against Chinese Copycat," *Financial Times*, January 3, 2006, p.1; "Starbucks: Chinese Court Backs Company over Trademark Infringement," *The Wall Street Journal*, January 2, 2006, p. A11; "Starbucks Calls China Its Top Growth Focus," *The Wall Street Journal*, February 14, 2006, p. 1.

② World Bank, World Development Indicators Online, 2009.

买得起更多的商品和服务。为了考虑其中的生活成本差异,人们用**购买力平价**(purchasing power parity,PPP)来调整人均国民总收入。经过调整后的数据能够对不同国家的生活水平进行更加直接的比较。这种调整的比较基础是美国的生活成本,即根据生活成本是否比美国更低,购买力平价将不同国家的数据进行了向上或向下的调整。例如,2007年中国的人均国民总收入是2 360美元,但经过购买力平价调整后,该数据变成5 370美元,这就是说中国的生活成本更低,在中国2 360美元可以购买相当于在美国花5 370美元购买的东西。表2.1给出了部分国家的经济数据,包括2007年部分国家经购买力平价调整后的人均国民总收入、人均国民总收入和经济规模,以及1998—2007年的国内生产总值增长率。

表 2.1　　　　　　　　　　部分国家的经济数据

国家	人均国民总收入 (2007年,美元)	经购买力平价调整后的 人均国民总收入 (2007年,美元)	国内生产总值 增长率 (1998—2007年,%)	经济规模(2007年 国内生产总值, 10亿美元)
巴西	5 910	9 370	2.76	1 314
中国	2 360	5 370	9.52	3 280
德国	38 860	33 530	1.57	3 297
印度	950	2 740	7.12	1 171
日本	37 670	34 600	1.15	4 377
尼日利亚	930	1 770	5.18	166
波兰	9 840	15 330	4.21	420
俄罗斯	7 560	1 440	5.73	1 291
瑞士	59 880	43 870	1.94	416
英国	42 740	33 800	2.82	2 728
美国	46 040	45 840	2.95	13 811

资料来源:World Bank,World Development Indicators Online,2009

国家之间的生活标准有显著差异。表2.1指出,在购买力平价基础上,印度人对商品和服务的平均消费能力仅为美国人的6%。这样,人们可能会得出结论:在不考虑印度有12亿人口(2010年)的基础上,对许多西方国际企业所生产的产品而言,印度不太可能是一个非常有利可图的市场。但是,这个看法很可能是错误的,因为抛开印度大量的穷人不谈,这个国家有接近2亿人口是相当有钱的中产阶级,而且绝对可以说,如今的印度经济比巴西和俄罗斯更具有竞争力,如表2.1所示。

人均国民总收入和经购买力平价调整后的人均国民总收入为世界经济发展描绘了一幅静态图景,还告诉人们美国比中国更富有,但没有告诉人们中国与美国是否正在缩小差距。为了了解这个问题的答案,表2.1也给出了许多国家在1998—2007年的国内生产总值增长率。尽管诸如中国和印度这样的国家目前还不够富有,但是它们的经济在绝对数量上很大,并且增长速度比许多发达国家更快。对国际企业的产品而言,这些国家有巨大的市场。如果中国能够保持现在的经济增长率,那么中国在10年之内经济总量将会超过除美国之外的其他所有国家,印度也同样会位列世界最大经济体之一。考虑到这些潜在优势,许多国际企业现在正在尝试在这些市场获得立足点。即便这些市场当前对国际企业的收益贡献度可能相对较小,但其在未来的贡献将会大得多。

● 聚焦管理:企业治理

法律环境的差异不仅对商务活动所处的全球环境很重要,而且与这些业务会运转得有多好,以及谁将获得利益也很有关系。国内法律环境的变化能够影响该国企业治理的质量。

凯瑟琳·戴利(Catherine Daily)及其同事将企业治理宽泛地定义为"组织内部资源得以配置的总的利用决策,以及组织内部无数参与者之间冲突的解决方案"。一国的法律环境能够在许多方面影响企业治理的质量和性质。

显著的国别差异,例如普通法系和大陆法系之间的差异,能够全方位影响一国企业治理环境。特别是立法内容的本质、法律执行的质量及司法体系的效率,都能够影响企业治理及相关商务活动,例如环境问题和利益相关者管理问题。

特定的法律规定——例如对小股东提供的保护程度——不仅能够展现一个更好的商务环境,而且会使置身其中的企业培育出更高的治理标准。这使得企业产生更高的商务价值并有助于促进经济稳健的增长。

更好的企业治理,尤其是对商务投资提供了支持的治理规定,也将引导出更有效率的资本市场并有助于扩大这些市场的规模。最近一段时间,全球市场的发展导致企业治理标准出现缓慢但明确的收敛趋势,也就是说,在不同的国家,人们建立了相似的企业治理基本准则。这个趋势导致国际企业运营的稳定性和效率都得到提高,并有助于增强全球商务实操和企业治理的质量。①

□ 更宽泛的发展理念:阿马蒂亚·森

经济学家阿马蒂亚·森(Amartya Sen)是一位诺贝尔经济学奖获得者,他认为评估发展时应当少用物质产出指标例如人均国民总收入,多用能够衡量人们能力和机遇的指标。② 按照他的看法,应该将发展看成人们体验真正自由的扩展过程。因此,发展要求去除那些主要的自由藩篱:贫穷和专制、经济机会的缺乏和对制度性社会福利的剥夺、公共机构的冷漠和不能容忍的压抑状态。在森的观念中,发展不仅是

---

① R. LaPorta, et al., "Law and Finance," *Journal of Political Economy* 106, no. 6 (1998), pp. 1 113 - 1 155; C. M. Daily, D. R. Dalton, and A. A. Cannella Jr., "Corporate Governance: Decades of Dialogue and Data," *Academy of Management Review* 28, no. 3 (2003), pp. 371 - 382; T. Khanna, J. Kogan, and K. Palepu, "Globalization and Similarities in Corporate Governance: A Cross-Country Analysis," *Review of Economics and Statistics* 88, no. 1 (2006), pp. 69 - 90; L. F. Klapper and I. Love, "Corporate Governance, Investor Protection, and Performance in Emerging Markets," *Journal of Corporate Finance* 10, no. 5 (2004), pp. 703 - 728; K. Udayasankar and S. S. Das, "Corporate Governance and Firm Performance: The Effects of Regulation and Competitiveness," *Corporate Governance: An International Review* 15, no. 2 (2007), pp. 262 - 271.

② A. Sen, *Development as Freedom* (New York: Alfred A. Knopf, 1999).

经济的进步，而且是政治上的进步。发展要求政治社会"民主化"，在社会重大决策上给予公民发表意见的权利。这种看法导致森非常注重基本的卫生保健，尤其是儿童和妇女的卫生保健和基础教育。这些因素不仅对帮助提高这部分人群的经济收入有"授之以渔"的价值，而且有利于他们获取自己的权利。如果人们长期患病或者无知，那么他们的能力就不能得到发展。

联合国认可了森这个有影响力的观点，因此建立了**人类发展指数**（human development index，HDI）来衡量不同国家人类生活的质量。人类发展指数建立在对三个维度的度量上：出生时的预期寿命（是卫生保健的函数）、教育接受度（由成年人识字率及初等、中等和高等教育综合度量），以及基于购买力平价估算的平均收入是否能够充分满足一国的基本生活需求（足够的食物、住所和卫生保健）。因此，与过去狭隘的经济指标例如人均国民总收入相比，人类发展指数更接近森对度量发展的认可——尽管森的理论认为应该被包含在指数中的政治自由没有被包含进去。人类发展指数的取值范围是0~1。得分少于0.5的国家被归类进人类发展低水平组（生活质量处于贫穷），得分在0.5~0.8的国家被归类进人类发展中等水平组，得分高于0.8的国家则属于人类发展高水平组。

□ 政治经济和经济增长

人们通常认为一国的经济增长是其经济体系和政治体系的函数，那么政治经济和经济增长之间关系的本质是什么？这个问题成为学者和政策制定者们激烈争论的话题已经有一段时间了。尽管争论了很长时间，这个问题依然是一个不可能给出明确答案的问题。但是，整理出争论的主要观点并概括有关政治经济和经济增长之间关系的本质，这还是可以做到的。

创新和企业家精神是增长的引擎

人们普遍赞同创新和创业活动是长期经济增长的引擎。[1] 秉持该观点的人认为**创新**（innovation）既包括新产品，也包括新工艺、新组织形式、新管理方法和新战略。因此玩具反斗城（Toys "R" Us）建立一个像仓库一样大的玩具店，以及随后发布大量广告并打折出售商品的策略能够被归为创新，因为它是第一个寻求这种策略的公司。创新和创业活动有助于通过创造出原先不存在的新产品和新市场来增加经济活动量。而且，生产和商务流程的创新能够提高资本和劳动的生产率，从而进一步促进经济增长。[2]

创新也被人们看成创业活动的成果。通常**企业家**（entrepreneurs）能够率先商业化创新后出现的新产品和新工艺，同时创业活动为经济体提供了有力推动。例如，美国经济在很大程度上受益于能够带来产品和生产工艺快速创新的高水平创业活动。像思科、戴尔、微软和甲骨文（Oracle）这些公司，都由开发出新技术的个人创立，并且这些公司都创造出了巨大的经济价值，并通过帮助商业化产品和工艺中的创新

---

[1] G. M. Grossman and E. Helpman, "Endogenous Innovation in the Theory of Growth," *Journal of Economic Perspectives* 8, no. 1 (1994), pp. 23-44; Romer, "The Origins of Endogenous Growth."

[2] W. W. Lewis, *The Power of Productivity* (Chicago: University of Chicago Press, 2004).

促进了生产率。因此，人们得出结论：如果一国经济想要维持长期增长，商务环境必须有利于产品创新和工艺创新的生产活动与创业活动保持一致。

创新和企业家精神需要市场经济

第一个结论在逻辑上引出了一个更深入的问题：为了引导创新和创业活动，什么是一国商务环境中不可缺少的东西？那些认真考虑过这个问题的人强调市场经济的优势。[①] 他们认为，与计划经济或混合经济相比，与市场经济关联的经济自由能够为创新和企业家精神制造出更多的内在动力。在市场经济中，任何拥有创新思维的人都可以通过其创意自由创立企业来挣钱（通过参加创业活动），现存商务运行同样可以通过创新得到提高。就其成功而言，企业家本人及其创立的企业都能够获得高利润回报。因此，市场经济为开发新产品提供了巨大的内在动力。

在计划经济中，所有形式的生产活动都属于国家。创业的个人在经济上几乎没有内在动力去开发有价值的新产品，因为能够获得其中大部分收益的是国家而不是个人。经济自由和创新动力的缺失，很可能是引起某些国家经济停滞并最终导致它们在20世纪80年代末发生巨变的主要因素。同样的经济停滞也发生在许多混合经济国家的国家垄断产业（例如英国的卫生保健产业和电信产业）中。这种停滞为国有企业广泛的私有化提供了推动力，人们在20世纪80年代中期已经见证了这种趋势，今天这种趋势并没有停止，还在继续着（私有化指将国有企业出售给私人投资者的过程）。

一份跨度20年的、针对102个经济体的研究为经济自由（由市场经济带来）和经济增长之间的紧密联系提供了证明。[②] 该研究发现，1975—1995年，经济越自由，经济增长就越快，人民就变得越富裕。1975—1995年，6个在经济自由排名表上一直排在前列的经济体都位于当时经济增长速度最快的前十大经济体之列。相比而言，没有一个经济自由度一直很低的经济体能够实现可观的经济增长率。1975—1995年经济自由度下降最大的16个经济体，其国内生产总值以每年0.6%的速度下跌。

创新和企业家精神需要保护产权

对于引导创新和创业活动及促进经济增长的商务环境而言，另一个必要的条件是法律严格保护产权。[③] 个人和企业都必须有机会从创意活动中获得利润。没有严格的产权保护，个人和企业创新工作中的利润就有被剥夺的风险。国家可以通过法律手段，比如过度征税来剥夺由创新获得的利润；也可以通过非法途径剥夺该利润，比如作为对授予个人或企业从事特定领域商务许可证的回报，国家行政机构发出索取回扣的要求（也就是腐败）。根据诺贝尔经济学奖获得者道格拉斯·诺斯（Douglass North）的观点，纵观历史，很多政府都曾表现出有采取这种行为的倾向。对产权的不充分保护会减少创新和创业活动的内在动力——因为其中产生的利润被"偷

---

① F. A. Hayek, *The Fatal Conceit*: *Errors of Socialism* (Chicago: University of Chicago Press, 1989).

② J. Gwartney, R. Lawson, and W. Block, *Economic Freedom of the World*: *1975—1995* (London: Institute of Economic Affairs, 1996).

③ North, *Institutions*, *Institutional Change*, *and Economic Performance*; Murphy et al., "Why Is Rent Seeking So Costly to Growth?"; K. E. Maskus, "Intellectual Property Rights in the Global Economy," *Institute for International Economics*, 2000.

走"了——因此降低了经济增长率。

赫尔南多·德·索托（Hernando de Soto）是一位很有影响力的秘鲁发展经济学家，他认为许多发展中国家将无法获取资本主义的收益，除非产权能够得到更好的规定和保护。[①] 德·索托的观点很有趣，因为他宣称关键问题不是剥夺风险，而是财产拥有者长期无法获取其所属财产的法律权利。他引用了海地的情况来说明这个问题的严重程度。在海地这个国家，个人为了合法拥有土地需要经过 176 个步骤并耗费 19 年以上的时间。由于大部分穷国的财产都是"非正式拥有"，所有权证据的法律缺失意味着财产所有人不能将其资产转换为能够用于金融投资业务的资金。银行无法贷款给穷人来创办企业，因为穷人没有证据证明自己拥有能够用来为贷款做抵押的财产，例如农场。根据德·索托的计算，发展中国家的穷人拥有的房地产的总价值在 2000 年总计超过 93 000 亿美元。如果这些资产可以被转换成资金，其结果会引起一场彻底的经济变革，最终能够使这些穷人靠自己摆脱贫困。

民主体系更有利于长期经济增长

围绕着哪一种政治体系最有利于整体推进产权保护的市场经济，存在很多争论。[②] 西方国家的人们倾向于将代议制民主和市场经济体系、有力的产权保护和经济进步相联系。在这种认识的基础上，人民赞同民主体系更有利于经济增长的观点。但是，如果一个经济体能够培育出市场经济，并对产权实行有力的保护，那么该经济体能获得快速的经济增长。实际上，过去 30 年中发展速度最快的经济体，例如韩国，其政府被西方国家认为具有一定程度的非民主性。与此同时，政局稳定的民主国家，例如印度，在过去很长一段时间里经济增长速度缓慢。如此说来，致力于自由市场经济并有力实施了产权保护的体系则有利于促进经济增长。

当然，民主体系也解决不了所有问题。在印度尼西亚苏哈托及菲律宾马科斯的极权主义体系之后，这两个国家转向高度民主，但是腐败、任人唯亲和不平等的经济增长问题依然存在。

一般认为，民主体系与极权主义相比更有利于经济的长期增长。[③] 不应忘记本书之前提到的阿马蒂亚·森的观点：极权主义国家由于限制了人权和自由，也压制了人类发展，因此阻碍了进步。

□ 地理、教育和经济增长

尽管一国的政治体系和经济体系是驱动经济增长速度的巨大力量，但其他因素

---

① Hernando de Soto, *The Mystery of Capital: Why Capitalism Triumphs in the West and Fails Everywhere Else* (New York: Basic Books, 2000).

② Hirschman, "The On-and-Off Again Connection between Political and Economic Progress"; A. Przeworski and F. Limongi, "Political Regimes and Economic Growth," *Journal of Economic Perspectives* 7, no. 3 (1993), pp. 51–59.

③ M. Olson, "Dictatorship, Democracy, and Development," *American Political Science Review*, September 1993.

也很重要。最近得到较大关注的因素是地理。[1] 地理能够影响经济政策并因此影响经济增长率的思想，可以追溯到亚当·斯密。哈佛大学一位著名的经济学家杰弗里·萨克斯（Jeffrey Sachs）认为：

> 纵观历史，沿海国家长期从事国际贸易，因而和倾向于成为等级社会（经常是军政社会）的内陆国家相比更支持市场机制。山地国家则由于自然环境的隔离，通常轻视市场贸易。温带气候的地区通常能够承受更大的人口密度，因此和热带地区相比其劳动分工更精细。[2]

萨克斯的观点是，一些国家由于地理上占有优势而比其他国家从事了更多的贸易，它们对市场经济抱着更开放的态度并发展了以市场为基础的经济体系，随后市场经济的形成转而促进其经济更快增长。他还认为，在不考虑一国采用的经济体系和政治体系的情况下，不利的地理条件会给发展带来负面影响，例如让许多热带国家饱受折磨的高发病害、贫瘠土壤和恶劣气候。萨克斯和哈佛国际发展研究所（Harvard's Institute for International Development）的同事一起检验了1965—1990年地理对一国经济增长率的影响，该研究发现内陆国家的增长率比沿海国家慢得多，完全内陆的地理条件会使得该国每年的经济增长率减少大约0.7%，而热带地区国家的经济增长率比温带地区国家每年低1.3%。

教育是另一个影响经济增长的重要决定因素（阿马蒂亚·森强调的观点）。人们一般的看法是，在教育上投资更多的国家将获得更高的经济增长率，因为受过教育的人口是更有生产力的人口。对各国之间的案例比较表明，这种看法是正确的。1960年，巴基斯坦和韩国的经济条件相同，但只有30%的巴基斯坦儿童上小学，而韩国儿童的比例是94%。到20世纪80年代中期，韩国的人均国民总收入是巴基斯坦的3倍。[3] 人们对一国教育投资与其随后的经济增长率之间的关系进行研究，调查报告显示，教育投资确实对一国经济增长率有正向影响，而且统计意义显著。[4] 萨克斯的研究工作还显示，教育投资有助于解释为什么东南亚某些国家，例如印度尼西亚、马来西亚和新加坡能够克服其不利的热带地理条件，使得其经济增长得比非洲和拉丁美洲等地区的国家高得多。

转轨中的国家

从20世纪80年代后期开始，世界上不少国家的政治经济发生了巨大变化，一

---

[1] Jared Diamond, *Guns, Germs, and Steel* (New York: W. W. Norton, 1997); J. Sachs, "Nature, Nurture and Growth," *The Economist*, June 14, 1997, pp. 19-22; J. Sachs, *The End of Poverty* (New York: Penguin Books, 2005).

[2] J. Sachs, "Nature, Nurture and Growth," *The Economist*, June 14, 1997, pp. 19-22.

[3] "What Can the Rest of the World Learn from the Classrooms of Asia?" *The Economist*, September 21, 1996, p. 24.

[4] J. Fagerberg, "Technology and International Differences in Growth Rates," *Journal of Economic Literature* 32 (September 1994), pp. 1 147-1 175.

些国家的经济体系从计划经济转向混合经济，并且更加倾向自由市场经济模式。

☐ 新世界秩序和全球恐怖主义

冷战结束和紧随东欧剧变及苏联解体而出现的新世界秩序，与拉丁美洲许多独裁主义体系的终结一起，使人们对未来的地缘政治状况产生了很多推测。作家弗朗西斯·福山（Francis Fukuyama）认为，未来更和谐的世界是以民主体系和自由市场资本主义为主要特征的大同文明，但这个看法遭到了其他人的质疑。在一本持相反观点的书中，著名的政治科学家萨缪尔·亨廷顿（Samuel Huntington）认为，不存在基于广泛接受西方自由民主思想的大同文明。① 亨廷顿认为，尽管许多国家可能正在现代化——采用了现代社会从汽车到可口可乐再到音乐电视的各种物质用品——但是它们不会变得更加西化。亨廷顿的理论认为，非西方社会中发生的现代化会导致文化向传统的回归。

亨廷顿对世界的观点与福山的不同，他认为世界被分成不同的文明，每一种文明都有其自身的价值体系和世界观。除了西方文明，亨廷顿预言将会出现强大的伊斯兰文明和中国文明，以及根植于日本、非洲、拉丁美洲、俄罗斯（东正教）及印度（印度教）的文明。亨廷顿也看到了文明之间的冲突，特别是发生在不同文明的分界线地区的冲突，例如波西尼亚（伊斯兰教和东正教冲突地区）、克什米尔（伊斯兰教和印度教冲突地区）及苏丹（基督教和伊斯兰教冲突地区）。他对这些文化的不同价值体系和世界观进行分析，并将自己的预言建立在这些分析结果上，他认为正是这些文化价值体系和世界观的不同，将这些国家带入相互之间的冲突。尽管一些评论者最初不理会亨廷顿的文章，但是在2001年9月11日美国遭受恐怖袭击后，亨廷顿的观点获得了人们的关注。

即便亨廷顿的看法只有部分正确——毫无疑问"9·11"事件增加了其文章的分量——这些观点对国际企业来说也意义重大。这些观点认为，国际企业在许多国家可能会变得越来越不容易从事商务活动，或者是因为这些国家发生了暴力冲突，或者是因为这些国家的部分文明与国际企业母国的文明有冲突。亨廷顿的观点是推测性的，也是有争议的。他的预言将来是不是会实现并不清楚。更大的可能是全球政治体系的演变将介于福山建立的基于自由民主的全球大同文明及亨廷顿的断裂世界冲突的看法之间。然而，人们面对的仍然是一个地理力量在某些国家能够定期限制企业商务运行能力的世界。

在亨廷顿的文章中，全球的恐怖主义由文明之间的压力，以及价值体系和世界观之间的冲突带来。其他人认为，恐怖主义源于长期的看起来无法用政治途径解决的冲突，巴勒斯坦、克什米尔和北爱尔兰的冲突就是明显的例子。同时应该指出的是，在世界某些地区，比如哥伦比亚，大量的恐怖主义活动与非法毒品交易交织在一起。尽管难以获得精确的统计数据，但是"9·11"事件让人们意识到全球恐怖活动正在上升。根据美国国务院（U. S. Department of State）的数据，2007年，全球

---

① S. P. Huntington, *The Clash of Civilizations and the Remaking of World Order* (New York: Simon & Schuster, 1996).

发生了14 499起恐怖袭击，比2005年增加了25%。这些袭击导致22 685人死亡，而2005年只有14 616人死亡。但是，单单在伊拉克发生的恐怖袭击次数，其份额就占了43%，因此丧命的人数占总死亡人数的60%。① 2007年，全球其他发生恐怖袭击数量较多的国家有苏丹、尼日利亚和阿富汗。正如美国前国务卿科林·鲍威尔（Colin Powell）所说，恐怖主义是21世纪世界和平与经济进步的主要威胁之一。②

市场经济体系的传播

从20世纪80年代开始，一些国家从计划经济转向市场经济。东欧的多个国家已经改变了经济体系。在如今正在发生改变的完整国家名单上，还应该包括比如中国和越南这样的亚洲国家，以及安哥拉、埃塞俄比亚和莫桑比克等非洲国家。③ 混合经济也正发生着类似转变。亚洲、拉丁美洲和西欧的许多国家已经将国有企业出售给私有部门（私有化），并放松了经济规制以促进更多的市场竞争。

实施经济转型的理由，在世界各国都是相同的。通常来说，计划经济和混合经济无法像美国、瑞士和新加坡等实施了市场经济体系的国家那样获得可持续的经济绩效。因此，更多的国家被市场经济体系吸引。传统基金会（Heritage Foundation）采用10个指标来编制经济自由指数，例如贸易政策、产权受到保护的程度、外国投资管制及税收规定等。传统基金会用这些指标对每一个经济体打分，分数范围为1（最自由）到5（最不自由）。在10个指标上都低于平均分数的经济体更能够代表纯粹的市场经济体系。根据2008年的经济自由指数，世界上最自由的经济体有新加坡、爱尔兰、澳大利亚、美国、新西兰、加拿大、智利、瑞士和英国。日本的排名是第17，墨西哥第44名，法国第48名，巴西第101名，印度第115名，俄罗斯第134名。排名靠后的经济体有古巴、老挝、伊朗、委内瑞拉和朝鲜。④

经济转型的本质

向市场经济的转变通常需要采取多个步骤：放松管制、私有化，以及完善保护产权的法律体系。⑤

---

① United States Department of State, Country Reports on Terrorism 2006.
② United States National Counterterrorism Center, Reports on Incidents of Terrorism, 2005, April 11, 2006.
③ S. Fisher, R. Sahay, and C. A. Vegh, "Stabilization and the Growth in Transition Economies: The Early Experience," *Journal of Economic Perspectives* 10 (Spring 1996), pp. 45–66.
④ M. Miles et al., *2006 Index of Economic Freedom* (Washington, DC: Heritage Foundation, 2006).
⑤ International Monetary Fund, *World Economic Outlook: Focus on Transition Economies* (Geneva: IMF, October 2000).

□ **放松管制**

放松管制（deregulation）需要消除法律对市场自由发挥作用的限制、对私有企业建立的限制，以及对私有企业运营方式的限制。在东欧剧变和苏联解体之前，大部分计划经济国家的政府通过详细的国家计划决定价格和产出，对其实施严格控制。它们还禁止私有企业进入大部分产业，严格限制外国直接投资，并限制国际贸易。在这些国家中放松管制，需要消除价格管控从而允许价格由供给和需求的内在作用来决定；需要废除管制私有企业建立和运营的法律；需要放松或者消除对外国直接投资及国际贸易的限制。

在混合经济中，国家的权力较计划经济而言受到更多限制。但是在某些产业中，国家还是会决定价格、拥有企业、限制私有企业、限制外国人投资，以及限制国际贸易（参见本章"聚焦国家：印度建设市场经济"专栏）。尽管这些国家存在活跃的私有部门，转轨相对容易，但是对它们而言，放松管制同样需要实施先前在计划经济中提到的同类内容。

● 聚焦国家：印度建设市场经济

1947年从英国获得独立后，印度政府采用了民主体系。1947年之后印度发展的经济体系则是混合经济，以拥有大量的国有企业、中央计划和补贴为特征。这个体系限制了私有部门的增长。私有企业仅在获得政府许可的情况下才能扩张，为了增加一个不同的新产品，可能需要花几年时间来获得许可。许多重工业，例如汽车、化工和钢铁制造业，都是国有企业。生产配额和对进口实施高关税也阻碍了私有部门的健康发展，同时，依据劳动法很难解雇工人，因此劳动法也起了同样的作用。

20世纪90年代早期，这个体系很明显无法获得许多东南亚国家正在享有的经济进步。1994年，尽管印度有9.5亿人口，但其经济总量仍然小于比利时，人均国内生产总值不足310美元，不到一半的人口有阅读能力，只有600万人能够使用电话，也只有14%的人能够获得清洁的卫生设备。据世界银行估计，大约有40%的世界极端贫困人口居住在印度，只有2.3%的人口的家庭收入超过2 484美元。

1991年，经济增长乏力导致印度政府提出一项雄心勃勃的经济改革计划。印度政府取消了许多产业的许可体系，开放了数个过去与私有部门联系紧密的领域，包括发电产业、部分石油产业、钢铁制造业、航空运输业及电信产业的一部分。过去只能勉强获得准许并受制约的外国企业投资，突然受到了欢迎。在大量产业中，当外国股权投资在印度企业中所占比例不超过51%时可自动获得政府批准，100%的外国股权在某些情况下也可以得到政府批准。原材料和许多工业品能够自由进口了，对进口征收的最高关税从400%降低到65%。最高的收入税率也减少了，企业税从57.5%减到1994年的46%，接着在1997年降低到35%。印度政府还公布了对印度国有企业实施私有化的计划，其中大约40%的企业在20世纪90年代早期是亏损企业。

这些经济改革的结果，从某些方面来看令人印象深刻。1994—2006年，印度经济以每年6.5%的速度增长。外国投资作为外国公司看待印度经济吸引力的关键指标，从1991年的1.5亿美元猛增到2006年的95亿美元。一些经济部门运行得特别好，例如信息技术产业。印度成为充满活力的全球软件开发中心，出口销售额从1990年的1.5亿美元上升到2006年的234亿美元。制药业同样如此，印度公司主要通过出售低成本的在发达国家已经过了专利保护期的常用药，正日益成为全球市场的大玩家。

但是，这个国家仍然还有很长的路要走。推动减少进口关税的努力，已经受到来自雇主、雇员及政治家们的反对，他们担心壁垒降低后，廉价的中国商品会像洪水一样涌入印度。私有化进程继续遇到阻碍，如2003年9月，印度最高法院裁决，若没有来自议会的批准，政府则不允许私有化两家国有石油企业。在改革印度许多阻碍私有企业有效运行的法律上也有很大阻力。例如，劳动法使得雇员超过100人的企业几乎无法解雇任何人；其他法律规定某些产品只能由小企业生产，从而有效阻止了这些产业中的企业获得参与国际竞争所需的规模经济；外国零售商也被禁止直接向印度消费者出售商品（尽管它们找到了一扇"旁门"——开展批发业务，并向能够提供当地零售伙伴的企业寻求合作）。[①]

☐ 私有化

与放松管制携手同来的是急剧上升的私有化数量。正如本章先前所讨论过的，私有化将国家财产的所有权转移到私人手中，常常通过拍卖国有资产来实现。[②] 通过赋予新的私人所有者强有力的内在激励——更多的利润奖励——来找出办法提高生产率、进入新市场及退出亏损的市场，人们将私有化视为刺激经济效率的收益方式。[③]

私有化运动始于20世纪80年代早期的英国，当时的首相玛格丽特·撒切尔（Margaret Thatcher）出售了国有资产，例如英国电话公司、英国电信（British Telecom）。在全世界不断重复的一种模式中，这种出售与英国放松电信产业的管制有关。通过准许其他公司与英国电信齐头并肩竞争，放松管制的举措确保了私有化不是简单地将国有垄断替换为私人垄断。从20世纪80年代以来，私有化已经成为

[①] "India's Breakthrough Budget?" *The Economist*, March 3, 2001; Shankar Aiyar, "Reforms: Time to Just Do It," *India Today*, January 24, 2000, p. 47; "America's Pain, India's Gain," *The Economist*, January 11, 2003, p. 57; Joanna Slater, "In Once Socialist India, Privatizations Are Becoming More Like Routine Matters," *The Wall Street Journal*, July 5, 2002, p. A8; "India's Economy: Ready to Roll Again?" *The Economist*, September 20, 2003, pp. 39-40; Joanna Slater, "Indian Pirates Turned Partners," *The Wall Street Journal*, November 13, 2003, p. A14; "The Next Wave: India," *The Economist*, December 17, 2005, p. 67; M. Dell, "The Digital Sector Can Make Poor Nations Prosper," *Financial Times*, May 4, 2006, p. 17; "Setting Up Shop in India," *The Economist*, November 4, 2006, p. 79.

[②] J.C. Brada, "Privatization Is Transition - Is It?" *Journal of Economic Perspectives*, Spring 1996, pp. 67-86.

[③] Zahra et al., "Privatization and Entrepreneurial Transformation," *Academy of Management Review* 3, no. 25 (2000), pp. 509-524.

遍及世界的现象。1995—1999年，全世界完成了8 000多个私有化方案。① 总的来说，这些资产出售价值超过10 000亿美元（1985年的美元价格）。随着全世界私有化的进行，很明显仅将国有资产出售给私人部门是不足以确保经济增长的。私有化中受到关注的重要问题是其招致的企业裁员和员工下岗，尤其当私有化发生在发展中国家时。1992年，当私有化进程在亚洲达到一个高峰时，国际劳工组织（International Labour Organization）估算，可能有多达50%的原国有企业劳动力遭到裁员。

对中欧地区私有化的研究表明，如果新近私有化的企业继续获得政府补助，并通过政府设置的国际贸易和外国直接投资壁垒获得免于和外国企业竞争的保护，那么该过程通常无法实现预期收益。② 在这种情况中，新近私有化的企业因获得政府庇护免于竞争，并继续充当类似国有垄断的角色。当这种情况普遍盛行时，新近私有化的企业通常不再有内在动力进行重组以获得更多效率。要让私有化奏效，还必须配以更普遍的放松规制及经济开放。新近私有化的企业的所有制结构也非常重要。③ 例如，许多前计划经济国家，缺少在西方发达经济体中可以找到的有关企业治理的法律规定。在发达的市场经济体中，董事会由股东任命，以确保经理人在决策时能够考虑股东的利益，并且努力按照与股东财富最大化一致的方式管理公司。然而，一些前计划经济国家仍然缺少要求企业建立有效董事会的法律。在这种情况下，只拥有很小所有权比重的经理人常常可以获得新近私有化企业的控制权，并且忽视其他股东的利益，按照为自己谋利的方式运营。这些经理人有时的行事和企业被私有化之前的前任领导一样。由于他们学会了以过去的方式行事，因此常常对下重药来提高企业效率表现出迟疑。与其本来的职责相反，他们继续将公司作为私人封地运行，寻找机会榨取有利于自身的一切经济价值（以不公开的额外收入方式获得），同时几乎不采取能够使股东受益的提高企业经济效率的举措。但是，如果外国投资者在新近私有化企业中拥有股份，这种情况看上去就不太可能发生。外国投资者通常是主要的资金投资方，常常能够对关键性资源（钱）行使控制权以完成企业所需的变革。

□ 完善保护产权的法律体系

正如本章先前所指出的，运行良好的市场经济要求法律能够保护私有产权并为合同执行提供保障机制。没有法律体系来保护产权，没有有效机制来保障执行体系，私人和公共部门从事经济活动时的内在激励就会大量减少，甚至可能会引起有组织的犯罪，夺取私有部门企业家辛苦获得的利润。当东欧剧变和苏联解体时，其中许

---

① N. Brune, G. Garrett and B. Kogut, "The International Monetary Fund and the Global Spread of Privatization," IMF Staff Papers 51, no. 2 (2006), pp. 195 - 219.

② J. Sachs, C. Zinnes and Y. Eilar, "The Gains from privatization in Transition Economies: Is Change of Ownership Enough?" CAER discussion paper no. 63 (Cambridge, MA: Harvard Institute for International Development, 2000).

③ J. Nellis, "Time to Rethink Privatization in Transition Economies?" Finance and Development 36, no. 2 (1999), pp. 16 - 19.

多国家所有的产权都由国家拥有，这些国家缺少保护产权所需要的法律体系。同样，在殖民地法律的延续中，通过保证产权和其他法律权利在新的体系下能够获得充分的保护，许多亚洲国家努力发展出反映主权变化的完备的法律体系。财产记录的不完备和不精确、对同一财产进行多次典当，以及由前殖民地时代赔偿要求带来的未解决索赔，常常造成在印度和孟加拉国这样的国家中城市和农村财产的权利无法被确定。

尽管大部分国家改进了商务法典，但是其行政机构薄弱的执行力仍然削弱了法律的执行。法院执行能力常常不足，庭外解决合同争议的方式常常有限或者难以被获得。[1] 然而，情况正在好转。例如，中国在 2004 年修订了宪法，声明私有财产不可侵犯；并在 2007 年实施了一部有关产权的新法律，在许多方面给予私有产权拥有者与国有产权同等的保护。[2]

政治经济变革的意义

以上讨论的全球在政治体系和经济体系上的变化，对国际企业具有多方面的重要意义。长期存在于 20 世纪的集体主义和个人主义之间的思想体系冲突，如今已经减少了。尽管世界上还有计划经济和极权主义独裁，但是整个潮流的变化有利于自由市场的发展。

但是，有两个全球性事件造成许多评论家对西方政治思想体系的主导性进行了反思。一件事情是 2008 年由几个美国金融机构的巨大失败触发的全球经济危机。此次危机像滚雪球一样滚过了世界的其他地区，引发许多公司破产。随后在 2010 年发生了由于欧盟国家，例如希腊、西班牙和葡萄牙的不良债务管理带来的欧元危机，并拖累了 2009 年年末开始的由亚洲引导的全球经济复苏。许多人想知道是否另一场全球衰退即将到来。许多评论家将导致这两场危机的问题归责为美国和欧洲国家的政府没有对经济进行监管和干预。当然，这肯定造成了对西方政治思想体系的反思。

尽管只是在 2008—2010 年发生了危机，但是这 3 年的危机对持续了 30 年的商业潮流的影响十分巨大。有将近 50 年的时间，这个世界上的一半地区并不对西方公司设限，但现在其中许多国家的情况改变了。许多东欧、拉丁美洲、非洲和亚洲国家的市场仍然属于欠发达市场，但是它们具有巨大的增长潜力。中国有 13 亿多（到 2011 年时）人口，仅中国的市场潜力就超过了美国、欧洲和日本的总和。具有同样情况的还有印度，据估计，印度在 2011 年有 12 亿人口，也是一个有潜力的巨大市场。中国、俄罗斯、越南和其他正在向市场体系转轨的国家不太可能很快达到西方国家的生活水平，但是这些国家市场潜力如此巨大，以至于许多公司现在正在着手进入这些经济体。

---

[1] M. S. Borish and M. Noel, "Private Sector Development in the Visegrad Countries," *World Bank*, March 1997.

[2] "Caught between Right and Left, Town and Country," *The Economist*, March 10, 2007, pp. 23–24.

就像潜在收益那样，风险也很大。极权主义独裁可能回来，尽管不太可能再以原来的方式出现。泰国的政治动荡导致其军队在2010年5月对街头示威人群进行了镇压，并且造成数人死亡，这清楚地表明民主体系的脆弱及其被政治机会主义者利用的可能。尽管冷战时代的双极世界不复存在，但可能被多个文明主导的多极世界取代。在这样的世界中，许多根植于全球向市场经济体系变化的美好经济展望，受困于文明之间的冲突。尽管在世界不同的市场经济体中，投资收益仍然具有巨大的长期潜力，但是与此类投资相关的风险也是巨大的。忽视这些风险无疑是愚蠢的。

☞ 给管理者的启示

本章讨论的材料对国际企业有两大启示。第一，一国的政治、经济、法律体系在国际企业实操中产生了对其有影响的道德伦理问题。例如，在公民没有基本人权、腐败盛行，以及获取商务许可时必须行贿的极权主义国家中，从事商务活动时会涉及什么伦理问题？以这样的方式从事商务活动时是正义的吗？本书第四章将对由政治经济中国家差异带来的伦理问题进行全面讨论，并对国际企业的伦理问题进行更深入的探究。

第二，一国的政治经济和法律环境，很明显会影响一国作为市场或者投资地区所具有的吸引力。在一国从事商务活动，与其相关的收益、成本和风险，是该国政治、经济和法律体系的函数。一国作为市场或者投资地区具有的总体吸引力，取决于人们对在该国从事商务活动的长期可能的收益、成本和风险之间的权衡。本书接下来将分别讨论收益、成本和风险的决定因素。

收益

从最一般的意义来说，在一国从事商务活动的长期货币收益是市场规模、该市场的消费者的现有财富（购买力平价）及其未来可能财富的函数。尽管当用消费者数量来衡量一些市场时，这些市场非常巨大（比如印度），但其较低的生活水平可能意味着有限的购买力，因此当从经济角度来衡量时，这些国家是相对小的市场。国际企业需要了解这种差异，但是它们也需要记住这些国家未来可能的前景。1960年，韩国只被看作一个贫困的第三世界国家，但到2008年时，根据国内生产总值指标，韩国已成为世界第十一大经济体。那些在1960年认识到韩国的经济潜力，并在那时开始与韩国建立商务往来的国际企业，与当时认为韩国市场没有价值的企业相比，可能已经收获了更大的收益。同样的情况描述，也适用于当中国1978年实行对外开放时那些看到中国潜力的企业。

通过在早期辨识未来有经济潜力的明星国家并对其进行投资，国际企业可以尽早建立品牌信誉，并在对该国的商务实操上获得经验。如果该国经济实现了持续的高速增长，那么企业的付出将获得丰厚的回报。相比之下，那些迟到的企业可能发现，它们缺少在这个市场上获得重大业绩所必需的品牌信誉和经验。用商务策略的术语来说，未来潜在明星市场的早期进入者，能够获得重要的先发优势，而后来者则可能因为后发劣势而成为失败者。① [**先发优势**（first-mover advantage）是市场早期进入者获得的优势，**后发劣势**（late-mover disadvantage）是后期进入者可能遭受的阻碍。] 而正是这个原因产生的动力，驱动着投资纷纷涌入中国。在十几年的时间里，随着各种国际企业尝试在中国建立可持续优势，从通用汽车到大众汽车（Volkswagen），从可口可乐到联合利华，中国已经成为发展中国家中最大的外国直接投资接收国。

一国经济体系和产权机制理所当然是预测经济前景的良好工具。与产权保护较差的计划经济国家相比，产权得到良好保护的自由市场国家倾向于获得更高的经济增长率。因此，一国经济体系、产权机制和市场规模（根据人口度量）共同构成了良好指标，可用来度量在一国从事商务活动的潜在长期利益。作为对比，那些产权没有得到很好尊重并且腐败盛行的国家，倾向于获得较低的经济增长水平。但是，人们也必须小心对待所得的过于概括的结论，因为尽管印度的产权机制薄弱，并且存在严重腐败，但它也获得了高速经济增长，并且在朝着市场经济体系转变的过程中产生了巨大收益。

成本

在一国从事商务活动的成本由许多政治、经济和法律因素共同决定。说到政治因素，在一国政府允许企业在其国内从事商务活动之前，企业可能不得不贿赂该国有权力的政治实体以帮助其获取商务许可。所需支付的这些至关重要的贿赂，其数额在封闭的极权主义国家要大于那些开放民主社会中政治家们从选民处获得的资助（尽管这算不上严格的区别）。企业是否应该真的支付贿赂以获取进入市场的回报，应该根据其涉及的法律和伦理来决定。本书第四章将讨论这个问题，并更详尽地分析商务伦理问题。

说到经济因素，最重要的变量之一就是一国经济的复杂度。由于相对不发达的经济体缺少基础设施和配套商务，在该国从事商务活动的成本可能更高。在极端情况中，国际企业可能不得不为其自己的运营提供基础设施和配套商务，这样做很明显提高了成本。当麦当劳决定在莫斯科开设第一家餐厅时，为了提供与别处麦当劳餐厅没有差别的食物和饮料，必须实行"垂直后向一体化"策略以满足其自身的需求。由于俄罗斯本地出产的土豆和肉类品质较差，因此麦当劳为了维护其产品质量，在俄罗斯设立了自己的奶牛场、养牛场、菜园和食品加工厂。与更发达的能够在开放市场上购买到高质量原料的经济体相比，在俄罗斯从事商务活动的成本更高。当肯德基（Kentucky）在北京开设第一家餐厅时，同样不得不采取一些类似措施，就像麦当劳在莫斯科开设第一家餐厅时所采取的那样。

至于法律因素，在一个当地法规为产品安全、工作场所安全、环境污染等设置了更严格标准的国家从事商务活动需要更高的成本（因为遵守这些法规是有成本的）。在类似美国这样因伤害赔偿不封顶造成责任保险费率不断上涨的国家从事商务活动也需要更高的成本。在商务管理法律不健全的国家，从事商务活动也需要更高的成本。在商务合同法不健全的国家，国际企业可能因无法找到令人满意的方式来

---

① M. Liberman and D. Montgomery, "First-Mover Advantages," *Strategic Management Journal* 9 (Summer Special Issue, 1988), pp. 41-58.

解决合同争议而经常需要面对合同违约带来的巨大损失。同样，如果当地法律不能充分保护知识产权，那么会导致国际企业知识产权被盗用，以及收入受损。

风险

和成本一样，在一国从事商务活动的风险由许多政治、经济和法律因素共同决定。**政治风险**（political risk）的定义是，一国政治力量导致该国商务环境剧烈变化，并对利润和其他企业目标造成不良影响的可能性。[1] 在一个正在经历社会动荡和骚乱的国家，或者在一个社会内在本质提高了社会动荡可能性的国家，政治风险往往更大。社会动荡通常的表现形式有罢工、示威、恐怖主义活动和暴力冲突。这样的动荡更有可能发生在不同世界观正在争夺国家政治控制的多民族国家，在经济管理不善导致了高通货膨胀和生活水平下降的国家，或者在包含了不同文明之间分界线的国家。

社会动荡会导致政府和政府政策的突然改变，或者导致长期的内部冲突。这种冲突往往对企业的利润目标带来负面经济影响。例如，1979 年，伊朗的伊斯兰革命带来的后果之一，就是新成立的伊朗政府无偿获取了大量美国公司的伊朗资产。同样，暴力冲突将南斯拉夫社会主义联邦共和国瓦解成数个交战国家，包括波斯尼亚、克罗地亚和塞尔维亚，造成当地经济崩溃，外国投资的利润不复存在。

更一般地说，政治体制的改变会导致一国出台并实施不利于国际企业的法律。例如委内瑞拉，人民社会党政治家乌戈·查韦斯（Hugo Chavez）于 1998 年获取了权力，并在 2000 年和 2006 年再次当选总统。查韦斯宣称自己是古巴领导人菲德尔·卡斯特罗（Fidel Castro）的追随者。他保证通过政府干预私有企业来提高委内瑞拉穷人的生活，并经常批评美国，所有这些都和西方企业在该国从事商务活动有关。他还在其他措施中提高了外国公司在委内瑞拉运营必须支付给政府的管理费，从销售额的 1% 增加到 30%。

其他风险可由一国对经济管理不善造成。**经济风险**（economic risk）的定义是，一国对经济管理不善导致该国商务环境剧烈变化，并对利润和其他企业目标造成伤害的可能性。经济风险并不独立于政治风险。经济管理不善可以造成严重的社会动荡，并因此带来政治风险。而且，经济风险值得人们将其作为单独的风险进行强调，因为在经济管理不善和社会动荡之间并不总是存在一对一的关系。一个可用来明显反映经济管理不善的指标是一国的通货膨胀率，另一个指标是该国企业和政府的负债水平。

在亚洲国家，比如印度尼西亚、泰国和韩国，在 20 世纪 90 年代，企业的负债水平快速增加。它们经常应政府的要求，投资那些被认为对该国具有"战略意义"的产业。结果造成了过度投资，建成的工业（工厂）和商务（办公空间）能力超过了由需求条件决定的合理程度。许多这种投资的结果是不经济的，借贷方不能产生偿还债务所需要的利润，于是将钱借贷给这些企业的银行突然发现它们账面上的呆账和坏账迅速增加了。外国投资者认为许多当地的企业和银行将破产，于是将资金从这些国家抽出，并出售该国股票、债券和货币。就是这种操作导致了 1997—1998 年的亚洲金融危机。在此次危机中，亚洲股票市场价值迅速下降，在某些市场的下

---

[1] S. H. Robock, "Political Risk: Identification and Assessment," *Columbia Journal of World Business*, July-August 1971, pp. 6 - 20.

降幅度甚至超过70%，许多亚洲货币对美元的价值出现了类似崩溃，当地市场的需求急剧萎缩，出现影响了许多亚洲国家数年的经济衰退。简而言之，在20世纪90年代期间，整个东南亚的经济风险都增加了，精明的外国企业和投资者控制了其在该地区的风险，而更多经验不足的企业和投资者则损失惨重。

从法律的层面来说，当一国法律体系不能为合同违约提供足够保护或者不能保护知识产权时，就会产生风险。如果它们认为按其利益应该这样做，那么企业在法律保护力量不足时更有可能违反合同或盗用知识产权。因此，**法律风险**（legal risk）的定义是，贸易伙伴借机违反合同或侵占产权的可能性。当一国的法律风险很高时，国际企业就可能对和该国企业签订长期合同或合资协议迟疑不决。例如，在20世纪70年代，当印度政府通过一项法律，要求所有外国投资者都变成和印度企业的合资企业时，美国公司例如IBM和可口可乐选择在印度关闭其投资的企业。它们认为，印度法律体系无法为知识产权提供足够保护，一旦合资，确实可能会因其印度伙伴侵犯美国公司的知识产权而对其造成很大威胁，因为在IBM和可口可乐这类公司中，知识产权在竞争优势中占有核心地位。

总体吸引力

一国作为潜在市场或投资地区对国际企业的总体吸引力，取决于在该国从事商务活动时对有关收益、成本和风险的权衡，如图2.3所示。一般而言，在外国从事商务活动的成本和风险，在经济发达且政局稳定的民主国家较低，在欠发达和政局不稳定的国家较高。但是这种衡量很复杂，因为潜在的长期收益不仅取决于一国当前的经济发展阶段或者政治稳定性，也取决于未来可能的经济增长速度。经济增长看来好像是自由市场体系和一国增长能力的函数。这使人们认为，当其他条件不变时，收益、成本和风险三者之间的交换和平衡关系进行得最顺利的国家，可能是政局稳定、拥有自由市场体系、通货膨胀率或私有部门负债率没有急剧上升的发达国家和发展中国家。而进行得最不顺利的国家可能是政局动荡的实行混合经济或计划经济体系的发展中国家，或者是投机性的金融泡沫导致过度借贷的发展中国家。

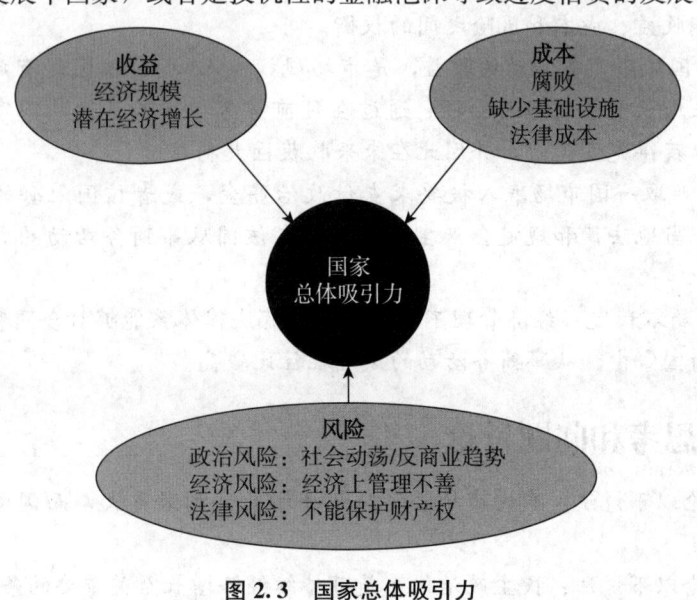

收益
经济规模
潜在经济增长

成本
腐败
缺少基础设施
法律成本

国家总体吸引力

风险
政治风险：社会动荡/反商业趋势
经济风险：经济上管理不善
法律风险：不能保护财产权

图2.3　国家总体吸引力

● 本章总结

本章考察了国与国之间不同的政治、经济和法律体系。在一国从事商务活动的潜在收益、成本和风险是该国政治、经济和法律体系的函数。本章要点如下：

1. 可以根据两个维度对政治体系进行评估：强调集体主义或与其相反的个人主义的程度，以及处于民主或极权主义的程度。

2. 集体主义是一种思想体系，认为集体需求比个人需求更重要。

3. 个人主义也是一种思想体系，建立的基础是强调在政治、经济和文化领域中个人自由优先。个人主义体现为支持民主和自由市场经济。

4. 民主和极权是政治形态中的两个极端。在代议制民主中，公民定期投票选举出能够代表他们利益的人，政治自由通过宪法得到保障。在极权主义国家中，政治权利由一个党派、一个团体或者一个人垄断，同时公民被剥夺了基本的政治自由。

5. 经济体系可以被分为三大类：市场经济、计划经济和混合经济。在市场经济中，价格不受控制，私有制占主导地位。在计划经济中，价格由中央计划者决定，生产性资产归国家所有，并且禁止私有制。在混合经济中，既有市场经济的成分，也有计划经济的成分。

6. 国与国之间法律结构的不同对国际企业的实操具有重要影响。国与国对产权实施保护的程度有很大不同，产品安全法、产品责任法和合同法的本质同样如此。

7. 一国经济增长的速度取决于该国市场经济良好运转的程度，而这种市场经济实施了对产权的保护。

8. 目前许多国家处在转型中，这种明显的转型是从计划经济体系或混合经济体系向自由市场经济体系的转变。

9. 一国作为市场和投资区域的总体吸引力，取决于对在该国从事商务活动时可能产生的长期收益、成本和风险之间的权衡。

10. 在一国从事商务活动的收益，是市场规模（人口）、该国现有财富（购买力平价）和未来增长前景之间的函数。通过在目前贫穷但增长迅速的国家进行早期投资，企业可以获得先发优势，并因此在未来收获巨大利益。

11. 当为获取一国市场准入被要求支付政治贿金，或者该国配套的基础设施匮乏，以及遵守当地法律和规定会产生成本时，在该国从事商务活动的成本往往就比较高。

12. 在政局不稳定、经济管理不善，以及没有法律体系能够对合同和产权违约提供有力保护的国家中，从事商务活动的风险往往比较高。

● 批判性思考和问题讨论

1. 请讨论以下说法：自由市场经济对经济增长的刺激更大，而国家主导的经济会抑制增长。

2. 请讨论以下说法：民主政治体系是可持续经济增长至关重要的条件。

3. 一国腐败（例如政府官员获得贿赂）和经济增长之间的关系是什么？腐败总

是坏事吗？

4. 诺贝尔经济学奖获得者阿马蒂亚·森认为，应该拓宽发展的概念，令其所包含的内容不只是经济发展。森认为其他哪些因素应该被包含在对发展的评估中？可以怎样利用森的观点来影响政府政策？你认为发展不只是经济发展的观点正确吗？请加以解释。

5. 你是一家公司的首席执行官，必须选择是将1亿美元投资到韩国还是中国。两种投资允诺的长期回报一样，所以你应该通过考虑风险来做出选择。评估在这两个国家从事商务活动的不同风险，并说明应该支持哪一个投资，以及为什么支持。

● **研究任务：国家的政治经济差异**

利用globalEDGE™网站完成下列练习：

练习1

在世界各地不同背景中，对政治经济的文字定义和对政治观念的解释会有不同。实际上，自由世界（Freedom in the World）的调查对全世界政治权利和公民自由进行了评估。对该组织的调查进行描述，并根据自由程度对世界的先行者和落伍者进行排名。这份调查考虑了哪些因素？

练习2

专家分析不同新兴市场和转型国家文化的一种方法是使用经济指标。市场潜力指数是由密歇根州立大学国际商务教育和研究中心（MSU-CIBER）进行的一项指标研究，目的是从多个维度比较新兴市场。对检索过程中用到的指标进行描述，并回答：对营销笔记本电脑的公司来说，哪一个指标会有更大权重？考虑市场潜力指数排名后，你会建议该企业首先进入哪一个发展中国家？

● **章尾案例：苏哈托和亚洲金融危机之后的印度尼西亚**

印度尼西亚是一个很大的国家，在大约1.7万个小岛上分布着2.2亿人口，这些小岛绵延3 200英里，分布在最西面的苏门答腊和最东面的伊里安查亚之间。印度尼西亚既是世界上人口最多的伊斯兰国家——总人口中约85%的人是穆斯林，也是世界上民族数量最多的国家——有500多种语言被这个国家不同的民族使用，而且在很多省还活跃着分裂主义者。在长达30年的时间里，苏哈托总统——一个由军队支持的真正的独裁者，用铁腕统治了这个挣扎前行的国家。在他的统治下，印度尼西亚经济稳定增长，但这也付出了成本。苏哈托残忍镇压了国内的异见，还因通过在该国政治体系下使其支持者和亲属的企业获利，获得了"裙带资本主义"的名声。

最终，苏哈托政府被印度尼西亚在20世纪90年代积累的巨大负债击倒。1997年，印度尼西亚经济失去控制，国际货币基金组织向其注入430亿美元作为"一揽子"挽救计划。当各种情况表明这些钱中相当大一部分被纳入苏哈托及其亲友囊中后，该国民众上街抗议并迫使苏哈托辞职。

苏哈托下台后，在2004年10月，该国第一任直选总统苏西洛·班邦·尤多约诺（Susilo Bambang Yudhoyono）宣誓就职。经济面也开始好转，以占国内生产总值百分比计算的公共债务从2000年的接近100%下降到2004年的60%以下，通货膨胀率从2001年的12%下降到2004年的6%，2001—2005年的经济增长率大约是每年4%。

但是印度尼西亚的发展滞后于它的东南亚邻国。该国经济增长落后于中国、马来西亚和泰国，失业率仍然高企不下，约10%的工作人口处于失业中。2005年，该国的通货膨胀率再次增高，到2005年年末时达到14%。劳动生产率的增长已经停滞了10年。更糟糕的是，外国资本正在逃离该国。索尼因在2003年关闭了位于该国的音响设备工厂而成为新闻头条，同时大量服装企业离开印度尼西亚迁往中国和越南。总的来说，随着外国公司纷纷离开印度尼西亚，该国总的外国直接投资存量从2001年的248亿美元减少到2004年的114亿美元。

一些观察家认为，落后的基础设施牵制了印度尼西亚的经济发展。多年来该国对公共基础设施的投资一直在不断减少，从1996年的160亿美元减少到2003年的30亿美元左右。公路系统很糟糕，半数人口没有电可用，随着输电网老化，停电次数越来越多，接近99%的人口住所缺少现代排污设施。2004年下半年，苏门答腊沿海发生的海啸进一步恶化了情况。公共投资的下降也折射出私人投资的减少。该国所有重要石油行业获得的投资额从1996年的38亿美元减少到2002年的1.87亿美元。尽管石油价格处于高位，但石油产量在下降。对采矿的投资也从1997年的26亿美元下降到2003年的1.77亿美元。

根据世界银行的研究，过度烦琐的行政手续损害了印度尼西亚的商务活动。完成创办企业所需的文档手续平均需要151天，相比之下，在马来西亚需要30天，在新加坡只要8天。当地的高度腐败也损害了印度尼西亚的商务活动。透明国际是专门研究世界各地腐败问题的组织，在其2005年全球清廉指数的追踪排名中，印度尼西亚位列第137名，是最腐败的国家之一。该国政府行政官员的工资非常低，必然会出现向来办事的企业索取贿赂的情况，同时该国对烦琐行政手续的嗜好也意味着可能有排成长队的官员想要索取贿赂。印度尼西亚司法部部长阿都·拉曼·沙勒（Abdul Rahman Saleh）说，整个法律体系包括警察和公诉人都陷入了腐败的泥沼。众所周知，警察可用微不足道的借口将外国企业主管投入监狱，但只要向恰当的人支付一笔贿赂就能保证入狱的主管被释放。即便最近印度尼西亚发起了反腐败运动，批评家认为还是缺少威慑力。据报道，该国政治精英们已经腐败到没有兴趣做任何有益于修补法律体系的事情。[①]

案例讨论问题

1. 印度尼西亚不良的经济绩效可以用什么政治因素解释？可以用什么经济因素解释？二者相关吗？

---

① "A Survey of Indonesia：Time to Deliver," *The Economist*, December 11, 2004；"A Survey of Indonesia：Enemies of Promise," *The Economist*, December 11, 2004, pp. 4-5；"A Survey of Indonesia：The Importance of Going Straight," *The Economist*, December 11, 2004, pp. 6-7；World Bank, World Development Indicators Online, 2006；Transparency International, Global Corruption Report, 2006；S. Donnan, "Indonesian Workers Mark May Day with Protests at Planned Changes to Labor Laws," *Financial Times*, May 2, 2006, p. 4.

2. 自从苏哈托下台已经过去了多年，为什么经济问题仍然困扰着印度尼西亚？

3. 你为什么认为外国公司近年来在退出印度尼西亚？这对该国有何影响？扭转这种趋势需要做些什么？

4. 为什么腐败在印度尼西亚如此盛行？后果是什么？

5. 在印度尼西亚从事商务活动的外国企业会面临什么样的风险？减少这些风险需要做些什么？

第三章

文化差异

学习目标

学完本章后，你应该能够：
1. 知晓一个社会的文化意味着什么；
2. 识别导致社会文化差异的因素；
3. 识别文化差异对商务和经济的影响；
4. 理解社会文化差异如何影响工作场所的价值观；
5. 进一步理解文化的变化对经济和商务的影响。

● 开篇案例：沃尔玛在国外的扩张

沃尔玛（Walmart）是世界上最大的零售商，它在天天低价战略、高效率运营、物流系统、能够保持最小库存并确保不出现库存过剩或库存不足的信息系统的基础上，打造了自己的成功。公司有210万名员工，在美国有4 200家分店，在世界其他地区有3 600家分店，实现的销售额几乎达到4 000亿美元（2008财年）。这些销售额中有差不多910亿美元在美国之外的15个国家实现。沃尔玛面对美国经济的缓慢增长，在20世纪90年代早期开始了国际扩张，当时它进入了墨西哥市场，和墨西哥本地最大的零售商齐弗拉（Cifra）合作建立了合资企业，开设了一系列出售各种食品和日用商品的特大购物中心。

刚开始时，沃尔玛在墨西哥的进展不太顺利，但它很快发现那里消费习惯的不同。大部分墨西哥人更喜欢在当地商店购买新鲜的农产品，特别是不能保鲜过夜的东西，比如肉类、墨西哥玉米粉圆饼和各色甜面包（许多墨西哥人都没有大冰箱）。许多消费者没有汽车，不能像美国消费者那样购买大包装商品。于是沃尔玛调整其战略来满足当地市场的需求，雇用精通墨西哥文化的当地人做经理，设立可步行前往购物的较小商店，并供应更加新鲜的农产品。同时，沃尔玛认为自己能够逐渐改变墨西哥的购物文化，通过向当地消费者展示美式营销文化能够为墨西哥人带来的好处来引导他们。沃尔玛的经理们分析认为，毕竟过去美国的消费者也是在小商店买东西的,但是从20世纪50年代开始,他们越来越被沃尔玛这样的大商店所吸引。随着沃尔玛在墨西哥建立起自己的配送体系,其成本降低了,沃尔玛用更低的商品定价将这个好处传递给墨西哥消费者。最终,沃尔玛"为客户着想、坚持不懈和低价格"的理念得到了回报。墨西哥人开始改变他们的购物习惯。今天,沃尔玛已是墨西哥最大的零售商,人们普遍认为沃尔玛在墨西哥的投资是其最成功的外国投资。

随后,沃尔玛在许多发达国家进行了扩张,包括英国、德国和韩国。但是它在这些国家没有取得那么大的成功。在上述三个国家中,沃尔玛发现自己要和当地运营良好的竞争对手正面交锋,这些对手提供的商品早就和当地的消费习惯及消费偏好匹配良好了。而且,这三个国家的消费者看上去更偏好高质量的商品,并不像美国市场和墨西哥市场的消费者那样会被沃尔玛的价格折扣战略吸引。经过数年亏损后,2006年,沃尔玛撤出了德国和韩国市场。但同时,沃尔玛继续在其他国家寻找经营机会,尤其是在那些当地没有强大竞争者的发展中国家寻找机会,往往就是在这些国家,其低价格策略才具有吸引力。

最近,沃尔玛国际扩张的重点是中国。1996年,沃尔玛就在中国开设了第一家分店,但其初期的扩张非常缓慢,到2006年时只开设了66家分店。但是,沃尔玛发现,中国人对沃尔玛的低价策略和店内提供的众多商品选择持接受态度。实际上,根据中国人的消费习惯,正在形成的中产阶级看上去更喜欢美国人而不是欧洲人。不过沃尔玛还发现,为了在中国取得成功,其必须对商品和运营策略进行吻合中国文化的调整。沃尔玛学到的事情之一就是中国消费者坚持认为食材必须很新鲜,甚至应当当面宰杀。沃尔玛最初试图将死鱼,以及用泡沫盒和保鲜膜包装好的肉类卖给中国消费者,这让当地消费者很不愉快,他们认为这是不新鲜的商品,对此不屑一顾。因此,沃尔玛开始在柜台摆放未包装的肉类,在店内安装养鱼的水箱以便购物者亲自撒下渔网捞出那条晚餐时想要的鱼,同时开始在店内出售可供制作甲鱼汤的活甲鱼。于是,沃尔玛的销售额开始迅速增长。

沃尔玛还学到,在中国获取成功必须接受工会。2006年中期,沃尔玛打破了自己一贯坚持的反对工会的立场,同意在其中国分店成立工会。许多人认为,这为沃尔玛最近一系列行动提供了舞台,2006年12月,沃尔玛收购了好又多(Trust-Mart)连锁店35%的股份,而好又多连锁店在中国34个城市中设有101家超市。目前,沃尔玛宣称中国市场在其增长战略中居于中心位置。2009年年初,沃尔玛在中国已经拥有大约243家分店,并且完全无视全球经济的放缓,坚持继续在中国以"两位数的速度"开设新的分店。①

引言

正如沃尔玛所发现的,由于国与国之间的不同,国际商务不同于国内商务。第

---

① J. Lyons, "In Mexico Walmart Is Defying Its Critics," *The Wall Street Journal*, March 5, 2007, pp. A1, A9; K. Norton, "The Great Walmart of China," *Newsweek*, October 30, 2006, pp. 50–51; E. Rigby, "Smooth Supply in High Demand," *Financial Times*, February 14, 2007, p. 10.

二章介绍了国家在政治、经济和法律体系上的差异如何影响了在不同国家从事商务活动时涉及的收益、成本和风险。本章将继续揭示国家之间文化的不同及国家内部文化的不同如何影响国际企业。例如,为了与中国消费者内植于文化的口味和偏好相容,沃尔玛改变了其陈列和出售食品的方式。

本章有几个贯穿始终的议题。第一个议题是,在多个国家获得商务成功需要跨文化知识。**跨文化知识**(cross-cultural literacy)指对国家内部及国家之间文化差异的理解,这种理解能够影响商务实践的方式。在当前由全球化的通信、迅捷的交通及世界性的市场构成的背景中,当全球村的时代看起来就在眼前时,人们很容易忘记各种文化具有多么不同的差异。深深的文化沟壑经常隐藏在现代主义的外表下。通常西方人尤其是美国人,会快速得出结论:因为世界其他地区的人们也穿着蓝色牛仔裤,听着西方流行音乐,吃着麦当劳,喝着可口可乐,因此他们也会接受西方(或美国)文化的信条。但是,这种观点并不正确。任何一个去过上海的人不可能不被那里的摩天大厦、百货商店和高速公路打动,但是在西方现代主义外表下,长期持续的文化传统,根植于几千年历史的意识形态,仍然对今天中国的商务交易活动产生重要影响。例如,在中国,关系或者说个人商务联系,是完成商务活动的核心。说得更一般些,本章认为,对外国企业来说,正确理解其从事商务活动所在国的主流文化很重要,并且想获取成功就要适应其东道国的文化。[①]

本章所要讨论的第二个议题是,在一国或地区从事商务活动的成本,与文化之间存在联系。不同的文化或多或少支持着生产模式,并提高或者降低了从事商务活动的成本。例如,一些观察者认为,文化因素降低了在日本从事商务活动的成本,这可以帮助解释日本从20世纪60年代到20世纪80年代的快速经济增长。[②] 同样,文化因素有时也会提高从事商务活动的成本。从历史角度看,阶级的划分是英国文化的重要部分,并在很长一段时间里,在英国运营的公司发现,管理层和劳工层之间很难实现合作。阶级划分在20世纪60年代和20世纪70年代导致大量劳工争议,并且与瑞典、挪威、德国或日本等历史上较少出现此类阶级冲突的国家相比,这些争议提高了企业从事商务活动的成本。

但是,英国的例子引出了本章的第三个议题。文化不是静态的。尽管文化能够改变的幅度是一个有争议的问题,但文化能够并且一定会发生演化。英国文化的重要方面在过去几十年里发生了重大变化,可由弱化的阶级分层及较少的劳工争议反映出来。1995—2005年,英国在每1 000个工人中由于罢工造成的工作日损失平均每年是28天,大大少于美国(每年33天)、爱尔兰(每年81天)及加拿大(每年168天)。[③] 跨国公司自身能够驱动文化的改变,这一点很重要。例如在墨西哥,沃尔玛帮助其改变了当地的购物文化,将消费者从当地的小店引向大型自服务类型的折扣店。现在沃尔玛也希望在中国实现同样的目标。

---

① M. Y. Brannen, "When Mickey Loses Face: Recontextualization, Semantic Fit, and the Semiotics of Foreignness," *Academy of Management Review*, 2004, pp. 593 - 616.

② R. Dore, *Taking Japan Seriously* (Stanford, CA: Stanford University Press, 1987).

③ J. Monger, "International Comparison of Labor Disputes in 2004," *Labor Market Trends*, April 2006, pp. 117 - 128.

什么是文化？

学者们绝不会同意对文化做一个简单的定义。19世纪70年代，人类学家爱德华·泰勒（Edward Tylor）将文化定义为"包含知识、信仰、艺术、道德、法律、传统和其他人类作为社会成员获取的能力的完整综合体"[1]。自那时起，又出现了数百种其他定义。一个研究跨文化差异及管理的专家吉尔特·霍夫斯泰德（Geert Hofstede）将文化定义为"将一个人类群体从另一个群体中区分出来的思维集合过程。文化在这个层面上包含了价值观体系，而价值观存在于文化集合体的构建中"[2]。还有一个文化定义来自社会学家兹维·纳门华斯（Zvi Namenwirch）和罗伯特·韦伯（Robert Weber），他们将文化看作一个由观念和认知构成的系统，而这些观念和认知构成了对生存的设计。[3]

本书遵循霍夫斯泰德、纳门华斯和韦伯的看法，将**文化**（culture）看成在人群中得以分享并共同构成其生存设计的价值观和准则系统。**价值观**（values）指人们从群体中抽取的有关什么是善良、正确和欲望的抽象观念。换一种说法，价值观就是人们所分享的有关事情应该是什么的假设。[4] **准则**（norms）指规定了特定场合中恰当行为的社会规则和参考。本书将使用**社会**（society）这个词来指代一群共享了一套价值观和准则的人。尽管一个社会相当于一个国家，但某些国家存在多个社会（例如它们支持多文化），同时，某些社会包含不止一个国家。

价值观和准则

价值观构成了文化的基石，提供了建立和判断社会准则的环境。价值观包含了一个社会对诸如个体自由、民主、真相、公正、诚实、忠诚、社会责任、共同责任、女性角色、爱、性、婚姻等的态度。价值观不仅是一个抽象概念，也被人们投入了很重的情感。人们为了价值观，例如自由，发生争论、战斗甚至献出生命。价值观还常常反映到社会的政治和经济体系中。

准则是统治人们相互之间行为的社会规则，准则可以进一步被分为两类：社会习俗和道德标准。**社会习俗**（folkways）是日常生活中的惯例。一般而言，社会习俗决定的行为与道德标准几乎没有联系。社会习俗是一些约定俗成的事情，例如在特定场合的恰当着装、良好的社会礼节、正确使用餐具进餐、邻里行为及其他。尽管社会习俗定义了对人们行为方式的期望，但违反社会习俗并不是什么严重事件。违反了社会习俗的人们会被认为古怪或者病态，但通常不会有人认为他们是魔鬼或

---

[1] E. B. Tylor, *Primitive Culture* (London: Murray, 1871).
[2] Geert Hofstede, *Culture's Consequences: International Differences in Work-Related Values* (Beverly Hills, CA: Sage Publications, 1984), p. 21.
[3] J. Z. Namenwirth and R. B. Weber, *Dynamics of Culture* (Boston: Allen & Unwin, 1987), p. 8.
[4] R. Mead, *International Management: Cross-Cultural Dimensions* (Oxford: Blackwell Business, 1994), p. 7.

者坏蛋。在许多国家，人们能够谅解外国人最初对当地社会习俗的违背。

不同国家的人们对待时间的态度不同，是一个很好的例子，可以用来说明不同国家之间社会习俗的差异。美国和诸如德国和英国等欧洲国家，时间观念很强。那里的商务人士都很守时，并且当他们由于伙伴开会迟到不得不持续等待时，会因时间被浪费而立刻恼火起来。他们谈论起时间时就像谈论金钱——某种可以消费、储蓄、浪费和丢弃的东西。① 与之相反的文化是阿拉伯、拉丁美洲和地中海文化，在这些地区，时间有更多的弹性。与遵守时间相比，更重要的是完成人与人之间的交流。例如，如果见面前让一个美国商人在拉丁美洲经理办公室门外等待 30 分钟，这个美国人会感到受了怠慢，而那个拉丁美洲经理只是很单纯地完成了和助理的交流，并将从交流中获取信息看得比严格遵守时间更重要。拉丁美洲经理并非故意冒犯，只是双方对时间重要性的理解不同。类似情况是，阿拉伯人对时间的看法来自贝多因游牧民族的传统，精确的时间没有什么意义，明天到达的意思可能是下周到达。和拉丁美洲人一样，许多阿拉伯人不理解美国人对精确时间和日程的遵守。因此在商务活动中，来自不同文化的各方都需要相应调整其各自的预期。

社会习俗包括礼仪和标志性行为，它们能够最直观地体现文化的重要性，并构成了深层价值观的外在表现。例如，日本经理在会见外国经理时会拿出自己的商务名片，一边鞠躬一边双手同时递交名片。② 这是一种带着深深文化烙印的礼节行为。名片能够显示这位日本经理的级别，这个信息在像日本这样的传统社会中非常重要（日本人的商务名片通常一面印着日文，另一面印着英文）。鞠躬是一种尊敬别人的标志。鞠躬的时候角度越大，显示出的尊敬就越大。与此同时，日本人期待收到商务名片的外国经理好好看一眼名片，并认为这是回报别人尊敬并了解名片主人社会级别的方式。日本人还期待外国经理拿名片时，也会将自己的卡片以类似鞠躬的方式递交给日本经理来显示其问候。如果这个外国经理没有这样做，或者随意将名片放进了夹克口袋而没有去读，那么他就违背了重要礼节，结果就是被认为很粗鲁。

道德标准（mores）被认为是社会运行和社会生活的核心准则，和社会习俗相比有更重要的作用。因此，违背道德标准可能会受到严厉惩罚。偷窃、通奸、乱伦、食人肉等都违反了道德标准，会受到指控。在某些社会中，一些道德标准还充当了法律。因此，所有发达的社会都有反对偷窃、乱伦和食人肉的法律。但是，这些法律在不同的文化中有许多差异。例如，在美国喝酒是普遍得到许可的，但是沙特阿拉伯人认为喝酒违背了重要的道德标准，应受到关监狱的惩罚（正如一些在沙特阿拉伯工作的西方公民所发现的那样）。

□ 文化、社会和民族国家

我们将社会定义成一群享有共同价值观和准则的人，即一群因共同文化联系

---

① Edward T. Hall and M. R. Hall, *Understanding Cultural Differences* (Yarmouth, ME: Intercultural Press, 1990).

② Edward T. Hall and M. R. Hall, *Hidden Differences: Doing Business with the Japanese* (New York: Doubleday, 1987).

在一起的人。在社会和民族国家这两个概念之间,并没有严格的一一对应关系。民族国家是政治的产物,可以包括一种文化,也可以包括几种文化。法国可以被看成一个包含法国文化的政治实体,而加拿大就要被看成至少包含3种文化的政治实体:盎格鲁文化、说法语的"魁北克"文化和美洲本土文化。许多非洲国家的部落群体之间存在类似的很大的文化差异,其中一个例子就是20世纪90年代初期,卢旺达的两个部落——图西族和胡图族之间演变出的流血内战,而这并非非洲独有。印度也是一个由许多不同文化群体构成的国家。伊拉克在第一次海湾战争期间还被西方人普遍认为是一个统一的阿拉伯国家,但在此后20年里,人们发现伊拉克存在数个不同的社会群体,每一个社会群体都有其自身的文化。其中,北部拥有自己不同历史和传统的库尔德人不认为自己是阿拉伯人,另外两个群体是南部的什叶派和中部统治伊拉克的逊尼派(什叶派和逊尼派这两个词指伊斯兰教中不同的派别)。此外,在南部的逊尼派中还有另一个分支社会——拥有50万人口的"沼泽阿拉伯人",他们住在底格里斯河和幼发拉底河流域已经有超过5 000年的历史。①

文化又可以包含数个国家。一些学者提到,中东、亚洲、非洲等许多不同国家的公民拥有共同的伊斯兰社会或文化。正如第二章所述,广义的文化概念可以包括几个国家,这也支持了萨缪尔·亨廷顿对世界的看法:世界由西方文明、伊斯兰文明和中国文明等若干个不同的文明组成。②

进一步分析,还可以看到文化有不同的层次。美国社会和美国文化这样的提法并无不妥。但美国实际包含数个社会,每一个社会都有自己的文化。例如非洲裔美国文化、法裔美国文化、华裔美国文化、拉美文化、印第安文化、爱尔兰裔美国文化和南方文化等。文化和国家之间的关系通常很模糊,通常国家文化由多姿多彩的亚文化构成,即便人们认为国家具有同一文化特征。

☐ 文化的决定因素

一种文化的准则和价值观体系,并不是一下子就形成的,它们是很多因素共同演变的结果。这些因素包括流行的政治哲学、经济哲学、社会结构、宗教、语言、教育,如图3.1所示。我们在第二章中讨论的政治哲学和经济哲学明显影响了社会价值观体系的形成。例如朝鲜对自由、公正和个人价值的看法明显不同于美国,这是因为每一个社会都根据不同的政治哲学和经济哲学运行。接下来我们将讨论社会结构、宗教、语言和教育对社会的影响。这其中的因果关系链是双向的,当诸如社会结构和宗教这样的因素明显影响社会准则和价值观时,社会准则和价值观同样影响着社会结构和宗教。

---

① "Iraq: Down but Not Out," *The Economist*, April 8, 1995, pp. 21-23.
② S. P. Huntington, *The Clash of Civilizations* (New York: Simon & Schuster, 1996).

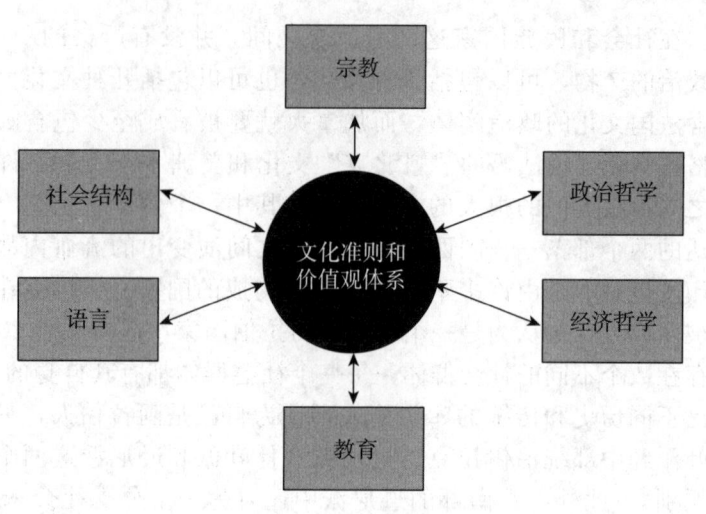

图 3.1　文化的决定因素

社会结构

　　一个社会的**社会结构**（social structure）指其基本的社会组织。尽管社会结构包含许多不同方面，但在解释文化差异时只有两个方面特别重要。第一个方面是，构成社会组织的基本单位是个人还是群体。一般来说，西方社会倾向强调个体优先，而许多其他社会则将群体看得更重要。第二个方面是，一个社会被分成阶级或阶层的程度。一些社会的特征是有相当高的社会阶层差异，并且阶层之间的流动性很低，而另一些社会的社会阶层差异较小，阶层之间具有较强的流动性。

个人和群体

　　群体（group）是两个或两个以上的人构成的集合体，他们具有共同的认知，并在对彼此行为具有共同认知的基础上构成相互之间的交往。[1] 人类的社会生活是一种群体生活，个人（individuals）被包含在家庭、工作群体、社会群体、娱乐群体等中间。尽管所有的社会都包含群体，但根据社会组织中对群体优先级的不同看法，这些社会是不同的。[2] 一些社会将个人的贡献和成就看得比群体成员更重要，而另一些社会则持相反观点。

个人

　　第二章将个人主义作为政治哲学讨论，但个人主义不仅是一种抽象的政治哲学。在许多西方社会中，个人是构建社会组织的基石。这不仅反映在社会的政治和经济组织中，也反映在人们对自身，以及社会和商务中彼此关联的认知中。例如，许多西方社会的价值观体系强调个人成就，社会所支持的并不是他们在哪里工作，而是

---

[1] M. Thompson, R. Ellis and A. Wildavsky, *Cultural Theory* (Boulder, CO: Westview Press, 1990).
[2] M. Douglas, *In the Active Voice* (London: Routledge, 1982), pp. 183-254.

他们在所选择的工作中所能实现的个人业绩。

许多西方社会强调个人业绩，这既有好处，也有弊端。美国强调个人业绩，并通过人们对吃苦耐劳的个人主义和企业家精神的崇拜表现出来。这带来的一个好处是，在美国和其他西方社会出现了大量高水平创业活动，新产品和新商务方式不断由美国那些具有创新精神的个人发明出来（例如个人计算机、复印机、电脑软件、生物技术、超市和折扣零售店）。可以认为，美国经济发展的动力很大程度上来自个人主义哲学。

个人主义还表现为管理人员在公司之间的不断流动，而这并不总是好事。尽管跳槽对于想拥有一份令人惊叹简历的经理人来说是好事，但是对公司发展来说未必如此。经理人对公司缺少忠诚和责任感，为了得到更好的工作选择有机会就跳槽，会使其获得更多通用的技巧而缺少专门的知识、经验及个人业务关系网络，因为这些只能通过在同一家公司多年的工作才能获得。一个能干的经理人必须能够从公司特定的经验、知识和关系网络中找出当前问题的解决方法，如果缺少这样的能力，他所在的公司就会陷入麻烦。经理人频繁流动也有正面效应，他们可以通过从事不同的商务活动获得其中好的经验和技巧，并将其获取的这种商务能力有效用于其他公司。

对个人主义的强调，在构建执行集体任务所需的团队精神时，也可能造成困难。如果个体总是基于个人业绩彼此竞争，那么他们彼此之间很难合作。麻省理工学院对美国竞争的一份研究报告指出，由于难以在公司内（例如，在职能部门之间，以及管理者和劳动者之间）以及公司之间（例如，在公司和其供应商之间）展开合作，美国公司在全球化经济中受到损害。[①] 由于美国的价值观体系强调个人主义，因此这样的失败并不令人惊奇。美国对个人主义的强调尽管创造出了企业经济的活力，但也因其对管理稳定性和合作性的相反作用而提高了商务成本。

群体

与西方国家强调个体不同，群体在许多社会中是社会组织的基本构成单位。例如在日本，个体的社会身份更多由其所属的群体而不是由其个人业绩决定。[②] 在传统的日本社会中，群体指个人所属的家庭和村庄。如今，群体更多被用来指个人工作所属的团队或商务组织。在对日本社会的一份调查中，中根（Nakane）描述了日本人如何在日常生活中介绍自己：

> 当一个日本人对外介绍自己的社会地位时，倾向于将组织机构放在职业前面。和说"我是一个打字员"或"我是一个档案员"相比，他更喜欢说"我是B出版集团的员工"或"我属于S公司"。[③]

中根进一步观察到群体的首要性还表现在，个人常在对群体的从属感中注入很深的情感。在这种感情附着关系中，对群体的认同感成为个人一生中最重要的事情。日本文化的中心价值认为，成为群体的一员很重要。这种看法给商务公司带来了优

---

① M. L. Dertouzos, R. K. Lester and R. M. Solow, *Made in America* (Cambridge, MA: MIT Press, 1989).
② C. Nakance, *Japanese Society* (Berkeley: University of California Press, 1970).
③ C. Nakance, *Japanese Society* (Berkeley: University of California Press, 1970).

势，对群体的强烈认同感创造出相互帮助和合作的压力。如果个人价值与群体（例如公司）成就紧密相连，正如中根在日本的这个例子中所认为的，那么会创造出强大的内在动力来驱动群体中的个人成员为共同利益一起工作。一些人认为，日本企业在全球经济中的成功部分归因于它们能够在公司中及在公司之间实现紧密的合作关系。这在日本机构自我管理的工作团队中，日本公司内部不同机构之间的紧密合作中（例如制造部门、营销部门和研发部门），公司与其供应商在例如设计、质量控制和减少库存的合作中，都有广泛体现。① 在所有这些例子中，都是提高群体（例如商务公司）业绩的需求驱动了合作。

群体认同感优先这样的价值观并不鼓励经理人或者工人在公司之间跳槽。在日本某些产业的公司中，终生为某一家企业工作是长期以来的一种准则（调查数据显示，处于正式或非正式终身雇用保障的日本人为20%～40%）。经理人和工人花费很多年来构筑他们的知识、经验和人际关系网络，所有这些事情都能够帮助经理人更有效地完成工作，并达成与他人的合作。

但是群体认同感优先的价值观并不总是带来好处。正如以大量活力和企业家精神为特征的美国社会，折射了与个人主义优先相联系的价值观，有些人因此认为日本社会相应缺少这些特征。尽管长期结果如何不得而知，但美国能够比日本持续创造出更多的新产业，并在率先开拓新产品和新商务模式方面更成功。

□ 社会阶层

所有社会都根据某种等级被划分成不同的社会群体，也就是说，被划分成**社会阶层**（social strata）。这些阶层通常按照诸如家庭背景、职业和收入这样一些基本因素进行划分。每个人都出生在一个特定阶层中，成为其父母所属社会阶层的一员。那些出生在更高社会阶层中的人与出生在较低社会阶层中的人相比，往往有更好的生活机遇。他们很可能拥有更好的教育、健康、生活水平和工作机会。尽管所有的社会从某种程度上来说都有不同社会阶层，但这些社会主要在两方面显示出差异。首先，人们在社会流动性方面很不同。其次，人们所处的社会阶层在商务活动中的重要性不同。

社会流动性

社会流动性（social mobility）指一个人能够从其所出生的社会阶层流动到另一个社会阶层的可能性。不同社会的社会流动性很不同。世界上最严格的等级制度是种姓制度。**种姓制度**（caste system）是一种封闭的等级制度，一个人的社会地位完全取决于其所出生的家庭，通常尽其一生也没有可能改变其地位。

相对不那么严格的社会等级制度是有可能发生社会阶层流动的阶级制度。**阶级制度**（class system）是一种开放的等级制度。一个人出生时拥有的社会地位，能够通过他自己的成就和运气被改变。一个出生在社会底层的人，能够通过自己的努力工作实现向上流动。一个出生在上层社会的人，也可能发生地位下滑。

---

① M. Aoki, *Information, Incentives, and Bargaining in the Japanese Economy* (Cambridge, UK: Cambridge University Press, 1988); M. L. Dertouzos, R. K. Lester and R. M. Solow, *Made in America* (Cambridge, MA: MIT Press, 1989).

许多社会都存在阶级制度，但社会流动性在这些阶级制度中表现出不同的情况。例如，一些社会学家认为，英国与其他西方社会比如美国相比，具有更严格的阶级制度。[1] 英国社会在历史上主要被分成三个阶级。上层阶级由出身于那些拥有代代相传财产、牧场和特权的家庭中的人构成。中间阶级由专业人士、管理人员和一般职员构成。下层阶级即劳工阶级，则由依靠体力劳动获取生存的人构成。中间阶级还可以被进一步划分成中上阶级和中下阶级。中上阶级由重要的管理人员和有声望的专业人士构成（例如律师、会计师和医生），中下阶级由职员（例如银行职员）和一般职业人士（例如学校教师）构成。

在历史上，英国阶级制度的特点是，不同阶级成员在其一生中拥有的机会有很大差异。典型的上层阶级和中上阶级会将其子女送往经过挑选的私立学校，这些孩子因此不会和下层阶级的孩子混在一起。他们在那里学习能显示出他们具有更高社会阶层——上层阶级的口音和社会准则。同时，这些私立学校还与世界最知名的大学有紧密联系，例如牛津大学和剑桥大学。直到前不久，牛津大学和剑桥大学依然每年给这些私立学校保留很多入学名额。上层阶级和中上阶级的后代们在这些一流大学深造后，就会拥有更多机会，更容易获得上层阶级和中上阶级成员运营的公司、银行、经纪公司和律师事务所提供的好工作。

与此不同的是，英国下层阶级和中下阶级的人一般进入公立学校就读，大多数人读到16岁时离开。那些想要获得更多教育的人则发现，想进入最好的大学非常困难。当他们做到这一点后，他们又发现自己的口音及对社会交往技巧的缺乏，为他们打上了来自较低社会阶层的印痕，从而使其更难获得最有声望的工作。

根据一些评论家的观点，现代英国社会正在快速抛弃这样的阶级制度，转变为一个无阶级社会。但是社会学家们一直不同意这个观点，并出示了相关证据。例如，一份研究报告显示，在20世纪90年代中期，拥有175 000人的伦敦郊区伊斯灵顿，其公立学校中只有79人进入大学学习。而只是知名私立学校伊顿公学一家，进入牛津大学和剑桥大学的学生人数就超过上述数字。[2] 这份报告的作者们认为，这意味着"钱生钱"，好学校意味着好大学，好大学意味着好工作，而公立学校的优等生很少有机会挤进这样的小圈子。

重要性

从商务角度看，如果社会阶层对商务的组织活动产生了影响，那么社会阶层就具有重要意义。在美国社会中，高度的社会流动性及对个人主义的高度重视，限制了阶级背景对商务活动的影响。同样的情况也发生在日本，因为日本人口中大多数是中产阶级。但在英国这样的国家中，情况则不同。英国的阶级之间存在较大差异，阶级之间缺乏流动性，这导致了阶级意识的产生。**阶级意识**（class consciousness）

---

[1] E. P. Thompson, *The Making of the English Working Class* (London: Vintage Books, 1966); R. Miliband, *The State in Capitalist Society* (New York: Basic Books, 1969); Stephen Brook, *Class: Knowing Your Place in Modern Britain* (London: Victor Gollancz, 1997); A. Adonis and S. Pollard, *A Class Act: The Myth of Britain's Classless Society* (London: Hamish Hamilton, 1997); J. Gerteis and M. Savage, "The Salience of Class in Britain and America: A Comparative Analysis," *British Journal of Sociology*, June 1998.

[2] A. Adonis and S. Pollard, *A Class Act: The Myth of Britain's Classless Society* (London: Hamish Hamilton, 1997).

是指这样一种情况：人们倾向于以一个人的阶级背景来看待这个人，从而确定其与其他阶级成员之间的关系。

阶级意识在英国社会的中上层管理人员和劳工之间演化出了传统的敌意。这两个阶层之间长期的相互对抗和缺乏尊重，使许多英国公司管理阶层与工人阶层之间很难形成合作，并产生了很多的劳工纠纷。但正如前文中所指出的，在过去几十年里，这样的劳工纠纷急剧减少，这成为支持英国正走向无阶级社会观点的论据（目前英国的劳工纠纷数据已经低于美国）。

管理阶层和工人阶层之间的对抗关系，由此导致的缺乏合作和大量劳工纠纷，提高了那些阶层等级严重的国家的生产成本，更高的成本转而又使这些国家的企业更难在全球经济中建立竞争优势。

宗教和伦理体系

宗教（religion）可以被定义为具有神圣意义的可共享的信仰和仪式。[①] **伦理体系**（ethical systems）指可用于引导和规范人们行为的一整套道德标准或价值观。世界上大部分伦理体系是宗教的产物。然而，对于伦理体系根植于宗教这一说法也有一个重大例外，儒家思想在部分亚洲地区影响着人们的行为并形成了文化，但它并不是一种宗教。

宗教主要有四种：拥有17亿信徒的基督教，大约有10亿信徒的伊斯兰教，有7.5亿信徒的印度教，以及拥有3.5亿信徒的佛教。尽管许多其他宗教对当今世界的某些部分有着重要影响（例如拥有1 800万信徒的犹太教），但其信徒的数量与这四大宗教相比要小很多（但是，犹太教作为基督教和伊斯兰教的前身，其具有的间接影响力远远超过用信徒数量衡量的影响力）。本章将回顾这四大宗教及儒家思想，重点讨论其对商务的影响。一些学者认为，宗教对商务活动最重要的影响体现在不同宗教形成了人们对待工作和事业的态度，同时，宗教伦理在某种程度上也影响了在异国从事商务活动的成本。

想要对宗教伦理和商务实践之间的关系本质下一个统一的结论，显然这很困难。当一些学者认为在宗教伦理系统和社会的商务实践中存在某种关系时，世界上的国家，无论其国民信仰天主教、新教、伊斯兰教、印度教还是佛教，都呈现了企业家精神和可持续的经济增长。因此，对以上提出的关系抱有怀疑态度是必要的。上述关系或许存在，但相较于经济政策的影响，它们的影响或许非常小。经济学家罗伯特·巴罗（Robert Barro）和雷切尔·麦克利里（Rechel McCleary）在最近的研究中指出，不考虑宗教种类，强烈的宗教信仰，尤其是对天堂、地狱和来世的信念，都对经济增长有正向的作用。[②] 巴罗和麦克利里对59个国家在20世纪80年代至20世纪90年代的宗教信仰和经济增长率进行了研究，其结论是，因为强烈的宗教信仰

[①] N. Goodman, *An Introduction to Sociology* (New York: HarperCollins, 1991).
[②] R. J. Barro and R. McCleary, "Religion and Economic Growth across Countries," *American Sociological Review*, October 2003, pp. 760-782.

会提升个人忍耐力,这有助于提升生产力,因此强烈的宗教信仰能够促进经济增长。

□ 基督教

基督教是世界上分布最广泛的宗教。世界上大约有 20% 的人口认为自己是基督教教徒。尽管非洲的基督教教徒人数在快速增长,但是大部分基督教教徒居住在欧洲和美洲。基督教产生于犹太教,和犹太教一样也是一神论(一神论认为世界上只有一个上帝)。发生在 11 世纪的宗教分裂产生了两个主要的基督教组织:天主教和东正教。今天,世界上的天主教徒占基督教教徒人数的一半以上,他们大部分分布在南欧和拉丁美洲。东正教尽管影响力小一点,但在好几个国家依然有重要的影响力(例如在希腊和俄罗斯)。在 16 世纪时,对天主教的改革运动产生了更多分支,出现了新教。而新教的教义本质,又促使更多的宗教派别在其保护下产生(例如浸礼会、卫理公会、加尔文派等)。

基督教的经济影响:新教的工作伦理

一些社会学家认为,基督教的主要分支——天主教、东正教和新教,随后对经济产生了重要影响。1904 年,一个德国社会学家马克斯·韦伯(Max Weber),在新教伦理和资本主义精神之间建立了联系,并因此名扬天下。[1] 韦伯认为资本主义最早出现于西欧,在那里:

> 商务领导人和资本拥有者、高等级的技术工人,甚至现代企业中受过较高技术和商务训练的人,绝大多数是新教教徒。[2]

韦伯的理论认为,新教和现代资本主义的出现之间存在着一种联系。新教伦理强调了努力工作、财富创造及节俭(节制世俗享乐)的重要性,这些正是资本主义发展所需要的价值体系。新教教徒们努力工作并不断积累财富,但是其禁欲的信条又建议他们将积累的财富投入资本主义企业的扩大再生产中,而不是投入世俗享乐中。这样,努力工作和用于金融投资及扩张的资本积累,共同铺平了西欧和美国资本主义发展的道路。作为对比,韦伯认为天主教承诺来世而非今世的救赎,因此产生不出相同的工作伦理。

新教还以另一种方式鼓励资本主义发展。新教打破了天主教漫长历史上形成的作为其宗教社会生活重要特征的等级制度。礼拜形式的自由选择权是早期新教打破陈规的核心表现。这种对个人宗教自由的强调,为随后对个人经济自由和政治自由的强调,以及将个人主义作为经济和政治哲学的发展铺平了道路。在这个基础上,一些学者认为,新教所鼓励的个人主义和一国企业家精神之间存在着联系。[3] 再次提

---

[1] M. Weber, *The Protestant Ethic and the Spirit of Capitalism* (New York: Charles Scribner's Sons, 1958, original 1904—1905); A. Giddens, *Capitalism and Modern Social Theory* (Cambridge, UK: Cambridge University Press, 1971).

[2] M. Weber, *The Protestant Ethic and the Spirit of Capitalism* (New York: Charles Scribner's Sons, 1958, original 1904—1905).

[3] A. S. Thomas and S. L. Mueller, "The Case for Comparative Entrepreneurship," *Journal of International Business Studies* 31, no. 2 (2000), pp. 287-302; S. A. Shane, "Why Do Some Societies Invent More than Others?" *Journal of Business Venturing* 7 (1992), pp. 29-46.

醒，必须谨慎对待来自历史社会学的此类观点。因为当有着强大新教传统的国家，例如英国、德国和美国在工业化道路上充当领导者时，以天主教和东正教为主的国家也在现代世界中展示出了巨大且持续的企业家精神及经济增长。

□ 伊斯兰教

伊斯兰教是世界上第二大宗教，有大约10亿名信徒。伊斯兰教的信徒被称为穆斯林。有超过35个国家其国民中的大多数是穆斯林。穆斯林居住在从非洲西北海岸到中东再到远东的中国和马来西亚的广阔地区。

伊斯兰教的经济影响

伊斯兰教教义中记载了一些明确的经济原则，其中有许多条赞同自由经营。[①] 例如，赞同自由经商和通过贸易及商务获得合法利润。其认为，财产的拥有者并不是财产的主人，而是受托人。作为受托人，他们有权领取来自这个财产的收益，但是必须以正当的、对社会有利的、节俭的方式来管理财产。这说明伊斯兰教非常关注社会公正。伊斯兰教对那些通过剥削他人获取收益的人持批评态度。在伊斯兰教的世界观中，个人是集体的一部分，在这个集体中，有钱的人和成功的人有责任去帮助那些处于不幸的人。简单地说，在伊斯兰国家，只要利润是公平获得的，并且没有基于自己的利益剥削他人，那么挣钱是合法合理的。如果那些挣到钱的人还能够承担起帮助穷人的慈善行为，那么挣钱还对社会有帮助。此外，他们还非常强调遵守合约、说话守信和不欺骗的重要性。

既然伊斯兰教倾向于赞同市场体系，那么只要企业的行为方式不违背伊斯兰教的教义，伊斯兰国家还是能够接受跨国公司的。而那些通过剥削他人、欺骗或不遵守契约而赚取利润的企业，则被认为获取了不正当利润，在伊斯兰国家是不受欢迎的。

伊斯兰教的一条经济原则是禁止支付和收取利息，因为利息被看成高利贷。这个问题不仅是一个宗教事务，在数个伊斯兰国家，这也已经成为一件法律事务。伊斯兰教教义明确谴责利息，将其视为剥削和不公平。在过去很多年里，在伊斯兰国家运营的银行一直都没有理会这条谴责，直到35年前，埃及开设了一家伊斯兰银行，伊斯兰国家随之纷纷开始开设伊斯兰银行。截至2005年，全球约有176个伊斯兰金融机构，管理着超过2 400亿美元资产，资产的平均回报率超过16%。甚至一些传统银行也开始进入市场，例如花旗集团和汇丰银行（HSBC）这两家世界上最大的金融机构，如今也提供伊斯兰金融服务。虽然伊朗和苏丹只有单一的伊斯兰银行，但越来越多国家的客户能够在传统银行和伊斯兰银行之间进行自由选择。

传统银行的利润来自利息的差额，它们向借款者收取的利息超过向存款者支付的利息。伊斯兰银行并不收取或支付利息，因此它们需要找到另外的挣钱方式。伊斯兰银行实行两种不同的经营方式——摩达拉巴（mudarabah）和摩拉巴哈（murabaha）。[②]

摩达拉巴类似于一个利润分享框架。在摩达拉巴的框架下，当一家伊斯兰银行

---

① S. M. Abbasi, K. W. Hollman, and J. H. Murrey, "Islamic Economics: Foundations and Practices," International Journal of Social Economics 16, no. 5 (1990), pp. 5-17.

② "Forced Devotion," *The Economist*, February 17, 2001, pp. 76-77.

借钱给一家公司时，并不收取这家公司的贷款利息，而是把贷款看成投资，并从这笔投资获取的利润中分成。同样，当一家公司或个人在伊斯兰银行的储蓄账户中存钱时，不管银行将如何使用这笔资金，这些存款都会被看成一种资产的投资。这样，存款者获取的就是根据双方达成的协议从银行投资所获利润中获得的份额。一些穆斯林认为，这种方式鼓励长期投资和长期储蓄，因此比西方银行体系更有效。但是，并没有什么过硬的证据能够证明这一点，并且许多人实际上认为摩达拉巴系统的效率没有传统西方银行系统高。

伊斯兰银行的另一种经营方式叫摩拉巴哈。这种经营方式在伊斯兰银行中运用得最广泛，原因主要是实施起来最容易。在摩拉巴哈协议中，当一家公司想要用贷款来购买东西时，比如要去买一台价值1 000美元的设备，那么公司在和设备供应商谈妥价格之后就会告诉银行。然后银行就会花1 000美元将这台设备买回供其使用。借款者或者说设备使用者晚些时候则花费比如1 100美元向银行买回设备。这个价格中包含了给银行的补偿费100美元。这和传统银行的经营方式是类似的，因此非常容易得到应用。

□ 印度教

印度教大约有7.5亿名信徒，大多数居住在印度次大陆。印度教起源于印度的印度河谷，有4 000多年的历史，是世界上最古老的重要宗教。印度教和基督教及伊斯兰教不同，它的创立并不与特定的人相联系，也没有官方认定的宗教典籍，尽管有不少古代的书籍和手稿与其发生联系。根据印度教的教义，印度教更多可以被看成一种生活方式而不是一种宗教。

印度教的经济影响

马克斯·韦伯以提出新教的工作伦理出名，他认为印度教中包含的苦行原则并不鼓励我们进行如新教中的那种追求财富的创业活动。[①] 根据韦伯的观点，传统的印度教价值观强调，应当根据个体实现的精神而不是物质对其进行判断。印度教认为追求物质享受会使涅槃更难实现。由于印度教强调一种苦行生活，因此韦伯认为，虔诚的印度教教徒与虔诚的新教教徒相比较少热衷创业。

圣雄甘地（Gandhi）——印度著名的民族主义者和精神领袖——自然是印度教苦行主义的化身，其倡导的印度苦行主义和自力更生的价值观，被认为对印度独立后的经济发展产生了负面影响。[②] 但要小心，别盲目跟从韦伯的观点。现代印度是个企业家非常有活力的社会，成千上万个努力工作的企业家构成了这个国家经济快速发展的基石。

此外，必须说明的是，尽管印度种姓制度已经被废除，但其在印度人的一生中依然投下了一道长长的阴影。与宗教起源相比，该制度与印度复杂的权力政治相关问题有更多关系。

[①] C. H. Wee, "Strategic Tradeoffs and Yin-Yang Contradictions: Seeking the Balance" in *Sun Zi Bingfa: Selected Insights and Applications* (Singapore: Prentice Hall/Pearson Education, 2005).

[②] "A Survey of India: The Tiger Steps Out," *The Economist*, January 21, 1995.

● 聚焦管理：麦当劳和印度教文化

麦当劳在全球化扩张中的许多方面都可圈可点。全球平均每天有 4.2 家新的麦当劳餐厅开业。麦当劳在超过 119 个国家有大约 31 000 家餐馆，每天为大约 5 800 万个客户提供服务。

印度从 20 世纪 90 年代后期开始有麦当劳餐厅。但是，在印度经营给麦当劳带来了前所未有的挑战。数千年来，印度的印度教文化崇敬牛，认为牛代表了养育全人类的神圣母亲，因此印度教教徒从不吃牛肉。但是麦当劳是全世界最大的牛肉使用者，自从 1955 年成立以来，使用了无数牛肉制作巨无霸汉堡。一家靠牛肉创造财富的公司，如何在一个将食用牛肉看作极大罪恶的国家生存呢？使用猪肉来替代吗？但是印度有 1.4 亿名禁止吃猪肉的穆斯林。剩下的选择只能是鸡肉和羊肉了。最后，麦当劳通过创造一种印度版的巨无霸汉堡来回应这种文化上的食物困境——用鸡肉制作的"Maharaja Mac"汉堡。麦当劳使得其菜单上其他食品也与当地人情感一致，例如用土豆做的"McAloo Tikki Burger"汉堡。所有食品都严格按照素食和非素食进行区分，以符合当地许多印度教教徒是素食者的特点。麦当劳印度部门的主管认为"我们必须为了印度的味蕾彻底改造自己"。实际上，麦当劳在印度的菜单已经有 75% 的部分印度化了。

经过一段时间后，这些措施看上去奏效了。然而，在 2001 年麦当劳公司遭到了意外打击，3 位居住在西雅图的印度商人在美国对麦当劳提起诉讼。这 3 位商人都是素食主义者，其中两位是印度教教徒，他们以麦当劳法式薯条中含有牛肉成分起诉麦当劳"隐瞒欺诈"。一开始麦当劳申辩说其用了百分之百的植物油制作法式薯条，但很快承认在植物油里加了微不足道的牛肉提取物。麦当劳花了 1 000 万美元解决了这场诉讼，并发布道歉声明说，"麦当劳诚挚地向印度教教徒、素食主义者和其他在美国餐厅就餐做食品选择时没能获取所需成分信息的人道歉"。展望未来，麦当劳承诺会进一步做好食品成分标识，并找到用于食用油里牛肉成分的替代品。

但是在 21 世纪全球化社会中新闻传播很快，对麦当劳在其食用油里添加牛肉成分的曝光，足以使印度教民族主义者走上新德里的街头，他们捣毁了一家麦当劳餐厅，造成 45 000 美元的损失，然后又跑到另一家麦当劳门口高喊口号，他们去麦当劳总部示威，并要求印度总理关闭在印度的麦当劳商店。麦当劳在印度的特许经营店拥有者们迅速发表声明否认他们在油中使用牛肉成分。抗议者回应，他们要把麦当劳的油送到实验室去做检测，看看是否含有牛肉成分。

但是，这些负面的公共事务看起来没有对麦当劳在印度的长期规划产生影响。公司继续开设新的餐厅，到 2006 年时，印度全国已经有超过 60 家麦当劳餐厅，并且计划再开设 30 家左右。当印度客户被问及为什么频繁去麦当劳就餐时，他们回答，他们的孩子喜欢这种"美国"体验，食品的品质始终如一，厕所也始终干净。[①]

[①] Luke Harding, "Give Me a Big Mac—But Hold the Beef," *The Guardian*, *December* 28, 2000, p. 24; Luke Harding, "Indian McAnger," *The Guardian*, May 7, 2001, p. 1; A. Dhillon, "India Has No Beef with Fast Food Chains," *Financial Times*, March 23, 2002, p. 3; "McDonald's Plans More Outlets in India," *Associated Press Worldstream*, December 24, 2004; D. Dutta, "The Perishable Food Chain in India," *Just Food*, September 2005, pp. 22 - 29.

佛教

佛教在公元前 6 世纪由印度王子释迦牟尼（Siddhartha Gautama）创建于印度，这位王子宣布放弃财富，追求一种苦行僧的生活方式和精神上的完美。今天全球有 3.5 亿名佛教信徒，大部分生活在中亚和东南亚、中国、韩国和日本。佛教认为，苦难源自人们享乐的欲望，通过修炼之路实现转化可以终止苦难。

佛教的经济影响

佛教中找不到新教所强调的财富创造思想。佛教社会也不强调如韦伯所宣称的从西方新教教徒中发现的古老企业家文化。

儒家思想

儒家思想于公元前 5 世纪由孔子创立。到 1949 年时，儒家思想在中国已经有几千年的历史，一直都是中国社会官方的伦理体系。虽然 1949 年后，中国的儒家思想伦理被削弱，但仍有 2 亿多人信奉儒家思想，主要分布在中国、韩国和日本。儒家思想强调通过正确的行为来获得个人救赎的重要性。尽管儒家思想不是宗教，但其思想体系数世纪以来已经深深渗透进这些国家的文化，因此影响着上亿人的生活。儒家思想构建了一整套综合的伦理规则作为人与人之间关系的指导。儒家思想的核心是高尚的道德和行为，以及对他人的忠诚。和宗教不同，儒家思想不关心超自然的东西，也没有来世之说。

儒家思想的经济影响

一些学者认为，尽管儒家思想与新教的本质不同，但其对经济的影响与韦伯所提的新教对经济的影响有相似之处。[1] 这个观点的基本依据是，儒家思想降低了中国、日本、韩国的商务运行成本，所以儒家思想伦理有助于解释这些国家的经济成功。根据这个观点，儒家思想伦理体系中有 3 个核心价值观尤其值得注意：忠诚、仁义和守信。

在儒家思想中，对上级忠诚是一种神圣的责任——一种绝对的责任。在以儒家思想文化为基础的现代组织中，将雇员与其机构的领导紧紧联系在一起的忠诚，能够在一些对阶级较为敏感的社会里降低经理人与劳工之间的冲突。在价值观体系中强调这种忠诚美德所构成的文化，能够降低经理人与劳工之间的合作成本。

但是在儒家思想文化中对上级的忠诚，例如一个工人对经理人的忠诚并不是盲目的忠诚，仁义的概念也很重要。儒家思想伦理强调，上级的责任是通过祝福对下级的忠诚做出回应。如果这些祝福没有发生，那么双方都不必再保持忠诚。这个儒家思想的伦理就是中国"关系"的核心。[2]

---

[1] R. Dore, *Taking Japan Seriously*; C. W. L. Hill, "Transaction Cost Economizing as a Source of Comparative Advantage: The Case of Japan," *Organization Science* 6 (1995).

[2] C. C. Chen, Y. R. Chen, and K. Xin, "Guanxi Practices and Trust in Management," *Organization Science* 15, no. 2 (March-April 2004), pp. 200 - 210.

在儒家思想伦理中，还有一个重要的概念是守信。儒家思想的学者强调，尽管不守信在短期内可以给违约者带来效益，但不守信在长期不会有好处。守信具有重要的经济意义。当公司相信彼此不会违背合约的时候，从事商务活动的成本就会降低，人们就不再需要支付昂贵的律师费来解决合约争议。与一个不太诚实的社会相比，在一个儒家思想社会，人们可能会果断投入大量资源来进行合作投资。如果公司恪守儒家思想伦理，它们就会彼此信任而不会违背合作协议。因此，与不太诚实的社会相比，在日本这样的儒家思想社会中，公司之间的合作成本相对较低。

例如，人们认为日本汽车公司与其零部件供应商之间的紧密联系是由信任和相互负责结合而成的。这种紧密联系使得日本汽车公司与其供应商在许多问题上能够相互合作，包括减少库存、质量控制和汽车设计等。这些因素可以部分解释诸如丰田等日本汽车公司的竞争优势。[①] 同样，仁义和守信也是中国关系网得以长久运转的核心因素。一个人从关系网中寻求并获得帮助后，也有义务做出相应回馈。当他没有做出相应回馈时，就会受到社会的谴责和制约，他的声誉就会受到影响，今后也就无法再利用关系网中的资源了。所以，人们认为在推进企业协议的实施方面，关系网可能比中国的法律体系更重要，甚至有人认为在中国，关系网实际上是法律制度的替代。[②]

● 聚焦管理：理解关系

一个国际商人一定听说过在亚洲关系网或关系的重要性。为了创造出关系网，国际商人经常付出更多的努力去恳求他们的亚洲商务伙伴。许多人尝试通过赠送礼物或其他方式来建立关系，结果发现有时候会很困难，甚至出现尴尬的局面。这种送礼的方式可能会导致更多的腐败问题，同时无法建立外国商人或经理人所期待达成的牢固的商务纽带。

那么究竟什么是关系呢？黄（Wee）和昆布（Combe）两人于2009年在《东方商务之旅》（*Business Journey to the East*）中指出了什么是关系，以及什么不是关系。

商务联系就是一种关系，但是这个词本身包含了更多东西，呈现出许多前后关联的意思。它可以用于商务关系，也可以用于社会关系、夫妻关系及同学关系。

在商务环境中，关系或商务关系有两层含义。第一层含义和生意关系相连，由于这种关系建立在生意合同上，所以比较容易理解。

第二层含义包含更微妙的意思，指的是个人关系。在这种语境中，关系指将两个商务伙伴在私人层面互相联系在一起的方式。这样一种关系能够被发展得超越他们目前达成的商务关系，甚至可以发展成商务伙伴之间的家庭关系和朋友关系。将

---

① M. Aoki, *Information, Incentives, and Bargaining in the Japanese Economy* (Cambridge, UK: Cambridge University Press, 1988); J. P. Womack, D. T. Jones, and D. Roos, *The Machine That Changed the World* (New York: Rawson Associates, 1990).

② M. W. Peng and P. S. Heath, "The Growth of the Firm in Planned Economies in Transition," *Academy of Management Review* 21 (1996), pp. 492-528, M. W. Peng, *Business Strategies in Transition Economies* (Thousand Oaks, CA: Sage, 2000); M. W. Peng and Y. Luo, "Managerial Ties and Firm Performance in a Transition Economy," *Academy of Management Journal*, June 2000, pp. 486-501.

所有这些因素结合在一起考虑,当在商务环境中使用"关系"这个词时,最贴切的英文翻译是"私人商务关系"。

为了更好地理解关系,应当牢记如下要点:

1. 因为关系的本质是个人关系,所以需要个人之间的接触。建立这样一种关系,不能靠委派,也不能靠转让,因此,只有这种关系的拥有者才能够依靠这种纽带来获取利益或帮助。

2. 和其他个人联系一样,关系在很大程度上也依赖涉及者的个性和情感。彼此互相喜欢是一种很关键的感受,是将关系建立在理解和信任基础上的关键。这种联系的基础超过了简单的互相赠送礼物。建立这样的关系需要花费真诚、努力和时间。这是值得去做的事情,因为体系、文件、流程无法取代关系。尽管程序在商务处理中具有重要性,但不会建立人和人之间的关系。

3. 关系是一种封闭的联系系统。关系这个词中的"关"字,意思指关闭,也就是说,关系网络是一种封闭的专有体系。培育这样的专有纽带需要时间,并受到不同体验的考验。因此,关系这种联系超越了等级或公司层级,需要通过个人来培养,并且无法被简单放入个人的地位或权力中。

作为上述要点的一个结论,要牢牢记住,单纯送礼是不能够建立关系的,这很重要。尽管礼尚往来在中国非常重要,但是单靠礼尚往来无法建立或导出关系所包含的所有寓意。关系的核心并不是为了利益互换,而是在另一方需要的时候向他们展示关心和支持。真正的关系是真实的友谊和团结,而不是贿赂和受贿。[①]

语言

语言是国家之间显著不同之处。这里所说的语言既指交流中所使用的口语,也指非口语。语言是定义一个国家文化的特征之一。

□ 口语

语言能够做到的远不止让人们彼此交流。语言的本质也构成了人们感知世界的方式。一个社会的语言,能够引导其成员注意世界的某种特征,同时忽略其他特征。这个现象的典型例证是,在英语中只有一个表示"雪"的词,但在爱斯基摩人的语言中没有对"雪"的总称,而是有24个用来描述不同种类"雪"的词(例如粉状的雪、飘落的雪、潮湿的雪及滑动的雪),因为在爱斯基摩人的生活中,对不同种类的雪进行区分实在是太重要了。[②]

---

① C. H. Wee and F. Combe, *Business Journey to the East*: *An East-West Perspective on Global-is-Asian* (Singapore: McGraw-Hill, 2009); C. H. Wee, "Strategic Tradeoffs and Yin-Yang Contradictions: Seeking the Balance" in *Sun Zi Bingfa*: *Selected Insights and Applications* (Singapore: Prentice Hall/Pearson Education, 2005).

② E. Sapir, "The Status of Linguistics as a Science," *Language* 5 (1929), pp. 207–214; B. L. Whorf, *Language, Thought, and Reality* (Cambridge, MA: MIT Press, 1956).

因为语言构成了人们理解世界的方式，也就因此构成了文化。拥有一种以上语言的国家，通常也拥有一种以上的文化。加拿大有说英语的文化和说法语的文化，两种文化之间关系相当紧张，相当部分说法语的少数派要求从由英语主导的加拿大中独立出去。同样的现象还可以在许多其他国家中被观察到。比利时人分为说弗兰德语和说法语两种，这两个群体之间的关系也很紧张。在西班牙，说巴斯克语的少数民族有自己特定的文化，数十年来他们一直强烈要求从说西班牙语的多数者中独立出去。在地中海岛国塞浦路斯，说希腊语和说土耳其语的两个族群在文化上也有较大差异，他们从 20 世纪 70 年代开始出现公开冲突，现在该岛被分为两部分。尽管语言不同不一定会导致文化不同，并进而产生分裂压力（例如瑞士人之间十分和谐，而他们有说四种不同语言的族群），但是看上去确实存在这种趋势。①

说英语的人在世界上分布最广泛（例如，许多人将英语作为第二语言），其后依次是法语、西班牙语和中文。英语快速成为国际性的商务语言。当一个日本商人和一个德国商人在一起从事商务活动时，几乎可以肯定他们将用英语进行交流。但是，尽管英语得到了广泛应用，学习当地语言仍可以获得相当大的优势。大多数人喜欢用自己的母语进行交流，同时，能够说当地语言也可以带来对完成商务交易非常重要的亲和力。不懂当地语言的跨国公司，很有可能因为不正确的翻译出现重大失误。例如，阳光公司（Sunbeam）使用英语单词"Mist-Stick"来表示其产品——一个喷雾卷发定型铁棒，结果当该产品进入德国市场时，在昂贵的广告宣传后，该公司发现"Mist"这个词在德语中是"粪便"的意思。通用汽车也曾遇到同样的麻烦，其波多黎各经销商对雪佛兰车的新产品"Nova"缺少热情。"Nova"这个词，当进行书写文字翻译时，在西班牙语里的意思是"星星"，但是，当在口语中读这个词时，听上去好像说"No，va"，这在西班牙语里的意思是"这东西不会走"。后来，通用汽车把这款车的名字改为"Caribe"。②

□ 非口语

非口语，指不使用言辞进行的交流。人们通过大量非口语的暗示进行交流。例如眉毛挑起在大多数文化中表示某种关注，而微笑表示高兴。然而一个问题是，许多非口语的暗示都与文化密切相关。对另一种文化非口语暗示的误解会导致交流失败。例如，用大拇指和食指摆成一个圈，在美国表示友好，但是在希腊和土耳其，这是一种粗俗的性挑逗。类似的情况是，尽管大多数美国人和欧洲人用大拇指向上表示"好"，但在希腊，这个姿势有猥亵的意思。

非口语交流中涉及的另一个问题是个人空间，即一个人和其谈话对象之间要有适当距离。在美国，当商务伙伴之间进行商务讨论时，习惯于保持 3 英尺～5 英尺的距离。因此，当许多北美人和拉丁美洲人（他们的交流距离更近）进行交谈时，潜

---

① A. Annett, "Social Fractionalization, Political Instability, and the Size of Government," IMF Staff Papers 48 (2001), pp. 561-592.

② D. A. Ricks, *Big Business Blunders: Mistakes in Multinational Marketing* (Homewood, IL: Dow Jones-Irwin, 1983).

意识中会感觉对方侵犯了他的个人空间，在谈话中会不自觉地向后退。实际上，美国人可能感觉到拉丁美洲人咄咄逼人，而拉丁美洲人则认为这种后退是冷淡的意思。结果，两个来自不同文化的商人产生了令人遗憾的隔阂。

教育

正规教育在社会中有重要作用。正规教育是人们学习现代社会中不可缺少的语言、数学等技巧的途径。正规教育在帮助年轻人学习社会价值观和准则方面也是家庭教育的重要补充。人们的社会价值观和准则既有直接习得的部分，也有间接习得的部分。学校一般教授和社会及政治本质有关的基本事实，同时强调公民的基本权利和义务。学校还间接传授文化的准则，这些"隐含课程"包括尊重他人、服从权威、为人诚实、衣着整洁、准时等。学校的打分制度也教会了孩子们有关个人成就和竞争的价值。①

从国际商务的角度看，教育的一个重要方面是，教育是一国竞争优势的决定因素。② 一国经济成功的决定因素可能就是拥有大量受过教育的熟练工人。例如，迈克尔·波特（Michael Porter）在分析日本1945年后获得的竞争性成功时指出，第二次世界大战结束后，日本除了大量受过教育的熟练工人，几乎没有任何其他资源。

> 日本的传统使人们对教育抱有极大的尊重，因此，日本拥有大量有文化的、受过教育的、有高超劳动技巧的人力资源。日本受益于拥有大批受过训练的工程师。从人均数量来说，日本大学毕业的工程师比美国的更多。日本一流的小学和中学教育建立在高标准基础上，强调数学和科学。其中，小学教育具有高度的竞争性。日本中小学教育为大多数日本学生的后续教育和训练提供了良好基础。日本高中毕业生了解的数学知识和美国大学毕业生不相上下。③

波特认为，日本出色的教育体系是其第二次世界大战后获取经济成功的重要原因。优秀的教育体系不仅是一国竞争优势的决定因素，也是引导跨国公司进行区位选择时的重要因素。例如，近年来大量信息技术工作被外包给印度的趋势，部分原因就是印度出现了大量受过训练的工程师，而这正是印度教育制度的成果。出于同样的原因，对于跨国公司来说，将需要高技术工人的工厂设立在教育体系很差、难以获得熟练工人的国家，无论这个国家在其他方面有多好，这都是不理性的。在这样的国家中，建立一个只需要非熟练工人的工厂，看上去才是理性的。

一国的大众教育水平也是企业决定在该国出售何种产品，以及用何种方式促销该产品的良好依据。例如，有70%多人口是文盲的国家不太可能成为畅销书的好市场。同时，在差不多75%的人都不识字的国家，促销方式也不宜采用文字描述，使

---

① N. Goodman, *An Introduction to Sociology* (New York: HarperCollins, 1991).
② M. E. Porter, *The Competitive Advantage of Nations* (New York: Free Press, 1990).
③ M. E. Porter, *The Competitive Advantage of Nations* (New York: Free Press, 1990), pp. 395-397.

用图片的效果则会更好。

文化和工作场所

跨国公司在不同国家经营时要考虑的一个重要问题是，一国文化会如何影响工作场所的价值观。跨国公司的管理和实践过程，也就因此需要根据由一国文化所决定的工作价值观进行相应调整。例如，美国和法国的文化产生了两种不同的工作价值观，那么在这两个国家经营的跨国公司就应该相应改变其管理和实践过程来适应这些差异。

由霍夫斯泰德主持的一项研究，或许是文化与工作场所价值观相关性研究中最著名的一篇。[①] 霍夫斯泰德作为供职于IBM公司的心理学家，在1967—1973年收集了10万多名雇员对此问题的态度和价值观。这些数据使他能够对40多个不同国家的文化进行比较。霍夫斯泰德宣称从中归纳出了能够说明文化差异的4种维度：权力距离、不确定性规避、个人主义和集体主义、男性主义和女性主义。

霍夫斯泰德的**权力距离**（power distance）维度，重点关注社会如何对待以下事实：人们在身体和智力方面不平等。根据霍夫斯泰德的观点，让这种不平等随时间转换为权力和财物不平等的国家，具有权力距离较高的文化。权力距离较低的社会则会尝试让这种不平等尽可能缩小。

霍夫斯泰德的**不确定性规避**（uncertainty avoidance）维度，测度了不同文化环境中的成员对接受含糊处境及不确定性的容忍程度。高不确定性规避文化中的成员，将工作安全、职业形式、退休福利等置于优先地位，同时他们强烈地需要规则和制度，期待经理能够给出明确指令，同时下属的主动性能够得到严格控制。在不确定性规避程度较低的文化中，人们更多地表现出做好了准备接受风险的特征，相比之下对变化的抵触情绪较少。

个人主义和集体主义（individualism versus collectivism）维度强调个人和其伙伴之间的关系。在个人主义社会中，个人之间的纽带非常松散，个人的成就和自由得到很高重视。而在强调集体主义的社会中，个人之间的纽带是紧密的。在这样的社会中，人们生来就是集体中的一员，例如是大家庭中的一员，每个人都被要求维护其所在集体的利益。

霍夫斯泰德的**男性主义和女性主义**（masculinity versus femininity）维度，探寻性别与工作角色之间的关系。在男性主义文化中，性别角色有严格的区分。在传统的男性主义价值观中，诸如成就和有效实施权力这样一些事，决定了文化观念。而在女性主义文化中，对性别角色进行明确区分的程度要轻得多，这使得从事相同工作的男性和女性几乎没有差异。

霍夫斯泰德为这4个维度中的每一个都设置了打分指标，分值变化从零分到100

[①] G. Hofstede, "The Cultural Relativity of Organizational Practices and Theories," *Journal of International Business Studies*, Fall 1983. pp. 75 – 89; G. Hofstede, *Cultures and Organizations: Software of the Mind* (New York: McGraw-Hill, 1997).

分。得分越高，相应表示个人主义、权力距离、不确定性规避及男性主义程度越高。他给来自同一个国家的所有雇员打了一个平均分，表3.1显示了他所选择的20个国家的工作价值观相关情况。诸如美国、澳大利亚、加拿大和英国这样的西方国家在个人主义方面的得分很高，在权力距离方面的得分较低。形成对比的另一端是拉丁美洲国家和亚洲国家，它们对集体主义的强调超过了对个人主义的强调，同时在权力距离上分数很高。表3.1也揭示了日本文化中具有强烈的不确定性规避及很高的男性主义。这个特征符合日本的一贯情况，也就是男性主导，同时，不确定性规避也在日本的终身雇用制得到了体现。瑞典和丹麦的突出特征是同时具有较低的不确定性规避和男性主义（高度强调女性主义价值观）。

霍夫斯泰德的研究结果非常有趣，因为这些结果用一种非常普通的方式向我们讲述了不同文化之间的差异。霍夫斯泰德的许多发现与西方对文化差异的一贯看法一致。例如，许多人认为美国人比日本人具有更多的个人主义和平等观念（美国有更低的权力距离），同时日本人比墨西哥人具有更多的个人主义和平等观念。类似地，很多人认为诸如墨西哥这样的拉丁美洲国家比丹麦和瑞典等北欧国家更强调男性主义价值观，它们都是男性主义文化国家。

表3.1　　　　　　　　20个国家的工作价值观相关情况

国家	权力距离	不确定性规避	个人主义	男性主义
阿根廷	49	86	46	56
澳大利亚	36	51	90	61
巴西	69	76	38	49
加拿大	39	48	80	52
丹麦	18	23	74	16
法国	68	86	71	43
德国	35	65	67	66
英国	35	35	89	66
印度	77	40	48	56
印度尼西亚	78	48	14	46
以色列	13	81	54	47
日本	54	92	46	95
墨西哥	81	82	30	69
荷兰	38	53	80	14
巴拿马	95	86	11	44
西班牙	57	86	51	42
瑞典	31	29	71	5
泰国	64	64	20	34
土耳其	66	85	37	45
美国	40	46	91	62

然而，要注意的是，不应该迷信霍夫斯泰德的研究。该研究中的许多观点受到

了学者们的批评。① 第一，霍夫斯泰德认为在国家和文化之间存在一一对应的关系，但如前所述，许多国家拥有不止一种文化，霍夫斯泰德的研究结果并没有体现这样的区别。第二，霍夫斯泰德的研究受到自身文化的影响，其研究团队由欧洲人和美国人构成。他们向 IBM 公司雇员所提的问题及对这些问题的分析，会受到他们自身文化偏见和关注点的影响。因此，霍夫斯泰德的结论与西方国家一贯的看法一致，也就不足为奇了，因为这就是西方人所做的研究。

第三，霍夫斯泰德的信息提供者都工作于同一个产业即计算机产业，同时还受雇于同一家公司 IBM。在那个时期，IBM 以其强势的企业文化和选聘雇员的流程而知名，这有可能使其雇员的价值观在一些重要的方面与其母国文化不同。此外，霍夫斯泰德的样本中没有包含某些特定的社会阶层（比如非熟练的手工工人）。第四，霍夫斯泰德的研究如今看上去有些过时了。文化并不是静止的，它们也会演化，慢慢地变化。在 20 世纪 60 年代和 20 世纪 70 年代看上去合理的那些特征，如今可能已经不再成立。

正如我们不应该全盘接受霍夫斯泰德的研究，我们也不应该全盘否定他的研究。这份研究代表了经理们最初的尝试，他们试图搞清楚文化如何不同，以及这些不同对管理实践的意义。同时，其他学者也找到了有关文化差异影响工作场所的价值观和实践的有力证据，霍夫斯泰德的基本结论能够在不同的样本和不同的场合得到验证。② 此外，经理们在使用这些结果时也必须小心，因为这些结果并不是绝对精确。

后来，霍夫斯泰德又将其原本的研究扩展出第五维度，认为这样可以弥补早期研究工作中没有包含的另一种文化差异。③ 霍夫斯泰德将这个维度称为**儒家动力**（Confucian dynamism）（有时也被叫作长期导向）。按照霍夫斯泰德的理论，儒家动力影响了人们对时间、毅力、地位等级、保护面子、尊重传统，以及接受礼物和帮助的态度。这个维度为来自儒家思想的价值观。可以预期的是，东亚国家，例如日本、泰国在儒家动力方面的得分会比较高，同时，诸如美国、加拿大这些国家的得分会比较低。霍夫斯泰德和他的同事们进一步认为有证据可以表明，在经济增长率比较高的国家，其儒家动力的得分也比较高，同时个人主义得分较低，这意味着儒家思想有利于经济增长。但随后的研究表明，这个结论在更大更复杂的统计分析中并不成立。④ 在过去几十年中，拥有较高个人主义和较低儒家动力的国家，例如美国，实现了较高的经济增长率；但一些儒家文化主导的国家，例如日本，陷入了经

---

① R. Mead, *International Management: Cross-Cultural Dimensions* (Oxford: Blackwell, 1994), pp. 73–75.

② W. J. Bigoness and G. L. Blakely, "A Cross-National Study of Managerial Values," *Journal of International Business Studies*, December 1996, p. 739; D. H. Ralston, D. H. Holt, R. H. Terpstra, and Y. Kai-Cheng, "The Impact of National Culture and Economic Ideology on Managerial Work Values," *Journal of International Business Studies* 28, no. 1 (1997), pp. 177–208; P. B. Smith, M. F. Peterson, and Z. Ming Wang, "The Manager as a Mediator of Alternative Meanings," *Journal of International Business Studies* 27, no. 1 (1996), pp. 115–137.

③ G. Hofstede and M. H. Bond, "The Confucius Connection," *Organizational Dynamics* 16, no. 4 (1988), pp. 5–12; G. Hofstede, *Culture's Consequences: Comparing Values, Behaviors, Institutions and Organizations across Nations* (Thousand Oaks, CA: Sage, 2001).

④ R. S. Yeh and J. J. Lawerence, "Individualism and Confucian Dynamism," *Journal of International Business Studies* 26, no. 3 (1995), pp. 655–666.

济的滞胀。事实上，尽管文化可以影响一国经济增长，但这只是许多因素中的一个。尽管文化的重要性不应该被忽视，但同样不应该被夸大。本书第二章中讨论的因素——经济、政治和法律体系，在解释经济增长差异时也许比文化更重要。

文化的变化

文化并非不变，它会随时间演化。[①] 对一个社会来说，价值观体系的变化是缓慢而痛苦的。例如在20世纪60年代，美国人对女性地位、爱情、性和婚姻的价值观发生了重大变化。这一时期发生的许多骚乱正好折射了这种变化。变化，确确实实发生了，并且通常是非常深刻的变化。例如，在20世纪60年代刚开始的时候，很少有人接受女性可以在大公司拥有高级管理人地位的观念，许多人甚至对此嗤之以鼻。但如今作为事实，在美国社会主流中几乎已经没有人再质疑女性在商务上的能力和发展。美国文化已经发生了改变（尽管女性获得高级管理职务依然比男性更困难）。同样，许多国家例如俄罗斯，它们的价值观也在发生重大变化，从强调集体主义转向强调个人主义。尽管社会动荡是这种转变不可避免的结果，但该变的还是会变。

有人认为日本也正在发生重大的文化转变，变得更倾向个人主义。[②] 日本办公室职员或工薪阶层的典型形象是，对其老板和机构忠诚到可以放弃自己的夜晚、周末和度假来为其服务，雇员就是集体中的一员。然而，新一代的办公室职员看上去已不再符合这种模式。新一代中的个体看上去比传统日本人更直接，其行为更像一个西方人。他不会终身为一家公司服务，而是得到更好的机会就跳槽。他不喜欢超时工作，尤其是当他有约会的时候。他对自己的闲余时间有自己的计划，其中并不包括陪他的老板打高尔夫球或喝酒。[③]

有些研究认为，经济发展和全球化是引起社会变化的重要因素。[④] 有证据表明，经济增长的获取通常伴随着价值观从集体主义向个人主义的转变。[⑤] 因此，随着日本变得更加富有，对集体主义的文化强调下降了，随之人们见证到的是对个人主义的更多强调。产生这种变化的一个原因是，富有的社会对建立在集体主义上的社会和物质支持结构需求较少，不管这种集体主义是扩展的家庭还是家长式的公司，人们都能够更好地照顾自己的需求。因此，依附集体的重要性下降了，与此同时，更多的经济自由也导致了个人机会的增加。

社会文化随人们变得更富有而发生变化的另一个原因是，经济增长会影响许多

---

① R. Inglehart, "Globalization and Postmodern Values," *The Washington Quarterly*, Winter 2000, pp. 215 - 228.
② R. Mead, *International Management: Cross-Cultural Dimensions* (Oxford: Blackwell, 1994). Chap. 17.
③ "Free, Young, and Japanese," *The Economist*, December 21, 1991.
④ R. Inglehart, "Globalization and Postmodern Values," *The Washington Quarterly*, Winter 2000, pp. 215 - 228.
⑤ G. Hofstede, "National Cultures in Four Dimensions," *International Studies of Management and Organization* 13, no. 1, pp. 46 - 74.

其他因素，这些因素转而会影响文化。例如，城市扩张、教育质量提高及教育可获得性的增加是经济增长的影响因素，这些都会导致对贫穷的农村社会传统价值观的削弱。《世界价值观调查》(World Values Survey) 是一份历时 25 年对 78 个国家的价值观进行研究的报告，该报告由密歇根大学社会研究所组织完成，记录了价值观的变化。这份研究将价值观的变化与一国经济发展水平相联系，认为一个国家如果变得更富有，那么就会从与宗教、家庭和国家相联系的传统价值观转向世俗理性的价值观。① 恪守传统价值观的人，认为宗教对其生活非常重要，他们有强烈的民族自豪感，同时认为应该教育孩子服从，孩子的首要任务就是让父母为之自豪。他们不接受堕胎、安乐死、离婚和自杀。与此形成对照的另一端，就是世俗理性的价值观。

《世界价值观调查》同时关注人们对生活质量的态度。其中有一种价值观叫作生存价值观——当为生存而奋斗时人们所拥有的价值观。这类价值观往往强调经济和物质安全比自我表达更重要。无法轻易获得安全和食物的人们往往比较排外，对政治活动小心翼翼，倾向于服从权威，并相信男人是比女人更好的政治领袖。而"自我表现"价值观或者"安乐"价值观则强调多样化、归属感，以及政治活动参与的重要性。

随着国家变得更富有，似乎会有一种从传统价值观向世俗理性价值观转变，以及从生存价值观向安乐价值观转变的趋势。然而这种转变需要时间，这主要是因为一个人在其青年时代通过社会生活形成了一整套价值观，随着年龄的增长他会发现这些价值观很难改变。价值观的显著变化需要经历几代人，年轻人通常会成为价值观重大变化的先行者。

至于全球化的影响，一些人认为，交通和通信技术的进步、第二次世界大战后人们共同见证的全球贸易的快速增长，以及诸如日立、迪士尼（Disney）、微软和李维斯这些产品和运营遍及全球的跨国公司的增长，为文化的融合创造了条件。② 进入中国市场的麦当劳汉堡、进入印度市场的盖普（Gap）服装、进入南非市场的苹果多媒体播放器（iPods），以及随处可见的音乐电视，共同帮助培育了似乎无处不在的青年文化，因此，一些人认为缩小文化差异的条件已经出现。同时，人们不应忽视与此相反的重要趋势，例如，一些国家向宗教激进主义的转变，加拿大魁北克省的分离主义运动，俄罗斯持续的民族冲突和分离主义运动。这些以多种方式存在的反向潮流，是对文化融合压力的反应。在一个日益现代化和物质主义的世界中，一些社会正试图重新强调其文化的基础和独特性。文化的改变并不是单向的，尽管一些国家的文化正在与全球潮流趋同。此外，尽管一些文化元素，尤其是使用了物质符号的文化元素变化得相当快，但其他一些元素变化得相当慢。

☞ 给管理者的启示

国际商务不同于国内商务，是因为国家和国家之间，以及社会与社会之间存在

---

① R. Inglehart, "Globalization and Postmodern Values," *The Washington Quarterly*, Winter 2000, pp. 215 - 228.

② G. Hofstede, "National Cultures in Four Dimensions," *International Studies of Management and Organization 13*, no. 1, pp. 46 - 74.

差异。本章讨论了不同社会的差异。社会差异来自文化差异。文化差异来自影响深远的社会结构、宗教、语言、教育、经济哲学和政治哲学的差异。这些差异对国际商务有三个重要影响。第一种影响是出现了发展跨文化知识的需要——不仅要理解存在的文化差异，还要理解这些差异对国际商务活动的影响。第二种影响集中在文化和国家竞争力优势的联系上。第三种影响是审视决策过程中文化和伦理之间的联系。我们在本章深入探讨了前两种影响，并将文化和伦理的联系放入下一章讨论。

跨文化知识

被误导是国际企业第一次去国外考察时面临的最大危险之一。在另一种文化的实务中被误导后，国际企业可能会遭受失败。在不同的文化背景下从事商务活动，需要适应并与当地的价值观体系和准则一致。这种适应包括一家国际企业在外国运营时的全部方面。谈判的方式、对销售人员的适宜的激励机制、组织的结构、产品的名称、管理层和劳工层之间的关系及产品促销的方式等，对文化差异都很敏感。对于一种文化可行的事情，在另一种文化中可能就不可行。

为了防止被误导，国际企业应当考虑雇用当地人来帮助它们在特定文化中从事商务活动，还应保证母国的经理见多识广，能够理解不同文化如何影响国际商务实践。定期对国外经理进行调整，将他们置于不同的文化中，有助于培养出见多识广的骨干队伍。国际企业还必须时刻警惕种族中心主义的危害。**种族中心主义**（ethnocentrism）指对本民族群体或文化具有优越感的信念，同时意味着对其他国家文化的轻蔑和不屑。不幸的是，种族中心主义总是非常盛行，许多美国人有这个问题，同样，许多法国人、日本人、英国人等也有这个问题。种族中心主义是生活中丑陋的现实，是国际企业必须保持警惕的事物。

可以用几个简单的例子来说明跨文化知识有多重要。人类学家爱德华·霍尔（Edward Hall）曾经描述过天性不拘小节的美国人在公众场合受到批评或训斥时如何暴跳如雷。[①] 这种情况在德国容易引起问题，德国有纠正陌生人行为的文化倾向，这会冒犯大多数美国人。而对德国人来说，美国人直呼其名的倾向也会让他们不舒服。当这种情况发生在同级别经理人之间时，已经够让人不舒服了。如果一个年轻的或低级别的美国经理，未经许可便直呼年长的或高级别的德国经理的名字，那就会被认为是一种侮辱。霍尔认为，只有当你和德国人交往很长时间之后，才能获得直呼其名的关系基础。如果你想匆忙缩短这个过程，那么你会被认为过于热情或粗鲁，这对商务活动并非好事。

霍尔还指出，不同文化对时间的态度也会招致问题。他说，在美国给别人规定完成任务的期限，是一种催促别人完成任务或提高任务重要性的方式。但是在中东，给别人规定完成任务的期限，则会起到相反的效果。如果美国经理坚持要求其阿拉伯商务助理快速完成任务，那么这看起来就是过分要求，并施加了过度压力。阿拉伯商务助理可能会故意放慢做事速度来回应美国人的傲慢与粗鲁，最后的结果显然与美国人的期望恰恰相反。对这位美国经理来说，如果他认为阿拉伯商务助理开会迟到的原因是在街上遇见了一个朋友并停下来聊了一会儿，那么

---

① Edward T. Hall and M. R. Hall, *Understanding Cultural Differences* (Yarmouth, ME: Intercultural Press, 1990).

这显然是非常粗鲁无礼的。美国人当然是非常关注时间和日程安排的，但是对这位阿拉伯人来说，他生活在一个主要靠社会圈子获取信息的环境中，维护与他人的关系非常重要，完成与一个朋友的对话比严格遵守时间日程重要多了。实际上，这位阿拉伯商务助理可能感到很困惑，他无法理解为什么美国人这么重视时间和日程。

另一个缺少文化敏感性引起后果的例子，请参见"聚焦管理：跨文化的无知"专栏中的讨论。

● 聚焦管理：跨文化的无知

鱼鹰飞机（Osprey）的广告最近给其制造商波音和贝尔直升机（Bell Helicopter）公司带来了许多麻烦。鱼鹰飞机是一种新型飞机，既可以像普通飞机一样飞行，也可以像直升机一样盘旋。在这部广告片中，鱼鹰飞机盘旋在一个清真寺顶上，士兵们顺着绳索降落到屋顶，画面上配有如下文字："它来自天堂，要去解放地狱……这是上天赐予的礼物。"

这幅具有冒犯性的图片最早出现在《空军武装杂志》（Armed Forces Journal）上。当波音和贝尔直升机公司的高级经理看到公司在得克萨斯的广告商将什么画面组合在一起时，他们立刻将其撤下。但不知什么原因，这个广告随后出现在《国民杂志》（National Journal）上，引起美国伊斯兰关系委员会（Council on American Islamic Relations）的强烈不满。该委员会担心这则广告会给人们造成错误的印象，认为反恐战争实际上就是反伊斯兰战争。波音和贝尔直升机公司对这个错误感到非常困窘，立刻公开发表声明说，这个广告既拙劣又带有冒犯性，绝对不应该被发布，显然它们是想向大众澄清，该广告被发布时并没有得到公司授权。[①]

文化和竞争优势

本章反复出现的一个主题是文化和竞争优势的关系。从简单的方面来说，一国的价值观体系和准则会影响公司在该国从事商务活动的成本，而在一国从事商务活动的成本又影响了该公司在全球市场上建立竞争优势的能力。我们已经看到一国的社会结构和宗教是如何影响了人们对管理层和劳工之间的合作、工作及利息支付的态度。人们认为，在关注阶级的社会中，管理层和劳工之间的冲突会造成产业纠纷，从而增加公司在该国从事商务活动的成本。

日本为研究文化如何影响竞争优势提供了一个有趣案例。与在大多数西方国家从事商务活动的成本相比，一些学者认为现代日本文化降低了公司从事商务活动的成本。日本对群体关系、忠诚、互相负责、诚实和良好教育的强调都提高了日本公司的竞争力。对群体关系和忠诚的强调，激励个人在工作中建立对公司强烈的认同感。这样就容易培养出良好的价值观，使人们认同努力工作，以及管理层与劳工之间"为了公司利益"合作。同样，相互负责和诚实，有助于培养企业与其供应商之间的诚信。这样，就会鼓励它们在减少存货、控制质量和设计方面建立起长期合作关系，而所有这些都会提高组织的竞争力。西方国家往往缺少这种层面的合作，它

---

① "A Hellish Controversy," *The Economist*, October 8, 2005, p.73.

们的企业和供应商之间的关系，往往取决于短期的竞争性竞价，而不是基于长期的相互承诺。此外，日本拥有大量熟练工人，特别是工程师，他们帮助日本公司开发出成本更低的创新的生产工艺，从而大大提高了日本公司的生产率。[①] 因此，文化因素有助于解释许多日本企业在全球市场享有的竞争优势。20世纪后半叶日本经济实力的崛起可以部分归因于文化对经济的作用。

人们一直认为，与美国社会相比，日本文化对创业活动的支持较少。创业活动从许多方面来说都是个人心智的产物，这并不是日本人典型的特征。这也可以用来解释为什么是美国公司而不是日本公司主导了那些高度需要企业家精神和创新的产业，例如计算机软件和生物工程。当然，在日本人中存在例外情况。孙正义（Masayoshi Son）比任何日本企业巨头都更早认识到软件的潜力，他在1981年建立了自己的公司——软件银行（Softbank），并使该公司自成立起就是日本最大的软件分销商。同样一些充满活力和企业家精神的日本人建立了重要的日本公司，比如索尼和松下。但这些例子只是例外情况，因为迄今为止，日本并没有像美国那样浮现大批高科技创业公司。

对国际商务而言，文化和竞争优势之间的联系从两个方面来说很重要。第一，这种联系指明了在哪些国家有可能产生最有活力的竞争者。有人认为，美国公司有可能要面对越来越多的富有进取心和成本效率优势的竞争者，这些竞争者主要来自能够将自由市场经济、儒家哲学、群体导向的社会结构与先进的教育体系结合在一起的环太平洋国家和地区（例如韩国、日本和经济日益增长的中国）。

第二，文化和竞争优势之间的联系，对于选择在哪一个国家建立生产设施及从事商务活动很重要。假定一个企业要在国家A和国家B之间做出投资选择，两个国家都有劳动力成本优势，并易于进入世界市场。两个国家都有大致相当的市场规模（根据人口规模），并处在类似的经济发展阶段。不同的是，国家A的教育体系不发达，具有明显的社会阶层特征，并拥有六个主要的语言群体；而国家B的教育体系很发达，社会阶层不明显，其文化强调群体认同感，并且只使用一种语言。那么，哪一个国家才是最佳投资区域？

答案应该是国家B。因为在国家A，可以预见管理层和劳工之间的冲突，以及由不同语言群体之间的冲突带来的社会和产业纷争，从事商务活动的成本会因此增加，而良好教育体系的缺乏也会招致企业发展与其原定目标相背离。[②]

同样的比较还可以帮助国际企业决定向哪个国家推销产品，是国家A还是国家B？符合逻辑的选择依然是国家B。因为国家B的文化因素表明，该国更有可能在长期获得高经济增长。

尽管文化很重要，但在解释各国经济增长差异时，它的重要性仍不如经济体系、政治体系和法律体系。文化差异是重要的，但是我们在经济领域不应该过分强调其

---

① M. Aoki, *Information, Incentives, and Bargaining in the Japanese Economy* (Cambridge, UK: Cambridge University Press, 1988); M. L. Dertouzos, R. K. Lester and R. M. Solow, *Made in America* (Cambridge, MA: MIT Press, 1989); M. E. Porter, *The Competitive Advantage of Nations* (New York: Free Press, 1990), pp. 395–397.

② A. Annett, "Social Fractionalization, Political Instability, and the Size of Government," IMF Staff Papers 48 (2001), pp. 561–592.

重要性。例如，我们曾提到过，韦伯认为印度教蕴含的苦行原则并不鼓励创业活动，然而这只不过是一篇有趣的学术论文。近年来，印度的创业活动不断增加，特别是在信息技术产业，印度已成为全球重要的参与者。印度教的苦行原则和种姓制度并没有明显阻碍印度在该产业的创业活动。

● 本章总结

本章阐述了社会文化的本质，并研究了其对商务实践的影响。本章要点如下：

1. 文化是一个复杂的整体，包括知识、信仰、艺术、道德、法律、习惯，以及人们作为社会成员需要的其他能力。

2. 价值观和准则是文化的核心。价值观是一个抽象概念，与一个社会相信什么是好的、正确的及值得美慕的有关。准则是社会规则和指导方针，规定了特定情况下的恰当行为方式。

3. 价值观和准则受到政治和经济哲学、社会结构、宗教、语言及教育的影响。

4. 一个社会的社会结构指其最基本的社会组织。衡量社会结构的不同，有两个主要维度，分别为个人和群体维度，以及社会阶层维度。

5. 在一些社会中，个人是社会组织的基本单位。这些社会强调个人贡献高于一切。在另一些社会中，群体是社会组织的基本单位。这些社会强调群体成员关系及群体成就高于一切。

6. 所有社会都存在不同阶层的划分。阶级意识强烈的社会，其特征是具有较低的社会流动性及显著突出的社会分层。阶级意识较弱的社会，其特征是具有较高的社会流动性及不显著的社会分层。

7. 宗教为一种具有神圣意义的共同信仰和仪式。伦理体系则指用于指导和规范人们行为的一整套道德规范或价值原则。世界上主要的宗教有基督教、伊斯兰教、印度教和佛教。儒家思想虽然不是宗教，但依然像许多宗教那样对人们的行为产生了深刻的影响。不同宗教的价值观体系和伦理体系对商务实践活动具有不同的影响。

8. 语言是定义文化特征的一种要素，既包含口语，也包含非口语。人们往往可以在拥有多种口语的国家找到多种文化。

9. 教育，是一种个体学习技能并融入社会价值观和准则的媒介。教育在决定一国竞争优势方面扮演了重要角色。

10. 霍夫斯泰德研究了文化与工作场所价值观之间的关系。他从不同文化中归纳出四个维度：权力距离、不确定性规避、个人主义和集体主义、男性主义和女性主义。

11. 文化并非一成不变，而是会发生演化。经济发展和全球化似乎是推动文化发展的两大重要动力。

12. 国际企业首次去国外从事商务活动时最大的危险是被误导。为了发展跨文化知识，国际企业需要雇用东道国国民，打造核心的国际化经理人队伍，并警惕种族中心主义带来的危害。

13. 一国的价值观体系和准则会影响企业在该国从事商务活动的成本。

批判性思考和问题讨论

1. 简述一国文化为何能够影响在该国从事商务活动的成本，并举例说明。
2. 你认为在伊斯兰国家从事商务活动与在美国从事商务活动有不同吗？如果有，请说明如何不同。
3. 一国的主流宗教或伦理体系对从事国际商务活动有什么样的影响？
4. 选择两个文化不同的国家，对其文化进行比较，然后说明文化差异如何影响以下事项：(1) 两国从事商务活动的成本，(2) 该国未来的经济发展，(3) 商务实践。
5. 重读"聚焦管理：麦当劳和印度教文化"专栏，然后回答下列问题：(1) 尽管印度有非常不同的食品文化，但麦当劳还是获得了成功，为什么？(2) 你认为当麦当劳将牛肉提取物混入食用油时，是否能够预见或应该预见会在印度遭遇问题？如果预见了，那么情况将会有什么样的不同？

研究任务：文化差异

利用globalEDGE™网站完成下列练习：

练习1

你正在准备去巴西的商务旅行，你将在巴西与当地专业人士进行广泛的接触和交流。因此，出发前你应该收集一些有关当地文化和商务习惯的信息。一位来自拉丁美洲的同事推荐你访问"跨文化学习中心"（Centre for Intercultural Learning），阅读其为巴西准备的国家介绍。请准备一篇短文，论述一下会影响与巴西进行商务交往的最突出的文化特征。

练习2

一般来说，文化因素会使得人们在国际商务旅行期间遇到不同的商务礼仪。例如，在泰国向别人亮出鞋底或脚底是非常冒犯的举动。在你第一次启程去亚洲商务旅行之前，一位同事告诉你，有一本指导手册叫《全球商务礼仪》《Business Etiquette Around the World》，该手册会对你的旅行起到帮助作用。请利用globalEDGE™网站，找出五个对理解你所选国家商务礼仪有用的诀窍。

章尾案例：上海的数据管理集团

纽约人丹·明茨（Dan Mintz）在1993年作为一个没什么门路的自由职业者移居上海。他的本业是电影导演，虽然他没有广告经验，也不会说普通话，但他在中国设立了一个广告公司——数据管理集团（DMG）。这个公司随后成为中国发展最快的广告代理商，到2006年时，其客户名单中已包括百威（Budweiser）、联合利华（Unilever）、索尼、纳贝斯克（Nabisco）、奥迪（Audi）、大众，以及其他几十个中国品牌。明茨将其成功部分归因于在中国被称为"关系"的东西。

"关系"的字面意思是人与人之间的联系，尽管在商务活动中将其理解为"关联"更好。关系的基础是儒家思想对社会等级和忠诚回报的重视。儒家思想在中国已经有几千年的历史,强调关系的重要性,这既指家庭内部的关系,也指不同社会阶层中人与人之间的关系。儒家思想教导人们,忠诚即对自己的上司或家庭尽责是一个人神圣的职责,同时忠诚会得到回报,这样就建立起了相互之间的忠诚回报关系。

明茨如今能够说流利的普通话,他通过与两个有背景的年轻中国人进行商务合作培育了自己的关系网络。这三个人合在一起打开了长久以来对西方广告代理商关闭的大门,主要就是靠发挥这两个年轻中国人关系的影响力,靠他们背后被中国人称为"实力"的东西,即做好工作的能力。

该公司为大众做的广告宣传活动就是这方面很好的案例,该广告宣传活动帮助这家德国公司很好地进入了中国市场。广告使用了繁体字,但当年为了推广简体字的应用,繁体字被禁止使用了。为了能够在现代中国首次获得在广告中使用繁体字的许可,他们最后通过申辩说繁体字不应被看成"字"而应被看成"艺术"获得了官方许可。后来他们在上海著名的外滩拍摄电视广告,这是一条拥挤的大街,从江边一直延伸到旧城区。他们再一次依靠"关系",得以关闭整个外滩来拍摄这条广告。而1986年,当史蒂文·斯皮尔伯格(Steven Spielberg)拍摄《太阳帝国》(*Empire of the Sun*)这部电影时,只能做到关闭部分街道。该公司还在北京的故宫内拍过广告片。就像明茨自己所说的那样,"当我们遇到限制时,我们并没有停下来。你走到哪里都会遇到限制,你必须知道如何绕过障碍并把事情做完。"[①]

案例讨论问题

1. 为什么你认为在中国培育关系和关系网很重要?
2. 数据管理集团在中国的经营之道告诉了我们什么?如果企业服从一切规定和管制,而不是像丹·明茨那样找出可行之道,会发生什么?
3. 在中国靠关系网去做事时可能会产生什么样的道德问题?对一个西方商人来说,这些道德问题会对其使用关系网产生什么样的限制?

---

① J. Bryan, "The Mintz Dynasty," *Fast Company*, April 2006, pp. 56-62; M. Graser, "Featured Player," *Variety*, October 18, 2004, p. 6.

第四章 国际商务伦理

学习目标

学完本章后，你应该能够：
1. 了解国际商务要面对的伦理问题；
2. 对伦理困境有所认知；
3. 了解导致经理人不道德行为的原因；
4. 了解通往伦理道德的不同哲学路径；
5. 了解经理人为了将伦理与公司决策结合可以做什么。

●开篇案例：苹果公司的便携式播放器工厂

2006年中期的新闻报道揭露了一系列虐待劳工的事件，这些事件发生在为苹果（Apple）公司生产便携式播放器的某精密工厂里。根据这个报道，在某精密工厂生产便携式播放器的工人，每天工作15个小时，而一个月只能收入可怜的50美元。报道还披露了工人经常被迫加班，生活环境恶劣，许多工人是从农村来打工的年轻妇女，居住在公司提供的宿舍里。这篇报道的作者是某著名财经杂志的两位记者。新闻中的报道对象是一家非常大的出口制造企业，国外销售总额达145亿美元。该精密工厂的客户除了苹果公司，还有英特尔、戴尔和索尼。该精密工厂本身像一个小型城市，有诊所、娱乐设施、公交车和13个食堂，为20万个工人提供服务。

苹果公司的管理层获知该报道后迅速做出回应，承诺会对此进行调查，以确保该精密工厂符合苹果公司对分包商劳工条件的要求。而工厂的管理者们采取了不同的做法，他们向一家当地法院提起了诉讼，状告两位记者犯有诽谤罪，要求他们赔偿380万美元，接着，这家法院很快冻结了两位记者的个人财产。很显然，该精密工厂的管理层在向整个记者界传递一个信息：批评要付出昂贵代价。

苹果公司在6周内就完成了调查报告。该报告指出，没有工人被迫加班，他们所挣的工资也高于当地的最低工资，但确实有很多工人每周工作时间超过60个小时，违反了苹果公司的规定，同时他们的住宿条件也低于标准。迫于苹果公司的压力，该精密工厂的管理层同意按照苹果公司的标准进行整改，为员工修建新的宿舍，并将工作时间限制在每周60小时以内。

但是，该精密工厂并没有立刻撤销对两位记者的诉讼。而记者所任职的财经杂志表示无条件支持两位记者。这家报纸发表了一份声明，认为这两位记者"没有违反任何规定、法律和新闻记者的道德"。总部位于巴黎的记者无国界（Reporters Without Borders）组织也就此案给苹果公司的首席执行官史蒂夫·乔布斯（Steve jobs）写了一封信说："我们坚信两位记者的确报道了事实。我们谴责企业的这种行为。因此，我们请求你代表两位记者出面调解，以便撤销这项诉讼，并归还其被冻结的财产。"

苹果公司再次迅速做出反应，给该精密工厂幕后的企业施压，要求其撤销诉讼。2006年9月初，该精密工厂幕后的企业同意撤销诉讼，并发布了一个挽回脸面的声明说，"在互相就诉讼给双方带来的不便道歉后双方都同意结束这次纷争。"尽管纷争结束了，但这件事情给当事国的劳工条件发出了警示。[①]

引言

正如苹果公司所发现的那样，企业在不同的国家从事商务活动时会产生伦理问题。这些问题通常与各国的经济、政治、法律体系和文化差异相关。虽然上述精密工厂的管理层没有违反当地法律，但他们对待雇员的方式是不道德的。甚至还有很多人会认为，苹果公司与那些对雇员不人道的供应商合作，因此像苹果这样的公司也是不道德的。而苹果公司的管理层早已注意到此类问题，并已经就劳工标准制定了规定。当有关精密工厂用工问题被曝光时，苹果公司的管理层做出了适当回应，迅速调查了该精密工厂的运行情况，并要求其做出相应整改。然而，心存怀疑的人仍有可能想要知道，为什么在新闻对苹果公司造成了伤害后，苹果公司才去调查该精密工厂。苹果公司的管理层本应对精密工厂的运行情况定期做调查的，但显然他们没有这么做。

正如本章会反复提到的，并不是所有公司都能够像苹果公司的管理层那样及时处理伦理问题。在很多例子中，从事国际商务的经理人不断做出糟糕的伦理决策。"伦理"一词指被一个人接受的关于正确或错误的原则，这些原则指导着一个人的行为、职业操守或组织行为。**商务伦理**（business ethics）指支配着商务人士的有关对与错的原则。**伦理策略**（ethical strategy）指在不违反这些已被接受原则的情况下做出的策略或一系列行为。本章将讨论在国际商务中应该如何将伦理问题融入决策中。本章首先介绍国际商务中伦理问题的起源和本质，接着学习导致糟糕的伦理决策的原因，然后讨论不同商务伦理的哲学路径，最后讨论经理人在

---

① E. Kurtenbach, "The Foreign Factory Factor," *Seattle Times*, August 31, 2006, pp. C1, C3; E. Kurtenbach, "Apple Says It's Trying to Resolve Dispute over Labor Conditions at Chinese iPod Factory," *Associated Press Financial Wire*, August 30, 2006; Anonymous, "Chinese iPod Supplier Pulls Suit," *Associated Press Financial Wire*, September 3, 2006.

国际企业中确保将伦理思考融入决策过程所能够采取的不同步骤。

国际商务中的伦理问题

　　许多国际商务中的伦理问题源于国与国之间政治体系、法律、经济发展程度和文化的巨大不同。在一个国家被视为正常的行为在另外一个国家则有可能被认为是不道德的行为。对于国际企业中的经理人，因为他们为跨越了国家边境和文化的机构工作，因此需要特别小心这些差异。国际企业中最常见的伦理问题包括员工雇用问题、人权问题、环境污染问题、腐败问题及道德责任问题。

员工雇用问题

　　当东道国的工作条件明显比跨国公司母国差时，应该采取什么样的标准？是母国的标准、东道国的标准，还是介于二者之间的标准？尽管没有人认为国与国之间的工作条件和报酬应该完全一样，但究竟多大的区别是可接受的？例如，一天工作12小时、特别低的报酬，以及暴露于有毒化学物质的工作环境在一些发展中国家可能很常见，这是否意味着一家跨国公司就可以容忍当地的子公司提供这样的工作条件呢？或者是否可以通过当地分包商来纵容这样的工作条件呢？

　　耐克（Nike）公司在20世纪90年代曾经和苹果公司一样，因新闻媒体披露其许多分包商的工作条件非常糟糕而成为抗议的焦点。其中最有代表性的指控是一个名为《48小时》（*48 Hours*）的节目在1996年播出的一些细节，该节目详细报道了年轻妇女在越南分包商处工作的细节，她们每周在有毒的环境中工作6天，然而在这么糟糕的工作条件下每小时只挣20美分。该报道也提及在越南的生活费用是每天最少3美元，这意味着那些女工不超时工作就无法从分包商那里获得这样的收入。耐克公司及其越南分包商没有违背任何法律，但是这条报道及其他类似报道提出了有关使用血汗工厂劳动力来生产时尚用品的伦理问题。这种生产过程可能合法，但是使用分包商生产出的那些产品符合道德吗？耐克公司的批评者认为这不道德，耐克公司也成为抗议的焦点及消费者的抵制对象。这些围绕耐克公司使用分包商的报道迫使其重新审查自己的分包政策。耐克公司认识到，即使没有违背法律，其分包政策也被认为不符合伦理道德，因此，耐克公司的管理层建立起了指导其分包商的行为准则，并制定了以下制度：聘请与所有分包商独立的审查员，并对分包商进行年度调查。[①]

　　苹果公司和耐克公司的案例表明了一个重要观点：公众不能容忍跨国公司纵容其国外附属机构或分包商提供糟糕的工作条件。但是，这依然没有回答究竟该采取什么标准的问题，本章随后将讨论有关这个问题的更多细节。本节指出的是，应当

---

　　① S. Greenhouse, "Nike Shoe Plant in Vietnam Is Called Unsafe for Workers," *The New York Times*, November 8, 1997; V. Dobnik, "Chinese Workers Abused Making Nikes, Reeboks," *Seattle Times*, September 21, 1997, p. A4.

建立保护雇员最基本权利和尊严的可接受的最低工作条件，并对国外附属机构及分包商进行定期检查以确保其满足标准，当不满足标准时要求它们采取整改措施是维护这些标准的可行之道。另一家服装公司李维斯已经执行这样的标准很久了，该公司曾经为此终止了与某大型供应商的长期合作，因为它发现这家叫"Tan"的供应商涉嫌在马里亚纳群岛某处一个有人看守的院落中逼迫 1 200 名妇女每周工作 74 小时。

人权问题

国际商务过程中会遭遇人权问题。在许多国家基本的人权依然得不到尊重。历史上最典型的例子是南非，在白人统治期间实行的种族隔离制度直到 1994 年才结束。种族隔离制度剥夺了占南非人口多数的有色人种的基本政治权利，在白人和有色人种之间实行隔离，保留了某些专门为白人提供服务的场所，并禁止黑人进入可以管理白人的工作岗位。尽管这套制度的本质如此可憎，但西方国家依然在南非开设公司。但是到 20 世纪 80 年代时，许多人开始质疑其中的伦理问题，他们认为外国公司在南非本地的投资，通过促进南非的经济支持了这种压迫人权的制度。

20 世纪 70 年代末期和 20 世纪 80 年代早期，一些西方公司开始改变它们的政策。[①] 在南非有大量经济活动的通用汽车成为这股潮流的领头羊。通用汽车采用了被称为"沙利文主义"的原则，该原则以通用汽车董事会成员、黑人牧师利昂·沙利文（Leon Sullivan）而得名。沙利文认为，只要通用汽车符合两个条件，那么在南非运营就符合道德。第一个条件是，通用汽车在其南非的自营业务中不应遵循种族隔离制度（被动方式的反对）。第二个条件是，通用汽车应当在能力范围内尽全力促进废除种族隔离制度。大量在南非有业务的美国公司采纳了"沙利文主义"原则。南非政府很显然并不想与这些重要的外国投资者为敌，因此忽略了它们对种族隔离制度的违背。

但是，利昂·沙利文在 10 年后发现，只是简单遵循这些原则并不足以打破南非的种族隔离制度，任何一家美国公司，甚至包括那些始终坚持原则的公司，都无法保证其在南非的持续经营始终是道德的。在随后的几年里，大量公司撤离了它们在南非的业务，包括埃克森、通用汽车、柯达、IBM 和施乐。同时，许多国家的养老基金也称它们将不再持有和南非有商务往来公司的股票，这种做法促使那些犹豫不决的公司也撤销了各自在南非的业务。这种业务撤离以及美国和其他国家实施的经济制裁，导致南非少数白人统治的结束及种族隔离制度的废除，并推动南非在 1994 年进行了民主选举。因此，有人认为在商务活动中采取的人道主义倾向有助于提高南非的人权状况。[②]

尽管南非的情况已经改变，但世界上还有许多其他地方存在着压迫制度。那么，

---

① R. K. Massie, *Loosing the Bonds: The United States and South Africa in the Apartheid Years* (New York: Doubleday, 1997).

② 并不是每一个人都认为撤出投资会对南非经济有很大影响，相关论点请参阅：S. H. Teoh, I. Welch, and C. P. Wazzan, "The Effect of Socially Activist Investment Policies on the Financial Markets: Evidence from South Africa," *The Journal of Business* 72, no. 1 (January 1999), pp. 35 – 60.

跨国公司与这些地区进行商务往来符合道德吗？通常认为，跨国公司对一个地区的投资会成为这个地区经济、政治和社会进步的推动力，最终会提高该地区压迫体系下的人权状况。本书第二章讨论过这个观点，即一国的经济发展会为民主创造出推动力。通常相信这个观点的人认为，跨国公司与发达国家与缺少民主和人权的国家进行商务往来是合乎道德的。

但是这个观点也有局限性。在南非的例子中可以看到，有一些体系如此压抑人权，以至于投资完全无法在符合伦理的情况下实施。例如，缅甸的军事独裁统治超过了49年，是世界上人权状况最差的国家之一。从20世纪90年代中期开始，许多西方公司退出了缅甸，认为当地的人权状况已经差到极端，完全没有可能在基于伦理的情况下与对方从事商务往来。作为对比，本书的"聚焦管理"专栏提供了一个相反的例子——优尼科（Unocal）公司，该公司选择留在缅甸。但是也有批评人士指出，缅甸的市场规模很小，西方公司的撤离不会带来多大经济上的惩罚。

更常见的问题是，当跨国公司在一个人权被践踏的国家经营时，其责任是什么？究竟应不应该在那里经营？如果在这样的国家经营了，那么应该采取什么样的行动？

●聚焦管理：优尼科公司在缅甸

优尼科公司是一家总部在加利福尼亚的石油和天然气公司。1995年，优尼科公司和法国石油公司道达尔（Total）以及来自孟买和泰国的国有企业合伙修建一条从缅甸到泰国的天然气管道，优尼科公司拥有29％的股份。缅甸期待这个10亿美元的项目能够为其带来每年2亿美元的出口收入，这相当于该国1/4的出口总收入。在国内大量使用天然气，也会使缅甸的发电容量增加30％。当许多美国公司陆续退出缅甸时，优尼科公司却决定进行这项投资。缅甸政府是一个军人独裁政府，李维斯和艾迪堡（Eddie Bauer）这两家服装企业都因这样的政治环境退出了缅甸。但是当时优尼科公司的管理层考虑的是，这个大型基础设施项目会为公司带来丰厚回报，并且通过促进经济增长使缅甸4 300万人口拥有更好的生活。同时，优尼科公司认为，李维斯和艾迪堡可以很快将服装生产转移到另一个低成本地区，但自己只能去那些有石油或天然气的地区。

然而，优尼科公司的投资很快引起高度争议。根据合同条款，缅甸政府应该遵守合同，为管道通过缅甸热带雨林清理出通道，并保护管道免受反政府武装的攻击。根据人权组织的报道，缅甸军队强迫村庄搬迁，命令成百上千名当地农民像奴隶劳工一样铺设管道。拒绝服从的农民会受到报复。新闻报道引用了一位妇女的遭遇，她的丈夫被军队强迫为该项目劳动，当他试图逃跑后，该妇女及其孩子遭到了报复。其他村民也报告说自己遭受了非人待遇。

1996年，人权人士代表15位逃到泰国难民营避难的缅甸村民向美国政府起诉优尼科公司。该诉讼认为，优尼科公司即使没有参加这些活动，也知道发生了什么，知情程度足以使其对这些罪行负有部分责任。尽管主持审判的法官确实认为优尼科公司事实上清楚在缅甸发生的事情，但他还是驳回了这个案子，认为优尼科公司不可能为外国政府反对其国民的行为负责任。应原告的诉求，该案于2003年年底在更高一级法院重新开审。2005年，该案经法院调解解决，调解数额未被披露；同时，优尼科公司被雪佛龙（Chevron）公司兼并。①

☐ 环境污染问题

当东道国的环境管理规定比母国标准低时，就会产生伦理问题。许多发达国家对污染物排放、有害化学物品的倾倒、工作场所有害材料的使用等都有切实的管理规定，但是在发展中国家往往缺少这些管理规定。评论人士认为，这会使跨国公司在运行中比其母国排放更多的污染。下面我们以尼日利亚外国石油公司为例来说明。1992年，一份由尼日利亚尼日尔河三角洲地带的环保人士提供的报告称：

> 石油公司的日夜燃烧和排放除了对空气造成了污染，其所产生的有毒气体正在系统地摧毁当地脆弱的生物种群，危害植物、动物和人类的生命。一方面，大面积的水污染和土地污染导致大部分有鳍鱼类和贝类的卵或幼仔死亡；另一方面，被溢出的石油污染过的农用土地危及耕种，这些带有有毒物质的土地甚至依然被用作重要的耕地。②

上述描述的内在意思就是，外国公司在尼日利亚采用的污染控制标准远低于其在发达国家所采用的标准。

跨国公司可以随意污染发展中国家吗？（这样做显然不道德。）不讲道德的管理层将生产过程转移到发展中国家，是否只是因为不需要支付昂贵的污染控制费用？因此这些公司可以随意破坏环境，并可能危害当地民众的健康，而对于其自身，则降低了生产成本并获得了竞争优势，这种危险存在吗？在这样的情境下，究竟什么事情才是正确且合乎道德的？是为了获得竞争优势而污染环境，还是确保外国公司在污染控制方面坚持使用共同标准？

这些问题具有特别的重要性，因为环境是不属于任何人的公共产品，但任何人都可以破坏它。没有人拥有大气或海洋，但人们可以污染它们。无论污染的源头在哪里，都会危害到所有人。③ 大气和海洋是全球公有的东西，每个人都从中受益，但没有人对其负有明确责任。著名的"公地悲剧"一词指的就是这样的例子。当个体过分使用属于全体而不属于任何个人的资源时就会产生公地悲剧，最后导致资源被毁坏。这一现象最早由加勒特·哈丁（Garrett Hardin）命名，用来描述在16世纪英格兰出现的问题。当时英格兰有大量被称为"公地"的开放区域，可供所有人自由放牧。穷人在这些公地上放牧，以补充其菲薄的收入。放牧越来越多的牲口对每一个人都很有利，从而造成公地上的放牧数量远超出其承受力。最后的结果是过

---

① J. Carlton, "Unocal Trial for Slave Labor Claims Is Set to Start Today," *The Wall Street Journal*, December 9, 2003, p. A19; S. Stern, "Big Business Targeted for Rights Abuse," *Christian Science Monitor*, September 4, 2003, p. 2; "Trouble in the Pipeline," *The Economist*, January 18, 1997, p. 39; I. Evelyn, "Feeling the Heat: Unocal Defends Myanmar Gas Pipeline Deal," *Los Angeles Times*, February 20, 1995, p. D1; "Unocal Settles Myanmar Human Rights Cases," *Business and Environment* 16, February 2005, pp. 14–16.

② A. Rowell, "Trouble Flares in the Delta of Death; and Shell Has Polluted More Than Ken Saro Wiwa's Oroniland in Nigeria," *The Guardian*, November 8, 1995, p. 6.

③ P. Singer, *One World: The Ethics of Globalization* (New Haven, CT: Yale University Press, 2002).

度放牧、公地毁损，以及收入补贴受损。①

在现代社会中，公司将生产过程搬迁到可以随意向大气排放污染物或向河流和海洋倾倒污染物的地方，危害到这些全球公地，就会造成全球性的公地悲剧。尽管这种行为有可能是合法的，但是道德吗？显然，这样的行为触犯了人们最基本的社会伦理观念和社会责任感。

□ 腐败问题

正如第二章所指出的，腐败几乎是所有国家社会历史中都出现过的问题，并且一直持续到今天。②腐败的政府官员无论是在过去、现在还是将来都会有。跨国公司可以向这些官员行贿以获取经济好处。一个典型的例子是发生在20世纪70年代的公共丑闻，卡尔·科奇安（Carl Kotchian）是洛克希德（Lockheed）公司的总裁，他向日本代理商及政府官员支付了1 250万美元来从日本航空公司获取三星喷气飞机大订单。当这笔支付被发现时，美国官员指控洛克希德公司伪造记录并违反税法。科奇安认为，这种支付在日本是可被接受的商务操作（可以被看成一种特别慷慨的礼物馈赠），但事实上这件事情成了丑闻。政府官员被控犯罪，其中一个人自杀，政府丢尽了颜面，而日本民众十分愤怒。显然这种支付方式并不是在日本从事商务活动的可接受方式。这笔钱毫无疑问就是贿赂，被支付给腐败的官员来获取一个大订单，否则这个订单很有可能由其他制造商如波音公司获得。科奇安采取了不道德的行为，认为"在日本这是一种可被接受的商务行为方式"，很显然这是一种自欺欺人及不正确的说法。

洛克希德案推动美国在1977年颁布了《反海外腐败法》（Foreign Corrupt Practices Act）。该法案明确规定，向外国官员行贿来获得商业机会是违法行为。一些美国公司立刻提出反对，认为这项法案会将美国企业置于不利的竞争地位（并无证据表明这真的发生过）。③该法案随后进行了修订，允许企业使用便利费用（即加速费或通融费）。该费用并不是用于支付以确保拿到合同，也不是用于支付以获取排他利益，而是用于支付以获取标准且应该从外国政府处获得的企业待遇。如果不支付该费用，企业则有可能因外国官员的拖延而无法获取正常待遇。

1977年，经济合作与发展组织成员的财政部部长们追随美国推出了**《打击国际企业交易中行贿外国公务人员的公约》**（Convention on Combating Bribery of Foreign Public Officials in International Business Transactions）。该公约于1999年生效，要求签字成员明确向外国政府官员行贿是犯罪行为。该公约将加速政府日常处理所使用的加速费排除在外。到2009年3月，有38个经济体已经签署了该公约，其中一些并不是经济合作与发展组织的成员。

---

① G. Hardin, "The Tragedy of the Common," *Science* 162, 1, pp. 243-248.

② J. Everett, D. Neu, and A. S. Rahaman, "The Global Fight against Corruption," *Journal of Business Ethics* 65 (2006), pp. 1-18.

③ R. T. De George, *Competing with Integrity in International Business* (Oxford: Oxford University Press, 1993).

尽管加速费在美国的《反海外腐败法》与《打击国际企业交易中行贿外国公务人员的公约》中都不算贿赂，但这类费用的伦理含义是不明确的。在许多国家，向政府官员支付这类形式的加速费是日常生活的一部分。有人认为，因政府官员索取加速费就不进行投资的做法忽略了以下事实：投资会对当地百姓的收入和就业带来巨大好处。从这个功利角度看，行贿固然有罪，但可能是做一件更大的好事（假设投资创造出了原本不存在的工作，并且业务本身也是合法的）所必须支付的成本。一些经济学家由此提出了其中的合理性，认为在发展中国家到处都是缓慢复杂的管理规定，腐败有可能提升了实际效率，并帮助了经济增长。因此他们提出了这样的理论：在一个政治体系扭曲或市场机制受到限制的国家，以黑市、走私、向政府官员支付费用以加速政府批准商务投资的腐败行为都有可能促进福利。① 此类观点说服了美国国会将加速费排除在《反海外腐败法》之外。

然而，另一些经济学家认为，腐败降低了商务投资回报率，并导致较低的经济增长。② 在一个腐败横行的国家，效率低下的官僚向企业索取额外费用，等于是在榨取企业的利润。这会减少企业内在的投资动力，并因此延缓一国的经济增长。有一份研究报告研究了70个国家的腐败和经济增长之间的联系，揭示出腐败对一国经济增长率有很大的负面作用。③

考虑到这个问题的争议性和复杂性，人们可能会再次下结论说，这个问题要获得统一的看法很难，对加速费的需求产生出一个真正的伦理困境。一方面，腐败是坏的，腐败会损坏一国的经济发展；另一方面，向政府官员支付费用能够消除投资时的官僚障碍，从而创造出就业。但是这个功利的看法忽略了以下事实：腐败会同时使行贿者和受贿者堕落。腐败会自我膨胀，一旦有人走上这条路，想要回头就会很难，尽管不是不可能。这个观点强化了永远不要使用行贿和受贿手段的伦理准则，不管受到多大利益的驱动。

许多跨国公司都认同这个观点。例如大型石油跨国公司——英国石油公司，对加速费实施零容忍态度。其他公司也有许多大同小异的做法，例如，我们看一下道康宁（Dow Corning）公司采用的道德准则：

> 道康宁公司的雇员，无权为了获取商务机会或留住商务机会向政府雇员及其相关人员支付费用或赠送礼物。公司尤其不赞同使用为加速常规服务而支付加速费。在那些规定要支付这些费用并且无其他替代方案的国家，只能按照必要的最低标准支付加速费，并且必须精确记录在案。

这段话表明，道康宁公司尽管非常不赞同，但仍允许在"无其他替代方案"的时候支付加速费。

---

① B. Pranab, "Corruption and Development," *Journal of Economic Literature* 36 (September 1997), pp. 1 320-1 346.

② A. Shleifer and R. W. Vishny, "Corruption," *Quarterly Journal of Economics*, no. 108 (1993), pp. 599-617; I. Ehrlich and F. Lui, "Bureaucratic Corruption and Endogenous Economic Growth," *Journal of Political Economy* 107 (December 1999), pp. 270-292.

③ P. Mauro, "Corruption and Growth," *Quarterly Journal of Economics*, no. 110 (1995), pp. 681-712.

□ **道德责任问题**

由于跨国公司拥有资源，并且有能力将产品从一国转移到他国，因此拥有一定的权力。尽管这样的权力不仅受到法律与法规的制约，而且受到市场规律和竞争过程的制约，但依然是一种强大的力量。一些伦理专家认为，与跨国公司权力相伴的是其社会责任，跨国公司应当回报社会使其不断繁荣发展。**社会责任**（social responsibility）指商人在做商务决策时应当考虑其经济行为的社会后果，应该尽可能做出经济和社会双赢的决策。[①] 从本质来说，对社会负责任就是为自己负责，因为这是经商的正确方式。支持这一看法的人们认为，企业尤其是规模很大的成功企业，需要认识到，它们高贵的责任和给予社会的回报会令其更成功。**高贵的责任**（noblesse oblige）是一个法语词汇，指出生高贵的人应承担的诚实尽责和乐善好施的责任，在商业领域则指成功企业应尽的慈善职责。商人们很久之前就认同这个理念，因而历史上有大量企业向社会做出了可观捐赠，这些捐赠促进了企业所在社区的福利。

但是一些跨国公司为私利滥用权力。历史上最著名的案例与一家早期的跨国公司——英国东印度公司（British East India Company）有关。该公司建于1600年，到19世纪时控制了整个印度次大陆，在其权力的顶峰时期，该公司可以调用的军舰数量超过40艘，拥有世界上最大的常备军队，是当时2.4亿印度人的实际统治者，甚至该公司还雇用了自己的主教，将其统治延伸到精神领域。[②]

西方人认为权力本身是中性的，关键是如何使用权力。权力能够以合乎伦理的积极方式使用，从而增加社会福利；也可以以受到道德和伦理质疑的方式使用。但是在亚洲文化中，认为权力和国家的职责或其实施的责任相关，并不是常见的看法。这种观念上的差异对理解东西方企业对竞争的态度至关重要，即为什么西方跨国公司会认为其与发展中国家缺少效率的小规模公司直接竞争是公平的，以及力量较弱的制造企业认为为了竞争和生存打破道德规则也是公平的。

一些跨国公司认识到，应利用自身的力量提高其所在社区的社会福利，这是它们的道德责任。英国石油公司是世界上最大的石油公司之一，已将实施这样的社会责任作为其公司政策的一部分，即在其业务所在国承担"社会投资"。

● **聚焦管理：企业社会责任和新跨国公司的崛起**

来自亚洲和世界其他地区新兴经济体的新跨国公司及较小企业的崛起，已经改变了全球经济的面貌。但是，这些新企业也面临着非常大的竞争压力。发起企业社会责任（CSR）倡议是它们能够获得人们关注和认可的方法之一，特别是在全球市场上。

研究者们发现，通常不同的利益相关者都会使用企业社会责任作为衡量公司的

[①] S. A. Waddock and S. B. Graves, "The Corporate Social Performance - Financial Performance Link," *Strategic Management Journal* 8 (1997), pp. 303-319.

[②] D. Litvin, *Empires of Profit* (New York: Texere, 2003).

标准，以至于这成为一种构建并加强新的利益相关者之间关系的方式。这种倡议能够使公司对当地社区、求职者及投资者产生更多吸引力，也能够提高企业在社会网络中的地位。

对企业尤其是一家新企业而言，在一个更广阔的社会经济环境中，企业社会责任是企业合法性的重要来源。合法性有助于企业获得人们的认可和欢迎，特别是在顾客、政府及其他重要的资源供应商中。

企业社会责任提高了人们对公司所供应产品的价值认可，也从整体上提升了企业的声誉，这促使消费者对企业的产品保持偏好。有时候，消费者也愿意为相关产品支付更高的价格。例如，确保具有更大环境友好度的产品，或者以可持续方式使用自然资源的产品，都能增加消费者的购买偏好。

企业社会责任也有助于提高企业在政策制定者和政府官员中的声誉。特别是对外国企业而言，在东道国的政府机构眼中获得合法性，不管是对大型跨国公司还是对小型企业都是非常重要的事情。

资源供应商出于不同的原因也会倾向于偏好有社会责任感的企业。例如，承担企业社会责任与减少风险是正相关的，这会让投资者及资源供应商将对此类企业的投资看成具有更小风险的投资，这样就会减少具有社会责任的企业的融资成本。此外，企业社会责任也为构建买卖双方的关系提供了一个基础，从而对利益相关者的关系进行有效管理。

成为有社会责任的企业，不仅有助于企业获得人们的认可和良好的声誉，这也是当小企业必须面对全球巨人的挑战时，在今天的全球商务环境中的竞争策略。[①]

伦理困境

跨国公司在雇用条件、人权、腐败、环境污染及权力使用等方面所应承担的道德责任，并不总有明确切分，对所应接受的伦理准则可能也并不存在共识。从国际商务的角度来看，一些人认为什么是伦理取决于企业的文化背景。[②] 例如，对杀人犯执行死刑在美国是可接受的，然而许多其他国家认为这不可接受，它们认为死刑是对人类尊严的侮辱，用死刑做惩罚并不合法。许多美国人认为这种看法十分奇怪，但许多欧洲人认为美国人的方式才是野蛮的。举一个和商务有关的例子，向商务谈判方赠送礼品——尽管许多亚洲文化认为这是恰当得体的行为，但在一些西方人看

[①] J. M. Shepard, M. Betz, and L. O'Connell, "The Proactive Corporation: Its Nature and Causes," *Journal of Business Ethics* 16 (1997), pp. 1 001 - 1 010; S. Lewis, "Reputation and Corporate Responsibility," *Journal of Communication Management* 7 (2003), pp. 356 - 364; C. Smith, "The New Corporate Philanthropy," *Harvard Business Review* 72 (1994), pp. 105 - 116; F. Boutin-Dufresne and P. Savaria, "Corporate Social Responsibility and Financial Risk," *Journal of Investing* 13 (2004), pp. 57 - 66; H. S. Albinger and S. J. Freeman, "Corporate Social Performance and Attractiveness as an Employer to Different Job Seeking Populations," *Journal of Business Ethics* 28 (2000), pp. 243 - 255; Krishna Udayasankar, "Corporate Social Responsibility and Firm Size," *Journal of Business Ethics* 83, no. 2 (2008), pp. 167 - 175.

[②] Donaldson, "Values in Tension: Ethics Away from Home."

来这是贿赂,因此这是不道德的,尤其当礼物价值比较贵重时。

经理人常常要面对非常现实的伦理困境,此时什么才是合适的举措并不明确。例如,想象一下,有一个来访的美国经理人发现,在其位于贫穷国家的分公司中,有人在工厂里雇用了一个 12 岁的女孩。这家分公司雇用童工直接违反了企业内部的道德规范,美国经理人为此感到震惊,并要求当地的管理者将童工替换为成年人。当地的管理者立刻照办了。然而,被解雇的女孩是一个孤儿,必须自己养活自己和她 6 岁的小弟弟。被解雇后,她无法找到其他工作,因此在绝望中与她的小弟弟靠乞讨为生,某日在当地的麦当劳店外乞讨时,碰到了那个美国经理人。他们并不知道这就是改变了他们命运的人,只是伸手向他要钱。而这个美国人加快了步伐,快速经过了伸向他的双手,进入麦当劳点了一份有薯条和冰奶昔的奶酪汉堡套餐。一年后,这个女孩和她的弟弟死于肺结核。

如果这个到访的美国经理人了解这个女孩的境遇,还会把她换掉吗?恐怕不会。如果维持原状并让这个女孩继续工作是不是会更好呢?恐怕也不会,因为如果这样做,那么就违反了公司内部伦理准则中禁止使用童工的规定。那么,正确的做法到底是什么?在这个伦理困境中,美国经理人的责任是什么?

这些问题不容易回答。这就是**伦理困境**(ethical dilemmas)的本质——在这种情况下,没有一种解决方案在道德上可以被接受。[①] 在上述例子中,雇用童工不可被接受,但是剥夺其收入的仅有来源也不可被接受。

伦理问题甚至会呈现出更多的复杂性,特别是当人们考虑商务伦理的长期影响时。例如,上述例子可以引发对该国流行使用童工的更广泛的社会经济原因的思考。制造商喜欢雇用童工,是因为与雇用成人相比,雇用童工做同样的工作可以支付较低的工资,制造商因此雇用童工以增加自身收益。当该国资源有限的小企业要和较大的跨国公司激烈竞争才能生存时,它们可能会发现其雇用童工的压力在增加。当原先受到保护的产业和市场如今向国际竞争打开大门时,情况尤其如此。

上述美国经理人所需要的,也是所有经理人所需要的,是一份能够引导他们渡过此类伦理困境,并找出可接受解决方案的道德指南或伦理法则。稍后本书将对这样的道德指南或伦理法则进行概述,而现在,上述例子足以说明伦理困境在现实中是存在的,因为在真实的世界中,许多决策的做出是复杂和困难的,并且很难做出第一、第二、第三这样的排序。做正确的事情,甚至只是知道什么是正确的事情,就已经很不容易了。[②]

不道德行为的根源

正如前文例子中所展示的,经理人的行为方式在国际商务环境中有可能被认为

[①] R. T. De George, *Competing with Integrity in International Business* (Oxford: Oxford University Press, 1993).

[②] J. Isern, "Bittersweet Chocolate: The Legacy of Child Labor in Cocoa Production in Cote d'Ivoire," *Journal of Applied Management and Entrepreneurship* 11 (2006), pp. 115–132.

不符合道德。为什么经理人会采取不道德的举动呢？虽然这个问题并不存在简单的答案，但还是可以从中找出某种普遍性，道德行为的决定因素如图 4.1 所示。①

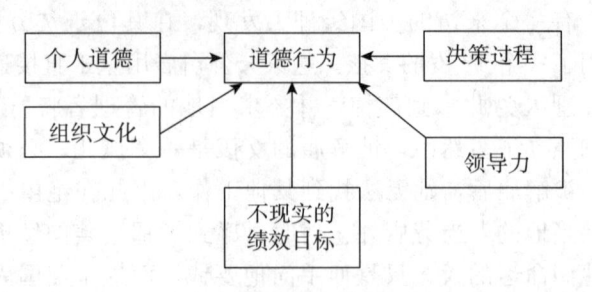

```
个人道德 →  道德行为  ← 决策过程
组织文化 ↗    ↑    ↖ 领导力
           不现实的
           绩效目标
```

图 4.1　道德行为的决定因素

□ 个人道德

商务道德无法与个人道德割裂。个人道德指被广为接受的、引导人们行动的有关对错的原则。个人道德的缺失是产生不道德行为的第一个原因。作为个体，我们通常会被告知，说谎和欺骗是错误的、不道德的，而为人正直、诚实，并拥护我们认为对的事情，才是正确的。这种教导在各个社会都很通行。引导我们行为的个人伦理准则来自许多方面，包括我们的父母、学校、宗教及媒体。个人伦理准则对我们作为商人的行为产生了深远的影响。一个有很强个人道德感的人，几乎没有可能在商务活动中采取不道德的方式。因此，对一个社会来讲，建立强烈的商务道德感的第一步，就是要大力强调个人道德。

当来自跨国公司母国的经理人被派到国外工作时（外派经理人），在违反其个人道德方面，他们有可能会承受比在母国时更大的压力。他们与其原本的社会环境和文化分开，在心理上和地理上远离母公司。他们可能处于一种与其母国相比对道德准则重要性有不同价值观的文化中，有可能被当地不太具有严格道德标准的雇员包围。母公司有可能对外派经理人施加压力，要求其完成不切实际的目标，而这些目标只有通过钻空子和采取不道德行为才有可能实现。例如，为了完成总部制定的绩效目标，外派经理人有可能采取贿赂的方式来获得合约，或建立低于最低可接受标准的工作条件和工作环境来降低成本。而本地的经理人也可能会鼓励外派经理人采取此类举措。由于地理距离的阻隔，母公司可能无法看到外派经理人如何实现目标，或者母公司也可能选择不去看外派经理人如何做到这些，听任这些事情发生并持续。

然而，在这种情况下，人们需要牢记的一个重要事实是，道德标准不仅来自信仰，也来自实践。许多所谓缺乏谨慎的实践，例如使用童工，并非来自不同的道德信仰，而是来自由贫穷的社会经济条件带来的必然性。许多此类道德差异的存在有更深刻的原因，作为国际市场中的商人，理解这一点很重要。

---

① S. W. Gellerman, "Why Good Managers Make Bad Ethical Choices," in *Ethics in Practice: Managing the Moral Corporation*, ed. Kenneth R. Andrews (Cambridge, MA: Harvard Business School Press, 1989).

□ 决策过程

几份有关商务环境中不道德行为的研究显示，商人有时候并没有意识到他们的行为不道德，这主要是因为他们没有去问自己"这个决策或行动道德吗？"[①] 而是直接计算他们能够从商务决策中获得的收益，从而忘记这些决策有可能存在严重的道德问题，这是产生不道德行为的第二个原因。错误在于他们在决策过程中没有将道德问题和商务决策结合在一起考虑。这就是前文案例中耐克公司的经理人在最初分包决策中所犯的错误。耐克公司的经理人的决策有可能基于良好的经济逻辑做出，基于诸如成本、运输、产品质量等商务因素选择了分包商，而没有去问"这些分包商如何对待它们的工人？"就算他们在做决策时考虑了，他们也有可能认为，这是分包商的事情，而不是他们的事情。（另一个有关不道德的商务决策例子，参见聚焦管理中有关辉瑞制药公司在尼日利亚脑膜炎儿童身上进行药物试验的案例。）

● 聚焦管理：辉瑞制药公司在尼日利亚的药物试验策略

药物研发是一个漫长、充满风险和花费巨大的过程。一种新药物的研发，有可能需要花费10年，花费超过5亿美元，而且80%～90%的新药物会在临床试验阶段失败。制药公司依赖少量的药物成功，来支付所有失败成本。在全球最成功的制药企业中，有一家总部位于纽约的公司叫辉瑞制药。由于在研发新药物过程中存在高风险和高成本，因此所有制药公司都会拼命想办法减少这些风险和成本。辉瑞制药公司也不例外，并认为自己找到了一个机会。

当时辉瑞制药公司研发了一种新的抗生素特洛芬（trovan），该药被证明可用于治疗很多种类的细菌感染。华尔街的分析师预测，该抗生素会一鸣惊人，每年可以创造超过10亿美元的销售额。1996年，辉瑞制药公司向美国食品药品监督管理局（FDA）递交了该抗生素有效性的数据供其审查，审查通过就可以在美国和世界大部分市场出售该药物。辉瑞制药公司希望该药物能够同时获准用于成人和儿童，但在美国境内找不到足够数量的患病儿童来进行测试。

后来辉瑞制药公司的一名研究者读到一则消息，在尼日利亚有一个叫卡诺的地方出现流行性脑膜炎，这看上去像是在大量患病儿童身上进行药物试验的捷径。

辉瑞制药公司在几周内就组建了一支医疗队飞往卡诺，这支由6名医生组成的医疗队以口头方式管理并指导脑膜炎儿童使用药物。为了拯救这些儿童，尼日利亚政府同意辉瑞制药公司在患病儿童身上使用药物（这场疾病最终夺去了大约16 000人的生命）。辉瑞制药公司在接下来的几个星期里对198名儿童进行了治疗，根据协定，其中半数患者使用新药特洛芬，另外半数患者使用已获准使用在儿童身上的抗生素，以此进行效果对比。辉瑞制药公司的团队在数周后终止了试验，并离开了尼日利亚。新药物看上去和已获准的抗生素一样安全有效，因此这次试验的数据也随

---

① D. Messick and M. H. Bazerman, "Ethical Leadership and the Psychology of Decision Making," *Sloan Management Review* 37 (Winter 1996), pp.9-20.

同其他试验数据一起被递交给美国食品药品监督管理局。

有人很快对辉瑞制药公司药物试验的本质提出了质疑，指责辉瑞制药公司在特洛芬对患病儿童不起作用的情况下仍坚持给这些患儿使用该药物，而不是快速改用其他药物进行治疗。根据这些批评者们的说法，其结果就是一些本可以通过其他药物治疗获得救治的儿童死了。一些医生对药物使用的安全性提出了质疑，担心这种药物会在患儿身上引起关节炎。有15个服用该药物的儿童在试验期间出现关节痛，出现的比率是儿童服用其他抗生素时的3倍。之后，该试验的准许合法性也受到质疑。美国食品药品监督管理局要求，无论临床试验在世界的哪个地方进行，在患者参与临床试验之前，制药公司必须先获得患者（或其父母）的同意书。批评者们认为，在辉瑞制药公司匆忙进入尼日利亚进行临床试验时，并没有遵循正确的流程，许多患儿的父母并不知道他们的孩子参与了药物临床试验。许多孩子的父母是文盲，没有能力阅读知情书，必须依赖尼日利亚护理机构受人质疑的翻译。辉瑞制药公司拒绝了这些指控，认为自己没有做错任何事情。

1997年，美国食品药品监督管理局批准特洛芬用于成人，但没有批准在儿童身上使用。1998年，该药物被推向市场。1999年，有报告显示，在欧洲出现高达140名患者因服用该药物产生肝损伤。美国食品药品监督管理局随后对该药物的使用进行了限制，要求只有当治疗获得的疗效超过肝损伤风险时才能使用。欧洲的药物监管机构则禁止了该药物的销售。①

□ 组织文化

一些企业的氛围并不鼓励人们去思考商务决策的道德后果，这是产生不道德行为的第三个原因——忽视商务道德只考虑经济利益的组织文化。**组织文化**（organization culture）指在一个组织中雇员们所共享的价值观和准则。回顾第三章的内容，价值观是从一群人相信的所谓好、正确以及令人向往的事物中抽象出来的概念。准则指在特定场合中规定了正确行为的社会规则和指导。正如不同的社会有不同的文化，不同的企业组织也有自己不同的文化。价值观和准则合起来构成了企业的组织文化，同时这种文化对商务决策中的道德问题产生了重大影响。

作家罗伯特·布莱斯（Robert Bryce）曾经解释过如今已破产的能源跨国公司——安然（Enron）如何将组织文化建立在强调贪婪和欺骗的价值观上。② 布莱斯认为这种基调是由中饱私囊的顶层经理人设定的。布莱斯讲述了安然前首席执行官肯尼斯·雷（Kenneth Lay）如何确保其家族从安然获得丰厚回报。安然的许多商务旅行由一家旅行机构承办，雷的妹妹是这家旅行机构的合伙人。当一位安然的内部审计员提出使用另一家旅行机构对公司更有利时，这位审计员很快就丢了工作。

---

① J. Stephens, "Where Profits and Lives Hang in the Balance," *Washington Post*, December 17, 2000, p. A1; A. Brichacek, "What Price Corruption?" *Pharmaceutical Executive* 21, no. 11 (November 2001), p. 94; S. Hensley, "Court Revives Suit against Pfizer on Nigeria Study," *The Wall Street Journal*, October 13, 2004, p. B4.

② R. Bryce, *Pipe Dreams: Greed, Ego and the Death of Enron* (New York: Public Affairs, 2002).

1997年，安然并购了一家正在建立纸及纸浆产品贸易的企业，而这家企业的所有者是肯尼斯·雷的儿子马克·雷（Mark Lay）。而当时，马克·雷及其控制的另一家公司，正由于破产欺诈和挪用资金受到联邦犯罪调查。该交易的另一部分内容是安然雇用马克·雷作为执行官，双方签署了一份3年期合同，确保马克·雷在此期间最少能够获得100万美元的收入，外加购买大约2万份安然的期权。布莱斯还披露了一些细节，雷的已成年女儿如何使用安然的喷气机将自己的大床运到法国。安然有了肯尼斯·雷这样的榜样，中饱私囊的作风很快流行起来也就不令人奇怪了。安然最出名的例子当属其首席财务官安德鲁·法斯托（Andrew Fastow），他在公司的资产平衡表外设立了小金库，不仅用这个小金库向投资人隐瞒了安然真实的财务状况，还直接将数千万美元直接划入自己账户。（法斯托随后因犯欺诈罪受到政府起诉并被捕入狱。）

□ 不现实的绩效目标

产生不道德行为的第四个原因，之前已经有所提及，就是母公司设定了不现实的绩效目标给员工带来的压力，这些目标只有通过走捷径或采取不道德行为才能实现。布莱斯探讨了这种情况在安然出现的原因。杰夫·斯基林（Jeff Skilling）作为雷的继任者，在成为安然新首席执行官后设置了一种业绩考评体系，每6个月淘汰15%业绩不佳者。这种业绩考评体系创造出一种只关注短期业绩的高压力文化，一些经理人和能源贸易商夸大了贸易额，采用伪造绩效的方式来回应这种压力，使业绩看上去好于真实情况。

人们从安然破产中得到的一个教训是，组织文化会使社会认为不道德的行为看起来合法，尤其当这种文化与不切实际的绩效目标结合在一起时。例如，不惜代价最大化短期经济绩效。在这种氛围中，与正常情况相比，经理人会有更大可能违反他们自身的道德并做出不道德的举动。反过来，组织文化也可以起到好的作用，并强调道德行为的必要性。例如在惠普，两位公司创始人比尔·休伊特（Bill Hewlett）和戴维·帕卡德（David Packard）培育了一套被称为惠普方式的价值观。这套价值观包含了重要的道德元素，构成了惠普内部及其与其他公司打交道的商务方式。惠普在各种事情中都强调对人们的尊重和信任、公开交流，以及关心雇员的必要性。

□ 领导力

安然和惠普的例子，给出了产生不道德行为的第五个原因——领导力。领导人有助于建立一个组织的文化，他们是别人追随的榜样。公司的其他雇员常常会从公司领导人那里获得提示，如果领导人采取了不道德行为，那么他们也会采取不道德行为。重要的不是领导人说什么，而是他们做什么。例如，安然有一套肯尼斯·雷经常提到的伦理准则，但雷中饱私囊的行为比他所说的任何话都更有影响力。

伦理的哲学方法

本章接下来将讨论有关商务伦理的几种不同观点。先从无足轻重的伪观点开始，这些观点不仅否定了商务伦理的价值，所提出的概念也非常令人不满。在讨论并驳斥这些反面观点之后，本章将介绍大多数道德哲学家们支持的观点，这些观点构成了当前国际商务道德行为模型的基础。

伪观点

研究商务伦理的学者讨论一些商务伦理伪观点，主要是为了证明这些观点在国际企业中为伦理决策提供了不恰当的引导。有4种商务伦理观点经常在文献中被讨论：弗里德曼的学说、文化相对论、正义的道德说教者的观点及幼稚的非道德说教者的观点。所有这些观点都具有一定的内在价值，同时在一些重要的方面具有局限性。尽管如此，有时候企业也会采用这些观点。

弗里德曼的学说

1970年，诺贝尔经济学奖获得者米尔顿·弗里德曼（Milton Friedman）写了一篇文章，自那之后，这篇文章就成为商务伦理学者在进行总结时首先要驳斥的观点。[①] 弗里德曼的基本观点是，只要公司在法律规定的范围内行事，商务唯一的社会责任就是增加收益。他明确反对企业在法律要求之外的地方及在高效运行所要求的事情之外承担社会责任。例如，他认为，把工作条件提高到法律要求的水平之上，以及超过雇员获得最大生产效率的必要条件，就会减少收益，因此这是不恰当的。他认为一家公司应该最大化收益，因为这就是企业所有者即其股东积累回报并最大化回报的方式。他还认为，如果股东希望使用这些收益做社会投资，那是他们的权力，但公司的经理人不应该替股东做决定。

尽管弗里德曼一直在讨论社会责任而不是商务伦理本身，但许多研究商务伦理的学者认为，社会责任就是伦理行为，并因此认为弗里德曼反对商务伦理。但是，弗里德曼反对商务伦理时所做的假设并不完全符合事实，因为弗里德曼本人这样说过：

> 企业只有一种社会责任，那就是在遵循游戏规则的情况下，即在没有欺骗和伪造的情况下，投入公开和自由的竞争中去，将其资源投入预先设定的活动中增加其收益。[②]

换而言之，弗里德曼认为，企业不应该以欺骗和伪造的方式，而应该以符合道

[①] M. Friedman, "The Social Responsibility of Business Is to Increase Profits," *The New York Times Magazine*, September 13, 1970; T. L. Beauchamp and Norman E. Bowie, *Ethical Theory and Business*, 7th ed. (Englewood Cliffs, NJ: Prentice Hall, 2001).

[②] M. Friedman, "The Social Responsibility of Business Is to Increase Profits," *The New York Times Magazine*, September 13, 1970, p.55.

德的方式做事情。

尽管如此，弗里德曼的观点还是经不起推敲，特别是在国际商务中。国际商务中的游戏规则不容易建立，并且国与国之间的规则也不同。再看一下血汗工厂劳工的案例，在发展中国家使用童工很可能并不违反法律，那些国家为了最大化生产率可能也不会要求跨国公司停止使用童工，但使用童工依然是不道德的，因为这件事情与人们普遍持有的什么是正确和恰当的看法相矛盾。类似情况是，一个发达国家很可能没有制定反对污染的法规，而且企业花钱进行污染控制会减少收益，但是，人们普遍持有的道德观念认为，向河流中倾倒有毒物质或向空气中排放有害气体都是不道德行为。这些污染除了会给当地环境造成不良后果，给周边人口带来严重健康威胁，还会给全球环境带来危害，因为污染物会破坏两种对全球所有人来说都非常重要的东西——空气和海洋。

文化相对论

另一种经常受到商务伦理学者批判的伪观点是**文化相对论**（cultural relativism）。文化相对论认为，伦理只不过是文化的反映，所有伦理都由文化决定，因此企业应该采用其业务运营所在国家文化所认定的伦理。这个观点经常被总结为一句格言：入乡随俗。① 文化相对论和弗里德曼的观点一样经不起推敲。我们举一个极端的例子来说明这种理论的荒谬。按照该理论的逻辑，如果一国文化支持奴隶制，那么在这个国家使用奴隶就是可接受的。但很明显，这是不可以的！文化相对论内在的逻辑对不同文化中存在的共同道德观念进行了否定，但是正如本章随后将讨论到的，不同文化之间存在一些共同的道德观念。

尽管文化相对论中的大多数内容遭人唾弃，一些伦理学家还是认为其中有一些合理成分。② 正如本书第三章所指出的，社会价值观和准则的确随着文化的不同而改变——社会习俗的确不同，因此在一个国家符合道德的商务操作，在另一个国家则不一定符合道德。实际上，《反海外腐败法》中所允许的便利费用在一些国家被视为一种感谢，是为了获得商务机会必须向政府官员支付的加速费，这即使不是道德所倡导的方式，最少也是道德可接受的方式。

但是，并非所有伦理学家或企业都赞同这种功利观点。前文提到的英国石油公司明确声明，不管其经营所在地的主流文化准则是什么，都不会支付加速费。2002年，英国石油公司对加速费实行了零容忍政策，推出该政策主要基于以下认识：尽管这样的加速费是程度很轻的腐败，但依然不正当，因为这种行为同时使行贿者和受贿者堕落，并姑息了腐败体系的存在。正如英国石油公司在其网站中所指出的，由于零容忍政策：

> 过去英国石油公司在越南某些石油产品的销售涉及向客户经理支付不恰当佣金来换取订单，这种做法在2002年被叫停。结果，英国石油公司在一些投标中失利，失去的潜在收益高达30万美元，此外，有两名销售经理

---

① Donaldson, "Values in Tension: Ethics Away from Home."; N. Bowie, "Relativism and the Moral Obligations of Multinational Corporations," in T. L. Beauchamp and N. E. Bowie, *Ethical Theory and Business*.

② R. T. De George, *Competing with Integrity in International Business* (Oxford: Oxford University Press, 1993).

因此辞职。但是，英国石油公司在越南的业务通过使用更多的传统销售方式得到了恢复，到 2002 年年底时超过了预定目标。

英国石油公司的经验表明，企业不应该以文化相对论作为依据，为其明显涉嫌道德问题的做法寻找正当理由，即使这种做法在公司业务所在地既符合该国法律，也被该国日常观念所接受。

正义的道德说教者的观点

正义的道德说教者（righteous moralist）认为，跨国公司母国的道德标准也是企业在国外应该遵循的恰当标准。这种方式主要和来自发达国家的经理人有关。尽管这种方式看上去合情合理，但实际上会带来很多问题。正义的道德说教者很可能支持并维护与母国相同的较高的道德标准，尽管更有实效的方式是遵循流行的文化准则，因为若不这样做，则会受到很大惩罚。

对正义的道德说教者观点的主要批评是认为其支持者做得过分了。尽管有一些通用的道德准则不应该被违背，但是采用母国的标准处理事情并不总是对的。例如，美国法律对最低工资和工作条件设置了严格规定。难道其他国家采用同样规定、支付和美国一样多的工资、提供和美国一样的福利和工作条件才是道德的吗？从讲求实效的角度来说，这样做有可能使得跨国公司向其他国家投资的动力消失，从而剥夺这些地方因接受跨国公司的投资而获得的福利，这种两难困境一直存在。要在道德问题上捆绑收益吗？如果答案是肯定的，那么在来自发达国家采用某种相对道德标准的经理人与为了保持全球竞争力而雇用童工的东道国小规模制造商之间，应该将界限划在哪里？毕竟，双方都被平衡道德的实用需求驱动着。

幼稚的非道德说教者的观点

幼稚的非道德说教者（naive immoralist）认为，如果一个跨国公司的经理人看见来自其他国家的公司没有遵循东道国的道德准则，那么这个经理人应该也没有遵守这种道德准则。用于说明这种情况的典型例子是毒枭问题。该问题中的一种情况是，在哥伦比亚工作的美国经理人，必须定期向当地毒枭支付保护费，以确保其工厂不会被炸和其雇员不会被绑架。该经理人认为，这种支付是合乎道德的防卫，因为当地的每个人都这样做了。

反对者主要从两个方面不赞同经理人的行为。第一，即使每个人都在做这件事情，也不足以说明这件事情就是符合道德的。如果某国的企业对雇用童工并令其每天工作 10 小时习以为常，那么可以就此认为这样做合乎道德吗？显然不可以，企业在这件事情上的确是可以做出明确选择的，企业可以不遵守当地的惯例，也可以决定不在有如此可憎惯例的国家投资。第二，跨国公司必须认识到，自己的确有能力改变一国盛行的惯例。企业可以为了积极的道德目的使用自己的力量，这就是英国石油公司通过对加速费实行零容忍所做的事情。英国石油公司用自己的行动说明，这种盛行的支付加速费的惯例在道德上是错误的，公司有责任利用自己的力量改变这种情况。尽管有些人可能认为这样的方式有"道德帝国主义"的味道，缺乏对文化的敏感性，但如果这与全球社会广泛接受的道德标准一致，那么这就是符合道德的。

回到毒枭问题，一种观点认为，支付这种保护费符合道德的理由，不是因为别人都在做，而是因为不这样做就会招致更大伤害（例如，毒枭有可能寻机报复、杀人或绑架）。这个问题的一个解决方式就是拒绝在法制如此薄弱的、导致毒枭可以收取保护费的国家投资。但是，这种解决方式也不完美，因为这可能意味着剥夺了该国遵纪守法公民获得与跨国公司投资相关的利益（例如工作、收入、更快的经济增长及福利）。很显然，毒枭问题构成了一个很难解决的伦理困境，显然没有好方法去解决，经理们需要一个道德罗盘来帮助他们找出在此困境下可接受的方案。

● 聚焦管理：沃尔玛的供应商

　　沃尔玛是世界上最大的零售商，通过"天天低价"战略构建了其市场主导地位。沃尔玛为了获得低价格的商品，就必须从世界各地低成本运行的工厂中购买这些货物。这些工厂大多位于发展中国家，因此逐渐给沃尔玛带来了使用血汗工厂劳动力生产低价商品卖给美国消费者的指责。长期存在的事实是，许多世界其他地方的工作条件低于西方的准则，沃尔玛为许多这些地方的公司设置了符合道德的供应商指导准则。即强制供应商禁止雇用童工，支付的工资不得低于该国的法定最低工资，不允许让雇员超时工作，并为工作场所提供起码的安全措施。为了让该准则有威力，沃尔玛定期巡视其供应商的工厂。例如2006年，沃尔玛对其全球8 873家工厂进行了16 700次巡视。这些巡视由沃尔玛自己从第三方公司中选出的道德标准审核员实行。在这些巡视中，大约有26％是不事先公布的突击检查。巡视结果显示，有40.3％的工厂存在高风险违规，沃尔玛会在120天后对这些工厂再次进行巡视，以确保这些工厂已纠正其违规行为。如果一家工厂在2年内被发现出现4次高风险违规，那么该工厂会受到禁止向沃尔玛供货一年的处罚。2002年，有2.1％的工厂在巡视中出现这种情况。另外，还有0.2％的工厂被永久禁止向沃尔玛供货，这大约是因为它们在被禁止向沃尔玛供货的那一年里也没有纠正其违规行为。

　　沃尔玛的巡视计划看上去很详尽，但批评者们指责说，这种监测工作场所违规行为的巡视并不总像公司相信的那样成功。唐（Tang）是某发展中国家一家笔厂的经理，该厂为沃尔玛供应钢笔、自动铅笔和荧光笔。2005年，唐获悉沃尔玛即将巡视其工厂，而该工厂已经有过3次高风险违规记录，当时审核员发现工厂向3 000名雇员支付的工资低于该省最低工资，并且该厂违反了不允许超时工作的条例。如果出现第四次高风险违规，则意味着工厂与沃尔玛的关系终结。因此唐雇用了一家咨询公司，花了5 000美元要求其确保工厂能够通过这次审核。该公司告诉唐如何伪造看起来像真的一样的假记录，并建议唐在巡视的那一天让工厂里所有抱怨的工人离开。这家咨询公司还告诉唐审核员来了之后可能会问的问题，并教他如何回答。唐听从了这些建议，工厂也通过了审计——在工厂没有做任何改变的情况下通过的。

　　如果这种行为被到处传播，那么会带来什么样的后果？一位巡视过许多国外工厂的大跨国公司经理在一次《商业周刊》（*BusinessWeek*）的采访中说道，在唐所在的国家中，供应商递交假记录被抓住的比例，从2002年的46％上升到2006年的75％。这位不愿公开姓名的经理还估计，在该国只有20％的供应商遵循了工资规定，而且只有5％的供应商遵循了不超时工作的规定。

　　有一个典型的造假案例发生在某玩具厂，这家沃尔玛的供应商雇用了650个工

129

人。当沃尔玛的巡视组到达时,工厂的经理们做了一张时间表,表明每个工人每天只工作8小时,每小时工资是当地最低工资的两倍,即0.43美元。但是,当审核员在一个车间与工人交谈时,一些人说他们获得的工资低于最低工资标准,并且他们中的大多数人每天都在没有加班费的情况下被迫超时工作3~5个小时。工人们还告诉审核员,工厂有一套不同的记录表来记录真实的加班时间,许多工人工作一整个月都得不到一天时间休息。随后,工厂的管理人员在压力之下说许多记录已经毁于火灾。

鉴于此,沃尔玛认为,其巡视过程中有很多技巧,企业在巡视中变得更有进取心。然而,工厂的经理们认为,沃尔玛向他们施压要求降价是一种常态,而满足沃尔玛有关工作条件的要求无疑会提高成本,因此在记录上造假成为他们唯一的选择。考虑到这样的问题确实有可能存在,沃尔玛开始和一些供应商合作,通过帮助它们更好地利用技术和管理来提高生产率,而不是靠持续支付低工资并强迫工人超时工作。[①]

□ 功利主义学说和康德伦理学

与前文讨论过的伪观点相比,大多数伦理哲学家以功利主义学说和康德伦理学中的价值观来理解商务道德。这些理论在18世纪—19世纪得到发展,尽管已经被许多现代理论取代,但它们是许多新理论构建的传统基础。

商务伦理中的功利主义学说可以追溯到一些哲学家,例如,大卫·休谟、杰里米·边沁(Jeremy Bentham,1748—1832)和约翰·斯图尔特·穆勒。**功利主义学说**(utilitarian approaches)认为,行动或举措的道德价值由其产生的结果决定。[②]如果一项行动能够在好结果超过坏结果上取得最好的平衡,那么这个行动就是值得去做的。功利主义学说致力于最大化好结果,最小化坏结果。功利主义学说认为任何行动都会产生多重结果,其中一些对社会有益,另一些对社会有害。作为商务伦理中的一种哲学,功利主义学说关注对所有社会收益和所有商务成本的权衡,并寻求收益超过成本的做法。从一个实用主义者角度做出的最佳决策,是能够为最大多数人获得最大利益的决策。

许多企业采用了一些深深根植于功利主义学说的特殊工具,例如成本-收益分析和风险评估。经理人在决定是否去做一件事情之前,通常会权衡这项行动的收益和成本。一个正考虑在阿拉斯加野生动物保护区钻井的石油公司,必须在增加石油产量和新工作岗位后的经济效益,以及对脆弱生态系统造成破坏的环境成本之间进行权衡。例如,像孟山都(Monsanto)这样的农业生物技术公司必须搞清楚转基因抗虫植物所带来的收益是否超过风险。其中,收益包括粮食产量的增加和对化肥需求

---

① D. Roberts and P. Engardio, "Secrets, Lies and Sweatshops," *BusinessWeek*, November 27, 2006, pp. 50-54; A. Harney, "Falsified Records Show the Flaw in the Social Audit Culture," *Financial Times*, January 11, 2007, p. 1; Wal-Mart, "Sourcing Ethically through a Socially Responsible Program: 2006 Report on Ethical Sourcing," January 16, 2008.

② T. L. Beauchamp and Norman E. Bowie, *Ethical Theory and Business*, 7th ed. (Englewood Cliffs, NJ: Prentice Hall, 2001).

的减少；风险包括有可能在一段时间后，昆虫进化出抵抗孟山都转基因抗虫植物中的自然抗虫素，使这些抗虫庄稼无法抵御新一代超级害虫，从而事情变得更糟糕。

将功利主义学说作为商务伦理的方法，的确存在一些严重缺陷。一个问题是如何测度收益、成本和行动过程中的风险。在孟山都的例子中，一个人如何去衡量转基因庄稼最终导致超级害虫进化出自然抗虫素的风险？功利主义学说认为，由于知识有限，因此通常无法对收益、成本和风险进行衡量。

功利主义学说还有一个问题是，这种哲学忽略了对正义的考虑。为最大多数人带来最大收益的行动，很可能导致对少数群体的不公正对待。这种行动不可能符合道德，因为这不正义。例如，假如政府出于降低健康保险成本的考虑，决定对人们是否感染艾滋病病毒进行全面筛查，并剥夺检查结果呈阳性者的保险。像这样减少健康保险的成本，可能是为大多数人创造了巨大收益，但是，这样的行动不正义，因为它不公平地歧视了少数人。

康德伦理学以伊曼努尔·康德（Immanuel Kant，1724—1804）的哲学为基础。**康德伦理学**（Kantian ethics）认为，做事情应当以人为本，绝不能把别人看成达到目的的工具。人不是机器，不是工具。人有尊严，有获得他人尊重的需求。血汗工厂雇用工人，支付很低的工资，让他们在很差的工作条件下工作很长时间，康德伦理学认为这违背道德的原因，是它将人们看成机器上的齿轮而不是有尊严的道德生命。尽管当代伦理哲学家们一般认为康德的伦理哲学并不完整，例如，他的体系中并没有包含同情心或人性等道德情感或情操，但是，他提出的人有尊严并应受到尊重的观念在现代社会中深入人心。

☐ 权利理论

20世纪发展起来的**权利理论**（rights theories）认为，人类具有超越国界和文化的基本权利和优先权。这些权利构建了在道德上可接受行为的下限。对基本权利的一个著名定义是，这是某种优先于集体利益的东西。因此可以举例说，言论自由的权利是一种基本权利，可以优先于最不可抗拒的集体目标，例如全民和谐或道德舆情中的国家利益，甚至凌驾于其之上。[①] 道德理论家们认为，人的基本权利构成了道德罗盘的基础，经理们在做包含道德元素的决策时应该将其作为指导。更准确地说，经理们不应该采取会违背这些基本权利的行动。

世界上存在跨越国界和文化的基本权利，这一理念构成了联合国发布《**世界人权宣言**》（Universal Declaration of Human Rights）的动机，该宣言几乎得到全球每一个国家的认可，为商务活动设置了一些在任意一种文化下都应该坚持的基本准则。受到康德伦理学的影响，该宣言的第1条这样写道：

> 人人生而自由，在尊严和权利上一律平等。他们富有理性和良心，彼此之间应以兄弟相待。

该宣言的第23条直接与就业相关，这一条这样说道：

---

① T. Donaldson，*The Ethics of International Business*（Oxford：Oxford University Press，1989）.

人人有权工作，有权自由选择职业，有权享受公正而恰当的工作条件，并有权在失业时受到保护。

人人都有同工同酬的权利，不应受到任何歧视。

每个工作的人都有权享受公正而恰当的报酬，确保其自身及家人有符合人类尊严的生活条件，必要时可通过其他社会保障手段加以补充。

人人都有权出于保护自身利益的目的组建或参加工会。

很显然，第23条包含的权利——"公正而恰当的工作条件"、"同工同酬"，以及确保"符合人类尊严的生活条件"表明，在血汗工厂雇用童工及支付难以维持生计的工资都是不道德的，即使这种情况在一些国家习以为常。这些基本的人权超越了国界。

需要特别指出的是，权利伴随着责任。因为我们有言论自由，所以我们有责任去尊重他人的言论自由。《世界人权宣言》的第29条阐述了人们的这种责任：

人人都对社会负有责任，因为只有身处其中，他的个性才有可能获得自由和充分的发展。

在权利理论的框架中，一些人或机构有责任为他人提供确保其权利的利益或服务。这些责任并不仅仅是一个道德代理人的事情（道德代理人指任何有能力像政府或企业那样采取道德行为的个人或机构）。

□ 公平理论

公平理论关注实现经济商品和服务的公平分配。**公平分配**（just distribution）指人们认为公正和平等的方式。目前没有统一的公平理论，现有的几种公平理论在一些重要方面相互矛盾。① 本书主要讨论其中一种具有较大影响力并具有重要道德影响力的公平理论，该理论由哲学家约翰·罗尔斯（John Rawls）提出。② 罗尔斯认为，所有经济商品和服务都应该被公平分配，除非不公平的分配方式能够使其中每一个人都得到好处。

根据罗尔斯的理论，有效的公平法则是所有人都能自由和公正思考问题时所达成的一致意见。公平由被罗尔斯称为"无知面纱"的理论方法获得保障。在"无知面纱"下，每个人都被认为不了解自己的特征，例如，每个人对自己的种族、性别、智力、国籍、家庭背景及特殊才能不了解。接着，罗尔斯问了一个问题：在这种"无知面纱"下，人们会设计出什么样的制度？在这样的情况下，人们会一致同意两个最基本的公平原则。

第一个原则是，每个人都应最大限度地获得与他人所享受的自由一样的自由。罗尔斯将此概括为政治自由（例如投票权）、拥有个人财产的权利和自由，以及人身自由等。

---

① T. L. Beauchamp and Norman E. Bowie, *Ethical Theory and Business*, 7th ed. (Englewood Cliffs, NJ: Prentice Hall, 2001).

② J. Rawls, *A Theory of Justice*, rev. ed. (Cambridge, MA: Belknap Press, 1999).

第二个原则是，一旦确保每个人都有公平的基本自由权，那么只有当不平等会让每一个人受益时，才会允许出现基础性的社会产品，例如收入财富分配及机遇的不平等。罗尔斯认为，当产生不平等的体系对每个人都有好处时，不平等就是公平的。更准确地说，他提出了一个"差别原则"的概念，也就是说，如果最弱势的群体都能从中获益，那么这个不平等就是公平的。例如，当制造收入和财富差异的不公平分配体系，即基于市场的体系能够使社会中最弱势的群体受益时，就可以认为这种收入和财富的巨大差异是公平的。人们认为法制健全、市场经济和自由贸易会通过促进经济增长，使社会中的最弱势群体受益。因此至少从原则上讲，这种体系中内在的不平等是公平的（换句话说，由市场经济和自由贸易带来的财富增加会使所有人受益，即使是那些最没有优势的人）。

在国际商务伦理方面，罗尔斯提出了一个有趣的看法。经理们应该问问自己，他们在国外行事时所采用的政策在罗尔斯的"无知面纱"原则下是否会被认为公平。例如，向外国工人支付低于母国公司工人的工资公平吗？按照罗尔斯的理论，只要这种不平等能够使全球社会中最无助的人群获得收益，那就是公平的（经济理论持同样观点）。反之，很难想象经理们在"无知面纱"原则指导下会设计出一种体系——只向外国工人支付菲薄薪水，却让他们长时间暴露在血汗工厂有毒物质中工作。这样的工作条件在罗尔斯理论框架下很明显不公平，因此也是不道德的做法。同样，在"无知面纱"原则的指导下，大部分人会设计出一种体系，把对环境的保护，例如对海洋、大气和热带雨林的保护设计为全球重要的公共产品。从某种程度来说，如果这种做法获得公众认可，那么对在行事中使这些公共产品状况进一步恶化的企业来说，其行事就是不公平的，进一步说就是不道德的。因此，罗尔斯的"无知面纱"原则是一种可以用来做道德罗盘的理论工具，可以帮助经理们在道德困境中做出选择。

☞ 给管理者的启示

对于跨国公司的经理人来说，确保将道德因素纳入国际商务决策的最好方式是什么？当面临工作条件、人权、腐败和环境污染等问题时，如何根据道德准则做决定？经理人如何从道德角度根据跨国公司的能力决定其道德义务？在许多案例中，要回答这些问题很难。对大多数人而言，产生伦理问题烦恼的原因是，这些非常实际的两难困境根植其内心深处，并且找不到正确的解决方法。尽管如此，经理人能够且应该做一些事情来确保基本的道德准则得以实行。伦理决策涉及国际商务日常的方方面面。

我们在本章中讨论国际企业及其经理人可以做的5件事，以确保道德问题在商务决策中得到考虑。这5件事情是：（1）支持雇用和提拔具有良好个人道德的人；（2）构建高度重视道德行为的组织文化；（3）确保企业领导人不仅善言道德，而且言行一致；（4）在商务决策过程中纳入对道德的考虑；（5）激励道德勇气。

雇用和升职

很明显，企业应该致力于雇用那些拥有强烈个人道德感的人，而不是缺少个人道德感或行为不检点的人。同样，你也不会希望企业提拔那些行事与公认道德标准不同的人——你希望的可能是企业解雇他们。然而，这样做是很困难的。你如何才能判断一个人缺少个人道德感呢？人们在现实社会中会刻意隐藏与大众标准不符的个人道德，因为一旦被人看出不道德，就不能再取得别人的信任。

企业可以做什么来确保其不会雇用那些日后会显露出很差道德意识的人，特别是在公众面前刻意隐藏真面目的人（事实上，不道德的人也不会袒露本性）？企业可以让潜在雇员做心理测试来区分其道德倾向，也可以询问其前雇主来了解其人品（例如，通过要求潜在雇员出具推荐信，或与其前同事交谈）。后一种方法更常见，并且这的确会影响雇用流程。在一个对道德行为非常重视的组织文化中，以及领导有良好道德表率的企业中，有不良道德行为的人不应该得到提拔。

不仅企业应该致力于区分并雇用拥有强烈个人道德感的人，而且未来的雇员应尽可能多地了解一家企业的道德环境是否符合其自身利益。谁会愿意在安然这样的跨国公司工作呢？安然破产，就是因为不道德的执行人建立了危险的、未向公众披露的、又可以令其中饱私囊的合伙人关系。表4.1列出了求职者会向未来雇主询问的几个问题。

表 4.1	求职者会向未来雇主询问的几个问题
1. 有正式的伦理准则吗？其覆盖面多大？是否在其他正式的途径，例如决策系统中执行？	
2. 各层级的雇员都会接受道德决策的培训吗？鼓励雇员为自己的行为承担责任吗？当雇员认为上级要求其做的事情错误时，会鼓励他们质疑吗？	
3. 雇员是否有正式途径可以在保密情况下倾诉其忧虑？组织内部是否有高级别的正式机构来处理伦理问题？	
4. 组织内部是否能够快速公正地处理不正当行为？	
5. 向新雇员强调正直诚信吗？	
6. 根据该企业的正直诚信标准，下属们对高级经理人的评价如何？这些领导人在道德行为方面是如何做出表率的？	

资料来源：K. Maher, "Career Journal, Wanted: Ethical Employer," *The Wall Street Journal*, July 9, 2002, P. B1

组织文化和领导力

为了培育道德行为，企业需要构建重视道德行为的组织文化。在构建强调道德行为的组织文化时，有三件事情特别重要。第一，企业必须明确说明其所强调的道德行为的价值。目前，许多公司通过起草道德准则来完成这件事情，**道德准则**（code of ethics）是一份企业关于其所坚持的道德行为的正式声明。通常道德准则主要依据康德伦理学和联合国《世界人权宣言》等起草。还有一些公司将道德准则纳入企业的价值或使命中。例如，食品和消费品跨国公司联合利华有一份道德准则如下：

　　雇员：联合利华是一个多元文化企业，倡导工作环境中的相互尊重和信任，提倡公司业绩和公司信誉人人有责。我们只根据资历和岗位要求的能力招募、聘用和提拔员工。我们承诺为每一个员工提供安全并健康的工作环境，不会使用任何形式的强制或强迫工作手段，也不会雇用童工。我们承诺与员工们一起努力，发展和提高每个人的技术和能力。我们尊重每个员工的尊严和员工自由集会的权利。我们将通过公司信息平台和公司咨询流程与员工保持良好沟通。

企业诚信：联合利华不会为了商务利益或财务利益支付或收取任何直接形式或间接形式的贿赂或其他不恰当好处。任何雇员不得提供、支付或收取任何礼品，或者可以被解释为贿赂的钱财，对任何索取或提供贿赂的行为都应予以拒绝并立即向公司汇报。联合利华的会计账目及支撑文件必须精确记录和反映交易的情况。不允许出现任何未被披露或者未被记录的账目、基金或资产。

从这些准则中可以很明显看出，联合利华在任何情况下都不容忍恶劣的工作条件、童工和贿赂；同时可以看出，联合利华提倡尊重员工的个人尊严，这是一份基于康德伦理学的陈述。联合利华的原则向经理人和雇员传达了有关正确伦理的明确信息。

第二，在道德准则或其他文件中讲清楚道德行为的价值后，企业领导者必须身体力行，通过反复强调其重要性并以身作则来为这些词语增添意义。这意味着企业在利用每一个可能的机会强调商务伦理的重要性，保证关键的商务决策不仅具有经济意义，而且具有伦理意义。许多公司在这方面已经迈出了不止一步，它们雇用独立的审计人员来确保公司采取了与其道德准则一致的行动。例如，耐克雇用了独立的审计人员来确保公司的分包商遵守耐克的道德准则。

第三，构建高度重视道德行为的组织文化需要建立激励和奖励系统，包括奖励人们坚持采取道德行为的促进手段，以及惩罚未采取正确行为的措施。例如，通用电气的前任首席执行官杰克·韦尔奇曾说过自己如何通过将经理人分成几个不同的组来评价其绩效。公司对业绩优秀同时表现出正确道德价值观的经理人给予提拔和奖金，对业绩优秀但表现出不正确道德价值观的经理人则要求其走人。韦尔奇并不容忍公司中那些与企业道德价值观不一致的经理人，即便这些人在所有其他方面都是称职的。[1]

决策过程

除了在一个组织中建设正确的道德文化，经理人还必须系统思考决策中的伦理意义。为了做到这一点，他们需要一个道德罗盘，权利理论和罗尔斯的公平理论都有助于提供这样的罗盘。除了这些理论，一些伦理专家提供了一种更直接的实践指南或者说道德准则来判断一个决策是否道德。[2] 根据这些专家的说法，当商人们能够

---

[1] J. Bower and J. Dial, "Jack Welch: General Electrics Revolutionary," *Harvard Business School Case*, Case#9-394-065, April 1994.

[2] R. Edward Freeman and D. Gilbert, *Corporate Strategy and the Search for Ethics* (Englewood Cliffs, NJ: Prentice Hall, 1988); T. Jones, "Ethical Decision Making by Individuals in Organizations," *Academy of Management Review* 16 (1991), pp. 366–395; J. R. Rest, *Moral Development: Advances in Research and Theory* (New York: Praeger, 1986).

用"是"来回答下列每一个问题时，决策在道德上就是可接受的：

(1) 我的决策是否与组织环境中公认的价值观和标准（指与道德准则或其他道德条款中明确规定的内容）一致？

(2) 我是否想要把这个决策传达给每一个会受到影响的利益相关者（例如，通过报纸或电视公布）？

(3) 与我有重要私人关系的人，例如家庭成员、朋友或其他企业的经理人会赞同我的决策吗？

还有一些人推荐一种5步决策法来思考伦理问题（这是另一个伦理准则的例子）。① 第一步，经理人应该搞清楚谁是受到决策影响的利益相关者，以及利益相关者会以何种方式受到影响。一个企业的**利益相关者**（stakeholders）是那些在企业有利益、权益和股份，并会受到公司行事和绩效好坏影响的个人或团体，可以分为内部利益相关者和外部利益相关者。② **内部利益相关者**（internal stakeholders）指为企业工作或拥有企业的个人或团体，包括雇员、董事会成员和股东。**外部利益相关者**（external stakeholders）指其他在企业拥有某种权益的个人和团体，一般包括客户、供应商、贷款人、政府、工会、社区及普通公众。

所有利益相关者与企业之间都有某种交换关系。每一个利益相关者群体都会为组织提供重要的资源或贡献，同时在交换中期待其利益能够得到满足（通过激励）。③ 例如，雇员提供劳动、技术、知识和时间，在交换中期待获得对等的收入、工作满意度、工作安全感及良好的工作条件。客户为企业提供收益，在交换中想要获取质量与所支付货币价值相当的产品。社区为企业提供当地的基础设施，在交换中希望企业是有责任心的，并能够因其存在提高当地的生活质量。

对利益相关者的分析涉及某种所谓的道德想象。④ 这意味着，要站在利益相关者的角度去询问和思考所提出的决策会如何影响利益相关者。例如，当考虑将工作外包给分包商时，经理可能需要问自己，在不符合健康标准的工作场所长时间工作是什么滋味。

第二步是根据第一步获得的信息判断所提出的战略决策的伦理。经理人需要确定所提出的决策是否违反了利益相关者的基本权利。例如，工作场所健康风险的知情权被人们认为是雇员的一种基本权利，而对产品潜在危险的知情权被认为是客户的基本权利（当烟草公司未向客户披露吸烟对健康的危害时就违反了客户的知情权）。经理人可以问问自己，如果他们要在罗尔斯的"无知面纱"下设计一个系统，

---

① R. Edward Freeman and D. Gilbert, *Corporate Strategy and the Search for Ethics* (Englewood Cliffs, NJ: Prentice Hall, 1988); T. Jones, "Ethical Decision Making by Individuals in Organizations," *Academy of Management Review* 16 (1991), pp. 366-395; J. R. Rest, *Moral Development: Advances in Research and Theory* (New York: Praeger, 1986).

② E. Freeman, *Strategic Management: A Stakeholder Approach* (Boston: Pitman Press, 1984); C. W. L. Hill and T. M. Jones, "Stakeholder-Agency Theory," *Journal of Management Studies* 29 (1992), pp. 131-154; J. G. March and H. A. Simon, *Organizations* (New York: Wiley, 1958).

③ C. W. L. Hill and T. M. Jones, "Stakeholder-Agency Theory," *Journal of Management Studies* 29 (1992), pp. 131-154; J. G. March and H. A. Simon, *Organizations* (New York: Wiley, 1958).

④ R. T. De George, *Competing with Integrity in International Business* (Oxford: Oxford University Press, 1993).

他们是否会批准所提的决策。例如，当所考虑的问题是要决定，是否把工作外包给一个向工人支付低工资并提供恶劣工作条件的分包商时，经理人可以先问问自己，如果是在"无知面纱"下做决定，设想自己就是最终为这样的分包商工作的人，那么他们是否允许这样的情况发生。

这个阶段的判断应该由数个不应被违背的道德准则引导。这些准则应该是企业道德准则或其他文件已经明文规定的。此外，还可以采用某种社会成员普遍采用的道德准则，例如禁止偷窃，这些准则不应该被违背。这个阶段的判断还应该受到用于评估战略决策的规则的引导。尽管大部分企业强调最大化长期利益的决策规则，但是应该在不违背任何道德准则的限制下采用这些规则，即企业应该以道德方式行事。

第三步要求经理人建立道德导向。这意味着如果出现利益相关者基本权利受侵害或重要的道德准则被违反的情况，那么企业在解决问题时必须将道德放在其他受关注事务之上。在这个阶段，来自顶层管理者的关注特别关键。没有顶层管理者的积极倡导，中间管理层会倾向于将公司狭隘的经济利益置于利益相关者利益之上。他们这样做很可能是相信顶层管理者喜欢这样的解决方案（通常是错的）。

第四步要求企业致力于坚持以道德方式行事。第五步要求企业审查并评估其决策，以确保其行事与道德准则一致，例如在企业道德准则中提到的内容。最后一步是关键的一步，但也是经常被忽略的一步。不审查过去的决策，经理人就不会知道其决策过程是否奏效，也不会知道是否应该为确保更好地遵守道德准则而做出改进。

伦理官员

为了确保企业以道德方式行事，现在许多企业设置了伦理官员，由他们负责确保所有员工都受到道德认知的培训，确保企业将对道德的考虑加入企业决策过程，并确保企业道德准则得到遵守。伦理官员也负责审查决策，以确保这些决策与企业道德准则一致。在许多公司里，伦理官员充当了内部的监察专员，负责处理来自雇员的秘密质询，调查来自雇员或其他人的抱怨，汇报发现的情况，并为改进提供建议。

例如，有一家在全球销售收入超过 300 亿美元的跨国航空企业叫联合技术（United Technologies）公司，从 1990 年起制定了自己正式的道德准则。该公司雇用了 160 名企业行为官员（即伦理官员），他们的责任是确保公司道德准则得到遵守。联合技术公司在 1986 年就建立了监察专员程序，以便雇员匿名质询伦理问题，至今该程序共收到大约 56 000 次有关伦理问题的质询，并处理了其中大约 8 000 个案子。

道德勇气

最后一件事情是，国际企业中的雇员需要足够的道德勇气，认识到这一点很重要。道德勇气能够使经理人远离只有经济利益但不道德的决策，道德勇气能够让雇员对命令其采取不道德行为的上级说"不"，道德勇气赋予员工正义感，使得他们有勇气向公众和媒体揭发企业的不道德行为。道德勇气来之不易，在很多著名的案例中，向公众和媒体揭发了企业不道德行为的员工都丢了工作。[①]

但是，企业可以采取措施来增强员工的道德勇气，向员工做出承诺，对那些有

---

① Colin Grant, "Whistle Blowers: Saints of Secular Culture," *Journal of Business Ethics*, September 2002, pp. 391-400.

道德勇气对上级说"不",或者对不道德行为进行投诉的员工绝不打击报复。例如,思考以下从联合利华道德准则中抽出的一段话:

> 根据联合秘书会的专门程序,任何对道德准则的突破都应该向公司报告。如果管理层因坚持道德准则、其他道德管理措施或准则而遭受商务损失,管理层不会因此受到联合利华董事会的批评。联合利华董事会希望雇员关注雇员层及管理层突破或涉嫌突破这些准则的任何行为。公司已为员工秘密举报建立了相应机构,使员工不会因此受到报复。

这个条款给雇员实践道德勇气提供了保障。此外,企业还可以设立道德热线,允许员工以匿名方式向企业伦理官员举报。

决策步骤总结

以上讨论的所有步骤——基于道德及更传统的业绩考虑的雇用和提升、建立组织内部的道德文化、规范道德决策过程、任命伦理官员,以及创造鼓励道德勇气的环境,有助于确保经理人认知商务决策中的道德意义,以及不违反基本的道德准则。同时,人们必须认识到,并非所有道德困境都有清晰明确的解决方法,这也就是为什么有些情况会被称为困境。很明显,有些事情跨国公司不应该做,而有些事情应该做,还有一些事情则会使经理人陷入现实的困境。这时,公司应该鼓励经理人施展自己的能力,在复杂情况下理清头绪,尽可能做出正义的决策。

● 本章总结

本章讨论了国际商务中伦理问题的来源和本质、伦理问题的不同哲学方法论,以及经理人可采纳的解决包含国际商务伦理问题的决策步骤。本章要点如下:

1. 伦理指被人们接受并会决定一个人、一个行业的成员或机构行动的有关对错的准则。商业伦理指被人们接受并会决定商人行为的有关对错的准则。符合道德的策略指没有违反这些可接受准则的策略。

2. 国际商务中的伦理问题和伦理困境,来自国与国之间不同的政治体系、法律体系、经济发展水平和文化。

3. 国际商务中最普遍的伦理问题涉及员工雇用、人权、环境规制、腐败及跨国公司的道德义务。

4. 伦理困境指没有一种解决方案看上去符合道德的情况。

5. 不道德行为来自不良的个人道德、国外子公司与母公司在心理上和地理上的距离、在决策中未考虑伦理问题、功能失调的文化及领导人在道德行为上的言行不一致。

6. 道德哲学家认为,弗里德曼的学说、文化相对论、正义的道德说教者的观点及幼稚的非道德说教者的观点等商务伦理方法在许多重要方面存在局限性。

7. 弗里德曼的学说认为,企业唯一的社会责任就是增加利润,只要企业合法行事。文化相对论认为应该采纳商务所在地文化认同的道德准则。正义的道德说教者认为应该在国际商务中采用母国的道德标准。幼稚的非道德说教者认为,如果跨国公司经理人看到位于东道国的其他国家的企业没有遵循道德准则,那么该经理人也可以不遵循。

8. 功利主义学说的伦理观点是，行动或行为的道德价值取决于其结果，最好的决策是那些为最大多数人带来最大好处的决策。

9. 康德伦理学认为，应该以人为本，绝不要把别人看成实现目标的工具。人不是工具，不是机器。人有尊严，需要受到尊重。

10. 权利理论认为，人类有超越国界和文化的基本权利和优先权，这些权利构建了可被人们接受的道德水平的下限。

11. 公平理论由约翰·罗尔斯提出，认为如果人们赞同某种在"无知面纱"原则下设计出的社会机制，那么这个决策就是公平且符合道德的。

12. 为了在国际商务决策中加入对伦理的考虑，经理人应该：（1）赞成雇用和提拔具有良好个人道德观念的人；（2）构建赋予道德行为高度评价的组织文化；（3）确保企业领导人在道德问题上言行一致；（4）在商务决策中要考虑道德问题；（5）具有道德勇气并鼓励他人的道德勇气。

●批判性思考和问题讨论

1. 一个出访外国的美国经理人发现，公司设于落后国家的分公司雇用了一个12岁的童工，违反了公司关于雇用童工的禁令，他要求当地管理人将这个孩子撤换下来，并告诉这个孩子回学校去读书。当地管理人告诉这个美国经理人，这个孩子是孤儿，没有其他生活来源，如果不能在这里工作，那么他有可能变成街头流浪儿。请问美国经理人应该做什么呢？

2. 请根据约翰·罗尔斯提出的"无知面纱"原则，制定一个道德准则，使其可以用来：（1）指导大型石油跨国公司对包含环境保护的问题进行决策，（2）影响制衣公司制造外包过程中的政策。

3. 某公司把生产外包到劳动力成本较低的发展中国家，当这个举措在母国涉及解雇公司的长期员工时，请问在什么条件下该做法在道德上可接受？

4. 支付加速费符合道德吗？

5. 一个来自发展中国家的经理人负责监管一家跨国公司在某国的运营，当地的毒品走私和不法活动十分猖獗。一天，一个当地"大人物"派来的代表找到这个经理人索取"捐赠"，说"大人物"要用这些捐赠为当地穷人提供住房，并告诉经理人，作为对捐赠的回报，"大人物"将确保经理人在该国得到丰厚的回报。尽管没有受到威胁，但是经理人很清楚"大人物"领导了一个毒品走私犯罪团伙，同时知道"大人物"确实在帮助其出生城市所在贫困社区的穷人。请问这个经理人该怎么办呢？

6. 重读"聚焦管理"中优尼科公司的案例，然后回答下列问题：

（1）优尼科公司为了获得经济收益，和残暴的军事独裁政府建立伙伴关系，这种做法道德吗？

（2）除了完全不投资，优尼科公司还可以采取什么办法来捍卫受天然气管道工程影响的人们的人权？

研究任务：国际商务伦理

利用 globalEDGE™ 网站完成下列练习：

练习1

促进对全球人权的尊重是许多国家对外政策的核心议题之一。历史表明，人权受到践踏是全球重点关注的问题。一些国家与其他政府或国内社会组织合作，阻止其人权被践踏。从1977年开始，美国就开始每年撰写各国人权状况报告，评估世界各国的民主和人权状况，呼吁人们关注践踏人权的情况。如果有必要，美国会利用其对外政策敦促相应国家改变状况。找到一份这样的年度各国人权状况报告，并给出如何撰写报告的信息。

练习2

人们对腐败的认知程度随文化不同而不同，腐败认知指数基于一份德国的研究报告，对一个国家的整体廉洁程度进行了相对评估。请给出这个指数的含义及各国排名，分别找出得分最高和得分最低的5个国家，并说明这两组国家的异同。

第二部分

结尾案例

■ 蚀刻图案玩具中的伦理

俄亥俄艺术（Ohio Art）公司是一种畅销蚀刻图案玩具的知名制造商，这种玩具在任何时候都位列最畅销玩具榜。自从这种画着红色矩形的玩具在1960年被发明出来，已经销售出了超过1亿套。然而，20世纪90年代末，该玩具制造商陷入了麻烦，低迷的玩具销售量使其亏损了两年。2000年12月，公司制定了战略决策，将这种玩具的生产外包给一个发展中国家的一流玩具制造商，并在这个过程中解雇了100个美国工人。

蚀刻图案玩具生产线的关闭并不是员工期待的事情，而公司早已将其他玩具生产线转移到发展中国家，大部分员工知道蚀刻图案玩具生产线的转移只是时间问题。但该决策依然是公司艰难的选择，因为其大部分生产都位于母公司所在地——俄亥俄州的小镇布莱恩（人口8 000人）。正如该公司首席执行官威廉·科尔盖伦（William Killgallon）所指出的，生产该产品的雇员"就像家庭成员，但有时候我们必须做出财务决定，我们逐渐去实施，可这并不表明在感情上就变得容易处理"。

在类似布莱恩这样的小镇上，将生产外包到发展中国家产生的影响是巨大的。因为制造业损失和人口下降，税基因此受到侵蚀，当地报纸上到处是房屋拍卖告示。先前的雇员们认为，玩具厂搬离后，他们生活中最大的问题来自社区的死亡。对许多工人而言，企业就是他们的家，现在家不存在了。

外包的原因非常简单，俄亥俄艺术公司为了满足如沃尔玛和玩具反斗城等大零售商将成本控制在10美元以内的要求，承受了很大压力，要么降低成本，要么赔钱。在本案例中，原先一个月挣1 500美元的工人，现在被发展中国家工厂中一个月挣75美元的工人取代。然而，根据科尔盖伦的说法，成本降低不仅来自降低的工资，而且来自降低的企业管理成本、维护成本、电力成本、劳动力成本及摆脱了猛增的美国制造业雇员的健康福利成本。

作为发展中国家蚀刻图案玩具的制造商,承接外包业务的公司的选择很简单,因为该公司已经生产蚀刻图案玩具近10年了,在成本问题上一直不负众望。为了给该公司提供帮助,俄亥俄艺术公司将公司部分最好的设备运至其所在地,并持续为该公司提供如铝粉这样在发展中国家难以获得的原材料。

如果这个故事在2003年12月没有被《纽约时报》(New York Times)报道,那么就到此结束了。但《纽约时报》的记者为该发展中国家生产蚀刻图案玩具的工厂画了一张凄惨的工作条件图。该工厂发表声明说:

> 本工厂的工人有体面的工资,在夜晚和周末几乎不工作,并经常逛街、打乒乓球和看电视。所有人都签订了劳动合同,有退休金和医疗福利。工厂食堂提供了可口的饭菜,宿舍也很舒适。

然而《纽约时报》记者约瑟夫·卡恩(Joseph Kahn)的说法不同,他声称真实世界中的工厂员工大部分为十几岁,工作时间比公司声称的要多40%,每小时收入24美分,低于该工厂所在地规定的每小时最低工资33美分,大部分人没有退休金和医疗福利,也没有劳动合同。每天从早晨7点半开始生产,一直持续到晚上10点,中间只有吃午饭和晚饭时才能休息。周六和周日同平时一样要上班。这意味着工人们每周要工作7个12小时,也就是84小时,远远高于当地规定的40小时的标准。当地规定每周加班时间不能超过32小时,并明确规定加班费是平时工资的1.5倍,但该工厂给加班支付的工资只有基本工资的1.3倍。

说到"舒适的宿舍",员工头挨头,脚挨脚,睡在狭小的宿舍里,窗户被六角形网眼的钢丝网遮住。工厂被高墙环绕,员工为了进出工厂,必须通过有警卫把守的大门。至于美味的食物,只是混在一起煮熟的蔬菜、豆子和大米,鱼和肉一个月只供应两次。

该工厂的工人很显然得不到休息,他们在2003年罢工了两次,要求给予更高的工资并提供更好的工作条件。公司的回应是将工资提高了几分钱,每天给每个工人多分配一个菜(但还是没有肉)!然而,该工厂同时把两个领导了罢工的工人炒了鱿鱼(炒鱿鱼的意思就是解雇)。该企业的高级经理人约翰逊·陶(Johnson Tao)否认这两个工人被解雇的原因是领导了罢工,还说这两个人是由于他们的不良记录离开工厂的。陶先生承认工厂支付低工资,并说"我知道需要提高工资以符合法律,我会这样做的,到2004年我们会提高所有人的工资"。

与此同时,俄亥俄艺术公司的首席执行官威廉·科尔盖伦对《纽约时报》记者说,他认为该工厂的管理者应该诚实,同时他对那里的劳工问题丝毫不知情。但是他说想要尽快访问该国,确保"他们理解我们的期望"。

案例讨论问题

1. 俄亥俄艺术公司将生产转移到发展中国家符合道德吗?这一决策的经济和社会成本及收益分别是什么?如果生产没有被转移,那么会发生什么?

2. 假设《纽约时报》描述的工作条件是真的,那么俄亥俄艺术公司继续让发展中国家的工厂生产蚀刻图案玩具是不是符合道德?

3. 按照科尔盖伦先生的说法,俄亥俄艺术公司有可能对工厂的做法一无所知吗?你认为俄亥俄艺术公司的管理者对工厂的工作条件毫不知情吗?

4. 俄亥俄艺术公司的管理者可以采取什么步骤来确保不会再次遇到一个收益来自血汗工厂劳动力的公司——就像《纽约时报》描述的那样？

资料来源

1. Carol Hymowitz, "Toy Maker Survives by Moving an Icon from Ohio to China," *The Wall Street Journal*, October 21, 2003, p. B1.

2. Joseph Kahn, "Ruse in Toyland: Chinese Workers' Hidden Woe," *The New York Times*, December 7, 2003, pp. A1, A8.

3. Joseph Kahn, "An Ohio Town Is Hard Hit as Leading Industry Moves to China," *The New York Times*, December 7, 2003, p. A8.

4. John Seewer, "Etch A Sketch Enters Fourth Decade," *Columbian*, November 22, 2001, p. E3.

松下和变化的日本文化

家电巨人松下被创建于1920年，在20世纪70年代至20世纪80年代日本上升为主要经济大国期间，一直居领先地位。和其他长盛不衰的日本企业一样，松下被认为是日本传统价值观的捍卫者，这种价值观建立在强烈的集体认同感、互惠互利以及对企业忠诚的基础上。一些评论者将松下的成功及日本经济的成功归因于工作场所存在的儒家价值观。松下给予员工"从摇篮到坟墓"的全方位照顾，提供了全面福利，包括廉价住房、终生雇用、基于资历的工资体系、慷慨的退休福利。作为回报，松下期望并获得了来自员工的忠诚和勤奋工作。对于日本战后的一代人来说，从战败的耻辱中挣扎着恢复，看上去是一场公平的交易。员工为了更好的松下而勤奋工作，松下转而给予员工"祝福"。

但是，文化并非一成不变。一些观察者认为，1964年以后出生的一代，和其父辈相比，缺少传统的日本价值观中的奉献精神。他们成长于一个更富有的世界中，在这个世界里，西方观念让他们感受到更多的自我，看到更多的可能性。他们不想被终生捆绑在一个公司里做一个"领工资的人"。这种趋势在20世纪90年代日本经济遭受漫长挫折时变成一种潮流。经过10年的变化，一个又一个日本公司被迫改变其传统商务方式。慢慢地，有问题的公司开始裁减老员工，放弃了终生雇用保证。当年轻人看到这种变化时，他们认为对企业忠诚很可能得不到回报，这逐渐从根本上改变了日本企业在第二次世界大战以后形成的核心劳资协议。

松下是最后背离日本传统的企业之一，松下在经历了数年惨淡的业绩后，在1998年开始改变其传统做法。最主要的变化是企业提拔了一群有丰富国外经营经验的松下经理人，其中包括在2000年成为松下首席执行官的鸠山帮夫（Kunio Nakamura）。

松下改变了11 000名经理人的工资体制。在过去的传统方式中，一年两次的分红几乎全部建立在资历制度上，但现在松下将根据绩效进行分配。1999年，松下宣布这个过程将采取透明的方式，会给经理人的业绩排队，根据排名决定分配多少奖金。这种制度在西方是基本方式，但是在松下，这代表了人力资源管理上的改革。

大约在同一时期，松下将改革目标对准了终生雇用制和相关的津贴制度。在新的体制下，公司招募员工时会给出三种雇用选择方案。在第一种方案中，员工采取传统方式签订合约，在这种情况中，雇员可以获得公司补贴的住房，免费参加公司组织的社交活动，购买公司补助的服务，例如来自集团公司的银行服务。他们还可以收到相当于两年薪水的退休奖金。在第二种方案中，员工可以放弃退休奖金来换取高一点的起薪，同时保留廉价的公司住房等福利。在第三种方案中，员工不能获得退休福利和带补贴的服务，但是可以获得更高的起薪。在最初实施的两年中，只有3%的新招聘员工选择第三种方案，也就是说，人们仍然渴望获得传统的家长式关系，但是有41%的人选择了第二种方案。

在其他方面松下也发生了重要变化。随着公司转入新的产业，例如软件工程和网络通信技术，松下开始推崇员工的民主化管理，开始在其年轻员工中鼓励发展个性、积极性和冒险精神。2002年，松下经历了一次重要重组，改变了难以建立计量业绩体系的复杂组织结构，代之以全球17个独立的商务分支机构，每一个机构只专注于一种特定的产品集合。

这样的变化虽然很容易说清楚，然而很难实施。对那些在传统体制下雇用的员工，松下对其终生雇用制的改革很慢。到2001年年初，作为对业绩持续低迷的回应，松下开始强调改革终生雇用制，宣布将关闭在日本的30个工厂，裁减13 000个工作岗位，其中包括1 000个管理岗位，并在未来3年出售巨额资产。尽管这些措施看上去最终打破了终生雇用制，这也是松下历史上首次裁员，公司还是表示岗位被裁减的管理者不会被解雇，而是会被安置到增长较快的领域工作，例如健康保健领域。

这么多的经理人都是松下旧体制下的产物，人们难免对公司将其想法转变为现实的能力产生怀疑。随着增长趋缓，松下必须裁员，但其继续承诺长期雇用，这意味着公司劳动力的平均年龄在增长。20世纪60年代，其劳动力平均年龄大约是25岁，到21世纪第一个10年的早期，平均年龄大约是35岁，这种趋势有可能抵消松下改革的效果，那些受益于旧体制的人当然不会轻易给新体制让路。到2004年时，松下取得了明显进展。公司在2002年遭受重大损失后，在2003年获得了收支平衡，并在2004年重新开始获利。2005—2006年，公司盈利记录不断出现新高，新的增长驱动产品例如DVD设备和平板电视机销售相当给力；同时，文化和组织的改变也很给力，使得企业能够更好地开发新的增长机遇。

案例讨论问题

1. 20世纪90年代日本文化变化的触发器是什么？文化的变化如何影响了日本的传统价值观？

2. 日本文化的改变在未来会如何影响日本的商务运营？对日本经济而言，这种变化的潜在影响是什么？

3. 传统日本文化如何使松下在20世纪50—80年代获益？到20世纪90年代和21世纪初，松下传统价值观日益成为负担了吗？这是怎么回事？

4. 松下想要实现哪些人力资源改革？阻碍其成功实施这些改革的障碍是什么？以下情况会对松下产生什么影响：(1) 变化发生得很快；(2) 花费数年甚至数十年来完全实现这些改革？

5. 松下为什么采取在全球设立独立分支机构的方式？

6. 在社会文化和商务成功的关系上，你从松下的案例中学到了什么？

资料来源

1. "In Search of the New Japanese Dream," *The Economist*, February 19, 2000, pp. 59 – 60.
2. M. Nakamoto, "Shift to Digital Drives Growth for Matsushita," *Financial Times*, May 1, 2006, p. 17.
3. M. Tanikawa, "A Pillar of Japan Inc. Finally Turns Around; Work in Progress," *International Herald Tribune*, August 28, 2004, pp. 17 – 18.
4. P. Landers, "Matsushita to Restructure in Bid to Boost Thin Profits," *The Wall Street Journal*, December 1, 2000, p. A13.
5. "Putting the Bounce Back into Matsushita," *The Economist*, May 22, 1999, pp. 67 – 68.
6. Takahior Osada, "Matsushita Electrical: Destruction and Creation," *EDN*, November 2005, p. 118.

安然和印度大博电力公司

2001年9月，安然开始卷入与印度各级政府的长期纠纷。这项纠纷涉及其与印度大博电力公司（Dabhol Power Company，简称大博）的一个项目（简称大博项目）。该项目是位于印度马哈拉施特拉邦的一个2 184兆瓦的电力项目。这个项目总共投入数十亿美元，随着第二期工程完成95%，安然对外宣布将出售其拥有的大博电力公司股份，因为安然与该项目唯一的电力买家——马哈拉施特拉邦电力局（MSEB）出现支付争议，同时因为印度政府没有履行对等担保义务。

作为对这场争议的回复，当时安然的首席执行官肯尼斯·雷给印度总理阿塔尔·比哈里·瓦杰帕伊（Atal Behari Vajpayee）写了一封口气强硬的信，质询政府遵守合同的意愿及其未来吸引外国投资的能力。雷在信里写道：

> 我们公司的经历表明，和印度政府当局签订的合同就是一纸空文。在任何时候，印度政府只要觉得麻烦或有负担就可以不遵守，并且想打破几次就打破几次。

□ 安然

总部位于休斯敦的安然，在1985年由英特诺斯（InterNorth）公司和休斯敦天然气（Houston Natural Gas）公司合并而成，业务遍及全球的能源产业。20世纪90年代，安然提出了一个口号"创造全球能源解决方案"，并且描绘了公司未来前景："世界领先能源企业——为经济增长和更好的全球环境创造出新的有效的能源解决方案"。当时，安然是美国最大的天然气公司，并且经营着除俄罗斯天然气工业股份公司（Gazprom）之外全球最大的天然气管网系统。

2001年，安然有5项主营业务：

（1）安然批发服务部门传输天然气和电力，是安然最大和增长最快的业务部门。

2000年，扣除权益、少数股东权益及税收之前的收入，该部门业务收入增长了72%，为23亿美元，物理能源量达到每天51.7万亿英热单位等值的记录，比1999年增加了59%。

（2）安然能源服务部门是安然主要的零售部门，向商务和工业部门的企业用户提供能源，在2000年实现的合同额总计超过160亿美元，从1997年下半年至2000年累计实现合同额超过300亿美元。

（3）安然宽带服务部门是一个新的市场业务部门，提供带宽调解服务。2000年，该部门和45个合作方达成了321项交易。

（4）安然运输服务部门负责美国各州之间的天然气管道，为其客户提供创新的解决方案。

（5）安然在线创立于1999年，是安然基于互联网的电子商务系统，用于交易1 200多种产品，并且使安然的整个后台办公流程流水线化。安然在线允许客户查看安然的实时定价。

在1985年之前，安然的全部收入来自美国。到2001年时，安然已经参与全球能源基础设施项目建设。表1总结了安然参加的国际能源基础设施项目，其中大部分是天然气项目（这些项目的完成期不同）。在天然气项目工程中，安然获得了可信赖供应商的美誉。这些项目实际上都是有资金支持的项目，并且都是提前达成定价协议的长期合同，获得的收益与美元及负责货币转换的东道国政府或某个外部机构紧密联系。安然项目的开发涉及一个多功能团队，在某种程度上，将与项目本身的净现值相联系的支付作为对团队的激励和补偿。在项目完成后，运营的责任就从开发团队被转移到安然的运营部门（对于那些安然建设并运营的项目而言）。

一个安然的经理人如此描述安然的国际业务：

> 我们创造了一种基于风险的企业文化新模式，我们在混乱中寻找机遇。我们自己制定规则，大部分人认识世界和思考的方式太狭隘了，当我们去印度开发时，大家说我们疯了。

表1　　安然参加的国际能源基础设施项目

非洲	
贝宁	贝宁天然气和电力一体化项目
莫桑比克	莫桑比克马普托钢铁项目，潘德天然气项目
尼日利亚	尼日利亚拉各斯国家电力项目
中东	
加沙地带	加沙电力项目
海湾地区	多尔芬天然气供应、配送和销售项目
亚洲及太平洋地区	
澳大利亚	澳大利亚电力贸易项目
中国	中国海南岛电力项目，川中地区项目，成都项目，巴斯夫/扬子石化综合性气化独立型设施，巴斯夫石化项目，四川－武汉输油管、电力设施及武汉环网项目

亚洲及太平洋地区	
关岛	关岛安然比蒂电力项目
印度	印度大博项目，大博的液化天然气接收站，梅特盖斯输油管项目，液化天然气储存建设合资企业，印度天然气安全监督机构
日本	日本工业电力销售和服务项目
菲律宾	菲律宾八打雁电力项目，苏比克湾电力项目，第一天然气电力公司能源供给项目
韩国	韩国天然气配送及液化石油气项目
中美洲/加勒比地区	
多米尼加	普埃尔多·普拉塔电力项目
危地马拉	普埃尔多·格查尔电力项目
牙买加	牙买加工业气体有限公司
墨西哥	坎昆德萨罗洛斯水力项目
尼加拉瓜	科林图电厂
巴拿马	恩普雷萨·拉斯·米纳斯港发电项目
波多黎各	埃科电气工程，圣胡安天然气项目，普鲁卡因项目，领先天然气公司
欧洲	
克罗地亚	杰托韦克的天然气和环网电厂联合项目
意大利	撒卢克斯电力项目
波兰	诺瓦·萨齐纳电力项目
西班牙	阿克斯·拉·弗朗特拉项目，莫拉·拉·诺瓦项目
土耳其	特拉克亚电力工厂
英国	蒂赛德电力项目，TPS布莱克安装项目，威尔顿发电厂，韦塞克斯水电站
南美洲	
阿根廷	天然气运输和南部输油管道项目，天然气销售项目，电力配送项目
玻利维亚	玻利维亚—巴西输油管道项目
巴西	里约热内卢燃气国有公司的库亚巴一体化能源项目，埃勒克特罗电力及服务项目，加斯帕特项目
哥伦比亚	中央天然气输油管道项目
委内瑞拉	阿克罗第三期及第四期项目，维纳塔项目，巴查克罗第三期项目，卡莱福项目，庇护所项目

□ 印度的市场改革

印度有超过10亿人口，语言和宗教问题对印度文化、政治和商务有重要影响。有15种不同民族的语言受到印度宪法认可，这些语言又有超过1 600种不同的方言。

有大约30%的人口说印度的官方语言印地语。英语是官方工作语言,而对许多受过教育的印度人来说,英语才是他们真正的第一语言。印度教是印度的主流宗教,有超过80%的人口信奉此教。除了印度教教徒,穆斯林是印度第二大宗教群体,占印度总人口的14%。

按照购买力平价方式计算,印度是世界第五大经济体。2001年,印度的人均国内生产总值是2 101美元。从印度1947年获得独立到20世纪80年代中期,政府实施的是自给自足的经济政策,这种政策通常指抵制英货运动,这个印地语说法意味着印度要生产本地的产品或要"印度制造"。这个词由圣雄甘地在印度独立运动期间首次提出,以鼓励人们购买民族产品并打破英国经济对印度的钳制。对许多印度人而言,抵制英货运动激发了他们的爱国主义精神和印度的独立自主。

经过几十年旨在实现自给自足的计划型工业发展政策,印度陷入经济困顿和官僚臃肿。高关税阻碍了进口,政府政策也不鼓励外国投资。20世纪70年代,可口可乐和IBM是留在印度的跨国公司中的两家。印度经济在1991年国家大选后开始实施改革。当时印度政府濒临破产,外汇储备只够支付3个月的进口。在国际货币基金组织的强烈督促下,拉奥(Rao)总理在1991年7月实行了市场经济改革。印度的经济自由主义化计划使其从传统的保护主义政策转向积极鼓励外国投资者参与印度经济。作为这项改革计划的一部分,总理办公室设立了一条特殊的"快车道"——外国投资促进委员会(Foreign Investment Promotion Board),以方便外商的投资计划快速获得批准。1991年10月,印度政府向私有部门中的外国直接投资开放了电力工业。

经济改革产生了强烈的效果,1994—1998年,印度国内生产总值的年平均增长速度差不多是7%,通货膨胀率保持在10%以下,外国直接投资在1998年创纪录地达到24亿美元,比1991年高20倍。2001年1月,国家外汇储备也从1991年的10亿美元和1994年的135亿美元涨到新纪录411亿美元。关税为30%~65%,依然很高,但已经降到市场经济改革之前的1/5水平了。据估计,自1992年以来,印度政府的改革政策在印度创造了高达1 000亿美元的新企业项目。

除去这些鼓励市场改革和经济发展的措施,很多障碍依然存在。在此期间,中国吸引的外国直接投资是印度的10倍,大约40%的工业经济是国有性质。对快速增长和吸引外资来说,发展中国家最大的障碍或许是缺少符合国际标准的基础设施。特别是,印度存在严重的电力供给不足。

电力需求

整个印度都对电力极度渴求。据估计,许多印度工业由于缺少电力只能开一半工。尽管印度有能力生产100 000兆瓦电,但是几乎每天都会发生停电,很多地区每天都会有一段时间属于常规停电时间。分析者们估计,印度应将其电力供应翻倍,以满足其经济增长需求和消除贫困。因此政府在2007年将其电力供应能力提高了111 500兆瓦。

实际上,印度的电力管理和发电都归属国家电力委员会(State-owned Electricity Boards，SEBs）。人们普遍认为该委员会在管理和财务上十分混乱，存在大量运营问题。政府运营的电厂通常只发设计容量一半的电，作为对比，私营电厂，例如印度塔塔公司的电厂，运行容量达到85%。在印度，据估计有30%的电力被盗用，其中许多盗用者是工厂业主，因为他们发现直接把钱给国家电力委员会要比付电费便宜得多。

印度的电费是世界上最低的，大多数印度农民免费或几乎免费使用电力。尽管国家电力委员会一直在尝试提高电费，但这件事做起来非常困难。1994年在古吉拉特邦，其农村电费被提高后，反政府力量鼓励农民们堵塞道路并焚烧政府财产。政府被迫降低了电费。

由于这些问题的存在，也由于各级政府太缺经费，印度政府决定将电力工业向私有部门开放。1991年10月，政府修订了电力相关法案。但是，私有部门对此反应平平。1992年3月，政府再次修订法案以提供更多激励手段，其中包括将16%的回报率给投资者。但是，潜在投资者依然对印度政府承诺的改革心存疑虑，同时怀疑国家电力委员会对私有发电厂的支付能力，因此，印度政府又向前走了一步。1992年5月，一个由印度政府官员组成的代表团访问了美国和英国，为吸引电力行业的外国投资做宣传。这个代表团中包含了当时的电力部秘书 S. 拉贾戈帕（S. Rajagopal）、财政部秘书 K. 戈沙克里山（K. Geethakrishan）及内阁部秘书纳里什·钱德拉（Naresh Chandra）。这次出访获得了很大成功。许多独立电力制造商立刻派经理人去印度考察。到1995年7月，印度政府和这些独立电力制造商已经签署了130多份谅解备忘录。41个待实施电力项目中的23个由美国公司领导非印度企业竞标获得。

☐ 大博项目

在转向私人部门求取电力工业的发展中，印度政府决定授予最早的几个私有投资项目以先锋项目的地位，随后这些项目变成著名的"快车道"项目（最终签署了其中的8个项目）。印度政府最后决定不对这些"快车道"项目进行标准的公开招投标，而是为这些项目与独立电力制造商进行协商。这样做的原因是，印度政府在谈判中并不占优势地位，因此需要降低独立电力制造商的财务风险以激励它们投资印度。在一次新闻发布会上，电力部秘书 S. 拉贾戈帕说最早的几个项目"不允许失败"。

当印度代表团访问休斯敦时，安然的丽贝卡·马克（Rebecca Mark）与其进行了会晤。1992年6月，马克和安然的其他几个雇员在印度政府的邀请下访问了印度，调研在印度投资电厂的发展机会。在那些日子里，安然在位于马哈拉施特拉邦孟买南部180英里远的一个小镇——大博找到了潜在建厂地点，认为在这个印度西海岸港口小镇有建设天然气火力发电厂的可能。马哈拉施特拉邦是印度最富有的邦，也是印度工业化的中心地区。孟买是一个大型港口城市，也是该邦首府，大部分印度大型企业的总部也在这个城市，包括印度航空（Air India）公司及印度最大的工业集团塔塔公司。

安然在印度政府保证最早的几个项目不会进行招投标的情况下递交了一份建设

2 015兆瓦天然气火力发电厂的计划。这个计划中的工厂将是安然有史以来建设过的最大工厂，也是世界上此类工厂中最大的一个，并且28亿美元的造价也是印度最大的外商投资数额。印度电力工厂所需的液态天然气将从安然即将在卡塔尔建设的工厂进口。该计划获得了印度中央政府及马哈拉施特拉邦政府官员的大力支持。马哈拉施特拉邦电力局（Maharashtra State Electricity Board，MSEB）一直以来想要建一座天然气火力发电厂以减少其对煤和石油的依赖性。

  安然是第一个正式递交计划的独立电力制造商，随后于1992年6月和马哈拉施特拉邦电力局签了谅解备忘录。合作各方一起成立了一家新公司——大博电力公司，安然持股80%，另外两个合作者通用电气和国际发电（International Generation）公司各持股10%。国际发电公司是一家合资企业，由柏克德（Bethtel）公司和总部位于旧金山的太平洋天然气和电力（Pacific Gas & Electric）公司于1995年早期设立，目的是为了便于建设和运营美国以外的电厂。通用电气签订了提供天然气管道的合同，柏克德公司则是总承包商。表2列出了大博项目所涉及人员，表3列出了大博电力公司相关事件的时间节点。

表2　　　　　　　　　　　　　　大博项目所涉及人员

姓名	头衔
拉尔·克利须那·阿德瓦尼（Lal Krishna Advani）	1996年印度人民党主席
维纳·班沙尔（Vinay Bansal）	马哈拉施特拉邦电力局前主席
马诺哈尔·乔希（Manohar Joshi）	马哈拉施特拉邦首席部长，湿婆神军党副主席
肯尼斯·雷（Kenneth Lay）	安然首席执行官
丽贝卡·马克（Rebecca Mark）	安然主席兼首席执行官
尼尔·麦格雷戈（Neil McGregor）	大博电力公司总经理
戈皮纳斯·穆恩德（Gopinath Munde）	马哈拉施特拉邦副首席部长，直接负责该邦能源部，印度人民党成员
阿吉特·尼姆巴卡尔（Ajit Nimbalkar）	马哈拉施特拉邦电力局主席兼管理主任
夏拉德·帕沃（Sharad Pawar）	马哈拉施特拉邦前首席部长，1995年3月落选，著名的马拉地铁腕人物
苏拉日·普拉布（Suresh Prabhu）	2001年的印度能源部部长
P. V. 那罗辛哈·拉奥（P. V. Narasimha Rao）	印度前总理（1996年前），当时的国大党（英迪拉派）领导人
N. K. P. 塞尔夫（N. K. P. Salve）	印度前中央电力部部长
约瑟夫·萨顿（Joseph Sutton）	安然总裁
巴拉沙合·拜尔·撒克雷（Balashaheb · Bal · Thackeray）	湿婆神军党的领导人
阿塔尔·比哈里·瓦杰帕伊（Atal Behari Vajpayee）	2001年印度总理，印度人民党领导人

表3　　　　　　大博电力公司相关事件的时间节点

1991.10	印度政府邀请私人部门进入电力行业
1992.05	印度代表团访问英国和美国；安然受印度政府邀请访问印度
1992.06	马哈拉施特拉邦电力局与安然签署谅解备忘录
1993.02	外国投资促进委员会成立
1993.03	电力购买协议谈判开始
1993.11	印度电力当局批准大博项目
1994.02	马哈拉施特拉邦政府签署担保
1994.09	印度政府签署担保
1995.03	大博项目资金到位
1995.03	马哈拉施特拉邦选举结果公布
1995.04	建设开始；马哈拉施特拉邦政府下令审查；穆恩德委员会（Munde Committee）成立并开始调查大博项目
1995.08	大博项目被马哈拉施特拉邦政府取消
1996.01	新交易公布
1996.12	印度高级法院（India High Court）驳回最后25个由工会和环保集团提出的诉讼；建设继续
1996.12	伦敦国际仲裁庭同意终止针对马哈拉施特拉邦政府的仲裁进程
1997.02	警察局在施工现场扣押了1 400名工会抗议者
1999.05	项目的第一期工程开始运营；第二期工程的建设资金18.7亿美元到位
1999.09	印度国会的第一大党派赢得马哈拉施特拉邦大选
2000.08	丽贝卡·马克从安然离职
2000.12	马哈拉施特拉邦政府官方宣称，因为电力成本太高，应该对大博项目的合同进行重新谈判
2001.01	安然对在印度建设电厂失去兴趣；安然帮助印度政府重新起草《电力法案》（Electricity Act）
2001.02	大博电力公司援引印度政府的担保，为逾期账单筹集1 700万美元
2001.04	安然向印度政府发布了一份伦敦国际仲裁庭的仲裁通告，要求其支付2 190万美元
2001.04	马哈拉施特拉邦电力局同意支付2 860万美元，并声称不再存在未解决的账单
2001.05	马哈拉施特拉邦政府设立了一个专家组——戈博尔委员会（Godbole Committee）来研究大博电力公司和马哈拉施特拉邦电力局之间的合同；马哈拉施特拉邦电力局声称正在撤销从大博电力公司购买电力的合同；安然拒绝支付2 910万美元，因为和账单一起送来的纸条说这是安然服从"抗议"后必须缴纳的
2001.09	肯尼斯·雷写信给印度总理

第二部分　结尾案例

在各方签署谅解备忘录后，马哈拉施特拉邦要求世界银行对项目进行审查。世界银行的专家组在该协议中也发现了不少不合常规的做法，并指出政府没有设立全面的私有化印度电力工业的框架。世界银行的分析认为，印度政府没有为项目提供全面的经济理由，协议对安然单方面有利，并因此鼓励印度政府在项目实施之前"改变"安然作为一家发电公司的"体验"。印度的电力局专家们也进行了自己的分析，认为谅解备忘录的内容对安然及其合作伙伴单方面有利。然而，项目没有受到影响，继续执行。

安然在谅解备忘录签署后为获得项目批准展开了复杂的谈判，同时进行了更多关于实际财务细节的谈判。从官方角度来说，得不到印度中央电力部在经济和技术上的批准，就不能进行任何电力项目的开发。这个过程一般而言要花费数月甚至可能数年的时间。外国投资促进委员会是印度政府为了加快批准进程提出的便利之举，该委员会要求印度中央电力部在没有获得正常所需信息细节的情况下初步同意大博项目。但最终的同意还要在稍晚时候才能获得。

1992年11月，安然在印度财政部秘书主持的会议上详细汇报了项目情况，其他各政府部门高级官员也参加了这个会议，包括马哈拉施特拉邦电力局主席（财政部秘书是财政部的高级公务员，直接向财政部部长报告）。这次会议达成的一致建议是让外国投资促进委员会批准这个项目。印度能源部部长又给外国投资促进委员会提出建议，要求印度中央电力部加速审批进程。印度中央电力部原则上同意批准（不是最终）该项目，因为印度财政部部长对这个项目很满意。

1993年3月，随着必要的政府批准手续基本到位，安然开始谈判这项交易的财务结构，其中最重要的部分是马哈拉施特拉邦电力局的《电力购买协议》（Power Purchasing Agreement）。《电力购买协议》是一份安然作为电厂所有者向马哈拉施特拉邦电力局电网供电的合同。接下来一年，丽贝卡·马克访问印度达36次。马哈拉施特拉邦电力局主席兼管理主任阿吉特·尼姆巴卡尔这样描述谈判过程：

> 这是我们首次做这类项目。马哈拉施特拉邦电力局在和国际电力开发商打交道的过程中毫无经验。这是很艰难的工作，因为涉及的资金数量非常巨大，因此谈判花费了很长时间。

马哈拉施特拉邦电力局向世界银行寻求谈判建议。世界银行提出赞助印度一个国际咨询专家团队帮助其谈判。马哈拉施特拉邦电力局选择了英国富而德（Freshfields）律师事务所及德国西德意志银行（Westdeuche Landesbank）的英国办公室作为《电力购买协议》谈判中的咨询专家。世界银行认为这个项目不具有经济可行性，这个类型的电厂会以过高电价给马哈拉施特拉邦提供过多电力。世界银行的建议又一次被忽略，谈判继续进行。除了谈判项目的财务结构、收益状况及印度政府的批件，安然还必须获得十几个其他政府部门的批文，其中一些批文需要追溯到英国殖民时代的管制政策。例如，为了获得在建设地点使用炸药的批文，安然必须访问位于印度西部的小镇那格普尔，那里曾经是英国军队储存军火的地方。

1993年11月，印度中央电力部正式批准大博项目。1993年12月，马哈拉施特拉邦电力局签署了大博电力公司的《电力购买协议》。1994年2月，马哈拉施特拉邦政府签署了财务担保。1994年，印度政府也签署了财务担保。这些担保为安然提供了财务保护，以防止马哈拉施特拉邦电力局届时无法完成支付。但印度政府的担保，很快变得有争议，因为这是印度政府在担保政策公布之前和安然签署的。

□ 大博项目的结构

尽管最初的规划是一个2 015兆瓦的项目，但马哈拉施特拉邦政府决定将项目分为两期工程来实施。第一期工程是一个695兆瓦的使用蒸馏燃料而不是天然气的电厂，第二期工程是一个1 320兆瓦的天然气火力发电厂。第一期工程的资金成本是9.2亿美元，包含大约5.27亿美元交钥匙工程的建设成本。第二期工程则会花费19亿美元。

大博项目被分为两期工程建设的原因，一是因为安然无法最终完成其天然气合同，二是因为政府开始关心对这个项目的大量批评意见。能够实现从天然气到蒸馏燃料的变化，是因为蒸馏燃料可以从当地提炼厂获得，有助于防止天然气进口危机——天然气进口有可能会长期消耗印度的外汇储备。而且，用蒸馏燃料取代天然气，也可以避免在第一期工程就出现修建港口设施的需求。

第一期工程的资金成本包含部分基础设施项目的成本，这些基础设施原本应该由马哈拉施特拉邦政府提供，例如管道。如果将这些成本从总成本中扣除，那么每兆瓦的发电成本和其他"快车道"电力项目的成本相当。但是，大博项目是唯一最终落实的项目，其他项目当时还在规划和批准阶段。

印度政府通常采用人们熟知的固定利率回报模式。投资者得到保证，当电厂负荷系数达到68.5%时，它们可以获得净值回报率的16%；而超过68.5%那一部分的净值回报率会增加，电厂负荷系数每提高1%，净值回报率最多可增加0.7%。净值回报率根据电厂设施的总成本计算。对这个模式的主要反对意见是，这种做法不能为最小化投资成本提供激励。

因此大博项目使用了不同模式。专家们建立了一个预估收费标准——每千瓦时2.4卢比（1美元约等于36卢比）。这个收费包括两部分内容：（1）根据电厂投资、运营、维护成本计算出的容量费用为每千瓦时1.2卢比；（2）根据燃料价格计算的能源费用为每千瓦时1.2卢比。据估计，电厂将以设计容量的90%运行，马哈拉施特拉邦电力局必须根据建成的基本容量而不是实际电力购买进行容量支付（所谓的照付不议合同）。能源收费根据燃料成本计算，有可能出现涨跌。容量支付和能源收费用卢比和美元进行混合支付，由马哈拉施特拉邦电力局承担汇率风险。

使用这样的收费标准，成本增加问题得以解决，消费者也不会因项目投资成本的增加而受到影响。但是，收费不是固定的，特别是燃料成本和汇率的变化会影响电力成本。对安然及其合作者来说，它们受到激励，因此希望更有效地提高股东回报。从每兆瓦的容量成本来说，大博项目与印度其他正在讨论中的项目相当。至于每千瓦时2.4卢比的收费，也与其他"快车道"电力项目及几个最近获批的公共部门项目类似。几个运营中的公共部门电厂的收费为每千瓦时2.15卢比以内（尽管印度中央电力部的平均收费标准是每千瓦时1.2卢比）。安然估计这个项目的内部回报率是税前26.5%。大博电力公司获得了5年免税期和一份长达20年的《电力购买协议》。如果不能实现电力目标,则会导致大博电力公司向马哈拉施特拉邦电力局支付大量罚款。如果大博电力公司和马哈拉施特拉邦电力局出现无法解决的争议,那么可按《电力购买协议》递交伦敦国际仲裁庭处理。

然而,由于在大博项目中没有竞争性出价者,批评者们认为每千瓦时 2.4 卢比的电价太贵了,大博电力公司可以因此获得巨额利润。英迪拉·甘地发展研究所的主任克里特·帕雷克(Kirit Parekh)对此进行了强烈批评:

> 在美国,天然气发电厂将发出的电卖给公众只要每千瓦时 3 美分~4 美分,但安然收了 7 美分,这完全是抢劫。中国的一家电力公司在中国香港建了一个 2 000 兆瓦的电厂,将在 1996 年投产,但投资成本比安然少 15%。

更多的批评指向安然没有对其重要设备供应商通用电气和柏克德公司进行竞争性的招投标。尽管通用电气和安然在过去有紧密合作,一些批评者仍然认为外国设备供应商比印度供应商得到了更多支持。安然反击说自己和印度公司签署了超过 60 个合同,价值超过 1 亿美元(折合 36 万亿卢比)。

安然也受到了一些批评意见的影响,因为项目的第二期工程计划要从其在卡塔尔正在建设的天然气工厂进口天然气。这个天然气工厂一旦完工,就会属于一个由安然与卡塔尔政府合资的企业。尽管安然竭力否认,批评者们还是认为安然会从转移定价及燃料垄断定价中获得额外收益。从安然的角度看,负责燃料供给是减少自身风险的手段,因为根据合同,当电厂不能完成发电目标时它要支付大量罚金。燃料供给不足很明显会造成发电目标无法完成。

国家担保也受到了批评。世界银行的一份报告对担保提出了质疑,因为从世界银行的观点来看,如果马哈拉施特拉邦电力局不能自己完成给安然的支付,那么这种担保就变成了一份由印度政府代表马哈拉施特拉邦电力局进行的贷款。安然总裁萨顿反驳说:

> 这种情况只会在印度政府决定将我们也需要的担保作为一种政策时才会出现。当其他人兜里揣着担保去国际银行家那里筹款时,你没有担保就不可能从银行家那里以优惠利率筹措到资金。

□ 中央层面的印度政治

印度的政治流程基于议会制。从 1947 年到 1989 年,都是国民大会党(简称国大党)的某个派别从国家层面或者中央层面统治着印度未分裂的政府。英迪拉·甘地(Indira Gandhi)从 1964 年开始出任总理,1977 年在选举中落选后创建了国大党(英迪拉派),1980 年,英迪拉·甘地及国大党(英迪拉派)重新获得执政权。1984 年,在英迪拉·甘地被刺杀后,她的儿子拉吉夫·甘地(Rajiv Gandhi)成为印度总理。在 1989 年的选举中,国大党(英迪拉派)失利,政权被转交到少数派政府手中。在 1991 年的选举过程中,拉吉夫·甘地被刺杀,P. V. 那罗辛哈·拉奥成为国大党(英迪拉派)领袖。国大党(英迪拉派)从少数派政府手里赢得大选,拉奥成为总理。拉奥在1996年受到贪污指控后辞去了政党主席一职。

1998年,由人民党领导13个党派构成的联盟在大选中击败了国大党(英迪拉派)。人民党领袖阿塔尔·比哈里·瓦杰帕伊成为总理。印度人民党(简称人民党)在英语中的意思就是印度人民的党,强调对传统印度教目标和价值观的支持,和国大党(英迪拉派)相比则增强了宗教性。其许多成员属于城市中较低收入的中产阶级,不相信自由市场改革和现代文化价值观。人民党认为,对于寻求去中心化和放松规制,同时憎恨外国跨国公司介入的商务社会而言,这部分成员构成了它的支持者。

20世纪90年代早期,人民党公开追随印度教原教旨主义运动。1990年,著名的印度国家志愿者组织成立了国家觉醒论坛来促进经济民族主义的发展。这个论坛认为,西方消费商品的营销活动是愚蠢和浪费的行为(印度需要计算机芯片而不是土豆片)。根据论坛上孟买代表的说法,"软饮料和即食谷物不适合大部分印度人。我们对可口可乐和百事可乐的做事方式不满意,它们正在捣毁竞争对手"。1996年大选结束后,人民党认识到自己因被认为极端主义政党而受损。人民党的中央部门在1998年进行了选举,除了在敏感领域依然保持经济民族主义外,它采取了更温和的举措,其经济政策包括市场自由化改革。

□ 国家政治和1995年的马哈拉施特拉邦选举

25个印度邦层面上的政治党派情况可以折射出中央层面的情况,尽管国大党(英迪拉派)在历史上几乎不占主导地位。人民党在工业化程度较好、人口众多、主要信仰印度教的北部邦很有影响力。政策制定在印度具有分散化的特点,许多邦有很大的权力及自治权。

1995年2月12日,马哈拉施特拉邦举行了邦选举。结果将在4周后公布,因为马哈拉施特拉邦的首席选举监察官在执行一种使投票和计票过程分开的政策。当时执政的国大党(英迪拉派)的主要竞争对手是人民党和湿婆神军党的联合阵营。邦选举通常每5年举行一次。1990年,国大党(英迪拉派)在首席部长夏拉德·帕沃的领导下赢得大选,组建了多数派政府。帕沃对于在1995年的大选中连任非常有信心。

湿婆神军党是总部位于马哈拉施特拉邦的政党,提出的目标是保护马哈拉施特拉邦和印度教教徒的利益。湿婆神军党的官方领导人是马诺哈尔·乔希,但是他权力有限,并公开承认真正的领袖是巴拉沙合·拜尔·撒克雷(有时候他也被叫作遥控先生,因为他有能力从非官方渠道控制该党派)。撒克雷在变成右翼激进分子之前是报纸的卡通画家。他是一个天才的组织者和有号召力的演说家,在20世纪60年代中期设立的湿婆神军党,吸引穷困的憎恨外国人和非马哈拉施特拉邦人(特别是从印度南部来的人)的印度教教徒。撒克雷具有暴力倾向,有时候具有威胁性。他提议把印度的名字改成印度斯坦,并在马哈拉施特拉邦选举期间谈论将非马哈拉施特拉邦人赶出马哈拉施特拉邦。

大博项目在1995年选举中成为受关注的重要问题。印度的选举督查相关法规禁止邦政府在准备选举期间就重大问题做出决策。但是,人民党和湿婆神军党在1995年2月并没有意识到这一点。如果它们意识到了这个问题,当时选举督查可能就会命令邦政府暂缓对大博项目做决定。

人民党和湿婆神军党在选举运动中的宣传无疑会与其观点相关,它们有一句口号是"把安然扔到阿拉伯海去"。人民党的论坛鼓动经济的民族主义和自给自足,并且谴责大博项目。人民党试图将当时的首席部长帕沃孤立为唯一支持安然的人。大博项目被它描述为典型的政府干坏事:执政党未能抵制来自跨国公司、腐败和对经济自给自足妥协的压力。人民党总是有各种理由反对大博项目:社会和环境问题、涉嫌腐败、项目成本过高及缺少竞价。人民党和湿婆神军党的竞选策略将国大党(英迪拉派)描绘成反对穷人、腐败、偏袒外国公司的政党。这种说法很明显能够吸引马哈拉施特拉邦人。1995年3月13日,选举结果公布了。人民党和湿婆神军党的联合阵营在大选中获得了288个席位中的138个席位,在得到几个独立席位的帮助后,组建了新政府。湿婆神军党的马诺哈尔·乔希成为新任首席部长。

在选举后不久,安然总裁肯尼斯·雷指出:"如果现在发生什么事情阻碍或毁掉我们的电厂项目,那么就是向其他外国投资者传递极端负面的信号。"

建设开始

1995年3月2日,安然完成了大博项目第一期工程的融资过程,第一期工程的融资来自以下几个渠道:

(1) 由美国银行(Bank of America)和荷兰银行(ABN-Amro Bank)领头的12家银行构成的辛迪加(1.5亿美元贷款);

(2) 美国进出口银行(U.S. Export-Import Bank)(3亿美元,由通用电气和柏克德公司安排);

(3) 总部在美国的国外私人投资公司(2.98亿美元);

(4) 印度工业发展银行(Industrial Development Bank of India)(0.98亿美元)。

建设很快开始,但是,几乎同时,马哈拉施特拉邦新的邦政府遵守了它在竞选中的承诺,决定重新审查该项目。

穆恩德委员会

副首席部长和人民党邦主席戈皮纳斯·穆恩德在获得权力一周后,便命令审查大博项目。执行审查的穆恩德委员会中有两个人民党成员和两个湿婆神军党成员,对大博项目一直持严厉批评态度的穆恩德则担任主席。穆恩德委员会公开邀请人们提出调查问题,马哈拉施特拉邦电力局和大博电力公司随后写信进行了回复。政府要求穆恩德委员会在1995年7月1日前递交报告。

在接下来的几个月里,穆恩德委员会举行了十几次听证会,访问了电厂所在地。穆恩德委员会得到了5个政府部门的协助:能源部、财政部、工业部、计划部和法律部。所有调查要求在穆恩德委员会面前都是理所当然的。参与这个过程的有:环保团体、能源经济学家、孟买城市电力供应公司的前任总经理、其他独立电力供应商派来的代表及独立电力供应商协会派来的代表。作为主要项目贷款人的印度工业发展银行、来自上一届邦政府的代表及国大党（英迪拉派）没有出现在穆恩德委员会中。

在穆恩德委员会的听证会期间，人民党继续在公开场合反对大博项目，提出了其中有不合常规的做法——这是对贿赂的委婉说法。根据一位人民党高级官员的说法：

> 尽管不可能确定安然是否向马哈拉施特拉邦的前任首席部长帕沃支付了回扣，就算我们不能获得确凿的证据，也足以对此做出判断——该项目虚报了账目。如果审查委员会能够确认这件事情，那么足够取消这个项目了。

安然断然否定自己涉嫌腐败。印度电力行业于1995年3月在新德里举办了一个"印度电力95"会议，安然在印度的管理主任约瑟夫·萨顿告诉与会代表们，"我们在那里的整个3年期间，既没有被索贿，也没有行贿。"

1995年6月11日，印度国家志愿者组织（印度教激进主义团体）给人民党发去指示，想要人民党遵守其对抵制外货运动的承诺。人民党中央委员会的经济顾问杰伊·迪拜什（Jay Dubashi）说：

> 我们认为取消这个项目可以向公众传递正确信号，证明我们不是可以被骗的傻瓜。安然可能从没想到，马哈拉施特拉邦前首席部长夏拉德·帕沃会下台，它以为他会一直任职到交易完成。

人民党印度总部的秘书普拉莫德·马哈詹（Pramod Mahajan）也激烈反对大博项目，认为"如果有必要，那么也可以由法庭来决定国家的长期利益。"马哈詹还主张，当大博项目报废时绝不向安然支付罚金。

与此同时，安然的领导们在孟买和新德里之间来回穿梭，努力为大博项目的生存说服媒体和政府。在这个时候，美国驻印度大使弗兰克·韦斯纳（Frank Wisner）会晤了人民党主席阿德瓦尼。阿德瓦尼拒绝会见安然的领导人（1996年阿德瓦尼受到贪污指控）。这个问题甚至成为1995年4月美国财政部秘书罗伯特·鲁宾（Robert Rubin）出访印度时的议题。印度财政部秘书助理的说法是，"我们敦促解决这个问题"。1995年5月，美国能源部警告说，不遵守合同会极大危害印度大量其他得到国际融资的在议私人项目。马哈拉施特拉邦已经吸引了超过10亿美元的美国投资。在印度所有外商直接投资项目中，有超过一半分布在这个邦，并且有超过25%来自美国。

与此同时，柏克德公司并没有停止工程建设。柏克德公司的发言人说，公司承担不起在一个月审查期内1 300名工人无所事事带来的负担。"我们必须按计划走，我们必须根据《电力购买协议》提供电力。"

□ 大博项目被取消

1995年7月15日，穆恩德委员会将报告递交给马哈拉施特拉邦政府。在发布这份报告前，印度能源部部长N. K. P. 塞尔夫强调，"只有当这么做有法律依据时，才能取消安然的合同，而不能为任何政治借口这么做。"1995年8月2日，印度最高法院驳回了马哈拉施特拉邦前立法委员提出的秘密质询大博项目的请求。

1995年8月3日，马哈拉施特拉邦首席部长乔希（先前为吸引美国对印度的投资出访过美国）向马哈拉施特拉邦立法机构宣布，内阁一致同意暂停第一期工程，并取消第二期工程。以下内容摘自乔希在议会的长篇大论：

> 安然项目构想的方式和形成的合同不符合本邦的最大利益。穆恩德委员会全心全意认为应该立刻取消安然和马哈拉施特拉邦电力局的合同。考虑到涉及此事的重大问题，包括由已出现的额外商务忧虑、可能的腐败和整体工作中的非法动机造成的混乱事实和环境，必须立刻在刑法和反腐败法的基础上采取行动。
>
> 选择液化天然气作为燃料是一个错误选择，投资成本的快速膨胀及在各方面给予安然的前所未有的偏袒，包括对燃料的选择，都给消费者带来了不合理的燃料成本。穆恩德委员会获得的书面证据表明，安然的投资成本毫无疑问有很多水分，被大大抬高了。穆恩德委员会相信，水分可能高达7亿美元。作为使用天然气的工厂，这个项目应该比使用煤的工厂更便宜，但是实际上，现在不是这么回事。
>
> 政府应该自我反省。这个合同不利于马哈拉施特拉邦，里面没有任何自尊，这是没有脑子的合同，接受这个合同意味着对人民的背叛。这个合同没有任何约束力，如果否决这个合同不过是带来一些经济负担，那么本邦将为此承担该经济负担，并坚持维护马哈拉施特拉邦的利益。

取消项目的其他理由是：没有经过竞价、安然使用秘密谈判并利用不公平手段获得合同、对相对未受污染的马哈拉施特拉邦有潜在环境危害、得到保证的返利大大高于标准、对于安然指定用于教育和发展项目的2 000万美元的担忧。人民党政府指责说，给予安然的优惠未来会给马哈拉施特拉邦带来超过33亿美元的损失。穆恩德委员会还愤怒地指责说，大博项目当时尚有未处理的细节问题，但当时的马哈拉施特拉邦政府提前完成了这些决策，从此马哈拉施特拉邦政府和这个项目紧紧捆在一起，那是马哈拉施特拉邦政府大选投票的两周后。实际上，这份合同是由一个已经被选民否决的行政机构宣布生效的。

当这份决议被宣布时，总理拉奥正在马来西亚进行贸易和投资促进访问。他认为他的政府提出的经济自由化政策不会受到这份决议的影响。在那个时候，已经和安然签署了原始协议的马哈拉施特拉邦首席部长夏拉德·帕沃如此批评人民党取消大博项目的决议：

> 如果马哈拉施特拉邦政府认真对待本邦的工业化问题、工业化和农业所需要的电力，那么它们绝对会委派一个理解电力需求的专家团队，对项目整体、即将由工业和农业领域带来的投资、相关法律等方面进行考虑，但是这个必须的角度完全被忽略了，这就是为什么我对这类马哈拉施特拉邦政府做出的决议并不惊讶的原因。

在政府宣布取消合同的第二天，一份以充当民族主义湿婆神军党的喉舌而闻名的报纸发表了头版头条，《安然最终被扔进了阿拉伯海！》在这周随后的时间里，孟买的《经济时报》(The Economic Times)报道了当地村民庆祝安然倒台的消息。

大约有2 600名工人在为大博项目工作，并且第一期工程已经差不多完工了1/3，已经有超过3亿美元被花在这个项目上。如果项目关闭，那么据估计，每天的成本高达20万美元～25万美元。取消第二期工程倒是不要紧，因为安然还没有为这部分工程完成融资。

在穆恩德委员会报告公开的前几天，丽贝卡·马克预感到结果是取消，因此已经公开提出重新谈判。她告诉媒体，公司会尽力答复马哈拉施特拉邦电力局关注的问题。1995年8月3日，安然宣布，虽然安然知道马哈拉施特拉邦议会就暂停大博项目发布了公告，但公司并没有收到有法律效力的官方通知。安然在休斯敦发布的声明说：

> 安然一直对与当地政府讨论其可能关注的问题持开放态度。安然的项目合同受到法律严格的保护，如果有必要，我们会寻求法律保护。大博电力公司及其项目资助者重申，我们在该项目上的行事完全遵守印度和美国法律。

重新商议

收到马哈拉施特拉邦政府取消项目的单方面裁决说明后，安然很快向伦敦国际仲裁庭递交了仲裁申请，索要3亿美元赔偿。仲裁日期定在1995年11月17日，同时大博电力公司及其资助者与所有国际贷方签署了冻结协议——为大博电力公司冻结当前的贷款协议并保护其债权人。

1995年9月，安然敞开协商解决的大门，公开提议将收费降低到和其他印度电力项目差不多的水平。1996年1月，安然宣布大博电力公司收到印度马哈拉施特拉邦政府想要接收该项目的正式提议。马哈拉施特拉邦政府认为，如果美国降低向该邦出售电力的成本，那么这个项目就可以继续进行下去。于是安然提出削减项目的投资成本并降低电价，同时给马哈拉施特拉邦电力局一个选择，允许其收购大博电力公司30%的资产。尽管媒体的报道认为，大博电力公司预期的回报率由于新合同降低了，但安然的一个高级经理认为，这并不会导致收益降低太多。为什么这么说？因为技术在进步，硬件成本在下降，卢比在贬值。根据丽贝卡·马克的说法：

> 重新商议的交易为印度带来了一个好项目，新的项目结构允许我们收回成本，包括暂停期间的成本，为我们的股份持有者提供了相当好的回报。我们现在对液化天然气成本有更好的认识，现在安然与卡塔尔政府达成了更坚实的协议。这使得我们可以将电厂的成本削减到20亿美元。再气化会给项目增加4亿美元投资，但这部分可以通过单独的天然气收费获得。

1996年4月，马哈拉施特拉邦政府内阁批准了新合同。1996年7月，合同获得最终批准。大博项目重新商议的条款如表4所示。1996年12月，项目在被停工16个月后重新开工。尽管大博电力公司有问题，安然仍然继续寻求并竞标印度的其他项目。

表4　大博项目重新商议的条款

1	第一期工程的电价收费从每千瓦时 2.4 卢比降到每千瓦时 2.03 卢比。第二期工程的收费从每千瓦时 2.4 卢比降到每千瓦时 1.86 卢比。*
2	第一期工程的发电容量从 695 兆瓦增加到 740 兆瓦。整个项目的容量从 2 015 兆瓦增加到 2 184 兆瓦。
3	削减第二期工程的投资成本，并削减通用电气和柏克德公司的设备价格以节约成本。
4	从大博项目中除去再气化项目部分，第二期工程使用卡塔尔安然项目的液化天然气，这有助于将总投资成本减少 3 亿美元。
5	马哈拉施特拉邦电力局获得购买大博电力公司 30% 股份的期权。
6	第一期工程从蒸馏燃料转变为使用石脑油。

☐ 第一期工程完工

1999 年 5 月，第一期工程完工并被投入运营。同时，安然获得第二期工程的 18.7 亿美元融资，到 1999 年年末也与阿曼液化天然气（Oman LNG）公司及阿布扎比天然气（Abu Dhabi Gas）公司签订了天然气长期供货协议。除了用两家日本和比利时的进出口银行代替美国进出口银行外，第二期工程的融资对象基本上和第一期工程的一致。美国对印度核试验的制裁是美国进出口银行取消了贷款。融资包括总计 14.14 亿美元的 5 次贷款，再加上来自安然、通用电气和柏克德公司根据其所有权出资的 4.52 亿美元股权投资。第二期工程没有印度政府的反担保。

大约在同一时期，安然退出了印度在喀拉拉邦 5 亿美元的液化天然气项目，并将此次退出归咎于当地的管制政策让项目的建设进度拖后了两年。安然接下来开始积极寻求印度的非能源项目。1999 年 11 月，安然和海底电缆运营商签署了谅解备忘录，并谈判要在印度投资建设一个通信光缆网络。

☐ 新问题

1999 年 9 月，马哈拉施特拉邦开始了又一次邦选举，国大党（英迪拉派）承诺，如果它当选，那么它将停止大博电力公司的第二期工程，重新谈判电价。然而，国大党（英迪拉派）领导人在新德里很快让自己远离反安然言论。一个国大党官员驳回了这种说法，认为这是希望重新获得马哈拉施特拉邦控制权的当地政客的丧气话。国大党（英迪拉派）最终组建了一个包括人民党和农工党的联合政府。马哈拉施特拉邦电力局工人联盟也要求重新谈判《电力购买协议》并取消对第二期工程的投资。

1999 年 12 月，马哈拉施特拉邦再次发现自己面临电力不足。马哈拉施特拉邦电力局宣布某些农村地区可能每星期只能供电 5 天。一旦大博电力公司第二期工程建设

---

* 本表第一行单位为千瓦时，原文有误。——译者注

完成，马哈拉施特拉邦就可以成为电力富余的邦。同时，马哈拉施特拉邦副首席部长和内政部部长夏哈根·布巴（Chhagan Bhujbal）在一次新闻发布会上说：

> 我们不想重犯上一届政府尝试中止大博项目的错误。首先，我们只是想要了解在没有审查第一期工程结果的情况下，上一届政府是如何批准项目的第二期工程的。其次，收费还需要审查。最后，马哈拉施特拉邦是否也需要对该项目进行审查。

面对巨大的财务损失，马哈拉施特拉邦电力局同意在2000年11月出售其30%大博电力公司股份中的一半（在1996年重新谈判后获得的股份）给安然，此举会将马哈拉施特拉邦电力局的股份降低到15%，将安然的股份提高到65%。

2000年11月，大博项目又出现了新问题。马哈拉施特拉邦电力局的《电力购买协议》的基础是利用到设计容量的90%。容量利用越多，马哈拉施特拉邦电力局每单位的电力成本则越低。当时，马哈拉施特拉邦电力局购买了大博电力公司33%~60%的电，政府对削减购买大博电力公司电力的解释是，马哈拉施特拉邦的电力需求没有如预计般增长。不管怎么说，在接下来的几个月，马哈拉施特拉邦电力局看上去不像能够买得起大博电力公司的电。卢比贬值，以美元标价的价格、石油产品成本的增加造成大博电力公司电费上涨。

2001年2月6日，安然援引印度政府的反担保协议，要求其支付马哈拉施特拉邦电力局于2000年11月拖欠的1 700万美元电费。大博电力公司的总经理尼尔·麦格雷戈说，政府必须"认识到不遵守合同会造成的严重的国内和国际影响"。

印度能源部部长苏拉日·普拉布（Suresh Prabhu）说，政府"有能力支付并且一定会支付"。安然是第一个援引印度政府反担保协议的外国公司。

2001年3月，马哈拉施特拉邦电力局向大博电力公司提出了8 600万美元的赔偿，因为大博电力公司在一次短暂的停机后花了5小时重启，比合同规定的时间长了2小时。安然对这个索赔提出反对意见，认为马哈拉施特拉邦电力局提出的时间问题是在为其逾期未支付的合同款找理由。于是大博电力公司威胁说要切断电力以保护项目贷款人的利益，因为贷款人已经表达了对难以获取回报的关注，而马哈拉施特拉邦电力局自从2000年12月就没付钱了。

2001年4月27日，马哈拉施特拉邦电力局在安然说可能停止向公共事业部门出售电力后支付了2001年3月的账单。在这种不寻常的纠缠中，大博电力公司拒收0.291亿美元的支票以便显示其法律立场（接着支票被直接存入大博电力公司的银行账户）。大博电力公司也向马哈拉施特拉邦电力局发送了措辞激烈的长达4页的信，回应其做出的撤销《电力购买协议》的决定，撤销理由是大博电力公司错误表达了增加产能的速度——工厂从冷启动到满负荷运转所需要的时间。

2001年5月，大博电力公司开始热衷于通过采取正式步骤结束与马哈拉施特拉邦电力局的合同。大博电力公司发出一份初步终止通知，迈出了终止合同若干步骤中的第一步，并说马哈拉施特拉邦电力局已经欠了4 800万美元。这触发了长达6个月的冷静期。马哈拉施特拉邦电力局的主席维奈·班赛尔（Vinay Bansal）说会对通知做出答复。在这件事情之前，马哈拉施特拉邦政府已设立了戈博尔委员会来研究大博电力公司和马哈拉施特拉邦电力局之间的合同。2001年7月，马哈拉施特拉邦电力局不再从大博电力公司购买电力。2001年8月，戈博尔委员会得出结论，认为"对马哈拉施特拉邦政府来说，经手的投资总是太大，而且成本太高"。报告中提到，当时审批进程中"数不清的问题"如何为该决策"带来了规范问题"。

□ 安然的回答

安然宣称对各种观点持开放态度，但是拒绝以戈博尔委员会的报告为讨论基础。已经建成95%的第二期工程停工了，数千工人被解雇。同时，美国的考根提克斯（Cogentrix）公司、英国国家电力（National Power of the UK）公司、韩国大宇（Daewoo of Korea）公司及法国电力（Electricite de France）公司在接下来的两年中陆续从印度电力产业撤离。

在安然的首席执行官雷于2001年9月写给印度总理的信中，雷提议将大博电力公司的资产作价12亿美元出售，同时将离岸贷款人的债务以11亿美元购回，总花费是23亿美元。他还说道，"和我们法律索赔要求的数字相比，这个价格让我感到更合理。"安然估计的法律索赔数额是40亿美元~50亿美元。雷总结说，如果安然获得的数额少于全部的投资额，那么它就会把整件事情看成印度政府的"一次征用行为"。

案例讨论问题

1. 基于本案，你认为在转型经济中有哪些重要问题？
2. 你认为导致印度电力行业快速私有化的潜在原因是什么？
3. 安然对大博电力公司的投资期望获得的收益和优势是什么？这些期望实现的程度如何？
4. 世界银行在不止一个场合指出当时印度政府和安然在议的这个项目及协议条款有令人担忧的地方。你认为印度政府为什么不考虑这些令人担忧的地方，而是继续推进这个项目？
5. 不同利益群体对安然和大博项目的关键反对意见是什么？已知印度是转型经济国家，并且已了解印度经济存在的问题和重点发展目标，讨论一下这些关注点是否在法律上有效。

资料来源

1. Bodhisatva Ganguli & Tushar Pania, "The Anatomy of a Controversial Deal," *Business India*, April 24—May 7, 1995, p. 57.
2. Emily MacFarquhar, "A Volatile Democracy," *U. S. News and World Report*, March 27, 1995, p. 37.
3. Gottschalk, Arthur, "Cabinet's OK Brings Enron Closer to Completing India Power Deal," *Journal of Commerce*, January 9, 1996.
4. Marcus W. Brauchli, "A Gandhi Legacy: Clash Over Power Plant Reflects Fight in India for Its Economic Soul," *Wall Street Journal*, April 27, 1995, A6.
5. Michael Schuman, "India Has a Voracious Need for Electricity: U. S. Companies Have a Clear Inside Track," *Forbes*, April 24, 1995.

第三部分

全球贸易和投资环境

第五章

国际贸易理论

学习目标

学完本章后，你应该能够：

1. 理解为什么国家之间进行贸易；
2. 熟悉能够解释国家之间贸易的不同理论；
3. 理解为什么许多经济学家认为国家之间不受限制的自由贸易将增加参与了自由贸易体系的各国的经济福利；
4. 熟悉关于政府能够在促进某些产业的国家竞争优势中扮演积极角色的论断；
5. 理解国际贸易理论与商务实践的重要关系。

● 开篇案例：孟加拉国的纺织品贸易

孟加拉国是世界上最贫穷的国家之一，长期以来在收入、就业和经济增长方面严重依赖纺织品出口。这些出口纺织品中的大部分是低成本成品服装，被出售给西方国家中那些拥有大规模市场的零售商，例如沃尔玛。数十年间，孟加拉国一直能够利用一个纺织品出口报价系统给予其及其他贫穷国家优先权，使它们获得美国和欧盟等富庶国家和地区的市场。但是，2005年1月1日，根据基于自由贸易原则的条款，该系统被停用了。从那一刻起，孟加拉国的出口商必须与其他国家，例如中国和印度尼西亚的制造商进行商务竞争。很多分析家都预测，孟加拉国的纺织产业将因此很快崩溃，失业率将出现快速增加，国家收支平衡也将下降，并且会对经济增长形成负面冲击。

但是，并没有发生什么崩溃。相反，孟加拉国纺织品出口实现了持续增长，即使当世界其他地区在2008年陷入经济危机时亦如此。孟加拉国的服装出口额从2006年的89亿美元和2007年的93亿美元增加到2008的107亿美元，很明显，孟加拉国在纺织品生产方面有比较优势——它是世界上的低成本制造商之一——这使得这个国家增加了其在世界市场上的份额。事实上，当严重的经济衰退在2008年"肆虐"发达国家时，像沃尔玛这样的大进口商反而增加了其对孟加拉国低成本服装的购买量,以便更好地为其期待着低价格的客户服务。显然,这对孟加拉国的制造商是有利的,同时对发达国家的消费者有利,他们在服装上省下的钱可以被用来购买其他商品和服务。

有数个因素构成了孟加拉国的优势。孟中拉国的第一个优势是,该国劳动力成本低,部分归因于当地具有较低的小时工资率,部分归因于因过去数十年间纺织品制造商对生产力进行投资而得以提高的技术水平。孟加拉国现有纺织产业的工资水平大约是每月40美元~50美元。尽管按照西方标准,这个工资水平看上去低得吓人,但是,在一个每年人均国民总收入只有470美元的国家,这是一份赖以生存的收入和大约250万人口的就业来源,而其中85%的人是几乎没有其他替代就业机会的妇女。

孟加拉国的第二个优势是,拥有一个富有活力且为服装制造商提供投入的支撑产业网络。在服装制造所需的投入中,大约3/4的投入由当地厂商制造并提供。这为服装制造商节约了运输和仓储成本,减少了进口关税,缩短了因进口用于制造衫裤的纺织纤维而产生的较长周期。换句话说,当地的支撑产业有助于提高孟加拉国服装制造商的生产率,使其在低工资率之外获得了成本优势。

孟加拉国的第三个优势是,它拥有西方国家进口商的多样化进口来源。对于进口某些特定商品从而变得太过依赖某一个国家的情况,许多西方国家进口商产生了警觉,因为它们担心经济或其他干扰会破坏它们的供应链,除非它们能够有一个替代的供应来源。因此,孟加拉国也得益于西方国家进口商多样化其进口来源的趋势。[1]

引言

在很多年里,即便是现在,自由贸易这个概念也吸引了很多人的讨论。尽管主流观点认为自由贸易对经济发展和增长有利,但是许多人从发展中国家和发达国家的视角看待这个问题时一直心有疑虑。围绕自由贸易中商品和服务的收益和成本的经济争论,并不是抽象的学术问题。国际贸易理论在过去50年里已经形成了许多国家的经济政策,也是世界贸易组织和区域贸易组织,例如欧盟和北美自由贸易区形成背后的驱动力。特别是在整个20世纪90年代,我们目睹了全球经济转向更加自由的贸易的一轮变化。因此,至关重要的事情是理解这些理论是什么,以及理解为什么这些理论在形成这么多国家的经济政策及在形成国际商务竞争所需要的竞争环境时能够获得成功。

本章有两处内容越过对自由贸易收益和成本的争论而直指问题中心。第一处内容回顾了大量理论,解释了国家参与国际贸易可以获益的原因。第二处内容解释了我们在世界经济中观察到的国际贸易模式。对于国际贸易模式,我们将主要关注对国家之间商品和服务进出口模式的解释,而不是国家之间外国直接投资的模式——这部分内容将在第七章讨论。

---

[1] K. Bradsher, "Jobs Vanish as Exports Fall in Asia," *The New York Times*, January 22, 2009, p. B1; "Knitting Pretty," *The Economist*, July 18, 2008, p. 54; K. Bradsher, "Competition Means Learning to Offer More Than Just Low Wages," *The New York Times*, December 14, 2004, p. C1.

贸易理论概览

在本章开头，我们先讨论重商主义。重商主义盛行于16—17世纪，主张在鼓励出口的同时国家应当限制进口，尽管重商主义是很受质疑的古老学说，但在现代政治争论及许多国家的贸易政策中仍然回荡着其响声。接下来，本章将讨论亚当·斯密于1776年提出的绝对优势理论，该理论第一次解释了为何不受限制的自由贸易对一国有利。**自由贸易**（free trade）指这样的情形：政府无意使用配额和关税手段去影响和干涉国民购买其他国家商品的种类、生产商品的种类，以及出售给其他国家商品的种类。斯密认为，应该由市场机制中的"看不见的手"而非政府政策来决定一国进出口的内容，对贸易实行自由放任最符合一国利益。再接下来，我们将回顾建立在绝对优势理论基础上的另外两个理论。19世纪，英国经济学家大卫·李嘉图（David Ricardo）提出了比较优势理论，该理论是那些不对自由贸易实施限制的现代贸易理论的基础。比较优势理论在20世纪由两位瑞典经济学家伊·菲·赫克歇尔（Eli F. Heckscher）和伯蒂尔·俄林（Bertil Ohlin）进行了改进，他们提出的新理论就是赫克歇尔-俄林理论。

贸易的利益

绝对优势理论、比较优势理论及赫克歇尔-俄林理论的伟大影响力在于，它们精确指出了国际贸易的特定利益。常识认为某种国际贸易是有利的，例如，没人认为冰岛应该自己种橘子。冰岛通过交换某种产品，即用自己能够低成本生产的产品（鱼）去交换自己完全不能够生产的产品（橘子），可以从贸易中受益。因此，通过加入国际贸易，冰岛人能够在其食谱中加入橘子。

但是，绝对优势理论、比较优势理论及赫克歇尔-俄林理论超越了这种常识性的认识，指出为何一国加入国际贸易后能够受益，即便该国本身也能够生产这些产品。对人们而言，这是很难理解的概念。例如，许多美国人认为美国消费者应该购买美国公司在美国本土生产的产品，这样无论何时都可以帮助美国人在与外国人的竞争中保全自己的工作。同类型的民族情感也可见于其他许多国家。

但是，绝对优势理论、比较优势理论及赫克歇尔-俄林理论告诉我们，如果一国居民从其他国家购买某种本可以在自己国内生产的产品，那么该国经济可以从中受益。其原因是，国际贸易使得该国进行了专业化生产并出口了其最有生产效率的产品。因此，对美国来说，专业化生产并出口商业喷气飞机是合理的选择，因为生产商业喷气飞机所需要的资源，例如高技能的熟练劳动力和尖端技术知识在美国很充沛。而对美国来说，从一些发展中国家进口纺织品就是合理的选择，因为高效率生产纺织品需要相对便宜的劳动力，而美国的廉价劳动力并不充沛。

当然，这种解释通常很难被一国的各类民众群体接受。美国纺织品公司及其雇员的未来受到进口的威胁，它们一直都在尽力说服政府通过需求配额和关税限制纺织品进口。尽管这样的进口限制会使特定群体，例如纺织品企业和它们的雇员受益，但是绝对优势理论、比较优势理论及赫克歇尔-俄林理论认为，这样的行为会伤害一国的整体经济，限制进口通常符合国内制造商而非国内消费者的利益。

国际贸易模式

绝对优势理论、比较优势理论及赫克歇尔-俄林理论有助于解释我们在世界经济中观察到的国际贸易模式。国际贸易模式的有些方面很容易被理解，气候和自然资源禀赋解释了为什么加纳出口可可、巴西出口咖啡、沙特阿拉伯出口石油及中国出口小龙虾。然而，许多观察到的国际贸易模式解释起来就很难。例如，为什么日本出口汽车、家用电器及机器工具？为什么瑞士出口化工品、药品、手表和珠宝？大卫·李嘉图的比较优势理论依据劳动生产率的国际差异对此做出了解释。更复杂的赫克歇尔-俄林理论假设各国具有不同生产要素禀赋，强调不同国家可获取生产要素（例如土地、劳动力和资本）之间的比例和这些国家生产特定产品所需要素比例之间的相互关系，然而对其检验的结果发现，与人们曾经想象的相比，该理论对真实世界的国际贸易模式几乎没有什么解释力。

对赫克歇尔-俄林理论不能解释所观察到的国际贸易模式这一情况，早期回应之一是产品生命周期理论。该理论由雷蒙德·弗农（Raymond Vernon）提出，认为在产品生命周期的早期，大部分新产品由其发明国生产并被出口到其他国家，然而当其在国际上被广泛接受后，其他国家便开始生产该产品。该理论还认为，产品最终可以被出口回其最初的发明国。

在类似情况中，经济学家例如保罗·克鲁格曼（Paul Krugman），在20世纪80年代提出了如今广为传播的新贸易理论。**新贸易理论**（new trade theory）强调，一些国家进行专业化生产并出口特定产品的原因并非潜在的要素禀赋差异，而是由于对某个特定产业来说，整个世界市场只能支持一定数量的公司（人们认为商务飞机产业就是例子）。在这样的产业中，首先进入市场的公司能够建立起随后很难被挑战的先发优势。因此，特定国家的企业抓住先发优势的能力可以部分解释所观察到的国际贸易模式。美国之所以是主要的商务喷气飞机出口国，就是因为美国公司，例如波音是世界市场的先行者，波音先期建立了竞争优势，因此其他国家拥有相同有利要素禀赋的公司很难再挑战其地位（尽管欧洲的空中客车成功做到了）。在有关新贸易理论的一篇文献中，迈克尔·波特提出了一个理论，该理论被称作国家竞争优势理论。该理论试图解释为什么特定国家的特定产业在国际市场获得了成功。除了要素禀赋的作用，波特指出了国家要素，例如国内需求和国内竞争在解释该国特定产品的生产和出口优势上的重要性。

贸易理论和政府政策

尽管所有这些理论都一致同意国际贸易有利于一国发展的观点，但是在政府政策方面没有达成一致意见。重商主义对政府应当促进出口并限制进口进行了较为粗略的论证。绝对优势理论、比较优势理论及赫克歇尔-俄林理论都对不向自由贸易施加限制进行了各自论证。这些支持不向自由贸易施加限制的观点认为，进口控制和出口刺激（比如补贴）不利于自身发展，并将导致资源浪费。在新贸易理论和国家竞争优势理论中，对政府为支持某些出口导向产业发展所进行的有限干涉，则被看作正当的，这个观点被称为战略贸易政策。我们将在后文中就此类观点的正反两方面，以及不向自由贸易施加限制观点的正反两方面展开讨论。

重商主义

重商主义出现在 16 世纪中期的英国，是第一个国际贸易理论。重商主义的基本主张是，金银是国家主要财富，对商业繁荣至关重要。在那个时代，金银是国家之间贸易所使用的货币，一国可以通过出口商品挣到金银，从别国进口商品则与此相反，只能招致金银流向其他国家。**重商主义**（mercantilism）的主要信条是，留存贸易盈余，即让出口超过进口，符合一国的最大利益。通过这种做法，一国可以积累金银，并因此增加其国民财富、威望和势力。正如英国重商主义作家托马斯·孟（Thomas Mun）在 1630 年写下的：

> 因此，增加我们财富的通常手段是与外国开展贸易，我们必须在贸易中一直遵循这样的规则：我们每年出售给其他国家的商品价值超过我们消费它们产品的价值。①

与这个理念一致，重商主义鼓吹政府干预，以便在贸易余额中实现贸易盈余。重商主义者看不到大量贸易有什么好处，他们宁可推行那些最大化出口和最小化进口的政策。为了实现这个目标，他们用配额和关税限制进口，同时对出口进行补贴。

古典经济学家大卫·休谟在 1752 年指出了重商主义信条中的内在矛盾。根据休谟的观点，如果英国对法国实现了贸易盈余（英国出口法国的商品价值比从法国进口的商品价值多），那么金银流入将使英国国内货币供给增多，并在英国国内产生通货膨胀。但是，在法国金银的流出将产生相反的效果。法国的货币供给减少，国内价格下降。这样，英国和法国之间的相对价格改变了，招致法国人减少了对英国商品的购买（因为此时英国商品对他们而言变贵了），英国人增加了对法国商品的购买（因为此时法国商品对他们而言变便宜了）。结果是，英国贸易盈余不断减少，并且法国贸易盈余不断增加，直到英国的贸易盈余完全消失。因此，根据休谟的观点，没有一个国家能够在长期中保持贸易盈余，并如重商主义所设想的那样积累金银。

重商主义的缺陷是将贸易看成零和博弈。**零和博弈**（zero-sum game）指在博弈中一国的收益会导致另一国的损失。亚当·斯密和大卫·李嘉图的理论则说明了重商主义观点的短视，并证明了贸易是一种正和博弈，或者说是一种所有国家都能获益的情形。不幸的是，重商主义并没有死亡。新重商主义将政治力量等同于经济力

---

① H. W. Spiegel, *The Growth of Economic Thought* (Durham, NC: Duke University Press, 1991).

量,并且将经济力量等同于贸易盈余。批评家们认为,许多国家都采用了一种新重商主义战略,将政策设置成在促进出口的同时限制进口。①

绝对优势

1776年,亚当·斯密在其里程碑式的著作《国民财富的性质和原因的研究》(*An Inquiry into the Nature and Causes of the Wealth of Nations*,简称《国富论》)一书中,抨击了重商主义有关贸易是零和博弈的观点。斯密认为,国家在有效制造商品的能力上有所不同。在斯密所处的时代,英国由于自身的超级制造业加工能力,成为世界上最有效率的纺织品制造国。归功于适宜气候、肥沃土壤和丰富经验的共同作用,法国是世界上最有效率的葡萄酒制造国。英国在纺织品制造上有绝对优势,而法国在葡萄酒制造上有绝对优势。因此,当一国相较于其他国家能够更有效地生产出某种商品时,该国在这种产品的生产上就具有**绝对优势**(absolute advantage)。

根据斯密的观点,国家应当在其具有绝对优势的商品上实行专业化生产,然后将生产出的商品和其他国家交换。在斯密生活的时代,这就是认为英国应该专业化生产纺织品,同时法国专业化生产葡萄酒。通过将纺织品出售给法国,同时作为交换购买葡萄酒,英国就可以得到想要的所有葡萄酒。同样,通过将葡萄酒出售给英国,同时作为交换购买纺织品,法国就可以得到想要的所有纺织品。因此,斯密的基本观点是,一国应当放弃生产那些能够以较低价格从其他国家购入的商品。斯密证明,通过专业化生产各自有绝对优势的商品,两个国家都能从彼此达成的贸易中获益。

考虑两个国家——加纳和韩国贸易的有效性。任何商品(产出)的生产都需要资源(投入),例如土地、劳动力和资本。假设加纳和韩国拥有相同数量的资源,并且都能被用来生产大米和可可。再假设每个国家可获取的资源总量都是200单位。如果在加纳花费10单位资源可以生产1吨可可,花费20单位资源可以生产1吨大米,那么加纳可以在不生产大米时生产20吨可可,或者在不生产可可时生产10吨大米,或者生产在这两个极端值之间的其他大米和可可的数量组合。加纳能够生产出的不同产品组合,在图5.1中用直线GG'表示,这条线被看成加纳的生产可能性边界(PPF)。同样,如果在韩国花费40个单位资源可以生产1吨可可,花费10单位资源可以生产1吨大米,那么韩国能够在不生产大米时生产5吨可可,或者在不生产可可时生产20吨大米,或者生产在这两个极端值之间的其他大米和可可的数量组合。韩国能够生产的不同产品组合,在图5.1中用直线KK'表示,这条线就是韩国的生产可能性边界。很明显,加纳在生产可可上有绝对优势(和加纳相比,在韩国生产1吨可可需要耗费更多资源)。出于同样原因,韩国在生产大米上拥有绝对优势。

---

① M. Solis, "The Politics of Self-Restraint: FDI Subsidies and Japanese Mercantilism," *The World Economy* 26 (February 2003), pp. 153-170.

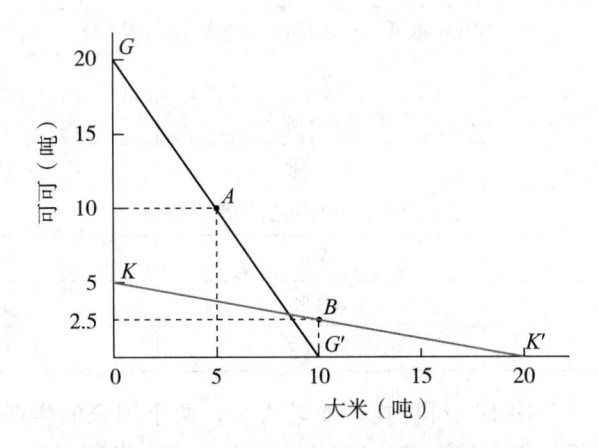

图 5.1 绝对优势理论

现在来考虑国家之间无贸易的情况。假设每个国家都拿出其一半的资源来生产大米，拿出另一半资源来生产可可。每个国家也必须消费其自己生产的产品。那么，加纳能够生产 10 吨可可和 5 吨大米，如图 5.1 上的 A 点，同时韩国可以生产 10 吨大米和 2.5 吨可可，如图 5.1 上的 B 点。在没有贸易的情况下，两国的生产组合一共能够生产 12.5 吨（加纳的 10 吨加上韩国的 2.5 吨）可可和 15 吨（加纳的 5 吨加上韩国的 10 吨）大米。如果每个国家专业化生产其拥有绝对优势的商品，并随后与另一国交换其缺少的商品，那么加纳能够生产 20 吨可可，韩国可以生产 20 吨大米。因此，通过专业化生产，两种商品的生产数量都增加了。可可的产量从 12.5 吨增加到 20 吨，同时大米的产量从 15 吨增加到 20 吨。因此，专业化生产造成可可产量增加了 7.5 吨，以及大米产量增加了 5 吨，如表 5.1 所示。

表 5.1　　　　　　　　　　绝对优势和贸易收益

生产 1 吨可可和大米所需的资源		
	可可	大米
加纳	10.0 单位	20.0 单位
韩国	40.0 单位	10.0 单位
无贸易情形下的生产和消费		
	可可	大米
加纳	10.0 吨	5.0 吨
韩国	2.5 吨	10.0 吨
总产量	12.5 吨	15.0 吨
专业化生产		
	可可	大米
加纳	20.0 吨	0 吨
韩国	0 吨	20.0 吨
总产量	20.0 吨	20.0 吨

加纳用 6 吨可可换取韩国 6 吨大米后的消费

	可可	大米
加纳	14.0 吨	6.0 吨
韩国	6.0 吨	14.0 吨

专业化生产和贸易后的消费增加

	可可	大米
加纳	4.0 吨	1.0 吨
韩国	3.5 吨	4.0 吨

通过达成贸易，并用 1 吨可可换取 1 吨大米，两个国家的生产者都消费了更多的可可和大米。设想加纳和韩国在 1∶1 的基础上交换大米和可可，即 1 吨可可的价格等于 1 吨大米的价格。如果加纳决定向韩国出口 6 吨可可，同时从韩国进口 6 吨大米，那么加纳在贸易后的最终消费是 14 吨可可和 6 吨大米。与专业化生产和贸易前的情况相比，此时加纳可以多消费 4 吨可可和 1 吨大米。而韩国可以多消费 3.5 吨可可和 4 吨大米。所以作为专业化生产和贸易的结果，可可和大米的产出都增加了，两国的消费者也都能消费更多数量的商品。因此我们可以看到，贸易是一个正和博弈，对所有参与国家而言，贸易产生的是净收益。

比较优势

通过研究当一国在所有商品生产上都有绝对优势时可能会发生的情况，大卫·李嘉图将亚当·斯密的理论向前推进了一步。[1] 斯密的绝对优势理论认为，这样的一个国家很可能无法从国际贸易中获得任何利益。但是，在 1817 年出版的《政治经济学及赋税原理》中，李嘉图提出，在这种情况下，斯密的绝对优势理论得出的结论与实际情况不符。根据李嘉图的比较优势理论，合情合理的选择是，一国专业化生产其最有生产效率的商品，并从其他国家购买自身缺乏生产效率的商品，即便这意味着要从他国购买其本可以自己生产得更有效率的商品。[2] 尽管这种观点看起来违反直觉，但可以用一个简单例子来解释其中逻辑。

假设加纳在可可和大米生产上都更有效率，即加纳在两种商品的生产上有绝对优势。在加纳，生产 1 吨可可要花费 10 单位资源，生产 1 吨大米要花费 $13\frac{1}{3}$ 单位资源。因此，在已知资源总量是 200 单位的情况下，加纳在不生产大米时可以生产 20 吨可可，或者在不生产可可时可以生产 15 吨大米，或者生产由其生产可能性边界决定的任意组合数量，如图 5.2 上的直线 GG′ 所示。在韩国，生产 1 吨可可要花费 40 单位资源，生产 1 吨大米要花费 20 单位资源。因此，韩国在不生产大米时可以生产

---

[1] S. Hollander, *The Economics of David Ricardo* (Buffalo: The University of Toronto Press, 1979).

[2] D. Ricardo, *The Principles of Political Economy and Taxation* (Homewood, IL: Irwin, 1967; first published in 1817).

5吨可可，或者在不生产可可时可以生产10吨大米，或者生产由其生产可能性边界决定的任意组合数量，如图5.2上的直线KK'所示。假设在没有贸易的时候，每个国家使用其一半资源生产大米，使用其另一半资源生产可可。因此，在没有贸易时，加纳将生产10吨可可和7.5吨大米，如图5.2上的点A所示，同时韩国生产2.5吨可可和5吨大米，如图5.2上的点B所示。

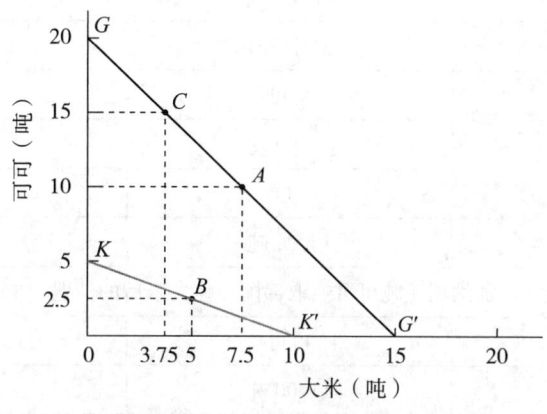

图5.2　比较优势理论

鉴于加纳在两种商品的生产上都有绝对优势，为什么还应该和韩国进行贸易呢？尽管加纳在可可和大米的生产上都有绝对优势，但是其比较优势只是生产可可：加纳能够生产4倍于韩国的可可，但是只能生产1.5倍于韩国的大米。比起生产大米，加纳在生产可可上相对更具有效率。

在没有贸易时，可可的总产量是12.5吨（加纳的10吨加上韩国的2.5吨），大米的总产量是12.5吨（加纳的7.5吨加上韩国的5吨）。每个国家在没有贸易时都只能消费自己生产的产品数量的商品。但是通过达成贸易，两个国家能够增加其大米和可可的产量组合，这时两国的消费者能够同时消费更多数量的大米和可可。

来自贸易的收益

假如加纳利用其生产可可的比较优势将可可产量从10吨增加到15吨，这则会用掉150单位资源，然后加纳用余下的50单位资源生产3.75吨大米，如图5.2的点C所示。同时，韩国实现大米生产专业化，可以生产10吨大米。现在大米和可可的总产量都增加了。在专业化生产之前，总产量是12.5吨可可和12.5吨大米，而现在是15吨可可和13.75吨（加纳的3.75吨加上韩国的10吨）大米。产出增加的资源分配总结如表5.2所示。

表5.2　　　　　　　　　　比较优势和贸易收益

生产1吨可可和大米所需的资源		
	可可	大米
加纳	10.00单位	13.33单位
韩国	40.00单位	20.00单位

无贸易情形下的生产和消费		
	可可	大米
加纳	10.00 吨	7.50 吨
韩国	2.50 吨	5.00 吨
总产量	12.50 吨	12.50 吨
专业化生产		
	可可	大米
加纳	15.00 吨	3.75 吨
韩国	0 吨	10.00 吨
总产量	15.00 吨	13.75 吨
加纳用 4 吨可可换取韩国 4 吨大米后的消费		
	可可	大米
加纳	11.00 吨	7.75 吨
韩国	4.00 吨	6.00 吨
专业化生产和贸易后的消费增加		
	可可	大米
加纳	1.00 吨	0.25 吨
韩国	1.50 吨	1.00 吨

专业化生产后，不仅产出更多了，而且两国都能够从贸易中受益。如果加纳和韩国以 1∶1 的比例交换大米和可可，即两国都选择用 4 吨出口交换 4 吨进口，那么两国能够比专业化生产和贸易之前消费更多的可可和大米，如表 5.2 所示。因此，如果加纳用 4 吨可可交换韩国 4 吨大米，那么加纳还剩下 11 吨可可，比其贸易前还多 1 吨。加纳用 4 吨可可从韩国交换回 4 吨大米后，与其国内自己生产的 3.75 吨大米合计，现在共有 7.75 吨大米，比专业化生产之前还多 0.25 吨。同样，在与加纳交换 4 吨大米后，韩国仍然有 6 吨大米，比专业化生产之前数量更多。此外，韩国通过交换获得了 4 吨可可，也比其贸易前自己生产的数量多 1.5 吨。因此，作为专业化生产和贸易的结果，两国对可可和大米的消费数量都增加了。

比较优势理论的基本观点是，与实施贸易限制的情况相比，在不对自由贸易施加限制的情况下，潜在世界产量更大。比较优势理论认为，如果不对贸易施加限制，那么所有国家的消费者都能够消费更多产品。即便是在一国所有产品的生产都缺少绝对优势时，这个结论依然成立。换句话说，与绝对优势理论相比，比较优势理论在更大程度上认为贸易是正和博弈，所有参与其中的国家都能够从中获得经济利益。正因如此，这个理论为自由贸易提供了有力论证。比较优势理论是如此强大，以至于它一直是自由贸易支持者最重要的知识武器。

□ 条件和假设

自由贸易普遍有利这个结论，是从一个非常简单的李嘉图模型中推导出的相当大胆的结论。这个简单的模型包含了许多与现实不符的假设条件：

1. 我们假设了一个简单的世界，其中只有两个国家和两种产品。但是在真实世界中，有许多国家和许多产品。

2. 我们假设两国之间没有交通成本。

3. 我们假设不同国家的资源价格没有差异。我们忽略汇率，只是简单假设可可和大米能够以 1∶1 的比例交换。

4. 我们假设一国的国内资源能够从一种商品的生产中自由流动到另一种商品的生产中。但是在现实中，情况并不总是这样。

5. 我们假设规模收益（也称专业化收益）不变，即加纳或韩国的专业化生产对生产 1 吨可可或大米所需的资源数量没有影响。但是在现实中，规模收益递减和规模收益递增都可存在于专业化生产中，生产商品所需的资源数量可能随着一国对该产品生产的专业化增加或减少。

6. 我们假设每个国家都有一个固定的资源存量，自由贸易不会改变一国使用其资源的效率。这个静态的假设不允许出现一国资源存量及一国因自由贸易出现的资源利用效率的动态变化。

7. 我们假设一国国内的收入分配不受贸易的影响。

给定了这些假设条件后，自由贸易有利于双方的结论还能被拓展到一个有许多国家、许多商品、正的交通成本、波动的汇率、不流动的国内资源、非常数的专业化收益及动态变化的真实世界中吗？尽管对比较优势理论的详细拓展超出了本书范围，但是经济学家已经证明，对于由许多国家和许多不同产品构成的世界来说，从这个简单模型中推导出的基本结论具有普遍意义。[1] 不考虑李嘉图模型的缺陷，研究表明，其基本论点即国家应该出口其最有生产效率的产品，已经被数据证实。[2]

但是，当所有假设都被打破后，一些经济学家通过新贸易理论认为，对自由贸易不加限制所造成的结果，尽管仍然是积极的，但是部分失去了其力量。[3] 我们将在后文对新贸易理论的讨论中继续研究这个问题。此外，在广泛的讨论分析中，诺贝尔经济学奖获得者——经济学家保罗·萨缪尔森（Paul Samuelson）认为，与标准解释相反，比较优势理论预言了富裕国家在某些情况下，实际上可能会因与自由贸易体系中的穷国交换商品而受到伤害。[4] 我们将在接下来的讨论中思考萨缪尔森的这个观点。

---

[1] R. Dornbusch, S. Fischer and P. Samuelson, "Comparative Advantage: Trade and Payments in a Ricardian Model with a Continuum of Goods," *American Economic Review* 67 (December 1977), pp. 823-839.

[2] B. Balassa, "An Empirical Demonstration of Classic Comparative Cost Theory," *Review of Economics and Statistics*, 1963, pp. 231-238.

[3] P. R. Krugman, "Is Free Trade Passé?" *Journal of Economic Perspectives* 1 (Fall 1987), pp. 131-144.

[4] P. Samuelson, "Where Ricardo and Mill Rebut and Confirm Arguments of Mainstream Economists Supporting Globalization," *Journal of Economic Perspectives* 18 (3) (Summer 2004), pp. 135-146.

□ 李嘉图模型的扩展

让我们放松上述李嘉图模型中的其中三个假设条件并研究其影响,被放松的假设条件分别是:资源在一国国内可以从一种商品的生产中自由流动到另一种商品的生产中、规模收益不变,以及自由贸易不改变一国的资源存量或资源利用效率。

资源不流动

在加纳和韩国的简单模型中,我们假设制造商(农民)能够很容易将用于生产可可的土地转为生产大米,并且反过来也一样。尽管这个假设对一些农业产品是成立的,但资源并不总能这么容易从一种产品的生产转向另一种产品的生产,这其中存在许多阻力。例如,对一个发达国家例如美国来说,接受自由贸易体制常常意味着该国将减少一些劳动密集型产品的生产,例如纺织品,同时增加知识密集型产品,如计算机软件或生物技术产品的生产。尽管国家作为一个整体将从这样的转换中获得利益,但纺织品制造商将遭受损失。南卡罗来纳的纺织品工人在编写微软软件上可能并不合格,因此,转向自由贸易意味着该地区工人会失业,或者必须接受其他具有较少吸引力的工作,如在快餐店工作。

资源并不总是可以轻易地从一种经济活动转移到另一种经济活动中去。这个过程会产生阻力,也会产生痛苦。尽管理论通过重要的边际分析预言自由贸易的收益超过成本,但这对那些承受损失的人来说没有安慰作用。因此,在政治上对采取自由贸易体制的反对意见,主要来自那些工作处于最大风险中的人们。例如在美国,纺织品工人及其工会长期明确反对转向自由贸易,因为这个群体会在自由贸易中遭受很大损失。因此,政府经常通过提供再培训来帮助失去工作的人,使得他们朝向自由贸易的转变容易一些。因自由贸易转变引出的痛苦是一种短期现象,而且一旦转变完成,其贸易收益则既显著又持久。

专业化收益递减

简单的李嘉图模型建立在专业化收益不变的假设条件上。通过**专业化收益不变**(constant returns to specialization),我们意在假设不管一国的生产处在生产可能性边界的何处,生产1单位产品(可可或大米)所需的资源数量保持不变。因此,我们假设加纳生产1吨可可总是要花费10单位资源。但更现实的情形是假设专业化收益递减。每当多生产1单位产品需要更多数量的资源时,就出现了专业化收益递减的情况。尽管花费10单位资源足够将加纳的可可产出从12吨增加到13吨,但是将可可产出从13吨增加到14吨时所需的资源数量是11单位,从14吨增加到15吨时所需的资源数量是12单位,依此类推。专业化收益递减意味着加纳的生产可能性边界是外凸的,如图5.3所示,而不是图5.2中描绘的直线。

出于两个理由我们认为假设专业化收益递减更符合现实。第一,不是所有资源都具有相同质量。随着一国竭力增加某种产品的产量,在很大程度上会出现的情况是,需要使用更多的边际资源。因为这些资源的生产率不如最初投入使用的那些资源,结果是相同的产出增量所需的资源越来越多。例如,一些土地比另一些土地更丰饶,随着加纳竭力增加可可的产出,则需要利用更多的边际土地,因为这些土地

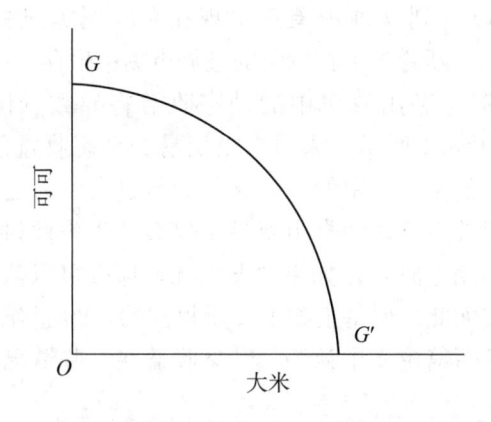

图 5.3　专业化收益递减情况下加纳的生产可能性边界

的肥力不如初始种植可可的那些土地。随着每英亩产量的下降，加纳为了多获取 1 吨可可，必须使用更多土地。

第二，不同商品使用不同比例的资源组合。例如，如果与种植大米相比，种植可可需要更多土地和较少劳动力，同时加纳正在竭力将资源从大米的生产转移到可可的生产中去，那么大米产业将为高效的可可生产释放出过高比例的劳动力及过低比例的土地，为了吸收新增加的劳动力和土地资源，可可产业将不得不转向劳动力更密集的生产方式，结果是可可产业使用劳动力的效率下降及随之发生的收益下降。

专业化收益递减表明，实现先前概述过的李嘉图模型所提出的专业化程度，对一国而言并不可行。专业化收益递减表明，来自专业化的收益在专业化生产完成之前就可能被耗尽。在现实中，大部分国家并不实行专业化，而是转而生产一系列产品。但是理论仍然认为专业化是值得的选择，直到专业化收益递减的收益超过贸易所得收益为止。因此，不对自由贸易施加限制更有利这一基本结论依然成立，尽管此时由于专业化收益递减的贸易所得收益少于专业化收益不变时的收益情况。

动态效应和经济增长

李嘉图模型认为，贸易不改变一国的资源存量或其资源利用效率。这一静态假设不允许出现贸易的动态变化。如果我们放松这个假设条件，那么很明显，开放经济体的对外贸易可能会产生两种动态收益。[①] 第一，自由贸易可以增加一国的资源存量，因为该国可以利用来自国外的新增劳动力和新增资本。例如，从 20 世纪 90 年代早期开始，自从许多西方企业向东欧国家持续进行大量投资，东欧国家因此获得了更多资源。

第二，自由贸易也可以提高一国的资源利用效率。提高资源利用效率可从多方面带来收益。例如，由于国际贸易扩张了国内企业可获取的市场规模，经济的大规模生产变得可行。对国内企业来说，国际贸易有助于从国外获取更好的技术，而更好的技术可以提高劳动生产率或土地生产率（如绿色革命对发展中国家农业产出的影响）。同样，开放经济体的对外竞争也会刺激国内生产商寻求改进以提高效

---

① P. Samuelson, "The Gains from International Trade Once Again," *Economic Journal* 72 (1962), pp. 820-829.

率。再一次，我们可以看到这种现象正出现在东欧国家过去曾经被保护的市场中——许多先前的国家垄断者为了在竞争的世界市场中生存，已经提高了运行效率。

国家资源存量和资源利用效率中的动态收益将导致一国的生产可能性边界（PPF）向外移动。如图5.4所示，来自自由贸易的动态收益使PPF_1移动到PPF_2。这一向外移动的结果，是图5.4中的国家比其参与自由贸易之前生产出更多可可和大米。该理论认为，开放经济体的自由贸易不仅会产生先前讨论过的静态收益，也会产生刺激经济增长的动态收益。如果情况如此，那么可以认为，自由贸易依然有利可图，通常情况确实如此。但是正如上文所提到的，20世纪最前沿的经济学家之一保罗·萨缪尔森在其一篇论文中认为，动态收益在一些情况下会导致并非有利的结果。

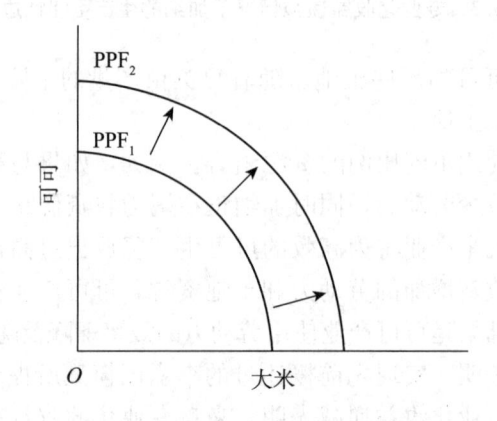

图5.4 自由贸易对生产可能性边界的影响

萨缪尔森的批评

萨缪尔森的批评的着眼点为，当一个富国与一个引入自由贸易体制后生产率快速提高的穷国签订自由贸易协议后会出现什么情况（即穷国可从资源利用效率中获取动态收益）。萨缪尔森认为，在这样的情况中，随着穷国加入自由贸易体系，富国消费者为从穷国进口的商品支付较低价格，如果自由贸易的动态效应将降低富国的实际工资率，那么这种低价格可能并不足以使富国经济产生一个净收益。正如萨缪尔森在接受《纽约时报》的采访时所述："可以在沃尔玛买到便宜了20%的日常用品（归功于国际贸易），但这不一定能够弥补（在美国）工资的损失。"[①]

萨缪尔森继续指出，他特别关注将服务型工作转移到国外的能力，这类工作传统上无法实现国际流动，例如软件调试、呼叫中心工作、会计工作，甚至核磁共振成像扫描的医疗诊断。将这些工作的劳动力市场有效扩展到拥有受过教育人群的地方，例如印度、菲律宾和中国是一种趋势，而通信技术的最新进展已经使这种趋势成为可能。伴随这些快速发展，当外国劳动力由于受过更好教育而快速提高其生产率时，根据萨缪尔森的观点，这对美国中产阶级工作产生的影响与美国涌入大量移民时的情形类似，其负面效果也许足以超过国际贸易的正收益，使得市场出清工资

---

① S. Lohr, "An Elder Challenges Outsourcing's Orthodoxy," *The New York Times*, September 9, 2004, p. C1.

下降。

应该注意到的是，萨缪尔森承认富国在历史上曾因自由贸易受益。此外他还指出，为了防止出现理论上可能的结果，即自由贸易在未来损伤美国经济，从而引入贸易保护主义措施（例如贸易壁垒），那么与有害的保护主义者意欲阻止的情况相比，经济可能会出现更差的情况。引用萨缪尔森的原话就是："与说客们意欲引入的关税和配额相比，自由贸易在实用主义角度上的结果对每个国家和地区来说仍然是最好的，因为关税和配额政策均涉及对民主的误用，以及并不难理解的无谓扭曲损失。"①

一些经济学家迅速消除了萨缪尔森的担心。② 在不对萨缪尔森的分析进行质疑的同时，这些经济学家们指出，作为一个实务问题，发展中国家并不想足够快速地升级其劳动力技术水平到能够产生萨缪尔森所说情况的程度。换句话说，这样做会导致它们迅速进入专业化收益递减的阶段。有一段反驳是这样说的："有关正处于紧要关头的印度和中国将快速教育其 30 亿民众掌握高深复杂技术的说法，接近于荒谬。这些国家的教育产业仍有待发展。"③ 但是，尽管已经有了这样的反驳，人们确实还是会因为萨缪尔森的学术高度，在今后一段时间里继续讨论他的研究结论。

●聚焦国家：美国白领工作转移到国外

长久以来，经济学家们认为自由贸易使所有参与自由贸易体系的国家都产生了收益，但是紧接着席卷了美国经济的全球化浪潮使许多人，尤其是那些由于全球化浪潮即将失业的人，开始想搞清楚这个观点到底是不是真的。在过去 1/4 多的世纪里最流行的看法是，自由贸易和低技能蓝领制造业工作的流动相关，这些产业的工作从诸如美国这样的富国流向低工资国家，例如流向哥斯达黎加的纺织业工作、流向菲律宾的运动鞋业工作、流向巴西的钢铁业工作、流向马来西亚的电子产品业工作等。尽管许多观察家叹息美国制造业的"空心化"，经济学家们过去却一直认为，与知识经济相关的高技能和高工资白领工作将留在美国国内，根据这个观点，计算机可以在马来西亚组装，但是仍将由硅谷高技能的美国工程师设计。

最近的进展让许多人开始质疑这种看法。随着全球经济在 2000 年后放缓及公司利润的下跌，许多美国公司采取的应对措施是将"基于知识"的白领工作转移到发展中国家，因为在那里它们能够更好地缩减成本。在 20 世纪 90 年代的长期经济繁荣中，劳动力市场上信息技术专家数量不足，因此美洲银行*（Bank of America）为获取人才必须与其他机构进行竞争，于是这些专家的年收入在此驱动下超过了 10 万美元。然而，随着商业压力加大，美洲银行对精通信息技术的劳动力岗位进行了裁减，从其在美国本土的 25 000 个岗位中裁掉了将近 5 000 个工作岗位。被裁减岗位中的一部分被转移到印度，因为在美国 1 小时要花费 100 美元的工作到了印度只

---

① P. Samuelson, "Where Ricardo and Mill Rebut and Confirm Arguments of Mainstream Economists Supporting Globalization," *Journal of Economic Perspectives* 18 (3) (Summer 2004), p. 143.
② A. Dixit and G. Grossman, "Samuelson Says Nothing about Trade Policy," Princeton University, 2004.
③ J. Bhagwati, A. Panagariya and T. N. Sirinivasan, "The Muddles over Outsourcing," *Journal of Economic Perspectives* 18 (4) (Fall 2004), pp. 93-114.
* 美洲银行于 2002 年 8 月将它在中国的注册名正式更改为"美国银行"。——译者注

要花费 20 美元就可以完成。

美洲银行裁员行动中的一位受益者是印孚瑟斯公司，这是一家位于印度班加罗尔的信息技术公司，如今那里有 250 名工程师为美洲银行开发信息技术应用程序。印孚瑟斯公司的其他雇员则正忙于为加利福尼亚州诺瓦托的绿点（Greenpoint）抵押公司编制家庭贷款应用程序。还有一家印度公司名叫威普罗有限公司，位置在印孚瑟斯公司旁边，该公司每天有 5 个放射科医生为位于美国的马萨诸塞综合医院（Massachusetts General Hospital）解读 30 份从互联网发来的电子计算机断层扫描片。在班加罗尔的另一个商务活动中，为得州仪器公司设计尖端半导体芯片的工程师一年可挣得 1 万美元的薪水。印度并不是这些变化唯一的受益者。有一家美国管理咨询及信息技术公司埃森哲（Accenture），将 5 000 个软件开发及会计岗位转移到了菲律宾。还是在菲律宾，宝洁公司雇用了当地 650 名专业人士为公司准备全球退税，过去通常在美国完成的工作如今在马尼拉完成，在马尼拉得到处理后再被递交给美国当地税务机关和其他国家的税务机关。

一些建筑工作也被外包给了低成本地区。弗卢尔（Flour）公司是一家总部位于加利福尼亚州的建筑公司，在菲律宾、波兰和印度雇用了差不多 1 200 名工程师和绘图员，这些雇员将工业设施布局图转化为详细的规划设计图。对于一座正在设计的沙特阿拉伯风格工厂而言，这意味着弗卢尔公司位于菲律宾的年轻工程师要与美国和英国那些优秀工程师通过互联网进行实时合作，其中一方的年收入不足 3 000 美元，而另一方的年收入则高达 90 000 美元。弗卢尔公司为什么这么做？根据该公司的解释，答案很简单：这样做使公司削减了 15% 的项目价格，从而在全球建筑设计市场上获得了基于价格的竞争优势。

贸易和增长关联的证据

许多经济研究着眼于贸易和经济增长的关系。[1] 这些研究认为，对国际贸易持有更开放态度的国家与对国际贸易采取封闭态度的国家相比，正如比较优势理论所预言的那样，获得了更高的经济增长率。杰弗里·萨克斯（Jeffrey Sachs）和安德鲁·沃纳（Andrew Warner）发明出一种可用于测度经济体对贸易开放程度（简称开放度）的方法，他们对 100 多个样本经济体 1970—1990 年的数据进行了开放度和经济增长关系方面的研究。他们在研究成果中这样说道：

> 我们发现，在发展中经济体组别和发达经济体组别中都存在开放度和经济增长之间的强相关性。在发展中经济体组别中，开放经济体的年增长率为 4.49%，而封闭经济体的年增长率为 0.69%；在发达经济体组别中，开放经济体的年增长率为 2.29%，而封闭经济体的年增长率为 0.74%。[2]

---

[1] J. D. Sachs and A. Warner, "Economic Reform amd the Process of Global Integration," *Brookings Papers on Economic Activity*, 1995, pp. 1-96; J. A. Frankel and D. Romer, "Does Trade Cause Growth?" *American Economic Review* 89, no. 3 (June 1999), pp. 379-399; D. Dollar and A. Kraay, "Trade, Growth and Poverty," Working Paper, Development Research Group, World Bank, June 2001; T. Taylor, "The Truth about Globalization," *Public Interest* (Spring 2002), pp. 24-44.

[2] J. D. Sachs and A. Warner, "Economic Reform amd the Process of Global Integration," *Brookings Papers on Economic Activity*, 1995, pp. 1-96.

瓦克齐亚格（Wacziarg）和韦尔奇（Welch）在研究中将萨克斯和沃纳所使用的研究数据更新到 20 世纪 90 年代末，他们发现在 1950—1998 年选择贸易自由化体系的那些经济体，其经济增长率与改变之前的阶段相比，平均增加了 1.5％的年增长率。①

这些研究清楚地表明：接受开放经济和自由贸易，一个经济体就将因此获得更高经济增长率作为回报。更高的经济增长会提高一国的收入水平和生活水平，而这一点已经被着眼于国际贸易和收入增长关系的研究所证实。由杰弗里·弗兰克尔（Jeffrey Frankel）和戴维·罗默（David Romer）承担的研究工作发现，平均来说，一国国际贸易占国内生产总值的比率每增加 1％，就会使人均收入增加至少 0.5％。② 一国国际贸易价值每增加 10％，该国平均收入水平将至少增加 5％。尽管存在与接受自由贸易体系相关的短期成本调整，但是在长期，正如比较优势理论引导我们所预期的那样，国际贸易看上去产生了更快的经济增长和更高的生活水平。③

赫克歇尔-俄林理论

比较优势理论强调比较优势来自生产率差异。因此，加纳在可可的生产上是否比韩国更有效率取决于加纳如何利用自己的资源。李嘉图强调劳动生产率，并认为不同国家间的劳动生产率差异是比较优势概念的基础。瑞典经济学家伊·菲·赫克歇尔（在 1919 年）与伯蒂尔·俄林（在 1933 年）对比较优势提出了一种不同的解释，认为比较优势来自国家要素禀赋的差异。④ 他们用**要素禀赋**（factor endowments）来说明一国拥有要素，诸如土地、劳动力和资本的程度。不同国家有不同的要素禀赋，不同要素禀赋解释了要素成本的差异，具体来说就是要素越丰裕，成本越低。赫克歇尔-俄林理论预言，一国将出口需要大量使用本地丰裕要素才能生产的商品，同时进口需要大量使用本地匮乏要素才能生产的商品。因此，赫克歇尔-俄林理论尝试去解释我们在世界经济中观察到的国际贸易模式。但是不同于比较优势理论的观点，赫克歇尔-俄林理论认为，国际贸易模式由要素禀赋的差异而不是生产率的差异决定。

赫克歇尔-俄林理论通俗易懂，具有常识般的吸引力。例如，美国长期以来一直是农产品的大出口者，这部分反映出美国的可耕种土地通常很充裕；相反，中国擅长出口劳动密集型制造业产品，例如纺织品和鞋类，这部分反映出中国的低成本劳动力相对丰裕。缺少低成本劳动力的美国是这类产品的主要进口者。注意，重要的

---

① R. Wacziarg and K. H. Welch, "Trade Liberalization and Growth: New Evidence," NBER Working Paper Series Number 10152, December 2003.

② J. A. Frankel and D. Romer, "Does Trade Cause Growth?" *American Economic Review* 89, no. 3 (June 1999), pp. 379-399.

③ F. Rodriguez and D. Rodrik, "Trade Policy and Economic Growth: A Skeptic's Guide to the Cross-National Evidence," *National Bureau of Economic Research*, Working Paper Series Number 7081, April 1999. 在以上文献中仍找不到贸易会损害经济增长和收入水平的证据。

④ B. Ohlin, *Interregional and International Trade* (Cambridge: Harvard University Press, 1933); R. W. Jones and J. P. Neary, "The Positive Theory of International Trade," in *Handbook of International Economics*, eds. R. W. Jones and P. B. Kenen (Amsterdam: North Holland, 1984).

是要素的相对丰裕，而不是绝对丰裕。一国可以比另一国在绝对数量上拥有更多的土地和劳动力，但是只在其中一种要素上相对丰裕。

□ 里昂惕夫悖论

赫克歇尔-俄林理论是国际经济学中最有影响力的理论之一。大部分经济学家更偏向于赫克歇尔-俄林理论，而不是比较优势理论，原因是其成立所需的假设条件较少。该理论由于其影响力，被用来做了许多次实证检验。第一次实证检验非常有名，由1973年诺贝尔经济学奖获得者——瓦西里·里昂惕夫（Wassily Leontief）完成，文章发表于1953年。此次检验与之后的许多实证检验一起，都对该理论的有效性提出了质疑。[①] 里昂惕夫根据赫克歇尔-俄林理论认为下列结论理所当然正确：因为美国与其他国家相比资本相对丰裕，因此美国是资本密集型产品的出口者和劳动密集型产品的进口者。然而研究结果出乎预料，里昂惕夫发现美国对资本密集型产品的出口少，进口多。由于这个结论与理论预言的情况不同，因此变成了现在众所周知的里昂惕夫悖论。

没有人能够非常肯定地回答出我们为什么会观察到里昂惕夫悖论。一种可能的解释是，美国在制造新产品或通过创新技术制造商品上具有特定优势。这样的产品，与那些技术成熟并适宜大规模生产的商品相比，可以是资本密集度较低的产品。因此，美国可以出口大量使用技术工人和创新企业家才能生产的产品，例如计算机软件；同时进口大量资本密集型的制造业产品。一些实证研究倾向于验证这一结论。[②] 也仍有利用大量国家数据对赫克歇尔-俄林理论进行验证的研究倾向于证实存在里昂惕夫悖论。[③]

这种情况让经济学家们处于进退两难的境地。一方面，他们偏向认为赫克歇尔-俄林理论在理论上成立，但是对于真实世界中的国际贸易模式，该理论是一个相当糟糕的预言。另一方面，被经济学家们认为受到太多条件限制的比较优势理论，却能更好地预言贸易模式。这种两难处境的最佳解决方案是回到李嘉图的观点上去：贸易模式主要由生产率的国际差异推动。因此人们可以认为，美国出口商务飞机并进口纺织品的原因，不是因为美国的要素禀赋特别适合飞机制造而不适合纺织品制造，而是因为美国制造飞机的效率相对来说比制造纺织品的效率更高。赫克歇尔-俄林理论的一个关键假设是，不同国家的技术水平是一样的。这并不符合现实情况。技术不同导致了不同的生产率，进而推动了国际贸易模式的发展。[④] 因此，在20世纪70年代至20世纪80年代期间日本出口汽车获得的成功，不仅建立在其资本相对丰裕的基础上，也建立在其制造技术创新发展的基础上，而正是技术的发展使其在汽车制造上能够获得比其他资本同样丰裕的国家更高的生产率水平。最近的实证研

---

① W. Leontief, "Domestic Production and Foreign Trade: The American Capital Position Re-Examined," *Proceedings of the American Philosophical Society* 97 (1953), pp. 331–349.

② R. M. Stern and K. Maskus, "Determinants of the Structure of U. S. Foreign Trade," *Journal of International Economics* 11 (1981), pp. 207–244.

③ H. P. Bowen, E. E. Leamer and L. Sveikayskas, "Multicountry, Multifactor Tests of the Factor Abundance Theory," *American Economic Review* 77 (1987), pp. 791–809.

④ D. Trefler, "The Case of the Missing Trade and Other Mysteries," *American Economic Review* 85 (December 1995), pp. 1 029–1 046.

究认为这个理论解释是正确的。[1] 新的研究表明，一旦控制国家之间的技术差异，就可使得各国确实出口需要大量利用本地丰裕要素才能生产出的产品，并进口需要大量使用本地匮乏要素才能生产的产品。换句话说，一旦控制生产技术差异的影响，赫克歇尔-俄林理论看上去就可以获得预言能力了。

产品生命周期理论

雷蒙德·弗农在20世纪60年代中期最早提出产品生命周期理论。[2] 弗农的理论基于对20世纪大部分时间中所发生事件的观察，在这个时期，世界上大部分新产品由美国公司开发出来，并首先在美国市场出售。例如大规模生产的汽车、电视机、宝丽来相机、复印机、个人电脑和半导体芯片。为了解释这个现象，弗农提出，是美国市场的财富和规模给了美国公司强烈的内在激励来开发新的消费品。此外，美国劳动力的高成本同样给了美国公司内在激励去进行节约成本的生产过程创新。

仅仅是新产品首先由美国公司开发并在美国市场出售，还不足以推导出产品必须在美国制造的结论，它有可能在海外某个具有低成本的地方被生产出来后再被出口回美国。但是，弗农认为大部分新产品最初确实是在美国生产的。作为先驱公司，考虑到新产品引入中的不确定性和风险后，这些公司显然认为最好还是将生产设施安排在靠近市场及公司决策中心的地方。结果，公司可以对新产品制定相对较高的价格，而不必去其他国家寻找低成本生产地点。

弗农继续认为，在一个典型新产品的生命周期早期，尽管需求开始在美国快速增加，但是需求在其他发达国家还仅限于高收入人群。这种在其他发达国家出现的需求相当有限，不足以令这些国家的企业认为开始生产这种新产品有利可图，但是这确实成为美国将这种产品出口到其他发达国家的必要条件。

经过一段时间，新产品在其他发达国家的需求开始增长（例如英国、法国、德国和日本）。随着情况的发展，对外国制造商来说，开始为其自己国家的市场生产这种产品就变得有利可图了。此外，美国公司可能也在需求增长的发达国家建立了制造工厂，结果，其他发达国家的产品开始制约美国的出口潜力。

随着美国市场和其他发达国家市场的进一步成熟，产品变得更加标准化了，价格也变成了市场竞争的主要武器。随着这些情况的发生，对成本的考虑开始在竞争过程中起到更重要的作用。基于发达国家制造商花费的劳动力成本低于美国（例如意大利和西班牙），发达国家现在就有能力将产品出口到美国了。如果成本压力变得更大，那么这个过程会继续演变下去。随着发展中国家（例如泰国）开始获得超过发达国家的产品优势，美国公司相对其他发达国家失去优势的这个循

---

[1] D. R. Davis and D. E. Weinstein, "An Account of Global Factor Trade," *American Economic Review*, December 2001, pp. 1 423 – 1 452.

[2] R. Vernon, "International Investments and International Trade in the Product Life Cycle," *Quarterly Journal of Economics*, May 1966, pp. 190 – 207; R. Vernon and L. T. Wells, *The Economic Environment of International Business*, 4th ed. (Englewood Cliffs, NJ: Prentice Hall, 1986).

环会一再重复。因此，全球生产的轨迹最初从美国转移到其他发达国家，再从这些国家转移到发展中国家。

这种世界贸易模式的变化趋势的结果是：随着生产位置集中到低成本的外国，美国从这种产品的出口者变成其进口者。图 5.5 展示了经过一段时间后，美国、其他发达国家和发展中国家的生产和消费增长情况。

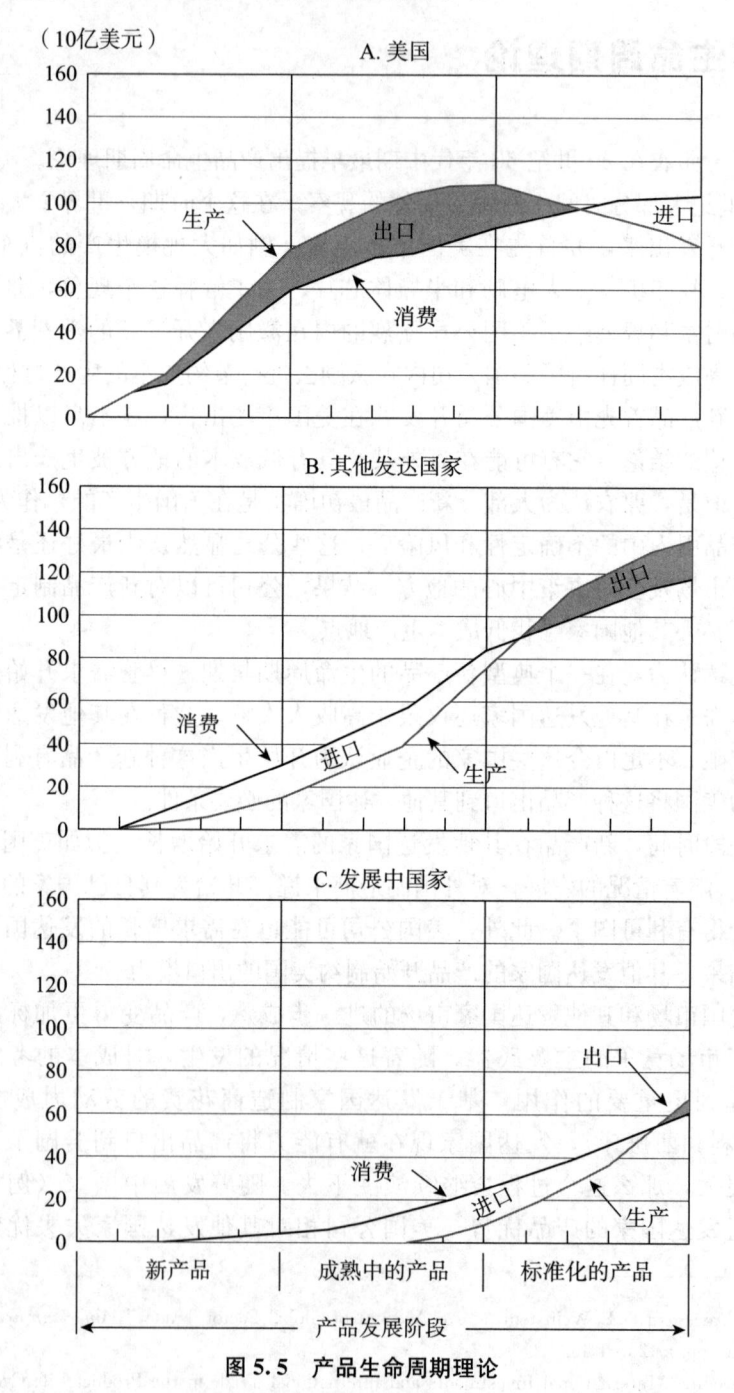

图 5.5　产品生命周期理论

资料来源：R. Vernon and L. T. Wells, *The Economic Environment of International Business*, 4th ed., © 1986. Reprinted by permission of Pearson Education, Inc., Upper Saddle River, N.J.

□ 评价产品生命周期理论

从历史的角度来看，产品生命周期理论似乎完美地解释了国际贸易模式。复印机由美国的施乐公司于20世纪60年代早期发明，最初被出售给美国用户。施乐公司最早主要是将复印机从美国出口到日本和西欧发达国家。随着这些国家对复印机需求的增长，施乐公司进入合资企业模式，在日本（富士-施乐）和英国（兰克-施乐）创立了合资生产企业。此外，只要施乐公司在复印机方面的专利到期，其他外国竞争者便可以进入市场，例如日本的佳能公司和意大利的好利获得（Olivetti）公司。结果，美国出口的复印机数量下降了，美国用户开始为自己选购来自外国的低成本复印机，尤其是来自日本的复印机。不久前，日本公司发现在其自己国家生产复印机成本太高，于是开始将生产转移到发展中国家去，例如新加坡和泰国。这样，最初是美国，现在是其他发达国家（例如日本和英国）从复印机出口国转变为进口国。复印机这种存在于国际贸易模式中的演化与产品生命周期理论所指出的情况保持了一致，即成熟的产业倾向于从美国转移到拥有低加工成本的地区。

然而，产品生命周期理论并非没有缺陷。从亚洲或欧洲的视角来看，弗农认为最新产品由美国开发并率先使用的观点，看上去多少有些民族中心主义色彩。尽管弗农认为，大部分新产品由美国引入市场的观点在美国主导全球经济时期（1945—1975年）也许属实，但总是存在重要的例外情形，而这些年来，这些例外情形出现的次数更多了。现在，许多新产品首先由日本（例如电子游戏机）或欧洲（新的无线电话）引入市场，而且随着全球化程度的加深和世界经济一体化的出现，如今越来越多的新产品（例如手提电脑、光盘和数码相机）正同时被美国、日本和其他发达国家引入市场。随着新产品的特定零部件在要素成本和劳动技能综合水平最佳（正如比较优势理论所指出的那样）且遍布全球的地点被生产出来，全球性的产品引入可能同时伴随着全球性的分散化生产。总之，尽管弗农的理论可能对解释美国短暂主导世界经济时期的国际贸易模式非常有用，但其与现代社会的相关性看起来很有限。

新贸易理论

新贸易理论出现在20世纪70年代，当时许多经济学家指出，公司实现规模经济的能力可能对国际贸易有重要作用。[①] **规模经济**（economies of scale）指大规模生产时单位成本下降的情况。规模经济有很多来源，包括将固定成本分摊到大量产品上的能力、大量厂商使用专业化雇员和设备比过去更有生产率等。从计算机软件到汽车，从制药到航天，规模经济是许多产业成本下降的主要原因，例如，微软公司

---

① E. Helpman and P. Krugman, *Market Structure and Foreign Trade*：*Increasing Returns*，*Imperfect Competition*，*and the International Economy*（Boston：MIT Press，1995）；P. Krugman，"Does the New Trade Theory Require a New Trade Policy?" *World Economy*，15（4），1992，pp. 423-441.

将开发视窗操作系统新版本的大约 50 亿美元固定成本分摊到大约 2.5 亿台最终装了该系统的个人电脑上，从而实现了规模经济。同样，汽车公司通过为一条生产装配线的每个员工安排专门任务来制造大量汽车，可以实现规模经济。

新贸易理论有两个重要观点：首先，贸易可通过对规模经济的影响增加消费者可消费商品的种类，并减少这些商品的平均成本。其次，对那些实现规模经济后产出将占世界总需求很大比重的产业，全球市场只能够支持少量企业的生存。因此，其公司在某些产品生产中拥有先发优势的国家，有可能主导这些商品的国际贸易。

□ 增加产品多样性和减少成本

先假想一个没有贸易的世界。在规模经济很重要的产业中，一国能够生产产品的多样性及生产规模都受到市场大小的制约。如果一国市场很小，没有足够的需求允许厂商实现某种产品的规模经济，那么，这些产品也许无法被生产出来，从而限制了消费者可获取的商品种类。或者是，这些商品能够被生产出来，但是生产数量非常少以至于单位成本和价格都远远高于它们在规模经济中可能实现的数量。

现在思考国家间相互贸易后会发生的情况。单个国家的市场与更大的世界市场合并了。市场规模的扩张导致了国际贸易，单个企业可以更容易实现规模经济。根据新贸易理论的观点，与没有贸易时相比，这时候每个国家都能够在范围更小的产品种类中实现专业化生产，但是，通过从其他国家购买自己不生产的商品，这时候每个国家又都能同时增加其国内消费者可消费商品的种类，并且降低了这些商品的成本。因此，即使当各国在其资源禀赋或技术方面并无不同时，国际贸易也为双方共同获利提供了机会。

假设有两个国家，各自都有一个年容量为 100 万辆汽车的市场。通过互相贸易，两个国家可以共同创造出 200 万辆汽车的联合市场容量。在这个联合市场上，由于能够更好地实现规模经济，因此能够生产出更多的汽车品种，并且能够比原先单独的市场以更低的平均成本生产汽车。例如，在每个国家的市场上，跑车需求可能最多为 55 000 辆，但是至少需要年产 100 000 辆跑车才能实现规模经济。同样，在每个国家的市场上，小型货车的需求可能最多为 80 000 辆，但是至少需要年产 100 000 辆小型货车才能实现规模经济。每个国家的企业面对国内有限的市场需求时，都可能决定不生产跑车，因为在这么小的市场容量下这么做的成本太高。尽管它们可能生产小型货车，但这么做的成本和价格会比规模经济时能够获得的更高。但是，一旦两个国家决定互相贸易，其中一国的公司就可以专业化生产跑车，同时另一国的公司可以专业化生产小型货车。110 000 辆跑车和 160 000 辆小型货车的联合需求，使得每个公司都能够实现规模经济。这个例子里的消费者可以通过获得在国际贸易前原本无法获得的产品（跑车）受益，同时可以通过获得在国际贸易前原本在最有效率的规模中也无法获得的更低产品价格受益。国际贸易就是这样互利双方的，因为国际贸易中会出现专业化生产和规模经济，能够生产出更多种类的产品，并获得更低的商品价格。

□ 规模经济、先发优势和贸易模式

新贸易理论还有一个重要内容是，我们在世界经济中观察到的贸易模式可能是规模经济和先发优势的结果。**先发优势**（first-mover advantages）指一个产业的早期进入者获得了在经济和战略上的优势。[①] 在其他人进入该产业之前获得规模经济，就能够从较低的成本结构中获益，这就是重要的先发优势。新贸易理论认为，对实现规模经济至关重要并有很大世界需求的产品来说，先进入产业的人能够获得基于规模且后进入者无法获取的成本优势。因此，我们所观察到的此类产品的贸易模式就会反映出先发优势。一国有可能在某种产品的出口中占主导地位，其原因是，在这类产品的生产过程中存在重要的规模经济，首先获得规模经济的生产企业会得到先发优势，企业所在的国家也就因此获得了该产品的出口主导地位。

例如，在商用飞机产业中，因为可以通过大规模生产分摊新型喷气机研发中产生的固定成本，因此飞机生产具有重要的规模经济效应。空中客车公司研发有550个座位的新型超大客机A380时，花费了大约140亿美元，因此必须卖出至少250架A380飞机才能弥补研发成本，并达到收支平衡。如果能够卖出超过350架A380飞机，显然这就是一个划算的投资。但是，这类飞机接下来20年的需求据估计在400~600架。因此，全球市场在超大喷气机这类产品上只能使一家企业获利。这意味着欧盟有可能在未来主宰这类飞机的出口，因为空中客车公司的总部在欧洲，并且它是第一家生产550个座位的喷气机并实现规模经济的企业。其他潜在生产商，比如波音公司，可能因为不具备空中客车公司的规模经济而选择不进入这个市场。空中客车公司通过率先进入市场获得了基于规模经济的先发优势，由于竞争对手很难获得这种规模经济，因此欧盟将变成超大喷气机的最重要的出口商。

□ 新贸易理论的应用

新贸易理论有重要作用。该理论认为，即使在资源禀赋和技术上没有差异，国家也可以从贸易中获益。贸易使一国能够专业化生产某种产品，获得规模经济并降低生产成本，同时，该国向其他专业化生产的国家购买自己不生产的产品。通过这种机制，每个国家的消费者获得的产品都增加了，同时，这些产品的平均成本下降导致价格下降，被释放出的资源转而被用于生产其他产品和服务。

该理论还认为，一国在某种产品的出口上占优势，仅仅是因为足够幸运而已：正好有一家或几家最先生产这种产品的企业。因为这些作为产业先行者的企业获得规模经济后锁定了世界市场，并阻止后续企业进入。产业先行者从规模收益递增中获得收益的能力构成了市场进入障碍。在商用飞机市场，波音公司和空中客车公司事实上就是产业先行者，拥有能够阻止新企业进入的规模经济，从而加强了美国和

[①] M. B. Lieberman and D. B. Montgomery, "First-Mover Advantages," *Strategic Management Journal* 9 (Summer 1988), pp. 41-58; W. T. Robinson and Sungwook Min, "Is the First to Market the First to Fail?" *Journal of Marketing Research* 29 (2002), pp. 120-128.

欧洲中等大小及超大喷气机在贸易中的主导地位。当全球对中等大小及超大喷气机的需求不足以使该产业中的其他企业获利时，这种主导地位就会被进一步加强。因此，虽然日本公司在市场上有竞争能力，但它们决定不进入这个产业，而是联合起来作为主要生产企业的重要承包商（例如，三菱重工是波音777机型和787机型的主要承包商）。

新贸易理论和赫克歇尔-俄林理论不同。赫克歇尔-俄林理论认为，当一国将其有要素禀赋优势的资源专门用于生产该种要素密集的产品时，该国将在出口中拥有主导地位。新贸易理论则认为，美国之所以是商用喷气机的主要出口商，不是因为它拥有更多的生产飞机的要素，而是因为该产业的一个先行者——波音公司是美国企业。新贸易理论和比较优势理论也不同。规模经济会提高生产效率，因此，新贸易理论指出了比较优势的一个重要来源。

新贸易理论在解释贸易模式时非常有用，实证研究看上去也支持该理论提出的观点，即贸易会提高产业内的专业化生产程度，增加消费者可获取产品的种类，并带来较低的价格。[①] 关于先发优势和国际贸易，哈佛的商业史学家阿尔弗雷德·钱德勒（Alfred Chandler）在一份报告中认为，先发优势的存在是解释一国特定产业中企业主导地位的重要因素。[②] 在全球很多产业中，企业的数量受到某种限制，这些产业包括化工产业、重型建设机械产业、重型卡车产业、轮胎产业、消费电子产业、喷气机引擎产业及计算机软件产业。

新贸易理论中最有争议的地方，也许是该理论导出了政府干预和战略贸易政策。[③] 新贸易理论强调运气、企业家精神和创新在企业获得先发优势中的作用。根据这个观点，之所以是波音公司而不是英国的德哈维兰（DeHavilland）公司和霍克·西德利（Hawker Siddeley）公司，或者荷兰的福克（Fokker）公司成为具有先发优势的商用喷气机制造商（本来这些公司也有可能），是因为波音公司同时拥有运气和创新。波音公司的运气之一是，德哈维兰公司的大型喷气机比波音公司的第一架大型喷气机707要早两年推向市场，但这款飞机被发现有很多严重的技术缺陷。要是德哈维兰公司没有犯这么严重的技术错误，英国就会变成世界上最重要的商用喷气机出口国。波音公司的创新已经被其独立发展出的建造商用喷气机的专门技术所证明。但是，几个新贸易理论学者指出，美国政府为波音公司的研发给予了大量资助，大型喷气机707是受到政府资助的军事项目的副产品（空中客车公司进入该产业也得到过大量政府补助）。这里对政府干预的合理思考是：通过对补贴精准而审慎的使用，例如美国政府对波音公司所做的（同时是欧盟对空中客车公司所做的），政府能够提高国内企业在新兴产业中成为先行者的机会吗？如果这是可能的——新贸易理论认为这是可能的，那么对主动出击的贸易政策就有了合理的经济解释，

---

① J. R. Tybout, "Plant and Firm Level Evidence on New Trade Theories," *National Bureau of Economic Research*, Working Paper Series Number 8418, August 2001; S. Deraniyagala and B. Fine, "New Trade Theory versus Old Trade Policy: A Continuing Enigma," *Cambridge Journal of Economics* 25 (November 2001), pp. 809–825.

② A. D. Chandler, *Scale and Scope* (New York: Free Press, 1990).

③ P. Krugman, "Does the New Trade Theory Require a New Trade Policy?" *World Economy*, 15 (4), 1992, pp. 423–441.

这与本书先前讲到的自由贸易理论的观点不同。本书将在第六章讨论这个问题的政策影响。

国际竞争优势：波特的钻石模型

1990 年，哈佛大学商学院的迈克尔·波特出版了一本倾注了其大量研究心血的论著。该书尝试解释一国在国际竞争中成功或失败的原因。[①] 波特及其研究团队对 10 个国家中的 100 个产业进行了研究。和新贸易理论学者们的工作一样，波特相信现有国际贸易理论只能部分解释这个问题，因此他和他的研究团队对此进行了持续研究。对波特来说，最重要的工作是解释为什么一个国家可以在特定产业的国际竞争中获得成功。为什么日本在汽车工业中这么成功？为什么瑞士擅长精密仪器和药品的生产和出口？为什么德国和美国在化工产业中做得那么好？用赫克歇尔-俄林理论无法轻易回答这些问题，用比较优势理论也只能获得片面解释。按照比较优势理论，瑞士之所以擅长生产和出口精密仪器及药品，是因为瑞士在这些产业中使用资源的生产效率高。虽然这个说法没有错，但这不能解释为什么瑞士在这些产业中比英国、德国或西班牙更有生产效率，波特则试图解决这个疑团。

波特将形成当地企业竞争环境的要素抽象为四类特性，这些特性会促进或阻碍竞争优势的建立，如图 5.6 所示。这些特性是：

- 要素禀赋：一国生产要素的状况，例如熟练劳动力或特定产业竞争所需的基础设施状况。
- 需求条件：母国对该产业产品或服务的需求特点。
- 相关产业及支撑产业：一国是否有具有国际竞争力的上游产业和相关产业。
- 企业战略、结构和竞争：企业创建、组织、管理的条件，以及国内竞争的特点。

波特提出可以把这四种特性放在一起构成钻石模型。他认为企业最有可能在最符合钻石模型的产业中获得成功。他还认为，钻石模型中的各部分构成了一个相互加强的系统。一种特性的作用依据其他特性的情况而定，例如，波特认为有利的需求条件不会带来竞争优势，除非竞争激烈程度足以引起公司对此做出反应。

波特认为有两个附加变量会以重要方式影响国家的钻石模型：偶然事件和政府。偶然事件，例如重大创新，能够重塑产业结构并为一国企业取代他国企业提供机会。而政府，通过选择政策能够降低或增强国家竞争优势。例如，管制政策可以改变母国需求条件，反垄断政策可以影响产业的竞争强度，政府对教育的投资能够改变要素禀赋。

[①] M. E. Porter, *The Competitive Advantage of Nations* (New York: Free Press, 1990); R. M. Grant, "Porter's Competitive Advantage of Nations: An Assessment," *Strategic Management Journal* 12 (1991), pp. 535–548.

```
        ┌──────────┐
        │企业战略、 │
        │结构和竞争│
        └──────────┘
         ↕       ↕
┌──────┐       ┌──────┐
│要素禀赋│ ←→  │需求条件│
└──────┘       └──────┘
         ↕       ↕
        ┌──────────┐
        │相关产业  │
        │及支撑产业│
        └──────────┘
```

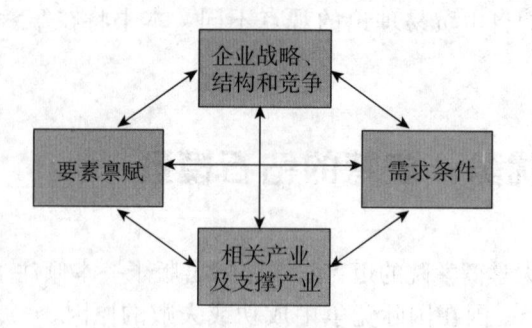

图 5.6　国家竞争优势的决定要素：波特的钻石模型

资料来源：Reprinted by permission of the *Harvard Business Review*. Michael E. Porter, "The Competitive Advantage of Nations", March-April 1990, p.77. Copyright © 1990 by the Harvard Business School Publishing Corporation; all rights reserved

□ 要素禀赋

要素禀赋是赫克歇尔-俄林理论的核心。虽然波特没有提出任何新东西，但是他的确分析了生产要素的特性。他认为，要素的等级可以分为基本要素（例如自然资源、气候、地理位置和人口）以及高级要素（例如通信设施、受过教育的熟练工人、研究设施和专有技术），对竞争优势而言高级要素最重要。与自然赋予的基本要素不同，高级要素是个人、企业和政府投资的结果。因此，通过提高人口的总体技能和受教育水平，刺激高等教育机构中的高级研究，以及政府对基础教育和高等教育的投资，一国便能够提升其高级要素的等级。

高级要素和基本要素之间的关系很复杂。基本要素可以为一国提供初始优势，随后通过对高级要素的投资得到强化和扩张。反过来说，基本要素的劣势会给高级要素的投资带来压力。这种现象的突出案例是日本。日本缺少可耕种土地和矿产储备，但是通过投资构建了大量高级要素禀赋。波特指出，日本大量的工程师储备（日本每年毕业的工程专业学生的数量远超几乎所有国家）对日本在许多制造业获得成功至关重要。

● 聚焦管理：韩国和全球在线游戏产业

韩国的李运烨（Lee Yunyeol）才差不多20岁，但是他的形象几乎每天都出现在电视上，并拥有数十万粉丝，因为他是当前韩国最大的在线游戏《战网》（Battle.net）的冠军。

《战网》类似游戏《天堂》（Lineage）和《激战》（Guild Wars），是一个大型多人在线角色扮演游戏。在线游戏通过一系列非常有趣的事件从韩国起步。游戏产业已经是一个价值10亿美元的全球产业，其中差不多50%的视频游戏都是在线游戏。

当游戏产业起飞的时候，市场上大部分还是离线游戏，当时的贸易限制使韩国人很难获得日本手持游戏和游戏机。考虑到成本，唯一可行的替代选择是在个人电脑上玩。另外，20世纪90年代，韩国政府强调发展通过当时的国有通信供应商能够转变为现实生产力的前沿技术。20世纪90年代末，韩国的许多建筑已经接入了宽带，而大部分韩国家庭也能够熟练使用互联网了。

当许多公司努力从1997年的亚洲金融危机中恢复时，小型商业获得了重要地位——其中前景最光明的是游戏馆，当地称之为"计算机吧"。在韩国到处都是这种游戏馆，总数将近3万个，差不多每20个韩国人中就有一个玩在线游戏。

韩国的永恒之塔（NCSoft）公司是全球在线游戏产业的领袖企业。公司于1997年成立，在1998年推出了游戏《天堂》，这是一款多用户网络游戏。10年后，这款游戏的升级版《天堂Ⅱ》仅在北美和欧洲就拥有10万并行的激活玩家，另一个游戏《激战》卖出了500多万份特许权单元。

在全球竞争舞台上，有一个游戏比《天堂Ⅱ》更流行——暴雪娱乐（Blizzard Entertainment）公司的《魔兽世界》（World of Warcraft）在全球差不多有1 200万个用户。这家总部在美国的游戏供应商也是全球最受欢迎游戏的开发商，包括《战网》和《暗黑破坏神》（Diablo）。与永恒之塔公司不同，暴雪娱乐公司在转向在线游戏和角色扮演游戏产业之前是离线游戏和游戏机生产企业。

在线游戏最近在中国火爆起来。中国的顶尖游戏运营商腾讯（Tencent）、盛大游戏（Shanda Games）和网易（NetEase）在2009年的年收益分别是7.92亿美元、7.04亿美元和4.93亿美元。腾讯的《地下城与勇士》（Dungeon and Fighter）和《穿越火线》（Cross Fire），以及网易的《梦幻西游》（Fantasy Westward Journey）自称已经有超过100万个高峰并行用户。[1]

□ 需求条件

波特强调需求条件在竞争优势升级中的作用。企业一般对关系最密切的客户的需求最敏感，因此，在本国制造产品的特征形成过程中，以及对创新和高质量施加压力时，家庭需求的特点就特别重要。波特认为，当一国企业的国内客户需求量大且追求质量高时，这个企业就可获得竞争优势。这样的消费者会迫使当地企业实现产品质量的高标准并生产出新产品。波特指出，由日本聪明又有知识的相机买家刺激的日本相机产业的发展，帮助企业提高了产品质量并生产出新机型。在无线电话产业也可以看到类似的例子，斯堪的纳维亚半岛的客户对产品的要求很高，芬兰的诺基亚（Nokia）及瑞典的爱立信（Ericsson）得益于这种推动，在很久以前其他发达国家对手机需求还没有增长时就投资了手机技术。

□ 相关产业及支撑产业

国家竞争优势在一个产业中的特性是，拥有具备国际竞争力的供应商或相关产业。相关产业及支撑产业对生产中的高级要素进行投资的好处是，能够对该产业产

---

[1] Kevin Kwang, "China's Online Games Industry to Hit ＄6B by 2012," ZDNet Asia, April 9, 2010; Jim Rossignol, "Sex, Fame and PC Baangs: How the Orient Plays Host to PC Gaming's Strangest Culture," *PC Gamer Magazine*(UK).

生溢出效应，由此帮助该产业获取较强的国际竞争位置。瑞典在钢结构产品上的成功（例如滚珠轴承和切割工具）来自瑞典特种钢工业的竞争力。美国在半导体产业的技术领先地位为美国在个人电脑和其他几种技术先进的电子产品上的成功提供了基础。同样，瑞士在制药业的成功与其之前在技术相关的染色工业的国际成功紧密相关。

这种特性带来的一个结果是，一国的成功产业倾向于聚集相关产业成为集群。这是波特的研究中最普及的发现之一。波特研究过的一个产业集群是德国的纺织和服装产业，包括高质量的棉花、羊毛、合成纤维、缝纫机针及各种纺织机械。这样的集群很重要，因为有价值的知识能够在集群所在地的企业中得到传播，使集群中所有的企业受益。当雇员在同一个地区的不同企业间转换工作时，当一国产业协会将雇员从不同企业召集到一起参加定期会议和研讨会时，就会发生知识的传播。[①]

□ 企业战略、结构和竞争

钻石模型中国家优势还有一类特性是企业战略、结构和竞争。波特在这里指出了两个要点。第一，不同的国家有不同的管理哲学，这对它们构建国际竞争优势可能有帮助，也可能无帮助。例如，波特指出，在德国和日本企业的高层管理人员中，工程师占多数。他将此归因为这些企业强调改进生产流程和提高产品设计。作为对比，波特指出，在美国许多企业的领导岗位上，具有财务背景的人占多数。他将此与美国企业缺少对改进生产流程和产品设计的关注度相联系，认为财务的主导地位导致这些企业过度强调最大化短期财务收益。根据波特的观点，这些不同管理哲学产生的一个结果是，美国在那些生产流程和产品设计都很重要的基于工程的产业中失去不少竞争力（例如汽车产业）。

第二，在一个产业中，激烈的国内竞争、创造力和竞争优势的持续之间存在很强的关联。激烈的国内竞争诱导企业寻找提高效率的方式，这使得企业成为更好的国际竞争者。国内竞争产生了创新、质量提高、成本减少，以及投资获取高级要素升级的压力，所有这些都有助于产生世界级别的竞争者。波特引用了日本的例子：

> 没有什么地方的国内竞争效果比日本更明显。日本企业全力竞争，很多企业在这种竞争中无法实现收益。日本企业的目标强调市场份额，因此致力在持续的竞争中胜过其他企业。市场份额显然是波动的，争取市场份额的过程在商务压力中实现。精心制作的排行榜测度了哪个是最受大学毕业生欢迎的公司。新产品和新工艺的开发速度快得惊人。[②]

芬兰诺基亚曾经在手机市场的全球卓越地位也说明了较强的国内竞争的刺激作用，具体细节参见"聚焦管理：芬兰诺基亚的崛起"。

[①] B. Kogut, ed., *Country Competitiveness: Technology and the Organizing of Work* (New York: Oxford University Press, 1993).

[②] M. E. Porter, *The Competitive Advantage of Nations* (New York: Free Press, 1990).

● **聚焦管理：芬兰诺基亚的崛起**

　　手机市场是过去几十年成长最迅速的市场之一。手机的全球市场销售量从1990年很低的基数开始，增长到2008年时达到13亿个手机。手机的全球用户数量在1990年不到1 000万人，到2008年年底时增长到40亿人。诺基亚在2008年时占有全球手机市场份额的37%，当时是该产业占主导地位的企业。诺基亚发源于芬兰，这是一个人们谈论尖端技术企业时通常不会想到的国家。20世纪80年代，诺基亚是一个四处扩张的综合型企业，业务包括轮胎制造、造纸、电子消费产品和通信设备。到2008年时，诺基亚已经转型为专注于通信设备的制造商，在全球达到的销售额超过450亿美元。这个先前的综合型企业是如何在无线通信设备领域变成全球具有领导地位的企业的呢？答案很大一部分要从芬兰及其北欧邻国的历史、地理和政治经济中寻找。

　　北欧国家在1981年合作建立了全球第一个国际手机网络。它们有很好的理由成为这方面的开拓者：在那些人口分散又荒凉寒冷的国家，铺设传统的电话线路成本太高。同样的地区特点也使无线通信始终具有更高的价值：开车经过北极严冬的人们及遥远北方的房主们一旦情况不好，就需要电话呼叫救援。因此，瑞典、挪威和芬兰变成了世界上第一批大量采用无线通信的国家。例如，它们发现，给偏远地区用户提供传统有线电话服务要花费人均800美元，但是把相同地点的人通过手机联系在一起的成本只要人均500美元。因此，到1994年时，斯堪的纳维亚半岛有12%的人拥有手机，相比之下，世界第二大市场——美国只有不到6%的人拥有手机。在接下来10年，情况依旧。到2008年时，芬兰90%的人有手机，而美国只有70%的人有手机。

　　诺基亚成为通信供应商已经很久了，它从一开始就利用这方面的发展对企业进行了很好的定位，同时其他因素也对诺基亚发展其竞争优势起到了作用。芬兰和其他发达国家真的不一样，从来没有国家电话公司垄断，电话服务长期以来由大约50个有自主权的当地电话公司提供，由这些公司选出的委员会通过投票决定价格（这自然是低价格）。这支独立的对成本敏感的服务供应商队伍阻止了诺基亚继续从母国市场受惠。从芬兰典型的实用主义出发，客户们希望从成本最低的供应商处购买服务，而不考虑是诺基亚、爱立信、摩托罗拉（Motorola）还是其他公司。这种情况和大多数发达国家的主流情况形成鲜明对比。在大多数发达国家，直到20世纪80年代末和20世纪90年代早期，国内电话服务垄断者从当地居主导地位的供应商处购买设备或自己制造设备。诺基亚通过尽其所能降低制造成本，并继续维持其无线技术的领先地位对这种竞争压力做出回应。

　　这些压力的结果很明显，诺基亚成为数字无线技术领域的领袖。很多人把芬兰看作无线电话服务的市场领导者。赫尔辛基的芬兰人不仅用无线手机通话，也用手机上网、进行电子商务交易、控制住房的采暖和照明系统，或者在接入无线通信的售货机上购买可乐。诺基亚之所以获得了领先地位，是因为斯堪的纳维亚半岛比世

第五章　国际贸易理论

界上其他地区早5年切换到数字技术。[①]

□ 评价波特的理论

波特指出，一国在某个产业获得国际成功的程度受到要素禀赋、需求条件、相关产业及支撑产业，以及企业战略、结构和竞争的共同影响。他认为，为了提高竞争绩效，通常要求一国同时具备钻石模型中这四个要素（虽然有例外）。波特也指出，政府可以影响钻石模型中的每一个要素，不管是积极还是消极的影响。要素禀赋可以被补贴、资本市场的政策、教育政策等影响。政府可以通过制定当地产品标准，或者对影响买家需求的因素进行管制来形成国内需求。政府可以通过管制政策影响相关产业及支撑产业，如通过对资本市场进行管制，制定税收政策和反垄断法律来影响企业竞争。

如果波特是对的，那么我们可以期待使用其模型来预测我们在真实世界中观察到的国际贸易模式。即一国应该出口由具备钻石模型四要素的产业生产的产品，进口不具备钻石模型四要素的产业生产的产品。那么波特正确吗？我们还不知道。波特的理论还没有得到详细的实证检验。这个理论中的许多内容是正确的，但是新贸易理论、比较优势理论和赫克歇尔-俄林理论同样在许多方面是正确的。或许这些互补的理论，每一个都可以被拿来解释国际贸易模式中的部分内容。

☞ 给管理者的启示

本章讨论的内容对国际商务至少有三个影响：区位影响、先发优势影响和政府政策影响。这些为什么都与企业相关？

区位

我们讨论过的大部分理论都含有这样的看法，即不同国家在不同生产活动中有特定优势。因此，从收益的角度看，企业将生产活动分散到不同国家是有意义的，根据国际贸易理论，这时企业可以获得更高的生产效率。如果设计工作在法国最有效率，设计企业就应该搬到法国。如果零配件制造在新加坡最有效率，那就应该在新加坡制造。如果最终组装在中国最有效率，那就应该在中国完成组装。最后的结果就构成了一张全球生产活动的网络，根据对比较优势、要素禀赋等的考虑决定在全球的不同区位做不同的事。如果企业不这样做，就会发现自己处于比较劣势中。

笔记本电脑的生产有以下四个过程：（1）产品设计的基础研发阶段；（2）标准电子元器件的制造阶段（例如内存芯片）；（3）高级元器件的制造过程（例如平板彩色显示屏幕及微处理器）；（4）组装过程。基础研发过程需要大量在微电子行业有很好背景的受过教育的技术高度熟练的工人。在微电子行业基础研发和设计中，有竞争优势的两个国家是日本和美国，因此大部分笔记本电脑制造商都将其研发机构放

[①] "Lessons from the Frozen North," *The Economist*, October 8, 1994, pp.76-77; "A Finnish Fable," *The Economist*, October 14, 2000; D. O'Shea and K. Fitchard, "The First 3 Billion Is Always the Hardest," *Wireless Review* 22 (September 2005), pp.25-31; P. Taylor, "Big Names Dominate in Mobile Phones," *Financial Times*, September 29, 2006, p.26.

在这两个国家〔苹果、IBM、摩托罗拉、得州仪器、东芝（Toshiba）及索尼在日本和美国都设有重要的研发机构〕。

标准电子元器件的制造是一个资本密集过程，需要半熟练工人，成本压力很大。如今这个过程的最佳区位选择是新加坡、马来西亚和韩国这样的国家。这些国家有大量相对熟练的工人和适中的劳动力成本。因此，许多笔记本电脑制造商选择在这些区位生产诸如内存芯片这样的标准电子元器件。

高级元器件的制造也是一个资本密集过程，需要熟练工人。由于成本压力在这个阶段没有那么大，高级元器件可以在有较高劳动力成本，同时有大量高度熟练的工人的国家制造，例如日本和美国。

组装过程相比较而言是一个劳动密集过程，只需要低技术工人，成本压力很大。因此，组装过程可以放在例如墨西哥这样低技术工人众多，同时劳动力成本很低的国家。由美国制造商生产的笔记本电脑，有可能设计过程在加利福尼亚完成，标准电子元器件生产在新加坡完成，高级元器件生产在日本和美国完成，在墨西哥组装后，再被出售给美国或世界其他地方。美国制造商通过将生产活动分散到全球不同区位，充分利用了各种国际贸易理论所指出的国家间差异。

先发优势

新贸易理论认为，在特定新产品生产中建立了先发优势的企业，随后将在该产品的全球贸易中占主导地位。当全球市场只能支撑数量有限的企业的利益时，情况尤其如此，例如飞机市场。但是，早期投入对缺少集中度的产业也很重要，例如手机市场。对单家企业来说，其中传达的明确信息是，就算新投资在获得收益前要亏损数年，也应该投资大量财务资源去建立先发优势。因此，企业要优先获得市场需求以及与产量相关的成本优势，先于竞争者建立持久的品牌，并且由此建立长期可持续的竞争优势。如何实现这些具体内容超出了本书范围，但是有不少出版物给出了开拓先发优势的策略，以及避免市场开拓陷阱（先发劣势）的策略。[①]

政府政策

国际贸易理论也关注国际企业，因为它们是国际贸易舞台上的主要角色。国际企业出口本国产品，进口他国产品。由于它们在国际贸易中起着关键作用，因此企业能够对政府的贸易政策施加很强的影响力，游说政府采取促进或限制贸易的政策。国际贸易理论认为，一般来说，尽管促进自由贸易的政策不一定总是最符合某个企业的利益，但是最符合一国的利益。许多企业认可这个观点，并游说政府开放市场。

例如，在20世纪90年代，当美国政府宣布有意对从日本进口的液晶显示屏征收关税时，IBM和苹果公司都进行了强烈抗议。两家公司都指出：（1）日本的液晶显示屏成本最低；（2）这两家公司都在自己的笔记本电脑生产中使用日本的液晶显示屏；（3）提高关税会增加液晶显示屏的成本，增加IBM和苹果公司生产计算机的

[①] Lieberman and Montgomery, "First-Mover Advantages." W. T. Robinson and Sungwook Min, "Is the First to Market the First to Fail?" *Journal of Marketing Research* 29 (2002), pp. 120–128; W. Boulding and M. Christen, "First Mover Disadvantage," *Harvard Business Review*, October 2001, pp. 20–21; R. Agarwal and M. Gort, "First Mover Advantage and the Speed of Competitive Entry," *Journal of Law and Economics* 44 (2001), pp. 131–159.

成本，因此降低它们在国际市场上的竞争力。换句话说，用来保护美国公司的关税也有自我伤害作用。作为对这些压力的回应，美国政府转变了原先的看法。

但是，和IBM及苹果公司不同，企业并不会总是游说自由贸易。例如，美国对钢铁进口的限制就是企业对政府直接施加压力的结果。在一些情况中，作为对压力的回应，美国政府明确威胁外国企业将对其采取更全面的正式的贸易壁垒，以迫使外国企业同意"自愿"限制进口，并遵守这些协议（历史上汽车工业曾经发生过）。在另一些情况中，政府利用反倾销措施为施加于其他国家的进口关税做出辩解（第六章将详细讨论这些机制）。

许多这样的条约如国际贸易理论所指出的具有自我伤害作用，例如美国于1985年对机械工具进口的"自愿"限制。由于限制更多有效率的外国供应商参与进口竞争，美国机械工具的价格比自由贸易时期提高了很多。由于整个制造业都要使用机械工具，因此这个做法增加了美国制造业的总成本，带来了其在世界市场竞争力的损失。美国机械工具产业通过进口壁垒在国际竞争中受到保护，没有内在动力提高自身效率，因此失去了很多出口市场，让位于更有效率的外国竞争者。由于这个错误，美国机械工具产业在该协议实施期间萎缩了。对任何读过国际贸易理论的人而言，这个结果并不令人惊奇。① 美国钢铁行业展现的情况类似，2001年，美国政府设立关税壁垒后，增加了重要的美国用户的成本，例如汽车企业和工具制造商，使它们的产品变得几乎没有竞争力。

波特的国家竞争优势理论也具有政策意义。波特认为，企业对升级生产所需的高级要素进行投资是最符合其利益的。例如，企业对雇员进行更好训练的投资及增加自身研发能力。游说政府采取政策对钻石模型中的每一要素产生良好影响，这也是最符合企业利益的。因此，根据波特的观点，企业应该督促政府增加其在教育、基础设施和基础研究上的投资（因为所有这些都会提高高级要素），并督促其采取促进国内市场竞争程度的政策（因为根据波特的研究，这会使企业变成更强大的国际竞争者）。

● 本章总结

本章回顾了大量理论，解释了为什么一国能够从国际贸易中获利，以及在世界经济中观察到的贸易模式。我们看到绝对优势理论、比较优势理论和赫克歇尔-俄林理论都极力支持自由贸易。重商主义和新贸易理论支持自由贸易的程度相比之下低一些，它们认为政府可通过补贴和进口关税及配额对进出口进行干预。本章还解释了国际贸易模式，在这个过程中，我们看到重商主义没有解释这个问题，其他理论则提供了大量互相补充的解释。尽管没有一个理论能够完整解释国际贸易模式，但是比较优势理论、赫克歇尔-俄林理论、产品生命周期理论、新贸易理论和波特的国家竞争优势理论确实指明了哪些要素是重要的。比较优势理论告诉我们，生产率的差异是重要的；赫克歇尔-俄林理论告诉我们，要素禀赋是重要的；产品生命周期理

---

① C. A. Hamilton, "Building Better Machine Tools," *Journal of Commerce*, October 30, 1991, p. 8; "Manufacturing Trouble," *The Economist*, October 12, 1991, p. 71.

论告诉我们，引入新产品是重要的；新贸易理论告诉我们，专业化带来的收益递增和先发优势是重要的；波特的国家竞争优势理论告诉我们，所有这些要素都是重要的，它们会影响钻石模型中的四个构成要素。本章要点如下：

1. 重商主义认为获得贸易盈余对国家最有利。它们将贸易看作零和博弈，即一国的收益会带来其他国家相应的损失。

2. 绝对优势理论认为各国在生产商品的效率上能力不同，并认为一国应该专业化生产它拥有绝对优势的产品，同时进口其他国家拥有绝对优势的产品。

3. 比较优势理论认为，一国专业化生产自己生产起来最有效率的产品是合理的，同时应该从其他国家购买自己生产起来相对缺乏效率的产品，也就是说，从其他国家购买对方能够更有效率地生产的产品。

4. 比较优势理论认为，自由贸易会带来世界产出的增长，也就是说，贸易是正和博弈。

5. 比较优势理论还认为，一国开放自由贸易的举措会刺激经济增长，创造出来自贸易的动态收益。来自实证的证据也支持这一观点。

6. 赫克歇尔-俄林理论认为，贸易模式由要素禀赋的不同决定。该理论认为，一国应该出口密集使用本地丰富要素生产出来的产品，并进口密集使用本地匮乏要素生产出来的产品。

7. 产品生命周期理论认为，贸易模式受到所引入的新产品的影响。在日益一体化的全球经济中，产品生命周期理论的说服力看上去比过去差了一些。

8. 新贸易理论认为，贸易使得一国专业化生产某种产品，获得规模收益并降低生产成本，同时从其他进行类似专业化生产的国家购买自己不生产的产品。通过这种交换机制，每个国家的消费者可以获得的各种产品都增加了，同时这些产品的平均成本应该下降。

9. 新贸易理论还认为，存在牢固的规模经济的产业，意味着这个产业的世界市场只能支撑数量有限的企业盈利，一国可以只依靠具有产业先发优势的本国企业在某种产品的出口市场上获得主导地位。

10. 一些新贸易理论学者提出了战略性贸易政策的想法。他们认为政府通过聪明而审慎地使用补贴，能够提高国内企业在新兴工业中成为先行者的可能。

11. 波特的国家竞争优势理论认为，贸易模式受到一国四方面特征的影响：（1）要素禀赋；（2）需求条件；（3）相关产业及支撑产业；（4）企业战略、结构和竞争。

12. 国际贸易理论对单家商务企业很重要，主要是因为这些理论有助于企业选择将不同生产活动置于何处。

13. 国际贸易中的企业能够并且确实对政府的贸易政策产生了重要影响。商务企业通过游说政府能够促进或阻碍自由贸易。

●批判性思考和问题讨论

1. 有人认为重商主义已经过时，在现代社会中已无存身之处。请讨论该观点。

2. 自由贸易公平吗？请讨论。

3. 发达国家的工会经常反对从低工资国家进口，并拥护采用贸易壁垒来使工作机会免受"不公平"进口竞争的影响。这种竞争"不公平"吗？你认为这个观点最符合以下谁的利益？（1）工会；（2）工会所代表的人；（3）作为整体的国家。

4. 采取自由贸易体系的潜在成本是什么？你认为政府应该在减少这种成本方面有所作为吗？为什么？

5. 重读"聚焦国家：美国白领工作转移到国外"，然后回答下列问题：（1）谁从白领技术工作外包到发展中国家的过程中获利？谁受损了？（2）像美国这样的国家正在遭受高技术和高收入工作转移到发展中国家的痛苦吗？（3）高收入白领工作（例如计算机编程和会计）转移到发展中国家和低收入蓝领工作转移到发展中国家，两者有区别吗？如果有，区别是什么？美国政府应该在阻止白领工作向印度等国转移方面有所作为吗？

6. 根据新贸易理论和波特的国家竞争优势理论，概括政府在生物工程领域构建国家竞争优势的政策。你会推荐政府采纳什么样的政策？这些政策和自由贸易的基本哲学有差异吗？

7. 世界上最穷国家的每个产业都处在竞争劣势中，它们几乎不出口，没有资本，土地贫乏，通常相对于工作机会而言人口太多，并且国民的受教育程度不高。自由贸易不可能符合这些国家的利益。请讨论上述观点。

●研究任务：国际贸易理论

利用 global EDGE™ 网站完成下列练习：

练习1

世界贸易组织的《国际贸易统计》（International Trade Statistics）是一份年度报告，为货物贸易和商业服务提供了详细且可比较的最新数据。这份报告给人们评估各国、各地区主要产品和服务的贸易流提供了便利。使用可获得的最新统计数据，分别找出在货物进口和出口中名列前五的国家。

练习2

食物是理解不同国家和文化及生活方式的不可或缺的部分。假设你所在的公司对进口日本海鲜食品到美国很感兴趣，作为早期分析的一部分，你想要了解日本海鲜食品工业的优势。请通过给出日本海鲜食品清单，以及日本海鲜食品主要进口国名单，写一份有关当前日本海鲜食品出口地位的简要报告。

●章尾案例：信息技术贸易和美国经济增长

美国的创新企业发明了我们今天使用的大部分信息技术，包括计算机和通信硬件、软件及服务。在20世纪60年代和20世纪70年代，像IBM和德国投资与开发有限公司这样的公司开发出了信息技术的框架及中期的计算机，开创了信息技术产业。20世纪80年代，这个产业增长的核心转向个人计算机，以及类似英特尔、苹果、IBM、戴尔和康柏（Compaq）这样的创新型公司，这种情况有助于开发产品的大众消费市场。但是，在这条发展道路上，美国产业出现了一些变化——它们开始将硬件生产外包出去。

在20世纪80年代早期，计算机商品零配件的生产，例如动态随机缓存芯片

(DRAMs)被转移到日本的低成本制造商处，随后又被转移到韩国等地区。很快，硬件驱动器、显示屏、键盘、鼠标和大量其他零配件都被外包给了外国制造商。进入21世纪之后，美国工厂只专业化生产价值最高的零配件，例如英特尔公司制造的微处理器及最终的组装过程（例如，戴尔在两个北美工厂组装个人计算机）。其他几乎所有零配件都在国外生产——因为成本更低。对于这种潮流会给美国经济带来的可能的负面影响，政治家和记者们产生了很多焦虑。按照评论家的说法就是：信息产业高工资的制造工作被出口给了外国制造商。

这种趋势会像评论家所说的那样不利于美国经济吗？根据研究，生产全球化使信息技术硬件比过去便宜了20%，价格下降带来了更多家庭和企业对信息技术的投资，因为计算机变得更便宜了，在美国普及更快了。随着企业使用计算机进行流水处理，这种信息技术的快速普及转变成更快的生产效率增长。1995—2002年，美国生产效率每年增长2.8个百分点，高于历史标准。根据学者们的计算，在每年增长中，其中大约0.3个百分点的生产效率增加可以直接归因于信息产业硬件价格的降低，而这是通过生产外包实现的。这一期间每年0.3个百分点的生产效率提高使得美国国内生产总值累计增加2 300亿美元。有一种观点认为，美国经济以更快的速度增长，是因为信息产业硬件生产被转移到了国外。

证据也表明，有可能是因为国际贸易，硬件价格下降在两个相关产业——计算机软件业和服务业创造了大量工作机会。在20世纪90年代，美国信息产业工作的数量增加了22%，是整个经济创造工作速度的两倍，而这一时期也是信息产业制造被转移到国外的时候。增长可以部分归因于美国计算机软件和服务需求的稳定增长，同时部分归因于外国对计算机软件和服务需求的增长，其中包括那些现在生产更多硬件的国家。总体来说，一些人认为从其他国家购买而不是在美国生产计算机硬件对美国经济有重要的正面影响，而且该影响超过了美国制造业部门失去工作带来的负面影响。[①]

案例讨论问题

1. 在20世纪90年代和21世纪第一个10年，某些发达国家的计算机硬件公司逐渐将硬件生产外包给其他国家，通常是外包给发展中国家。依据国际贸易理论，你认为这种趋势对这些发达国家的经济有什么影响？
2. 本案例提到的美国情况与国际贸易理论预计的一样吗？
3. 对以下政策或策略来说，理论和数据的影响是什么？（1）发达国家例如美国的政府政策；（2）计算机产业中的企业例如戴尔或苹果的策略。

---

① C. L. Mann, "Globalization of IT Services and White Collar Jobs," *International Economic Policy Briefs*, *Institute of International Economics*, December 2003; A. Bernstein, "Shaking Up Trade Theory," *Business-Week*, December 6, 2004, pp. 116 - 120; "Semiconductor Trade: A Wafer Thin Case," *The Economist*, July 27, 1996, pp. 53 - 54; K. J. Stiroh, "Information Technology and the U. S. Productivity Revival," Federal Reserve Bank of New York, January 2001.

附录：国际贸易和国际收支平衡

国际贸易包括对另一个国家居民的商品和服务的出售（出口），以及从其他国家居民处对商品和服务的购买（进口）。一国的**收支平衡表**（balance-of-payments accounts）追踪了在特定时期该国与这些国家的收支往来，包括为了进口商品和服务对外国的支付，以及将商品和服务出售给外国获得的收入。表5.3给出了美国2007年收支平衡表概要，我们将其作为例子。任何导致对外国的支付的交易都计入收支平衡表的贷方，用负号（一）表示。任何导致获得外国收入的交易都计入收支平衡表的借方，用正号（＋）表示。本附录简要介绍了收支平衡表的构成，并讨论了是否需要担心经常账户赤字——这个问题常常会引起媒体大量关注。

表5.3　　　　　　　　　美国2007年收支平衡表概要

经常账户	金额（百万美元）
商品、服务出口及收入	2 463 505
商品出口	1 148 481
服务出口	497 245
收入	817 779
商品、服务进口及支出	−3 082 014
商品进口	−1 967 853
服务进口	−378 130
支出	−736 030
单方面经常账户转移（净值）	−112 705
经常账户余额	−731 215
资本账户	
资本转移（净值）	−1 843
金融账户	
美国拥有的海外资产（净值）	−1 289 854
美国官方储备资产	−122
美国政府资产	−22 273
美国私人资产	−1 267 459
外国在美国拥有的资产	2 057 703
外国在美国的官方储备	411 058
其他在美国的外国资产	1 646 645
统计误差	−41 287

资料来源：美国经济分析局

□ 收支账户的平衡

收支平衡表主要被分成三个部分：经常账户、资本账户和金融账户（容易混淆的是，直到最近，经常账户中的一部分才被叫作资本账户，而现在的金融账户过去被叫作资本账户）。**经常账户**（current account）记录的交易适用于三个分类，参见表5.3。第一个分类指实物商品的进口或出口（例如农产品、汽车、计算机和化学制品）。第二个分类指服务的进口或出口（例如银行和保险服务等无形产品）。第三个分类指来自外国投资部门的收入和必须向外国投资者做出的支出。例如，如果一个美国公民拥有芬兰公司的股份，收到一份5美元的红利，那么这5美元在美国的经常账户中显示为5美元的投资收入。单方面经常账户转移也被包含在经常账户下，例如美国政府给外国人的钱（包括外国援助），以及个人付给外国人的钱（例如在美国工作的外国工人将钱汇往其母国）。

当一国进口的商品、服务及支出超过出口时，就出现了**经常账户赤字**（current account deficit）。当一国出口的商品、服务和收入超过进口时，就出现了**经常账户盈余**（current account surplus）。表5.3显示了2007年美国有7 312.15亿美元的经常账户赤字。这经常是吸引眼球的头条消息，会被新闻媒体广泛报道。最近几年，美国经常账户赤字一直在增大，主要原因是美国进口的实物商品超过出口（美国实际在服务上有盈余，并且在收入上基本保持平衡）。

2006年，美国的经常账户赤字创下新纪录，大约相当于美国国内生产总值的6.5%。公众认为，这会导致美国国内生产被不断增长的进口取代，从而造成失业，并降低经济增长。例如，《纽约时报》对美国2006年经常账户赤字回应道：

> 增长的贸易赤字拖了整个经济增长的后腿。经济学家们预期政府将不得不根据新的数据改写对2006年第四季度国内生产总值的估计值，并略微调低增长速度。[①]

然而，问题在某种意义上比这种报道更复杂。要完全理解大量持久的赤字对经济的影响，需要看一下收支平衡表的其他部分。

资本账户（capital account）记录了一段时期内资产存量的变化。正如前文所指出的，不久之前这个项目还被包含在经常账户中。资本账户包括资本转移，例如债务减免和移民转移（商品和金融资产会随移民进出一国而发生转移）。相对于整个收支平衡表，美国这个账户的数字相对较小，2007年总计18.43亿美元。

金融账户（financial account）记录了资产购买和出售的交易。因此，当德国公司购买美国公司股票或美国国债时，交易则被计入美国收支平衡表金融账户中的贷方，因为资本流进了美国。当资本流出美国时，就被计入金融账户的借方。

金融账户包含很多基本项。美国拥有的海外资产（净值）变化包括美国政府拥有资产的变化（美国官方储备资产和美国政府资产）及美国私人资产的变化。从表

[①] J. W. Peters, "U. S. Trade Deficit Grew to Another Record in 06," *New York Times*, February 14, 2007, p. 1.

5.3可以看到，2007年，美国在海外拥有的资产减少了12 898.54亿美元，主要归因于美国私人拥有的外国资产数量下降了12 674.59亿美元。换句话说，美国的私有实体在2007年净卖出资产，包括外国证券、国债和其拥有的房地产。

金融账户还包括外国在美国拥有的资产，分为外国在美国的官方储备（外国政府拥有的资产）和其他在美国的外国资产（其他外国实体例如企业和个人拥有的资产）。如表5.3所示，2007年，外国人增持了20 577.03亿美元的美国资产，包括美国国库券、公司股票和债券，以及在美国的直接投资。其中4 110.58亿美元归因于外国政府增持美国资产，余下部分归因于私人企业和个人对美国资产的投资。

收支账户记账的重要原则是复式记账。每一笔国际交易要在收支平衡表中被计入两次——一次作为贷方，一次作为借方。假设花了2万美元买了一辆日本丰田轿车，由于这表示你对其他国家货物的购买支付，因此这笔交易被计入收支平衡表经常账户中的借方。丰田得到2万美元后必须处理这笔资金。如果丰田将钱存入美国银行，就是购买了美国资产——银行存款价值2万美元，交易就会出现在金融账户中，计入贷方2万美元。如果丰田将现金存入日本银行换成日元，那么日本银行必须决定如何处理这2万美元，所采取的任何选择最终都会导致美国收支平衡表的贷方被计入2万美元。例如，如果银行将这笔资金借给准备向美国进口个人电脑的日本企业，那么这2万美元就会被计入美国收支平衡表经常账户下的贷方。如果日本银行用这笔资金购买美国政府债券，那么这就会被计入美国收支平衡表金融账户的贷方。

因此，任何国际交易都会在收支平衡表中自动产生两次相互抵消的记录。因此，经常账户、资本账户和金融账户总的余额加起来应该是零。在实务中，由于存在统计误差，因此这个数字通常不是零。我们在这里无须关注统计误差的来源（2007年的统计误差总计412.87亿美元）。

□ 经常账户赤字要紧吗？

如前文所讨论的，一国收支平衡表出现经常账户赤字时会受到很多关注。[①] 最近几年，很多富有的国家包括美国出现了持续不断增加的经常账户赤字。当一国出现经常账户赤字时，流向其他国家的钱可以被它们用来购买赤字国家的资产。因此，当美国对中国出现贸易赤字时，则意味着中国人用其从美国消费者手中得到的钱购买了美国资产，例如股票和债券等。换一种方式看，经常账户赤字需要通过向其他国家出售资产获得资金援助。也就是说，通过金融账户的盈余获得弥补。因此，美国经常账户持续的赤字可以通过向其他国家持续出售美国资产（股票、债券、房地产及整个公司）得到资金补充。简单地说，就是经常账户赤字的国家会变成净债务人。

例如，作为通过出售资产对经常账户赤字进行补充的结果，美国必须向持有债券的外国人支付大量利息，向持有土地的外国人支付租金，向持有股票的外国人支

---

① P. Krugman, *The Age of Diminished Expectations* (Cambridge, MA: MIT Press, 1990).

付股息和红利。有人可能认为，向外国人进行这样的支付会耗尽一国资源，并限制国内投资可获得的资金。由于国内投资是刺激经济增长的必要手段，因此持续的经常账户赤字会扼杀一国未来的经济增长。这就是有关持续的赤字对经济产生不良影响的基本观点。

但是，事情没那么简单。在全球资本市场的时代，钱会高效流向能获得最大收益的地方——在过去1/4个世纪，很多获得最大收益的机会是在美国。因此，即使资本以向外国支付的方式流出美国，很多资金还是会流回美国，对美国进行富有成效的投资，简而言之，经常账户赤字会扼杀美国经济增长的观点不正确。事实上，尽管美国存在长期的经常账户赤字，并且要通过向外国人出售美国资产来平衡赤字，美国经济在过去25年中仍以引人注目的速度增长。因为外国人将其从美国资产中挣得的收入，以及向美国出口获得的收入重新投资到美国。这个最近几年得到普遍认可的修正主义观点认为，持续的经常账户赤字可能不会如人们过去认为的那样拖经济增长的后腿。[1]

尽管这样，但有些人还是有一些抱怨，他们担心到某个时候，外国人对美国资产的需求会下降。如果外国人突然减少对美国的投资，那么会发生什么？简单地说，外国人不再把从对美贸易或投资中获得的钱再次投资到美国，那么他们就得卖出美元以获得其他货币，例如欧元或日元，然后投资用欧元或日元标价的资产。这会导致美元价值在外国市场下降，转而提高进口价格，同时降低美国出口价格，使美国商品更有竞争力。这样就会减少经常账户赤字的总量，长期下去美国持续的经常账户赤字就会通过美元贬值得到纠正。人们的担心是，这样的调整可能不会顺利。不同于美元价值受控制的逐渐下跌，美元在短期内突然大幅贬值会带来"美元危机"。[2]因为美元是世界主要的储备货币，被很多外国政府和银行持有，因此在任何时候"美元危机"都会严重打击世界经济，至少会造成全球经济放缓，这并不是什么好事。

---

[1] D. Griswold, "Are Trade Deficits a Drag on U. S. Economic Growth," *Free Trade Bulletin*, March 12, 2007, Cato Institute; O. Blanchard, "Current Account Deficits in Rich Countries," NBER Working Paper Number 12925, February 2007.

[2] S. Edwards, "The U. S. Current Account Deficit: Gradual Correction or Abrupt Adjustment?" NBER Working Paper Number 12154, April 2006.

第六章 国际贸易中的政治经济

学习目标

学完本章后，你应该能够：
1. 阐述政府影响国际贸易的政策工具；
2. 理解为什么政府有时干预国际贸易；
3. 阐述战略性贸易政策的观点；
4. 阐述世界贸易系统的发展和当前的贸易问题；
5. 理解理论对世界贸易系统发展中管理者的作用。

● 开篇案例：为什么全球食品价格上升了？

受生产率的提高和世界农业部门产出增加的影响，全球食品价格在很长一段时间内持续下降。在2007年，全球食品价格下降的趋势骤然停止，并出现价格上涨。在2007年9月，全球小麦价格从2007年5月的每吨200美元上涨到每吨超过400美元，达到历史上最高价格纪录。玉米价格（黄色品种）飙升至每吨175美元，比2006年的均价上升了约60%。根据《经济学人》(The Economist) 杂志从1845年开始进行的统计，经过通货膨胀调整的食品价格指标在2007年12月达到最高水平。

食品价格持续上涨的一个原因是需求上升。需求上升是由于发展中国家发展迅速，食品消费增长。其中影响最显著的是中国和印度。尤其是肉类食品消费的上升导致对谷物类食品需求的增长。每生产1公斤牛肉需要消耗8公斤谷物，所以，对肉制品的需求上升，牧牛消耗的谷物会激增。农场主现在需要比20年前多使用2亿～2.5亿吨谷物来饲养动物，因而刺激了谷物价格上涨。

食品价格上涨的另一个原因是生物燃料补贴。美国和欧盟都采取政策来提高乙醇和生物柴油产量，以缓解全球变暖（虽然这两种产品对于减排能产生多大效果依然存在广泛争议，但这两种产品的二氧化碳排放量更少）。在2000年，约1 500万吨美国玉米被转化成乙醇；2007年的转化量达到8 500万吨。为了推动产量增长，政府给农民补贴。在美国，每公升乙醇的补贴在0.29美元～0.36美元。在欧洲，国家补贴高达每公升乙醇1美元。不出意外，该补贴将会激励农民种植更多可转化成生物燃料的农作物（主要是玉米和大豆）。这样一来，用于种植玉米和大豆的土地被转变为种植生物燃料农作物。因为没有生物燃料补贴，种植食用农作物例如小麦的土地供给下降。这种高补贴引起的需求似乎对玉米和大豆的需求产生了显著影响。例如，在2007年，美国对以玉米为原料的乙醇需求的增长占据了超过半数的世界玉米需求增长。

然而，许多进口产品被计征高额关税，因此，生产者无法使用替代产品来生产生物燃料，其中出口至美国和欧洲市场的甘蔗最为出名，这让形势变得更加复杂。巴西有世界上最高效的甘蔗生产商，但出口至美国市场至少要被美国计征25%的进口关税，出口到欧盟市场的关税则高达50%。这提高了美国和欧盟的进口甘蔗的价格。相比由政府补贴的玉米和大豆来说，甘蔗失去了竞争力。这非常不幸，因为甘蔗是公认的生产生物燃料最为环境友好型的原材料，比玉米和大豆更为优良。甘蔗使用的肥料比玉米和大豆少，并且就作物的能量含量而言，甘蔗每公顷产量更高，人们还可以从甘蔗处理过程中废弃的纤维中提取乙醇，这些纤维过去被人们当作废品。

然而，如果政策制定者自主行事，那么情况会变得更差。美国和欧盟在规划中都提倡提高生物燃料产量，但没有任何政治团体赞同降低甘蔗的关税壁垒，或取消对生物燃料生产所使用的玉米或大豆施加的具有贸易扭曲倾向的补贴。巴西对此没有袖手旁观。在2007年，巴西要求世界贸易组织调查美国为制造乙醇而向玉米农场主发放的补贴。

引言

对第五章中绝对优势理论、比较优势理论和赫克歇尔-俄林理论等传统贸易理论的回顾表明，如果没有贸易壁垒，那么贸易格局由不同国家不同要素的相对生产力决定。国家将会专门生产那些生产起来最有效率的产品，进口那些生产起来缺少效率的产品。第五章还给出了自由贸易的成功案例。在**自由贸易**（free trade）下，政府对其公民向外国购买或销售产品不设限。根据我们在第五章中所学过的，绝对优势理论、比较优势理论和赫克歇尔-俄林理论预测出自由贸易的结果包括静态经济增长（因为自由贸易支持国内高水平消费和资源的更高效利用）和动态经济增长（因为自由贸易刺激经济增长和财富创造）。

本章着眼于国际贸易在政治中的实际情况。在2008年全球经济危机的余波下，全球经济下行随之而来，许多国家一直在国际贸易中增加关税和非关税壁垒，试图保护本国的生产商并维持就业。尽管从政治角度甚至是社会福利角度而言，这些措施合情合理，但是国际贸易理论告诉我们，这样的做法只会弄巧成拙。最终，保护低效率的生产商会提高产品和服务的价格，并导致更低的经济增长。然而，这一观点成立的前提是市场处于完全竞争和自由的最理想状态。否则，国家为了促进经济发展而非单纯的经济增长，会对各种选择方案的得失进行评估。

进一步说，虽然许多国家在名义上承诺自由贸易，但它们倾向于通过干预国际贸易来保护具有政治重要性的集团和国内重要生产者的利益。例如在美国，农业补贴保护了生产相对低效的棉花农场主，使之不受全球完全竞争市场的影响。这种补贴得以实施的原因是，棉花农场主对美国国会施加了政治影响。这很不幸，因为这些补贴刺激了美国国内棉花的过度生产，从而压低了全球市场的棉花价格。同时，这种做法也使得贫穷国家更为贫穷，例如贝宁和马里。因为对于这些国家而言，棉花是获得国外收益的主要来源。

我们也要探索政府对国际贸易进行干预的政治和经济观点。政府在进行干预时，通常是限制货物和服务向国内进口，同时采取一些促进国内生产和出口的政策（对美国棉花农场主给予补贴在一定程度上是出口推动策略，因为多余的美国产品主要被销往国外）。通常，政府的动机是保护国内生产者和就业，同时为国内生产商的产品拓宽国外市场。然而在近些年，社会问题成为制定决策的影响因素。本章会先阐述政府在国际贸易中使用的一系列政策工具。紧接着将对政府采取干预措施的各种政治和经济动机进行详尽回顾。鉴于政府干预国际贸易的各种理由，本章还将考虑如何使自由贸易的情形站住脚。然后，我们将着眼于当代国际贸易体系的产生。该体系基于关税及贸易总协定及其后继者世界贸易组织。关税及贸易总协定和世界贸易组织是一系列多方协议的产物。最近的协议签订于1995年，囊括120多个成员，其结果是世界贸易组织的成立。这些协议的目的是降低贸易壁垒，促进成员间货物和服务的自由流动。世界贸易组织像关税及贸易总协定一样，约束着各国政府采取限制进口措施的能力，以此促进自由贸易。本章的最后一部分将讨论这些材料对管理实践的作用。

贸易政策工具

贸易政策使用七种主要工具：关税、补贴、进口配额、自愿出口限制、当地含量要求、管理政策和反倾销政策。关税是最古老也是最简便的贸易政策。正如本章随后要介绍的，这也是关税及贸易总协定和世界贸易组织限制得最成功的措施。近几十年来，伴随关税壁垒的减少，非关税壁垒例如补贴、进口配额、自愿出口限制和反倾销税增加了。

□ 关税

关税（tariff）指对进口产品（或出口产品）征收的税收。关税分为两类。**从量税**（specific tariffs）是对每一单位进口产品征收固定费用的税收（例如，每桶油3美元）。**从价税**（ad valorem tariffs）根据进口产品的价值比例征收。在多数情况下，关税通常通过提高进口产品价格来保护国内生产商免于外国竞争。然而，关税也为政府带来收益。例如，在所得税推出前，关税是美国政府财政收入的主要成分。

理解进口关税，最重要的是知道谁受损，谁获益。政府是获益的，因为关税增加了政府收入。国内生产商获益，因为关税通过提高进口外国商品的成本保护国内生产商，使之不受国外商品竞争的影响。消费者受损，因为他们必须为一些进口产品支付更多费用。例如，2002年3月，美国政府对国外进口的钢铁施加了8%~30%的从价税。这一做法是想保护国内的钢铁生产商，使之不受国外廉价进口钢铁竞争的影响。然而，其结果致使美国钢铁价格提高了30%~50%。大量的美国钢铁消费者，从电器制造商到汽车制造公司，提出提高钢铁关税会提高它们的生产成本，并使它们更难在全球市场竞争。美国政府和国内生产商的获益是否高于消费者的损失取决于各种因素，如关税量、进口产品对国内消费者的重要性、受保护行业有多少工作保留下来等。在钢铁关税案例中，许多人认为，钢铁消费者的损失明显高于钢铁生产商的获利。2003年11月，世界贸易组织宣布该关税的出现违反了世界贸易组织的协定，美国于2003年12月取消了该关税。

总之，从进口关税有关影响的经济分析中可以衍生出以下两点。第一，关税明显有利于生产者，不利于消费者。当关税保护生产商免于国外商品的竞争时，这种供给限制会提高国内产品价格。例如，日本经济学家的一项研究表明，对日本的食品、化妆用品和化学制品征收进口关税会使日本人因为价格上涨而每年多花890美元。几乎所有研究都发现，进口关税以提高价格的形式显著提高了国内消费者的支出。

第二，进口关税减少了世界经济的总体效率。总体效率的减少是由于保护性关税鼓励国内生产商在国内生产，而理论上这些产品在国外生产会更有效率，这导致了资源的低效利用。例如，韩国进口大米的关税使得韩国大米产量增加；然而，在韩国生产大米是对土地的低效使用。如果韩国从低成本的外国生产商那里进口大米，并将目前用于种植大米的土地移作他用，如种植一些其他地区都无法更高效种植的农作物，或者开发住宅和用于工业，那么将会更有意义。

有一些关税对一国出口的产品计征。出口关税远不如进口关税普遍。总体而言，出口关税的影响分为两种：第一，提高政府收入；第二，减少某个部门的出口。

补贴

补贴（subsidy）由政府支付给国内生产商。补贴有多种形式，包括现金补助、低息贷款、税收减免和政府对国内厂商的股权参与。通过降低生产成本，补贴通过以下两种形式给国内厂商带来帮助：(1) 与国外进口产品竞争；(2) 扩大出口市场。据世界贸易组织统计，2005年，各国政府花在补贴上的费用总计大约3 000亿美元，其中21个发达国家支出2 500亿美元。另外，在2008年年中至2009年年初，一些发达国家支付给汽车制造商的补贴达450亿美元。这其中包括美国政府向深受重创的底特律汽车工业支付的补贴。尽管补贴的意图是扶植汽车厂商，使它们幸免于严峻的经济形势，但这些补贴带来的结果之一，是在全球汽车工业中给予这些汽车制造商不公平的竞争优势。

农业在大多数国家往往是补贴的最大受益者。在21世纪第一个10年的中期，欧盟每年在农业补贴上花费440亿欧元。更有甚者，美国前总统乔治·布什（George Bush）曾在2002年签署了一项法案，其中包含在接下来10年发给农场主1 800多亿美元补贴。2005年，美国给农场主的补贴总计约230亿美元。日本用农业补贴扶植低效国内生产者的行为由来已久。随后的"聚焦国家"案例将探讨日本对小麦生产商的农业补贴。

非农业补贴要低得多，但依然很重要。例如，以往波音公司和空中客车公司利用从政府处获得的补贴，降低研发新型商用喷气飞机的成本。在波音公司的案例中，补贴以研发支出的税收抵免形式出现，或者是来自五角大楼的经费。五角大楼经费起初被用于开发军用技术，随后被转移到民用航空开发项目上。在空中客车公司的案例中，补贴以低于市场利率的政府贷款的形式存在。

补贴主要使国内生产者获益，最终使这些国内生产者的国际竞争力上升。战略贸易政策的倡导者支持用补贴帮助国内厂商在一些特定行业获得主导地位。在这些行业中，规模经济起重要作用，而世界市场又不足以大到有力地支撑更多厂商（航空航天行业和半导体行业都是这样的行业）。根据这一论断，补贴可以让企业在新兴行业中获得先发优势（正如美国政府用大额的研究与开发资金补贴波音公司）。如果这一行为取得成效，那么由这家大型跨国公司提供的就业和税收收入会使国内经济进一步获利。然而，政府补贴必须有人支付，它主要由个人和公司支付。

补贴产生的国家收益是否高于其国家成本备受争议。在实践中，许多补贴在增加国内生产者的国际竞争力方面并不那么成功。更确切地说，补贴更倾向于保护低效行业并刺激过量产出。例如，农业补贴允许低效率农场主在该行业经营，鼓励国家过量补贴农业产品，鼓励国家生产在其他地区更廉价并更适合进口的产品，因此减少了农产品国际贸易量。一项研究估计，如果发达国家禁止为农场主提供补贴，那么农产品的全球贸易量会高出50%，而世界总产值会提升1 600亿美元，总体经济状况会更好。另一项研究估计，消除农业贸易的全部壁垒（包括补贴和关税）会使世界收入提高1 820亿美元。这种财富的增加源于农业用地的更高效利用。"聚焦国家"专栏中日本对小麦生产的补贴便是具体范例。

●聚焦国家：日本对小麦生产的补贴

日本并非生产小麦的沃土。小麦需要在干燥气候下大面积种植，在北美、澳大利亚和阿根廷生产更便宜，并且品质比在日本本土生产的任何品种都好。实际上，日本从外国进口的小麦量占日本小麦总消费量的比例约为80%。然而现在，成千上万的日本农场主依然生产小麦，通常是在一些小面积土地上，产出低而成本高，但生产还在增加。原因是政府补贴使低效的日本小麦生产商能够维持经营。在21世纪第一个10年的中期，日本农场主按照约每蒲式耳9美元的市价销售他们的产品，但他们至少可以获得平均每蒲式耳35美元的收益，每蒲式耳的差额26美元由政府补贴给日本小麦生产商。这些补贴每年至少花费7亿美元。

为了支付生产补贴，日本对进口小麦实行了关税税率配额。一旦小麦进口量超过了配额水平，就会实行更高的关税税率。在配额内，小麦关税税率为零；而超配额税率则为每吨500美元。关税极大提高了成本，因此阻止了超额进口，从根本上限制了供给并提高了日本国内小麦价格。日本农林水产省（MAFF）有在配额内进口小麦的独家购买权（因为超配额进口量很小，所以日本农林水产省是日本小麦进口的垄断买家)。日本农林水产省以世界价格买入小麦,然后制定更高价格再向日本磨坊主出售小麦。这种价格提升的原因是关税税率配额引起的供给限制。据统计,2004年,世界市场小麦价格是每蒲式耳5.96美元,但日本国内进口小麦的均价为每蒲式耳10.23美元。每蒲式耳4.27美元的利润让日本农林水产省获得超过4.5亿美元的收益。然后这部分收益被用于弥补被支付给低效率农场主的7亿美元政府补贴,补贴额不足的部分从一般性政府税收中支付。

由于这些政策,日本小麦价格比世界市场价格高出80%~120%,而在2004年,日本小麦生产量超过85万吨,这个产量明显超过了按自由市场运行时的小麦产量。事实上,在自由市场条件下,日本不会生产小麦,因为小麦的生产成本实在太高。这一补贴政策的受益者是数以千计的日本小麦小农场主。该政策的受损者包括日本消费者,他们必须为与小麦有关的产品支付更高的价格,并通过纳税交付小麦补贴;受损者也包括国外生产商,它们因超额关税税率被阻挡在日本市场之外。那么,为什么日本政府依然坚持执行这项政策呢?该政策之所以得以继续实施,是因为小农场主是日本重要的选民,而日本政客需要他们的投票。

□ 进口配额和自愿出口限制

进口配额(import quota)是对一个国家进口某种商品数量的直接限制。一般这种限制通过对一些个体或公司开具进口许可证来强制实行。例如,美国对奶酪实行进口配额,只有一些特定的公司有权进口奶酪,其中每家公司每年获得分配额,有权进口一个最大磅数的奶酪量。在一些情况下,出口直接由出口国政府掌握。这样的情况可以追溯到美国进口的糖和纺织品。但是,国际协定会对纺织品的进口配额实行管制,如在2004年12月失效的《多种纤维协定》(Multi-Fiber Agreement)。

一种常见的配额和关税混合情况便是关税税率配额。在**关税税率配额**(tariff rate quota)下,政府对一定配额内的进口商品比超过配额的进口商品实行更低的关税税率。例如,根据图6.1,进口量在100万吨以内的韩国进口大米被计征10%的从价税;对于超过100万吨的韩国进口大米,则实行80%的超配额税率。所以,韩国可能会进口200万吨大米,并对其中100万吨征收10%关税税率,对超额的100万吨计征80%关税税率。由于各国的目标是通过配额限制进口,因此普遍对农业采取关税税率配额。例如,"聚焦国家"专栏中日本的小麦补贴体现了政府如何通过关税税率配额和补贴相结合的政策保护低效的日本小麦农场主免于外国竞争。

自愿出口限制是进口配额的转化形式。**自愿出口限制**(voluntary export restraint)通常是应进口国政府的要求强加给出口国的贸易配额。历史上最有名的案例是1981年日本汽车生产商对出口到美国的汽车实行的自愿出口限制。由于美国直接施加压力,这项自愿出口限制政策要求日本每年向美国出口的汽车不超过168万辆。这项协定在1984年得到调整,允许日本每年对美国出口185万辆汽车。1985年,这项协定失效,但日本政府当时表明愿意继续将本国对美国汽车年出口量控制在185万辆以内。[①] 外国

---

① R. W. Crandall, *Regulating the Automobile* (Washington, DC: Brookings Institution, 1986).

生产商同意实行自愿出口限制，是因为它们担心如果不实行自愿出口限制，那么更多破坏性的惩罚性关税措施或进口配额制度会紧随其后。同意实行自愿出口限制能够缓和来自他国的贸易保护主义压力，这是对恶劣情势的妥善处理。

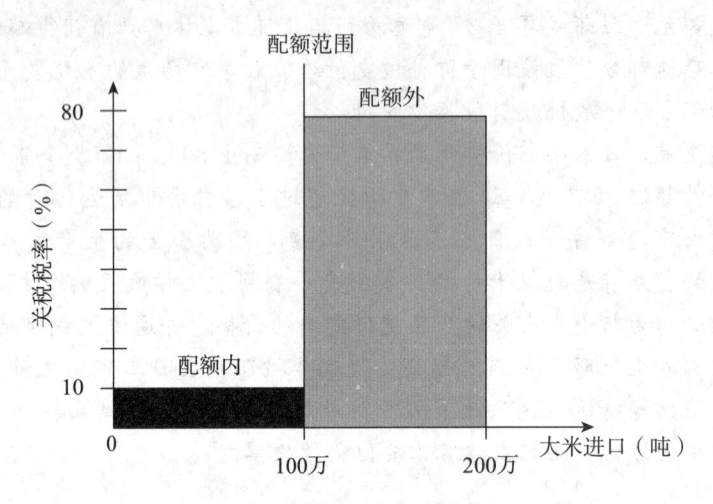

图 6.1 假设的关税税率配额示意图

就关税和补贴而言，进口配额和自愿出口限制都能通过减少进口竞争压力使国内生产商获利。配额对贸易实行全面限制，因此不能使消费者获益。进口配额或自愿出口限制都会提高国内进口商品价格。由于存在进口配额或自愿出口限制，进口量占有的市场份额很低，因此这些进口受限的商品价格被抬高。上述案例中提及的汽车产业自愿出口限制提高了供给有限的日本进口汽车的价格。美国联邦贸易委员会（U. S. Federal Trade Commission）研究表明，1981—1985 年，每年汽车自愿出口限制让美国民众因汽车价格升高而多花费 10 亿美元，而这笔钱进了日本生产商的口袋。[1] 生产商因供给人为受到进口配额限制而获得的额外利润被称为**配额租金**（quota rent）。

如果国内生产没有能力满足需求，那么进口配额会同时增加国内商品生产数量和进口商品的价格。这种情况曾发生于美国制糖业，其关税税率配额系统长期限制外国生产商向美国出售糖类商品的数量。一项研究表明，进口配额使美国市场糖的价格高出世界市场价格 40%。[2] 这种高价使得美国糖生产商获得更大收益，并游说政客们继续实行这项有利可图的协定，理由是进口配额制度的取消会使美国制糖业的工作机会流失到国外。

□ 当地含量要求

当地含量要求（local content requirement）规定了一种产品的某些特殊部分必须在当地生产。这项规定可以用实物条款表示（例如，本产品 75% 的组成部分必须在当地生产），或者用价值条款表示（例如，本产品 75% 的价值部分必须在当地生

---

[1] Krugman and Obstfeld, *International Economics*.
[2] G. Hufbauer and Z. A. Elliott, *Measuring the Costs of Protectionism in the United States* (Washington, DC: Institute for International Economics, 1993).

产）。发展中国家普遍使用当地含量要求来促进本地制造基地的转型。即从原先利用别处生产的零部件进行产品的简单组装，转变为在当地生产零部件。发展中国家也利用它来保护本地就业和产业免受外国竞争。例如，美国有一部鲜为人知的法律《购买美国产品法》（Buy America Act），规定美国机构在发起设备合同招标时必须优先选择美国产品，除非外国产品有明显价格优势。该法律规定，美国产品中51%的价值须在美国国内生产。这等同于当地含量要求。在这种情况下，如果外国公司或美国公司想要与一个美国机构成功订立提供设备的合同，就必须确保产品中至少51%的价值在美国生产。

当地含量要求对本国零部件生产商的保护方式与进口配额相同：限制国外竞争。其总体经济效果也相同。限制进口使国内生产商获利，但会提高进口零部件价格，进口零部件的高价最终会通过产品价格的提高转嫁给消费者。所以，当地含量要求同所有的贸易政策一样，倾向于使生产商而非消费者受益。

□ 管理政策

除了正式的贸易政策工具，任何政府有时都会使用非正式政策或管理政策来限制进口和刺激出口。**管理政策**（administrative policies）是一种官方规定，它使进口商品很难进入一国。据说日本精于使用这种贸易壁垒。近10年，日本的关税和非关税壁垒是世界最低的。然而，有评论称，日本对进口商品的非正式行政壁垒远超低关税。例如，荷兰一度向世界上除了日本以外的每一个国家出口郁金香球茎，因为日本海关安检坚持逐一将郁金香球茎从中间垂直劈开检查，即使日本的能工巧匠也无法将郁金香恢复原状。美国联邦快递（Federal Express）公司在日本拓展全球快递船舶服务业务时，最初也经历了一段艰难时期，因为日本海关安检员执意打开绝大多数快递包裹以检查其内是否包括色情内容。这项程序会让一单"快"递推迟许多天才能送到。日本不是唯一使用管理政策的国家。法国曾经要求将所有进口的使用录影带的录像机运往一个路途遥远而员工训练无素的小海关入关。随之而来的入关拖延让日本录像机在自愿出口限制协议签署前都无法进入法国市场。管理政策拒绝接纳更优越的外国生产商，从而让本国生产商获益，让消费者受损。

□ 反倾销政策

倾销（dumping）在国际贸易中有两种不同定义：以低于产品生产成本的价格向外国市场出售商品，或者以低于其公平市场价值的价格向外国市场出售商品。在这两种定义中，人们通常认为产品的公平市场价值比其生产成本要大，因为前者包括了"公平"利润额。倾销被视为公司向国外市场清仓过多产品的途径。一些倾销行为可能是掠夺性行为的结果，生产商将其从国内市场获得的大量利润补贴到其国外市场商品的售价中，以便将当地竞争者逐出市场。该观点认为，一旦实现这个目标，掠夺性公司便会提高价格并获得大量利润。

发生于1997年的倾销案例可以被作为引证。两家韩国半导体生产商——LG半导体（LG Semicon）和现代电子（Hyundai Electronics）被指控以低于其生产成本的价格在美国市场销售动态随机内存芯片（DRAMs）。1997年的世界芯片市场容量供过于求。据称，这两家公司试图向美国倾销其产品。如果美国国内生产商认定一家外国生产商在美国倾销商品，则可以向两家机构提起上诉：美国商务部（Commerce Department）和美国国际贸易委员会（International Trade Commission）。这些政府机构会调查控诉。如果诉求合理，那么美国商务部会对被起诉的进口商品实行反倾销关税［反倾销关税也被称为**抵消性关税**（countervailing duties）］。这些关税是一种特殊关税，数额庞大且实行期长达5年。在韩国动态随机内存芯片案例中，一家美国动态随机内存芯片生产商美光科技（Micron Technology）提出了上诉。在审阅了美光科技的起诉后，美国商务部分别对LG半导体和现代电子的动态随机内存芯片分别实行9%和4%的反倾销税。

用**反倾销政策**（antidumping policies）来惩罚进行倾销的外国公司，其最终目的是避免本国生产商面临不公平竞争。就倾销本身而论，倾销违反了《关税及贸易总协定》第六条。然而，值得注意的是，许多新兴经济体对于倾销没有进行充分监管，执行也不到位。在这种情况下，发展中国家的公司为了占领市场以低价倾销其商品屡见不鲜，从而迫使这些新兴经济体中小规模的国内生产商退出市场。例如，由美国农业与贸易政策研究所（Institute for Agriculture and Trade Policy）做出的一项调查显示，2002年，美国以低于生产成本约43%的价格出口小麦。该研究所利用美国农业部（U. S. Department of Agriculture）和经济合作与发展组织的数据，用同样方法估计出美国对大豆、玉米、棉花和大米各自以低于成本25%、13%、61%和35%的价格倾销。[①] 随后的"聚焦管理"专栏讨论了美国公司如何基于反倾销法来寻求保护，规避国外竞争。

●聚焦管理：美国镁业公司寻求保护

镁是生产某些汽车零部件和镁容器的主要原材料。2004年2月，美国唯一在市场竞争中幸存下来的镁生产商——美国镁业（U.S. Magnesium）公司向美国国际贸易委员会提出诉求，称进口激增对美国镁产业的雇用、销售、市场份额和利润都造成了实质性损失。美国镁业公司表明，俄罗斯生产商以明显低于市场价值的价格销售金属制品。2002—2003年，美国镁金属进口量增长了70%，而价格下降了40%，进口所占的市场份额从25%上升至50%。

"美国曾经是世界上最大的镁生产国，"美国镁业公司一位发言人在其上诉期间说，"真正可悲的是，即便你拥有工艺水平和现代技术，但如果俄罗斯人以每小时低于90美分的价格发工资，他们绝对可以借此将你逐出市场。正因如此，我们才要寻求救济。"

在持续一年的调查中，美国国际贸易委员会在争议中听取了各方意见。在美国的外国镁生产商和消费者认为，2002—2003年的镁价下滑仅仅反映了供给和需求的

---

① Institute for Agriculture and Trade Policy, *United States Dumping on World Agricultural Markets* (Minneapolis: Institute for Agriculture and Trade Policy, 2004).

不平衡。这种不平衡是因为有新的产能进入市场，但该产能并非源于俄罗斯，而是源自2001年加拿大投产的新建工厂和一家计划建立的澳大利亚工厂。后来，加拿大工厂在2003年停产，澳大利亚工厂则一直没有投入生产，镁价在2004年再度上升。

美国镁消费者也向美国国际贸易委员会表示，对外国进口的镁金属计征反倾销税会使美国镁价明显高于世界市场价格水平。美国铝业（Alcoa）公司是一家用镁铝合金制造容器的公司，其发言人预测：如果征收反倾销税，那么美国高昂的镁价将迫使美国铝业公司将部分生产从美国转移出去。美国铝业公司同时强调，美国镁业公司在2003年无法满足美国铝业公司对镁的全部需求，使得美国铝业公司不得不求助于进口。汽车行业的镁消费者坚持认为，美国镁价走高会迫使工程师设计不使用镁的汽车，或者公司将生产转移至别处，最终反而使得各方受损。

美国国际贸易委员会的6名成员没有被这种观点说服。2005年3月，美国国际贸易委员会认为俄罗斯在美国进行倾销。美国政府决定对从俄罗斯进口的镁实行19%～22%的反倾销税。该反倾销税将被征收5年，5年后美国国际贸易委员会将重新审核有关情况。2011年年初，美国国际贸易委员会决定撤回对俄罗斯的反倾销税。

美国镁业公司表示，这项对其有利的裁定使公司在过去几年中对工厂进行了投资，在2005年年底提高了25%的生产能力，获利近5 000万美元。在评论这项有利政策时，美国镁业公司的发言人指出："一旦市场上不存在不公平竞争，我们便可以和任何对手竞争。"然而，美国镁业公司的消费者和竞争对手认为，在2002—2003年双方并未进行不公平竞争。尽管实施反倾销税无疑会保护美国镁业公司和其雇用的400多名员工，但美国镁产品消费者担心自己才是损失的终极承担者。[①]

政府干预案例

了解政府可以采用的不同贸易政策工具后，接下来我们讨论国际贸易中的政府干预案例。政府干预观点分为两派：政治观点和经济观点。政府干预的政治观点着眼于保护一国特定群体的利益（一般是生产者），且通常以牺牲其他群体的利益为代价（一般是消费者）。政府干预的经济观点主要关注如何提高一国的总体财富（使各方受益，包括生产者和消费者）。

支持政府干预的政治观点

支持政府干预的政治观点涵盖了一系列问题，包括保护就业岗位、保护对国家安全有重要作用的产业、对外国不公平竞争实施报复、保护消费者不受危险产品侵害、进一步达成外交政策目标，以及提高该出口国公民的人权意识。

---

① D. Anderton, "U. S. Magnesium Lands Ruling on Unfair Imports," *Desert News*, October 1, 2004, p. D10; "U. S. Magnesium and Its Largest Consumers Debate before U. S. ITC," *Platt's Metals Week*, February 28, 2005, p. 2; S. Oberbeck, "U. S. Magnesium Plans Big Utah Production Expansion," *Salt Lake Tribune*, March 30, 2005.

保护工作和产业

支持政府干预最普遍的政治观点可能是，一国有必要保护就业岗位和产业以避免不公平竞争。美国前总统乔治·布什在2002年3月对进口钢铁征税就是为了达到这一目的（2004年，当布什再次参与竞选时，许多钢铁生产商位于布什需要赢得选票的州）。欧盟制定共同农业政策也是出于政治动机。共同农业政策通过限制进口和保护物价来维护欧洲具有政治影响力的农场主的利益。然而，共同农业政策抬高了价格，消费者损失惨重。这种现象可以从政府利用干预保护工作和产业的尝试中得到印证。例如，2002年实施的钢铁关税提高了诸如汽车公司等美国消费者购买钢铁的价格，使它们在世界市场上的竞争力减弱。

国家安全

有时，一些国家认为有必要保护一些特定产业，因为这些产业对国家安全非常重要。一些与国防有关的产业通常受到关注（例如，航空业、高端电子产业、半导体产业等）。这种观点虽然不如以往那么普遍，但依旧适用。例如，那些支持对美国半导体产业进行保护使其避免与外国生产商竞争的人认为，目前半导体是国防产品的重要零部件，如果主要依靠外国生产商生产半导体，那么将对该国造成威胁。1986年，这一观点帮助利益相关方说服美国联邦政府扶持半导体制造技术战略联盟。该战略联盟由14家半导体公司组成，占据美国半导体市场90%份额。半导体制造技术战略联盟的使命是对能够被分解的生产工艺进行联合研究。政府认为该企业至关重要，因此对其进行了特别保护，使之不受反托拉斯法限制。最初，美国政府每年为半导体制造技术战略联盟提供1亿美元的补贴，然而到20世纪90年代中期，因为个人电脑市场的繁荣和英特尔公司对微处理器芯片的需求，美国半导体产业重新获得市场主导地位。1994年，该战略联盟董事会投票决定不再接受美国联邦基金的援助，自1996年起，该战略联盟完全由私人资金投资。[①]

报复

有人认为政府应该在贸易政策中用威胁作为讨价还价的工具，以此打开外国市场，并迫使贸易伙伴"遵守游戏规则"。美国政府采用惩罚性贸易制裁作为威胁手段，试图使某些发展中国家政府执行知识产权法。这些法律在发展中国家执行不力，导致大量版权受到侵犯。这使得诸如微软等美国公司每年损失数百万美元销售收入。

若该手段奏效，那么这种以政治动机为理由的政府干预可能会使贸易自由化，并带来相应经济收益。然而，这是一项高风险策略。被施压的国家可能不会做出让步，反而通过提高其本国贸易壁垒对强加的惩罚性关税做出回应。当感受到来自美国的压力时，某些发展中国家政府的确威胁要加强壁垒，尽管最终这些发展中国家政府做出了退让。然而，如果一方政府不退让，那么必将导致各国更高的贸易壁垒和所有相关方的经济损失。

保护消费者

一些政府一直制定法规，使消费者免于不安全产品的侵害。这些法规的间接效应是限制或禁止一些产品的进口。例如，2003年，在华盛顿州发现一起疯牛病案例

---

① Alan Goldstein, "Sematech Members Facing Dues Increase; 30% Jump to Make Up for Loss of Federal Funding," *Dallas Morning News*, July 27, 1996, p. 2F.

后，包括日本和韩国在内的一些国家决定禁止进口美国牛肉。这一禁令被用来保护消费者免于不安全产品的侵害。美国牛肉在日本和韩国共占据20亿美元销售额，因此，该禁令对美国生产商造成了重大影响。两年后，日本和韩国取消了禁令，但它们对从美国进口的牛肉进行了严格规定，以便减轻进口牛肉可能受疯牛病感染的风险（例如，日本要求所有牛肉必须产自不到21个月大的牛）。①

"聚焦国家"专栏讲述了欧盟如何禁止销售和禁止进口用激素处理过的牛肉。这一禁令的目的是使欧洲消费者不吃用激素处理过的动物肉类，从而避免产生健康问题。欧盟对用激素处理过的牛肉的进口问题同他国产生了一些矛盾。除了使用激素促进动物生长和肉类生产，近年来，生物科技还能改变许多农作物的基因，使之能抵抗普通除草剂，产生有杀虫作用的蛋白质，从而极大提升产量或使其更能承受严酷的天气条件。一种新型转基因西红柿的染色体被植入抗冻基因，因此可以在比迄今为止最冷的种植气候更冷的环境中生长。另一个例子是美国孟山都公司生产的一种基因工程棉花种子，这种种子可以产生一种蛋白质来抵御三种常见有害昆虫：棉花螟蛉虫、烟草蚜虫和粉色螟蛉虫。使用这种种子可以减少或不使用传统除虫剂来消灭这些害虫。

尽管这些创新听起来很诱人，却被消费方强烈抵制，尤其是在欧洲，他们害怕转基因物种的大范围使用会对人类健康产生意料之外的有害的影响，并产生"基因污染"（一个"基因污染"的例子是，大量使用自身能产生杀虫剂的谷物，会刺激可以抵制该杀虫剂的"超级害虫"的进化）。这一担忧让奥地利和卢森堡宣布，进口、销售或使用转基因有机物属于违法行为。其他欧洲国家也强烈反感转基因有机物，以德国和瑞士最为明显。因此，似乎世界贸易组织要被卷入一场希望为转基因有机物拓宽市场的有关方（如孟山都）和希望限制其使用的有关方（如奥地利和卢森堡）之间的争端。②

●聚焦国家：用激素处理过的牛肉的贸易

20世纪70年代，科学家们探索出如何合成一些特定激素，并用其加速牲畜生长，减少肉类中的脂肪含量并增加牛奶产量。牛生长激素是牛类产生的一种生长激素，由一家生物科技公司——基因技术（Genetech）公司首次合成。注射牛生长激素可以刺激动物分泌自身的生长激素，并提高其成长速度。这种激素很快获得农场主欢迎，他们发现这样可以节省成本，并且其精瘦肉也可以满足消费者需求。虽然这些激素本质上由动物自身产生，但一些国家的消费群体很快对这项实验产生担忧。他们认为激素不够天然，而且食用用激素处理过的肉类引起的健康问题虽然未知，但可能包括激素紊乱和癌症。

出于这些担忧，欧盟在1989年禁止在生产中对牲畜使用促生长激素，并禁止进口用激素处理过的肉类。这项禁令备受争议，因为科学家们达成了理性共识，认为激素不会带来健康风险。虽然欧盟对用激素处理过的肉类下了禁令，但其他经济体

---

① B. Tomson, "U. S. Beef Heads Back to China," *Barron's*, December 26, 2005, p. M16.
② B. Lambrecht, "Monsanto Softens Its Stance on Labeling in Europe," *St. Louis Post—Dispatch*, March 15, 1998, p. E1.

不这么做，包括大型肉类生产国，如澳大利亚、加拿大、新西兰和美国。很快这些经济体便大量使用激素。欧盟以外的贸易官员表示，欧盟的禁令构成了对贸易的不公平限制。由于这项禁令，出口到欧盟的肉类数量下降。例如，美国出口到欧盟的红肉从1988年的2.31亿美元下降到1994年的0.98亿美元。当联合国粮农组织（UN's Food and Agriculture Organization）和世界卫生组织（World Health Organization）的国际食品标准制定机构法典委员会（Codex Alimentarius）在1995年批准使用生长激素时，肉类出口商的诉求才得到了支持。法典委员会查阅了科学文献，并未发现食用用激素处理过的肉类和人类健康问题（如癌症）之间有关联的迹象。

由于这一决定的助力，美国于1995年逼迫欧盟放弃对用激素处理过的牛肉的进口禁令，欧盟以"消费者对食品安全担忧"为由拒绝。相应地，加拿大和美国各自向世界贸易组织提起书面起诉，其他一些国家也加入美国的队伍一同上诉，包括澳大利亚和新西兰。世界贸易组织成立了一个由3名独立专家组成的贸易小组。在审核证据和听取了一系列专家和双方代表的发言后，在1997年5月，该贸易小组裁定，由于缺乏科学依据，欧盟对用激素处理过的牛肉实施禁止进口的行为不合法。欧盟立刻表示它将向世界贸易组织法院上诉。世界贸易组织法院在1997年11月听取了上诉，并在1998年2月支持贸易小组，认为欧盟没有提供任何证实支持激素禁令的科学依据。

这项裁定使欧盟陷入困境。在法律上，欧盟必须取缔禁令或面临惩罚性制裁，但是禁令在欧洲享有广泛支持。欧盟害怕取缔禁令会激起消费者的抵制，所以未采取行动。1999年2月，美国要求世界贸易组织批准对欧盟实施惩罚性制裁。世界贸易组织同意了该请求，并允许美国对欧盟出口到美国的产品征收总价1.2亿美元的关税。欧盟宁可接受这项关税，也不取消对用激素处理过的牛肉的禁令，这些限制维持了许多年。但是在2009年，美国和欧盟缔结了一项新协定，允许对许多产品进行关税的互相减免——包括没有激素的牛肉。该协定免除了世界贸易组织长达18个月的调停，表明了双方对该问题寻求长期解决方案的意图。①

更多的外国政策目标

政府有时会用贸易政策达成它们的外交政策目标。② 一个国家可能会给希望与之建立较强关系的国家优先的贸易条件。贸易政策也多次被用来对那些不遵守国际法律或规则的国家施加压力或进行惩罚。在1991年的海湾战争中，伊拉克被联合国联盟（UN Coalition）击败。直至2003年美国率军入侵时，伊拉克都承受着巨大的贸易制裁之苦。这说明这种贸易制裁压力会使这些国家改变其行事方式，或可能加速

---

① C. Southey, "Hormones Fuel a Meaty EU Row," *Financial Times*, September 7, 1995, p. 2; E. L. Andrews, "In Victory for U. S., European Ban on Treated Beef Is Ruled Illegal," *The New York Times*, May 9, 1997, p. Al; F. Williams and G. de Jonquieres, "WTO's Beef Rulings Give Europe Food for Thought," *Financial Times*, February 13, 1998, p. 5; R. Baily, "Food and Trade: EU Fear Mongers' Lethal Harvest," *Los Angeles Times*, August 18, 2002, p. M3; "The US-EU Dispute over Hormone Treated Beef," *The Kiplinger Agricultural Letter*, January 10, 2003; Scott Miller, "EU Trade Sanctions Have Duel Edge," *The Wall Street Journal*, February 26, 2004, p. A3.

② P. S. Jordan, "Country Sanctions and the International Business Community," *American Society of International Law Proceedings of the Annual Meeting* 20, no. 9 (1997), pp. 333-342.

政府转变。在伊拉克的案例中，制裁是一种手段——迫使一国服从联合国的一些决议。美国长期对古巴进行贸易制裁。这些制裁的主要目的是让古巴变穷，使古巴陷入随之而来的经济困境。如此一来，古巴政府会垮台，而另一个更具民主倾向的政府（亲美的）便可取而代之。美国同时对利比亚和伊朗实行贸易制裁。美国指控这两个国家支持危害美国利益的恐怖主义行动，并制造大规模杀伤性武器。在 2003 年年末，针对利比亚的制裁似乎有了一些成效。在利比亚宣布停止一项核武器建造项目后，美国政府用放松贸易制裁的方式进行了回应。

其他国家可能会破坏单边贸易制裁。例如，美国制裁古巴，但没有禁止其他西方国家与古巴进行贸易。美国的制裁仅仅是为加拿大和德国等其他贸易国家进入古巴市场扫除障碍。为了停止这一切，并进一步加紧对古巴的制裁，美国国会在 1996 年通过了《赫尔姆斯-伯顿法案》（Helms-Burton Act）。这项法案允许在古巴 1959 年革命胜利后被没收财产的美国人对在古巴使用这些资产的外国公司提起诉讼。随后同样在 1996 年，美国国会通过了一个相似的法案，即针对利比亚和伊朗的《德阿玛托法案》（D'Amato Act）。

《赫尔姆斯-伯顿法案》中记载了来自美国贸易伙伴的抗议。包括欧盟、加拿大和墨西哥在内的国家都声称这项法案侵犯了它们的主权，在世界贸易组织的规则下是违法的。例如，和古巴有多年生意往来的加拿大公司不知为何被告上美国法庭，当时加拿大没有限制本国公司和古巴之间的贸易。这些公司既没有违反加拿大法律，也不是美国公司，所以为什么它们要服从美国法律？尽管有这些抗议，该法案依然被载入美国名册，哪怕美国政府没有实施这项法案——可能是因为该法案不可实施。

保护人权

在其他国家保护和推进人权是许多民主政治外交政策的重点之一。政府有时试图使用贸易政策以推进贸易伙伴的人权政策。有人认为，限制与这些国家的贸易百害而无一利。他们认为，改变一国国内人权待遇的最好方式是让人权成为国际贸易的一环。该论点的核心非常简单：发展双边贸易可以提升两国的收入水平。当一国变得富有，人们便会提高需求，并逐渐获得更好的人权待遇。这是对第二章所述经济发展推动政治进步的诠释（如果政治进步可以通过一个民主政府对人权的尊重程度来衡量）。

□ 支持政府干预的经济观点

由于新贸易理论和战略性贸易理论的发展，支持政府干预的经济观点近年来经历了一场革命。直至 20 世纪 80 年代，大部分经济学家都很少看到政府干预的好处，并强烈提倡自由贸易政策。这种观点随着战略性贸易理论的发展而发生改变，虽然依旧有大量观点坚持自由贸易的政策立场。

幼稚产业观点

幼稚产业观点（infant industry argument）是迄今为止最古老的支持政府干预的经济观点，由亚历山大·汉密尔顿（Alexander Hamilton）在 1792 年提出。根据这一观点，许多发展中国家在制造业有潜在比较优势，但是其新建的制造产业最初会与发达国家已建成的制造产业竞争,为了让这些新建产业有立足之处,政府应该暂时性支持新建产业(通过关税、进口配额和补贴),直到其有足够能力来面对外国竞争。

这种观点在过去50年中深受发展中国家政府欢迎。而关税及贸易总协定也将幼稚产业观点作为贸易保护的合法理由。然而,许多经济学家依旧因两大原因批判这种观点。第一,保护生产不受外国竞争无益,除非这种保护能够提升产业的效率。然而,在现实案例中,这种保护只是培育了毫无能力在世界市场中竞争的低效率产业的发展。例如,巴西利用关税壁垒和配额建立了世界上第十大汽车产业。当它在20世纪80年代取消这些壁垒后,外国进口激增,该产业被迫面对现实:经过30年保护后,巴西汽车产业成为全球效率最低的产业之一。

第二,幼稚产业观点成立的假设条件是,公司不能从国内外资本市场通过融资获得有效的长期投资,因此企业要求政府对长期投资进行补贴。考虑到世界资本市场在过去20年的发展,这一假定不再被认为像过去那样有效。如今,如果一个发展中国家在制造业上拥有潜在比较优势,该国的公司则应该可以从资本市场融到所需投资。考虑到财务支持,该国有潜在比较优势的公司为了获得长期收益,在没有政府保护的情况下就会有内在动力来忍受最初必要的亏损。许多韩国公司在如纺织、半导体、机床、钢铁和船舶等产业中采用该方法。所以,鉴于存在有效的世界资本市场,要求政府提供保护的产业就是那些不值得被保护的产业。

战略性贸易政策

一些新贸易理论家提出了战略性贸易政策的观点。[①] 新贸易理论认为,在一些产业中存在确凿的规模经济,这意味着世界市场只能让少数公司获利,公司在出口特定商品中占据优势可能仅仅是因为抓住了先发优势。波音公司在商用飞机领域长期占据主导地位的情况就可归因于此。

战略性贸易政策(strategic trade policy)的观点有两个组成部分。第一,这种观点认为,如果政府采取适当的行动,能够在某种程度上保证获得先发优势的公司是本土公司而不是外国公司,那么国内收入会有所提升。因此,根据战略性贸易政策的观点,政府应该利用补贴扶持在新兴产业中有活力且有前景的企业。这一观点的倡导者指出,美国政府在20世纪50年代和20世纪60年代拨给波音公司的大量研究与开发津贴,可能使得客机新兴市场的竞争向波音公司倾斜(波音公司的第一架商用喷气飞机波音707由军用飞机衍生而来)。关于日本主导液晶显示屏生产(使用于笔记本电脑)也有相似观点支撑。虽然美国发明了这种屏幕,但是日本政府在20世纪70年代末和20世纪80年代初通过与大型电子公司合作,将该产业列为受研究支持的产业。结果是日本公司而非美国公司随之获得了这个市场的先发优势。

第二,政府通过对行业进行干预,可以帮助国内企业克服由外国企业通过先发优势建立的准入壁垒。这一观点认为,政府应支持空中客车公司——波音公司的主要竞争者。空中客车公司于1966年由来自英国、法国、德国和西班牙的四家公司组成。当

---

① J. A. Brander, "Rationales for Strategic Trade and Industrial Policy," in *Strategic Trade Policy and the New International Economics*, ed. P. R. Krugman (Cambridge, MA: MIT Press, 1986); P. R. Krugman, "Is Free Trade Passé?" *Journal of Economic Perspectives* 1 (1987), pp. 131–144; P. R. Krugman, "Does the New Trade Theory Require a New Trade Policy?" *World Economy* 15, no. 4 (1992), pp. 423–441.

其于20世纪70年代中期开始投入生产时,还只拥有世界商务飞机市场不到5%的份额。而到2006年,它的市场份额提升到45%,威胁着波音公司的长期市场主导地位。空中客车公司是怎么做到的?美国政府称,答案是英国、法国、德国和西班牙政府拨款150亿美元。[①] 若没有这笔补贴,空中客车公司不可能有机会闯入世界市场。

如果这些观点可靠,则它们为政府干预提供了理论支持。政府应该将目标锁定在未来具有重要性的技术上,并使用补贴扶持这些技术商业化的开发工作。此外,政府应该提供出口补贴,直至国内公司在世界市场建立起先发优势。如果政府能帮助国内企业克服由外国竞争者的先发优势带来的障碍,并让其成为对方在世界市场中的有力竞争者(正如空中客车公司和半导体的案例一样),那么政府的扶持合情合理。在这些案例中,政府有必要采用国内市场保护和出口推进型补贴的组合。

对自由贸易的修正

新贸易理论家们的战略性贸易政策的观点为政府对国际贸易干预提供了经济依据。这项依据对由亚当·斯密和大卫·李嘉图等支持的传统自由贸易理论发起了挑战。为回应对这一经济学正统学说的挑战,大量经济学家——包括一些对新贸易理论发展有贡献的经济学家例如保罗·克鲁格曼指出,虽然战略性贸易政策在理论上看似吸引人,但在实际中它可能无法实行。这一对战略性贸易政策观点的回应构成了对自由贸易理论的修正。[②]

报复和贸易战

克鲁格曼认为,战略性贸易政策的目的是使国内公司在全球产业中建立主导地位,这种以邻为壑的政策以其他国家的支出为代价获取国内收入。试图使用这种政策的国家可能会引起他国报复。在许多先例中,比起一开始时不采取干预政策的政府,两个或多个政府采取干预政策的贸易战会使所有相关国家境况变糟。例如,如果美国政府通过提高给波音公司的补贴回应空中客车公司得到的补贴,那么最终会致使补贴相互抵消。在这一进程中,欧洲和美国纳税人最终都要为昂贵和无意义的贸易战买单,并且欧洲和美国的境况都会变糟。

克鲁格曼认为,战略性贸易政策会导致贸易战,这种危机认识可能是正确的。然而问题在于,应该如何对已经获得政府补贴的竞争者做出反应,也就是说,波音公司和美国应该对空中客车公司的补贴做出什么反应?克鲁格曼认为,解决问题不应诉诸报复行动,而应该建立游戏规则,将扭曲贸易的补贴使用率降至最低。这便是世界贸易组织目前的职责。

---

① "Airbus and Boeing: The Jumbo War," *The Economist*, June 15, 1991, pp. 65–66.
② P. R. Krugman, "Is Free Trade Passé?" *Journal of Economic Perspectives* 1 (1987), pp. 131–144; J. A. Brander, "Rationales for Strategic Trade and Industrial Policy," in *Strategic Trade Policy and the New International Economics*, ed. P. R. Krugman (Cambridge, MA: MIT Press, 1986).

国内政策

政府干预经济的时候,并不总以国家利益为出发点,政治利益集团会经常左右政府决策。例如,欧盟支持共同经济政策,是由于德国和法国国内农民的政治影响力很强。共同经济政策对低效率的农业生产者和依赖这些农民提供选票的政治家来说有利可图。但是,消费者因此受损害,因为他们要支付更多费用来购买食物。因此,克鲁格曼认为,从长远角度考虑,不接受这种战略性贸易政策的理由在于,这类政策会被特殊利益集团把控,它们会把局面引向它们想要的结局。在美国,克鲁格曼总结道:

> 各国商务部为本国产业制订详细计划时不可能忽略特殊利益集团。所以,除了在极端情况下可能会有特例外,自由贸易在理论上或许不是最优政策,但它是所有国家都愿意采取的政策。①

世界贸易体系的发展

许多经济理论强烈支持自由放任的贸易。尽管许多政府已经意识到了自由贸易理论的价值,但是依旧不愿彻底降低其贸易壁垒,因为它们担心其他国家并不会采取同样的降低贸易壁垒的措施。当两个邻国,如巴西和阿根廷,面临是否降低彼此间贸易壁垒的决定时,巴西政府可能会支持降低贸易壁垒,但由于巴西政府担心阿根廷政府不会采取同样措施,因此目前可能不会降低贸易壁垒。巴西政府可能还会反过来担心阿根廷政府利用较低关税进入巴西市场,同时通过更高的贸易壁垒将巴西产品驱逐出阿根廷市场。而阿根廷政府或许也认为自己面临同样的窘境。这一问题的关键是缺乏相互信任。双方政府都意识到各自会从降低贸易壁垒中获益,但由于害怕对方不采取同样的行动,因此任何一方政府都不愿意降低贸易壁垒。②

如果两个国家谈判,制定出一系列管理跨境贸易并降低贸易壁垒的规则,那么这种僵局便会被打破。但是,谁来监督政府,确保双方都遵照贸易规则行事呢?谁又能对违规的政府施加制裁呢?两国政府都应该组建一个独立团体来充当裁判组,用来监督两国之间的贸易行为,确保双方遵守规则,并对违反贸易规则的国家施加制裁。

让政府在国家主权上做出让步以服从这样的协议,听起来也许像天方夜谭。不过第二次世界大战后,一个国际贸易框架正好起到了这样的作用。在其成立的第一个50年里,这个框架叫作关税及贸易总协定。自1995年后,该协定被更名为世界贸易组织。接下来我们来看关税及贸易总协定和世界贸易组织的演变和作用。

---

① P. R. Krugman, "Is Free Trade Passé?" *Journal of Economic Perspectives* 1 (1987), pp. 131–144.
② 这一困境是囚徒困境的变形。这是一个经典比喻,说明在自利和相互怀疑的团体之间实现合作非常困难。更多介绍请参考: A. Dixit and B. Nalebuff, *Thinking Strategically: The Competitive Edge in Business, Politics, and Everyday Life* (New York: W. W. Norton & Co., 1991).

从斯密到大萧条

正如第五章所述,自由贸易理论可追溯到18世纪晚期亚当·斯密和大卫·李嘉图的理论。1846年,英国政府废除了《谷物法》(Corn Laws),第一次将自由贸易作为政府政策。《谷物法》对进口谷物征收高额关税,目的是增加政府收入并保护英国谷物生产商。19世纪20年代,自大卫·李嘉图成为议会议员起,议会每年都有支持自由贸易的呼声。然而,农业保护持续了很长时间,历经旷日持久的辩论,直至后来英国粮食歉收,加之爱尔兰面临饥荒——面对民众的艰难处境,议会勉为其难地改变了其长期坚持的立场,废除了《谷物法》。

在接下来的80多年里,身为在世界具有主导地位的贸易强国,英国推行了自由贸易主张。但是英国政府并没有得到其他国家的响应。其主要贸易伙伴并没有响应英国单边的自由贸易政策。英国长期维持自由贸易政策的唯一原因是,它是世界上最大的出口国。如果进行贸易战,那么它的损失会比其他国家大得多。

到20世纪30年代,英国刺激自由贸易的努力被大萧条中的经济衰退摧毁。大萧条的根源,在于1918年第一次世界大战结束后世界经济没有实现持续回暖。随着1929年美国股市崩盘和随之而来的银行系统挤兑,情况变得更糟。1930年,美国通过**《斯穆特-霍利关税法案》**(Smoot-Hawley Tariff Act)后,经济问题变得错综复杂。《斯穆特-霍利关税法案》通过保护国内产业和转移本国消费者对外国产品的需求来降低失业,竖起了庞大的贸易壁垒之墙。美国向几乎所有行业征收"定制"关税。美国《斯穆特-霍利关税法案》的古怪之处在于,美国当时正面临国际收支盈余,而美国同时是世界上最大的债权国。《斯穆特-霍利关税法案》冲击了国外就业,其他国家通过提高本国关税壁垒应对美国的措施,美国出口相应下跌,整个世界不知不觉陷入大萧条中。①

1947—1979年:《关税及贸易总协定》、贸易自由化和经济增长

《斯穆特-霍利关税法案》开辟了以邻为壑的贸易政策,造成了经济损失。这对全球经济制度和第二次世界大战后的意识形态造成了深远影响。美国在战后崛起并在经济上占据主导地位。在大萧条的阴霾消散后,美国国会舆论强烈支持自由贸易。在美国主导下,《关税及贸易总协定》于1947年被制定。

《关税及贸易总协定》是一个多边协议。其目的是通过消除关税、补贴、进口配额等措施达到贸易自由。从1947年被制定到被世界贸易组织取代,《关税及贸易总协定》的成员从19个增加到120多个。《关税及贸易总协定》并非要一步登天,彻底消除贸易限制,因为万事不可能一蹴而就。更确切地说,关税削减经历了不少于8个回合的谈判。最后一个回合即乌拉圭回合谈判发起于1986年,于1993年12月结束。在这些回合中,所有成员相互协商,共同削减关税。这些成员承诺进口关税税

---

① 需注意,《斯穆特-霍利关税法案》并未造成"大萧条"。然而,该法案所引入的以邻为壑的贸易政策使时局变得更糟糕,请参考 J. Bhagwati, *Protectionism* (Cambridge, MA: MIT Press, 1989)。

率不高于谈判税率。《关税及贸易总协定》的规则在互相监督的机制下实施。如果一个国家认为其贸易伙伴违反了《关税及贸易总协定》的规则，那么可以要求《关税及贸易总协定》设在日内瓦的总部机构进行调查。如果《关税及贸易总协定》调查员认定上诉有效，那么成员有权对被起诉成员施加压力，改变其政策。如果被上诉成员不照做，那么它便会失去《关税及贸易总协定》成员身份。

起初，《关税及贸易总协定》总体上相当成功。例如，在1947年的日内瓦回合谈判和1973—1979年的东京回合谈判期间，美国平均关税下降了近92%。与大卫·李嘉图的理论观点相一致的是，在《关税及贸易总协定》下推动自由贸易可以刺激经济增长。1953—1963年，世界贸易以每年6.1%的速度增长。世界收入以每年4.3%的速度增长。1963—1973年的成效则更好，世界贸易每年增长8.9%，而世界收入每年增长5.1%。①

□ 1980—1993年：保护主义趋势

20世纪80年代至20世纪90年代初期，由于世界各国保护主义势力抬头，由《关税及贸易总协定》建立的世界贸易体系备受压力。在20世纪80年代，这些压力源于三个方面。第一，日本经济复苏冲击世界贸易体系。《关税及贸易总协定》被制定时，日本经济严重受损。然而到20世纪80年代，日本变成世界上第二大经济体和最大的贸易出口国。日本在一些产业上很成功，如汽车制造业和半导体行业。这足以冲击世界贸易体系。西方世界普遍认为日本实行较低的关税和补贴，但日本市场通过贸易壁垒将进口和外国投资拒之门外。这种情况更为糟糕。

第二，作为世界第一大经济体的美国，其长期的贸易赤字同样冲击着世界贸易体系。1987年，美国贸易赤字达到巅峰，超过1 700亿美元。到1992年年底，美国全年贸易赤字依旧高达800亿美元。从政治角度看，到1992年，美国对日本贸易赤字为450亿美元。日本不按规则出牌，情况更为恶化。贸易逆差给美国造成惨痛后果。美国不得不忍痛对国内的汽车制造业、机床业、半导体行业、钢铁行业和纺织业等行业进行调整。外国生产商不断占据国内生产商在这些行业的市场份额。随之而来的失业又使得美国国会重新要求限制进口，以求保护工作机会。

第三，许多国家找出办法逃避《关税及贸易总协定》的管制。双边自愿出口限制可以用于回避《关税及贸易总协定》的规定。因为出口国或进口国都不会向在日内瓦的《关税及贸易总协定》官方机构上诉。不经过上诉，《关税及贸易总协定》的官方机构便无法作为。出口国同意自愿出口限制条款，便能避免更多具有杀伤力的惩罚性关税。其中最出名的例子是日本和美国之间的双边自愿出口限制。在该条款下，日本生产商同意限制本国对美国的汽车出口，以平息与日俱增的贸易冲突。世界银行的一项研究表明，在1981年，13%的工业化国家都遭受过像双方自愿出口限制之类的非关税贸易壁垒。到1986年，该数据上升至16%。美国的非关税贸易壁垒上升最快，受到非关税贸易壁垒（主要是自愿出口限制）影响的进口额在1981—

---

① J. Bhagwati, *Protectionism* (Cambridge, MA: MIT Press, 1989).

1986年增长了23%。①

乌拉圭回合谈判和世界贸易组织

在贸易保护主义势力抬头的背景下，《关税及贸易总协定》成员在1986年着手筹划了第八回合谈判来降低关税。这轮谈判叫作乌拉圭回合谈判（这样命名是因为谈判地点在乌拉圭）。这是迄今为止最艰难的谈判，主要原因是这次谈判目标最为宏伟。《关税及贸易总协定》的规则直到1986年还只适用于制成品和大宗商品。在乌拉圭回合谈判中，成员力图让《关税及贸易总协定》的规则涵盖服务贸易。它们也争取制定规则对知识产权进行保护，减少农业补贴，并加强《关税及贸易总协定》的监督和执行机制。

乌拉圭回合谈判历时7年之久。直到1993年12月15日，各国才达成共识。该协议在1995年7月1日实施。乌拉圭回合谈判包括如下条款：

1. 工业产品的关税降低至少1/3，取消40%以上制成品的关税。
2. 发达国家对制成品征收的平均关税应该少于产品价值的4%，这也是现代历史上最低的关税水平。
3. 大幅降低农业补贴。
4. 《关税及贸易总协定》的公平贸易和市场准入规则进一步涵盖了大量服务贸易。
5. 进一步延伸《关税及贸易总协定》规则，从而增强对专利、版权和商标（知识产权）的保护。
6. 纺织业的贸易壁垒在10年内应有明显下降。
7. 成立世界贸易组织，执行《关税及贸易总协定》。

服务和知识产权

从长远看，将《关税及贸易总协定》的规则延伸至服务业和知识产权领域意义重大。直到1995年，《关税及贸易总协定》规则还只适用于工业产品（也就是制成品和大宗商品）。然而，到2007年，世界货物贸易总额达到13.57万亿美元，相比之下，服务贸易总额也达到了3.26万亿美元。②将《关税及贸易总协定》规则延伸到这个重要贸易领域会同时增加货物贸易量和服务贸易量占世界贸易总量的比重。《关税及贸易总协定》规则适用于知识产权领域，因为这使得高新技术公司更容易在发展中国家开展业务。

世界贸易组织

阐明和强化《关税及贸易总协定》规则及世界贸易组织的成立，有助于成员更有效地监督和实施《关税及贸易总协定》的规则。世界贸易组织就像一个伞状组织，围绕着《关税及贸易总协定》成立了两个姊妹组织：一个管理服务贸易，另一个监管知识产权。世界贸易组织的《服务贸易总协定》(General Agreements on Trade in Services, GATS)带头将自由贸易协定延伸至服务贸易领域。世界贸易组织的《与

---

① World Bank, World Development Report (New York: Oxford University Press, 1987).
② World Trade Organization, "World Trade 2005, Prospects 2006," WTO press release, April 11, 2006.

贸易有关的知识产权协定》（Agreement on Trade-Related Aspects of Intellectual Property Rights，TRIPS）力图缩小各成员在知识产权保护上的差距，使之遵从通用国际规则。世界贸易组织负责仲裁贸易纠纷，并监督成员的贸易政策。由于世界贸易组织以《关税及贸易总协定》达成的共识为基础进行运作，在争端解决方面，成员便不能阻止仲裁报告的实施。除非遭到双方一致否定，否则仲裁小组对成员贸易纠纷的报告将被世界贸易组织自动采纳。被仲裁小组认定违反《关税及贸易总协定》规则的成员可以向常设上诉机构起诉，上诉机构的判决具有约束力。如果被告方不遵守仲裁小组的建议，那么它的贸易伙伴有权获得赔偿，或者在迫不得已时实施（与赔偿相当的）贸易制裁。每一步程序都应遵守严格的时间限制。所以，世界贸易组织有《关税及贸易总协定》所不具备的执行力——惩罚措施。①

世界贸易组织的经验

2010年，世界贸易组织共有153个成员。中国在2001年年底加入，也是其成员之一。自其成立，世界贸易组织走在了推进全球自由贸易的最前沿。其建立者希望，世界贸易组织的执行机制在监管全球贸易规则时比《关税及贸易总协定》更有效。它们最希望世界贸易组织成为未来贸易协议的有效倡导者和促进者，尤其是在服务业等行业。虽然1999年年末的西雅图世界贸易组织谈判以失败告终，而多哈回合谈判曾经非常缓慢，世界贸易组织的成立却依旧鼓舞人心。上述事件，以及2008—2009年的贸易保护主义抬头，为世界贸易组织的发展带来了一系列问题。

身为世界警察的世界贸易组织

在成立的第一个10年里，世界贸易组织的监管和实施机制发挥着积极的作用。② 从1995年到2009年年初，世界贸易组织处理了370多起成员之间的贸易纠纷。③ 与世界贸易组织相比，在曾经的几乎半个世纪里，《关税及贸易总协定》一共处理了196起案件。在世界贸易组织处理的案件中，有3/4由成员之间私下磋商解决。而未经解决的案件需要更正规的流程，但这些案件在很大程度上处理得很成功。通常，涉入纠纷的成员都会采纳世界贸易组织的建议。许多成员将争端诉诸世界贸易组织是对该组织纠纷解决程序的信任。

拓展贸易协议

正如前文所述，《关税及贸易总协定》的乌拉圭回合谈判使全球贸易规则延伸至服务贸易领域。世界贸易组织发挥着制定协议和开放全球服务贸易的作用。各国也鼓励世界贸易组织制定《关税及贸易总协定》未涉及的与直接投资有关的规则。全球通信行业和金融服务行业也参与到该改革中。

1997年2月，世界贸易组织促使各成员达成一致，同意开放各成员通信市场，

---

① Frances Williams, "WTO—New Name Heralds New Powers," *Financial Times*, December 16, 1993, p. 5; Frances Williams, "Gatt's Successor to Be Given Real Clout," *Financial Times*, April 4, 1994, p. 6.

② W. J. Davey, "The WTO Dispute Settlement System: The First Ten Years," *Journal of International Economic Law*, March 2005, pp. 17-28.

③ 信息来源见世界贸易组织官网。

允许国际运营商购买各成员通信公司的所有权股份,并为公平竞争建立一系列共同规则。在该协议下,占据通信市场收入份额90%以上的68个成员保证,各自开始对国际竞争者开放通信市场,并遵守通信产业公平竞争的共同规则。大多数世界最大的市场,包括美国、欧盟和日本,在1998年1月1日该协议实施之时,便完全开放了通信市场。该协议涵盖了各种形式的通信服务,包括语音电话、数据和传真传输,以及卫星和无线电通信。许多通信公司积极响应该协议,指出这将让它们更好地为消费者提供一站式购物服务。一站式购物服务是一种对所有客户的共同需求和单一账单进行全球无缝对接的服务。[1]

随后,在1997年12月,一项使跨境金融服务贸易自由化的协议出台。[2] 这项协议涵盖超过95%的世界金融服务市场。该协议在1999年3月初实施,其中102个成员承诺不同程度地对国际市场开放其银行、证券和保险部门。与通信产业协议一样,该协议不仅涵盖跨境贸易业,也覆盖直接投资。70个成员同意大幅降低或取消各自金融服务部门的直接投资壁垒。美国和欧盟毫无例外地对国际银行、保险和证券公司完全开放投资。在协议中,许多亚洲成员首次做出重大让步,允许大量外资参与其金融服务领域。

世界贸易组织在西雅图:转折点?

在1999年年末,世界贸易组织成员的代表在华盛顿西雅图会晤。该会议的目的是发起新一轮对话——"千年谈判"。该谈判旨在进一步降低跨境贸易和投资壁垒。议程中最突出的一环是让与会成员同意降低农产品跨境贸易壁垒和服务业的贸易与投资壁垒。

这一愿景被意料之外的残酷事实毁灭殆尽。1999年3月,谈判无果而终。在会议室中,与会各方都不能对下一轮谈判的基本目标达成共识。是否同意最终取消农业出口商补贴是美国与欧盟之间的主要"绊脚石"。美国认为应该优先取消农业补贴。欧盟不愿意,因为欧盟农场主游说力度强,且农业补贴历史悠久。另一个"绊脚石"是美国意图将劳动基本权写入世界贸易体系的法规中。美国希望世界贸易组织允许各成员对那些从不遵守美国所谓的公平劳动惯例的成员的出口产品征收进口关税。来自不发达经济体的代表们对这项提议提出强烈抗议。它们认为这明显是美国试图以法律形式限制不发达经济体对美国的出口。

会议室中的谈判非常激烈,会议室外发生的事件更是引起了媒体的关注。世界贸易组织的谈判吸引了不同组织的关注,有环保组织,有人权组织,也有工会组织。出于各不相同的目的,这些组织都反对自由贸易。所有这类机构都认为,世界贸易组织是一个非民主机构,它篡夺成员权利,并在背地里操纵重要决策。它们利用这次会议表达反对意见。这些事件被世界媒体报道。环保主义者担心农产品自由贸易可能会造成全球森林滥伐。他们认为降低从不发达经济体进口木材的关税会刺激木材需求,并加速人类尤其是马来西亚和印度尼西亚居民对原始森林的砍伐速度。他们还指出,世界贸易组织规则对环保政策有负面影响。例如,美国条例规定捕虾网

---

[1] Frances Williams, "Telecoms: World Pact Set to Slash Costs of Calls," *Financial Times*, February 17, 1997.

[2] G. De Jonquieres, "Happy End to a Cliff Hanger," *Financial Times*, December 15, 1997, p. 15.

必须安装能让濒临灭绝的海龟逃生的装置，但这项条例受到世界贸易组织的阻碍，世界贸易组织认为，这项条例是对没有安装这种捕虾网的进口商的歧视。[1] 环保主义者则认为这项条例可以避免海龟灭绝。

人权组织认为，世界贸易组织条例剥夺了成员禁止从一些使用童工或工作环境非常恶劣的经济体进口商品的权利。同样，工会组织也反对贸易法案中允许从低薪经济体进口商品的规定，这样会导致高薪经济体劳动者失业。它们坚持认为，从不具有适当劳动标准的经济体进口商品会让美国工人失业。

世界贸易组织和自由贸易的支持者意图消除这些顾虑。它们反复强调，世界贸易组织存在的目的是服务于各成员的利益，而非损害其利益。世界贸易组织没有能力强迫任何成员采取该成员反对的行动。世界贸易组织允许成员对不遵守世界贸易组织规则的成员实施报复性关税，但这已经是世界贸易组织的终极权利。此外，有支持者认为，只有富有经济体才制定严格的环境法和管理劳动标准的法律，贫穷经济体不会这样做。在他们看来，自由贸易会提高不发达经济体的生活水平，随后这些经济体便会颁布相关法律。他们认为，对不发达经济体使用贸易管制来强制实施这些惯例只会弄巧成拙。

2010年，世界贸易组织的153位成员中，大约有110个不发达经济体的代表也反对环境论者、人权论者和劳工权利维护者的立场。那些需要依赖出口拉动经济增长和摆脱贫困的贫困成员，担心富裕成员会利用环境保护问题、人权问题和劳动相关问题筑起对不发达经济体的产品贸易壁垒。它们认为，将环境或劳工标准相关规定纳入未来贸易协议不过是"换汤不换药"的贸易壁垒。[2] 如果发生这种情况，那么其结果只会让世界上的不发达经济体陷入贫困和债务的恶性循环。

这种有利于贸易的观点被当作"耳旁风"。当世界贸易组织的代表们在西雅图会晤时，环保主义者、人权组织和工会的代表在街上游行示威。这些组织中一些更为激进的代表，联合一群坚决反对"跨国公司掠夺"的无政府主义者，不仅让世界贸易组织开幕式全面叫停，而且在一向宁静的西雅图街道上引发暴力冲突。一些游行者破坏财产并进行掠夺，而警方用催泪瓦斯、橡胶子弹、辣椒喷雾剂和带电警棍维护秩序。当600多名示威者被捕时，西雅图市中心数百万美元财产被毁于一旦。世界媒体的头条如是说："世界贸易组织谈判瓦解于暴力游行示威"。

西雅图所发生的事件值得注意，因为这可能会是一个转折点。过去的贸易谈判相对默默无闻，只有一些感兴趣的经济学家、政治家和商界人士会更为关注。西雅图事件表明，与全球自由贸易趋势相关的问题已经成为大众关注的焦点。关于自由贸易和全球化是非曲直的讨论已成为主流。因此，自由化是否会在未来实现，取决于一些成员主流观点对一些问题的重视程度，如美国对人权和劳工标准、职业保障、环境政策等的关注。同时，它也取决于自由贸易倡导者是否有能力清晰地、有说服力地表达这样一种观点，即从长远看，自由贸易是推进适当劳动标准、提供更多就业岗位及保护环境的最佳方式。

---

[1] Jim Carlton, "Greens Target WTO Plan for Lumber," *The Wall Street Journal*, November 24, 1999, p. A2.
[2] Kari Huus, "WTO Summit Leaves Only Discontent," MSNBC, December 3, 1999.

□ 世界贸易组织的未来：悬而未决的问题以及多哈回合谈判

在国际贸易方面还有很多问题急需解决。当前世界贸易组织议程的前四大问题是：反倾销政策的增加，高水平的农业贸易保护主义，许多成员对知识产权缺乏有力保护，以及许多成员对非农产品和服务业维持高关税。我们会依次回顾这四个问题，然后讨论世界贸易组织成员之间的最近一次谈判——多哈回合谈判。多哈回合谈判始于 2001 年，其目的是降低贸易壁垒。

反倾销诉讼

反倾销诉讼在 20 世纪 90 年代激增。世界贸易组织条例允许各成员征收反倾销税，其前提是国际商品售价低于该成员内部售价，或者以低于其成本的价格出售，且进口成员生产商能证明它们受到了损害。不幸的是，"倾销"的模糊定义成为许多成员借此实行贸易保护主义的漏洞。

1995 年 1 月至 2008 年中期，世界贸易组织成员公布了大约 3 305 起上诉至世界贸易组织的反倾销诉讼。印度发起的反倾销诉讼最多，有大约 520 起。欧盟在同一时期发起了约 382 起反倾销诉讼，美国 414 起，如图 6.2 所示。反倾销诉讼似乎集中在一些特定经济部门，例如基础金属工业（如铝和铁）、化学制品业、塑料制品业及机电设备业等。这些行业在所有上报给世界贸易组织的反倾销诉讼中占大约 70%。这几个行业具有竞争激烈和产能过剩的特点，于是导致行业内价格和利润低廉（或亏损）。因此，完全有理由认为，这些成员高频率的反倾销行为表明，那些被国际竞争者冲击的生产商要使用经济体内的政治程序为自身寻求保护。经济体内生产商认为国际生产商正在进行不公平竞争。

虽然有些诉求有一些好处，但这种程序可能会变得非常具有政治倾向。因为商界代表和它们的雇员会游说政府官员来"保护工作机会，拒绝不公平竞争"，而政府官员念及日后选举时需要得到投票，会通过推动反倾销诉讼笼络它们。世界贸易组织非常担心这种趋势，认为这代表着持久的贸易保护主义倾向，并推动成员加强对反倾销税征收行为的监管力度。自从世界贸易组织发出信号称反倾销是多哈回合谈判的焦点，反倾销诉讼数量才有所下降，如图 6.2 所示。然而世界贸易组织报告显示，反倾销诉讼在 2008 年经济危机的余波后激增，这可能是对危机后全球需求下降的直接回应。一些成员可能已经将反倾销诉讼视作保护其生产商的手段。

农业贸易保护主义

世界贸易组织近期的一个焦点是许多成员在农业领域的高水平关税和补贴。农产品的关税税率普遍高于制成品或服务产品的关税税率。例如，在 21 世纪第一个 10 年的中期，加拿大非农产品平均关税税率为 4.2%，欧盟为 3.8%，日本为 3.9%，美国为 4.4%。然而，加拿大农产品平均关税税率为 21.2%，欧盟为 15.9%，日本为 18.6%，美国为 10.3%。[①] 这说明这些成员的消费者需要为进口商品支付的实际价格大幅超过其应该支付的价格。这将减弱它们花费在其他产品和服务上的消费力。

---

① Annual Report by the Director General 2003 (Geneva: World Trade Organization, 2003).

历史上，对于农产品的高关税税率反映了一种倾向：保护经济体内的农业和传统的农耕社会免受国际竞争。除了征收较高关税之外，农业生产者也获得了大量补贴。根据经济合作与发展组织的估算，在加拿大，政府对农业补贴的平均水平已经覆盖了农业生产成本的17%左右；在美国，这个比例是21%；在欧盟，这个比例是35%；而在日本该比例则是59%。[①] 经济合作与发展组织成员总共每年要花费3 000亿美元来补贴农业生产者。

可想而知，高关税税率和大量的农业补贴对农业产量和农产品的国际贸易产生了扭曲效应。其净效应是引起农产品消费价格上涨，减少农产品贸易额，并导致被过度补贴的农产品产量过剩（政府通常会购买过剩的部分）。目前农产品的世界贸易总额占世界商品贸易总额的10.5%，每年价值7 500亿美元。世界贸易组织认为，消除贸易壁垒和补贴能够将消费和投资资源释放到生产效率更高的领域中，从而显著提高全球整体贸易水平，降低消费者物价，并加快全球经济增长。根据国际货币基金组织的估计，消除农产品贸易关税壁垒和补贴政策，每年能够为世界提供大约1 280亿美元的福利。[②] 也有人认为这一福利将高达1 820亿美元。[③]

然而，现有体系最大的支持者一直以来都是发达经济体，它们希望保护自身农业发展免受不发达经济体农业生产者的低成本竞争。相反，广大的不发达经济体却在拼命推动改革，希望让自身农业生产者在发达经济体被保护的市场中获得更大的准入权利。测算显示，仅仅通过取消经济合作与发展组织内部成员的农业补贴政策，不发达经济体就能获益，其数额将高于它们目前从经济合作与发展组织成员中所接受的外国援助总额的3倍。[④] 也就是说，农产品的自由贸易将会给世界不发达经济体的经济增长和缓解世界贫困带来跨越式的发展。

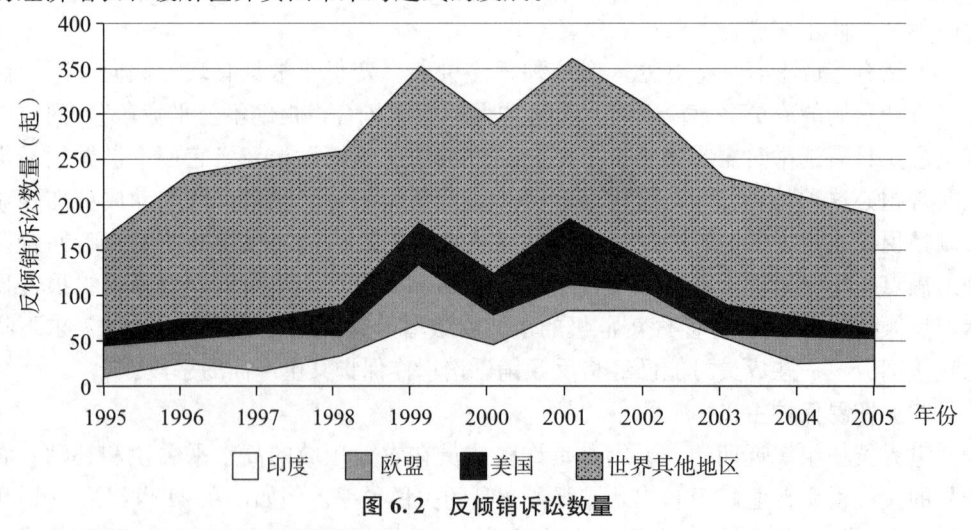

图6.2　反倾销诉讼数量

资料来源：作者根据世界贸易组织数据绘制

---

① Annual Report by the Director General 2003 (Geneva：World Trade Organization，2003).
② Annual Report by the Director General 2003 (Geneva：World Trade Organization，2003).
③ K. Anderson, W. Martin, and D. van der Mensbrugghe, "Distortions to World Trade：Impact on Agricultural Markets and Farm Incomes," *Review of Agricultural Economics* 28 (Summer 2006), pp. 168-194.
④ World Trade Organization，Annual Report 2002 (Geneva：WTO，2002).

●聚焦管理：世界经济危机及贸易保护主义

在过去的25年间，国际贸易呈现两个明显特征：首先，国际贸易总规模每年都在不断攀升，这也带来了世界经济体之间越来越紧密的联系；其次，国际贸易中的障碍明显减少。1990—2007年国际贸易总规模每年上升6%左右。同时，世界商品进口关税税率也从1986年26%的平均水平下降到2007年的8.8%。随着2008年美国爆发次贷危机，且迅速向世界蔓延，上述国际贸易的现状现在便发生了改变。由于全球市场的商品需求量下降，信贷紧缩导致国际贸易融资规模缩减，进而使得国际贸易总规模下降。2008年的国际贸易总规模下降了2%，这是自1982年以来国际贸易总规模首次下降。

上文所述的国际贸易规模缩减给我们的警示是：在历史上，当一国在商品需求下降时会试图保护国内就业，国际贸易的急剧缩减总体伴随着更为强烈的贸易保护主义倾向。上述情形曾在20世纪30年代发生过，国际贸易总规模迅速下降使得国际贸易壁垒迅速增多，其中大部分贸易壁垒都是提升进口关税。然而这种做法使得当时的情况更糟糕，最终出现"大萧条"局面。

20世纪30年代以后，全球秩序出现许多新变化。众多贸易协议出现，这些协议限制了政府提高贸易壁垒的权利。其中最为突出的是世界贸易组织明文规定，限制成员增加其贸易壁垒。但是，世界贸易组织的相关规定并非完美。而且有足够的证据表明，一些成员还在不断为提升对外贸易壁垒寻找途径。一些不发达经济体确实拥有在世界贸易组织规则下提升对外贸易关税额的自由度。并且根据世界银行的调查，在2008年和2009年年初，这些不发达经济体确实采取了类似措施。例如，厄瓜多尔提高了600种商品的进口关税税率，俄罗斯提升了二手车进口关税，印度也在某些钢铁产品上提升了进口关税税率。

然而，根据世界银行的调查，发生在2008年和2009年年初的贸易保护措施，其中的2/3都是依据世界贸易组织规定设置的非关税保护措施。例如印度尼西亚政府规定，包括服饰、鞋类及玩具类产品在内的特定进口商品，只能从5个港口进入该国。由于这些港口的吞吐能力有限，这一措施就限制了国外公司向印度尼西亚本地市场销售产品的规模。阿根廷对一系列产品，例如汽车零部件、纺织制品及电视机施加自由裁量权许可要求。国外公司若无法取得许可证，则无法向阿根廷销售商品。同时，印度也因为产品安全问题禁止从中国进口玩具制品。

一般情况下，发达经济体并没有采取相似措施，但是发达经济体为一些陷入困境的生产商提供大量政府补助，与国际上没有政府补助的竞争者竞争，因此扭曲了自身贸易。其中，最典型的例子是2008—2009年的汽车产业补贴。从2008年中期到2009年年初，为了保护本经济体汽车生产商，保护该行业就业及避免破产危机，包括美国、英国、加拿大、法国、德国、意大利和瑞典在内的发达经济体为汽车制造商提供了约450亿美元的政府补贴。这项补贴政策的问题在于，它使得整个汽车行业从一个高效率行业转变为一个低效率行业，其根源是政府的补贴扶持。尽管世界贸易组织有反对扭曲贸易补贴的相关规定，但是与反对贸易关税壁垒相比，它的执行机制较为无力。并且到目前为止，采取了扭曲贸易补贴政策的相关成员并没有受到惩罚。[1]

保护知识产权

对世界贸易组织而言，有一个问题变得越来越重要，即对知识产权的保护。1995年签署的《乌拉圭协议》(Uruguay Agreement)不仅是建立世界贸易组织的基础，也包含一项保护知识产权的协定内容——《与贸易有关的知识产权协定》。该协定要求世界贸易组织成员授予和实行至少有20年有效期的专利权和至少有50年有效期的著作权。发达经济体必须在1年内实施上述规定；在不发达经济体，由于对专利权和著作权的保护力度较弱，可以有5年的宽限期；最不发达经济体则可以用10年去实现上述目标。这项协定的基本精神是要在缔约成员中树立起坚定的信念：我们通过专利申请、商标注册和著作权认证的方式来保护知识产权。而且知识产权的保护必须是国际贸易体系中极为重要的一环。对知识产权的保护力度不够，会导致创新动力的缺失。因为创新是经济增长和生活水平提高的核心动力，因此，有必要签订多边协定来保护知识产权。

令人们担心的是，如果没有这样的协定，一些成员如印度的制造商，就会大量仿制在美国等其他国家已实现专利认证且处于技术领先地位的创意。这样就会从两个方面对成员间贸易产生影响。首先，这会使得在美国的原创者减少向印度出口产品的机会；其次，从某种程度上来说，会让印度的制造商有机会向别的成员出口自己的盗版产品，这样也会使得美国原创者损失对这些经济体的出口份额。同样，我们也可以说，对于创新者而言，世界市场总体规模缩小了，创新者追求有风险而又需要大笔投资的创新项目的动机便随之减弱。而上述事件所产生的净效应是：在世界经济中，创新越来越少，世界经济的增长速度也会随之放缓。

和上述情况类似的事情正在制药产业发生。例如印度制药公司仿制其他地方发明的新药。在1970年，印度政府停止认可药物的生产专利权，但是依旧尊重药物生产方法专利权。这项决定使得印度公司反向研究西方国家制药技术，而无须支付专利费用。这导致国外制药厂商在印度的市场份额从1970年的75%下降到2000年的30%。

例如，一家印度制药公司销售一种拜耳（Bayer）公司已申请专利保护的抗生素环丙沙星，该药物每片价值12美分，然而在美国的售价为5.5美元。在世界贸易组织的知识产权保护协议下，印度政府在2005年同意采取并强化国际药物专利体系。[2]与此同时，关于这些独家专利如何使得不发达经济体居民无法支付包括救生药物在内的基本药品的问题激起了更为广泛的争论。

另一个重要的问题有关于地域排他性产品和对本土知识的保护。在"聚焦管理"专栏中，有关"印度香米"的案例说明了印度与美国政府关于知识产权保护的纠纷。一家美国公司试图申请"印度香米"品牌专利权，但这种专利权是由印度和巴基斯坦两国本土所有的。

---

[1] "The Nuts and Bolts Come Apart," *The Economist*, March 28, 2009, pp. 79-81; "Barriers to Entry," *The Economist*, December 20, 2008, p. 121; "Beyond Doha," *The Economist*, October 11, 2008, pp. 30-33.

[2] A. Tanzer, "Pill Factory to the World," *Forbes*, December 10, 2001, pp. 70-72.

正如第二章所述，损害知识产权的行为在某些产业领域是一个地域性问题。最为明显的是软件及音乐产业。世界贸易组织认为，降低在如医药、计算机软件及音乐等产业的盗版率，对世界贸易总量会产生极大影响；同时会激发创作者对创新知识产权的投资。总之，一旦消除了盗版行为，每年世界将会产生更多药品、电子软件及音乐作品。紧接着，这将会刺激经济增长，提升社会福利水平和世界经济增长率。因此，对于世界贸易组织成员而言，对知识产权的保护与尊重是符合其切身利益的。尽管1995年的《乌拉圭协议》为世界贸易组织的成立奠定了基础，也通过《与贸易有关的知识产权协定》在知识产权保护方面迈出了重要一步，但是依然有人认为，这些规则还需要进一步深化，而且成员需要做出更多承诺。

● 聚焦管理：取得"印度香米"专利权

1997年9月，一家位于美国得克萨斯州，名为大米技术（RiceTec）的公司取得了"印度香米"品种和粮食生产的专利权（美国专利第5 663 484号）。这项专利权为"印度香米"品牌、与"印度香米"相似的大米，以及该种大米的鉴别方式提供保障。但实际上"印度香米"仅仅生长在印度与巴基斯坦的某些地区，而且它自身独特的香味和伸长率由当地独特的土壤和气候条件决定。一家印度报社《经济时报》声称，"将'印度香米'在美国申请专利就类似于抢夺了我们国家的历史和文化"。这一影响也体现在经济方面。由于拥有"印度香米"专利，大米技术公司不仅可以在美国境内将自己的香米产品称为"印度香米"，而且在国际市场上可以把自己的香米产品贴上"印度香米"的标签。印度和巴基斯坦两国会在美国、欧盟、中东及西亚市场上受损——损失总量高达45 000吨的"印度香米"出口额。而在此之前，大米技术公司曾试图在上述市场中用自己的杂交稻米产品进行竞争，并把产品命名为"Kasmati"和"Texmati"，但是最终都收效甚微。

由于对外宣称了此项专利权，由列支敦士登的亚当·汉斯（Adam-Hans）王子控制的大米技术公司面临着国际上对于其生物剽窃行为和其侵犯知识产权行为的强烈不满。同时，这件事情也在印度和美国之间引起了轻微的外交危机。印度政府威胁要将此事件诉诸世界贸易组织进行裁决。

印度政府提出，"印度香米"专利权事件违背了《与贸易有关的知识产权协定》中有关地理标识的条款。地理标识在该协定22.1节中的定义如下："这意味着一种商品发源于世界贸易组织成员领土，或地区领土，或当地领土范围。而在这一地域上生产的产品品质、信誉或其他特性本质上归属于该地域。"

如果最终大米技术公司的"印度香米"专利权被判定违反了协定条款，那么这件事情必然会使美国处于尴尬境地。最终，在2000年，部分出于自愿，同时由于美国专利商标局（U. S. Patent and Trademarks Office，USPTO）重新审查了其决定，大米技术公司撤销了部分专利申请。最终，该公司也无权再将其稻米系列产品命名为"印度香米"。但是，该公司宣称从技术角度而言，其杂交稻米产品在某些方面比传统印度香米的品质更好。于是，有人担心该公司可能将其产品命名为"高品质印度香米谷物"投放市场。

在专利权风波之后，印度政府颁布了《货物地理标识（登记与保护）法案》

[Geographical Indications of Goods (Registration and Protection) Act]。这项法案允许对符合地理标识的产品进行保护。最近,印度政府联合巴基斯坦政府,在共同努力下,将"印度香米"注册为一项地理标识。欧盟则重申其承诺,尊重《与贸易有关的知识产权协定》中关于地理标识的规定,尤其是对"印度香米"产品而言。最终,只有原产自印度和巴基斯坦的印度香米能以这个品牌名称在欧盟境内销售。

在更早一些案例中,美国政府曾为两位科学家颁发专利证书,允许使用姜黄治疗受损器官。然而,这项专利随后被撤销,原因在于一些印度科学家指出,运用姜黄进行治疗是个常识,并在印度已经盛行了数个世纪之久。根据美国相关专利法,在世界上任何一个地方,任何已经发表或以文字形式留存的信息,都将作为常识存在。印度政府能够提供证据,表明使用姜黄进行治疗不是一项新发明,因此不能申请专利保护。[①]

对于非农产品和服务的市场准入

尽管世界贸易组织与《关税及贸易总协定》在降低非农产品进口关税税率方面迈出了重要一步,但依然有许多地方需要完善。尽管大多数发达经济体已将它们工业制成品的平均关税水平降低至其商品价值的3.8%,但依旧存在例外。特别是,尽管平均关税税率很低,但是对于进入发达经济体的某些特定商品,它们依旧维持着高关税税率,使得市场准入和经济增长受到限制。例如,经济合作与发展组织的两个成员澳大利亚和韩国,分别对从国外进口的运输设备征收15.1%和24.6%的限额关税(限额税率通常是但不总是被征收税率中的最高比率)。相比较而言,美国、欧盟及日本对从本经济体外进口的交通设备产品则分别征收2.7%、4.7%及0的限额关税,如表6.1所示。发达经济体选择对不发达经济体出口的一些产品征收高额关税是一个尤其需要关注的领域。

表 6.1　　部分经济体中某些工业制成品约束税率(简单平均值)　　单位:%

经济体	金属制品	交通设备	电力设备
加拿大	2.8	6.8	5.2
美国	1.8	2.7	2.1
巴西	33.4	33.6	31.9
墨西哥	34.7	35.8	34.1
欧盟	1.6	4.7	3.3
澳大利亚	4.5	15.1	13.3
日本	0.9	0	0.2
韩国	7.7	24.6	16.1

资料来源:世界贸易组织

另外,服务贸易的关税税率比工业制成品高。例如,美国政府对出口到美国的

---

① "RiceTec Withdraws Crucial Claims on Basmati Patent," *Business Line*, September 27, 2000; "Battle for Basmati: U.S. Co Seizes Patent, India Rears Up for Fight," *The Economic Times* (Mumbai), February 18, 1998; Shantanu Guha Ray, "Pinching Where It Really Hurt," *The Indian Express*, February 23, 1998.

商贸与金融服务收取的关税税率高达 8.2%，而在欧盟该项税率是 8.5%，日本为 19.7%。[①] 考虑到跨境服务贸易的价值正在不断增加，降低服务贸易的关税税率会带来更大收获。

世界贸易组织愿意降低关税税率，并且缩小高关税税率征收范围。而该组织最终的目的是将关税税率降低至 0 的水平。

这个目标看起来很宏伟，而且已经有了一个先例：已经有 40 个世界贸易组织成员将其在信息技术产品上的关税税率降低至 0。实证表明，平均关税税率进一步下降至接近 0 的水平将会产生更多收益。一项来自世界银行经济学家的估算表明，多哈回合谈判达成的一系列更为广泛的贸易协议，从 2015 年起为整个世界带来了每年约 2 630 亿美元的收益，其中有约 1 090 亿美元的收益会直接流向贫困地区。[②] 另一项来自经济合作与发展组织的估计表明，该数字可能接近每年 3 000 亿美元。[③]

从长远角度看，世界贸易组织希望降低不发达经济体进口非农产品的关税税率。在这些不发达经济体中，许多经济体会依据幼稚产业观点，断定是否需要继续征收较高的进口关税。然而，最终这些高关税税率都需要降低，以便让这些经济体获得国际贸易的全部利益。例如，印度对进口的交通设备产品征收的限额关税税率达到 53.9%，巴西则向类似产品征收 33.6% 的限额关税。巴西通过提升国内价格来保护本国效率低下的生产商。同时，由于消费者需要为交通设备类产品和其他相关产品支付更高价格，因此该项政策降低了消费者的实际收入，从而限制了经济增长。

● 聚焦国家：美国贸易所得估计

美国的国际经济研究所（Institute for International Economics）发布了一份研究报告，试图估算自由贸易给美国带来的利益。根据这份调查，在《关税及贸易总协定》与世界贸易组织的要求下，美国降低了进口关税税率，但在 2003 年，美国国内生产总值比不实行降低关税政策时高出 7.3%。据粗略估计，这一经济红利达到了 1 万亿美元。换句话说，降低关税为每一户美国家庭每年额外带来了 9 000 美元的收入。

这一报告也对如下情况进行了估算，即如果美国与其所有的贸易伙伴都实现自由贸易，并且将所有商品和服务类贸易的进口关税税率下调至 0，那么会发生怎样的变化。通过运用不同的方法估计其影响，该项研究显示，这将为美国带来每年约 4 500 亿美元～1.3 万亿美元的额外经济红利。此项研究报告的作者认为，最终达到自由贸易的阶段会给美国每户居民带来平均每年 4 500 美元的额外收入。

该研究报告的作者也对由全面自由贸易带来的就业损失的规模和成本进行了估计。如果一国完全消除了贸易壁垒，那么某些部门会减少就业岗位，另一些部门则会增加就业岗位。历史数据显示，由于贸易规模扩大，美国每年会丢失约 226 000 个

---

① S. C. Bradford, P. L. E. Grieco, and G. C. Hufbauer, "The Payoff to America from Global Integration," in *The United States and the World Economy: Foreign Policy for the Next Decade*, ed. C. F. Bergsten (Washington, DC: Institute for International Economics, 2005).

② World Bank, *Global Economic Prospects 2005* (Washington, DC: World Bank, 2005).

③ "Doha Development Agenda," OECD Observer, Paris, September 2006, pp. 64-67.

工作岗位。在失去工作岗位的人群中，会有 2/3 的人在 1 年之后重新就业，但是他们的收入会比之前减少 13%～14%。该研究报告还得出结论：就业损失每年会带来 540 亿美元的经济成本，其主要表现形式是，在自由贸易的影响下，这些丢失工作的人的终生收入水平会比之前低。而这也带来了与之相匹配的好处，那就是自由贸易会引发更高速的经济增长。每年，这将会带来 4 500 亿美元～1.3 万亿美元的经济红利，也会由此而创造更多的就业岗位，并提升美国居民的收入水平。换句话说，预计每年由贸易带来的经济收益会远大于就业损失带来的成本。同时，更多居民转变到一个新的贸易体系中所得到的经济利益也大于其所支付的成本。[1]

多哈回合谈判

在 1999 年的西雅图系列会议上，世界贸易组织希望解决四个主要问题，即反倾销措施、农产品贸易、推动实施更有利的知识产权保护法，以及扩大市场准入，然而失败了。2001 年，世界贸易组织又在其成员中发起了一系列磋商谈判，希望更好地扩大国际贸易规模以及搭建国际投资框架。为了举办此次会议，主办方将会议地点定在波斯湾沿岸国家卡塔尔的多哈。毫无疑问，主办方事先考虑到反全球化的抗议者早已抵达当地，多哈回合谈判没有重蹈西雅图系列会议的覆辙。世界贸易组织成员同意发起新的谈判并且制定一份议程。这一谈判原计划周期为 3 年，但实际上持续了很久。

在多哈回合谈判中通过的议程被视作未来几年内谈判的计划安排。这项议程涵盖了降低工业制成品和服务贸易的关税税率，逐渐停止对农业生产者的补贴行为，消除跨境投资行为的障碍，并限制对反倾销法的使用。为了在该项议程上达成一致，各成员之间也做出了艰难让步。欧盟和日本就农业补贴都做出了巨大让步，而原来这些补贴政策的实施是为了支持那些有政治影响力的农业从业者。美国也屈服于其他贸易方的压力，修订反倾销相关法案。而美国此前经常使用此类法案来保护本国钢铁产业免受国外竞争。欧盟也不得不减弱其在谈判中的力度，包括其环境保护政策。这是因为众多不发达经济体认为，欧盟会将环境保护政策用作贸易壁垒，从而对各方施加压力。关于试图将一个地区的贸易和劳工标准联系起来的阐述，并未在议程中出现。

拥有大型制药部门的成员默许了来自非洲、亚洲及拉丁美洲地区药品专利方面的要求。在这项议程中，世界贸易组织制定的关于知识产权保护的内容具有这样的规定：不允许其成员采取任何措施来保护本地区的公共医疗。这项规定的目的是保证世界上的不发达地区可以制造和购买普通的药物专利权，来对抗艾滋病和疟疾。

显然，通过一项议程是一回事，但是在一项新的贸易协定上达成一致又是另一回事。然而这项议程依旧有许多潜在受益者，其中包括不发达经济体和如澳大利亚、美国等发达经济体的低成本农业生产商。如果此次谈话取得了成功，那么上述地区的农业产品生产商最终会扩大其产品在世界市场中的份额。不发达经济体也会因为暂未对劳工标准进行规定而受益。而劳工标准也被很多人看作富裕地区设置的贸易

---

[1] S. C. Bradford, P. L. E. Grieco, and G. C. Hufbauer, "The Payoff to America from Global Integration," in *The United States and the World Economy: Foreign Policy for the Next Decade*, ed. C. F. Bergsten (Washington, DC: Institute for International Economics, 2005).

壁垒。世界上不发达经济体也可以从能够获得廉价药品的保障中获益。但是这项议程也使得某一部分群体遭受损失,其中包括来自欧盟和日本的农产品生产商、美国的钢铁制造商、环境保护主义者和发达地区的药品生产商。可想而知,这些蒙受损失的群体一定会在接下来的几年里全力说服各自政府,使得最终达成的协议符合它们的利益。① 如上文所述,据估计,如果多哈回合谈判取得成功,那么将会给整个世界每年带来约3 000亿美元的收入。而其中有60%的收入将由贫困地区获得,这也将使得约1 500亿人口脱离贫困。②

多哈回合谈判的进展非常缓慢,不断遭受重大挫折。其会议时间不断延长。2003年9月,在墨西哥城市坎昆召开的会议上,与会成员未能在降低对农产品补贴和关税税率方面达成协议,最终导致谈判失败。欧盟、美国及印度不愿意对拥有政治影响力的农业生产商降低补贴和关税税率,但是巴西和部分西非国家则希望尽快实现自由贸易。然而,2004年年初,在美国与欧盟的卖力推动下,谈判得以再次进行;在2004年中期,双方都承诺全面削减农产品补贴和关税税率。至此,虽然谈判取得了小幅进展,但还是陷入了停滞,主要原因是在农产品生产商究竟削减多少关税上未能达成一致意见。整个谈判的目的就是要把制成品和农产品的进口关税水平降低60%~70%,并且将补贴下调一半。但是要让与会成员在上述两个方面达成一致显得极为困难。

☞ 给管理者的启示

前文的讨论对商务实践有什么启示?为什么跨国公司的管理者会关心自由贸易中的政治经济学或自由贸易理论和贸易保护主义理论的好处?对于这个问题有两种回答。第一种关系到贸易壁垒对公司决策的影响;第二种则关系到公司在推动自由贸易和减少贸易壁垒方面应该扮演怎样的角色。

贸易壁垒和公司决策

为了理解贸易壁垒如何影响一家公司的决策,我们需要思考第五章中的国际贸易相关理论。我们已经讨论过,一家公司如何把它的生产活动布局在全球那些可以发挥最大生产效率的国家。因此,这也可以让公司在第一个国家设计产品,在第二个国家制造产品元件,再在第三个国家组装成成品,最后将成品销往世界其他地区。

显然,贸易壁垒束缚了一家公司高效布局产业链的能力。首先,有一点最为明显,贸易壁垒提高了出口制成品的成本(或者是国家之间半成品贸易往来的成本)。这样可能会使公司在与当地企业的竞争中处于劣势。作为应对措施,这家公司可能发现将生产部门设在这个国家是更为经济实惠的做法。这将使该公司与当地企业处在同一竞争起点。其次,贸易配额也会限制一家外来企业服务于本国市场的能力。所以,这家企业会将自己的生产部门设置在该国,即便企业的生产成本会因此而增加。20世纪80年代至20世纪90年代,日本汽车产业在美国的迅速扩张反映了上述

---

① W. Vieth, "Major Concessions Lead to Success for WTO Talks," *Los Angeles Times*, November 14, 2001, p. Al; "Seeds Sown for Future Growth," *The Economist*, November 17, 2001, pp. 65-66.

② "The WTO under Fire—The Doha Round," *The Economist*, September 20, 2003, pp. 30-32.

推论。随后，美国与日本之间签署自愿出口限制协议来限制日本向美国出口的汽车。

再次，为了符合当地含量要求，企业会把更多的生产部门设置在当地而不是其他地方。从企业角度而言，与将每一项生产活动都布局在其最佳生产地点相比，将生产部门设置在当地的成本更高。同时，即便目前不存在贸易壁垒，但是为了避免未来存在贸易壁垒威胁，企业依旧希望将自己的生产活动布局在特定国家。

所有这些影响都将使得在没有贸易壁垒情况下的企业成本上升。然而，如果不考虑当地企业，一些国家对所有国外企业的进口产品都采取贸易壁垒，那么这种做法带来的高成本也并非不利于国外企业。但倘若一些贸易壁垒只针对某个特定国家，那么与在别国发展的企业相比，在该国的企业则处于相对弱势。如果特定国家存在针对它的贸易壁垒，那么该国企业会把生产部门转移到实施贸易壁垒的国家。还有一种解决办法是把生产部门转移到不受贸易壁垒影响的国家。

最后，反倾销政策使企业很难采取有利的价格竞争手段以获取市场份额。当地企业也会巧妙地利用反倾销政策来限制国外企业的低成本竞争。例如，美国钢铁企业过去常常使用反倾销政策来对付国外钢铁制造商，尤其是在世界钢铁需求量不高而钢铁产量又过剩的时期。1998—1999年，亚洲经济衰退使得钢铁产量过剩，美国便大量从亚洲进口低成本钢铁。美国生产商多次向美国国际贸易委员会起诉。其中一份上诉文件中称，日本热轧钢生产商以低于成本的价格在美国销售。美国国际贸易委员会通过了该投诉，并对从日本进口的钢铁征收18%～67%的进口关税（这些关税与前文讨论过的钢铁关税并行实施）。①

政策启示

正如第五章中所述，企业是国际贸易舞台上的主角。由于它们在国际贸易中扮演着关键角色，企业能够而且确实会对政府贸易政策产生重要影响。这种影响可能会助长贸易保护主义，也可能会激励政府支持世界贸易组织的运行，并在所有成员间推动市场开放和自由贸易。与国际贸易有关的政府政策对商务有直接影响。

与战略性贸易政策一致的政府干预形式多种多样，如关税、进口配额、反倾销措施和补贴等。这些措施能使本国企业和行业在世界经济中享有竞争优势。然而，本章和第五章的总体观点都认为，政府干预有三大弊端。政府干预有时会弄巧成拙，政府干预倾向于保护低效行业，而非让企业变成高效的全球竞争者。政府干预十分危险，干预会激起其他国家的报复，并相应引发贸易战。政府干预不可能被利落地执行，因为干预政策可能会被特殊利益集团利用。这是否意味着政府应该采取放任自由的贸易政策呢？

大多数经济学家可能认为，国际企业的最大利益来自自由贸易的姿态，而非自由放任的态度。例如，商务集团鼓励政府通过加强世界贸易组织职能积极推动自由贸易的做法有利于获得最大限度的长期利益。与政府通过战略性贸易政策扶持国内行业相比，政府对进口产品和直接投资开放市场，可能会使企业获得更多收益。

这种观点可在本书第一章中提及的现象中被进一步印证，即过去20年中世界经济一体化和生产全球化的兴起。在我们生活的世界中，各国公司对自身竞争优势日

---

① "Punitive Tariffs Are Approved on Imports of Japanese Steel," *The New York Times*, June 12, 1999, p. A3.

益依赖。自由贸易为进入其中的企业带来了巨大优势，也使消费者受益于随之而来的更低价格。在报复措施危险既定的情况下，企业必须认识到游说政府采取保护主义政策的后果，它们这样做就等于拒绝通过构建全球性分布的生产体系来获得比较优势的机会。如果鼓励本国政府实行贸易保护主义，那么它们自己的国外活动和销售业务可能会因其他政府的报复措施而陷入困境。这并非说企业不应该寻求反倾销措施等任何贸易保护工具，而是说企业应在采取相关措施前三思而后行，并事先评估更严重的后果。

●本章总结

　　本章的目的是说明现实中的国际贸易与第五章中提及的放任自由的理想化贸易理论的偏差。在本章，我们提出了各种贸易政策工具，回顾了政府对国际贸易进行干预的政治和经济观点，再次检验了基于战略性贸易政策观点的经济案例，并了解了世界贸易框架的演变。尽管自由贸易政策不总是理论上的最佳贸易政策（考虑到新贸易理论家的观点），但在实践中，自由贸易可能是政府能够采取的最佳政策。特别是加强如世界贸易组织等国际组织职能的做法，可能是保障企业和消费者长期利益的最佳途径。考虑到各自为政的贸易保护主义可能会升级为贸易战，在政府对进口产品和外国直接投资开放本国市场的情况下，与政府保护本国产业不受外国竞争的情况相比，企业会获得更大利益。本章要点如下：

　　1. 关税、补贴、反倾销和当地含量要求等贸易政策对生产者有利，对消费者不利。生产者（在与外国竞争中受到保护的生产商）获得利益，但消费者会因为必须对进口产品支付更高价格而受损。

　　2. 对于支持政府干预有两方面观点：政治观点和经济观点。支持政府干预的政治观点认为，保护一些群体的利益，或者为了促进外交政策、人权、消费者保护等目标，通常需要以牺牲其他群体的利益为代价。支持政府干预的经济观点主要关注提高一国整体的财富水平。

　　3. 支持政府干预的一个常见政治观点是保护就业。然而，政府干预通常会损害消费者利益，并弄巧成拙。有时，一些国家认为出于国家安全考虑，有必要保护一些特定行业。另一些国家认为应该将政府贸易干预作为打开国外市场的谈判筹码。这种做法风险极大，因为一旦失手，将会导致更高程度的贸易壁垒。

　　4. 从保护幼稚产业的角度支持政府干预的观点认为，政府应该暂时性地扶持新产业，从而让该产业的生产找到立足点。然而，在实践中，政府最终保护了低效产业。

　　5. 战略性贸易政策认为，政府通过补贴能够帮助国内企业在规模效应十分重要的全球产业中获得先发优势。政府补贴或许也能帮助国内企业克服进军这些行业的障碍。

　　6. 战略性贸易政策的问题体现在两个方面：（1）这种政策可能会招致报复，从而使得各方受损；（2）战略性贸易政策可能会被特殊利益集团为其自身目的而利用，导致其本身作用被扭曲。

7. 《关税及贸易总协定》是第二次世界大战后自由贸易运动的产物。《关税及贸易总协定》成功降低了制成品和大宗商品的贸易壁垒。在《关税及贸易总协定》下，推动更深层次自由贸易的行动刺激了经济增长。

8. 《关税及贸易总协定》中乌拉圭回合谈判的落幕和世界贸易组织的成立，将《关税及贸易总协定》条例延伸至服务领域，增强了对知识产权的保护，减少了农产品补贴，并加强了监控与执行机制，从而巩固了世界贸易体系。

9. 贸易壁垒不利于企业将其各种生产活动分散至世界最佳生产地。对贸易壁垒的回应之一，是在受贸易壁垒保护的国家从事更多生产活动。

10. 与政府保护国内产业不受外国竞争相比，政府对进口产品和外国直接投资开放本国市场能使企业获得更多回报。

● 批判性思考和问题讨论

1. 就政府贸易政策而言，谁的利益是最重要的：生产商的利益（企业和雇员）还是消费者的利益？

2. 鉴于新贸易理论和战略性贸易政策的观点，企业应该鼓励政府实行哪种贸易政策？

3. 设想你是一家在泰国生产个人电脑并出口至美国的美国公司的雇员。在泰国生产个人电脑的目的，是利用泰国相对较低的劳动力成本和熟练的劳动力技能。马来西亚和中国两个产地也在公司的考虑范围内。由于泰国对于美国出口至泰国的产品实行行政贸易壁垒，因此，美国政府决定对从泰国进口的电脑征收100%的惩罚性从价税。你所在的公司应该如何做出回应？通过本案例，你如何理解有针对性的贸易壁垒的应用？

4. 回顾"聚焦管理：美国镁业公司寻求保护"专栏，美国政府对从俄罗斯进口的镁产品施加反倾销税，谁是最大受益者？谁是受损者？这些关税让美国获得了最大利益吗？

● 研究任务：国际贸易中的政治经济

利用globalEDGE™网站完成下列练习：

练习1

你所在的公司有意向巴基斯坦出口产品。但是，公司管理层对巴基斯坦贸易政策和壁垒的了解有限。因此，在公司管理层做出出口决定前，需要一份巴基斯坦政治和经济状况的详细分析报告作为参考。现在开始你的研究，整理出巴基斯坦与关税和限制等基本问题有关的当前进口政策，并为你的报告制作一份行动纲要。

练习2

近年来，世界贸易组织的成员大量增加。此外，一些非成员在世界贸易组织中享有观察员席位。观察员须在获得观察员席位后的5年内进行入世谈判。列举出世界贸易组织目前全部的成员。同时，制作世界贸易组织观察员列表。你发现世界贸易组织观察员有什么特别之处吗？

● 章尾案例：纺织品贸易

自 1974 年开始，纺织业需要依照《多种纤维协定》进行世界贸易。为保护发达经济体的纺织产品不受外国竞争，《多种纤维协定》用配额对不同经济体能够出口的纺织品数量进行规定。该配额限制了一些经济体的纺织品出口。但在另一种情况下，该协定创造了一种或许前所未有的纺织品产业。例如，孟加拉国、斯里兰卡和柬埔寨利用有利的配额建立了重要的纺织工业，并大量提高出口量。2003 年，孟加拉国和柬埔寨的纺织业出口占本国出口额 70% 以上，而斯里兰卡的纺织品出口占出口额 50%。

但这种形势随后被改变了。自从 1995 年世界贸易组织成立，成员同意于 2004 年 12 月 31 日终止《多种纤维协定》。当时，发展中经济体的许多纺织品出口方希望配额制度消失，从而从中获利。然而，它们未曾意料到，中国在 2001 年会加入世界贸易组织，而中国的纺织品出口随之激增。至 2003 年，中国生产了世界上 17% 的纺织品，但这仅仅是一个开始。到 2008 年，中国在世界纺织品生产中的份额增长到 1.85 亿美元。因为中国生产者利用了纺织品配额全面取消的时机，增加了对美国和欧盟的出口，替代了其他发展中经济体的出口。中国的纺织品出口得益于其在纺织品生产方面的比较优势。中国不仅有较低的工资水平和较高的劳动生产力，而且中国的大型工厂使得中国能够实现大多数发展中经济体无法实现的规模经济。同时，中国完善的基础设施使得产品运输迅速，港口船舶周转及时。中国市场的流行趋势迅速造成了需求的变化，这是中国服装市场至关重要的资产。中国生产商可以将订购和装船的周期缩短为 60 天，远低于其他发展中经济体需要的 90 天~120 天。此外，与其他发展中经济体不同的是，中国纺织品生产商享有"按承诺可靠交货"的美誉。例如，孟加拉国的生产商生产的纺织品质量低下，且交付差劲，如此便抵消了其低价优势。

由于害怕中国使其失去现有市场份额，不包括中国在内的 50 多个纺织品生产地区在 2004 年签署了《伊斯坦布尔宣言》(Istanbul Declaration)，要求世界贸易组织推迟配额协定的终止，但无果而终。这些地区多半是低收入或中等收入经济体。现在，一些发展中经济体担心它们会流失大量的市场份额给中国。可想而知，这将削弱它们的经济实力。例如，孟加拉国有 200 万人口在纺织业工作，其中大多数为女性。然而，其他发展中经济体认为，它们可能会从纺织配额的终止中获利。它们认为，发达经济体的购买者需要用多样化的产品供应制止中国的出口。持有这类观点的有越南、印度和巴基斯坦，它们在 2004 年后纺织品出口都呈现上升趋势。

同样，在发达地区，中国纺织品进口激增引起了不安情绪。美国的纺织品生产商游说政府在《多种纤维协定》失效后，对从中国进口的纺织品实施配额。根据中国加入世界贸易组织的条款，如果中国的纺织品出口是"破坏性的"，那么美国和其他贸易方可以保留对中国所出口的纺织品施加年度配额的权利。

2004 年，中国宣称将对出口纺织品计征关税，对中国出口的纺织品征收关税可以提高中国纺织品的成本，从而降低其国外需求。

2005 年的前 8 个月是未来的缩影。与 2004 年同期相比，美国从中国进口的纺织品激增64%，增长至154亿美元。中国出口至欧盟的纺织品也呈现增长态势。然而，有人指出美国进口纺织品总量变化幅度较小。美国从中国进口纺织品的增加是因为替代了其他经济体的纺织品，而非由于美国纺织品进口总量的增加。尽管如此，美国从中国进口纺织品数量增加再次激起美国社会对从中国进口的纺织品实施配额的呼声。意识到这一问题，2005年中期，中国政府与美国政府进行双边谈判，限制中国对美国的纺织品出口。2005年11月，双方达成协定：至2008年，美国从中国进口的纺织品增长的速度限定在每年15%左右。2008年后，该限制被解除。欧盟在此前几个月与中国签署了相似协定。[1]

案例讨论问题

1. 《多种纤维协定》的取消对世界经济而言是有利的吗？为什么？
2. 对孟加拉国等得益于《多种纤维协定》的发展中经济体的生产者而言，应该如何应对该协定的终止？
3. 你认为中国对本国出口的纺织品征收关税的做法是正确的吗？为什么？
4. 2005年11月，中美签订协定限制中国对美国出口纺织品的增长速度是服务于哪一方的利益？你认为该协定对美国而言是有利的吗？
5. 2005年11月，中美关于纺织品贸易协定的签署是一种什么形式的贸易壁垒？

---

[1] "The Looming Revolution—The Textile Industry," *The Economist*, November 13, 2004, pp. 92-96; "A New Knot in Textile Trade," *The Economist*, December 18, 2004, p. 138; "Textile Disruption," *The Wall Street Journal*, April 11, 2005, p. A21; M. Fong and W. Echikson, "China Bristles at U.S. Inquiry on Textiles Trade," *The Wall Street Journal*, April 6, 2005, p. A9; M. Fong, "China, U.S. Sign Three-Year Pact on Textile Trade," *The Wall Street Journal*, November 9, 2005, p. A14.1.

第七章

外国直接投资

学习目标

学完本章后,你应该能够:

1. 了解当前经济中外国直接投资的趋势;
2. 理解外国直接投资的不同理论;
3. 理解外国直接投资对于投资国和东道国的收益和成本;
4. 领会政治意识形态如何影响国家对外国直接投资的态度;
5. 探讨政府用于影响外国直接投资的不同政策工具;
6. 说明与外国直接投资有关的理论和政府政策对管理实践的启示。

● 开篇案例:星巴克的外国直接投资

40年前,星巴克是西雅图派克大街上一家销售优质烤咖啡的小商店,如今已转型为一家世界咖啡烘焙和零售商,在世界的50多个国家拥有超过1.7万家分店。20世纪80年代,星巴克公司的市场部总监霍华德·舒尔茨(Howard Schultz)在意大利旅行,被意大利咖啡屋的完美体验深深吸引,于是星巴克公司开始着手准备现在的培训课程。后来舒尔茨成为星巴克公司的首席执行官,劝说公司的所有者们体验这种咖啡屋形式,由此星巴克式的体验应运而生。它的策略是,在一个设计典雅的咖啡屋中,星巴克公司出售自己的优质烤咖啡和新沏的意大利式浓咖啡饮品,同时销售各种糕点、咖啡伴侣、茶和其他产品。公司同时注重提供更优质的顾客服务。因为积极的员工会提供最好的顾客服务,所以星巴克的总经理将大量精力倾注在员工招聘、培训项目及绩效奖励机制上,甚至会给予兼职员工认股权和医疗福利。这一准则在美国获得了惊人成功,使得星巴克在10年间从默默无闻的小商店摇身变成美国最著名的品牌之一。

1995年,星巴克在美国开设了700多家分店后,开始去国外寻求机会。它的第一个目标市场便是日本。星巴克在北美地区不愿意采取特许经营战略,因此所有商店都归公司所有,但星巴克一开始就决定在日本允许进行特许经营。然而,星巴克也意识到单纯的许可形式不能确保日本的执照持有者严格按照星巴克的成功模式运作。所以星巴克和当地零售商萨扎比（Sazaby）成立了合资企业，各自持有这家名为日本星巴克咖啡的合资企业50%的股份。星巴克最初对这家合资企业投资1 000万美元，这也是它的第一笔外国直接投资。然后星巴克将自己的运作模式以许可形式授予这家合资企业。该合资企业则负责提高星巴克公司在日本的知名度。

为了确保日本的经营方式成功复制了北美的"星巴克经验"，星巴克公司调任一部分员工去日本经营。许可相关协议要求所有日本商店的经理和员工都参加和北美员工一样的培训课程，也要求商店遵守美国已有的设计风格。2001年，星巴克对全体日本员工推行了认股权计划，开创了日本企业推行认股权计划的先河。怀疑人士质疑日本星巴克对其北美成功经验的复制能力，但是到2006年，星巴克在日本已经拥有600多家分店，并计划继续稳步增设新店。

继日本之后，星巴克筹备了一项野心勃勃的外国投资项目。1998年，它用8 400万美元购买了一家有60多家零售商店的英国咖啡连锁店——西雅图咖啡（Seattle Coffee）。西雅图咖啡由一对来自西雅图的美国夫妇设立，其目的是在英国建立类似星巴克的连锁店。到20世纪90年代末，星巴克在中国、新加坡、泰国、新西兰、韩国和马来西亚都开设了门店。

星巴克在亚洲最常用的策略是向当地运营商授予许可证并获得执照费和商店收入提成。日本的星巴克坚持采用密集的员工培训项目，以及针对运作模式与商店布置的严格规定。然而，直接授予许可证对星巴克而言不再具有吸引力。星巴克将其中一些已签订许可协议的企业转化为合资企业或完全控股子公司。例如，星巴克在泰国最初向一家泰国本土企业——咖啡伴侣公司（Coffee Partners）转让了特许经营权。根据转让协议，咖啡伴侣公司有义务用5年时间在泰国开设至少20家星巴克咖啡店。然而，该公司后来发现无法从泰国银行获得贷款来拓展业务。2000年7月，星巴克以1 200万美元收购了咖啡伴侣公司，意在更紧密地掌控星巴克在泰国的扩张策略。

2002年，星巴克又在欧洲大陆展开了宏伟的扩张计划，最初的切入点是瑞士。根据其亚洲经验，星巴克选择与瑞士最大的食品服务公司——好胃口集团（Bon Appetit）成立合资企业。好胃口集团对合资企业具有主要控股权，星巴克将以许可形式授予瑞士公司，使用的协议模仿了在亚洲成功运作的协议。随后，星巴克在其他国家建立了合资企业。2006年年初，星巴克声称有在国外市场建立将近15 000家企业的潜力，其中潜力最大的是中国。目前，星巴克将中国视为国外最有机会的单个市场。[①]

引言

一家企业在外国直接投资于生产或销售一种产品的设施时，便产生**外国直接投**

[①] C. McLean, "Starbucks Set to Invade Coffee-Loving Continent," *Seattle Times*, October 4, 2000, p. El; J. Ordonez, "Starbucks to Start Major Expansion in Overseas Market," *The Wall Street Journal*, October 27, 2000, p. B10; S. Homes and D. Bennett, "Planet Starbucks," *BusinessWeek*, September 9, 2002, pp. 99-110; "Starbucks Outlines International Growth Strategy," *Business Wire*, October 14, 2004; A. Yeh, "Starbucks Aims for New Tier in China," *Financial Times*, February 14, 2006, p. 17.

资（foreign direct investment，FDI）。根据美国商务部的定义，如果美国公民、机构或关联集团拥有外国企业实体10%以上的股东权益，该部分投资则可被称为外国直接投资。只要一家公司从事外国直接投资，它就成为一家跨国公司。"开篇案例"中关于星巴克的扩张是外国直接投资的案例。从1995年开始，星巴克开始进驻其他国家。到2007年，这一系列外国直接投资将星巴克转型为一家在38个国家经营的全球品牌。

外国直接投资有两种形式。第一种形式是**绿地投资**（greenfield investment），采用直接在外国设立新机构的方式。第二种形式是收购或兼并外国现有公司。虽然星巴克的确收购了英国的西雅图咖啡，但它大部分的扩张方式是绿地投资。收购可以采取少数股东权益（外国公司占据10%~49%的投票股权），或者采取多数股东权益（外国公司占据50%~99%的投票股权），也可以采取全面控股（外国公司享有100%的股东权益）的形式。[①]

在这一章中，我们先从外国直接投资对世界经济的重要性开始探讨；接下来，我们将回顾一些解释外国直接投资的理论；然后，我们会讨论政府针对外国直接投资采取的政策；最后，我们会提出商务启示。

世界经济中的外国直接投资

在讨论外国直接投资时，我们需要区分外国直接投资流量和外国直接投资存量。**外国直接投资流量**（flow of FDI）指在特定时期（通常是1年）发生的外国直接投资数额。**外国直接投资存量**（stock of FDI）指在特定时点外资资产累计总额。同时，我们会讨论**外国直接投资流出额**（outflows of FDI），即从一国流出的外国直接投资流量，以及**外国直接投资流入额**（inflows of FDI），即从外国流向国内的外国直接投资流量。

□ 外国直接投资的走向

在过去的30年中，世界经济中外国直接投资流量和外国直接投资存量都有明显增长。外国直接投资平均年流出额从1975年的250亿美元增加到2000年创纪录的1.4万亿美元。21世纪初，外国直接投资流量有所回落，但到2007年，外国直接投资流量创1.8万亿美元新高，如图7.1所示。[②] 在这期间，外国直接投资流量的增速快于世界贸易总额和世界总产出的增长。例如，1992—2008年，世界各国总外国直接投资流量增加超过8倍，而世界贸易总额只增长了150%，世界总产出增长了45%左右。[③] 由于强劲的外国直接投资流量，到2007年，全球外国直接投资存量增

---

① United Nations, World Investment Report, 2000 (New York and Geneva: United Nations, 2000).

② United Nations, World Investment Report, 2008 (New York and Geneva: United Nations, 2008); "Global Foreign Direct Investment Now In Decline," UN Conference on Trade and Development, press release, January 19, 2009.

③ World Trade Organization, International Trade Statistics, 2008 (Geneva: WTO, 2008); United Nations, World Investment Report, 2008 (New York and Geneva: United Nations, 2008).

加 15 万亿美元。至少 79 000 家母公司在外国市场上拥有 79 万家子公司。这些公司一共雇用了 8 200 万名国外员工，并创造了 11% 的世界总产出。跨国公司的外国子公司预计有 31 万亿美元的全球销售额，远高于约 19.5 万亿美元的全球出口额。[①]

外国直接投资比世界贸易总额和世界总产出增长更为迅速的原因如下。第一，尽管近 30 年来，贸易壁垒有了普遍下降，但厂商依然害怕面临贸易保护主义压力。高管们将外国直接投资视为避免未来贸易壁垒的方式。第二，大多数国家外国直接投资的增长都是由于许多发展中国家国内政治和经济环境的变化。我们在第二章中讨论的民主政治体制及自由市场经济体系的整体转变都有利于外国直接投资。在亚洲、东欧和拉丁美洲，经济增长、经济管制和私有化项目对外国投资者开放。而消除外国直接投资的许多限制也让这些国家更吸引跨国公司。据联合统计，1992—2007 年，在世界 2 524 项监管外国直接投资的国家管理政策变化中，大约有 90% 为外国直接投资创造了更优良的环境，如图 7.2 所示。[②]

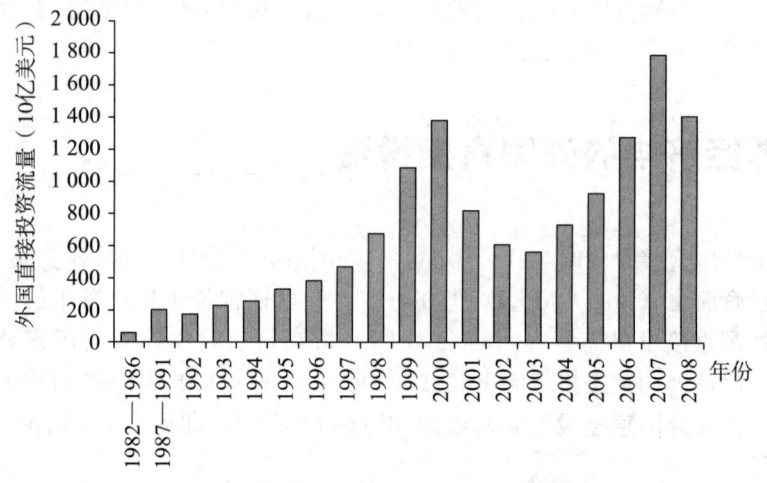

图 7.1　1982—2008 年外国直接投资流量

资料来源：United Nations, World Investment Report, 2008（New York and Geneva：United Nations, 2008）

图 7.2　1992—2007 年监管外国直接投资的国家管理政策变化

资料来源：United Nations, World Investment Report, 2008（New York and Geneva：United Nations, 2008）

---

① United Nations, World Investment Report, 2008（New York and Geneva：United Nations, 2008）.
② United Nations, World Investment Report, 2008（New York and Geneva：United Nations, 2008）.

然而，值得注意的是，不利于外国直接投资增长的管制数量从2002年起上升。这暗示着支持外国直接投资的钟摆将摇向另一端。例如，2005—2007年，在拉丁美洲公布的政策调整中，有2/3让外国直接投资的环境变得不那么受欢迎。大多数不利调整都集中在自然资源工业，如石油和天然气行业。政府对这些外国直接投资行业实行限制，并想通过一些机制从外国直接投资中获取更多经济价值，包括对外国企业实行更高的税收和专利费税率。

尽管一些拉丁美洲国家出现了上述趋势，但保护和推动两国投资的双边投资条约的数量剧增，这表明各国政府在总体上仍希望促进外国直接投资。2008年有2 068项此类条约，涉及179个经济体，比1980年的181项多出10倍多。[①]

世界经济全球化对外国直接投资产生了积极影响。如星巴克等公司将世界视为它们的市场，而且它们进行外国直接投资的目的是确保公司在世界的很多地区占据主要地位。我们会在本书给出更多进行外国直接投资的理由，比如许多公司认为，使生产设施所在地靠近其主要消费者非常重要，这也成为促进外国直接投资的动力。

外国直接投资的流向

以往，随着多数发达国家的企业都投资于其他发达国家，大多数外国直接投资都流向发达国家，如图7.3所示。从20世纪80年代到20世纪90年代，美国通常是外国直接投资流入的目标国。美国成为有吸引力的外国直接投资目标，是由于其庞大和富有的国内市场，有活力又稳定的经济状况，有利的政治环境，以及对外国直接投资的公开化。进行投资的公司来自英国、日本、德国、荷兰和法国。美国的外国直接投资在21世纪初依旧很高，2007年总额为2 320亿美元，2008年总额为2 200亿美元。欧盟的发达国家也是主要的外国直接投资流入国，其资金主要来自美国、日本及其他欧盟成员。2007年，欧盟的外国直接投资突破6 040亿美元。英国

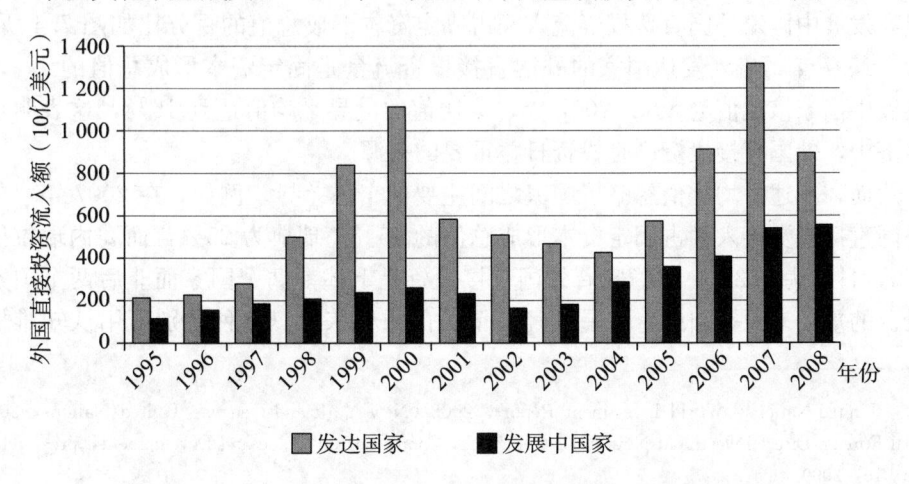

图7.3 1995—2008年按地域划分的外国直接投资流入额

资料来源：United Nations，World Investment Report，2008（New York and Geneva：United Nations，2008）

---

① United Nations，World Investment Report，2008（New York and Geneva：United Nations，2008）.

和法国是欧盟外国直接投资的首要流入国。2007—2008年，英国合计接受外国直接投资3 230亿美元，法国为2 720亿美元。①

虽然发达国家依旧是最大的外国直接投资流入国，但流入发展中国家的外国直接投资也在提高，如图7.3所示。1985—1990年，每年流入发展中国家的外国直接投资平均为274亿美元，占世界总流量的17.4%。20世纪90年代中期到20世纪90年代末，流入发展中国家的外国直接投资通常占世界总流量的35%～40%。2000—2002年，发展中国家外国直接投资流入额回落到占世界总流量的25%，随后在2004—2008年，该比值提高至31%～40%。

最近流入发展中国家的外国直接投资主要集中在东亚、南亚和东南亚的新兴经济体。拉动外国直接投资流量增长的主要国家是在外国直接投资流入国中地位日益重要的中国——中国在2004年吸引了约600亿美元外国直接投资流入额，2005年和2006年均分别吸引了700亿美元，②到2008年，该数额达到920亿美元。在随后的"聚焦国家"专栏中，我们将讨论中国获得强劲外国直接投资的原因。

拉丁美洲是另一个发展中国家的外国直接投资流入地。2008年，共有1 420亿美元的投资流入该地区。墨西哥和巴西是拉丁美洲历史上最大的两个外国直接投资流入国。2008年，该趋势继续维持。在世界另一端，虽然非洲在2008年创下620亿美元的外国直接投资纪录，但非洲长期以来都是最小的外国直接投资接收地。非洲无力吸引更多投资的现状在某种程度上是政局动荡、武装冲突和地区经济政策频繁变动的反映。③

一种看待外国直接投资流入额重要性的方式，是将其表示为固定资本形成总值的百分比。**固定资本形成总值**（gross fixed capital formation）指投资到工厂、商店和办公大楼等类似物的总资产值。在其他条件不变的情况下，一个经济体的资本投资数额越大，其未来增长前景则越可观。从这一角度看，可以视外国直接投资为资本投资的重要来源，以及一个经济体未来经济增长的决定因素。1992—2007年发达国家和发展中国家外国直接投资流入额占固定资本形成总值的百分比如图7.4所示。1982—1997年，流入发达国家的外国直接投资流量是固定资本形成总值的4%，而在发展中国家该比值为8%。2007年，该比值的世界平均值达到16%，这表明在世界经济中，外国直接投资已是投资日益重要的来源。

然而，上述平均比值忽略了国家之间主要的个体差异。例如，在2007年，英国的外国直接投资流入额占固定资本形成总值的45%，瑞典为25%，而委内瑞拉仅有1.2%，日本为2.2%。这意味着外国直接投资是上述前两个国家而非后两个国家资本投资的重要来源，因此，也是其经济增长的重要来源。这种区别可用认知难易度

---

① United Nations, World Investment Report, 2008 (New York and Geneva: United Nations, 2008); "Global Foreign Direct Investment Now In Decline," UN Conference on Trade and Development, press release, January 19, 2009.

② United Nations, World Investment Report, 2006 (New York and Geneva: United Nations, 2006); United Nations, World Investment Report, 2008 (New York and Geneva: United Nations, 2008).

③ United Nations, World Investment Report, 2008 (New York and Geneva: United Nations, 2008); "Global Foreign Direct Investment Now In Decline," UN Conference on Trade and Development, press release, January 19, 2009.

和一国投资吸引力等因素来解释。烦冗的管制在一定程度上限制了外国直接投资的机遇，像日本和委内瑞拉，这些国家对本国发展不可或缺的资本投资进行限制的做法可能会不利于其自身发展。

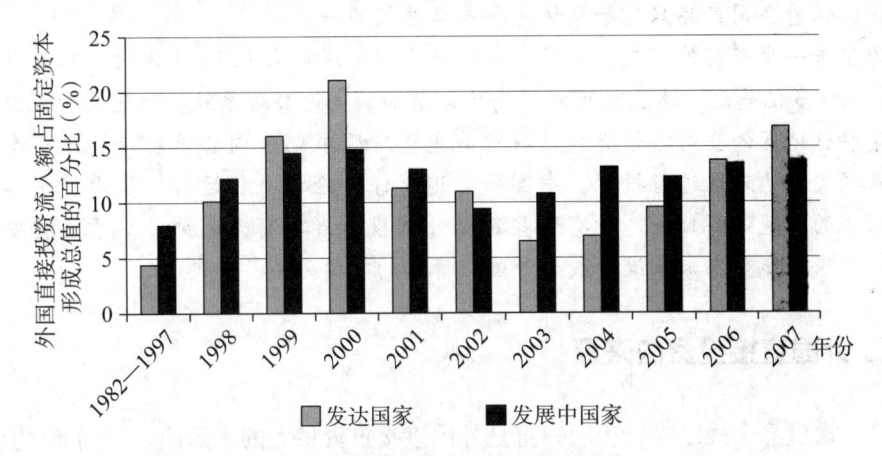

图 7.4　1992—2007 年外国直接投资流入额占固定资本形成总值的百分比

资料来源：United Nations，World Investment Report，2008（New York and Geneva：United Nations，2008）

● 聚焦国家：中国的外国直接投资

从 1978 年开始，中国决定转变其经济体制。这一决定使得中国近几十年来年复合经济增长率稳定维持在约 10%。经济的高速增长吸引了大量外国直接投资。中国的外国直接投资从一个较小的基数开始，在 1985—1990 年，外国直接投资平均每年增长 27 亿美元；在 20 世纪 90 年代末，该数值快速变为 400 亿美元，中国成为继美国之后的世界第二大外国直接投资流入国。到 21 世纪第一个 10 年快结束时，中国每年吸引了 800 亿美元～900 亿美元外国直接投资。

在过去几十年里，由于外国直接投资流入，中国成功建立了 280 000 家外资企业。中国境内的外国直接投资存量从 1978 年几乎为零增长到 2007 年的 3 270 亿美元（中国香港另有 1.2 万亿美元外国直接投资存量）。1998—2007 年，外国直接投资约占年度固定资本形成总值的 8%。这表明外国直接投资是中国经济增长的重要来源。

进行投资的原因显而易见。由于人口总数超过 10 亿人，中国是世界上最大的市场。历史上，由于进口关税的存在，外国公司通过出口很难进入中国市场，因此，外国公司必须依靠外国直接投资挖掘该国市场的巨大潜力。虽然中国在 2001 年加入了世界贸易组织，这意味着进口关税的降低，然而该进程是缓慢的，所以对中国投资的动力也会持续存在。此外，许多公司认为，在中国开展业务需要在该国建立庞大的关系网，因为生意经营需要依赖重要的关系网。更进一步，特别是对本身处于经济特区的企业来说，廉价劳动力和税收优惠政策的结合，使中国成为出口亚洲或世界市场的公司心目中最具吸引力的基地。

一个问题是，中国虽然有庞大的人口，而且经历了 20 年的高速增长，但依旧相对贫穷。缺乏购买力意味着中国市场对许多西方产品的消费相对疲软。另一个问题是，在主要城市之外，交通基础设施和配送体系都欠发达。百事公司通过其在重庆的子公司发现了这一问题。扬子江贯穿了四川省的西南地区，重庆市就位于这个地区，也是中国内陆地区的核心，整个城市包括市区及其周边地区有超过3 000万人口。但据百事公司子公司经理史蒂夫·陈（Steve Chen）表示，缺少发达的公路和配送系统意味着公司产品只能触及该地区人口总数的一半。

为了进一步吸引外国直接投资，中国政府已承诺在未来10年内对基础设施项目投资8 000多亿美元。这应该可以提高中国落后的高速公路系统。通过对投资到重庆周边等特殊地区的公司给予优惠的税收减免，中国激励外国公司对市场服务水平低下的广阔欠发达地区进行投资。中国一直追求保持经济平稳运行、货币稳定和较低通货膨胀的宏观经济政策，所有这些都对外国投资者具有吸引力。鉴于这些发展因素，中国很可能会在未来继续成为外国投资者的重要磁石。①

□ 外国直接投资的来源

第二次世界大战以来，美国一直是外国直接投资最大的来源国。直到20世纪90年代末和21世纪初，美国都维持着外国直接投资最大来源国的地位。其他重要来源国包括英国、法国、德国、荷兰和日本，如图7.5所示。1998—2006年，这6个国家一共占据世界累计外国直接投资流出额的56%；在2007年共占据世界累计外国直接投资流出额的61%。可想而知，这些国家在全球最大跨国公司的排名中也名列前茅。

这些国家占主导地位的主要原因是，它们在战后形成了强大的经济体，是最发达国家，因此成为许多规模最大和拥有最优质资产的企业的故土。如此，在这些国家成立的公司能走在外国投资潮流的前沿便不足为奇了。

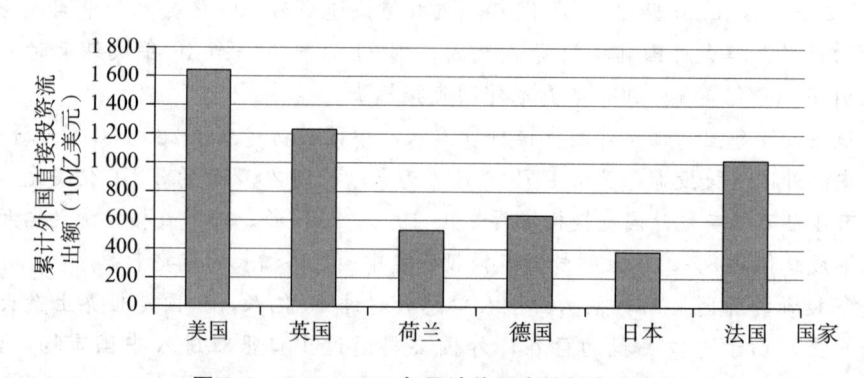

图 7.5　1998—2007年累计外国直接投资流出额

注：若非美国在2005年调整美国税收法律，并引发关键性的一次性投资流入，美国的份额可能会更大
资料来源：United Nations, World Investment Report, 2007 (New York and Geneva: United Nations, 2007)

---

① United Nations, World Investment Report, 2008 (New York and Geneva: United Nations, 2008); L. Ng and C. Tuan, "Building a Favorable Investment Environment: Evidence for the Facilitation of FDI in China," *The World Economy*, 2002, pp. 1 095-1 114; S. Chan and G. Qingyang, "Investment in China Migrates Inland," *Far Eastern Economic Review*, May 2006, pp. 52-57.

□ 外国直接投资的形式：并购和绿地投资

外国直接投资可以采取两种形式：对新的基础设施进行绿地投资，或者对一家现存的当地公司进行并购（即兼并和收购）。数据显示，大多数跨境投资属于并购而非绿地投资。据联合国估计，1998—2007年，40%~90%的外国直接投资流入都是并购。例如，并购在2001年占外国直接投资流入额的78%，在2004年该数据为59%，而在2007年，该数据又回升到89%。[1] 然而，流入发达国家的外国直接投资与流入发展中国家的外国直接投资有显著不同。在发展中国家的案例中，只有1/3的外国直接投资采用跨境并购的形式。并购比例越低，则说明发展中国家可以收购的公司越少。

在考虑外国直接投资时，为什么公司明显倾向收购现存资产，而非进行绿地投资呢？我们在第十四章将会更深入地讨论这个问题。目前，我们只探究一些基本原因。第一，并购比绿地投资更容易实施。这在市场迅速发展的当代工商界是一个重要的考虑因素。许多公司坚信，如果它们不收购一家满意的目标公司，那么它们的全球竞争对手就会抢先收购它。第二，外国公司被并购是因为那些公司有珍贵的战略性资产，例如品牌忠诚度、顾客关系、商标或专利、配送系统、生产体系等。对于一家公司而言，并购这些资产比通过绿地投资在新土地上建设这些资产更容易，而且可能风险更低。第三，公司进行并购是因为它们可以通过转移资产、技术或管理技能提高被并购公司的运作效率。然而，有案例表明，许多并购项目没有实现其预期收益。[2]

□ 向服务业转移

在过去的20多年里，外国直接投资的流入部门由自然资源产业和制造业向服务业大幅转变。1990年，大约有47%的外国直接投资存量分布在服务业；2004—2006年，这一数据增加至54%。在跨境并购的行业构成中，也出现了相似趋势，其中服务业并购也发挥着比以前更重要的作用。在服务业内部的外国直接投资构成也发生了变化，直到最近仍集中在贸易和金融服务领域。然而，诸如电力、水资源、通信和商务服务（如信息技术咨询服务）等行业正逐渐受到外国直接投资青睐。

外国直接投资向服务业转变的趋势受到四个因素的驱动。这四个因素可能在未来一段时间内都非常重要。第一，这一转变反映出许多发达经济体从制造业向服务业转移的整体趋势。2000年中期，服务业在发达国家占国内生产总值的72%，而服务业在发展中国家占国内生产总值的52%。第二，一些服务不能在国家间进行贸易。

---

[1] United Nations, World Investment Report, 2008 (New York and Geneva: United Nations, 2008).
[2] D. J. Ravenscraft and E. M. Scherer, *Mergers, Selloffs and Economic Efficiency* (Washington, DC: The Brookings Institution, 1987); A. Seth, K. P. Song, and R. R. Pettit, "Value Creation and Destruction in Cross-Border Acquisitions," *Strategic Management Journal* 23 (2002), pp. 921-940.

在哪里消费，服务就要在哪里生产。星巴克是一家服务型企业，但它不能从西雅图的星巴克商店向日本消费者提供热拿铁，因此它必须在日本建立商店。外国直接投资是将服务输送到世界市场的主要方式。第三，许多国家已经放松了对服务业领域外国直接投资的监管（第六章提出，在20世纪90年代末，世界贸易组织规定在全球交易中取消通信和金融服务业的跨境投资壁垒）。在该领域的投资自由化为更多的外国直接投资流入创造了机会。20世纪90年代，自巴西将本国的通信公司私有化后，外国直接投资大量涌入了巴西的通信部门。

第四，以互联网为基础的全球通信网络的崛起使得一些服务公司在不同国家重新安排了它们的价值创造活动，以便利用有利的成本要素。例如，宝洁将一些后勤会计职能转移到菲律宾，因为在菲律宾接受美国会计准则培训的会计从业人员薪水低得多。戴尔也因为同样的原因在印度建立了呼叫应答中心。同理，微软和IBM目前也将一些软件开发和测试设备设在了印度。白天在微软编写的软件代码可以被立刻传送至印度，而当微软的工作人员在夜间进入梦乡时，印度的员工会对代码进行测试。当第二天美国代码程序员起床时，代码已经完成测试。一些小故障会被识别出来，然后美国代码程序员可以开始修正代码。通过在印度建立测试设备，微软可以一天24小时研发代码，从而缩短了开发新型软件的时间。

外国直接投资理论

在这个部分，我们将回顾一些外国直接投资理论。这些理论从三种互补的角度探讨外国直接投资的各种现象。第一种理论试图解释当出口和许可这两种方式可供选择时，为什么一家公司更愿意采用外国直接投资作为进入外国市场的手段。第二种理论试图解释为什么相同行业的公司经常同时进行外国直接投资，并解释了相比其他地点，它们更青睐在一些特定地点进行外国直接投资的原因。换句话说，这些理论试图解释所观察到的外国直接投资的模式。第三种理论被称为**折中理论**（eclectic paradigm），它试图将上述两种理论结合，对外国直接投资进行全盘解释（这一理论角度之所以是折中的，是因为它将上述两种理论的优点结合为统一观点）。

□ 为什么选择外国直接投资？

当公司可以选择出口和许可这两种方式在外国市场上挖掘盈利机会时，为什么还要千辛万苦地通过外国直接投资在外国成立公司呢？**出口**（exporting）指在国内生产产品，然后将其运往收货国销售。**许可**（licensing）指授予外国实体（被许可人）生产和销售公司产品的权利，并按照每单位产品的销售计征使用费。为什么选择外国直接投资这个问题很重要？人们在对这个问题进行粗略探讨后会发现，外国直接投资可能比出口和许可这两种方式更昂贵和更冒险。外国直接投资之所以昂贵，是因为一家公司必须承担在外国建立生产设施的成本，或者支付收购外国公司的成本。外国直接投资风险很大，是因为不同文化环境中商务问题的"游戏规则"不同。与本土公司相比，第一次在该国进行外国直接投资的外国公司更有可能因为疏忽"游戏规则"而付出沉重的代价。当一家公司进行出口时，则不需要承担因外国直接投资产生的成本，并可以通过使用当地销售代理降低在外国销售的风险。类似地，如果一家公司允许另一家公司在许可方式下生产其产品，则成本或风险由被许可人承担，那么为什么许多公司显然更喜欢采用外国直接投资而非出口或许可呢？通过探讨出口和许可在利用外国市场机会方面的局限可以得出答案。

出口的局限

出口策略的可行性通常受交通成本和贸易壁垒的限制。将交通成本加入生产成本后，远距离出口商品有可能变得无利可图。这对价值-重量比较低且可以在任何地方生产的商品（例如，水泥、软饮料等）而言尤其适用。相比外国直接投资或许可，出口的吸引力减退。然而，对于有较高价值-重量比的商品而言，交通成本通常占到岸价的很少一部分（例如，电子元件、个人电脑、医疗器械和电脑软件等）。因此这种产品不会影响公司对出口、许可和外国直接投资的选择。

除了交通成本这个因素，一些公司也将外国直接投资视为对诸如进口关税或配额等实质性贸易壁垒或威胁性贸易壁垒的回应。通过对进口商品征收关税，政府可以提高外国公司出口商品的成本，而采用许可或外国直接投资的公司不会因此提高成本。同样，通过配额来限制进口，政府也可以提高外国直接投资和许可对外国公司的吸引力。例如，20世纪80年代到20世纪90年代，日本汽车公司对美国的外国直接投资浪潮，便是受到美国国会贸易保护主义者的威胁和美国对日本进口汽车实行配额的影响。对于日本汽车公司，这些因素降低了出口利润，却相对提高了外国直接投资的收益。由此而论，有一点我们必须明白，企业不会等到贸易壁垒真正实行时才更愿意选择外国直接投资。通常情况下，仅为了降低由贸易壁垒施加的威胁从而防患于未然，企业也会将外国直接投资作为出口的备用选择。

许可的局限

经济学理论中一个名为**内部化理论**（internalization theory）的分支力图解释，为什么公司通常更愿意选择外国直接投资而不是许可作为进入外国市场的策略。这个理论也叫作**市场不完全**（market imperfections）理论。[1]根据内部化理论，许可在挖掘外国市场机遇时存在三个主要缺点。第一，许可可能会使公司的技术秘诀

---

[1] S. H. Hymer, *The International Operations of National Firms：A Study of Direct Foreign Investment* (Cambridge, MA: MIT Press, 1976); A. M. Rugman, *Inside the Multinationals: The Economics of Internal Markets* (New York: Columbia University Press, 1981); D. J. Teece, "Multinational Enterprise, Internal Governance, and Industrial Organization," *American Economic Review* 75 (May 1983), pp. 233–238; C. W. L. Hill and W. C. Kim, "Searching for a Dynamic Theory of the Multinational Enterprise: A Transaction Cost Model," *Strategic Management Journal* 9 (special issue, 1988), pp. 93–104; A. Verbeke, "The Evolutionary View of the MNE and the Future of Internalization Theory," *Journal of International Business Studies* 34 (2003), pp. 498–501; J. H. Dunning, "Some Antecedents of Internalization Theory," *Journal of International Business Studies* 34 (2003), pp. 108–128.

泄露给潜在外国竞争者。例如，回溯到 20 世纪 60 年代，美国无线电公司将其前沿的彩色电视技术以许可形式授权给了一些日本公司，包括松下和索尼。当时美国无线电公司认为，与外国直接投资相比，许可不费成本又不承担风险，便能通过投入日本市场的技术秘诀获得可观收益。然而，松下和索尼很快吸收了美国无线电公司的技术，并用其进军美国市场，直接与美国无线电公司竞争。结果，美国无线电公司在其国内市场成了次要角色，而松下和索尼占有更大的市场份额。

第二，许可不能让公司对生产、营销和在外国利润最大化的战略进行严格控制。在许可形式下，公司对生产、营销和战略上的控制已经被转移给了被许可人，并获得使用费。然而，基于战略和运营的双重原因，公司可能想要重新控制这些运作。意图控制外国法人实体的合理性在于，公司希望其外国子公司采用更激进的定价和销售策略，以此牵制外国竞争者。与全资子公司不同，许可获得者可能不会采取这种强制行为，因为这可能会降低持证人的收益，甚至给其造成损失。

对外国法人实体进行运营控制的合理性在于，公司可能希望利用不同国家之间要素成本的差异，在一个特定国家生产其最终产品的一部分，同时从生产成本更低的其他国家进口其他部分。许可也无法满足这一条件，因为这会限制许可的自主权。所以，基于这些原因，当需要对外国法人实体进行严格控制时，外国直接投资比许可更受公司青睐。

第三，当公司的比较优势集中在管理、营销和产品生产能力而非产品上时，许可则不能满足公司要求。出现这种问题的原因是企业的能力往往不能体现在许可上。尽管外国被许可人有能力在许可形式下再生产该公司的产品，但其生产效率往往不如该公司本身。结果，被许可人可能无法完全发掘外国市场固有的利润潜力。

以丰田为例，丰田在全球汽车行业公认的竞争优势，是其对设计、工程、生产和销售汽车的整个流程的管理，即该公司的管理和组织能力。的确，丰田被誉为新型生产加工流程的研发先驱。这种精益生产模式使得丰田能够以更低的成本和更高的品质完胜其全球竞争对手。[1] 虽然丰田可以对一些产品采用许可模式，但它真正的竞争优势是管理和加工能力。这些技能很难被表达和编写出来，自然很难被记录在简单的许可合同中。它们散布在组织内部，并随着时间的推移逐渐发展。它们并不通过单个人来体现，而是广泛散布在公司中。换句话说，丰田的技能嵌在其组织文化中，而文化是不能被列入许可的。所以，如果丰田想要通过许可让一家外国法人实体生产丰田汽车，很有可能该法人实体在任何地方都不能像丰田一样高效生产。反过来，这也会限制外国法人实体完全开发这种产品市场潜力的能力。丰田的这种情况更适合在外国市场进行外国直接投资，而不是允许外国汽车公司在许可形式下生产丰田汽车。

这表明当满足下列原因中的一个或多个时，市场在出售技术秘诀上的机制是失败的，而采用外国直接投资比采用许可更有利：（1）当公司有宝贵的技术秘密，而许可不能充分保护它时；（2）当公司需要对外国法人实体实行严格控制，使其市场

---

[1] J. P. Womack, D. T. Jones, and D. Roos, *The Machine That Changed the World* (New York: Rawson Associates, 1990).

份额最大化并在该国获益时;(3)当公司的技能或诀窍不能通过许可传达时。

外国直接投资的优点

当交通成本或贸易壁垒的存在让出口失去吸引力时,公司会放弃出口而选择外国直接投资作为进军战略。另外,当公司希望继续控制诀窍或运营和商务战略时,或者当公司的一些技能不能简单地用许可表达时,公司会放弃许可(或特许经营),而选择外国直接投资。

□ 外国直接投资的模式

据研究,在同一行业的公司经常在同一时间进行外国直接投资。另外,公司有在特定地点进行直接投资活动的趋势。接下来本书要考察试图解释外国直接投资模式的两个理论。

战略性行为

该理论认为,外国直接投资的流动反映了公司在全球市场中的战略性竞争。尼克博克(Knickerbocker)研究了寡头行业中外国直接投资和竞争之间的关系,提出了最初的战略性行为理论。[1] **寡头行业**(oligopoly industry)由有限的几家大企业组成(例如,一个行业中有4家公司控制了国内市场80%的份额,那么该行业可以被定义为寡头行业)。这个行业的一个重要竞争特点是主要市场参与者之间存在相互依赖。一个企业的行为会对其主要竞争对手产生直接影响,并获得同样的回应。一旦降价,寡头行业中的一家公司会从其竞争对手那里夺得市场份额,并迫使对方同样降价来保持市场份额。所以,寡头行业中公司之间的依赖导致模仿行为。寡头行业中的竞争者通常会快速效仿其他公司的行为。

寡头行业中的模仿行为有许多形式。一家公司提高价格,其他公司也会效仿。一家公司扩大生产能力,竞争者则会紧跟其后,唯恐在未来处于劣势。尼克博克认为,相同类型的模仿行为是外国直接投资的一个特征。假如美国的一个寡头行业由三家公司主导该市场,分别是A公司、B公司和C公司。A公司先在法国成立了子公司。B公司和C公司认为,如果A公司投资成功,那么A公司的新子公司将会挤出它们对法国的出口业务,并获得先发优势。此外,A公司可能会在法国发现一些有竞争力的资产。A公司还可能会回到美国,在美国本土冲击B公司和C公司。考虑到这些可能性后,B公司和C公司决定跟随A公司一起在法国设立公司。

20世纪50年代到20世纪60年代,对美国公司外国直接投资做出的研究表明,寡头行业的公司倾向于通过相互模仿进行外国直接投资。[2] 日本公司在20世纪80年

---

[1] F. T. Knickerbocker, *Oligopolistic Reaction and Multinational Enterprise* (Boston: Harvard Business School Press, 1973).

[2] R. E. Caves, *Multinational Enterprise and Economic Analysis*, 2nd ed. (Cambridge, UK: Cambridge University Press, 1996).

代在外国直接投资中也出现了同样现象。① 例如，丰田和尼桑（Nissan）对本田（Honda）在美国和欧洲的投资做出回应，纷纷各自在美国和非洲进行外国直接投资。最新研究表明，全球寡头行业中的战略性行为理论可以解释全球轮胎行业的外国直接投资模式。②

尼克博克的理论可以囊括多点竞争概念。当两个或多个公司在不同区域、国家或产业间彼此邂逅时，便出现**多点竞争**（multipoint competition）。③ 该理论表明，就像象棋玩家耍滑头占上风一样，公司会在不同市场上观察彼此动向，相互制衡。这是为了防止竞争者在某个市场中占据主导地位，然后用从这个市场创造的利润作为该竞争者在其他市场上采取竞争行为的经费。例如，柯达（Kodak）和富士胶片（Fuji Film）在全球彼此展开竞争。如果柯达进入某个特殊市场，那么富士胶片也不落其后。富士胶片被迫跟随柯达投资，确保柯达在外国市场无法获得主导地位，这种主导地位日后能够使其获得其他方面的竞争优势。反之，当富士胶片首度进入一个外国市场时，柯达也会紧随其后。

虽然尼克博克的理论及其延展能解释寡头行业中的模仿性外国直接投资行为，但是它无法解释为什么寡头行业中的第一家公司决定进行外国直接投资，而不是选择出口或许可，内部化理论则解释了这个现象。战略性行为理论也不能解释在国外扩张时采用外国直接投资是否比采用出口或许可更有效的问题，内部化理论再一次解释了这个效率比较问题。基于这些原因，尽管许多经济学家同意战略性行为理论能解释外国直接投资动因中一些重要的部分，他们却更认同内部化理论对外国直接投资的解释。

产品生命周期

第五章中叙述过的产品生命周期理论也能被用来解释外国直接投资。该理论认为，通常在国内市场充当产品研发先驱的公司会进行外国直接投资，从而在外国市场生产和销售该商品。所以，施乐在美国研发出复印机，然后在日本设立富士-施乐（Fuji-Xerox），在英国设立兰克-施乐（Rank-Xerox），通过生产基地建设为当地市场提供服务。该理论认为，当公司的产品处在产品生命周期最初的拓荒期时，该公司会进行外国直接投资。当其他一些发达国家的当地需求大到足够支撑当地生产时，公司会对这些国家进行投资（正如施乐所为）。随后，当生产标准化和市场饱和导致价格竞争和成本压力时，它们会将生产转移至一些发展中国家。这些发展中国家劳动力成本低廉，是降低成本的好去处。

产品生命周期理论有一些优点。当外国的需求足以支撑当地生产时，公司确实

---

① R. E. Caves, "Japanese Investment in the US: Lessons for the Economic Analysis of Foreign Investment," *The World Economy* 16 (1993), pp. 279 – 300; B. Kogut and S. J. Chang, "Technological Capabilities and Japanese-Direct Investment in the United States," *Review of Economics and Statistics* 73 (1991), pp. 401 – 443; J. Anand and B. Kogut, "Technological Capabilities of Countries, Firm Rivalry, and Foreign Direct Investment," *Journal of International Business Studies*, 1997, pp. 445 – 465.

② K. Ito and E. L. Rose, "Foreign Direct Investment Location Strategies in the Tire Industry," *Journal of International Business Studies* 33 (2002), pp. 593 – 602.

③ H. Haveman and L. Nonnemaker, "Competition in Multiple Geographical Markets," *Administrative Science Quarterly* 45 (2000), pp. 232 – 267; L. Fuentelsaz and J. Gomez, "Multipoint Competition, Strategic Similarity and Entry into Geographic Markets," *Strategic Management Journal* 27 (2006), pp. 447 – 457.

会对该国投资。在成本压力急剧上升时，它们确实会对低成本地区进行（如发展中国家）投资。[1] 然而，产品生命周期理论无法解释为什么公司在这样的时间进行外国直接投资，而不是继续从本国出口或授予外国公司许可证来生产其产品。即使外国需求足够支撑当地生产，也不能证明当地生产是利润最大化的选择，比如，可能在国内生产再出口至该国利润会更大（通过从某个地点服务全球市场可以实现规模经济）。另外，也许公司向外国公司授予许可证，允许外国公司在外国生产其产品，利润空间会更大。产品生命周期理论忽略了这些选择，单纯认为一旦外国市场的需求足够支持当地生产，外国直接投资便会发生。该理论对于何时向国外投资更有利可图存在识别盲区，因此其解释力度有限，并且无法指导商务运行。

折中理论

英国经济学家约翰·邓宁（John Dunning）坚持折中理论。[2] 邓宁认为除了上述讨论的各种因素外，特定地点优势，即当地具体的优势对于外国直接投资的合理性和流向的解释同样重要。邓宁认为，**区位特定优势**（location-specific advantages）中所说的优势，指使用与特定外国地点相关联的资源禀赋或资产所产生的优势，并且公司认为将这种优势与自身的独特能力（例如，该公司的技术、市场或管理能力）结合能创造价值。内部化理论认为，一家公司的独特能力或技术秘密很难通过许可传达，这种观点受到邓宁认可。所以，邓宁认为，当公司将特定地点资产或资源禀赋与公司自身的独特能力相结合时，就会进行外国直接投资。换句话说，公司需要在有特定外国资产或资源禀赋的地方设立生产设施。

与邓宁观点相符的案例便是自然资源，例如石油或其他矿物。由于其自身属性，这些资源在特定地点具有特殊性。邓宁认为，要开发这些资源，公司必须进行外国直接投资。显然，这构成了许多世界石油公司进行外国直接投资的理由。这些公司必须在石油分布地投资，从而将自身的技术和管理能力与这种宝贵的特定区位资源相结合。另一个实例是宝贵的人力资源。劳动力的技能和成本在国与国之间各不相同。根据邓宁的观点，劳动力不易进行国际流动，一家公司将生产设备设立在劳动力成本与技术都能适应公司特定生产流程的国家是非常有必要的。

然而，邓宁的理论超越了如矿物或劳动力等基础资源的范畴。硅谷是世界计算机和半导体行业的中心。许多世界主要的计算机和半导体公司，如苹果公司、惠普（Hewlett-Packard）公司和英特尔公司等，在加利福尼亚州的硅谷地带彼此毗邻。因此，大量计算机和半导体行业的尖端研究与产品研发都诞生于此。根据邓宁的理论，计算机和半导体的设计与生产知识在硅谷以外的其他地方无从获得。诚然，商业化使知识被传播至全世界，但是计算机和半导体行业的前沿知识的创造源于硅谷。用

---

[1] 使用产品生命周期理论解释日本在美国和欧洲的直接投资的相关资料有：S. Thomsen, "Japanese Direct Investment in the European Community," *The World Economy* 16 (1993), pp. 301–315; Z. Gao and C. Tisdell, "Foreign Investment and Asia, Particularly China's Rise in the Television Industry: The International Product Life Cycle Reconsidered," *Journal of Asia-Pacific Business* 6, no. 3 (2005), pp. 37–50.

[2] J. H. Dunning, *Explaining International Production* (London: Unwin Hyman, 1988).

邓宁的话说，这意味着硅谷在生产与计算机和半导体行业有关的知识时具有区位特定优势。这种优势在某种程度上来源于硅谷高度集中的智力人才，也在一定程度上来源于能让公司从彼此的知识创造中获益的非正式接触网络。经济学家将这种知识"溢出"称为**外部性**（externalities），已有完善的理论证实公司能通过靠近知识来源地受益于这种外部性。[①]

正因如此，一些外国计算机和半导体公司会在硅谷投资研发或生产设备，从而比其他地方的公司更早学习和利用宝贵的新知识，这样便能在全球市场中获得竞争优势。[②] 有调查显示，欧洲、日本、韩国等地区的计算机和半导体公司在硅谷地带投资，正是因为希望受益于当地的知识外部性。[③] 还有人认为，外国公司对美国生物科技进行直接投资的动机，是为了获得美国生物科技公司独特的特定地点科技知识。[④] 因此，邓宁的理论因为解释了地点要素如何影响外国直接投资流向，成为对前文理论的补充。

政治意识形态和外国直接投资

历史上，一国针对外国直接投资的政治观点最初采取武断而激进的立场，即对外国直接投资流入采取极端的敌意态度；后来逐渐转变为另一个极端，即遵从自由市场的放任自由态度。介于这两个极端之间的理论被称为务实的民族主义。

□ 激进的观点

根据激进的观点，发达国家的跨国公司通过外国直接投资让世界发展中国家一直处于落后阶段，进而使发展中国家依赖发达国家的投资、就业和技术。因此，这种观点的极端版本认为，国家不应该允许外国公司在国内进行直接投资，因为外国直接投资不会成为经济发展的工具，只是经济统治的手段。无论跨国公司出现在哪里，都应该立刻被国有化。[⑤]

许多国家都采取了激进立场，尤其是在非洲，一些初次获得独立的国家都开始国有化外资企业。有一些在意识形态中民族主义更强的国家，则采取更为激进的立场。例如，印度和伊朗都采取强硬政策限制外国直接投资，并将许多外资企业国有化。伊朗政府认为，外国直接投资是跨国公司和帝国主义的工具。

[①] P. Krugman. "Increasing Returns and Economic Geography," *Journal of Political Economy* 99, no. 3 (1991), pp. 483 – 499.

[②] J. M. Shaver and F. Flyer, "Agglomeration Economies, Firm Heterogeneity, and Foreign Direct Investment in the United States," *Strategic Management Journal* 21 (2000), pp. 1 175 – 1 193.

[③] J. H. Dunning and R. Narula, "Transpacific Foreign Direct Investment and the Investment Development Path," *South Carolina Essays in International Business*, May 1995.

[④] W. Shan and J. Song, "Foreign Direct Investment and the Sourcing of Technological Advantage: Evidence from the Biotechnology Industry," *Journal of International Business Studies*, 1997, pp. 267 – 284.

[⑤] S. Hood and S. Young, *The Economics of the Multinational Enterprise* (London: Longman, 1979); P. M. Sweezy and H. Magdoff, "The Dynamics of U. S. Capitalism," *Monthly Review Press*, 1972.

到20世纪80年代,激进立场几乎在世界各地全线撤退,出现这一现象的原因有三点:(1)东欧剧变;(2)采取激进政策的国家经济逐渐衰退,这些国家逐渐相信外国直接投资是科技和就业的重要来源,并且能够刺激经济增长;(3)发展中国家强势的经济增长。

自由市场观点

自由市场观点可追溯到古典经济学,以及亚当·斯密和大卫·李嘉图的国际贸易理论(见第五章)。外国直接投资的国际化进一步解释了自由市场观点。自由市场观点认为,国际生产应该根据比较优势理论在国家间进行配置。国家应该专门从事某些产品和服务的生产,如此使它们能够保持最为高效的生产。在这一框架下,跨国公司是将产品和服务分散到世界上生产效率最高地区的工具。从这一方面看,跨国公司进行外国直接投资,增强了世界经济的整体效率。

根据本书先前探究的原因(见第二章),自由市场观点近年来在世界范围内占优势地位。该观点有助于在全球范围内取消对外国直接投资流入和流出的限制。然而,在实践中没有国家采取纯粹的自由市场观点(正如没有国家采取纯粹的激进观点一样)。英国和美国是外国直接投资开放程度最高的国家,但这两个国家都保留了干预的权力。例如,禁止外国人购买任意一家美国航空公司超过25%的份额,或者禁止外国人对美国电视广播网络享有多数控股权。自1998年开始,美国政府有权以国家安全为由,检查外国公司对美国企业的收购。然而,自2005年该法律被颁布,在外国投资委员会审查的1 500项投标中,只有一项被作废——20世纪90年代初,一项将总部在西雅图的航空零部件生产企业卖给中国公司的提案。[①]

务实的民族主义

在实践中,许多国家既不对外国直接投资采取激进政策,也不实行自由市场政策,而是采取务实的民族主义政策。[②] 务实的民族主义的观点认为,外国直接投资既有好处,也有坏处。外国直接投资可以通过引进资产、技能、科技和就业为东道国带来效益,但是这些收益都伴随着成本。当一家外国公司而非本国公司生产产品时,投资带来的产品利润流入外国。许多国家还担心,外资生产基地可能会从母国进口许多零部件,这对东道国的国际收支具有不利影响。

意识到这一点后,许多国家采取务实的民族主义立场,实行能使本国利益最大化而成本最小化的政策。根据这一观点,只要收益大于成本就应该接受外国直接投资。日本是采纳务实的民族主义政策的典范。20世纪80年代,日本是实行务实的民族主义政策国家中对外国直接投资限制最多的国家。因为日本认为,具有丰富管理

---

① C. Forelle and G. Hitt, "IBM Discusses Security Measure in Lenovo Deal," *The Wall Street Journal*, February 25, 2005, p. A2.

② L. G. Branstetter and R. C. Freenstra, "Trade and Foreign Direct Investment in China: A Political Economy Approach," *Journal of International Economics* 58 (December 2002), pp. 335–358.

资源的外国公司（尤其是美国）直接进入日本市场会妨碍日本在该行业和科技的发展。① 这种观点让日本阻止了大量对日投资。然而，政策总有例外。如果具有重要技术的公司宣布绝不对日本公司授予许可证，或者不会与日本公司联合经营，那么该公司就会获批在日本进行外国直接投资。IBM和得州仪器便通过采取这一谈判立场，获得在日本建立全资子公司的机会。从日本政府的视角看，这些案例中外国直接投资的利益——这些公司给予日本经济的刺激——大于可预见的成本。

务实的民族主义主张为了国家利益大肆吸引外国直接投资。吸引外国直接投资的途径包括为外国跨国公司提供税收减免或补贴等。欧盟国家经常通过提供大幅税收减免和补贴来吸引美国和日本的外国直接投资。英国是吸引日本对汽车行业投资最为成功的国家。尼桑、丰田和本田目前在英国都有主要集装基地，并将英国作为服务欧洲的生产基地，这对英国而言，能明显提高其就业和国际收支收益。

变化的意识形态

一方面，近年来，信奉激进意识形态的国家数量显著减少。虽然很少有国家采取过纯粹自由市场立场，但越来越多的国家都将天平倾向自由贸易，并采用了开放的外国直接投资政策。其中包括一些近20年内坚持激进立场的阵营（例如非洲的一些国家）和一些近年来被称为对外国直接投资采取务实的民族主义的国家（例如，日本、韩国、意大利、西班牙和大多数拉丁美洲国家）。这一政策倾向的一个结果是世界外国直接投资总量激增。前文提及，世界外国直接投资总量是世界贸易总额增长速度的两倍。另一个结果是一些国家外国直接投资流入额的增加，这些国家近期放宽了对外国直接投资的管制，如中国、印度和越南。

另一方面，最近一些国家对外国直接投资的敌对态度似乎也初露端倪。委内瑞拉和玻利维亚对外国直接投资采取了日益敌对的态度。2005—2006年，两国政府单方面修改了石油和天然气勘探合同相关法律，外国企业在这两国领土范围内开采石油和天然气，需要向当地政府支付更高的许可费。此外，2006年，在埃沃·莫拉莱斯（Evo Morales）成功竞选为玻利维亚总统后，他对玻利维亚的天然气领域进行国有化改革，并声称将驱逐外国公司，除非这些公司取消生产监督，并同意支付公司收入的80%给政府。有迹象表明，在另外一些国家也表现出对外国直接投资流入的敌对反应。2006年，印度企业家拉克希米·米塔尔（Lakshmi Mittal）控制的跨国公司米塔尔钢铁（Mittal Steel）试图收购欧洲最大的钢铁公司阿赛洛（Arcelor），但收购意向遭到了政府抵制。2005年中期，由于美国国会强烈反对中国公司收购美国的"战略资产"，中国海洋石油（China National Offshore Oil）集团有限公司撤回了对美国优尼科公司的收购竞标。接下来的"聚焦管理"专栏会详细介绍在2006年，一家由迪拜政府所有的公司撤回其在6个美国港口对一些公司的收购计划。至今为止，这种逆潮流还只是孤立事件，但如果这种情况进一步扩散，那么为降低跨境贸易壁垒所做的长达30年的努力将付诸东流。

---

① M. Itoh and K. Kiyono, "Foreign Trade and Direct Investment," in *Industrial Policy of Japan*, ed. R. Komiya, M. Okuno, and K. Suzumura (Tokyo: Academic Press, 1988).

● 聚焦管理：迪拜世界和美国

迪拜世界（DP World）由迪拜政府所有，是一家业务覆盖全球的港口运营商。迪拜是阿拉伯联合酋长国成员和坚定的美国盟友。迪拜世界在2006年2月花费68亿美元收购了铁行渣华（P&Q）有限公司。铁行渣华有限公司是一家在全球范围内经营航海站的英国公司。在完成该收购后，迪拜世界又收购了6个美国港口的经营管理权，这些港口分别为：迈阿密、费城、巴尔的摩、新奥尔良、新泽西和纽约。该收购消息一经美国监管部门同意，立刻登上各大新闻头条。一些重要的美国参议员在听说该项交易后，加强了对该项收购的关注。他们的反对理由有两个。第一，他们对一家远在中东的外国公司取得美国关键港口的管理经营权的安全风险提出质疑。理由是恐怖分子会在某种程度上利用股权安排将其势力渗入美国港口。第二，他们认为迪拜世界是一家迪拜国有企业，并认为外国政府无权拥有关键性的美国"战略资产"。

当时的布什政府迅速以威胁美国国家安全为由抵制了该项收购。也有人认为，迪拜世界是一家著名的全球性公司，其首席运营官是美国人，董事长也受过美国教育，全球性港口的管理运营者也是美国人，迪拜世界并不会如先前讨论的那样拥有美国港口，而只是管理这些港口，因此，安全问题依然掌控在美国海关官员和美国海岸警卫队（U.S. Coast Guard）手中。此外，迪拜也是美国《集装箱安全倡议》（America's Container Security Initiative）的成员，该倡议允许美国海关官员在外国港口检查运往美国的货物。大部分在美国港口工作的迪拜世界的员工都是美国公民，而且任何调任至迪拜世界的阿拉伯联合酋长国公民都会受制于美国签证的批准。

这些观点未被理睬。几名美国参议员威胁说，要通过立法禁止外资获取对美国港口运营的所有权。迪拜世界只能听天由命，宣布会以7.5亿美元的低价出售这6个美国港口的管理权。然而，从长远看，迪拜世界还声明会进行上市，并在上市后转变为民营企业，因此十有八九还会继续寻找进入美国市场的方法。用迪拜世界美国首席执行官的话说："美国是世界上最大的经济体，怎么能拱手让人？"[①]

■ 外国直接投资的收益和成本

或多或少，许多政府面对外国直接投资时属于务实的民族主义。因此它们采取的政策基于外国直接投资的成本和收益比较来决定。在此，我们依次从以下角度分别探究外国直接投资的收益和成本：首先从东道国（外国直接投资接受国）的角度，然后从母国（外国直接投资来源国）的角度。在下一部分中，我们会考察政府管理外国直接投资所采取的政策工具。

---

① "Trouble at the Waterfront," *The Economist*, February 25, 2006, p. 48; "Paranoia about Dubai Ports Deals Is Needless," *Financial Times*, February 21, 2006, p. 16; "DP World: We'll Be Back," *Traffic World*, May 29, 2006, p. 1.

□ 东道国的收益

外国直接投资流入给东道国带来的主要收益来源于资源转移效应、就业效应、国际收支效应,以及竞争和经济增长效应。

资源转移效应

外国直接投资可以提供用其他方式无法获得的资金、技术和管理资源,从而对东道国产生积极影响,并提高东道国经济增长率。①

许多跨国公司凭借其大型规模和财务实力,可以接触东道国公司无法获得的资金资源。这些资金可能来自公司内部;或者凭借其名誉,这些跨国公司可以比本土公司更容易在资本市场上融资。

回顾第二章,技术可以刺激经济发展并提升工业化水平。技术有两种创造价值的形式。技术可以嵌入公司的生产流程中(例如,发现、采掘和提炼石油的技术),技术也可以嵌入产品中(例如,个人电脑)。然而,许多公司缺乏发展本土产品和生产流程的研发资源和技术,这一点在发展中国家体现得更为明显。这些国家必须依赖发达国家的先进技术,刺激经济增长,而外国直接投资是一个获得技术的途径。

研究表明,跨国公司通常在向外国投资时转移重要技术。② 例如,瑞典一项对外国直接投资的研究发现,外国公司可以同时提高所收购瑞典公司的劳动和要素生产率。这表明在收购过程中发生了重要的技术转移(技术通常能提高生产率)。③ 同时,由经济合作与发展组织公布的一项对外国直接投资的研究发现,外国投资者是其投资对象国研发经费的主要提供者。这表明它们不仅向这些国家转移技术,而且升级了这些国家的现有技术或创造了新技术。④

通过外国直接投资获得的国外管理技能会对东道国产生重大效益。无论是进行并购还是绿地投资,接受过最新管理技能培训的外国管理者通常能够提升东道国的经营效率。当地人力资源在外国跨国公司的子公司中为获得管理、财务或技术岗位而接受培训,当他们离开原公司后,便有助于本土公司的发展,从而产生有益的外溢效应。如果一家外国跨国公司优越的管理技能可以刺激当地供应商、经销商和竞争者来提高它们的管理技能,那么相似的正外部性也会随之发生。

---

① R. E. Lipsey, "Home and Host Country Effects of FDI," National Bureau of Economic Research, working paper no. 9293, October 2002; X. Li and X. Liu, "Foreign Direct Investment and Economic Growth," *World Development* 33 (March 2005), pp. 393–413.

② X. J. Zhan and T. Ozawa, *Business Restructuring in Asia: Cross Border M & As in Crisis Affected Countries* (Copenhagen: Copenhagen Business School, 2000); I. Costa, S. Robles, and R. de Queiroz, "Foreign Direct Investment and Technological Capabilities," *Research Policy* 31 (2002), pp. 1 431–1 443; B. Potterie and F. Lichtenberg, "Does Foreign Direct Investment Transfer Technology across Borders?" *Review of Economics and Statistics* 83 (2001), pp. 490–497; K. Saggi, "Trade, Foreign Direct Investment and International Technology Transfer," *World Bank Research Observer* 17 (2002), pp. 191–235.

③ K. M. Moden, "Foreign Acquisitions of Swedish Companies: Effects on R&D and Productivity," Stockholm: Research Institute of International Economics, 1998, mimeo.

④ "Foreign Friends," *The Economist*, January 8, 2000, pp. 71–72.

就业效应

外国直接投资带来的另一个有利影响是就业效应。外国直接投资可以为东道国创造就业机会。没有外国直接投资,就不会有这些就业机会。外国直接投资对就业的影响既是直接的,也是非直接的。一家外国跨国公司大量雇用东道国居民,会对就业产生直接影响。而当本土供应商受到跨国公司外国直接投资的影响而创造出更多就业机会,或者由于跨国公司所雇用的员工在当地增加消费从而带来新的就业机会时,跨国公司的外国直接投资则间接影响了就业。外国直接投资对就业的非直接影响往往等于甚至大于直接影响。例如,丰田决定于1997年在法国开设新的汽车生产基地。据估计,该基地将直接创造2 000个就业岗位,并可能在支撑产业创造2 000个就业岗位。①

一些悲观者认为,并非所有外国直接投资创造的"新工作"都属于就业的净增加。根据在美国的日本汽车公司的外国直接投资案例,一些人认为,跨国公司的外国直接投资创造的就业机会不足以补偿美国本土汽车公司的损失。日本汽车竞争者瓜分了美国本土公司的市场份额。由于这种替代效应,外国直接投资创造的就业岗位净值不如跨国公司最初声明的那么多。就业的净增加值问题可能会成为意图进行外国直接投资的外国跨国公司和东道国政府之间的主要谈判点。

当外国直接投资采取并购东道国现有公司而不是进行新建投资的形式时,外国直接投资会削减就业机会,因为跨国公司试图通过重组并购资产以提高经营效率。然而研究表明,一旦最初的重组结束,被外国公司收购的本土公司将倾向于以一个比本国竞争者更快的速度增加就业。例如,由经济合作与发展组织公布的一项研究表明,1989—1996年,外国公司比本国竞争者创造就业的速度更快。② 在美国,外国公司职工总数每年以1.4%的比例增长,而本土公司每年职工总数增速为0.8%。在英国和法国,外国公司职工总数年增长率为1.7%,而本土公司职工总数年增长率下降了2.7%。该研究还发现,外国公司倾向于比本土公司支付更高的工资水平。这表明外国公司员工质量更高。另一项专注于对东欧转型经济体进行外国直接投资的研究表明,虽然在外国公司收购一家企业的同时,雇用人数会下降,但通常这些企业原本都陷入困境,倘若不被收购,也根本无法存活。同时,通过最初的调整,就业下降往往也伴随着新的投资,而雇用人数会保持稳定或有所上升。③

国际收支效应

外国直接投资对一国国际收支账户的影响是大多数东道国重要的政策问题。一国的国际收支账户不仅记录一国对外国的付款,而且记录一国从外国获得的收入。当本国在经常账户下出现赤字时,政府通常会有所担忧。经常账户记录一国的货物和服务进出口额。经常账户赤字通常被称为贸易赤字。当一国进口货物和服务超过出口额,一国就会出现经常账户赤字。政府通常希望看到经常账户盈余而非赤字。唯一能够从长远角度支撑经常账户赤字的方式,是对外国出售资产(详细解释请参

---

① A. Jack, "French Go into Overdrive to Win Investors," *Financial Times*, December 10, 1997, p. 6.

② "Foreign Friends," *The Economist*, January 8, 2000, pp. 71–72.

③ G. Hunya and K. Kalotay, *Privatization and Foreign Direct Investment in Eastern and Central Europe* (Geneva: UNCTAD, 2001).

考第五章附录)。例如,美国从20世纪80年代以来的经常账户赤字一直通过稳定的美国对外国资产(股票、债券、房地产和整个企业)出售额进行调节。各国政府普遍不愿意看到本国资产落入他国之手,它们希望本国的经常账户出现盈余。外国直接投资可以从两个方面帮助一国实现这一目标。

一方面,如果外国直接投资是进口产品或服务的替代,则外国直接投资可以改善东道国国际收支中的经常账户。例如,许多日本汽车公司对美国和欧洲的外国直接投资可以被视为替代了美国从日本的产品进口。因此,美国的经常账户便悄然改善,因为许多日本公司现在正通过美国本地而非日本的生产设备向美国市场供应产品。这种情况减少了美国向外国出售本国资产来降低经常账户赤字的需求,美国政府明显受益。

另一方面,当跨国公司利用外国子公司出口货物和服务到其他国家时,外国直接投资的另一个潜在有利因素出现了。根据联合国的报告,在很长一段时间里,外国跨国公司对本国的外国直接投资是许多出口导向型发展中国家和发达国家经济增长的主要驱动力。[1] 例如,中国的出口从1985年的260亿美元增长到2001年的2 500亿美元和2005年的7 620亿美元。许多这种急剧的出口增长都是由于在20世纪90年代,许多外国跨国公司对中国大量投资。外国跨国公司子公司的出口额占中国出口总额的比重从1997年的17%上升到2001年的50%。例如,2001年,在手机领域,外国跨国公司——主要是诺基亚(Nokia)、摩托罗拉(Motorola)、爱立信(Ericsson)和西门子(Siemens)——的中国子公司占据了中国出口总额的95%。

竞争和经济增长效应

经济理论表明,市场运行的有效性取决于厂商竞争的充分性。当外国直接投资采用新建投资形式时,其结果是建立一家新企业,从而增加市场中竞争者的数量,并为消费者提供更多选择。因此,这可以提高国内市场的竞争水平,降低价格,并提高消费者福利水平。竞争增加会刺激公司对工厂、设备和研发的资本投资,从而使其击败竞争对手。长远的结果可能包括生产能力提升、产品和流程创新,以及更高的经济增长。[2] 1996年,韩国外国直接投资监管自由化使得韩国零售部门受益。大型的西方折扣店,包括沃尔玛(Walmart)、好市多(Costco)、家乐福(Carrefour)和特易购(Tesco)进驻韩国。外国直接投资似乎促进了本土折扣商店的发展,例如,易买得(E-Mart)便提高了其经营效率。这种变化增强了韩国国内市场的竞争,并降低了商品价格,从而使得韩国消费者获益。

从服务的角度而言,外国直接投资在国内市场上对竞争的影响尤为重要。正如通信业、零售业和许多金融服务业,这些行业通常都不适用于出口,因为服务的生产地往往也是产品的交付地。[3] 例如,在1997年世界贸易组织发起的一项协议中,占据世界通信市场90%以上收入的68个成员承诺对外国投资和竞争开放本国市场,并遵守通信领域公平竞争的一般规则。在协议签署前,其大多数成员的通信市场都

---

[1] United Nations,World Investment Report,2002 (New York and Geneva:United Nations,2002).

[2] R. Ram and K. H. Zang, "Foreign Direct Investment and Economic Growth," *Economic Development and Cultural Change* 51 (2002), pp. 205–225.

[3] United Nations,World Investment Report,1998 (New York and Geneva:United Nations,1998).

对外国竞争对手采取封闭态度,而且大多数成员的通信市场由单一经营个体垄断。该协议显著提高了许多成员通信市场的竞争水平,并有两个主要益处。第一,投资的流入增加了竞争,并刺激了对全球电话网络现代化的投资,从而带来了更高质量的服务。第二,更激烈的竞争导致了更低的价格。

□ 东道国的成本

外国直接投资给东道国带来三个方面的成本。该成本来自东道国国内竞争的负面效应、国际收支的负面效应,以及国家主权和自治权的丧失。

竞争的负面效应

东道国政府有时担心外国跨国公司的子公司可能比本土竞争者拥有更大的经济实力。如果该子公司只是一个更大规模的世界组织的一部分,那么该外国跨国公司可能从其他地方吸收资金,以补贴该东道国市场中子公司的成本,从而将本土企业驱逐出市场,并使其子公司垄断东道国市场。一旦东道国市场被垄断,外国跨国公司就可以将价格提升至竞争市场价格之上,这将损害东道国经济福利。对于那些几乎没有本土大公司的国家(通常是发展中国家)来说,这个问题更令人担忧。而大多数发达国家对这个问题的担忧相对较小。

一般来说,用新建投资的方式进行外国直接投资可以提高竞争水平,但当采用在东道国并购现存企业的方式进行外国直接投资时,其对于竞争水平的提高则不那么明显。沃尔沃(Volvo)收购三星(Samsung)的挖掘部门就是一个例子。因为并购并不会使市场上厂商的数量净增加,因此对于竞争的影响是中性的。如果一家外国投资者收购东道国的两家或更多家公司后,又立刻兼并这些公司,那么这会使市场上的竞争水平下降,并为外国跨国公司创造垄断力量。这也会削减消费者可供选择的商家数量,并提高价格。例如,印度的印度利华(Hindustan Lever)公司是联合利华(Unilever)在印度的子公司。该公司收购了当地主要竞争者塔塔油脂(Tata Oil Mills)公司,以此占领了75%的浴室肥皂市场和30%的清洁剂市场。印度利华公司在印度冰激凌市场的占有份额从1992年的0上升至1997年的74%。[①] 虽然这样的案例令人担忧,但并没有证据表明这样的发展势头大范围存在。在许多国家,监管国内竞争的权力当局有权检查和阻止它们认为不利于竞争的任何兼并或收购行为。如果这样的机构执行得力,那么便足以防止外国企业垄断国内市场。

国际收支的负面效应

外国直接投资对东道国国际收支的负面效应表现在两个方面。第一,最初由外国直接投资引起的资本内流一定会被外国子公司随后支付给母公司的收入外流抵消。这样的流出在国际收支平衡表上表现为资本外流。一些政府通过限制子公司汇回母国的收益数额来控制资本外流。第二,外国直接投资的不利影响还表现在本国的外国子公司会从外国进口大量投入品。这会影响东道国国际收支中的经常账户。例如,美国批评者反对在美国经营日本汽车组装公司,认为日本公司试图从日本进口许多

---

① United Nations, World Investment Report, 2000 (New York and Geneva: United Nations, 2000).

零部件。因此，看起来有利于美国国际收支平衡的外国直接投资对经常账户的改善并不如起初预想般完美。日本汽车公司回应了该指责，承诺75%的汽车零部件都从在美国生产的生产商（并不绝对是美国生产商）中购买。当日本尼桑在英国投资后，尼桑相应地关注了产品的当地含量，并承诺将产品的当地含量提升至60%，随后该比例又被提升至80%。

国家主权和自治权的丧失

一些东道国政府担心外国直接投资会带来经济独立方面的损失。这种担忧是由于跨国公司的外国母公司能够制定影响东道国经济的关键决定，而母公司不会就这些决定对东道国做出真实承诺，东道国也无法真正控制这些决定。许多经济学家认为，这种担忧既无根据，又不合常理。政治学家罗伯特·赖克（Robert Reich）指出，这是一种陈旧的观点，因为提出这种观点的人没有考虑到世界经济日益增强的相互依赖度。[①] 这里所采用的基本观点是，在一个所有发达国家都可以在彼此市场进行投资的世界中，一国不可能在不伤害本国利益的情况下去支持另一个国家的"经济救赎"。支持他国获得"经济救赎"难免会伤及自身，然而，政府对外国直接投资的关注仍然聚焦在其产生的更大的经济和社会影响上，尤其当大型跨国公司进入发展中国家时。

母国的收益

外国直接投资对母国的有利因素表现在三个方面。第一，母国国际收支的改善得益于外国所得收益的内流。如果外国子公司创造对母国资本设备、中间产品和互补产品等类似产品的需求，那么外国直接投资同样能改善母国的国际收支。

第二，母国对外的外国直接投资的好处也来自就业效用。就国际收支而言，当外国子公司对母国有出口需求时，便会产生积极的就业效应。所以，丰田在欧洲的汽车组装流水线投资既改善了日本的国际收支，又促进了日本就业，因为丰田直接从日本进口零部件用于欧洲汽车组装流水线的生产。

第三，外国直接投资还有一个好处是母国跨国公司可以通过接触外国市场学习宝贵经验，随后跨国公司可以将这些技能带回母国。这属于逆向资源转移效应。通过与外国市场接触，一家跨国公司可以学习更优越的管理技能，以及产品与生产流程技术。这些资源能被转移回母国，并对母国国内经济增长做贡献。[②] 例如，通用汽车和福特投资于日本汽车公司［通用汽车收购了部分五十铃（Isuzu）股份，而福特收购了马自达（Mazda）部分股份］，是为了学习它们的生产流程。如果通用汽车和福特成功地将专有技术转移至美国国内，那么美国经济将会出现净收益。

---

① R. B. Reich, *The Work of Nations: Preparing Ourselves for the 21st Century* (New York: Alfred A. Knopf, 1991).

② C. A. Bartlett and S. Ghoshal, *Managing across Borders: The Transnational Solution* (Boston: Harvard Business School Press, 1989).

□ 母国的成本

除了收益,也要讨论母国进行外国直接投资的主要成本。最主要的问题集中在国际收支和外国直接投资外流造成的就业影响。母国的国际收支会在三个方面受到负面影响。第一,国际收支会因为最初为外国直接投资融资而产生的资本外流而恶化。这一影响通常超过随后外国子公司的收益内流。第二,如果外国直接投资的目的是寻求低成本生产地,从而为母公司提供服务,那么国际收支的经常账户会发生恶化。第三,如果外国直接投资是直接出口的替代,那么国际收支的经常账户会恶化。所以,当丰田在美国的组装生产线意在替代日本本国的直接出口时,日本的经常账户将会恶化。

关于就业影响,当外国直接投资被视为国内生产的替代时,最严重的问题便随之发生。丰田在美国和欧洲的投资就是一个实例。这种外国直接投资的一个明显结果就是母国就业机会的削减。如果母国劳动力市场供给紧缺,那么小范围的失业兴不起大风浪。然而,如果母国一直饱受失业折磨,那么就业机会的外流问题便会引起关注。例如,美国工会领导频繁抗议美国、墨西哥和加拿大之间的自由贸易相关条约,因为如果美国公司为获得廉价劳动力去墨西哥投资,然后将产品出口到美国,那么美国国内将失去成千上万的工作机会。[①]

□ 国际贸易理论和外国直接投资

在评估外国直接投资对母国的成本和收益时,应铭记国际贸易理论的相关知识(见第五章)。国际贸易理论告诉我们,母国担心错位的离岸生产会产生负面经济影响。**离岸生产**(offshore production)指为母国市场服务的外国直接投资。这样的外国直接投资不但不会降低母国就业机会,反而会通过释放母国资源来专门促进母国有比较优势产业的发展,从而达到真正刺激母国经济增长(因此刺激就业)的效果。此外,如果外国直接投资造成特定商品的价格下降,那么母国消费者会从中获益。同样,如果政府以会对企业造成不良影响为由,禁止企业进行这项投资,而企业的国际竞争对手获得了低成本生产的区位优势,那么毫无疑问,该企业会失去市场份额,而其竞争对手将获得这部分市场。在这样的情况下,一个国家长期的负面经济效应会超过离岸生产带来的相对较小的国际收支效应和就业效应。

政府政策工具和外国直接投资

我们从东道国和母国两个角度回顾了外国直接投资的收益和成本。接下来我们将目光转移至母国和东道国监管外国直接投资的政策工具上。

---

① P. Magnusson, "The Mexico Pact: Worth the Price?" *BusinessWeek*, May 27, 1991, pp. 32-35.

□ 母国政策

在政策的选择上,母国可以通过对本国公司制定政策鼓励或限制外国直接投资外流。首先,我们来看鼓励外国直接投资外流的政策。它包括外国风险保险、资本援助、税收激励和政治施压。然后,我们再看限制外国直接投资外流的政策。

鼓励外国直接投资外流

如今,政府支持的保险项目为投资国承保主要的外国投资风险。这些项目的风险保险类型包括风险征收(国有化)、战争损失和无法将收益汇回母国等。这种项目对于鼓励公司在政局不稳定的国家进行投资尤其有效。[1] 此外,一些发达国家有特殊的资金或银行能够为公司向发展中国家投资进行贷款。为进一步促进国内企业从事外国直接投资,许多国家消除了对外国收益的双重征税(即对在东道国和母国的收益征税)。此外,或许也是最重要的一点,许多投资国(包括美国)利用它们的政治影响游说东道国放松对入境外国直接投资的限制。例如,迫于美国的直接压力,日本在20世纪90年代放宽了对许多入境外国直接投资的官方限制。目前,由于美国的进一步施压,日本放宽了对入境外国直接投资的许多非官方壁垒。这一趋势的受益者之一是美国玩具反斗城。该公司向美国政府官员进行了长达5年的集中游说,于1991年12月在日本开设了第一家零售店。到2008年,美国玩具反斗城在日本开设了170多家零售店,它在日本控股的公司也在日本股票市场挂牌上市。

限制外国直接投资外流

事实上,包括美国在内的所有投资国都会时不时地对外国直接投资外流进行控制。为避免国际收支恶化而限制资本外流是政策的一种。例如,从20世纪60年代初期到1979年,英国对公司带出本国国境的资本进行外汇管制。虽然这种政策的主要意图是改善本国的国际收支,但事实上就是加大英国公司进行外国直接投资的难度。

此外,一些国家临时操控税收规则,意图鼓励本国企业对国内投资。这项政策背后的目的,是为本国而非其他国家创造就业。英国曾经采取过这样的政策。英国提高了公司税收体系的税收,并对英国公司的海外收益征收比国内收益更高的税率。这项税收政策激励英国公司在国内投资。

而且,一些国家有时因为政治原因禁止国内公司在一些特定国家进行投资。这样的限制可以是官方的,也可以是非官方的。例如,美国官方禁止美国公司在古巴和伊朗等政治意识形态和行为与美国利益对立的国家投资。同样,在20世纪80年代,美国采取非官方施压以劝阻美国公司在南非的投资,意在迫使南非改变其种族隔离相关法律,南非随后在20世纪90年代改变了这一法律。

---

[1] C. Johnston, "Political Risk Insurance," in *Assessing Corporate Political Risk*, ed. D. M. Raddock (Totowa, NJ: Rowan & Littlefield, 1986).

□ 东道国政策

东道国同样会采取政策鼓励或限制外国直接投资流入。正如本章前文所述，政治意识形态决定了这些政策过去的形式和适用范围。在20世纪的最后10年，许多国家迅速放弃了禁止大量外国直接投资的激进立场，转而遵循自由市场宗旨，并结合务实的民族主义的政策。

鼓励外国直接投资流入

各国政府经常为外国公司入境投资提供激励措施。这样的激励措施有多种形式，最常见的形式是税收让步、低息贷款，以及政府津贴或补贴。实施激励措施不仅为了得到外国直接投资带来的资源转移效应和就业效应，也为了不让外国直接投资流入其他潜在东道国。例如，在20世纪90年代，英国和法国政府竞相采取激励措施吸引丰田在各自国家进行投资。在美国，各州政府也竞相制定政策吸引外国直接投资。例如，肯塔基州为丰田出台了一项价值1.12亿美元的激励方案，以吸引其在当地建立汽车装配厂，该方案中包括了税收减免、新国家的基础设施开支和低息贷款。[1]

限制外国直接投资流入

东道国政府会采取各种方式全方位限制外国直接投资。最常见的两种方式是所有权限制和绩效要求。所有权限制有几种形式。在一些国家，外国公司不能进入一些特殊行业，如瑞典控制烟草和采矿业。巴西、芬兰和摩洛哥的一些特定自然资源的发展也不允许外国公司进入。在另一些国家，尽管外国公司可以对当地子公司享有所有权，但当地投资者必须对子公司有主要控股权。在美国，外国所有者对航空公司的所有权必须在25%以下。印度在2001年以前禁止外国企业经营媒体业务，在放宽政策限制后，才允许外国公司购买印度国内报社不高于26%的股份。[2]

所有权限制背后的合理性有两个。第一，出于对国家安全和竞争的考虑，外国公司通常不能进入一些特定部门。尤其在不发达国家，有一种说法是，只有利用进口关税和控制外国直接投资的措施对外国企业带来的竞争进行限制，本国企业才可能得以发展。这与第六章的保护幼稚产业观点如出一辙。

第二，所有权限制似乎基于这样的观点，即认为当地所有者有助于最大化东道国资源转移效应和正的就业效应。20世纪80年代早期，日本政府禁止大多数外国直接投资，但允许日本企业与具有宝贵技术的外国跨国公司建立合资企业。日本政府坚信这种安排会加速随之而来的外国跨国公司的宝贵技术在日本经济中的外溢效应。

绩效要求也有几种形式。绩效要求与跨国公司在当地的子公司挂钩。最常见的绩效要求与当地含量、出口、技术专业和当地人员参与高层管理有关。正如特定的所有权限制一样，绩效要求的潜在逻辑是，这种规定能使外国直接投资对东道国的

---

[1] M. Tolchin and S. Tolchin, *Buying into America: How Foreign Money Is Changing the Face of Our Nation* (New York: Times Books, 1988).

[2] S. Rai, "India to Ease Limits on Foreign Ownership of Media and Tea," *The New York Times*, June 26, 2002, p. W1.

收益最大化，而且成本最小化。许多国家采纳一些形式的绩效要求，以适应本国发展目标。然而，绩效要求在发展中国家比发达国家被使用得更为频繁。①

□ 国际机构和外国直接投资自由化

20世纪90年代之前，多边协议并未涵盖对外国直接投资的管理。这种局面在1995年世界贸易组织成立后得到改变。世界贸易组织促进国际服务贸易。因为许多服务必须在销售地进行生产，出口不是一个可选项（例如，一国不能出口麦当劳的汉堡或针对消费者的银行服务）。因此，世界贸易组织开始参与外国直接投资规则的制定。由于被寄予推进自由贸易的厚望，世界贸易组织努力的重点是放宽外国直接投资管制，尤其是对服务业的外国直接投资管制。在世界贸易组织的支持下，两个协议于1997年被签订，旨在放宽通信业和金融服务业方面的贸易管制。这两个协议都包括要求签约成员放宽入境投资的细节条款，尤其是对境外通信公司和金融服务公司开放境内市场的条款。

世界贸易组织意图通过发起对话建立国际规则以促进外国直接投资自由化的尝试并不十分成功。由马来西亚和印度带领的不发达经济体至今依然拒绝世界贸易组织开展该方面讨论的提议。为使该问题取得一些进展，经济合作与发展组织于1995年在成员之间发起谈判。（经济合作与发展组织是总部坐落于巴黎的富裕经济体政府间组织，其目的是为其成员提供论坛，比较各自经验，讨论各自提出的问题和寻找能适用于本土背景的解决办法。成员包括大多数欧盟成员、美国、加拿大、日本和韩国等。）对话的目的是起草一份多边投资协议，用于判定歧视外国直接投资的签约方行为违法。该协议可以在经济合作与发展组织成员之间放宽外国直接投资管制。

1998年该谈判失败，主要原因是美国拒绝签署协议。根据美国的表述，拟定协议包含太多例外，这些例外会削弱协议的影响力。例如，拟定协议不会禁止对外国控股公司征收歧视性税收，并允许各成员以保护文化为名限制外国电视节目和音乐。环保组织和工会也反对多边协议的外国直接投资，并批判拟定协议不存在有约束力的环境或劳工协议。尽管存在这些挫折，未来关于多边投资协议的谈判或许会再度开启。此外，正如前文所述，许多国家已经进一步放宽外国直接投资方面的政策，从而鼓励外国公司对本国进行投资。②

☞给管理者的启示

一些商务方面的启示渗透于本章的材料讨论中。我们首先讨论理论的启示，然后讨论政府政策的启示。

外国直接投资理论的启示

外国直接投资理论对商务的启示直截了当。值得注意的是，约翰·邓宁的折中

---

① L. D. Qiu and Z. Tao, "Export, Foreign Direct Investment and Local Content Requirements," *Journal of Development Economics* 66 (October 2001), pp. 101–125.

② United Nations, *World Investment Report*, 2003 (New York and Geneva: United Nations, 2003).

理论确实能解释外国直接投资的流向。然而,理论不能解释为什么公司喜欢采用外国直接投资,而不是许可或出口。在这个问题上,既具有解释性又具有商务视角的理论要数那些着眼于讨论出口和许可存在不足的理论,也就是内部化理论。这个理论很有用,因为它能够精确地分析外国直接投资、出口和许可的相对收益如何根据不同情况发生变化。该理论认为,只要交通成本和贸易壁垒较低,那么出口比许可和外国直接投资更有利。随着交通成本或贸易壁垒的增加,出口变得无利可图,那么企业应该选择许可或外国直接投资。外国直接投资与许可相比,成本更高,并且风险更大,因此在其他条件不变的情况下,该理论认为,许可比外国直接投资更有利。然而,其他条件几乎不可能完全一样。虽然许可或许可行,但当一个或多个以下情况发生时,许可便会失去吸引力:(1) 公司有宝贵的专有技术,而许可合同不能充分保护该技术;(2) 为了市场份额和收益最大化,公司需要加强对外国公司的控制;(3) 公司的技术和能力无法通过许可传达。用决策树表示的决策框架如图 7.6 所示。

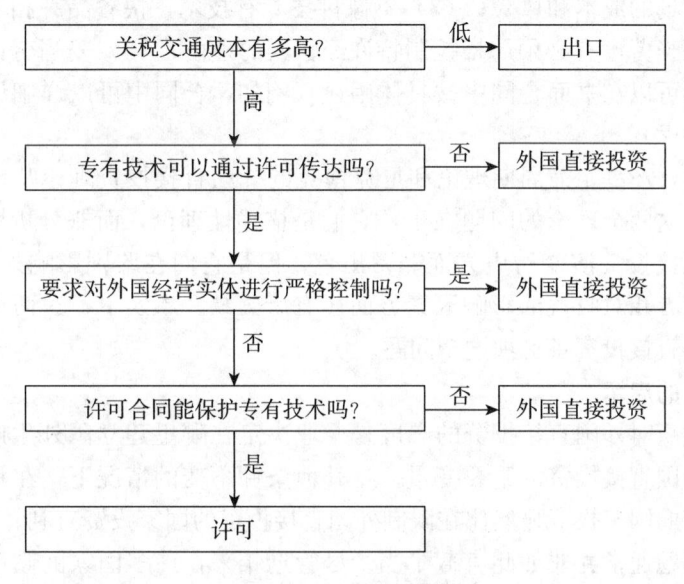

图 7.6 决策框架

不能选择许可方式的公司聚集在以下三个行业:

1. 高科技行业。保护公司特有的专业技术对这些行业而言至关重要,许可会带来巨大损失。

2. 全球寡头行业。这些行业竞争的相互依赖性要求跨国公司严格控制外国经营实体,如此跨国公司便有能力对其全球竞争者发起步调一致的攻击(正如柯达对富士胶片所采取的措施)。

3. 高成本行业。跨国公司必须对外国经营实体进行严格控制(如此它们才能够将生产分散到世界上各个要素成本更为有利的地方,从而使得成本最小化)。

虽然实证证据依然有限,但绝大多数证据都支持这些猜想。[①] 此外,如果一家公

---

① R. E. Caves,*Multinational Enterprise and Economic Analysis* (Cambridge, UK: Cambridge University Press, 1982).

司的比较优势是嵌入公司日常工作中的管理或营销技能，或者管理者自身的技能，并且很难被编入蓝皮书中，那么许可便不是一个有利选择。这对于涉及多个行业的公司来说似乎很适用。

适合采用许可的公司分布在与上述具体情形相反的行业。换句话说，在零散的技术含量较低的行业，许可更为常见，收益也更大。这些行业不适用于全球分散经营。快餐行业就是一个较好的例子。麦当劳通过特许经营策略在全球进行扩张。虽然特许经营通常比许可的承诺期限更长，但本质上是服务行业版本的许可。通过特许经营策略，公司许可一家外国公司使用自己的品牌；外国公司支付其加盟店收益的一定百分比作为回报。特许经营合同中会明确规定特许经营人使用特许授权者的品牌经营应达成的条件。所以，只要外国公司同意与麦当劳在其他地区开设采用统一方式经营的餐厅，麦当劳便允许外国公司使用其品牌。这一策略对麦当劳行之有效，因为：（1）像其他许多服务一样，快餐不能被出口；（2）特许经营权有效节约了开拓国外市场的成本和风险；（3）不像科技专有技术，快餐品牌相对容易用合同保护；（4）麦当劳没有必须严格控制特许经营人的理由；（5）麦当劳如何经营快餐店的专有技术可以在书面合同中被具体阐述（例如，合同中可以详细说明如何经营一家麦当劳餐厅）。

需要注意，产品生命周期理论和尼克博克的外国直接投资理论从商务角度而言实用性不强。这两个理论的问题在于，它们是描述性理论，而非分析性理论。它们在描述外国直接投资演变历史方面非常出色，但是它们在鉴别影响外国直接投资、许可和出口三者相对收益的影响因素方面还有所欠缺。事实上，这两个理论都忽略了许可是外国直接投资备选项这个问题。

政府政策的启示

东道国政府对外国直接投资的态度是企业决定在哪里建立国外生产企业，以及在哪里进行外国直接投资的重要变量。在其他条件不变的情况下，在具有宽松外国直接投资政策的国家投资显然比在限制外国直接投资的国家投资有利。

然而，问题通常并非如此直截了当。尽管近年来，许多国家的政策向自由市场立场靠拢，但这些国家对外国直接投资依然采取相当务实的态度。在这样的情况下，一家想要进行外国直接投资的公司通常需要与东道国政府对具体的投资条款进行谈判，谈判大致集中在两个大问题上。如果东道国政府试图吸引外国直接投资，那么核心问题就是，东道国政府准备向外国跨国公司提供何种形式的激励，以及该公司用何种承诺作为交换。如果东道国政府对外国直接投资的收益难以确定，并可能会选择限制市场准入，那么核心问题将是，公司需要做出什么让步，才能获得准投资资格。

在很大程度上，任何谈判结果都取决于谈判双方的相对谈判力。而各方的谈判力又取决于以下三个因素：

（1）各方对另一方开出条件的价值大小的看法；
（2）各方能够获得可比较的替代方案的数量；
（3）各方的时间范围。

一家公司与东道国政府谈判投资条款。从公司的角度看，当东道国看重企业提供的产品或服务时，企业的议价能力变强，政府提供给企业的可比较的替代方案就越多，可供企业利用的谈判时间则越长。当东道国不看重企业提供的产品或服务时，企业的议价能力变弱，政府提供给企业的可比较的替代方案就越少，可供企业利用的谈判时间就越短。①

●本章总结

本章的目标是回顾和解释国家间外国直接投资模式的理论，并探讨政府对公司在外国进行投资决策的影响。本章要点如下：

1. 任何用于解释外国直接投资的理论都必须解释，在出口和许可两种方式可供选择的情况下，为什么公司要不辞辛苦地在国外收购或新建公司。

2. 高交通成本或进口关税可以解释为什么许多公司倾向于选择许可和外国直接投资，而不是出口。

3. 公司在以下情况中更愿意选择外国直接投资，而不是许可：（1）公司用许可合同无法保护宝贵的专有技术；（2）公司为了使市场份额和收益最大化，需要对外国公司进行严格控制；（3）公司的技术和能力无法通过许可传达。

4. 尼克博克的理论认为，大多数寡头行业的外国直接投资都可以用竞争对手的模仿行为来解释。

5. 产品生命周期理论认为，公司应该在其创造出的产品的生命周期特定阶段进行外国直接投资。但是产品生命周期理论没有解决外国直接投资是否比出口或许可这两种国外扩张方式更有效的问题。

6. 邓宁认为，区位特定优势在解释外国直接投资的性质和流向上相当重要。根据邓宁的理论，公司进行外国直接投资是为了利用资源禀赋或区位特定资产。

7. 政治意识形态是政府对外国直接投资制定政策的决定因素。在政治意识形态中，既有抵制外国直接投资的激进立场，也有采取自由贸易的不干涉主义立场。而对这两个极端立场之间的政治意识形态描述最贴切的是务实的民族主义。

8. 外国直接投资对东道国的好处来自资源转移效应、就业效应、国际收支效应，以及竞争和经济增长效应。

9. 外国直接投资对东道国的成本包括竞争的负面效应、国际收支的负面效应和国家主权和自治权的丧失。

10. 外国直接投资对母国的好处包括由于国外收益内流造成的国际收支改善，本国企业的外国子公司创造了母国的出口需求而对就业产生的积极影响，以及逆向资源转移效应带来的好处。当外国子公司在国外学习了宝贵的技术，并将先进技术带回母国，便会发生逆向资源转移效应。

11. 外国直接投资对母国的成本包括最初资本外流，以及由外国直接投资的出口

---

① 有关谈判策略的全面介绍，参考：M. H. Bazerman, *Negotiating Rationally* (New York: Free Press, 1992); A. Dixit and B. Nalebuff, *Thinking Strategically: The Competitive Edge in Business, Politics, and Everyday Life* (New York: W. W. Norton, 1991); H. Raiffa, *The Art and Science of Negotiation* (Cambridge, MA: Harvard University Press, 1982).

替代效应带来的国际收支负效应。当外国直接投资将就业机会带往国外时，母国也会产生成本。

12. 东道国制定政策鼓励或限制外国直接投资。东道国可以通过激励手段吸引外国直接投资，也可以通过所有权限制和要求外国跨国公司满足一些具体的绩效要求来限制外国直接投资。

● 批判性思考和问题讨论

1. 2004年，爱尔兰的外国直接投资流入额占固定资本形成总值约24%，但日本的外国直接投资流入额只占固定资本形成总值的0.6%。你如何解释这两个国家外国直接投资流入额的区别？

2. 比较下列外国直接投资理论：内部化理论、产品生命周期理论和尼克博克的外国直接投资理论。你认为哪一个理论更好地解释了外国直接投资的历史模式？为什么？

3. 阅读"开篇案例：星巴克的外国直接投资"，然后回答下列问题：

(1) 最初星巴克进行国际扩张的方式是通过许可将其运作模式传授给外国公司。这个策略很快失去了吸引力。为什么？

(2) 星巴克如今的国际扩张方式主要是建立当地合资企业，并将许可证授予这些合资企业。你认为为什么星巴克不采用纯粹的许可战略呢？

(3) 相比通过全资子公司进入外国市场，星巴克的合资企业模式的优势在哪里？有时，星巴克也会采用全资子公司进行国外扩张（如在英国和泰国）。这又是为什么呢？

(4) 哪一个外国直接投资理论最适用于星巴克的国际扩张战略？

4. 如果你是一家美国公司的国际经理人。你刚研发出一款具有变革性的新型个人电脑。这款电脑和目前市面上个人电脑的功能一样，但生产成本可以减少一半。这款设计独特的电脑受到一些专利保护。你的首席执行官要求你规划出东南亚发展计划。你的选择如下：(1) 从美国出口；(2) 许可一家亚洲公司在东南亚地区生产和销售；(3) 在亚洲建立一家全资子公司。评估每个选择的得失，并向你的首席执行官总结出一套行动方案。

● 研究任务：外国直接投资

利用globalEDGE™网站完成下列练习：

练习1

《世界投资报告》（World Investment Report）每年由联合国贸易和发展会议（UNCTAD）发行。该报告以电子书形式提供外国直接投资和跨国公司经营运作的全方位数据。根据外国直接投资数据列出顶级跨国公司的名单，同时在清单中注明这些跨国公司的母国（即总部所在国），解释拥有更多跨国公司的国家的特点。你发现这些有着更多跨国公司的国家有什么共同点吗？

练习2

你所在的公司考虑在亚洲开设一个新工厂，且管理层正在评估进行外国直接投资的特定地点。候选国限定在斯里兰卡、泰国和新加坡三个国家。从著名的国际组织发行的《国家简报》(Country Fact Sheets) 中整理出一份简短报告，比较这三个国家的外国直接投资环境和监管方式。

●章尾案例：拉克希米·米塔尔和米塔尔钢铁公司

2007 年，米塔尔钢铁公司和阿赛洛公司之间一场具有争议的兼并创建了阿赛洛米塔尔公司（ArcelorMittal）。该兼并是米塔尔首席执行官米塔尔和他的儿子阿迪蒂亚（Aditya）的主意。在米塔尔的领导下，米塔尔钢铁公司从最初在印度默默无名的家族企业摇身变成世界上最大的钢铁公司。故事追溯到 20 世纪 70 年代。当时，这个家族企业在印度的增长机会渺茫，法律监管限制了扩张机会。米塔尔钢铁公司面临两家竞争对手的双重竞争。一家是国有企业印度钢铁管理局（SAIL），另一家是印度最大的民营公司塔塔钢铁（Tata Steel）公司。因此，米塔尔的父亲为儿子融资，于 1995 年帮他在印度尼西亚白手起家建立了一家炼钢厂。

为了削减在印度尼西亚炼钢厂的成本，米塔尔不熔炼铁矿石，而是直接购买小钢球。它们的小钢球供应商是一家位于特立尼达的举步维艰的国有企业。特立尼达人受到米塔尔在印度尼西亚成功经营的影响，1975 年请求与米塔尔签订合同，以扭转他们公司的经营。米塔尔成立了另一家公司来经营特立尼达的工厂。1989 年，在成功扭转亏损后，米塔尔全资购买了特立尼达的工厂。

当时，这家起步于印度的公司有两个主要国外公司，但那只是一个开始。由于 25 年来，生产过剩和大量钢铁替代材料的发展导致钢铁需求增长缓慢，全球钢铁产业不景气。但是米塔尔从廉价购买亏损公司中看到了机遇。他相信全球钢铁市场达到了拐点，不仅在很大程度上由发达国家稳定的经济增长带动，也由包括中国和他的祖国印度在内的新兴工业化国家增长的需求所带动。只要经营不善的公司开始对外出售，他便能看到购买亏损公司的全方位机会。他向这些公司注入资产，通过让这些公司采用现代生产技术来提高公司生产效率，然后坐等随之而来的钢铁需求激增。他也看到了利用一家全球钢铁公司的购买力压低原材料投入价格的机遇。

1992 年，米塔尔采取了下一步行动，购买了墨西哥的一家即将私有化的国有钢铁公司西巴尔萨（Sibalsa）。1994 年，米塔尔又从魁北克购买了加拿大第四大钢铁生产商。紧接着在 1995 年，米塔尔又购买了德国中型钢铁生产商和哈萨克斯坦最大的钢铁生产商，当时哈萨克斯坦正在向更为市场化的经济体转型，因此其钢铁公司经营混乱。米塔尔渴望进行更多的国际扩张，但是公司资金有限，所以决定将公司上市。但他不想在印度或印度尼西亚上市，因为这些地区资本市场的流动性有限。1997 年，他将公司的总部迁往鹿特丹，然后通过阿姆斯特丹股票交易所和纽约证券交易所将米塔尔钢铁公司上市，筹集了 7.76 亿美元。

利用在首次公开募股（IPO）中筹集的资金，米塔尔在 1997 年收购了更多德国钢铁公司。1998 年，他收购了美国钢铁生产商内陆钢铁（Inland Steel）公司。在接下来的几年中，他又在法国、阿尔及利亚和波兰等其他国家进行收购。2005 年，米塔尔收购了美国的国际钢铁（International Steel）公司，该公司的前身是一家破产的钢铁公司。就在此时，米塔尔的预言实现了。全球钢铁需求上升，主要由中国拉动,钢铁价格创造了历史纪录。由于钢铁行业反弹,当今世界上最大的钢铁生产商米塔尔钢铁公司看中了阿赛洛公司——这是一家收购了卢森堡、法国和西班牙的钢铁制造商的欧洲公司,竞标价为 320 亿美元,竞争激烈。阿赛洛公司的管理者和大量欧洲政府官员都反对一家印度公司收购欧洲公司(虽然极为讽刺的是,米塔尔钢铁公司现在在法律上是荷兰公司)。然而,阿赛洛公司的股东觉得交易有利可图,最终在 2006 年同意了该收购。2007 年,如今总部坐落于卢森堡的新公司销售额为 1 100 亿美元,净收入为 102 亿美元,是迄今世界上最大的钢铁公司。[1]

案例讨论问题

1. 什么力量驱使米塔尔钢铁公司进行跨国界扩张?
2. 为什么米塔尔钢铁公司通过并购而非绿地投资在不同国家扩张?
3. 米塔尔钢铁公司可以为它投资的国家带去什么好处?米塔尔钢铁公司进行国外投资会对投资国造成不利影响吗?
4. 米塔尔钢铁公司在不同国家投资对自身有什么好处?
5. 收购阿赛洛公司历程艰辛,遭到了很多政客的反对。你认为他们为什么反对收购?他们的反对是合理的吗?

---

[1] "Mittalic Magic," *The Economist*, February 16, 2008, p. 80; K. Gopalan, "Steel Czar," *Business Today*, January 13, 2008, pp. 102-106; S. Daneskhu, "FDI into Richest Country's Set to Rise 20% This Year," *Financial Times*, June 22, 2007, p. 7.

第八章

区域经济一体化

学习目标

学完本章后,你应该能够:

1. 划分并解释区域经济一体化的不同层次;
2. 理解支持区域经济一体化的政治、经济理论;
3. 理解反对区域经济一体化的政治、经济理论;
4. 熟悉目前全球重要的区域经济协议的历史、包含的区域范围,以及未来的发展方向;
5. 理解区域经济一体化协议对商务的影响。

● 开篇案例:欧盟能源市场

数年以来,欧盟作为世界上最大的贸易实体,一直致力于实现欧盟内部能源市场的贸易自由化,以便将一个涵盖所有成员的独立市场转化为单一的洲际市场。市场自由化的第一阶段在 2007 年 6 月完成。当全部目标都实现时,能源生产商跨区销售电力和天然气资源的能力将会提升,竞争力也会增强。但是,通往统一的欧盟能源市场的道路充满了艰难。许多成员的能源市场往往由国有企业把持,例如,法国电力公司(Electricitie de France)占法国约 87% 的市场份额,因此,想要进入这个市场并非易事。

为了阻挠形成统一的欧盟能源市场,把持着市场的大多数企业都会采取纵向并购的方式,整合生产、运输和销售网络。这些已经完成纵向整合的企业不会允许其他公共事业企业利用其运输网络将能源销售给最终消费者,也不会从其他生产者手中购买能源。欧盟认识到,为了实现竞争,有必要将公共事业拆分为生产企业、运输企业和市场销售企业。这样能源行业才能被分解为生产部门和运输部门。只有在这种思想被实践之后,才能使独立的能源市场企业获得低廉的能源。不管这种能源是从本国国内获得还是从欧盟其他地区获得,将这些能源销售给消费者都可以促进市场竞争。

而现在，欧盟为拆分能源产业价值链所做出的努力还远远不够。2007年12月，欧盟各成员能源部长都不约而同地拒绝了来自欧盟委员会（European Commission）*即欧盟的最高权力机构关于拆分能源产业价值链的提议。欧盟各成员能源部长要求欧盟委员会对拆分能源产业价值链的具体实施细节进行说明，这样他们便能对欧盟委员会拆分本国能源产业价值链的行动实施有效抵制。2008年中期，欧盟成员最终妥协并达成了一项协议，但这项协议的目标远离了原来要实现能源产业价值链分拆的目标，这是因为原来的设想遭到了来自法国和德国的强烈反对（这两个国家内部都有庞大的可被分拆和整合的能源企业）。

为给单一洲际能源市场建立公共事业部门，欧盟尝试并购各国的电力公共事业部门，努力打造服务更多国家的系统。其逻辑依据是，更大型的公共事业部门能够实现规模经济，令其在自由市场中进行更有效的竞争。然而，一些跨区域的被兼并企业则遇到了来自当地政治家的强烈反对。这些政治家认为，本国的能源企业被外国实体吞并了。最著名的例子是，当欧盟成立时，德国最大的实体企业在2006年对西班牙最大的能源企业恩德萨（Endesa）公司提出了竞标并购。而西班牙政治家们则想方设法阻拦此次并购，并将恩德萨公司保留在西班牙自己手中。西班牙人采取了附加条款的方式，而附加条款就是为了阻挠德国人获得该企业而专门设计出来的。面对此次民族主义的爆发，欧盟委员会将西班牙政府诉至欧洲法院（European Court of Justice），指控西班牙政府逾越了欧盟委员会在欧盟成员内部关于详细调查和批准跨区域并购的行政权力。随后，意大利最大的电力公司埃内尔（Enel）也加入对恩德萨公司的并购行动中。①

引言

在本章中，我们将通过地区性联盟组织进一步研究区域经济一体化协议的相关理论。这些地区性联盟组织包括欧盟、东南亚国家联盟（简称东盟）及北美自由贸易区，我们将在本章讨论这些区域组织构成过程中的艰辛，以及如何利用它们作为实现手段降低成员之间跨境贸易和投资的壁垒。本书的开篇案例描绘了国家区域经济一体化过程中出现的希望和问题。为了提升欧盟成员内部在能源方面的自由贸易，欧盟希望用强化竞争和对消费者降低能源价格的方式实现目标。然而，就像本章开篇案例所描述的那样，到目前为止，政治方面的阻力和能源工业结构的现状都使得这个目标难以实现。

区域经济一体化（regional economic integration）意味着在地理区位上相连的国

---

① "Power Struggles: European Utilities," *The Economist*, December 2, 2006, p. 74; "Anger Management in Brussels," *Petroleum Economist*, April 2006, pp. 1-3; R. Bream, "Liberalization of EU Market Accelerates Dealmaking," *Financial Times*, February 28, 2007, p. 4; "Twists and Turns: Energy Liberalization in Europe," *The Economist*, December 8, 2007, p. 76; "Better Than Nothing?" *The Economist*, June 14, 2008, p. 80.

* 欧盟委员会在欧盟不同时期，如欧洲煤钢共同体时期和欧洲共同体时期有不同名称，本书将其统一称为欧盟委员会。——译者注家形成旨在减少并最终消除关税或非关税壁垒的协议,从而使产品、服务和其他生产要素在协议签署成员之间自由流动。在近20年的时间里,旨在促进成员经济融合的区域贸易组织纷纷出现,这是前所未有的。世界贸易组织要求各成员向其报备自身参与的所有区域贸易组织。截至2009年,已经向世界贸易组织报备参加了一个或两个区域贸易组织的成员已经完全覆盖了整个世界贸易组织。目前已生效的区域贸易协定总数在230个左右。

与国际贸易理论尤其是比较优势理论(详情请阅读第五章)推测的结果一致,设计区域贸易协定的目的是促使成员之间的贸易更加自由。这些区域贸易协定也被认为可以通过贸易为所有成员提供利益。正如第六章所述,《关税及贸易总协定》和之后的世界贸易组织都在寻找方法消除贸易壁垒。世界贸易组织包括100多个组织成员,因此其拥有世界级影响力。与受到世界贸易组织保护相比,一些国家希望通过加入区域贸易协定以加速消除贸易障碍。因此,在电力能源和天然气资源都还未形成全球市场的情况下,欧盟希望类似区域市场能够先运行起来。

在世界其他地区,还没有出现像欧盟这样能够朝着区域经济一体化方向运转得如此有效的组织。欧盟在1993年1月1日正式采取了行动,旨在消除欧盟成员的贸易壁垒,并创造出囊括3.4亿消费者的统一市场。但是,欧盟并没有就此止步不前,欧盟成员共同发起了统一的货币即欧元,同时欧盟也在向统一的政治联盟迈进。欧盟成员数量在2004年5月1日从15个扩展到25个,形成了一个拥有4.5亿消费者的市场。欧盟的生产总值渐渐赶上美国。2007年,又有两个国家——保加利亚和罗马尼亚加入欧盟。

世界的其他地区也有一些国家在采取类似行动来实现区域经济一体化。加拿大、墨西哥和美国已经达成《北美自由贸易协议》。此项协议承诺在三个签约国之间消除贸易壁垒,实现商品和服务贸易的完全自由化。然而,随着《北美自由贸易协议》的实施,它加剧了美国一些生产部门的失业情况。但是总体来说,与国际贸易理论的预测一样,更大规模的区域贸易给各个国家带来的好处大于其成本损失。

在亚洲地区,东盟和亚洲太平洋经济合作组织(简称亚太经合组织)的建立也向减少贸易壁垒和增强区域经济合作迈出了重要一步。同样,南亚区域合作联盟也有着相同的经济、贸易目标。

南美地区也在向区域经济一体化方向发展。1991年,阿根廷、巴西、巴拉圭和乌拉圭建立了南方共同市场,目的也是减少成员之间的贸易壁垒。尽管南方共同市场相关协议的议题进展缓慢,但是该机构依旧在运转。在中美洲、安第斯山脉区域及非洲部分区域,都出现了区域经济一体化的积极行动。

虽然实现区域经济一体化的行为经常被视作一个好的举动,但是观察家们也担忧,这将使世界陷入区域经济集团互相竞争的局面。在未来有可能出现的局面是:各个区域经济集团内部将实现自由贸易,但是区域经济集团之间则会用高关税方式来保护各自的内部市场。欧盟和北美自由贸易区内部的贸易保护主义可能将这两个组织变成经济堡垒,采取高关税政策阻碍外来的、提倡无障碍自由贸易的生产商进入本地市场。如果上述情况真的出现了,那么由区域经济集团之间的贸易受阻造成的损失将大于自由贸易给区域经济集团带来的好处。

考虑到上述情形，本章将围绕区域经济一体化探究其政治、经济方面的争论焦点，对区域经济一体化在政治和经济方面所带来的好处和成本进行分析比较，并且回顾世界范围内区域经济一体化的进程，最后总结区域经济一体化对国际商务活动的重大影响。在讨论上述问题之前，我们需要先了解经济一体化在理论上能够被划分为哪几个层次。

经济一体化层次划分

在理论上，经济一体化在实现程度上可被划分为以下几个层次，如图8.1所示。经济一体化的层次从最低到最高分别是自由贸易区、关税同盟、共同市场、经济联盟以及政治联盟。

在**自由贸易区**（free trade area），成员之间的所有贸易壁垒都被消除了。理论上，自由贸易区中不存在任何歧视性关税、贸易配额、贸易补贴，或者任何行政上的贸易壁垒，而这些都将使成员之间的贸易行为被扭曲。自由贸易区内的任何成员都可以自主制定本地区对非自由贸易区成员的贸易政策。例如，对不同的非自由贸易区成员产品的进口关税会有所不同。自由贸易协议也是区域经济一体化中最常见的形式，在各种区域协议中约占90%。

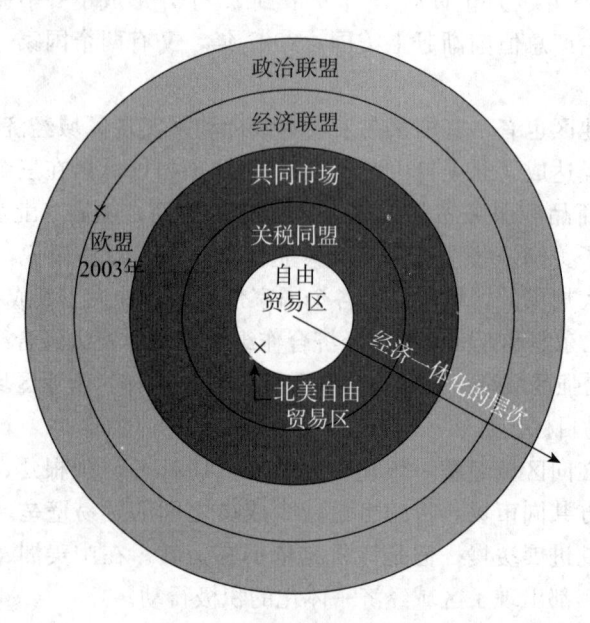

图8.1 经济一体化的层次

目前，在世界范围内成立的时间最长的自由贸易区是成立于1960年1月的**欧洲自由贸易联盟**（European Free Trade Association，EFTA）。目前的成员从1995年的7个下降为以下4个：挪威、冰岛、列支敦士登和瑞士（原3名欧洲自由贸易联盟成员奥地利、芬兰及瑞典在1996年1月1日加入欧盟）。欧洲自由贸易联盟最初由不希望成为欧洲共同市场一部分（欧洲共同市场是欧盟的前身）的西欧国家建立。欧洲自由贸易联盟的创始成员还包括奥地利、英国、丹麦、芬兰和瑞典，现在这些国家都是欧盟的成员。欧洲自由贸易联盟的重点是工业制成品的自由贸易，农业则被排除在协议之外，每一个欧洲自由贸易联盟成员都能够自主地决定自己对农业的支持政策。对来自联盟之外的进口产品，欧洲自由贸易联盟成员也可以自由决定相关产业的保护力度大小。而对包括北美自由贸易区在内的其他自由贸易区，我们将在随后的章节中进行深入的探讨。

关税同盟（customs union）是进一步实现完全的经济政治一体化的方式之一。关税同盟可以消除成员之间的贸易壁垒，并且能采取共同的对外贸易政策。建立一个共同的贸易政策需要行政机构对成员与非成员之间的贸易往来关系进行监督。大多数加入关税同盟的成员都希望实现更大规模的经济一体化。欧盟也是从关税同盟发展起来的，但是已经超越了这个发展阶段。世界范围内其他关税同盟还有现在的安第斯共同体，其成员包括玻利维亚、哥伦比亚、厄瓜多尔、秘鲁和委内瑞拉。安第斯共同体在成员之间建立起自由贸易区，并且对从成员以外的地区进口的商品征收5%~20%的统一关税。[①]

经济一体化中的下一个层次是形成一个**共同市场**（common market），即成员之间不存在贸易壁垒，可以对外实施统一的贸易政策，而且允许生产要素在成员之间自由流动。因为在移民入境、移民出境或资本要素跨区域流动方面没有限制，所以劳动力和资本要素能够实现成员之间的自由流动。建立一个共同市场需要在会计准则、货币政策和就业政策方面实现一定程度的合作和融合。但事实证明，要达到上文所描述的合作程度十分困难。多年来，尽管欧盟已经超越了共同市场的发展阶段，但欧盟还是一直承担着一个共同市场的作用。由阿根廷、巴西、巴拉圭、乌拉圭和委内瑞拉（于2006年加入）构成的南方共同市场则希望最终能建立起一个共同市场。

和共同市场相比，经济联盟是更紧密的经济一体化的联系和合作。像共同市场一样，**经济联盟**（economic union）不仅涉及商品和生产要素在成员之间的自由流通，采取统一的对外贸易政策，而且要求采用统一的流通货币、成员步调一致的税率及共同的货币政策和财政政策。如此深层次的经济一体化需要政府部门间的合作和国家的必要让步。尽管现在欧盟还不是完美的组织，一些成员还没有采用欧元，而各成员在税率和政策方面依旧存在区别，但欧盟是一个经济联盟。欧盟成员内部一些市场，例如能源市场，还没有完全放松监管。

人们在实现经济一体化过程中发现了一个问题：怎样才能建立起对成员公民负责的协调机构？解决办法是建立**政治联盟**（political union）。在这个联盟中，其设有中枢政治机构，以协调成员间的经济、社会及外交政策。欧盟正走在这条至少是部分政治联盟的道路上。欧洲议会（European Parliament），作为一个比政治中枢更重要的机构，自1970年以来由欧盟成员的公民直接选举产生。另外，欧盟部长会议（掌控欧盟并制定决策的机构）由各个成员的部长级官员组成。美国联邦政府已经向世人展示了一个更加紧密联系的政治联盟，各自独立的州组成了一个单一的国家。最终，欧盟或许也会形成一个相似的联邦结构政体。

---

① "Free Trade for All," *The Economist*, January 4, 1991, p.63.

区域一体化情况

区域一体化实际既包括经济方面也包括政治方面的内容。通常情况下，一个国家内部有许多政治团体并不接受区域一体化，这解释了为什么许多想实现区域经济一体化的努力引发了诸多争议，并且停滞不前。在这一部分，我们将研究区域一体化的经济情况、区域一体化的政治情况，以及区域一体化进程中的阻碍。在下一部分，我们将研究反对区域一体化的案例。

区域一体化的经济情况

区域一体化的情况看上去一目了然。在第五章，我们已经了解到国际贸易原理如何解释无障碍自由贸易使各国实现具有比较优势的商品和劳务的专业化生产。相比贸易限制给世界带来的结果，自由贸易会带来更大产量。在这一章，我们也会理解国家如何通过开放自由贸易来刺激经济增长，这来源于贸易带来的经济增长动力。第七章已经阐明外国直接投资如何将知识、技术、市场及管理经验从投资方转移到资金接收方。考虑到知识和技术在刺激经济增长众多因素中的重要地位，一个国家开放外国直接投资可以刺激经济增长。总之，经济学理论认为，自由贸易和投资都是正和博弈，所有参与方都将获利。

考虑到上述情况，理论上的理想状态是：商品和服务贸易、生产要素都能够在各国之间自由流动。但是正如我们在第六章和第七章所了解到的，这种情况会成为政府实施对贸易和外国直接投资的干预的借口。这正是因为许多政府部分地或完全认同国家干预理念，认为不受限制的自由贸易和外国直接投资是不切实际的做法。尽管包括世界贸易组织在内的许多国际机构都在推动整个世界走向自由贸易状态，但是远远没有成功。世界上存在众多意识形态，使所有成员遵循同样的规则是十分困难的。

在这样的背景下，区域一体化应被视作一种积极的信号，因为除了在世界贸易组织等国际性组织倡导的自由贸易和外国直接投资中获得利益，区域一体化也让各成员获得了额外收益。比起在世界范围内建立起一个能够实现自由贸易和投资的机制，在几个有限的毗邻的地区之间更容易建立这样的机制。政策协调和政策一致性会随着加入协议成员数量的增多发生很多变数。加入区域一体化组织的国家越多，达成一致意见时需要协调考虑的各方面意见也越多，达成一致也就越难。所以，正是对获得自由贸易和投资收益的渴望，驱动着人们不断尝试区域一体化。

区域一体化的政治情况

在建立自由贸易区、关税同盟等经济一体化组织的过程中，也涌现出政治一体化的案例。毗邻的经济体相互依赖的程度较大，促使我们产生推动相邻国家政治合作的动力，这同时会减少发生潜在暴力冲突的可能性。另外，通过在经济上抱团，这些国家增强了自己在世界政治舞台上的话语权。

上述思想为欧洲共同体的建立奠定了基础，而欧洲共同体正是欧盟的前身。欧洲在20世纪前半叶已经经历了两次极具毁灭性的世界战争，这两次战争都来源于单一民族国家的可怕野心。那些试图建立一个统一欧洲的人，都想挑起另一场不可想象的战争。许多欧洲人相信，第二次世界大战后欧洲的单一民族国家都无法在世界舞台上独撑大局。所以，许多欧洲共同体创始人认为，建立欧洲共同体的需求很大程度上来自欧洲国家处理与美国及苏联关系的需求。[1]

▪ 区域一体化进程中的阻碍

除了存在经济和政治方面的激烈争论，实现区域一体化的过程依旧十分艰难，或者说存在着两个主要问题。第一，虽然区域一体化帮助了大多数国家，但是要付出一定成本。虽然一国整体上能从区域自由贸易中获得明显收益，但是该国某些利益集团会受到损失。因此，自由贸易体系需要经历痛苦的转型。例如，由于1994年北美自由贸易区的建立，许多加拿大和美国的纺织企业迁移到墨西哥，导致加拿大和美国的低收入、低技能纺织工人失业。北美自由贸易区的建立给加拿大和美国两国总体上带来的好处对那些失业的人而言毫无用处。所以，像纺织工人这样的团体一直处在反对北美自由贸易区建立的前线，而且将继续反对《北美自由贸易协议》的扩大。

第二，区域一体化会带来对国家主权的担忧。例如，墨西哥政府担心其对本国石油产业利润的控制权问题。因为根据《北美自由贸易协议》的相关规定，墨西哥政府应该对加拿大和美国投资开放本国的石油产业。区域一体化之所以会引发成员对国家主权的担忧，是因为深层次的区域一体化要求国家放松对某些关键国家政策的把控，例如货币政策、财政政策（比如税收政策）及贸易政策。这一直以来也是欧盟一体化进程中的主要障碍。为了实现完全的经济一体化，欧盟引进了统一的货币欧元，由欧洲中央银行统一管理。尽管大多数国家都同意，但是英国政府一直持反对意见。英国国内部分重要政治力量反对实施统一的欧盟货币，主要是因为这将要求英国政府向欧盟让渡货币政策的管控权，这被英国政府视为主权丧失。1992年，英国政府获得了退出单一货币协议的选择权，直到2009年，英国政府也没有改变原来的决定。

▌反对区域一体化的情况

近几年来，尽管区域自由贸易协议是大势所趋，但一部分经济学家还是表达了

---

[1] D. Swann, *The Economics of the Common Market*, 6th ed. (London: Penguin Books, 1990).

对区域一体化收益的担忧,认为区域一体化的作用被夸大了,同时成本常常被忽略了。[1] 他们指出,区域一体化所能带来的利益是由贸易创造的程度而不是由贸易转移决定。**贸易创造**(trade creation)会在以下情况中出现:自由贸易区内的低成本生产者取代了高成本的国内生产者,或者是在自由贸易区内的低成本外来生产者取代了高成本外来生产者。**贸易转移**(trade diversion)则发生在这样的情况下:在自由贸易区内,高成本生产者取代了低成本的外来生产者。一个区域性的自由贸易协议只有在贸易创造大于贸易转移时,才能真正有益于世界。

请设想,美国和墨西哥政府对所有的进口商品都征收关税,之后建立起一个自由贸易区,去除这两个国家之间所有的贸易壁垒,但它们依旧对来自其他国家的进口商品征收关税。如果美国开始进口来自墨西哥的纺织产品,这样的改变会不会更好呢?如果美国之前生产了所有纺织品,但是比墨西哥国内生产成本高,这样自由贸易协议就促使生产者转向更廉价的原料产地。根据比较优势理论,该区域内部已经产生了贸易,而且在世界其他地区的贸易也不会减少。这种改变显然是好事。如果美国之前从哥斯达黎加进口纺织产品,而在哥斯达黎加生产纺织品比在美国或墨西哥都更加廉价,那么贸易就将从低成本生产地区转移至高成本贸易区内,显然这种变化是坏事。

从理论上来说,世界贸易组织的规定应该确保自由贸易协议不会引起贸易转移。世界贸易组织规定了自由贸易区建立的唯一条件:成员在成立自由贸易区之后所实施的贸易关税税率,不能比之前实施的税率高或条件更为严苛。然而,正如我们在第六章所看到的,《关税及贸易总协定》和世界贸易组织的规定并没有涉及非关税壁垒。所以,在那些通过严苛的非关税壁垒保护本区域不受外部竞争的市场中,区域贸易壁垒便随之出现了。在这样的情况下,贸易转移效应会大于贸易创造效应。那些对此表示担忧的人士认为,防止上述情况出现的唯一办法,是拓宽世界贸易组织覆盖的范围,将非关税壁垒包含在内。但是没有明显迹象表明上述解决方法将很快被采纳。区域一体化导致贸易转移的风险依旧存在。

欧洲区域经济一体化

欧洲存在两大贸易集团:欧盟和欧洲自由贸易联盟。到目前为止,在上述二者中欧盟更重要。这不仅因为其成员数量更多,而且因为其在世界舞台上的政治力量、经济力量更强大。当今世界,有许多人将欧盟视为与美国、日本同等重要的新生超

---

[1] J. Bhagwati, "Regionalism and Multilateralism: An Overview," Columbia University Discussion Paper 603, Department of Economics, Columbia University, New York; A. de la Torre and M. Kelly, "Regional Trade Arrangements," Occasional Paper 93, Washington, DC: International Monetary Fund, March 1992; J. Bhagwati, "Fast Track to Nowhere," *The Economist*, October 18, 1997, pp. 21–24; Jagdish Bhagwati, *Free Trade Today* (Princeton and Oxford: Princeton University Press, 2002); B. K. Gordon, "A High Risk Trade Policy," *Foreign Affairs* 82, no. 4 (July/August 2003), pp. 105–115.

级经济和政治力量。因此，我们也将继续探讨欧盟。①

□ 欧盟的演变

欧盟（European Union）是两种政治力量结合的产物：（1）备受两次世界大战煎熬的西欧对持久和平的向往；（2）欧洲人民希望在世界舞台上保持政治和经济影响力的愿望。另外，许多欧洲人也认识到，欧洲国家之间紧密的经济联系和一体化会带来潜在经济利益。

1951年，比利时、法国、联邦德国、意大利、卢森堡及荷兰结为欧洲煤钢共同体，这便是欧洲共同体和欧盟的前身。该组织成立的目的是扫除成员之间在煤炭、铁矿、钢材和非金属运输中的阻碍。1957年签署的**《罗马条约》**（Treaty of Rome）宣告了欧洲共同体的成立。

《罗马条约》的签署为共同市场的建立提供基础。该协议中的第三条款要求：首先，消除成员之间的贸易障碍；其次，建立统一的对外关税；最后，每一个成员需要扫除生产要素在成员之间自由流动的障碍。而这也迈出了建立这个新兴共同体的关键一步。为了促进商品、服务及生产要素的自由流动，该协议尽最大可能协调各国相关法律法规。此外，该协议确定由欧盟委员会来制定农业和交通运输业的统一政策。

1973年，欧洲共同体进一步得到发展，因为英国、爱尔兰及丹麦加入其中。1981年，希腊也加入欧洲共同体。1986年，西班牙和葡萄牙也相继加入。1996年，奥地利、芬兰和瑞典加入，使得整个欧洲共同体成员数量达到15个。（民主德国是在1990年德国实现统一之后加入欧洲共同体的。）

截至20世纪80年代早期，欧洲共同体并没有实现其最初的两个目标。一是为实现成员之间贸易和投资自由化扫除障碍；二是为了商务发展而协调各国对技术和法律标准的规定。在这种背景下，20世纪80年代末，欧洲共同体成员中许多杰出的企业家发起了如火如荼的运动来消除欧洲经济的分化。作为回应，欧洲共同体组建了以雅克·德洛尔（Jacques Delors）为首的德洛尔委员会。在德洛尔主席的领导下，德洛尔委员会打算在1992年12月31日消除一切障碍，以建立单一的欧洲市场。最终，由各成员议会独立批准的**《单一欧洲法案》**（Single European Act）成立，并最终在1987年成为欧洲共同体的法律。

设立《单一欧洲法案》的目的是在1992年建立单一的市场，在1992年年底之前，有效消除所有成员之间的外汇交易限制。这项法案有助于消除所有成员之间的边境管制，减少为了符合贸易管理机构的规定而导致的时间滞后和资源浪费。沿海贸易上的限制也在1992年年底被消除，即来自国外的卡车运输者能够在该国境内运输货物。《单一欧洲法案》采用"互相认可"的产品标准作为其原则。也就是说，一旦某个欧洲共同体成员发明了一项产品标准，倘若这项标准在健康卫生和安全性能方面满足基本要求，便会被其他成员接受。该法案同时允许公共采购对非东道国的

---

① N. Colchester and D. Buchan, *Europower：The Essential Guide to Europe's Economic Transformation in 1992* (London：The Economist Books, 1990)；Swann, *Economics of the Common Market*.

供应商开放。该法案能够通过两个途径缩减预算：一方面，直接允许非本国的低成本供应商进入本国市场；另一方面，间接要求本国供应商进行竞争。这项法案也消除了零售银行业务市场和保险业务市场的竞争壁垒，人们期待这样做会降低欧洲共同体包括借贷业务在内的金融服务成本。①

所有这些变革都旨在降低欧洲共同体内部商务活动成本，但是建立欧洲共同市场的行动在供给方面可能会有更复杂的影响。例如，市场扩张预计会给予欧洲共同体内的企业更多实现规模经济的机会。此外，人们也希望欧洲共同市场的建立能够消除贸易和投资在欧洲内部的壁垒，从而促进市场竞争，以提高欧洲共同体内公司的效率。不出所料，《单一欧洲法案》的实施效果相当好。② 这项法案也为整个欧洲的产业结构重建提供了动力。许多企业生产与经营的范围从国内转变为泛欧洲范围。发生这种转变的目的是为了形成规模经济，从而在单一欧洲市场中获得更大竞争力，最终使得经济增长更为迅速。然而，不考虑最初实现欧洲区域经济一体化的承诺，不同国家间的法律、文化及语言差异使得上述情况在执行方面出现很大问题。为了强调《单一欧洲法案》的重要性，在该法案生效的同时，欧洲共同体决定更名为欧盟。这项决定在1991年《马斯特里赫条约》(Maastricht Treaty)被签署时同时被确定下来，而《马斯特里赫特条约》的签订标志着在1991年1月，欧元成为欧盟唯一货币。

2004年5月1日，另外10个国家加入欧盟。其中有8个国家来自东欧地区，还有来自地中海的小型国家：马其顿和塞浦路斯。保加利亚和罗马尼亚在2007年加入欧盟，使得欧盟成员数量达到27个。欧盟成为一个拥有5亿人口，生产总值达到11万亿欧元的区域经济一体化组织，而生产总值数据甚至超过美国。欧盟也通过组织的扩大成为世界的超级力量。③

□ 欧盟的政治结构

欧盟的经济政策是在一个复杂的、依旧不断进步的政治构架中被确定和实施的。在该政治构架中，四个主要的机构分别是：欧盟委员会、欧盟理事会、欧洲议会和欧洲法院。④

欧盟委员会（European Commission）的职责是制定、实施欧盟法律，并监督各成员对欧盟法律的实施情况。总部坐落于比利时布鲁塞尔，雇员人数超过24 000人。欧盟委员会的日常运行由各成员选举出的委员负责，每一任委员的任期为5年。各成员均拥有一个委员名额，整个欧盟委员会拥有27位委员。成员共同选举出一名委

---

① "One Europe, One Economy," *The Economist*, November 30, 1991, pp. 53 - 54; "Market Failure: A Survey of Business in Europe," *The Economist*, June 8, 1991, pp. 6 - 10.

② Alan Riley, "The Single Market Ten Years On," *European Policy Analyst*, December 2002, pp. 65 - 72.

③ A. S. Posen, "Fleeting Equality, the Relative Size of the EU and US Economies in 2020," The Brookings Institution, September 2004.

④ Swann, *Economics of the Common Market*; Colchester and Buchan, *Europower: The Essential Guide to Europe's Economic Transformation in 1992*; "The European Union: A Survey," *The Economist*, October 22, 1994; "The European Community: A Survey," *The Economist*, July 3, 1993.

员长，并由该委员长和各成员一道遴选咨询顾问组成员。欧盟委员会必须得到欧洲议会首肯后方能运作。欧盟委员会拥有制定欧洲法律的绝对权力。每次法律制定均由欧盟委员会给出提案，交由欧盟理事会审阅，再交给欧洲议会审阅。欧盟理事会不能在没有欧盟委员会首肯的情况下进行执法。欧盟委员会也需要对欧盟法律实施效果进行监督。虽然通常情况下，欧盟委员会实际上会委托各成员执行监督。欧盟委员会的另一项职责是监督各成员，以确保它们遵守欧盟法律。欧盟委员会承担着警务功能。当某一成员破坏了欧盟法律，欧盟委员会通常会要求该国立即遵守法律。如果欧盟委员会对成员的说服行为没有奏效，那么它会将该情况诉诸欧洲法院。

欧盟委员会在商务竞争政策中的角色日益重要。自1990年起，欧盟委员会开始在竞争政策中发挥作用。欧盟竞争委员会（EU's Competition Commissioner）的委员作为欧盟竞争政策的主要监管者，对各成员竞争政策的影响稳步增强。美国的反垄断部门包括联邦交易委员会（Federal Trade Commission）和司法部（Department of Justice）。欧盟竞争委员会的职责像美国反垄断部门的角色一样，是确保任何一家企业都不能通过自身的市场力量驱逐竞争者，并建立垄断市场。同时，该委员会也会重新审查已经提交的兼并和收购议案，以确保不会产生有强大垄断力量的企业。[①]例如，2000年，有一起美国时代华纳（Time Warner）公司和英国百代唱片（EMI）公司之间的收购议案。两家公司都是唱片公司。欧盟委员会表示，一旦通过该方案，主要的唱片公司数量将从5个下降到4个，唱片产业界可能会出现一个市值约为400亿美元的垄断企业。出于对上述情况的担忧，该收购议案随即搁浅。同样，欧盟委员会也否决了两家美国电信公司，即世界通信（World Com）公司和斯普林特（Sprint）公司之间的合并方案。因为这两家公司联合控股的企业会在欧洲网络基础设施产业中占据绝对的市场优势地位，而欧盟委员会认为，联合控股公司将垄断整个市场。在接下来的"聚焦管理"专栏中，我们将会了解欧盟委员会在传媒行业并购行为中所扮演的角色，这会为我们对欧盟委员会在商务并购方面的影响力提供另一个实例。

欧盟理事会（Council of the European Union）代表各成员的利益。由于欧盟委员会起草的法案只有通过欧盟理事会同意才能成为最终法案，所以欧盟理事会显然拥有欧盟内部的最终决定权。欧盟理事会成员由来自每个成员政府的一名代表组成。然而，每次欧盟理事会讨论的议题不同，各政府派出的代表也各不相同。当讨论农业问题时，各成员农业部部长作为代表参加会议；当讨论交通与运输问题时，参会的则是各成员的交通部部长，依此类推。在1993年之前，欧盟理事会所有的议题必须由各成员匿名同意才能做出决定。这使得会议讨论进程拖沓冗长，并会导致最终谈判失败，或者很难对欧盟委员会的建议达成一致看法。为了解决这样的尴尬局面，在"建立并运转一个单一市场的目标究竟是什么？"这样的问题上，《单一欧洲法案》正式采取了少数服从多数的投票制度。然而，大多数其他议题，如税收和移民政策，则需要全体成员的一致同意才可以形成法律。成员所拥有的票数取决于成员的大小。例如，英国是一个世界性大国，拥有29票；而丹麦这个国家要小得多，

[①] E. J. Morgan, "A Decade of EC Merger Control," *International Journal of Economics and Business*, November 2001, pp. 451–473.

只拥有 7 票。

截至 2010 年，**欧盟议会**（European Parliament）拥有 732 名议员，直接由成员公民选举产生。欧洲议会在法国斯特拉斯堡会晤。与其说欧洲议会是一个立法机构，不如说它是一个咨询机构。一项法案由欧盟委员会提议，并由欧盟理事会递送给欧洲议会进行讨论。欧洲议会可以提出法律修正案。虽然欧盟委员会和欧盟理事会最终都没有义务必须采纳，但在通常情况下，它们愿意采纳修正案。最近欧洲议会的权力得到了提升，虽然并非所有欧洲议会议员都希望如此。现在，欧洲议会可以对欧盟委员会委员的任命进行投票表决，同时可以投票表决一些法律（例如欧盟预算协议及单一市场相关法案）。现在欧盟内部主要争论的问题是：是否应该让欧盟委员会或欧洲议会最终成为欧盟内部的最高权力机构。欧盟内部一些人士表达了对欧盟机构承担民主责任程度的担忧。有一种观点认为，解决这种明显的民主缺陷的方法在于加强议会的权力；但其他人认为，真正的民主合法性在于民选政府通过欧盟理事会采取行动。①

欧洲法院（Court of Justice）是由欧盟成员各指派一名法官组成的，现在是欧盟内部最高上诉法院。正如欧盟委员会委员一样，欧盟法院的法官以独立政府官员的角色存在，而不是某个国家利益的代表。欧盟委员会或任何一个欧盟成员都可以因为其他成员没有履行条约义务而将其诉诸欧洲法院。同样，任何一个欧盟成员、欧盟内部企业或机构，也可以因欧盟委员会或欧盟理事会没有按照欧盟条约行事而将其诉诸欧洲法院。

● 聚焦管理：欧盟委员会和传媒产业并购

1999 年年末，美国互联网产业巨头美国在线（American Online）公司宣布将兼并从事音乐制作和发行的企业集团美国时代华纳公司，这两家公司在欧洲都拥有规模巨大的分公司。欧盟竞争委员会委员马里奥·蒙蒂（Mario Monti）宣称，欧盟委员会将对该兼并对欧洲市场竞争所产生的影响进行调查。

在美国时代华纳公司随后宣布与英国百代唱片公司建立合资企业时，该项调查出现了新的变化。美国时代华纳公司与英国百代唱片公司都是世界排名前五的唱片发行公司。提案中的合资企业规模是与其实力最接近的竞争对手的 3 倍。欧盟委员会产生了两个方面的担忧：第一，美国时代华纳公司与英国百代唱片公司的合资企业会降低整个音乐发行市场的竞争程度。第二，美国在线公司与美国时代华纳公司联合将会控制正在兴起的音乐网络下载市场，尤其是考虑到美国在线公司从美国时代华纳公司和英国百代唱片公司获得优先的音乐资源入口，会令其他在线音乐服务提供商陷入不利境地。欧盟委员会同样担心美国在线公司和贝塔斯曼（Bertelsmann）的合资企业——美国在线欧洲分公司。贝塔斯曼是一家德国媒体公司，在音乐发行上也有相当大的利益。因此，欧盟委员会宣称它将会分别调查美国时代华纳公司和英国百代唱片公司所提交的协议。

这些调查一直持续到 2000 年年末，直到欧盟委员会迫使关联方做出一些让步，

---

① "The European Community：A Survey," *The Economist*，July 3，1993.

调查才最终结束。第一，迫于来自欧盟委员会的压力，美国时代华纳公司和英国百代唱片公司决定放弃成立合资企业的决定，因此维持了音乐发行市场原有的竞争程度；第二，美国在线公司和美国时代华纳公司同意，在之后的5年内，其他与之竞争的网络资源服务商在从美国时代华纳公司获得网络音乐资源时，享有与美国在线公司同样的权利；第三，美国在线公司愿意向贝塔斯曼公司提供各方面的服务，而贝塔斯曼公司同意从美国在线欧洲分公司中退出。这些举措减少了欧盟委员会之前的担忧。欧盟委员会之前担心美国在线公司和美国时代华纳公司的联合会对新兴的音乐电子下载市场进行垄断。得到上述公司的让步之后，在2000年8月，欧盟委员会批准了美国在线公司和美国时代华纳公司的并购方案。

在2000年后期，美国在线公司和美国时代华纳公司完成合并。现如今，欧洲和世界传媒产业的规模与之前具有很大不同。欧盟委员会在这个过程中起到了关键作用。欧盟所要求的让步使得许多公司都改变了策略，使原先的并购方案发生了很大变化，而且欧盟委员会相信，这将维持世界传媒产业的市场竞争。[1]

□ 欧元的设立

1991年12月，欧洲共同体成员签署了一项协议（即《马斯特里赫特条约》）。在该项协议中，各成员承诺于1999年1月1日之前采用一种统一的货币。[2] 目前，在欧盟所有成员中，有十几个成员采用欧元作为流通货币。这十几个成员组成的地区现在也常常被称为欧元区。在2004年5月1日加入欧盟的10个国家，以及在2007年加入欧盟的2个国家也在达到欧盟关于本国经济的加盟标准后采用欧元，而欧盟在经济方面的加盟标准是：高度稳定的物价水平；合理的财政政策；稳定的汇率政策；收敛的长期利率水平。而且欧盟的现有成员也必须遵守相同标准。

欧元的设立被誉为一项伟大的、前无古人的政治功绩。建立欧元要求成员政府不仅要放弃现有流通货币，而且要放弃对本国货币政策的管控。各国政府并不会因为更大的利益而牺牲本国主权，但是最终采用欧元体现出欧洲人对欧元的重视程度。通过采用欧元，欧盟已经创建了仅次于美元的世界第二大货币流通地区。有人认为，欧元最终能和美元抗衡，成为世界上最重要的流通货币。

有3个早已加入欧盟的成员——英国、丹麦及瑞典对欧元一直采取观望态度。十几个采纳欧元的成员在1999年1月1日彼此锁定了外汇汇率。欧元的纸币和硬币在2002年1月1日正式发行。在此期间，各国的货币还可在采纳欧元的国家内部流通。但是，在所有采纳欧元的国家里，本币都代表了规定数量的欧元。在2002年1月1日之后，欧元的纸币和硬币开始流通。各国原来的流通货币则退出了流通领域。在2002年中期，欧元区内所有价格和常规的经济交易已全部采用欧元计价。

---

[1] W. Drozdiak, "EU Allows Vivendi Media Deal," *Washington Post*, October 14, 2000, p. E2; D. Hargreaves, "Business as Usual in the New Economy," *Financial Times*, October 6, 2000, p. 1; D. Hargreaves, "Brussels Clears AOL - Time Warner Deal," *Financial Times*, October 12, 2000, p. 12.

[2] C. Wyploze, "EMU: Why and How It Might Happen," *Journal of Economic Perspectives* 11 (1997), pp. 3 - 22; M. Feldstein, "The Political Economy of the European Economic and Monetary Union," *Journal of EconomicPerspectives* 11 (1997), pp. 23 - 42.

使用欧元的好处

欧元带来了众多利益。第一，企业和个人都会感受到仅持有一种货币而不是多种货币时所需的成本更低。这些成本的降低来自更低的外汇交易和对冲交易成本。例如，从德国去法国的人，不再需要去银行将德国马克兑换成法国法郎，因为他们可以使用欧元。根据欧盟委员会的估计，每年使用欧元节约的成本占欧盟生产总值的 0.5%，大约为 450 亿欧元。

第二，使用统一的流通货币欧元所带来的，或许也是最重要的好处是，物价比较在欧洲境内更便捷了。这也会增加竞争，因为对于消费者而言，无论在哪里消费都很便捷。例如，如果一名德国人发现在法国的汽车售价低于德国，那么他也许更倾向于从法国购买汽车，而不是从本地销售商处购买汽车。而交易者也会发掘不同产品之间的价格差异，以参与套利活动。他们会从法国购买汽车，然后在德国出售，赚取差价。所以，面临如此激烈的竞争所带来的压力，德国汽车销售商为了留住本国消费者能采取的唯一手段就是降价。这种市场竞争压力带来的结果是，一种统一的流通货币必定会使得价格更低。价格降低成为欧盟境内消费者的潜在福利。

第三，面对进入市场的低价格商品，欧洲境内的生产者们被迫寻求降低生产成本的方法，以维持它们的利润空间。统一货币的使用使得竞争不断增强。最终，欧盟地区的企业会因经济效益的提高而长期获益。

第四，采用统一货币会极大促进高流动性的泛欧洲资本市场的发展。该资本市场的发展将会降低资本成本（也译为资金成本），从而有利于加强投资力度和提高资本使用效率。这将尤其有利于中小企业的发展。而这些中小企业一直以来都受困于难以从国内银行筹集贷款。例如，葡萄牙国内资本市场规模较小，而且缺乏流动性，这也使得许多有着优秀商业计划的葡萄牙企业家们极难从银行获取优惠贷款。然而，从理论上来说，面临这种情况的企业更应该迅速接触资本流动性更强的泛欧洲资本市场。目前，欧洲还没有像美国纳斯达克市场那样能够覆盖整个大陆并将资本输送给新兴成长型企业的资本市场，欧元的使用能够加速这样一个资本市场的建立。尤其在辅之以各种规章制度后，其更有利于统一的欧洲金融服务市场的建立。而由这样的发展所带来的长期收益不容小觑。

第五，泛欧洲资本市场和以欧元为主的资本市场的迅速发展，能够增加个人和机构的投资选择。例如，身处荷兰的个人和机构投资者，投资意大利和法国企业将变得更加简单便捷。这样也会使欧洲投资者更好地分散投资风险，进一步降低资本成本，提升资本利用效率。[1]

使用欧元的成本

使用统一的货币也存在不利。因为成员政府当局会丧失对本国货币政策的控制。因此，确保欧盟地区货币政策的管理正确和有效是十分关键的。《马斯特里赫特条约》倡导成立独立的欧洲中央银行（简称欧洲央行），而其性质在某些方面类似美国联邦储备系统（简称美联储），例如，欧洲央行有权制定统一的货币政策以确保欧盟

---

[1] "One Europe, One Economy," *The Economist*, November 30, 1991, pp. 53-54; M. Feldstein, "The Political Economy of the European Economic and Monetary Union," *Journal of Economic Perspectives* 11 (1997), pp. 23-42.

地区价格稳定。欧洲央行坐落于德国法兰克福，声称其不受政治压力干扰，而这一点饱受外界质疑。在其他事务方面，欧洲央行还负责制定利率水平，并确定整个欧盟地区的货币政策。

由于采用欧元意味着一国要丧失部分国家主权给欧洲央行，因此英国、丹麦及瑞典到本书撰写时一直没有加入欧元区。这三个国家中的许多人士都怀疑，欧洲央行是否有能力在政治压力下保持独立，以及能否将通货膨胀水平维持在可控制的范围内。

在理论上，欧洲央行应该确保自身不受政治压力控制。欧洲央行以德国联邦银行（German Bundesbank）为原型建立。而德国联邦银行是欧洲历史上最成功和最具自主性的中央银行。《马斯特里赫特条约》也禁止欧洲央行听命于政治势力。欧洲央行的执行董事会由银行行长、副行长及四位董事会成员组成。该执行董事会决定各成员的央行建设问题。所有政策都是由央行理事会决定，而央行理事会包括央行执行董事会及欧元区国家的央行行长。利率水平的变动由央行理事会投票决定。央行理事会委员的任期为8年，且不可连任，从而杜绝他们利用政治压力连任为委员的可能。然而，欧洲央行是否保持独立性的问题至今尚无定论，欧洲央行也需要一些时间来确立其制度。

根据一些评论家的言论，采用欧元的另一个缺陷在于，欧盟并不是经济学家所称的最优货币区。在一个**最优货币区**（optimal currency area）中，经济活动的底层结构拥有许多相似点，而且这些相似点有利于统一货币的实施，也使得统一汇率成为宏观政策的工具。然而，欧元区各国的经济存在很大不同。例如，芬兰和葡萄牙在工资水平、税收制度及经济周期变动方面各不相同，而且两国对于外部的经济冲击的反应也不相同。对芬兰经济有利的欧元汇率的变动可能会损害葡萄牙经济。显然，不同国家面临的不同情况增加了宏观经济政策实施的复杂性。例如，当欧盟内部经济增长趋势不一致时，一项统一的货币政策对于经济不景气的地区而言也许利率过高，而对于经济态势良好的地区而言也许利率过低。当然，观察欧盟处理各成员相互分歧经济状况所造成的问题也是一件乐事。

对欧元区内部相互分歧的经济状况造成不利影响的处理办法之一，是实行财政转移支付，即把资金从经济繁荣地区转移到经济不景气的地区。然而，采取这样的做法一定会造成政治上的混乱。德国公民会放弃他们对欧盟资金的平等享有权，转而为失业的葡萄牙工人创造工作机会吗？

许多评论家认为，欧元的实施是用经济马车在拉政治这匹马。在他们看来，欧洲应该先建立政治同盟，再推行统一货币，而不是反其道而行。他们认为，欧元的实施将会对税收制度的协调及财政支付的转移带来巨大压力，而这两项政策都必须在合适的政治框架下实施。这些消极想法带来的最具煽动性的观点是，欧元的实施将会降低经济增长速度并在欧盟内部造成更严重的通货膨胀。在此引用一位批判者的言论：

> 由于各国经济波动周期各不相同，工资水平没有弹性，劳动力流动性低，国家财政体系各自为政，且缺乏大规模的跨境财政转移支付，因此对各国实施单一的固定汇率会提升欧洲货币联盟成员的周期性失业率水平。制定国家货币政策的主导权从欧洲货币体系中的德国联邦银行转移到欧洲中央银行手中，现通过多数投票的政治方式决定。这种转变一定会加剧未

来的通货膨胀。①

●聚焦国家：创建单一欧洲金融服务市场

　　1999年，欧盟开始着手展开一项雄心勃勃的计划，旨在于2005年1月1日前建立单一欧洲金融服务市场。在欧元被设立并成为欧盟单一的流通货币几个月后，欧盟就开始实施上述行动，目标是扫除国家间金融服务活动的障碍，为银行业、保险业及投资产品市场创造一个覆盖整个欧洲大陆的市场。从这个角度看单一欧洲金融服务市场，一位法国公民也许会使用德国公司的基本银行服务业务，或者从意大利的机构申请房屋抵押贷款，从荷兰企业购买汽车保险，将储蓄投资于一家由英国公司运作的共同基金。同样，一家意大利公司也许会在整个欧洲大陆募集资金，以一家德国公司为首席担保人，并在伦敦和法兰克福的证券交易所发行公司股票。

　　根据单一欧洲金融服务市场拥护者的言论，单一欧洲金融服务市场的一个益处是提高金融服务业的竞争程度，这会为消费者提供更多的选择机会和更低的服务价格，也会提高欧盟境内金融服务公司的服务效率，并增加其在世界市场上的竞争力。单一欧洲金融服务市场的另一个益处在于，单一的欧洲资本市场是一个更大的资本市场，有更好的资本流动性，能为企业借贷资金提供便利，降低企业的资本成本（即货币价格），刺激欧洲的商务投资，且能够创造更多的就业机会。一项来自欧盟委员会的研究表明，创造单一欧洲金融服务市场会使欧盟生产总值年增长率上升1.1%，并且在20年内额外创造1 300亿欧元的财富。从长期来看，整个商务投资年增长率将达到6%，个人消费年增长率将达到0.8%，而总就业率年增长率将达到0.5%。

　　然而，创造出单一欧洲金融服务市场绝非易事。欧盟成员的金融市场历来被分割为各不相同的市场，而且都有各自的监管体系。所以，在此之前，欧盟内部的金融服务企业鲜有提供跨境金融服务的，因为它们必须对不同国家的税收政策、监管体系、会计统计信息、跨境并购及类似事项进行协调。长期存在的文化和语言障碍使得建立单一欧洲金融服务市场这种复杂的事情变得更为复杂。从理论上看，一个意大利人也许会在从英国公司购买的房屋保险中获利，但在实践中，即便价格更高，他仍会预先在当地公司购买房屋保险。

　　截至2009年，欧盟已经取得了长足进步。为了在金融服务领域形成单一欧洲金融服务市场，有40多项措施被列入欧盟法律，其他后续政策也正在制定中。这些新的规定囊括由投资公司、证券交易所和银行制定的形形色色的商务准则，包括上市公司市场交易的披露标准，也涵盖不同国家间会计核算标准的协调。但是，这其中也存在明显倒退。最显著的不足是，支持跨境并购的法律被否决，主要反对方是欧洲议会中的德国成员，导致欧盟更难创建出欧洲的大型金融服务公司。另外，即便金融服务公司之间进行非敌意跨境并购，成员政府依旧对其保留否决的权利。例如，意大利的银行法律规定，任何一家外国企业在收购一家意大利银行超过5%的股份时，

---

① M. Feldstein, "The Political Economy of the European Economic and Monetary Union," *Journal of Economic Perspectives* 11 (1997), pp. 23-42.

都需要得到意大利中央银行行长的批准。而至今没有任何一家外国法人对一家意大利银行享有绝对控股权。批评家认为，这主要源于部分意大利人的民族担忧情结。

当务之急是加强现存规定。一些人士认为，要彰显目前这些规定的效果，至少还需等待10年。同时，这些变化也许会迫使金融机构为适应新的规章制度付出高昂代价。①

早期经验

欧元自1999年1月1日起被正式启用。当时，美元是世界主要流通货币，自启动伊始，欧元兑美元汇率便经历了剧烈波动。1999年，欧元诞生时，欧元兑美元的汇率为1欧元兑1.17美元。2000年10月，欧元呈现持续贬值态势，并且跌落到1欧元兑0.83美元。欧元贬值致使许多评论家宣称采用欧元是一个失败的举措。导致欧元贬值的主要原因之一，是国际投资者纷纷投资于正在繁荣发展的美国股票和债券市场，将资金从欧洲地区抽离出来去投资上述资产。国际投资者们当时卖出欧元，买进美元，以便购买以美元计价的资产，所以，对美元需求的上升和对欧元需求的下降导致欧元相对美元贬值。

2001年后期，由于美元走弱，欧元资产开始增值。在2005年3月初，欧元币值实现了5年以来的历史新高，即1欧元兑1.33美元。而导致欧元升值的原因之一，在于美国金融市场发展低迷，进入美国的资金流陷入停滞。② 当时许多投资者将资金从美国市场撤出，对外出售以美元计价的资产，例如美国市场股票和债券，转而购进以欧元计价的资产。对美元需求的下降和对欧元需求的上升，导致欧元升值。此外，出于对欧元和欧洲央行管理欧元区货币政策能力的信心，许多外国中央银行（简称央行）在2002—2004年加持了欧元在外汇供给中的比例。在欧元诞生后的3年里，欧元在世界货币储备中所占的份额从未超过13%，这些储备原本主要由德国马克和其他前欧元区货币构成。直至2002年年初，欧元也未曾跨越这一障碍。但是到2003年，欧元在世界货币储备中的份额已经达到15%。货币学专家预计，当美国经常账户赤字达到国内生产总值的7%时，美元会进一步贬值，在接下来的几年里，欧元兑美元汇率会继续保持增长态势。③ 如果欧元升值，这对于欧盟来说将是好坏参半的事情。尽管欧元币值保持坚挺是一件令人骄傲的事，但这将使得来自欧元区的出口商向海外销售商品变得更加艰难。

☐ 欧盟的扩大

在过去数年里，欧盟面临的最大问题是欧盟成员数的增加。在20世纪80年代

---

① C. Randzio-Plath, "Europe Prepares for a Single Financial Market," *Intereconomic*, May-June 2004, pp. 142-146; T. Buck, D. Hargreaves, and P. Norman, "Europe's Single Financial Market," *Financial Times*, January 18, 2005, p. 17; "The Gate-keeper," *The Economist*, February 19, 2005, p. 79; P. Hofheinz, "A Capital Idea: The European Union Has a Grand Plan to Make Its Financial Markets More Efficient," *The Wall Street Journal*, October 14, 2002, p. R4; "Banking on McCreevy: Europe's Single Market," *The Economist*, November 26, 2005, p. 91.

② "Time for Europhoria?" *The Economist*, January 4, 2003, p. 58.

③ "The Passing of the Buck?" *The Economist*, December 4, 2004, pp. 78-80.

末，欧盟开始向东欧地区扩张。20世纪90年代，有13个国家申请成为欧盟成员。为了满足欧盟成员资格要求，所有申请方必须将国有资产私有化、重新规整市场、重新规划国内产业及抑制通货膨胀，同时申请方还必须将欧盟法律"奉为经典"，将其融入自身的法律系统，建立稳固的民主政府，并尊重人权。2002年12月，欧盟正式同意接受10个国家的申请，这些申请方也在2004年5月1日正式加入了欧盟，这些新的欧盟成员主要为波罗的海沿岸的国家。新成员中不在东欧地区的是地中海海岛国家马耳他和塞浦路斯。这些新成员将欧盟成员数量增加至25个。这些成员从大西洋沿岸延伸至俄罗斯国境线，将欧盟的土地面积增加了23%，将欧盟的总人口增加了7 500万人，使其总人口达到了4.5亿人。欧盟的扩张创造了一个统一的大陆经济，其生产总值接近11万亿欧元。2007年，保加利亚和罗马尼亚也加入了欧盟，使欧盟成员数量达到27个。

与自由贸易理论相一致，欧盟组织的扩大应该为所有成员创造福利。然而，考虑到东欧地区成员的经济规模较小（这些成员的国内生产总值总和仅占整个欧盟生产总值的5%），它们最初对欧盟的福利影响或许微不足道。引人注目的是欧盟机构的决策过程，比起之前十几个成员之间的预算谈判，现在成员之间的预算谈判将更困难。

土耳其一直未能加入欧盟。虽然土耳其为加入欧盟进行了长期谈判，但土耳其的加入会为欧盟带来不少麻烦。自1995年起，土耳其就与欧盟建立了一个关税同盟。土耳其的对外贸易有一半都是与欧盟进行的。然而，土耳其的完全成员身份被欧盟拒绝，原因在于欧盟对土耳其国内人权问题的担忧。欧盟在2002年12月声明，如果土耳其改善其人权记录并达到欧盟标准，那么欧盟将在2004年12月同意土耳其的申请，绝不拖延。土耳其与欧盟的谈判一直在艰难进行中，但截至写作本书，它尚未加入欧盟。

美洲地区的区域经济一体化

世界上其他地区的区域经济一体化在大胆程度和对世界经济潜在影响方面无法与欧盟相媲美。但是在美洲地区的区域经济一体化趋势正在兴起，其中最引人注目的是《北美自由贸易协议》的签订。除了《北美自由贸易协议》之外，还有其他贸易集团出现在美洲大陆，其中最重要的是安第斯共同体和南方共同市场。同时，一个建立涵盖整个半球的美洲自由贸易区的谈判正在进行，尽管速度很慢。

□《北美自由贸易协议》

美国政府与加拿大政府在1988年同意签署一项自由贸易协议，目标是在1998年前消除加拿大和美国之间的全部双边贸易关税，该协议在1989年1月1日正式生效。随后在1991年，美国、加拿大和墨西哥政府之间进行了一系列谈判，目的是在这三国之间订立《北美自由贸易协议》（North American Free Trade Agreement）。谈判在1992年8月做出总结，三国大体上达成协议。谈判结束后的第二年，该协议获得了三国政府的批准，并在1994年1月1日成为正式法律条文。[1]

《北美自由贸易协议》的内容

《北美自由贸易协议》包括以下内容：

（1）对于美国、加拿大、墨西哥三国间贸易的商品，在2004年之前消除其中99％的关税。

（2）截至2000年，消除绝大多数跨境服务的贸易壁垒。例如，允许金融机构不受限制地进入墨西哥市场。

（3）保护知识产权。

（4）消除三国之间绝大多数外国直接投资限制。但是对于墨西哥能源和铁路行业、美国航空业和无线通信业及加拿大文化产业将予以特殊对待（保护）。

（5）在拥有科学依据的前提下，应用国际环境标准。用降低标准来吸引投资的做法是不合适的。

（6）建立两个委员会，当环境标准和法律中关于健康和安全、最低工资或禁止使用童工的问题遭到忽视时，该委员会将有权进行罚款并解除其贸易特权。

支持《北美自由贸易协议》的情况

《北美自由贸易协议》的支持者认为，自由贸易区应该被视为一种机遇。这种机遇能够在整个区域内创造出更大、更高效的生产基地。同时他们认为，《北美自由贸易协议》的影响之一是一些美国和加拿大的企业为利用更低的劳动力成本将生产转移到墨西哥（在2004年，墨西哥国内每小时的劳动力成本是美国和加拿大国内劳动力成本的1/10）。转移至墨西哥的生产部门很有可能是墨西哥具有比较优势的低技术含量的劳动密集型制造业。各方都将从这一自由贸易趋势中获益。墨西哥可能会从其急需的对内投资和就业岗位增加中获益。墨西哥国民收入增加，便会加大对美国和加拿大商品的进口需求，这部分增加的需求能够弥补美国、加拿大两国国内就业岗位的损失，从而使两国获益。美国和加拿大消费者会从墨西哥生产的低价商品中获利。另外，对美国和加拿大企业而言，将生产转移到墨西哥，便能够利用墨西哥的廉价劳动力成本，从而增加其国际竞争力。这也让它们能够更好地与亚洲和欧洲的对手竞争。

反对《北美自由贸易协议》的情况

反对《北美自由贸易协议》的人士认为，由于墨西哥国内工资水平较低，且环境和劳动法相对更为宽松，大量雇主将前往墨西哥寻求利润。因此，批准《北美自由贸易协议》会使大批就业岗位从美国和加拿大转移到墨西哥。根据一名激进的反对派罗斯·佩罗（Ross Perot）的观点，在签署了《北美自由贸易协议》后，有大约590万个工作岗位将会从美国转移到墨西哥。他将这种情况形容为"巨大的吸吮声"。然而，绝大多数经济学家表示，这些数字夸大其词且杞人忧天，他们并不会理会这些，如果真的出现上述情况，那么墨西哥对美国的双边贸易顺差将接近3 000亿美元。而3 000亿美元相当于整个墨西哥的国内生产总值。换句话说，这种情况是不可信的。

---

[1] "What Is NAFTA?" *Financial Times*, November 17, 1993, p.6; S. Garland, "Sweet Victory," *BusinessWeek*, November 29, 1993, pp. 30 - 31.

对《北美自由贸易协议》持反对意见的人认为，保守估计，《北美自由贸易协议》对美国就业岗位数量的影响幅度为净增加17万个就业岗位（由于墨西哥对美国商品和服务的需求增加）和净失去49万个就业岗位之间。而净增加17万个就业岗位会为美国和墨西哥的国内生产总值总计带来150亿美元的增量。据估计，美国在1993—2003年新增1 800万个就业岗位。正如大多数经济学家所反复强调的那样，《北美自由贸易协议》对美国和加拿大来说，影响甚微，原因是墨西哥经济规模只是美国的5%。签署《北美自由贸易协议》需要墨西哥而非美国或加拿大对经济有更多信心。不断下降的贸易壁垒，将使墨西哥企业面临来自美国和加拿大高效率企业的竞争。美国和加拿大企业与一般墨西哥企业相比，有更优质的资金资源和接受过高等教育且技术娴熟的劳动力，同时具备更为先进的尖端技术。墨西哥在短期内很有可能面临痛苦的经济调整和失业。但是《北美自由贸易协议》的支持者表示，从长期来看，一旦适应了这个更严酷的竞争性市场，墨西哥企业的生产效率就会出现动态增长。他们认为，只要在一定程度上出现这种结果，墨西哥经济增长率就会加速提升，而墨西哥也将会成为美国和加拿大企业的主要市场。①

环境学家对《北美自由贸易协议》也表示担忧。他们指的是里奥格兰德河的淤积问题以及墨西哥城上空的雾霾问题。他们警告，墨西哥会降低整个北美大陆的新鲜空气和有毒废物的标准，同时指出里奥格兰德河的下游是美国污染最严重的河流，签署该协议后，从得克萨斯州的艾尔帕索到墨西哥湾沿岸的化学废物和污水会进一步增加。

同样，也有人反对墨西哥加入《北美自由贸易协议》，这些人担忧的是国家主权的丧失。墨西哥国内的批评家认为，墨西哥经济可能会受美国企业的主导，而这也许并不真正有助于墨西哥经济增长，这些企业只是把墨西哥视作低成本装配基地，却把它们高技术、高附加值的就业岗位留在本国。

《北美自由贸易协议》的结果

对《北美自由贸易协议》的影响进行的研究表明，其最初影响微乎其微，无论是协议的支持者还是反对者，都在夸大其词。② 总体来说，研究表明该协议的影响虽小，却发挥了积极作用。③ 1993—2005年，该协议签署国之间贸易总额上升了250%。④ 加拿大和墨西哥分别是美国的第一大和第二大贸易伙伴，这说明《北美自由贸易协议》三个签署国之间的经济关系越来越紧密。1990年，美国与加拿大、墨西哥的贸易已占美国对外贸易总额的1/4。截至2005年，这项数据已经上升到1/3。1993—2005年，加拿大与其他两国的贸易总额占加拿大对外贸易总额的比重从70%

---

① "NAFTA: The Showdown," *The Economist*, November 13, 1993, pp. 23 - 36.

② N. C. Lustog, "NAFTA: Setting the Record Straight," *The World Economy*, 1997, pp. 605 - 614; G. C. Hufbauer and J. J. Schott, *NAFTA Revisited: Achievements and Challenges* (Washington DC: Institute for International Economics, 2005).

③ W. Thorbecke and C. Eigen-Zucchi, "Did NAFTA Cause a Giant Sucking Sound?" *Journal of Labor Research*, Fall 2002, pp. 647 - 658; G. Gagne, "North American Free Trade, Canada, and U. S. Trade Remedies: An Assessment after Ten Years," *The World Economy*, 2000, pp. 77 - 91; G. C. Hufbauer and J. J. Schott, *NAFTA Revisited: Achievements and Challenges* (Washington DC: Institute for International Economics, 2005).

④ 所有贸易数据均来自美国商务部贸易统计数据官方网站。

上升到80%。同一时期，墨西哥与其他两国贸易总额占墨西哥对外贸易总额的比重则从66%上升至80%。这三个成员都在同一时期实现了生产效率的大幅提升。从1993年开始，墨西哥的劳动生产率上升了50%，《北美自由贸易协议》对此有推动作用。然而，根据估计，该协议对就业的推动作用十分弱小。最悲观的估计显示，1994—2000年，《北美自由贸易协议》使得美国每年损失约11万个就业岗位——尽管许多经济学家对这一数据持怀疑态度。但在同一时期，美国每年新增就业岗位为200多万个。与200多万个新增就业岗位相比，每年损失11万个就业岗位只是一小部分。也许《北美自由贸易协议》所产生的最显著影响不是经济上的，而是政治上的。《北美自由贸易协议》的签署提高了墨西哥的政治稳定性，许多观察家都因此而称赞该协议。如今，墨西哥已经成为一个经济增速稳定的民主国家，这对于与之共享了2 000英里国境线的美国而言是有益的。[①]

扩张

北美自由贸易区目前面临的问题之一是范围的扩张。一些拉美国家已经表明了加入北美自由贸易区的最终意愿。而加拿大和美国政府对绝大多数希望加入的国家都采取观望态度。获得北美自由贸易区的入场券是一场激烈的政治活动，但没有任何一个国家愿意在短时间内迅速经历这一切。不过，加拿大、美国、墨西哥三国政府于1995年就智利准入一事开始进行商讨。然而，自2007年起，这一系列谈判进展甚微，部分是因为美国国会从政治上对扩大北美自由贸易区提出反对意见。然而，美国及智利政府在2002年12月签订了一项双边自由贸易协议。

☐ 安第斯共同体

1969年，玻利维亚、洪都拉斯、哥伦比亚及秘鲁共同签署了《**安第斯条约**》（Andean Pact）。《安第斯条约》在很大程度上以欧盟作为模板，但在实现预定目标上失败了。一体化进程开始于1969年，包括各成员内部的关税减免项目、统一的对外关税水平规定、交通运输政策、统一的工业政策，以及对玻利维亚和厄瓜多尔等小型成员的特别让步。

到20世纪80年代，《安第斯条约》不仅未能实现任何最初的预定目标，而且全面崩盘。在成员之间未能形成零关税自由贸易区，未能形成统一的对外关税，同时各成员之间也未能达成统一的经济政策。来自政治和经济两方面的难题都阻碍了成员之间的合作。《安第斯条约》成员不得不面临国内低经济增长率、恶性通货膨胀、高失业率、政局动荡及致命的国际债务问题。此外，在这一时期，许多《安第斯条约》成员国内的主流政治意识形态最终迈入了激进的政治阵营。因为这种意识形态与《安第斯条约》的自由市场经济原则相违背，所以更深层次的一体化进程注定难以实现。

但是在经历了多年的经济衰退后，众多拉丁美洲国家开始采取自由市场经济政策。由此，20世纪80年代，该地区迎来了区域经济一体化的高潮。1990年，5个当

[①] J. Cavanagh et al., "Happy Ever NAFTA?" *Foreign Policy*, September – October 2002, pp. 58 – 65.

今安第斯共同体成员的国家首脑在加拉帕戈斯群岛会晤，它们是玻利维亚、厄瓜多尔、秘鲁、哥伦比亚及委内瑞拉。而此次会后发表的《加拉帕戈斯宣言》（Galápagos Declaration）宣告《安第斯条约》重新启动。随后，《安第斯条约》于1997年被更名为安第斯共同体。该宣言包括如下几个目标：在1992年前建立自由贸易区，在1994年前建立关税同盟，以及在1995年前建立共同市场。1995年，该组织建立了关税同盟，尽管秘鲁在2003年选择退出，而玻利维亚获得了优惠待遇。目前，安第斯共同体依旧是关税同盟。2003年12月，安第斯共同体与南方共同市场签订了协议，重启区域经济一体化进程，目的是在上述两个贸易集团之间创建一个自由贸易区。但是，目前上述谈判进展缓慢。2006年下半年，委内瑞拉为了加入南方共同市场而选择退出安第斯共同体。

□ 南方共同市场

南方共同市场（MERCOSUR）起源于1988年巴西与阿根廷之间的自由贸易协议。据称，此项协议有效规定了关税减免幅度及贸易配额，使得两国之间的贸易在20世纪80年代后期增长了80%。① 这一成功促使协议涵盖的地域范围扩大。1990年3月，巴拉圭和乌拉圭加入该协议。2005年，委内瑞拉的加入让该协议成员数量得到进一步扩充，虽然委内瑞拉耗费了数年才完全加入该组织。

最初，建立南方共同市场的目的是在1994年年底前建立一个完整的自由贸易区。1995年12月，南方共同市场的各成员之间达成了一项5年协议。通过此项协议，各成员希望能够完善现存自由贸易区，并最终使其成为一个完整的关税同盟——这一目标目前仍有待实现。② 在成立最初约8年时间里，南方共同市场对各成员提升经济增速起到积极的作用。1990—1998年，南方共同市场4个核心成员之间的贸易额增长为原来的4倍。1990—1996年，这4个成员国内生产总值的总额以年均3.5%的速度增长。这个增速明显高于这4个国家在20世纪80年代时期的国内生产总值增速。③

然而，也有人对南方共同市场提出了批评。有一位批评者是世界银行的高级经济学家亚历山大·叶芝（Alexander Yeats），他尖锐地批判了南方共同市场。④ 根据叶芝的观点，南方共同市场对贸易的转移效应大于其对贸易的创造效应。他指出，在南方共同市场内部，贸易增长最迅速的产品为汽车、巴士、农业设备，以及一些资金密集型产品。而南方共同市场的4个成员对这些产品的生产是相对低效的。通过制定高达70%的进口关税，南方共同体市场完全排斥来自其他国家的竞争。其成员对国内同行业生产成本十分高昂的厂家倾注了大量精力，而其产品由于成本过高，

---

① "The Business of the American Hemisphere," *The Economist*, August 24, 1991, pp. 37-38.
② "NAFTA Is Not Alone," *The Economist*, June 18, 1994, pp. 47-48.
③ "Murky MERCOSUR," *The Economist*, July 26, 1997, pp. 66-67.
④ M. Philips, "South American Trade Pact under Fire," *The Wall Street Journal*, October 23, 1996, p. A2; A. J. Yeats, *Does MERCOSUR's Trade Performance Justify Concerns about the Global Welfare-Reducing Effects of Free Trade Arrangements? Yes!* (Washington, DC: World Bank, 1996); D. M. Leipziger et al., "MERCOSUR: Integration and Industrial Policy," *The World Economy*, 1997, pp. 585-604.

只能在国内销售。根据叶芝的理解，最终结果是：一旦南方共同市场降低外贸壁垒，其成员将不具备国际竞争力。与此同时，投资会从更高效的企业抽离。在短期内，由于南方共同市场利用贸易壁垒将竞争排斥在外，因此其他国家具有更高生产效率的企业遭受了损失。

1998年，南方共同市场经历了一次重大挫折，其成员纷纷陷入经济衰退。各成员之间的贸易出现下滑。由于国内金融危机的影响，巴西雷亚尔贬值。1999年，南方共同市场成员之间的贸易进一步下滑，使得巴西国内销售的其他南方共同市场成员的商品价格上涨40%，而巴西又是这些国家最大的出口市场。至此，所有旨在实现全面关税同盟的行动都陷入停滞。更糟的是，2001年，阿根廷受困于本国经济的紧张局势，建议暂时停止关税同盟进程。阿根廷还意图中止南方共同市场的统一关税，以便能取消固定资产的进口税，同时把消费品的进口关税提升至35%（南方共同市场对这两种商品都规定了14%的进口关税）。巴西同意了这一要求，也就实际暂停了南方共同市场走向全面关税同盟的进程。[①] 2003年，南方共同市场起死回生的希望被重新点燃，刚上台的新一任巴西总统卢拉·达·席尔瓦（Lula da Silva）宣布重建南方共同市场，按照欧盟模式扩大成员数量，发行统一货币，并通过民主选举组成南方共同市场议会。[②] 然而直至2007年，南方共同市场在这条道路上几乎没有取得任何进展。批评者们意识到，随着时光的流逝，即使关税同盟的规划还在，也和起初的目标渐行渐远。[③]

□ 中美洲共同市场与加勒比共同体

美洲的其他两个贸易协议也未取得较大进展。20世纪60年代早期，哥斯达黎加、萨尔瓦多、危地马拉、洪都拉斯及尼加拉瓜曾试图建立**中美洲共同市场**（Central American Common Market）。这个市场在1969年崩溃，原因是洪都拉斯与萨尔瓦多的球队在一场足球比赛中发生了矛盾，进而导致国家之间的战争。在此之后，这6个成员（多米尼加加入了）在重启协议方面取得了进展。

中美洲共同市场在2003年迎来了发展小高峰。当时美国发出信号，希望与该组织进行双边贸易谈判。此次谈判的结果是美国于2005年与上述6个国家签署了一项自由贸易协议——**《中美洲自由贸易协议》**（Central American Free Trade Agreement，CAFTA），其目的在于减少美国与这6个国家之间大部分商品和服务的贸易壁垒。

1991年，**加勒比共同体**（Caribbean Community，CARICOM）推动加勒比地区的英语国家建立一个关税同盟。加勒比共同体建立于1973年。然而，这一组织未能在实现区域经济一体化的道路上取得任何进展。加勒比共同体成员均正式承诺在1984年形成经济和货币联盟，但是未能取得任何进展。到1991年10月，加勒比地区各国政府已经连续三次未能在截止日期之前就建立统一对外关税达成一致意见。

[①] "Another Blow to MERCOSUR," *The Economist*, March 31, 2001, pp. 33-34.
[②] "Lula Lays Out MERCOSUR Rescue Mission," *Latin America Newsletters*, February 4, 2003, p. 7.
[③] "A Free Trade Tug of War," *The Economist*, December 11, 2004, p. 54.

即便如此,2005 年,该组织成员数量却扩大到 15 个。2006 年年初,加勒比共同体中的 6 个成员建立了**加勒比单一市场经济组织**(Caribbean Single Market and Economy,CSME)。该组织以欧盟的单一市场为原型,其设立目标为减少成员之间的贸易壁垒,同时协调各成员之间的宏观经济政策。①

美洲自由贸易区

1994 年 12 月,覆盖整个半球的美洲峰会提出了建立美洲自由贸易区(FTAA)的设想。3 年之后,谈判才正式开始。在 1998 年 4 月第二届美洲峰会召开时,来自 34 个国家的首脑齐聚智利城市圣地亚哥,决定在 2005 年 1 月前筹建美洲自由贸易区,但这一设想最终未能实现。在持续谈判中,参会者讨论了一系列涉及跨境贸易和投资的经济、政治和环境问题。尽管美国和巴西都是早期美洲自由贸易区的支持者,然而在这些问题上,二者的态度模糊不定。由于美国和巴西分别是北美洲和南美洲最大的经济体,这两个国家的有力支持将是筹建美洲自由贸易区的先决条件。

截至目前,主要存在以下两个方面的问题:第一,美国希望参会的南方邻国能够加强对知识产权的保护,并且降低工业制成品的进口关税,但这一点很难得到其他国家的积极响应;第二,巴西和阿根廷希望美国减少对本国农产品的补贴,同时降低农产品进口关税,而在这一点上,美国政府也无法认同。大多数观察家认为,为了取得进展,美国和巴西必须在这些重要问题上先行达成一致。② 如果最终美洲自由贸易区得以建立,那么会对整个美洲的跨境贸易和跨境投资产生巨大影响,并且一旦建成,美洲自由贸易区会为超过 8.5 亿人和有着约 15 万亿美元生产总值的地区打开自由贸易的大门。

然而,目前美洲自由贸易区筹建工作进展缓慢。2005 年 11 月,34 个来自北美洲和南美洲地区的国家首脑共同参加了一个峰会。在此次峰会上,美国政府提出制定一项议程以便进行后续对话,但是遭到以委内瑞拉总统查韦斯(Chavez)为首的反对者的阻挠。查韦斯表达了他的反对意见,指责美国所谓的自由贸易体系将会偏袒美国自身利益,对于广大拉丁美洲的贫困人口而言,他们并不会从此自由贸易条例中获益,反而会因此受损。③ 这些观点使得美洲自由贸易区的筹建工作在短期内不会取得长足进展。

亚洲地区的区域经济一体化

在亚洲地区,最引人注目的区域经济一体化组织就是**东南亚国家联盟**(the Association of Southeast Asian Nations,ASEAN,简称东盟)及亚洲太平洋经济合作

---

① "CARICOM Single Market Begins," *EIU Views*, February 3, 2006.
② M. Esterl, "Free Trade Area of the Americas Stalls," *The Economist*, January 19, 2005, p.1.
③ M. Moffett and J. D. McKinnon, "Failed Summit Casts Shadow on Global Trade Talks," *The Wall Street Journal*, November 7, 2005, p.A1.

组织（Asia-Pacific Economic Cooperation，APEC，简称亚太经合组织）的建立。东盟成员进行区域合作的主要目的之一就是实现经济合作，但是该组织的管辖范围已经被扩展到社会伦理和文化层面。

东盟

东盟于1967年在泰国曼谷成立。印度尼西亚、马来西亚、菲律宾、新加坡及泰国共同签署了《东南亚国家联盟宣言》（ASEAN Declaration），该宣言也被称为《曼谷宣言》（Bangkok Declaration）。目前，该组织新增了文莱、柬埔寨、老挝、缅甸及越南等成员。老挝、缅甸、越南及柬埔寨的加入使该组织覆盖了5亿人口和总价值为7 400亿美元的生产总值范围。东盟建立的主要目标是实现经济增长、社会进步及文化发展，方式是在成员之间实现自由贸易，并且加强各成员之间产业政策的合作。东盟建立的另一个重要目标则是推动地区和平与稳定。

目前，东盟成员之间只有5%的商品因东盟的优惠贸易待遇而获得关税削减。然而，这一现象正在改变。2003年，东盟六大创始国（文莱、印度尼西亚、马来西亚、菲律宾、新加坡及泰国）建立的东盟自由贸易区正式生效。而东盟自由贸易区规定将工业、农业产品进口关税降到5%以下。但是，这种关税下调的举措也有一些例外。例如，直至2005年，马来西亚才同意将汽车进口关税下调至20%，并不是东盟自由贸易区规定的5%以下。该国政府希望保护国内一种名为"质子"（Proton）的小型汽车不受外来竞争，这种汽车由当地一家低效率汽车生产商生产。菲律宾也拒绝对石化产品和大米降低进口关税，大米是东盟自由贸易区内销量最大的农产品，至少在2020年前，菲律宾都将对这些产品维持高税率。[①]

尽管有这些问题出现，东盟和东盟自由贸易区依旧在建立自由贸易区的道路上取得了长足进步。2006年，越南加入东盟自由贸易区。2008年，老挝和缅甸相继加入东盟自由贸易区。2010年，柬埔寨加入东盟自由贸易区。东盟也同中国、日本及韩国商议自由贸易协议。

东盟成员为实现区域经济一体化所迈出的最重要一步是成立东盟共同体。在2003年举行的第九届东盟峰会上，东盟成员领导人做出建立东盟共同体的决定。东盟共同体由三大部分组成，分别是东盟政治安全共同体、东盟经济共同体，以及东盟社会文化共同体。在2007年1月举行的第十二届东盟峰会上，东盟各成员签署了《宿务宣言》（Cebu Declaration）。这彰显了东盟各成员领导人加快东盟建设的意愿，以及确保正式建立东盟共同体的决心。

为了实现这一目标，确定各个成员的责任与义务，《东盟宪章》（ASEAN Charter）在2008年12月正式生效，对东盟所有成员都具有法律约束力，通过提供法理依据和机构设置框架为东盟共同体的建立打下了坚实基础。在《东盟宪章》的指引下，东盟将会在一个新的法律体系下运行，并将建立起一系列新的职能机构来促进东盟共同体的建设。

---

① "Every Man for Himself: Trade in Asia," *The Economist*, November 2, 2002, pp. 43–44.

亚太经合组织

亚太经合组织（Asia-Pacific Economic Cooperation，APEC）始于1989年，目标是实现亚太地区更快的经济增长和财富增长，同时促进亚太地区的建设。目前，亚太经合组织覆盖的经济体包括：澳大利亚、文莱、加拿大、智利、中国、印度尼西亚、日本、韩国、马来西亚、墨西哥、新西兰、巴布亚新几内亚、秘鲁、菲律宾、俄罗斯、新加坡、泰国、美国及越南等。总体而言，该组织成员生产总值占世界生产总值的57%，贸易总量占世界贸易总量的46%，是世界经济增长的主要推动力量。考虑到太平洋地区经济增长的需要，以及区域内各成员间日益密切的相互依存度，该组织提出的目标是加强各成员的多边合作。美国支持亚太经合组织，原因是防止自身被排除在亚洲区域组织之外。

自创立伊始，亚太经合组织一直致力于降低各成员进口关税及其他贸易壁垒，促进各成员经济高效增长，并显著提升出口。亚太经合组织所要实现的目标被称为"茂物目标"，即令整个亚太地区实现贸易和投资的自由化和开放化，发达经济体于2010年前实现该目标，发展中经济体于2020年前实现该目标。1994年，亚太经合组织在印度尼西亚茂物召开会议，该目标名称因被各参会领导人采用而得名。

1993年12月，亚太经合组织成员领导人第一次齐聚西雅图，举办了一场为期两天的峰会。在此次峰会上，各成员明显提升了对亚太经合组织的兴趣。会议前，各方争论的焦点在亚太经合组织未来可能扮演的角色上。有一种观点认为，亚太经合组织应该致力于最终建立一个自由贸易区。这一举动会将太平洋沿岸地区从一个地理概念转变为世界最大的自由贸易区概念。另一种观点认为，亚太经合组织不过是为各领导人的夸夸其谈创造媒体焦点。事实证明，亚太经合组织会议仅为各成员提供了一些含糊其词的承诺，即各成员要共同努力，以实现区域经济一体化，以及全面减少贸易壁垒。然而，更重要的是，不排除各成员在未来会实现更为密切的经济合作的可能性。[①]

有趣的是，亚太经合组织是世界范围内唯一在非承诺机制下运作的政府间组织。成员之间公开对话，并且所有成员的观点会被一视同仁。同世界贸易组织及其他多边贸易机构不同的是，亚太经合组织不要求其成员履行协约义务。亚太经合组织在协商一致的前提下做出决定，而且其承诺是否被履行也完全基于自愿原则。然而，这会让亚太经合组织在达成其目标时进展缓慢。避开这一点不谈，亚太经合组织是值得世人关注的。如果该组织最终转化为一个自由贸易区，那么它将是世界范围内最大的自由贸易区。[②]

[①] "Aimless in Seattle," *The Economist*, November 13, 1993, pp. 35–36.

[②] G. de Jonquieres, "APEC Grapples with Market Turmoil," *Financial Times*, November 21, 1997, p. 6; G. Baker, "Clinton Team Wins Most of the APEC Tricks," *Financial Times*, November 27, 1997, p. 5.

南亚区域合作联盟

1995年，南亚区域合作联盟（South Asian Association for Regional Cooperation，SAARC）由孟加拉国、不丹、印度、马尔代夫、尼泊尔、巴基斯坦及斯里兰卡创建。阿富汗在2007年加入该组织。该组织包括约16亿人口。从组织的人口数量来看，该组织是世界上最大的区域组织。

多年来，南亚区域合作联盟已经从发展多重双边关系转变为签订区域协议。这些协议涉及许多与区域经济一体化密切相关的事务，其中包括重复课税、产品标准、关税及对贸易争端的仲裁。尽管该组织成员还未开放其边界，但其成员正在通过南亚自由贸易区的关税削减系统来实现该目标。

非洲的区域贸易集团

半个世纪以来，非洲国家一直在尝试建立区域贸易集团。目前，非洲大陆上有9个区域贸易集团。许多国家是多个集团的成员。尽管非洲的区域贸易集团数量众多，但是在建立真正有意义的区域贸易集团方面进展缓慢。

有许多组织在非洲大陆已经沉寂多年。数个非洲大陆国家出现过严重的政治骚乱，持续阻碍非洲的区域经济一体化进程，同时非洲一些国家对于自由贸易也疑虑重重。最常见的一种观点是，这些国家本身欠发达，且经济模式单一，所以必须通过关税壁垒的"保护"才能使本国免受外来不公平竞争。由于这种论调在非洲占据主导，因此在非洲大陆建立自由贸易区或关税同盟将十分困难。

2001年年初，东非共同体（East African Community，EAC）成员肯尼亚、乌干达和坦桑尼亚重新启动自由贸易，承诺将重建该地区在24年前分崩离析的区域贸易集团。这3个国家拥有8 000万名居民，准备建立关税同盟、区域法庭和立法议会，并最终建立一个政治联盟。

这3个国家计划在移民、公路建设、通信网络、投资及资本市场等方面进行合作。然而，尽管当地商界领袖欢迎区域贸易集团的重建，并视其为积极的举动，但他们批评东非共同体在获得自由贸易的实际进展上做得很失败。各成员在1999年11月签订东非共同体条例时，商定用4年时间建立关税同盟，并在2001年年末之前出台一份草案。但这一组织离最初迅速建立一个自由贸易区的目标渐行渐远。因为坦桑尼亚和乌干达担心肯尼亚过强的竞争力会导致自由贸易区内各成员之间的不平等。而这种不平等也是前一个共同体瓦解的原因。① 这些国家能否成功实现目标尚未可知。但是参照之前的历史经验，它们任重而道远。

---

① M. Turner, "Trio Revives East African Union," *Financial Times*, January 16, 2001, p. 4.

☞ 给管理者的启示

当今世界，在区域经济一体化发展方面最引人注目的还是欧盟和北美自由贸易区。尽管拉丁美洲地区的一些区域贸易集团、东盟及前文所提及的美洲自由贸易区未来都会成为全球经济的重要一环，但是目前，欧盟和北美自由贸易区在商务活动上依旧最具影响力。因此，在这一部分，我们将聚焦这两大组织对商务活动所产生的影响。然而，世界任何地方创建的单一市场，都会出现类似特征。

机遇

通过区域经济一体化建立一个单一市场能够创造大量的商务机遇，这是因为之前为免受外国竞争而被保护的市场会被逐渐开放。例如，1992年之前，法国和意大利对其本国市场的保护力度最强。现在这些市场在出口商品和直接投资两方面已经对外来竞争者大幅开放。尽管如此，为了尽可能挖掘商务机遇，非欧盟企业在欧盟地区建立子公司是值得的。许多美国大型公司早就在欧洲设立子公司了。那些还没有设立的企业现在也应该紧随其后，以免被欧盟以非关税壁垒拒之门外。

与欧盟成员的国内市场或北美自由贸易区成员的国内市场相比，单一市场在降低商务活动成本方面的先天优势会带来额外机遇。自由的跨境贸易、统一的产品标准，以及简化的税收体系，使那些设立在欧盟和北美自由贸易区的企业能够将这些地区的生产要素和技能进行最优配置，从而实现潜在的规模经济。与在欧盟或北美自由贸易区中每一个国家都设立生产地不同的是，企业或许能够从一个生产地供应整个欧盟或北美市场。这些生产地选址必须十分谨慎，当然也需要关注当地生产要素成本和技能。

例如，为了应对1992年欧盟成立后的变化，总部设在圣保罗的明尼苏达矿务及制造业公司（简称3M公司）将其在欧洲的生产和分销机构集中在一起，以充分利用规模经济。因此，现在英国一家公司可以生产该公司的印刷产品，以供应整个欧盟地区，德国一家工厂也可以生产反射性交通控制材料来供应整个欧盟地区。3M公司在仔细区分欧盟地区不同选址的生产成本后才选定集中生产的地点。3M公司的终极目标是消除其产品在所有国家间的差异性，让设立在欧盟的公司能够指导每种产品类型的研发、生产和营销。[①] 同样，欧洲最大的公司之一——联合利华也在1992年之前就开始合理配置生产以实现规模经济，它将旗下为供应欧盟市场的洗洁精生产集中在一家工厂，将肥皂生产集中在另一家工厂。[②]

即使消除了贸易和投资壁垒，文化和竞争方式上持久的差异性也经常限制企业在主要生产地集中生产及为多国的共同市场生产标准化产品的能力。例如，荷兰厨具制造商阿太格（Atag）公司的例子就说明了这一点。[③] 该公司原认为自己的地理位置绝佳，必定可以从这个单一市场中获利，但是后来发现其处境极为艰难。阿太格

[①] P. Davis, "A European Campaign: Local Companies Rush for a Share of EC Market While Barriers Are Down," *Minneapolis - St. Paul City Business*, January 8, 1990, p. 1.

[②] "The Business of Europe," *The Economist*, December 7, 1991, pp. 63-64.

[③] T. Horwitz, "Europe's Borders Fade," *The Wall Street Journal*, May 18, 1993, pp. Al, Al2; "A Singular Market," *The Economist*, October 22, 1994, pp. 10-16; "Something Dodgy in Europe's Single Market," *The Economist*, May 21, 1994, pp. 69-70.

公司的工厂距离德国边境只有1英里，靠近欧盟人口中心地区。该公司原本以为自己既能满足"马铃薯"地带的需要，也能满足"意大利面"地带的需要。"马铃薯"地带和"意大利面"地带这两个词是营销术语，分别代表欧洲北部和南部的消费人群。阿太格公司据此布置两条主要生产线，将这些标准化的欧盟产品销售给欧盟消费者。这一做法的主要好处是通过大规模的标准化生产获得规模经济。阿太格公司很快发现，所谓的欧盟消费者是一团"迷雾"。不同国家的消费者偏好差异显著，这令阿太格公司始料未及。例如陶炉，阿太格公司原计划在欧盟地区主营两种型号，但是随后发现市场竟需要11种型号的此类产品。比利时人喜好使用大锅做饭，因此需要加大号的火炉。德国人喜欢椭圆形的锅，因此火炉必须与之相适应。法国人需要小型火炉和小火来炖肉汤。德国人喜欢将炉把手置于顶部。法国人喜欢将炉把手放在炉前面。大多数法国人和德国人都偏好黑色系和白色系的款式，但是英国人要求火炉有桃色、鸽蓝色及薄荷绿等一系列颜色。

挑战

正如单一市场的出现能够带来许多商务机遇一样，它也会带来不少挑战。一方面，组织内部的商务环境将会越来越具有竞争性。减少国家间贸易和投资的壁垒很有可能在欧盟和北美自由贸易区内引发价格战。例如，1992年之前，大众高尔夫汽车在英国的售价比在丹麦的售价高出55%，而在爱尔兰的售价比在希腊的售价高出29%。[1] 随着时间的流逝，这样的价格差异将在单一市场中消失。这对于任何在欧盟地区或北美自由贸易区内经营的公司都是最直接的挑战。企业为了在这个竞争更为激烈的单一市场上生存下来，就必须利用这个市场提供的所有机遇来合理配置生产，并降低成本。否则，这些企业将陷入不利境地。

另一方面，自由贸易区内众多企业的竞争地位可能在长期得到改善。这对自由贸易区之外的企业是进一步的威胁。这对欧盟尤为重要，欧盟许多公司在与所有北美和亚洲公司竞争时，其竞争力受到高成本结构的限制。所以，单一市场的创建和随之而来不断加强的竞争，会使许多欧盟企业对生产进行认真合理的配置，以实现降低成本的目标。这一举措使得欧盟地区的许多企业开始转变为具有全球竞争力的高效企业。这向其他非欧盟企业传递了一个信号：它们必须通过改善自身的成本结构来做好应对这些强有力的欧洲竞争者的准备。

对于自由贸易区外的企业而言，它们所面临的一项挑战是被单一市场所创造的"贸易堡垒"拒之门外。对区域经济一体化会带来的壁垒心态的指责在欧盟地区十分普遍。尽管自由贸易的逻辑构筑了建立欧盟的理论基础，能够在其组织内部避免任何贸易壁垒的行为，但有些迹象表明，欧盟对于一些"政治敏感"性产业，如汽车制造业，会提高其在投资和进口方面的壁垒。因此，有人强烈建议非欧盟企业去欧盟地区设立分支机构。同样的情况也会出现在北美自由贸易区内，但是比起欧盟地区，在北美自由贸易区出现的可能性还是小很多。

欧盟委员会在竞争政策方面发挥的作用日益明显。这表明欧盟日益希望能够干涉企业并购活动，并施加限制条件。这构成了一种威胁，因为这会限制企业实施其

---

[1] E. G. Friberg, "1992: Moves Europeans Are Making," *Harvard Business Review*, May-June 1989, pp. 85–89.

选择公司战略的能力。欧盟委员会也许会要求企业做出一定程度的让步，作为批准企业并购的先决条件。虽然这一举动会限制企业的战略选择，但欧盟委员会可以借此维持欧盟统一市场的竞争水平，这对于消费者而言是有利的。

● 本章总结

本章有三个主要目标：围绕区域经济一体化主题展开经济和政治两方面的讨论；回顾欧洲、美洲及世界其他地方在区域经济一体化方面取得的进展；梳理区域经济一体化对于国际商务活动的重要影响。本章要点如下：

1. 从理论方面来看，经济一体化存在若干层次，依据一体化程度的不同，可以将其分为自由贸易区、关税同盟、共同市场、经济联盟及政治联盟。

2. 在自由贸易区内，成员之间相互消除贸易壁垒，但是各成员自行决定对外贸易政策。在关税同盟里，成员之间不仅取消贸易壁垒，而且采取统一的对外贸易政策。共同市场与关税同盟比较相似，但是共同市场允许生产要素在成员之间自由流动。经济联盟的一体化程度更紧密，其中包括建立统一货币和协调各国税率。政治联盟则是更为紧密的经济一体化的终极目标。

3. 区域经济一体化是通过与邻国之间实现自由贸易和投资以获得经济利益的行为。

4. 区域一体化的目标并不容易达成，其胜利果实也很难维持。尽管区域一体化会给大多数国家带来利益，但是会以牺牲少部分国家利益为代价。因此区域一体化所引发的对于主权的担忧常常使其进展缓慢，甚至陷入停滞。

5. 如果自由贸易区的贸易转移效应超过贸易创造效应，那么区域一体化很难带来经济福利。

6. 《单一欧洲法案》旨在通过消除成员之间对自由贸易和投资的行政性壁垒创建真正意义上的单一市场。

7. 目前有十几个欧盟成员采用统一的货币形式——欧元。统一货币带来的经济利益包括：欧盟成员之间汇兑成本下降、币值波动风险下降，以及价格竞争不断加剧。

8. 欧盟委员会在其竞争政策方面采取了越来越积极的干预态度，并且对其认为会减弱欧盟内部竞争的并购行为进行干预。

9. 虽然就潜在的经济和政治影响力而言，其他国家在区域经济一体化上的尝试远不及欧盟，但是世界上依旧存在各种各样建立区域经济一体化的尝试。其中最引人注目的是北美地区的《北美自由贸易协议》、拉丁美洲的《安第斯条约》和南方共同市场，以及东盟和亚太经合组织。

10. 在欧盟和北美地区创建单一市场，意味着之前受保护的市场现在对外开放了。无论对于自由贸易区内部还是自由贸易区外部的企业而言，单一市场都能够为之创造大量投资和贸易出口的机会。

11. 自由的跨境贸易、成员之间产品生产标准的相互协调及税收体系的简化，都使总部位于自由贸易区的企业可以在生产要素和技能的最优组合地点集中生产，从而实现潜在的巨大的规模经济。

12. 在降低了贸易集团内部各成员之间的贸易和投资壁垒后，价格竞争便接踵而至。

●批判性思考和问题讨论

1. 北美自由贸易区为加拿大、墨西哥及美国三国经济都带来了显著净收益。请就此现象进行讨论分析。

2. 区域经济一体化的经济和政治两方面的依据有哪些？假设这些论点是正确的，那么为什么我们在世界其他地区并没有看到更多区域经济一体化的实质性案例？

3. 在欧盟内部创建一种单一货币和单一市场，对欧盟内部的竞争带来了哪些影响？为什么？

4. 你认为欧盟委员会限制美国公司在欧洲市场内的并购行为是正确的做法吗？例如，欧盟委员会否决了两家美国公司——世界通信公司和斯普林特公司的并购提案，并严格审查了另外两家美国公司——美国在线公司和美国时代华纳公司的并购行为。

5. 针对目前东南亚地区形成的单一市场，一家只往该地区出口商品的美国公司应该如何应对？

6. 对于东盟已经建立的统一市场，一家在诸多成员都拥有自给自足生产设备的企业应该如何应对？上述现象会对企业以最低成本进行生产的能力产生何种限制？

7. 在经历了良好的开局后，南方共同市场作为拉丁美洲主要的贸易组织，其发展在2000年后停滞不前。南方共同市场究竟被何种难题所困扰？针对这些问题，又能采取哪些措施呢？

8. 美洲自由贸易区的建立是否会对在西半球的两个主要经济体——加拿大和美国产生有益影响？该组织的建立对于北美地区的企业战略会产生何种影响？

9. 再次阅读"聚焦管理：欧盟委员会和传媒产业并购"，然后回答下列问题：

（1）由于美国在线公司和美国时代华纳公司的总部都设在美国，你认为欧盟委员会有权审查和管理上述两家公司的并购计划吗？

（2）在欧盟委员会的压力下，美国在线公司和美国时代华纳公司所做的让步是否合理？欧盟委员会试图保护的是何方利益？

（3）在这个案例中，欧盟委员会的举措开了什么先河？对于在欧洲有大量公司业务的企业管理人员来说，这又意味着什么？

●研究任务：区域经济一体化

利用globalEDGE™网站完成下列练习：

练习1

假设你的公司正考虑拓宽市场，在欧盟地区开设新的客户代表处和销售机构。由于该投资规模较大，因此公司高层希望进一步了解欧盟现状，以及未来可能的发展状况。在欧洲生活过一段时间的一位同事表示，《欧洲统计》（*Eurostat*）可能会为你本次的任务提供综合性资料。请准备一份执行报告，并归纳出你认为对做出这份决策有重要影响之处。

练习2

贸易协议可能对国家之间的文化互动产生影响。实际上，美洲自由贸易区的建立对你的公司而言，既是机遇也是挑战。请说出出席美洲自由贸易区谈判的参会国应该谈判的主要议题有哪些？

● 章尾案例：《北美自由贸易协议》和美国纺织业

1994年，《北美自由贸易协议》正式生效。许多人都认为，美国纺织业会因此出现大量失业，因为纺织企业会将大量生产工厂从美国转移到墨西哥。尽管反对《北美自由贸易协议》的人言辞激烈，他们认为该项协议不应该被通过，因为这将对美国就业状况产生消极影响，然而反对无效。

对《北美自由贸易协议》通过后10年间的有效数据进行简单分析，我们可以看出那些批评者确实有一定道理。1994—2004年，美国境内的服装产量下降了40%，纺织业产量下降了20%，但与此同时，美国境内的服装需求上升约60%。在同一时期，美国境内的纺织工厂数量从47.8万家下降至23.9万家，而相关产业的就业量也从85.8万人下降至29.6万人。但是这一时期从墨西哥出口到美国的服装贸易总额从12.6亿美元激增至38.4亿美元。这一组数据表明，生产被企业从美国转移到墨西哥造成就业岗位的损失。

有一些事情佐证了上述结论。例如，1995年，美国最大的内衣生产公司鲜果生活（Fruit of the Loom）公司曾表示将关闭在美国国内的6个生产车间，并且削减在另外两个生产车间的运行机构。这将导致约3 200名工人下岗，占该公司在整个美国雇用工人人数的12%。该公司宣称关闭工厂的目的是将运营机构搬迁至生产成本更低的外国生产基地，主要是墨西哥。该公司在关闭工厂之前，有略低于30%的缝纫业务在美国以外的地区完成，现计划将其主要生产部门转移至墨西哥。对于纺织业生产商而言，在墨西哥当地生产的优势包括廉价劳动力和低廉投入成本。墨西哥劳动成本平均为每天10美元～20美元，而美国纺织工人的劳动力成本为每小时10美元～12美元。

然而，美国纺织业就业岗位流失并不代表《北美自由贸易协议》所产生的影响都是消极的。自从1994年开始，由于生产已从高成本的美国生产者转移到低成本的墨西哥生产者手中，美国服饰价格相应下降，因此而获益的消费者可以将节约下的资金投到其他产品上。例如，一件经典的名牌牛仔裤售价从1994年的55美元下降至2010年的48美元。1994年，纯白短袖衫的售价为12件24美元，而现在是12件14美元。

除了低物价之外，将纺织业转移到墨西哥对美国经济产生的影响还表现在其他方面。除了将面料生产和服饰生产转移到墨西哥之外，美国的纱线出口激增。这些纱线生产者集中在化学工业。在《北美自由贸易协议》通过之前，来自美国的纱线生产者，例如杜邦（Du Pont）公司，只是向墨西哥提供一小部分产品。然而，当服饰生产从美国转移到墨西哥之后，美国对墨西哥的面料和纱线出口激增。美国的供应商将其70%的原料出口到墨西哥的缝纫工厂。1994—2004年，美国向墨西哥出口的棉花和纱线总额从 2.93 亿美元上升至 12.1 亿美元。此外，尽管美国纺织业损失了部分就业岗位，但是《北美自由贸易协议》的支持者认为，价格低廉的服装及出口至墨西哥的面料与纱线的增加可以使美国经济获益。该协议的支持者认为，该协议已经创造了贸易往来，并且美国国内的消费者和一些部门的生产厂商也从贸易往来中获益。像往常一样，一个自由贸易区的建立必定会出现获益者和损失者。在本案例中，美国国内纺织业雇用的工人会受损。但是《北美自由贸易协议》的支持者认为，北美自由贸易区的建立利大于弊。[1]

案例讨论问题

1. 在《北美自由贸易协议》签订之后，为什么美国纺织业就业机会被大量转移到国外？

2. 在《北美自由贸易协议》签订之后，哪一方从纺织业的布局调整中获益？哪一方受损？

3. 就目前既定的事实来看，你认为保护易受损产业如纺织业和应该在加入《北美自由贸易协议》后让这些产业适应新环境，哪一种更好？这些做法的代价分别是什么？

---

[1] C. Burritt, "Seven Years into NAFTA, Textile Makers Seek a Payoff in Mexico," *Atlanta Journal-Constitution*, December 17, 2000, p. Q1; I. McAllister, "Trade Agreements: How They Affect U. S. Textile," *Textile World*, March 2000, pp. 50 – 54; J. Millman, "Mexico Weaves More Ties," *The Wall Street Journal*, August 21, 2000, p. Al2; J. R. Giermanski, "A Fresh Look at NAFTA: What Really Happened?" *Logistics*, September 2002, pp. 43 – 46; G. C. Hufbauer and J. C. Schott, *NAFTA Revisited: Achievements and Challenges* (Washington DC: Institute for International Economics, 2005); O. Cadot et al., "Market Access and Welfare under Free Trade Agreements: Textiles under NAFTA," *The World Bank Economic Review* 19 (2005), pp. 379 – 405.

第三部分　结尾案例

农业补贴和发展

数十年来，发达国家一直在农业上大肆使用补贴，最为典型的例子是农产品最低价格保障。这一政策的目的是保护发达国家的农场主，使之避免低价大宗商品潜在的破坏性影响。虽然农场主的数量较少，但是他们在政治上较为活跃，所以赢得他们的支持对政客而言相当重要。政治家们的动机是保护历史悠久的农村生活，而他们认为补贴是达成这一目标的良好方式。

据估计，这一逻辑使得发达国家对农场主的财政援助每年超过3 000亿美元。例如，欧盟对黄油的支持价格为每吨不少于3 282欧元。如果黄油在世界市场的价格低于该价格，那么欧盟会通过直接支付或补贴的方式对农场主弥补差价。欧盟畜牧业农场主每年大约会收到150亿美元的牛奶或黄油生产补贴，或者每头母牛每天2美元的生产补贴。2美元这个数据超过世界上半数人口每天的收入。经济合作与发展组织报告显示，欧盟所有农场主每年大约获得1 340亿美元的补贴。

欧盟并不是唯一实施这项政策的地区。在美国，许多农作物和畜牧业农场主都有补贴。最典型的例子就是美国政府对每磅棉花制定0.7美元的支持价格。如果世界棉花价格低于该价格，那么政府会对农场主签发支票，弥补差价。大约25 000名美国棉花种植者每年共获得34亿美元的补贴支票。经济合作与发展组织的数据显示，美国每年的农业总补贴大约达到430亿美元。日本也是一个补贴大国，每年为农场主提供474亿美元的补贴。按相对价值计算，非欧盟成员瑞士花费最多，瑞士的补贴高达其农业经济总额的68%，冰岛的比值为67%，挪威为64%。欧盟的补贴相当于其农业经济总额的32%，而在美国该比值为16%。

农业补贴的一个结果是生产过剩。这些过剩的产品被销往世界市场。超额供给拉低了价格，从而使得发展中国家的生产者更难从出售的产品中获利。例如，欧盟对甜菜生产商每英亩的补贴超过 4 000 美元。由于农产品支持价格超过生产成本，欧盟的农场主种植的甜菜超过欧盟市场的需求量。每年约有 600 万吨过剩产品在世界市场上被甩卖，这相应压低了世界市场的价格。据估计，如果欧盟不继续向世界市场倾销其产品，那么甜菜价格将上升 20%，这对像南非这样的发展中国家会产生重要影响。南非每年生产糖类产品 260 万吨，出口量为产量的一半。世界市场价格上升 20%，会使南非经济从糖制品出口中获得 4 000 万美元收益。

美国对棉花种植者的补贴也产生了相似影响。巴西官方指出，由于美国棉花生产过剩，导致美国棉花在世界市场上被甩卖，从 20 世纪 90 年代中期开始，美国的棉花补贴压低了 50% 的世界市场价格。低价棉花使巴西在 2001—2002 年的棉花出口中损失大约 6 亿美元。据印度一家大型棉花生产商估计，美国棉花补贴使该公司 2001 年在棉花出口上减少了 10 亿美元的收益。根据慈善组织牛津饥荒救济委员会（Oxfam，又译为乐施会）的统计，美国的农业补贴是其对非洲所有援助金额的 3 倍。2001 年，非洲国家马里由于棉花价格骤降而损失大约 4 300 万美元出口额，这显然比该国当年从美国获得的 3 700 万美元的救济要多得多。

全球大米价格也因为补贴而被扭曲。美国大米生产过剩压低了世界市场价格。美国在 2006 年向本国 9 000 名农场主支付了大约 7.8 亿美元补贴。每吨美国大米需要花费 240 美元来播种、照料和收割，但当这些大米驶离美国港口时，补贴使大米的成本降低到每吨 205 美元。这使得非洲最大大米生产国——加纳的农场主陷入困境。要生产与美国大米同质量的大米，加纳的农场主每吨需要花 230 美元。随着国际市场价格由于发达国家的农业补贴而下降，加纳的大米产业崩溃。因为当地农场主收入下降，因此他们没有资本投资于新的农业科技。在发达国家采用机械化生产后，他们的风险进一步增加。

据联合国统计，尽管发达国家每年向发展中国家支付大约 500 亿美元的国外救助金，但农产品补贴使得发展中国家每年在出口上损失大约 500 亿美元。出口损失完全抵消了救助效果。一名联合国官员指出："如果你不给贫困地区的人们提供进入市场的机会和促进增长的引擎，那么你为他们所修的路、建立的诊所和搭建的基础设施都毫无意义。"无独有偶，牛津饥荒救济委员会也支持取消对发达国家生产商的农业补贴。牛津饥荒救济委员会指出，通过提高世界价格，以及将生产从高成本和受保护的欧美生产商转移至低成本的发展中国家生产商，发达国家的消费者将受益，因为他们可以享受更低的国内价格，而且不必再为政府补贴支付税收。而发展中国家的生产商将从更公平的竞争、扩张的市场和更高的世界市场价格中获利。从长期看，依赖农业的发展中国家获得更高的经济增长将会使所有人受益。

虽然补贴违反了世界贸易组织规则的精神，但在 1995 年的《和平协议》(Peace Agreement) 条款中，世界贸易组织成员同意彼此不起诉对方的农业补贴。然而，该协议在 2004 年 12 月 31 日失效。越来越多的迹象表明，除非发达国家采取措施尽快削减农业补贴，否则大量高效农业出口国将对农业补贴发起全力进攻。事实上，巴西甚至来不及等待《和平协议》到期，它在 2003 年年末就对世界贸易组织起诉，声称美国在 1999 年 8 月—2003 年 7 月通过向美国国内棉花生产者提供 125 亿美元的农业补贴而保住了世界第二大棉花生产国和世界最大棉花出口国的地位。巴西认为，仅在2001—2002年，美国政府就向棉花生产者所生产的30亿美元农作物发放了将近40亿美元的补贴。美国对国内棉花的补贴压低了世界市场的价格，并使得巴西损失6亿美元的销售额。在2004年年中的临时裁决中，世界贸易组织认为，美国补贴人为降低了棉花价格，并损害了巴西出口商的利益。美国方面决定上诉，而解决这个问题又花了两年时间。

2005年3月，世界贸易组织出现了一次里程碑式的裁决。世界贸易组织谴责了美国的补贴，并要求美国政府消除补贴。美国方面做出回应，取消了对美国棉花工厂和美国棉花出口商的补贴计划，但是绝大多数补贴依然存在。牛津饥荒救济委员会表示，美国的改革触及了美国棉花种植者不到10%的补贴项目。巴西在2006年年末要求世界贸易组织成立审查小组，调查美国是否依照2005年3月的裁决取消了农业补贴。如果世界贸易组织判决美方实施补贴的做法不合理，那么巴西可以寻求报复性制裁，对美国出口至巴西的产品征收总计30亿美元的关税。美国立刻进行辩护，并认为"美国对世界贸易组织的建议和裁决已经做出最大限度配合。考虑到美国方面做出的所有调整，巴西申请成立审判小组的要求毫无根据"。然而，世界贸易组织驳回了美国方面的抗议，并开始了正式调查。

案例讨论问题

1. 如果一夜之间取消对生产者的农业关税和补贴，那么对于美国和欧盟这些经济体的普通消费者而言会有什么影响？对于普通农场主又会有什么影响？你认为总收益会超过还是低于总成本？

2. 你认为下列哪种情形更能帮助世界上最贫穷的国家：提高外国援助，还是取消所有农业关税和补贴？

3. 为什么即便发达国家农业生产者占人口比重非常小，发达国家政府依然要花费大量开支以支持农业生产者呢？

4. 世界贸易组织筹备的多哈回合谈判试图减轻农业方面的自由贸易壁垒。然而，多哈回合谈判在该问题上几乎没有实质性进展。而且在2007年年中，该谈判停滞。你认为事情为何会变成这样？还有哪些办法可以解决农业贸易壁垒带来的问题？

资料来源

1. E. L. Andrews, "Rich Nations Are Criticized for Enforcing Trade Barriers," *The New York Times*, September 30, 2002, p. A1.

2. J. V. Reppert-Bismarck, "How Trade Barriers Keep Africans Adrift," *The Wall Street Journal*, December 27, 2006, p. A5.

3. N. King, "WTO Rules against U. S. Cotton Aid," *The Wall Street Journal*, April 27, 2004, p. A2.

4. Oxfam, "Milking the CAP," Oxfam Briefing Paper No. 34, 2002.

5. R. Thurrow and G. Winestock, "Bittersweet: How an Addiction to Sugar Subsidies Hurts Development," *The Wall Street Journal*, September 16, 2002, p. A1.

6. "The No Farmer Left Behind Act," *The Wall Street Journal*, November 14, 2007, p. A16.

波音公司 VS 空中客车公司：两个世纪的贸易纠纷

□ 介绍

数十年来，商用飞机行业一直是美国的成功典范。到1980年，美国生产商实质上垄断了商用航空业。尽管欧洲空中客车公司崛起了，美国在该领域的主导地位依旧维持到20世纪90年代中期。当时美国的两家公司——波音公司和麦克唐纳·道格拉斯（McDonnell Douglas）公司占据世界市场2/3的份额。1996年年末，当波音公司宣布以133亿美元收购麦克唐纳·道格拉斯公司时，许多分析者认为，美国在商用航空领域的主导地位会进一步加强。这项收购将使波音公司成为商用航空业巨头，其规模将是位居第二位的竞争对手的两倍。

商用航空业通常是美国国际收支最大的净贡献者。波音公司是该行业最大的出口商。美国商用航空业通常每年都对世界其他国家保持120亿美元~150亿美元的贸易盈余。该行业对美国就业的影响也相当大。波音公司仅在美国西雅图地区就直接雇用大约57 000名员工，在美国其他地区雇用大约10万名员工。通过美国国内相关行业（例如承包商）和波音公司所发放的工资对一般经济活动的影响，波音公司实际上维系了60万个工作岗位。

尽管波音公司十分强大，但自20世纪80年代中期以来，美国在商用航空业的统治地位因空中客车公司的崛起而受到威胁。空中客车公司成立于1970年，是由4家欧洲飞机制造商联合组成的公司：一家英国公司（持股20%），一家法国公司（持股37.9%），一家德国公司（持股37.9%），还有一家西班牙公司（持股4.2%）。空中客车公司最初只是处于末位的竞争对手，业界认为它没有能力挑战美国波音公司的统治地位。然而，从1981年起，空中客车公司渐渐占领市场份额。这让空中客车公司的批评者们惊讶不已。到21世纪早期，空中客车公司一如既往地获得了比波音公司更多的新订单。2003年，空中客车公司第一次在交付飞机数量上超过了波音公司。空中客车公司的交付量是305架，波音公司的交付量是281架。同时，在21世纪早期，空中客车公司也从一家财团企业转型为一家全面的私营公司。如今，空中客车公司是欧洲宇航防务集团的分支机构。

多年来，美国有许多人因空中客车公司的成功提出抗议。抗议者反复强调，空中客车公司得到了英国、法国、德国和西班牙政府的大量补贴。空中客车公司回应称，波音公司和麦克唐纳·道格拉斯公司多年来也一直接受美国政府的隐性补贴。1992年，两方面达成协议，停止了历时已久的贸易纠纷。该协议允许空中客车公司接受欧洲政府的一些研发补助，也允许波音公司从政府研发合同中获益。然而，1997年，空中客车公司以限制竞争为由，反对波音公司兼并麦克唐纳·道格拉斯公司，纠纷再次出现。虽然争端得以解决，但2004年，美国指责称，鉴于空中客车公司在市场上经营得很成功，空中客车公司不能再根据1992年协议获得研发补助，双方的贸易冲突再次爆发。空中客车公司反过来控诉波音公司，称波音公司至今依然受益于政府补贴。2005年年初，美国和欧洲两方面对该争端的谈判破裂，波音公司求助于世界贸易组织解决该争端。

□ 行业竞争动态

许多关键因素能够推动民航业的竞争动态。在这些因素中，可能最先需要考虑的是新航空公司的发展成本。据报道，波音公司在1994年引入市场的777宽体飞机上花费的研发及加工费用为50亿美元。空中客车公司最近开发的555座A380巨型喷气飞机在2006年开始服役，其研发成本估计在100亿美元～150亿美元。（A380巨型喷气飞机是波音公司盈利的747飞机的直接竞争对手。）同样，波音公司最新研发的"超高效"787飞机的研发成本估计在70亿美元～80亿美元。

由于研发成本巨大，一家公司必须获得相当数量的市场份额才能使其自身收支相抵。例如，在777宽体飞机的案例中，波音公司需要售出200多架飞机才能不赔不赚。这个数据等同于这种等级的飞机在1994—2004年15%的行业预计销售额。回本要求的销售量巨大，一种飞机模型需要花10~14年的生产时间才能盈利，另外在开发过程中会有5~6年的负现金流。

从生产角度看，飞机生产有一条重要的经验曲线。根据学习效应，每次累积产量翻番，单位成本则平均下降20%。一家公司如果不能按照经验曲线移动，便会面临严重的单位成本劣势。一家占据半数市场并必须保持盈亏平衡的公司，将受困于20%的单位成本劣势。

该行业还有一个特点是对飞机需求变化大。这一特点使得公司很难制订长期计划，也提高了生产飞机的风险。商用航空业具有繁荣与萧条交替的倾向。在20世纪90年代早期和21世纪早期，大型商用航空公司都遭受了需求下降和高昂的燃料成本冲击，许多大型制造商破产。飞机订单也遵循这种周期，旺季订单量是淡季订单量的2~3倍。

高昂的开发成本、主要受世界需求影响的盈亏平衡水平、大量的经验曲线和不稳定的需求市场——这四个因素决定了这个行业只能容纳几家主要厂商。有分析也认同大型喷气商用飞机市场只能让两家或最多三家生产商盈利。21世纪初，在波音公司收购麦克唐纳·道格拉斯公司后，该行业仅剩下两家主要生产商。这种情形伴随着当时强大的生产和订单水平，应该是提高生产率的好兆头。然而，20世纪90年代末到21世纪初，波音公司对飞机生产率的高速增长管理不善，未预期到高昂的制造成本，而且面临着空中客车公司步步紧逼的价格竞争，因此其利润很低。

□ 1992年前的贸易摩擦

在20世纪80年代和20世纪90年代初，波音公司和麦克唐纳·道格拉斯公司认为，空中客车公司因为获得来自英国、法国、德国和西班牙政府的补贴而具有不公平的竞争优势。它们认为补贴使得空中客车公司得以制定不切实际的产品低价，为航空公司提供了诱人的贷款条件，抵消了开发成本，并利用国有航空公司获得订单。波音公司和麦克唐纳·道格拉斯公司提出的这些声明获得了美国政府的支持。美国商务部的一份研究显示，空中客车公司在 1970—1990 年获得了 135 亿美元政府补贴（如果按商业利率计算，则是 259 亿美元）。这些补贴大多以低于市场利率的贷款或税收减免的形式发放。补贴主要是为研究和开发产品融资，并为空中客车公司的顾客提供诱人的贷款条件。对于多数顾客来说，空中客车公司能够以 8~10 年的偿还期，按大约 7% 的年利率，给予一架飞机成本 80% 的贷款额度。美国进出口银行（U. S. Export-Import Bank）无法提供这种便利，反而要求波音公司和麦克唐纳·道格拉斯公司的顾客在付清 20% 的首付后，只能为一架飞机成本的 40% 直接融资，并需要保证剩下的 40% 贷款来自私有银行，偿还期为 10 年，贷款利率平均为 8.4%~8.5%。

　　空中客车公司回应了这些指控，并指出其成功并非由于补贴，而是因为优质产品和良好战略。大多数观察者认同空中客车公司的飞机采用了最先进的技术，尤其是在材料应用、航行控制和安全系统及航空动力学上。空中客车公司最初是靠将目标瞄准没有新飞机售卖或完全没有飞机售卖的细分市场而站稳脚跟的。所以，空中客车公司积极主动地用宽体双引擎飞机瞄准两个细分市场，然后发展 150 座的新一代飞机，接下来用其 A330 型号和 A340 型号的飞机追赶性能低于 747 型号飞机的市场（在这个市场，波音 777 宽体飞机姗姗来迟，但明显来势汹汹）。

　　空中客车公司辩称，波音公司和麦克唐纳·道格拉斯公司都长期接受美国政府的援助，而空中客车公司接受补贴仅仅出于公平竞争。美国第二次世界大战期间，飞机都根据政府合同建造，邮政飞机的建造在第二次世界大战期间便有补贴。第二次世界大战期间，几乎所有生产都有政府补贴，战后政府补贴的水平依旧很高。例如，波音 707 飞机就是美国政府补贴军用交通项目的产物。波音公司的补贴项目包括 B-17、B-29、B-47、B-52 和 K-135，略举几例。其非民航补贴项目还包括民兵导弹、阿波罗土星和空间站项目。

　　欧盟委员会 1991 年的一项研究试图估计美国产业获得的补贴额。该研究提出，1976—1990 年，波音公司和麦克唐纳·道格拉斯公司分别获得了 180 亿美元和 220 亿美元的间接国家援助。该报告称，1976—1990 年，商用航空业通过美国国防部合同获得的运营收益约达 63.4 亿美元。此外，该报告称，美国航空航天局（NASA）在同期至少抽出了 80 亿美元的资金投入商用航空生产。而波音公司和麦克唐纳·道格拉斯公司分别获得了 17 亿美元和 14 亿美元的税收减免。

　　波音公司驳回了欧盟委员会的报告。欧盟委员会报告认为，波音公司从每份军事或太空建造合同中可直接获得额外 5% 的政府补助金用于商务活动。波音公司指出这种说法毫无根据，此外，它还辩称，在 20 世纪 80 年代，波音公司的研究与开发费用只有 3% 由美国国防部出资，只有 4% 由美国航空航天局出资。波音公司还认为，由于空中客车公司的 4 家控股公司从事的军事和太空工作是波音公司的两倍，因此它们一定接受了更多的间接政府补贴。

☐ 1992 年协议

1992 年中期,美国和 4 个相关的欧洲政府同意签订协议,结束旷日持久的争端。1992 年协议由欧盟代表 4 个有关成员签订。该协议将政府给予开发一架新飞机总成本的直接补贴限制在 33%,并明确规定这些补贴要在未来的 17 年内付息偿还。该协议也限制间接补贴,如限制将政府扶持的军事研发资金应用于商用航空的行为。间接补贴必须限制在一国商用航空总收益的 3%,或者该国任何一家公司商用航空收益的 4% 以内。虽然空中客车公司官方称争议已经解决,但波音公司官方人员声明,它依然会长期和政府补贴产品做斗争。

1993 年 2 月,贸易纠纷似乎要再度出现。当时的美国总统克林顿反复攻击欧盟允许成员继续向空中客车公司提供政府补贴。他指责欧洲方面的补贴造成美国航空航天业出现失业,并呼吁欧盟重新就 1992 年协议进行谈判。

然而,令美国政府惊讶的是,美国航空航天业对美国政府向空中客车公司重新发起的攻击保持绝对沉默。许多分析者认为,这是因为新的争端会激起欧洲方面破坏性的报复措施。一方面,空中客车公司的飞机装备由惠普和通用电气这两家美国公司生产,其航空电子技术也由美国公司提供。另一方面,许多欧洲国有航空公司都从波音公司和麦克唐纳·道格拉斯公司购买飞机。美国航空航天业的许多公司明显意识到,如果政府在签署 1992 年协议后不久便再度挑起贸易纠纷,那么这项赚钱的买卖可能会面临风险。

美国密苏里州参议员约翰·丹福斯(John Danforth)和蒙大拿州参议员马克斯·鲍卡斯(Max Baucus)试图重启对空中客车公司的贸易纠纷,美国航空航天业对此反应冷漠。1993 年,丹福斯和鲍卡斯共同发起立法提案,要求美国政府对空中客车公司的不公平补贴发起贸易申诉。他们还发起一项提案,提议成立一个名为航天科技(Aerotech)的航空航天业财团,该财团可以为航空航天研究融资,其一半资金来自航空产业,另一半来自美国政府。副总统阿尔·戈尔(Al Gore)称,航天科技的成立具有"行政优先权"。但是波音公司发言人称,公司"对航天科技保持谨慎态度",因为它会违反 1992 年协议。

丹福斯和鲍卡斯的提案都没有得到听证会的支持,美国政府也默默停息了一切重启贸易争端的对话。

☐ 波音公司和麦克唐纳·道格拉斯公司的兼并

1996 年 12 月,波音公司宣布将以 133 亿美元的估值兼并其长期竞争对手麦克唐纳·道格拉斯公司。该消息震惊了航空航天业。该兼并计划在 1997 年 7 月完成。驱动这次兼并的原因是波音公司希望在航空航天业务中加强自己在国防和太空领域的影响力,麦克唐纳·道格拉斯公司在该方面一直都占据优势。在航空航天业中的商业部分,麦克唐纳·道格拉斯公司自 20 世纪 70 年代便开始失去市场份额。到 1996 年,麦克唐纳·道格拉斯公司在大型商业喷气飞机市场的产品份额不足 10%,当年该业务只有3%的新订单量。新订单萎靡，意味着市场对麦克唐纳·道格拉斯公司商务业务的长期展望日益暗淡。不管有没有发生兼并，许多分析者都认为，麦克唐纳·道格拉斯公司迟早会被驱逐出商业喷气飞机业务领域。他们认为，波音公司兼并麦克唐纳·道格拉斯公司只是加速了这一进程而已。因为兼并会使民用航天业的厂商从三家变成两家，所以预计反垄断机关会检查该兼并。

波音公司和麦克唐纳·道格拉斯公司的行政人员希望美国联邦贸易委员会和欧盟竞争委员会都能对兼并进行调查，并评估其对竞争的影响。公司行政人员相信，美国联邦贸易委员会会通过兼并提议。波音公司的观点是，如果要在激烈的全球竞争市场中创造一个强有力的美国竞争者，那么波音公司和麦克唐纳·道格拉斯公司有必要进行联合。此外，波音公司的执行官指出，自从冷战结束后，美国政府一直支持通过巩固国防产业来消除过剩产业。波音公司和麦克唐纳·道格拉斯公司的兼并可以帮助实现这一目标，所以应该得到政府支持。

波音公司的执行官也认为欧洲方面对这次兼并几乎不会有反对声音。麦克唐纳·道格拉斯公司首席执行官哈利·斯通塞弗（Harry Stonecipher）说："我的好朋友琼·皮尔逊（Jean Pierson）是空中客车公司的负责人。他最近在航空展中说'麦克唐纳·道格拉斯公司在民航领域不足挂齿'，所以这起兼并根本不算什么大事。"最初空中客车公司的有关人员似乎表示，他们同意评估结果，不会反对该兼并。然而，在兼并刚宣布的几天后，欧盟竞争委员会委员卡尔·凡·米尔特（Karl Van Miert）就发出通知称，欧盟将对兼并进行调查。米尔特表示，如果欧盟认为反对兼并能够保护竞争，那么欧盟会采取反对兼并的立场。为了使调查合法化，他表示，如果市场中生产大型商业喷气飞机的厂商数量减少为两家，那么它们可能会暗中勾结，提高市场价格水平，使其高于更具有竞争性的市场价格水平。

米尔特的陈述激怒了美国政府。听说此事的美国政府官员和波音公司执行官都极为困惑：一个欧洲团体有什么权力来干涉几乎全部生产业务都在美国，且在欧洲几乎没有资产的两家美国公司之间的兼并。米尔特认为，欧盟法律授权他对兼并进行评估，并且如果经调查，兼并有违竞争，那么欧盟有权阻止兼并。尽管米尔特承认欧盟实际上无法阻止兼并，但根据《欧盟竞争法案》（EU Competition Law），欧盟委员会可以宣布该兼并违法，并限制该公司在欧洲的经营，同时对每年480亿美元的销售额估计值罚款10%。波音公司执行官认为，如果结果变成这样，那么这将会激起美国和欧盟之间的贸易战。一些美国政府官员声称，欧盟的立场无异于公然侵犯美国的国家主权。

另一件事情让该问题变得更为复杂。波音公司与三家大型美国航空公司成功签署了一项长期独家供应合同。这三家公司分别为美国航空（American Airlines）公司、达美航空（Delta Airlines）公司和大陆航空（Continental Airlines）公司。波音公司与美国航空公司之间的交易合同在1996年年末签订，与其他两家公司的交易合同在1997年年初签订。所有这些合同都指定波音公司在20年内是这三家航空公司飞机的独家供应商。米尔特认为，这些合同违反了竞争，并进一步对波音公司和麦克唐纳·道格拉斯公司合并的市场力量产生担忧。这些独家供应合同似乎促使空中客车公司的执行官改变了想法。在最初声明空中客车公司对兼并无异议后，他开始发出反对兼并的声音。1997年3月,空中客车公司负责人琼·皮尔逊发出警告,他认为兼并提案会使波音公司对整个行业有一个"结构性的把握"——控制飞机、服务和备用配件的供应跨度。同时,空中客车公司发言人戴维·文茨(David Venz)评价了独家供应合同。他认为波音公司和麦克唐纳·道格拉斯公司联手会"在29年内锁定被俘获的客户。它们有效地让已经签订这些合同的航空公司不再做出其他选择。"

1997年5月中旬,在听说兼并将在布鲁塞尔进行的消息后,欧盟委员会向波音公司和麦克唐纳·道格拉斯公司发出反对兼并计划的声明,并要求两家公司在1997年6月12日之前做出回应。欧盟委员会声明,该兼并有三个方面令人担忧。第一,它会限制大型商业喷气飞机的市场竞争。第二,麦克唐纳·道格拉斯公司拥有大量国防和太空项目,美国政府为国防和太空项目提供的资金更可能同时用于为发展商用喷气飞机提供资金。第三,波音公司与美国航空公司、达美航空公司和大陆航空公司的独家供应合同限制了商用航空市场竞争。

波音公司首席执行官菲尔·康迪特(Phil Condit)回应了这些担忧,指出由于麦克唐纳·道格拉斯公司在1996年只占商用机销售市场3%的份额,人们对兼并会对竞争产生限制性影响的质疑就没有任何依据。康迪特声明,自从1992年协议对政府补贴问题进行监管之后,国防研究资金根本不可能被用于商业项目。至于独家供应合同,康迪特指出该交易由航空公司主动发起。

1997年6月30日,美国联邦贸易委员会正式发起对兼并的监管。美国联邦贸易委员会以4比1的投票同意无条件通过该兼并协议。在做出决定之前,美国联邦贸易委员会采访了40位航空公司的执行官,就兼并是否会使波音公司提高价格的问题咨询了他们的看法。尽管一些航空公司表示它们更希望麦克唐纳·道格拉斯公司继续存在,但它们也一致认为不会从麦克唐纳·道格拉斯公司处购买产品,因为该公司似乎不能将所需的投资盘活。美国联邦贸易委员会做出总结:麦克唐纳·道格拉斯公司无法存活于大型商业喷气飞机市场,所以该兼并不会对竞争造成有害影响。同时,美国联邦贸易委员会的确指出波音公司签署的独家供应合同具有"潜在麻烦"。虽然在1997年7月前签订的3份合同只占全球市场份额的11%,但美国联邦贸易委员会表示,如果市场份额更大,那么就会引起关注。

1997年在7月18日,欧盟高级官员公开表明他们计划宣布该兼并违法,并坚持认为兼并会损害欧洲竞争。在宣布这一意向时,米尔特表明,他尤其担心独家供应合同,因为该合同不公平地将空中客车公司驱逐出了全球市场。

在制止欧盟委员会宣布兼并违法的紧要关头,波音公司称其不会实施与美国航空公司、达美航空公司和大陆航空公司之间签订的20年条款。由于获得了这一让步,1997年7月23日,得意扬扬的米尔特宣布,欧盟委员会将立刻同意波音公司的兼并。在欧洲,各大报社歌颂米尔特,将他描述为一个成功与美国巨人抵抗的男人。"人们由衷地赞扬他,"一位欧洲官员说,"他承担并战胜了一切。他证明了欧盟委员会是可以被依靠的力量。"

波音公司兼并麦克唐纳·道格拉斯公司以后,经历了一段时间的财务混乱。由于公司在20世纪90年代末试图迅速提高贸易交付量,结果导致其产品系统拥塞,并造成财务混乱。然而在2002年，波音公司重回正轨，并在2003年决定着手建造其10年来第一个新飞机模型——波音787飞机。波音787飞机会提供三种版型，座位介于200~300个，用复合材料和超高效引擎建造而成，可以减少20%运营成本。波音787飞机可以飞行8 500英里，是"点对点"长途运输的理想选择。波音公司相信随着世界航空旅行的增长，更多人会选择"点对点"飞行，而不是在拥挤的枢纽机场转机。据估计，新型喷气飞机的开发成本为70亿美元~80亿美元。三菱重工（Mitsubishi Heavy Industries）、川崎重工（Kawasaki Heavy Industries）和富士重工（Fuji Heavy Industries）3家日本公司生产了波音787飞机35%的价值，包括部分机身、机翼和起落架。到2007年7月，波音公司积累了约642份波音787飞机订单。这是新飞机史上最大的订单量，暗示着市场对该飞机的强烈需求。

同时，空中客车公司也在推进555座的A380特大型喷气飞机的开发。为与旧式波音747飞机竞争而设计的A380飞机是史上最大的商业喷气飞机，其开发费用可能达到150亿美元。A380飞机是空中客车公司下的巨大赌注，它认为，顾客依旧会通过枢纽机场飞行，而不是像波音公司展望的那样进行"点对点"飞行。到2007年年中，空中客车公司接到约150份A380飞机的订单。然而，随着A380飞机陷入生产问题，且新机型在约两年后才发布，新订单量便枯竭了。

然而，由于波音公司开始获得更多波音787飞机的订单，空中客车公司开始考虑是否应该对冲其赌注，去建造一种相似尺寸的适合"点对点"飞行的超高效远程飞机。令美国非常不悦的是，空中客车公司意图申请17亿美元的研发援助，为A350飞机提供研发资金。美国认为这笔资金就是巨款。2004年年底，美国贸易代表罗伯特·佐利克（Robert Zoellick）发起一道声明，该声明宣布正式放弃1992年协议，并呼吁空中客车公司停止接收政府补贴。根据罗伯特·佐利克所言："自从该公司在35年前被创立以来，一些欧洲人替空中客车公司辩护，认为补贴是保护幼稚产业的必要。就算补贴合理的观点有效，但它的时代早已经过去了。空中客车公司现在出售的大型民用飞机比波音公司还要多。"佐利克进一步声称，空中客车公司在A380飞机上获得了约37亿美元的研发补贴，加上另外28亿美元间接补贴，一共是65亿美元。间接补贴中包括纳税人出资的17亿美元基础设施改善资金。

空中客车公司回击称，波音公司也一直享受着大量的政府补贴，获得了来自美国航空航天局120亿美元的科技研发资助，其中大部分资金用于商业喷气飞机的开发。欧盟还辩称，波音公司会在波音787飞机组装的地区获得华盛顿政府约32亿美元的税收减免，而生产波音787飞机1/3价值的3家日本供应商也获得了日本政府提供的超过10亿美元的贷款。此外，空中客车公司又迅速指出，贸易战争不会使任何一方受益，空中客车公司每年从美国公司购买约60亿美元的物资。

2005年1月，在谈判进程中，美国和欧洲统一冻结对两家飞机制造商的直接补贴。然而，2005年5月，得到空中客车公司证实的新报告指出，喷气飞机制造商向欧盟4国政府申请开发A350飞机的研发援助，英国政府在2005年中期的巴黎航空展上宣布会援助约7亿美元。同时，欧盟提出要削减A350飞机研发援助的30%。美国很不满，认为谈判丝毫不起作用，于是在2005年5月31日正式向世界贸易组织提出请求，希望通过建立争端解决小组解决这一问题。欧盟很快做出回应，向世界贸易组织提出反诉,称美国对波音公司的政府援助额度超过了1992年协议的条款规定。在2007年年初,双方都向世界贸易组织提出了各自的观点。欧盟称,波音公司从美国联邦、各州和当地政府处获得了大量政府补贴,金额高达237亿美元。波音公司辩称,如果将低于市场利率的贷款按照市场利率重新计算,那么空中客车公司自成立以来从欧盟获得了超过1 000亿美元的援助。

案例讨论问题

1. 如果没有补贴,空中客车公司能否成为波音公司有力的竞争者?
2. 为什么4个欧洲政府同意提供补贴来建立空中客车公司?
3. 在有关补贴的旷日持久的纠纷中,空中客车公司的立场是否合理?
4. 你认为1992年协议合理吗?
5. 为什么美国航空航天业对政客在1993年重启贸易纠纷的建议采取较为谨慎的态度?
6. 在全球竞争的时代,反垄断机构允许大型国内公司进行兼并和收购的理由是什么?
7. 欧盟宣布波音公司和麦克唐纳·道格拉斯公司兼并行为违法的威胁是否侵犯了美国的国家主权?
8. 欧盟委员会要求波音公司对兼并麦克唐纳·道格拉斯公司的行为做出让步。你认为欧盟的做法是否具有合理的理由?
9. 为什么美国政府决定在2004年重启波音公司和空中客车公司之间旷日持久的贸易纠纷?你认为美国的立场是否合理?欧盟的反诉是什么?它的反诉合理吗?
10. 既然纠纷已经被上诉至世界贸易组织,你认为什么样的结果是公平的呢?

资料来源

1. B. Barnard, "Battle over Boeing Shifts to Subsidies," *Journal of Commerce*, July 25, 1997, p. 1A.
2. B. Coleman, "GATT to Rule against German Aid to Airbus," *The Wall Street Journal*, January 16, 1992, p. 5.
3. B. Davis and B. Ingersoll, "Cloudy Issue," *The Wall Street Journal*, March 8, 1993, p. A1.
4. D. Boond and R. Wall, "Irreconcilable Differences," *Aviation Week & Space Technology*, September 6, 2004, pp. 24-30.
5. D. Gow, "Airbus Warns on Sales," *The Guardian*, January 14, 1999, p. 22.
6. "Dissecting Airbus," *The Economist*, February 16, 1991, pp. 51-52.
7. EADS Press, "Boeing 787 Trade Issues," May 30, 2005.
8. E. Tucker, "Van Miert's Finest Hour," *Financial Times*, July 24, 1997, p. 23.
9. G. De Jonquieres, "Storm over the Atlantic," *Financial Times*, May 22, 1997, p. 17.
10. G. Klepper, "Entry into the Market for Large Transport Aircraft," *European Economic Review* 34 (1990), pp. 775-803.
11. J. Grimaldi, "FTC Approves Boeing Merger," *Seattle Times*, July 1, 1997, p. A1.
12. J. Lunsford and S. Miller, "Hopes Dwindle for U.S.-EU Deal on Aircraft Aid," *The Wall Street Journal*, April 11, 2005, p. 3.
13. J. Mintz, "Boeing to Buy McDonnell Douglas," *Washington Post*, December 16, 1996, p. A1.

14. J. Reppert-Bismarck W. Echikson, "EU Countersues over U. S. Aid to Boeing," *The Wall Street Journal*, June 1, 2005, p. A2.

15. Kevin Done, "WTO to Hear of Lavish Boeing Aid," *Financial Times*, March 22, 2007, p. 34.

16. M. Kayal, "Boeing May Be Flying into Antitrust Territory," *Journal of Commerce*, March 25, 1997, p. 3A.

17. M. Kayal, "The Boeing-McDonnell Merger Looks Very Different through European Eyes," *Journal of Commerce*, July 21, 1997, p. 1A.

18. M. L. Dertouzos, R. K. Lester and R. M. Solow, *Made in America* (Cambridge, MA: MIT Press, 1989).

19. M. Skapinker, "EU Sets Out Objections to Boeing Merger," *Financial Times*, May 23, 1997, p. 6.

20. M. Stroud, "Worries over a Technology Shift Follow McDonnell-Taiwan Accord," *Investor's Business Daily*, November 21, 1991, p. 36.

21. O. C. Core, "Airbus Arrives," *Seattle Times*, July 21, 1992, pp. C1 – C3.

22. P. Lane, "Study Complains of Alleged Subsidies," *Seattle Times*, December 4, 1991, p. G2.

23. R. Cohen, "France Pledges Subsidy to Aerospace Group," *The New York Times*, February 3, 1994, p. 5.

24. S. Toy, S., "Zoom! Airbus Comes on Strong," *BusinessWeek*, April 22, 1991, pp. 48 – 50.

25. "The Jumbo War," *The Economist*, June 15, 1991, pp. 65 – 66.

26. United States Trade Representative Press, "United States Takes Next Steps in Airbus WTO Litigation," May 30, 2005.

迪克森公司：全球化的受害者？

迪克森（Dixon）公司是美国最古老的上市公司之一。该公司的旗舰产品是于1913年推出的万能2号黄色铅笔。几乎所有上过学或参加过美国标准测试的人都认得这款笔。迪克森公司年收益略微超过1亿美元，是美国第二大铅笔生产商。在其大部分历史中，迪克森是一家繁荣的公司。但是20世纪90年代是迪克森公司艰难的10年。并不是美国人不再购买铅笔——事实上，在此期间美国人对铅笔的需求激增。据估计，美国人在1999年购买了42亿支铅笔，比1991年增加了53%。但是有越来越多的铅笔都产自中国。

20世纪90年代，当中国铅笔以低价进入美国市场时，问题便随之出现了。美国铅笔产业进行回击，认为中国在美国市场以低于成本的价格出售铅笔，并游说华盛顿政府进行贸易保护。1994年，外国铅笔进口占据美国市场16%的份额。美国颁布法案对中国铅笔征收高额的反倾销税，并有效提高了中国铅笔的进口价格。美国的铅笔进口量显著下降，但中国生产的铅笔依旧物美价廉。数年后，美国对铅笔的进口量又恢复到征收反倾销税之前的水平，而且这个进口量没有就此止步。1999年，美国生产商在国内销售的铅笔从1991年的24亿支减少到大约22亿支。美国在这段时间的进口量却从市场份额的16%增长到50%以上，而中国是主要输入者。铅笔产业继续游说政府实行贸易保护。2000年中期，美国对从中国进口的铅笔重新征税，一些品牌的中国铅笔进口关税高达53％。

与此同时，迪克森公司没有故步自封。为了应对国外的价格竞争，迪克森公司进行实验，用更便宜的方式生产铅笔。该公司试图用再生纸盒生产铅笔，但由于这种产品会堵塞卷笔刀而很快被放弃。该公司将目光转向一种过去用于制作铅笔的名叫加利福尼亚翠柏的传统木材。迪克森公司发现用这种材料制作普通品牌的铅笔太过奢侈，却适用于制造高端品牌铅笔。如今该公司使用价格更低的印度尼西亚竹桃木。由于在20世纪90年代制订了额外的成本削减计划，迪克森公司放弃了原本的美国供应商，开始从一家韩国供应商那里购买铅笔上的橡皮。

尽管采取了这些措施，该公司的市场份额仍继续被进口商品吞噬。1999年，迪克森公司开始亏本。为了使成品铅笔生产成本比美国国内便宜，迪克森公司在墨西哥建立了生产工厂。最初成立墨西哥生产工厂的目的是为美国本土的生产做补充。但是在2000年年末，迪克森公司变得更有进取心，遂将大量美国加工厂转移至墨西哥，并削减了美国生产工厂约40个工作岗位。在2000年的另一次战略行动中，迪克森公司在中国成立了一家全资子公司。该子公司生产用于制作铅笔的木板，然后将这种木板运至墨西哥，在墨西哥当地将其做成铅笔。铅笔的铅芯（碳）依然由美国迪克森公司生产，而橡皮从韩国进口。中国子公司也负责一些用于全球销售产品的生产和分销。由于迪克森公司采取了这些措施，因此其2002年业绩有所提升，但公司依旧需要削减成本。因此，迪克森公司决定在2003年关闭俄亥俄州桑达斯基市的生产工厂，并将生产工厂迁至墨西哥或中国。该公司在2004年取得了这10年以来的最佳财务业绩，也是亏损5年以来的第一次盈利。2005年年初，迪克森公司被意大利菲亚特（Fabbrica Italiana）公司收购。意大利菲亚特公司是一家全球书写用具生产商。该公司称，它会使迪克森公司保持其组织内部的自治权。

案例讨论问题

1. 为什么中国在生产铅笔方面具有明显的成本优势？

2. 游说美国政府对从中国进口的铅笔征收反倾销税是一种保护美国国内就业机会的好方式吗？谁最能从这种税收中获益？谁会受损？美国政府可能会采取怎样的备选政策？

3. 通过在墨西哥建厂，迪克森公司变成了跨国公司。为什么迪克森公司变成了跨国公司？迪克森公司变成跨国公司的好处有哪些？

4. 既然迪克森公司在中国有生产工厂，为什么迪克森公司不直接从中国进口铅笔成品销往美国，而是在墨西哥制造铅笔呢？

资料来源

1. A. Carns, "Point Taken: Hard Hit by Imports, American Pencil Icon Tries to Get a Grip," *The Wall Street Journal*, November 24, 2000, p. B10.

2. C. Boyd, "Dixon Ticonderoga Promotes Asta to CEO," *Orlando Sentinel*, April 2, 2005, p. C1.

3. "Dixon Decides to Dissect Options," *Mergers and Acquisitions*, November 2000, p. 34.

4. Dixon Ticonderoga, Form 10K, 2002.

韩国的发展和西方经济学[①]

☐ 背景

在过去的几十年中,如日本、泰国、新加坡、中国、马来西亚和印度尼西亚一样,韩国也经历了创纪录的持续经济增长。1993年,世界银行在其报告《东亚奇迹》(The East Asian Miracle)中说明了这一事实。该报告指出,亚洲新兴国家的策略在许多方面各不相同,但世界银行观察出它们在一个特性上有共同点:违背了西方新古典主义经济学理论的核心原理,而世界银行自身一直坚定不移地遵守着这一原理。这涉及一些本质问题,如政府在经济中的地位,市场在决定群体需求时的地位,企业的商业结构、组织和目的,以及企业和政府之间的关系。

亚洲新兴国家不仅比其他国家增长得更快,其所获得的持续增长也破坏了西方新古典主义经济学理论的根基,或许更为重要的是,瓦解了大卫·李嘉图认为资源决定一国比较优势的"定律"。李嘉图的理论175年来一直是经济学的顶梁柱。他主张,在全世界所有可能的情况中,最好的选择是公司利用它们本国的自然资源,在以自由贸易为特征的公开市场上展开竞争,而政府应该是局外人的角色。"正是这一原理,"李嘉图在1817年写道,"决定了红酒应该在葡萄牙生产……而五金器件和其他产品应该在英国生产。"而亚洲新兴国家所展现的情况是,葡萄牙不必非得将本国经济建立在阳光和土壤上,只要它想,它也可以创造比较优势,增强科技实力,从而涉足李嘉图(毕竟是个英国人)认为应由英国发展的获利行业。

一位日本通商产业省*的高层在为经济合作与发展组织写的报告中写道:

> 日本是否应该根据比较优势理论将其未来寄托于劳动力密集型产业?如果日本经济采用了纯粹的自由贸易学说,并选择在这类产业中进行专业化生产,那么日本几乎永远无法摆脱亚洲式经济增长的停滞和贫困……

韩国的经济策略和韩国所违背的西方新古典主义经济学理论反映了两种截然不同的定义和创造价值的理念。一种叫作个人主义,另一种叫作集体主义。韩国的行事方式源自集体主义意识形态。这种意识形态在韩国的存在时间即使没有数千年,也有数百年历史。西方新古典主义经济学观点源自亚当·斯密和大卫·李嘉图的个人主义理论。这种意识形态也根植于历史。因此,将韩国的实践和西方理论区分开来是无可厚非的。很显然,至少在韩国,韩国的方式比西方的方式更有效。略有变化的类似做法普遍在东亚国家取得了成功,而且可能正在其他地区被使用。

[①] Copyright © 1996 by the President and Fellows of Harvard College. Harvard Business School Case 9-797-008. 该案例最初由乔治·C. 洛奇(George C. Lodge)教授和研究助理康特尼·施普朗(Courtenay Sprague)作为课堂讨论案例而准备,而非用于阐述行政管理状况是否有效。再版获得了哈佛大学商学院的允许。

* 该机构于2001年被改组为经济产业省。——译者注面对与西方新古典主义经济学理论相背离的韩国实践,韩国经济学家可能会走两条路。一是试图将西方新古典主义经济学理论扭转为适应韩国实际的理念。二是将韩国的实际情况解释为西方规范的经济理论的短期畸形表现,且在适当的情况下,韩国会回到理论所指明的方向(值得一提的是,经济学家认为,当理论与现实相背离时,我们最好先对其有所了解)。

韩国经济学家对于西方新古典主义经济学理论尤其依赖,这是完全可以理解的,因为他们中的大多数人都在美国接受过教育。1970—1990年的20年间,803位韩国人获得了美国高校的经济学博士学位;韩国当时的总人口是4 400万。相比较而言,日本虽然也有1.2亿人口,却只有305位在美国接受过教育的经济学家。

这让我们想到第二次世界大战结束后日本通商产业省筱原三代平(Miyohei Sinohara)对日本早期的评论。日本通商产业省在制定日本经济策略时没有得到经济学家们的指导,他们中半数以上的思想受到日本军方严重侵蚀,而剩下的人又没有资格学习马克思主义。所以,日本通商产业省的政策制定者不得不正视缺乏经济理论指导的现实。我们可能还会记得在美国占领日本的那段时间中,西方经济学家经常错误地对日本进行最坏估计。多年来,一直赴多个亚洲国家出任美国外交大使的莫顿·阿布拉莫维茨(Morton Abramowitz)指出韩国的情况也一样,"甚至直到1965年,大量美国专家还坚信,向韩国提供援助就是把钱扔进了无底洞。"

本案例首先概括韩国在过去几十年间的经济表现,然后结合目标和政策对实现这一经济绩效的战略进行回顾和检验。这一战略已经远远超出经济范畴。事实上,经济政策很难不顾及对政治和社会因素的考虑。同样,韩国的战略必须被视为一种由文化、意识形态、历史经验、地缘政治条件和制度角色与关系组成的特定环境下的产物。一国战略不能独立于环境而存在。

国家分析:目标、绩效、政策和环境

目标

从1962年以来,韩国奉行两个目标:
1. 通过出口制成品使得经济快速发展,从而提高4 400万人的生活水平;
2. 对朝鲜加强领土国防。

绩效

一国的运行状况决定该国目标是否能够成功实现。1953年朝鲜战争(1950—1953年)结束后,韩国是世界上最贫困的国家之一。在第一个"五年计划"(1962—1966年)开始时,韩国在1962年的人均收入为87美元,是菲律宾的1/3。菲律宾因此成为许多韩国人和外国顾问心中的榜样。

韩国的快速增长出现于1963年。其人均国民生产总值在1969年超过朝鲜,并在1980—1993年以8.2%的速度增长。1995年,韩国的人均国民生产总值增长到1万多美元,在约30年间实际增长10多倍。韩国的国民生产总值如表1所示。

表1	韩国的国民生产总值				单位：%
A. 名义国民生产总值的构成（占总量的百分比）	1975年	1980年	1985年	1990年	1995年
私人消费	70	64	59	54	53
政府消费	10	12	10	10	10
总消费	80	76	69	64	63
总投资	29	30	30	37	37
货物和服务的出口	28	36	36	30	33
货物和服务的进口	−36	−43	−36	−30	−34
净外国投资	9	7	0	0	−1
国内储蓄	20	24	30	37	38
B. 平均年增长率	1970—1980年			1980—1993年	
人均国民生产总值	8.1			8.2	
私人消费	8.2			8.6	
总投资	14.1			11.8	
货物和服务的出口	22.7			12.3	
货物和服务的进口	13.2			11.4	

资料来源：World Development Report 1995 (Washington, D.C.: World Bank, 1995); Byung-Nak Song, *The Rise of the Korean Economy* (Hong Kong: Oxford University Press, 1994)

韩国的发展特点是投资和储蓄大幅和快速增长。在国民生产总值中总投资的比值从1960年的14%增长到1995年的37%。同期国内储蓄从11%激增至38%。储蓄的增长是收入快速增长、人民节俭、较高的商业利率和适当的金融与税收政策的结果。该国引导40%的外国资本流入大型制造业企业集团，这种集团被称为韩国财阀（也称作财团）；并引导另外40%的外资进入基础设施领域。制成品从1960年占总出口14%的比重增长到1995年的97%。韩国的出口在1964—1995年从1亿美元增长至1 000亿美元。

这种增长有两个尤其重要的特点：韩国经济转型为以出口制成品为主的经济，并且它是世界上最平等的收入分配地之一。1960—1995年，农业在其国民生产总值中的比重从36.5%下降为大约7%的水平，同时工业占比从18.6%上升至约44%，且依旧在上升。韩国的经济增长战略使韩国资产增加。1980年，56.4%的韩国人认为自己是穷人；而在1994年，该比值下降至38%。1960年，失业率是11%；而1995年失业率下降至2%。通货膨胀率从20世纪70年代末的20%下降至1995年约4%的水平。政府的财政赤字从1975年占国民生产总值的22%下降到1994年3%的水平。韩国的国际收支平衡表如表2所示。

表2　　韩国的国际收支平衡表　　单位：百万美元

	1971年	1975年	1980年	1985年	1988年	1989年	1990年	1991年	1992年	1993年	1994年
货物和服务的出口	1 133	5 003	17 214	26 442	59 648	61 408	63 123	69 581	75 169	80 950	93 676
货物和服务的进口	−2 177	−6 674	−21 598	−26 461	−48 203	−56 811	−65 127	−76 561	−77 315	−79 090	96 822
贸易差额	−1 044	−1 671	−4 384	−19	11 445	4 597	−2 004	−6 980	−2 146	1 860	−3 146
其他货物和服务（净值）	28	−442	−1 386	−1 446	1 267	211	−451	−1 596	−2 614	−1 967	−1 989
利息和股利（净值）	—	—	—	−3 183	−2 020	−1 265	−955	−1 001	−1 143	−1 333	−1 667
私人转移	105	158	399	555	1 404	200	266	20	257	633	
官方转移	63	67	50	23	44	48	9	−173	−25	−142	
经常账户	−848	−1 889	−5 321	−887	14 161	5 056	−2 172	−8 726	−4 529	384	
直接投资	39	53	−7	200	720	453	−105	−241	−497	−540	−1 318
有价证券投资	0	0	40	982	−482	−29	811	3 116	5 742	10 725	7 276
长期资产	602	1 297	1 954	1 113	−3 645	−4 328	−1 365	3 194	2 277	−1 770	
短期资产	187	1 704	3 983	−333	−847	1 278	3 628	756	−368	−5 075	
错误与遗漏项	−20	−800	−338	−883	−591	690	−2 005	753	1 099	−715	1 704
基本差额	−40	365	311	192	9 316	3 120	−1 208	−1 148	3 724	3 009	—

资料来源：*Balance of Payments Statistics Yearbook*（Washington, D.C.：IMF, Annual）；*International Financial Statistics*，1990

政策

为了满足上文中提及的目标而制定的韩国政策，植根于为生产出口制成品而进行的大规模投资。从1962年开始，韩国政府制定了一系列影响深远的经济计划。这些经济计划被社会活动与政治政策深化。正如日本和亚洲新兴国家普遍采用的策略一样，这些政策是外向型政策，并将生产者利益置于消费者之先。

这些政策的目标是为韩国提供足够资产，使韩国的核心产业在世界经济中具有竞争力。这些资产提高了每个工人的劳动附加值，为生产力提供动力，且经常涉及政府干预。这些政策着眼于教育和培训、工资约束、收入分配、基础设施建设、特定部门的低成本资金条款，以及新兴工业的贸易保护几个方面。这些政策经常伴随着严格的竞争力绩效要求。事实上，正如艾丽丝·阿姆斯登（Alice Amsden）所述："东亚发展的核心是，政府的一切都不能白送，总会有严苛的条件以确保竞争。"

韩国的工业政策提倡韩国财阀将产业高度集中。其中最大的一家财阀是三星公司，该公司1995年的销售额为800亿美元，占韩国1995年国民生产总值（4 500亿美元）的18%。但是，就劳动附加值而言，该比值则小了很多。政府制定政策是为了提高韩国财阀在世界经济中的竞争力。

这些计划的实施让民主多元化失去了发展空间。这种情况在韩国发展早期尤甚，如工会活动受到约束和限制，禁止出现政治反对派，韩国成为军事化国家。正如韩国总统朴正熙所述："对于像韩国人一样处在几近饿死的边缘的穷人而言，日常生活中的经济学就比政治学更为重要,因此实施民主政治毫无意义。"

为了给其先进技术产业提供劳动力,韩国对教育投入大量资源。例如,1984年,韩国对教育的投入占国民生产总值的13%,该比值是日本、美国和新加坡的两倍。韩国的战略在许多方面和日本战略相似,但是两国战略也有显著差异。例如,韩国最初不靠国内储蓄为经济增长提供主要资金,而是靠向外国借款融资。韩国为发展生产能力而进口的机器及设备超过出口,造成经常账户赤字,因此需要向美国大规模举债筹集资金。到1985年,韩国成为世界上第四大债务国。1993年,韩国的外债达到472亿美元的峰值,如表3所示。韩国实行举债政策的部分原因是韩国必须花费其国民生产总值的6%来加强国防,而日本不需要承担这项开支。

表3　　部分新兴工业国家的社会经济指标

	年份	韩国	新加坡	印度	巴西	阿根廷	墨西哥
人口(百万人)	1995	45.6	2.9	936.5	160.7	34.3	102.9
经济指标:							
人均国民生产总值(美元)	1993	7 660	19 850	300	2 930	7 220	3 610
人均国民生产总值每年实际增长率(%)	1980—1993	8.2	6.1	3.0	0.3	−0.5	−0.5
国内生产总值中的投资份额(%)	1993	36	36	22	20	18	20
国内生产总值中的农业份额(%)	1993	7	0	31	11	6	8
国内生产总值中的制造业份额(%)	1993	29	28	17	20	20	20
每年出口的实际增长率(%)	1970—1980	22.7	—	5.9	8.6	8.9	5.5
	1980—1993	12.3	12.7	7.0	5.2	3.2	5.4
国内生产总值中出口的份额(%)	1993	24.86	134.19	9.56	8.69	5.13	8.80
外债(10亿美元)	1993	47.2	—	91.8	132.7	74.5	118
债务服务占出口比值(%)	1993	9.2	—	28.0	24.4	46.0	31.5

环境

不分析韩国国内环境和国际环境,就不能理解韩国发展战略的本质和其成功之处。韩国的国内环境和国际环境是韩国发展战略产生的根源、存在的根基和依托的保障。

国内环境

韩国是世界上历史最悠久的独立国家之一。自从公元688年,新罗王朝统一了另外两个王国后,韩国成为拥有单一民族、语言和文化的独立国家。韩国有强烈的团结意识,这是使韩国人民达成一致和接受牺牲——放弃消费——的关键因素。因此,韩国的战略才得以实行。

自1953年起,韩国民众感受到了威胁。有着1 100万人口的韩国首都在朝鲜(人口2 260万)大炮射击的范围内。危机感和义务兵役制不仅使韩国民众对政府产生了尊敬,也激发了他们强烈的国家认同感。

政府无孔不入,而且带着军国主义色彩,因而对包括企业主和管理者在内的全国人民实施自上而下的管制。韩国不愿意依靠市场力量确保高效发展。韩国政府没有受到西方经济学说的约束。在西方经济学说体系下,政府在经济生活中的角色局限于运用宏观经济工具,如调节货币供应量、利率和出台财政政策。

韩国政府的理念源自在本国具有统治地位的儒家思想体系。韩国以世界上受儒家思想影响最深的国家著称。然而，儒家思想受到新教的严重影响。有一半青年自称信仰基督教，结果韩国也成为东亚受基督教文化影响最深的国家。儒家思想和基督教伦理道德的结合影响了人们对待工作、教育、家庭关系的态度，以及对国家与公司的忠诚度，这些是经济战略支撑体系中至关重要的部分。

韩国公司被视为家庭公社，需要员工对其忠诚，同时会提供安全感以作为报答。所以，公司工会成为一种自然现象。同时，儒家思想倾向于确立与国家利益相一致的公司商业目标——而不是像英国与美国一样确立与股东利益一致的目标。可以得出如下推论：传统儒家社会等级首先将学者和政府官员置于首位，然后是农场主和手工业者，最后才是商人。根据这种思考方式，社会等级要求商务必须紧密与政府保持统一战线。

韩国的自然资源很少，只有21%的土地适合耕种。所以，依赖进口生存是韩国国民心态的一部分。人人都知道韩国需要挣外汇，为进口物资付款。所以，韩国的出口必须在世界市场上具有竞争力。此外，韩国不像委内瑞拉等国家一样，饱受汇率被高估的折磨。委内瑞拉的石油出口造成了汇率被高估，而汇率的上升又损害了其制造业对世界市场的出口。

国际环境

在韩国历史上，韩国被邻近强敌侵略了多次。1910—1945年，韩国一直是日本的殖民地。韩国的经济由日本统治，为日本人提供廉价大米、木材、矿物和鱼类。此外，韩国也是安置日本过剩人口的地方。不过，日本也向韩国人传授日本制度，以及如何运用日本制度。

开放、富裕的美国在冷战期间出于地缘政治目标占领了韩国，这是韩国战略成功的根本原因之一。直到20世纪60年代，韩国的出口有一半流向了美国。正如亚洲其他国家一样，韩国一直对美国维持着大量贸易顺差。和韩国环境中其他因素一样，这一关系改变所造成的结果意义重大。

韩国在原材料尤其是石油上需要依赖世界。因此，韩国易受不稳定的全球环境影响。1973年的全球第一次石油危机几乎给了韩国经济致命一击。但随后，韩国从中东地区工程项目所得中抵消了石油价格上涨所带来的支出。此外，在20世纪80年代，相对较低的原材料价格使韩国受益。

最终，这些国际环境因素综合在一起，使得韩国的经济规划师们清楚意识到，韩国也能自治。韩国与世界经济有着密不可分的关系，如图1所示，它不是封闭经济体。这一现实情况通常不包括在西方经济模型中。例如，罗纳德·里根（Ronald Reagan）著名的1981年"供给侧"减税基于这样一种假设，即减税释放出的6 000亿美元的资金（在5年内）应该被储存起来，并被投资于美国国内，或者被用于购买在美国境内生产的货物和服务。10年来的经常账户赤字和巨额借款已经表明，里根政策中对封闭经济体的假设是错误的。

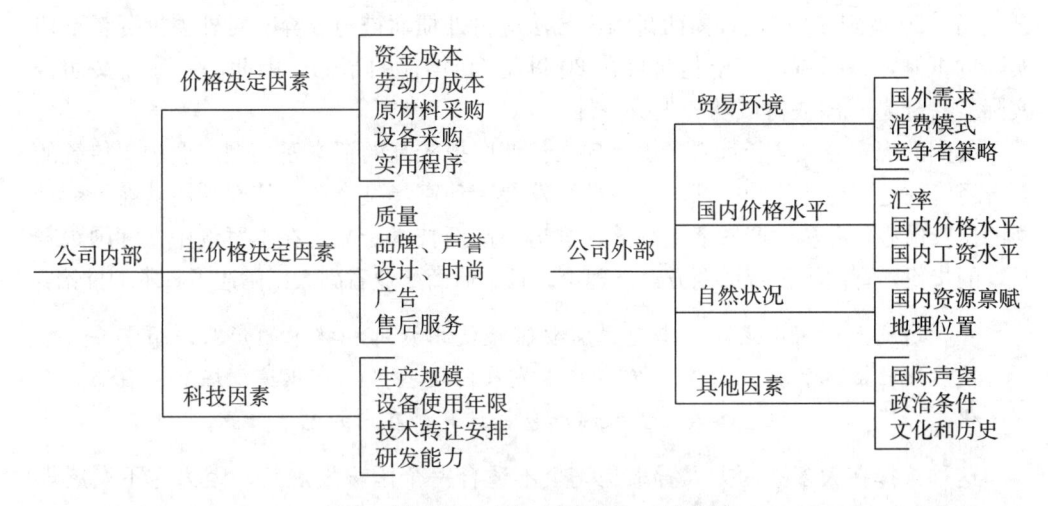

```
                    ┌─ 资金成本
          ┌ 价格决定因素 ─┤  劳动力成本
          │             │  原材料采购
          │             │  设备采购
          │             └  实用程序
          │             ┌  质量                                    ┌ 国外需求
          │             │  品牌、声誉              ┌ 贸易环境 ─────┤  消费模式
  公司内部 ┼ 非价格决定因素┤  设计、时尚              │               └ 竞争者策略
          │             │  广告                    │               ┌ 汇率
          │             └  售后服务         公司外部┼ 国内价格水平 ─┤  国内价格水平
          │             ┌  生产规模                │               └ 国内工资水平
          │             │  设备使用年限            ├ 自然状况 ─────┬ 国内资源禀赋
          └ 科技因素 ───┤  技术转让安排            │               └ 地理位置
                        └  研发能力                │               ┌ 国际声望
                                                  └ 其他因素 ─────┤  政治条件
                                                                  └ 文化和历史
```

图 1　影响国际竞争力的因素：韩国视角

资料来源：Kim Young-Woo，*A Theory of International Competitiveness*，1979（in Korea）

☐ 成功的关键要素

有至少 5 个要素在一定程度上使韩国战略获得成功：

1. 战略符合现实，侧重于从长远角度完成彼此相容的目标，并有与国内环境和国际环境一致的相关政策做支撑。
2. 商务和政府的角色与关系为战略的实施创造了合理的结构。
3. 政府政权稳定，且有能适应精英统治的等级制度。
4. 韩国公民在社会中的权利和义务与本国战略一致。
5. 韩国为其需求和环境选择了正确的战略和合理的结构，而不是误入西方新古典主义经济学理论的歧途。

长期的现实主义与一致性

或许，在我们的分析中，韩国体系最重要的特点便是它的现实主义与一致性，即目标、政策和环境相互之间的完美配合。而韩国的表现是这种默契配合的结果。出口导向型增长和国家安全这两个目标彼此相容，且具有外向型特征。这两个目标同时具有现实性，韩国的规划者们很早就意识到实现他们目标的唯一路径就是提高出口竞争力。

现实主义

韩国的现实主义体现在其早期放弃自主权来寻求外国借款的决定中。韩国原本也可以效仿日本依赖国内储蓄，但毫无疑问，如果这样做，那么韩国会陷入困境。

国家因缺乏现实主义的目标而陷入困境的例子屡见不鲜。例如，20 世纪 70 年代，加拿大在一定程度上失去了对主要来自美国的外国投资者的控制。加拿大恼羞成怒，设法缩减外国投资，同时恢复自主权。然而加拿大没有意识到这一措施的负面影响。这一举措不利于达成提高加拿大人生活水平的主要目标。最终，加拿大损失惨重，背负着巨额外债。加拿大不得不因此放弃自主权目标，并对外国投资者敞开大门。20世纪80年代,墨西哥因为无法应付外债而被迫放弃其对外国投资者不切实际的抵制,该抵制产生于墨西哥在20世纪30年代的革命。因此,一致而又切合实际的目标是一国取得成功的先决条件。

韩国的现实主义与长远眼光也体现在长期回报较高的资本密集型产业中。传统的西方经济理论可能会认为,韩国应该继续发展劳动密集型产业,从而利用其廉价劳动力的比较优势,并从生产效率更高的国家进口高新技术产品。在本案例中,韩国跟随日本的步伐,背离了传统的西方经济理论。日本通商产业省副大臣阐述了日本的推论:

> 通商产业省决定在日本建立需要密集使用资本和技术的产业。而需要依靠比较成本的产业最不适宜在日本发展。这些产业有钢铁、炼油、石油化工、汽车、飞机、各类工业机械和包括计算机在内的电子产业。

这种选择在大多数西方人看来是完全不适合一个国家发展的,因为它不发展煤炭、铁矿石,而且伴随着低收入和低储蓄。通商产业省副大臣解释,做出这种选择的论据是技术落后:

> 从短期和静态的观点看,这种发展方式可能会与经济学理性相冲突。但是从长远的视角看,恰恰有一些行业收入的需求弹性很高。在这些行业中,技术进步迅速,而且劳动的生产能力得以飞速提升。

一致性

韩国战略的另一个关键成功因素是其无孔不入的政策内部一致性:教育、社会安全、劳动关系、产业发展、投资、贸易、贷款、国内秩序与国防。这些政策相互支撑。其中任何一个政策的变化都会产生"牵一发而动全身"的效应。这些政策确立了国内对短期紧缩的共识,从而为长期增长提供保障。同时,它们不断受到国内环境的强化。在这个国内环境中,成败机会相对均等,并且有着一种被邻国所强化的民族气节、自律文化、忠诚感等。维持目标和政策的是国际环境,尤其是美国。冷战期间,美国与韩国是绝对的同盟国。美国支持美国与韩国的贸易,热切提供多方面援助,并提供优惠的信用贷款。

目标、政策和环境之间联系的中断会对韩国的表现带来显著威胁。例如,从冷战结束起,这些中断会使得美国行事强硬、负债累累又反复无常,会造成亚洲时局动荡,而且会令韩国与朝鲜重新团结。朝鲜的生活水平是韩国的1/10(这个差距比联邦德国和民主德国之间的差距还要大)。

政界和商界的角色和关系

韩国的经济增长、时局稳定、资金、教育、生活品质,甚至生存本身都依赖韩国政府。为了从深度贫困中崛起,并提高自身实力,在最错综复杂的世界市场上争夺先进产品的市场份额,韩国和日本一样,需要一个能够制订长期协调计划的政府。韩国财阀的目的必须集中于长期收购市场份额而非快速回报股东。因此,韩国的资产市场结构必须由政府设计和维持,从而为在长期建立强大的生产商提供漫长的资金支持。

这种方法和亚洲其他新兴国家有相似之处,但和美国有着本质区别。在美国,公司以短期视角管理资金,而且从严格意义上说,美国公司之间的商务竞争也不是政府的关注点——除非竞争涉及军事，例如在航空领域。

同时，美国政府不追求长期经济目标，认为自己获得世界经济地位是理所当然的事情。但美国按市场准则行事，这种准则认为，为世界经济中的竞争做规划不是美国政府的任务。"参与竞争的是企业，而不是国家。"美国经济学家如是说。此外，美国经济是消费者导向的，而非生产者导向的，因此美国经济政策旨在增加消费，而非储蓄和投资。近年来，美国政府成为世界上最大的债务人，这是为确保有足够资金被用于消费，这些资金不能完全靠竞争获得。

合作伙伴关系

与美国政企之间相互疏离和一贯对立的关系不同，韩国政府和韩国财阀通常是合作伙伴关系，政府通常扮演着资深合伙人的角色。合作伙伴关系的含义是：政府承担决定和规划社会需要的角色，企业承担实现这一需要的角色。20世纪60年代，韩国政府是强有力的经济干预者，韩国经济被称为计划经济。在韩国总统金泳三（Kim Young Sam）于1993—1997年实施新经济计划后，这种合作伙伴关系变得更稳定。

韩国的政企关系促使韩国预测和利用变化，随之产生了可高效收集世界市场和技术信息的流程。政府和企业利用流程来分析信息对韩国生产商的影响，并依此进行相应调整。

在此，我们再次见证了韩国与西方国家不同的商务目的。西方国家企业管理者对股东而非国家有着高于一切的责任。西方企业的股东们理所当然地通过相关机构表达他们的利益诉求。他们不关心他们在理论上所拥有的企业在长期的健康发展，而是更在乎公司快速可观的回报。

迈克尔·波特是国际竞争和竞争策略研究的泰斗。他对日本、德国和美国体制进行比较，发现美国的实践会产生灾难性后果："许多美国公司对于竞争所需的资产和能力（如员工培训）投资太少，却在有限财务或社会回报上（如无谓的并购）浪费资本。"波特发现，与日本和德国的竞争者相比，美国企业有不同的短期焦点，是因为企业目的不同。他认为，美国公司将自身视为那些短暂所有者的"佣人"。但这些所有者本质上并不拥有企业，因为他们对于他们公司的健康发展不具有长期利益。"美国的资产分配体系造成了企业所有者与经营者的分离，并阻碍资金流入最有回报价值的企业投资中。"与日本一样，韩国的分配体系避免了这种困境。

目标市场选择

政企关系的关键作用是鉴别特定行业，例如造船业、汽车业和电子业，以进行资源分配和确保集中度。同时，该策略提倡采用最新技术，从而实现最大可能的生产能力，并最大限度地提高国民生活水平。

商务结构

韩国财阀像日本的企业集团一样，能够很好地开发和采用先进技术。东京大学教授儿玉文雄（Fumio Kodama）在他对日本技术发展的一项研究中提出了当代科技成功的3个先决条件。这些既是韩国体制，也是日本体制的特性。儿玉文雄认为，首先，当代科技不仅是单个产业的产物，也是不同产业科技的混合产物，例如，计算机和机械工具、光学和电子产业等。这种横向多产业整合是韩国和日本商务巨大的优势。其次，大量的长期资金渠道也是日本与韩国体制的特征之一。这种资金渠道通常需要政府保障或帮助，从而使本国在正确的时机赶上技术浪潮（儿玉文雄将其与冲浪运动员进行类比，错过了浪潮就是死路一条）。最后，日本与韩国体制还具备明确需求，即现有市场对使用新技术的产品存在需求，实现这种需求同样需要政府的帮助。例如，日本政府为贷款承担担保责任，扶持日本企业租赁高级机器人。

称职稳定和实至名归的精英统治

韩国同许多发展中国家一样，国家领袖在经济发展中发挥着尤其重要的作用。有效的领导需要3个要素：领导人必须真正希望人民拥有更好的经济状况、致力于兑现这一承诺，以及有能力预见其可实施性。韩国总统和助手们或多或少满足了这些要求。

但情况并非总是如此，尤其是在韩国军事政变、学生游行和政治不安频繁发生的早期时代。朝鲜战争后的韩国统治无力。而早在日本殖民时期，韩国的统治阶层已被彻底摧毁。例如，韩国国立首尔大学（Seoul National University）历史学家申容夏（Yongha Shin）的报告称，在日本对韩国整整35年的殖民统治时期，或许只有两名韩国人成为学院或大学教授，当时只有不超过7 000名韩国人从大学毕业。如今，每年有不少于300 000名韩国年轻人毕业于大学或专业学院。且正如日本一样，毕业生中最优秀的人将为政府服务视为久负盛名和意义非凡的工作。

杜维明（Tu Wei-Ming）在一篇论文中精确描述了韩国的政府文化：

> 政府有责任在人民生活中发挥最大作用，因为政府不仅为韩国制定法律和维持社会秩序的契约框架，而且其传统意义上的全面领导力在供养、教育百姓等方面责无旁贷。官僚阶层不仅包括政府公务员，也包括领导、智囊和教师。中国封建王朝的兴衰通常取决于其士大夫们的才能，现代国家的命运也是如此。

论文的作者之一宋（Song）博士是韩国国立首尔大学的经济系主任，该系的一位教师后来变成官员，近期成为首尔市市长。几年后，又有其他教师分别成为国会议员和韩国贸易与工业部官员。

经济计划和领导

韩国的经济计划让民众建立起了对领导人的信心；同时，政府充当着进行广泛社会教育的工具。例如，在编制1993—1997年新经济计划期间，韩国政府从社会各界公共组织和私人组织中挑选出572名专家，组成26个工作委员会。这些专家在讨论中自我教育，并相互学习。一些研讨会在国家电视台播出，让民众了解韩国的长期愿景、问题和计划。

成员的权利和义务

从公司和国家的角度来看，韩国战略成功的关键在于强烈的权利与义务感。个人忠于公司，并勤奋工作；而公司对个人有培训、教育和提供安全保障的义务。位于龙仁市的一家三星培训机构的墙壁上写着这样的标语："一朝三星人，永远三星人。"

为了满足社会需要，社会的权利和义务都有精准和严格的界定。社会需求本质上由社会决定，但通常通过政府提出。一旦社会需求得以确定，即便通常市场竞争是实现这些需求的有效手段，它们也不会任由市场决定。个人成就感来源于个人在社会中所处的地位，而这个社会的健康发展是个人健康成长的先决条件。在政府确定社会长期需求并在全国达成共识时，商务目标就是为社会的长期需求服务。

韩国式的权利与义务的核心特征，是民众平等地享有经济增长的利益。朝鲜战争本身就是一个巨大的平衡器，因为它几乎摧毁了韩国全部资产。朝鲜战争后，几乎所有韩国人都沦落为穷人。随着韩国工业化进程的发展，韩国工业和农业之间的差距增大，城乡居民之间的差距也增大。1969年，这一差距达到顶峰，当时韩国政府实行双重农业价格以保障农村家庭的收入。韩国政府从农场主手中高价购买大米，并以低价卖给城市中的低收入家庭。1971年，韩国政府实行了新农村改革。这一改革旨在提高农村人口的收入和整体生活状况。韩国政府也试图控制低收入家庭生活必需品的价格，尤其针对煤块、面条、公交车票价、公共设施、鞋子，甚至咖啡等产品实行价格控制。

正确的战略和正确的结构

最后，概括一下韩国经济成功的主要原因：它有正确的战略和实施战略的正确制度。哈佛大学商学院布鲁斯·斯科特（Bruce Scott）教授在20年来一直是国家经济战略比较研究领域的领军人物。他这样说道：

> 所有经济表现好的国家，其储蓄率和投资率都占该国国内生产总值的30%。这种高水平的资源调动显然需要牺牲短期消费和短期生活水平。这些国家似乎拒绝了亚当·斯密的基本原理，即生产的唯一目的是消费。这些国家认同这样一种观点：生产的对等或高于生产的目标，是通过经济实力实现政治平等。它们本质上拒绝了消费者导向的经济战略观念，而支持生产者导向的观念。

此外，斯科特发现，韩国和其他亚洲新兴国家一样，不愿意将本国的未来及商务企业交给自由市场。韩国的政策制定者们拒绝全盘遵守西方新古典主义经济学理论。正如道格拉斯·诺斯（Douglas North）在1993年接受诺贝尔经济学奖时所说："在分析和制定刺激发展的政策方面，新古典主义经济学理论还远远不够。该理论主要涉及市场化运作，而非市场如何发展。"

诺斯进一步表明，"新古典主义经济学家所采用的方法陈述了经济的主要问题，并对于理解经济如何发展产生影响。"他们的理论认为：

> 用优雅的数学公式所建立的最原始模型拟合了无摩擦的静态世界……当该模型被用来解释经济史和经济发展时，侧重的是技术发展和近期人力资本投资，但其忽略了制度本身的激励结构（例如，政府和企业）。这种结构决定了社会对这些要素的投资。在对不同时期的经济发展情况进行分析的过程中，该模型存在两个方面的错误假设：(1) 不考虑制度，(2) 不考虑时间。

因此，许多韩国经济发展的计划者理所当然地认为西方的经济理论不实用。但问题在于，不论是他们，还是他们在其他亚洲国家的伙伴，都不愿意对他们所实施的颇有成效的行为提供理论依据。因此，尽管旧理论与之毫不相关，但也会被硬拉出来解释经济现象。

提出这种理论的第一步，是揭示该理论对于人类价值和社会所做出的与西方新古典主义经济学理论截然不同的假设。这种假设既是西方新古典主义经济学理论的基石，也为解释韩国战略实践和亚洲奇迹提供基础。再次引用道格拉斯·诺斯的表述：

> 要建设性地探索人类学问的本质，就必须消除经济理论的经典假设。历史表明，观念、意识形态、神话、教条和偏见都很重要。而理解它们的演变途径，是进一步诠释社会变革框架的前提。（新古典主义经济学理论的）理性选择框架假设个人知道他们自己的利益，并参照自利准则采取相应行动。在一个高度发展的现代化市场经济中，这种做法对于个人而言或许有章可循，但在不确定的经济环境中做选择，这种前提假设明显是错误的。

例如，针对韩国在过去几十年的发展，他可能会做出上述补充说明。

□ 韩国经济学家们的问题

对于在过去数年中探索韩国战略演变进程的研究者们，下文给出了一些评价：

1. 许多在美国接受教育的韩国经济学家相信，教科书上适用于美国的经济学原理能够被直接应用于韩国。然而，许多杰出的美国经济学家认为，这种想法存在一些严重缺陷。例如，诺贝尔经济学奖得主劳伦斯·克莱因（Lawrence Klein）认为：

> 阐述经济学原理的教科书通常先将美国看作封闭经济体，紧接着用国际贸易和收支来修正该经济体。这容易让人误入歧途，甚至彻底坠入谬误。出口、进口、汇率的决定，以及资本流动应该在授课的第一天就被融入一个完整体系中。而美国的经济应该被视为开放经济进行讨论。

2. 韩国经济学家，尤其是宏观经济学家建议国家完全依靠货币政策和财政政策管理经济。但是克莱因警示道：

> 在宏观经济学领域，公开层面的政策决定受到财政政策和货币政策等方面因素的限制，但总体上的决定不足以指导复杂的现代经济。供给侧政策（有时也叫结构性政策）非常有必要。这些政策涉及农业、能源、研究与开发、工业、收入分配、社会福利、自然调节行业、人口统计、岗位培训和一些其他领域。在当前环境中，供给侧政策指调节生产、成本、科技和组织效率之间经济关系的政策。当前一些供给侧经济学家们流行的观念纯粹只是与减税和消除政府管制挂钩。这里所指的供给侧政策不能与之混淆……

韩国的经济学家们经常说政府应该废除工业和其他领域的政策，甚至否定日本工业政策对日本工业化所做出的贡献。当然，这其中存在矛盾。美国经济学家对日本工业政策的看法分为三派。第一派同意大多数日本经济学家的观点，认为工业政策对日本发展有着实质性推动作用。第二派认为日本工业政策在日本发展进程中扮演负面角色。第三派是中立的，立场不明确。在美国接受过教育的韩国经济学家也因师从不同美国经济学家而分为与美国相同的三派。

3. 韩国的微观经济学教科书几乎都围绕着成本曲线和其他曲线展开讨论，未曾提及一些核心问题，如产业政策、商务集团或财团、贸易公司、企业的多样化、战略联盟等。一些教材至今认为商务团体对经济不利。然而，我们需要明白，韩国经济自1970年以来经历了全球最迅速的增长。在过去几十年间，韩国经济年平均增长率超过7%。这种长期的快速增长在很大程度上得益于韩国商务团体的发展。这些团体在经济中扮演重要角色，而且在早期发展阶段，这些团体也是其他发展中国家的模范。哈佛大学商学院的詹姆斯·E. 奥斯汀（James E. Austin）写道：

> 商务团体的社会凝聚力、庞大的机构和多样化的活动，使其在转移和利用各类资源（尤其是对于信息、资金和管理技能的利用）和市场输出方面达到规模经济，并有能力与政府和其他行业相关方讨价还价。

奥斯汀认为，商务团体是"不发达国家独具特色的环境在商务组织上的体现"，同时是"克服市场失灵做出的重要努力"。他强调不发达国家的商务团体主要发挥5种作用：收集和使用信息、操控资金流向、使用管理资源、市场输出、强化谈判能力。

近年来，韩国最大的公司是三星通用贸易公司（Samsung General Trading Company）。日本通用贸易公司（Japanese General Trading Company）是全球第四大集团，韩国的三星通用贸易公司模仿其日本竞争对手。

韩国商务团体与美国经济背道而驰。美国经济既鼓励相同行业间企业的竞争，也鼓励企业间进行跨行业竞争。在韩国，商务团体由不同行业的公司组成。因此，韩国商务团体有利于联合经济发展所需的行业。韩国的经济学家应该重新编写能够解释韩国成就的教材吗？

4. 许多韩国经济学家属于货币主义学派，认为管制货币供给是控制通货膨胀的唯一途径。管制货币供给无疑是控制通货膨胀的重要因素之一，但为何他们要排除其他政策？例如，提高生产能力，通过谨慎利用资源以节约成本，以及改善基础设施和营销设备。发展中国家的通货膨胀更多由实体部门的发展瓶颈引起，而非货币部门。在此，本书有必要再次引用劳伦斯·克莱因的话：

> 我认为货币主义从本质上讲是有缺陷的。将货币政策当作教条主义政策手段使用是非常危险的。但我现在认为，货币部门的确存在问题。货币问题不能囊括一切，但的确难逃干系。

经济学作为一门学科，需要被大刀阔斧地修改才能解释亚洲经济实践。在英国的皇家经济协会（Royal Economic Society）和《经济学杂志》（*Economic Journal*）的100周年纪念会上，皇家经济协会和《经济学杂志》邀请了22名经济学家展望"未来100年的经济"，其中包括诺贝尔经济学奖获得者詹姆斯·布坎南（James Buchanan）和米尔顿·弗里德曼（Milton Friedman）。讨论的结果集结成《未来经济学》(The Future of Economics)一书出版。例如，在论文《面向新经济学：未来在眼前》(Toward a Newer Economics: The Future Lies Ahead)中，威廉·J. 鲍莫尔（William J. Boumol）认为，宏观经济是短期导向的，强调经济增长和生产力研究的重要性，"……现在，比国家财富增长更重要的领域为数不多"。

许多经济学家将经济与企业管理分割开讨论。但是令世界经济日益成为整体的跨国公司的发展使得经济和企业管理更加息息相关。由于贸易、投资、信息、资本和人才跨国界的流动日益增强，经济学家需要拓宽研究范围。在《超越地平线的经济》(Economics beyond the Horizon)一文中，贾格迪什·巴格沃蒂（Jagdish Bhagwati）写道："经济问题最近开始延伸至政治学、心理学、社会学和哲学领域。"

约翰·K. 加尔布雷斯（John K. Galbraith）在论文《下个世纪的经济学》(Economics in the Century Ahead)中写道："宏观经济学和微观经济学在公共政策中完全分裂的关系是当代经济更为严重的误区之一。"

5. 韩国公司和盎格鲁-撒克逊公司有着很大不同。鲜京集团（SK）以和谐的劳工关系著称。集团将其所有员工都视为其组织的一部分。鲜京集团是韩国第五大商业集团，1995年的销售额约为40亿美元。20世纪70年代，鲜京集团从政府手中购买了韩国石油（Korea Oil）公司，但它没有裁掉韩国石油公司2 000名员工中的任何一人。至20世纪80年代初，韩国石油公司依旧是韩国最大的公司。最近鲜京集团从韩国政府手中购买了韩国移动通信（Korea Mobile Telecommunication）公司。同样，鲜京集团保留了韩国移动通信公司近2 000名员工的工作岗位。鲜京集团创始人称，他绝不解雇韩国移动通信公司的任何一名员工。

6. 现在看来，韩国公司具有竞争力的重要原因有目共睹，韩国公司为员工提供劳动保障、资历薪资制度和企业工会。为使短期利润最大化，韩国石油公司和鲜京集团本可以解雇一些员工，但它们没有这么做，而是将增长最大化置于利润最大化之上。

7. 瑞士管理发展国际协会（International Institute for Management Development in Switzerland）自20世纪80年代开始发行《世界竞争力报告》（World Competitiveness Report）。报告指出，公司的国籍不同，公司的目标也各不相同，如表4所示。

表4　　　　　　　　　　不同国籍公司的目标

目标	国籍
市场利润	盎格鲁-撒克逊国家
股份	日本
增长	韩国和新兴工业化国家
持久	欧洲国家

韩国的大多数经济学教科书假设或事实上认为，韩国公司的目标与美国公司相同。但韩国公司为了最大化生产而大量借贷，导致高负债率，这种行为在美国管理者看来是不理性的。

许多韩国商务团体也干劲十足地试图多样化拓宽其经营范围以加速增长。但是韩国商务团体经营的多样化被韩国学者视为"自杀式"扩展。他们似乎认为,多样化经营应该被不遗余力地制止。大多数困惑都源自对韩国公司目标的误解。

8. 韩国消费者和美国消费者的行为也有一些不同。对于许多韩国父母而言,孩子的教育几乎是生死攸关的大事。这意味着他们将资源分配给了教育、家庭福利和集体。韩国社会与日本社会一样,是一个"网络社会"。大多数韩国人在集体组织上倾注大量时间和金钱。正如莱斯特·瑟罗(Lester Thurow)所指出的:"日本经济和韩国经济是由生产者主导的,因此与美国的消费者导向型经济截然不同。"

韩国的经济学家是否应该认识到,他们国家的实际情况与美国等西方国家不同,从而不能将这些理论随意应用于韩国实践呢?这一观点是否也对世界银行的计划者们有用?如果有用,那为什么实施起来如此困难?

案例讨论问题

1. 韩国的社会环境,尤其是文化环境,如何影响韩国的经济政策?
2. 国际环境中的什么因素对韩国经济有着重要影响?韩国采取了什么经济政策来应对这些国际因素?
3. 韩国战略在什么方面与日本不同?这些不同之处对韩国有何影响?
4. 韩国政府和企业与典型西方经济中的政府与企业的角色有什么不同?这些不同如何影响韩国的经济发展?
5. 列举韩国财阀和西方企业的一些不同之处。这些财阀在韩国经济增长过程中扮演着什么角色?
6. 目前的韩国面临什么样的经济问题?如果你是韩国政府的经济顾问,那么你会提出什么建议来促进韩国经济的发展和稳定?

资料来源

1. Alice Amsden, Lecture, Harvard Institute for International Development, October 19, 1995.
2. Bruce R. Scott, "Economic Strategies: A Framework of Analysis," in *Economic Strategies of Nations*, forthcoming.
3. Bruce R. Scott, *Economic Strategy and Economic Performance*, HBS Case No. 792 - 086, pp. 5 - 6.
4. Byung-Nak Song, *The Rise of the Korean Economy* (New York: Oxford University Press, 1994), p. 179; Republic of Korea/National Statistical Office, Social Indicators in Korea, 1994.
5. Chung-Hee Park, *The Country, The Revolution and I* (Seoul: Hollym Co., 1963).
6. David Ricardo, *Principles of Political Economy and Taxation* (London: Everyman), 1995, p. 81; Bruce R. Scott, *Economic Strategy and Economic Performance*, HBS Case No. 792 - 986, 1992, p. 6.
7. "Economic Performance Through Time," *The American Economic Review* (June 1994).
8. *Emerging Patterns of Innovation: Sources of Japan's Technological Edge* (Boston: Harvard Business School Press, 1995).
9. Fernand Braudel, *Civilization and Capitalism, 15th -18th Century: The Perspective of the World* (Berkeley: University of California Press, 1992).
10. George C. Lodge, *Managing Globalization in the Age of Interdependence* (San Diego:

Pfeiffer, 1995).

11. James E. Austin, *Fortune*, August 7, 1995.
12. James, E. Austin, *Managing in Developing Countries: Strategic Analysis and Operating Techniques* (New York: The Free Press), 1990
13. John D. Hey, ed., *The Future of Economics* (Oxford: Blackwell Publishers, 1992).
14. Michael Porter, *Capital Choices: Changing the Way America Invests in Industry* (Washington, D.C.: Council in Competitiveness, 1992).
15. Morton Abramowitz, "An Outlook on Democracy in Asia," *Vital Speeches of the Day*, September 15, 1995.
16. "My Professional Life Philosophy," in Michael Szenderg, ed., *Eminent Economists: Their Life Philosophies* (New York: Cambridge University Press, 1992).
17. Myung-Sook Kim, "Study on Public Expenditures on Education," *Korea Development Review*, December 1986.
18. OECD, The Industrial Policy of Japan (Paris: OECD, 1972).
19. The World Bank, *The World Development Report 1995* (New York: Oxford University Press, 1995).
20. Tu Wei-Ming, "A Confucian Perspective on the Rise of Industrial East Asia," *The American Academy of Arts and Sciences Bulletin*, Vol. 62, No. 1, October 1988.
21. 了解亚洲新兴国家的行为与传统经济思想相冲突的相关讨论，请参考 *The East Asian Miracle: Economic Growth and Public Policy* (New York: Oxford University Press, 1993).

罗技公司

罗技（Logitech）公司是世界上最大的鼠标生产商，是当代跨国公司的缩影。该公司由两个意大利人和一个瑞士人于1981年在瑞士阿普勒共同创立。现在罗技公司每年创造15亿美元以上的销售额，这些销售额大多来自鼠标、键盘和成本低于100美元的低成本摄像头。罗技公司以科技发明者的形象闻名于竞争激烈的个人电脑外部设备商务领域，是首家在鼠标中使用红外线追踪技术而不使用滚球技术的公司，同时是首家推出无线鼠标和键盘的公司。罗技公司以其持续的创新、高度的品牌认知度和强大的零售业务拉开了自身与竞争对手的差距。消费者不太熟知但同样重要的是，罗技公司形成了其全球价值链，同时利用差异化维持了资产的价值。

如今，罗技公司依旧在瑞士从事基础性开发与研究工作（主要是软件程序），有员工200人。事实上，该公司在法律上属于瑞士，但公司总部位于加利福尼亚州的弗里蒙特市，毗邻美国许多高科技公司，有员工450人。一些研发工作（主要是软件程序）也在弗里蒙特市进行。然而最重要的是，其在弗里蒙特市的总部是公司进行全球营销、融资和物流运营的总部。公司产品的人类工程学设计——外观和感觉——由爱尔兰的设计者完成。公司的多数产品都在亚洲生产。

罗技公司在亚洲的生产始于20世纪80年代末，当时该公司的多数鼠标还在美国生产。罗技公司试图争取两大当时最具盛名的原装设备制造客户——苹果公司和

IBM公司，这两家公司当时都从阿尔卑斯（Alps）株式会社——日本的一家向微软供应产品的大型供应商购买鼠标。罗技公司为了吸引像苹果公司一样目光敏锐的顾客，不仅需要具备低成本批量生产的能力，而且需要提供设计更优良的产品，其解决办法是：在中国台湾生产。成本是一方面因素，但并不如预期重要，因为中国台湾生产鼠标的直接劳动力成本仅是罗技公司鼠标总成本的7%。中国台湾是零部件、高质量工人和高速扩张的电脑产业的绝佳供应基地。为了激励缺乏经验的创新者，中国台湾成立了科学工业园区，坐落于新竹市，预计耗资约200 000美元即可入驻。罗技公司不愿错失天赐良机，便签署了租赁协议。很快，罗技公司与原装设备制造客户苹果公司订立供应合同，中国台湾工厂开始生产公司销往美国的产品。之后，中国台湾工厂也开始为罗技公司提供其他原装产品制造服务，总生产能力提升至每年1 000万个鼠标。

到20世纪90年代末，罗技公司需要提高生产力。这一次，罗技公司开始瞄准中国苏州。如今，罗技公司大量的各类零售商品生产都在中国苏州完成。例如，罗技公司销量最大的产品，一款名为万达（Wanda）的无线红外线鼠标在中国苏州罗技公司旗下的工厂组装。该工厂有4 000名员工，大多数女性员工来自安徽的贫困农村地区，如18岁的女员工王艳。王艳月薪75美元。她的工作是整天坐在传送带旁边往电路板中插入3块小金属块，每天需要重复2 000次。王艳组装的鼠标以40美元的价格被销往美国。在这40美元中，罗技公司获得8美元，这8美元用于支付研发、营销和公司开销，剩下的部分归属公司股东。世界各国的分销商和零售商获得15美元。万达零部件制造商获得14美元。例如，一家在马来西亚的摩托罗拉工厂生产鼠标芯片，另一家中国公司安吉伦（Agilent）公司从菲律宾的生产工厂供应光学传感器。最后的3美元则属于这家位于中国的组装工厂，这3美元包括薪资、供电、交通和其他开销。

罗技公司不是唯一一家挖掘中国产品生产能力的公司。中国商务部数据显示，在中国高科技产品出口中，有3/4由外国公司生产。中国前10大出口商包括在中国经营的美国公司，如摩托罗拉和电脑磁盘驱动器生产商希捷技术（Seagate Technologies）公司。英特尔公司每年在中国生产约5 000万块芯片。大多数芯片最终都被用于生产电脑，其余产品则被出口至亚洲其他地区或销回美国。但是英特尔公司在中国上海的工厂并不生产芯片，而是检测和组装国外（一般是美国）生产的硅片。中国生产的附加值少于5%，英特尔公司在美国运营的公司则获得大部分利润。

案例讨论问题

1. 在一个没有贸易的世界，美国消费者应该向罗技公司的产品支付多少费用？
2. 请解释贸易如何降低电脑外部设备，如鼠标和键盘的生产成本。
3. 运用比较优势理论解释罗技公司如何形成其全球业务。为什么该公司在中国生产，在美国加利福尼亚州和瑞士研发，在爱尔兰设计，并在美国加利福尼亚州协调营销和运作？
4. 哪一方为罗技公司创造了更多价值？是罗技公司在美国弗里蒙特市和瑞士的650名员工，还是罗技公司在中国工厂的4 000名员工？对于主张自由贸易有利的观点而言，这一现象有何潜在深意？

5. 为什么罗技公司要将其公司总部从瑞士迁往美国弗里蒙特市？

6. 波特的钻石模型在何种程度上能够解释罗技公司选择中国台湾作为主要生产基地的决策？

7. 为什么中国是备受青睐的高科技产品生产活动基地？中国在全球贸易中日益增强的参与性对中国有何益处？这对世界发达经济体有何益处？将工作迁往中国有什么潜在风险？

资料来源

1. A. Higgins, "As China Surges, It Also Proves a Buttress to American Strength," *The Wall Street Journal*, January 30, 2004, pp. A1, A8.
2. J. Fox, "Where Is Your Job Going," *Fortune*, November 24, 2003, pp. 84-88.
3. K. Guerrino, "Lord of the Mice," *Chief Executive* 190 (July 2003), pp. 42-44.
4. V. K. Jolly and K. A. Bechler, "Logitech: The Mouse That Roared," *Planning Review* 20 (6) (1992), pp. 20-34.

第四部分

全球货币体系

第九章 外汇市场

学习目标

学完本章后，你应该能够：

1. 熟悉外汇市场的功能；
2. 了解什么是即期汇率；
3. 理解远期汇率在规避外汇风险中的作用；
4. 了解不同的货币汇率决定理论和它们的优点；
5. 熟悉不同汇率预测方法的优点；
6. 理解交易敞口、转换敞口和经济敞口的区别，以及管理者应当如何处理每一种风险。

● 开篇案例：韩国现代和起亚面对强势的韩元

很多年来，韩国增长速度最快的汽车制造商现代（Hyundai）及其子公司起亚（Kia）从出口导向型增长中受益良多。现代汽车总产量的60%，以及起亚汽车总产量的80%都被出售给了国外市场，特别是在不断占据美国的市场份额——这两家公司在2009年瓜分了美国7.4%的汽车市场。现代汽车和起亚汽车在国外市场中的成功被归功于其良好的产品质量、合理的设计，以及极具竞争力的价格。在美国和欧洲市场，现代汽车和起亚汽车的定价都低于两个市场本国厂商的价格，也低于日本厂商的价格，例如丰田和本田。虽然低价策略使得这两家关系紧密的公司的国外销售额增加，却使得它们每辆车的利润很低，低到在美国售出一辆车的利润率只有3%。这使得它们对韩元兑美元的汇率变动很敏感。

2006年，韩元兑美元的汇率上升7个百分点。韩元的走强意味着当现代汽车和起亚汽车在美国用美元出售后，其收入被兑换为韩元后的价值更低，这影响了两家公司的财务绩效。尽管在2006年，汽车的销售量上升了，但是现代汽车的利润下降了35%，起亚汽车的利润则下降了94%。起亚汽车于2006年在美国每销售15辆汽车的收入和利润与其在2005年销售14辆汽车时相等。如果韩元兑美元汇率持续上升,很多分析家预测,现代汽车和起亚汽车也许会被迫放弃它们的低价策略,并在美国汽车市场上涨价。

韩元兑美元及韩元兑其他主要货币汇率持续上升的可能性同样促进了韩国对外产出的增长。2005年,现代在美国亚拉巴马州的蒙哥马利县建立了它在美国的第一个汽车工厂,而最近起亚宣布将在附近建立一个发动机工厂。它们都通过在美国扩张生产来应对不利的货币价值变动。位于美国的佐治亚州的韩国制造工厂于2006年破土动工,并于2009年年初投产。①

引言

现代及其子公司起亚像全球经济中的大部分企业一样,深受外汇市场中货币价值变动的影响。正如本章开始的案例所述,韩元的走强使得这两家公司在美国销售汽车更难获利,迫使它们重新考虑长期以来实施的低价策略。因此可见,外汇市场发生的变化能对企业的销售、利润及策略产生根本影响。因此对于管理者来说,理解外汇市场的运作方式和汇率变动对企业的潜在影响很重要。基于这两点,本章主要有以下目标。第一,解释外汇市场是如何运作的。第二,考察决定汇率的因素,并讨论对未来汇率走势的预测。第三,仔细研究汇率变动对国际商务的影响。本章将第一次讨论国际货币体系及其与国际商务的关系。在下一章,我们将继续探索国际货币体系的组织结构。国际货币体系的组织结构是外汇市场发挥作用的条件。正如我们所看到的,国际货币体系的组织结构发生的变化,会对外汇市场的发展产生深远影响。

外汇市场(foreign exchange market)是一个将一国货币兑换成另一国货币的市场。**汇率**(exchange rate)是将一种货币兑换为另一种货币的比率。例如,起亚可以将其在美国市场出售汽车赚取的美元通过外汇市场兑换为韩元。如果外汇市场不存在了,那么我们今日所见的如此大规模的国际贸易和国际投资也将不存在,企业将被迫采取以物易物的方式进行贸易。外汇市场是交易的润滑油,使得不同国家的企业可以用不同货币相互交易。

通过之前所学章节的内容,我们了解了国际贸易和国际投资是有风险的,正如"开篇案例"中所说明的那样,风险是由不能精确预测未来汇率造成的。将一种货币兑换成另外一种货币的比率随着时间的变化而变化,例如,在2005年年末,1美元可以兑换1 050韩元,但在2006年只可以兑换920韩元,美元对韩元的价值下降使得现代汽车和起亚汽车这些在韩国生产的商品在美国的价格上升,而美国的商品在韩国更便宜,汇率的变化损害了韩国出口厂商的盈利能力。外汇市场的一大功能就是规避因为汇率不稳定而产生的风险,一般被称为外汇风险。虽然外汇市场提供了对外汇风险的一些保障,但它并不能提供完全的保护。在国际商务中,因为无法预测汇率变动而遭受损失的情况并不少见。货币汇率的变动会使本来有利可图的贸易

---

① Evan Ramstad, "Won's Rise Hurts Korean Car Makers," *The Wall Street Journal*, December 13, 2006, p. B3.

和投资变得无利可图，反之亦然。

我们将先探究外汇市场的功能和形式，其中包含即期汇率、远期汇率和掉期之间的区别。接下来我们将考察决定汇率的因素，也将研究当一国货币无法与其他货币兑换，即当货币不可自由兑换时，该如何展开外贸。本章结尾将讨论上述内容对商务活动的影响。

外汇市场的功能

外汇市场主要有两大服务功能：其一是将一国货币转换为另一国货币，其二是对不可预测的汇率变化所带来的负面后果，即**外汇风险**（foreign exchange risk）提供一些保护。①

货币兑换

每个国家都有一种货币用来对货物和服务报价。美国的是美元（$），英国的是英镑（£），法国、德国和欧元区的其他成员使用的是欧元（€），日本是日元（¥），诸如此类。通常来说，在某个国家的边境内必须使用该国的法定货币。一位美国游客不能直接走进一家位于苏格兰爱丁堡的商店用美元购买一瓶苏格兰威士忌，因为美元在苏格兰不是法定货币，这位游客必须使用英国英镑。幸好这位游客可以前往银行将她的美元换成英镑，这样就可以购买苏格兰威士忌了。

当一位游客将一种货币兑换为另外一种货币时，他就参与了外汇市场交易。汇率是将一种货币兑换为另外一种货币的比率，例如，一种汇率是€1＝$1.30，就是指1欧元可以兑换1.30美元。汇率使我们可以对比不同国家之间货物和服务的相对价格。当美国游客想要在爱丁堡购买一瓶苏格兰威士忌时，可能发现她需要为这瓶威士忌付30英镑，而她知道同样一瓶酒在美国需要45美元，那么这笔交易是否划算呢？假设此时英镑兑美元的汇率是1英镑可以兑换1.80美元，这名游客掏出计算器，将30英镑兑换成美元。她惊奇地发现，在苏格兰买这瓶威士忌相当于花了54（＝30×1.8）美元，在美国的价格比在苏格兰的低（因为英国对酒精征税高）。

游客在外汇市场的参与度很低，从事国际贸易和国际投资的公司参与了外汇市场中的大部分活动。国际商务对外汇市场的需求主要体现在以下4个方面：第一，企业从出口、国外投资及与外商签订许可协议中获取的收入可能是外国货币，为了在本国使用这些资金，公司必须将其兑换成本国货币。当苏格兰的酿酒厂将生产的威士忌出口到美国时，酿酒厂得到的报酬是美元，但这些美元不能在英国使用，因此这些美元就必须被兑换成英镑。同样，当起亚在美国销售汽车得到美元后，它必须将美元兑换成韩元才能在韩国使用。

---

① 关于外汇市场的一般介绍可参考 R. Weisweiller, *How the Foreign Exchange Market Works*（New York: New York Institute of Finance, 1990）。关于外汇市场的详细描述可参考 P. R. Krugman and M. Obstfeld, *International Economics: Theory and Policy*（New York HarperCollins, 1994）。

第二，当企业在国际商务中必须用其他国家的法定货币对该国产品和服务进行支付时，则需要外汇市场。比如，戴尔向马来西亚厂商购买了很多电脑零部件，必须用马来西亚的法定货币林吉特支付，所以戴尔必须将美元兑换成林吉特，然后支付给该马来西亚厂商。

第三，当国际企业有闲置资本并希望在金融市场做短期投资时，则需要利用外汇市场。例如，假设一家美国企业有1 000万美元想做3个月投资，在美国投资可获得的最高利息率是4%，然而在韩国市场可能获得的利息率是12%，那么这家美国企业可能将这1 000万美元兑换为韩元在韩国投资。但要注意的是，从这次投资中赚取的回报率不仅和韩国的利息率有关，还与这段时间韩元兑美元汇率走势的情况有关。

第四，货币投机是对外汇市场的另外一种运用。**货币投机**（currency speculation）是典型的在短期内将资金从一种货币兑换为另一种货币，并寄希望于通过汇率波动来谋取利润的行为。同样，一家美国企业有一笔1 000万美元的资金，并希望投资3个月，假设这家公司预计美元相对日元的价值被高估了，即这家企业预期美元将贬值。假定当前美元兑日元的汇率为1美元兑120日元，那么这家企业将1 000万美元兑换成日元可得12亿（＝10 000 000×120）日元。在接下来的3个月里，美元相对于日元贬值到1美元兑100日元。这家公司到期将它拥有的12亿日元兑换为美元，发现此时它拥有1 200万美元。通过货币投机，这家企业在3个月里用最初的1 000万美元获得了200万美元的利润！然而，一般来说企业必须知道，根据定义投机是风险巨大的活动，因为企业无法确定汇率在未来的走向。如果对未来货币走势的推算正确，那么投机者将获得丰厚的利润；当然，他也可能因为错误的投机而遭受损失。

□ 为外汇风险提供保障

外汇市场的第二项功能是为外汇风险提供保障。外汇风险指未来汇率不可预见的变动可能给企业造成负面影响。企业在外汇市场上规避外汇风险的行为叫对冲。为了解释市场如何执行这项功能，我们必须先区分即期汇率、远期汇率及掉期。

即期汇率

当双方同意相互交换货币并立即执行时，这样的交易就被称为即期交易。这种"当场"交易中的汇率就被称为即期汇率。**即期汇率**（spot exchange rate）指在特定日期将一种货币转换成另一种货币时所使用的汇率。因此，在爱丁堡旅行的美国游客到银行将美元兑换成英镑时，使用的汇率就是那一天的即期汇率。

即期汇率在许多金融网站上都是实时更新的。2009年2月18日下午1：22纽约外汇交易市场上美元相对其他货币的价值如表9.1所示。即期汇率有两种表示方法：1单位本币所能兑换的外汇数目，或者1单位的外汇需要多少本币。2009年2月18日下午1：22，1美元可以兑换0.795 4欧元，而1欧元可以兑换1.257 2美元。

表 9.1　纽约外汇交易市场上美元相对其他货币的价值（2009 年 2 月 18 日下午 1:22）

最后一笔交易	主要货币汇率						
	美元	日元	欧元	加拿大元	英镑	澳大利亚元	瑞士法郎
1 美元	1.000 0	92.355 0	0.795 4	1.264 1	0.703 4	1.573 6	1.173 6
1 日元	0.010 8	1.000 0	0.008 6	0.013 7	0.007 6	0.017 0	0.012 7
1 欧元	1.257 2	116.114 0	1.000 0	1.589 3	0.884 3	1.978 4	1.475 5
1 加拿大元	0.791 1	73.059 9	0.629 2	1.000 0	0.556 4	1.244 8	0.928 4
1 英镑	1.421 7	131.290 0	1.130 8	1.797 1	1.000 0	2.237 1	1.668 5
1 澳大利亚元	0.635 5	58.690 3	0.505 5	0.803 3	0.447 0	1.000 0	0.745 8
1 瑞士法郎	0.852 1	78.693 8	0.677 7	1.077 1	0.599 4	1.340 8	1.000 0

资料来源：雅虎财经

即期汇率不断变化，经常是以分钟为单位变化（虽然在这么短时间内的变化幅度很小）。一种货币的币值是由该货币的供求和另一种货币供求的相互作用决定。例如，如果很多人想要美元，而此时美元短缺，同时没什么人需要英镑，英镑的供给过剩，则美元兑英镑的即期汇率就会发生改变。美元兑英镑的即期汇率很可能上升（或者英镑兑美元的汇率下降）。假设当外汇市场开市时的即期汇率是 1 英镑兑 2 美元，随着时间的推移，外汇交易商需要更多美元，而不是英镑。当一天结束后，即期汇率可能是 1 英镑兑 1.98 美元，即 1 英镑兑换的美元将比开市的时候更少。美元兑英镑汇率上升，而英镑兑美元汇率下降。

远期汇率

即期汇率的变化会给国际商务带来问题。例如，一家美国企业从日本进口电脑，并要在货船到达的 30 日内向日本供货商支付日元。这家公司将为每台电脑向日本供货商支付 200 000 日元，此时美元兑日元的即期汇率为 1 美元兑 120 日元。在该汇率下，进口商每台电脑花费 1 667（=200 000÷120）美元。进口商知道在交货那天，每台电脑将以 2 000 美元的价格被出售，每台电脑的利润为 333（=2 000－1 667）美元。然而，进口商在这批电脑被全部销售完之前没有将货款支付给日本供货商。假设在接下来的 30 天里，美元出乎意料地对日元贬值，假设 1 美元兑 95 日元，进口商仍然需要为每一台电脑向日本供货商支付 200 000 日元，但是按美元计算，这相当于每台电脑 2 105 美元，高于其在美国销售电脑的价格。美元兑日元的汇率从 1 美元兑 120 日元下降到 1 美元兑 95 日元后，一项利润丰厚的交易就变得无利可图了。

为了规避或对冲这种风险，美国进口商可以参与远期外汇交易。**远期外汇**（forward exchange）交易指交易双方同意兑换货币，并在未来某个特定时间点执行的交易，适用于这种远期外汇交易的汇率就被称为**远期汇率**（forward exchange rate）。对于大多数主要货币来说，远期汇率有未来 30 天、60 天、90 天和 180 天的。在某些情况下，可能还有未来几年后的远期汇率。回到电脑进口商的例子中，我们假设美元兑日元的 30 天的远期汇率是 1 美元兑 110 日元，进口商按此汇率同外汇交易商达成 30 天远期外汇交易，这就保证了进口商对每台电脑的支付不超过 1 818（=200 000÷110）美元，也就保证了每台电脑 182（=2 000－1 818）美元的利润，同时保证了进口商不会因为美元兑日元不可预测的走势使本来有利可图的交易变得无利可图。

在这个例子中，即期汇率1美元兑120日元和30天的远期汇率1美元兑110日元不同。这种不同是正常的，这反映了外汇市场对远期货币变动的预期。在这个例子中，1美元的即期汇率比30天的远期汇率换回的日元更多，说明外汇交易商们预期在30天内美元兑日元的汇率将下跌。当这种情况发生时，我们称美元在30天的远期市场上对日元"贴水"，即比即期市场上的价值更低。当然，相反的情况也会发生。如果30天的远期汇率为1美元兑130日元，那么用远期汇率1美元可以比用即期汇率换回更多的日元。在这种情况下，我们称美元在30天的远期市场上对日元"升水"。这表明外汇交易商们预期美元在30天内相对日元升值。

企业签订远期外汇合同是为了规避远期汇率变动使交易变得无利可图的风险。虽然有很多企业定期签订远期外汇合同来对冲外汇风险，但还是有一些企业出于投机没有这样做。接下来的"聚焦管理"专栏讲述了大众汽车由于没有完全规避外汇风险而损失惨重的例子。

● 聚焦管理：大众汽车公司的长期保值策略

2004年1月，欧洲最大的汽车制造商大众汽车公司宣布，其2003年第4季度的利润下降95%，从10.5亿欧元下跌到只有5 000万欧元。2003年全年运营利润与2002年相比减少50%。虽然利润的骤跌是由很多原因共同造成的，但有两点值得特别关注——2003年欧元升值，以及大众汽车公司只对其30%外汇风险进行套期保值的决策，而不是以往对70%的外汇风险进行套期保值操作。由于上述情况，据估计大众汽车公司运营利润总共减少约12亿欧元。

2003年欧元升值让许多公司大吃一惊。自从欧元在1999年1月1日成为欧盟12个成员的法定货币后，欧元和美元的交易走势就没有停止过波动。欧元兑美元的汇率在1999年年初为1欧元兑1.17美元，但是在2000年10月就下降到1欧元兑0.83美元。虽然在2002年年末，欧元兑美元的汇率恢复到了等价水平，即1欧元兑1美元，但几乎没有分析师预测到2003年欧元的价值会有急剧上升的过程。就如经常在外汇市场中发生的那样，专家出错了，2003年年末，欧元兑美元的汇率为1欧元兑1.25美元。

对于像大众汽车公司这样一家在德国本土制造汽车，然后出口到美国的企业来说，2003年美元相对欧元价值的骤跌是毁灭性的。为了理解这一点，我们假设大众汽车公司在德国的工厂向美国出口捷达汽车。大众汽车公司在德国生产一辆捷达汽车的造价为14 000欧元，然后捷达汽车被出口到美国的经销商处，售价为15 000美元。如果此时汇率在1欧元兑1美元左右，则在美国售出一辆捷达汽车可获得15 000美元，兑换成欧元为15 000欧元，此时大众汽车公司每售出一辆捷达汽车可盈利1 000欧元。然而一旦汇率在这一年中发生了变动，就像在2003年年末，1欧元兑1.25美元，那么每1美元的收入仅可以兑换0.80欧元，大众汽车公司的利润就会被压缩。当汇率为1欧元兑1.25美元时，大众汽车公司所得的15 000美元收入被兑换成欧元时仅值12 000（=15 000÷1.25）欧元，这意味着大众汽车公司每售出一辆捷达汽车就会蒙受2 000欧元的损失。

大众汽车公司可以通过在2002年年末从外汇交易市场购买一份汇率在1欧元兑1美元附近的远期合约来抵御汇率负面走势带来的风险（远期合约指给予合同的持有者在未来的某个时刻将一种货币按照预先规定的汇率兑换成另一种货币的权利）。这种购买远期合约避险的财务策略叫作套期保值，使得大众汽车公司可以在未来某个时点，比如180天后，将其在美国出售捷达汽车的所得按照1欧元兑1美元的汇率兑换成欧元，而不考虑当时的实际汇率是多少。2003年，像这样的策略对于大众汽车公司非常有用，然而套期保值也不是没有成本。其一，假设欧元没有像现实中那样升值，而是相对美元贬值，那么当大众汽车公司不进行套期保值时，卖出每一辆车获得的盈利则更多（2003年年末的1美元将会比2002年年末的1美元换得更多欧元）。其二，套期保值很贵，因为外汇交易商会对远期货币交易收取更多佣金，即使大众汽车公司在2003年只对30%的预售额进行套期保值，而不是过去的70%，也花费了超过10亿欧元的交易佣金。2004年，大众汽车公司宣布恢复对70%的外汇风险进行套期保值。[①]

掉期

以上关于即期汇率和远期汇率的讨论，可能会让你觉得远期外汇交易对从事国际商务的公司来说非常重要，你可能说对了。到2004年4月，所有可获得的最新资料都表明，在所有外汇交易中，远期外汇交易占65%，即期外汇交易占35%。[②] 然而，这些远期外汇交易中的大部分不是上述讨论的远期外汇交易，而是一种被称作掉期的更加复杂的外汇交易。

掉期（swap）指同时买进和卖出在两个不同计价日内的一定数量外汇的交易。掉期可以在国际公司和其银行之间，在不同的银行之间，以及在不同的政府之间进行，以便在一个有限的时间内将一种货币兑换成另一种货币，从而避免发生外汇风险。一种普通的掉期是即期对远期的交易。以苹果公司为例，苹果公司在美国组装笔记本电脑，但它的屏幕在日本生产，同时苹果公司也向日本出售笔记本电脑。苹果公司对日本同时有交易。假设苹果公司现在需要将100万美元兑换成日元支付给屏幕供应商，同时苹果公司知道，在90天后，日本供应商将向自己支付笔记本电脑货款1.2亿日元。苹果公司需要将这些日元兑换成美元在美国使用。假设当天的即期汇率为1美元兑120日元，而90天的远期汇率为1美元兑110日元，苹果公司将100万美元出售给银行，得到了1.2亿日元。苹果公司此时可以向日本供应商支付费用。同时，苹果公司进行90天的远期交易，将1.2亿日元兑换成美元。因此，在90天后，苹果公司将会收到109万（=1.2亿÷110）美元。由于日元在90天的远期交易市场上升值，苹果公司最后收到了比开始时更多的美元（虽然相反的情况也会发生）。掉期在被用于规避外汇风险时和传统远期交易一样重要：它确保苹果公司不受外汇风险影响。通过掉期，苹果公司今天就知道1.2亿日元的收入在90天后会等价于109万美元。

[①] M. Landler, "As Exchange Rates Swing, Car Makers Try to Duck," *The New York Times*, January 17, 2004, pp. B1, B4; N. Boudette, "Volkswagen Posts 95% Drop in Net," *The Wall Street Journal*, February 19, 2004, p. A3; "Volkswagen's Financial Mechanic," *Corporate Finance*, June 2003, p. 1.

[②] Bank for International Settlements, *Tri-annual Central Bank Survey of Foreign Exchange and Derivatives Market Activity*, *April 2007* (Basle, Switzerland: BIS, March 2007).

外汇市场的性质

外汇市场并不是固定在某处的市场，而是由银行、经纪人和外汇交易商通过电子通信系统形成的全球网络。当公司想要兑换货币时，通常通过自己的银行进行，而不是直接进入外汇市场。外汇市场迅速发展的步伐反映了国际贸易和投资总量的增长。1986年3月，平均每日国际贸易总量约为2 000亿美元。1995年4月，平均每日国际贸易总量超过12 000亿美元。2004年4月，平均每日国际贸易总量则达到1.8万亿美元。而到了2007年4月，平均每日国际贸易总量上升到3.21万亿美元。① 最重要的几大交易中心位于伦敦（占外汇交易总量的34%）、纽约（占外汇交易总量的16%），以及东京、苏黎世和新加坡（后3个市场每个约占外汇交易总量的6%）。② 主要的二级交易中心位于法兰克福、巴黎、中国香港和悉尼。

伦敦外汇交易所之所以占据外汇市场的主要份额，主要由其历史和地理因素决定。作为世界上第一个主要的工业贸易国家，伦敦在19世纪末成为世界第一的国际银行中心，这种中心地位一直延续到现在。伦敦外汇交易所东边有东京外汇交易所和新加坡外汇交易所，西边有纽约外汇交易所，这个位置使其成为东亚和纽约外汇市场之间的重要连接点。由于特定的时区差异，东京外汇交易所在晚上休市后不久，伦敦外汇交易所就开始了一天的交易，一直持续到纽约外汇交易所开市后的几个小时。③

外汇市场有几大特征需要特别注意。第一个特征是，外汇市场是一个不眠不休的市场，东京、伦敦、纽约这几个重要外汇市场一天内只有3个小时是同时关闭的，而在这3个小时内，其他地方特别是美国旧金山和澳大利亚悉尼等小外汇市场会继续进行交易。第二个特征是各大外汇市场的一体化，全球的外汇市场由高速运转的计算机连接起来，有效形成了一个统一市场。金融市场的一体化表明，各大外汇市场的汇率报价将不会有显著差别。举个例子来说，下午3点在伦敦外汇交易所，日元相对美元的报价为120日元兑1美元，而此时纽约（早上10点）外汇交易所日元相对美元的报价将是一致的。如果此时纽约外汇交易所日元相对美元的报价为125日元兑1美元，那么交易商可通过**套利**（arbitrage）赚取差价，即将货币低价买入，然后高价卖出。假设伦敦外汇交易所和纽约外汇交易所的汇率报价存在上述差异，纽约的交易商则可以用100万美元买入12 500万日元，接着立刻在伦敦外汇市场上将12 500万日元换成美元，从而得到104.67万美元，交易商从这笔交易中获得了4.67万美元的利润。然而，当所有交易商都试图利用这个机会牟利时，纽约外汇市场中对日元需求的上升将使日元兑美元的汇率上升，最后纽约外汇市场和伦敦外汇

---

① Bank for International Settlements, *Tri-annual Central Bank Survey of Foreign Exchange and Derivatives Market Activity*, April 2007 (Basle, Switzerland: BIS, March 2007).

② Bank for International Settlements, *Tri-annual Central Bank Survey of Foreign Exchange and Derivatives Market Activity*, April 2007 (Basle, Switzerland: BIS, March 2007).

③ M. Dickson, "Capital Gain: How London Is Thriving as it Takes on the Global Competition," *Financial Times*, March 27, 2006, p.11.

市场中汇率的差价会迅速消失。鉴于外汇交易商总是盯紧屏幕寻找套利时机，所以套利的时机很少，差价也很小，而且很快就消失了。

第三个特征是美元在其中起到重要作用。虽然外汇交易可能发生在任意两种货币之间，但在大部分交易中有一方是美元。即使外汇交易商想要卖出一种非美元货币，而买入另一种非美元货币时也是这样。举个例子，当外汇交易商要出售韩元，而买入巴西雷亚尔时，通常需要外汇交易商卖出韩元购入美元，再通过美元买入巴西雷亚尔。虽然这看起来有些画蛇添足，但这实际上比找一个手持巴西雷亚尔又想要购入韩元的人容易得多。因为在国际交易中，涉及美元的交易总量很大，因此可以轻而易举地找到想要将美元兑换成韩元或巴西雷亚尔的外汇交易者。

由于美元在外汇交易中具有中心作用，因此美元成为周转货币。2007年，美元参与了86%的外汇交易。除了美元，最重要的周转货币是欧元（37%）、日元（16.5%）及英镑（15%），这也反映了这些贸易体在世界贸易中的重要性。欧元取代德国马克成为世界第二大周转货币。英镑曾是仅次于美元的周转货币，但其重要性在近年下降了。尽管这样，伦敦依旧保持了其在全球外汇市场中的领导地位。

汇率决定的经济理论

从最基本层面来看，汇率由一种货币的供需相对另一种货币的供需决定。举例来说，如果美元的需求超过供给，而日元的供给超过需求，那么美元兑日元的汇率就会改变——美元相对日元将会升值，或者日元相对美元将会贬值。然而，仅仅用相对的需求和供给来解释汇率决定是肤浅的。这个简单的解释并没有告诉我们货币的供需由什么因素决定，也没有告诉我们美元的需求会在何时超过其供给（反之亦然），或者日元的供给何时会超过其需求（反之亦然），而且没有告诉我们一种货币在何种情况下需求上升或下降。本节将回顾能够解答这些问题的经济学理论，使读者对汇率决定有更深刻的认识。

一旦了解了汇率如何被决定，或许就可以预测汇率如何变动。因为汇率变动会影响出口机会、国际贸易及投资的利润，以及进口商品的价格竞争力，所以对于国际贸易来说，这是很有用的信息。可惜的是，对于汇率变动并没有一个简单的解释。决定汇率的因素很复杂，而且不存在理论上的统一，就算是每天研究汇率变动的经济学家们也无法得出统一结论。然而，绝大部分经济学理论都认同，对于一国货币来说，国家的通货膨胀、利率及市场心理对汇率变动有重要影响。[①]

☐ 价格和汇率

为了了解价格如何影响汇率变动，我们首先讨论被称为一价定律的经济学定理；接着探讨购买力平价理论，这个理论将两国货币汇率之间的变化与两国价格水平之

[①] M. Taylor, "The Economics of Exchange Rates," *Journal of Economic Literature* 33 (1995), pp. 13–47.

间的变化联系起来。

一价定律

一价定律（law of one price）表明，在没有运输费用和贸易壁垒（比如关税）的情况下，在竞争的市场中，当相同商品在不同国家出售，并且对这些商品以同一种货币计价时，其价格一定是相同的。[①] 例如，当英镑兑美元的汇率为 1 英镑兑 1.50 美元时，一件在纽约的售价为 75 美元的夹克在伦敦的售价应为 50（＝75÷1.05）英镑。假设这件夹克在伦敦的售价为 40 英镑（即 60 美元），贸易商可以在伦敦购买这件夹克，然后在纽约售出（一个套利的例子）。最后，这家公司在伦敦以 40 英镑（即 60 美元）的价格购买这件夹克，并在纽约以 75 美元卖掉，该公司在每一件夹克上赚取了 15 美元利润（假设不存在运输费用及贸易壁垒）。然而，对夹克需求的上升最终会使伦敦市场的夹克价格上升，而纽约市场上夹克供给上升也将使伦敦市场的夹克价格下降。这个过程将持续下去，直到两地价格相等。于是，也许在伦敦夹克的价格为 44 英镑（即 66 美元），而在纽约售价为 66 美元时，价格将达到均衡（假设汇率保持在 1 英镑兑 1.50 美元不变）。

购买力平价

如果一价定律对所有商品和服务都适用，那么从任意一组价格都可以发现购买力平价汇率。通过比较用不同货币计价的相同商品，有效市场将有可能确定"真正的"或符合购买力平价的汇率［**有效市场**（efficient market）指没有贸易壁垒等阻碍的市场，在该市场中，商品和服务可以自由流动］。

一种不那么极端的购买力平价理论是，当市场为相对有效市场时（即国际贸易市场不存在很多障碍），那么"一篮子商品"的价格在每个国家基本是相同的。为了用符号表示购买力平价理论，我们假设 $P_\$$ 为"一篮子商品"的美元价格，而 $P_¥$ 为其日元价格，那么购买力平价理论预测日元兑美元的汇率应当为：

$$E_{\$/¥} = P_\$ / P_¥$$

这样，如果"一篮子商品"在美国需要 200 美元，而在日本需要 20 000 日元，那么由购买力平价理论预测，日元兑美元的汇率应该为 1 日元兑 0.01（＝200÷20 000）美元。

《经济学人》（*The Economist*）杂志每年都要发布自己的购买力平价指数——巨无霸指数。《经济学人》选择麦当劳巨无霸汉堡作为其"一篮子商品"的代表，是因为巨无霸汉堡在 120 个地区的生产配料大致一样。巨无霸汉堡的购买力平价是使得巨无霸汉堡价格在每一个国家都一样的汇率。根据《经济学人》的说法，将基于巨无霸相对价格估算的购买力平价与一国真实汇率水平进行比较，可以检测其货币是否被低估。正如《经济学人》所承认的那样，这并不是完全严肃的做法，但确实提供了对购买力平价理论有益的说明。

图 9.1 列出了 2009 年 1 月 19 日的巨无霸指数。为了计算巨无霸指数，《经济学人》将各国巨无霸汉堡的价格在当前汇率下兑换成美元，并除以美国巨无霸汉堡的平均价格 3.54 美元。根据购买力平价理论，在这种情况下计算的价格应当一样。

[①] P. R. Krugman and M. Obstfeld, *International Economics: Theory and Policy* (New York HarperCollins, 1994).

如果不一样，则意味着这种货币的价值相对于美元被高估或低估了。比如，2009年1月19日，将欧元区巨无霸汉堡的平均价格换算成美元为4.50美元。用4.50美元除以美国巨无霸汉堡的平均价格3.54美元，结果为1.27，这说明欧元的价值相对于美元被高估了27%。

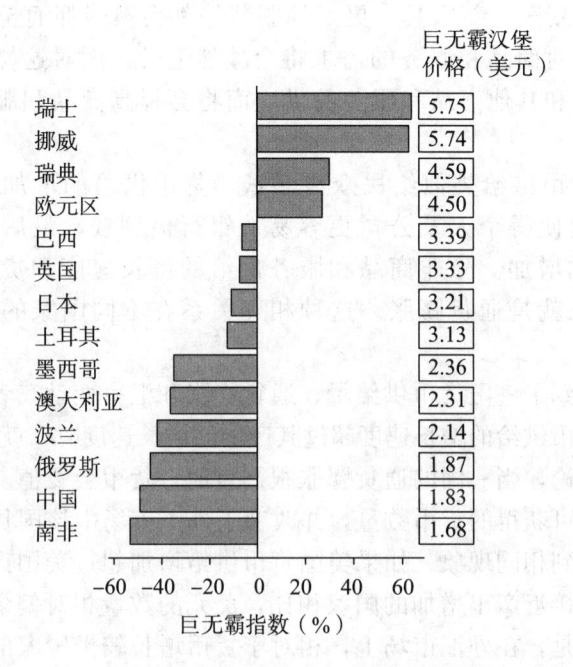

国家	巨无霸指数(%)	巨无霸汉堡价格（美元）
瑞士		5.75
挪威		5.74
瑞典		4.59
欧元区		4.50
巴西		3.39
英国		3.33
日本		3.21
土耳其		3.13
墨西哥		2.36
澳大利亚		2.31
波兰		2.14
俄罗斯		1.87
中国		1.83
南非		1.68

图9.1　2009年1月19日的巨无霸指数

资料来源：*The Economist*，January 22，2009

接下来购买力平价理论要论证的是汇率变动受到相对价格变动的影响。假设美国没有发生通货膨胀，而日本物价每年上升10%。年初的"一篮子商品"在美国需要200美元，而在日本需要20 000日元，按照购买力平价理论，美元兑日元的汇率应该为1美元兑100日元。在年末，"一篮子商品"仍需要200美元，但在日本需要22 000日元。购买力平价理论预测汇率也应该有所变化，更确切地说，在年末1日元兑0.009 1（＝200÷22 000）美元。

由于日本物价10%的通货膨胀，因此日元兑美元的汇率下降10%。即每1美元在年末要比在年初可以多换回10%的日元。

货币供应与通货膨胀

从根本来说，购买力平价理论预测相对价格的变动将导致汇率变动。而理论上，一个通货膨胀严重的国家同另一个通货膨胀率较低的国家相比，其货币价值将下跌。如果能预测一国未来通货膨胀的变化，那么同样可以预测其货币对其他国家货币的价格即汇率可能发生的变化。一国的货币供给增长速度决定了该国未来可能的通货膨胀率。[①] 因此，从理论上来说，可以运用货币供给增长情况来预测

---

① M. Friedman，*Studies in the Quantity Theory of Money*（Chicago：University of Chicago Press，1956）；M. Friedman and R. Friedman，*Free to Choose*（London：Penguin Books，1979），Chap. 9.

汇率变动。

通货膨胀是一种货币现象，当流通中货币数量的增长速度超过商品和服务的存量，即货币供给增长速度超过产出增长速度时，这种现象就会发生。想象一下，当社会中的每一个人突然从政府那里领到10 000美元时会发生什么。那些人们一直想要的商品——新车、新家具、更好的服装等都会被蜂拥而至的人们用他们富余的钱抢购一空。对商品和服务的需求将会猛然上升。面对这样的需求时，汽车销售商、百货公司和其他商品和服务的供应商将会提高商品和服务的价格，结果就是通货膨胀。

而政府增加货币供给类似给民众更多钱。货币供给的增加使得银行更容易从政府借到钱，也使得个人及公司更容易从银行借到钱。最后信贷增加导致对商品和服务需求的增加。除非商品和服务供给的增长速度和货币供给的增长速度一致，否则后果就是通货膨胀。这种相互关系在不同国家的不同时间里都得到过印证。

所以，我们得到了一国货币供给量、通货膨胀和汇率变动三者之间的关系。简单来说，当一国货币供给的增长速度超过其产出的增长速度时，就会引发通货膨胀。根据购买力平价理论，当一国的通货膨胀很严重时，货币会贬值。当一国的货币供给增加，即增加了可获得的货币数量，并改变了外汇市场中该国货币的相对供需状况时，也可以观察到相同现象。如果美国货币供给增加超过美国产出增加，那么与其他货币供给增加接近产出增加的国家相比，美元的数量相对偏多。这种美元供给相对较多的结果就是，在外汇市场上，相对于货币增长较慢国家的货币，美元将会贬值。

政府政策决定了一国货币供给增长速度是否超过一国产出增长速度。政府可以通过要求中央银行发行更多货币来增加货币供给，这种方式很简单，因此政府倾向于通过这种方式对政府支出进行支付（道路建设、公务员薪酬、国防开支等）。政府本可以通过增加税收来获得政府支出所需要的资金，可是没人愿意多缴税，政客也不希望因此损失声望，这样一来，政府自然更倾向于通过增加货币供给来解决问题。遗憾的是，世上没有免费的午餐。货币供给的过度增加将不可避免地导致通货膨胀。然而，即使结局可以预知，也没有阻挡世界各地政府增加货币供给的步伐。如果一家跨国公司试图预测外汇市场上一国货币未来的价值变动，那么它应该调查该国对货币增长的政策。如果该国政府看起来致力于控制货币供给的增长速度，则该国未来的通货膨胀率可能较低，其货币价值在外汇市场上不会大幅下跌。如果该国政府看起来有缺乏控制货币供给增长速度的政治意愿，那么可以预计其未来通货膨胀率较高，货币非常有可能贬值。

对购买力平价理论的实证检验

购买力平价理论认为汇率由相对价格决定，相对价格变化会导致汇率变化。可以预计，在一个通货膨胀严重的国家，其货币相对于通货膨胀率较低的国家的货币，价值会下跌。这在直觉上是令人信服的，但事实是否真的如此呢？有几个非常好的例子可以说明一个国家的通货膨胀率和其汇率之间的关系。然而，大量关于购买力平价理论的实证检验所得结果并不一致。[①] 尽管从长期看，购买力平价理论可以得到相对精确的结果，但从时间跨度在5年或更短时期来看，购买力平价理论无法对汇率变动做出有力预言。[②] 另外，购买力平价理论最适用于对通货膨胀率较高的发达国家的汇率变动进行预测。对短期内通货膨胀率相对平稳的发达国家来说，购买力平价理论在预测汇率变动上就没什么用。

在相对通货膨胀率和汇率变动之间没有找到紧密关系，这被称为购买力平价之谜。有一些因素或许可以解释为什么购买力平价理论无法准确预测汇率变动。[③] 第一，购买力平价理论没有考虑交通成本和贸易壁垒的作用，而在现实中，这些因素的作用很显著，并且可以造成不同国家之间价格的巨大差异。我们从第六章得知，国家经常干预国际贸易，在跨国贸易中设置关税或非关税贸易壁垒，会限制商人通过套利来缩小两国相同产品价格差异的能力，而这正是一价定律成立的基础。政府通过对跨国贸易的干预破坏了购买力平价理论对有效市场的假设，削弱了购买力平价理论中相对价格变化和汇率变化之间的联系。

第二，如果很多国内市场由几个跨国公司统治，这些公司有足够的市场力量对价格施加影响、控制销售渠道，并且在不同国家提供有差异的产品，那么购买力平价理论也不成立。[④] 实际上，这种现象在一些产业中非常普遍。在洗涤行业，联合利华和宝洁控制了一个又一个国家的市场；在重型挖掘设备行业，卡特彼勒（Caterpillar）和小松（Komatsu）是全球市场的领导者；在半导体设备市场上，应用材料（Applied Materials）公司在全球几乎所有重要国家的市场中都占有主要市场份额；微软公司在世界范围内主宰了个人电脑操作系统等。在这些例子中，拥有主导地位的跨国公司可以施行不同程度的价格影响力，在不同市场设定不同价格来应对不同需求状况，这被称为价格歧视。要让价格歧视发挥作用，就必须限制套利行为。因此，具有市场影响力的公司可以通过控制销售渠道，限制从他国市场购入商品的未经许可的转售（套利）行为。跨国公司还可以对原本在各国出售的相同产品进行差异化操作，例如，采用不同的设计和包装，以限制转卖（套售）。

例如，即使微软在中国出售的办公软件比在美国出售的要便宜一些，但通过套

[①] H. J. Edison, J. E. Gagnon, and W. R. Melick, "Understanding the Empirical Literature on Purchasing Power Parity," *Journal of International Money and Finance* 16 (February 1997), pp. 1–18; J. R. Edison, "Multi-Country Evidence on the Behavior of Purchasing Power Parity under the Current Float," *Journal of International Money and Finance* 16 (February 1997), pp. 19–36; K. Rogoff, "The Purchasing Power Parity Puzzle," *Journal of Economic Literature* 34 (1996), pp. 647–668; D. R. Rapach and M. E. Wohar, "Testing the Monetary Model of Exchange Rate Determination: New Evidence from a Century of Data," *Journal of International Economics*, December 2002, pp. 359–385; M. P. Taylor, "Purchasing Power Parity," *Review of International Economics*, August 2003, pp. 436–456.

[②] M. Obstfeld and K. Rogoff, "The Six Major Puzzles in International Economics," National Bureau of Economic Research Working Paper No. 7777, July 2000.

[③] M. Obstfeld and K. Rogoff, "The Six Major Puzzles in International Economics," National Bureau of Economic Research Working Paper No. 7777, July 2000.

[④] M. Devereux and C. Engel, "Monetary Policy in the Open Economy Revisited: Price Setting and Exchange Rate Flexibility," National Bureau of Economic Research Working Paper No. 7665, April 2000; P. Krugman, "Pricing to Market When the Exchange Rate Changes," in *Real Financial Economics*, eds. S. Arndt and J. Richardson (Cambridge, MA: MIT Press, 1987).

利行为来缩小两国价格差异的行为是受到限制的,因为很少有美国人希望买一套基于中文操作的办公软件。微软为中国和美国提供的办公软件存在设计差异,这意味着一价定律在微软办公软件上失效,即使运输成本微乎其微,而且中国和美国不存在贸易壁垒。如果人们无法大范围进行套利,那么就打破了购买力平价理论中相对价格变化与汇率变动之间的关系,这帮助解释了为什么购买力平价理论的实证研究对理论的支持十分有限。

第三,政府也会干预外汇市场,试图影响其货币价值。本书在第十章中会研究政府这样做的原因和方法。现在应该注意到的重要事实是,政府会定期干预外汇市场,这会进一步削弱相对价格变化和汇率变化之间的关系。另外几个因素也解释了用购买力平价理论预测短期汇率波动失败的原因,如投资者心理活动及货币购买决策的影响等。

利率与汇率

经济理论告诉我们,利率是对未来可能的通货膨胀率的预期。通货膨胀率上升,利率也会相应上升,因为投资者希望用利率去弥补他们货币价值下跌的损失。利率和通货膨胀率之间的这种关系由经济学家欧文·费雪(Irvin Fisher)最先提出,被称为**费雪效应**(Fisher effect)。费雪效应表明一国的名义利率(i)是资金借出期间所要求获取的实际利率(r)加上在此期间所预期的通货膨胀率(I)。即

$$i = r + I$$

比如,当一国实际利率为5%且预期年通货膨胀率为10%时,名义利率为15%。正如费雪效应所预期的那样,通货膨胀率和利率之间存在紧密联系。[①]

我们进一步考虑,如何在一个有很多国家及资本自由流动的世界里应用费雪效应。当投资者可以在国与国之间自由转移资本时,各国之间的实际利率就会一致。一旦国家之间的实际利率出现差异,套利行为将迅速消除这种差异。举例来说,如果日本的实际利率为10%,而新加坡只有6%,那么这会使投资者在新加坡借款,然后在日本投资,结果是增加的货币需求将提高新加坡的实际利率,而对日元供给的增加将降低日本的实际利率,这种行为会不断进行下去,直到两国实际利率相等。

根据费雪效应,如果世界范围内的实际利率都相同,那么国家之间的利率差异就反映了对通货膨胀率的不同预期。因此,如果新加坡的预期通货膨胀率比日本的通货膨胀率高,那么新加坡的名义利率将会比日本的名义利率高。

我们从购买力平价理论中得知,通货膨胀率和汇率之间存在关系(至少从理论上),而且利率反映了对通货膨胀的预期,自然而然,利率和汇率之间一定也存在关系。这种关系被称为国际费雪效应。**国际费雪效应**(international Fisher effect)表明在任意两个国家中,即期汇率对两国名义利率的差异将会做出等量反向的变化。以美国和日本为例,即期汇率的变动可以由以下公式表达:

$$[(S_1 - S_2)/S_2] \times 100\% = i_\$ - i_¥$$

其中,$i_\$$ 和 $i_¥$ 分别是美国的名义利率和日本的名义利率,S_1 是期初的即期汇率,S_2 是期末的即期汇率。假如美国的名义利率高于日本的名义利率,则反映了美国预期的通

[①] M. Taylor, "The Economics of Exchange Rates," *Journal of Economic Literature* 33 (1995), pp. 13-47.

货膨胀率高，美元兑日元未来的汇率会随利率差异而下降。所以，当美国名义利率为10%，而日本名义利率为6%时，可以预测未来美元相对日元将会贬值4%。

利率差异确实有助于预测未来货币汇率的变动吗？证据并不一致，和购买力平价理论的例子一样，从长期来看，利率差异和随后即期汇率变动的关系似乎存在，然而，大量短期情况偏离了这个看法。和购买力平价理论一样，国际费雪效应也不是预测即期汇率短期变动的良好指标。[1]

投资者心理和从众效应

经验证据表明，无论是购买力平价理论，还是国际费雪效应，都不能很好地解释短期汇率的变动。一个原因也许是投资者心理对短期汇率变动的影响。有越来越多的证据表明，各种心理因素在市场交易商对未来汇率预期的决定中起到了重要作用。[2] 也就是说，预期具有自我实现的倾向。

1992年9月的一件事印证了这个机制，当时著名的国际金融家乔治·索罗斯(George Soros)下了巨大赌注做空英镑。索罗斯以自己投资基金的资产作为担保借入数十亿英镑，随即将这些英镑出售给德意志银行。这种手法被称为沽空，如果接下来他以更低汇率买回这些售出的英镑，然后用这些便宜买来的英镑去偿还债务，那么他就可以从中谋取巨额投机利润。通过抛售英镑和买入德国马克，索罗斯的举动开始压低外汇市场中英镑的价格。更重要的是，当索罗斯开始做空英镑时，大量知晓索罗斯能力的外汇交易便如法炮制全部做空英镑。这便触发了经典的**从众效应**（bandwagon effect），即大量交易商在同一时刻涌向同一方向。当更多的交易商预计英镑价值下跌，从而卖出英镑，买入德国马克，导致从众效应来势汹汹时，他们的预期便成为一种自我实现的预言。大量抛售迫使英镑相对德国马克的价值下跌。换句话说，英镑价值的下跌并不是因为英国宏观经济基本面有任何重大调整，而是由投资者跟随大投机家索罗斯所设赌局所致。

大量研究表明，投资者心理和从众效应在决定短期汇率变动上起着重要作用。[3] 然而，这些影响很难被预测。投资者心理会受到政治因素和微观经济事件的影响，例如，对单家公司做出的投资决策与宏观经济基本面只有松散的关系。同样，政客特殊的行为也会触发和加剧从众效应。1997年的亚洲就发生了此类事件，在几个月的时间里，泰国、马来西亚、韩国和印度尼西亚的货币纷纷相对美元贬值50%～70%。本章"聚焦国家"专栏中详细记录了发生在韩国的情况。韩元价值骤降并非由于韩国的通货膨胀率高于美国的通货膨胀率，而是由韩国几家企业中以美元计价的债务过度累积造成的。到1997年中期，这些企业在偿还债务上出现了明显困难，外国投资者担心出现企

---

[1] R. E. Cumby and M. Obstfeld, "A Note on Exchange Rate Expectations and Nominal Interest Differentials: A Test of the Fisher Hypothesis," *Journal of Finance*, June 1981, pp. 697–703; L. Coppock and M. Poitras, "Evaluating the Fisher Effect in Long Term Cross Country Averages," *International Review of Economics and Finance* 9 (2000), pp. 181–203.

[2] M. Taylor, "The Economics of Exchange Rates," *Journal of Economic Literature* 33 (1995), pp. 13–47; R. K. Lyons, *The Microstructure Approach to Exchange Rates* (Cambridge, MA: MIT Press, 2002).

[3] H. L. Allen and M. P. Taylor, "Charts, Noise, and Fundamentals in the Foreign Exchange Market," *Economic Journal* 100 (1990), pp. 49–59; T. Ito, "Foreign Exchange Rate Expectations: Micro Survey Data," *American Economic Review* 80 (1990), pp. 434–449.

业破产浪潮，于是在把韩元兑换为美元后将资产转移出韩国。韩元兑美元汇率由于他们的行为开始走低，触发了从众效应，外汇交易商们也参与了这股对韩元投机（卖空）的浪潮。正是这些投机行为，才造成韩元的崩盘。

□ 总结

就长期汇率变动来说，相对的货币增长速度、相对的通货膨胀率及利率差异都是较好的预测指标。然而，也许是因为投资者心理和从众效应的影响，上述指标都不能预测短期汇率变动。这些信息对国际企业很有用。对外投资、出口机会，以及与国外进口商的价格竞争所涉及的长期利率差异会受到长期汇率变动的影响，因此国际企业应该关注各国不同的货币增长速度、通货膨胀率和利率差异。而那些需要每日进行外汇交易的国际企业则会受益于知晓一些短期汇率变动的预期指标，只是短期汇率变动很难被预测。

● 聚焦国家：剖析货币危机

1997年，一甩穷国面目而成为全球第十一大经济体的韩国本可以骄傲地回顾其30年的"经济奇迹"。而在1997年年末，韩元相对美元的价值令人咋舌地贬值67%，韩国经济一片狼藉，国际货币基金组织也对韩国出台了一项550亿美元的经济救援措施。这起突如其来的事件，根源是20世纪90年代韩国大型工业集团或工业财阀进行的投资——通常是某个政治家的"遗产"。1993年，民主自由党政治家金泳三当选韩国总统。当金泳三上任时，韩国经济正处于温和的衰退中，他承诺刺激经济，鼓励投资出口型产业，推动财阀投资新型产业。韩国在1994—1995年迎来投资导向型经济繁荣，但也因此付出了代价。财阀过度依靠贷款，导致债台高筑，平均来说，其债务水平是其资产净值的4倍。

虽然在20世纪90年代，韩国投资总量迅速膨胀，但这些投资的质量显著下降。这些投资往往建立在对未来需求不切实际的预测上。这导致严重的产能过剩和价格下跌。其中一个例子就是韩国财阀对半导体行业的投资。1994—1995年，全球出现了动态随机存储器的暂时短缺，这种产品价格急剧攀升，导致韩国半导体行业的投资出现激增。然而在1996年，正当韩国企业开始投产新的动态随机存储器工厂时，供给短缺消失，并开始出现产能过剩现象。动态随机存储器的价格开始暴跌，韩国动态随机存储器制造商的收入也随之下跌90%。这意味着动态随机存储器制造商为了生产这些过剩产能所借入的贷款无法按期偿还，企业破产的风险显著上升。而且不仅在半导体行业，韩国公司同样在包括汽车和钢材等诸多产业内投入大量资金。

事情因大部分贷款不是韩元而是美元进一步复杂化。在贷款时，借入美元看上去是一个聪明的举动，因为那时美元兑韩元的汇率稳定在1美元兑850韩元，而美元借款利率相对韩元借款利率要低2~3个百分点。大部分借款都是短期借款，需要在1年内归还。这样的借款策略虽然看上去有道理，但它涉及风险。如果韩元相对美元贬值，以本币计价时，韩国企业需要负担的债务水平将上升。货币贬值会提高借贷成本，压缩企业利润，增加企业破产的风险。而这正是实际中所发生的。

1997年年中，外国投资者警觉韩国企业债务水平的上升，特别是当时还出现包括半导体、汽车和钢材等获得大量投资领域的产能过剩和价格暴跌。关于许多韩国企业无法偿还债务的猜测越来越多，外国投资者开始从韩国股市和债券市场撤资。在此过程中，它们抛售韩元，买入美元。1997年年中，当两家较小的财阀因为无力按期偿还债务申请破产后，外国投资者加速抛售韩元。韩元供给和美元需求的增加，推动美元兑韩元的汇率从1美元兑840韩元上升到1美元兑900韩元。

韩国央行见此情况，便进入外汇市场，试图让美元兑韩元的汇率保持在1美元兑1 000韩元以下。韩国央行使用美元储备来购买韩元，努力推高韩元的价值，恢复投资者对汇率稳定的信心。然而，这一行为并没有解决韩国企业面临的潜在债务问题。在韩国企业纷纷破产，政府有意愿将一些陷入债务泥潭的企业纳为国有的时候，美国的信用评级机构标准普尔（S&P）下调了韩国的主权债务等级。这引起韩国股市暴跌5.5%，美元兑韩元汇率上升到1美元兑930韩元。标准普尔表示，"债务等级的下调反映了该国政府为维系境况不佳的企业和金融部门所支付的成本不断攀升。"

标准普尔下调韩国的主权债务等级触发了抛售韩元的浪潮。为了防止韩元形成典型的从众效应，韩国央行将短期利率上调到超过12%，两倍于通货膨胀率。央行还加大了对外汇市场的干预力度，抛售美元，买入韩元，试图将美元兑韩元的汇率保持在1美元兑1 000韩元以下。然而，这一行为的主要结果就是迅速消耗了韩国的外汇储备，1997年11月1日，韩国外汇储备还有300亿美元，但两周后就下降到150亿美元。随着韩国外汇储备耗尽，韩国央行在1997年11月17日放弃了抵抗。随即，韩元价值暴跌60%～70%，跌到1美元兑1 500韩元左右，这使得债务主要以美元计价的韩国厂商负债累累。由外汇的不利变动带来的这些损失侵蚀了许多厂商的利润。1997年，韩国厂商遭受超过150亿美元的外汇损失。[①]

预测汇率

企业对预测未来汇率变化的需求带来了一个问题，即对汇率预测服务进行投资以获取政策帮助是否划算。对于这一问题，有两种不同学派观点。有效市场学派认为，远期汇率在预测未来即期汇率上已做到最好，所以对汇率预测服务进行投资是浪费。无效市场学派认为，公司对汇率预测服务进行投资，可以改善其对外汇市场远期汇率的预测（包含在远期汇率中）。换句话说，这一学派并不相信市场上的远期汇率是对未来即期汇率最好的预测指标。

□ 有效市场学派

远期汇率代表市场参与者对未来特定时点可能的即期汇率的集体预测。如果远

---

① J. Burton and G. Baker, "The Country That Invested Its Way into Trouble," *Financial Times*, January 15, 1998, p.8; J. Burton, "South Korea's Credit Rating Is Lowered," *Financial Times*, October 25, 1997, p.3; J. Burton, "Currency Losses Hit Samsung Electronics," *Financial Times*, March 20, 1998, p.24; "Korean Firms' Foreign Exchange Losses Exceed US＄15 Billion," *Business Korea*, February 1998, p.55.

期汇率是未来即期汇率最好的预测指标,那么企业花费额外的钱去预测短期汇率变动的行为就是毫无意义的。许多经济学家相信,外汇市场在确定远期汇率上是有效的。[1] 一个**有效市场**(efficient market)就是可以将所有公开信息反映在价格上的市场。如果远期汇率反映了所有关于未来汇率的可用信息,企业就无法通过投资对远期汇率的预测服务来战胜市场。

如果外汇市场是有效的,那么远期汇率应该是未来即期汇率的无偏预测。但这并不意味着预测在任何情况下都准确无误。这意味着远期汇率不会一直高于或低于未来即期汇率,即误差是随机的。有效市场学派观点得到了大量实证检验的支持。虽然很多早期研究似乎确认了这一观点(认为企业不应该在汇率预测服务上浪费资金),但最近一些研究对这一观点提出了挑战。[2]有一些证据表明,远期汇率并非对未来即期汇率的无偏预测,而且从能够获得的公开信息中可以得到对未来即期汇率更精确的预测。[3]

□ 无效市场学派

一些经济学家举出证据反对有效市场学派的观点,认为外汇市场是无效的。**无效市场**(inefficient market)是一个价格不能反映市场全部可获得公开信息的市场。在一个无效市场中,远期汇率不是未来即期汇率最好的预测指标。

如果真是如此,那么国际企业在汇率预测服务上的投资就是值得的(正如许多企业所做的一样)。国际企业相信专业的汇率预测服务在预测未来即期汇率上比远期汇率更精确。然而,对专业汇率预测服务的跟踪记录显示,其效果并没有那么好。[4]例如,预测机构并没有预料到1997年横扫东南亚的货币危机。

□ 预测方法

假设无效市场学派是正确的,即外汇市场对未来即期汇率的预测是值得的,那么预测的基础是什么呢?这里又涉及两种学派:一种坚持基础分析,另一种则使用技术分析。

基础分析

基础分析借鉴经济学理论构建复杂的计量经济模型,以此来预测汇率走势。这些模型中的变量通常包含上文讨论过的那些因素,比如相对的货币供给增长速度、

---

[1] E. Fama, "Forward Rates as Predictors of Future Spot Rates," *Journal of Financial Economics*, October 1976, pp. 361–377.

[2] L. Kilian and M. P. Taylor, "Why Is It So Difficult to Beat the Random Walk Forecast of Exchange Rates?" *Journal of International Economics* 20 (May 2003), pp. 85–103; R. M. Levich, "The Efficiency of Markets for Foreign Exchange," in *International Finance*, eds. G. D. Gay and R. W. Kold (Richmond, VA: Robert F. Dane, Inc., 1983).

[3] J. Williamson, *The Exchange Rate System* (Washington, DC: Institute for International Economics, 1983); R. H. Clarida, L. Sarno, M. P. Taylor, and G. Valente, "The Out of Sample Success of Term Structure Models as Exchange Rate Predictors," *Journal of International Economics* 60 (May 2003), pp. 61–84.

[4] Kilian and Taylor, "Why Is It So Difficult to Beat the Random Walk Forecast of Exchange Rates?"

通货膨胀率和利率差异等。此外，它们也可能包括与国际收支平衡状况相关的变量。

国际收支平衡中的经常账户逆差（一国进口的商品和服务超过其出口）会对本国货币在外汇市场上造成贬值压力。[①]

技术分析

技术分析不依赖经济基本面，而是使用以往的价格和交易量数据确定趋势，并假设这种趋势可以延续到未来。技术分析的前提是，假设市场趋势是可分析的，并且这种趋势可以用来预测未来趋势。由于这种可预测性的假设缺乏理论基础，许多经济学家将技术分析比作算命。尽管受到怀疑，技术分析却在近年得到更多人的青睐。[②]

货币的可兑换性

到目前为止，我们对各国货币可以自由兑换成其他货币的假设都是与实际不符的。由于政府限制，有大量货币不能被自由兑换成其他货币。当政府允许居民和非居民无限制地将该国货币兑换成外国货币时，该国货币则是**可自由兑换**（freely convertible）的。当只有非居民可以无限制地将该国货币兑换成外国货币时，该国货币则是**对外可兑换**（externally convertible）的。当居民和非居民都不被允许将该国货币兑换成外国货币时，该国货币则是**不可兑换**（nonconvertible）的。

可自由兑换的货币并不普遍。许多国家对本国居民将本币兑换成外币的能力施加了诸多限制（对外可兑换政策）。各国限制程度各有不同，小到限制本国居民在国外旅行时可携带的外币数目，大到限制本国企业将外汇输出境外。对外可兑换的限制会制约本国企业的境外投资能力，但对希望进入该国的外国企业不是什么问题。举例来说，即使日本政府严格控制其居民将日元兑换成美元的能力，所有在日本银行有存款的美国企业还是可以随时将它们的日元存款兑换成美元带出日本。因此，在日本有子公司的美国企业可以确保将其在日本经营赚取的利润兑换成美元带出日本。

但在货币不可兑换时，就会出现严重问题。曾经苏联采取的就是这种货币政策，并且在苏联解体后，这种政策在俄罗斯继续沿用了若干年。当政府严格执行货币不可兑换的政策时，在像俄罗斯这样的国家做生意的美国企业，尽管可能获得丰厚的利润，但无法将卢布兑换成美元汇出境外。这显然是国际企业不愿看到的。

政府限制货币可兑换性的目的是保留其外汇储备。一国需要足够的外汇储备来为其国际债务和进口需要提供支持。通常，当政府担心货币自由兑换会使外汇储备减少时，便会对货币可兑换性加以限制。当居民和非居民都争先恐后地将本币兑换成外币时就会出现这种现象——一般被称为**资本外逃**（capital flight）。当一国货币由于恶性通货膨胀迅速贬值，或者该国经济前景不佳时，就很有可能发生资本外逃。在这种情形下，居民和非居民都倾向于认为，将资产兑换成外国货币或在境外投资

[①] K. Rogoff, "The Purchasing Power Parity Puzzle," *Journal of Economic Literature* 34 (1996), pp. 647-668.

[②] C. Engel and J. D. Hamilton, "Long Swings in the Dollar: Are They in the Data and Do Markets Know It?" *American Economic Review*, September 1990, pp. 689-713.

可能更保值。资本外逃不但会削弱一国对国际债务的偿还能力和对进口商品的购买能力，而且居民和非居民在外汇市场上抛售持有的本国货币也会导致本国货币的急剧贬值（因为增加了市场中本币的供给）。政府担心由货币贬值引起的进口价格上升会进一步加重通货膨胀。这种担心为政府限制货币可兑换性提供了另一个合理的理由。

企业可以通过易货贸易来应付货币不可兑换的问题。**易货贸易**（countertrade）指通过一系列的物物交换合同，可以用商品和服务交换别的商品和服务。当一国货币不可兑换时，易货贸易是很有意义的。例如，通用电气与罗马尼亚政府达成了一项价值1.5亿美元的发电机项目合同，当时罗马尼亚的货币不可自由兑换，但通用电气同意罗马尼亚政府用在国际市场上价值1.5亿美元的货物来支付货款。类似例子还有委内瑞拉政府与卡特彼勒公司协商，用350 000吨铁矿石交换卡特彼勒公司的重型建筑设备。卡特彼勒公司紧接着就用这些铁矿石交换了罗马尼亚的农产品，然后将这些农产品在国际市场上出售换回美元。① 同样，在2003年的一场易货贸易中，印度尼西亚政府和利比亚政府约定，印度尼西亚用包括纺织品、茶叶、咖啡、电子器件、塑料和汽车配件在内的总价值5.4亿美元的商品和利比亚交换每日5万桶的原油。②

易货贸易有多重要？20多年前，世界上存在大量不可自由兑换的货币，易货贸易意义重大。然而，近年来许多国家的货币变得可自由兑换了，易货贸易在世界贸易中的比重可能已不足10%。③

☞ 给管理者的启示

本章对企业有许多明确意义。至关重要的是，国际企业要明白汇率对贸易和投资盈利能力的影响。不利变动可以使有利可图的交易变得无利可图。如前所述，国际企业交易中由于汇率变动而产生的风险被称为外汇风险。外汇风险通常被分为三大类：交易敞口、转换敞口和经济敞口。

交易敞口

交易敞口（transaction exposure）指由于外汇价值波动而影响到单笔交易收入的风险。此类风险发生在包括按事先约定价格买卖商品和服务，以及以外币结算的贷款和借款合约中。例如，假设在2021年，美国航空公司同意购买10架空中客车公司330飞机，每架售价1.2亿欧元，总计12亿欧元，交付时间定于2025年。2021年签订合同时，美元兑欧元的汇率为1美元兑1.1欧元，所以，美国航空公司预计当10架飞机被运达时，需要支付10.9亿（=1 200 000 000÷1.1）美元。然而，假定在这段时间内，美元相对欧元贬值，在支付时1美元仅可兑换0.80欧元，那么现在美国航空公司的总成本为15亿（=1 200 000 000÷0.80）美元，增加了4.1亿美

---

① J. R. Carter and J. Gagne, "The Do's and Don'ts of International Countertrade," *Sloan Management Review* (Spring 1988), pp. 31-37.
② "Where There Is a Will," *Trade Finance*, October 2003, pp. 1-2.
③ D. S. Levine, "Got a Spare Destroyer Lying Around?" *World Trade* 10 (June 1997), pp. 34-35; Dan West, "Countertrade," *Business Credit*, April 2001, pp. 64-67.

元！这个例子中的交易敞口是 4.1 亿美元，这个损失是由主体在签合同和支付的间隔期内发生不利变动造成的。

转换敞口

转换敞口（translation exposure）指由于外汇汇率变动而引起的企业资产负债表中某些外汇资金项目金额变动的风险。转换敞口关注的是过去经济活动的当前测度。所得的会计利得或损失是未实现的——"纸面"上的得失——但它们仍然是非常重要的。假设一家新加坡企业在墨西哥设有子公司，如果墨西哥比索相对新加坡元显著贬值，那么墨西哥子公司以美元计价的股权总价值也会大幅减少。而合并资产负债表中公司股权的总价值也将减少，股权总价值降低将明显提高该公司杠杆（其资产负债率），这可能会增加公司的借贷成本，并可能限制其进入资本市场。如果该新加坡企业在欧盟有子公司，欧元在 1 年内对新加坡元迅速贬值，那么欧洲子公司创造的欧元利益按新加坡元计算将会下降，这都是不利的转换敞口造成的。

经济敞口

经济敞口（economic exposure）指由于外汇汇率变动而使企业未来国际盈利能力受到影响的风险。经济敞口关注的是长期内汇率变动对价格、销售和成本的影响。经济敞口有别于交易敞口。交易敞口关注的是汇率对单笔交易的影响，而这大部分都是在几周或几个月内进行的短期经济活动。

降低转换敞口和交易敞口

有许多办法能帮助企业最大限度地降低它们的转换敞口和交易敞口。这些策略主要是为了抵御汇率的不利变动对短期现金流的影响。本章已经详细讨论过其中的两个策略，即签订远期合约和掉期。除了签订远期合约和掉期，企业还可以通过提前或延期结汇来最大限度地减少外汇风险。即根据预期汇率的变动来提前向供应商支付或延期向客户收取货款。**提前策略**（lead strategy）包括预计外汇贬值时尝试更早收回外汇的应收账款（客户付款），以及当预计外汇升值时，在到期前支付外汇的应付账款（向供应商）。**延期策略**（lag strategy）包括当预计外汇升值时，推迟收取外汇的应收账款，以及当预计外汇贬值时，推迟外汇的应付账款。提前或延期结汇包括在支付时加快货币从弱势货币国家到强势货币国家的过程，而在资金流入时则要推迟货币从强势货币国家到弱势货币国家的过程。

然而，提前或延期结汇的策略很难实施。实施企业必须有能力决定支付条款，但企业并不总是具备这样的议价能力，特别是当它们在和有能力决定支付条款的重要客户打交道时。而且，提前和延期结汇会对弱势货币造成压力，因此许多政府限制提前和延期结汇。例如，一些国家对出口商接受货款和进口商支付货款做出不得超过 180 天的限制。

降低经济敞口

想要降低经济敞口，财务管理领域的策略是远远不够的。降低经济敞口的关键是将企业的生产性资产分布到各个不同领域，这样不利的汇率波动就不会严重影响企业的长期财务状况。

一家企业无论规模大小，有时都会追求这样的策略。例如，由于担心欧元相对美元会持续走强，因此一些在美国有重要业务的欧洲企业在美国建厂，以确保欧元的升值不会使它们在和当地竞争对手的较量中处于劣势地位。丰田的生产工厂分布在世界各国，部分原因就是为了确保日益升值的日元不会将丰田挤出当地市场。"聚焦管理"专栏中讨论了两家德国企业是如何试图降低经济敞口的。

●聚焦管理：应对欧元升值

　　德国西马克艾洛特姆（SMS Elotherm）公司是一家德国制造商，为汽车发动机上的曲轴提供生产所需机床，其首席执行官尤多·法伊弗（Udo Pfeiffer）在2004年11月底与美国汽车制造商戴姆勒-克莱斯勒（DaimlerChrysler）公司签订了一项协议，向其提供价值150万美元的机床。机床在德国被生产，然后被出口到美国。协议签署时，法伊弗按照约定价格计算出每台机床的利润是3万欧元。但美元相对欧元价值急剧下跌，3日内每台机器的利润就减少了8 000欧元！按照协议，德国西马克艾洛特姆公司收到的货款是以美元计价的，兑换成欧元后价值下降了。而公司的成本是以欧元计算的，兑换成欧元后的利润持续减少，不断挤压其利润空间。

　　2004年12月初，汇率上升到1欧元兑1.33美元，法伊弗对此深感担忧。他清楚，当美元继续贬值到1欧元兑1.50美元附近时，德国西马克艾洛特姆公司将因为这次与美国的交易遭受损失。他可以提高产品的美元售价来弥补损失，但他知道这不会奏效。因为机床市场的竞争非常激烈，而且汽车制造商不断对机床厂商施压，要求它们降低价格。

　　另一家美国汽车制造商的德国小供应商凯佩尔（Keiper）公司的境况稍微好一些。2001年，凯佩尔公司分别在英国伦敦和加拿大的安大略省开设了工厂，为美国制造商戴姆勒-克莱斯勒公司提供汽车座椅的金属框架，投资建厂时的汇率为1欧元兑1美元。凯佩尔公司的管理层曾为这笔投资是否有意义而感到苦恼，公司中的一些人认为继续从德国出口更好，而其他人认为凯佩尔公司会从贴近其主要客户所处地理位置中受益。从后来的欧元每天都在升值来看，这看上去是个明智之举，凯佩尔公司对冲了欧元升值带来的损失。但在加拿大建厂的优势因为以下两点被削弱：第一，美元同样相对加拿大元贬值，虽然其幅度不如美元相对欧元贬值那么多。第二，凯佩尔公司仍从德国进口零件，欧元同样相对加拿大元升值，这提高了凯佩尔公司在安大略省工厂的成本。[①]

其他应对外汇风险的办法

　　企业需要制定一套机制，确定其保持了恰当的战略和战术组合来最大限度地减小外汇风险。虽然对这套机制的组成部分没有普遍共识，但存在一些共同主题。[②]第一，集中控制风险并有效保护资源，确保每个子单元采用了正确的战略和战术。许多企业设立了内部外汇中心，虽然这类中心可能无法执行所有外汇交易，尤其是在有无数交易同时进行的大型跨国公司内，但它们至少应该为企业的子公司制定一套可以遵循的准则。

---

　　① M. Landler, "Dollar's Fall Drains Profit of European Small Business," *The New York Times*, December 2, 2004, p. C1.
　　② 关于不同企业如何处理它们外汇风险的详情，可参考 Business International Money Report, December 18, 1989, pp. 401-412。

第二，企业应当分清什么是交易敞口、转换敞口和经济敞口。许多企业将重点放在降低它们的交易敞口和转换敞口上，而对经济敞口没有足够认识，这可能会造成更加深远的长期影响。① 企业需要为经济敞口制定策略。

第三，对预测未来即期汇率走势的重要性再怎么强调也不为过，虽然这是一个棘手的问题。没有模型能够完美预测未来即期汇率的走势。在短期内，远期汇率可以为预测即期汇率变动提供最好的指示。从长期来看，基本的经济因素，特别是相对通货膨胀率值得关注，因为它们影响了汇率走势。一些企业试图通过内部部门预测汇率波动，其他则依赖于外部预测。然而这些都不是对未来即期汇率的完美预测。

第四，企业需要建立良好的报告制度，使中心金融功能（或企业内部的外汇交易中心）可以定期监测企业的风险状况。这样的报告制度应使公司能够发现每个风险账户、每个账户货币的风险状况和涉及的时间段。

第五，对于汇率预测和报告制度中得到的信息，企业应该定期生成外汇风险报告。这些报告应弄清现金流量表和资产负债表中哪些部分可能会受到预测的汇率变动的影响，然后管理层可以将汇率预测服务作为采取战略和战术的依据，规避不必要的外汇风险。

出乎预料的是，一些最大且最先进的企业却不采取这样的防范措施，而是将自己暴露在非常大的外汇风险之中。因此，正如我们在本章所看到的，大众汽车公司在21世纪初遭受巨额损失，原因就是未能对冲其外汇风险。

● 本章总结

本章解释了外汇市场是如何运作的，研究了决定汇率的各种因素，并讨论了这些因素在国际商务中的影响。由于汇率变动可以极大地改变外贸和投资交易的盈利状况，所以这是国际商务中的一个重要领域。本章要点如下：

1. 外汇市场的第一个功能是将一国货币转换为另一国货币，第二个功能是防范外汇风险。

2. 即期汇率是交易商在特定日期将一种货币转换成另一种货币时使用的汇率。

3. 远期汇率可以降低外汇风险。远期汇率是在未来交易中使用的汇率。掉期也可以降低外汇风险，掉期指同时买进和卖出在两个不同计价日内的一定数量外汇的交易。

4. 一价定律认为，在没有运输成本和贸易壁垒的竞争性市场上，不同国家出售相同商品的价格以同一种货币表示时一定是一样的。

5. 购买力平价理论指出，"一篮子商品"的价格在每个国家应大致相当，购买力平价理论还认为，汇率会因相对价格的变化而变化。

6. 一国的相对价格变化速度取决于其相对通货膨胀率。一国的通货膨胀率是货币供给增长速度的函数。

7. 根据汇率变化的购买力平价理论，可以得到对汇率长期趋势而不是短期波动

---

① 关于不同企业如何处理它们外汇风险的详情，可参考 Business International Money Report，December 18, 1989, pp. 401-412。

相对精确的预测。购买力平价理论不能准确预测汇率变动，可能是因为交通成本、贸易和投资壁垒，以及心理因素，诸如从众效应对市场走势及短期汇率产生了影响。

8. 利率反映了对通货膨胀的预期，在通货膨胀预期较高的国家，利率也会较高。

9. 国际费雪效应指出，对于任意两个国家，两国的名义利率差异会使即期汇率做出等量但反向的变化。

10. 对未来即期汇率预测最常用的方法是基础分析。该方法依赖货币供给增长速度、通货膨胀率、名义利率和国际收支状况等变量来预测未来即期汇率的走势。

11. 在许多国家，居民和非居民将本币兑换成外币的能力受到政府政策的限制，政府通过限制货币可兑换性来保护该国外汇储备，从而避免一切资本外逃的可能。

12. 对于国际企业来说，政府政策禁止居民和非居民将本币兑换成外币是一个大问题。货币的不可兑换使得企业很难在该国进行国际贸易和投资。解决货币不可兑换问题的一个方法是进行易货贸易，即用商品和服务换取其他商品和服务。

13. 外汇风险分为三种，分别是交易敞口、转换敞口和经济敞口。

14. 应对交易敞口和转换敞口的策略有购买远期合同、利用掉期、提前或延期结汇、操控交易价格、利用地方债融资、加快股息支付和调整资本预算等。

15. 降低企业经济敞口需要对企业生产性资产的全球范围分布进行选择。

16. 为了有效控制外汇风险，企业必须对外汇对冲进行集中监督，认识到交易敞口和经济敞口的不同，预测未来即期汇率变动的趋势，在企业内部建立良好的报告制度来监管风险状况，并生成定期外汇风险报告。

●批判性思考和问题讨论

1. 韩国的 1 年期政府债券利率是 4%，预计下一年的通货膨胀率为 2%。美国的 1 年期政府债券利率是 7%，预计下一年的通货膨胀率是 5%。现在美元兑韩元的即期汇率是 1 美元兑 1 200 韩元。预测 1 年后的即期汇率，并说明你的理由。

2. 重新阅读本章"聚焦管理：大众汽车公司的长期保值策略"专栏，并回答以下问题：

(1) 你认为大众汽车公司为什么在 2003 年只对其 30% 的外汇风险进行对冲？当它们对冲 70% 的外汇风险时会发生什么？

(2) 美元相对欧元的价值为什么在 2003 年下跌？

(3) 除了通过外汇市场进行对冲，大众汽车公司还可以通过什么方法来规避因为未来美元价值下跌而带来的风险？

3. 假设你是美国的酒杯生产商。今年 6 月中旬接到来自日本的 10 000 个杯子的订单，货款为 400 000 日元，将在今年 12 月中旬支付。你预计在今年 12 月，汇率将从现在的 1 美元兑 130 日元变动到 1 美元兑 100 日元，你的借款年利息率为 6%，你应该怎么做？

4. 假设你是一家菲律宾企业的首席财务官，你所在企业全资控股的子公司位于墨西哥，该子公司负责生产菲律宾公司组装所需的零件。该子公司从美国的一家银行融资。一位分析师告诉你，预测墨西哥比索将在明年相对美元贬值 30%。如果预测真的发生，那么你应该怎么做？

● 研究任务：外汇市场

利用 globalEDGE™ 网站完成下列练习：

练习 1

了解另一个国家或地区的一个方法，就是去了解该国货币在世界货币市场上和其他货币的关系。你被委派任务，要求调查下个月按计划支付 100 000 日元的可行性。假设你的公司只有美元，已经确定可以选择即期汇率和远期汇率。影响你选择使用即期汇率还是远期汇率的因素有哪些？你会选择哪一个？为了得到所需日元，你需要有多少美元？

练习 2

有时分析师会利用特定产品在不同地点的价格来比较货币价值和购买力。实际上，巨无霸指数比较的就是各个国家的购买力平价，而这是基于各国巨无霸汉堡价格计算出来的。找到可得到的最新巨无霸指数，根据这一分类找出购买力平价最低的 5 个国家及其货币，并且分析哪个国家的货币价值可能被高估了。

● 章尾案例：强势美元对意法半导体公司的诅咒

欧洲的意法半导体（STMicro）公司是世界第六大半导体芯片生产商，每年销售额近 90 亿美元。该公司为移动电话、打印机和汽车等产品生产芯片。当时世界上最大的无线手机制造商之一——诺基亚也是其客户。意法半导体公司从 1987 年的一家意大利企业和一家法国企业的兼并中诞生，大部分业务一直在西欧。21 世纪初，欧盟 12 个成员通过了使用欧元的决议，而美元一直坚挺，这正合意法半导体公司的意。意法半导体公司约有 70% 的成本以欧元计价，而半导体就像石油一样以美元标价。欧元疲软和美元坚挺的组合给意法半导体公司带来了稳健的利润。

但好景不长，2003 年，欧元开始相对美元升值，这迅速转移了意法半导体公司的利润。2000 年 10 月，欧元还是 1 欧元兑 0.83 美元的低价。而在 2002 年年末，欧元就已经升值到 1 欧元兑 1 美元。几乎没有分析师预测到欧元会在 2003 年对美元迅速升值。然而，2003 年年末，汇率达到 1 欧元兑 1.2 美元。欧元在 2004 年继续升值，在 2005 年年初达到峰值——1 欧元兑 1.32 美元。2006 年年初，汇率下降到 1 欧元兑 1.2 美元，2006 年年末却又回到 1 欧元兑 1.3 美元。

欧元相对美元升值的一个原因是，美国在 2002—2006 年出现空前的贸易赤字。在此期间，美国经济迅速发展，大量从外国进口商品和服务，出口增长乏力，其结果是美元从美国流出，进入外国人手中。从历史上看，外国人把这些美元投资在美国，所以尽管一直贸易赤字，但美元回流使得美元一直保持坚挺。而在 2003—2006 年，美元回流并没有达到和过去相同的程度。与之相反，许多外国人将收到的美元兑换成其他货币，如欧元、日元或英镑。他们这么做是因为，他们对美元未来的价值感到越来越悲观，因此相应减少了所持有的美元。他们的悲观情绪基于两个因素。第一，美国政府曾官方声明希望美元贬值，以增加美国企业在国际市场上的竞争力（理论依据是美元贬值将使美国的出口更具竞争力）。政府官方声明一出，许多外国人就决定减持美元。第二，美国政府在 2003—2006 年出现空前贸易赤字，而且预计还会在高位保持一段时间。一些人得出的结论是，美国政府可能被迫通过扩大美元供给来帮助其支出（即通过印钞票），这将导致通货膨胀，并进一步降低美元的价值。因此，他们抛售美元，并购入被认为不太容易出现通货膨胀的货币。

对于意法半导体公司来说，这些宏观事件的结果是严重的。该公司几乎不对外汇对冲，因此当美元贬值时，意法半导体公司收入的欧元价值被压缩，而其成本基本以欧元为主，维持在较高水平上。尽管全球半导体芯片销量强劲，帮助抵消了美元价值下跌带来的损失，但意法半导体公司在 2004 年和 2005 年的利润仍然大幅下跌。对此，意法半导体公司的首席执行官卡洛·波索堤（Carlo Bozotti）承诺让公司成本减少 5 亿美元，主要通过关闭欧洲某些高成本业务并削减 3 000 个工作岗位，同时将生产转移到亚洲并增加 1 500 个工作岗位。卡洛·波索堤先生将这一策略描述为"真正的对冲"。为了应对欧元对美元的汇率变动，意法半导体公司将生产从欧洲转移到亚洲。如果有必要，也可以搬回来。[①]

案例讨论问题

1. 回想一下，2003 年美元相对欧元的贬值是否可以被预测到？
2. 美元相对欧元的价值在 2003—2006 年下降的根本原因是什么？根据本章中讨论的货币决定理论，请分析美元贬值到了什么程度？
3. 意法半导体公司为什么基本不做货币对冲？这是否明智？
4. 意法半导体公司现在应对未来汇率波动的策略是什么？这是否是一个明智的策略？

---

① M. Pesola, "STMicro Unveils More Job Cuts in Chip Making," *Financial Times*, May 17, 2005, p. 22; B. Lagrotteria and C. Bryan-Low, "Dealing with the Dollar: Strong Euro Bedevils EU Firms," *The Wall Street Journal*, June 21, 2005, p. A14; H. Schoemaker, "STMicro Profit Slips, but 1st Quarter Looks Upbeat," *The wall Street Journal*, January 26, 2006, p. B5.

第十章 国际货币体系

学习目标

学完本章后，你应该能够：

1. 了解当代国际货币体系的历史发展进程；
2. 能够讨论世界银行和国际货币基金组织在国际货币体系中的作用；
3. 了解固定汇率制和浮动汇率制之间的差异；
4. 知晓当今世界采用的汇率体系，以及为什么各国采用不同汇率体系；
5. 理解人们对国际货币基金组织管理金融危机所起作用的争论；
6. 掌握国际货币体系对货币管理和商务战略的意义。

● 开篇案例：阿根廷的货币危机

20世纪90年代，阿根廷是国际金融界的宠儿。当时阿根廷实行固定汇率制，将其货币比索兑美元的汇率固定在1比索兑1美元的水平上。该汇率水平的维持需要阿根廷政府采取严格的反通货膨胀政策，这成功降低了阿根廷历史上居高不下的通货膨胀率，并刺激了经济增长。然而在2001年，其经济陷入困境，当时全球经济增速大幅下降，对阿根廷出口的许多大宗商品需求也下降。阿根廷的近邻巴西，也是其主要贸易伙伴，正在努力解决其自身的金融危机。巴西使其货币相对美元贬值，这样实际上使得以比索标价的阿根廷商品价格过高。雪上加霜的是，美元对其他大部分主要货币升值，比索也随之升值，从而使得阿根廷的商品在国际市场中的价格更加昂贵。

阿根廷经济从1999年起陷入困境，而其失业率在2002年上升到25%。公司和个人都预测，阿根廷政府将不得不让比索相对美元贬值，于是它们开始卖出比索，并将它们的资产存入美元账户。随着人们卖出比索，阿根廷政府只能动用外汇储备买回这些比索，努力将汇率维系在1比索兑1美元的水平上，政府的外汇储备因此迅速流失。2000年，阿根廷向国际货币基金组织协商借款以支撑其汇率。阿根廷最终获得150亿美元的贷款，作为交换条件，阿根廷同意采取一项紧缩的财政政策来平衡其国际收支。然而，阿根廷经济每况愈下，一些批评者指出，很大一部分原因是其采取了国际货币基金组织严苛的政策，从而使得已经很糟糕的衰退更加严重。2001年年末，随着政府税收因为经济萎缩而骤降，阿根廷政府未能偿还债务，致使800亿美元的政府债券一文不值。这导致大规模的信任危机，进一步加重了比索的压力。在2001年这一整年里，阿根廷政府试图通过国际货币基金组织帮助其支撑比索的价值，然而适得其反，而且债务违约成为压垮比索的最后一根稻草。2002年年初，阿根廷政府屈从于这一无法避免的结果，比索不再与美元挂钩，阿根廷政府允许其自由浮动。比索价值立即下跌至1美元兑3.5比索。

比索价值的下跌帮助阿根廷恢复了大宗商品出口，此时对外国购买者来说，其商品和服务的价格更低了。2001年后，全球经济开始反弹，邻邦巴西的经济随之复苏，这也起到了积极作用。2003年，阿根廷经济又重新回到上升通道中，失业率也开始下降。2005年，阿根廷向国际货币基金组织偿还了全部贷款。在关于债务偿还的评论中，阿根廷总统内斯特·柯克纳（Nestor Kirchner）批评国际货币基金组织的促进政策"给阿根廷人民带来了贫穷和痛苦"。纵然这个观点在阿根廷很普遍，但一些外部观察者担心，在没有国际货币基金组织的约束后，阿根廷的经济可能会重回其宽松的货币政策和高通货膨胀的历史常态中去。[①]

引言

阿根廷在21世纪初的遭遇，以及拉脱维亚在2008年发生的一切涉及本章的中心主题。本章考察国际货币体系及它在决定汇率中所起的作用。**国际货币体系**（international monetary system）是管理汇率的制度安排。在第九章中，我们假设外汇市场是决定汇率的基本场所，以及需求和供给的客观市场力量决定了任意两种货币的相对价格（即它们的汇率）。此外，我们解释了货币的需求和供给还受一国相对通货膨胀率及利率的影响。当一国货币的相对价格由外汇市场决定时，我们称该国实行的是**浮动汇率**（floating exchange rate）制。世界四大主要交易货币——美元、欧元、日元及英镑之间都是自由浮动的。因此，它们的汇率由市场力量决定，以分秒或天数为单位变化。然而，许多货币的汇率不是由自由的市场力量决定的，一些政府采取了不同的制度安排。

世界上很多发展中国家将本国货币主要钉住美元或欧元。**钉住汇率**（pegged exchange rate）制指货币的价值与美元等参考货币的价值固定，而且该货币与其他货币的汇率由该货币与参考货币的汇率决定。比如，阿根廷在20世纪90年代将其货币汇率钉住美元，一直到2002年才允许其浮动。拉脱维亚将其货币钉住欧元，很多阿拉伯海湾国家将其货币钉住美元。

即使没有实施正式的钉住汇率制，其他国家也尽力将它们的货币与相对重要的

[①] Guillermo Nielsen, "Inside Argentina's Financial Crisis," *Euromoney*, March 2006, pp. 21-28; "Nestor Unbounded: The IMF and Argentina," *The Economist*, December 24, 2005, p. 12; "Which Is the Victim? Argentina and the IMF," *The Economist*, March 6, 2004, pp. 82-83.

参考货币的价值保持在一定范围内，重要的参考货币有美元或"一篮子货币"。这通常被称为**肮脏浮动**（dirty float）汇率制（也称受限制的浮动汇率制或有管理的浮动汇率制）。之所以称之为浮动，是因为理论上货币的价值由市场力量决定，但这是受限制的浮动（与自由浮动相对）。如果一国货币的相对重要的参考货币贬值太快，该国中央银行就会干预外汇市场以维持其货币价值。中国从2005年6月以来实施的就是这种汇率制度。中国货币人民币的价值与包括美元、日元和欧元在内的"一篮子货币"相关。而且，中国允许人民币相对单个货币浮动，但局限在一个狭窄范围内。

也有其他国家实施的是**固定汇率**（fixed exchange rate）制，即一组货币之间的价值按某种互相认同的汇率固定下来。在2000年欧元被引入欧洲前，一些欧盟成员在**欧洲货币体系**（European Monetary System，EMS）的框架下实行的是固定汇率制。在第二次世界大战结束后的25年里，世界主要工业国家加入了一个固定汇率体系。虽然这个体系在1973年崩溃了，但一些国家仍然主张恢复这一体系。

本章会解释国际货币体系是如何运作的，并指出它对国际商务的影响。为了理解这个系统如何运作，我们必须回顾其发展历程。我们会从金本位制度及其在20世纪30年代的终结开始讨论，接着讨论1944年的布雷顿森林会议，这次会议确立了第二次世界大战之后国际货币体系的基本框架。布雷顿森林体系要求其他货币对美元实行固定汇率制。在固定汇率制下，大多数货币相对美元的汇率在很长时间内是固定的，而且只在特定场合下才允许兑换。布雷顿森林会议也创立了两大主要国际组织——国际货币基金组织和世界银行，它们在国际货币体系中扮演了重要角色。国际货币基金组织的任务是维持国际货币体系的秩序，世界银行的作用则是促进发展。

当今，这两大组织继续在世界经济和国际货币体系中发挥着主要作用。比如，1997—1998年，国际货币基金组织帮助一些亚洲国家应对其在亚洲金融危机期间货币急剧贬值的问题。国际货币基金组织同样积极帮助阿根廷应对其在2005年开始的金融危机。到2005年为止，国际货币基金组织总共帮助了59个国家，其中大部分是发展中国家，并为各国提供了总计约710亿美元的贷款。然而，对国际货币基金组织及世界银行的作用，以及它们在很多发展中国家的政策是否合适的争论不绝于耳。一些知名评论家声称，国际货币基金组织的政策在一些案例中使得原本不好的情况雪上加霜（如阿根廷案例中严苛的政策加重了危机）。鉴于国际货币基金组织在20世纪90年代末和21世纪初广泛参与发展中国家的经济发展，因而对其作用的讨论迫在眉睫，我们在本章中将深入讨论这一问题。

实行固定汇率制的布雷顿森林体系于1973年崩溃。从那时起，整个世界在一个混合体系下运作，一些货币允许自由浮动，但还有很多货币受政府干预或钉住另一种货币。本章会解释布雷顿森林体系的失败原因及当今国际货币体系的特点，也会详述钉住汇率制如何运作。在布雷顿森林体系覆灭30多年后，关于哪种汇率制度最适合现在世界的讨论依旧没有停息。一些经济学家拥护一种允许主要货币自由浮动的体系，而其他经济学家提出应回到和布雷顿森林体系相似的固定汇率制。这些讨论很激烈，也很重要，本章将对双方内容都进行研究。

第十章 国际货币体系

本章还会讨论这些汇率理论的含义及其对国际商务的启示。我们会认识到在一个特定国家内，政府采取的汇率政策怎样对其商务经营的前景造成重要影响。例如，将比索的价值钉住美元，结果对阿根廷的商务竞争力造成了严重后果。当美元在外汇市场上升值时，比索也随之升值，这实际上使得阿根廷商品价格上升，并被挤出国际市场，最终造成阿根廷经济衰退。如果政府的汇率政策使得货币贬值，那么其商品在国外市场上的价格会变得更具竞争力，从而使该国出口商受益。这同样发生在2002年阿根廷比索贬值后。相反，进口商会因为其产品价格上涨而遭受损失，这样会引起一国的通货膨胀压力。本章还将研究国际货币基金组织的政策如何对一国经济前景，以及对在该国进行商务活动的成本和利益造成影响。

金本位制度

金本位制度的根源是用金币作为交换媒介、记账单位和价值储藏的方式——可以追溯到遥远古代的做法。当国际贸易额有限时，从他国购买商品的典型偿付方式就是用黄金和白银。然而，当国际贸易额随着工业革命的开始而增长，人们需要一种更加方便的融资手段。运输大量黄金和白银在全世界为国际贸易融资是不切实际的。最后人们采取的解决方法是使用纸币付款，这对政府来说，就是同意将纸币按固定比例兑换成需要的黄金。

□ 金本位制度的机制

将货币钉住黄金，保证货币与黄金的可兑换性的货币制度被称为**金本位制度**（gold standard）。到1880年为止，世界上主要贸易国中的大部分国家，包括英国、德国、日本和美国都采取了金本位制度。由于都采取了金本位制度，因此以其他任何一种货币表示的任何一种货币的价值（即汇率）就很容易确定了。

例如，在金本位制度下，1美元同23.22格令纯金的价值相等。因此，从理论上人们可以要求美国政府将1美元兑换成23.22格令纯金。因为480格令等于1盎司，所以1盎司黄金的价值为20.67（＝480÷23.22）美元。为了购买1盎司黄金所需要的货币被称为**黄金平价**（gold par value）。1英镑的价值为113格令纯金。换句话说，1盎司黄金价值4.25（＝480÷113）英镑。根据美元和英镑的黄金平价，我们可以计算出将英镑兑换成美元的汇率，该汇率为1英镑兑4.86（＝20.67÷4.25）美元。

□ 金本位制度的优点

金本位制度的优点在于其中包含的强有力的机制，在这种机制下，所有国家都可以达到国际收支平衡。当一国居民从出口中挣得的收入等于其因进口而向其他国家支付的金额时，则称该国达到**贸易收支平衡**（balance-of-trade equilibrium）（即国际收支平衡表中的经常项目平衡)。假设世界上只有日本和美国两个国家,日本处于贸易顺差,因为日本向美国的出口大于其向美国的进口。日本的出口商获得美元,再将这些美元在日本银行兑换成日元。日本银行将这些美元交给美国政府,并要求其用黄金偿还(这只是对会发生的事情的一个简要概述,但已经能说明我们的要点)。

在金本位制度下,当日本处于贸易顺差时,会发生黄金从美国向日本的净流入。这股黄金流会自动减少美国的货币供给,并增加日本的货币供给。正如我们在第九章所看到的,货币供给的增加和通货膨胀之间存在非常紧密的联系。货币供给的增加会推高日本商品的价格,而美国货币供给的减少会造成美国商品的价格下降。日本商品价格的升高会降低对这些商品的需求,而美国商品价格的下跌会增加对这些商品的需求。因此,日本将从美国购买更多商品,美国对日本商品的购买会减少,直到贸易达到平衡。

这种调节机制看起来是如此简单和吸引人,直到今天,在金本位制度崩溃几十年后,依然有人相信世界应该回到金本位制度。

☐ 两次世界大战期间:1918—1939 年

从 19 世纪 70 年代开始,金本位制度一直运行得相当出色,直到 1914 年第一次世界大战爆发才被放弃。在战争期间,有一些国家的政府通过印刷钞票来为其巨额军费支出筹措资金。这样的后果就是通货膨胀,在 1918 年战争结束时,各地价格水平都上了一个新台阶。美国率先在 1919 年回归金本位制度,英、法两国也分别在 1925 年和 1928 年回归金本位制度。

第一次世界大战后英国回归金本位制度,仍将英镑与黄金的比价钉在战前水平上,即每 4.25 英镑兑换 1 盎司黄金,而没有考虑国家在 1914—1925 年发生了严重的通货膨胀。这使得以英镑标价的商品价格过高,英国的商品被挤出外国市场,导致英国发生了严重的经济萧条。当英镑的国外持有者对英国政府维持货币价值的承诺失去信心后,他们开始将其持有的英镑兑换成黄金。英国政府意识到,要满足这些兑换黄金的需要,就会导致黄金储备大量流失,于是在 1931 年暂停了英镑对黄金的兑换。

美国政府如法炮制,在 1933 年放弃了金本位制度,却于 1934 年重新恢复该制度,并将黄金的美元价格由每盎司 20.67 美元提高到每盎司 35 美元。由于购买 1 盎司黄金所需要的美元比以前要多,这意味着美元更不值钱了。这实际上意味着美元相对于其他货币发生了贬值,在美元贬值前,英镑兑美元的汇率是 1 英镑兑 4.86 美元。在美元贬值后,汇率是 1 英镑兑 8.24 美元。美国政府试图通过这种方式降低美国出口商品的价格,并提高进口商品的价格,以促进生产,从而在美国当地增加就业(美国政府过去就是将汇率作为贸易政策的工具,现在却指责中国这样做)。然而,其他一些国家也采取了类似策略,其结果就是各国陷入竞相贬值的循环,无一从中获利。

这种结果只能是击碎了人们对这一体系剩余的最后一点信心。由于各国随意对其货币贬值，人们再也不能确定一种货币能够换回多少黄金。人们不再持有别国货币，而是立即将其兑换成黄金，防止在这段时间内该国将货币继续贬值。这对各国的黄金储备形成了压力，迫使它们暂停对黄金的兑换。到1939年第二次世界大战开始，金本位制度终于消亡了。

布雷顿森林体系

1944年正值第二次世界大战如火如荼之际，44位来自不同国家的代表齐聚新罕布什尔州的布雷顿森林，他们肩负着设计一种新的国际货币体系的使命。伴随着金本位制度的破灭，以及对20世纪30年代大萧条的记忆，这些政界人士决定建立一种持久的经济秩序来帮助战后的经济增长，并且在固定汇率的问题上取得了一致意见。另外，会议特别希望避免出现20世纪30年代的各国货币非理性竞相贬值的情况，而且参会代表都认识到，金本位制度并不能保证这一点。金本位制度存在的最主要问题是，缺乏一个能够防止各国竞相将其货币贬值的跨国机构。

根据在布雷顿森林达成的协议，参与国建立了两个跨国机构——国际货币基金组织和世界银行。国际货币基金组织的任务是维持国际货币体系的秩序，而世界银行的任务则是促进世界整体经济的发展。《布雷顿森林协议》（Bretton Woods Agreement）还要求构建一个受到国际货币基金组织监管的固定汇率制。按照协议的规定，所有国家货币的价值必须与黄金挂钩，但不要求将其货币兑换成黄金；只有美元和黄金是可兑换的——按35美元兑换1盎司黄金的价格。其他各国可自行决定其货币与美元的兑换比率，并依据其决定的美元汇率计算该货币的黄金平价。所有参与国都同意在必要的时候买进或卖出货币（或黄金）来将其货币的价值波动保持在黄金平价的1%内。举例来说，如果外汇交易商卖出的一国货币超过对该货币的需求，那么该国政府将干预外汇市场，通过买进本国货币来增加需求，维持其货币的黄金平价。

《布雷顿森林协议》的另一项内容是，各国承诺不会把货币贬值作为贸易竞争政策的武器。然而，如果有一种货币过于疲软而无法维持其汇率，那么该国可以将其货币最多贬值10%，而不需要通过国际货币基金组织的正式批准。但更大幅度的贬值需要国际货币基金组织的批准。

国际货币基金组织的作用

无论是世界范围内的金融危机、各国的货币贬值竞赛、贸易战争、高企的失业率，还是德国和其他地区的恶性通货膨胀，以及两次世界大战期间普遍的经济解体，都对国际货币基金组织的协议条款产生了深远影响。《布雷顿森林协议》旨在将国际货币基金组织作为主要的监管机构，将货币纪律和灵活性结合，尽力避免重蹈之前混乱的景象。

货币纪律

固定汇率制将货币纪律分为两个部分。第一，对维持固定汇率制的需求遏制了各国货币竞相贬值的行为,并给世界贸易带来了稳定环境。第二,固定汇率制向各个国家施加了货币约束,从而抑制了通货膨胀。例如,如果英国通过印制钞票迅速增加货币供应量,那么在固定汇率制下将会发生什么?正如第九章所解释的那样,货币供应量的增加将导致价格水平上升。假设在固定汇率制下,通货膨胀使得英国商品在世界市场上的竞争力不足,同时英国市场上进口商品的价格变得更有吸引力,其结果就是,英国的进口大于出口,贸易逆差不断扩大。在固定汇率制下,为了平衡贸易逆差,英国就需要限制货币供应量的增长速率来控制通货膨胀。所以,固定汇率制可以被看作一种控制通货膨胀并施加约束的机制。

灵活性

尽管货币纪律是《布雷顿森林协议》的核心目标,但该协议也意识到,固定汇率政策过于僵化,有可能像金本位制度一样崩溃。在一些例子中,一国减少货币供应量增长和扭转长期国际收支逆差的努力可能迫使这个国家陷入衰退,并造成失业率上升。《布雷顿森林协议》的缔造者希望避免高企的失业率,所以他们在构建该体系时加入了一些有限的灵活性。国际货币基金组织的协议条款具有两个主要特征——国际货币基金组织的贷款机制和可调整平价,这两个特征帮助该体系形成了一定的灵活性。

当一个成员因过快的紧缩货币政策或财政政策而损害国内就业时,国际货币基金组织随时准备好借外币给该国帮助其渡过短期的国际收支逆差。这些借款来自成员向国际货币基金组织认缴的黄金和货币。持续的国际收支逆差会耗尽一国的外汇储备,迫使其货币贬值。通过向贸易逆差国提供短期的外汇借款,国际货币基金组织的资金为这些国家降低通货膨胀率和减少国际收支逆差赢得了时间。其理念在于,这种借款将减轻贬值的压力,并有利于一国实行更有条理、更少痛苦的调整方案。

各国也被允许从国际货币基金组织借入一定数量的资金,并无须遵循任何特定协议。然而,如果一国从国际货币基金组织大量提款,则需要该国同意国际货币基金组织对该国宏观经济政策越来越严格的监督。大量借款的国家必须接受国际货币基金组织提出的货币政策和财政政策条件,通常包括由国际货币基金组织制定的国内货币供给量的增长率、汇率政策、税收政策和政府支出等。

当国际货币基金组织认定一国的国际收支根本性失衡后,该体系中的可调整平价制度则允许该国货币贬值超过10%。所谓根本性失衡,在国际货币基金组织相关协议条款中并没有定义,但这个词通常用在那些市场对其商品需求出现长期不利转变的国家中。如果货币不贬值,那么这样的国家将经历高失业及持续的贸易逆差,直到国内价格水平下降的幅度足以使其国际收支恢复平衡。该理念认为,在这样的背景下,货币贬值有助于避免痛苦的调整过程。

□ 世界银行的作用

世界银行的官方名称是国际复兴开发银行(International Bank of Reconstruction and Development)。当布雷顿森林会议的与会者建立世界银行时,重建被战火摧毁的欧洲经济是他们最重要的责任。该银行创立之初的任务是提供低息贷款,为重建欧洲经济融资。但到最后,在这一任务上,马歇尔计划的出现让世界银行黯然失色。在马歇尔计划下,美国直接向欧洲各国贷款,帮助它们恢复经济。所以世界银行将其注意力转向经济发展,并开始向第三世界国家提供贷款。20世纪50年代,世界银行将重点放在公共项目上,发电站、道路建设以及其他交通运输投资尤其受其青睐。20世纪60年代,世界银行也开始向农业、教育、人口控制和城市发展发放大量贷款,支持其发展。

世界银行根据两种方案来发放贷款。第一种方案是世界银行通过在国际资本市场上发行债券来筹措资金。借款者按照世界银行规定的市场利率——银行的资金成本加上边际费用来支付利息。在该方案中,世界银行向信用记录通常较差的客户,比如欠发达国家的政府,提供低息贷款。

第二种方案由世界银行在1960年建立的附属机构——国际开发协会(International Development Association)监督。国际开发协会的资金来源是经济较发达的成员,比如美国、日本和德国。国际开发协会的贷款只面向最贫穷的国家。借款者用50年时间来偿还年利率为1‰的贷款。最贫穷的国家还可以获得赠款和无息贷款。

固定汇率制的崩溃

在布雷顿森林建立的固定汇率制一直运行良好,直到20世纪60年代开始显现一些问题的迹象。最终,该制度在1973年崩溃,并被浮动汇率制取代。为了了解固定汇率制为什么会崩溃,则必须理解美元在其中的特殊作用。作为唯一能够兑换成黄金的货币,以及其他货币的参照物,美元在该体系中处于中心地位。任何施加在美元上的贬值压力都会严重破坏这个制度,然而这真实发生了。

大多数经济学家将固定汇率制的崩溃归咎于1965—1968年美国宏观经济的"一揽子"政策。[①] 为了为越南战争和福利计划融资,当时的林登·约翰逊(Lyndon Johnson)总统没有通过以增税方式增加政府支出的方案,而是通过增加货币供给来筹资,这导致美国的通货膨胀率从1966年的不到4%上升到1968年的接近9%。与此同时,美国政府支出增加也刺激了经济。当人们手头有了更多的钱,他们的花费也更多,特别是在进口商品上,于是美国的贸易平衡开始恶化。(敏锐的读者会注意到,这与美国在2002—2005年出现的普遍现象类似,当时政府再一次通过货币扩张来为国外战事上的巨额开支筹集资金,其本质是更多政府借款,这刺激了经济,并促进了进口。一些观察家担心,这实际上是美国货币供给的扩张,最终会加速美国的通货膨胀。)

通货膨胀的加剧和美国贸易地位的恶化,引起外汇市场上关于美元将要贬值的推测。情况在1971年的春天变得更为严重,当时美国的贸易数字显示,这是从1945年以来,美国进口第一次超过出口。这引发了外汇市场上投机商大量购买德国马克的行为,因为它们预测,在外汇市场上马克将相对美元升值。由于对德国马克的巨

---

① R. Solomon, *The International Monetary System*, *1945—1981* (New York: Harper & Row, 1982).

大需求，仅在1971年5月4日这一天，德国联邦银行（德国的中央银行）不得不买入10亿美元以维持美元兑马克的固定汇率。在1971年5月5日的早晨，德国联邦银行在外汇交易的第一个小时就再次购买了10亿美元！在那一刻，德国联邦银行不可避免地允许其货币浮动。

在做出让德国马克浮动的决定的几个星期内，外汇市场越来越确信美元将不得不贬值。然而，让美元贬值并不是一件轻而易举的事情，在《布雷顿森林协议》的条款中，如果一国想要变动与其他所有货币之间的汇率，那么只需要将其与美元的汇率钉在一个新的水平就可以。但作为这一体系中的关键货币，美元如果想要贬值，则只有其他所有国家都同意其货币对美元升值才行。然而许多国家并不愿意这样做，因为这样做会造成本国产品相对于美国的产品更加昂贵。

为了敦促解决这一问题，尼克松总统在1971年8月宣布，美元不再具备与黄金的可兑换性。他同时宣布对进口商品征收10%的税，直到美国的贸易伙伴同意其货币相对美元升值。这就将其贸易伙伴推到了谈判桌前。1971年12月，一项允许美元相对外币贬值约8%的协议被达成，进口税也随之被取消。

然而，问题并没有解决。1972年，美国的国际收支状况一直在恶化，与此同时，美国的货币扩张速度持续以引发通货膨胀的速度增长。关于美元依然被高估的猜测不断，第二次贬值势在必行。外汇交易商们依据猜测开始将美元兑换成德国马克和其他货币。自1972年2月爆发了一次大规模投机活动后，投机活动在1972年3月1日达到顶点，在这一天，欧洲各国的中央银行花了总计36亿美元来阻止其货币相对美元升值，外汇市场被迫关闭。当外汇市场在1972年3月19日重新开放时，日本和大多数欧洲国家的货币兑美元的汇率开始浮动，尽管许多发展中国家的货币依旧钉住美元，并延续至今。从当时来看，这种向浮动汇率制的转变被认为是对外汇市场中不可控的投机做出的一种暂时反应。然而，从布雷顿森林体系固定汇率制的崩溃到今天已经几十年了，这种解决方案也从暂时性的变成永久性的了。

布雷顿森林体系有一个致命缺点：一旦关键货币即美元受到投机行为的攻击，这个体系就无法正常运行。只有在美国保持低通货膨胀率和国际收支没有出现逆差的情况下，布雷顿森林体系才能正常运行。一旦出现这些迹象，这个体系就会因压力过大而达到临界点。

浮动汇率制

浮动汇率制是在固定汇率制倒塌后被建立起来的。1976年1月，国际货币基金组织成员齐聚牙买加，并约定了迄今为止还在实行的国际货币体系规则。

《牙买加协议》

牙买加会议修改了国际货币基金组织相关协议的条款，以反映浮动汇率制下新的现实情况。《牙买加协议》（Jamaica Agreement）的主要内容包括以下方面：

（1）宣布接受浮动汇率制。允许国际货币基金组织的成员干预外汇市场，以消除"无端"的投机性波动。

（2）废除将黄金作为储备资产的规定。国际货币基金组织以当时的市场价格将黄金储备返还给成员，将多余的收益组成信托基金帮助贫困国家，允许国际货币基金组织成员以市场价格出售其黄金储备。

（3）将国际货币基金组织的年度总配额，即成员向国际货币基金组织的认缴额，增加到410亿美元。（自国际货币基金组织的成员扩增到186个后，这一认缴额也增加到3 000亿美元。）2009年，国际货币基金组织开始考虑增加其资金来帮助解决全球经济危机。非石油出口的发展中国家从国际货币基金组织得到资助的途径也增加了。

在牙买加会议后，国际货币基金组织继续承担帮助各国应对宏观经济和汇率方面问题的责任，虽然这已经是处在不同汇率制度的背景下了。

□ 1973年之后的汇率情况

1973年3月之后，与1945—1973年相比，汇率变得更不稳定，而且难以预测。[1] 这种不稳定的部分原因是全球发生了一些对国际货币体系的意外冲击：

（1）1971年的石油危机，使得当时石油输出国组织（OPEC）将油价提高到原来的4倍。这对美国通货膨胀率和贸易地位造成了不利影响，导致美元价值的进一步下跌。

（2）1977—1978年，美国通货膨胀率的上升使得人们对美元丧失了信心。

（3）1979年的石油危机，使得石油输出国组织再次将石油价格提高了1倍。

（4）1980—1985年，美国的国际收支持续恶化，但美元汇率意外上升。

（5）1985—1987年，美元兑日元和美元兑马克的汇率急剧下跌。1993—1995年，美元兑日元汇率再次急剧下跌。

（6）1992年，欧洲货币体系出现部分崩塌。

（7）1997年的亚洲金融危机，使得包括韩国、印度尼西亚、马来西亚和泰国在内的一些亚洲国家的货币在几个月内相对美元贬值50%～80%。

（8）2001—2009年，美元贬值。

图10.1总结了1973—2008年主要货币美元指数的波动情况。（该指数是美元兑换可在国际上广泛流通货币的汇率的加权平均数。）在图10.1中有一个有趣现象，美元在1980—1985年升值，随即在1985—1988年贬值。相似的现象也发生在1995—2006年，美元出现了明显升值和贬值。本章将简要讨论美元价值在这些年间的涨跌，因为这揭示了最近几十年国际货币体系是如何运作的。[2]

美元在1980—1985年出现升值，但当时美国的贸易收支出现巨额逆差，并且逆差缺口不断扩大，美国的进口远远超过其出口。按照传统观点，贸易逆差会使得外

---

[1] International Monetary Fund, World Economic Outlook, 2005 (Washington, DC: IMF, May 2005).

[2] B. D. Pauls, "US Exchange Rate Policy: Bretton Woods to the Present," Federal Reserve Bulletin, November 1990, pp. 891-908.

汇市场中美元供给增加，最终导致美元价值减少，但如图10.1所示，美元升值了。这是为什么？

图10.1　1973—2008年主要货币美元指数

资料来源：美国联邦储备系统

众多的利好因素克服了贸易逆差造成的不利因素。美国经济强劲的增长吸引了追逐资本高回报的外国投资者，较高的实际利率也吸引了寻求金融资产高收益的外国投资者。同时，世界上其他地区的政治动荡，以及欧洲发达国家相对较低速的经济增长，都使得美国成为投资者眼中资本最好的去处。这些资本的流入增加了外汇市场对美元的需求，推动了美元相对于其他货币的价值上升。

而美元在1985—1988年的贬值是由政府干预和市场力量共同作用导致的。美元的升值使得美国商品价格偏高，从而美国商品被挤出国外市场，而且使得进口相对更便宜，美国的贸易前景变得黯淡。1985年，美国公布了破纪录的巨额贸易逆差，总计超过1 600亿美元。这引起美国贸易保护主义呼声的高涨。1985年9月，由英国、法国、日本、德国和美国5个主要工业国组成的五国集团，在纽约的广场饭店召开财政部部长和中央银行行长会议，并达成之后被称为《广场协议》（Plaza Accord）的决议。他们宣布，大多数主要货币对美元的升值是可接受的，并承诺卖出美元干预外汇市场以达成这一目标。1985年夏天，美元就已经开始走弱，这次宣言进一步加速了美元贬值。

美元贬值一直持续到1987年。五国集团的政府开始担忧美元可能跌得太多，因此五国集团的财政部部长于1987年2月在巴黎会面，达成了新的协议，即《卢浮宫协议》（Louvre Accord）。他们认为，汇率水平已经得到了充分调整，并承诺在必要的时候会买进或卖出货币干预外汇市场，以使汇率稳定在当时水平上。尽管在达成《卢浮宫协议》后的几个月内，美元仍保持下跌态势，但下跌速率有所减缓，直到1988年年初，美元才结束下跌趋势。

除了在1991年因海湾战争引起一阵短暂的投机骚动外，在20世纪90年代的前半期，美元价值一直保持相对稳定。然而在20世纪90年代末期，尽管美国的国际收支依旧保持巨额逆差，美元再次对大部分主要货币升值，这其中还包括新出现的欧元。美元升值再度驱使外国投资者投资美国的金融资产，主要是股票和债券，货币的流入推升了外汇市场上美元的价值。投资流入的原因是外国投资者对美国金融资产回报率的信任。

然而在 2002 年,外国投资者开始厌倦美国的股票和债券,流入美国的货币速度减慢。外国投资者不再把从美国出口中赚取的美元重新投入美国金融资产中,他们将这些美元兑换成其他货币,特别是欧元,或者再投资于其他非美元资产。这其中的原因之一是美国贸易逆差持续上升,在 2005 年达到破纪录的 7 670 亿美元,在 2007 年这一记录为 7 120 亿美元。虽然美国的贸易逆差在这几十年里屡创新高,但在 2005 年,美国贸易逆差占当年 GDP 的比重最高,高达 7%。

破纪录的贸易逆差意味着有越来越多的美元流出美国,到了外国投资者手中,而这些外国投资者把这些美元重新投资于美国的意愿下降,因此美元价值无法保持稳定。外国投资者越来越不愿意在美国投资的原因有很多。首先,美国的经济活动在 2001—2002 年减缓,而且之后的恢复速度也相当缓慢,使得美国资产缺乏吸引力。其次,美国政府的预算赤字在 2001 年后迅速扩大,在 2005 年破纪录地达到 3 180 亿美元,到 2006 年才回落到 2 480 亿美元,在 2007 年继续下滑到 1 580 亿美元。这带来了用对扩张货币政策弥补预算赤字而导致通货膨胀的恐慌。由于通货膨胀会使美元贬值,外国投资者决定通过减持其投资组合中的美元资产来对冲这种风险。最后,从 2003 年开始,美国政府官员开始发表"贬低"美元价值的言论,部分出于政府认为更低的美元价值可以带动出口,减少进口,从而改善美国的贸易地位。[①] 外国投资者把这视作美国政府不再干预外汇市场以推高美元价值的信号,他们对将出口美国赚取的美元重新投资于美国金融资产的选择更加迟疑。基于这些原因,市场对美元的需求减弱,美元在外汇市场上的价值一路下滑。2004 年 12 月,主要货币美元指数下跌至 80.19,这是从 1973 年发布该指数以来的最低值。虽然 2005—2006 年,该指数略有回升,但很多评论家认为,在接下来的几年里,美元仍将继续贬值。特别是当像石油生产国这样的巨额美元持有者决定保持外汇多样化时,美元贬值压力更大。果不其然,2007 年,美元再续跌势,主要货币美元指数从 2002 年 11 月的 102.5 跌至 2007 年 11 月的 72.5。然而,从 2008 年中期到 2009 年年初,美元兑其他主要货币的汇率经历了一个温和的阶段,尽管在这段时间中,美国经济遭受了严重的金融危机。对此的解释可能是尽管美国经济下滑,但全球经济整体形势同样严峻。实际上,其他一些国家的状况也相当糟糕。所以,外国投资者视美元为相对更安全的货币,他们把钱投进了低风险的美国资产中,特别是低收益的美国国债。

从最近的历史中可以发现,美元价值是由市场力量和政府干预共同决定的。在浮动汇率制下,市场力量使得美元价值波动频繁。政府有时通过市场干预做出回应,买进或者卖出美元,试图抑制市场波动,纠正它们认为被高估(如 1985 年)或可能被低估(如 1987 年)的美元。除了直接干预外,政府官员的言论也常常影响美元价值,如果美国政府官员没有公开宣扬不会采取任何措施阻止美元下跌的言论,2004 年美元贬值的幅度也许就不会那么大。自相矛盾的是,政府不干预的信号也会影响市场。政府在外汇市场上干预的频繁程度解释了为什么目前的汇率制度有时也被称为有管理的浮动汇率制(managed-float system),或者肮脏浮动制。

---

① R. Miller, "Why the Dollar Is Giving Way," *BusinessWeek*, December 6, 2004, pp. 36-37.

● 聚焦国家：美元、石油价格及回流的石油美元

2004—2008年，世界石油价格突飞猛进。石油价格从2001年的每桶20美元左右上涨到2008年巅峰的每桶170美元，而到了2009年年初，石油价格又急剧下跌回每桶30多美元。石油价格的上涨是由于诸如中国和印度这样的高速发展大国出现远超预期的需求，以及供给的吃紧和世界上最大的产油地区——中东出现了地理政治风险。

对于石油生产国来说，暴涨的油价无异于飞来横财。2005年，它们总计从石油中赚取了约7 000亿美元收入，而这一数字在2007—2008年远超过1万亿美元。这其中约有64%进了石油输出国组织的口袋，作为其成员及世界上最大的产油国，沙特阿拉伯收割了其中大部分。由于石油是以美元计价的，石油价格的上涨使得石油生产国手中的美元数量剧增（从出售石油中赚取的美元通常被称为石油美元）。本质上来说，石油价格的上升意味着美元从像美国这样的石油消费国流入像俄罗斯、沙特阿拉伯及委内瑞拉这样的石油生产国。石油生产国会怎样处理这些美元呢？

对于石油生产国来说，第一种选择是将这些石油美元花在公共部门的基础设施建设上，例如卫生服务、教育、公路及电信系统。相比于其他领域的投资，对公共部门和基础设施建设的投资可以帮助这些国家增长经济和增加进口，有助于抵消石油生产国的贸易顺差并促进全球经济增长。许多石油生产国的花费确实增加了，然而国际货币基金组织的数据表明，石油输出国组织成员只花掉了从2004—2007年油价上涨中所获暴利的40%（委内瑞拉是个例外）。在1979年油价暴涨中，石油生产国加大了其在基础设施上的投入，却因为几年后的油价崩溃而背上了沉重的债务。这一次，它们变得更加谨慎——现在看来这种选择是明智的，因为在2008年年末，石油价格再次下跌。

石油生产国的第二种选择是将销售石油赚取的美元大量投资于以美元计价的资产，例如以美元计价的债券、股票和地产。这确实发生了。石油输出国组织成员将美元投资于美国资产上，大部分是低风险政府债券。石油美元回流意味着石油生产国帮助美国弥补巨额且不断扩大的经常账户逆差，确保了美国能够支付其庞大的石油进口账单。

第三种选择是石油生产国将资金投资于非美元资产，这其中包括欧洲和日本的股票和债券。这也确实发生了。不仅如此，石油输出国组织的投资者收购了整个外国公司，而不仅仅是少数股票。例如在2005年，迪拜国际资本（Dubai International Capital）公司收购了一家英国的主题公园集团，而迪拜世界收购了英国最大的港口和渡轮集团——皮欧邮轮（P&O Cruises）。尽管存在这样的例子，至少在2005—2008年，大部分石油美元都回流到了以美元计价的资产中。其中部分原因是2004—2007年美国的利率出现上升。然而，一旦石油美元的流动干涸，石油资源富裕的国家就会投资于其他货币，比如欧元计价资产，美元价值则会骤跌。

■ 固定汇率与浮动汇率

布雷顿森林体系的崩溃并不能终止关于固定汇率制和浮动汇率制孰优孰劣的争

论。近年对浮动汇率制的失望再次掀起关于固定汇率制优点的讨论。在该部分，我们将回顾关于固定汇率制与浮动汇率制的争论。① 在讨论为什么众多评论家对浮动汇率制感到失望并呼吁固定汇率制之前，我们将先讨论有关浮动汇率制的部分。

□ 实行浮动汇率制的理由

支持浮动汇率制的理由主要有两个：货币政策自主权和贸易收支的调节。

货币政策自主权

一些分析家认为，在固定汇率制下，一国按其认为的适当水平扩张或收缩货币的能力受到维持购买力平价需求的限制。货币扩张会导致通货膨胀，因而对固定汇率制下的货币产生贬值压力（正如购买力平价理论所预测的，具体参见第九章）。在货币紧缩的情况下，对货币需求的减少会造成高利率，较高的利率使得资金从国外流入，对固定汇率制下的货币形成升值压力。因此，为了在固定汇率制下维持购买力平价，各国利用货币政策扩张或紧缩经济的能力受到了限制。

浮动汇率制的支持者认为，免去维持购买力平价的责任后，控制货币的权利应交还给一国政府。如果一国政府面对失业的状况，希望用增加货币供给来刺激国内需求和减少失业，那么它就可以采取这样的措施，而无须顾及维持汇率稳定。虽然货币扩张会导致通货膨胀，但同样可以引起一国货币贬值。如果购买力平价理论是正确的，那么外汇市场上货币的贬值可以抵消通货膨胀效应。虽然在浮动汇率制下，国内通货膨胀会对汇率造成影响，但汇率下跌不会对企业国际成本的竞争力产生影响。国内成本的上升应刚好被该国货币在外汇市场上的贬值抵消。同理，一国政府也可以利用货币政策紧缩国内经济，而无须担心维持购买力平价。

贸易收支的调节

在布雷顿森林体系下，如果一国的贸易差额出现长期逆差（进口大于出口），并且无法通过国内政策消除，那么该国可以要求国际货币基金组织同意让其货币贬值。布雷顿森林体系的批评者认为，该调节机制在浮动汇率制下运行得更流畅。他们提出，如果一国正在遭受贸易逆差，那么该国货币在外汇市场上供需的不平衡（供给超过需求）会导致该国货币价值的下跌。继而使得该国出口商品价格更便宜，而进口商品价格更昂贵，货币贬值应该可以校正贸易逆差。

□ 实行固定汇率制的理由

货币纪律、投机、不确定性及贸易平衡的调整都是实行固定汇率制的理由。

货币纪律

本书讨论布雷顿森林体系时，就已经讨论过固定汇率制下货币的固有属性了。

---

① P. Krugman, *Has the Adjustment Process Worked?* (Washington, DC: Institute for International Economics, 1991); "Time to Tether Currencies," *The Economist*, January 6, 1990, pp. 15–16; P. Krugman and M. Obstfeld, *International Economics: Theory and Policy* (New York: Harper-Collins, 1994); J. Shelton, *Money Meltdown* (New York: Free Press, 1994); S. Edwards, "Exchange Rates and the Political Economy of Macroeconomic Discipline," *American Economic Review* 86, no. 2 (May 1996), pp. 159–163.

维持固定汇率能够确保政府无法以会导致通货膨胀的速度增加货币供给量。浮动汇率制的支持者认为，每个国家都应该被允许选择自己的通货膨胀率（货币政策自主权观点）。固定汇率制的支持者认为，政府通常会屈服于政治压力，而过快扩张货币供给，造成无法接受的高通货膨胀，而固定汇率制防止了这种情况。

投机

浮动汇率制的批评者认为，投机会导致汇率的波动。他们指出，20世纪80年代美元的急涨急跌与当时通货膨胀率的差异和美国的贸易逆差没有关系，而与投机密切相关。他们认为，当外汇交易商观察到一种货币正在贬值时，他们会预期这种货币将来继续贬值，因而倾向于卖出这种货币，而全然不顾该货币的长期前景。当更多交易商跟随这种行为后，货币贬值的预期就成为现实。这种不稳定的投机使得汇率长期的波动幅度加大。这扭曲了一国的进口价格和出口价格，会损害一国经济。因此，固定汇率制的支持者认为，固定汇率制可以限制投机造成的汇率不稳定的影响。

不确定性

投机还增加了未来货币变动的不确定性，这也是浮动汇率制的一个特点。后布雷顿森林时代的浮动汇率制让商务活动的计划变得更加困难，增加了进口、出口和国际投资活动的风险。在汇率波动的情况下，国际商务人员不知道怎样对这些变化做出反应——其结果就是以不变应万变。为什么本月美元贬值了6%之后要对进口、出口和国际投资活动做出应对呢？要是下个月美元又升值6%呢？批评者认为，正是这种不确定性阻碍了国际贸易和投资的增长。他们认为，固定汇率制可以消除这种不确定性，促进国际贸易和投资的增长。而浮动汇率制的支持者认为，远期外汇市场能消除汇率波动带来的风险（具体参见第九章），所以汇率不确定性对国际贸易和投资活动的负面效应被夸大了。

贸易平衡的调整

喜好浮动汇率制的人认为，浮动汇率制有助于调节贸易收支的不平衡。而批评者则对汇率和贸易平衡的密切程度提出质疑。他们提出，贸易逆差是由一国储蓄和投资之间的差额决定的，而不是通过货币的外部价值决定的。[①] 他们认为，一种货币的贬值会导致进口商品价格的上升，最终出现通货膨胀。任何由因货币贬值而出现的成本上的竞争优势带来的明显好处都会被通货膨胀抵消。换言之，货币贬值并不会像浮动汇率制支持者所声称的那样刺激出口和抑制进口，它只会推动价格上升。为了证明这一点，浮动汇率制的拥趸者指出，美元在1985—1988年贬值了40%，而这并没有缓解美国的贸易逆差。浮动汇率制的反对者用美国在1985—1992年贸易逆差从1 600多亿美元下降到约700亿美元的事例反驳，认为其中部分原因就是美元贬值。

□ 谁是正确的？

在这场发生在固定汇率制支持者和浮动汇率制支持者之间的激烈争论中，谁才是正确的呢？经济学家们在这一问题上并没有统一意见。这一问题的解决对于国际

---

① R. McKinnon, "An International Standard for Monetary Stabilization," *Policy Analyses in International Economics* 8（1984）; P. Krugman, *The Age of Diminished Expectations* (Cambridge, MA: MIT Press, 1990).

贸易和投资中的主要企业来说有相当大的利害关系。国际商务是在固定汇率制还是浮动汇率制下更好？关于这一点的结论并不明显。

然而，我们当然知道延续布雷顿森林体系的固定汇率制道路是走不通的。投机活动终将摧毁这一体系，这一发生在固定汇率制下的现象却被其支持者用来反驳浮动汇率制！尽管如此，一种截然不同的固定汇率制可能会更持久，而且更稳定，从而推动国际贸易和国际投资更快增长。在下一部分，我们将考察这一系统潜在的模型及问题。

实践中的汇率制度

世界各国实行的汇率制度政策各有不同。例如，有完全由市场力量决定的纯粹的自由浮动制度，还有部分具备1973年前布雷顿森林体系固定汇率制特征的钉住汇率制度。

图10.2概括了2007年国际货币基金组织成员采取的汇率政策。约有14%的国际货币基金组织成员允许其货币自由浮动，而另外26%实行的是有限的浮动，即有管理的浮动。有28%的国际货币基金组织成员没有独立的法定货币，其中包括采用欧元而放弃了本国货币的欧盟成员，还包括一些主要是非洲和加勒比地区的小国，它们没有本国货币，而是采用外国货币作为其境内的法定货币，一般采用的是美元和欧元。剩下的国家采用了更不灵活的货币体系，包括固定钉住汇率制度（有26%），在这种体系下，它们将本国货币钉住美元、欧元或其他货币。其他国家采取允许其货币汇率相对于其他货币在一个目标区间内浮动的体系，即可调整钉住汇率制度。在这一部分，我们将更详细地探究钉住汇率制度和货币局制度。

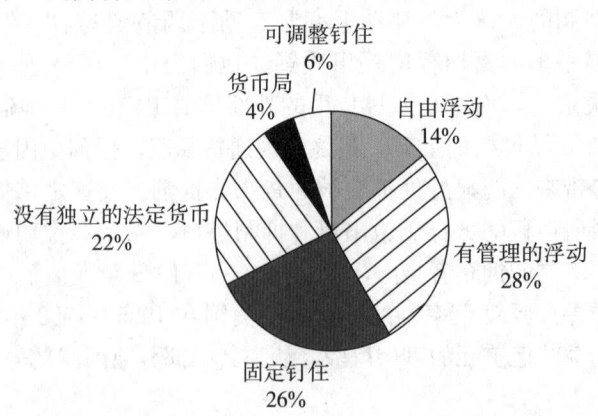

图10.2　2007年国际货币基金组织成员采取的汇率政策

资料来源：国际货币基金组织

□ 钉住汇率制度

在钉住汇率制度下，一国会将其货币的汇率钉住另一种主要货币，比如美元，所以当美元升值时，该国货币也会升值。钉住汇率制度在世界上许多小国中较为盛行。与完全的固定汇率制相似,钉住汇率制度的优点在于它向一国施加了货币约束,而且可以保持低通货膨胀。比如,如果伯利兹将其货币伯利兹元钉住美元——1美元兑1.97伯利兹元(2006年的实际汇率),那么伯利兹政府必须确保本国的通货膨胀率接近美国的通货膨胀率。如果伯利兹的通货膨胀率比美国的通货膨胀率更高,伯利兹元贬值的压力就会上升。伯利兹政府为了维持钉住汇率制度,则需要勒住通货膨胀。当然,因为钉住汇率制度对一国施加了货币约束,被选作货币钉住目标的国家也必须采取稳健的货币政策。

有证据表明,采取钉住汇率制度可以缓和一国的通货膨胀压力。一份国际货币基金组织的研究认为,采取钉住汇率制度的国家的平均年通货膨胀率为8%,而那些采取中间汇率制度和浮动汇率制度的国家分别为14%和16%。① 然而,很多国家只是名义上实行钉住汇率制度,实际上就算货币贬值也不想采取紧缩的货币政策。对于一个小国来说,在资本流出国内,以及外汇交易商对该国货币投机交易的情况下,维持汇率钉住其他国家的货币是很难的。1997年发生过类似事件,当时的资本外流和货币投机迫使包括泰国和马来西亚在内的几个国家放弃了将其货币钉住美元,而是让其货币自由浮动。如果在20世纪90年代,泰国和马来西亚在刚有迹象时就正确处理了这些问题,包括私人部门债务过高,以及日益扩大的经常账户逆差,那么它们就不会处在如此境地了。

□ 货币局制度

中国香港在1997年亚洲金融危机中的经验为如何管理钉住汇率制度增加了一种新的思路。1997年年末,当其他亚洲货币全线崩溃时,港币抵挡住了几次有预谋的投机冲击,将港币兑美元的汇率维持在了15港币兑7.80美元。中国香港的货币局制度为此获得了广泛赞誉。实行**货币局**(currency board)制度的经济体承诺以固定汇率满足本币兑换外币的需求。为了让这种承诺获得信任,货币局所持有的外汇储备量应100%等于按照固定汇率折算的本国发行货币数量。中国香港实行的货币局制度意味着港币必须完全按照特定汇率由美元来支持。这并不是真正的固定汇率制,因为美元及港币对其他货币是浮动的,但货币局制度也具备一些固定汇率制的特征。

在这种安排下,货币局想要增发额外本币则需要得到外汇储备的支持。这限制了货币当局印制钞票进而制造通货膨胀的能力。在严格的货币局制度下,利率的调整是自动的。如果投资者想要把本国货币换成美元之类的其他货币,那么本币的供应就会骤减。这会使得利率上升,直到当地货币最终具备将投资者吸引回来的能力。以中国香港为例,1997年年末,投资者将港币兑换为美元,推动3月期存款利率攀升到20%。然而,在港币维持住对美元的钉住汇率后,利率再次下降。

中国香港从1983年建立货币局制度以来,已经经历了几次风暴。这种成功对一些考虑采用类似制度的发展中经济体有一定说服力。阿根廷在1991年采取了货币局制度(虽然在2002年放弃了),保加利亚、爱沙尼亚和立陶宛也纷纷走上了这条道

---

① A. R. Ghosh and A. M. Gulde, "Does the Exchange Rate Regime Matter for Inflation and Growth?" *Economic Issues*, no. 2 (1997).

路（在 2006 年，国际货币基金组织成员中有 7 个实行货币局制度）。尽管这一制度安排令人感兴趣，但批评者还是很快指出了货币局制度的缺陷。一旦当地通货膨胀率持续超过其钉住汇率国家的通货膨胀率，实行货币局制度国家的货币就会缺乏竞争力，并且出现对货币价值的高估（如采取货币局制度的阿根廷所发生的情况）。同样，在货币局制度下，政府缺乏制定利率的能力。比如 2001 年阿根廷的经济崩溃以及接下来放弃货币局制度的决定都在很大程度上抑制了政府运用这种机制管理汇率的热情。

国际货币基金组织的危机管理

许多观察家一开始时认为，1973 年布雷顿森林体系的崩塌会削弱国际货币基金组织在国际货币体系中的地位。国际货币基金组织最初的职能是为其成员提供短期资金，好让它们调整国际收支状况，维持汇率。一些人认为，在浮动汇率制下对短期贷款的需求将大幅减少。贸易逆差会导致一国汇率下降，从而有助于减少进口，促进出口，因此不再需要国际货币基金组织的短期贷款。与此相一致的是，1973 年以后，大多数工业化国家倾向于由外汇市场上的供求决定汇率。除了英国和意大利，20 世纪 70 年代中期以后，没有一个主要的工业化国家向国际货币基金组织借过款。从 20 世纪 70 年代早期开始，全球资本市场的发展使得像英国、美国这样的发达国家可以不通过向国际货币基金组织提款，而是通过向私人部门借钱来弥补其贸易逆差。尽管如此，国际货币基金组织的活动在过去几十年中依然不断扩张。到 2008 年为止，国际货币基金组织共有 185 个成员，其中有 65 个成员都有一些国际货币基金组织的项目。1997 年，国际货币基金组织实施了其规模最大的"一揽子"援助计划，承诺向捉襟见肘的三个亚洲国家——韩国、印度尼西亚和泰国发放 1 100 亿美元短期贷款。接着又向土耳其、俄罗斯、阿根廷和巴西提供了另外的"一揽子"援助计划。2008 年年末爆发的全球经济危机也使得国际货币基金组织的贷款增加了。从 2008 年年末到 2009 年年初，国际货币基金组织向拉脱维亚等经济困难的国家提供了 500 亿美元贷款。

国际货币基金组织的活动之所以扩张，是因为在后布雷顿森林体系时代，不时有周期性的金融危机冲击着许多经济体，发展中国家更是重灾区。国际货币基金组织源源不断地向这些经受着金融危机的国家贷款，条件是要求这些国家政府实施一定的宏观经济政策。国际货币基金组织的批评者认为，这些政策并不像国际货币基金组织希望的那样有效，在一些情况下甚至是雪上加霜。这些批评在国际货币基金组织向一些亚洲经济体贷款后上升到一个新水平，同时出现了关于国际货币基金组织职责的激烈讨论。在这一部分，我们将讨论国际货币基金组织在过去几十年面临的一些主要挑战，并回顾关于国际货币基金组织职责的讨论。

□ 后布雷顿森林时代的金融危机

在过去的几十年中，全世界发生了各种类型的金融危机，其中多次国际货币基金组织都被要求参与解决问题。**货币危机**（currency crisis）指一种货币的汇率受到投机活动的攻击，导致货币急剧贬值，或者迫使政府花费大量外汇储备，并大幅提高利率来维持现行利率水平。巴西和拉脱维亚分别在2002年和2008年出现了货币危机。国际货币基金组织介入巴西的货币危机，维持了巴西货币在外汇市场上的稳定。**银行业危机**（banking crisis）指由于个人和企业对银行体系失去信心而发生挤兑的现象。2008年的拉脱维亚就发生了银行危机。**外债危机**（foreign debt crisis）指的是一国无法偿还其私人部门和政府部门的对外债务的情形。

这些危机都有相同的宏观经济根源：相对较高的通货膨胀率、不断扩大的经常账户逆差、过度增长的国内借款，以及资产价格的通货膨胀（如股市和房地产价格的猛增）。① 有时还会遇到货币危机、银行业危机和外债危机同时爆发的情形，正如1997年的亚洲金融危机，以及2000—2002年的阿根廷危机。

为了确定金融危机爆发的频率，国际货币基金组织调查了1975—1997年53个经济体（22个发达经济体与31个发展中经济体）的宏观经济情况。② 国际货币基金组织发现总计出现了158次货币危机，其中有55次货币危机发生经济体的货币贬值幅度超过1/4。同时出现了54次银行业危机。国际货币基金组织的资料显示，不发达经济体出现货币危机和银行业危机的可能性是发达经济体的两倍以上。考虑到从20世纪70年代中期开始，国际货币基金组织的贷款大多涌向不发达经济体，这倒没什么奇怪的。

● 聚焦国家：拉脱维亚的经济动荡

拉脱维亚作为波罗的海沿岸独立的国家之一，人口总计250万人。该国在2004年加入欧盟，并将其货币拉特的汇率钉住欧元。拉脱维亚最终的目标是采用欧元作为其货币。为了维持拉特与欧元的平价，拉脱维亚采用了货币局制度。在这一制度下，本币的流通由一对一的外汇储备所支撑。在拉脱维亚的例子中，这一外汇储备主要是欧元。

从2006年开始，关于拉脱维亚经济过热的警告接连不断。其经济繁荣日渐依靠国外热钱的流入，特别是从俄罗斯不断涌入拉脱维亚银行的钱。基于此，拉脱维亚银行利用这些资金大量放贷，其中包括将贷款以低息提供给借款者，房地产价格被哄抬，市场逐渐泡沫化。批评者督促拉脱维亚政府提高利率来收紧贷款，但无济于事。最后，拉脱维亚政府没有做到的事，市场替其完成了。

2008年，由美国房地产过热引发的经济危机席卷全球，拉脱维亚的经济繁荣也走到了尽头。对拉脱维亚来说，灾难从其最大的私人银行——帕莱克斯（Parex）银行披露的财务危机开始一点点显露。帕莱克斯银行因为出现越来越多的高风险贷款违约，因此向拉脱维亚政府求助。拉脱维亚政府介入后，一开始向该银行注资2亿拉特。然而，这并没有解决帕莱克斯银行的问题。随着储户大量提款，拉脱维亚政府被迫国有化帕莱克斯银行。但是，该方案对于解决这场危机来说远远不够，反而加深了危机——个人和机构开始将拉特兑换成欧元或美元。外汇投机商也加入这一

---

① International Monetary Fund, World Economic Outlook, 2008 (Washington, DC: IMF, May 2008).
② International Monetary Fund, World Economic Outlook, 2008 (Washington, DC: IMF, May 2008).

行列，开始卖空拉特，它们赌的就是拉脱维亚政府会被迫将拉特贬值。这给拉脱维亚的货币造成了剧烈压力，迫使其中央银行进入外汇市场买进拉特，试图将拉特维持在其兑换欧元的钉住汇率上。在不到两个月的时间里，拉脱维亚的中央银行流失了其1/5的外汇储备，但这并没有挡住资金流出该国。

解决危机的一种办法是让拉特对欧元贬值，但这会造成各种问题。许多拉脱维亚的居民持有欧元负债，如果拉特相对欧元贬值，那么他们用本币偿还的数额会随着拉特贬值的幅度等量上升，从而立即造成经济困境。

2008年12月，拉脱维亚政府向欧盟和国际货币基金组织求助。由国际货币基金组织牵头，集合了欧盟、瑞典、芬兰及世界银行向拉脱维亚提供了总计约75亿欧元的贷款。这笔资金被用来稳定拉特兑欧元的汇率。其中，瑞典和芬兰提供了18亿欧元，大部分原因是瑞典和芬兰的银行持有拉脱维亚银行大量股份，它们担心拉脱维亚的问题可能损坏自己的银行系统。

作为贷款的部分条件，国际货币基金组织要求拉脱维亚政府在经济政策上做出重大改变，其中包括提高利率、降低工资、大幅削减政府支出及增加税收。这将毫无疑问地让拉脱维亚陷入严重经济衰退。但国际货币基金组织相信这对拉脱维亚人重拾其对国家银行系统以及拉脱维亚政府维持拉特兑欧元的钉住汇率的信心非常有必要。一旦目标达成，关于此事的争论就会消失，情况也会转好，国家的经济也将重新增长。尽管如此，一些拉脱维亚人民的回应却是在其首都里加的街道上制造暴乱，造成40人受伤，包括14名警察，另外还有106人被逮捕。这一切都表明前方是一条坎坷的道路。

□ 1995年墨西哥的货币危机

为了从1982年的金融危机中脱身，墨西哥政府接受了国际货币基金组织的贷款条件，墨西哥货币比索从20世纪80年代初期开始就一直钉住美元。在国际货币基金组织的安排下，比索相对美元的交易价格上下浮动的幅度不能超过3%。比索兑美元的汇率也只允许逐日"爬行"向下，年跌幅不允许超过4%。国际货币基金组织认为，将比索兑美元的汇率限制在一个相当小的交易价格之内，可以迫使墨西哥政府采取紧缩的金融政策，从而限制货币供给增长，遏制通货膨胀。

在20世纪90年代初之前，国际货币基金组织的政策似乎是起作用的。然而，其缺陷在1994年开始显现。从20世纪80年代中期开始，墨西哥工业品出厂价格比美国工业品出厂价格高出45%，而汇率并没有做出相应调整。截至1994年年末，墨西哥的贸易逆差达到170亿美元，占其国内生产总值的6%；而且公共部门和私人部门的债务水平也以令人不安的速度扩张。尽管形势紧张，墨西哥政府仍公开声明，会将比索和美元的汇率维持在1美元兑3.5比索，并在必要时采取适当的货币政策或干预外汇市场来支持这一钉住汇率。受到此声明影响，1990—1994年约有640亿美元的外国投资涌入墨西哥，各种公司和投资经理都希望从其繁荣的经济中分得一杯羹。

然而，许多外汇交易商认为比索将会贬值，于是它们开始在外汇市场中抛售比索。墨西哥政府试图通过买进比索并卖出美元来守住汇率，但它缺乏能勒住投机浪潮的足够外汇储备（1994年墨西哥的外汇储备从年初的60亿美元下跌到年末的不足35亿美元）。1994年12月中旬，墨西哥政府突然宣布比索贬值。随即，之前流入墨西哥股市和债券市场的短期投资反向流出，外国投资者大量卖出以比索计价的金融资产。这加速了比索的抛售，导致其价值迅速缩水40%。

国际货币基金组织再次介入，与美国政府和国际清算银行（Bank for International Settlements）三方联手，宣布斥资近500亿美元帮助墨西哥政府稳定比索价值，并偿还公共部门和私人部门将于1995年到期的470亿美元债务。在这笔资金中，有200亿美元来自美国政府，另外180亿美元来自国际货币基金组织（墨西哥就此成为当时接受国际货币基金组织救助资金最多的国家）。如果没有这次援助计划，墨西哥很可能发生债务违约，比索价值将会直线下跌。一如既往，国际货币基金组织坚持要求墨西哥紧缩其货币政策，并进一步削减公共支出，这将墨西哥推向了严重的衰退。然而，这次衰退相对来说时间较短，1997年，墨西哥再次走上经济增长的道路，减少了债务，并提前偿还了向美国政府借的200亿美元贷款。

亚洲金融危机

1997年秋季，在亚洲爆发的金融危机成为国际货币基金组织有史以来的最大挑战。为了应对这次危机，国际货币基金组织需要向印度尼西亚、泰国和韩国这些支离破碎的经济体提供贷款，稳定它们的货币价值。另外，虽然不需要国际货币基金组织提供贷款，日本、马来西亚、新加坡和菲律宾等国的经济也深受这次危机的影响。

危机的种子是在危机爆发前10年，当这些国家经历着前所未有的经济增长时埋下的。虽然国与国之间曾经且依然存在很大差异，但对于大多数国家来说，还是存在一些共同点。出口都曾成为这些国家经济发展的引擎。1990—1996年，马来西亚出口值年增长率是18%，泰国出口值年增长率为16%，新加坡出口值年增长率为15%，韩国和印度尼西亚出口值年增长率都是12%。[①]

出口产品的种类也从基本原材料和纺织品等产品转变为越来越复杂和高科技的产品，如汽车、半导体和消费电子产品。

投资繁荣

出口导向增长创造的财富有助于商用和住宅地产、工业资产及基础设施建设的投资繁荣。中国香港和曼谷等地的商用和住宅地产价格开始腾飞，亚洲建筑业出现前所未有的繁荣。银行为这些建设项目提供了大量借款。至于在工业资产方面，亚洲出口的成功刺激了在工业生产能力上更为大胆的投资。韩国多元化经营的大集团，即财阀，在这一趋势上最为明显，它们中的大部分都野心勃勃地希望在全球汽车市场和半导体市场上占据主导地位。

大部分亚洲经济体投资繁荣背后的另一个原因是政府。在许多情况下，都是政府在从事大型基础设施建设项目。例如，马来西亚太子城兴建的一个新政府管理中

---

① World Trade Organization, Annual Report, 1997, vol. II, table III, p. 69.

心，耗资 200 亿马来西亚林吉特（按照 1997 年 7 月前的汇率，约折合 80 亿美元）。与此同时，马来西亚政府还在开发一个大型高科技通信通道和巨大的巴贡水坝，巴贡水坝总计耗资 136 亿马来西亚林吉特，将成为马来西亚最昂贵的发电厂。[①] 在整个地区，马来西亚政府还鼓励私人企业参与同国家目标和工业化战略相一致的某些经济领域。韩国是一个政府长期在私人部门投资方面起积极作用的国家，前总统金泳三曾极力主张财阀兴建工厂，推动经济发展。韩国在 1994—1995 年经历了投资导向型经济繁荣，但也为此付出了代价。财阀一直依赖于巨额借款，导致债台高筑，其平均债务是其资产净值的 4 倍。

在印度尼西亚，前总统苏哈托热衷于投资由其家属和亲信构成的约有 300 家企业的企业网络体系，这一体系也被称为"裙带资本主义"。总统准许其中许多企业拥有有利可图的垄断特权。例如，1995 年，苏哈托宣布将建造一辆民族品牌汽车，由其儿子胡托莫·曼达拉·普特拉（Hutomo Mandala Putra）运营的公司与韩国起亚公司联合生产。为了支持这项商务活动，印度尼西亚政府"命令"一家银行为该公司提供将近 7 亿美元启动资金。[②]

到 20 世纪 90 年代中期，整个亚洲处于一种空前投资繁荣中，而其中许多资金来源于借款。1990—1995 年，印度尼西亚国内投资总额的年均增长率为 16.3%，在马来西亚、泰国和韩国这一数字分别为 16%、15.3% 和 7.2%。与此相比，同期美国国内投资总额的年均增长率为 4.1%，所有高收入经济体的这一数字仅为 0.8%。[③] 1996 年，投资速度开始加快，例如，马来西亚在 1996 年的投资占其国内生产总值的 43%。

产能过剩

20 世纪 90 年代，投资总额激增，这通常伴随着一国政府的身影，许多投资项目的质量显著下降。这些投资通常基于对未来需求不切实际的预期，其结果就是严重的产能过剩。例如，1994—1995 年，市场出现了动态随机存储器短缺，导致这种产品价格飞涨，于是韩国财阀大举投资这个领域。然而在 1996 年，供给短缺消失，当韩国新建立的工厂开始动工时，产能过剩的结果可想而知，动态随机存储器的价格暴跌，韩国制造商的收入减少 90%，这意味着它们为了生产这些过剩产能而背上的债务无法按时偿还。

在另一个例子中，泰国出现的房地产繁荣导致商用和住宅地产过剩。截至 1997 年年初，在曼谷有约 36.5 万单元的空置公寓，另外有 10 万单元的公寓计划在 1997 年竣工。泰国房地产市场多年的超额需求被过剩供给替代。据估计，到 1997 年为止，曼谷因为房地产繁荣而出现的过剩供给，足够满足 5 年的商用和住宅用房需求。

债务炸弹

1997 年年初，在韩国半导体工业和曼谷房地产市场中出现的情形又在亚洲其他地区再次上演。工业资产和房地产中的大量投资造成产能过剩和价格不断下跌，留

---

① J. Ridding and J. Kynge, "Complacency Gives Way to Contagion," *Financial Times*, January 13, 1998, p. 8.

② P. Shenon, "The Suharto Billions," *The New York Times*, January 16, 1998, p. 1.

③ World Bank, *1997 World Development Report* (Oxford: Oxford University Press, 1998), Table 11.

给这些公司的只有对投资留下的巨额债务的抱怨和债务违约的可能。

雪上加霜的是，大部分借款都是美元，而不是当地货币。这在最初看来是相当明智的行为。因为在整个地区内，当地货币都是钉住美元的，而且美元借款的利率比用本币借款的利率低。因此，只要存在这种选择，用美元贷款在经济上就更合理。然而，如果政府无法维持本币兑美元的钉住汇率，即本币对美元开始贬值，就会增加用本币计算的债务负担。货币贬值会增加筹资成本，并造成公司债务违约。

进口扩张

最后一个复杂因素出现在20世纪90年代末期，虽然东南亚地区的出口一直在扩张，但其进口同样在扩张。在基础设施建设、工业设备和商业用房中的投资不断以前所未有的速度吸纳外国产品。为了建造基础设施、工厂和办公楼，东南亚各经济体不断从美国、欧洲和日本购买资本设备和原材料。东南亚各经济体见证了其国际收支中的经常账户在20世纪90年代中期从顺差迅速转为逆差。到1995年为止，印度尼西亚的经常账户逆差占其国内生产总值的3.5%，这一比值在马来西亚为5.9%，在泰国为8.1%。[①] 基于这样的贸易逆差，这些国家的政府维持本币兑美元的汇率越来越难。如果不能维持钉住汇率，那么以本币计算的美元债务将会增加，这增加了大规模债务违约的可能。这样的景象成为经济崩溃的前奏。

危机

亚洲金融危机起始于1997年中期的泰国，当时泰国有几家重要的金融机构已经明显处在违约边缘。这些金融机构从国际银行以低利率借款，再以更高利率贷款给泰国当地房地产开发商。然而，由于过多进行投机性建造，因此这些开发商无法售出商用和住宅地产，迫使它们无法履行债务。相应地，泰国的金融机构无法偿还其向国际银行借入的美元贷款的可能性也增加了。感受到危机将至，外国投资者迅速逃离泰国股票市场，卖出手中头寸并将其兑换成美元。不断上升的美元需求和泰铢供给推动泰铢兑美元的汇率下跌，同时股票市场受挫。

看到这样的情形后，外汇交易商和对冲基金开始对泰铢进行投机交易——卖空泰铢。在亚洲金融危机之前的13年里，泰铢一直以1美元兑25泰铢的汇率钉住美元。泰国政府试图维持这一钉住汇率，结果只不过是消耗了外汇储备。1997年7月2日，泰国政府放弃了抵抗，并宣布允许泰铢相对美元自由浮动。泰铢价值一路下滑到1998年1月的1美元兑55泰铢。随着泰铢的贬值，泰国的外债危机爆发了。泰铢兑美元的汇率下跌55%，这使泰国金融机构和企业以美元计价的债务折算成泰铢后增加了1倍，于是增加了公司破产的可能性，并且使得本来就已经摇摇欲坠的泰国股市危在旦夕。泰国固定资产股票市场指数从1997年1月的787点下跌到1997年12月的337点，与1996年的最高点相比下跌45%。

1997年7月28日，泰国政府向国际货币基金组织求助。随着泰国外汇储备耗尽，泰国政府缺乏足够外汇进行国际贸易和履行偿债义务，因此急需国际货币基金组织提供资金。泰国政府同样需要恢复国际对其货币的信心，并期望获得国际货币基金组织资金的资信证明。如果没有国际货币基金组织的贷款，那么泰铢兑美元的

[①] World Bank, *1997 World Development Report* (Oxford: Oxford University Press, 1998), Table 2.

汇率可能会继续直线下落,继而将整个国家拖入债务违约的泥潭。国际货币基金组织同意向泰国政府提供172亿美元贷款,但条件极其严苛。① 国际货币基金组织要求泰国政府增加税收、削减公共支出、将几处国有财产私有化及提高利率水平——一切步骤都是为了冷却泰国过热的经济。国际货币基金组织还要求泰国政府关闭流动性不足的金融机构。1997年12月,泰国政府关闭了56家金融机构,解雇了1.6万名员工,这进一步加深了萧条。

在泰铢贬值之后,一波又一波的投机活动袭击了其他亚洲货币。在几个星期之内,亚洲货币接连受到攻击。马来西亚林吉特、印度尼西亚卢比及新加坡元的价值都大幅下跌。随着外汇储备萎缩到280亿美元,马来西亚政府于1997年7月14日允许其货币自由浮动。在贬值前,马来西亚林吉特的价值是1美元兑2.525林吉特。6个月之后就下降到1美元兑4.15林吉特。新加坡也在1997年7月17日允许其货币自由浮动,几日后新加坡元的价值由贬值前的1美元兑1.495新加坡元迅速下跌到1美元兑2.68新加坡元。印度尼西亚卢比在1997年8月15日被允许自由浮动。对于印度尼西亚来说,这只是其货币暴跌的开始。从1997年8月开始,卢比的价值从1美元兑2 400卢比下跌到1美元兑10 000卢比,价值下跌76%。

新加坡可能是该地区经济最稳定的国家,其货币贬值的原因同其他国家不同。其他国家货币贬值的原因多与泰铢贬值的原因相似——过度投资、借入大量美元债务,以及不断恶化的国际收支状况。虽然马来西亚和新加坡都能在没有国际货币基金组织帮助的情况下阻止货币贬值和股票市场下跌,但是印度尼西亚做不到。印度尼西亚在解决私有部门近800亿美元的债务中挣扎。卢比的价值几乎每天都在迅速下跌,导致偿还这些债务的成本暴涨,迫使更多印度尼西亚公司选择技术性违约。

1997年10月31日,国际货币基金组织宣布其同世界银行和亚洲开发银行(Asian Development Bank)为印度尼西亚筹集了370亿美元的援助资金。作为条件,印度尼西亚政府同意关闭一系列存在问题的银行,减少公共支出,取消政府对基本食物和能源的补贴,平衡预算,以及消除在印度尼西亚普遍存在的"裙带资本主义"现象。但是,苏哈托政府好几次表现出想要收回对国际货币基金组织的承诺,这进一步加剧了印度尼西亚货币和其股票市场的下跌。最后,苏哈托在目睹国家陷入混乱、人民走上街头抗议通货膨胀后,才取消高额的政府补贴。紧张的金融形势导致一系列事件,最终使得苏哈托政府在1998年5月倒台。

最后一块倒塌的多米诺骨牌是韩国。20世纪90年代,韩国公司因大举投资、兴建工厂而债台高筑。现在它们发现产能过剩,而且收入无法偿还债务。韩国银行和公司同样犯下错误,借入过多短期美元贷款——需要在一年之内偿还。因此在1997年,当亚洲其他地区问题不断时,韩元开始贬值,韩国公司发现它们的债务开始膨胀。一些大公司被迫申请破产,这触发了韩国货币和股票市场难以遏制下跌行情。韩国中央银行试图将美元兑韩元的汇率保持在1美元兑1 000韩元,但发现这只会消耗其外汇储备。1997年11月17日,韩国中央银行放弃捍卫韩元,韩元的价值迅速下跌到1美元兑1 500韩元。

---

① International Monetary Fund, press release no. 97/37, August 20, 1997.

正当韩国经济摇摇欲坠之时，1997年11月21日，韩国政府向国际货币基金组织寻求200亿美元的备用贷款。随着谈判的进行，韩国很快发现自己需要的金额远不止200亿美元。除了其他问题，韩国的短期外汇债务超过预想两倍，接近1 000亿美元，而此时外汇储备只剩下不到60亿美元。1997年12月3日，国际货币基金组织和韩国政府达成一项协议，韩国从国际货币基金组织借款550亿美元。这项与国际货币基金组织达成的协议要求韩国向外国投资者开放其经济和银行系统。韩国同时被要求限制财阀的扩张，降低其银行融资的能力，要求其公布合并财务报表，还要每年接受独立的外部审计。在贸易自由化上，国际货币基金组织称韩国会履行其对世界贸易组织的承诺，取消贸易补贴和限制性进口许可，捋顺进口证明程序，所有这一切使得韩国要面对更加激烈的国外竞争。①

对国际货币基金组织政策建议的评价

到2008年为止，国际货币基金组织已向65个曾经在经济危机与货币危机的泥潭中苦苦挣扎的经济体提供了贷款。"聚焦国家"专栏通过详细考察国际货币基金组织向土耳其提供贷款的过程，对这种安排进行了介绍。国际货币基金组织的所有贷款计划都附有条件。通常来说，国际货币基金组织坚持贷款接受方实施一系列紧缩的宏观经济政策，如缩减公共开支、提高利率及实施紧缩的货币政策，通常还伴随撤销之前因政府干预而对国内和国外竞争领域施加的管制，将国有资产私有化和提高银行部门的透明度。这些政策的目的都是通过遏制通货膨胀和减少政府支出及债务来冷却过热的经济。近年来，这些政策建议受到很多人的严厉批评。②

不合适的政策

第一种对国际货币基金组织的批评认为，这种"一刀切"的宏观经济政策对于许多国家不合适。在亚洲金融危机中，批评者认为，对于那些并非受过度政府支出和高通货膨胀困扰，而是在通货紧缩背景下出现私人部门债务危机的国家，这些由国际货币基金组织实施的宏观经济政策是不可取的。③ 以韩国为例，政府已经出现了多年预算盈余（1994—1996年，预算盈余占韩国国内生产总值的4%），而且通货膨胀率较低，只有5%。在经济合作与发展组织的成员中，韩国的财务状况排在第二。除了这些，批评者称国际货币基金组织坚持采用了一种在高通货膨胀国家采用的政策。国际货币基金组织要求其维持5%的通货膨胀率。然而，考虑到韩元贬值以及接下来的进口商品价格上涨，韩国的通货膨胀压力将不可避免地上升。所以，为了维持5%的通货膨胀率，韩国不得不采取不必要的紧缩货币政策。韩国在与国际货币基金组织签下最初协议后，短期利率立刻从12.5%上升至21%。上升的利率让公司更难履行其本身就已经过多的短期债务。对国际货币基金组织的政策建议持批评态度

---

① T. S. Shorrock, "Korea Starts Overhaul; IMF Aid Hits $60 Billion," *Journal of Commerce*, December 8, 1997, p. 3A.

② J. Sachs, "Economic Transition and Exchange Rate Regime," *American Economic Review* 86, no. 92 (May 1996), pp. 147-152; J. Sachs, "Power unto Itself," *Financial Times*, December 11, 1997, p. 11.

③ J. Sachs, "Power unto Itself," *Financial Times*, December 11, 1997.

的人以此为例,认为国际货币基金组织的处方实际上增加了大量公司债务违约的可能性。

国际货币基金组织驳斥了这些批评,认为其中心任务是重建市场对韩元的信心,一旦目标达成,韩元就可以从卖空水平中恢复过来,将以美元计价的债务兑换成韩元后,其规模就会减少,韩国公司将更容易履行债务。国际货币基金组织还认为,要求韩国取消其对外国直接投资的限制可以增加市场对韩元的需求,从而帮助提高韩元兑美元的汇率。

韩国确实相当迅速地从危机中恢复了过来,这支持了国际货币基金组织的观点。虽然在1998年,韩国经济萎缩了7%,但在2000年,韩国经济触底反弹,2000年的韩国国内生产总值上升9%。韩国的通货膨胀率在1998年上升到顶峰的8%,在2000年下降到2%;韩国的失业率也在同一时段从7%下降到4%。韩元的价值从1998年年初的1美元兑1812韩元的低点恢复到1美元兑1200韩元左右,并稳定在这个水平。

道德风险

第二种对国际货币基金组织的批评认为,其援助行为会增加道德风险出现的可能。**道德风险**(moral hazard)指人们得知当出现乱子后总有人会帮他们收尾时,会做出不顾危险的行为。批评者指出,20世纪90年代,日本和西方的银行过于积极地向举债过度的亚洲公司大量发放贷款。他们认为,这些银行应该为其轻率的贷款政策负责,即使这意味着一些银行必须被关闭。[1] 只有采取这样激进的措施,银行才会意识到它们行为的错误,才不会在未来做出轻率的贷款行为。通过向这些国家提供资金支持,国际货币基金组织减少了债务违约的可能性,并拯救了因过度贷款而自食其果的银行。

这样的观点忽略了两个重要问题。第一,如果日本和西方的银行在陷入困境的亚洲经济体中有大量风险敞口,那么大面积的债务违约和坏账注销势必引起难以控制的灾难。例如,日本大银行的倒闭可能会引起日本金融市场的崩溃,这将无可避免地导致世界范围内股票市场的下跌。而这正是国际货币基金组织向陷入困境的国家提供资金以试图避免的风险。第二,暗示一些银行没有为它们轻率的贷款政策买单是不正确的。国际货币基金组织坚持关闭韩国、泰国和印度尼西亚的一些银行。在环境的压力下,向韩国企业发放短期贷款的外国银行以低利率重新安排了还款时间,这种利率并不能弥补贷款展期的损失。

缺乏问责机制

第三种对国际货币基金组织的批评认为,它作为一个权力过大的机构,却没有任何问责机制。国际货币基金组织可以决定其他国家的宏观经济政策,但根据经济学家杰弗里·萨克斯(Jeffrey Sachs)的看法,国际货币基金组织作为一个员工不到1 000人的机构,缺乏做好这一工作的专业知识。萨克斯认为,证据体现在国际货币基金组织对泰国与韩国的案例中,实际上在危机爆发的几个月前,国际货币基金组织还在为这两国歌功颂德,然后国际货币基金组织又在缺乏对韩国的深入了解的情

---

[1] Martin Wolf, "Same Old IMF Medicine," *Financial Times*, December 9, 1997, p.12.

况下，为其拼凑出一套极为严苛的方案。萨克斯认为，若要解决这一问题，则需要改革国际货币基金组织，使其可以充分利用外部专家，其运作也应受到更多外部监督。

现实观察

正如许多关于国际经济学的争论一样，关于国际货币基金组织政策建议适用性的讨论尚无定论。一些案例表明，国际货币基金组织的政策建议具有负效应，或者收效甚微。例如，国际货币基金组织在土耳其的成功就值得怀疑，因为从1985年开始，国际货币基金组织在这个地区实施了19次方案！但国际货币基金组织同样有一些可圈可点的成功经验，包括成功遏制了亚洲金融危机，这场危机本可以从根本上动摇国际货币体系。同样，许多观察家对其在灵活控制潜在政治困境上的行为给出了好评，比如墨西哥的比索危机，以及其对自由市场理念的成功推行。

在国际货币基金组织干预过后的几年里，亚洲和墨西哥的经济都得到恢复。它们都毫无疑问避免了灾难爆发，如果国际货币基金组织没有介入，那么这是很可能发生的。虽然一些国家依然面临相当巨大的问题，但并不清楚国际货币基金组织是否应该为此负责。国际货币基金组织并不能强迫各国采取政策去纠正经济管理不当。尽管一国可以在接受国际货币基金组织的借款时承诺采取纠正性行动，但国内存在的政治问题可能会让一国政府很难履行其承诺。在这样的情况下，国际货币基金组织陷入进退两难的境地，如果它决定撤回资金，那么将很可能触发金融崩溃，而这正是国际货币基金组织极力想要避免的。

● 聚焦国家：土耳其和国际货币基金组织

2001年5月，国际货币基金组织同意贷款80亿美元给土耳其，帮助其稳定经济，阻止其货币价值继续下跌。这是3年内国际货币基金组织第二次向土耳其提供贷款计划，也是土耳其自1958年加入国际货币基金组织后，接受第18次援助计划。

土耳其的许多问题都可以追溯到其庞大而低效的国有部门，以及政府向各种私人部门投资无节制的补贴，比如政府对农业的补贴。虽然土耳其政府在20世纪80年代后期开始将国有资产私有化，但因受到国内政治势力的反对，该改革进展缓慢。新政府没有将国有资产卖给私人部门，而是支持盈利能力差的国有企业，并提高了政府雇员的工资。新政府也没削减像农业这样有强大政治力量的私人部门。为了实施支持国有企业及发放财政补贴的政策，土耳其发布了大量政府债券。为了限制债务数量，土耳其政府增加了货币供应来维持支出。其结果就是猖獗的通货膨胀和高利率。在20世纪90年代，土耳其名义利率的年均增长率超过80%，而真实利率的年均增长率也多次超过50%。尽管如此，土耳其经济继续以每年6%的健康速度增长，这对于一个高通货膨胀和高利率的国家来说是不同寻常的。

到了20世纪90年代后期，在高通货膨胀和高利率背景下获得持续增长的"土耳其奇迹"出现了难以为继的态势。持续增长的政府债务占国内生产总值的60%，政府债务挤占了私人企业的资金，政府债务融资成本的上升也失去了控制。猖獗的通货膨胀使得钉住"一篮子货币"的土耳其货币里拉的压力倍增。在意识到需要对经济进行改革后，土耳其在20世纪90年代后期与国际货币基金组织商讨出一项援助计划，并在2000年1月实施。

和大多数国际货币基金组织的援助计划一样，对土耳其援助计划的重点在于降低通货膨胀率，稳定土耳其货币的价值，以及重建经济并减少政府债务。土耳其政府承诺将逐步采取措施以减少政府债务。其中包括加速私人化进程，用从中获得的资金偿还债务，减少农业补贴，提高公共养老金门槛和增加税收。政府还同意通过控制货币供给来抑制通货膨胀。为了降低外汇市场中土耳其货币成为投机活动目标的可能，土耳其政府和国际货币基金组织宣布将里拉钉住"一篮子货币"，并在2000年的每个月月中让里拉按事先确定好的幅度贬值，从而使得里拉的年贬值幅度达到25%。为了缓解该时期的经济阵痛，国际货币基金组织同意向土耳其政府提供50亿美元的贷款以支撑里拉的价值。

起初这项援助计划看起来生效了。通货膨胀率在2000年下降了35%，而经济增长了6个百分点。然而，到2000年年末，援助计划碰到了困难。由于过多不良贷款，许多土耳其银行面临违约风险，并被政府纳为公有制银行。当一项被披露的刑事诈骗调查证明其中数个银行受政客压力，曾向他们提供低于市场利率的贷款后，外国投资者担心会有更多银行卷入其中，从而将他们的资金撤出土耳其。这使得土耳其股市陷入混乱，给土耳其里拉造成了巨大压力。政府将土耳其银行的隔夜拆借利率提高到1 950%，试图阻止资本外流，但仅靠土耳其是没有办法阻止资本流出的。

2000年12月6日，国际货币基金组织再次介入，宣布将迅速为土耳其安排75亿美元的贷款。作为条件，国际货币基金组织要求土耳其政府关闭10家资不抵债的银行，加速其私有化进程（之前曾止步不前），并限制任何对政府工作人员加薪的行为。也有报告称，国际货币基金组织强烈要求土耳其政府允许里拉的汇率在外汇市场中自由浮动，但被拒绝了。对此的解释认为，汇率的自由浮动将会导致里拉迅速贬值，提高进口商品价格，加速通货膨胀，而土耳其政府始终认为降低通货膨胀才是其首要问题。

2001年2月，计划与实际脱节。高涨的通货膨胀和经济增长的急剧减速再次吓跑了外国投资者。土耳其的首相和总统也卷入这场混乱，他们就经济政策和政治腐败进行了公开辩论，这触发了资本的快速流出。政府将银行的隔夜拆借利率提高到7 500%以留住外国投资者的资金，但于事无补。土耳其政府意识到，除非将利率水平提高到荒谬的地步，或者耗尽外汇储备，否则无法将里拉每月的贬值幅度保持在预先计划中，因此在2001年2月23日，土耳其政府宣布里拉的汇率自由浮动。里拉兑美元的汇率迅速下降了50%，但当天最终的贬值幅度为28%。

在接下来的两个月中，受到全球经济走低的影响，土耳其经济也持续衰退。通货膨胀率居高不下，而且全国经济改革的进程因受政治影响也停滞不前。到2001年4月初，里拉相较2001年2月23日已经贬值40%，土耳其经济处在摇摇欲坠的边缘。在18个月内，国际货币基金组织第三次介入并安排了另外80亿美元贷款。国际货币基金组织再一次坚持要求土耳其政府加速私有化，关闭资不抵债的银行，放松对市场的监管和削减政府支出。国际货币基金组织的批评者声称这种紧缩方案只会让经济增长放缓，让情况变得更糟。这些批评者建议采取稳健的货币政策和减税的组合来刺激土耳其经济增长。

到了2007年，情况出现了重大进展。一开始，土耳其政府没有完全依照国际货币基金组织关于经济政策的要求，使得国际货币基金组织撤回了计划的16亿美元贷款。直到2003年3月，土耳其政府在经历了几个月的绝望后才勉强通过了紧缩方案，因此重获国际货币基金组织的帮助。自从那时起，情况开始好转。土耳其的通货膨胀率从2000年12月的顶端65％下降到2005年的8.2％和2007的9％。2004年，土耳其出现了强劲的经济增长，上涨了9个百分点，而接下来3年的经济增长也达到了5.9％、5.2％和4％。私有化进程的脚步也加速了。2003—2006年，政府还出现了预算盈余。①

☞ 给管理者的启示

本章所讨论的内容对国际商务的启示主要体现在三个领域：外汇管理、经营战略，以及企业-政府关系。

外汇管理

关于外汇管理的启示有一点非常明显，企业必须意识到外汇市场并不完全像第九章中所描述的那样运作。现有国际货币体系是一种混合体系，政府干预和投机活动都可以驱动外汇市场。涉及大量外汇交易的公司需要注意这一点，并据此做出外汇交易上的调整。例如，卡特彼勒公司的外汇管理部门在宣布签订《广场协议》的几个小时后，就卖出美元，并买进预计会受政府干预而升值的货币，因此盈利数百万美元。

在现有国际货币体系下，投机性买入或卖出货币会造成汇率大幅波动（如20世纪80年代美元的涨跌，以及20世纪90年代末的亚洲金融危机）。与第九章提到的购买力平价理论相悖的是，20世纪80年代和20世纪90年代的汇率波动看起来与相对通货膨胀率并没有很强联系。既然不稳定的汇率增加了外汇风险，这对商务活动来说就不是一个好消息。同时，正如我们在第九章所看到的，外汇市场发展出了一系列帮助企业规避外汇风险的工具，如远期外汇市场和掉期。不足为奇的是，在布雷顿森林体系1973年垮台后，对这些工具的应用显著增长。

经营战略

目前国际货币体系的反复无常对于国际商务来说是一道难题。汇率波动难以被预测，而其波动可以严重影响企业的竞争地位。在本章的"聚焦管理"专栏中，空中客车公司和欧元就是一个很好的例子。面对货币未来价值的不确定性，企业可以利用远期外汇市场规避风险，这正是空中客车公司所做的。然而，远期外汇市场远不是未来汇率的完美预测指标。想要规避未来几年可能会发生的外汇风险，虽然不

---

① P. Blustein, "Turkish Crisis Weakens the Case for Intervention," *Washington Post*, March 2, 2001, p. El; H. Pope, "Can Turkey Finally Mend Its Economy?" *The Wall Street Journal*, May 22, 2001, p. A18; "Turkish Bath," *The Wall Street Journal*, February 23, 2001, p. A14; E. McBride, "Turkey—Fingers Crossed," *The Economist*, June 10, 2000, pp. SS 16 - SS 17; "Turkey and the IMF," *The Economist*, December 9, 2000, pp. 81 - 82; G. Chazan, "Turkey's Decision on Aid Is Sinking In," *The Wall Street Journal*, March 6, 2003, p. A11; S. Fittipaldi, "Markets Keep a Wary Eye on Ankara," *Global Finance*, October 2003, p. 88; "Plumper: Turkey," *The Economist*, December 18, 2004, p. 141; "Turkey: Country Forecast Summary," *The Economist Intelligence Unit*, January 26, 2006.

是不可能，但实施起来是很困难的。远期外汇市场倾向于为汇率提供保险的时间范围是几个月，而不是几年。考虑到这一点，在面对不可预测的汇率风险时，企业追求增加其灵活性的战略，即追求降低企业经济风险的战略就是有意义的。

保持战略灵活性的一种方式是使生产遍布全球不同地区，以此作为对汇率波动真正的对冲，如德国的出口导向型汽车和航空用品生产商戴姆勒-奔驰公司（现在是戴姆勒-克莱斯勒公司）的案例。1995年6月，该公司宣布，估计公司在1995年将亏损7.2亿美元。该消息震惊了德国商界。造成损失的原因主要是德国马克的走强，从1995年年初开始，德国马克兑"一篮子货币"的汇率上升4%，而从1994年年末开始，德国马克兑美元的汇率上涨30%。1995年中期，德国马克兑美元的汇率为1美元兑1.38马克。戴姆勒-奔驰公司的管理层认为，在汇率变为1美元兑1.60马克后，公司将无法盈利。公司的高层管理者认为，汇率上涨将是一个长期过程，所以他们决定将大量生产转移出德国，加大对外国零部件的购买。这种做法是想要减轻未来汇率波动对公司的不利影响。在过去的几十年中，梅赛德斯-奔驰部门就一直在实施这一转移了。甚至在1998年克莱斯勒公司被收购之前，戴姆勒-奔驰公司就计划在2000年前将其汽车产量的10%转移出德国，大部分转移到美国进行生产。[①] 日本的汽车生产商受到1985—1995年日元升值的影响，出口成本增加，于是提高了它们在美国和欧洲的生产能力。对于日本公司来说，在国外建厂是为了规避日元持续升值的风险（同样为了规避贸易壁垒）。

另一种构建灵活战略和降低经济风险的方式是将制造外包出去。这允许企业在国与国之间变换生产商，抵御汇率变动引起的相对成本变化风险。然而，这种策略只对低附加值的工业（如纺织业）起作用，这些工业中的单个生产商即使具备特有技术，其对产品最终价值的增加也不多。对于高附加值的工业来说，这是不适用的。在这些工业中，企业特有技术可以明显增加产品价值，如重型设备工业，而且转移成本相应很高。对于具有高附加值的制造业来说，变换生产商会导致附加值降低，抵消从汇率波动中获得的成本利益。

在现有国际货币体系中，国际货币基金组织和世界银行的作用同样对商务战略有一定启示。国际货币基金组织越来越多地在世界经济中扮演宏观经济警察的角色，坚持要求向它寻求巨额贷款援助的国家必须采取其制定的宏观经济政策。这些政策一般包括反通货膨胀的货币政策及政府支出缩减政策。这类政策在短期内通常会导致需求迅速萎缩，在这些国家销售或生产的跨国企业需要注意这一点，并据此做出计划。但这些政策在长期内会促进经济增长及需求的扩张，为跨国企业制造机会。

● 聚焦管理：空中客车公司和欧元

空中客车公司在2003年有足够理由庆祝。因为从建立公司以来，空中客车公司第一次比它的老对头波音公司卖出了更多飞机。空中客车公司在2003年卖出了305架飞机，而波音公司卖出了281架。然而，欧元相对美元的走强使得空中客车公司

[①] P. Gumbel and B. Coleman, "Daimler Warns of Severe' 95 Loss Due to Strong Mark," *The New York Times*, June 29, 1995, pp. 1, 10; M. Wolf, "Daimler-Benz Announces Major Losses," *Financial Times*, June 29, 1995, p. 1.

前路堪忧，庆祝的气氛一扫而光。空中客车公司坐落于法国的图卢兹，生产的飞机以美元计价，而这也是波音公司所做的。不同的是，空中客车公司的成本中有超过一半以欧元计价。所以，当美元兑欧元的汇率从2002年下跌到2007年年末，其贬值幅度超过55%后，空中客车公司的成本随着其收入的上升而上升，从而挤占了利润。

美元兑欧元汇率的下跌在短期内并没有让空中客车公司受到损害。该公司在2005年对美元风险进行了完全对冲，而且在2006年也对冲了其大部分风险。然而，预计美元相对欧元还将持续走弱后，空中客车公司采取了其他措施来减少强势欧元带来的经济风险。意识到在与波音公司的激烈竞争中，提升价格是不可取的选择后，空中客车公司决定将重点转移到降低成本上。为了跨出这一步，空中客车公司在制造新的飞机机型时，如A380超大型喷气客机和A350飞机，给了它的美国供应商更多份额，还将一些旧机型的配件供应从欧洲转移到美国。这将增加其成本中以美元计价的部分，减少欧元升值对成本的不利影响，并降低将制造成本折算成欧元后的数额。

另外，空中客车公司还要求其欧洲供应商开始用美元报价。因为很多供应商的成本是以欧元计价的，为了配合空中客车公司的要求，它们也将更多生产转移到美国或将货币钉住美元的国家。因此，法国的一家大型供应商苏地亚（Zodiac）宣布它会考虑收购美国企业。空中客车公司除了要求其供应商对商用喷气飞机的配件用美元报价外，还要求其A400M项目的供应商用美元报价，而这家供应商是一家被欧盟政府以欧元收购的军用飞行器公司。除了这些措施，空中客车公司的母公司欧洲宇航防务集团（EADS）公开表示，只要可以获得重要合同，该集团就可能会准备在美国装配飞机。

企业-政府关系

企业是国际贸易与投资中的主要参与者，可以影响一国政府对国际货币体系的政策。例如，美国出口商强烈游说美国政府，让其确信干预外汇市场是有必要的。有鉴于此，企业可以并且应该利用它们的影响力来推动国际货币体系朝着有利于国际贸易和投资增长的方向前进。关于固定汇率制与浮动汇率制谁才是最佳选择的问题依旧颇受争议。然而，20世纪80年代和20世纪90年代世界经历的汇率波动相较于稳定的汇率来说，给国际贸易和投资造成了更不利的环境。因此，对于国际商务来说，推动形成一个波动最小化的国际货币体系是对其有利的，特别是最小化同长期经济基本面无关的汇率波动。

● 本章总结

本章解释了国际货币体系的运行方式，阐述了其对国际商务的影响。本章要点如下：

1. 金本位制度是将货币钉住黄金，并确保其和黄金的可兑换性的一种货币制度。一般认为，金本位制度存在一种自动调节机制，可以让所有国家同时达到国际收支平衡。金本位制度因为各国采取了竞相贬值的措施而在20世纪30年代崩溃。

2. 实施固定汇率制的布雷顿森林体系建立于1944年。美元是该体系的中心货币，其他货币的汇率钉住美元。货币只有在国际货币基金组织的允许下才可以大幅贬值。国际货币基金组织的作用是维持国际货币体系的秩序，避免出现20世纪30年代竞相贬值的现象，以及向各国施加约束控制通货膨胀。

3. 固定汇率制在1973年崩溃，主要是因为伴随美国通货膨胀和贸易逆差扩大出现的对美元的投机压力。

4. 从1973年开始，国际上实行的是浮动汇率制，汇率变得更不稳定，而且更难以预测。不稳定的汇率波动重启了关于固定汇率制和浮动汇率制优缺点的讨论。

5. 浮动汇率制的支持者主张这种制度可以给予一国货币政策上的自主权，而且浮动汇率制还可以帮助一国平稳调节贸易收支的不平衡。

6. 固定汇率制的支持者认为，为了维持固定汇率可以向一国实行货币纪律；浮动汇率制易遭受投机活动的压力；与浮动汇率制相伴的不确定性会损害国际贸易与投资；一国货币在外汇市场上贬值，不但不能纠正贸易收支不平衡，反而会引起价格上涨。

7. 在目前的国际货币体系中，一些国家采取浮动汇率制；一些国家将其货币钉住像美元之类的其他货币；一些国家则将其货币钉住"一篮子货币"，允许其货币围绕"一篮子货币"在一定幅度内波动。

8. 在后布雷顿森林时代，国际货币基金组织依然发挥着重要作用。国际货币基金组织通过向遭受金融危机的国家提供巨额资本，同时要求它们采取一定的宏观经济政策来帮助它们渡过危机。

9. 关于国际货币基金组织最大的争论是关于其制定的宏观经济政策是否合适。批评者指责国际货币基金组织经常将不合适的贷款条件强加给接受其贷款的不发达经济体。

10. 目前的有管理的浮动汇率制提高了外汇管理在国际商务中的地位。

11. 目前有管理的浮动汇率制下汇率的不稳定既带来了机遇，也带来了挑战。公司对于这种不稳定性的应对措施是建立灵活的战略，并通过外包（在产品附加值较低的情况下）和其他方式在全球范围内分散生产以降低经济风险。

● 批判性思考和问题讨论

1. 为什么金本位制度会崩溃？是否有理由恢复某种形式的金本位制度？理由是什么？

2. 目前国际货币基金组织对不发达经济体的贷款政策可能会给国际商务造成何种机遇和威胁？

3. 你认为对遭受货币危机的不发达经济体实施紧缩性货币政策和缩减政府开支这种典型的国际货币基金组织政策建议是否合适？国际货币基金组织会怎样改变方法？这对国际商务有什么启示？

4. 讨论固定汇率制与浮动汇率制各自的优点。从国际商务的角度来看，在这两者之间进行选择的最重要标准是什么？对于国家商务来说，哪种制度更可取？

5. 假设加拿大、美国和墨西哥决定采取固定汇率制。在这种制度下，对国际商务和三国之间的贸易和投资流动，最有可能的结果是什么？

6. 阅读"聚焦国家：美元、石油价格及回流的石油美元"，回答下列问题：

（1）如果石油生产国决定将它们从出售石油中获取的收入投资于本国的基础设施建设，美元的价值会发生什么变化？

（2）对手持大量石油美元的石油生产商来说，美元资产、欧元资产和日元资产的什么属性决定了它们的相对吸引力？什么会促使石油生产商将更多资金转向非美元资产？

（3）如果石油输出国组织的成员决定将更多石油美元转向非美元资产，如以欧元计价的股票和债券，美元价值会发生什么变化？

（4）除了石油生产国外，中国也积聚了大量美元。如果中国和石油生产国同时将美元资产转换成以其他货币计价的资产，美元价值会发生什么样的变化？这会对美国经济造成怎样的影响？

●研究任务：国际货币体系

利用globalEDGE™网站完成下列练习：

练习1

新兴市场中的基本生活条件有时受到国家金融和财政政策的影响。《全球金融稳定性报告》（Global Financial Stability Report）是国际货币基金组织中的国际资本市场部门发布的半年期报告。这份报告旨在为全球金融市场进行定期评估，以及确认可能引起危机的系统性风险。查找并下载最新报告，准备一份有关国际货币基金组织认为新兴市场面临的机遇与挑战的概要。

练习2

理解国际货币体系的一个要点是持续关注目前的世界增长趋势。一位德国同事昨天告诉你，德意志银行研究部门的《大焦点》（Megatopics）报告是及时了解国际金融重要话题的有效途径。找出以全球经济增长为研究目标的《大焦点》报告。哪个或哪些经济体被包括在报告中？这份报告是关于发达经济体还是新兴经济体的？你所选择报告的关键点是什么？

●章尾案例：中国的有管理的浮动汇率制

中国在1994年将其货币人民币以1美元兑8.28元的汇率钉住了美元。在接下来的11年中，人民币兑其他货币的汇率同美元兑其他货币的汇率保持亦步亦趋的走势。然而，到了2005年年初，关于改变中国汇率制度从而让人民币相对美元自由浮动的压力增加了。

这种压力的背后是中国多年的快速经济发展和境外资本流入。有人指出，人民币在钉住汇率下被低估40%之多，被低估的人民币帮助了中国商品向西方特别是美国的出口。在2004年，美国与中国的贸易逆差扩大到破纪录的1 600亿美元。美国制造业的大量失业对美国造成了政治压力，美国政府逼迫中国让人民币相对美元自由浮动。美国制造商抱怨它们无法同中国的进口商品竞争。2005年年初，查尔斯·舒默（Charles Schumer）和林赛·格雷厄姆（Lindsay Graham）两位议员试图说服美国参议院向美国从中国进口的商品征收27.5%的税,直到中国同意人民币相对美元升值。虽然该行动失败了,但舒默和格雷厄姆起誓要重启这一议题。对此,美国政府从2003年开始,力促中国政府采取一种更灵活的外汇制度。

对于中国来说,保持人民币兑美元的钉住汇率越来越成为一个问题。与美国的贸易顺差伴随着外国投资的流入,使得美元涌入中国。为了维持汇率,中国央行定期从商业银行购买美元,以官方汇率发行人民币。2005年年中,中国的外汇储备攀升到超过7 000亿美元。有报告称,中国每月买入150亿美元以维持美元兑人民币的汇率。当中国央行通过发行人民币来消除多余美元时,实际上是在增加国内的货币供给。中国的银行系统淹没在金钱中,而且关于过度贷款可能会造成金融泡沫和加速通货膨胀,并且最后会出现经济动荡的忧虑越来越多。

2005年7月25日,中国宣布将抛弃人民币钉住美元,改为将人民币与"一篮子货币"挂钩,这其中包括欧元、日元和美元。同时,政府还宣布人民币将相对美元升值2.1%,并允许每日波动幅度为0.3%。人民币也被允许相对其他货币实行汇率波动,每日波动幅度为1.5%。

许多美国的观察家和政客认为,中国的汇率波动幅度太受限了。他们呼吁中国政府进一步放宽对人民币兑美元汇率的管制,但中国拒绝了。2006年,让中国采取措施的压力越来越大,因为美国同中国的贸易逆差在2005年再一次突破纪录,达到2 020亿美元。舒默和格雷厄姆两位议员再次起草了一份参议院议案,要求对从中国进口的商品征收27.5%的税,直到中国允许人民币相对美元进一步升值。中国政府对此的回应是,邀请议员到中国访问并说服他们,至少从现在开始,中国将逐步实施更灵活的汇率政策。[①]

案例讨论问题

1. 为什么中国一开始将人民币钉住美元?对中国来说,这么做有什么好处?这么做的成本是什么?

2. 在过去的十年中,很多外国企业都在中国投资,利用其在中国的工厂生产并出口。如果允许人民币在外汇市场中相对美元自由浮动并升值,那么这将如何影响这些企业的命运?

3. 一项让人民币汇率自由浮动的决定如何影响中国未来的外国直接投资?

4. 在什么样的情况下,让人民币汇率自由浮动的决定会破坏中国的经济稳定?这会对全球造成什么样的影响?

5. 你认为美国政府应该敦促中国让人民币汇率自由浮动吗?为什么?

6. 你认为中国应该怎么做——让人民币汇率自由浮动,保持钉住汇率,还是通过某种方式调整钉住汇率?

---

① B. Bremner et al., "The Yuan Grows Up," *BusinessWeek*, August 8, 2005, p. 44; "Patching the Basket: The Yuan," *The Economist*, October 1, 2005, p. 83; R. McGregor, "Renminbi Revaluation Will Slow Rise in Foreign Exchange Reserves," *Financial Times*, January 1, 2006, p. 3; "Senators Back Off Showdown with China over Yuan," *China Daily*, March 29, 2006.

第十一章 全球资本市场

学习目标

学完本章后，你应该能够：
1. 明白全球资本市场的好处；
2. 明白为什么在过去几十年里全球资本市场发展如此之快；
3. 熟悉资本市场全球化的风险；
4. 知道与欧元市场、全球债券市场和全球股票市场相关的好处和风险；
5. 理解外汇风险是如何对资金成本造成影响的。

开篇案例：中国工商银行

2006年10月，中国工商银行（Industrial and Commercial Bank of China, ICBC）成功完成世界上有史以来最大规模的首次公开募股，总计募集了210亿美元资金，大举击败了1998年日本电报电话公司首次公开募股所筹集的184亿美元资金的纪录。在此之前，很多其他中国银行和企业也通过首次公开募股募集了资金。实际上，为了改善中国最大的企业的资产负债表，提高企业治理及透明度，并带给中国行业领导者在国际上的认同，中国企业越来越多地参与全球资本市场。自2000年以来，中国企业从股票市场筹集了超过1000亿美元资金，其中约半数资金主要由中国最大的银行在2005—2006年筹集。中国企业售出的股份占全球股票销售的分量越来越大——从2001年的2.8%上升到2006年的10%，超过2006年世界上第二大经济体日本的企业的筹资总额。

为了筹集这些资金，中国企业一直积极吸引外国投资者。中国工商银行同时在上海证券交易所和香港证券交易所进行首次公开募股。在香港上市的原因是香港的管理同国际标准一致，而上海证券交易所还有一些路要走。通过在香港上市，中国工商银行向潜在投资者发出了信号，表明自己会同全球顶尖企业一样遵守严格的会计报告准则和管理准则。

中国工商银行的上市吸引了大量感兴趣的外国投资者，他们认为这是在中国投资的一条途径。中国工商银行的银行网络遍布全中国,超过18 000多家,并声称自己拥有250万个企业客户和1.5亿个个人账户。报告称,有约1 000家全球机构出价购买中国工商银行首次公开募股的股票。这些机构想要认购的总量是发行总量的40倍。换句话说,这次发行出现了大量超额认购。事实上,这次发行产生了总计4 300亿美元的需求,是世界上市值最大的银行——花旗银行(Citibank)价值的两倍。中国工商银行在香港证券交易所的上市吸引了全球投资者约3 500亿美元的认购额,超过了香港证券交易所新股上市的纪录;而上海证券交易所吸引了约800亿美元的认购额。大量超额认购使得中国工商银行提高了其发行价,与最初预计的资金相比,中国工商银行多获得了约20亿美元的资金。[①]

引言

"开篇案例"讲述了中国最大的银行——中国工商银行如何突破本土资金的限制,通过首次公开募股筹集了约210亿美元的历史最高金额。其中大部分资金是通过世界主要证券交易所之一香港证券交易所从外国投资者手中获得的。然而,中国工商银行所做到的这一切在25年前是不可能的。随着资本市场的全球化,如今资金可以在世界范围内自由流动,个人和机构在一国之内投资于他国企业也变得相对容易。

在20世纪的大部分时间中,这种实践上的迅猛突破很常见。在过去,严格的监管壁垒将国际资本市场互相隔开了。将资本从一国抽出,再投资到其他国家通常很困难,而且企业也无法在母国之外的证券市场上市。这些监管壁垒使得企业很难从外国投资者手中吸引巨额资本。在20世纪80年代和20世纪90年代之间,监管壁垒开始降低。到了20世纪90年代中期,真正意义上的全球资本市场逐渐浮出水面。这个资本市场让企业可以从国际投资者手中吸收资本,可以在多个证券交易所上市,并且可以在世界范围内通过发行股票和债券筹资。例如,德国最大的工业公司——戴姆勒-奔驰公司在1994年通过在新加坡而不是德国发行新股票筹得3亿美元。[②] 1996年,德国的电信运营商德国电信同时在法兰克福、伦敦、纽约和东京的证券交易所上市,共筹得约133亿美元资金。由于本国资本市场过小,无法以合理成本支撑所需资金,因此一些德国公司选择从外国市场进行股权融资。为了降低资金成本,它们踏进大且流动性高的全球资本市场。到2006年为止,据估计每年有约6.5万亿美元资本在国界线上流动,而且这一数字还在以每年11%的速度增长。[③]

在信息时代,资本市场之间的连接程度已经变得相当高。银行和企业互相发行

---

① K. Linebaugh, "Record IPO Could Have Been Even Bigger," *The Wall Street Journal*, October 21, 2006, p. B3; "Deals That Changed the Market in 2006: ICBC's Initial Public Offering," *Euromoney*, February 7, 2007, p. 1; T. Mitchell, "ICBC Discovers That Good Things Come to Those Who Wait," *Financial Times*, October 26, 2006, p. 40.

② D. Waller, "Daimler in $250m Singapore Placing," *Financial Times*, May 10, 1994, p. 17.

③ A. Rawi, *Capital Rules* (Boston: Harvard University Press, 2006); M. Rees, "Why Money Can Now Make Its Way around the World," *The Wall Street Journal*, February 14, 2007, p. D12.

商业票据来筹集资金,以满足短期需求。商业票据市场是一个真正的全球资本市场——利率由伦敦银行同业拆借利率决定,而且互相交换票据的市场参与者来自全球各地。商业票据市场的高效运营对于全球经济来说至关重要,如果没有它,那么银行会停止贷款,企业将无法得到它们所需营运资金来支付费用和支付工人工资,供应商无法收回货款,而且国际贸易会停滞不前。

这种在此之前不可想象的场景几乎在 2008 年的秋天出现了。2008 年,美国雷曼兄弟(Lehman Brothers)倒闭后,全球短期商业票据市场就失灵了,由此造成的金融混乱迅速传遍了全球。但有一些国家政府迅速站出来有效干预了市场,为市场提供了新的流动性,从而阻止了危机的蔓延。

本章首先考察资本市场全球化带来的好处;然后介绍关于国际资本市场增长的细节,以及与之相伴的宏观经济风险;接着详细介绍全球资本市场的三大重要组成部分:欧洲货币市场、全球债券市场及全球股票市场;最后指出全球资本市场对国际商务实践的一些启示。

全球资本市场的好处

在这一部分,我们首先介绍一般资本市场的功能,然后考察国内资本市场的局限,并讨论运用全球资本市场会带来怎样的好处。

一般资本市场的功能

我们为什么需要资本市场?它的功能是什么?资本市场能将想要投资的一方与想要借款的一方联系在一起,如图 11.1 所示。想要投资的一方(投资者)包括拥有盈余资金的公司、个人和非金融机构(如养老基金和保险公司)。想要借款的一方(借款者)包括个人、公司及政府。在这两者之间就是做市商。做市商指将投资者和借款者直接或间接联系起来的金融服务公司。它们包括商业银行(如花旗银行与美国银行)和投资银行(如美林银行和高盛集团)。

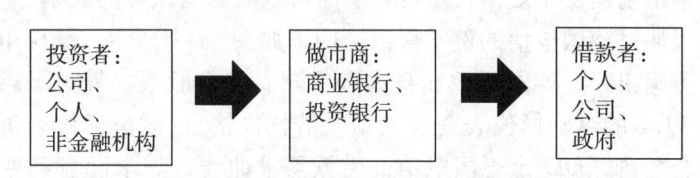

投资者:公司、个人、非金融机构 → 做市商:商业银行、投资银行 → 借款者:个人、公司、政府

图 11.1　一般资本市场中的主要参与者

商业银行间接将投资者与借款者连接起来。它们以利息作为回报,从公司、个人等投资者手中吸收存款,再把这些存款以更高利率贷给借款者,从各种不同的利率水平(通常被称为利差)中赚取利润。投资银行直接将投资者与借款者连接起来,收取佣金作为利润。例如,美林银行可以为想要投资的个人充当股票经纪人,其员工会向投资者推荐最具吸引力的股票并代其购买,然后通过提供这种服务收取费用。

资本市场向公司提供的融资包括股权融资和债权融资。股权融资指公司向投资者出售股票并获取可以被用来购买工厂和设备以及资助研发项目和支付工资等的资金。同时一份股权给予其持有者索取公司利润的权利，公司最终通过向股东支付股息来执行这一承诺（虽然很多快速发展的新公司只有到业务成熟及增长率放缓时才发放股息）。发放的股息数目并不是事先约定好的，而是由管理层在公司盈利情况的基础上决定。投资者购买股票是为了获取股息收入和预期股票价格上涨的收益。从理论上说，股票价格的上涨反映了其未来股息收入的增加。当预计公司在未来会有更多收益时，股票价格会上涨，因为其未来股息上涨的可能性也增加了。

债权融资要求公司按固定时间间隔，依照事先约定金额（本金加上确定的利息之和）还款，而不管公司是否盈利。公司管理层对支付给投资者的金额没有决定权。债权融资包括银行的现金贷款和向投资者出售公司债券。投资者购买了公司债券后，就拥有在规定年限内（直到债券到期）从公司按规定数额获得收入的权利。

□ 全球资本市场的吸引力

为什么需要一个全球资本市场呢？为什么国内资本市场不够用？全球资本市场可以同时造福借款者与投资者。对于借款者来说，全球资本市场可以增加资本供给和减少资金成本。对于投资者来说，全球资本市场提供了更为广阔的投资机会，使得投资者可以通过构造国际投资组合来分散风险。

借款者的视角：更低的资金成本

在一个完全国内资本市场中，投资者受到限制，只有本国居民才能成为投资者。这就使得借款者可获得的资金供给存在上限。换句话说，市场的流动性受到了限制。而全球资本市场拥有大量投资者，它们为借款者提供了大量资金供给。

对于流动性有限的纯粹的国内资本市场来说，它最大的不足是相对全球市场而言，具有更高的资金成本。资金成本指借款价格，也就是借款者必须向投资者支付的收益率。这也是债券的利息率、股权融资中的股息和预期资本收益。在纯粹的国内资本市场，投资者有限意味着借款者必须通过支付更多成本来吸引投资者借款给它们。全球资本市场提供了更多投资者，从而可以减少借款者的成本。

这一点可以通过德国电信的例子得以证明，如图11.2所示。德国电信通过在德国法兰克福、美国纽约、英国伦敦和日本东京同时发行股票，筹集了超过130亿美元的资金。图11.2的纵坐标代表资金成本（借款价格），横坐标代表每一利率水平上可获得的资金数目。DD是德国电信的借款需求曲线，需求随着利率水平的变动而变动。资金成本越低，德国电信愿意借入的资金也越多（资金就像其他任何东西一样，价格越低，人们可以负担的就越多）。SS_G是德国市场中可获得资金的供给曲线，SS_I是全球资本市场中可获得资金的供给曲线，显然德国电信可以从全球资本市场中以更低的成本借到更多资金。如图11.2所示，全球资本市场拥有更多资源，即拥有更大流动性，在降低德国电信筹资成本的同时，提高了其筹资数额。因此对于借款者来说，全球资本市场的好处在于降低资金成本。

流动性不足并不是发展中国家才有的问题，虽然这些国家的国内资本市场天生较小。最近几十年，一些世界最先进的工业化国家的大型公司也进入国际资本市场，以寻找具有更高流动性和更低廉成本的资金，如德国电信。①

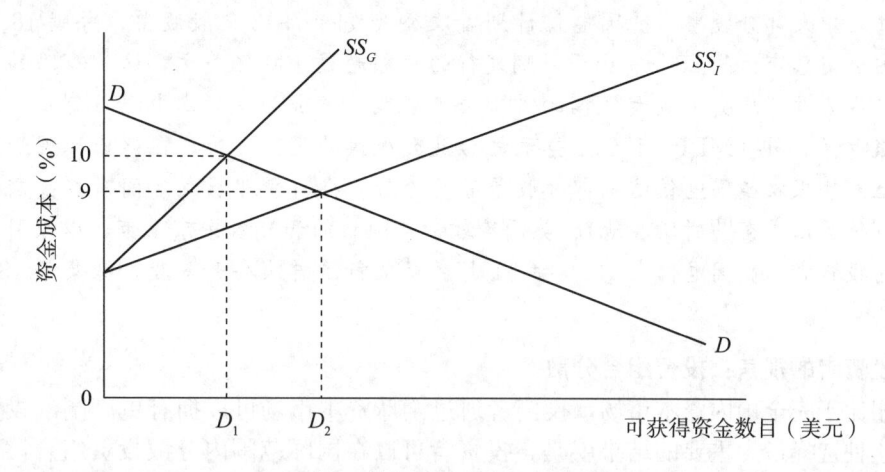

图 11.2　市场流动性和资金成本

●聚焦管理：德国电信打开了全球资本市场

德国电信建立在世界第三大工业经济体中，是世界上最大的电话公司之一。在 1996 年年末之前，德国电信都由德国政府完全拥有，然而在 20 世纪 90 年代中期，德国政府出台了一项计划，要将该公司私有化，向公众出售股票。私有化的原因有两点：第一，政府意识到国有企业效率低下的天性。第二，1998 年，欧盟电信行业即将解除管制，这包括第一次承诺将德国电信暴露在外部竞争下。为了变得更有竞争力，德国电信意识到需要对其电信基础设施进行投资，包括光纤和无线电设备，以免在 1998 年后，德国电信会因为更有效率的竞争者，比如美国电话电报公司（AT&T）和英国电信（British Telecom）的进入而失去国内市场份额。即使在最好的经济环境下，从德国国内融这么一大笔资金也是很困难的，更不用说在 20 世纪 90 年代末了，当时德国政府正努力缩减预算赤字，以达到加入欧洲货币联盟的标准。在政府的鼓励下，德国电信希望通过向公众出售股票来为其资本设备的投资筹款。

从金融角度看，私有化绝不是一件简单的事。德国电信在 1996 年价值 600 亿美元。如果德国电信作为私有公司保持这一市场价值，那么这将使德国市场上的其他上市公司微不足道。然而，许多分析者质疑德国市场能为德国电信的股票筹得 600 亿美元的可能性，因为德国人民没有投资股票的传统。1996 年，每 20 位德国人中仅 1 人拥有股票；而在美国和英国，每 4～5 人就有 1 人拥有股票。由于散户投资者对股票缺少兴趣，因此股票市场的流动性相对较差。同时，银行作为德国公司股票一贯的投资者，对于承销数额如此巨大的私有化股票也缺乏热情。更进一步的原因在于，私有化浪潮已经席卷了德国和欧洲其他地区，所以德国电信需要同许多其他国有企业竞争以吸引投资者的注意。考虑到这些因素后，德国电信通过德国资本市场募集到 600 亿美元的唯一可能方式，只能是向投资者承诺一定股息，而这将使其资

---

① D. Waller, "Daimler in ＄250m Singapore Placing," *Financial Times*, May 10, 1994, p. 17.

金成本提高到盈利能力之上。

德国电信的管理者得出结论,他们不得不分阶段将公司私有化,并向外国投资者出售其中大部分股票。德国电信计划首次公开发行7.13亿股股票,每股18.5美元,占公司总市值的25%。由于计划发行的总额超过130亿美元,这"有限的"股票发行成为欧洲历史上最大规模的首次公开募股,并成为继日本电话业寡头——日本电报电话公司(NTT)156亿美元之后最大规模的股票发行。在得出德国资本市场甚至无法吸收德国电信这一部分股票的结论后,公司管理层决定同时在德国法兰克福(德国证券交易所所在地)、英国伦敦、美国纽约和日本东京上市,以吸引来自全球的投资者。德国电信在1996年11月成功实行了首次公开募股,募集了133亿美元。[1]

投资者的视角:投资组合分散

相比于完全国内资本市场,投资者通过全球资本市场可以拥有更广阔的投资机会。这种选择最为重要的结果就是,投资者可以在国际范围内分散投资组合,使得风险比在完全国内资本市场中的风险更低。接下来我们将讨论在持有股票的情形下,这是如何发生的,当然,在持有债券的情形下也可以得出相同的结论。

假设一位投资者购买了一家尚未生产新产品的生物科技公司的股票。设想这只股票的价格非常不稳定,因为投资者根据公司前景的信息大量买入和卖出这家公司的股票。投资这种类型的股票非常冒险。一旦公司生产出适合市场的产品,投资者便可以因此获利颇丰;同样,一旦公司没有生产出可以售卖的产品,投资者就可能因此血本无归。投资者可以通过购买其他公司的股票来规避这种风险,特别是持有与生物科技无关或负相关的股票。通过持有分散化投资组合,可以通过其他超出预期的股票产生的收益来抵消未能实现预期的股票产生的亏损。

当一位投资者增加其投资组合中的股票种类时,投资组合的风险会随之下降。一开始,风险会下降得很快,然而风险下降速度很快减缓,逐渐逼近市场的系统风险。由宏观经济因素对经济中所有公司产生影响,而不是对单个公司产生影响带来的证券组合价值的波动就是系统风险。系统风险是一个经济体无法被分散的风险。图11.3是用经济学家布鲁诺·索尔尼克(Bruno Solnik)的一项经典研究中得到的美国数据绘制的关系图。[2] 他的研究表明,一个完全被分散化的美国投资组合的风险只是典型股票风险的27%。

通过在国际上分散投资组合,投资者可以进一步降低风险,因为国际股票市场价格的波动并不是完全相关。比如,一项调查研究了3个股票市场指数之间的关系。标准普尔500指数(S&P500)囊括了美国主要股票的价格波动。摩根士丹利的欧洲、澳大利亚和远东指数(EAFE)囊括了其他发达国家的股票市场波动。国际金融

---

[1] J. O. Jackson, "The Selling of the Big Pink," *Time*, December 2, 1996, p.46; S. Ascarelli, "Privatization Is Worrying Deutsche Telekom," *The Wall Street Journal*, February 3, 1995, p.A1; "Plunging into Foreign Markets," *The Economist*, September 17, 1994, pp.86-87; A. Raghavan and M. R. Sesit, "Financing Boom: Foreign Firms Raise More and More Money in the U.S. Market," *The Wall Street Journal*, October 5, 1993, p.A1.

[2] B. Solnik, "Why Not Diversify Internationally Rather than Domestically?" *Financial Analysts Journal*, July 1974, p.17.

公司全球新兴市场指数（IFC）囊括了"新兴"的发展中经济体中股票市场的指数。1981—1994年，标准普尔500指数与欧洲、澳大利亚和远东指数之间的相关系数为0.45，这说明只有在大约20%（＝0.45×0.45）的时间里两者可能同方向变动。标准普尔500指数与国际金融公司全球新兴市场指数之间的相关系数为0.32，这意味着只有在大约10%（＝0.32×0.32）的时间内两者可能同方向变动。[①] 最近的研究证实，除了细微的观测差别，国际股票市场间的相关性很小。一项关于1972—2000年全球四个主要股票市场——美国、英国、德国和日本的股票市场的研究表明，这些市场只有大约23%（＝0.475×0.475）的时间步调一致。[②]

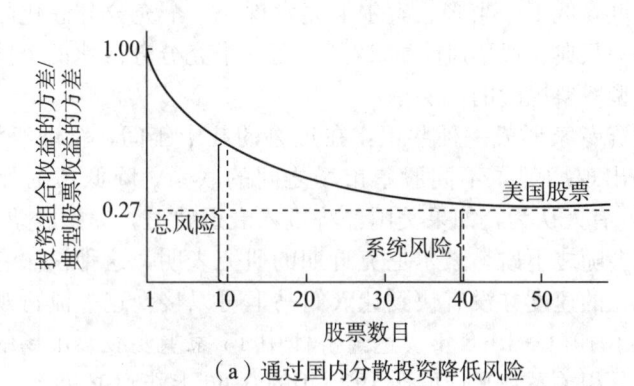

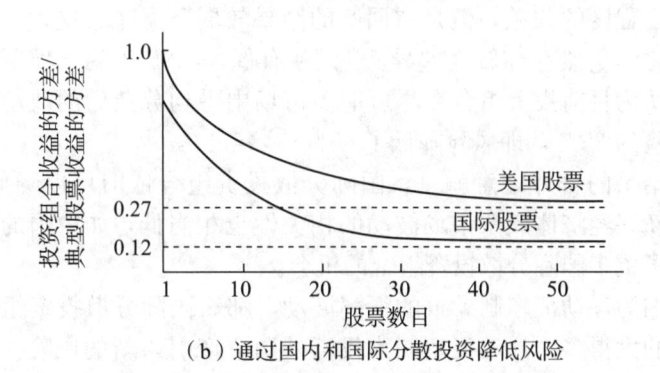

（a）通过国内分散投资降低风险

（b）通过国内和国际分散投资降低风险

图11.3　通过分散投资组合降低风险

不同国家的股票市场变动关联度相对较低反映了两个基本情况。第一，不同国家的宏观经济政策不一样，面对的经济情况也不一样，所以它们的股票市场对不同因素做出反应，并朝不同方向变动。例如在1997年，包括韩国、马来西亚、印度尼西亚和泰国在内的一些亚洲国家因为亚洲金融危机损失超过50%的财富，而在同一时期，标准普尔500指数上升20%。第二，不同股票市场依旧因为资本管制而被分隔开——资本管制限制跨境资本流动（尽管在前文中提到过这种限制正在迅速减少）。最常见的限制包括对外国投资者拥有公司股票份额的限制，以及对一国居民在

[①] C. G. Luck and R. Choudhury, "International Equity Diversification for Pension Funds," *Journal of Investing* 5, no. 2 (1996), pp. 43-53.

[②] W. N. Goetzmann, L. Li, and K. G. Rouwenhorst, "Long Term Global Market Correlations," *The Journal of Business*, January 2005, pp. 78-126.

外国投资能力的限制。例如，外国投资者直到最近都很难拥有一家韩国公司30%以上的股票。还有一些国家对资本流动的严格限制，使其居民很难用国内资本投资外国资产。这种跨国界资本流动障碍限制了资本在全球范围内自由寻找风险调整度最高的收益。结果，在任何时刻都有可能出现一个市场资本过多，而其他市场资本过少的情况。这将会造成不同股票市场之间收益率的差异。[1] 这意味着在通过购买外国股票分散投资组合后，投资者的风险水平可以比仅持有国内股票时的风险水平更低。

  图11.3说明了国际分散投资和风险之间的关系。[2] 根据这张图，一个充分分散化的包含许多国家股票的投资组合，同一个充分分散化的只包含美国股票的投资组合相比，风险程度降低了一半多。索尔尼克发现，一个充分分散化的国际股票投资组合的风险只是一只典型股票风险的12%，而一个充分分散化的美国股票投资组合的风险是一只典型股票风险的27%。

  越来越多投资专家形成一种共识：在过去的几十年间，全球经济日趋一体化，全球资本市场的出现增强了不同股票市场之间的联系，降低了国际分散投资的好处。[3] 时至今日，有人认为，如果美国经济进入衰退轨道，美国股票价格急剧下跌，那么其他市场也会随之下跌。索尔尼克近期的研究表明，这种说法有一定道理，但是全球经济一体化的速度并没有快到让人们马上可以接受这一流行观点。索尔尼克和他的同事研究了1971—1998年发达经济体中15家主要股票市场的相关性，发现股票市场回报的月相关系数平均值从1971年的0.66上涨到1998年的0.75。这说明数据出现了一定程度的收敛，但是"回归的结果较弱"意味着这种"平均"的相关性不强，各国之间仍然存在较大差异。[4] 无独有偶，2005年的一项研究也证实了这一基本结论，认为目前投资组合在尽可能多市场中平均分散后的波动风险降低到单一市场波动风险的35%，即风险降低了65%。[5]

  上述研究结果的言外之意就是，国际分散投资组合依旧可以降低风险。此外，发达经济体与新兴经济体股票市场波动的相关性也相当低，如中国的股票市场为国际投资者提供了更多国际分散投资组合的机会。[6]

  如果不是因为浮动汇率制导致的汇率波动，那么国际分散投资组合降低风险的效果将比目前的大得多。浮动汇率制为投资外国资产引入新的风险。正如我们一再强调的，不利的汇率波动可以使得一项获利颇丰的投资变得无利可图。汇率波动导致的不确定性可能会阻碍全球资本市场的迅速发展。

---

[1] I. Domowitz, J. Glen, and A. Madhavan, "Market Segmentation and Stock Prices: Evidence from an Emerging Market," *Journal of Finance* 3, no. 3 (1997), pp. 1 059–1 068.

[2] B. Solnik, "Why Not Diversify Internationally Rather than Domestically?" *Financial Analysts Journal*, July 1974, p. 17.

[3] A. Lavine, "With Overseas Markets Now Moving in Sync with U. S. Markets, It's Getting Harder to Find True Diversification Abroad," *Financial Planning*, December 1, 2000, pp. 37–40.

[4] B. Solnik and J. Roulet, "Dispersion as Cross Sectional Correlation," *Financial Analysts Journal*, 56 (1), 2000, pp. 54–61.

[5] W. N. Goetzmann, L. Li, and K. G. Rouwenhorst, "Long Term Global Market Correlations," *The Journal of Business*, January 2005, pp. 78–126.

[6] W. N. Goetzmann, L. Li, and K. G. Rouwenhorst, "Long Term Global Market Correlations," *The Journal of Business*, January 2005, pp. 78–126.

□ 全球资本市场的发展

根据国际清算银行的数据，全球资本市场的发展步伐非常迅速。[1] 2008年年底，跨境贷款总量达到24.566万亿美元，相比之下，2006年的总量为17.875万亿美元，2000年和1990年分别为7.859万亿美元和3.6亿美元。而国际债券的未偿还余额从1997年的3.515万亿美元、2000年的5.908万亿美元和2006年的17.561万亿美元增长到2008年年底的22.734万亿美元。国际股票发行量在2008年为3 870亿美元，2006年为3 770亿美元，1997年为900亿美元，1990年约为180亿美元。除了国际股票发行量，上述数字近乎或已创造纪录。国际股票发行量在2007年比2008年更高，达到5 000亿美元，但考虑到2008年下半年股票市场的疲软，这一事实并不令人吃惊。是什么原因使得全球资本市场在20世纪80年代、20世纪90年代和21世纪初如此蓬勃发展呢？答案有两个——信息技术和放松管制。

信息技术

金融服务业是一个信息密集的产业。它汇集了大量关于市场、风险、汇率、资信等方面的信息。金融服务业运用这些信息来做出判断，如投资什么，在何处投资，该向借款者收取多少费用，该向投资者支付多少利息，以及确定一系列金融资产的价值和风险水平，包括公司债券、股票、政府债券和货币。

基于这种信息密集的特点，从20世纪70年代开始，金融服务业成为信息技术领域中革新最为迅猛的产业。国际通信技术的发展推动了地球上任意两地之间的即时通信。同时，数据处理能力的迅速发展也让做市商可以吸收和处理来自世界各地的大量信息。研究表明，基于上述技术进步，1964—1990年，记录、传输和处理信息的实际成本下降了95%。[2] 我们目睹了互联网的迅速发展和计算机能力的大幅增强。从1990年开始，记录、传输和处理信息的实际成本有同样幅度的下降；时至今日，这一成本已微不足道。

这种发展促成了全球资本市场的形成。无论是股票、债券、外汇还是其他金融资产，对于金融服务公司来说，进行每日24小时的交易在技术上已经可行。由于通信和技术处理的优势，全球资本市场是不眠不休的。旧金山市场在东京市场开市前一个小时闭市，但在中间这段时间仍可以在新西兰市场交易。

这种由技术促成的一体化也有不利的一面。[3] 现在，一个金融中心发生的"震荡"可以很快蔓延到世界各地。比如，1987年10月19日发生了臭名昭著的"黑色星期一"事件，美国股票价格崩溃立即引发世界全部主要股票市场价格下跌，全世界的公司股票遭受数十亿美元损失。同样，1997年的亚洲金融危机波及全球各地，并引发全球股票市场的抛售，虽然这次震动的影响时间有限。然而大部分参与者强调，全球资本市场的好处远远超过任何潜在成本。而且，尽管国际金融市场的震荡

---

[1] Bank for International Settlements, *BIS Quarterly Review*, March 2007, Basle, Switzerland.

[2] T. F. Huertas, "U. S. Multinational Banking: History and Prospects," in *Banks as Multinationals*, ed. G. Jones (London: Routledge, 1990).

[3] G. J. Millman, *The Vandals' Crown* (New York: Free Press, 1995).

会波及其他市场,但一般来说,国际股票市场波动的相关系数仍较低,意味着这种震荡对于非本地市场来说造成的影响是短期的。①

放松管制

各国金融服务业长期以来受到的管制一直都是所有行业中最严格的。世界各地的政府通常都不允许其他国家的金融服务公司进入其资本市场。在一些情况下,它们同样限制本国金融公司的国外扩张。在很多国家中,国内金融服务公司也被法律分割开来。例如,直到最近,美国都不允许商业银行从事投行业务,反之亦然。从历史上来说,很多国家都限制外国投资者大量购买本国公司股票,还限制本国居民对外投资的数额。比如,20世纪70年代的资本管制使得英国投资者很难购买美国的股票和债券。

很多限制在20世纪80年代逐渐消失。一部分原因是欧洲货币市场的发展,这从一开始就处在国家管制之外。另一部分原因是来自金融服务公司的压力,这些公司长期以来都希望在管制更为宽松的环境中运行。更多人逐渐接受将自由市场思想和个人主义哲学思想相结合的理念,这对全球各国放松对金融服务业的管制起到很大作用。无论出于什么原因,一些主要国家放松对金融服务业的管制无疑推进了全球资本市场的发展。

美国放松管制的趋势出现在20世纪70年代末和20世纪80年代初,这其中的变化除了允许外国银行进入美国资本市场外,还允许本国银行扩展其国外业务。在英国,1986年10月的"大爆炸"消除了银行和股票经纪人之间的壁垒,并允许外国金融服务公司进入英国股票市场。日本也放松了外国证券机构进入日本国内的限制,日本的银行现在也被允许建立境外银行机构。在法国,1987年的"小爆炸"使得法国证券市场对外开放,包括外国和本国的银行。在德国,依据互惠协议,外资银行现在被允许发放贷款及管理国外欧元的发行。② 这所有一切都促使金融服务公司由主要从事国内业务向全球运营转型,并在世界各地建立主要办事处——这是真正的全球资本市场发展的先决条件。正如我们在第五章所描述的那样,世界贸易组织在1997年年末促成的协议取消了很多对跨境金融服务的限制,进一步促进了全球资本市场规模的增长。

除了对金融服务业放松管制外,很多国家还从20世纪70年代开始解除对资本的管制,放松了对外国投资者境内投资及本国居民和企业对外投资的限制。到了20世纪80年代,随着拉丁美洲、亚洲和东欧陆续解除对资本流动长达数十年的管制,这股潮流从发达国家蔓延到新兴经济体。

到2008年,这股放松金融服务业管制和取消资本管制的势头依旧方兴未艾。然而,2008年的经济危机确实促使很多人反思放松管制的步伐是否走得太快。焦点集中在是否需要对金融服务业中的一些特定部门进行监管,尤其是对冲基金,因为对冲基金进行的大部分活动在现有监管范围之外(对冲基金是私人投资基金,买入它

---

① W. N. Goetzmann, L. Li, and K. G. Rouwenhorst, "Long Term Global Market Correlations," *The Journal of Business*, January 2005, pp. 78–126.

② P. Dicken, *Global Shift: The Internationalization of Economic Activity* (London: The Guilford Press, 1992).

们认为会升值的资产，卖出它们认为会贬值的资产）。然而，考虑到资本全球化带来的好处，尽管当前情况不明朗，全球资本市场的发展依旧会持续很长一段时间。虽然大多数评论者将全球资本市场的发展视为有利因素，但也有一些人认为，资本全球化会带来严重的内在风险。

全球资本市场的风险

一些分析者担心，受跨境资本流动管制放松和监管减少的影响，单个国家会更易受到投机性资本流动的攻击。他们认为，这会对一国经济稳定造成影响。① 比如，哈佛大学经济学家马丁·费尔德斯坦（Martin Feldstein）认为，大部分全球资本流动追逐的都是短期利润，当一国形势变化时，资本便会迅速流入和流出该国。② 他对这种短期资本，即"游资"，和支持长期跨境流动的"耐心资本"做了区分。对于费尔德斯坦来说，"耐心资本"依然是相对较少的，主要因为即使资本在国家间的流动成本很低，其拥有者和管理者仍倾向于将大部分资本留在国内。费尔德斯坦的观点得到了统计数据的支持，数据表明，虽然每天有大量资本在外汇市场中进出，但是"当尘埃落定时，每个国家中大部分资本仍留在该国"。③ 费尔德斯坦认为，缺乏"耐心资本"是由于投资者缺少有关外国投资的信息。在他的观点中，如果投资者对外国资本有更充分的了解，那么全球资本市场的运作会更有效率，受到短期投机资本流动的影响也会更少。费尔德斯坦认为，墨西哥在20世纪90年代中期的经济问题是由进出该国的"游资"太多，以及该国"耐心资本"过少造成的。这一案例将在本章的"聚焦国家"专栏中详细介绍。

外国投资基本信息的缺失，可能会加剧短期投机资本在全球资本市场中的流动。投资者在缺少高质量信息的情况下，可能会对外国重大新闻事件做出过激反应，并很快撤走他们的资金。即使有足够信息技术，投资者想要获得和国内投资机会同样数量和质量的国外投资信息依旧困难。这种信息缺口又会因为不同国家的不同会计准则而被加深，使得跨境投资机会的直接比较对于即使是最精明的投资者来说也很困难。例如，德国会计准则同美国会计准则不同，可能导致一家公司的健康状况呈现相当不一样的结果。因此在1993年，当德国的戴姆勒-奔驰公司为其在美国纽约证券交易所上市做准备，而将其德国财务报表转换成美国财务报表后，发现公司在德国会计准则下盈利9 700万美元，而在美国会计准则下亏损5.48亿美元！④

即使存在由信息数量和质量差异造成的问题，许多投资者依然会冒险进行跨境

---

① P. Dicken, *Global Shift: The Internationalization of Economic Activity* (London: The Guilford Press, 1992).

② Martin Feldstein, "Global Capital Flows: Too Little, Not Too Much," *The Economist*, June 24, 1995, pp. 72-73.

③ Martin Feldstein, "Global Capital Flows: Too Little, Not Too Much," *The Economist*, June 24, 1995, pp. 72-73.

④ D. Duffy and L. Murry, "The Wooing of American Investors," *The Wall Street Journal*, February 25, 1994, p. A14.

投资，这使得投资者倾向于根据有限的（也可能是不准确的）信息去调整其决定。然而，如果全球资本市场继续发展，金融中介可能会持续提供更多有关外国投资机会的信息。更充分的信息将会优化更精明的投资决定，减少短期投机资本流动的频率和规模。虽然亚洲金融危机增加了人们对"游资"在全球资本市场中四处流动的担忧，但国际货币基金组织的报告指出，自20世纪70年代以来，金融市场的波动性并没有增加。①

● 聚焦国家：全球资本市场令墨西哥失败？

1994年年初，在《北美自由贸易协议》通过后不久，墨西哥作为发展中国家的光辉榜样，拥有光明的经济前景，受到国际社会广泛的赞誉。从20世纪80年代末开始，墨西哥政府采取了稳健的货币、预算、税收和贸易政策。通货膨胀率以历史标准衡量较低，经济增长稳定，出口不断增加。这种繁荣的景象吸引了外国投资者的资本，外国投资者于1991—1993年在墨西哥的投资超过750亿美元，比任何其他发展中国家都要多。

如果说墨西哥的经济有什么美中不足，那就是不断增长的经常账户赤字。墨西哥的出口确实在不断增加，但其进口亦是如此。1989—1990年，经常账户赤字约占墨西哥国内生产总值的3%。1991年，该比值上升到5%。1994年，该比值超过6%。尽管看起来很糟，但这并不是不可承受的，而且不会导致经济崩溃。美国数十年的国际贸易逆差并没有给其带来明显的负面影响。只要外国投资者将它们与该国的贸易所得重新投资于该国，那么贸易逆差对这个国家就不是什么问题。美国很多年来都是这种情况，墨西哥在20世纪90年代初也出现相同情况。因此，像福特这样的公司，将它们对墨西哥出口赚得的比索重新投资墨西哥，扩大生产，建立汽车工厂以满足墨西哥市场未来的需求，并向其他国家出口。

不幸的是，在20世纪90年代初每年流入墨西哥的250亿美元资本中，大部分不是像福特公司这样投入墨西哥的"耐心资本"。相反，根据经济学家马丁·费尔德斯坦的说法，这其中大部分流入资金是短期资本，一旦经济情况恶化，这些资本就会逃离。果不其然，1994年2月，美联储开始提高利息率，美国国债价值迅速下跌，同时日元相对美元大幅升值。这些事件使得短期资本管理人损失惨重，例如对冲基金和银行的经理人，因为他们将赌注压反了方向，当时许多对冲基金经理人预测利息率会下降，国债价格会上升，美元将相对日元升值，而该预测与后来的情况相反。

面对惨重的损失，对冲基金经理人试图通过从不确定的环境中脱身来降低他们投资组合的风险。几乎同时，墨西哥的形势雪上加霜——南部的恰帕斯州发生了武装起义，一位主要总统候选人遭到暗杀，同时通货膨胀率不断上升，这些都使墨西哥的投资环境比预想的要危险。对冲基金经理人开始将许多短期投资撤出墨西哥。

随着"游资"的流出，墨西哥政府意识到不能继续指望用资本流入来为经常账户赤字融资。政府本以为这些流入的资本主要由长期资本组成，但实际上大部分是短期资本。随着资本流出墨西哥，政府不得不承诺用更多外汇储备来支撑比索兑美

---

① International Monetary Fund, World Economic Outlook (Washington, DC: IMF, 1998).

元的汇率，以维持 3.5 比索钉住 1 美元。外汇投机商趁机而入，卖空比索与墨西哥政府对赌。1994 年 12 月，事态发展到了最严峻的时刻，资本外流迫使墨西哥政府放弃了对比索的支持。在接下来的 1 个月里，比索相对美元的价值下降 40%，墨西哥政府被迫采取经济紧缩政策，墨西哥经济繁荣陡然结束。

根据马丁·费尔德斯坦的分析，墨西哥的经济崩溃并不是由外汇市场上的货币投机导致的，而是因为缺少长期资本。他认为，墨西哥存在很多具有吸引力的长期投资机会，但由于长期投资机会的信息缺失，1991—1993 年流入墨西哥的大部分是短期资本，这种流向可以很快被逆转。他还认为，如果外国投资者对此有更充分的信息，那么墨西哥可以通过流入资本为经常账户赤字融资，因为长期资本会自然而然地流向墨西哥具有吸引力的投资项目。

● 聚焦管理：危机中的全球资本市场

2008 年经济危机席卷了全球资本市场，几乎冻结金融管道，卡死全球经济。不为大多数人所知的是，世界各地的投资机构、银行及企业之间通常会互相融通高达万亿数量级的美元。世界上大部分银行和企业发行的固定期限在 1 天～270 天的无担保票据被称为商业票据。这是这些企业用于偿还短期债务的方法，其中包括工资支付、投资、贷款清偿及其他借款的偿还。由于这些票据是无担保的，即没有任何其他特定资产作为背书，因此只有信用评级极高的银行和企业才有能力以合理价格发售这种商业票据，价格通常参考伦敦银行同业拆借利率。伦敦银行同业拆借利率是基于对每日 12 家～16 家银行的调查计算出的 10 种货币的利率。顾名思义，伦敦银行同业拆借利率是银行之间的借贷利率。在正常情况下，伦敦银行同业拆借利率同一国中央银行的利率很接近，比如美联储借出美元的利率。

然而，在 2008 年秋天，情况发生了变化。在 2008 年年初，多个国家的银行陷入困境，情势已经很清楚，这些银行持有的住房抵押贷款证券价格正在崩溃。这是由房地产价格的不断下降和住房抵押贷款违约率的不断上升共同造成的。这在美国和英国的银行中表现得尤为明显，因为在前些年，一些冒进的银行发放了风险不断增加的住房抵押贷款，并且被打包成证券，然后出售给其他金融机构。此外，很多机构还持有复杂的金融衍生品，其价格与住房抵押贷款证券价格有关。现在，这些机构正面临风险，它们账目中的一大笔住房抵押贷款证券和相关衍生品的风险投资组合面临注销的风险。雷曼兄弟是其中一家机构，该机构在住房抵押贷款证券市场中的态度相当冒险。2008 年 9 月，在美国政府决定不对其采取救助措施后，雷曼兄弟倒闭破产。政府对此给出的理由是，它不想去救助一个做出太多错误投资决策的管理团队，而是想让市场发挥作用。

然而，雷曼兄弟破产导致了无法预料的后果，对全球金融市场造成了冲击。实际上，美国政府已经表明它准备放弃大型金融机构。随即，银行减少了短期贷款。这是出于两个原因：第一，由于已无法知晓其资产负债表上住房抵押贷款证券的价值，银行需要积聚现金。第二，它们不敢向其他银行贷款，因为这些银行可能倒闭，最后可能收不回贷款。结果，伦敦银行同业拆借利率迅速上升。比如在 2007 年，美元利率只比 3 个月期国债利率高 0.2 个百分点，这是正常利差。然而在 2008 年年末,利差增长到 3.3 个百分点,短期借款成本上升 16 倍。很多公司发现它们无法以合理价格筹集资金。货币市场基金在正常情况下是商业票据的主要买家,结果现在逃向最安全的资产,比如美国国债。这将 3 个月期国债的收益率推到历史低点,并导致美元价值骤升。实际上,全球经济的融资管道被迅速冻结了。如果任其发展,那么许多企业将资不抵债,破产浪潮将席卷全球,而世界将陷入严重衰退,甚至萧条。

幸运的是,一些国家政府挺身而出。2008 年 10 月,美联储进入商业票据市场,建立基金,以接近美国国债的利率购买商业票据。日本、英国和欧盟的中央银行也采取了类似措施。全球资本市场的参与者一看到各国政府愿意进入商业票据市场,便开始放松贷款限制,伦敦银行同业拆借利率开始再次下降。而且,美国政府开始向问题银行注入资金,这释放出了信号,表明不会再有银行像雷曼兄弟那样倒闭。这也解冻了商业票据市场,一场严重危机开始得以化解。[1]

欧洲货币市场

欧洲货币(eurocurrency)指存放在发行国银行之外的一切货币。欧洲美元是存在美国境外的美元,占全部欧洲货币的 2/3。其他重要的欧洲货币包括欧洲日元、欧洲英镑甚至欧洲欧元!欧洲货币这一术语实际上是一个不当用词,因为欧洲货币可以在世界上任何地方被创造,一直被使用的"欧洲"这一前缀反映了这一市场的起源。欧洲货币市场已经成为国际商务重要的低成本资金来源。

□ 欧洲货币市场的起源和发展

欧洲货币市场诞生于 20 世纪 50 年代中期,当时东欧的美元拥有者害怕将他们的美元存入美国。这些美元拥有者担心美国政府会没收其存款[2],因此他们将持有的许多美元留在欧洲,特别是伦敦。欧洲其他美元存款则来自西欧各国的中央银行和向美国出口赚取了美元的公司。这两个团体也将其美元存在伦敦,而不是美国的银行中,因为这样可以获得更高利息率。

1957 年,欧洲货币市场受到一次大力推动,当时英国政府禁止英国银行用英镑向非英国贸易提供融资,但这是英国银行利润丰厚的业务,于是英国银行开始通过吸引美元存款,向这些从事国际贸易和投资的公司提供美元融资。因为这一历史事件,伦敦成为并且一直是欧洲货币交易的中心。

20 世纪 60 年代,欧洲货币市场受到另一次推动,当时美国政府颁布法规禁止美国银行向非美国居民提供贷款。美国境外潜在的美元借款者发现,在美国为国际贸

---

[1] "Blocked Pipes," *The Economist*, October 4, 2008, pp. 73 - 75; "On Life Support," *The Economist*, October 4, 2008, pp. 77 - 78; M. Boyle, "The Fed's Commercial Paper Chase," *The BusinessWeek Online*, October 8, 2008, p. 5.

[2] C. Schenk, "The Origins of the Eurodollar Market in London, 1955—1963," *Explorations in Economic History*, Vol. 35 (1998), pp. 221 - 239.

易融资越来越难,所以转向欧洲货币市场以获得美元。

在1973年布雷顿森林体系瓦解后,美国政府改变了政策,这阻挡了欧洲货币市场前进的势头。然而,另一起政治事件,即石油输出国组织在1973—1974年以及1979—1980年拉升石油价格,再次推动了这个市场。由于石油价格上涨,石油输出国组织成员积聚了大量美元。它们不敢将这些钱存放在美国银行或其欧洲分行中,以免美国政府试图没收这些钱。它们的担心不是没有根据的:在1979年德黑兰劫持美国大使馆人员后,美国前总统卡特(Carter)冻结了伊朗人在美国银行及其欧洲分行的资产。作为替代,这些国家将它们的美元存放在伦敦,这进一步增加了欧洲美元的供应。

虽然欧洲货币市场的发展受到不同政治事件的推动,但单凭这些并不足以解释这个市场的发展。这个市场得以发展是因为其提供了金融优势——开始时是为了美元存款者和美元借款者,之后是为了其他货币的存款者和借款者。现在我们来探究这些金融优势的来源。

☐ 欧洲货币市场的吸引力

欧洲货币市场吸引存款者和借款者的主要原因是没有政府监管。这允许银行将欧洲货币存款的利率提升到本国货币的存款利率之上,使得欧洲货币存款对存款者更有吸引力。同样,这也允许银行对欧洲货币收取低于本国货币的贷款利率,使得欧洲货币贷款对贷款者更有吸引力。换句话说,欧洲货币存贷款之间的利率差要小于本国货币存贷款之间的利率差,如图11.4所示。为了理解这一点,我们解释一下政府监管是如何提高本国银行业的成本的。

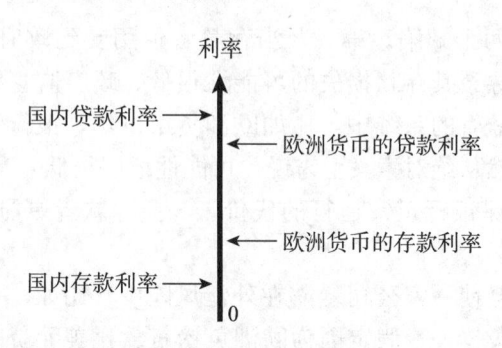

图11.4 国内货币市场和欧洲货币市场之间的利率差

在所有工业化国家中,本国货币存款都受管制。这是为了确保当本国出现大量突然决定取出存款的存款者时,银行拥有足够流动资产来满足这些需要。所有国家都会执行一定存款准备金制度。比如,每当美国银行接受一笔美元存款时,都必须将其中一部分留在美联储的无息账户中,作为存款准备金的一部分。

然而,银行在处理外汇时拥有更多自由。比如,英国政府并不对其境内的外汇存款执行存款准备金制度。美国银行的伦敦分行也不受美国存款准备金制度的管制,只要这些存款在美国境外支付。这使得欧洲银行具有竞争优势。

假设一家纽约银行的存款准备金率是10%。依据这一要求,如果这家银行接受

100美元存款，那么这家银行可以借出这笔资金中不超过90美元的部分，同时必须将剩下的10美元存入美联储的无息账户中。进一步，假设这家银行每年100美元存款的运营成本是1美元，而它的贷款利率是10%。那么这家银行在弥补其成本后，最多可以向它的储户们提供8%的利率。因此，这家银行向这100美元存款者支付8（=0.08×100）美元，从这笔存款允许被借出的部分赚取了9（=0.1×90）美元，刚好覆盖其运营成本。

相反，一家欧洲银行向存款者提供更高利率，依旧可以弥补其运营成本。就美元而言，欧洲银行无须考虑存款准备金制度，可以借出全部100美元。因此，当贷款利率为10%的时候，银行可以赚10（=0.10×100）美元。如果欧洲银行的运营成本同纽约银行的运营成本一致（每100美元存款的运营成本为1美元），那么银行可以在向其存款者提供9%的利率后依旧弥补其运营成本，而且存款利率比纽约银行高出整整1个百分点。作为选择，欧洲银行可以向其存款者提供8.5%的利率（依然高于纽约银行的存款利率），向贷款者提供9.5%的贷款利率（依然低于纽约银行的贷款利率），这样便更好弥补了其运营成本。所以，欧洲银行无论在存款利率还是贷款利率上，都比纽约银行有比较优势。

很明显，公司从财务上有很强的动机使用欧洲货币市场，这样，获得更高存款利率且贷款成本更低。考虑到这一点，我们就不该惊奇为什么欧洲市场的发展如此迅速，而是认为它应该发展得更快才对。存款者既然可以从欧洲货币市场中获得更高收益，为何仍将存款留在本国货币市场中？

□ 欧洲货币市场的缺陷

欧洲货币市场有两个缺陷。第一，当存款者使用受到政府监管的银行系统时，他们知道，银行倒闭导致其存款损失的可能性很低。政府监管维持着银行系统的流动性。而在不受政府监管的系统中，比如欧洲货币市场，银行倒闭而使得其存款损失的可能性更高（虽然从绝对意义上来说，可能性依旧很低）。因此，本国货币存款的低利率反映的是确保银行正常运行的代价。一些存款者更习惯这种系统安全性，并愿意付出一定代价。

第二，国际借款会使一家公司暴露在外汇风险中。比如，一家美国公司运用欧洲货币市场借入欧洲英镑——假定因为欧洲英镑贷款比美元贷款支付更少利息。然而，假设英镑突然相对美元升值，这会增加用美元偿还欧洲英镑贷款的成本及公司的资金成本。虽然可以通过远期外汇市场来抵御这种可能性，但远期外汇市场无法提供完美防御。其结果就是，很多公司借入本币资金以规避外汇风险，即使欧洲货币市场可以提供更有吸引力的利率。

全球债券市场

全球债券市场在20世纪80年代和20世纪90年代得到了迅速发展，并且在21

世纪继续这一势头。发行债券对于许多大公司来说是一个重要的融资渠道。最常见的债券是固定利率债券。购买固定利率债券的投资者可以获得固定现金回报。在债券到期前的每一年里，投资者可以获得利息回报。当债券到期时，投资者可以按票面价值收回本金。

全球债券分为两种类型：外国债券和欧洲债券。**外国债券**（foreign bonds）是在借款者所在国之外发行并按发行国货币计价的债券。因此，当陶氏化学（Dow Chemical）公司在日本发行并向日本出售债券时，它发行的就是外国债券。很多外国债券都有昵称：在美国发售的外国债券被称为扬基债券，在日本发售的外国债券被称为武士债券，在英国发售的外国债券被称为斗牛犬债券。如果公司认为发行国际债券可以降低资金成本，那么它们就发行国际债券。例如，20 世纪 90 年代末和 21 世纪初，许多公司在日本发行了武士债券，目的是利用日本非常低的利率。2001 年年初，日本 10 年期政府债券的收益率是 1.24%，而美国债券的收益率是 5%。在这种背景下，公司发现与美国相比，它们可以以更低的利率在日本借债。

欧洲债券（eurobonds）通常由国际银团负责包销，并在债券计价货币国之外的国家发行。例如，一家德国企业可以发行以美元计价的债券，然后由一家国际银团向美国之外的投资者出售。欧洲债券通常由跨国公司、大型国内公司、主权政府和国际机构发行。它们通常同时在几个全球资本市场发行，但既不是本国资本市场，也不是债券计价货币国的资本市场。从历史上看，欧洲债券的发行量占全球债券发行量的最大份额，但这一趋势已经逐渐被外国债券取代。

□ 欧洲债券市场的吸引力

基于以下三个原因，欧洲债券市场取代国内债券市场，从而成为极具吸引力的发债场所。(1) 缺少监管干预。(2) 与大多数国内债券市场相比，欧洲债券市场披露要求更宽松。(3) 税收优惠。

监管干预

各国政府经常对在境内发售的本国和外国的本币债券发行商实行严格监管。这些监管增加了发行债券的成本。然而，政府对以外币计价并出售给外币持有者的证券的监管较为宽松。欧洲债券在任何单个国家的监管范围之外，因此发行成本对发行商来说通常较低。

披露要求

欧洲债券市场的披露要求与一些国家政府的披露要求相比更为宽松。例如，如果一家企业想要在美国发行以美元计价的债券，那么它首先要遵守证券交易委员会的披露要求，即披露有关其经营活动、高级管理者的薪水、福利和股票交易情况等方面的详细信息。另外，发行公司必须提交符合美国会计准则的会计报表。对于非美国企业来说，再制作一份符合美国会计准则的会计报表既费时，成本又很高。因此，很多企业发现，相对于在美国境内发行以美元计价的债券，发行以美元计价的欧洲债券是更廉价的选择。

税收优惠

在 1984 年之前，当发行欧洲债券的美国公司向外国投资者支付利息时，需要先按照美国所得税预扣30%，这抑制了外国投资者持有美国公司债券的需求。当时，其他许多国家也实施了相似的税收法规，这限制了市场对欧洲债券的需求。1984年，美国税法得以修订，免除了美国公司发行债券的外国持有者的预扣税。结果，美国公司第一次发现，向外国投资者直接发售欧洲债券是可行的。美国税法中预扣税的免除促使包括法国、德国和日本在内的其他国家政府放松了它们的所得税管制，这些管制通常用来防止资本流出其市场。其结果是，投资者都想利用税收优惠，从而使得欧洲债券需求猛增。

全球股票市场

虽然我们谈到全球股票市场的发展，但严格来说，并不存在如全球货币市场和全球债券市场一样的全球股票市场。相反，许多国家有它们自己可以交易公司股票的国内股票市场。其中最大的几家股票市场在美国、英国和日本。虽然每一家国内股票市场都由本国居民和本国企业组成的投资者主导，但是发展促使着全球股票市场朝着全球化的方向前进。投资者们在股票市场中注入巨资，分散他们的投资组合。受放松管制和信息技术进步的影响，这一趋势似乎不会停止。

全球证券投资带来的有趣结果就是公司所有权的全球化。一国居民购买在国外注册公司的股票，同时外国投资者购买在该国注册公司的股票。罗伯特·赖克（Robert Reich）在展望未来中已经思考了"无国籍公司的到来"这一问题。①

全球股票市场的另一个全球化发展是，最初来源于一国的公司正通过在他国股票市场中上市来拓宽其股权。这主要是基于融资上的考虑。在他国股票市场中上市通常是在该国发行股票融资的前奏。其目的是利用外国市场的流动性，增加投资的可用资金，降低企业资金成本。企业还经常在外国股票市场中上市，以便日后收购外国公司。在外国股票市场中上市还有一个原因是，公司股票和股票期权可以作为当地管理层和员工的补贴，满足了对本地股权的需求，增加了公司在当地雇员、顾客、供应商及银行中的知名度。虽然是发达国家的企业首先在外国市场中上市，但是越来越多发展中国家的企业发现，其发展受到国内缺乏流动性资本市场的约束，因此它们也正在利用这一机会。例如，捷克的企业转向伦敦证券交易所进行股本筹集。

● 聚焦国家：在捷克寻求资本

随着进一步转向以市场为导向的体系，捷克一开始就成为东欧经济体中最有活力的一个经济体。然而，1998年年初，资本短缺限制了捷克经济的发展，问题的根源在于其宏观经济条件和制度。

在宏观经济方面，1997年，捷克出现了一些不利情况，包括通货膨胀率上升、政府赤字扩大，以及捷克货币受到投机性攻击，使得政府被迫放弃固定汇率制，采取浮动汇率制。在转向浮动汇率制后，捷克货币兑德国马克的汇率下降10%，兑美

---

① R. Reich, *The Work of Nations* (New York: Alfred A. Knopf, 1991).

元的汇率下降15%。因为石油等国际商品的贸易以美元结算,捷克货币贬值对捷克来说无疑是火上浇油。捷克政府对此的回应是紧缩的货币政策——将利率提高到约16%的水平。

这些宏观经济问题给捷克股票市场带来了可预见的负面影响。在布拉格证券交易所上市的捷克股票主要指数——PX50,从大约520点跌至430点,这是自1998年以来的最低点。下跌的主要原因是外国投资资本撤离捷克,流向宏观经济形势更好、股票市场表现更为出色的邻国——匈牙利和波兰。

但这并不是捷克股票市场的唯一问题。许多西方投资者减少在捷克股票中的投资,是因为捷克股票市场的声誉太糟糕,如内部人员的股票操控,而内部人员交易在更发达的市场中是违法的。除此之外,还存在着小股东缺乏保护、公司信息披露不充分及诈骗等问题。同样,捷克的大部分国有企业已通过代金券方案被私有化了,获得了大部分股份的机构和集团只想保持对公司的控制权,它们反对任何通过增发股本来筹集资金的尝试。结果,捷克股票市场的规模和流动性受到限制。这些因素联合起来,导致捷克企业资金成本上升。

许多捷克企业和银行的关系历来很紧密,它们向银行借入大量资金。然而,当利率水平达到16%时,许多银行紧缩信贷以弥补过去慷慨解囊的行为,捷克企业通过借款筹资的成本日益增加。而对于捷克股票市场来说,糟糕的声誉及低流动性使其几乎无法通过发行新股来筹集资金。1997年中期,作为捷克最具活力及盈利能力的新企业之一,邦东(Bonton)公司曾试图在布拉格证券交易所通过首次公开募股筹集了3 000万美元~4 000万美元的资金。这本可以成为布拉格证券交易所历史上第二次首次公开募股,也是具有重要意义的一次。一次成功的首次公开募股本可以为捷克股票市场的合法性正名,但是邦东公司取消了这次发行,因为在亚洲金融危机后,捷克股票市场陷入持续1年的低迷行情中。

尽管存在这些问题,大多数人还是认为,捷克经济未来是光明的。但是,除非捷克企业能够筹集资金投资于工厂和设备,否则这样的未来永远不会实现。1998年,一些杰出的捷克企业宣布了其对全球股票的发行意向。1997年年初,仅有两家捷克企业在国外上市,这两家还都是大型银行。然而,1998年,就有另外5家重要的企业在伦敦证券交易所寻求上市。第一家上市的是捷克广播通信(Ceske Radiokomunikace)公司,这是一家国有广播、电视和电信公司,它成功通过在伦敦证券交易所发行全球存托凭证筹集到1.34亿美元股本。该公司总股本上升36%,并将国有股份降低到51%左右。[①]

外汇风险及资金成本

我们已重复强调,企业可以在全球资本市场中获得比本国资本市场成本更低的

---

① R. Anderson, "Czech Groups Cast Their Net Abroad in Search of Funds," *Financial Times*, May 26, 1997, p.27; V. Boland, "The Czech Stockmarket: Looking Beyond Recent Turmoil," *Financial Times*, December 1, 1997, p.4; "Ceske Radiokomunikace Equity Offer Raises $134 Million," *Financial Times*, May 27, 1998, p.38.

资金。然而，我们也提到，在浮动汇率制下，外汇风险使得这一情景更加复杂。外汇的负面波动会大大增加外币的借款成本，这就是1997年亚洲金融危机中许多亚洲企业所经历的。

假设一家韩国企业想要借入10亿韩元的1年期贷款，来为投资项目筹集资金。这家企业可以通过韩国的银行借入利率为10%的贷款，并在年末还本付息，偿还全部11亿韩元资金。这家企业还可以从一家国际企业借入利率为6%的美元贷款。按照1美元兑1 000韩元的汇率，这家企业借入10亿韩元的总贷款成本为106万美元，并通过借入美元降低4%的资金成本，从而省了4 000万韩元。然而，这种节省是基于在这一年中，韩元兑美元汇率保持稳定的假设下做出的。相反，假设在这一年中，韩元相对美元迅速贬值，最后达到1美元兑1 500韩元的水平（这发生在1997年年末，韩元在两个月内从1美元兑1 000韩元贬值到1美元兑1 500韩元）。这家企业依然不得不向这家国际银行偿还106万美元，但此时这家企业需要偿还15.9亿韩元。韩元贬值的结果就是，借入美元的成本从6%猛增到59%，企业的资金成本急剧上升。虽然这看起来是一个极端例子，但在1997年亚洲金融危机最严重时，韩国的许多企业都发生了这种情况。所以毫不奇怪，其中很多企业都因为它们的贷款成本上升发生了技术性违约。

无法预测的汇率波动会给外汇借款带来风险，使得一开始看起来成本较低的交易最后变得价格不菲。借款者可以借助签订远期合约在还款期到来时按照事先约定的汇率水平购买一定数量的借款货币。这虽然会增加借款者的资金成本，但保险水平的提高限制了这类交易的风险。不幸的是，许多亚洲借款者并没有对冲它们美元短期借款的风险，所以当它们的货币兑美元汇率崩溃时，许多借款者发现资金成本大幅增加。

当企业从全球资本市场借入资金时，它们必须在低利率带来的好处与不利的汇率波动带来实际资金成本上升的风险之间进行权衡。虽然利用远期外汇市场也许可以降低短期借款的外汇风险，但它不能消除风险。更为重要的是，远期外汇市场不能为长期借款提供足够保护。

☞ 给管理者的启示

本章讨论的内容对国际商务的启示相当直接，但其重要性不会因为启示的显而易见而损失半分。全球资本市场的发展为国际商务中的借款和投资创造了机会。从借款角度来看，通过利用全球资本市场，企业通常可以比在国内资本市场中以更低成本借到资金。无论企业的筹资方式是什么——股票、债券或现金贷款，这个结论都成立。全球资本市场资金成本低廉的特性反映了其优良的流动性和总体上宽松的政府监管。在大多数国内资本市场中，政府监管倾向于提高资金成本。而多国参与的全球市场避免了监管。然而，与之相对的是，外汇借款是与外汇风险相伴的。

从投资角度来看，全球资本市场的发展为企业、机构和个人提供了分散投资、限制风险的好处。与国内资本市场相比，投资者能够通过持有不同国家证券的分散投资组合将总风险减少到一个更低水平。然而，外汇风险再次成为其中的复杂因素。

随着全球资本市场的重要性和经济一体化程度的增加，本章所注意到的趋势很有可能会延续。也许最重要的发展将会是欧盟内统一资本市场与共同货币的融合。这样的发展为加快资本市场全球化的脚步铺平了道路。如果发生这种情况，那么这将对商务活动产生积极影响。

●本章总结

本章解释了全球资本市场的功能和形式，定义了其对国际商务活动的启示。本章要点如下：

1. 资本市场的作用就是将投资者和借款者连接在一起。

2. 与国内资本市场相比，全球资本市场为借款者提供了大规模资金供给，这也降低了借款者的筹资成本。

3. 与国内资本市场相比，全球资本市场允许投资者在国际范围内分散其持有的投资组合，因此降低了风险。

4. 可以把全球资本市场近几十年的发展归功于信息技术的进步，以及对金融服务业和资本跨境流动监管的放松。

5. 欧洲货币指存放在货币发行国之外的货币。缺少政府监管使得其对存款者和借款者都很有吸引力。由于缺少政府监管，欧洲货币的存贷款利率差小于国内存贷款利率差。这给予了欧洲银行一定比较优势。

6. 全球债券有两种：外国债券和欧洲债券。外国债券指在借款者所在国之外出售，以发行地货币计价的债券。欧洲债券通常由国际银团包销，并在债券计价货币国之外发行。欧洲债券占据全球债券的大部分。

7. 由于缺少法规干预、信息披露要求较为宽松，以及具有税收优惠，欧洲债券对企业筹资很有吸引力。

8. 当外国投资者在其他国家股票市场投资时，往往通过在各国分散其持有的股票来减少风险。

9. 许多企业在其他国家股票市场上市，主要是为了在这些市场中发行股票筹资做准备。在他国证券交易所上市的原因有：便于未来股票互换；将股票和股票期权作为当地管理层和雇员的补贴；满足对公司所有权的需求；提高公司在本地雇员、顾客、供应商及银行中的知名度。

10. 当借款资金来自全球资本市场时，企业必须在低利率带来的好处与不利汇率波动带来的实际资金成本上升的风险之间进行权衡。

11. 全球资本市场的一个主要启示是，通过利用全球资本市场，企业通常可以比在国内资本市场中以更低成本借到资金。

12. 全球资本市场的发展为企业和个人的金融资产提供了很好的机会，建立了真正的分散投资组合，从而降低了风险。

●批判性思考和问题讨论

1. 为什么近年来全球资本市场发展如此迅速？你认为未来10年里这一发展是否能延续？为什么？

2. 再次阅读"聚焦国家：在捷克寻求资本"专栏，捷克企业在伦敦证券交易所上市的好处是什么？你能发现什么坏处吗？

3. 一家总部位于墨西哥的企业发现其发展受到墨西哥资本市场流动性的限制。列出这家企业在全球资本市场中筹集资金的各种选择，并讨论每种选择的优缺点。如果在接下来的两年内，墨西哥比索在外汇市场中急剧贬值，你推荐的选择会受到怎样的影响？

4. 快乐（Happy）公司想通过债权融资筹集200万美元用于营运。该公司将在1年内还本付息。快乐公司的财务总监考虑了以下三种选择：

(1) 以8%的利率从太平洋平安银行（Security Pacific Bank）借入美元。

(2) 以14%的利率从米特兰银行（Midland Bank）借入英镑。

(3) 以5%的利率从三和银行（Sanwa Bank）借入日元。

如果快乐公司借入外汇，它将不对其做任何风险防范。即仅简单地将外汇以即期汇率兑换成美元，1年后再以当时的即期汇率兑换成相同外汇。该公司预测1年后英镑相对美元将贬值5%，日元相对美元将升值3%，那么快乐公司应该从哪一家银行贷款？

研究任务：全球资本市场

利用globalEDGE™网站完成下列练习：

练习1

你所在公司的高级管理层正在找人分析当前新加坡在世界贸易中的情况。你想起自己学过国际收支的动态平衡，于是决定分析新加坡最近的贸易情况。

练习2

经济分析局（The Bureau of Economic Analysis）是美国商务部的下属机构，它列出了美国国际账户的数据，包括目前的投资状况及跨国公司的直接投资总额。准备一份关于其他国家在美国直接投资的简要报告。哪一个国家在美国直接投资中占主要地位？

章尾案例：中国移动

中国移动（香港）[China Mobile (Hong Kong)]有限公司是一家基于香港的无线电话服务供应商，同时是世界上最大的移动电话服务供应商之一。该公司在1996年从一家国有移动电话服务供应商——中国移动通信（China Mobile Communications）集团中独立出来，中国移动通信集团保留了中国移动（香港）有限公司75%的股权。这次独立部分出于中国政府将电信网络私有化的策略。中国移动（香港）有限公司获得开展业务的授权，到2000年9月，已经成为中国最大的移动通信供应商，拥有2 390万个用户，以及在6个省份中的市场领导地位。

2000年年末，中国完成加入世界贸易组织的协商。在中国与世界贸易组织的协定下，中国必须逐渐向国外电信服务供应商打开电信市场。在这个迅速发展的市场中，新的竞争者步步紧逼，带来了威胁，受此激励的中国移动（香港）有限公司意识到，需要抢在外国竞争者之前加快其业务在中国其他地区的扩展。因此，中国移动（香港）有限公司与其母公司在2000年10月达成协议，收购了另外7个省份的移动网络。这次网络的收购为中国移动（香港）有限公司带来了1 540万个新用户，也给这家公司带来了地理上毗邻的市场。这些市场覆盖了中国全部的沿海区域，包括中国56%的移动通信用户，服务覆盖的范围约占总人口的48%。

  这次交易的价格是328亿美元。对中国移动（香港）有限公司来说，至关重要的问题是如何筹集到这笔交易资金。它可以在中国香港增发股票或债券，但香港的资本市场太小，吸收数亿美元资金会使资金成本上升到无法接受的地步。例如，在中国香港出售足够多的债券为这次省级网络收购提供部分资金的过程中，中国移动（香港）有限公司需要支付相当高的利率，这会提高资金成本。中国移动（香港）有限公司的承销商中有高盛集团和美林证券，在向它们咨询后，中国移动（香港）有限公司选择在全球范围内发行股票和债券。中国移动（香港）有限公司的股份已经以美国存托凭证的形式在纽约证券交易所上市。每一份美国存托凭证代表和控制该公司的5股股票。中国移动（香港）有限公司选择了出售价值66亿美元的美国存托凭证，并通过出售5年期的可转换债券筹集了6亿美元（可转换债券是一种可以在未来一定时期转换成股票的债券，在本案例中是5年。可转换债券是可转换股票和债券的混合物）。另外，中国移动（香港）有限公司同意向沃达丰（Vodafone，欧洲最大的无线电服务供应商）出售2%的价值约25亿美元的公司股权。收购移动网络所需的328亿美元的剩余部分，则是通过向中国移动通信集团发行新股完成。即使发行了新股，中国移动通信集团持有的股权仍然是75%。

  美国存托凭证中的大部分在纽约发售。然而，承销商也计划在亚洲和欧洲出售美国存托凭证。同样，可转换债券将以美元计价向全球投资者发行。股票和债券的发行在2000年11月结束，两者的发行都供不应求。股票的认购份额是发售额的2.6倍，这是在当时除日本之外亚洲最大的股票发行，是相当了不起的成就。中国移动（香港）有限公司总计筹集了82.4亿美元，超出计划10亿美元。约6.9亿美元来自可转换债券的发售，剩下部分通过出售股票筹得。可转换债券的利率为2.25%，远低于之前2.75%的目标（随着债券价格上升，其利率会下降）。这降低了中国移动（香港）有限公司的资金成本。股票部分的超额认购也有相似效果。而且，这次发行是真正全球意义上的发行，有55%的份额被出售给美国，25%的份额被出售给亚洲投资者，另外20%的份额被出售给欧洲投资者。[①]

案例讨论问题

  1. 为什么中国移动（香港）有限公司认为在中国香港之外的市场发行股票是必要的？该行为有什么好处？

  2. 为什么中国移动（香港）有限公司发行的债券以美元计价而不是港币？

  3. 你能看出中国移动（香港）有限公司在全球范围内发行股票和债券的不利因素吗？

---

  ① China Mobile Hong Kong Ltd., SEC Form F-3, filed October 30, 2000; M. Johnson, "Deal of the Month," *Corporate Finance*, December 2000, p. 10; "Jumbo Equity Raid Elevates China Mobile to Big League," *Euroweek*, November 3, 2000, pp. 1, 13.

第四部分　结尾案例

刚果的悲剧

　　刚果旧称扎伊尔，于 1960 年从比利时独立。这个非洲中部的国家拥有铜矿等丰富自然资源，看起来是前途光明的国家。如果该国能够保持其独立前的经济增长速度，那么其人均国民生产总值本可以在 1997 年达到 1 400 美元，成为非洲最富有的国家之一。然而在 1997 年，该国遭受一场残酷内战的重创。这场内战推翻了长期独裁者蒙博托·塞塞·塞科（Mobutu Sese Seko）的统治，该国经济受此影响，下跌到其 1958 年人均国民生产总值低于 100 美元的水平。该国年通货膨胀率超过 750%，虽然相比于 1994 年 9 800% 的通货膨胀率已有所进步，但结果就是本国货币几乎分文不值。大多数交易依靠易货贸易完成，少数幸运的交易用美元完成。该国婴儿死亡率数据也很糟糕，每 1 000 名新生儿中就有 106 名夭折；国民平均寿命只有 47 岁，大致相当于欧洲中世纪的水平。

　　刚果经济、政治、社会崩溃的内在原因是什么？尽管这是一个复杂的故事，但根据一些有影响的批评家的观点，国际货币基金组织和世界银行这两家跨国贷款机构必须对其中一些原因负责。这两家机构都是在布雷顿森林会议中建立的。在国际货币体系中，国际货币基金组织的作用是维持汇率体系的秩序，而世界银行的作用是推动经济的总体发展，特别是世界上贫穷的国家。

　　国际货币基金组织和世界银行是刚果独立后的主要捐赠者。国际货币基金组织同刚果的渊源可以追溯到 1967 年，当时国际货币基金组织批准了刚果的第一个经济稳定计划，该计划的信用额度为 2 700 万美元。与此同时，世界银行开始向蒙博托·塞塞·塞科政府提供低利率基础设施贷款。1976—1981 年，这两个组织还有一系列的计划和贷款。在国际货币基金组织的敦促下，刚果的货币在这段时间内贬值了 5 次，以刺激出口，降低进口，同时提高税收来平衡政府预算。国际货币基金组织及其他西方官员还在刚果的中央银行、财政部及债务管理部门中担任了重要职务。

尽管有这些帮助，刚果的经济还是继续恶化。1982年，在得到国际货币基金组织15年的援助之后，刚果的国民生产总值比1967年时还低，而且面临债务违约的风险。包括哈佛大学著名的发展经济学家杰弗里·萨克斯在内的一些批评家声称，刚果低迷的经济表现部分应归咎于国际货币基金组织实施的政策，包括赋税增加、政府补贴减少，以及周期性、竞争性的货币贬值。这些批评者认为，这类政策不适于如此贫困的国家，这造成了经济衰退的恶性循环。赋税的增加不过是将工作转入"地下经济"，对工作造成抑制作用。结果，政府的税收逐渐减少，预算赤字不断扩大，使政府难以履行其债务。货币贬值提高了进口商品的价格，加重了国际货币基金组织一直试图控制的通货膨胀。价格和工资高通货膨胀的压力很快将普通的刚果民众推向更高的税收等级，这驱使更多工作进入"地下经济"，因此进一步减少了政府税收。

其他人还指出，腐败也是刚果经济萎靡不振的原因。1982年，一位国际货币基金组织的高级官员报告说，蒙博托·塞塞·塞科及其亲信正有组织地盗取国际货币基金组织和世界银行的贷款。之后有新闻报道，蒙博托·塞塞·塞科在20世纪80年代中期时积攒了40亿美元的个人财产，从而成为当时世界上最富有的人之一。

1982年，刚果开始被暂停进一步使用它在国际货币基金组织的信用额度。然而局势在1983年开始反转，当时双方达成了一项新协议，包括国际货币基金组织会提供另外3 560万美元贷款。这笔贷款发放的条件是要求刚果将本国货币进一步贬值、增加赋税，以及减少政府补贴。国际货币基金组织决定对腐败问题视而不见，增加新贷款的压力来自西方政治家，他们视蒙博托·塞塞·塞科的亲西方体制是抵御其他思想在非洲传播的防御堡垒。一旦对腐败视而不见，国际货币基金组织就能声称刚果遵循了国际货币基金组织的规章制度，即只提供经济方面的建议，从而远离其国家内部的政治问题。国际货币基金组织的决定增加了蒙博托·塞塞·塞科政府的信誉，使得刚果吸引了更多外国贷款。结果，该国的外汇总额从1978年的30亿美元增加到20世纪80年代中期的50亿美元。

不幸的是，新增贷款及国际货币基金组织的政策并未帮助刚果提高经济效益，而是进一步使其恶化。1987年，刚果因为粮食问题被迫放弃与国际货币基金组织的协议。1989—1991年，国际货币基金组织曾与其商讨了另一个协议，包括进一步货币贬值，但这没产生任何实质性进展。刚果经济继续崩塌，同时该国爆发了内战。1993年，刚果暂停了债务偿还，实际上是走向了债务违约。1994年，世界银行宣布将关闭在该国的业务。几乎同时，国际货币基金组织暂停了刚果在该机构中的成员资格，使刚果无法获得更多贷款。

1997年，结束了漫长内战后，蒙博托·塞塞·塞科被赶下台。新政府继承了146亿美元的外债，其中包含超过10亿美元的拖欠债款。在世界银行主持的讨论债务重组的会议上，来自新政府的代表认为，世界银行、国际货币基金组织及其他组织机构的贷款行为是不负责任的，因为它们忽略了重大腐败及高昂债务已经超出刚果还款能力的证据。作为对此的含蓄承认，国际货币基金组织和世界银行开始告诫负债国应杜绝腐败，否则会失去国际货币基金组织和世界银行的贷款。

案例讨论问题

1. 国际货币基金组织和世界银行对刚果采取政策的目的是什么？你认为这些政策对一个贫困的国家合适吗？国际货币基金组织可以通过什么方式帮助刚果解决其经济问题？

2. 对于像刚果这样有系统性证据证明存在普遍政府腐败的国家，你认为国际货币基金组织和世界银行应该贷款给它们吗？

3. 国际货币基金组织和世界银行应该对刚果采取哪些其他政策？这些政策将如何帮助一个存在长期内战和经济解体的国家在20世纪90年代扭转其经济和政治混乱形势？

资料来源

1. CIA World Factbook (Washington, DC: CIA, 1998).

2. G. Fossedal, "The IMF's Role in Zaire's Decline," *The Wall Street Journal*, May 15, 1997, p. 22.

3. H. Dunphy, "IMF, World Bank Now Make Political Judgments," *Journal of Commerce*, August 21, 1997, p. 3A.

4. J. Burns and M. Holman, "Mobutu Built a Fortune of $4 Billion from Looted Aid," *Financial Times*, May 12, 1997, p. 1.

5. J. D. Sachs and R. I. Rotberg, "Help Congo Now," *The New York Times*, May 29, 1997, p. 21.

日本蒸蒸日上的武士债券市场

随着20世纪90年代日本证券市场和房地产市场泡沫的破灭，该国不得不同10余年低迷的经济做斗争。经济似乎在一场严重的衰退边缘摇摇欲坠，持续的经济增长依然希望渺茫。为了避免惨淡的经济前景，日本银行不断降低利率，希望能刺激企业和个人消费。其结果是，2001年年初的日本利率水平为全球最低。2001年3月，10年期日本政府债券利率只有1.24%，而10年期美国政府债券利率为5%。尽管利率很低，但是为了处理20世纪80年代和20世纪90年代初经济繁荣时留下的持久后遗症，许多日本企业继续着重于重组和精简企业，而不是进行新投资。结果，日本企业没能抓住低利率带来的好处——增发债券。个人也没能对低利率做出反应——增加消费。相反，日本的个人储蓄率依然居高不下，许多日本人将他们的大部分积蓄放在邮政储蓄账户中，即使利率收益甚微。

然而，在这惨淡的经济前景中总有一线希望——对外国企业和政府来说是这样的，它们越来越多地利用日本的低利率来发行以日元计价的债券。而且日元兑美元的汇率相当稳定，这看上去是精明的经济赌注。而且，饥渴的散户投资者正在寻找比邮政储蓄账户1%～2%的收益率更高的投资产品，它们对在日本上市的外债虎视眈眈。2000年4月—2002年4月，约有1万亿美元邮政储蓄到期，一大笔散户资金进入市场寻找更高的收益。日本的证券市场已经沉寂10年，而且经济处于衰退边缘，很少有散户投资者将钱投入日本证券中。同时，日本公司发行很少的债券，投资者很少获得购买机会。这些原因使得外国债券成为寻求高收益散户投资者眼中少数几种具有吸引力的投资方式之一。

越来越多外国投资者开始利用这一机会。武士债券的发行数量从1998年少于20只增长到2000年超过120只。2001年，外国投资者通过发行以日元计价的债券从日本债券市场筹集到约240亿美元资金；而在1998年，这一数值为90亿美元。包括克罗地亚、乌拉圭及巴西在内的国家通过发行武士债券为其政府筹资。例如，2002年2月，乌拉圭政府发行了300亿日元的5年期武士债券，需要支付的利率仅为2.2%。相比之下，如果是5年期美元借款，那么乌拉圭政府需要支付7.6%的利率。于是，很多企业也开始发行武士债券。2000年年末，花旗集团完成1550亿日元武士债券的发售。包括摩根士丹利、美林证券和雷曼兄弟在内的投资银行也在2000年发行了武士债券。2001年年初，这一趋势由德国电信发行了5000亿日元武士债券而延续。另外，浦项（Posco，韩国最大的钢铁公司）进入市场，发行了300亿日元的5年期武士债券。在这些案例中的公司都选择在日本而不是在其他市场举债，是因为即使需要对冲日元价值的波动而产生额外成本，它们也能通过发行债券显著降低资金成本。

案例讨论问题

1. 投资者增加武士债券发行的宏观经济学基础是什么？
2. 日本经济的增长会对武士债券的活力造成怎样的影响？
3. 对德国电信这样发行以日元计价的武士债券为日本境外的投资筹集资金的公司来说，较低利率必须能够抵消增加的成本。增加的成本是什么？是什么决定了它们的高低？
4. 如果日元相对美元显著升值，而美国和日本之间的利率差保持不变，那么武士债券市场会发生什么变化？如果日元相对美元贬值又会发生什么？由此可知发行外国债券有哪些风险？

资料来源

1. J. Singer, "Japan's Woes Benefit World's Borrowers," *The Wall Street Journal*, March 8, 2001, p. A17.
2. "Posco to Return to Samurai Market as Yen Offers Cheap Alternative to Dollar Funding," *Euroweek*, January 19, 2001, p. 13.
3. "Samurai Market to Scale New Heights," *Asiamoney*, October 2000.

新加坡的汇率管理机制

传统上，在资本流动能力有限的时代，当国内金融市场还处在相当不发达的阶段时，新加坡金融监管局（Monetary Authority of Singapore，MAS）把货币控制政策作为货币政策的主要手段。从1965年到20世纪70年代初期，货币控制政策的主要目标是减少银行存款增长，以及限制本国银行获取外国资产。20世纪70年代末，新加坡政府发现传统的货币政策工具——利率管制及直接资本管制，与新加坡的经济全面增长及发展成为一个全球成熟的金融中心目标不相符。因此，从 1981 年开始，新加坡金融监管局构想出一个独特的货币政策，实现了低通货膨胀的最终目标。这个案例记录了新加坡 1965—2002 年货币政策的演变，可以让学生探讨该货币政策的原因和可能结果。

介绍

> 我们在追求自由化和走向世界的道路上没有退路。为了创造一个充满活力和不断发展的世界一级金融中心，我们将继续发展一个更加开放和更多竞争的环境。
>
> 李显龙（Lee Hsien Loong）

2002 年 12 月，新加坡金融监管局总经理助理许和意（Khor Hoe Ee）回忆起自己在两年前面对新经济现实时提到的新货币挑战：

> 随着金融市场持续发展及相互联系更加紧密和复杂，外部冲击可能会变得更严重和不可预测。对于货币政策来说，挑战来自为新加坡经济提供稳定支持，以及同金融监管局和其他金融机构密切协作，以确保面对冲击时新加坡的金融系统和其他重要金融部门稳健且富有弹性。

自 2001 年 9 月 11 日美国发生恐怖袭击后，经济动荡和政治的不确定性成为世界经济新的共同主题。因此，对新加坡现行货币体系进行基本评价是有必要的。

新加坡的经济政策和结构

新加坡于 1965 年独立，成为一个面积不大但开放的国家。其强大的中央政府定期干预市场，指引该国经济和社会朝着特定货币、财政和工资政策目标前进。

新加坡独立后的经济发展经历了 4 个不同的阶段。在第一阶段，新加坡政府推行出口导向型工业化政策，通过吸引外国投资者在新加坡建立劳动密集型生产基地来减少大规模失业。第二阶段的特点是产业重组，使劳动密集型产业向资本密集型产业转变。第三阶段从 20 世纪 80 年代中期出现第一次严重经济萧条开始，目标是在新加坡发展服务产业。第四阶段从 20 世纪 90 年代末开始，目标是创造一个以知识为基础的服务业，一个高科技产业，以及具有创业精神的国内经济。

新加坡财政的独特之处在于新加坡中央公积金制度，这是由新加坡政府实施的强制储蓄计划。新加坡政府从新加坡居民手中扣除一部分薪水，将这部分薪水缴入新加坡中央公积金中。这导致一大笔私人储蓄被放置在政府手中，而不是在本国金融市场中。新加坡中央公积金制度确保了政府维持经常账户盈余，并将资本输出国外。与一些借入外债弥补经常账户赤字的邻国不同，新加坡政府极少需要引进资本来为其经常账户筹资。

从 1965 年开始，新加坡一直接受坚持捍卫其国家主权的人民行动党领导，而且该国在过去几十年中只有 3 位总理。人民行动党一直以其对经济发展的远见为人民提供优质服务。例如，该党派先于所有东南亚国家实施一系列逐渐自由化的改革措施及战略，带领新加坡成为全球金融中心。1994年，新加坡成为全球第四大外汇交易中心，仅次于纽约、伦敦和东京。

☐ 新加坡经济概述

新加坡的经济增长

新加坡的经济从1965年独立后经历了快速增长。实际国内生产总值在1965—1999年的年平均增长率是8.6%。实际人均国内生产总值增长约7倍，1965年约为4 000美元，1999年增长到超过32 000美元。而且，新加坡活跃的经济增长伴随着低通货膨胀，其年均通货膨胀率仅为3.2%。新加坡的经济表现好于同时期经济合作与发展组织的成员。经济合作与发展组织成员实际国内生产总值的年均增长率为3.3%，新加坡是其两倍多；经济合作与发展组织成员的年均通货膨胀率为7.1%，新加坡不到其一半。另外，从1975年起，新加坡的失业率持续低于经济合作与发展组织成员，而且其外部头寸也在不断增强。1975—1999年新加坡的经济指标（年平均值）如图1所示。

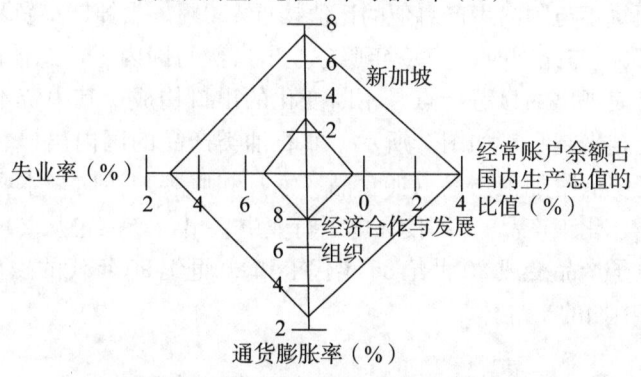

图1 1975—1999年新加坡的经济指标（年平均值）

新加坡的经济战略用于应对一段时间内的各种挑战和优先事项。最开始是1965—1970年的自治时期，其特点是受教育程度低的人口长期失业、住房缺乏，以及较低的储蓄率。鉴于缺少自然资源及人口稀少，新加坡认识到自身有必要采取自由的贸易和外资政策。新加坡自独立以来，政府就实行出口导向型工业化政策，通过在劳动密集型产业吸引外国投资为大量失业者创造就业机会。到20世纪70年代初，失业率得到缓和，新加坡政府于是将注意力转向经济结构调整，向资本密集型和技术密集型工业活动转变。

在20世纪80年代中期经济衰退之后，政府采取政策，通过促进服务业的发展使得经济基础多样化。因此，服务业在新加坡经济中的重要性稳步上升。1999年年末，服务业产出约占新加坡国内生产总值的2/3。尽管如此，制造业仍保持其在经济体中单一最大部门的地位，该行业产出在1999年年末占新加坡国内生产总值的1/4，该比值在1965年仅为19%。1965年和1999年新加坡的经济结构如图2所示。

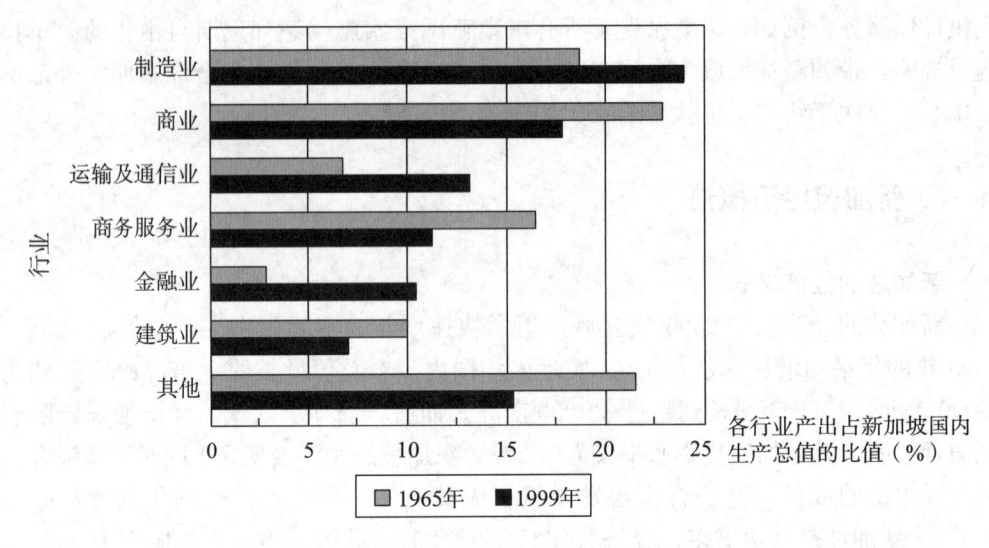

图 2　1965 年和 1999 年新加坡的经济结构

以制造业为支撑的贸易，对这些年来新加坡的经济增长做出了巨大贡献。国际贸易在新加坡国内生产总值中的占比与现代历史的进展并不一致。从 20 世纪 80 年代中期以来，新加坡商品出口额每年与国内生产总值的比值在 130% 以上，而同期新加坡商品进口额每年与国内生产总值的比值接近 150%。去掉转口贸易，这些数据分别为 85% 和 98%。与此同时，1999 年服务业出口额与国内生产总值的比值为 28%。新加坡国际贸易表现出的显著特点是不断变化的出口构成，其中资本密集型和技术密集型产品占比越来越高，如图 3 所示。非石油类产品的国内出口（新加坡出口的最大部分）从传统低附加值产品（如食品、家具和服装）转向资本密集型和高附加值产品（如电子、化工产品）。即使在电子行业中，出口产品也从 20 世纪 80 年代早期低端消费的电子产品变成 20 世纪 80 年代末和 20 世纪 90 年代的磁盘驱动器，以及 20 世纪 90 年代中期的半导体。

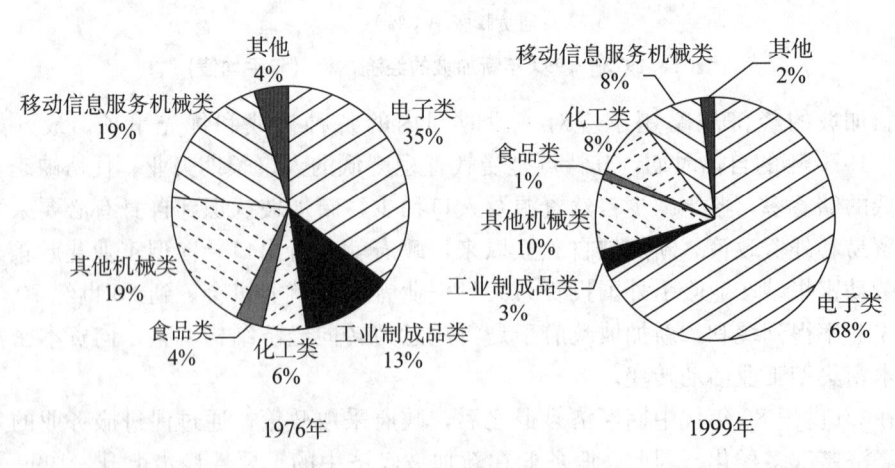

图 3　新加坡国际贸易出口构成

宏观经济基础和政策

新加坡强劲的经济表现归功于其对国外资本和技术的开放性、廉洁有效的政府，以及劳动与管理之间的协作关系。同样重要的还有其建立了一套健全的宏观经济政策，旨在保持有利于长期投资的经济环境。新加坡的财政政策主要是为了促进长期经济增长，而不是周期性调整或收入分配。因此，政府没有大规模的失业救济和价格支持计划，而是更倾向于探索创造就业和自由竞争市场的路线。

经济的高速增长及清廉的财政风气，使得预算盈余的年平均值为过去10年国内生产总值的5%。新加坡稳健的财政政策造成了其较高的储蓄率，国内储蓄总值从1965年占国民生产总值的11%增长到1995年占国民生产总值的50%以上。新加坡的高储蓄率使其成为世界上投资率最高的国家之一，而无须负担外债。国内的高储蓄也帮助其维持了充足的外汇储备，这有助于提高投资者的信心，并为不利的经济冲击提供缓冲。而且，财政保守主义也没有使政府背弃建设和维持一个世界级基础设施的承诺。在过去的几十年中，在这一方面的发展和支出平均占政府开支的1/3，而且还不包括由法定机构做出的大量投资。而同样指标在工业国家的数值是5%~10%。

面临的挑战

技术进步造就了一个全球一体化的市场。为了在新的全球经济中保持竞争力，新加坡认识到需要放松其对封闭领域的管制，以及转向以知识为基础的经济发展。政府采取措施解除了对金融服务、电信和电力等重要经济领域的监管。在金融服务业，新加坡金融监管局开放了本国银行业和保险业，以增加外国投资者的参与。同时，新加坡金融监管局还在该领域的监管和发展上采取了更为开放和有更多协商空间的方式，将重点从监管转向风险管理。为了打造一个更加活跃和富有竞争的环境，新加坡金融监管局积极吸引新的投资活动和参与者进入新加坡，启动了各种举措，使基金经理能获得更多国内资金，大力发展债务市场和改革公司治理。为了成功发展以知识为基础的经济，新加坡加强了其信息技术上的能力。政府积极推动创业，特别是在技术领域，并成立基金与创始阶段的高科技私人部门共同投资。鉴于人力和智力资本是知识经济中的关键竞争因素，新加坡政府改变了教育体系以鼓励年轻人的创造和创新。因此，新加坡政府出台了多项人力激励计划，鼓励劳动力接受再教育和再培训。新加坡政府劳动力市场政策的另一个重要组成部分是努力吸引外国人才来到新加坡。上述措施帮助新加坡为全球经济做出了贡献，并从中享受到了好处。

□ 新加坡货币政策的演变

将新加坡发展成为全球金融中心的设想始于20世纪60年代末。这导致该国实施特别激励措施来增加其贸易流动和投资。作为一个全球经济中心，新加坡符合几条重要标准，包括战略定位、强劲的国内经济、稳定的货币政策、活跃的国内银行、专业的金融知识、最新的金融工具及法律和法规，同时还有一个提供成熟金融服务的有效金融机构网络。

成立于1971年的新加坡金融监管局最终起到了监管新加坡金融领域和实施恰当货币政策的作用。

传统市场工具

最初，新加坡政府对货币管理实施的是严格监管。1975年之前，新加坡货币管理工具的目标是减少银行存款的增加，以及限制国内银行获取外国资产。新加坡政府直接干预本国利率，利率由新加坡银行公会向新加坡金融监管局咨询后确定。信贷限制和存款准备金制度是管理货币供给的主要手段。虽然在20世纪70年代初，新加坡政府发现这些措施在减少货币增长和抑制通货膨胀上很成功，但这同其开放金融领域，并打造一个成熟、现代，且具备最新金融媒介、服务和工具的金融市场目标相违背。因此，新加坡政府决定放弃传统货币工具，使用以开放市场为基础的货币工具来更有效地管理货币。

直到1972年，新加坡还通过将其货币钉住英镑来保持货币的强势和可兑换性。英国当时是其最重要的贸易伙伴，也是其外资的主要来源国。然而在1972年，针对英镑的大规模投机迫使新加坡放弃了将其货币钉住英镑，最终在1972年6月新加坡汇率开始浮动。结果，新加坡使其货币从钉住英镑转向钉住美元。1973年，美元大幅贬值引发了一系列事件，并使得布雷顿森林体系解体。布雷顿森林体系中的固定汇率制在1945—1971年一直运行良好，但是终于在世界资本市场自由化、跨国公司扩张及单一欧洲市场的压力下崩溃了。

随着布雷顿森林体系的崩塌，新加坡金融监管局决定在1973年6月放弃固定汇率制。新加坡元实行浮动汇率制，成为对抗通货膨胀的最后一招。虽然在英镑危机后，新加坡政府曾尝试过用提高存款准备金率和利率的办法来控制通货膨胀，但后来美元升值导致其他大量投机性外汇涌入新加坡，这证明这些临时手段远远不够。从1973年到20世纪80年代初，在新加坡实施以汇率为中心的货币制度之前，新加坡货币发行局在这段过渡期中采取了用外汇储备来支持货币发行的方式，保证了本国货币的强势和可兑换性。

同时，新加坡政府继续推行金融开放。1975年7月，银行利率的垄断体系被摧毁。其结果就是，新加坡金融监管局不再直接控制利率，虽然其还可以通过货币市场业务进行间接干预。新加坡金融监管局在打击通货膨胀方面取得了实质性进展，支持利率自由化并取得了积极结果，其中之一是新加坡的金融市场得到了进一步深化。

转向开放市场的浮动汇率制

重心从利率和货币供应增长目标上的转移……是基于在新加坡这个小而开放的经济体中，汇率是更重要的反通货膨胀工具这一观点……这种重心的转移导致了强势的汇率政策，也推动了本国的经济升级和重组政策。

1983年《新加坡金融监管局年度报告》(MAS Annual Report)

从布雷顿森林体系崩溃开始，世界金融领域出现了一系列重大事件，包括石油危机、全球经济低迷，这使得新加坡政府开始发展自己的汇率管理体系。布雷顿森林体系的崩溃表明固定汇率的货币政策会对国内经济目标造成结构性约束。

随着金融市场快速发展，新加坡政府意识到需要从直接干预市场、管制货币供给转向满足越来越复杂的一体化金融体系的需求。

20世纪80年代初，标志着新加坡货币政策重大转变的新机制终于完成。在新加坡这种小经济体中，货物贸易是非常重要的，而汇率可以直接影响价格、货物贸易的利润及资源配置，所以汇率是其主要目标。最终政策目标是在价格稳定的同时确保有足够流动性以保持经济增长。而新的货币政策（核心是汇率政策）是在新加坡金融监管局的管辖范围之内提出的。新加坡汇率政策的传导机制如图4所示。

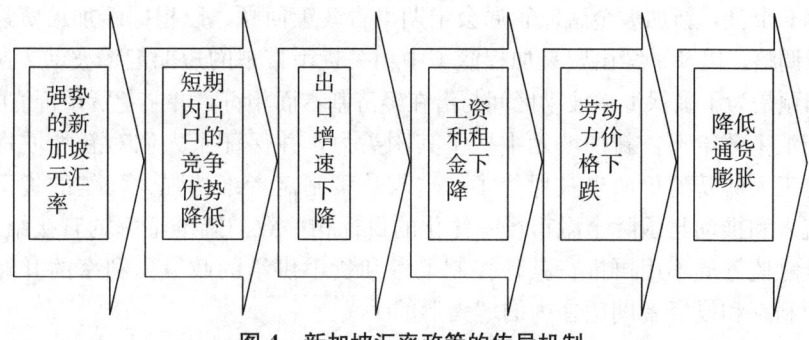

```
强势的新加坡元汇率 → 短期内出口的竞争优势降低 → 出口增速下降 → 工资和租金下降 → 劳动力价格下跌 → 降低通货膨胀
```

图 4　新加坡汇率政策的传导机制

资料来源：Monetary Authority of Singapore（2000，August 5）. Enlightened Discretion in Monetary Policy：Singapore's Experience. Retrieved April 20, 2003. Reprinted with the permission of the Monetary Authority of Singapore

□ 新加坡的汇率政策

新加坡的汇率政策是有管理的浮动汇率制。新加坡元与"一篮子货币"挂钩，这些货币都是其主要贸易国和竞争国的货币。篮子中不同货币的比值由其与每一个主要贸易国的贸易依存度决定。得出的贸易加权汇率可以在一个未公开的区间内波动，而不是保持一个固定值。这个波动区间给了该系统适应短期外汇市场冲击的灵活性，这样在面对贸易加权篮子中相关货币的波动和经济的不确定性时，汇率可以做出周期性和瞬时调整。

新加坡金融监管局每日密切监控贸易加权指数。每当汇率移动高于或低于未公开的区间时，新加坡金融监管局将通过买进或卖出外汇来引导汇率回到政策区间。在极少数情况下，因为策略上的原因，干预会发生在汇率超出区间之前。根据策略，干预手段可能是买入新加坡元和卖出美元，以影响新加坡货币的贬值；或是卖出新加坡元和买入美元，以抑制新加坡货币的升值。当新加坡货币的价值由市场决定时，新加坡金融监管局将干预保持在最小范围内。图5揭示了干预对新加坡金融监管局资产负债表的影响。

资产	负债
外汇资产 ↓	新加坡金融监管局在银行的现金余额 ↓

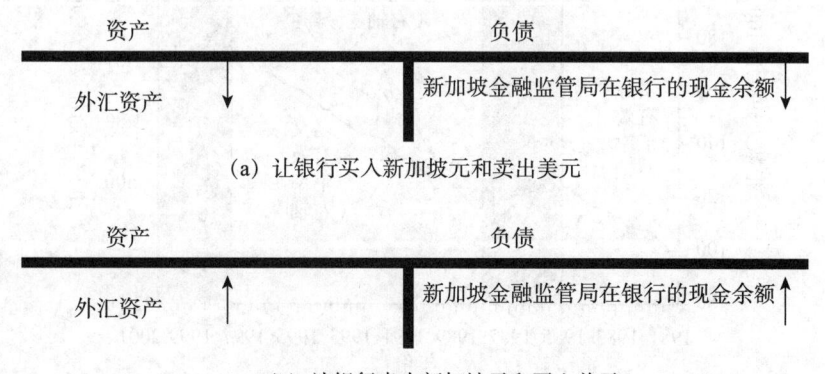

（a）让银行买入新加坡元和卖出美元

资产	负债
外汇资产 ↑	新加坡金融监管局在银行的现金余额 ↑

（b）让银行卖出新加坡元和买入美元

图 5　干预对新加坡金融监管局资产负债表的影响

资料来源：Monetary Authority of Singapore（2000，January）. Monetary Policy Operations in Singapore. Retrieved April 20, 2003. Reprinted with the permission of the Monetary Authority of Singapore

每隔 6 个月，新加坡金融监管局会定期出台政策回顾，以根据新加坡贸易市场的变化进行调整，以及平缓由贸易加权篮子中相关货币带来的短期汇率波动。这半年期的政策回顾是为了确保汇率波动区间与潜在经济基本面相符，并避免货币价值的错位。

在新汇率政策下，新加坡元维持了其购买力，并保证了人们对新加坡货币的信心，同时工人储蓄的价值也被保住了。这与政策制定者维持强大稳健的货币，以吸引资本流入和推动与国际金融市场一体化的目标相一致。瞄准汇率的直接结果就是，新加坡金融监管局不用再推行其他控制汇率和货币供给的政策。利率的升降被交给包括外国利率和投资者期望在内的"无形的手"。

新加坡实施中央公积金制度的结果就是，其经常账户在早年经常保持盈余状态。中央公积金制度里的公积金净盈余和公共部门的盈余都被存放在新加坡金融监管局中。有了这一大笔资金，新加坡金融监管局就获取了有效的紧缩流动性方式——无论何时，只要有必要，它都可以加强汇率。然而，政策分析师指出，20 世纪 90 年代开展的汇率政策受到国内财政政策的约束，有限的流动性将汇率政策局限于扩张作用。为了确保银行系统中有足够流动性，新加坡金融监管局不是进入货币市场操作，就是干预外汇市场，以补偿流动性不足。

□ 1981 年以来新加坡汇率波动的总趋势

总趋势

1981—2000 年，在新的汇率政策实施后，新加坡元对美元、德国马克和其他主要地区的货币升值，这带来了快速的经济增长、上升的生产率，以及较高的国内储蓄。1981 年 3 月—2000 年 9 月，新加坡元相对美元和德国马克分别升值 20％ 和 25％，对日元贬值 40％。新加坡元的价值波动如图 6 所示。

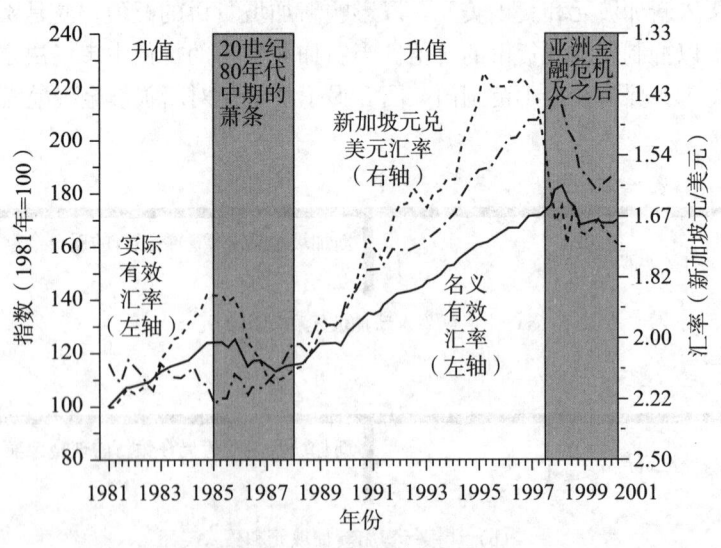

图 6　新加坡元的价值波动

注：实际有效汇率由出口竞争力加权值剔除相对劳动力成本变化后计算得出

资料来源：Monetary Authority of Singapore（2001）. Singapore's Exchange Rate Policy. Reprinted with the permission of the Monetary Authority of singapore

危机和政策调整

1985年，国内成本上升、高工资政策和不断恶化的国际环境造成新加坡历史上的第一次萧条。为了帮助经济复苏，汇率政策被允许同其他临时成本削减措施结合使用。其他措施包括冻结工资和降低劳动力成本，这是通过减少新加坡中央公积金制度上缴比率达成的。

1997年7月，亚洲金融危机随着泰铢贬值爆发了。政策分析师认为，一些东南亚国家采取的将本国货币钉住美元的汇率制度是造成这些地区货币被高估的主要原因。一些观察者指出，这种汇率制度催生了无对冲外债，因为稳定汇率对此提供了担保。

为了应对亚洲金融危机，新加坡金融监管局放宽了其汇率政策的波动区间，因此可以在更不稳定的外汇市场中进行更自由的外汇管理。稳定的通货膨胀环境也让宽松的汇率政策帮助新加坡经济从亚洲金融危机的不利影响中软着陆，并恢复过来。这同新加坡政府干预市场，即在非常动荡的时候进入市场，以免货币在短期内出现价值错位的总体理念相一致。

2001年，电子工业的几次暴跌席卷全球。2001年7月，新加坡金融监管局宣布，新加坡元将从渐进、温和的升值政策转向更为中立的政策。2001年9月11日，恐怖主义成为世界政治的焦点，这引发了新的经济不确定性，给全球经济带来了严重影响。经济低迷在恐怖袭击后更严重了。对于这一情况，新加坡金融监管局放宽了贸易加权汇率的波动范围，向新加坡的汇率管理系统注入了更大的灵活性。在国际金融市场稳定后，汇率政策的波动范围被缩窄，这反映了市场已重新获得稳定，而且中性的政策立场保持不变。

□ 货币政策回顾

2000年，新加坡金融监管局主席李显龙提到新加坡政府想要保持金融自由化：

> 我们的目标是逐渐但果断地开放金融部门。我们的目的是让市场力量发挥更大作用，让投资者对他们的决定承担全部责任，以及将新加坡金融监管局的重点转移到框架制定及坚持一体化和监督的标准。最终，我们旨在成为一个充满活力和不断发展的金融中心。

随着外部经济冲击和经济周期的波动越来越频繁，新加坡政府的财政盈余在近年已明显减少，这是因为新加坡政府实施了更多预算外的措施来帮助减轻这些冲击。而且，公司和个人的所得税已经被减少，以提升新加坡的长期竞争力。新加坡中央公积金上缴额和财政盈余的减少，都增加了汇率上升的压力。

在这样动荡的年代，随着新加坡经济越来越融入世界经济，其现有汇率政策是否最好地满足了新世界的挑战？新加坡政府是否应当继续、改变或调整现有汇率政策来满足越来越一体化和持续变化的全球金融市场？在什么情况下，新加坡政府应该改革现有汇率政策？

案例讨论问题

1. 在新加坡建国初期，新加坡遵循的是固定汇率制。这给新加坡带来了什么好处？

2. 新加坡的财政政策和货币政策是如何帮助国家经济在过去几十年获得增长的？

3. 为什么新加坡无法维持固定汇率制？

4. 促使新加坡政府转向开放市场和灵活的汇率政策的原因是什么（国内和国外）？

5. 找出新加坡这些年来面临的各种经济挑战。应对这些挑战的经济战略和政策是什么？

6. 评估新加坡当前的汇率政策。这个政策带来的优点和缺点是什么？

资料来源

1. Hewson, J. R. " The Asian Dollar Market and Monetary Policy," MAS Papers on Monetary Economics, 1981, pp. 165–195.

2. Monetary Authority of Singapore. Annual Report, 2000.

3. Monetary Authority of Singapore. "Exchange Rate Policy in East Asia after the Fall: How Much Have Things Changed?" Occasional Paper No. 19, 2000.

4. Monetary Authority of Singapore. "A Survey of Singapore's Monetary History," Occasional Paper No. 18, 2000.

5. Monetary Authority of Singapore. Singapore's Exchange Rate Policy, 2001.

第五部分

国际商务战略和国际企业结构

第十二章

国际商务战略

学习目标

学完本章后，你应该能够：

1. 解释战略的定义；
2. 理解企业如何通过国际化扩张来获利；
3. 理解削减成本压力和本土化运营压力如何影响企业的战略选择；
4. 熟悉用来应对全球化竞争的不同战略及其利弊；
5. 解释利用战略联盟来支撑全球战略的利弊。

● 开篇案例：音乐电视网

音乐电视网（MTV）已经成为全球化的标志。音乐电视网被创建于1981年，总部位于美国。自1987年成立音乐电视网欧洲部以来，该公司就一直在北美之外的地区进行扩张。今天，音乐电视网的相关数据显示，每一天的每一秒钟，全世界都有200多万人在观看音乐电视网的节目，其中大部分人身处美国之外。尽管音乐电视网取得了国际性的成功，但是其刚开始的国际扩张并不顺利。20世纪80年代，它在整个欧洲只开了一个频道，几乎所有节目都由美国的英语流行音乐节目构成。音乐电视网的美国管理者天真地认为，欧洲人会追捧美国节目。然而，尽管欧洲观众对其中部分全球超级明星产生了共同兴趣，但令人惊奇的是，欧洲人更喜欢本土音乐。在德国流行的东西在英国可能就不流行。欧洲人对许多美国主打的音乐表演不感冒，因此音乐电视网在欧洲艰难度日。很快，对音乐电视网进行模仿的、关注单个国家音乐现场表演的当地电台在欧洲快速崛起，它们夺走了音乐电视网的观众和广告商。正如音乐电视网董事长汤姆·弗雷斯顿（Tom Freston）所解释的，"我们过去一直在寻求那些将观众聚集并组织在一起的最肤浅的东西，因此我们在欧洲的发展不理想。"

音乐电视网在20世纪90年代改变了战略，将服务分成定位于国家或区域市场的不同频道。首先是欧洲，然后是世界其他地方。因此，今天音乐电视网会为英国和爱尔兰提供当地频道;为德国、奥地利和瑞士提供另一个频道;为斯堪的纳维亚半岛国家提供一个频道;为意大利、法国、西班牙和荷兰分别提供各自的频道;依此类推。在亚洲,音乐电视网为印度开设了英语-印度语频道,为韩国提供韩语频道,为印度尼西亚提供印度尼西亚语频道,为日本提供日语频道。数字化技术和卫星技术已经使节目编制的本土化变得更加便宜和更加容易。现在,一个卫星转发器就可以让音乐电视网播放6个频道。

尽管音乐电视网对不同频道实施有创造性的控制,而且所有频道都有美国频道的形象和感觉,但大部分节目编制和内容都本土化了。另外,越来越多的节目在编制理念上也本土化了。尽管许多节目编制的创意依然源自美国,但随着例如《真实世界》(The Real World)节目作为同类主打节目出现在不同国家,越来越多的节目编制在理念上实现了本土化。在意大利,《音乐厨房》(MTV Kitchen)节目将烹饪与音乐结合在一起。《情色》(Erotica)节目以一组年轻人讨论性为特色在巴西公开播出。印度频道制作的21档国产节目由当地印度英语(Hinglish)的音乐电视节目主持人主持,这是一种由印度语和英语混合产生的语言。当然,每个频道的节目都以播放当地受欢迎表演者的音乐视频为主要特色。这种本土化推进给音乐电视网带来了丰厚的利润,并帮助其从当地模仿者手中抢回了观众。①

引言

音乐电视网的实例提前给出了本章即将探讨的一些问题。像许多其他公司一样,音乐电视网进入其认为具有巨大成长机会的国家,并且相信自己通过在外国市场转换其商务模式和美国音乐编制方式可以创造市场价值。刚开始时,音乐电视网更多像对待美国市场那样对待外国市场,直接在全球播放同样的音乐视频,但它很快发现这种方法不对。许多美国明星在欧洲和亚洲并不吃香,这些地方的人们大多喜欢本地明星。消费者口味和偏好的国别差异要求音乐电视网改变其节目编制方法。于是公司放弃了在全球标准上实施通用战略,在定位上变得更加本土化,即通过在不同市场播放不同音乐视频和节目来使其节目编制适应不同市场需求。同时,音乐电视网的国外分支机构仍然采用与其美国母公司同样的外观设计、感受及总体编制理念。在全球标准化和本土响应之间找准平衡点,使其收获颇丰,并从竞争者手里抢占了观众和广告商。本章将展示其他许多公司也在寻求实现同样的目标。

如音乐电视网案例所示,本章关注点将从国际企业竞争环境方面转移到企业本身。企业竞争环境包括各国不同的政治、经济和文化体系,国际贸易和国际投资体系,以及国际货币体系。本章将关注点转移到国际企业经理人为提高企业国际竞争力所能采取的措施,介绍企业如何通过国外市场扩张提高其利润率,并讨论国际竞争中企业可采取的不同战略及其利弊。同时,本章会对企业战略选择的不同影响因

---

① M. Gunther, "MTV's Passage to India," *Fortune*, August 9, 2004, pp. 117 – 122; B. Pulley and A. Tanzer, "Sumner's Gemstone," *Forbes*, February 21, 2000, pp. 107 – 111; K. Hoffman, "Youth TV's Old Hand Prepares for the Digital Challenge," *Financial Times*, February 18, 2000, p. 8.

素进行讨论。

战略和企业

在讨论跨国企业管理者所能采取的战略之前，需要先回顾某些关于战略的基本概念。企业的**战略**（strategy）指管理者为了完成企业目标而采取的措施。对于大部分企业来说，最终目标是为企业所有者和股东（受到法律、道德和社会责任方面的重大约束）实现企业价值最大化。为了使企业的价值最大化，管理者必须执行随着时间推移能够提高企业盈利能力及利润增长率的战略，如图 12.1 所示。**盈利能力**（profitability）可以通过许多方式来衡量，但是为了保持一致性，本书以企业的投资回报率来定义盈利能力，可用企业净利润与企业总投资比值来表示。[①] **利润增长率**（profit growth）则以一段时间内净利润增长的百分比来衡量。通常，盈利能力和利润增长率的上升会提高企业价值，从而提高企业所有者和股东的收益。[②]

管理者实行的可提高企业盈利能力的战略是削减成本或增加产品价值，这两种方式都使企业有能力提高产品价格。通过执行在现有市场中销售更多产品或进入新市场的战略，管理者在一段时间后可以提高企业的利润增长率。正如本书将要展示的，国际扩张可以帮助管理者在一段时间之后提高企业盈利能力及利润增长率。

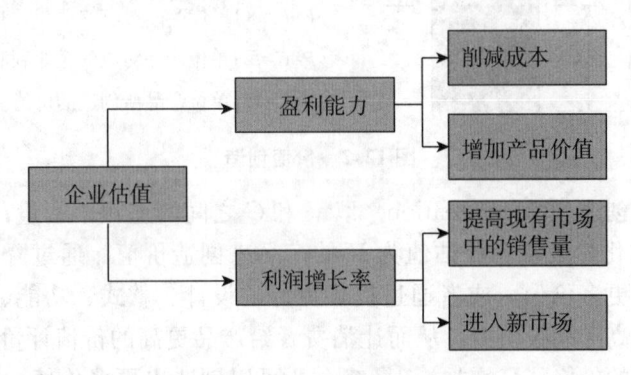

图 12.1　企业价值的决定因素

□ 价值创造

提高企业盈利能力的方式是创造更多价值，可以用产品生产成本和消费者认可价值之间的差额来度量企业创造的价值。一般来说，消费者认可价值越高，企业就可将其产品价格定得越高。然而，企业对其商品或服务收取的价格通常低于消费者认可价值。因为消费者获得了这些价值中的一部分，即被经济学家称为消费者剩余

[①] 通常来说，投资回报率＝税后净利润÷资本。资本则包括公司的权益和债务总和。

[②] T. Copeland, T. Koller, and J. Murrin, *Valuation: Measuring and Managing the Value of Companies* (New York: John Wiley & Sons, 2000).

的部分。① 消费者之所以能获得这部分价值，是因为企业之间存在获取消费者业务的竞争，因此企业收取的价格必须比企业处于垄断地位时产品的价格低。通常企业也不可能将市场细分到可以按每一个客户对产品价值的评估值收费，经济学家将这个评估值称为保留价格。基于上述原因，企业对其产品收取的价格往往比消费者认可价值低。

图 12.2 解释了上述概念。1 单位产品对于普通消费者的价值用 V 表示；在已知企业竞争压力及其市场分割能力的条件下，企业向消费者收取的 1 单位产品价格为 P；生产 1 单位产品的平均成本为 C（C 由所有相关成本构成，其中包括企业的资金成本）。每售出 1 单位产品，企业利润等于 $P-C$；同时每 1 单位产品可获得的消费者剩余等于 $V-P$（另一种理解消费者剩余的方式是，将其看作"相当于钱的价值"，消费者剩余越大，消费者获得的相当于钱的价值就越多）。只要 P 大于 C，企业就会获利。该差值越大，企业的利润就越大。V 和 P 之间的差额由市场竞争的激烈程度决定：市场竞争程度越低，企业向消费者收取的产品价格越高。② 一般来说，在其他条件不变的情况下，售出的产品单位利润越高，企业的利润能力越好。

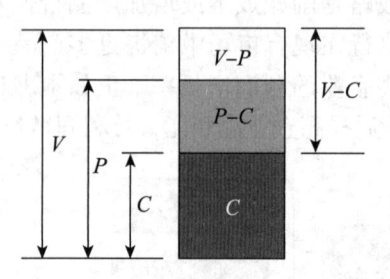

V＝1 单位产品对于普通消费者的价值；
P＝1 单位产品价格；
C＝生产 1 单位产品的平均成本；
$V-P$＝每 1 单位产品对应的消费者剩余；
$P-C$＝每 1 单位产品对应的企业利润；
$V-C$＝每 1 单位产品所创造的价值。

图 12.2 价值创造

企业的**价值创造**（value creation）以 V 和 C 之间的差额来衡量；公司通过将成本为 C 的投入转化为消费者评估值为 V 的产品来创造价值。通过降低生产成本 C，企业可以创造出更多价值，或者通过提供更好的设计、款式、功能、特性、可靠性及售后服务等提高产品吸引力，从而让消费者给产品更高的价值评价（V 增加），进而愿意支付更高的价格（P 增加），最终企业可以创造出更多价值。探讨结果显示，当企业通过更低成本为消费者创造出更多价值时，可获取高利润。主要致力于降低生产成本的策略被称为低成本战略，主要致力于提高产品吸引力的策略被称为差异化战略。③ 音乐电视网主要实行差异化战略——它通过更引人注目的节目制作来使自己与竞争对手不同。

迈克尔·波特认为，低成本战略和差异化战略是企业创造价值并取得产业竞争

---

① 在经济学中，消费者剩余的概念很重要。想了解更加详细的解释，请参阅：D. Besanko, D. Dranove, and M. Shanley, *Economics of Strategy* (New York: John Wiley & Sons, 1996)。

② 然而，仅在公司拥有完全垄断优势并且可以向消费者收取反映了该产品对消费者的价值的价格的特殊情形（例如可能存在完全价格歧视）中，$P=V$ 才会发生。通常，除非在极端的完全价格歧视情况下，即便该公司是一个垄断者，大部分消费者依然可以从该公司产品中获取以消费者剩余形式表现出的某些价值。

③ 这是迈克尔·波特的主要观点，请参阅：Michael Porter, *Competitive Advantage* (New York: Free Press, 1985)。也可参阅：P. Ghemawat, *Commitment: The Dynamic of Strategy* (New York: Free Press, 1991)。

优势的两项基本战略。根据波特的观点，创造高价值的企业取得高利润，而创造高价值的方式是降低各项业务的成本，或者以某种方式使产品与众不同，从而使消费者提高对该产品的价值评估值，并且愿意支付更高价格。与竞争对手相比，在创造高价值中，企业无须拥有最低产业成本结构，也无须让消费者以为自己创造了最值钱的产品，但这样做的确会使企业获取的产品价值与生产成本的差额比其竞争对手获取的差额更大。

▢ 战略定位

波特指出，对企业来说，重要的事情是在价值创造的差异化和低成本上明确其战略重点，并通过内部运营配置对其进行支持[①]，如图 12.3 所示。图 12.3 中外凸的曲线被经济学家称为有效边界。假设企业内部运营处在支持特定战略定位的有效配置中，有效边界表示企业通过差异化增加产品价值和降低成本所能利用的所有不同战略定位（请注意图 12.3 中的横轴是逆序标注的——随着横轴向右移动表示成本逐渐降低）。有效边界外凸的原因是收益递减。收益递减意味着，当企业大幅增加产品价值后，会出现产品价值的少量上升需要以大量成本为代价的情况；而当企业已经拥有低成本结构后，会出现成本的继续缩减需要以所供产品价值大幅减少为代价的情况。

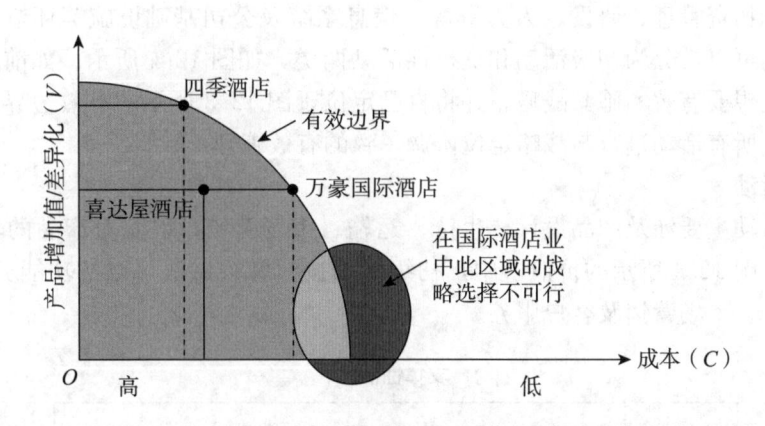

图 12.3　国际酒店业的战略选择

图 12.3 绘出了三家遍布全球的、为国际旅行者提供餐饮等服务的酒店——四季（Four Seasons）酒店、万豪国际（Marriott International）酒店和喜达屋（Starwood）酒店。四季酒店的定位是高端连锁店，强调其所提供产品的价值，该定位会提高其运营成本。万豪国际酒店和喜达屋酒店定位于中端市场，都强调通过提供足够价值服务来吸引国际商务旅客，但是不像四季酒店那样奢华。在图 12.3 中，四季酒店和万豪国际酒店都处在有效边界上，表明针对战略定位，其内部运营配置合理有效。喜达屋酒店处在有效边界内部，意味着其内部运营没有达到可以实现的效率，

[①] M. E. Porter, "What Is Strategy?" *Harvard Business Review*, On-point Enhanced Edition article, February 1, 2000.

成本过高。这意味着喜达屋酒店的盈利能力低于四季酒店和万豪国际酒店，其管理者必须采取措施提高企业绩效。

波特强调，对企业管理来说，重要的是对价值和成本进行定位，实施有效管理并确保其在有效边界上运营。然而，并非有效边界上的所有定位都可行。例如在国际酒店业，如果连锁酒店过度强调降低成本，并占有其所提供产品的全部价值，那么可能无法获得足够需求来支持其运营。国际旅客相对比较富有，外出旅游时期望获得一定程度的舒适感（价值）。

基本战略范式中的核心原则是，为了实现利润最大化，企业必须做到三件事情：(1) 在有效边界上选择一个定位，从某种意义上来说是有足够需求支持该选择的可行定位。(2) 对企业内部运营进行配置调整，例如在制造、市场营销、物流管理、信息系统和人力资源方面进行调整，使其支持该定位。(3) 确保企业有合适的组织框架，能够恰当实施其战略。如果企业想获得竞争性优势和高利润，那么其战略、运营及组织结构必须相互协调一致。**运营**（operation）指企业进行的不同价值创造活动。

□ 运营：作为价值链的公司

企业运营可以被看作一条由一系列不同价值创造活动组成的价值链，包括生产、市场营销、物资管理、研发、人力资源、信息系统及公司基础设施等环节。这些价值创造活动可以被分为初级活动和支撑性活动两类，如图12.4所示。如前所述，如果一家企业想要有效实施其战略，并将自己定位于图12.3所示的有效边界上，那么必须对上述所有活动进行与战略定位协调一致的有效管理。

初级活动

初级活动主要涉及产品设计、生产、运输、市场营销，以及对产品的辅助和售后服务。在图12.4所示的价值链中，初级活动按照常规做法可以按功能分为四种：研发、生产、市场营销及客户服务。

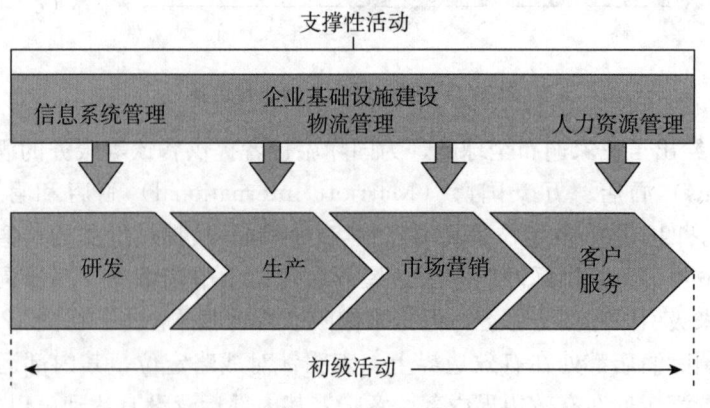

图 12.4 价值链

研发涉及产品设计和生产流程。尽管我们认为，研发与制造业企业中物质产品的设计和生产流程相关，但是许多服务性公司也进行研发活动。例如，银行通过研发新的金融产品及针对新客户的发售方式相互竞争。在线银行业务和智能借记卡就是银行业研发产品的两个案例。更早时期银行业创新的案例还包括自动取款机、信用卡和借记卡。研发活动通过更好的产品设计提高了产品性能，使其对消费者而言具有更大吸引力。另外，研发可以带来更高效的生产流程，从而削减了生产成本。不管哪一种方式，研发活动都可以创造价值。

生产涉及商品或服务的创造。对物质产品来说，生产通常指制造过程。因此人们可以谈论汽车生产制造。对于服务，例如银行服务或卫生保健来说，当把这些服务提供给客户时，通常就发生了服务的"生产"。例如，当银行为客户提供贷款时，就从事了贷款服务的"生产"。对于像沃尔玛这样的零售商来说，"生产"涉及选择商品、商店库存，以及将销售款项录入收银机。对于音乐电视网来说，生产涉及内容的创作、编制和播放，例如音乐视频和主题秀。公司通过有效执行各项生产活动来降低成本，或者以生产更高品质产品的方式实施各项活动。

市场营销可以从多个方面促进价值创造。通过品牌定位和广告宣传，市场营销可以提高消费者对企业产品价值的认同。如果这些活动在消费者心中树立了企业产品的良好形象，那么就可以提高产品价格。市场营销也可以通过发现消费者需求并将其反馈给企业研发部门创造价值，因为企业随后可以通过设计产品更好地满足这些需求。例如，世界最大的制药企业辉瑞通过市场营销对有待解决且未被满足的药品需求潜在市场规模进行评估，并据此进行决策。因此，辉瑞目前针对寻找阿尔茨海默病的治疗方法投入大量研发资金，主要是因为市场营销已经判断出，随着全球人口老龄化，各国阿尔茨海默病的治疗是未得到满足的重要就医需求。

客户服务的功能是提供售后服务和辅助服务。这项活动通过解答消费者的问题，并在其购买产品后提供支持性服务，从而在消费者心目中建立超值感受。卡特彼勒是总部位于美国的重型推土机制造商，能够在24小时内将零部件运到世界任何一个角落，因此一旦卡特彼勒设备出现故障，其客户承受的停工时间会被缩短到最少。对于需要为停工支付高昂成本的产业来说，这是极其重要的能力。这有利于提高客户对卡特彼勒产品价值的认同，从而帮助企业提高产品价格。

支撑性活动

价值链中的支撑性活动为初级活动的发生提供了输入，如图12.4所示。为了获得竞争优势，即便不比企业的初级活动更重要，支撑性活动也和初级活动同等重要。以信息系统为例，这是一个用于管理库存、跟踪销售、给产品定价、销售产品以及处理客服调查等的电子系统。信息系统与互联网通信功能的结合可以改变企业效率，以及管理其他价值创造活动的有效性。例如，戴尔公司利用其信息系统获取了超越对手的竞争优势。当客户在戴尔公司的官网上下单购买产品时，信息立即通过互联网被传送到供应商处，接着供应商安排生产和运输该产品的进度，使产品在正确的时间到达正确的组装厂。这些系统使得戴尔公司的工厂所需的库存时间减少到2天以内，是成本节约的重要来源。

在价值链中，物流功能控制着物质材料从采购到生产、再到分销的运输。高物流效率可以大幅削减成本，从而创造出更多价值。对于许多企业来说，尤其物流系统和信息系统的结合具有节约成本的潜力，例如戴尔公司。当零部件到达组装厂后，信息系统可以实时告诉戴尔公司这些部件在其全球物流网络中所处的位置,以及应如何安排生产。

人力资源管理会通过许多方式促进价值创造。它确保企业拥有合适的技术人员组合,从而使得价值创造活动有效进行。人力资源管理同时确保人们得到充分训练、激励和补偿,从而完成他们的价值创造任务。在一家跨国企业中,人力资源部门在提高公司战略地位时能做的一件事是,利用其跨国影响力来识别、招募和培养一批技术管理人员骨干,而不考虑他们的国籍因素,对他们进行专业培训,令其在企业中担任高级管理职位。不管这些优秀的人才在世界的哪个角落,都能被找到。确实,随着各种国家背景的管理者晋升到公司的高级管理职位上,许多跨国企业的高级管理层正变得越来越多元化。

还有一项支撑性活动是企业基础设施建设,或者说,一种只有在此背景下所有其他价值创造活动才得以发生的环境。基础设施包括组织框架、控制系统和公司文化。由于顶级管理层在这些方面可以施加重大影响,于是顶级管理层也被认为是企业基础设施建设的一部分。通过强有力的领导,顶级管理层可以有意识地建设企业的基础设施,然后通过基础设施改变整个价值创造活动方式。

全球扩张、盈利能力和利润增长

全球扩张使公司可用单纯的国内企业无法利用的方式来提高盈利能力及利润增长率。[①] 国际化运营的企业可以做到:

1. 开拓市场,将国内生产的商品在国际市场上出售。
2. 将个体价值创造活动分散到世界上完成这些活动最高效的地方去,实现区位经济。
3. 通过从中心位置向全球拓展市场,可以从经验效应中获得更大的成本节约,从而减少价值创造的成本。
4. 将在国外运作中获得的宝贵技巧用于企业全球网络运营中的其他实体,从而获取更多回报。

然而,如我们所看到的那样,根据各国具体情况对产品、市场营销策略和企业战略进行量身定制的需求,或者说本土化需求,约束了企业通过上述战略来提高企业盈利能力和利润增长率的能力。

□ 开拓市场:利用产品和竞争力

一家企业可以通过将其国内开发的产品或服务在国际市场上进行销售来提高利

---

① 实证证据通常暗示着,国际扩张与更高的公司盈利能力存在着联系。更多例子请参阅:M. A. Hitt, R. E. Hoskisson, and H. Kim, "International Diversification, Effects on Innovation and Firm Performance," *Academy of Management Journal* 40, no. 4 (1997), pp. 767 - 798; S. Tallman and J. Li, "Effects of International Diversity and Product Diversity on the Performance of Multinational Firms," *Academy of Management Journal* 39, no. 1 (1996), pp. 179 - 196。

润增长率。几乎所有跨国企业刚开始时都这么做。汽车企业，例如大众和丰田，就是在国内研发产品，逐渐成长，然后将产品销往国际市场。如果一家企业进入的国家缺少可与之竞争的产品，这种策略所获取的利润将会较大。因此，丰田选择进入北美和欧洲的大型汽车市场，以自身优越的质量和可靠性，向这些地区出口有别于当地竞争对手（福特和通用）的产品，提高了盈利。

许多企业以这种方式扩展市场并取得了成功，这不仅基于在国外所销售的产品或服务，同样依赖于支撑这些产品或服务的研发、生产和市场营销，即其核心竞争力。**核心竞争力**（core competence）指企业拥有的其他竞争者不能轻易追赶或模仿的技术。[1] 这些技术可能存在于企业任何价值创造活动中——生产、市场营销、研发、人力资源、物流、综合管理等。这些技术很典型地体现在企业产品之中，而其他企业很难追赶或进行模仿。核心竞争力是一家企业竞争优势的基石。它使企业得以减少价值创造过程中产生的成本，或者使企业创造出消费者认知的价值，从而可以对产品进行更高定价。例如，丰田在汽车生产上具有核心竞争力，能够以低于世界其他企业的交货成本来生产出高品质、设计良好的汽车。丰田有这样的核心竞争力，主要依赖于其生产和物流的优越表现。[2] 麦当劳在管理快餐食品运营中拥有自己的核心竞争力（它似乎是世界上在这个行业中管理技巧最优秀的企业之一）；宝洁在名牌消费品的生产和营销上具有核心竞争力（在这个行业中，它是技术含量最高的企业之一）；星巴克零售店售卖大量刚煮好的咖啡饮料，在管理这些零售店上具有核心竞争力。

由于核心竞争力被定义为企业竞争优势的来源，因此制造业企业成功的全球扩张，不仅基于将国内产品销往国外市场，同样依赖于将其核心竞争力转移到国外市场，这些市场都缺乏这些核心竞争力。同样的道理对于经济中的服务部门也适用，例如金融机构、零售商、连锁餐厅和旅馆。对它们的服务而言，拓展市场经常指将企业的商务模式在其他国家进行复制（尽管会由于当地差异而进行一些改变）。举例来说，星巴克利用自身在国内发展起来的基本商务模式，在美国之外迅速扩张，并且将其作为建立国际化运营的模板。音乐电视网也采取了同样的方式，现在已经扩展到了140个国家。同样，麦当劳也因国际扩张战略而闻名，麦当劳将企业扩展到120多个其他国家，共实现企业近一半的收益。

☐ 区位经济

各个国家在许多方面都存在差异，包括经济、政治、法律和文化，而这些差异将会影响企业在这个国家做生意的成本。根据国际贸易理论，由于要素成本的差异，

---

[1] G. Hamel and C. K. Prahalad, *Competing for the Future* (Boston: Harvard Business School Press, 1994); B. Barney, "Firm Resources and Sustained Competitive Advantage," *Journal of Management* 17 (1991), pp. 99–120; K. R. Conner, "A Historical Comparison of Resource-Based Theory and Five Schools of Thought within Industrial Organization Economics: Do We Have a New Theory of the Firm?" *Journal of Management* 17 (1991), pp. 121–154.

[2] J. P. Womack, D. T. Jones, and D. Roos, *The Machine That Changed the World* (New York: Rawson Associates, 1990).

某些国家在生产某些特定商品上具有比较优势。日本可能擅长生产汽车和消费电子产品；美国在生产电脑软件和医药产品上比较强；瑞士在精密仪器和医药产品的制造上有比较优势；韩国擅长生产半导体；中国则善于生产服装。[1]

对于一家想在国际市场竞争中生存的企业来说，这意味着，在存在贸易壁垒和运输成本的情况下，企业将每一项价值创造活动都放在经济、政治、文化条件以及其他相关因素最适宜其进行的地方，会有利于实现企业盈利。采用这项战略的企业可以实现**区位经济**（location economies）。也就是说，在存在运输成本和贸易壁垒的情况下，企业应当将价值创造活动放在最适合其完成价值创造的地方，而不管这个地方在世界的哪个角落。为某项价值创造活动进行最优生产地点定位带来的影响是：或者降低价值创造的成本，促进企业实现低成本生产；或者使企业的产品在众多竞争产品中实现差异化。在图12.2中，它可以降低成本或增加价值（增加价值通常将支撑产品采用较高定价），两者都将提高企业盈利能力。

举个例子来演示一下这项工作在国际贸易中如何进行。清晰视野（Clear Vision）公司是一家眼镜制造商和经销商，由戴维·格拉斯曼（David Glassman）创建，现在年总收入超过1亿美元。清晰视野公司不算小，但也不算一家庞大的企业，它是在三大洲拥有生产工厂的跨国企业，客户遍布全球。清晰视野公司在20世纪90年代开始采取行动，逐渐成为跨国企业。在那段时间里，美元强势使得美国制造品变得很昂贵。低价进口产品在美国眼镜市场占据了前所未有的较大市场份额，清晰视野公司意识到，除非自己也开始进口，否则无法生产下去。最初，清晰视野公司主要从中国香港的独立生产商那里进口。然而清晰视野公司开始对这些独立供应商的产品质量和交付感到不满。随着清晰视野公司的进口量逐渐增加，格拉斯曼认定，保证产品质量和交付的最好方式，就是在国外设立清晰视野公司自己的生产工厂。清晰视野公司找到一个中国合作者，自己作为主要股东，在中国香港通过合资成立了一家生产工厂。

将地址选在中国香港主要是中国香港低廉的劳动力成本、技能熟练的劳动力、香港政府提供的免税政策综合影响的结果。在那一时刻，清晰视野公司的目标是将价值创造活动的地址选在合适的可以降低生产成本的地方。然而在几年之后，中国香港工业化加深，劳动力开始紧缺，劳动力工资上涨，中国香港再也不是低成本的地方了。作为回应，格拉斯曼和其中国合作伙伴将部分生产制造转移到中国其他省份，以利用当地的低工资优势。再一次，清晰视野公司的目标是降低生产成本。在中国其他省份工厂生产的眼镜框架零件被运往中国香港，然后进行最后组装，再被分销到北美和南美市场。现在，中国香港工厂有员工80人，中国其他省份有员工300~400人。

同时，清晰视野公司在寻找机会，对国外以时髦设计和高品质出名的眼镜公司进行投资。它的目标不再是削减成本，而是研发一系列高品质、差异化的时髦眼镜。清晰视野公司内部并没有支持这项研发的设计能力，但是格拉斯曼知道某些国外制造商拥有这种能力。结果就是，清晰视野公司以较小的持股比重，分别对日本、法

---

[1] M. E. Porter, *The Competitive Advantage of Nations* (New York: Free Press, 1990).

国和意大利的工厂进行投资。现在，这些工厂向清晰视野公司的"地位眼睛"（status eye）部门提供眼镜，而这部分眼镜将走向高价的时髦眼镜市场。[①]

因此，为应对国外竞争的威胁，清晰视野公司采取策略来降低成本：将生产地点从高成本的美国转到低成本的中国香港，然后是中国其他省份。清晰视野公司采取策略以提高产品被认定的价值含量，从而收取更高价格。按照眼镜高定价取决于其优越设计的推理，这项策略涉及向以优越设计出名的法国、意大利和日本工厂投资。总之，清晰视野公司的策略包括采取措施降低价值创造成本，以及通过差异化提高产品中被认定的价值含量。其总目标是提高清晰视野公司所创造的价值，从而提高企业盈利能力。该企业的这些战略在一定程度上都是成功的，如果清晰视野公司坚持以美国为眼镜生产基地，那么它将无法获得更大的利润空间。

建立全球网络

对清晰视野公司案例进行思考后可以得出的一个结论是，企业应当建立价值创造活动的**全球网络**（global web），将不同阶段的价值链在全球进行选址定位，从而在这些地方实现被认定的价值创造最大化或价值创造成本最小化。[②] 我们来看看联想的笔记本电脑（联想是在 2005 年收购 IBM 个人电脑业务的中国电脑企业）。[③] 因为联想认为，美国是世界上做基础设计工作的最佳地点，所以联想选择由美国的工程师来设计产品；在泰国制造机箱、键盘和硬盘；在韩国生产显示屏和存储器；在马来西亚生产内置无线网卡；在美国生产微处理机。鉴于目前的要素成本，联想都是从最优的地方生产或采购产品零部件，然后将产品零部件运往墨西哥进行组装，最后将成品运往美国进行销售。联想之所以在墨西哥组装笔记本电脑，是因为管理者已经测算过，由于当地的低劳动力成本，在墨西哥组装的成本最低。由美国员工为北美市场做市场营销，是因为企业管理者认为，美国员工对当地市场更了解，相比其他地方员工来说，这可以为产品增加更多附加值。

从理论上说，将价值创造活动分散到最优地点，从而实现区位经济的企业，相比将所有价值创造活动置于单一地点的企业，应该更具有竞争力。即该类企业应该比在单一地点进行生产的竞争者能更好地实现产品差异化，从而提高产品被认定的价值，并且更好地降低成本。随着世界竞争的逐渐增强，这项策略可能逐渐成为企业为求生存不得不采取的措施。

某些告诫

对上述问题的讨论在引进运输成本及贸易壁垒后会变得更加复杂。基于要素禀赋优势，新西兰可能在汽车组装上具有比较优势，但是较高的运输成本会使其在全球市场上成为不经济的选址地点。值得警惕的是，在选址时要评估当地政治和经济风险。即便一个国家以所有标准衡量都是非常好的选址地点，但是如果当地政局不稳定，或者处于极权统治下，也不建议企业将生产地点放在这个国家。同样，如果

---

① C. S. Trager, "Enter the Mini-Multinational," *Northeast International Business*, March 1989, pp. 13 – 14.

② R. B. Reich, *The Work of Nations* (New York: Alfred A. Knopf, 1991); P. J. Buckley and N. Hashai, "A Global System View of Firm Boundaries," *Journal of International Business Studies*, January 2004, pp. 33 – 50.

③ D. Barboza, "An Unknown Giant Flexes Its Muscles," *The New York Times*, December 4, 2004, pp. B1, B3.

政府制定一些不合理的经济政策,从而导致汇率风险,那么这也是企业不能将生产厂址选在这个国家的另一个原因,即便其他因素都较好。

经验曲线

经验曲线(experience curve)指在产品生命周期内观察到的生产成本有规律的下降。① 许多研究表明,几乎每次一种产品的累计产量翻番时,该产品的生产成本都会出现一定程度的下降。这种关系最先在飞机制造业被人们观察到:每当机身累计产量翻倍时,单位成本通常会降为先前成本的80%。② 因此,第4批机身生产成本是第2批机身生产成本的80%,第8批机身生产成本是第4批机身生产成本的80%,依此类推。图12.5展现了单位成本与累计产量之间的经验曲线关系(这种关系说的是随着时间的推移而形成的累计产量,而不是指某一时期,例如1年的产量)。学习效应和规模经济可以解释这种现象。

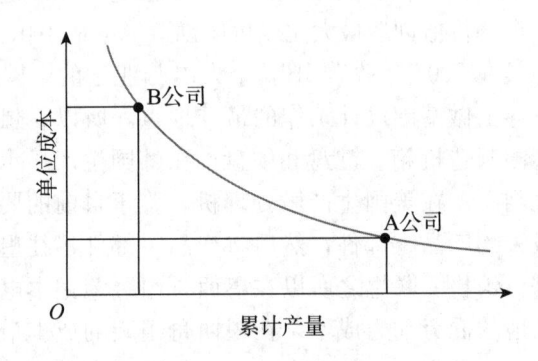

图 12.5 经验曲线

学习效应

学习效应(learning effects)指通过在实践中学习,从而带来成本节约。例如,劳动力通过反复学习如何完成某项任务,例如组装飞机机身,从而学习到完成这项工作的最高效方法。随着个体学习到完成某项工作的最高效方法,劳动生产率会得到提升。同等重要的是,新的生产工厂管理层随着时间的推移,通常也会逐渐学习到管理经营的最高效方法。因此,随着劳动生产率的提高,以及管理效率的提升,生产成本会下降,企业盈利能力会上升。

由于技术复杂的任务需要更多学习,所以当这项任务被反复练习时,学习效应变得更加重要。因此,相比一项只涉及100个简单步骤的组装流程,学习效应对涉及1 000个复杂步骤的组装流程更加重要。然而,不管任务如何复杂,学习效应通常不久之后会消失。从中所得启示是,学习效应只在新生产流程的开始阶段出现,而

---

① G. Hall and S. Howell, "The Experience Curve from an Economist's Perspective," *Strategic Management Journal* 6 (1985), pp. 197-212.

② A. A. Alchain, "Reliability of Progress Curves in Airframe Production," *Econometrica* 31 (1963), pp. 693-697.

在 2 年～3 年后便会结束。① 经验曲线逐渐向下倾斜是由于规模经济的原因。

规模经济

规模经济（economies of scale）指通过大量生产，单位成本将会下降。实现规模经济会降低企业的单位成本，提高企业盈利能力。规模经济的产生有许多原因。其一，固定成本分散在大量产品之中，单位产品所占固定成本降低。② 固定成本指在建立生产工厂、研发产品等时所花费的成本。固定成本可能比较大。例如，现在建立一条半导体芯片生产线的固定成本已经超过 10 亿美元。同样，根据估计，研发一种新药物并且将其引入市场的成本花费将在 8 亿美元左右，时间花费在 12 年左右。收回如此高昂成本的唯一方式，可能就是将产品销往世界市场，通过将固定成本分散到大量产品中降低平均单位成本。累计销量增长得越快，固定成本便可以被越快地分摊到更大量的产品中，单位成本将会下降越快。

其二，除非企业面向全球市场销售产品，否则很难实现有效生产规模。例如，如果英特尔只在美国出售微处理器，那么它可能只能维持工厂一班制运行，也就是每周运行 5 天。如果有更多工厂为企业生产产品，那么英特尔可以更加密集地使用其生产资本，从而提高盈利能力。

其三，全球销售将会扩大企业规模，企业与供应商的议价能力将会提升，从而使企业在供应商处获得规模经济，降低关键投入成本，进而提高企业盈利能力。例如，沃尔玛一直利用其巨大的销量作为筹码，从供应商那里以更低的价格采购产品。

战略意义

经验曲线的战略意义很明显。随着经验曲线向下移动，企业价值创造所需的成本将会缩减，盈利能力也将提高。沿着经验曲线向下移动，速度更快的企业将比其竞争者更具成本优势。如图 12.5 所示，A 公司由于位于经验曲线更低的位置，因此相比 B 公司具有明显的成本优势。

基于经验的成本优势许多都源自工厂。对于大部分学习效应，以及将建立生产能力的固定成本分摊到产出中，以实现有效产出规模并更有效地利用工厂的规模经济来说，都是这样。因此，尽快沿着经验曲线向下移动的关键是迅速提高单个工厂的当地产量。因为全球市场比国内市场更大，所以在单个生产地点生产并供应全球市场的企业，有可能比只供应国内市场或者在许多地方生产然后在许多市场上售卖的企业能够更快地提高累计产量。因此，在一个地方生产产品，然后将其销往世界市场，与沿着经验曲线向下移动及形成低成本生产一致。而且，为了迅速沿着经验曲线向下移动，企业可能需要更加进取地定价及营销，使需求迅速增长。满足全球市场同样需要企业具有充足的生产能力。同时，如果选定的单一生产地点是完成特定价值创造活动的最佳地点，那么在该地生产以后，面向世界出口所形成的成本优势将会更加明显。

一旦企业形成了低成本优势，就会对新的竞争对手形成壁垒。具体来说，一家

---

① G. Hall and S. Howell, "The Experience Curve from an Economist's Perspective," *Strategic Management Journal* 6 (1985), pp. 197–212.

② D. Besanko, D. Dranove, and M. Shanley, *Economics of Strategy* (New York: John Wiley & Sons, 1996).

已建立的企业一般都处于经验曲线较低的位置，如图12.5中的A公司，从而有一定的定价权。当市场价格较低时，A公司依然会有盈利，而新进入这个行业的企业则处在经验曲线较高的位置，会遭受损失。

此类战略成功的经典案例是日本消费电子产品公司松下。20世纪70年代，松下、索尼及飞利浦都在竞先研发商用录像机。尽管松下起初落后于飞利浦和索尼，但依然使其家用录像系统版本成为世界通用的标准，并且在这个过程中基于经验曲线取得了巨大的成本优势。随后，这项成本优势给新进入的竞争者建立了高大的壁垒。松下的策略就是尽一切努力提高全球总产量。为确保能够满足全球需求，公司将其生产能力提高了32倍，年产量从1977年的205 000台提升到1984年的6 800 000台。通过在日本的单个生产地点为整个世界生产商品，松下可以充分实现学习效应及规模经济。这些使得松下在卖出第一台家用录像系统版本的录像机的5年后，将价格下降到起初定价的一半。1983年，松下成为世界上主要的录像机生产商，生产量占世界总产量的45%左右，并且比其竞争对手享有更大的成本优势。而日立在1983年的生产量占世界总产量的11.1%。[①] 今天，英特尔等企业是运用这类策略的大师。建立最先进的工厂设施来生产微处理器的成本很大，因此英特尔要想收回这笔投资，它就必须采用经验曲线，从有限的几个工厂生产，然后向世界出口，利用学习效应和规模经济使其成本最小化。

利用辅助技能

我们之前在对核心竞争力的讨论中指出，宝贵技能首先在国内被研发出来，然后被转移到国外。因此，音乐电视网是先在美国培养出节目编制技巧，然后将其转移到国外。然而，对于已经在国外市场建立起子公司业务网络的更加成熟的跨国企业来说，子公司也可以培育出宝贵技能。[②] 在跨国企业的全球网络经营下，只要人们具有尝试新的做事方法的机会和动机，新的技能便可能出现在任何地方。创造新的技能有利于降低生产成本，或者提高产品价值从而支持更高的产品定价，然而这项创造并不是公司总部专有的。

将子公司创造的新技能运用于企业全球网络中的其他子公司，可能会创造价值。例如，麦当劳逐渐发现，国外加盟商是宝贵技能的来源。在法国，当地加盟商面对业绩增长较低的情况，开始对餐馆的菜单、布局及主题进行新尝试：无处不见的金色拱门不见了，其他许多实用的凳子和桌子及用塑料做的特点鲜明的东西也都不见

[①] "Matsushita Electrical Industrial in 1987," in *Transnational Management*, eds. C. A. Bartlett and S. Ghoshal (Homewood, IL: Richard D. Irwin, 1992).

[②] J. Birkinshaw and N. Hood, "Multinational Subsidiary Evolution: Capability and Charter Change in Foreign Owned Subsidiary Companies," *Academy of Management Review* 23 (October 1998), pp. 773 – 795; A. K. Gupta and V. J. Govindarajan, "Knowledge Flows within Multinational Corporations," *Strategic Management Journal* 21 (2000), pp. 473 – 496; V. J. Govindarajan and A. K. Gupta, *The Quest for Global Dominance* (San Francisco: Jossey Bass, 2001); T. S. Frost, J. M. Birkinshaw, and P. C. Ensign, "Centers of Excellence in Multinational Corporations," *Strategic Management Journal* 23 (2002), pp. 997 – 1 018; U. Andersson, M. Forsgren, and U. Holm, "The Strategic Impact of External Networks," *Strategic Management Journal* 23 (2002), pp. 979 – 996.

了。现在，许多法国的麦当劳餐厅里铺上了硬木地板，有裸露的砖墙，甚至还有扶手椅。法国大约有930家麦当劳餐厅，其中半数已经升级到连美国人都认不出来的地步。菜单同样已经改变，增加了超级三明治，例如鸡肉佛卡夏三明治，其定价比一般汉堡贵30%。随着这种改变的发生，店销售额年增长率也从1%增长到3%。麦当劳的高级管理层对这种现象印象深刻，现在正在考虑将相同的改变措施运用于其他市场销售额增长率低迷的麦当劳餐厅，包括美国市场。①

对于跨国企业的管理者来说，这种影响创造出了新的重要挑战。第一，他们必须虚心接受一个事实：能够提高竞争力的宝贵技能不会只出现在企业总部，而是会出现在企业全球网络中的任何一个地方。第二，他们必须建立奖励制度，鼓励当地员工获得这些新技能。这些听起来容易，但是做起来并不简单。创造新技能存在一定的风险，并非所有新技能都能增加产品价值。子公司每创造出一项宝贵技能，都可能会经历一些失败。跨国企业的管理层必须给予员工激励，鼓励他们承担必要的风险。企业对员工必须做到有功必赏，对员工的惩罚范围也必须针对已经发生的风险。第三，当新的宝贵技能出现在子公司时，管理层必须有一个鉴定流程。第四，管理层需要扮演协调者来促进宝贵技能在企业内部的转移。

□ **全球扩张问题**

我们已经知道，通过进入没有能与之匹敌的竞争者的新市场，实现区位经济来降低成本、增加产品价值，开发和利用经验曲线，以及在全球网络中传播宝贵技能，全球扩张的企业可以提高其盈利能力和利润增长率。出于完整性考虑，需要指出的是，提高盈利能力的策略可能会同时扩大企业业务，进而使其获得较高的利润增长率。例如，通过同时实现区位经济和经验曲线，一个企业可能会以更低的单位成本生产出被认定价值更高的产品，从而提高企业盈利能力。产品中被认定价值的提高，有可能会吸引更多消费者，从而使企业的收益和利润提高。而且，与其提高价格来体现产品中更高的被认定价值，企业管理层不如选择保持低价，从而提高全球市场占有份额，获得更大的规模经济（换句话说，管理层可能选择给消费者更多的消费者剩余）。由于这项策略制定的产品价格比产品价值低，所以会吸引消费者购买商品，从而更能提高企业利润增长率。如果市场份额带来的规模经济巨大，那么此策略可能同时提高企业盈利能力。总之，管理层需要牢记，企业在定价上采取战略性决定的时候，盈利能力和利润增长率之间存在复杂的关系。

削减成本压力和本土化运营压力

参与全球市场竞争的企业，一般面临着两种竞争压力，这两种压力影响着企业实现区位经济和经验曲线的能力、利用产品打开新市场的能力，以及技能在企业内

---

① S. Leung, "Armchairs, TVs, and Espresso: Is It McDonald's?" *The Wall Street Journal*, August 30, 2002, pp. A1, A6.

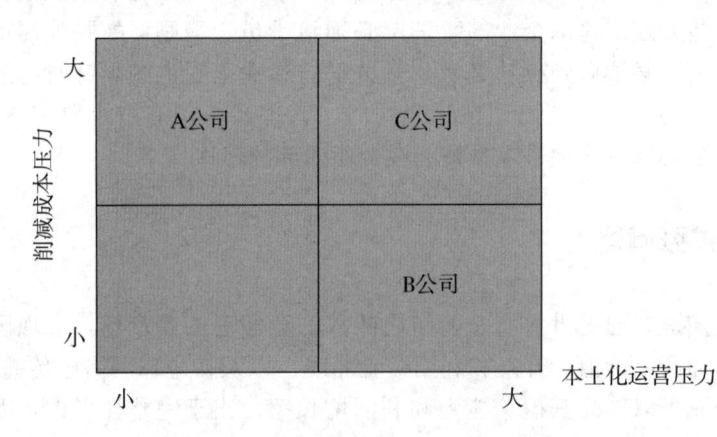

部转移的能力。这两种压力就是削减成本压力和本土化运营压力,如图12.6所示。[1] 这些竞争性的压力给企业提出了很矛盾的要求。面对削减成本压力,企业需要尽力削减单位成本。但是面对本土化运营压力,企业需要实行差异化的产品和市场战略,付出努力以适应各国在消费者口味和偏好、基础设施、传统习惯、分销渠道及所在国政府的要求上的差异。而各国之间产品和战略的差异化涉及大量重复劳动,并且会降低产品标准化程度,最终可能提高企业成本。

然而,一些企业如图12.6中的A公司,面对较高的削减成本压力和较小的本土化运营压力;其他一些公司处境与B公司类似,面临较小的削减成本压力和较大的本土化运营压力;还有许多公司处在C公司的处境中,面临较大的削减成本及本土化运营的双重压力。要应对这两种相互冲突、相互矛盾的压力,对于企业而言是一项非常艰难的挑战,主要由于本土化运营有可能会提高企业成本。

图 12.6 削减成本压力和本土化运营压力

削减成本压力

在充满竞争的全球市场上,国际企业经常面临削减成本压力。面对这种压力,企业需要设法降低价值创造的成本。例如,一个制造商可能在世界最佳的生产地点对一个产品进行大批量生产,从而实现规模经济、经验曲线以及区位经济。或者,一家企业可能将部分业务外包给生产成本更低的国外供应商来减少成本。因此,许多计算机公司将电话客服业务外包给了印度,因为在印度雇用会说英语的技术人员的工资水平比美国更低。同样,零售商可能迫使其供应商(制造商)采取同样措施(沃尔玛给其供应商造成的削减成本压力被认为是许多北美制造商将生产转移到中国的主要原因)。[2] 一家服务公司,例如银行,为应对削减成本压力会将一些后台业务,例如信息处理业务,转移到工资水平更低的发展中国家。

在一些生产商品的产业中,非价格因素的差异化很难发生,价格是主要的竞争

---

[1] C. K. Prahalad and Yves L. Doz, *The Multinational Mission*: *Balancing Local Demands and Global Vision* (New York: Free Press, 1987); J. Birkinshaw, A. Morrison and J. Hulland, "Structural and Competitive Determinants of a Global Integration Strategy," *Strategic Management Journal* 16 (1995), pp. 637–655.

[2] J. E. Garten, "Walmart Gives Globalization a Bad Name," *BusinessWeek*, March 8, 2004, p. 24.

手段。在这类产业中,削减成本压力会很大。这种情况比较常见于满足通用需求的商品中。**通用需求**(universal needs)指当各国消费者的口味和偏好相似时所存在的需求。这种需求一般出现在传统商品上,例如大量的化学品、石油、钢铁、糖等。还有许多工业品和消费品情况也一样,例如掌上计算器、半导体芯片、个人电脑和液晶显示屏。在某些产业中,如果大部分竞争者都基于低成本进行选址生产,存在持久的过剩生产能力,同时消费者购买力强大,品牌转换成本很低,那么这些产业削减成本的压力就会很大。近几十年来,世界贸易自由化及投资环境的逐渐改善,更加强有力地促进了世界竞争,也加大了企业的削减成本压力。[1]

本土化运营压力

由于各国在消费者口味和偏好、基础设施、传统习惯、分销渠道以及所在国政府的要求等方面存在差异,因此国际企业面临本土化运营压力。为应对本土化运营压力,企业需要将其产品和战略在各国之间进行差异化,以适应各国不同的需求,而这一系列措施都有可能提高企业成本。

消费者口味和偏好差异

由于根深蒂固的历史或文化原因,各国消费者口味和偏好存在巨大差异,这给国际企业造成了巨大的本土化运营压力。面对这种情况,国际企业的产品和战略都需要按照当地消费者的口味和偏好进行定制。一般而言,这会给国际企业造成压力,迫使其将生产和市场营销的责任和业务委托给国外子公司。

一些评论者说,世界消费者对于本土化定制的需求在逐渐下降,原因是现代通信和运输技术已经为不同国家消费者口味和偏好的趋同创造了条件,结果就是出现了世界标准化消费产品大市场。[2] 世界对于麦当劳汉堡、可口可乐、盖普服装(Gap clothes)、诺基亚手机及索尼游戏机这些全球标准化产品的接受,通常被用来证明全球市场的同质性逐渐增强的观点。

然而,反观本章"开篇案例:音乐电视网",这种论点就显得有些苍白无力。在各国和各种文化下,消费者口味和偏好依然存在巨大差异。国际企业的管理者依然不能轻易忽略这些差异,这些差异的消失可能很久以后才会发生。

基础设施和传统习惯差异

各国在基础设施和传统习惯上的差异,也会给国际企业造成本土化运营压力,因此国际企业需要对相应产品进行定制。所以,国际家用电器企业需要针对各国在电力基础设施,例如电压上存在的差异进行产品定制。同时,各国传统习惯也不相同。例如在英国,人们开车靠左行驶,形成了对右舵汽车的需求;而在法国及其他欧洲国家,人们开车靠右行驶,需要的是左舵汽车。很明显,国际企业需要对汽车进行定制来适应这些传统习惯的差异。

尽管许多国家基础设施差异来源于历史,但有些最近才出现。例如,在无线电

---

[1] C. K. Prahalad and Yves L. Doz, *The Multinational Mission: Balancing Local Demands and Global Vision* (New York: Free Press, 1987).

[2] T. Levitt, "The Globalization of Markets," *Harvard Business Review*, May-June 1983, pp. 92 – 102.

通信产业中，在世界不同地方存在不同技术标准。欧洲采用的是全球移动通信系统（GSM）技术标准，美国和部分亚洲地方更多采用码分多址（CDMA）技术标准。按照全球移动通信系统技术标准设计的设备在码分多址网络下无法工作，反之亦然。因此，生产无线手机和基础设施如转换机的企业，例如诺基亚、摩托罗拉、爱立信，都需要根据某个国家普遍采用的技术标准来定制其产品。

分销渠道差异

由于各国分销渠道上的差异，企业的营销策略可能需要做出相应调整，如将市场营销业务转交给该国子公司。例如，在医药产业中，英国和日本的分销渠道与美国完全不同。英国和日本的医生对美国式的高压销售队伍可能无法接受或表现冷漠。因此，医药公司在英国和日本需要采取不同于美国的营销方式——软卖与硬卖之间的对决。同样，尽管波兰、巴西和俄罗斯以购买力平价计算的人均收入相近，然而这3个国家在分销渠道上存在较大差异。超级市场食品零售量在巴西占整个食品零售业的36%，在波兰该比值为18%，而在俄罗斯该比值不到1%。[1] 各企业需要调整自身的分销策略来适应这些分销渠道上的差异。

所在国政府的要求差异

所在国政府在经济和政治上的要求可能需要国际企业做出本土化响应。例如，医药公司受当地临床测试、登记手续和定价限制的影响，需要在药物生产和营销上满足这些要求。因为在大部分国家，国家政府机构控制着绝大多数的卫生保健预算，所以政府在这方面处于更强势的地位。

更普遍的情况是保护主义的威胁、经济国家主义和当地含量要求（要求一定比例的零部件产品必须在当地生产）使得国际企业不得不在当地进行生产。例如，庞巴迪（Bombardier）是总部位于加拿大的轨道车、飞机、喷气快艇及雪上摩托车生产厂商。庞巴迪在欧洲有12家轨道车生产工厂。有评论指出，庞巴迪生产设备的重复采购导致高成本，这也是该企业轨道车业务比其他业务利润更低的原因。庞巴迪管理层回应，欧洲的当地含量要求中存在偏袒使用当地企业的非正式惯例。例如，德国要求，若要在德国销售轨道车，则必须在德国生产。比利时、奥地利和法国也有同样的要求。庞巴迪为了精简欧洲的成本结构，对其设计和采购业务进行了集中管理，但还没有制订集中生产的相关计划。[2]

战略选择

本土化运营压力暗示企业可能无法获得规模经济、学习效应和区位经济的所有好处。在单个低成本地点生产出全球标准化的产品，然后在世界上进行销售，从而实现由经验曲线带来的成本削减，这也可能无法发生。针对当地含量要求进行产品定制的需求将会阻碍这种战略的执行。例如，汽车企业发现，日本、美国和欧洲消

---

[1] W. W. Lewis, *The Power of Productivity* (Chicago: University of Chicago Press, 2004).

[2] C. J. Chipello, "Local Presence Is Key to European Deals," *The Wall Street Journal*, June 30, 1998, p. A15.

费者对于汽车有不同需求，这迫使汽车企业按照当地市场需求进行产品定制。作为回应，本田、福特及丰田等汽车企业在这些地区分别采取从低档到高档的设计和生产策略来更好地满足当地需求。尽管这种定制能给企业带来福利，但也限制了企业实现规模经济及区位经济的能力。

另外，本土化运营压力意味着，将与企业核心竞争力相关的技术和产品从一个国家大规模转移到另外一个国家可能难以实现。企业经常要向当地含量要求做出妥协。麦当劳因大量扩散其全球标准化产品被描述为"海报男孩"，即便这样，麦当劳也已经发现，为了满足各国在口味和偏好上的差异，它必须对产品（如菜单）进行定制。

削减成本压力和本土化运营压力之间的差异将会如何影响企业的战略选择？一般当企业在国际上进行竞争时，可以从四种主要战略中进行选择。这些战略分别为全球标准化战略、本土化战略、跨国战略和国际战略。① 在给定削减成本压力强度和本土化运营压力强度下，每个战略的合适程度并不一样。图 12.7 描述了每种战略的最适合条件。

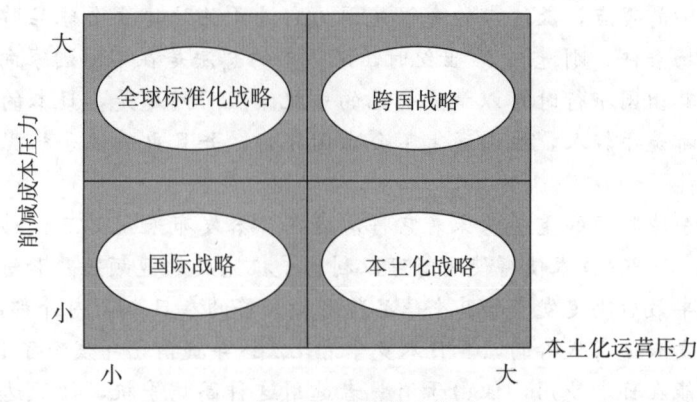

图 12.7　四种基本战略

□ 全球标准化战略

采取**全球标准化战略**（global standardization strategy）的企业会注重于通过规模经济、学习效应和区位经济来削减成本，即其战略目标是以全球规模为基础来降低成本，以提高企业盈利能力和利润增长率。采取全球标准化战略的企业的生产、营销和研发活动的关注点主要在对区位的选择上。由于定制会涉及大量生产的减少及部门复制，而这会提高企业成本，因此采取全球标准化战略的企业会尽量不针对当地含量要求来对产品和营销战略进行定制。这些企业青睐于在全世界销售标准化产品，从规模经济和学习效应中获取最大利润。同时，它们还会利用成本优势来支持其在全球市场上更具侵略性的定价。

当企业面临很大的削减成本压力及最低限度的本土化运营压力时，这种战略是最合理的。这种条件在许多工业产品行业中逐渐开始盛行，满足着全世界的需求。

---

① C. A. Bartlett and S. Ghoshal, *Managing across Borders: The Transnational Solution* (Boston: Harvard Business School Press, 1989).

例如，在半导体行业中出现的全球标准对全球标准化产品产生了巨大需求。英特尔、得州仪器和摩托罗拉等企业也都采取了全球标准化战略。然而，在本土化运营压力依然较高的许多消费产品市场中，这些条件却不存在。当本土化运营压力较大时，采用这种战略就不合适。在随后的"聚焦管理"专栏中，沃达丰的经历说明了，当全球标准化战略与市场现实不相符时公司所发生的情况。

● 聚焦管理：沃达丰在日本

2002年，英国的沃达丰集团——世界上最大的无线电话服务供应商，支付140亿美元收购了快速增长的日本无线通信服务市场中第三大企业J-Phone。J-Phone曾经被认为是抢手资产，因为该企业曾经发布了第一款带有数码照相机的手机，赢得了想将照片用电子邮件方式发送给朋友的大量年轻人的市场。4年后，在市场份额被当地竞争对手夺去之后，沃达丰以86亿美元的价格出售了J-Phone。这其中是哪里出现了问题呢？

根据分析师的观点，沃达丰的失误是因为它过于关注建立全球品牌，而忽视了日本本地的市场条件。刚进入21世纪时，沃达丰的想法是在不同国家向消费者提供同种技术，使其出国旅行时可以带上自己的手机。然而问题是，日本的大部分频繁使用手机的人都是年轻人，他们通常不会出国旅行，并且更关注手机里能玩的游戏和其他内置功能。

沃达丰对全球服务的重视意味着它将延迟在日本发布采用第三代移动通信技术（3G）的手机，而3G技术使得使用者可以利用手机完成看视频短片和进行电话会议等事情。沃达丰最后决定发布与其全球品牌野心相符的在日本国内外都能使用的3G手机。但延迟发布是有代价的，其日本竞争者比沃达丰提前1年发布了3G手机。尽管这些手机仅能在日本使用，但由于消费者选用这种高端手机，使沃达丰的竞争者迅速获取了市场份额。另外，当沃达丰最终向日本市场发布3G手机时，与制造全球通用手机相关的设计问题则意味着，手机的供应数量有限。尽管该产品引起了强烈反响，但是因为消费者购买不到手机，手机发布最后以失败告终。[①]

□ 本土化战略

本土化战略（localization strategy）关注针对不同国家消费者口味和偏好定制的产品或服务，该战略通过提供相符产品来提高利润。在不同国家消费者口味和偏好存在巨大差异，并且企业成本压力并不太大的情况下，本土化战略是最合适的战略。通过针对当地需求对产品进行定制，企业可以提高产品在当地市场的价值。不利的一面是，因为本土化战略涉及职能部门的复制及更小规模的生产，所以本土化战略约束了企业获得与大规模生产全球标准化产品相关的成本削减能力。然而，如果本土定制产品的相关附加值支持企业制定更高价格，那么企业可以抵扣更高成本；或

[①] C. Bryan-Low, "Vodafone's Global Ambitions Got Hung Up in Japan," *The Wall Street Journal*, March 18, 2006, p. A1; G. Parket, "Going Global Can Hit Snags—Vodafone Finds," *The Wall Street Journal*, June 16, 2004, p. B1.

者如果本土化战略能够带来更加巨大的本土需求，从而使企业可以通过在当地市场实现部分规模经济来削减成本，那么这项战略可能会有效。

音乐电视网就是采取本土化战略的一个较好例子。如果音乐电视网没有为满足不同国家观众的需求对节目编制实行本土化战略，那么本土竞争者将会夺取其市场份额，并且广告收入和利润率将会下降。因此，即便本土化战略会提高成本，这也是音乐电视网必须采取的战略。在接下来的"聚焦管理"专栏中谈到的宝洁公司是历史上成功采用本土化战略的又一个案例。

●聚焦管理：宝洁公司的战略演变

总部位于辛辛那提的宝洁公司自1837年被建立以来，一直是世界上国际化程度最高的公司之一。今天，宝洁公司是日用消费品行业中的全球巨头，年销售额超过500亿美元，其中大约54%的销售额来自美国之外的地区。宝洁拥有超过300个品牌——象牙皂（Ivory Soap）、汰渍（Tide）、帮宝适（Pampers）、爱慕思（Iams）、克罗斯克（Crisco）及福尔杰（Folger）等，其消费者遍布160个国家。历史上，宝洁公司采用过较好的战略，在辛辛那提进行新产品研发，然后依靠国外的半自治子公司进行产品的生产和营销。许多国外子公司拥有自己的生产工厂，会针对当地口味和偏好对其产品包装、品牌名称及广告词进行调整。多年来，在这项战略下，宝洁公司发布了一系列新产品，销售额和盈利一直稳步增长。然而，宝洁公司的利润增长率在20世纪90年代开始减缓。

问题的本质很简单：宝洁公司在不同国家的子公司在生产制造、市场营销及管理部门上存在大量重复，造成宝洁公司成本过高。由于跨境贸易壁垒在20世纪60年代分割了各国市场，当时对资产的复制合乎情理。举例来说，由于德国对进口产品施行高关税，因此在英国生产产品销往德国不经济。20世纪80年代，跨境贸易壁垒纷纷被取消，被分割的各国市场逐渐融合成更大的区域市场或全球市场。同样，为宝洁公司分销产品的零售商也逐渐壮大，逐渐开始了全球化，例如沃尔玛、英国的特易购（Tesco）、法国的家乐福（Carrefour）。这些逐渐兴起的国际零售商要求宝洁公司给予价格优惠。

宝洁公司在20世纪90年代意识到全球新兴市场的成长，为了控制成本进行了一次重要重组。宝洁公司关闭了全球大约30家生产工厂，裁员13 000人，并将生产集中于更少的工厂，从而更好地实现规模经济，以及服务区域市场。然而，这依然不足以将公司从低增长中解救出来！利润增长率依旧增长缓慢，以至于在1999年，宝洁进行了10年内的第二次公司重组。这次重组被命名为"2005组织方案"，目标是将宝洁公司转型为一家真正的全球性公司。宝洁公司打破原有的组织结构，取而代之以一个基于7个自我管理的全球业务部门的组织结构，分别从婴儿护理部门到食物产品部门。每个业务部门都对其产品的生产、营销、研发及盈利全权负责。每个生产部门都被告诫要将生产合理化：将生产集中于几家大型生产工厂，设法建立全球品牌，从而逐渐剔除各国之间不同的营销方式，同时促进新产品的研发和上线。宝洁公司称，此次重组关掉了10家工厂，并裁员15 000人——主要在欧洲，因为欧洲仍然有大量重复的资产结构。据估计，重组后公司每年节约成本近8亿美元。宝洁公司计划利用这些节约下来的费用来降低产品价格、提高市场营销费用以占有更大市场份额，并通过实现规模经济进一步降低成本。这次战略似乎开始奏效。2003—2007 年，宝洁公司出现销售额和利润的强势增长。值得注意的是，宝洁的全球竞争对手，如联合利华、金百利-克拉克（Kimberly-Clark）、高露洁（Colgate）在 2003—2008 年都陷入发展困境。[①]

当然，即便本土化战略会减少成本，企业依然需要时刻关注自身成本问题。采用本土化战略的企业依然需要保持高效率，并且一旦有时机，就应当在全球范围内寻求规模经济。

□ 跨国战略

我们已经讨论过，当削减成本压力较大而本土化运营压力较小时，企业采取全球标准化战略最合适。相反，当本土化运营压力较大，而削减成本压力在中等水平或较低水平时，企业采取本土化战略最合适。然而，当企业同时面临两种强劲的压力时，会出现什么情况呢？当企业面对这两项相互之间存在分歧的压力时，管理者应当如何平衡这两种相互矛盾的压力呢？一些研究者的观点是，企业应该采用一种跨国战略。

克里斯托弗·巴特利特（Christopher Bartlett）和苏曼特拉·戈沙尔（Sumantra Ghoshal）认为，企业在当今全球环境下竞争激烈，必须尽其一切努力来应对削减成本压力和本土化运营压力。它们必须设法实现区位经济和经验曲线，使其产品走向国际化，设法在企业内部传播核心竞争力和宝贵技能，同时密切关注本土化运营压力。[②] 巴特利特和戈沙尔提到，在现代跨国企业中，不仅总部在培育核心竞争力和宝贵技能，在总部之外的任何子公司都有可能。因此，他们强调，产品和技能的流动不应该是单向地从总部国家流向子公司国家，还应当包括从子公司国家流向总部国家，以及从一个子公司国家流向另一个子公司国家。换句话说，跨国企业必须同时利用辅助技巧。

本质上来说，采用**跨国战略**（transnational strategy）的企业应设法同时取得以下三方面成就：（1）通过区位经济、规模经济及学习效应获得低成本；（2）在全球地理位置不同的市场上根据地区差异进行产品差异化；（3）在企业全球网络中促进技术在不同子公司之间的多向流动。从理论上看，这项战略很有吸引力，然而，由于企业面临相互矛盾的需求，实施这项战略并不容易。在地理位置不同的市场上针对当地需求将产品进行差异化会提高成本，这与削减成本的目标背道而驰。有些企业，如福特和艾波比（ABB，全球最大的工程集团之一）曾经尝试采用跨国战略，

[①] J. Neff, "P&G Outpacing Unilever in Five-Year Battle," *Advertising Age*, November 3, 2003, pp. 1-3; G. Strauss, "Firm Restructuring into Truly Global Company," *USA Today*, September 10, 1999, p. B2; Procter & Gamble 10K Report, 2005; M. Kolbasuk McGee, "P&G Jump-Starts Corporate Change," *Information Week*, November 1, 1999, pp. 30-34.

[②] J. Neff, "P&G Outpacing Unilever in Five-Year Battle," *Advertising Age*, November 3, 2003, pp. 1-3; G. Strauss, "Firm Restructuring into Truly Global Company," *USA Today*, September 10, 1999, p. B2; Procter & Gamble 10K Report, 2005; M. Kolbasuk McGee, "P&G Jump-Starts Corporate Change," *Information Week*, November 1, 1999, pp. 30-34.

结果发现这项战略很难实施。

直到今天,如何最好地实行跨国战略,依然是大型跨国企业努力克服的最复杂的问题之一。几乎没有企业很完美地实行过这项战略。但是,可以从许多公司的经历中获取一些走向成功的线索。以卡特彼勒为例,卡特彼勒迫于与拥有低成本优势的竞争对手如日本小松的竞争压力,开始寻求更低成本方案。然而,由于各个国家在施工管理和政府规定方面存在差异,卡特彼勒需要同时应对本土化需求,因此需要面对削减成本和本土化运营的双重压力。

卡特彼勒为应对削减成本压力对产品进行了重新设计,使产品之间有更多相同的部件可利用,在有利位置投资建立了几家大型零部件生产工厂来满足全球需求,以实现规模经济。同时,卡特彼勒在每一个全球主要市场都利用组装工厂来扩大对零部件的集中生产。在这些工厂内,卡特彼勒考虑到当地的个性化要求,对成品进行定制以满足当地需求。因此,通过在各国市场上将其产品进行差异化来应对本土化需求的同时,卡特彼勒获得了许多全球化生产的好处。[1] 卡特彼勒在采用这种战略的过程中成功实现了员工人均产出翻番,并减少了企业成本。与此同时,日本小松和日立依然固守着以日本为中心的全球战略,它们所拥有的成本优势逐渐消失,曾经拥有的市场不断被卡特彼勒占领。

通过调整企业的战略形态来建立一个能够支持跨国战略的企业结构是一项复杂且富有挑战的任务。有些人认为,这项任务很复杂,是因为建立可行的组织结构及管控此战略的管理系统会出现许多执行问题。

□ 国际战略

有时,许多跨国企业发现自身处于小削减成本压力和小本土化运营压力的幸运处境中。许多这类企业采取**国际战略**(international strategy),即先在本国市场生产产品,对产品进行较小限度的定制,然后销往国际市场。这类企业的明显特征就是,它们销售的产品满足消费者的通用需求,但它们没有主要竞争对手,因此与采用全球标准化战略的企业不同,它们没有削减成本的压力。施乐在20世纪60年代发明了复印机并将之商业化后,发现自己处于该处境中。当其专有技术得到强有力的保护后,在许多年里,施乐都没有竞争对手——它拥有垄断权。复印机主要满足消费者的通用需求,大部分发达国家对其价值评价都很高,因此,施乐可以在全世界销售同一款基本产品,并收取较高价格。由于施乐没有直接竞争对手,所以它不存在削减成本压力。

采用国际战略的企业向国外市场扩张时,通常遵循相似发展模式。它们常常将产品研发业务集中在国内,也常常在与其贸易的每个主要国家或地区设立生产和营销部门。而由此带来的部门重复建设会提高企业成本。如果企业没有很大的削减成本压力,那么这个问题不大。它们可能会对产品和营销战略进行本土化定制,但往往在有限范围内进行。而大部分采取国际战略的企业总部通常对其市场营销和产品

---

[1] T. Hour, M. E. Porter, and E. Rudden, "How Global Companies Win Out," *Harvard Business Review*, September-October 1982, pp. 98 – 108.

战略进行牢牢管控。

其他采取这种战略的企业包括宝洁和微软。历史上，宝洁在辛辛那提研发新品，然后将其大批量转移到当地市场。与此类似，微软大批产品的研发聚集在其总部华盛顿州的雷德蒙德市，而其做过的一些本土化工作仅限于发布一些流行的微软程序的外文版本而已。

□ 战略演变

国际战略的致命弱点是，竞争对手将会随着时间的推移出现，到那时，如果管理者没有采取积极措施削减企业成本，那么企业就会迅速被强有力的全球竞争对手击败。这正是施乐的遭遇。日本企业佳能（Canon）最终发明了自己的复印机，以非常高效的方式生产，以低于施乐的价格出售其产品，于是十分迅速地从施乐手中夺取了全球市场。经过最终分析，施乐的倒闭并不能归咎于其竞争对手的出现，因为竞争对手必然要出现，而应当归咎于施乐没有在高效竞争对手出现之前采取积极措施来成功削减企业成本。施乐公司给我们的启示是，国际战略从长远来看可能并不可行，企业为了继续生产下去，应当在竞争对手出现之前转向全球标准化战略或跨国战略，如图12.8所示。

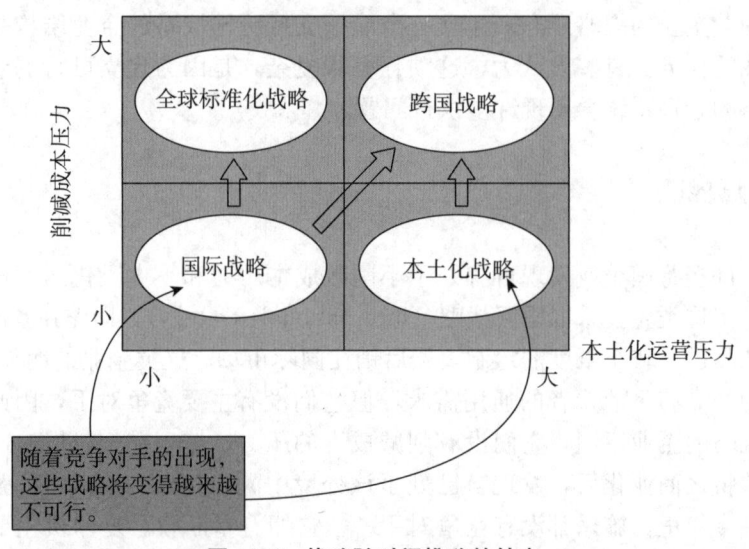

图 12.8　战略随时间推移的转变

以上道理同样适用于本土化战略。本土化战略可能会给企业带来核心竞争力优势，但是如果企业同时面对强劲的竞争对手，那么也必须削减成本，而削减成本的唯一方式可能就是转向跨国战略。这也正是宝洁一直以来采取的战略。因此，随着竞争的加剧，国际战略和本土化战略都会变得不太可行，管理者需要将企业转向全球标准化战略或跨国战略。

● 本章总结

本章介绍了战略的基本原理、企业从全球扩张中获利的各种方式，以及企业参与全球竞争可采取的各种战略。本章要点如下：

1. 战略可以被定义为管理者为实现公司目标所采取的各种措施。对于大部分企业来说，其首要目标是实现股东价值最大化。实现股东价值最大化则要求企业关注其盈利能力及利润增长率。

2. 通过将具有核心竞争力的产品转移到其他缺乏竞争力产品的市场，国际扩张能使得企业获得更大收益。

3. 如果将每项价值创造活动的地址都选在最适合其完成的地方，那么企业可以从中获利。这项战略主要关注获得区位经济的效益。

4. 通过生产标准化成品迅速扩大产量，国际扩张可以帮助企业实现学习效应和规模经济，使其沿着经验曲线向下移动。

5. 通过鉴定在国外子公司中培育出的宝贵技能，并使该技能在企业全球网络中传播使用，跨国企业可以从中创造额外价值。

6. 一家企业最适合采取哪种策略，往往取决于其对削减成本压力和本土化运营压力的考虑。

7. 采用国际战略的企业，应对其具有核心竞争力的产品进行有限的本土化定制，然后转移到国际市场。

8. 采用本土化战略的企业会按照当地含量要求对其产品、市场营销战略及企业战略进行定制。

9. 采用全球标准化战略的企业则关注利用经验曲线和区位经济来削减成本。

10. 现在许多行业竞争十分激烈，这使得企业必须采取跨国战略。这项战略要求企业同时关注削减成本、在企业全球网络内转移技能和产品，以及提高自身本土化运营的能力。但这项战略可能较难实施。

● 批判性思考和问题讨论

1. 设想在一个不存在运输成本和贸易壁垒的世界，不同国家在要素条件上存在重大差异。如果想生产产品，那么企业必须进行国际扩张。请对上述情况进行讨论。

2. 在图12.8中标出下列公司的战略位置：宝洁、IBM、诺基亚、可口可乐、陶氏化学、美国钢铁（US Steel）和麦当劳。同时做出相应论证分析。

3. 你认为与跨国战略执行有关的最主要的组织问题是什么？

4. 再次阅读"聚焦管理：沃达丰在日本"专栏，然后回答下列问题：
（1）沃达丰采用全球标准化战略的原因是什么？
（2）公司希望全球标准化战略如何提高其盈利能力和利润增长率？
（3）全球标准化战略在日本为什么不适用？
（4）你认为沃达丰战略应该在哪些地方做出改变？

5. 再次阅读"聚焦管理：宝洁公司的战略演变"专栏，然后回答下列问题：
（1）20世纪90年代早期之前，宝洁公司首次进入国外市场所采取的是何种战略？
（2）你认为在20世纪90年代，问题（1）中的战略不适用的原因是什么？
（3）随后宝洁公司转向了何种战略？这种战略的好处和风险分别是什么？

●研究任务：国际商务战略

利用globalEDGE™网站完成下列练习：

练习1

跨国企业的国际化冲击着消费者对产品和服务的选择。如此一来，对跨国企业的一些分类和排名就会纷纷出现。寻找一个排名系统，然后确定其评判全球最佳企业的标准。尽管有些排名情况的获取需要你订阅相关资料，但是可以寻找免费的排名表，并摘取其中排名前25位的公司。

练习2

假设你在一家主要从事笔记本电脑生产和营销的公司工作。你所在的公司坐落于印度，公司管理层已经决定在东欧寻求国际扩张的机会。为了实现规模经济，公司管理层决定竭力减少本土化定制。请选择并关注一个东欧国家，拟一份执行概要，描述在哪些方面你所在的公司难以进行产品标准化，而需要做出关键性调整以适应本土化需求。

●章尾案例：沃尔玛的全球扩张

山姆·沃尔顿（Sam Walton）于1962年在美国阿肯色州建立了沃尔玛。在最近几十年里，沃尔玛迅速成长为世界最大的零售商，年销售额达3 300亿美元，有雇员180万人，开有近7 000家商店。1991年之前，沃尔玛还仅限于美国本土。沃尔玛在美国通过将高效的销售、购买力及人力关系政策有效结合形成了竞争优势。沃尔玛的其他优势还包括：在利用信息系统跟踪产品销售和库存上处于领先位置，是第一批推行员工持股计划的公司之一，研发分销系统属于世界上最高效的分销系统之一。这些做法给沃尔玛带来了高生产率，使得它可以降低运营成本，进而带来了较低的日常消费品价格。这项战略使得沃尔玛首先占领了日用品销售市场，并成为这个市场的主宰，随后在食品零售业夺取了对手的市场份额。

然而，沃尔玛在1990年意识到自身在美国的成长逐渐受到限制。沃尔玛管理层测算，到21世纪初期，由于市场饱和的原因，沃尔玛在美国的成长将会受到约束。于是，沃尔玛决定开始全球扩张。初期，评论者嘲笑沃尔玛的这一举动，他们说沃尔玛是一家很"美国"的公司。虽然沃尔玛所采取的零售手段在美国很合适，但是在基础设施、消费者口味和偏好都不同，同时已有零售商主宰的其他国家可能难以奏效。

沃尔玛没有受到困扰，它在1991年开始了全球扩张的第一步，在墨西哥的开了第一家商店。墨西哥的这家分店是与当地最大零售商的合资企业。起初，沃尔玛出现许多差错，似乎证明了评论者的观点。沃尔玛在将其高效的分销系统复制到墨西哥时遇到了问题。由于当地基础设施较差、道路拥挤，而且沃尔玛对当地供应商没有影响力，因此货物无法被运到，或者无法被直接运到沃尔玛的商店或分销中心，最终导致库存问题，以及成本和商品价格的上涨。最初，墨西哥沃尔玛商店中的商品价格比其美国商店中可比商品价格高出大约20%，这限制了沃尔玛开拓市场的能力。同时，沃尔玛在商品选择上也出现了问题。在墨西哥的沃尔玛商店里，摆放着许多在美国很大众的产品，包括溜冰鞋、乘骑式草坪割草机、吹草机及渔具。而这些商品在墨西哥并不好销售，于是管理者对这些商品进行大幅削价来清空库存，结果发现沃尔玛的自动信息系统迅速下了新订单来补充刚被清空的库存。

然而在20世纪90年代中期，沃尔玛从过去的错误中吸取了教训，调整了商店在墨西哥的运行方式来适应当地环境。与墨西哥货运公司的合作显著改善了其分销系统的状况，同时更加谨慎的库存做法意味着墨西哥商店将会销售更加符合墨西哥消费者口味和偏好的产品。随着沃尔玛状况的改善，许多沃尔玛的供应商在其墨西哥分销中心附近建起了工厂，以便更好地为其服务，这减少了沃尔玛的库存和物流费用。今天，墨西哥沃尔玛商店是沃尔玛国际业务部中最杰出的商店。1998年，沃尔玛取得了其合作者的控股权。2005年，墨西哥沃尔玛商店的规模已经是当地与之实力最相近的竞争对手的两倍多了——拥有大约700家商店，每年总收入达125亿美元。

沃尔玛在墨西哥的经历证明，其可以在美国之外的其他国家参与竞争。随后，沃尔玛又在另外13个国家建立了分店。沃尔玛通过收购当地零售商店，然后转移其信息系统、物流和管理技能，分别进入加拿大、英国、德国、日本和韩国。沃尔玛在其他国家则采取直接建立自己商店的方式。2006年中期，沃尔玛在美国之外拥有超过2 700家商店，有大约50万名雇员，每年国际收入超过620亿美元。

全球扩张除了迎来沃尔玛更加迅猛的发展之外，还带来了另外两个重要好处。第一，沃尔玛可以利用其全球购买力获得巨大的规模经济效益。许多沃尔玛关键供应商一直以来都是国际企业，例如美国通用电气（家用电器）、联合利华（食物产品）和宝洁（个人护理产品）都是沃尔玛的主要供应商，这些企业自身一直以来都有自己的全球运营。沃尔玛通过建立全球布局，利用其强大的市场从全球供应商那里索取更多优惠，从而提高企业进一步降低商品价格的能力，获取市场份额并最终赚取更多利润。第二，沃尔玛发现，14个国家分店之间的好点子流动会给企业带来福利。例如，纽约现有的两层商店就是借鉴韩国多层商店的成功经验而来。其他好点子，例如阿根廷的卖酒专柜，现在在全世界所有布局中都已经被采用了。

沃尔玛意识到，如果自己不进行全球扩张，就会被其他全球零售商打败。沃尔玛面临来自法国家乐福、荷兰阿霍德（Ahold）、英国特易购的巨大全球竞争压力。家乐福作为世界第二大零售商，可能是上述企业中全球化程度最高的企业——作为超市概念先驱的家乐福于2006年在26个国家经营运行，超过一半销售额源于法国之外。与家乐福相比，沃尔玛在2006年处于落后位置，仅有不到20%的销售额源于国际业务。这意味着，对于沃尔玛来说，其依然存在着巨大的扩张空间。2006年，全球零售市场还十分分散，全球前25位零售商控制着全世界不足20%的零售额。今天，随着全球争夺零售市场主宰地位战争的持续，拉丁美洲、东南亚和东欧逐渐成为这场战争的主战场。①

---

① A. Lillo, "Walmart Says Global Going Good," *Home Textiles Today*, September 15, 2003, pp. 12-13; A. de Rocha and L. A. Dib, "The Entry of Walmart into Brazil," *International Journal of Retail and Distribution Management* 30 (2002), pp. 61-73; "Walmart: Mexico's Biggest Retailer," *Chain Store Age*, June 2001, pp. 52-54; M. N. Hamilton, "Global Food Fight," *Washington Post*, November 19, 2000, p. H1; "Global Strategy—Why Tesco Will Beat Carrefour," *Retail Week*, April 6, 2001, p, 14; "Shopping All over the World," *The Economist*, June 19, 1999, pp. 59-61; G. Samor, C. Rohwedder, and A. Zimmerman, "Innocents Abroad?" *Wall Street Journal*, May 16, 2006, p. B1.

案例讨论问题

1. 沃尔玛的全球扩张如何给它带来了好处？
2. 当沃尔玛进入其他零售市场时，它面临着哪些风险？该如何规避这些风险？
3. 沃尔玛以合资的方式首次进入墨西哥的原因是什么？为什么沃尔玛在1998年收购与其合资的企业？
4. 沃尔玛采取了何种战略：全球标准化战略、本土化战略、国际战略还是跨国战略？沃尔玛所采取的战略合理吗？请说明原因。

附录：盈利能力、利润增长率和估值

战略的最终目标是为公司股东实现企业价值最大化，而这又受制于来自法律、道德及社会责任等方面的重要约束。影响企业估值的两项主要因素是：以投资回报率（ROIC）测量的盈利能力和利润增长率。[①]

投资回报率等于扣除调整税后的净营业利润（NOPLAT）与投入资本（IC）的比值，即

$$\text{ROIC} = \frac{\text{NOPLAT}}{\text{IC}}$$

其中，

扣除调整税后的净营业利润＝收入－已售商品成本－营业费用－折旧费－调整税

投入资本＝股东权益＋负债

利润增长率（g）指在一段时期内，扣除调整税后的净营业利润的增长百分比，即

$$g = \frac{\text{NOPLAT}_{t+1} - \text{NOPLAT}_t}{\text{NOPLAT}_t} \times 100\%$$

对于企业的估值，可以利用现金流量折现法对未来预期自由现金流进行折现运算。用该方法对公司做出的估值与公司加权平均资金成本（WACC）和投资回报率有关。

具体来说，

（1）当投资回报率大于加权平均资金成本时，公司收入将会超过资金成本，并且公司在创造价值。

（2）当投资回报率等于加权平均资金成本时，公司收入将会等于资金成本，并且公司估值将会很稳定。

（3）当投资回报率小于加权平均资金成本时，公司收入将会少于资金成本，并且公司正在损失价值。

[①] C. Y. Baldwin, *Fundamental Enterprise Valuation: Return on Invested Capital*, Harvard Business School Note 9-801-125, July 3, 2004; T. Copeland et al., *Valuation: Measuring and Managing the Value of Companies* (New York: Wiley, 2000).

如果随着时间的推移，公司扣除调整税后的净营业利润会上涨，那么收入超过资金成本的公司价值将会更高，而收入少于资金成本的公司价值将会更低。投资回报率、利润增长率和估值之间的重要关系如表12.1所示。

表 12.1　　　　　　　　　投资回报率、利润增长率和估值

利润增长率	投资回报率为7.5%时（美元）	投资回报率为10.0%时（美元）	投资回报率为12.5%时（美元）	投资回报率为15.0%时（美元）	投资回报率为20.0%时（美元）
3%	887	1 000	1 058	1 113	1 170
6%	708	1 000	1 117	1 295	1 442
9%	410	1 000	1 354	1 591	1 886

在表12.1中，初始扣除调整税后的净营业利润为100美元，投入资本为1 000美元，资金成本为10%。在投资回报率等于加权平均资金成本的25年后，将未来预期自由现金流折现后的现值如表12.1所示。

表12.1所展示的重要观点如下：

(1) 通过提高利润增长率，而不是争取更高的投资回报率，已经拥有高投资回报率的公司可以创造更多价值。因此，对于一个投资回报率为15%、利润增长率为3%的公司来说，将利润增长率从3%提高到9%比将投资回报率提高到20%能给公司创造更多价值。

(2) 如果提高拥有较低投资回报率公司的利润增长率，那么该公司将会损失价值。因此，如果一家公司投资回报率等于7.5%，利润增长率等于9%，在25年后，该公司将比利润增长率为3%的公司创造的价值还少。这是因为无利可图的增长需要投入资本，而投入资本的成本又无法赚回来。

(3) 无利可图的增长会损失价值。

因此，最好的情况是高投资回报率和高利润增长率。

随着时间的推移，很少有公司可以保持投资回报率大于加权平均资金成本，以及利润增长率，但仍有一些显著案例，包括戴尔、微软和沃尔玛——这些公司通过国际扩张提高了其盈利能力及利润增长率。因为公司通常可以利用内部产生的资金流为投资进行筹资，所以它们不需要发放更多股票来筹集资金。因此，扣除调整税后的净营业利润的增长将会直接转化为每股更高的收益，使得公司股票更加吸引投资者，并且使得公司股票价值大幅上升。通过成功采用战略从而带来高投资回报率和高利润增长率，这些公司便可以将股东价值最大化。

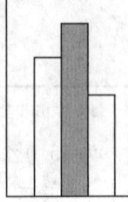

第十三章 国际企业的组织

学习目标

学完本章后，你应该能够：

1. 理解组织结构的含义；
2. 熟悉国际企业可以做出的不同组织选择；
3. 解释组织结构如何与战略相匹配，从而提高国际企业业绩；
4. 论述国际企业为了更好地与企业战略相匹配而改变组织结构时所需要的条件。

● 开篇案例：雀巢

多年来，雀巢（Nestlé）——世界上最大的食品和饮料公司，都是以高度分散的组织结构形式在运行。这种组织结构反映了公司的信念：在食品和饮料行业没有全球化消费者这种概念，应当按照当地消费者口味和偏好对产品进行定制，并要求企业具有高度自治的国外子公司。然而，最近雀巢开始改变这种组织结构。直接诱因是贸易壁垒逐渐消失，区域市场和全球市场融合度逐渐提升，而在这些市场上，雀巢面临着强劲的竞争对手，如联合利华和宝洁。

面对日益激烈的竞争，雀巢意识到需要对其组织结构进行调整，在保持本土化运营的同时，通过裁剪国外子公司中重叠的业务来节约成本。公司逐渐建立了新战略——通过全球业务单元监管主要产品生产线，将关键业务活动如采购、生产和研发安排在有利位置并集中管理，同时让市场营销业务依然分散在各国子公司中，从而使当地管理者可以按照最符合当地消费者需求和分销系统的方法对市场营销进行配置组合。现在，这种组织结构已经用于雀巢矿泉水业务和营养品业务之中，其中，矿泉水业务包括毕雷（Perrier）矿泉水和圣培露（San Pellegrino）矿泉水，营养品业务则包括公司的婴幼儿配方产品。例如，雀巢将矿泉水生产集中在法国和意大利以实现规模经济。同时，雀巢开始了全球品牌定位战略。在执行全球品牌定位战略过程中，各国子公司被给予在其所处地理区域制定相应方案的权利，可根据当地含量要求进行定制。[1]

引言

正如雀巢的案例所揭示的,本章将介绍国际企业用以管理和指导全球运营的组织架构。**组织架构**(organizational architecture)指企业的整个组织情况,包括组织结构、控制系统、奖励机制、工作流程、组织文化及人事。本章的核心观点是,要想达到高利润率,企业需要满足三个条件。其一,组织架构中的各种因素必须具有内部一致性。举例来说,企业采用的控制系统和奖励机制必须与企业组织架构相一致。其二,企业组织架构必须与企业战略相符。例如,如果一家企业采用全球标准化战略,但采用的是另外一套组织架构,那么很可能企业战略将无法被有效执行,并且可能导致较差业绩。其三,企业战略和组织架构不仅要保持一致,而且要与企业所处市场中的优势竞争环境保持一致。即企业战略、组织架构和竞争环境必须保持一致。

例如,一家采取本土化战略的企业可能适合其战略的组织架构。然而,如果在它所参与竞争的市场中,削减成本压力巨大,而本土化运营的需求较小,那么,该企业依然可能出现较差业绩,因为在这种环境中,全球标准化战略更加适合企业发展。雀巢案例中涉及一些重要问题。从雀巢的发展历史来看,该企业在本土化运营十分重要的市场上竞争过。食品和饮料的生产和营销是按照各国消费者口味和偏好进行定制的。雀巢通过采用本土化战略满足了当地环境对本土化运营的需求。其组织架构也反映了这种战略。雀巢以分权为主的组织架构运行,将生产、营销和分销业务都委托给了各国子公司进行自治管理。这使得当地管理者可以根据当地国家明显的特征对产品各活动进行配置。在很长一段时间内,雀巢的这种战略和企业组织架构配合紧密,促使其成为消费品市场中的主导企业。

然而,竞争环境在20世纪90年代初期开始改变。各国之间的贸易壁垒逐渐消失。这使得某些产品的生产可以集中在一个有利地方,如婴儿配方食品和瓶装水,从而通过区位经济和经验曲线来获取福利。雀巢的某些竞争对手充分迅速地利用了这种竞争环境的变化,而雀巢发现自己高成本的组织架构已经使其自身处于劣势(由于生产业务的重叠),并且在几个国家迅速同时发布新产品时也力不从心了。换句话说,竞争环境改变了,但雀巢并未因此做出改变。

雀巢已经意识到,需要同时对企业战略和组织架构进行改变,以更好地适应新的竞争环境。雀巢已经开始转向跨国战略方向,在寻求市场营销业务本土化的同时,集中生产活动和产品研发以达到规模经济和实现全球产品发布的目的。为执行这项战略,雀巢逐渐引进了一种基于全球业务单元的新组织架构,其中每个单元对其全球一项主要产品线的战略和业绩负责。同时,雀巢意识到本土化运营依然十分重要,因此保留了国外子公司,并且给予其管理者制定市场营销方案的权利,从而更好地

---

[1] C. Busco et al., "Integrating Global Organizations through Performance Measurement Systems," *Strategic Finance*, January 2006, pp. 30–36; P. Brabeck-Letmathe, Address to shareholders at 139th Annual General Meeting, Lausanne, Switzerland, April 6, 2006.

适应当地需求。雀巢尝试通过重新配置企业组织和业务活动，在企业战略、组织架构和竞争环境中建立起一致性，以适应新的竞争环境。

接下来我们将更详细地讨论组织架构和一致性的概念。我们将对企业组织架构的组成部分——组织结构、控制系统、奖励机制、工作流程和组织文化进行详尽学习，并解释这些组成部分应当怎样保持内部一致。（在第十八章，我们将会在介绍跨国企业中的人力资源战略时探究"人事"这一组成部分。）在介绍完组织架构中各种组成部分之后，我们将介绍何种组织架构符合何种战略和竞争环境，从而促使企业取得高绩效。本章结尾将对组织变化进行讨论，就如雀巢的案例中所展现的那样，企业必须定期改变其组织架构，以适应新的战略变化和竞争环境变化。

组织架构

如引言中所介绍的，组织架构指企业的整个组织情况，包括组织结构、控制系统、奖励机制、工作流程、组织文化及人事。[1] 图 13.1 列出了这些不同的组成部分。**组织结构**（organizational structure）由 3 个部分构成：第一，企业组织结构中的正式部门及其子单位，例如产品事业部、全国运营部和职能部门（大多数组织架构图上都有这些结构）；第二，组织结构内决策责任的定位（例如，集权还是分权）；第三，设立用以协调各子单位活动的整合机制，包括跨职能小组或泛区域委员会。

控制系统（control system）是用来测量子单位绩效及评估子单位管理者业绩的工具。例如，在历史上，联合利华曾经用利润率测量全国运营子公司的绩效——利润率就是测量工具。**奖励机制**（incentives）是用来对管理者适当的行为进行奖赏的工具。奖励机制和绩效密切相关。例如，可以把对负责全国运营子公司的管理者的内在奖励机制与该子公司的绩效连在一起。如果子公司业绩超过绩效指标，那么这位管理者将收到一笔奖金。

工作流程（processes）指组织内的决策制定和工作执行方式。例如，规划公司战略的流程、决定公司内资源分配方式的流程、评估管理者业绩和反馈信息的流程。从概念上来看，工作流程和公司内决策责任的划分不同，尽管两者都涉及决策问题。虽然企业首席执行官可能对企业战略选择具有最后责任，但是他做出这项决定的流程可能包括征求更低层管理者的意见。

组织文化（organizational culture）指组织内员工共享的行为标准和价值体系。如同社会拥有社会文化，组织同样有其自己的文化。组织指由聚在一起完成集体性任务的个人组成的团体。这些个体拥有不同的文化和亚文化。[2] 我们将会看到，组织文化对企业运行有深刻的影响。**人事**（people）不仅指组织内部的员工，也指用以招聘、补偿和挽留这些个体的战略，以及根据技能、价值和定位对这些个体类型的划分。

如图 13.1 中的箭头所示，组织架构中各组成部分并不相互独立，这些组成部分之间是相互包含的。一个比较明显的例子就是关于人事的战略。企业可以聘用那些

---

[1] D. Naidler, M. Gerstein and R. Shaw, *Organization Architecture* (San Francisco: Jossey-Bass, 1992).
[2] G. Morgan, *Images of Organization* (Beverly Hills, CA: Sage Publications, 1986).

内在价值与企业文化所强调价值观相同的人员。从而组织架构中的人事部分可以用来强化（或弱化）组织中盛行的文化。例如，在历史上，联合利华为聘请管理者做了一番努力，希望他们不仅要善于交际，同时要注重企业内部的共识与合作，以及企业内部文化强调的价值观。[①] 为了追求利润率最大化，企业必须密切关注实现组织架构中各组成部分之间的内部一致性。

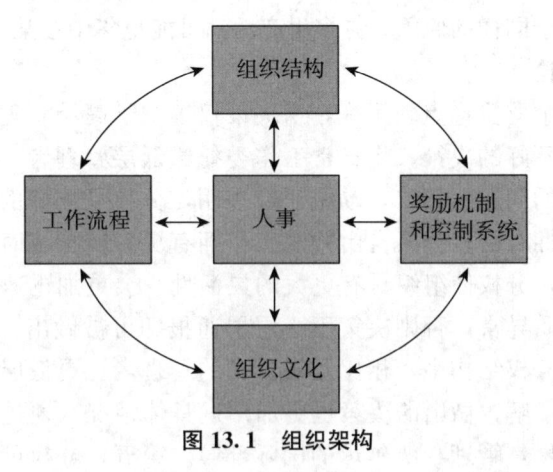

图 13.1　组织架构

组织结构

组织结构可以从 3 个维度进行分析：（1）**垂直差异化**（vertical differentiation），指组织内决策责任的定位；（2）**水平差异化**（horizontal differentiation），指组织对子单位的正式划分；（3）**整合机制**（integrating mechanisms），即关于单位之间活动协调的机制。我们首先论述垂直差异化，然后论述水平差异化，最后论述整合机制。

□ 垂直差异化：集权和分权

企业的垂直差异化决定了决策权力集中在企业中的层级位置。[②]许多问题都可用来说明垂直差异化：生产营销的决策权是集中于高层管理者办公室，还是分权于更低层次的管理者手中？研发决策的责任将由哪个层次的管理者来承担？重要的战略和金融决策权是下放到运营部门，还是聚集在高级管理层手中？以上问题就引出了对集权和分权的讨论。

关于集权的讨论

关于集权有 4 项主要论点。第一，集权可以促进协调。例如，一家企业在中国拥有零部件生产业务，在墨西哥拥有组装业务。这两项业务活动必须相互协调，才能确保生产业务的产品可以顺利流向组装业务。完成这种协调可能需要通过总公司对生产安排进行集中控制。第二，集权有利于确保决策与组织目标一致。当决策权

---

① "Unilever: A Networked Organization," *Harvard Business Review*, November-December 1996, p. 138.
② John Child, *Organizations* (London: Harper & Row, 1984).

被分散到低层管理者手中时，这些管理者可能做出与高层管理者目标不相符的决策。重要决策权的集中可以将不一致性事件发生的概率降到最低。

第三，将权力和权威集中于一个人或一个管理团队手中，可以使高层管理者对组织做出重要改变。第四，当各子单位相互之间进行类似活动时，集权可以避免活动重复。例如，许多国际企业将研发集中于一个或两个地点，以确保不重复进行同一项研发活动。基于同样的原因，许多生产活动可能也集中在某些关键地点。

关于分权的讨论

关于分权有五个重要论点。第一，当决策权集中于高层管理者，高层管理者会因负担过重而做出不好的决策。将日常工作委托给低层管理者，可以让高层管理者有时间关注更重要的问题。第二，动机研究表明，分权是更好的选择。行为科学家始终认为，当人们拥有更多个人自由并对工作拥有更多支配权时，人们将愿意为工作付出更多。第三，分权使组织具有更大的灵活性，会更加迅速地对环境变化做出反应。除非决策性质异常，否则决策不必层层通报即可被做出。第四，分权可以引致更好的决策。在分权结构中，相比层级更高的管理者，更低层的个人（按合理的设想）对情况更加了解，做出的决策也更加贴近具体情况（通过分权来达成这一目的的案例，请见"聚焦管理：沃尔玛的国际部"）。第五，分权可以提高组织的控制能力。分权可以在组织内建立起相对自治和自我约束的子单位，这样子单位管理者将对子单位的业绩负责。子单位管理者对于影响子单位业绩的决策所承担的责任越多，为不好的业绩所能找的理由就会越少。

在国际企业中的战略和集权

企业对于集权还是分权的选择并不是绝对的。通常，根据决策的类型及企业战略，企业将部分决策进行集权，而对其他部分进行分权的做法是合理的。有关整个企业战略、重大财务支出、财务目标及法律问题的决策权通常集中于企业总部。然而基于企业战略，企业会选择将经营决策，例如关于生产、营销、研发和人力资源管理的决策，进行分权或集权。

以采取全球标准化战略的公司为例。这些公司必须决定如何将各种价值创造活动在全球进行分散，从而实现区位经济和经验曲线。总公司必须对生产、营销和研发等业务进行选址决策。此外，价值创造活动在全球形成的分散网络促进了全球标准化战略的实施，而这个网络必须被协调好才能良好运转。这些都给企业造成了压力，迫使其将一些运营决策权进行集中管理。

而采用本土化战略的企业强调本土化运营能力，给组织带来的强烈压力迫使其将某些运营决策权分散给国外子公司。采取国际战略的企业也趋向于强调对核心竞争力进行集中控制，而将其他决策权分散给国外子公司。这些企业会在母国对研发进行集中控制，但将经营决策权分散给国外子公司。例如，微软公司实行国际战略，将其产品研发活动集中在位于华盛顿的雷德蒙德市的企业总部，并且将营销活动分散到国外子公司中。因此，当企业在母国进行研发时，国外子公司的管理者将有更多自由空间来根据他们各自的国别背景进行战略规划和产品销售。[①]

---

① Allan Cane, "Microsoft Reorganizes to Meet Market Challenges," *Financial Times*, March 16, 1994, p. 1.

采取跨国战略的企业面临的处境会更加复杂。实现区位经济和经验曲线要求企业对全球生产中心有一定程度的集中控制。然而，本土化运营要求企业将许多经营决策权分散给国外子公司，特别是在营销方面。因此，在采取跨国战略的企业中，某些经营活动被相对集中起来，而其他经营活动被相对分散出去。此外，通过子公司之间，以及子公司与总公司之间的多向技术传输形成的全球学习，是采取跨国战略企业的一项特色。全球学习指在国际企业内，子公司拥有相当大的自由来发展自己的技术和竞争力。只有这样，这些技术才能够在国际企业组织内传播，造福组织内的其他子公司。如果要使子公司拥有自由来做到这些，那么需要在国际企业组织内更大程度地分散权力。也正是基于这个原因，采用跨国战略将需要实行更大程度的分权。①

● 聚焦管理：沃尔玛的国际部

沃尔玛在20世纪90年代早期开始了全球扩张，它决定设立国际部来监管这个扩张流程。这个国际部坐落在阿肯色州本顿维尔市的公司总部。今天，该部门监管14个国家的子公司运行，这些子公司的销售总额已超过600亿美元。根据工作汇报的流程结构，该部门按照地区被划分成3个子部门——欧洲、亚洲及美洲——每个区域的首席执行官向国际部首席执行官进行汇报，再由国际部首席执行官向沃尔玛的首席执行官进行汇报。

初期，国际部的高层管理者对各国子公司的促销战略和运行进行了密切监管。这种推理很简单：沃尔玛的管理者想要确保公司的国外商店都复制了美国的储存、推销和运行模式，这些模式在美国运行得很好。他们可能天真地认为，对储存、推销和运行模式进行集中控制是确保运行标准化的方式。

20世纪90年代后期，国际部的销售额接近200亿美元，沃尔玛的管理者认为，这种集权的方式不利于他们开展工作。各国子公司的管理者在改变其战略和运营方式之前，必须先从本顿维尔市的管理者那里获得批准，这延缓了决策速度。同时，集权使得公司总部处理的信息量超载，导致一些失策。沃尔玛发现，对于墨西哥店铺布局、阿根廷商店的促销战略或英国的补偿政策等的决策，本顿维尔市的管理者并不一定就是最佳决策者。想根据当地情况来调整推销和运行策略，就迫切需要更多分权。

导致沃尔玛政策改变的关键事件是在1999年公司对英国阿斯达（ASDA）连锁超市的收购。对阿斯达连锁超市的收购让沃尔玛国际部添加了一个成熟且成功的价值140亿美元的企业。沃尔玛意识到，让本顿维尔市的管理者为阿斯达连锁超市进行所有重要决策的做法并不合适。于是，在接下来的几个月里，国际部首席执行官

---

① J. Birkinshaw, "Entrepreneurship in the Multinational Corporation: The Characteristics of Subsidiary Initiatives," *Strategic Management Journal* 18 (1997), pp. 207-229; J. Birkinshaw, N. Hood and S. Jonsson, "Building Firm Specific Advantages in Multinational Corporations: The Role of Subsidiary Initiatives," *Strategic Management Journal* 19 (1998), pp. 221-241; I. Bjorkman, W. Barner-Rasussen and L. Li, "Managing Knowledge Transfer in MNCs: The Impact of Headquarters Control Mechanisms," *Journal of International Business* 35 (2004), pp. 443-460.

约翰·门泽尔（John Menzer）将在本顿维尔市进行国际运行的员工削减了一半。各国子公司的领导者被给予更多责任，特别是在促销和运行方面。用门泽尔自己的话来说就是，"我们处在需要进行一点分权的时间节点上……你不可能从一个地方来管理全世界子公司的运行。这些国家的子公司必须自己推动企业发展……这种改变已经向各国子公司管理者发出了强烈信号，就是他们不用再等待本顿维尔市的批准了。"

尽管沃尔玛现在已经将国际部的决策权进行了分散，但它仍然在尽力寻找管理全球采购的合适方式。理论上，沃尔玛将采购集中于本顿维尔市来进行管理，从而可以利用强大的购买力压低供应商的产品价格。然而实际上，由于沃尔玛需要根据各国当地市场优势对产品组合进行调整，因而现在要做到统一采购已经没那么简单了。当前，采购的重大责任依然保留在国家和地区管理者身上。然而，沃尔玛想要采取一个全球采购策略，从而使其可以利用全球采购量与关键供应商进行谈判，并且同时给全球沃尔玛商店引进新产品。

随着运营决策权被分散下去，国际部逐渐承担起新角色——辨别最佳方法，并且将这种方法向各国子公司进行传播。例如，该部门已经研发了一种知识管理系统，通过这个系统，一个国家的商店，比如阿根廷的商店，可以很快将产品图片、销售数据以及营销方法传递给另外一个国家商店，例如日本的商店。该部门也开始对不同国家商店的员工进行调动，来促进这种最佳方法的跨国界流动。最后，该部门即将使沃尔玛摆脱以美国为中心的心态，这一措施向该公司组织内部宣告，国外子公司所执行的策略也可能被用来提高母国沃尔玛公司的效率和效益。2008年，沃尔玛对品牌进行了重新命名，将先前的美国品牌名称"Wal-Mart"改为全球品牌"Walmart"。[1]

☐ 水平差异化：结构设计

水平差异化涉及企业决定如何将组织划分为若干个子单位。[2] 通常，企业会基于职能、企业类型或地理区域做出相应决定。在许多企业中，这些因素中的某一个可能起主导作用，但是其他企业可能会采取更为复杂的方式。这种情况特别可能发生在国际企业中，国际企业围绕不同产品（以实现区位经济和经验曲线）和不同国家市场（保持本土化运营能力）的相互矛盾的需求必须得到协调。

国内企业的结构

大部分企业刚开始时并没有正式的组织结构，而是由单个企业家或一个由个人组成的小团队运营。随着企业的成长，对管理的需求变得太大，以致单个个人或小团队无法承受。在这个节点上，组织就会按照企业的各种价值创造活动（例如生产、

---

[1] M. Troy,"Walmart Braces for International Growth with Personnel Moves," *DSN Retailing Today*, February 9, 2004, pp. 5-7; "Division Heads Let Numbers Do the Talking," *DSN Retailing Today*, June 21, 2004, pp. 26-28; "The Division That Defines the Future," *DSN Retailing Today*, June 2001, pp. 4-7.

[2] S. M. Davis, "Managing and Organizing Multinational Corporations," in C. A. Bartlett and S. Ghoshal, *Transnational Management* (Homewood, IL: Richard D. Irwin, 1992); J. Wolf and W. G. Egelhoff, "A Reexamination and Extension of International Strategy Structure Theory," *Strategic Management Journal* 23 (2002), pp. 181-189.

营销、研发等）被划分为各个职能部门。通常，最高管理层负责协调和控制这些职能部门，如图 13.2 所示。在这种职能型结构中，决策权往往被集中起来。

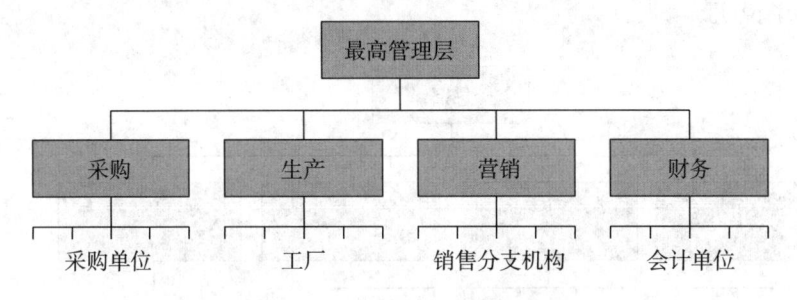

图 13.2　一个典型的职能型结构

如果企业实行产品多样化，企业将会进入不同的业务领域，那么企业可能需要进一步实行水平差异化。例如，荷兰的跨国公司飞利浦刚开始时是一家灯具公司，但是随着多样化步伐的向前迈进，这家公司也开始做消费电子产品（例如视听设备）、工业电子产品（集成电路和其他电子零件）和医疗系统（核磁共振扫描仪和超声系统）。在这种情况下，职能型结构会变得过于笨拙。当利用职能型结构管理不同业务领域时，协调和控制就会出现问题。[①] 其一，难以确定不同业务领域的利润率。其二，如果职能部门需要同时监管几个业务领域的价值创造活动，该部门的运行就会出现困难，例如生产部门或营销部门。

在这个阶段，为解决协调和控制问题，大多数企业都会转向产品部门结构，如图 13.3 所示。在产品部门结构中，每个部门负责一条不同的产品线（业务领域）。因此，飞利浦分别为灯具、消费电子产品、工业电子产品和医疗系统设立了部门。每个产品部门都是一个自我约束的实体，业务主要依靠自己治理。这种结构的典型特征是，运营决策责任被分散到各个部门，从而这些部门要对自身绩效负责。而总部对整个企业的总战略发展和各部门的财务控制负责。

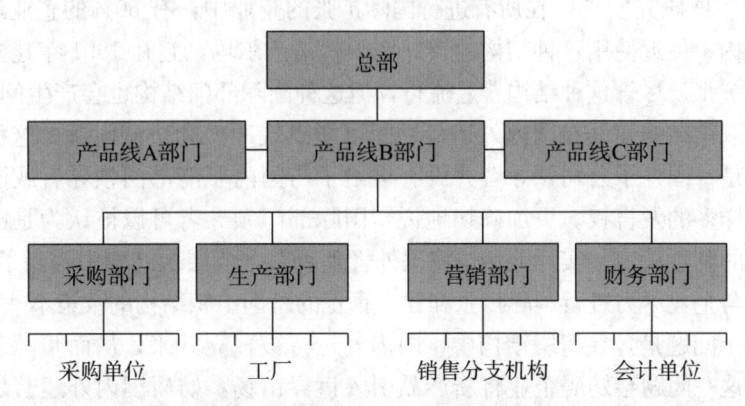

图 13.3　典型的产品部门结构

国际部门结构

当企业开始向国外扩张时，通常会将所有国际活动分到国际部门。不管是职能

---

① A. D. Chandler, *Strategy and Structure: Chapters in the History of the Industrial Enterprise* (Cambridge, MA: MIT Press, 1962).

型结构还是产品部门结构，情况往往都是如此。不管企业在国内采取何种组织结构，其国际部门常常是以地区进行组织划分。图13.4以一家采取了国际部门结构的公司为例进行了说明。

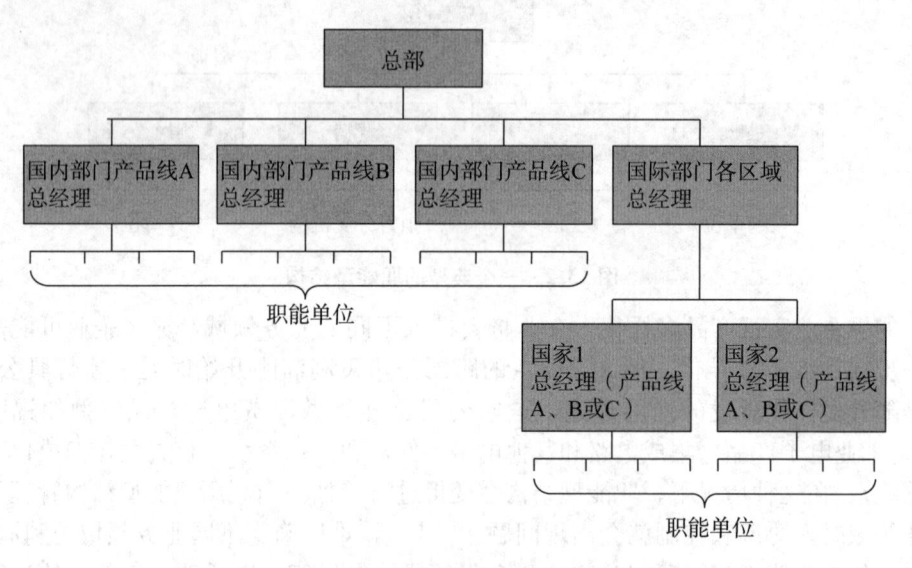

图13.4　一家公司的国际部门结构

许多制造企业都以将国内制造的产品出口给国外子公司，再由国外子公司进行销售的方式进行国际扩张。因此，对于图13.4中的这家公司来说，国家1和国家2中的子公司将会同时销售由产品线A、产品线B和产品线C生产的产品。

然而，可能在未来某个时间，当在各个国家内进行产品生产的做法被证明可行时，企业也可能在各国添加生产设备。这时对于在国内采取职能型结构的企业来说，意味着企业将在与其贸易的每个国家对这种组织结构进行复制。

哈佛的一项研究发现，在所有进行国际扩张的企业中，有60%的企业最初采用的都是这种结构。最近使用这种结构的较好例子就是沃尔玛，它在1991年建立国际部来管理其国际扩张。尽管这种结构普遍流行，但这种国际部门结构也会产生问题。[1] 企业采用的这种双重结构使其在国内外运行之间可能出现冲突和协调问题。这种结构产生的一个问题是，国外子公司领导者并没有被给予与国内职能部门领导者或国内产品部门领导者同样多的发言权。更加确切地说，国际部门领导者可以被认为是国外所有子公司领导者的利益代表。实际上，这将国外管理者在企业层次结构中降到了第二层次，而这种做法与企业尽力进行国际扩张和建立真正的跨国组织结构的政策不一致。

另外一个问题是，在组织结构中，国内外运行被独立开来，从而暗示着两者之间缺少协调。这一问题会妨碍企业将新产品引入世界市场，妨碍国内外运营之间核心竞争力的转移，以及妨碍企业在关键地点进行全球生产的稳定性，从而导致企业难以实现区位经济和经验曲线。

基于这些原因，许多持续进行国际扩张的企业放弃了这种组织结构，采取了我们

---

[1] S. M. Davis, "Managing and Organizing Multinational Corporations," in C. A. Bartlett and S. Ghoshal, *Transnational Management* (Homewood, IL: Richard D. Irwin, 1992).

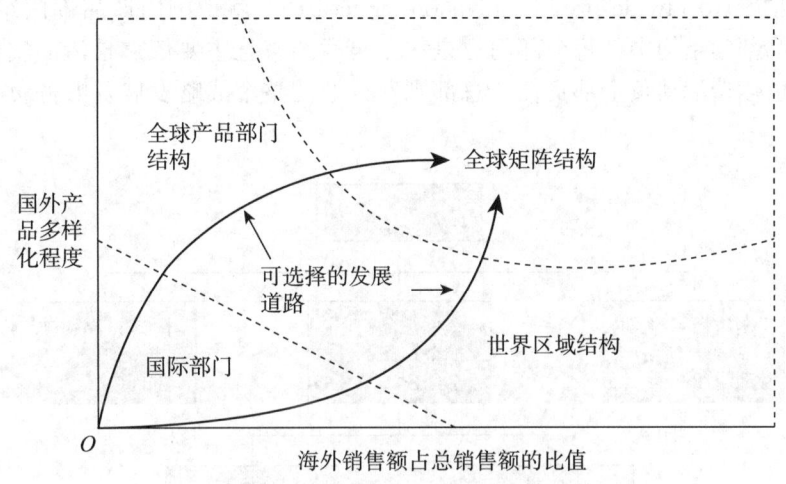

接下来要讲的全球组织架构。全球组织架构最初的两种形式是，世界区域结构和全球产品部门结构。产品种类较多且在国内采用产品部门结构的企业往往采用后者，产品种类不多且在国内采用职能型结构的企业往往采用前者。在以上两种组织结构上又发展出了全球矩阵结构。图 13.5 对以上几种可供选择的发展道路进行了阐释。约翰·斯托普福德（John Stopford）和路易斯·威尔斯（Louis Wells）研制了图 13.5 中的模型，也就是国际组织阶段模型。①

图 13.5 国际组织阶段模型

世界区域结构

如果企业多样化程度较低，并且在国内采取了基于职能的组织结构，那么这些企业往往倾向于选择**世界区域结构**（worldwide area structure），如图 13.6 所示。在这种组织结构中，世界被划分为不同的地理区域。一个区域可能是一个国家（如果该国市场足够大）或一组国家。每个区域都是一个自治实体，并对其自身价值创造活动实行自我治理（例如生产、营销、研发、人力资源和财务）。与这些价值创造活动相关的运营权及决策权通常被下放到每个区域，总部则保留对整个企业战略方向和财务控制的权力。

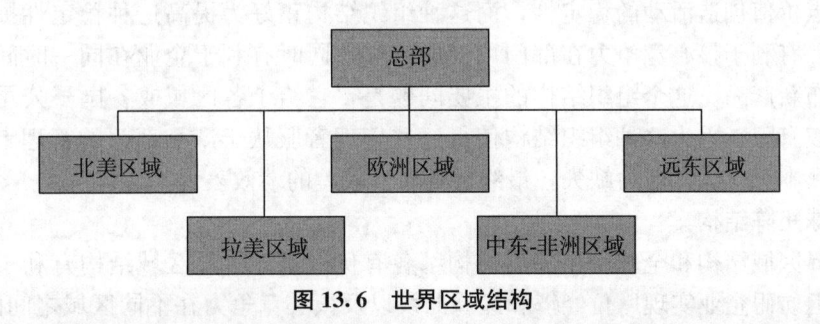

图 13.6 世界区域结构

这种组织结构有利于响应本土化需求。因为决策权被下放后，每个区域都可以按照当地条件对产品营销战略等进行定制。然而，这种结构促使组织内各个分散部门成为高度自治的实体，也使得在不同区域转移核心竞争力和技能变得困难，整个

---

① J. M. Stopford and L. T. Wells, *Strategy and Structure of the Multinational Enterprise* (New York: Basic Books, 1972).

企业实现区位经济和经验曲线也变得很难。换句话说，这个结构与本土化战略相一致，但是可能使企业难以获得与全球标准化战略相关的利益。如果在建立竞争力优势的过程中，响应本土的重要性低于削减成本或转移核心竞争力的重要性，那么基于世界区域结构的企业可能会遇到重大问题。

全球产品部门结构

多元化程度较高，并且在国内采用产品部门结构的企业往往倾向于采用**全球产品部门结构**（worldwide product division structure）。就像国内产品部门结构一样，在全球产品部门结构中，每个部门也是一个自我约束且主要依靠自治的实体，对其自身的价值创造活动负全部责任。总部则对企业的整个战略发展及财务负责，如图13.7所示。

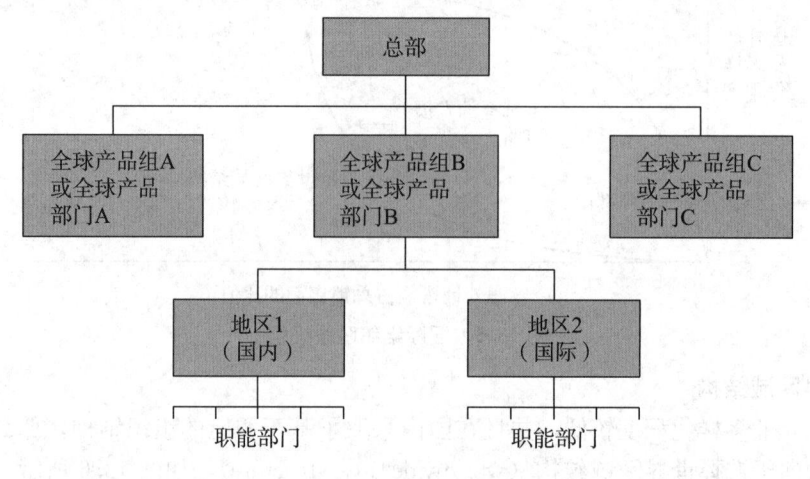

图 13.7 全球产品部门结构

支撑这种组织结构的主要理念是，每个产品部门都应该在世界范围内协调其价值创造活动。因此，设计全球产品部门结构是为了帮助企业解决采用国际部门结构和世界区域结构时所产生的协调问题。为实现区位经济和经验曲线，企业必须保持关键地点价值创造活动的稳定性，而这种组织结构正好为提高这种稳定性提供了组织环境，有利于核心竞争力在部门内部的转移，同时有利于企业在同一时间向全球市场发布新产品。这个组织结构的主要问题是，它给予各区域或各国子公司管理者的发言权有限，因为这种组织结构使得这些管理者服从于产品部门的管理者，而这可能导致本土化运营能力缺失，最终导致企业较差的绩效表现。

全球矩阵结构

世界区域结构和全球产品部门结构都各有优缺点。世界区域结构有利于本土化运营，但妨碍企业实现区位经济和经验曲线以及核心竞争力在不同区域之间的转移。全球产品部门结构为实现区位经济和经验曲线及核心竞争力在不同区域之间的转移提供了更好的组织框架，但是在本土化运营上处于弱势。在其他条件都相同的情况下，如果企业采取本土化战略，那么世界区域结构更适合该企业；采取全球标准化战略的企业则更适合采用全球产品部门结构。然而就如第十二章所述，其他条件并不会完全相同。正如巴特利特和戈沙尔所述，为了在某些行业中生存下去，企业必须采取跨国战略。也就是说，企业必须同时关注区位经济和经验曲线的实现，以及本土化运营能力及核心竞争力在公司内部的转移（全球学习）。[①]

某些企业试图利用矩阵结构来解决跨国战略中相互矛盾的需求。在经典的**全球矩阵结构**（global matrix structure）中，水平差异化从两个维度进行：产品部门和区域，如图 13.8 所示。其理念是，某项产品的运营决策责任应当由企业的产品部门和区域同时承担。因此，在区域 1，产品部门 A 所生产产品的性质、营销战略等将由产品部门 A 的管理层和区域 1 的管理层相互协调而定。该理念认为，这种双重决策责任应该可以使得企业同时实现多个特殊目标。在经典的全球矩阵结构中，在组织内给予产品部门和区域同等地位，会加强这种双重责任的理念。因此，单个管理者会从属于两个层级（产品部门层级和区域层级），并且有两个老板（产品部门老板和区域老板）。

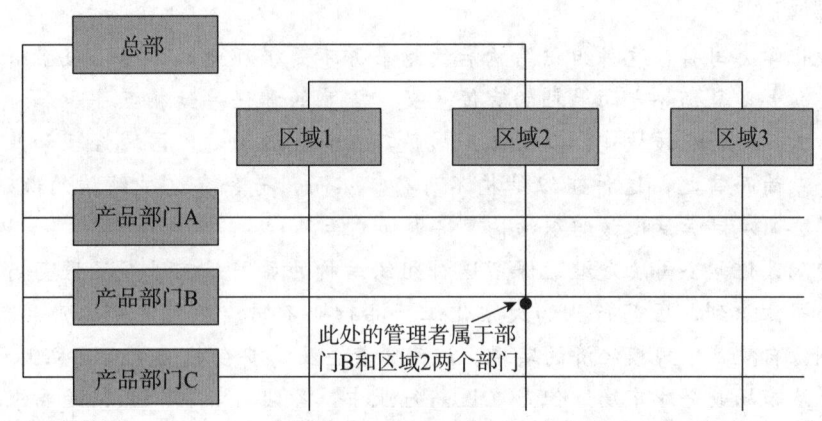

图 13.8 全球矩阵结构

全球矩阵结构的实际实施情况是，该结构的运行并未像理论所预想的那样好。实际上，全球矩阵结构运行起来经常很笨拙，组织内经常出现官僚主义。该组织结构要求召开众多会议，以至于任何工作都难以完成。一项决策需要区域和产品部门一起制定。这会延长决策时间，也会使组织无法进行灵活创新，还会使组织无法灵活应对市场变化。这种双重层级结构会导致区域和产品部门之间出现矛盾，以及两者之间永久的权力争夺，从而使得许多管理者左右为难。更糟糕的是，有证据显示，在这种组织内确定责任人很困难。与全球矩阵结构相关的案例，请见"聚焦管理：陶氏化学公司全球矩阵结构的崛起与衰落"专栏。

● 聚焦管理：陶氏化学公司全球矩阵结构的崛起与衰落

在世界化工行业中，一批主要竞争者在进行着激烈竞争。这些公司是陶氏化学公司、美国杜邦（Du Pont）公司、帝国化学工业（ICI）公司，以及德国"三叉戟"——巴斯夫（BASF）公司、赫斯特（Hoechst）公司和拜耳（Bayer）公司。20世纪 70 年代，各国阻碍化工产品自由流动的壁垒大部分都消失了。由于化工产品可以在世界市场上自由出售，同时具有大宗商品的性质，世界化工产业开始了漫长而

[①] C. A. Bartlett and S. Ghoshal, *Managing across Borders* (Boston：Harvard Business School Press, 1989).

激烈的价格竞争。在这种环境下，成本最低的那家公司将是这场竞争的赢者。在过去的很长一段时间里，陶氏化学公司一直在成本上处于优势地位。

陶氏化学公司的管理者在许多年里都坚持给予其全球矩阵结构底层管理者更多信任。陶氏化学公司的全球矩阵结构有三个相互作用的要素：职能（如生产和营销）、行业（如乙烯、塑料和药物）和地理（如西班牙、德国、巴西）。管理者的工作头衔融入所有这三种要素。例如，西班牙塑料营销经理等大部分管理者至少要向两个领导汇报工作。西班牙塑料营销经理可能既要向全球塑料业务的领导汇报，又要向西班牙业务的领导汇报。全球矩阵结构的目的就是要使陶氏化学公司既能响应本土需求，也能实现企业目标，从而在塑料业务上既实现陶氏化学公司塑料全球生产成本最小化，也使西班牙运营商可以决定在西班牙市场上销售塑料的最佳方式。

陶氏化学公司引入这种组织结构后的结果并不是很理想，许多汇报渠道陷入混乱和冲突。大多数领导走向笨拙的官僚主义。重叠的责任导致相互斗争和责任的缺失。对于工厂是否应该被建，以及工厂该被建在哪儿的问题，区域经理和业务经理意见不合。简而言之，这种组织结构不可行。然而，与舍弃这种结构的做法相反，陶氏化学公司决定尝试使该组织结构变得更加灵活。

促使陶氏化学公司决定继续保留这种组织结构的原因是它进军了医药行业。陶氏化学公司意识到，医药行业和大宗化工产品行业不同。在大宗化工产品行业中，巨额盈利源自生产中规模经济的实现。这意味着企业需要在关键地点建立大型工厂，来服务区域市场或全球市场。但是在医药行业中，各国对管制和营销的要求各有不同，响应当地需求的重要性远超过通过规模经济削减生产成本，高强度地响应本土需求至关重要。陶氏化学公司意识到，如果将医药业务和主流化工业务以相同的优先等级进行管理，那么其医药业务绝对发展不起来。

于是，陶氏化学公司决定使该组织结构变得更加灵活，让它在单一管理系统内能够更好地调解不同业务，并且每个业务有其自身优先等级。总部的一小组高级管理人员为每种类型的业务设定优先等级。在为每个业务部门确定完优先等级后，全球矩阵结构三要素（职能、行业和地理）中的一个将会被选为决策过程中的首要权威因素。根据决策类型，以及企业参与竞争的市场和地理情况，首要权威因素会随之改变。这种灵活性需要所有员工理解全球矩阵结构中其他部门所发生的情况。尽管这看起来可能有点混乱，但多年来，陶氏化学公司都宣称这种灵活系统运行良好，并且将许多成功都归功于该系统对决策质量的改善。

然而，20世纪90年代中期，由于医药业务业绩不尽如人意，陶氏化学公司撤销了对医药业务的投资，并且决定将业务重心重新转移到化工业务中。在企业战略上，陶氏化学公司在1995年决定弃用全球矩阵结构，转而使用更加流线形且基于全球产品部门的组织结构。公司重新将焦点转移到通用化学品，而在通用化学品领域中，低成本生产者才具有竞争优势。特别是在这种条件下，陶氏化学公司认识到，在20世纪90年代激烈竞争的环境下，全球矩阵结构过于复杂，并且管理花费大，这种认识促使陶氏化学公司做出改变。就如陶氏化学公司当时的首席执行官在1999年的一次采访中所说，"过去，我们采取全球矩阵结构，并且依赖团队合作，但是缺少主管的人。当事情进展顺利时，我们不知道该奖励谁；当事情进展不顺利时，我们也不知道该责备谁。因此，现在我们建立了一个全球产品部门结构，删掉一些管理层级。过去在我和最底层员工之间有11个管理层级，现在只有5个。"简而言之，陶氏化学公司最终发现，全球矩阵结构并不适合在全球低成本行业中竞争的企业，它需要弃用全球矩阵结构来降低运营成本。[①]

鉴于这些问题，许多采取跨国战略的企业尝试建立基于企业管理知识网络和共享文化及共同愿景，而非僵硬层次安排的"灵活的"全球矩阵结构。在这种企业中，非正式组织将比正式组织扮演更加重要的角色。

在区域和国家的影响下，组织结构也可能出现变化。这些变化可能是社会文化因素导致的，往往嵌入在企业参与竞争的国家的法律和商务系统之中。例如，日本的企业集团系统导致企业通过相互持股的方式建立相互联系。韩国财阀是该国背景下独一无二的大型联合企业结构。归家族所有且受到家族影响的企业在欧洲、拉丁美洲及亚洲都比较盛行，在后两个地区许多企业也倾向于股权集中的模式。

这种显著的组织结构差异可能会影响组织现存的控制系统、奖励机制以及工作流程；同时可能影响整个企业的透明度和监管。

尽管一家国际企业往往遵循企业注册国的组织结构、工作流程和控制系统，但该企业的子公司和其他子单位会吸收许多地区或东道国的系统。随着时间的推移，这些系统会向这个国际企业渗透，特别在那些采用复杂组织结构或者那些允许单位间进行大量互动的企业中。结果就是，为了建立有效的全球组织结构和控制系统，企业必须重视被用来协调组织内部各子单位的整合机制。

□ 整合机制

我们曾解释过，企业会将自身划分为若干子单位。现在我们来研究一下协调这些子单位的某些方式。其中一种方式是集权，然而，如果协调的任务很复杂，集权可能也不会那么奏效。由于需要协调的各子单位之间活动工作量太大，特别是当这些子单位规模大、种类多样或者地理位置分散时，负责协调的更高层管理者很快就会不堪重负。当这种情况出现时，企业就会寻求正式的和非正式的整合机制来帮助企业进行协调工作。在本节，我们会介绍企业用到的各种整合机制。然而，在介绍之前，我们先探索一下企业对协调的需求，以及阻碍协调的一些因素。

企业的战略和协调

企业协调子单位活动的需求会随其战略而改变。采用本土化战略的企业对这种需求最低；采取国际战略的企业相比之下对这种需求要高一些；采取全球标准化战略的企业对这种需求要更高一些；采取跨国战略的企业是所有企业中对这种需求最高的。采用本土化战略的企业主要关注本土化运营能力。这类企业倾向于以世界区

第十三章 国际企业的组织

---

① "Dow Draws Its Matrix Again, and Again, and Again," *The Economist*, August 5, 1989, pp. 55 - 56; "Dow Goes for Global Structure," *Chemical Marketing Reporter*, December 11, 1995, pp. 4 - 5; R. M. Hodgetts, "Dow Chemical CEO William Stavropoulos on Structure and Decision Making," *Academy of Management Executive*, November 1999, pp. 29 - 35.

域结构运行,而在该结构中,每个区域有相当大的自治权,并且有其自身实施价值创造的职能部门。因为每个区域都是一个独立实体,所以对于协调各地区之间活动的需求被最小化了。

采取国际战略的企业对于协调的需求要大一些,并且会设法通过在国内外部门之间转移核心竞争力和技能来获取利益。为了在子单位之间转移核心竞争力和技能,企业需要做好子单位之间的协调。采取全球标准化战略的企业尝试从区位经济和经验曲线中获利,对于协调的需求更大。为获得区位经济和经验曲线,企业需要将价值创造活动分散到全球最有利的地方,从而形成全球活动网络。这个网络内部必须做到协调,才能确保各项投入和半成品顺利进入价值链,以及成品顺利流向世界市场。

实施跨国战略的企业对协调的需求最大。跨国战略需要同时追求区位经济和经验曲线,响应本土需求,以及将核心竞争力和技能在企业所有子单位中进行多向传播。全球标准化战略需要通过协调来确保产品沿着价值链顺利走向最终市场。国际战略则需要通过协调来确保核心竞争力在子单位之间顺利转移。然而,在跨国战略中,实现核心竞争力多向传播要比在国际战略中需要更多协调。而且,在执行跨国战略时,企业需要对国外子单位与全球分散价值创造活动(如生产、研发和营销)的对接进行协调,确保产品和营销计划根据当地条件得以充分定制。

阻碍协调的因素

各类子单位管理者都有不同的工作方向,部分原因是他们任务不同。例如,生产管理者主要关心生产问题,如产能利用率、成本控制和质量控制,而营销管理者则关心营销问题,如定价、促销、分销和市场份额。这种区别会阻碍管理者之间的交流。各子单位工作方向不同,也源于它们有不同目标。例如,国际企业的全球产品部门可能主要致力于成本目标,而该成本目标的实现要求对标准化产品进行全球生产。然而一家国外子公司可能主要致力于提高其在东道国的市场份额,而这项目标的实现并不要求标准化产品。这种不同的目标会导致冲突。

这种阻碍协调的因素在任何企业都很常见,但是对于在国内外有大量子单位的企业而言,这些阻碍因素会特别棘手。在国际企业中,各子单位管理者在时区、空间和国籍上的差异通常不会强化各子单位在工作方向上的差异。

例如,近来飞利浦公司实行全球产品部门结构和许多主要依靠自治的各国组织结构。在公司中,产品部门和各国组织结构在某些合作上一直存在问题,例如发布新产品活动。当飞利浦公司研发出盒式录像机 V2000 系统时,其北美子公司无法向市场发布该产品。甚至其北美子公司采用了其全球竞争对手——松下研发的家庭录像系统。联合利华在洗涤剂业务上也有过类似经历。公司需要解决其在许多不同国家的组织结构与产品部门之间存在的争议,这些争议将在欧洲发布新产品的必要时间延长到数年之久。这使联合利华丧失了先发优势,而先发优势对于建立强大的市场地位至关重要。

正式的整合机制

随着复杂程度的提高,用以整合子单位的整合机制分别从简单的直接联系、联系人角色和团队演变到矩阵结构,如图 13.9 所示。一般来说,对协调的需求越大,正式的整合机制就会越复杂。①

```
        ┌──→ 直接联系
        │
        ├──→ 联系人角色
        │
        ├──→ 团队
        │
        ↓──→ 矩阵结构
整合机制的复杂程度
逐渐提高
```

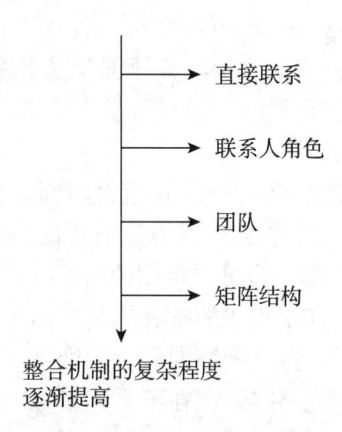

图 13.9　正式的整合机制

子单位管理者之间的直接联系是最简单的整合机制。然而，如果管理者有不同的工作方向，而不同的工作方向会阻碍协调，那么直接联系的方式可能不会很奏效。

联系人角色要稍微复杂一点。当子单位接触量增大后，通过在每个小组中挑选出肩负该子单位与其他子单位日常协调责任的人，协调情况将会得到改善。通过这些联系人角色，所有涉及人员之间就建立了永久关系，从而可以帮助减缓阻碍因素的影响。

当对协调关系的需求更大时，企业倾向于利用暂时或永久团队，团队成员由相互之间需要协调的子单位中的个人组成。他们通常会协调产品研发和发布工作，当运营或战略的任何方面需要两个或更多子单位相互协调时，团队是很有用处的。产品研发和发布团队通常由来自研发部门、生产部门和营销部门的人员组成。部门之间形成的协调将会帮助产品研发，既能使产品迎合消费者需求，也能使企业在更加合理的成本上生产产品。

当对协调需求非常高时，企业可能需要创立一个矩阵结构，在这个矩阵结构中，所有人都充当整合的角色。这种结构设计就是为了促进子单位之间做到最大程度的整合。在企业中，最常见的矩阵结构基于区域和全球产品部门设立。这样可以实现全球产品部门和区域之间高水平的整合，从理论上说，这样企业对响应本土需求和追求区位经济与经验曲线都能做到密切关注。

这种矩阵结构在一些企业中会更加复杂，企业通过区域、全球产品部门和职能形成组织结构，其中每一项都直接向总部汇报。因此，在20世纪90年代中期之前还未抛弃全球矩阵结构的陶氏化学公司这样的企业中，每个管理者都从属于三个层级（例如，西班牙塑料营销管理者同时是三个部门的成员，这三个部门分别是西班牙子公司、塑料生产部门和市场营销部门）。除了帮助企业提高本土响应能力及实现区位经济和经验曲线之外，这种组织结构还能促进核心竞争力在组织中的传播。原因是核心竞争力往往来源于职能部门（如研发和营销）。理论上，这种组织结构能够促进现有职能部门中的竞争力在部门之间和不同区域之间的传播。

---

① J. R. Galbraith, *Designing Complex Organizations* (Reading, MA: Addison-Wesley, 1977).

然而，这种用以解决企业内部协调问题的方法也会很快让企业陷入官僚主义泥潭，从而给企业造成很多问题。全球矩阵结构往往很灵活，但是容易使企业陷入官僚主义；另外，其明显特征会带来冲突，而不是被人期望的合作。这种组织结构若要得以运行，则需要具有一定灵活性，同时需要非正式的整合机制的支持。[1]

非正式的整合机制：知识网络

为了缓解或避免正式的整合机制产生的相关问题，特别是与全球矩阵结构相关的问题，整合需求高的企业一直在尝试利用非正式的整合机制。**知识网络**（knowledge network）以重视团队合作和跨单位合作的组织文化为支撑，是用来在组织内传输信息的网络。[2] 该网络并不基于正式的整合机制，而是基于企业内管理者之间非正式的接触和分布式信息系统。[3] 这一网络的最大长处是，可以被当作知识在企业中流动的非官僚渠道。[4] 要使知识网络持续存在下去，组织内不同地方的管理者之间必须至少保持间接联系。如图13.10所示，在一家企业内7个管理者之间的知识网络中，管理者A、管理者B和管理者C私下相互认识，管理者D、管理者E和管理者F同样相互认识。尽管管理者B私下不认识管理者F，但是通过共同的熟人（管理者C和管理者D），他们之间形成了联系。因此我们说，从管理者A到管理者F中的所有管理者都是知识网络的一部分，而管理者G不属于该网络。

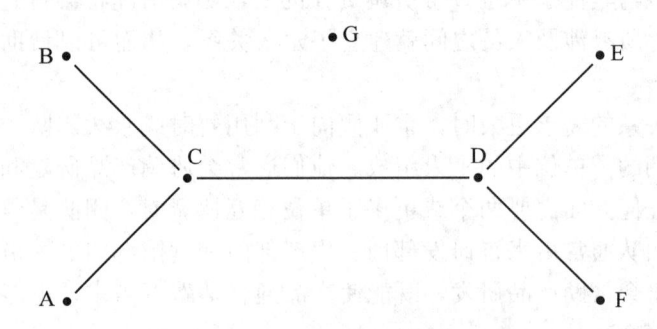

图13.10　一个简单的知识网络

假设管理者B是西班牙的营销经理，需要知道如何解决一个技术问题，以便更好地服务一位重要的欧洲客户。而美国一位研发部管理者，即管理者F知道如何解决管理者B所面对的问题。管理者B将这个问题告诉了所有她认识的联系人，包括管理者C，并且询问他们是否认识任何可能提供解决办法的人。管理者C问管理者

---

[1] M. Goold and A. Campbell, "Structured Networks: Towards the Well Designed Matrix," *Long Range Planning*, October 2003, pp. 427–460.

[2] Bartlett and Ghoshal, *Managing across Borders*; F. V. Guterl, "Goodbye, Old Matrix," *Business Month*, February 1989, pp. 32–38; Bjorkman, Barner-Rasussen and Li, "Managing Knowledge Transfer in MNCs."

[3] M. S. Granovetter, "The Strength of Weak Ties," *American Journal of Sociology* 78 (1973), pp. 1 360–1 380.

[4] A. K. Gupta and V. J. Govindarajan, "Knowledge Flows within Multinational Corporations," *Strategic Management Journal* 21, no. 4 (2000), pp. 473–496; V. J. Govindarajan and A. K. Gupta, *The Quest for Global Dominance* (San Francisco: Jossey-Bass, 2001); U. Andersson, M. Forsgren and U. Holm, "The Strategic Impact of External Networks: Subsidiary Performance and Competence Development in the Multinational Corporation," *Strategic Management Journal* 23 (2002), pp. 979–996.

D，而管理者D又告诉管理者F，从而管理者F可以打电话告诉管理者B解决问题的办法。协调活动以这种方式通过知识网络以非正式的方式完成，而不是以正式的整合机制完成，如团队或全球矩阵结构。

然而，为了使这种知识网络得以充分运行，该知识网络必须囊括尽量多的管理者。例如，如果管理者G面临与管理者B同样的问题，就无法利用这个知识网络寻求解决办法，而只能求助于更加正式的整合机制。建立一个覆盖整个企业的知识网络是困难的，并且尽管热衷网络的人说，知识网络是将企业各子单位黏合在一起的"黏合剂"，但是企业是否能够成功地建立覆盖企业的知识网络现在还不很清楚。用来建立知识网络的两种工具是信息系统和管理发展策略。

企业可以利用其分散的电脑和通信信息系统为非正式的整合机制打下基础。[①] 电子邮件、视频会议、高带宽数据系统和网络搜索引擎使得分散在全球的管理者更容易认识彼此，更容易确定可以为解决某个具体问题提供帮助的联系人，以及更加容易在组织内发布和分享最佳方法。例如，在沃尔玛，不同国家的商店可以利用企业内部网交流关于促销战略的想法。

企业也可以利用管理发展策略来建立非正式的整合机制。策略包括：定期轮换各子单位管理者，从而使其建立自己的知识网络，以及利用教育项目管理将不同子单位管理者聚集到一起，使其相互认识。

如果子单位管理者始终追求与企业内其他目标不一致的子目标，那么他们自身建立的这种知识网络可能也难以使他们之间形成充分协调。不管是为了使知识网络较好运行，还是为了使正式的全球矩阵结构较好工作，管理者们都必须强烈致力于共同目标。为了更好地理解问题本质，我们再研究一下管理者B和管理者F之间的这个案例。像之前一样，管理者F通过知识网络了解到管理者B遇到的问题。然而，解决管理者B的问题需要管理者F花费大量时间。在一定程度上，这会使管理者F偏离其日常工作及其子目标，而该子目标和管理者B的并不相同，因此管理者F可能不愿意花时间来帮助管理者B解决问题。因此，管理者F可能不会联系管理者B，知识网络也不能为管理者B提供解决办法。

为了消除这种缺陷，组织中的管理者必须坚持共同的组织规范和价值体系，这套组织规范和价值体系的权威会高于各子单位不同的工作方向。[②] 换句话说，企业必须拥有促进团队合作的强大组织文化。如果企业拥有这种文化，那么当管理者愿意且能够搁置子单位的子目标而给整个企业带来好处时，这个管理者会选择这样做。如果管理者B和管理者F都遵守共同的组织规范和价值体系，并且这些组织规范和价值体系认为企业的整体利益高于任何个体单位的利益，那么管理者F应该愿意与管理者B进行合作，帮助其解决问题。

小结

这一节内容对于理解企业管理问题至关重要。企业内部需要整合——特别是当企业采取全球标准化战略、国际战略或跨国战略时。但是由于存在阻碍协调的因素，

[①] W. H. Davidow and M. S. Malone, *The Virtual Corporation* (New York: HarperCollins, 1992).

[②] W. G. Ouchi, "Markets, Bureaucracies, and Clans," *Administrative Science Quarterly* 25 (1980), pp. 129-144.

这种整合很难实现。企业的传统做法是设法采用正式的整合机制来实现内部协调。然而，由于这些机制会使组织陷入官僚主义，并且不一定能够解决由各子单位工作方向不同所引起的问题，因此往往不会奏效。当企业采用复杂的全球矩阵结构时，这种情况尤其容易出现，然而为了同时实现区位经济与经验曲线，响应本土需求和使核心竞争力在组织内多方向传播，企业又需要这种复杂的组织结构。企业为了走出这种困境，需要从两方面着手。第一，企业必须设法建立一个非正式的整合机制，来做之前由正式的整合机制承担的工作。第二，企业必须建立一个共同文化。然而，这两项都不是那么容易完成的任务。[1]

控制系统和奖励机制

企业领导阶层的主要任务就是控制企业中各种不同的子单位——不管这些子单位以职能进行划分、以全球产品部门进行划分还是以区域进行划分，以确保各子单位的行动与企业整体战略和财务目标一致。在本节，我们首先会介绍用以控制企业子单位的各种类型的控制系统。然后，我们简要介绍一下奖励机制。最后，我们会讨论如何根据国际企业的战略找到合适的控制系统和奖励机制。

控制系统

国际企业会用到 4 种主要的控制系统：个人控制、官僚主义控制、产出控制及文化控制。大部分国际企业会同时用到这 4 种类型，但是企业战略不同，侧重类型就会有所不同。

个人控制

个人控制（personal control）指个人通过与下属联系而形成的控制。这种类型的控制往往在小企业中运用得最为广泛，因为小企业中的领导可以直接监管下属行为。然而，在国际企业中，这种控制构造了不同层级管理者之间的关系。例如，首席执行官可能利用个人控制来影响其直接下属（例如，全球产品部门领导或主要区域领导）的行为，继而影响组织层次更低的管理者。杰克·韦尔奇长期担任美国通用电气的首席执行官，在 2001 年才退休，他会和通用电气所有业务领导（大部分是国际业务领导）定期进行一对一例会。[2] 他利用会议来调查这些管理者所管理子公司的战略、组织情况和财务表现。实质上他可以利用会议对这些管理者实行个人控制，并且毋庸置疑地对其赞成的战略进行个人控制。

官僚主义控制

官僚主义控制（bureaucratic control）指通过一套规则和程序对子单位活动形成的控制。在国际企业子单位中，最重要的官僚主义控制是预算和资本支出规则。预

---

[1] T. P. Murtha, S. A. Lenway and R. P. Bagozzi, "Global Mind Sets and Cognitive Shift in a Complex Multinational Corporation," *Strategic Management Journal* 19 (1998), pp. 97–114.

[2] J. Welch and J. Byrne, *Jack: Straight from the Gut* (New York: Warner Books, 2001).

算本质上是关于企业金融资源划拨的一套规则。子单位的预算则规定该子单位的花费。总部利用预算来影响子单位的行为。例如，研发预算通常规定研发单位所能使用的研发经费。研发管理者知道，如果他们在一个项目上投入过多资金，那么他们在其他项目上投入的资金将会减少，所以他们会调整自身行为，使得一切都控制在预算之内。大部分预算都通过总部管理层和子单位管理层协商达成。总部管理层可以通过控制子单位的预算来鼓励某些子单位的成长和抑制其他子单位的成长。

资本支出规则要求总部管理层对子单位超出一定限额的任何资本支出进行审批。预算使得总部可以规定子单位在一年内的总花销，资本支出规则使总部可以对子单位如何花这笔钱进行额外控制。当资本支出请求与企业整体战略不符时，总部予以拒绝；当资本支出请求与企业整体战略相符时，总部则会批准。

产出控制

产出控制（output control）涉及给子单位设定目标，而这些目标将会以相对客观的指标进行设定，例如利润率、生产率、增长比例、市场份额和质量。子单位管理者的业绩就可通过他们对指标的完成程度进行评价。[1] 如果刚好达标或超额完成指标，那么子单位管理者会被给予奖励；如果指标没有完成，那么最高管理层通常会调查其中原因，并采取合适的矫正措施。因此，通过将实际业绩和目标进行对比，以及选择性介入和采取矫正措施，企业对子单位实行了控制。子单位的目标依照其在企业中的角色而定。企业通常会给自我约束的全球产品部门或子单位在利润率、销售增长率和市场份额上设定目标。职能部门的目标更多依据其具体活动而设定。因此，研发部门会被给予产品研发目标，生产部门会被给予生产率和质量目标，营销部门会被给予市场份额目标等。

预算目标通常由子单位和总部之间协商而定。一般来说，总部会尽力给子单位设定一个既富有挑战性又比较现实的目标，从而子单位将会尽力寻求提高业务质量的方法，而不至于被迫采用机能失调的活动来达到目标（如短期利润最大化）。产出控制有一套"例外管理"系统，在这个系统中，只要子单位达到所定目标，总部就不会对子单位的运营进行干涉。然而，如果子单位未达到目标，那么总部管理者则可能主动介入子单位的运营，更换管理层，并且寻求提高效率的方式。

文化控制

当员工们执迷于企业规范和价值体系时，企业中就存在**文化控制**（cultural control）。当存在这种文化控制时，员工们倾向于自我管控，这将减少直接监管的需要。在文化较强的企业中，自我管控的存在可以减少对其他控制系统的需求。麦当劳积极推销其企业规范和价值体系，它将代理商和供应商称为合作伙伴，并注重自身对这些合作伙伴的长期承诺。这种承诺并不只是公关措施，麦当劳会用行动来支撑这项承诺。当合作伙伴需要的时候，麦当劳愿意通过资金或管理辅助的方式来帮助代理商和供应商改善运营。作为回应，麦当劳的代理商和供应商也融入企业文化中，从而致力于帮助麦当劳取得成功。结果就是，麦当劳花在管理代理商和供应商上的必要时间减少了。

---

[1] C. W. L. Hill, M. E. Hitt and R. E. Hoskisson, "Cooperative versus Competitive Structures in Related and Unrelated Diversified Firms," *Organization Science* 3 (1992), pp. 501–521.

□ 奖励机制

奖励机制指用来奖励员工适当行为的工具。许多员工获得了年终奖金形式的奖励。奖励机制通常与产量控制所用的业绩指标紧密联系。例如，对利润率相关指标的设定可能会被用来测量子单位的业绩，如全球产品部门的业绩。为了给予员工正面激励来促使其努力工作，并超额完成指标，企业可能会将超出指标的利润以一定比例发放给员工。如果子单位设定的目标是投资回报率达到15%，子单位实际实现投资回报率20%，那么企业可将超出15%部分所产生的利润以一定百分比作为年终奖的形式发给单位员工。员工的任务不同，采取的奖励方式经常不同。而且，国际企业战略的成功执行经常需要不同单位管理者之间进行积极合作。一些国际企业会以全球矩阵结构运营，在这个结构中，一个国家的子单位可能负责企业在这个国家的营销业务，而全球产品部门可能负责产品生产和研发。如果国际企业想要取得成功，不同单位管理者之间则需要密切合作。激励管理者合作的一种方式是将奖励与组织中更高层次的业绩表现联系起来，根据整个企业的利润率给予各国子单位和全球产品部门的高级管理人员相应奖励。此处的思路是这样的：提高整个企业的利润率需要各国子单位和全球产品部门的管理者在战略执行上合作，将奖励机制与更高一级业绩表现联系在一起以促进这种合作。大部分国际企业都有一个奖励机制，如将一定比例奖金与管理者或员工工作的子单位业绩挂钩，或将一定比例奖金与整个企业业绩或其他更高层级单位业绩挂钩。目标就是鼓励员工提高所在单位的效率，以及鼓励员工与组织内其他单位进行合作。

国际企业使用的奖励机制往往需要根据各国制度和文化差异进行调整。在一个国家可行的奖励机制在其他国家可能不可行，甚至不被允许使用。管理者要意识到奖励机制可能会产生意想不到的后果。因此，管理者需要认真想好，各种奖励会激励何种行为。例如，如果工厂仅仅以其产量来确定对员工的奖励，而不考虑产品质量，那么员工为获取更多奖励可能会尽一切力量多生产产品，但这些产品质量可能很差。

□ 企业的控制系统、奖励机制和战略

理解控制系统、奖励机制和战略之间关系的关键是理解绩效模糊性的概念。

绩效模糊性

当导致子单位较差绩效的原因不清晰的时候，我们就说存在**绩效模糊性**（performance ambiguity）。当一个子单位的绩效部分依赖于其他单位绩效时，即当组织内子单位相互依赖程度较高时，绩效模糊性的存在就很常见。由于在每个子单位中收集质量问题的信息成本昂贵，并且耗时多，因此会分散企业控制的注意力。换句话说，绩效模糊性会提高控制成本。因此，绩效模糊性是组织中子单位之间相互依赖性的函数。

战略、相互依赖性和绩效模糊性

现在我们来讨论战略、相互依赖性和绩效模糊性之间的关系。在采取本土化战

略的企业中，每个国家的子单位都是一个独立的实体，并且可以根据其指标进行评判，因此绩效模糊性低。在采取国际战略的企业中，相互依赖程度有点高，企业需要整合以促进核心竞争力和技能的转移，由于国外子单位的成功部分取决于从母国转移来的核心竞争力的质量，因此就存在绩效模糊性。

在采用全球标准化战略的企业中，情况会更加复杂。回想一下，在纯粹采取全球标准化战略的企业中，企业对区位经济和经验曲线的追求会导致价值创造活动全球网络的发展。企业中许多活动都是相互依赖的，因此，其相互依赖程度和绩效模糊性都很高。

采取跨国战略企业中的绩效模糊性是所有企业中最高的。这时企业也面临同采取全球标准化战略企业同样的绩效模糊性问题，另外由于其强调核心竞争力在企业中的多向传播，因此会遇到采用国际战略企业面临的典型问题。采取跨国战略的企业内部存在极高的整合需求意味着，企业内部共同决策的程度较高，形成的相互依赖性使得子单位管理者对较差绩效有更多托词，子单位之间有很大余地进行相互推诿和指责。

对控制成本和奖励机制的影响

表13.1总结了前一节的论点及相应的控制成本。控制成本可被定义为管理层致力于监控和评估子单位绩效所花费的时间。绩效模糊性越高，控制成本也会越大。当绩效模糊性较低时，管理层则可以运用产出控制；当绩效模糊性较高时，管理层就没有那么好办了。当组织中一个子单位的绩效要依赖另一个子单位的绩效时，产出控制给出的单位绩效指标并不是完全准确的。因此，管理层必须花时间解决源自绩效模糊性的问题，而这会提高控制成本。

表13.1 国际企业战略所对应的相互依赖性、绩效模糊性和控制成本

战略	相互依赖性	绩效模糊性	控制成本
本土化战略	较低	较低	较低
国际战略	中等	中等	中等
全球标准化战略	较高	较高	较高
跨国战略	极高	极高	极高

表13.1揭示了一个悖论。从第十二章我们得知，相比本土化战略、国际战略和全球标准化战略，跨国战略使企业拥有更多从国际扩张中盈利的方式。但是现在我们看到，由于采用跨国战略的企业内部相互依赖程度较高，因此控制成本比采用其他战略类型的企业要高。除非此类企业拥有削减成本的方法，否则更高的控制成本会抵消由实施跨国战略获得的高利润。尽管程度要低一点，但是采用全球标准化战略的企业会遇到同样的问题。尽管采用跨国战略的企业可以获取区位经济和经验曲线的好处，但是它必须应对更高的绩效模糊性，而绩效模糊性会带动控制成本的上升（与采用国际战略或本土化战略的企业对比）。

在这种情况下，控制系统和奖励机制就该发挥作用了。当我们调查企业用来控制其子单位的控制系统时发现，不管国际企业采取何种战略，都会使用产出控制和官僚主义控制。然而，在采用全球标准化战略或跨国战略的企业中，高绩效模糊性

限制了产出控制的有效性,结果就是这些企业将更多精力投入文化控制。文化控制——通过鼓励管理者们接受企业规范和价值体系——激励存在相互依赖关系的子单位管理者寻求解决问题的方法,从而减少企业内相互指责的情况,相应减少控制成本。文化控制的发展可能是成功实现跨国战略和全球标准化战略的前提条件。[①] 如果奖励机制以某种方式与更高层级绩效关联起来,那么不同子单位之间的冲突将会减少,并且合作潜力也会提升。当将子单位作为独立实体,而对其绩效评估因绩效模糊性问题变得很困难时,将这些子单位管理者的奖金同时与其从属实体联系起来,则可以减少问题的产生。

工作流程

我们将工作流程(简称流程)定义为组织内决策制定和工作开展的方式。[②] 在组织中任何一个层级都可以发现工作流程的存在。工作流程有制定战略流程、分配资源流程、评估新产品创意流程、处理客户咨询和投诉流程、提高产品质量流程、评估员工绩效流程等。一个企业的核心竞争力或宝贵技能都蕴藏在这些流程中。高效的流程能够降低价值创造的成本,提高产品附加值。例如,20世纪80年代,许多日本制造企业在全球的成功部分基于它们较早采用了提高产品质量和运营效率的流程,其中包括全面质量管理和准时制库存系统。通用电气的成功部分因为其在企业内广泛推行了许多工作流程,包括为改进产品质量采用的企业六西格玛法、企业数据化流程(利用企业内部网和互联网来实现自动化及成本削减)、创意生成流程(即在企业中的"锻炼",管理者和员工在几天里密集召开会议,确定且制定出提高生产力的创意)。

可以用流程图来总结组织中的流程。流程图可以描绘出工作中的各种步骤和决策点。许多流程直接绕过职能部门或产品部门,要求不同子部门中的员工进行合作。例如,产品研发流程需要研发、生产和营销3个部门的员工共同合作,确保新产品既能满足市场需求,又能保持较低生产成本。由于需要跨越组织边界,因此为了高效完成这些流程,企业需要为跨单位合作建立相应的正式的整合机制和奖励机制。

对于流程的本质、流程改进战略和流程重组战略的详细学习超出了本书范围。然而,特别是在国际商务的大背景下,了解流程的两个基本要点是很重要的。[③] 第一,在国际企业中,许多流程不仅跨越了组织边界,需要许多子单位共同参加,而且跨越了国家边界。如果将流程内嵌在一个宣扬不同子单位和国家的员工进行相互合作的文化中,而且组织中的奖励机制明确奖励这种合作,同时正式和非正式的整合机制都能够促进子单位之间的合作,那么流程顺利进行的概率就会大大增加。

第二,可能导致企业形成竞争力优势的宝贵的新流程,可以出现在企业全球运

---

① T. P. Murtha, S. A. Lenway and R. P. Bagozzi, "Global Mind Sets and Cognitive Shift in a Complex Multinational Corporation," *Strategic Management Journal* 19 (1998), pp. 97-114.

② M. Hammer and J. Champy, *Reengineering the Corporation* (New York: Harper Business, 1993).

③ T. Kostova, "Transnational Transfer of Strategic Organizational Practices: A Contextual Perspective," *Academy of Management Review* 24, no. 2 (1999), pp. 308-324.

营网络中的任何地方,认识到这一点对国际企业来说很重要。[1] 在应对当地市场环境时,在当地运营的子单位可能酝酿出新流程,这些流程对国际企业中其他部门可能会很有价值。例如,为应对日本国内竞争,以及当地对质量精益求精的痴迷,日本于20世纪70年代在全面质量管理的发展流程上处于领先位置。那时鲜有美国公司在日本拥有分公司,所以在20世纪80年代高质量日本产品开始大举进军美国市场之前,美国公司对这种趋势很不了解。其中有一个例外是惠普公司,惠普公司在日本有一家运营十分成功的子公司——横河惠普(Yokogwa Hewlett-Packard,YHP)有限公司。横河惠普有限公司在日本是全面质量管理流程的先驱,并且因为在提高产品质量上取得的成就获得了著名的"戴明奖"。通过横河惠普有限公司,惠普公司比它的许多美国同行更早了解到这次质量运动。惠普公司也是第一批将全面质量管理流程引入全球运营的西方公司之一。惠普公司在日本的子公司不仅让它获得了宝贵的工作流程,而且将这种知识在其全球业务网络中进行了传播,从而提高了整个公司的绩效。创造宝贵的工作流程的能力很重要,但是运用这些工作流程同样很重要。这需要正式和非正式的整合机制(如知识网络)的配合。

组织文化

在第三章,我们将文化的概念运用于民族和国家。文化是社团(包括组织)的一种社会建构产物。[2] 不管我们将文化运用于一个大社团,如民族和国家,还是将其运用于一个小社团,如组织或组织中的一个子单位,文化的基本定义都不变。文化指人与人之间共享的一套价值和规范体系。价值是抽象的观念,即人们认为什么是好、正确,并且值得拥有。规范指社会规则和指导方针,规定了在特定情况下什么是恰当行为。价值和规范是一个组织内的行为模式,而组织内老员工会无意识地鼓励新员工遵循这些价值和规范。尽管组织文化很少不变,但是组织文化的改变往往相对缓慢。

□ 创建和维护组织文化

一个组织的文化的影响因素主要有以下几个。第一项因素是,创办人或重要领导会对一个组织的文化有深刻影响,而且组织文化往往有他们自身价值观的烙印,这种观点似乎已经是共识了。[3] 一个例子就是日本松下公司,它拥有一种强大的奠基者效应。松下幸之助(Konosuke Matsushita)几乎禅宗般的个人经营理念被编入松下公司的"七项精神价值",直到今天,所有新员工依然会学习"七项精神价值"。这

---

[1] Andersson, Forsgren and Holm, "The Strategic Impact of External Networks: Subsidiary Performance and Competence Development in the Multinational Corporation."

[2] E. H. Schein, "What Is Culture?" in P. J. Frost et al., *Reframing Organizational Culture* (Newbury Park, CA: Sage, 1991).

[3] E. H. Schein, *Organizational Culture and Leadership*, 2nd ed. (San Francisco: Jossey-Bass, 1992).

些价值是：(1) 通过工业为民服务；(2) 公平；(3) 和谐相处、相互合作；(4) 争取做到更好；(5) 礼貌、谦虚；(6) 调整、吸收；(7) 感恩。一个领导并不一定要成为创办人，才能对组织文化造成深刻影响。杰克·韦尔奇因为改变通用电气组织文化而广受好评，当他刚开始担任首席执行官时，他主要强调一套反主流文化的价值观，如勇于冒险的精神、企业家精神、管事人职责及无边界行为。不管领导者采用多么强有力的措施，领导者改变已有组织文化要比在一家新企业建立一种文化更加困难。

第二项因素是企业刚创建时所在地国家的更加宽泛的社会文化。例如，在美国，个人主义的竞争伦理突出，并且产生胜者的社会压力巨大。许多美国企业会寻找激励方法来使员工认为自己是胜者。[①] 美国企业的价值观经常反映美国文化的价值观。同样，在许多日本企业中发现的合作价值观也被认为反映传统日本社会的价值观，因为传统日本社会的价值观强调团队合作、互惠的责任。[②] 通常，人们认为日本企业更多是以员工为中心的企业文化导向，而其他许多亚洲企业则很注重运营中的等级规则。因此，尽管可能有点以偏概全，但是认为国家文化会影响组织文化的观点是有价值的。

第三项因素是企业历史。随着时间的推移，企业历史可能会塑造出组织的价值观。用历史学家的话来说，组织文化是组织随时间推移形成的路径依赖型产物。例如，荷兰国际企业飞利浦长时间强调各国子公司独立运营的企业文化。企业历史塑造了这种文化。在第二次世界大战期间，德国占领了荷兰。由于企业总部处在沦陷战区，因此企业的权力被默认转交给了在各国运营的子公司，例如在美国和英国的飞利浦子公司，战争结束后，这些子公司依然继续采用高度自治的运营方式。这种方式已经得到认可，并且这种观念也成为飞利浦的核心价值观。

在企业价值观中，导致高绩效的决策往往被惯例化。3M 公司在 20 世纪 20 年代主要是一家砂纸制造商。理查德·德鲁（Richard Drew）当时是 3M 公司实验室的一个年轻助手，他有一个很好的新产品创意———一种敷上胶水的纸条，他将这种产品称为胶带。德鲁看到这种产品在汽车产业的用处，即在汽车喷漆时可以用胶带遮住汽车的某些部分。他将这个观点告诉公司总裁威廉·迈克奈特（William McKnight）。迈克奈特不看好这种创意，建议他放弃这项研究。但德鲁并没有放弃，他选择继续研发胶带，并且在汽车产业中潜在的消费者那里获得了支持。在这种情况下，德鲁再次找到迈克奈特。接受教训的迈克奈特改变了立场，批准德鲁研发胶带，而后胶带成为 3M 公司的主打产品之一，直到今天，3M 公司在胶带业务上一直处于主导地位。[③] 从那时起，迈克奈特就开始强调给予研究者自由探索新创意、研发新产品的重要性。不久，这便成为 3M 公司的核心价值观，并且演变成著名的"15%规定"，即研究者可以将15%的工作时间用在自己选择的产品创意上。今天，新员工们经常会听到德鲁的这个故事，而这个故事也体现了企业倡导员工探索新创意的价值观。

---

① G. Morgan, *Images of Organization* (Beverly Hills, CA: Sage, 1986).
② R. Dore, *British Factory*, *Japanese Factory* (London: Allen & Unwin, 1973).
③ M. Dickson, "Back to the Future," *Financial Times*, May 30, 1994, p. 7.

●聚焦管理：亚洲的高效领导力

在亚洲，如何成为更加高效的领导者？

第一，思想开明极其重要。英明的领导者不会将其个人议程强加给管理团队，对任何可能发生的事情都保持开放的态度，这一点很关键。许多事件经常难以被控制或被预料。在这种情况下，领导者就需要应对机遇和挑战——而在亚洲有许多机遇和挑战。

第二，领导者必须学会放权。一旦新业务或新项目开始，领导者就应该尽量归隐幕后，让管理者接手管理。这一点很重要。领导者需要避免干涉或破坏工作流程的诱惑——通过相信工作流程，他可以激发管理者，使其成为领导者。

第三，领导者必须学会从偏见和主观判断中解脱出来，以一种长远的宏观的方式看待企业事务。领导者应该少关注其亚洲管理者和员工是否能够顺利完成工作，而其自身应当花更多时间来思考企业的长期战略。

第四，领导者必须知道何时采取温和的方式，以及何时采取强硬的措施。这个看似矛盾的措施是管理员工和企业事务的另一个强有力手段。就如中国的阴阳之说，涉及如何平衡两种似乎相互对抗的势力。这与西方通常使用的典型的权衡取舍方法不同。在亚洲的领导者必须认识到，温和并不是示弱。相反，它意味着适应和弹性。亚洲哲学家通常用水来比喻这种温和的特性。

第五，与西方领导方式不同的是，在亚洲的领导者需要学习为人谦虚，并成为大社团中的一分子。许多亚洲文化宣传谦虚是一种美德，而这也被认为是在企业中建立和保持和谐气氛的一种方式。西方管理者往往擅长交流和表达，并且在日常企业生活中看起来更加强有力，以及富有影响力。然而，在亚洲，人们倾向于从行为和行动上评判个人表现，而不是依据个人技能和其判断是否老练。因此，谦虚被认为好领导的标志之一。[①]

文化通过各种机制得以维持。这些机制包括：（1）组织中的人才招聘和晋升规范；（2）奖励策略；（3）社会化流程；（4）交流策略。目标就是雇用个人价值观与公司价值观一致的员工。为了进一步强化这种价值观，企业可能会提升那些个人行为与组织核心价值观相符的员工。价值评议流程也可能与企业价值观有联系，从而进一步强化组织的文化规范。

社会化流程可以是正式的，例如让员工参加有关企业核心价值观的培训项目。非正式的社会化流程可能是来自同事或上司的友好建议，或者同事和上司的行为可能潜移默化地影响着新员工。至于交流策略，拥有较强组织文化的企业会将大量注意力用于企业任务宣示中，以构建价值观。企业将这些价值观传递给员工，并且利用这些价值观来指导企业的困难决策。企业的故事和标志往往被用来加强这些价值

---

① C. H. Wee and F. Combe, *Business Journey to the East: An East-West Perspective on Global-is-Asian* (Singapore: McGraw-Hill, 2009); C. H. Wee, "Strategic Tradeoffs and Yin-Yang Contradictions: Seeking the Balance" in *Sun Zi Bingfa: Selected Insights and Applications* (Singapore: Prentice Hall/Pearson Education, 2005).

观（例如，3M 公司中德鲁和迈克奈特的故事）。

□ 国际企业中的组织文化和组织绩效

许多管理学的作者经常谈到强势文化。① 在强势文化中，几乎所有管理者都分享着相对一致的价值观和规范，这套价值观和规范对组织内工作的进行有明显影响。新员工会很快接受这些价值观，而无法融入这种价值观的员工往往会离开该企业。在这样一种文化中，如果一个新经理违背了组织文化的价值观和规范，他的下属和上司都可能对其行为进行校正。通常，圈外人认为拥有强势文化的企业拥有自己做事的某种方式。

强势并不一定意味着好。一种不好的文化也可能成为强势文化。20 世纪 80 年代的一次研究发现，通用汽车拥有一种强势文化——一种抵制底层员工积极主动和勇于冒险的强势文化，发表这次研究结果的作者认为，这是不良文化，导致了通用汽车低迷的业绩。② 同时，强势文化在某一段时间内可能会使企业受益，使企业获得较高业绩，而在另一段时间内可能不适合企业发展。一种文化的适当性取决于当时的背景。20 世纪 80 年代，IBM 强劲的业绩表现部分归因于其强势文化，这种强势文化高度重视基于共识的决策。③ 然而，在 20 世纪 80 年代后期和 20 世纪 90 年代，这种文化变成迅猛发展的电脑产业的弱点。基于共识的决策耗时长，带有官僚主义气息，并且特别不利于促进企业冒险精神的发挥。虽然这种流程在 20 世纪 70 年代很好，但是在 20 世纪 90 年代，IBM 需要迅速决策及勇于冒险的企业家精神，这种文化却抵制这些。IBM 发现自己被那个时候依然很弱小的微软击败了。

一项学术研究认为，能在长时间里展现较好绩效的企业往往拥有强势但具有适应性的文化。这项研究称，在具有适应性的文化中，大部分管理者深切关心和重视消费者、股东和员工，同时注重能够给企业带来有用改变的人员和流程。④ 虽然这很有意思，但这的确将问题缩小到一个非常高的抽象层面。毕竟，哪个企业会说它不密切关心顾客、股东和员工的利益呢？一个略微不同的观点认为，为了取得优异的业绩表现，企业文化必须和企业其他架构、战略及竞争环境的需求相匹配。所有这些因素必须相互一致。

国际企业的全球子单位网络中会有一种共同的组织文化，而采用不同战略的企业对共同的组织文化的需求可能不同。共同的规范和价值观可以促进来自不同子单位员工之间的相互协调和合作。⑤ 一种强势的共同文化可能导致企业目标一致，减少源自相互依赖的绩效模糊性问题和来自不同子单位管理者之间的冲突。如前所述，

---

① J. P. Kotter and J. L. Heskett, *Corporate Culture and Performance* (New York: Free Press, 1992); M. L. Tushman and C. A. O'Reilly, *Winning through Innovation* (Boston: Harvard Business School Press, 1997).

② Kotter and Heskett, *Corporate Culture and Performance*.

③ 请参阅：T. Peters and R. H. Waterman, *In Search of Excellence* (New York: Harper & Row, 1982). 讽刺的是，该书出版后，IBM 的业绩立马开始下降了。

④ J. P. Kotter and J. L. Heskett, *Corporate Culture and Performance* (New York: Free Press, 1992).

⑤ Bartlett and Ghoshal, *Managing across Borders*.

共同文化可能促进非正式的整合机制的发展，如知识网络更高效运行。正因为如此，如果国际企业采用一种需要全球分散的子单位之间相互合作和协调的战略，那么共同文化在这种国际企业中可能会有更高价值。这意味着，拥有共同文化对采用跨国战略的企业来说最重要，其次是采取全球标准化战略的企业，再次是采取国际战略的企业，最后是采取本土化战略的企业。

综合分析：战略和组织架构

在第十二章中，我们学习了国际企业采用的 4 种基本战略：本土化战略、国际战略、全球标准化战略和跨国战略。到目前为止，我们已经介绍了组织架构的若干方面，并且讨论了这些方面与战略之间的相互关系。现在我们来综合分析一下。

本土化战略

采用本土化战略的企业注重对本土化需求的响应。表 13.2 显示，这类企业往往以世界区域结构运行，在这个组织结构中，运营决策权被分散给在职能上自我约束的各国子单位。子单位（各区域子公司和各国子公司）之间对于相互协调的需求很低。这意味着，采用本土化战略的企业对于用来将不同子单位结合在一起的整合机制没有较高需求。企业子单位之间缺少相互依赖意味着，在这些企业中，绩效模糊性低，控制成本也低。因此，总部可以主要依靠产出控制与官僚主义控制来管理国外运营。奖励机制可以与子单位的绩效指标联系在一起。由于对整合和协调的需求较低，因此对于共同工作流程和组织文化的需求也会很低。因为这些企业不能从实现区位经济与经验曲线及核心竞争力转移中获利，因此组织简单将会使本土化战略很有吸引力。

表 13.2　对战略、组织结构和控制系统的综合分析

组织结构和 控制系统	战略			
	本土化战略	国际战略	全球 标准化战略	跨国战略
垂直差异化	决策权分散	对于核心竞争力的控制更加集中，其他运营决策权分散	某些决策权集中	集权和 分权混合
水平差异化	世界区域结构	全球产品部门结构	全球产品 部门结构	全球 矩阵结构
对协调的需求	较低	中等	较高	极高
整合机制	无	少量	许多	非常多
绩效模糊性	较低	中等	较高	极高
对文化控制的需求	较低	中等	较高	极高

□ 国际战略

采用国际战略的企业试图通过将核心竞争力从母国转向国外子单位来创造价值。事实上，大部分这类企业产品种类很多。如果企业产品种类多样，那么这些企业将以全球产品部门结构进行运营。总部通常会保持对企业核心竞争力来源的集中控制，而核心竞争力来源通常指企业研发部门和营销部门。企业中的其他运营决策被分散给各国子单位（在产品多样化的企业中，这些子单位会向全球产品部门进行汇报）。

这类企业对于协调的需求处于中等水平，这反映了企业对于转移核心竞争力的需求。因此，尽管这类企业组织架构中会有一些整合机制，但是这些整合机制并不是很多。由于企业内子单位的相互依赖性处于较低水平，因此绩效模糊性也处于一个中等水平。这些企业通常以产出控制与官僚主义控制，以及将奖励机制与各国子单位的绩效指标密切联系的方式来运营。企业对于共同组织文化和共同工作流程的需求并不是很大。一项重要特例就是，当企业的核心竞争力或宝贵技能内嵌在工作流程和组织文化中时，企业需要密切关注将这些工作流程和组织文化从企业中心转移给各国子单位。整体来说，尽管采取国际战略的企业所需的组织比采取本土化战略的企业所需的组织更加复杂，但所高出的复杂程度并不是很大。

□ 全球标准化战略

采用全球标准化战略的企业关注区位经济和经验曲线的实现。许多这类企业的产品具有多样性。如果企业的产品多样，那么它们通常以全球产品部门结构进行运营。为了协调企业全球分散网络中的价值创造活动，总部通常对大部分运营决策都保持最终决定权。一般来说，这类企业比采用本土化战略或国际战略的企业集权程度更高。由于企业需要协调其全球分散价值链中不同阶段的运作，因此这类企业对于整合机制的需求也比较高。因而，这类企业往往以一系列正式和非正式的整合机制运营。企业内部所形成的相互依赖性会导致较高绩效模糊性。结果就是，采用全球标准化战略的企业除了采用产出控制和官僚主义控制之外，往往强调建立强势的组织文化，这种组织文化可以促进企业内的协调和合作。这类企业往往利用与企业绩效指标相联系的奖励机制，激励不同子单位的管理者相互合作以提高整个企业绩效。通常，这类企业的组织架构比采用本土化战略或国际战略的企业更加复杂。

□ 跨国战略

采用跨国战略的企业注重同时实现区位经济与经验曲线、响应本土需求和全球学习（核心竞争力或宝贵技能的多向传播）。这类企业可能以全球矩阵结构运营，在全球矩阵结构中，产品部门和区域部门有较大影响力。这类企业需要协调全球分散的价值链运作及转移核心竞争力，从而给公司带来压力，迫使其集中某些运营决策权（特别是生产和研发）。同时，响应本土需求给企业带来压力，使其将其他决策权

（特别是营销）分散给各国子单位。结果就是，这些企业往往对某些决策权力进行较高的集中控制，而对其他决策保持较高分权。

国际企业对于协调的需求极高。这在其利用一系列正式和非正式的整合机制，包括正式的矩阵结构和非正式的知识网络中可以体现。如此整合意味着子单位之间相互依赖性较高，从而导致绩效模糊性极高，最终提高了企业的控制成本。为了削减这些成本，除了采用产出控制和官僚主义控制之外，采用跨国战略的企业需要培育强势的企业文化，并且建立促进子单位之间相互合作的奖励机制。

□ 环境、战略、组织架构和绩效

表13.2中组合所蕴含的观念是，为取得较高绩效，企业的战略和组织架构必须匹配。企业要取得成功，必须满足两个条件。第一，企业战略必须与企业运营所处的环境相符。在第十二章，我们提到，在某些行业中，全球标准化战略是最可行的；而在其他一些行业中，国际战略或跨国战略可能是最可行的；在另外一些行业中，本土化战略可能是最可行的。第二，企业的组织架构必须和其战略一致。

如果战略与环境不符，那么企业可能会出现重大业绩问题。如果企业组织架构和企业战略不相符，那么企业也可能出现业绩问题。因此，为了生存，企业必须努力做到其经营所处环境、战略和组织架构三者相互适应。

组织变革

国际企业必须定期改变其组织架构，以适应其参与竞争的环境的改变和所采取的战略。20世纪90年代，飞利浦为了盈利，不得不改变其战略和组织架构，以适应电子工业竞争环境的需求，因为那时电子工业已经从本土化转向了全球化。尽管详细介绍组织变革超出了本书范围，但对组织惯性和实施组织变革进行一些解释还是有必要的。

□ 组织惯性

改变组织是很难的。在多数组织中，都存有强大惯性。这些惯性有许多来源。组织惯性的第一个来源是组织内现存权力和影响力的分配。[①] 单个管理者享受的权力和影响力在一定程度上是其在组织层级中所担任的角色，而管理者在组织层级中所担任的角色被定义为结构位置。根据定义，组织上的大部分重大变革都会改变组织结构，进而改变组织内权力和影响力的分配状况。作为组织变革的结果，某些个体的权力和影响力获得了提升，而某些恰恰相反。例如，飞利浦在20世纪90年代提升了其全球产品部门的作用和责任，降低了国外子公司的作用和责任。这意味着，

---

① J. Pfeffer, *Managing with Power: Politics and Influence within Organizations* (Boston: Harvard Business School Press, 1992).

经营全球产品部门的管理者的权力和影响力被提升了，而经营国外子公司的管理者的权力和影响力被降低了。正如人们所料，国外子公司的某些管理者不愿意进行这样的改变，并且对之进行抵制，这延缓了变革步伐。既然组织变革会削弱某些管理者的权力和影响力，那么我们可以预计，这些管理者会通过主张这项变革不可行来抵制这项变革。他们在一定程度上是成功的，这就构成了可能延缓或阻止组织变革的组织惯性的一个来源。

组织惯性的第二个来源是现存文化，即规范和价值观中所展现的那些。价值观反映了根深蒂固的信仰，因此，改变价值观会很困难。如果组织内正式和非正式的社会化机制一直强调一致的价值观，并且在招聘体系、晋升制度和奖励机制中都一直在强化这些价值观，那么突然宣布这些价值观不再适合企业发展，并且需要改变，则会造成员工之间的抵制和失调。例如，飞利浦在历史上非常重视本土自治，但其在20世纪90年代的变革削减了国外子公司的自治权，这种做法和现存企业价值观形成冲突，因此受到了员工的抵制。

组织惯性的第三个来源是高级管理层对合适的商务模式或经营模式的偏见。如果已有经营模式在过去一段时间里一直运营良好，而现在企业高层认为这种运营模式不再适合企业发展，那么管理者们可能较难接受这种说法。在飞利浦，将大量自治权交给国外子公司的运营模式在过去运营较好，使得当地管理者可以根据当地特定条件对产品和企业战略进行定制。由于这种经营模式在过去一直运营很好，现在要让管理者理解为何这种运营模式已经不再适用是很困难的。因此，管理者很难接受一种新的商务模式，并且倾向于回到已有的经营模式和做事方式上去。这种改变需要管理者放弃长期固有的有关何种方法奏效的设想，而他们中的许多人都难以舍弃这种设想。

组织惯性的第四个来源是制度约束。国家法规，包括当地政府关于裁员的规定和政策，可能会使国际企业难以改变其全球价值链构造。国际企业可能希望从当地子单位那里拿走生产的控制权，然后将这种控制权转交给全球产品部门，并选择在几个较好的地点加强生产。然而，如果当地政府规定当地生产必须占一定比例，并且关于裁员的规定使得国际企业关闭子单位特别困难，或者成本高昂，那么国际企业可能会发现，这些约束将使其难以采用最高效的战略和组织架构。

□ 实施组织变革

所有组织都会遇到惯性问题，许多国际企业内部结构复杂，并且各部门分散在全球，这可能会使其很难改变战略和组织架构来适应现实变化。与此同时，在许多产业中出现的全球化趋势使得改变战略和组织架构比以往更加关键。各个产业中的跨境贸易和投资壁垒逐渐减少，导致全球竞争环境有了本质改变。成本压力加剧，从而要求国际企业精简业务，以获得与区位经济和经验曲线、在组织内转移核心竞争力和宝贵技能相关的经济效益。同时，响应本土需求依然是差异化的一个重要来源。为了在新兴竞争环境中生存下去，国际企业不仅需要改变其自身战略，而且需要改变它们的组织架构，使其以不同方式来适应战略的变化。实现成功组织变革的基本原则可以被归结为以下几点：(1) 通过休克疗法将组织解放出来；(2) 通过对组织架构进行积极改变让组织进入新状态；(3) 在新状态下对组织进行再固定。

解放组织

由于组织惯性，渐进式变革往往没有什么效果。受变革影响，权力受到威胁的管理者可以很轻易地对渐进式变革进行抵制。这让我们想到宇宙大爆炸式的改变，这种改变方式主张采取高效变革，即通过采取果断措施尽快解放企业组织中的现存文化，改变权力和影响力分配格局。用来解放组织的休克疗法可能包括关闭亏损工厂，或者宣布进行组织重组。意识到以下这一点同样很重要，即高级管理者必须全心致力于这项变革，否则这项变革将难以成功。高级管理者必须清晰地阐明变革的必要性，让员工理解企业进行此项变革的原因，以及变革成功后企业所能获得的效益。高级管理者也必须言行一致，采取必要的果敢措施。如果员工看到宣称需要变革的高级管理者并没有改变其自身行为，也没有对企业进行大量变革，那么员工们很快就会对变革丧失信心，改革就会受挫。

进入新状态

一旦组织被解放后，变革者必须让组织进入新状态。改变组织状态需要企业采取措施——关闭业务，改组结构，重新分配责任，改变控制系统和奖励机制，流程再造，以及解聘阻碍改变的人员。换句话说，改变组织状态需要企业对组织架构的形式进行大幅改变，以适应希望采用的新战略形态。为了成功改变组织状态，行动必须充分迅速。让员工参与这项变革，是为了让他们理解并相信变革的必要性，同时这也是促进变革进程的一种有效方式。例如，企业可能将大量运营流程设计委派给低层员工。如果他们的大量建议被企业采纳，那么这些员工会看到自己努力的成果，并且因此相信变革真的正在发生。

再固定组织

再固定组织需要更长时间。它可能需要企业建立新文化，废除旧文化。因此，再固定组织需要让员工适应新的做事方式。为了做到这一点，企业通常会利用教育项目。然而，仅依靠教育项目还不够，聘用政策也必须发生改变以反映新的事实情况。企业要强调聘用那些自身价值观与企业所尽力建设的文化相符的员工。同样，控制系统和奖励机制也必须做到与组织中的新情况相符，否则变革永远不会发生。高级管理者必须意识到，改变组织文化需要很长时间。任何变革的松懈都可能会让旧文化再现，因为员工们会回归他们熟悉的办事方式。因此，完成这项文化传播任务需要高级管理者的长期努力，这要求高级管理者坚持不懈地保持变革步伐。例如，杰克·韦尔奇在通用电气20年任期的一个显著特征就是，他从未停止过他的改革议程，这是他任期的一贯主题。他经常提出新的项目和计划来推动组织文化沿着期望的轨道继续前行。

●本章总结

这一章我们学习了国际企业用来管理和指导其全球运营的组织架构。本章的中心主题是，不同战略需要不同组织架构，通过组织架构战略才得以实施。为了获得成功，企业必须以不同方式使其组织架构和战略相符。组织架构与战略要求不相符的企业将会遇到绩效问题。同时，组织架构中不同组成之间也必须相互一致。本章要点如下：

1. 要想实现卓越的利润率，企业必须满足3个条件：企业组织架构中的不同组成必须保持内部一致；组织架构必须符合企业战略发展需要；企业的战略和组织架构必须与企业所在市场中的竞争条件相符。

2. 组织架构可以从3个维度来进行分析：将组织划分为子单位的正式划分（水平差异化）、组织内决策责任的定位（垂直差异化）和建立整合机制。

3. 控制系统是用来测量子单位绩效和评估子单位经营管理者工作表现的考核指标。

4. 奖励机制指用来奖励员工恰当行为的工具。许多雇员会得到年终奖形式的奖励。奖励机制通常与产出控制的绩效考核指标紧密联系在一起。

5. 工作流程指组织内决策制定和工作进行的方式。这种流程在组织内不同层级中都能被看到。企业的核心竞争力或宝贵技能就被内嵌在其工作流程之中。高效的工作流程可以帮助企业降低价值创造成本，以及提高产品附加值。

6. 组织文化指员工间共享的一套规范和价值观。这些规范和价值观体现在共事员工无意识地鼓励新员工所遵循的行为方式中。

7. 采用不同战略的企业必须采用相应组织架构来成功执行这些战略。采用本土化战略、全球标准化战略、国际战略和跨国战略的企业都必须采用与其战略相符的组织架构。

8. 所有组织都会遇到惯性问题，许多国际企业内部结构复杂，并且各部门分散在全球，这可能会使其很难改变战略和组织架构来适应现实变化。与此同时，在许多产业中出现的全球化趋势使得改变战略和组织架构比以往更加关键。

●批判性思考和问题讨论

1. "国际企业的战略选择必须依靠将战略所能带来的好处（价值创造）和执行战略的成本（执行战略所需的组织构架）进行对比。依照这种逻辑，有些企业采取本土化战略，其他一些企业采取全球标准化战略或国际战略，还有一些企业选择跨国战略。"这种说法对吗？

2. 对以下观点进行探讨："理解绩效模糊性的原因和后果是国际企业组织设计的中心问题。"

3. 请描述国际企业可能采用何种组织架构来削减控制成本。

4. 如果国际企业在最适合采用全球标准化战略的产业中竞争，那么它最好采用哪种组织架构？

5. 如果国际企业正在将其战略从国际战略转向跨国战略，那么它在执行变革时面临的最重要挑战是什么？怎样克服这些挑战？

6. 重温"聚焦管理：沃尔玛的国际部"专栏，并回答以下问题：

（1）为什么将决策权集中在沃尔玛国际部总部会给其各国子公司带来麻烦？沃尔玛的应对方法恰当吗？

（2）你认为采用国际部的方式是沃尔玛管理国际运营的最好组织架构吗？这种组织架构可能会给沃尔玛带来什么问题？还有其他可能适用的组织架构吗？

7. 重温"聚焦管理：陶氏化学公司全球矩阵结构的崛起与衰落"专栏，然后回答以下问题：

（1）为什么陶氏化学公司刚开始时采用了全球矩阵结构？这种组织结构给其带来了什么问题？你认为这些问题是全球矩阵结构的典型问题吗？

（2）20世纪90年代，促使陶氏化学公司放弃全球矩阵结构的导火索是什么？基于陶氏化学公司的业务本质及其参与竞争的环境，当前陶氏化学公司所采取的组织结构合理吗？

●研究任务：国际企业的组织

利用 globalEDGE™ 网站完成下列练习：

练习1

《财富》（Fortune）杂志每年都会调查并发布全球最受赞赏的企业排名。查找最新排名情况，并且关注评判全球最受赞赏企业的方法。针对调查中企业战略的成功因素制定一份执行摘要。

练习2

全球化会给企业、文化和国家带来很多挑战。实际上，globalEDGE™ 网站在"新闻和观察"栏下有从商务新闻节选的文章。查找"深入探讨"，寻找一篇对企业在全球化进程中面临的挑战有深刻见解的文章。对这些挑战及作者可能建议的解决方案进行描述。

●章尾案例：联合利华组织变革的10年

联合利华是世界上最古老的国际企业之一，其产品涉及食品、洗涤剂和个人护理行业。公司年收入超过500亿美元，其许多不同种类的品牌产品几乎遍布世界每个国家。洗涤剂产品业务盈利占公司收入的25%左右，而其洗涤剂产品包括许多著名品牌，如在50多个国家有出售的"奥妙"。个人护理产品业务盈利占公司收入的15%左右，产品品牌包括"卡尔文"化妆品、"白速得"牙膏、"费伯瓦"护发产品和"凡士林"润肤霜。剩下的60%销售额都来自食品业务，其中强势产品包括人造黄油（在大部分国家，联合利华人造黄油的市场份额超过70%）、茶、冰激凌、冷冻食品和焙烤食品。

联合利华在历史上曾经采用过分权的组织结构。每个主要国家市场中的子公司对该市场中的产品生产、营销等负责。例如，联合利华于20世纪90年代早期在西欧拥有17家子公司，每家子公司关注不同国家的市场。每家子公司都是一个利润中心，对其自身绩效负责。这种分散的组织结构也曾经被认为是联合利华的优势。这种组织结构使当地管理者可以根据当地消费者口味和偏好对产品和策略进行定制，通过调整销售和分销策略来适应主流零售系统。为了推动本土化运营，联合利华聘用了当地管理者来经营当地组织：美国子公司由美国人经营，印度子公司则由印度人经营，依此类推。

20世纪90年代中期，随着竞争环境的迅速改变，这种分权的组织结构逐渐变得不协调。联合利华的全球竞争对手，包括瑞士的雀巢、美国的宝洁，在若干方面都比联合利华做得更加成功——建立全球品牌、通过选择几个较好地点加强生产以削减成本、在几个国家市场同时发布新产品。联合利华分权的组织结构阻碍了其建立全球或区域品牌。这种分权的组织结构意味着：联合利华内部存在许多重复的业务部门，特别是在生产方面；缺少规模经济；成本较高。同时，联合利华还发现自己在新产品发布上落后于竞争对手。例如，在欧洲，雀巢和宝洁逐渐可以做到在整个欧洲同时发布新产品，而联合利华为了说服其17家欧洲子公司采用一种新产品就花了4年~5年。

联合利华在20世纪90年代中期开始着手改变这种状况。1996年，它开始引进区域业务组。每个区域业务组包括许多业务部门，每个部门关注具体的一个产品系列。因此，欧洲业务组会有一个致力于洗涤剂产品的部门，一个致力于冰激凌产品的部门，一个致力于冷冻食品的部门等。这些小组和部门会通过协调其区域子公司的活动来降低运营成本、加速研发和发布新产品的流程。

例如，联合利华建立了利华欧洲（Lever Europe）公司来联合公司的洗涤剂业务。欧洲17家公司将直接向利华欧洲公司汇报。利用新建立组织的影响力，利华欧洲公司将洗涤剂产品合并到几个重要地点进行生产，以削减成本、加速新产品发布。暗藏在这一新方法之下的是一桩交易：17家子公司让渡它们在市场上的自治权，来帮助公司发展和执行统一的泛欧洲战略。欧洲肥皂生产工厂由10家被减至2家，并且一些新产品的生产也被聚集在一个地方。公司统一了产品的尺寸和包装，削减采购成本，以及适应统一的泛欧洲广告宣传。通过采取这些措施，联合利华在欧洲洗涤剂业务上一年节省了4亿美元。

然而在2000年，联合利华发现，它依然落后于其竞争者，于是开始了另一次组织重组。这次的目标是将联合利华销售的产品品牌由1 600个削减到400个，以使公司将这些品牌打造成全球或区域品牌。为了支持这项新的工作重点，联合利华在2004年将生产工厂从380家削减到280家。同时，联合利华建立了一个新的组织结构，这个组织结构仅包含两个全球产品部门——一个食品部门和一个家庭个人护理产品部门。在每个部门中，有许多区域业务组，这些小组将关注某一特定区域的研发、生产和营销。例如，联合利华贝斯特食品的欧洲部门总部坐落于鹿特丹，关注在东欧和西欧的食品销售，而联合利华家庭个人护理产品欧洲部门关注在欧洲的家庭个人护理产品销售。公司在北美洲、拉丁美洲和亚洲都有同样的组织结构。因此，联合利华贝斯特食品北美洲的总部坐落于新泽西，拥有与欧洲同样的组织结构，但是为符合当地与欧洲不同的消费历史，联合利华在北美洲销售的许多食品品牌和在欧洲销售的食品品牌存在差异。[①]

案例讨论问题

1. 为什么从20世纪50年代到20世纪70年代，联合利华采取的分权组织结构

[①] H. Connon, "Unilever's Got the Nineties Licked," *The Guardian*, May 24, 1998, p. 5; "Unilever: A Networked Organization," *Harvard Business Review*, November-December 1996, p. 138; C. Christensen and J. Zobel, "Unilever's Butter Beater: Innovation for Global Diversity," Harvard Business School Case No. 9-698-017, March 1998; M. Mayer, A. Smith and R. Whittington, "Restructuring Roulette," *Financial Times*, November 8, 2002, p. 8.

行得通，而在20世纪90年代该组织结构给其带来了许多问题？

2. 20世纪90年代中期，当联合利华引入以区域业务组为基础的组织结构时，公司是想取得什么效果？而这种组织结构未能解决联合利华所遇到的问题，你认为其中原因是什么？

3. 2000年，联合利华转而采用了全球产品部门结构。你认为此次改变的理由是什么？在考虑洗涤剂和食品行业竞争性质的前提下，你认为这种组织结构可行吗？

第十三章

国际企业的组织

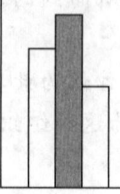

第十四章 进入战略和战略联盟

学习目标

学完本章后，你应该能够：

1. 解释考虑进行国外扩张的公司必须做的三项基本决策：进入哪些市场，何时进入这些市场，以何种规模进入这些市场；
2. 概述公司用以进入国外市场的不同模型的优势和劣势；
3. 确定影响公司选择进入战略的因素；
4. 说明作为一种进入战略，收购与绿地投资的优点和缺点；
5. 评估进入战略联盟的利弊。

● 开篇案例：杰西博在印度

1979年，英国大型建筑设备制造商杰西博（JCB）与印度工程集团伊思考特（Escorts）一同建立合资企业，生产在印度销售的挖掘装载机。伊思考特持有合资企业60%股份，杰西博持有40%。这是杰西博第一次组建合资企业，以往杰西博都是通过出口方式将其2/3的产品从英国出口到世界各国。然而，高关税壁垒使得产品很难被直接出口到印度。

杰西博可能更加倾向于在印度单干，但那时印度政府要求外国投资者与当地公司以合资企业方式进入本国市场。不管怎样，杰西博那时认为印度建筑市场发展的时机已经成熟，并且看到该市场事实上蕴藏着很大发展前景。杰西博的管理者认为，与其等到市场潜力都发挥后再进入，不如先在这个国家获得一个立足点，从而取得比全球其他竞争者更加有利的地位。

20年后，该合资企业在印度销售了大约2 000台挖掘装载机，占印度市场80%的份额。而且，随着管制逐年放松，印度经济蒸蒸日上。然而，杰西博感到合资方式限制了其在印度的壮大。一方面，杰西博在全球获得的许多成功都是来自尖端制造科技和产品创新；另一方面，杰西博对于将专业技术转移给一个并不持有多数股权、因此也无控制权的合资企业感到很迟疑。杰西博最不想发生的事情就是这些宝贵技能会被合资企业泄露给印度最大的拖拉机生产商之一——将来很可能会成为自己直接竞争对手的伊思考特。而且杰西博不愿意进一步对合资企业进行投资使其获得更大发展，除非自己能够获得更多长期回报。于是，杰西博在1999年利用印度政府规定发生改变的时机，与伊思考特重新谈判企业条款，从伊思考特那里购得了20%合伙人权益，成为合资企业的主要控制者。2002年，当印度政府规定进一步被放开后，杰西博继续以这个逻辑从伊思考特那里买回所有剩下权益，使该合资企业转变成自己的全资子公司。几乎在同一时期，杰西博也在美国和巴西投资设立了全资子公司。

在获得完全控制权后，杰西博于2005年年初加大了其在印度的投资，并宣布公司将在印度建第二个工厂以服务快速增长的印度市场。杰西博同时宣布将在中国设立一家全资工厂以满足中国市场的需求。印度和中国是世界上人口密度最高的两个国家，两国发展都很快，建筑业也日益繁荣。为了与同样在这两个市场积极扩张的全球对手特别是与卡特彼勒、小松和沃尔沃竞争，杰西博作为世界第五大建筑设备制造商，急需扩大其在这两大市场的份额。到2008年，杰西博的对外投资逐渐获得成效。产品系列从2001年的120种机器增加到250多种。在印度，杰西博拥有47位经销商，以及大约275家零售店。杰西博的零售额接近18亿英镑，收益达到历史新高——1.87亿英镑，公司排名也一跃成为全球业内第四，占领了大约10%的全球市场份额。①

引言

本章关注两个紧密联系的话题：(1) 决定何时并且以什么规模进入哪些国外市场；(2) 进入模式的选择。任何一个考虑国际扩张的公司首先都必须面对进入哪些国外市场问题、时机问题，以及进入规模问题。选择进入哪些国外市场，应该是基于对这些市场相对长期的增长和盈利潜力的评估。例如，在本章"开篇案例"中，我们可以看到，杰西博最初决定以合资企业的方式进入印度市场，是基于该市场需求增长的有利前景。

国际企业必须面对的另一个主要问题是选择进入国外市场的模式。服务国外市场有许多不同模式，包括出口、许可协议（又称许可）、给予东道国公司特许经营权、与东道国公司建立合资企业、在东道国建立新的全资子公司来服务当地市场、收购当地现有企业来服务当地市场。每种模式都有其优势和劣势。每种模式的优势和劣势等级取决于许多因素，包括运输成本、贸易壁垒、政治风险、经济风险、商务风险和企业战略。最优进入模式会因这些因素的情况发生改变。因此，某些公司可能最适合采取出口模式来服务某一特定市场，而其他公司可能更适合采用建立新

---

① P. Marsh, "Partnerships Feel the Indian Heat," *Financial Times*, June 22, 2006, p. 11; P. Marsh, "JCB Targets Asia to Spread Production," *Financial Times*, March 16, 2005, p. 26; D. Jones, "Profits Jump at JCB," *Daily Post*, June 20, 2006, p. 21; R. Bentley, "Still Optimistic about Asia," *Asian Business Review*, October 1, 1999, p. 1; "JCB Launches India-specific Heavy Duty Crane," *The Hindu*, October 18, 2008.

的全资子公司,或者收购现有企业的模式来服务这个市场。

正如"开篇案例"中所讨论的那样,杰西博起初以合资企业的方式进入印度市场,主要是因为关税壁垒使出口变得很困难,并且印度政府规定外国投资者应当以与当地合伙人设立合资企业的方式进入市场。然而,杰西博对这种安排从来没有完全满意过,当印度政府允许时,公司立刻着手取得了合资企业的大多数股份,随后又收购了所有剩余股权。对部分股权由潜在竞争对手持有的合资企业进行转移技术方面的商务风险评估结果显示,完全控制印度合资企业是企业战略决策的要求。如我们所见,正是基于这个原因,许多公司更加倾向采取全资子公司的进入模式。

基本进入决策

一个考虑进行国际扩张的公司必须做出三项基本进入决策:进入哪些国外市场、进入市场的时机、进入规模和战略承诺。[1]

□ 进入哪些国外市场?

世界上有 200 多个国家。对于考虑进行国际扩张的企业来说,这些市场具有不同盈利潜力。最终进入哪些国外市场,是基于对一个国家长期盈利潜力评估的选择。这种盈利能力由若干因素决定,我们在前面学过这些因素。第二章详细论述了影响外国市场潜在吸引力的经济因素和政治因素,其中提到,一个国家作为国际企业潜在市场的吸引力,取决于在这个国家做生意的收益、成本和风险。

第二章还提到,在一个国家做生意的长期经济利益取决于许多因素,例如市场规模(依据消费者数量统计)、该市场消费者当前财富状况(购买力),以及消费者未来可能的财富状况。尽管以消费者数量测量的许多市场非常大(例如,中国、印度和印度尼西亚),但是企业也必须考虑人们的生活水平和经济增长情况。在这个基础上,由于中国和印度发展相当迅速,因此进入这两个国家的企业一直在猛增,试图在这两个巨大且有利可图的市场中分割出一块属于自己的市场份额。

同时,亚洲跨国公司的崛起也掀起发展中国家和新兴国家公司进入更加发达市场的浪潮。这可以用另一个驱动国际扩张的重要因素来解释——国际企业在国外市场所能创造的潜在价值。

---

[1] T. Isobe, S. Makino, and D. B. Montgomery, "Resource Commitment, Entry Timing, and Market Performance of Foreign Direct Investments in Emerging Economies," *Academy of Management Journal* 43, no. 3 (2000), pp. 468–484; Y. Pan and P. S. K. Chi, "Financial Performance and Survival of Multinational Corporations in China," *Strategic Management Journal* 20, no. 4 (1999), pp. 359–374; V. Govindarajan and A. K. Gupta, *The Quest for Global Dominance* (San Francisco: Jossey-Bass, 2001); F. Vermeulen and H. Barkeme, "Pace, Rhythm and Scope: Process Dependence in Building a Profitable Multinational Corporation," *Strategic Management Journal* 23 (2002), pp. 637–654.

价值取决于产品对一个市场的适用性及本土竞争的性质。① 如果国际企业向国外市场提供一款并未广泛普及的产品，该产品满足了消费者还未满足的需求，那么这款产品的价值将会比本土竞争者和外国进入者在该市场销售的同款产品的价值更大。更大的价值将使企业拥有收取更高价格或快速扩大销售产量的能力。

来自亚洲和拉丁美洲的跨国公司采取的可能是以核心竞争力例如独特资源、技术为基础的价值定位，或者在成熟市场以成本竞争为基础参与竞争。

公司考虑这些因素后，可以根据各国吸引力和长期盈利潜力对这些国家进行排名，优先选择进入排名靠前的国家。以花旗银行为例，基于中国强劲的潜在增长趋势，以及花旗银行的全球竞争者进入同一市场的行为，花旗银行进入中国市场的行为是理性的。

□ 进入市场的时机

一旦公司确定了哪个市场具有吸引力，公司就必须考虑**进入时机**（timing of entry）。通常，当一家公司先于其他国外公司进入一个国外市场时，我们会说这家公司进入市场时间较早；当一家公司晚于其他国外公司进入一个国外市场时，我们会说这家公司进入市场时间较晚。与较早进入国外市场相关的优势通常被称为**先发优势**（first-mover advantages）。第一种先发优势通常指公司可以抢在竞争对手前面通过建立强势品牌获得市场需求。② 第二种先发优势是指公司可以通过在该国扩大销量、先于竞争对手使企业加速沿着经验曲线下行，从而先入者可以获得优于后入者的成本优势。这种成本优势使先入者可以将价格定得比后入者更低，从而将它们挤出市场。第三种先发优势是，先入者可以通过将客户紧紧吸引在其品牌或服务下，从而创造出品牌转换成本。这种品牌转换成本使得后入者很难赢得市场。

先于其他公司进入一个国外市场也有相关劣势。这种劣势经常被称为**先发劣势**（first-mover disadvantage）。③ 一项主要的先发劣势是，先入者可能需要承担**先驱成本**（pioneering costs），而后入者可以避免承担这种成本。当外国的公司制度与公司母国市场的公司制度不同时，公司必须花费大量精力、时间和开销来学习这种竞赛规则，这时公司将会产生先驱成本。先驱成本包括公司由于不熟悉外国环境犯下重大错误而导致企业倒闭的成本。作为国外公司，市场上会存在某些对其不利的因素，

---

① W. C. Bogenr, H. Thomas, and J. McGee, "A Longitudinal Study of the Competitive Positions and Entry Paths of European Firms in the U. S. Pharmaceutical Market," *Strategic Management Journal* 17 (1996), pp. 85 -107; D. Collis, "A Resource-Based Analysis of Global Competition," *Strategic Management Journal* 12 (1991), pp. 49 – 68; S. Tallman, "Strategic Management Models and Resource - Based Strategies among MNEs in a Host Market," *Strategic Management Journal* 12 (1991), pp. 69 – 82.

② M. Lieberman and D. Montgomery, "First-Mover Advantages," *Strategic Management Journal* 9 (Summer 1988, special issue), pp. 41 – 58.

③ J. M. Shaver, W. Mitchell, and B. Yeung, "The Effect of Own Firm and Other Firm Experience on Foreign Direct Investment Survival in the United States, 1987 - 1992," *Strategic Management Journal* 18 (1997), pp. 811 – 824.

对于先进入一国市场的公司来说，这种不利因素的影响更大。[①] 研究证实了，一家公司在若干其他国外公司进入一国市场后再进入，其存活下来的概率会更高[②]。通过观察先入者所犯错误，并从中吸取教训，后入者可以获得一些好处。

先驱成本也包括促销和建立产品的成本，而促销和建立产品的成本包括培育消费者的成本。如果当地消费者并不熟悉公司所促销的这种产品，那么这些成本会很高昂。而后入者通过观察先入者市场运行的流程，同时避免先入者所犯代价高昂的错误，以及开发由先入者投资的消费者培育而创造的潜在市场，便可以在消费者教育和市场学习上搭乘先入者投资的便车。例如，肯德基将美式快餐引入中国，而后入者麦当劳无须介绍什么是美式快餐，就可以直接利用这片中国市场。

●聚焦管理：荷兰国际集团的国际扩张

荷兰国际集团（ING）在1991年由荷兰第三大银行与荷兰最大的保险公司合并而成。从那时起，该公司一直发展迅速，现已成为世界十大金融服务公司之一，该公司的子公司遍布65个国家，拥有涉及银行服务、保险服务和资产管理服务的许多不同产品。荷兰国际集团的战略一直都是走出国门迅速扩张，主要方式是一系列谨慎的收购。其一贯做法是，选择一家在当地较有影响力并且拥有较好管理层的目标公司，购买该公司小额股份，赢得管理者的信任，然后提出收购。在交易完成之后，荷兰国际集团几乎不会改变该公司的管理层和产品，而是要求该公司将荷兰国际集团的产品与其原有产品一同销售。荷兰国际集团强劲的发展动力一直以来都是源自保险、银行和投资产品的销售，而且自1991年合并以来也是如此（在荷兰，荷兰国际集团近20%的保险产品都是通过银行出售）。

监管的两项变化帮助荷兰国际集团执行了此战略。一项监管变化是，传统上用来将金融服务产业的不同部分分隔开的监管阻碍被逐渐解除。例如，在美国，《格拉斯-斯蒂格尔法案》（Glass-Steagall Act）是在大萧条时期被制定的法案，该法案不允许保险公司、银行和资产管理公司，如共同基金公司，这三者出售彼此的产品。美国国会在1999年废除了这项法案，从而为美国金融服务业的整合打开了大门。许多其他国家在20世纪90年代也废除了类似规定。另外一项监管变化发生在1997年，世界贸易组织在其成员之间就有效消除跨境金融服务投资壁垒达成一致，这使得像荷兰国际集团这样的公司可以更加轻松地建立一个全球金融服务公司。

起初，荷兰国际集团的扩张集中在欧洲，发起的最大收购包括收购德国和比利时的银行。最近，荷兰国际集团的战略中心是大举进入美国市场。荷兰国际集团于1997年大举进入美国市场并收购了艾奥瓦州公正人寿保险公司（Equitable Life Insurance Company of Iowa）。紧接着荷兰国际集团又收购了一家纽约投资银行福尔曼塞尔兹（Furman Selz），用这家投资银行的业务为巴林（Barings）银行的业务做了补充。巴林银行是一家英国投资银行，在美国拥有许多业务活动，在1995年被荷兰国际集团收

---

① S. Zaheer and E. Mosakowski, "The Dynamics of the Liability of Foreignness: A Global Study of Survival in the Financial Services Industry," *Strategic Management Journal* 18 (1997), pp. 439-464.

② Shaver, Mitchell and Yeung, "The Effect of Own Firm and Other Firm Experience on Foreign Direct Investment Survival in the United States."

购。2000年，荷兰国际集团收购了瑞利亚星金融服务（ReliaStar Financial Services）公司及安泰金融服务（Aetna Financial Services）公司的非健康保险业务。这些收购使荷兰国际集团成为美国十大金融服务公司之一。

2000年，荷兰国际集团在美国设立了一家零售银行——荷兰国际集团直销银行，该银行主要通过互联网运营提供两种产品：储蓄账户和抵押贷款。与通过收购获得的保险和投资银行业务不同，荷兰国际集团直销银行以绿地投资的方式被建立在美国本土，一切从零开始。现在荷兰国际集团直销银行已经成为全美第四大储蓄银行，拥有400万名客户，2006年资产超过600亿美元。

荷兰国际集团发现了美国市场几个具有吸引力的地方。一个具有吸引力的地方是，美国是世界最大的金融服务市场，因此任何想成为全球玩家的公司都必须在美国拥有强大影响力。管制的放松使得荷兰国际集团可以在美国运用其交叉销售金融服务产品战略。尽管对保险存在某些监管，荷兰国际集团却说在美国做生意比在欧盟更加容易，因为欧盟成员五花八门的语言和文化使得公司很难以单一实体的形式建立一个泛欧洲公司。另外一个具有吸引力的地方是，随着越来越多的美国人负责管理自己的401（K）退休计划及类似事务，而不是利用传统的养老金方式，美国个人投资业务正在走向繁荣，这提高了荷兰国际集团对美国金融服务公司的"食欲"。而欧洲民众依然主要由国家政府负责养老金。最近几年，美国保险公司都以相对较低的价格-收益比率进行交易，使得它们成为与欧洲同行相比更加优惠的公司。同时，加大在美国的影响力可以为荷兰国际集团带来地域多元化的好处，使其可以利用在世界一个区域的收益来抵消在另一个区域收入或利润的下降。

荷兰国际集团发现，在美国实行收购要比在欧洲容易。在欧洲，民族自豪感使得荷兰国际集团很难收购当地公司。荷兰国际集团在1992年首次尝试收购一家比利时银行，主要由于民族主义问题，此次收购被断然拒绝了。直到1997年，荷兰国际集团才最终完成了这次收购。同样，荷兰国际集团在1999年试图收购一家法国银行——法国商业信贷（Credit Commercial de France）银行，那时荷兰国际集团已经持有该银行19%的股份，而此次收购也被拒绝了。新闻报道称，法国监管机构对外国公司首次收购法国银行表示关心，法国商业信贷银行董事会认为，没有监管机构的同意，收购将不会进行。[①]

如果法规的改变使得先入者投资的价值削减，那么相对于后入者来说，这会将先入者推向一个十分不利的位置。在许多发展中国家，管理商务行为的条例仍在不断演变，因此这种风险在这些国家会很高。如果随后的一项法规改变使得公司在该国经营的最适合经营模式全都失效，那么先入者会发现自己处于一个不利位置。

[①] J. Carreyrou, "Dutch Financial Giant Maps Its U. S. Invasion," *The Wall Street Journal*, June 22, 2000, p. A17; J. B. Treaster, "ING Group Makes Its Move in Virtual Banking and Insurance," *The New York Times*, August 26, 2000, p. C1; "The Lion's Friendly Approach," *The Economist*, December 18, 2000; S. Kirsner, "Would You Like a Mortgage with Your Mocha?" *Fast Company*, March 2003, pp. 110-14; O. O'Sullivan, "Tough Love Bank Thrives," *ABA Banking Journal*, December 2003, p. 12; L. Bielski, "Bucking the Back to Bricks Trend," *ABA Banking Journal*, November 2004, pp. 25-32; I. Bickerton, "ING Permanently Watching for Deals," *Financial Times*, May 3, 2006, p. 27; Steve Bergsman, "The Orange Mortgage," *Mortgage Banking*, June 2006, pp. 48-54.

□ 进入规模和战略承诺

当一家公司考虑进入市场时，它必须考虑的另一个问题就是，以多大规模进入该市场。大规模进入一个市场需要强大的资源保证，同时意味着该公司需要迅速进入该市场。我们以1999年荷兰国际集团进入美国保险市场为例。荷兰国际集团为获取美国业务，花了几十亿美元。并非所有公司都有如此雄厚的资源来支持其如此大规模进入一个市场，并且一些大公司甚至倾向于以小规模的方式进入国外市场，然后随着对市场的熟悉程度加深，再慢慢扩大投资。

大规模迅速进入国外市场的结果与**战略承诺**（strategic commitments）的价值有关。[1] 战略承诺是不可逆转的，其影响是长期的。决定以大规模方式进入国外市场是一项重大的战略承诺。类似的大规模迅速进入国外市场的战略承诺，会对该市场的竞争性质产生重大影响。例如，通过以大规模方式进入美国金融服务市场，荷兰国际集团暗示了其对该市场的承诺。而这将会产生一些影响。正面的影响是，这会使公司更加容易吸引消费者和分销商（如保险代理商）。进入规模让消费者和分销商有理由相信，荷兰国际集团将会长期停留在该市场。进入规模可能也会让其他考虑进入美国市场的国外机构暂时停止进入该市场。现在它们不仅要与美国本土机构竞争，而且要与一家具有侵略性的成功的欧洲机构竞争。负面的影响是，通过重金进入美国市场，荷兰国际集团可能用于其他市场的资源变得更少了，如在日本的投资。因此，对美国市场的承诺限制了公司的战略灵活性。

如荷兰国际集团所示，重大的战略承诺既不好，也不坏。它往往会改变竞争领域，并且带来其他许多变化，其中一些可能令人满意，还有一些可能令人不满。公司需要考虑清楚大规模进入的含义，并做出相应行动，这一点很重要。其中特别重要的是，公司应当尽量确定现实的和潜在的竞争对手可能会对大规模进入市场做出的反应。同时，大规模进入者比小规模进入者更可能获得与抢占需求、规模经济和与品牌转换成本相关的先发优势。

与大规模进入战略承诺的价值和风险相对的是小规模进入的收益。小规模进入使公司可以了解国外市场，同时限制了公司在该市场风险中的暴露。小规模进入是公司决定大规模进入以及以何种最优方式进入之前获取国外市场信息的一种方式。通过给予公司收集信息的时间，小规模进入可以为随后的大规模进入减少风险。但是，缺少与小规模进入相关的战略承诺可能会使小规模进入者更难通过建立市场份额来获取先发优势。公司通过小规模进入国外市场来规避风险，可以限制其可能遭受的损失的程度，但是也可能使其丧失获取先发优势的机会。

这一节主要是从一家考虑进入国外市场的发达国家公司的角度展开论述。巴特利特和戈沙尔指出，发展中国家的公司也有机会进入国外市场，并且成为全球大公司。[2] 尽管这些公司往往是国外市场的后入者，并且其资源可能有限，但是巴特利特和戈沙

---

[1] P. Ghemawat, *Commitment: The Dynamics of Strategy* (New York: Free Press, 1991).

[2] Christopher Bartlett and Sumantra Ghoshal, "Going Global: Lessons from Late Movers," *Harvard Business Review*, March-April 2000, pp. 132–145.

尔认为，通过采用合适的战略，这些后入者依然可以超过知名的全球竞争对手。特别是，他们认为，发展中国家的公司应该将国外跨国公司的进入作为从竞争对手处学习的机会，这些公司可以将跨国公司作为范本改善其运营和绩效。他们认为，当地公司可能会找到使其自身与国外跨国公司形成差异化的方式，例如，通过关注跨国公司忽略的，或者由于跨国公司提供全球标准化产品而无法有效服务的市场商机的方式。发展中国家的公司通过学习和将其产品差异化来改善公司绩效，就能够实行自身的国际扩张战略。即便公司可能是很多国家市场的后入者，但通过以全球市场先入者为基准进行改变，然后将自身差异化，发展中国家的公司依然可以建立一个强大的跨国公司。

进入模式

一旦公司决定进入一个国外市场，便会产生何种模式是最佳进入模式的问题。公司可以利用6种模式进入国外市场：出口、交钥匙工程、许可协议、特许经营、合资企业和全资子公司。每种进入模式都有其优势和劣势。在决定使用某种进入模式时，管理者需要认真考虑其劣势。[①]

出口模式

许多制造企业以出口商的身份开始它们的全球扩张，之后才利用其他模式来服务国外市场。在后文中，我们会对出口机制进行详细介绍。在本章，我们重点关注出口模式的优势和劣势。

优势

出口（exporting）模式有两项明显优势。第一，可以避免在东道国建立制造子公司的大笔成本。第二，可以帮助公司取得经验曲线和区位经济。通过在一个集中位置生产产品，并且将其出口到其他国家市场，公司可能通过全球销售量实现巨大的规模经济。这就是索尼成为全球电视机市场的主宰、松下成为录像机市场的主宰、许多日本汽车制造商进入美国市场，以及韩国企业如三星在计算机内存芯片市场上获得市场份额的方式。

[①] C. W. L. Hill, P. Hwang, and W. C. Kim, "An Eclectic Theory of the Choice of International Entry Mode," *Strategic Management Journal* 11 (1990), pp. 117 – 128; C. W. L. Hill and W. C. Kim, "Searching for a Dynamic Theory of the Multinational Enterprise: A Transaction Cost Model," *Strategic Management Journal* 9 (special issue on strategy content, 1988), pp. 93 – 104; E. Anderson and H. Gatignon, "Modes of Foreign Entry: A Transaction Cost Analysis and Propositions," *Journal of International Business Studies* 17 (1986), pp. 1 – 26; F. R. Root, *Entry Strategies for International Markets* (Lexington, MA: D. C. Heath, 1980); A. Madhok, "Cost, Value and Foreign Market Entry: The Transaction and the Firm," *Strategic Management Journal* 18 (1997), pp. 39 – 61; K. D. Brouthers and L. B. Brouthers, "Acquisition or Greenfield Start-Up?" *Strategic Management Journal* 21, no. 1 (2000), pp. 89 – 97; X. Martin and R. Salmon, "Knowledge Transfer Capacity and Its Implications for the Theory of the Multinational Enterprise," *Journal of International Business Studies*, July 2003, p. 356; A. Verbeke, "The Evolutionary View of the MNE and the Future of Internalization Theory," *Journal of International Business Studies*, November 2003, pp. 498 – 515.

劣势

出口模式有许多缺点。第一，如果能够在国外找到生产成本更加低廉的生产厂址（例如，公司将生产转移到可以实现区位经济的区域），那么从公司的总部出口可能不太合适。因此，尤其对于采用全球标准化战略或跨国战略的公司来说，在因素条件组合最适合价值创造的地方生产，然后从该地向世界出口可能更可取。

第二，较高的运输成本可能使出口变得不划算，特别是大宗产品的出口。规避高昂运输成本的一种方式是，在地区层面进行大宗产品生产。这种策略使得公司可以实现规模经济，并且限制运输成本。例如，许多跨国化学品公司都在各地区进行产品生产，然后通过一个子公司服务几个国家。

第三，关税壁垒会使出口变得不经济。同样，东道国关税壁垒的威胁会使出口充满风险。公司将其在各国的产品营销和服务都委托给了与之贸易的另外一家公司。这是刚开始实行国际扩张的制造企业常用的方法，其所托公司可能是一个当地代理商，也可能是另一家拥有广泛国际分销业务的跨国公司。当地代理商通常会出售对手公司的产品，其忠诚度较低。在这种情况下，如果该出口公司自己管理其营销业务，那么工作可能做得比代理商还要好。而当另外一家跨国公司承担分销工作时，同样的问题也会出现。

规避这些问题的方法是，在国外建立全资子公司来管理当地营销和服务。通过这样做，公司既可以选择在单个地方或在数个精选地方进行产品生产，获取成本优势，也能牢牢控制该国的营销和服务。

交钥匙工程模式

在许多行业中都常见到专注于交钥匙工程工厂的设计、建设及初步运营的公司。在一个**交钥匙工程**（turnkey project）中，承包人同意为国外客户管理每一个工程环节，包括培训操作人员。在合同结束时，承包人会将已经可以全面运营的工厂的"钥匙"交给国外客户，也就是交钥匙。这是向其他国家出口流程技术的一种方式。在用到复杂昂贵的生产技术的化工、制药、石油炼制和金属冶炼等行业中，交钥匙工程模式最普遍。

优势

组装和运行技术复杂的生产流程是一项宝贵资产，如石油炼制或钢铁冶炼技术。交钥匙工程是利用这项资产赚取巨大经济回报的一种模式。在外国直接投资受到东道国政府规定限制的国家中，这种模式特别管用。例如，许多石油储藏量丰富的国家的政府开始着手建立自己的石油冶炼产业，以限制国外资本对石油炼制部门的外国直接投资。但是由于许多这样的国家没有掌握石油炼制技术，因此它们会通过与国外拥有该技术的公司进行交钥匙工程合作来获取这项技术。如果不使用交钥匙工程这种模式，那么卖方公司将无法利用其母国宝贵的技术来获益，所以，通常这种交易对于卖方公司十分具有吸引力。交钥匙工程也会比传统外国直接投资的风险更小。在一个政局和经济环境都不稳定的国家中，长期投资可能会使公司暴露在不可抗拒的政治或经济风险中（例如，国有化的风险或经济崩溃的风险）。

劣势

交钥匙工程有以下几个主要缺点。第一，签订交钥匙工程的企业对国外市场不会有长久兴趣。如果该国随后被证实为流程出口的主要市场，这将会是一个劣势。而规避的方法就是，购买由该交钥匙工程建立的企业的少数股权。第二，这些签订交钥匙工程的企业可能会不经意给自己创造了一个竞争对手。例如，过去许多西方企业将石油炼制技术出售给沙特阿拉伯、科威特和其他海湾国家的企业，而现在西方企业发现，这些企业正在全球石油市场与它们展开竞争。第三，如果企业的流程技术是其核心优势的一种来源，那么企业通过交钥匙工程出售这种技术也就是将竞争优势出售给其潜在的或实际的竞争对手。

□ 许可协议模式

许可协议（licensing agreement）指许可方在一定时期内向另一实体（受让方）转让无形资产的使用权，并向受让方收取许可费作为回报的一项协议。[①] 无形资产包括专利、发明、配方、加工工艺、设计、版权和商标。例如，为了进入日本市场，复印机的发明公司施乐与富士胶片（简称富士）建立了合资企业富士-施乐（Fuji-Xerox）。于是，施乐以许可协议模式许可富士-施乐使用其静电复印技术。作为回报，富士-施乐将获得的以施乐专有技术为基础的复印机净销售收入的5%以许可费形式支付给施乐。在富士-施乐这个案例中，起初许可协议的期限为10年，而后经过谈判又延长了好几次。施乐和富士-施乐之间的许可协议同样限制了富士-施乐向亚太区域直接销售复印机的权利。（尽管富士-施乐为富士胶片供应复印机，但这些复印机以施乐的商标在北美进行销售。）[②]

优势

在国际典型的许可协议模式中，受让方会为国外子公司运营提供大部分必要资金。因此，许可协议模式的主要优势是，公司不必承担打开一个国外市场的发展成本和风险。对于缺少资金进行国外扩张的公司来说，许可协议模式是具有吸引力的。另外，当一个公司不愿意向不熟悉或政局动荡的国外市场投入大量金融资源时，许可协议模式也是一项具有吸引力的选择。当一个公司想要进入国外市场，但是投资壁垒阻碍其进入该市场时，公司可能会使用许可协议模式。这也是在1962年施乐建立富士-施乐合资企业的初始原因之一。施乐想进入日本市场，但是日本政府禁止其在日本设立全资子公司。因此，施乐与富士一同建立了合资企业，然后将技术以许可协议的方式转移给合资企业。

当一家公司拥有某些可能具有商务用途的无形资产，但自身又不想开发这些用途时，公司通常会用许可协议模式。例如，美国电话电报公司的贝尔实验室在20世纪50年代发明了晶体管电路，但是美国电话电报公司决定不进行晶体管的生产，于

---

① F. J. Contractor, "The Role of Licensing in International Strategy," *Columbia Journal of World Business* (Winter 1982), pp. 73-83.

② E. Terazono and C. Lorenz, "An Angry Young Warrior," *Financial Times*, September 19, 1994, p. 11; K. McQuade and B. Gomes-Casseres, "Xerox and Fuji-Xerox," Harvard Business School case no. 9-391-156.

是将这项技术的使用权以许可协议模式转移给许多其他公司,如得州仪器公司。同样,可口可乐已经将其著名的商标使用权以许可协议模式转移给服装制造商,而这些服装制造商可以将这种商标图案运用在服装上。

劣势

许可协议模式有以下几个严重缺陷。第一,许可协议模式使公司无法对生产、营销,以及用来实现经验曲线和区位经济的战略进行牢牢控制。每个受让方会在签订许可协议后设立自己的生产工厂。这严重制约了公司通过在一个集中地点进行生产来实现经验曲线和区位经济的能力。当这些经济效果十分重要时,许可协议模式可能不是用来进行国外扩张的最好模式。

第二,在全球市场上参与竞争,公司可能需要用从一国赚取的利润来支持其在另一国的竞争行动,以协调不同国家之间的战略行动。就其本质而言,许可协议模式限制了公司利用相互协调战略的能力。一个受让方不可能让跨国公司利用其收益来支持其在另外一个国家不同受让人的运营。

第三,本书在第十二章讲到外国直接投资的经济原理时提出过一个问题,就是以许可协议模式将技术转移给国外公司的风险。技术构建了许多跨国公司竞争优势的基础。大部分公司希望保持其对技术的控制,而许可协议模式会使企业很快丧失对这些技术的控制。许多公司错误地认为,在许可协议的框架下,它们能够保持对其技术的控制。例如,美国无线电公司曾经将其彩色电视技术以许可协议模式转移给日本公司,其中包括松下和索尼。这些日本公司迅速吸收了这项技术,并且对这项技术做出改进,利用这项技术进入美国市场,最终从美国无线电公司那里抢走了大量市场份额。

公司也有降低这种风险的方式。一种方式是,与国外公司签订**交叉许可协议**(cross-licensing agreement)。在交叉许可协议下,公司可以将一些宝贵的无形资产以许可协议模式转移给外国伙伴,但是除了许可费之外,该公司可能也要求这个外国伙伴将部门的宝贵技术转移给它。这样受让方会意识到,如果自己违背了许可协议(利用所获得的知识与许可方直接竞争),那么许可方能够以同样的方式对待自己,所以,这种交叉许可协议可以削减将技术以许可协议模式转移出去的风险。交叉许可协议使得公司持有对方的把柄,从而降低了彼此之间投机行为的可能性。[1] 这种交叉许可协议在高科技产业中变得越来越普遍。例如,美国生物科技公司安进(Amgen)曾经将其一种重要的药物以许可协议模式转移给日本医药公司麒麟(Kirin)。这份许可协议给予麒麟在日本出售该药物的机会。作为回报,安进收到了许可费,同时通过许可协议取得了在美国销售麒麟的部分产品的机会。

另外一种方式是,效仿富士-施乐模式,将技术许可协议与建立合资企业联系起来。而对于合资企业,许可方和受让方应都持有重要股权。这种方法将许可方和受让方的利益结合起来,因为确保合资企业的成功运营与两者利益相关。因此,通过建立一个合资企业,并让施乐和富士胶片都持有重要股权,可以减少富士胶片盗用技术,然后与施乐在全球复印机市场竞争的风险。

---

[1] O. E. Williamson, *The Economic Institutions of Capitalism* (New York: Free Press, 1985).

□ 特许经营模式

尽管特许经营模式的保证期往往比许可协议模式更长，但是特许经营模式和许可协议模式类似。从根本上说，**特许经营**（franchising）模式是许可协议模式的一种特殊形式，它要求特许人不仅向特许经营人出售无形资产（通常是商标），而且强调特许经营人应同意遵守严格的经营规定。特许人也会经常强调，特许经营人要持续发展。正如许可协议模式一样，特许人一般会收到一份特许使用金，这份特许使用金是特许经营人收入的一个比例。许可协议模式主要被制造业公司采用，而特许经营模式主要被服务业公司采用。[1] 麦当劳就是通过特许经营模式逐渐发展起来的成功案例。对于特许经营人该如何经营一家餐厅，麦当劳的严格规定延伸到对菜单、烹饪方法、人事政策以及设计和选址的控制。麦当劳也会为其特许经营人组建供应链，以及提供管理培训和财务资助。[2]

优势

特许经营模式的优势和许可协议模式的优势类似。公司消除了亲自开发一个国外市场的许多成本和风险，这部分成本和风险通常由特许经营人承担。这也激励了特许经营人尽快实现盈利。因此，利用特许经营模式，一个像麦当劳那样的服务业公司可以以相对低廉的成本和风险快速建立全球影响力。

劣势

特许经营模式的劣势并没有许可协议模式的劣势那么明显。许多服务业公司，如旅馆，使用特许经营模式。在这种情况下，公司没有理由去考虑协调生产以获得经验曲线和区位经济。但一个劣势是，特许经营模式会约束公司利用在一国的利润来支持其在另一国的竞争行动的能力。一个更加严重的劣势是质量控制。特许经营模式的基础是，公司的品牌会向消费者传达公司产品的信息。因此，在一个商务旅行者入住香港四季酒店时，按理他将期望获得和纽约四季酒店质量相同的房间、食品和服务。四季酒店品牌应该保证一致的产品质量。这造成的问题就是，国外的特许经营人可能没有按要求保证质量，而较差的质量将造成公司的损失超过在某一特定市场的销售损失，从而延伸到全球，并造成公司全球声誉的下降。例如，如果一个商务旅行者在香港四季酒店中有糟糕的经历，她可能再也不会走进另外一家四季酒店，并且可能会劝说其同事别住四季酒店。公司与其特许经营人之间的地理距离使得公司难以查明质量问题的来源。而且，特许经营人的绝对数量——以麦当劳为例，数以万计——使得质量控制非常困难。基于这些因素，质量问题可能一直存在。

避免这一劣势的方法是，在扩张过程中，公司在每个国家都建立一家子公司。这家子公司可能是公司的全资子公司，或者是与外国公司共同建立的合资企业。再由这家子公司承担在特定国家或区域内建立特许经营模式的权利和责任。例如，麦

---

[1] J. H. Dunning and M. McQueen, "The Eclectic Theory of International Production: A Case Study of the International Hotel Industry," *Managerial and Decision Economics* 2 (1981), pp. 197–210.

[2] Andrew E. Serwer, "McDonald's Conquers the World," *Fortune*, October 17, 1994, pp. 103–116.

当劳在许多国家都会建立一个特约总经销。这家特约总经销通常由麦当劳和一家当地公司合资建立。由于地理距离临近,并且需要监管的特许经营人数量变少,因此质量控制的难度下降了。另外,由于公司至少部分拥有这家子公司(或者特约总经销),所以可以向当地派遣自己的管理者来确保这家子公司认真监管特许经营人。麦当劳、肯德基和其他公司已证实这种组织安排取得了令人满意的结果。

□ 合资企业模式

合资企业（joint venture）模式要求建立由两个或更多独立公司共同拥有的公司。例如,富士-施乐就是由施乐和富士胶片共同建立的合资企业。长期以来,为了进入新市场,与国外公司建立合资企业已经成为一种非常普遍的模式。最典型的合资企业是50/50所有权结构的企业,在这种合资企业中有两方,每一方持有50％的股份,并且提供一个管理团队来共同经营和控制该公司(在2001年之前,富士-施乐就是这种合资企业;现在所有权结构是25/75,其中施乐持有25％股份)。然而,有些公司寻求在合资企业中拥有多数股份,以便更加牢牢地控制该合资企业。[1]

优势

合资企业模式有许多优势。第一,公司可以从当地伙伴对东道国竞争条件、文化、语言、政治和企业体系的熟悉中获利。第二,当开发国外市场的发展成本或风险较高时,公司可以通过与当地伙伴共同分担成本和风险而获利。第三,基于政治考虑,许多国家将合资企业作为唯一可行的进入模式。研究显示,与当地伙伴共同建立的合资企业面临国有化或其他不利政府干预的风险较小。[2] 这似乎是由于当地股权合作伙伴对东道国政策有部分影响力,也可能是因为既得利益团体公然反对国有化或政府干预。

劣势

尽管有许多优势,但是合资企业模式也存在重大劣势。第一个劣势是,正如许可协议模式一样,以合资方式进入的企业会面临技术流入合作伙伴手中的风险。因此,在2002年,一项波音和三菱重工一起建立合资企业来建造一种新的宽体喷气飞机的提议让人们担心,波音可能会在不经意间将商用飞机技术泄露给日本。然而,公司可以利用合资企业合同将这种风险最小化。一种方法是,持有合资企业多数股份。这会使占据统治地位的伙伴对其技术实施更加强大的控制。但是公司很难找到一个愿意接受少数股份的合作伙伴。另一种方法是,将属于公司核心竞争力的中心

---

[1] B. Kogut, "Joint Ventures: Theoretical and Empirical Perspectives," *Strategic Management Journal* 9 (1988), pp. 319-332; T. Chi, "Option to Acquire or Divest a Joint Venture," *Strategic Management Journal* 21, no. 6 (2000), pp. 665-688; H. Merchant and D. Schendel, "How Do International Joint Ventures Create Shareholder Value?" *Strategic Management Journal* 21, no. 7 (2000), pp. 723-737; H. K. Steensma and M. A. Lyles, "Explaining IJV Survival in a Transitional Economy through Social Exchange and Knowledge Based Perspectives," *Strategic Management Journal* 21, no. 8 (2000), pp. 831-851; J. F. Hennart and M. Zeng, "Cross Cultural Differences and Joint Venture Longevity," *Journal of International Business Studies*, December 2002, pp. 699-717.

[2] D. G. Bradley, "Managing against Expropriation," *Harvard Business Review*, July-August 1977, pp. 78-90.

技术与合作伙伴进行隔离，与其分享其他非中心技术。

第二个劣势是，合资企业并没有给予母公司对子公司足够的控制权来使其实现经验曲线或区位经济，也没有给予母公司对子公司足够的控制权来帮助其协调与全球对手的竞争。以得州仪器公司进入日本半导体市场为例。当得州仪器公司在日本建立半导体工厂时，该公司有双重目的：一是核实日本制造商的市场份额，二是限制这些制造商可用来进攻得州仪器公司全球市场的资金。换句话说，得州仪器公司采取的是全球协调战略。为了执行这项战略，得州仪器公司在日本的子公司在竞争战略上需要公司总部的指示。战略同时要求日本子公司在必要时进行亏损运营。由于这意味着公司愿意接受投资回报率为负，即便有潜在的合资伙伴愿意接受这种条件，这也极其少见。事实上，许多合资企业都建有一定程度的自治权，使得这种对于战略决策的直接控制几乎不可能实现。[1] 因此，为执行这项战略，得州仪器公司在日本建立了全资子公司。

第三个劣势是，如果所有参与投资公司的目标发生改变，或者它们对采用何种战略意见不一致，那么这种共享的所有权安排将导致各公司对控制权的冲突和争夺。显然，富士-施乐不会出现这种问题。根据当时富士-施乐董事长小林阳太郎（Yotaro Kobayashi）的观点，其中主要原因是，施乐和富士胶片与富士-施乐保持着正常关系，给予合资企业管理层相当大的自由来决定自身战略。然而，大量研究表明，在合资企业中，战略和目标上的利益冲突经常发生。当合资企业由来自不同国家的公司投资组建时，这种冲突往往会更加激烈，并最终导致企业解散。[2] 这种冲突往往由投资企业之间相对议价能力的转变引起。例如，以一家外国公司与当地公司共同组建的合资企业为例，随着外国公司对于当地市场条件的了解不断加深，外国公司对当地公司专长的依赖程度会逐渐降低。这提高了外国公司的议价能力，并最终导致对合资企业战略和目标的控制权冲突。[3] 有些公司试图以拥有所有权的方式来组建合资企业，以限制这类问题的发生。

□ 全资子公司模式

在**全资子公司**（wholly owned subsidiary）中，公司拥有100%股份。公司在外国市场建立全资子公司有两种方式。第一种方式是，公司在东道国建立一个新的子公司，这经常被称为绿地投资。第二种方式是，公司在东道国收购一家现有公司，然后利用该公司来推广其产品。[4] 例如，荷兰国际集团进入美国市场的策略是收购美

---

[1] J. A. Robins, S. Tallman, and K. Fladmoe-Lindquist, "Autonomy and Dependence of International Cooperative Ventures," *Strategic Management Journal*, October 2002, pp. 881–902.

[2] A. C. Inkpen and P. W. Beamish, "Knowledge, Bargaining Power, and the Instability of International Joint Ventures," *Academy of Management Review* 22 (1997), pp. 177–202; S. H. Park and G. R. Ungson, "The Effect of National Culture, Organizational Complementarity, and Economic Motivation on Joint Venture Dissolution," *Academy of Management Journal* 40 (1997), pp. 279–307.

[3] Inkpen and Beamish, "Knowledge, Bargaining Power, and the Instability of International Joint Ventures."

[4] K. D. Brouthers and L. B. Brouthers, "Acquisition or Greenfield Start-Up?" *Strategic Management Journal* 21, no. 1 (2000), pp. 89–97; J. F. Hennart and Y. R. Park, "Greenfield versus Acquisition: The Strategy of Japanese Investors in the United States," *Management Science*, 1993, pp. 1054–1070.

国企业，而不是从头开始创建一个新的子公司。

优势

全资子公司有几个明显优势。第一，当公司的竞争优势基于技术时，往往倾向于建立一家全资子公司，因为这将减少其丧失对技术的控制的风险。许多高科技公司更倾向于以这种模式进行国外扩张。例如，杰西博不愿意将核心技术转移给它与伊思考特一同建立的合资企业，在买下其投资合伙人的所有股份后，杰西博才向这家子公司转移其核心技术。第二，全资子公司使得公司可以牢牢控制位于不同国家的业务行动。对于全球协调战略来说，这种控制是必要的。例如，公司利用在一国的获利支持其在另一国进行的竞争活动。第三，如果一家公司试图实现区位经济和经验曲线（如同采用全球标准化战略及跨国战略的公司所做的那样），那么该公司需要建立全资子公司。当成本压力巨大时，以最大化每个阶段产品附加值的方式来配置公司的价值链会使公司受益。因此，一个国家的子公司可能只专注于产品线中的一部分，或者成品中的某些部件的生产，然后与公司全球系统中的其他子公司进行部件和产品交换。建立这种全球生产系统要求公司对每个子公司的运营都有高度控制力。至于如何生产，生产多少，并且当产品被转移到下一家公司时对产品如何进行定价，不同的子公司都必须接受总部的决定。因为受让方和合资伙伴不可能接受屈从角色，所以在这种情况下，建立全资子公司是必要的。第四，建立全资子公司可以使公司获得在国外市场能获得的所有利益。

劣势

从资本投资的角度来看，建立全资子公司以服务国外市场通常是最昂贵的方法。公司必须承担建立全资子公司的所有成本和风险。如果公司收购东道国的现有企业，那么在新文化中，其做生意的风险会变小。然而，收购会产生其他问题，包括融合不同公司文化的问题。因为在绿地投资和收购之间的决策十分重要，所以本书随后会对此进行详细介绍。

选择进入模式

如前所述，所有进入模式都有自身优势和劣势，表14.1对此做出了总结。因此，在选择进入模式时，权衡取舍必不可少。例如，当一家公司考虑进入不熟悉的国家，而有记录表明该国在制定政府合同的过程中对外商独资企业存在歧视时，该公司可能更加赞同与当地公司建立合资企业的方式。其原因可能是，当地公司将会帮助该公司在不熟悉的环境中建立企业，也会帮助该公司赢得政府合同。然而，如果一家公司的核心竞争力基于专利技术，那么建立合资企业可能有技术流入合资伙伴手中的风险，在这种情况下，建立合资企业的策略可能就不那么具有吸引力了。尽管在选择进入模式中存在这类权衡取舍，但是总结出最优进入模式是可能的。[1]

---

[1] Hill, Hwang and Kim, "An Eclectic Theory of the Choice of International Entry Mode."

表 14.1　　各种进入模式的优势和劣势

进入模式	优势	劣势
出口	能够实现区位经济和经验曲线	运输成本高，存在贸易壁垒，存在与当地营销代理相关的问题
交钥匙工程	在限制外国直接投资的国家可以利用技术来获利	创造出有力的竞争对手，缺少长期市场地位
许可协议	发展成本低、发展风险低	缺少对技术的控制，无法实现区位经济和经验曲线，不能进行全球协调战略
特许经营	发展成本低、发展风险低	无法全面控制质量，不能进行全球协调战略
合资企业	可以获得当地伙伴的知识，与合作伙伴共同分担风险，政治上被接受	缺少对技术的控制，不能进行全球协调战略，不能实现区位经济和经验曲线
全资子公司	对技术形成保护，能够进行全球协调战略，能够实现区位经济和经验曲线	高成本、高风险

核心竞争力和进入模式

如第十二章所见，公司将源自核心竞争力的产品和技能转移到本土竞争者缺乏这种技能的国家，可以在国际扩张中利用核心竞争力赚取更多收益。对于这些公司来说，最优进入模式在一定程度上取决于其核心竞争力的性质。公司可以根据核心竞争力的性质分为两类：一类是在技术决窍上存在核心竞争力的公司；另一类是在管理决窍上存在核心竞争力的公司。

技术决窍

如果一家公司的竞争优势（核心竞争力）是基于对专利技术的控制，那么该公司应该尽量避免采用许可协议模式和合资企业模式，从而将泄露技术的风险降到最小。因此，如果一家高科技公司想在国外建立业务，从利用自身技术的核心竞争力中获利，那么它会选择全资子公司的方式。这条规则不是硬性的。有时公司也可以调整许可协议或合资企业协议，来削减受让人或合资伙伴剽窃技术的风险。一个特殊情况是，公司认为其技术优势只是暂时的，并且竞争对手会对其技术进行快速模仿。在这种情形下，公司可能想在模仿发生前，尽快将技术以许可协议模式转移出去，从而获得全球认可。[①] 这种策略有一些优势。通过将技术以许可协议模式转移给竞争对手后，公司可能会使竞争对手打消研发更加先进技术的想法。而且，通过将技术以许可协议模式转移出去，公司可能会使其技术成为行业内的主流设计（如松下对其录像机中的家用录像系统的处理方式）。这可能给公司带来稳定的特许使用金收

[①] C. W. L. Hill, "Strategies for Exploiting Technological Innovations: When and When Not to License," *Organization Science* 3 (1992), pp. 428–441.

入。然而，丧失对技术控制的风险经常让许可协议模式的吸引力剧减，并且如果这是一种风险，那么公司会避免许可协议模式。

管理诀窍

许多服务业公司的竞争优势建立在管理诀窍上（如麦当劳）。对于这类公司，管理诀窍流向其代理商或合资伙伴的风险并不大。这些公司的宝贵资产是它们的品牌，而品牌通常受到关于商标的国际法律的保护。在这种情形下，在技术中遇到的许多问题对公司的影响并不大。因此，许多服务业公司更愿意综合利用代理商和子公司来控制特定国家或区域内的特许经营。这些子公司可能是全资子公司，也可能是合资企业，但是大多数服务业企业发现，与当地合作伙伴建立合资企业的模式对于其控制的子公司的运行是最好的。通常，合资企业更加容易得到政治上的认可，同时能将当地知识引入子公司。

削减成本压力与进入模式

削减成本压力越大，公司就越有可能采用出口和全资子公司结合的方式。通过在因素条件最优的地点生产，然后将产品出口到世界其他地方，公司可以实现巨大的区位经济和经验曲线。公司可能想将成品出口给世界各国的营销子公司。通常，这些子公司都是全资子公司，并且负责它们所在国的分销管理。因为公司能够牢牢控制全资子公司，从而可以协调全球分散的价值链，所以，相比建立合资企业和利用国外营销代理商，建立全资子公司更受青睐。同时，全资子公司使得公司可以利用一个市场的盈利来提高其在另一个市场的竞争地位。换句话说，采用全球标准化战略或跨国战略的公司往往倾向于建立全资子公司。

选择绿地投资还是收购？

公司可以通过两种方式在一个国家建立子公司：一种是从零开始建立一家子公司，也就是绿地投资；一种是在目标市场收购一家企业。[1] 跨国收购数量近几十年来增长迅速。在过去的10年里，在外国直接投资总流入中，有50%～80%都以兼并和收购的方式进行。例如，2001年，兼并和收购占外国直接投资总流入的80%。2005年，这个数字为78%，金额大约是7 160亿美元。[2]

收购的利弊

收购有三个好处。第一，执行起来迅速。通过收购一家现有企业，公司可以迅

---

[1] K. D. Brouthers and L. B. Brouthers, "Acquisition or Greenfield Start-Up?" *Strategic Management Journal* 21, no. 1 (2000), pp. 89-97; J. Anand and A. Delios, "Absolute and Relative Resources as Determinants of International Acquisitions," *Strategic Management Journal*, February 2002, pp. 119-134.

[2] United Nations, World Investment Report, 2006 (New York and Geneva: United Nations, 2006).

速在目标市场建立自己的市场地位。当德国汽车公司戴姆勒-奔驰公司想在美国汽车市场上拥有更大影响力时,它并没有花几年时间在美国建立新工厂,而是收购了美国第三大汽车公司克莱斯勒公司,将业务合并形成戴姆勒-克莱斯勒公司。当西班牙电信服务公司想要在拉丁美洲建立业务时,它做出了一系列收购措施,在巴西和阿根廷对电信公司进行收购。在这些案例中,公司采取收购方式,是因为它们知道在目标市场建立相当大市场规模的最快方式是收购。

第二,在许多情况下,公司采取收购方式都是为了抢在竞争对手之前行动。随着市场快速全球化,对于先买权的需求日益增大。例如,在电信市场,各国管制逐渐减少,对外国直接投资的限制也逐渐放开,公司通过收购进入国外市场变得更加容易了。随着公司间相互竞争以取得全球规模,在这些市场上可能会出现收购浪潮。例如,在电信产业,法规变动引发了一场"大鱼吃小鱼"的游戏,各个公司纷纷通过收购进入彼此市场来建立全球地位。其中包括,英国沃达丰公司以 600 亿美元收购美国的空中接触通信(Air Touch Communication)公司——有史以来最大的一次收购;德国电信公司以 130 亿美元收购英国的一对一(One 2 One)公司;加拿大环球电信(Teleglobe of Canada)公司以 64 亿美元收购美国的伊克赛尔通信(Excel Communication)公司(以上所有收购都发生在 1998—1999 年)。① 同一时期,在全球汽车产业也出现了类似的跨国收购浪潮,其中包括戴姆勒-奔驰公司收购克莱斯勒公司、福特公司收购沃尔沃公司,以及雷诺(Renault)公司收购尼桑公司。

第三,管理者们认为,收购比绿地投资风险更低。当一家公司进行收购时,是买下了一套正在产生收益和利润的资产。相反,绿地投资的公司还不存在,可能产生的收益和利润都是不确定的。当一家公司在国外市场进行收购时,不仅获得了一套有形资产,如工厂、物流系统、客服系统等,也获得了宝贵的无形资产,其中包括当地品牌和管理者对该国公司环境的认知。这种认知可以减少公司由于对当地国家文化缺乏了解而出现错误的风险。

尽管收购有很多有利方面,但是也经常会产生一些令人不满的效果。② 例如,美世管理咨询(Mercer Management Consulting)公司做过一项研究,该研究调查了发生在 1990 年 1 月至 1995 年 7 月的 150 起收购案,其中每起收购的交易金额都超过 5 亿美元。③ 该研究得出结论,其中 50% 的收购侵蚀了股东利益,还有 33% 仅创造了微量收益,仅有 17% 被认为是成功的。同样,毕马威(KPMG)——一家会计和管

---

① United Nations, World Investment Report, 2006 (New York and Geneva: United Nations, 2006).

② R. E. Caves, "Mergers, Takeovers, and Economic Efficiency," *International Journal of Industrial Organization* 7 (1989), pp. 151-174; M. C. Jensen and R. S. Ruback, "The Market for Corporate Control: The Scientific Evidence," *Journal of Financial Economics* 11 (1983), pp. 5-50; R. Roll, "Empirical Evidence on Takeover Activity and Shareholder Wealth," in *Knights, Raiders and Targets*, eds. J. C. Coffee, L. Lowenstein and S. Rose (Oxford: Oxford University Press, 1989); A. Schleifer and R. W. Vishny, "Takeovers in the 60s and 80s: Evidence and Implications," *Strategic Management Journal* 12 (Winter 1991, special issue), pp. 51-60; T. H. Brush, "Predicted Changes in Operational Synergy and Post-Acquisition Performance of Acquired Businesses," *Strategic Management Journal* 17 (1996), pp. 1-24; A. Seth, K. P. Song, and R. R. Pettit, "Value Creation and Destruction in Cross-Border Acquisitions," *Strategic Management Journal* 23 (October 2002), pp. 921-940.

③ J. Warner, J. Templeman and R. Horn, "The Case against Mergers," *BusinessWeek*, October 30, 1995, pp. 122-134.

理咨询公司也做过一项研究,此项研究调查了1996—1998年发生的700起大型收购案。研究发现,其中大约30%实际上为发起收购的公司带来了利润,31%给公司带来了损失,剩下的几乎没有影响。[1] 麦肯锡(McKenzie)也做过类似研究,研究结果表明,大约70%的兼并和收购案件都没能实现预期收入的协同效应。[2] 在一次对公司被收购后的绩效研究中,戴维·雷文斯克拉夫特(David Ravenscraft)和迈克·谢勒(Mike Scherer)得出结论:一般来说,在收购之后,被收购公司的利润和市场份额都下降了。[3] 他们同时提到,许多公司在被收购后都经历了巨大创伤,最终导致收购方将这些被收购的公司售卖出去。雷文斯克拉夫特和谢勒的研究结果显示,许多收购并没有给公司带来利益,反而给公司造成了损失。这次研究调查的大部分都是国内收购,然而,研究结果可能同样适用于跨国收购。[4]

为什么收购会失败?

收购失败有几个原因。第一,收购公司通常以高于被收购公司资产价值的价格买下这家公司。如果有不止一家公司有意向购买目标公司,事实上情况通常如此,那么被购买的目标公司的价格就会被抬高。此外,进行收购的管理层通常对其目标公司所能创造的价值过于乐观,从而愿意为目标公司出高价。这被称为收购失败的自负假说。自负假说假定,最高管理层通常高估了能从收购中创造价值的能力,这主要是因为当人们走上公司最高管理层后会对自身能力过分高估。[5]

第二,许多收购失败是由于收购公司与被收购公司之间存在文化冲突。在收购完成之后,许多被收购公司都经历了高级管理层的更替,因此主要原因可能是,被收购公司的员工不喜欢收购公司的做事方式。[6]

第三,许多收购失败是由于公司整合收购公司和被收购公司的业务来实现协同效应的计划受到了阻碍,耗时超过预期。管理理念和公司文化的差异会减缓业务整合的进度。国家文化的差异可能会使这些问题恶化。管理者之间官僚主义般的讨价还价也会使这个流程更加复杂。

第四,许多收购失败是因为收购之前的审查活动不够充分。[7] 许多公司在没有充分分析潜在效益和成本的情况下就做出了收购其他公司的决定。公司往往急于进行操作,其中原因可能是它们担心其他竞争者会先于它们进行收购。然而,在收购之后,许多收购公司发现自己买下了一家问题公司,而不是一家运营良好的公司。因为收购公司可能并不完全理解被收购公司的国家文化和商务系统,这可能是跨国收

---

[1] "Few Takeovers Pay Off for Big Buyers," *Investors Business Daily*, May 25, 2001, p. 1.

[2] S. A. Christofferson, R. S. McNish, and D. L. Sias, "Where Mergers Go Wrong," *The McKinsey Quarterly* 2 (2004), pp. 92-110.

[3] D. J. Ravenscraft and F. M. Scherer, *Mergers, Selloffs, and Economic Efficiency* (Washington, DC: Brookings Institution, 1987).

[4] P. Ghemawat and F. Ghadar, "The Dubious Logic of Global Mega-mergers," *Harvard Business Review*, July-August 2000, pp. 65-72.

[5] R. Roll, "The Hubris Hypothesis of Corporate Takeovers," *Journal of Business* 59 (1986), pp. 197-216.

[6] J. P. Walsh, "Top Management Turnover Following Mergers and Acquisitions," *Strategic Management Journal* 9 (1988), pp. 173-183.

[7] P. Haspeslagh and D. Jemison, *Managing Acquisitions* (New York: Free Press, 1991).

购的一个特定问题。

减少失败的风险

如果公司能对其收购策略进行认真考虑，那么这些问题都能够被克服。[①] 对收购进行的审查包括详细地审查经营状况、财务状况和组织文化。这种审查能够帮助公司确保以下几点：（1）不为被收购公司支付过高价格；（2）在收购后不会收到令人不愉快的"惊喜"；（3）收购一个组织文化和公司没有冲突的企业。同时，收购公司减轻被收购公司管理层可能存在的顾虑也很重要，其目的是减少收购后管理层不必要的摩擦。在收购完成之后，管理者们必须迅速提出整合计划并且实施这些计划。在收购公司和被收购公司中，某些人会尝试阻碍或阻止整合进程，特别是当整合涉及失业或管理权力变化时，所以管理者们应该在事情出现之前有一套处理这些障碍的方案。

绿地投资的利弊

在国外创建新的子公司的最大优势是，它给予公司更大的能力来建立自己想要的子公司。例如，从头开始建立一种组织文化比改变所收购子公司的文化更简单。同样，在一个新的子公司中建立一套新的经营程序比改变所收购子公司的经营程序更容易。这对于许多跨国公司来说是一个很重要的优势。在许多跨国公司中，将产品、技术等从现有公司转向新的子公司是创造价值的主要方式。同时，绿地投资比收购风险更低，因为在一定程度上，遭遇不合意的突发事件的可能性更低。与这些巨大优势对立的是创建新的子公司的劣势。建立新的子公司耗时长，同时存在风险。对于任何新的子公司来说，未来收益和获利前景都存在不确定性。然而，如果公司已经有过在其他外国市场成功的经验，并且懂得在其他国家做生意所需要的资源，风险可能就不会那么大。例如，由于已经具备国际经营的大量知识，麦当劳进入另外一个国家的风险可能不是很大。还有一个劣势是，公司可能被其他通过收购在市场上建立强大影响力的更加具有侵略性的全球竞争者抢占了先机。

绿地投资还是收购？

在绿地投资和收购之间做选择并不容易。两种模式都有自己的优势和劣势。通常，公司会根据所面临的情况做出选择。如果公司试图进入一个已经拥有成熟公司的市场，并且其他全球竞争对手也有同样兴趣，那么收购可能是更好的进入模式。在这种情形下，绿地投资可能难以迅速建立较高的市场地位。然而，如果公司打算进行收购，那么其管理层需要了解之前所说的风险，并且在选择收购哪些企业时要考虑这些风险。采用绿地投资这种较慢的路径可能比进行一项差劲的收购效果更好。

如果一个国家不存在公司所要收购的现有公司，那么绿地投资可能是唯一模式。即便市场上存在现有公司，如果公司的核心竞争力是基于组织内技术、日常规定和

[①] P. Haspeslagh and D. Jemison, *Managing Acquisitions* (New York: Free Press, 1991).

文化的转移，那么公司可能依然会倾向于以绿地投资的模式进入。收购公司在一家新公司中注入难以展现和编纂成文字的重要知识，如技术和管理诀窍，比在被收购公司中注入重要知识更容易。在被收购公司中，收购公司可能需要克服现有常规和文化。因此，像林肯电气这样的公司倾向于通过建立新公司的方式进入外国市场。

战略联盟

战略联盟（strategic alliances）指潜在的或实际的竞争者之间的合作协议。这一节内容具体涉及来自不同国家公司之间的战略联盟。战略联盟表现为正式的合资企业，即两家或两家以上企业共同持有的股东权益，或者表现为短期契约性协议，即两家或两家以上公司同意就某个课题例如开发某种新产品进行的合作。竞争者之间的合作现在很流行，近几十年里，战略联盟的数量呈现爆炸性增长。

战略联盟的优势

为了不同的战略目的，公司和潜在的或实际的竞争对手组成战略联盟。[1] 第一，战略联盟也许能帮助公司进入外国市场。例如，许多公司认为，如果它们想成功进入中国市场，那么它们需要一个熟悉商务环境，并且有较好关系的当地伙伴。因此，华纳兄弟在2004年与两个中国合伙人建立合资企业，进入中国市场来制作和分销电影。作为一个外国公司，华纳兄弟发现，如果想独立制作电影，然后在中国市场上销售，那么每部电影都要经过复杂的审批程序，而且公司还要将分销活动转交给一家当地公司来做，这会使公司在中国很难运营。然而由于中国公司的加入，合资企业可以通过流水线般的审批程序，而且该合资企业可以分销其生产的任何电影。另外，合资企业也能为中国电视台制作电影，而这是外国公司不被允许做的。[2]

第二，战略联盟使得公司可以分散研发新产品或流程的固定成本和相关风险。波音和许多日本公司建立战略联盟来制造波音的商务机波音787，就是想让其他公司与其一同分担预计80亿美元的研发飞机的投资金额。另外一个将固定成本分散的例子就是"聚焦管理"专栏中所讨论的思科和富士通之间的战略联盟。

聚焦管理：思科和富士通

2004年后期，思科（Cisco）（世界网络路由器最大制造商）与日本电脑、电子和通信设备公司富士通（Fujitsu）建立了战略联盟。它们宣称组建战略联盟的目标

---

[1] K. Ohmae, "The Global Logic of Strategic Alliances," *Harvard Business Review*, March-April 1989, pp. 143 - 154; G. Hamel, Y. L. Doz and C. K. Prahalad, "Collaborate with Your Competitors and Win!" *Harvard Business Review*, January-February 1989, pp. 133 - 139; W. Burgers, C. W. L. Hill, and W. C. Kim, "Alliances in the Global Auto Industry," *Strategic Management Journal* 14 (1993), pp. 419 - 432; P. Kale, H. Singh, and H. Perlmutter, "Learning and Protection of Proprietary Assets in Strategic Alliances: Building Relational Capital," *Strategic Management Journal* 21 (2000), pp. 217 - 237.

[2] L. T. Chang, "China Eases Foreign Film Rules," *The Wall Street Journal*, October 15, 2004, p. B2.

是共同研发下一代高端路由器以供在日本销售。路由器是位于互联网中心的交换机，被称为"交通警察"。尽管思科一直以来占领路由器市场的主要份额——事实上，它是初始路由器技术的先驱——但它面临来自其他公司逐渐加剧的竞争，如瞻博技术（Juniper Technologies）有限公司和中国快速崛起的华为技术（Huawei Technologies）有限公司。同时，随着越来越多的通信公司采用互联网通信服务，市场需求正在转变。尽管思科一直拥有强大的全球影响力，但其管理层还是认为公司需要在日本拥有更大的影响力，因为日本正在快速转向第二代基于互联网的高速通信网络。

通过与富士通合作，思科认为自己可以完成很多目标。第一，两家公司可以共同研发，使它们在技术上形成互补，并加快产品研发，从而获得比竞争对手更大的优势。第二，通过将思科专有的前沿路由器技术与富士通的生产专长结合起来，它们可以生产出比现在更加可靠的产品。第三，富士通也会使思科在日本获得更好的销量。富士通与日本通信公司有很好的关系，并且以可靠性著称。思科可以利用这些资源销售战略联盟生产的产品，这些产品将被冠名为"富士通-思科"产品。第四，将联名路由器和富士通销售的其他通信设备捆绑在一起向消费者出售一整套产品，可进一步提高销量。富士通销售许多通信产品，但是在路由器这方面缺少影响力。思科在路由器方面很强势，但是在其他方面缺乏强势产品。两家公司产品的结合可以使富士通向日本通信公司提供"从头到尾"的通信方案。由于许多公司倾向于从单一提供商那里购买设备，因此这会提高公司销量。

该战略联盟在2006年5月发布了首款产品。双方合作的研发成本比不合作时的研发成本低。思科在日本的销量会提升，富士通可以利用联名产品来填充产品系列，并且向日本通信公司销售更多产品组合。[①]

第三，战略联盟是公司之间实现资源和技术互补的方式，而这些互补性的资源和技术是靠其自身无法轻易取得的。[②] 例如，微软和东芝在2003年建立了一个战略联盟，研发能够在汽车内提供各种娱乐功能（例如，后座DVD播放器或无线网络）的各种内置微处理器（本质上是小型计算机）。这些处理器采用的是微软Windows CE操作系统。微软将其软件设计技术带入这个战略联盟，东芝则将其微处理器技术带入这个战略联盟。[③] 思科和富士通建立联盟也是为了分享技术。

第四，建立战略联盟将有利于促使该公司技术标准成为行业标准，这将使公司获益。例如，1999年，在索尼同意以许可协议模式从掌上电脑（Palm Computer）公司购进掌上操作系统，并且将其用于索尼掌上电脑后，掌上电脑的主要制造商——掌上电脑公司和索尼建立了战略联盟。建立战略联盟的动机部分是为了促使掌上操作系统，而不是竞争对手微软的视窗操作系统，成为掌上电脑行业的标准。[④]

---

① "Fujitsu, Cisco Systems to Develop High-End Routers for Web Traffic," *Knight Ridder Tribune Business News*, December 6, 2004, p. 1; "Fujitsu and Cisco Introduce New High-Performance Routers for IP Next Generation Networks," *JCN Newswire*, May 25, 2006.

② B. L. Simonin, "Transfer of Marketing Know-How in International Strategic Alliances," *Journal of International Business Studies*, 1999, pp. 463-491; J. W. Spencer, "Firms' Knowledge Sharing Strategies in the Global Innovation System," *Strategic Management Journal* 24 (2003), pp. 217-233.

③ C. Souza, "Microsoft Teams with MIPS, Toshiba," *EBN*, February 10, 2003, p. 4.

④ M. Frankel, "Now Sony Is Giving Palm a Hand," *BusinessWeek*, November 29, 2000, p. 50.

□ 战略联盟的劣势

上述讨论中显示战略联盟的优势很大。尽管如此，某些评论家却抨击战略联盟可让竞争对手用低成本的途径获得新技术和市场。[①]

例如，几年前以美国为中心的评论者说，美国和日本之间的许多战略联盟往往让日本公司获得了更多利益，而这些利益以美国公司和美国经济的损失为成本。[②] 然而，许多成功的战略联盟案例，包括美国和日本公司之间的战略联盟，表明在管理完善的战略联盟中，双方公司通过不同方式往往都会受益。这项抨击很难用在微软与东芝的战略联盟、波音与三菱重工为研发波音 787 而建立的战略联盟或富士胶片与施乐的战略联盟案例中。在这些案例中，双方看起来都从战略联盟中获得了利益。

事实是战略联盟的确存在风险。除非一家公司办事谨慎，否则其付出的会比得到的多。而这提供的不是反对战略联盟的论据，而是支持其高效设计和管理的论据。因此，理解为什么有些战略联盟会使双方受益，有些只使一方收益，还有一些使双方都亏损的原因很重要。接下来这一节的内容将会揭晓这个问题的答案。

□ 如何成功组建战略联盟

国际战略联盟失败的比率似乎很高。一项对 49 个国际战略联盟案例的调查显示，其中 2/3 的战略联盟在刚建立的 2 年内就陷入严重的管理问题和财务问题，尽管许多问题得到了解决，但最后有 33% 的案例被参加战略联盟的各方认为是失败的。[③] 战略联盟的成功似乎取决于 3 项重要因素：合伙人的选择、战略联盟结构和管理战略联盟的方式。

合伙人的选择

使战略联盟成功的一项关键因素是选对盟友。一个好的盟友或合作伙伴有以下特征。第一，一个好的合作伙伴可以帮助公司实现战略目标，不管这些目标是获得市场渠道、让合作伙伴分担研发的成本和风险，还是使公司获得重要的核心竞争力。合作伙伴必须拥有公司所没有而其自身十分重视的技能。第二，为了战略联盟的成功，好的合作伙伴需要与公司拥有同样观点。如果两家拥有不同工作日程的公司组建战略联盟，那么两者关系将出现不融洽，进而关系破裂的概率会很高。第三，一个好的合作伙伴不会投机性地为了利用战略联盟而自肥腰包，即征用公司技术而给予公司极少回报。在这一方面，素有履行"公平竞争"美誉的公司可能是最好的选择。例如，IBM 加入许多战略联盟，以至于践踏单个战略联盟合作伙伴的利益对公

---

① P. Kale, H. Singh, and H. Perlmutter, "Learning and Protection of Proprietary Assets in Strategic Alliances: Building Relational Capital," *Strategic Management Journal* 21 (2000), pp. 217-237.

② R. B. Reich and E. D. Mankin, "Joint Ventures with Japan Give Away Our Future," *Harvard Business Review*, March-April 1986, pp. 78-90.

③ J. Bleeke and D. Ernst, "The Way to Win in Cross-Border Alliances," *Harvard Business Review*, November-December 1991, pp. 127-135.

司并没有好处（据报道，2003年早期，IBM已经拥有150多个主要战略联盟）。① 如果公司这样做，那么IBM作为好合作伙伴的名誉将会被玷污，公司将会难以吸引到合作伙伴。因为IBM对其合作伙伴很重视，所以它不可能采用评论家所说的这种投机行为。同样，名誉问题使曾经与非日本公司建立合作伙伴关系的日本公司，如索尼、东芝和富士胶片投机性地利用合作伙伴的可能性更低（但是依然有可能）。

为选取一位拥有这几项特征的合作伙伴，公司需要对潜在候选对象进行综合研究。为提高选到一个好合作伙伴的概率，公司应该做到以下几点：

(1) 尽可能多地收集与潜在合作伙伴相关的公开信息。

(2) 从知情的第三方获取数据，包括与潜在合作伙伴有过战略联盟关系的公司，与它们有过交易往来的投资银行和以前员工。

(3) 在建立战略联盟关系前尽量了解潜在的合作伙伴。这个流程应该包括与高级管理者及中层管理者之间面对面的会议，以确保彼此之间能够相处融洽。

战略联盟结构

一旦选中了合作伙伴，进行合作的公司就应该建立战略联盟结构，从而确保将公司投入过多的风险确定在一个合理水平上。第一，公司应该对战略联盟结构进行设计，使得无意间向合作伙伴转移的技术难以（如果有可能的话）在战略联盟内转移。战略联盟制作出的产品的设计、研发、制造和服务都应该在战略联盟结构中有很好的安排，从而避免将敏感技术泄露给其他伙伴的风险。例如，在通用电气和斯奈克玛（Snecma）组建战略联盟来共同研发商用客机引擎的过程中，通用电气通过将生产流程的某些环节进行保密来减少过分转移技术的风险。模块化能够有效切断通用电气所认为的对关键技术的转移，同时允许斯奈克玛接触到最后的组装流程。同样，在波音和日本公司组建战略联盟来生产波音767的过程中，波音将其核心的研发、设计和营销部门都进行了保密，而与日本公司共同分享生产技术。波音同时对波音767生产过程中不需要的新技术进行了保密。②

第二，可以将合同保护性条款写入战略联盟协议中，来防范合作伙伴的投机风险（如窃取技术或市场）。例如，汤姆森·拉莫·伍尔德里奇公司（TRW，美国汽车零件公司）与日本三大零件供应商建立了战略联盟，为在美国的日本汽车组装厂生产安全带、发动机阀和轮向齿轮。汤姆森·拉莫·伍尔德里奇公司在每份战略联盟合同中都列有条款，禁止日本公司向与其竞争的美国汽车公司提供零件。通过这样做，汤姆森·拉莫·伍尔德里奇公司防范了日本公司仅为进入北美市场与其竞争而与之建立联盟的可能性。

第三，战略联盟双方可以事先同意交换其他人所垂涎的技术，从而确保双方收益相同。交叉许可协议是实现这种目标的一种途径。第四，如果公司事先可以从其合作伙伴那里获取重大可信承诺，那么战略联盟伙伴做出投机行为的风险将会减少。施乐和富士胶片之间为向亚洲市场提供复印机而建立长期战略联盟就是这一点最好的体现。与签订非正式协议或许可协议（刚开始富士胶片想签订许可协议）相比，

---

① E. Booker and C. Krol, "IBM Finds Strength in Alliances," *B to B*, February 10, 2003, pp. 3, 27.

② W. Roehl and J. F. Truitt, "Stormy Open Marriages Are Better," *Columbia Journal of World Business* (Summer 1987), pp. 87 – 95.

施乐坚持与富士胶片建立50/50所有权结构的合资企业来服务东亚市场。该合资企业需要在员工、设备和设施上进行大量投资，以致富士胶片为了赚取投资收益，一开始就努力使战略联盟成功运行起来。通过同意建立合资企业，富士胶片本质上向战略联盟做出了重大可信承诺。在这种承诺下，施乐就可以安心地将复印机技术转移给富士胶片了。①

管理战略联盟的方式

一旦公司选好合作伙伴，并且与其商量好合适的战略联盟结构，双方面临的任务就是将其从战略联盟中所能获得的利益最大化。就如所有国际商务贸易一样，一项重要因素是文化差异的敏感性问题。许多管理方式的差异是包含文化差异的，在与其合作伙伴交往时，管理者需要考虑到这些差异。除此之外，从战略联盟中获取利益最大化还涉及建立合作伙伴之间的相互信任和双方相互学习。②

成功地管理好战略联盟需要公司管理者之间建立人际关系，这有时被称为关系资本。③福特和马自达成功的战略联盟就体现了这一点。这两家公司建立了会议框架，在这个框架内，管理者们不仅可以讨论关于战略联盟的事宜，而且有时间更好地了解彼此。其理念是，公司之间形成的友谊可以帮助促进信任的建立，并且有利于公司之间建立和睦的关系。个人关系同样可以培育出一种非正式的管理网络，而这种网络可以帮助公司构建更加正式的管理网络（如两家公司人员共同参加的联合委员会会议）。

学术界认为，公司能从战略联盟中获得多少知识的重要决定因素是它向合作伙伴学习的能力。④例如，在一项对大型跨国公司之间15家战略联盟为期5年的研究中，加里·哈默尔（Gary Hamel）、伊夫·多茨（Yves Doz）、C.K.普拉哈拉德（C.K. Prahalad）关注日本公司和西方（欧洲或美国）合作伙伴之间的战略联盟。⑤研究结果表明，很少有西方公司从战略联盟中的日本公司那里学习东西。它们往往将战略联盟单纯当作一种分散成本或分散风险的工具，而不是向其潜在竞争者学习如何经营。

以1995年通用汽车与丰田为研制雪佛兰·诺瓦而建立的战略联盟为例。该战略联盟以正式的合资企业形式被建立，被称为新联合汽车制造（New United Motor

---

① McQuade and Gomes-Casseres, "Xerox and Fuji-Xerox."

② T. Khanna, R. Gulati, and N. Nohria, "The Dynamics of Learning Alliances: Competition, Cooperation, and Relative Scope," *Strategic Management Journal* 19 (1998), pp. 193-210; P. Kale, H. Singh, and H. Perlmutter, "Learning and Protection of Proprietary Assets in Strategic Alliances: Building Relational Capital," *Strategic Management Journal* 21 (2000), pp. 217-237.

③ P. Kale, H. Singh, and H. Perlmutter, "Learning and Protection of Proprietary Assets in Strategic Alliances: Building Relational Capital," *Strategic Management Journal* 21 (2000), pp. 217-237.

④ G. Hamel, Y. L. Doz, and C. K. Prahalad, "Collaborate with Your Competitors and Win!" *Harvard Business Review*, January-February 1989, pp. 133-139; T. Khanna, R. Gulati, and N. Nohria, "The Dynamics of Learning Alliances: Competition, Cooperation, and Relative Scope," *Strategic Management Journal* 19 (1998), pp. 193-210; E. W. K. Tang, "Acquiring Knowledge by Foreign Partners from International Joint Ventures in a Transition Economy: Learning by Doing and Learning Myopia," *Strategic Management Journal* 23 (2002), pp. 835-854.

⑤ G. Hamel, Y. L. Doz, and C. K. Prahalad, "Collaborate with Your Competitors and Win!" *Harvard Business Review*, January-February 1989, pp. 133-139.

Manufacturing）公司，双方各持有50%股权。该公司在加利福尼亚州弗里蒙特县拥有一家汽车工厂。据一位日本管理者所述，丰田从战略联盟中快速实现了其大多数目标："我们了解到关于美国的供应和运输方面的情况。并且我们在管理美国员工上获得了信心。"[①] 于是，所有知识都被转移给了丰田于1988年在肯塔基州乔治城自己开的一家工厂。通用汽车的全部所得可能就是一款新产品——雪佛兰·诺瓦。有些通用汽车的管理者抱怨，他们在与丰田建立战略联盟中所获得的知识从没有在通用汽车内部得到很好的使用。他们认为应该组成一支团队，向通用汽车的工程师和工人们传授关于日本系统的知识。但现实是，这些管理者被分派到通用汽车各子公司中。

为了将从战略联盟中获取的学习效益最大化，公司需要努力向其合作伙伴学习，然后将知识运用于自己的内部组织。公司应该简要地向所有业务人员介绍合作伙伴的优势和劣势，业务人员应该理解获取具体的技能会如何支撑公司的竞争地位。哈默尔、多茨、普拉哈拉德认为，这在日本公司中已经成为标准惯例。他们的观察报告认为：

> 我们陪同一位日本研发工程师参观了合作伙伴的工厂。这位工程师对工厂布局、生产阶段的数量、生产线运行的速率及员工数尽职地做下了笔记。尽管事实上他在自己的分公司中不负责生产制造，而且战略联盟中不包含共同生产，但他还是对所有这些做了记录。这种精神大大加强了我们向合作伙伴学习的动力。[②]

由于这种学习很重要，所以必须将其在组织内扩散开来（而不是如经历了通用汽车-本田合资企业后通用汽车所采取的那种扩散）。为了扩散这种学习，进行战略联盟的管理者应该教给其同事们关于合作伙伴的技术知识。

● 本章总结

在本章中，我们研究了企业进行国外扩张采取的各种进入决策，包括各种进入模式。我们同样研究了战略联盟的各种类型，以及它们的优势和劣势。本章要点如下：

1. 基本的进入决策包括确定进入哪些国外市场、进入市场的时机，以及进入规模和战略承诺。

2. 最具有吸引力的国外市场往往是拥有自由市场系统、通货膨胀率及私人部门债务相对稳定且政局稳定的发展中国家和发达国家。

3. 在其他公司在一个国家建立影响力之前，较早进入该国市场的公司有一些优势。而公司需要权衡这些优势和较早进入者经常需要承受的先驱成本，其中包括企业倒闭风险。

[①] B. Wysocki, "Cross-Border Alliances Become Favorite Way to Crack New Markets," *The Wall Street Journal*, March 4, 1990, p. A1.

[②] G. Hamel, Y. L. Doz, and C. K. Prahalad, "Collaborate with Your Competitors and Win!" *Harvard Business Review*, January-February 1989, pp. 133–139.

4. 大规模进入一国市场会构成重大的战略承诺，而这项战略承诺可能改变该市场的竞争性质，并且有可能限制该进入者未来的战略灵活性。尽管做出重大的战略承诺会带来许多好处，但这同时附带着风险。

5. 一家公司可以以6种方式进入一个国外市场：出口、交钥匙工程、许可协议、特许经营、合资企业和全资子公司。

6. 出口有促进实现经验曲线及避免在另外一国建立制造业务成本的优势。其劣势包括运输成本较高、存在贸易壁垒及与当地营销代理商相关的问题。

7. 交钥匙工程使得公司可以将其流程技术出口到可能禁止外国直接投资的国家，从而使该公司可以利用这项资源来赚取更大收益。其劣势是，在此过程中，公司可能不经意地给自己培育了高效的全球竞争对手。

8. 许可协议的主要优势是，受让人会承担打开国外市场的成本和风险。其劣势包括技术被泄露给受让人的风险和无法对受让人进行牢牢控制。

9. 特许经营的主要优势是特许经营人会承担打开国外市场的成本和风险。其劣势则集中于对特许经营人的质量管控问题。

10. 合资企业的优势是可以分散打开国外市场的成本和风险，获得当地知识及政治影响力。其劣势包括丧失对技术控制的风险和无法对公司进行牢牢控制。

11. 全资子公司的优势包括可以牢牢控制其技术，劣势是公司必须承担打开国外市场的所有成本和风险。

12. 对于进入模式的最优选择要基于公司战略。当技术构成公司的核心竞争力时，公司可能倾向于构建全资子公司，因为这样公司可以对其技术进行最好的控制。当管理诀窍构成公司的核心竞争力时，由合资企业控制的国外特许经营似乎是最好选择。当公司采用的是全球标准化战略或跨国战略时，为实现区位经济和经验曲线，以及牢牢管控经营权，全资子公司是最好的进入模式。

13. 当在一个国家建立全资子公司时，公司必须决定是采用绿地投资还是在目标市场收购现有企业。

14. 收购能够被快速执行，这可能会使公司抢在全球竞争者前面，其中涉及买下一个已知的收入和利润流。当收购公司为目标公司支付过高价格时，或者当收购公司和被收购公司出现文化冲突时，或者当收购后存在管理层归属难题时，或者当收购双方无法整合业务时，收购都可能失败。

15. 在国外创建新的子公司的优势是，它使公司有更大能力来建造自己想要的子公司。例如，相比改变被收购公司的文化来说，从零开始建立一种新的组织文化会更加容易。

16. 战略联盟是实际的或潜在的竞争对手之间的合作协议。战略联盟的优势是，它可以帮助企业进入国外市场，和合作伙伴共同分担与新产品和新流程相关的固定成本和风险，促进互补性技术在公司之间转移，帮助公司在行业内树立技术标准。

17. 战略联盟的劣势是，公司有流失技术和市场份额给其合作伙伴的风险。

18. 如果公司认真筛选合作伙伴，那么战略联盟的劣势将会被弱化。公司应当注重自己的名声及战略联盟的结构，从而避免无意间的技术转移。

19. 促使战略联盟成功的两项关键因素包括：在合作伙伴之间建立信任和非正式

交流系统，以及积极向合作伙伴学习。

●批判性思考和问题讨论

1. 将专有技术以许可协议模式转移给国外竞争对手是放弃公司竞争力的最佳方式。请对此进行讨论。

2. 讨论控制国外业务的需求如何随着公司战略和核心竞争力而改变。这对进入模式的选择有什么启示？

3. 在何种情况下，相比建立全资子公司，公司倾向于选择合资企业作为进入国外市场的最佳模式？

4. 最近几年，跨国兼并和收购数量一直呈现激增趋势。作为进入国外市场的工具，该形势会给公司带来什么样的风险？你能够在最近的媒体报道中找到关于这种风险的一个案例吗？怎么降低这些风险？

5. 一家小型亚洲公司利用其独特的生物技术研发出一些宝贵的新型医药产品。现在这家公司正在准备进入欧盟市场的最佳方案。对于这家公司来说，投资建立制造工厂的成本很高，但是依然在可执行范围之内。如果以下是公司所能做出的所有选择，你建议选择哪一项？请说明原因。

(1) 在母国生产产品，然后让国外营销代理商进行营销活动。

(2) 在母国生产产品，并且在欧洲设立全资子公司来处理营销业务。

(3) 与一家大型欧盟医药公司建立战略联盟。战略联盟采用的是50/50所有权结构的合资企业，产品将在欧洲生产，由欧洲公司进行营销活动。

6. 重温"聚焦管理：荷兰国际集团的国际扩张"专栏，然后回答下列问题：

(1) 为什么荷兰国际集团专注于进入美国市场，而不是其他新兴市场？

(2) 请对荷兰国际集团进入美国市场的时机进行解释。

(3) 荷兰国际集团通过收购而不是创建新公司的方式进入美国保险和投资市场。请说明它选择这种进入模式的理由，并且说明这种模式的优势和劣势。

(4) 你认为荷兰国际集团选择在美国新创其零售银行——荷兰国际集团直销银行的原因是什么？

7. 重温"开篇案例：杰西博在印度"专栏，然后回答下列问题：

(1) 你认为在1979年以合资企业模式进入印度是杰西博最好的选择吗？它还有哪些其他选择？

(2) 你认为杰西博将印度选作其首次外国直接投资地点的原因是什么？

(3) 在21世纪初，杰西博完全掌控合资企业的做法是否合理？

8. 重温"聚焦管理：思科和富士通"专栏，然后回答下列问题：

(1) 思科与富士通建立战略联盟的好处是什么？其风险和相关成本来自哪些方面？

(2) 基于你对这个战略联盟相关利益、风险和成本的评估，你认为思科建立战略联盟的做法合理吗？

(3) 思科可能采取什么措施来降低与战略联盟相关的风险？

● 研究任务：进入战略和战略联盟

利用 globalEDGE™ 网站完成下列练习：

练习1

使国际市场进入战略成功的一项重要因素是，合作伙伴之间的技术和能力能够实现很好的配合。因此，《企业家》(*Entrepreneur*) 杂志每年都会发布一个国际特许授权人的排名，该排名会列出前 200 位特许经营人。请列出采用特许经营作为国际扩张模式的排名最前的 10 家公司，详细研究其中一家公司，并描述其商务模式、国际扩张模式、潜在特许经营人的资格，以及由特许授权人提供的典型支持和训练。

练习2

利用《巴西国家商务指南》(*Country Commercial Guide for Brazil*) 来收集信息。你所处的印度公司生产平板电脑，并且正考虑进入巴西。选择最合适的进入模式，并且利用所收集信息来支撑你的决定。

● 章尾案例：特易购的全球扩张

特易购（Tesco）是英国最大的零售商，占领当地 25% 的市场份额。在其母国市场，人们认为该公司的优势源于其在营销、商店选址、物流和库存管理以及自有品牌产品上的强劲竞争力。20 世纪 90 年代早期，这些竞争优势让该公司在英国占据领先地位。公司产生了强劲的现金流，并且高级管理层必须决定该如何使用这笔资金。他们选择的战略是国际扩张。随着他们对国际市场的研究，他们很快总结出，最好的机会不是在如北美、西欧这些已经存在强劲本地竞争者的成熟的市场，而是在东欧和亚洲这些鲜有强大竞争者，但是潜在增长趋势强劲的新市场。

特易购的第一次出击是在 1994 年进入匈牙利，当时它收购了一家拥有 43 家商店的国有零售连锁店——全球（Global）公司 51% 的股份。2004 年，特易购成为匈牙利市场的领导者，在当地拥有 60 家商店，并且占领 14% 的市场份额。1995 年，特易购在波兰从斯塔维亚（Stavia）公司手中收购了 31 家商店；1 年之后，它从凯马特（Kmart）公司手中购入位于捷克和斯洛伐克的 13 家商店；再过 1 年后，它进入了爱尔兰市场。

特易购的亚洲扩张开始于 1998 年，它在泰国收购了一家拥有 13 家商店的食品零售商——莲花（Lotus）公司 75% 的股份。在这个基础上，到 2004 年，特易购在泰国就拥有了 64 家商店。1999 年，公司进入韩国市场，它在当地与三星合作发展出一系列超级市场。随后，公司在 2002 年进入马来西亚市场，在 2004 年进入中国市场。特易购在进入中国之前进行了 3 年认真的调查，并且和潜在合作伙伴进行了商讨。像许多其他西方公司一样，特易购也是被中国庞大的市场和快速的增长速度所吸引。最后，特易购和一家超市连锁店——乐购（Hymall）建立了 50/50 所有权结构的合资企业。乐购由一家中国台湾集团——顶新集团控制。顶新集团本身是一家资本雄厚的公司，在投资上可以与特易购相匹配，它将减少特易购在国外投资的风险。

在这一系列措施之后，到 2007 年，特易购在英国之外拥有 800 多家商店，年收入达76亿英镑。在英国,特易购拥有大约1 900家商店,年收入达300亿英镑。增加的这些国际商店使得特易购成为仅次于沃尔玛、法国家乐福及德国麦德隆(Metro)的全球第四大零售公司。在这四者当中,特易购可能是国际化最成功的。2005年,其所有国外企业都开始盈利。

在解释公司的成功时,特易购的管理者详尽说出了许多重要因素。第一,公司投入了大量精力向新公司转移其核心竞争力。同时,公司并没有派遣驻外管理者来管理当地运营,而是选择雇用当地管理者,并且利用一些英国运营专家来帮助他们。第二,公司认为,在亚洲的合作战略是公司的一项宝贵资产。特易购与许多优秀公司组成了团队,这些公司对于它们参与的市场有深刻理解,但缺乏特易购的财务实力和零售能力。随后,特易购和合作伙伴将有用的资产带进了合资企业中,这也提高了成功的概率。随着合资企业逐渐成熟,特易购不出意外地增加了其在合资企业中持有的股份。第三,特易购关注与拥有良好增长潜力但缺少有力本土竞争者的市场,这为特易购的扩张提供了肥沃的土壤。

2006年3月,当特易购宣布其将以特易购快捷商店概念进入拥挤的美国零售市场时,它将国际扩张战略引入下一个阶段。特易购快捷商店当前在6个国家运营,是一种规模小、以种类繁多的预制健康食品为特点、质量高的街边零售店。尽管一些人对此行动的智慧提出了质疑,但其他人指出,特易购在英国的绩效一直都超过沃尔玛拥有的艾斯达(ASDA)连锁店。而且,美国在那时找不到特易购快捷商店这种模式。[①]

案例讨论问题

1. 为什么特易购的初期国际扩张战略关注发展中国家?
2. 特易购如何在其国际业务中创造价值?
3. 在亚洲,特易购和当地合作伙伴有着长期建立合资企业的历史。这对特易购有什么好处?存在哪些风险?这些风险是如何被降低的?
4. 2006年3月,特易购宣布进入美国市场。这代表公司开始走出关注发展中国家的战略。你认为特易购做出这项决定的原因是什么?美国市场与特易购进入的其他市场存在哪些不同?在美国存在哪些风险?你认为特易购会如何做出应对?

[①] P. N. Child, "Taking Tesco Global," *The McKenzie Quarterly*, no. 3 (2002); H. Keers, "Global Tesco Sets Out Its Stall in China," *Daily Telegraph*, July 15, 2004, p. 31; K. Burgess, "Tesco Spends Pounds 140m on Chinese Partnership," *Financial Times*, July 15, 2004, p. 22; J. McTaggart, "Industry Awaits Tesco Invasion," *Progressive Grocer*, March 1, 2006, pp. 8-10.

第五部分

结尾案例

林肯电气的组织文化和激励体制

　　林肯电气（Lincoln Electric）是全球弧焊设备市场上的主要公司之一。林肯电气的成功一直以来都基于其极高的生产率。公司将其归因于浓厚的组织文化和基于计件制的激励体制。林肯电气的组织文化可以追溯到詹姆斯·林肯（James Lincoln），此人在 1907 年加入由他的兄弟在那之前几年建立的公司。林肯对个人能力十分尊重，并且相信通过正确的激励方式，平凡的人可以做出非凡的工作表现。他强调，林肯电气是一个奖励个人成就的精英组织。伴随着浓厚的平等主义氛围，林肯电气拆除了阻隔工人和管理者之间的障碍，实行一种开放政策。他确保所有为公司工作的人都得到公平对待。例如，每个人都在同一餐厅就餐，并没有专门为管理者设置停车区域等。林肯相信，任何在生产率上的获益都应该以更低的价格与消费者分享，以更高的薪酬与员工分享，以更高的分红与股东分享。

　　公司的激励体制强化了源自詹姆斯·林肯信仰的组织文化。生产工人没有基本工资，而是按照生产件数获取报酬。公司的计件制使得以正常速度工作的员工可以赚取该厂所在区域生产员工的平均工资。工人有责任保证他们产品的质量，并且必须在产品进入计件之前修复质检员发现的任何瑕疵。自 1934 年之后，公司一直每半年根据人事考核向工人发放奖金。这些考核基于客观标准（员工等级和产品质量）和主观标准（如员工对合作的态度及其可靠性）。这些体制激励林肯电气的员工努力工作，并在提高生产率上进行创新，因为这样做可以提高他们的收入水平。林肯电气的员工已经能够赚取一份超过该地区平均制造业工资 50% 多的基本收入，并且在此基础上还能领到奖金，所以在一些好的年份可能会赚到双倍基本工资。事实上，林肯电气美国工厂的员工一直以来都是世界上收入最高的工人。尽管给予员工较高报酬，但由于员工生产率高，因此林肯电气比其竞争者拥有更低的成本结构。

林肯电气独特的文化和激励体制使得它可以以非常扁平的组织结构来运营。在林肯电气美国主要的工厂中，主管人员与员工的比例是1∶100。在美国一般的工厂中，该比例更可能接近1∶25；在某些汽车工厂，该比例为1∶10。在这种激励体制下，林肯电气的员工通常会工作较长时间。在林肯电气美国工厂内，平均工作时间为43小时～58小时，并且公司可以在短时间内通知并要求员工工作更长时间。

这种组织文化和激励体制在美国产生的效果很好，它与该国个人主义文化和努力工作能够赚取更多钱的传统相契合。然而，将这些转移到国外业务中并不那么容易。在20世纪80年代和20世纪90年代早期，林肯电气向国际市场进行扩张。公司确实考虑过从美国向外出口，但国外分销商表示美国的设备在欧洲不好销售，于是公司决定建立全资子公司来使设备符合当地要求。林肯电气在欧洲收购了7家弧焊设备制造商，在墨西哥收购了1家，在日本、委内瑞拉和巴西进行了绿地投资。总投资额达到3.25亿美元，这对林肯电气来说是一大笔金额。林肯电气激进的扩张代表公司战略的重要突破。直到这个节点之前，公司的国外业务规模一直很小。公司的高级管理人员大部分是直接从大学中聘用，然后通过内部升职而来，几乎没有在美国之外经营过。然而，他们对公司独特的激励体制和其创造的高生产率感到很自豪，并且他们认为，将这种体制运用到国外工厂将成为林肯电气增加国外销售和利润的竞争力来源之一。

对于收购，林肯电气让当地管理者进行管理，认为他们要比几乎没有国际经验的美国人更加了解当地情况。然而，当地管理者不了解林肯电气浓厚的组织文化，并且不能够或不愿意将林肯电气的组织文化强加于他们具有长期成熟组织文化的工厂中。尽管这样，林肯电气依然让当地管理者将其激励体制引进被收购的公司中，而这一过程经常遇到来自法律和文化方面的阻碍。

在许多国家中，人们认为计件制是迫使雇员更加努力工作的具有剥削性质的工资体系。在德国，这种工资体系是非法的。在巴西，支付两年以上的奖金是员工应得权利！在许多其他国家中，管理者和员工都反对这种计件制。林肯电气发现，相比额外收入，许多欧洲员工更加注重额外休闲时间，并且他们没有准备好像美国员工那样努力工作。例如，与林肯电气美国员工每周平均工作时间43小时～58小时相比，德国员工每周平均工作时间是35小时。同时，许多被收购的公司都设有工会，并且当地工会强烈反对这种计件制的引进。结果就是，林肯电气无法将其在美国获得的高水平员工生产率复制到其他国家，并且公司的扩张使整个公司的业绩下跌了。更加糟糕的是，公司进入欧洲不久，就发生了严重打击该行业的一次经济萧条，林肯电气的许多国外工厂都仅以一般的生产能力进行运营。

最终，林肯公司削减了欧洲业务，关闭了其在德国、日本和委内瑞拉的工厂，而这次重组花费了7 000万美元。公司同时改变了战略，选择将美国生产的机器出口到国外市场，如德国，而不是在当地进行生产，这项战略很快就获得了成功。事实上，林肯电气在德国通过藐视一项当地传统获得了一项优势——当地传统认为行业商贸展并不是用来销售产品的，而是用来娱乐消费者及做公关的。林肯电气从美国运来超过3架飞机装载量的弧焊设备，并且给自己制定了目标：要在为期8天的行业商贸展上售出1 200套设备。最后公司售出了1 762套，这与之前被告知的情况完全相反，

第五部分

结尾案例

美国设备在德国很容易被销售出去。自那时起，林肯电气强调出口这种模式。

墨西哥的一家国外公司做得要相对好一些。该公司是在1990年被林肯电气收购的，该公司也加入了工会，并且计件制与墨西哥文化相冲突。然而，当地管理者试着逐渐引进这种激励体制。在一家有175名员工的工厂中，当地管理者要求2名员工尝试采用计件制。他同时保证他们的最低收入以降低计件制的风险。在他们开始比其他人赚得更多后，其他人开始请求加入该系统。该过程花了两年时间，但最终整个劳动力团队都采用了计件制。

反思公司在国际扩张中遇到的这些问题，林肯电气的首席执行官说，"我们的管理者不知道如何进行国际运营，他们也不懂外国文化。最后，我们只能依靠我们国外公司的人——和我们彼此都不了解的这群人。"

案例讨论问题

1. 林肯电气在美国弧焊设备市场中长期的竞争优势来源是什么？
2. 为什么林肯电气进入国外市场采用的是收购和绿地投资，而不是出口这种模式？
3. 为什么林肯的国外公司未能实现预期收益？
4. 林肯电气采用何种不同方式来避免其深陷财务危机？
5. 你从林肯电气墨西哥公司的案例中学到了什么？

资料来源

1. D. F. Hastings, "Lincoln Electric's Harsh Lessons from International Expansion," *Harvard Business Review*, May-June 1999, pp. 3-11.

2. J. O'Connell, "Lincoln Electric: Venturing Abroad," Harvard Business School Case No. 9-398-095, April 1998.

3. P. Marsh, "Change to Global Approach," *Financial Times*, February 13, 1998, p. 13.

4. R. M. Hodgetts, "A Conversation with Donald F. Hastings," *Organizational Dynamics*, Winter 1977, pp. 68-75.

美国稻谷公司在越南

格里·墨菲（Gerry Murphy）从坐落于洛杉矶韦斯特伍德区一个第18层的办公室俯瞰，目光越过退役军人公墓，看向比弗利山庄，陷入了沉思。美国总统在1994年2月4日已经取消了美国对越南的贸易禁令。格里和他的儿子道格拉斯（Douglas）在24小时内就乘飞机到了胡志明市，并讨论美国稻谷（American Rice）公司和越南最大的稻谷出口商越南南方粮食（Vinafood Ⅱ）总公司计划建立合资企业的细节。现在，4个月过去了，格里开始怀疑该合资企业是否实现了它的早期承诺。

美国稻谷公司和越南南方粮食总公司签订的协议随着越南法律的改变和演变而调整。作为美国稻谷公司的母公司——艾利工业（ERLY Industries）公司的总裁兼董事长，格里想知道交易的最终结果。他渴望对项目中的风险进行确定和控制。合资企业的利润将如何进行分配？越南稻谷行业在更长时期内会怎样发展？这对艾利工业公司的其他业务会有什么影响？

继续对这个项目投入资源是一种选择，但这样做是否合理？美国稻谷公司的总裁兼首席执行官道格拉斯认为，在越南建立合资企业的许可证依然没有获批，这让人很失望。但是格里认为，在一个长期项目中，公司应该接受这些几乎很微小的阻碍。在稻谷行业拥有数年经验的格里对这种产业内弥漫着的国际政治和政府官僚主义气息并不陌生。

□ 稻谷产业

1994年，稻谷是世界一半以上人口的基本主食。稻谷在饮食中的重要性促使许多政府积极投身国内稻谷市场。自给自足和价格稳定经常是政府的主要目标。同时，国家通常制订国家计划来确保农民能够获得目标价格。

尽管世界稻谷消费量年增长率在3%左右，世界各地的消费结构却极不均匀，如表1所示。亚洲是稻谷消费量最大的一个洲，占世界稻谷消费量90%。与西欧和北美人均年消费量仅5公斤相比，亚洲人均年消费量大约为100公斤。稻谷在某些亚洲国家的饮食中占据着非常重要的地位，甚至稻谷在文化和宗教上具有重要影响。

表1　　　　稻谷消费量：世界和若干国家　　　　单位：千吨

	1990—1991年	1991—1992年	1992—1993年	1993—1994年
孟加拉国	18 153	18 138	18 595	18 213
巴西	7 600	7 500	7 800	8 000
缅甸	7 346	7 665	8 050	8 160
中国	126 725	128 537	127 000	129 000
埃及	1 813	2 054	2 291	2 350
印度	73 291	77 975	75 710	75 775
印度尼西亚	29 891	29 674	30 817	30 964
伊朗	2 015	2 226	2 400	2 450
日本	9 620	9 523	9 500	9 400
朝鲜	2 120	1 810	2 212	1 950
韩国	5 490	5 526	5 400	5 300
菲律宾	6 154	6 233	6 350	6 500
俄罗斯	532	977	666	650
泰国	8 400	8 500	8 600	8 500
乌兹别克斯坦	352	360	347	320
越南	11 372	12 562	12 524	12 500
欧洲共同体（现欧盟）	1 705	1 693	1 728	1 794
其他	30 371	31 994	31 056	30 640
小计	**342 950**	**352 947**	**351 046**	**352 466**
美国	2 999	3 007	3 077	3 137
总计	**345 949**	**355 954**	**354 123**	**355 603**

注：此处的稻谷指糙米

资料来源：美国农业部（USDA）

1993—1994年，世界稻谷产量估计在5.157亿吨左右，如表2所示，占世界谷类粮食作物的27%多。在世界稻谷年平均产量的年增长率较前20年增加大约3%后，世界稻谷年平均产量已达到每公顷3.5吨。然而，就如消费量一样，各国稻谷产量也存在巨大差异，如图1所示。产量差异在很大程度上归咎于害虫、疾病和野草的盛行。亚洲超过一半潜在的稻谷年平均产量都由于这些原因而遭受损失。在此基础之上，由于储存设备的设计和建设不合理，因而超过10%的年平均产量在储藏时损失于害虫口中。

表2　　　　　　　　　　稻谷产量：世界和若干国家　　　　　　　　单位：百万吨

	1990—1991年	1991—1992年	1992—1993年	1993—1994年[a]
世界	518.0	515.0	520.7	515.7
孟加拉国	26.8	27.4	27.5	27.0
巴西	10.0	10.1	9.9	10.2
缅甸	13.7	12.8	13.4	15.1
中国	189.3	183.8	186.2	182.0
欧洲共同体（现欧盟）	2.4	2.3	2.2	2.0
印度	111.4	110.5	108.9	111.0
印度尼西亚	45.2	44.7	48.2	47.7
日本	13.1	12.0	13.2	9.9
韩国	7.7	7.4	7.3	6.5
巴基斯坦	4.9	4.9	4.7	5.9
菲律宾	9.9	9.1	9.5	9.2
泰国	17.2	20.4	19.9	18.5
美国	7.1	7.1	8.1	7.1
越南	18.8	21.9	21.5	21.8

a. 该列为预测数据

资料来源：美国农业部

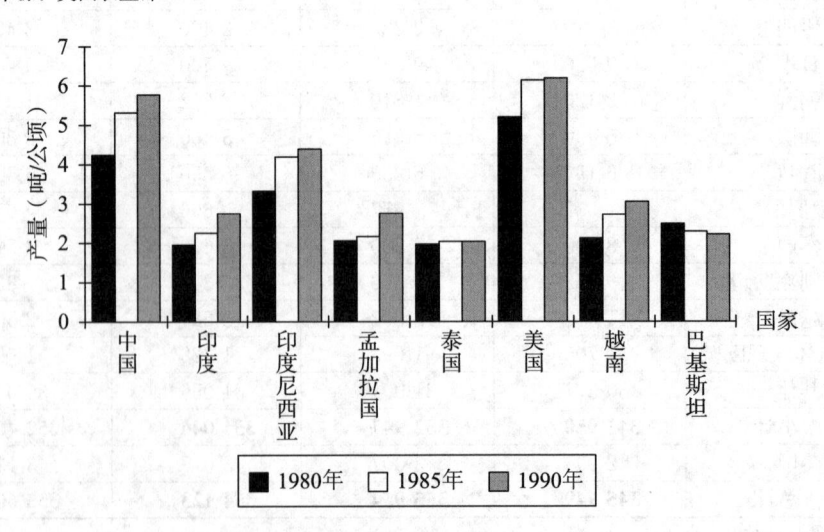

图1　稻谷产量

资料来源：联合国粮食及农业组织（FAO）

种植水稻的农民主要服务国内市场,因为许多生产稻谷的国家也是稻谷的主要消费者。仅有1 600万吨稻谷被用于国际贸易,然而,世界稻谷贸易量在逐渐增加,如表3所示。在2003年之前的10年内,稻谷被用于国际贸易的比例平均值仅为3%。相比之下,小麦的该比值为17%,玉米的该比值为12%。美国稻谷产业在世界市场上不对称的重要地位进一步反映了世界市场的微小。尽管美国稻谷产量仅占世界稻谷产量的1.6%,但美国稻谷出口总量占世界稻谷出口总量的16%。

表3　　　　　　　　　　世界稻谷贸易量　　　　　　　　　单位:千吨

	1990年	1991年	1992年	1993年	1994年4月12日
			出口		
阿根廷	53	75	250	175	250
澳大利亚	470	400	500	500	775
缅甸	186	176	185	223	500
中国	405	918	1 121	1 475	1 825
埃及	85	159	209	150	250
圭亚那	51	54	114	145	160
印度	505	711	596	625	800
印度尼西亚	50	0	60	450	400
巴基斯坦	904	1 297	1 358	937	1 300
泰国	3 938	3 988	4 776	4 798	4 000
乌拉圭	288	260	300	350	400
越南	1 670	1 048	1 914	1 800	2 100
欧洲共同体(现欧盟)	271	391	376	300	175
其他	365	335	268	260	267
小计	9 241	9 812	12 027	12 188	13 202
美国	2 420	2 197	2 106	2 641	2 600
总计	11 661	12 009	14 133	14 829	15 802
			进口		
阿尔及利亚	27	19	26	25	25
巴西	493	776	450	600	850
加拿大	154	185	173	180	190
中国	57	67	93	100	100
古巴	238	264	138	400	350
科特迪瓦	263	169	290	295	280
加纳	69	95	110	130	100
几内亚	88	47	130	200	150
海地	112	103	136	140	140
印度尼西亚	77	192	650	50	50
伊朗	850	565	950	1 050	750

第五部分

结尾案例

续前表

	1990年	1991年	1992年	1993年	1994年4月12日
		进口			
伊拉克	388	252	434	700	550
牙买加	75	69	79	75	75
日本	11	34	17	107	2 400
约旦	106	111	84	100	120
朝鲜	27	194	10	150	150
利比里亚	73	129	43	130	100
利比亚	53	87	159	100	100
马来西亚	298	367	444	400	400
墨西哥	148	173	376	350	350
尼日利亚	224	296	440	300	300
秘鲁	233	340	332	275	250
菲律宾	538	91	0	250	300
俄罗斯	100	100	500	200	200
沙特阿拉伯	547	533	625	900	750
塞内加尔	332	433	360	385	375
南非	295	360	375	425	375
斯里兰卡	139	208	330	250	250
叙利亚	101	123	48	140	150
土耳其	203	146	292	275	225
阿拉伯联合酋长国	317	248	376	250	250
也门	150	111	169	175	175
欧洲共同体（现欧盟）	500	481	463	575	625
西欧（非欧盟成员）	106	75	72	90	80
东欧	135	160	209	257	192
美国	151	163	172	199	225
小计	**7 678**	**7 766**	**9 555**	**10 228**	**11 952**
其他	2 750	2 809	3 085	3 164	2 906
未计入地区	1 233	1 434	1 493	1 437	944
总计	**11 661**	**12 009**	**14 133**	**14 829**	**15 802**

资料来源：美国农业部

尽管美国是微小的世界稻谷市场中的主要参与者，但美国稻谷的世界贸易量在下降。发展中国家稻谷出口占世界稻谷出口的70%多，而该进口比值为85%。国际贸易的稻谷中很大一部分比例是对低成本及较低品质的产品进行交易。1994年，观察者们预计，发展中国家快速的人口增长将会导致世界稻谷消费量的持续增长。同时，由于世界稻谷库存达到几十年来的最低水平，他们也预计世界稻谷贸易量将会增长。

世界稻谷贸易模式的转变和发展对于价格会有什么影响将很难预测。价格差异部分反映了各种稻谷在质量上的差异。稻谷质量的决定因素包括种类、成色、气味、烹调特性，以及碎粒与整粒的比例。世界稻谷价格同时会受到来源国不同的影响，如表4所示。来自美国的稻谷价格较高，而在其他主要出口国家（泰国、越南、巴基斯坦）中，越南和巴基斯坦的稻谷价格较低。经过长时间的稻谷进口之后，越南在1989年才开始出口稻谷，在1994年，越南还是稻谷出口经济体中相对较新的成员。

表4　　　　　　　　　　1994年世界稻谷价格　　　　　　　　　　单位：美元/吨

质量	美国	泰国	越南	巴基斯坦
高	375	260	216	197
中	345	205	201	185
低	—	183	180	—
破碎	—	160	—	—

注：该数据日期除巴基斯坦为1994年5月19日外，其他国家为1994年5月20日
资料来源：国际大米研究组织（TRT）

□ 越南的传统

坐落于印度尼西亚东北部的越南土地肥沃，并且拥有许多矿产资源（铁、金、锡），以及石油、煤和天然气等能源储备。1993年，越南族人口占越南总人口的87%，年人口增长率为2%。该国人口较年轻，并且都受过较好教育。大约50%人口在20岁以下，识字率为78%。尽管如此，越南年人均收入却保持在300美元。越南主要的经济指标如表5所示。

表5　　　　　　　　　　越南主要的经济指标

	1988年	1989年	1990年	1991年	1992年	1993年
按1989年价格计算的国内生产总值（10亿越南盾）	23 799	25 703	27 014	28 651	30 988	33 310
按当年价格计算的国内生产总值（10亿越南盾）	13 300	24 300	38 200	70 000	101 900	125 000
实际国内生产总值年增长率（%）	5.2	8.0	5.1	6.0	8.3	7.5
农业年增长率（%）	4.0	6.9	1.5	2.2	6.3	3.6
工业年增长率（%）	2.3	−2.8	2.3	8.8	10.9	11.5
服务业年增长率（%）	8.9	17.3	10.3	8.3	8.6	8.8
汇率（越南盾/美元）	900	4 300	6 800	11 000	—	10 876

续前表

	1988年	1989年	1990年	1991年	1992年	1993年
通货膨胀率（%）	394	35	68	68	18	15
外债（10亿美元）	13.0	14.0	14.6	15.3	15.4	16.8
人口（百万人）	—	—	67.3	68.8	70.4	71.9
粮食作物（百万吨）	—	—	21.5	21.9	24.2	24.5
稻谷（百万吨）	—	—	19.2	19.6	21.6	21.8

注：1993年开始采用了新越南盾

资料来源：亚洲开发银行，国际货币基金组织

农业发展低迷

1954年，越南北方尝试利用农业盈余来建立强大的工业基础。到20世纪50年代后期，越南北方拥有了农业集体化生产体系。直到1976年，越南南方才开始集体化，并且即便在那时，越南南方的集体化也是采取一种与北方不同的形式。和越南北方不同，尽管越南南方采取的也是集体化，但越南南方农业是以家庭为基础进行的。尽管劳动力和生产资源的分享变得更加普遍，但农民依然是他们土地上所有产出和技术决策的主要决策制定者。

越南的集体化实验没有取得成功。1942—1981年，越南北方稻谷年人均产量依然停滞在200公斤左右。在同一时期，越南南方稻谷年人均产量由420公斤下降到290公斤，呈现稳步下降趋势。相比之下，在农业气候条件与越南相同的印度尼西亚，同一时期其稻谷年人均产量提高了110公斤。

1981年，越南从农业集体化生产体系中走出来，选择了激励型个体契约生产体系。新体系允许家庭独自种地，并且家庭负有向国家提供合同约定稻谷量的责任。多余产出则可以用于自己消费或销售给私营商人。在实施此项政策改革后的3年里，越南北方和越南南方稻谷年产量分别提高了32%和24%。尽管改革成功地提高了稻谷产量，但是对经济增长的影响相对较小，因为越南仍然注重工业的发展。

农业改革

农业改革意在改变农业部门的经济结构。早期改革将家庭作为基本生产单位，并且消除了对私有部门的限制。通过提高共负盈亏的责任，改革也使得公司自治程度得到了极大提升。

1988年后的进一步改革提高了分配给个体户的土地使用保障年限，开放了产出市场，并且分散化了投入供应商。改革使得家庭对于资源分配、稻谷选择和稻谷管理拥有了决策权。

随着国家对稻谷价格的控制逐渐放松，越南政府提高了各省食品公司和区域食品公司之间的区域性竞争。然而，政府保留了在特定情况下进行干涉的权利。尤其是，如果市场价格低于一定水平，那么越南政府会为国家食品公司收购粮食提供资金来保证农民收入。

这些改革使得越南农民可以获得某种类似于对土地所有权的权利，并且在一定程度上可以继承土地。越南宪法规定，根据计划和法律，所有土地都从属于国家的

统一管理，来确保土地可以根据目标得到使用。而国家在长期内将土地分配给组织和个人，这些组织和个人可以将分配给他们的使用权进行转让。实际上，人们将"长期"解释为至少50年。

对经济的合理化调整使得农业部门在经济发展中起到了重要作用。在改革之下，农业的意义已经不再是为了将剩余财富使用在建设重工业上，而是将其转变为购买力，再还给广大群众。越南政府设定了宏伟的经济目标，并且农业部门的发展将有利于实现越南的重要经济目标，如表6所示。

表6　　　　　　　　　　　　越南的重要经济目标

重要经济目标			
指标	1991—1995年	1996—2000年	1991—2000年
实际国内生产总值年增长率（%）	5.5~6.5	8~8.5	6.9~7.5
农业国内生产总值年增长率（%）	4~4.5	4~4.5	4~4.2
工业国内生产总值年增长率（%）	10~11	14~15	10~12.5
出口收入（10亿美元）	12~15	25~30	37~45
累计增长率（%）	10~15	16~20	14~18
消费增长率（%）	3.5~4.1	5.0~6.0	4.5~5.0
必要资本投资（10亿美元）	7.7~10.5	27.3~34.5	35~45
国内投资在必要资本投资中的占比（%）	48~53	58~66	56~63
预期经济目标			
指标	1990年	1995年	2000年
人口数量（百万人）	66.2	73.2	80.0~81.0
劳动力数量（百万人）	32.7	37.4	42.0
农业在国民生产总值中的占比（%）	50.6	48.0	42.0
工业在国民生产总值中的占比（%）	20.2	22.0	28.0
贸易和服务在国民生产总值中的占比（%）	29.2	30.0	30.0
国内储蓄在国内生产总值中的占比（%）	2.9	4.2	8.6
出口收入在国内生产总值中的占比（%）	14.0	24.0~26.0	27.0~30.0

到1994年，越南消费者的购买力有了显著提升。许多坐落于街道角落和后院中的非正式商店销售消费品，其中许多商品通过偷渡被运过来。家庭一般通过从事副业来提高正式收入。

针对外国直接投资的法律框架和文化框架

与旨在吸引外国投资的经济改革相一致，越南的法律体系得以改善。据估算，1986—1994年，越南政府通过了关于经济改革的40部法律和50项法规。1994年，法律明确保证，除非涉及国家安全或国家利益，否则所做投资不会被没收。尽管违反知识产权的情况非常普遍，但是国家存在保护知识产权的立法。尽管过多新法律部分是为了消除外国投资者的顾虑，但是人们认为，新法律的管理和执行框架薄弱且混乱。

一篇刊物文章对外国人在越南投资的经历进行了分析,并且发现:

> 新闻中也报道过越南人在与外国合作伙伴签订合同之后出现违约的情况,而越南法律对这些事情几乎没有提供保护。尽管有相关法律存在,但法律的执行落在当局手中,而当局几乎总是支持当地人的做法。

法律纠纷通常掺杂着越南人和西方人之间的许多文化差异。西方法律概念与越南谈判方式的不同,以及由双方彼此不信任造成的误解,导致双方经常发生冲突。

当外国人试图在越南建立公司时,面临3种选择:签订商务合作合同、建立合资企业,或者投资建立全资子公司。

商务合作合同表明,两方或多方就共同经营公司达成协定,而不是在越南建立一家公司。这份合同详细说明了各方的权利、责任及回报。然而,由于商务合作合同并没有涉及在越南建立一家公司,所以外国公司在该国缺少一个独立的法律实体。

合资企业协议类似于标准国际惯例,但有一些不同。20世纪90年代的相关法律规定,合资企业中外国投资占比最低为30%。合资企业最长年限为20年,除一些例外情况。尽管合资的出资形式可以是资金或实物,但是越南政府关心的是标准技术的引进。1993年,关于技术转让的法律被大大收紧,以防止外国投资者对越南合作伙伴进行双重收费。双重收费指将技术作为合资企业出资形式的一部分,并且以当地伙伴利用同样技术为由从该当地伙伴手中再收取额外费用。

尽管越南企业环境存在不确定性,但在1994年中期美国取消对越南的禁令时,外国投资在不断进行,其中仅有7.22%的外国投资进入农业、林业和渔业部门,如表7所示。与某些人的预期相反,美国对越南禁令的取消并没有促进跨国公司进入越南。1994年,《经济学人》智库对跨国公司做了一项调查,关注的问题是越南政府经济改革执行的顺利程度。结果显示,人们认为在越南与建立公司相关的两项主要风险是法律系统中政治的不稳定性和不充分性。根据某公司的叙述,最大的风险是"缺少确定性,用不着猜就知道政府会把项目踢给其他部门处理"。

表7 在越南的外国投资

以部门分类(截止到1994年7月)

部门	资金(百万美元)	部门投资在外国投资总额中的占比(%)	项目数量(个)
工业	3 980	42.13	512
石油和天然气业	1 237	13.09	27
农业、林业和渔业	682	7.22	128
运输和通信业	633	6.70	22
旅游和酒店业	1 900	20.11	114
服务业	788	8.34	142
金融和银行业	162	1.71	15
其他	66	0.70	23
总计	9 448	100.00	983

以地区分类（截止到 1994 年 7 月）			
地区	资金（百万美元）	地区投资在外国投资总额中的占比（%）	项目数量（个）
1. 中国（主要是香港、台湾地区）	3 360	38.63	340
2. 澳大利亚	756	8.69	43
3. 法国	722	8.50	60
4. 韩国	721	8.29	74
5. 新加坡	548	6.30	65
6. 日本	526	6.05	64
7. 马来西亚	511	5.88	26

□ 越南稻谷丰收

1994 年，越南农业雇用人数占劳动力总量 72%，并且农业和石油业构成该国的经济基础。稻谷产量占粮食产量 80% 多，粮食产量占农业总产量 50%。稻谷依然是越南日常饮食中最主要的组成部分，占每日平均卡路里摄入量的 60% 多。然而，随着越南平均收入的增长，人们的饮食开始多样化，该数字可能会下滑。

稻谷每年种两季，1993 年，越南从 640 万公顷土地中收获了近 2 200 万吨粮食。对于收获的粮食，农民拥有的储备空间有限，因此会在收获期将大部分稻谷或糙米卖掉。农业市场由大约 3 个区域食品公司和许多省级食品公司组成，这些公司大部分归政府所有。一旦农民交完税，就会直接向这些公司出售，或者与一大批独立的贸易商进行贸易，这些贸易商随后将粮食卖给国有企业，最后由国有企业处理这些稻谷。表 8 给出了不同阶段稻谷的价格。在整个流程中，所有交易主要用现金进行支付。

表 8　　　　　　　　不同阶段稻谷的预估价格

越南的不同阶段稻谷的预估价格（越南盾/公斤）				
农民	贸易商仓库	碾米厂	批发商	消费者
1 000	1 050	1 500	1 600	11 800

美国的不同阶段稻谷的预估价格（美元/公斤）			
农民	碾米厂	批发商（糙米）	消费者
0.16	0.27	0.33	0.50

资料来源：艾利工业公司

越南的国际稻谷贸易

在纯进口稻谷两年之后，越南在 1989 年再次成为稻谷出口国。宏观经济改革是越南稻谷出口的主要促进因素。越南货币贬值提高了越南在国际市场中的竞争力。为应对更高物价、削减通货膨胀，以及实现正的实际利率，私人持有的稻谷库存被释放到市场上。1989 年,越南政府废除了利用补贴支持政府相关部门的稻谷销售,于是由较低品质稻谷组成的政府库存就可以被出口了。

越南稻谷出口在 1993 年达到 190 万吨。1993 年,稻谷出口的收入接近 3.75 亿美元,这使稻谷成为越南仅次于石油的第二大出口产品。然而,对于越南农业部门来说,稻谷出口与国内消费的关系依然是一个重要问题。尽管越南有盈余稻谷可以出口,但是越南部分地区遭受着粮食短缺的问题。较差的分销系统导致某些遥远地区出现营养不良的问题。1994 年,仅有 3 家区域食品公司和一些省级食品公司拥有稻谷的出口许可证,这些公司的出口情况如表 9 所示。越南出口的稻谷大部分都以现行市价卖给了国际贸易公司,剩余部分则构成政府之间贸易项目的一部分。越南主要向世界各国出口低品质稻谷,如表 10 和表 11 所示。由于越南稻谷的种子品质较低、风干效果差,以及碾磨效果差,所以越南稻谷的质量一直很差。

表 9　　　　　　　　　一些公司的出口情况

公司	出口量(千吨)				市场份额(%)			
	1992 年	1993 年	1993 年 1—3 月	1994 年 1—3 月	1992 年	1993 年	1993 年 1—3 月	1994 年 1—3 月
越南粮食(Vinafood)	521	473	146	64	23	25	21	16
梅克粮食-S(Mekofood-S)	131	222	82	47	6	12	12	12
塔梅克斯科(Tamexco)	48	111	48	26	2	6	7	7
L. A. 粮食(L. A. Food)	56	109	2	25	3	6	—	6
阿菲尔克斯(Afiex)	158	82	38	16	7	4	6	4
粮食(Food)	132	77	25	—	6	4	4	—
E. D. C.(E. D. C.)	38	75	35	29	2	4	5	7
胜利美克(Victorimex)	73	61	38	—	3	3	6	—
龙屈美克(Imex Cuu Long)	51	57	—	24	2	3	—	6
达格美克(Dagrimex)	—	57	—	18	—	3	—	4
前十大公司	1 358	1 324	491	301	62	70	72	76

资料来源:国际大米研究组织

表10　　　　　　　　　　　越南：以等级划分的出口　　　　　　　　　　单位：千吨

时期	高品质	中等品质	低品质	破碎	未知
1989—1993年平均值	176	281	840	41	230
1991年平均值	69	376	549	5	245
1992年平均值	332	776	759	84	173
1993年平均值	420	781	521	58	120

资料来源：国际大米研究组织

表11　　　　　　　　　越南：对主要目的地的预估出口量　　　　　　　　单位：千吨

	1991年	1992年	1993年
美洲	348	484	356
巴西	27	101	176
哥伦比亚	—	24	—
古巴	80	144	25
海地	4	4	5
墨西哥	111	38	62
秘鲁	112	142	73
美国	—	—	—
独立国家联合体	126	95	42
中东	225	412	20
伊朗	53	136	—
伊拉克	165	172	20
土耳其	7	69	—
也门	—	35	—
非洲	764	403	251
喀麦隆	61	30	20
加纳	68	24	58
几内亚	64	5	16
科特迪瓦	85	18	30
利比亚	50	—	—
塞内加尔/冈比亚	108	63	26
亚洲	675	469	597
柬埔寨	20	22	50
中国	161	120	195
印度	44	99	—
朝鲜	—	—	132
马来西亚	240	157	62
斯里兰卡	139	67	100
总计	2 191	1 900	1 273

资料来源：国际大米研究组织

由于越南出口稻谷的品质良莠不齐,在签合同时经常延期,而且存在高昂的运输成本,因此国外稻谷贸易商经常压低越南稻谷的价格。为了保护出口价格,进而保护支付给农民的稻谷价格,国家拒绝授予碎米率达到35％且售价低于每吨170美元的稻谷出口许可证。然而,通过签发信用证,并签订以夸大价格向越南出口公司提供另外一种商品(如化肥)的协议,国外稻谷贸易商可以规避限制,并以更低的价格收购到越南稻谷。

越南南方粮食总公司

1976年,越南政府建立了三家政府贸易公司,这些公司将直接向农业和食品工业部(Ministry of Agriculture and Food Industry)汇报,越南南方粮食总公司就是这三家中的一家。这三家政府贸易公司最初的任务是控制稻谷在越南区域间的流动。历史上,越南北方粮食总公司(Vinafood Ⅰ)和越南中部粮食总公司(Vinafood Ⅲ)分别在越南北部和中部运营,而越南南方粮食总公司在越南南部运营。湄公河三角洲是越南南部产米区,该国主要的稻谷生产省份位于此地。1993年,该地区生产了850万吨稻谷。在越南重新统一之后,其各个公司将越南南方生产的过剩稻谷转移到通常粮食短缺的越南北方和中部。

1988年的改革授权公司可以进行全国经营,并且允许它们将盈余稻谷出口,并进口农产品。越南南方粮食总公司关注更高品质的越南稻谷,并成为越南最大的稻谷出口商。1993年,该公司公布的稻谷出口销售额超过2亿美元,销售量占越南稻谷出口总量的比例在35％~40％。除了稻谷之外,越南南方粮食总公司还出售其他几种农产品,如玉米、咖啡和木薯片,然而,该公司的大部分业务还是稻谷业务。

越南南方粮食总公司利用采购点网络从农民、当地稻谷贸易商和省级食品公司手中收购稻谷。然后,越南南方粮食总公司的四大碾米厂之一将会对这些收购回来的稻谷进行碾磨,生产出的糙米要么被储存起来,要么以现货价格被出售。该公司最大的碾米厂坐落于平西,每天能碾磨240吨稻谷。现代化程度最高的碾米厂坐落于芹苴,一天能碾磨230吨稻谷。其他两座碾米厂坐落在高岭和新平郡,生产能力分别是每天230吨和每天120吨。1993年,越南南方粮食总公司的碾米厂以半负荷状态运行。

根据越南南方粮食总公司副董事长的观点,越南南方粮食总公司最大的问题依然在于无法获得足够资金从农民手中收购粮食。1993年,越南南方粮食总公司负债230亿美元,其中2/3是银行的逾期贷款利息。这也是越南其他粮食公司和稻谷出口公司在取得银行贷款时所面临的问题。一艘船可载1万吨稻谷,而出口这么多稻谷可能需要220亿越南盾。农民也面临融资困难的问题,1994年,大部分资金都来源于非正式渠道(如亲戚、朋友,以及当地企业家)。

资助稻谷产业

越南的银行部门由四家银行控制,这四家银行归国家所有,并且对国有企业给予资金支持。直到1988年,这些银行都以职能进行组织划分。越南外贸股份商业银行(Vietcom Bank)涉及外贸融资。越南工商银行(Incombank)是一家国内商业银行。越南投资建设银行(Investment and Construction Bank)会为工厂和设备提供融资。越南农业银行(Agribank)则为农业部门提供融资,并且旨在增加农民融资的机会。越南银行部门的组织结构意味着，公司往往拥有许多银行关系来覆盖其整个商务活动。1994年，越南政府允许四大银行除了在先前的商务领域，还可以在其他多个商务领域经营。除越南的银行之外，一些外国银行也在越南开设了办事处，并且主要支持国际合资企业的财务需要。

越南国有银行官员声称，他们的主要目标是在满足更广泛的社会需求的同时获取盈利。在越南，公司利润的一半要用来交税。在政府拥有的公司中，利润的50%被用来分配，其中75%被用作投资储蓄，25%被纳入公司福利基金。如果公司想拿到其投资储蓄，公司管理层必须从政府代表那里获得项目批准。私有公司并没有类似限制，在交完所有税之后，私有公司可以按照自己的意愿使用其利润。

银行存贷款利率存在巨大差异。1994年夏天，越南农业银行向存款者提供近13%的年利率，并且将所有存款中的77%用来贷款。借款者分为两类：富农和贫农。越南农业银行贷款的富农月利率为2.8%，贫农月利率为1.8%。贷款坏账率在3.5%左右。在湄公河三角洲，估计37%的农民每年会从越南农业银行借款，并且一年会借4次。1993年，越南农业银行贷款资产组合中的68%被贷给了家庭生产户，32%被提供给了国有企业，总贷款价值6.587万亿越南盾。

越南农业银行以三种方式来限制风险敞口。第一，借款者以土地权为抵押获得贷款。一旦借款者未偿还借款，越南农业银行就会将违约方的土地权转移给另外一个农民，而这个农民替前者承担还款责任。第二，越南农业银行试图通过将贷款金额限制在农民土地价值的70%以内来将坏账数量降到最低。第三，越南农业银行偶尔会对某些农业活动的贷款进行限制，来提高当前借款者的农作物价格。

艾利工业公司

艾利工业公司源自一家拥有类似名字的公司，该公司在格里的领导下于1964年成立，并且并购了3家橄榄公司。艾利工业公司在历史上曾经采取过收购具有强大上升潜力的问题农业公司的战略。到1994年3月，通过一套进攻型收购方案，艾利工业公司的销售额增长到3.34亿美元。艾利工业公司由一群食品加工公司组成，主要业务是碾磨稻谷、生产阻燃化学品，以及提供国际农业咨询服务。1994年，与稻谷相关的销售额达到2.84亿美元。艾利工业公司的财务数据如表12所示。

表 12　　　　　　　　　　艾利工业公司的财务数据

	1990年	1991年	1992年	1993年	1994年
	净销售额（千美元）					
美国稻谷	263 002	218 919	214 090	169 617	284 464
咨询	20 611	20 414	31 035	37 185	41 944
阻燃化学品	9 649	13 445	10 163	12 629	8 416
其他	6 094	8 697	—	—	—
总净销售额	299 356	261 475	255 288	219 431	334 824

续前表

	1990年	1991年	1992年	1993年	1994年
营业利润（扣除利息费用、公司开销和少数股东权益之前，千美元）					
美国稻谷	13 849	11 515	4 882	−55	15 442
咨询	1 416	307	1 669	1 536	1 455
阻燃化学品	370	2 342	623	1 532	−188
其他	−44	−90	—	—	—
总营业利润	15 591	14 874	7 174	3 013	16 709
从持续经营中所获得的收益	2 884	5 626	−6 361	−10 989	14 765
净收入	455	3 260	−12 539	−8 673	17 669
持续经营业务每股收益（美元）					
稀释前	0.95	1.82	−2.03	−3.19	3.66
稀释后	0.95	1.73	−2.03	−3.19	3.43
每股净收益（美元）					
稀释前	0.15	1.06	−4.01	−2.52	4.83
稀释后	0.15	1.01	−4.01	−2.52	4.53
已售出普通股平均数					
稀释前股数（股）	3 029 000	3 089 000	3 127 000	3 444 000	3 655 000
稀释后股数（股）	3 029 000	3 301 000	3 127 000	3 444 000	3 922 000
普通股每股现金股息（美元）					
股息率（%）	10	10	—	—	—
年末					
总资产（千美元）	242 139	225 059	196 726	135 100	199 150
长期债务（千美元）	75 668	73 274	64 080	40 565	67 971
次级债（千美元）	14 122	12 634	11 139	9 941	8 880
股东权益（千美元）	9 759	13 141	21	−9 194	8 394
流通中股票股数（股）	3 086 744	3 088 731	3 429 513	3 486 956	3 674 765

资料来源：艾利工业公司

  1972年，在并购了一家经验丰富的南方碾米公司——彗星米业（Comet Rice）之后，艾利工业公司进入稻谷产业。在艾利工业公司的控制下，彗星米业发展成为美国最大的稻谷出口商。该公司在美国稻谷出口上取得了广泛经验，并且对亚洲稻谷市场很熟悉。

  在格里的指导下，艾利工业公司致力于更加高效地为人类提供食物，同时从其努力中获取适当报酬。1994年，格里认为，国际通信和国际运输的改善将会给全世界消费者提供更高品质稻谷的机会。他认为，随着人们获取信息能力的提高，稻谷贸易商的作用正在消失。他进一步认为，源于观测消费者行为相关信息和知识的完善，将有利于公司在传递农产品时采取垂直一体化方式。

美国稻谷公司

收购美国稻谷公司

1993年5月，通过一次反向收购，艾利工业公司收购了美国稻谷公司。根据收购条款，美国稻谷公司通过一笔交易收购了艾利工业公司的子公司彗星米业，以换取优先股。在这次交易之前，艾利工业公司拥有美国稻谷公司48%的表决权，在交易之后，它拥有了81%的表决权。在交易时，道格拉斯观察到，伴随着品牌销售，产品和稻谷来源多样性的结合使美国稻谷公司和彗星米业之间形成了完美的"婚姻"。

这次交易使得美国稻谷公司成为美国最大的碾米厂和稻谷经销商，公司运营资产几乎达到2亿美元。这也大大扩大了公司对大量稻谷产业知识的了解——从农民一直到零售商，再到最终消费者。

公司介绍

美国稻谷公司坐落于休斯敦，处理、包装且营销近19%的美国稻谷，25%的美国稻谷出口，以及12%的美国国内零售和超市稻谷销售。1994年，公司销售额为3.5亿美元。1994年，该公司的3项战略关注点是改善资产负债表、市场多样化以及供给多样化。

美国稻谷公司在阿肯色州、得克萨斯州和加利福尼亚州拥有4家碾米厂，并且在牙买加、海地、博奈尔岛、波多黎各及约旦拥有分公司和分支机构。1994年，该公司所有美国加工厂几乎都处于全负荷运行状态。

美国在1994年有6个州生产稻谷。在收购稻谷和糙米产品上，各公司之间存在竞争。美国稻谷公司在碾磨稻谷业务上和合作社进行竞争，并且依靠独立的农民作为其供应来源。1993年，美国稻谷公司从得克萨斯州和密西西比州近25万公顷土地以及加利福尼亚州10万公顷土地上获取稻谷。

在美国本土品牌糙米市场上，美国稻谷公司的主要竞争者是本叔叔（Uncle Ben's）、里维亚纳食品（Riviana Food）、稻田食品（Riceland Foods）和通用食品（General Foods）。没有哪一个公司能控制国内品牌市场超过25%的市场份额。在食品服务市场中，主要购买者是酒类酿造者，稻田食品和农场主米业合作社（Farmers Rice Cooperative）是美国稻谷公司的主要竞争者。

对外贸易

美国稻谷公司在全球经营业务。在1994年会计年度中，其58%的收入来自出口销售。美国稻谷公司国外业务的一个案例涉及向日本销售产品。其坐落于加利福尼亚州的麦克斯韦工厂会加工中粒和小粒稻谷，日本市场则青睐这些稻谷。1993年，当日本在几十年内首次进入世界市场进口稻谷时，麦克斯韦是第一家对日本进行直销的美国碾米工厂。1994年，美国稻谷公司判断，62%从美国市场运往日本的稻谷是由这家工厂加工的。美国稻谷公司认为，运往质量敏感的日本市场的数量与公司销售高品质大米的名誉有着直接联系。

在其他地方，美国稻谷公司也会在经常政治敏感的大型市场中经营。自1990年以来，该公司与伊拉克和伊朗之间的广泛业务关系由于政治环境问题被中断，而沙特阿拉伯依然是美国稻谷公司最大的出口市场。1994年，美国稻谷公司依然是美国唯一一家被许可向朝鲜出口稻谷的公司。

国际业务活动使得公司面对许多不同于美国本土的竞争者，在这些竞争者中，没有哪一家控制着超过 25% 的出口市场。美国主要的稻谷出口商包括大型食品贸易公司如嘉吉（Cargill）、稻田食品和大陆谷物（Continental Grain）。在国外稻谷市场，美国稻谷公司遇到形形色色的外国竞争对手。在不同的国外市场，竞争维度也有区别。竞争目标包括稻谷质量、品牌认可度、价格、服务质量、买卖双方之间的关系及筹资能力。例如，在泰国，主要是基于质量和价格的竞争。而在越南、巴基斯坦、印度和缅甸，公司之间进行的主要是价格竞争。

美国稻谷公司迎击越南市场

美国稻谷公司对越南的兴趣反映了美国对该国贸易政策的放宽。1992 年 10 月 14 日，美国政府在消除对越南的自我禁令上取得了重大进展，准许美国公司在越南设立办事处、进行可行性研究和签订合同。

基于此次美国政策的放宽，美国稻谷公司决定调查越南稻谷市场。美国稻谷公司意识到，该市场与全球稻谷产业有着紧密联系。尽管美国稻谷消费量和出口量都在上升，但是在世界稻谷贸易中美国所占的比重在下降，并且美国稻谷进口量在上升。美国稻谷公司对 6 个国家进行了调查，得出一份关于稻谷来源多样性的总结，确定越南是可持续出口稻谷的市场。另外，越南传统的出口市场和美国稻谷公司或其他美国出口商的市场交集并不大。同时，越南提供的稻谷成本低，市场扩张的空间大，并且公司环境友好程度也在逐步上升。

乌尔班·陈（Urbain Tran）是彗星米业的一位长期员工，也是一位有中国血统的越南公民，同时兼任美国稻谷公司出口销售总监一职。他在美国居住了 26 年之后，于 1992 年回到越南。陈利用自己的行业经验和当地知识，分析了越南稻谷产业，并在当地开发了广泛的关系网。当陈在越南与各类政府机关商谈建立合资企业时，碰到了越南南方粮食总公司。

陈在分析后认为，越南南方粮食总公司是建立合资企业的潜在候选人，并将该信息传递给其在美国合作的同事。1993 年 2 月 12 日，陈开始讨论拟定越南南方粮食总公司和美国稻谷公司合资企业协议的框架，但这个合资企业协议直到 1993 年 6 月 16 日美国取消对越南的贸易禁令后才被允许签订，合资企业协议最终在 1994 年 4 月 15 日得以签订。

美国稻谷-越南粮食公司

美国稻谷和越南南方粮食总公司之间建立的合资企业涉及稻谷收购、碾磨和出口。合资企业被命名为美国稻谷-越南粮食公司，公司宣称，其目标是允许美国稻谷公司在世界市场上销售越南稻谷。协议规定，由合资企业处理稻谷在国内和出口市场上的销售，尽管事实上，公司最初打算将所有稻谷用于出口。双方的合作期限是 30 年，除非双方都同意提前解除关系。协议中有两个可进一步将合同期限延长 20 年的选项。

协议包括越南南方粮食总公司在芹苴的碾米工厂投资，芹苴坐落于湄公河三角洲的中心区域。位于湄公河附近的芹苴工厂建于1975年，该厂占地面积为12公顷，并且雇用了172名员工。这家碾米工厂的钢槽可以存储1万吨稻谷，混凝土平房谷仓还可以容纳5万吨稻谷。4台白米碾米机的碾磨总能力大约达到每天500吨。在协议签订之前，该工厂生产稻谷的成本为每吨大约190美元，如图2所示。

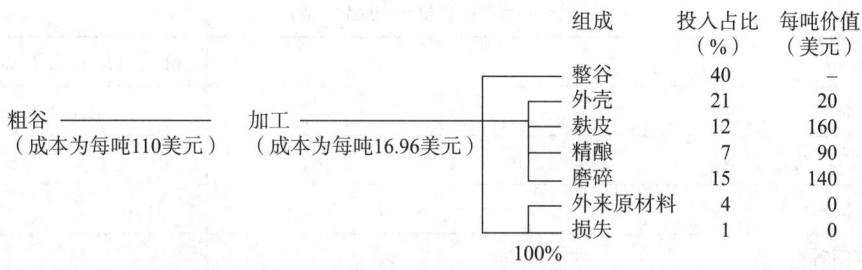

组成	投入占比（％）	每吨价值（美元）
整谷	40	—
外壳	21	20
麸皮	12	160
精酿	7	90
磨碎	15	140
外来原材料	4	0
损失	1	0
	100%	

粗谷（成本为每吨110美元）——加工（成本为每吨16.96美元）

每吨稻谷副产品价值=50.70（美元）
每吨稻谷生产成本=（110+16.96-50.70）÷40%=190.65（美元）

图2　芹苴工厂的稻谷生产成本

合作伙伴之间的责任划分

美国稻谷公司和越南南方粮食总公司协商后同意，美国稻谷-越南粮食公司的管理董事会由5位成员组成，其中3位由美国稻谷公司任命。起初，美国稻谷公司任命了董事长、财务总经理和销售经理。进一步的具体活动则根据情况被分配到每一方。

按照协议规定，越南南方粮食总公司将收购大量高品质的稻谷，并且以成本价或竞争性的市场价格将稻谷卖给美国稻谷-越南粮食公司。越南合作方要负责从政府那里为合资企业取得政府许可证和其他许可，并且需要从政府那里获得"特殊规定"，该规定可以使合资企业自由管理其价格和销售条件。另外，越南合作方要负责为合资企业获取5年免税及5年减税的优惠条件。这些税收优惠可以使合资企业免于从利润中扣除税收、为进口设备支付税收及为分红交税。根据合资企业条款，在会计年度最后90天内，税后收入将会被分配给合作双方。

美国稻谷公司负责为芹苴工厂及美国稻谷公司的董事会提供咨询服务。这些咨询服务包括工厂运营、厂房设计和改善以及由该厂生产的稻谷营销。美国稻谷公司有责任、也有权利为芹苴工厂生产的所有稻谷进行市场营销。为此，美国稻谷公司将会对首次40万吨产品销售按照销售发票净额的5%收取管理费用。

根据合资企业的协议，美国稻谷公司每年会从美国稻谷-越南粮食公司收购超过30万吨稻谷，并以美元支付。道格拉斯说："我们将把我们的越南本地产品销往伊朗、巴西、秘鲁、海地，最后销往沙特阿拉伯，就像在越南本土销售一样。"每年近3万吨的一小部分美国稻谷公司的越南稻谷，会以新的品牌名称——金色殿堂（Golden Palace）在美国销售，目标群体是该国150万个越南裔美国人。道格拉斯在一次采访中说："我们并不打算将越南稻谷与我们优质的美国稻谷品牌混在一起。"

对美国稻谷-越南粮食公司的投资

合资企业协议要求，美国稻谷公司向合资企业提供53%的资金，而越南南方粮食总公司提供剩下的47%，如表13所示。美国稻谷公司和越南南方粮食总公司中的每一方都需要向美国稻谷-越南粮食公司以次级贷款形式提供为期10年、年利率为8%的贷款，本金和利率须每年平均支付。这部分贷款将用合资企业的利润流进行支付。而且，美国稻谷公司打算为美国稻谷-越南粮食公司提供超过1 050万美元的抵押营运资本贷款。

表13　　　　　　　　　　美国稻谷-越南粮食公司出资情况

	价值分配（百万美元）
运用资本	28.0
固定资本（法定资本）	20.0
营运资本	7.2
1. 美国稻谷公司	
提供给合资企业的定期贷款	4.0
抵押营运资本贷款金额	10.5
通过以下方式来提升利润： 　　（1）领导能力、技能、在蒸米方面的技术诀窍，在白米方面的技术诀窍、在散装搬运上的技术诀窍。 　　（2）品牌的全世界运用。 　　（3）市场渠道改善带来的销量提升。 　　（4）小包装技术。 　　（5）融资渠道获得改善。	11.0
美国稻谷公司总出资额	25.5
2. 越南南方粮食总公司	价值分配（百万美元）
提供给合资企业的定期贷款	4.0
在芹苴的碾米工厂投资	
（1）简仓。	3.0
（2）碾米设备。	1.0
（3）存储仓库。	4.0
（4）既有建筑设备。	1.0
（5）碾米厂当前用地。	9.6[a]
越南南方粮食总公司总出资额	22.6

a. 在发现越南南方粮食总公司并不拥有对该地块的所有权后，该项金额被从投资额中减除

资料来源：艾利工业公司

越南南方粮食总公司同意提供在芹苴工厂的地产、碾米设备、劳动力和其他基础设施，而美国稻谷公司则提供机械装备、设备、技术和一些流动资金。这次交易的固定资本投资价值在2 000万美元，还有另外720万美元投资用作流动资本。表14和表15展示了该公司的财务报表。

表14　　　　　美国稻谷-越南粮食公司预期利润表

	第1年	第2年	第3年	第4年	第5年
已售吨数（吨）	120 000	190 000	230 000	250 000	250 000
净销售额（千美元）	33 136	52 592	65 869	76 220	78 893
同期增长率（％）	—	—	25.2	15.7	3.5
销售成本（千美元）	29 768	48 046	58 590	64 487	66 325
总利润（千美元）	3 368	4 546	7 279	11 733	12 568
总利润占净销售额比值（％）	10.2	8.6	11.1	15.4	15.9
直接销售成本（千美元）	994	1 578	1 976	2 287	2 367
毛利润（千美元）	2 374	2 968	5 303	9 446	10 201
毛利润占净销售额比值（％）	7.2	5.6	8.1	12.4	12.9
一般费用、销售费用及管理费用（千美元）	741	772	778	785	792
一般费用、销售费用及管理费用占净销售额比值（％）	2.2	1.5	1.2	1.0	1.0
利息费用（千美元）	996	996	932	868	804
其他费用（收入）（千美元）	0	0	0	0	0
税前收入（损失）（千美元）	637	1 200	3 593	7 793	8 605
税前收入（损失）占净销售额比值（％）	1.9	2.3	5.5	10.2	10.9
所得税、福利基金及储蓄基金（千美元）	74	130	701	1 499	1 654
净收入（千美元）	563	1 070	2 892	6 294	6 951
折旧及摊销（千美元）	1 069	1 955	1 955	1 925	1 925

注：假设两年所得税豁免，依照法律，福利基金及储蓄基金都是净收入的5％

资料来源：艾利工业公司

表15　　　　美国稻谷-越南粮食公司预期资产负债表　　　　单位：千美元

	最初的资产负债表	第1年	第2年	第3年	第4年	第5年
流动资产						
现金	7 950	1 000	1 000	1 000	1 000	1 000
应收票据和应收账款	0	500	600	600	700	800

续前表

	最初的资产负债表	第1年	第2年	第3年	第4年	第5年
减：坏账准备金	0	5	6	6	7	7
净应收账款	0	505	606	606	707	807
库存	0	5 600	9 500	10 500	11 000	12 000
预付费用	50	45	40	40	40	40
总流动资产	8 000	7 150	11 146	12 146	12 747	13 847
长期应收账款	0	0	0	0	0	0
不动产、厂房、设备	9 000	17 600	18 050	19 800	20 500	21 000
减：累计折旧	0	−650	−1 400	−1 500	−1 700	−1 800
净不动产、厂房、设备	9 000	16 950	16 650	18 300	18 800	19 200
其他资产	11 000	10 450	9 900	9 350	8 850	8 350
总资产	28 000	34 550	37 696	39 796	40 397	41 397
营运资本	7 200	−437	683	1 675	1 190	937
流动负债						
银行应付票据	0	5 337	6 713	6 121	6 717	7 510
应付账款——收购稻谷	0	400	900	950	1 020	1 200
贸易应付账款	0	1 050	2 050	2 600	3 020	3 500
长期负债——现值	800	800	800	800	800	800
总流动负债	800	7 587	10 463	10 471	11 557	13 010
长期负债	7 200	6 400	5 600	4 800	4 000	3 200
合作伙伴权益						
出资额——美国稻谷公司	11 000	11 000	11 000	11 000	11 000	11 000
出资额——越南南方粮食总公司	9 000	9 000	9 000	9 000	9 000	9 000
未分配利润	0	563	1 633	4 525	4 840	5 187
外币折算	0	0	0	0	0	0
合作伙伴总权益	20 000	20 563	21 633	24 525	24 840	25 187
负债和权益总计	28 000	34 550	37 696	39 796	40 397	41 397

注：假定在第3年后将净收入的95%在合作伙伴之间分配
资料来源：艾利工业公司

美国稻谷公司竭力控制的一项风险为越南政府对美国稻谷-越南粮食公司的潜在影响，例如，越南政府决定提高越南南方粮食总公司在合资企业中的地位，或者出售其在该公司中的股份。为了控制风险，对于越南南方粮食总公司在合资企业中的利益，美国稻谷公司拥有首次否决权。而在第一个5年经营之后的任何时间里，越南南方粮食总公司拥有收购美国稻谷公司在美国稻谷-越南粮食公司中的股份的权利，收购价格则以最近几年销售额的80%多或者前两年平均年收入的12倍中的价高者计算。

在芹苴建立蒸谷工厂

美国稻谷公司决定在芹苴建立蒸谷工厂，以满足其提高效率以及升级越南稻谷质量的责任。美国稻谷公司提议建设的蒸谷工厂将花费800万美元，生产能力则为每年生产6万吨蒸谷米。美国稻谷公司想利用芹苴的水资源和电力供应来支持设备运行，该工厂似乎对环境没有任何负面影响。表16展示了关于该项目的财务数据。

表16 芹苴蒸谷工厂预期投资收益

初始投资（美元）	8 036 806
使用期限（年）	15
来自投资的年度现金流（美元）	1 990 000
最低投资回报率（%）	9

- 建模预测

单位：美元

现金流	第1年	第2年	第3年	第4年	第5年	第6年	第7年
资本支出	8 036 806	0	0	0	0	0	0
系统节省款项	0	836 000	836 000	836 000	836 000	836 000	836 000
市场溢价	0	1 154 000	1 154 000	1 154 000	1 154 000	1 154 000	1 154 000
节省款项净额	−8 036 806	1 990 000	1 990 000	1 990 000	1 990 000	1 990 000	1 990 000
累计净现金流量	−8 036 806	−6 046 806	−4 056 806	−2 066 806	−76 806	1 913 194	3 903 194

	第8年	第9年	第10年	第11年	第12年	第13年	第14年	第15年
资本支出	0	0	0	0	0	0	0	0
系统节省款项	836 000	836 000	836 000	836 000	836 000	836 000	836 000	836 000
市场溢价	1 154 000	1 154 000	1 154 000	1 154 000	1 154 000	1 154 000	1 154 000	1 154 000
节省款项净额	1 990 000	1 990 000	1 990 000	1 990 000	1 990 000	1 990 000	1 990 000	1 990 000
累计净现金流量	5 893 194	7 883 194	9 873 194	11 863 194	13 853 194	15 843 194	17 833 194	19 823 194

偿还期：5年

投资现值：1 700万美元，或者高于初始投资900万美元

内部收益率：24%

假设：

(1) 由于采用的流程更先进，越南蒸谷量至少等同于泰国蒸谷量，因此，越南蒸谷应该与泰国蒸谷享受同等市场价格（泰国55周蒸谷每吨平均值为232.73美元，越南55周蒸谷每吨平均值为213.50美元，差价为每吨19.23美元）。

(2) 蒸谷和白米之间系统节省款项为每吨13.93美元。

(3) 工厂每年生产6万吨制成品。

截至 1994 年 5 月 13 日的预计项目成本：

土地	1 000 000 美元
设备和安装	6 836 806 美元
建筑物	200 000 美元
总计	8 036 806 美元

资料来源：艾利工业公司

  蒸谷流程会对稻谷产生物理和化学上的调整，使稻谷的营养和经济效果得到提升。蒸谷的主要目标是，提高干稻谷的总收益、防止碾米过程中营养的流失、去除潮湿或破损的干稻谷，并且提供与消费者需求相符的稻谷。

  蒸谷流程的营养优点源自将水溶性维生素和无机盐扩散到整个米粒之中。蒸谷米比白米的维生素 B1 和维生素 B2 含量高 4 倍，烟酸含量高 8 倍。同时，蒸谷流程能够防止稻谷发芽及减少水含量，这有助于防止稻米在储存时出现变质。蒸谷流程可以进一步防止真菌孢子的繁殖，以及幼虫、虫卵或昆虫的成长。烹煮的蒸谷米米粒更加结实，并且不易出现黏性。

  在芹苴增加一家新的蒸谷工厂给合资企业带来了特殊的经济效益。第一，蒸谷流程减少了碾磨之前风干稻米的成本，并且允许将未风干的稻谷直接运入蒸谷工厂。在越南风干稻谷的普遍做法是，将其铺放在路边或空旷地区进行晾晒，这可能造成高达 30% 的丢失。蒸谷流程为越南带来了巨大收益。第二，在芹苴碾磨的大米比世界任何其他地方碾磨的大米更加酥脆。越南南方粮食总公司技术人员报告说，在碾米过程中，整粒米的产出占 40%。美国稻谷公司技术人员相信，蒸谷流程会使整粒米产出提高到 50%~60%，因为蒸谷流程将会让米粒里面的淀粉融合在一起。

  第三，除了越南南方粮食总公司传统销售的碾磨白米之外，蒸谷流程使其可以提供其他产品。第四，蒸谷工厂会让美国稻谷公司引进比当前泰国蒸谷设备更先进的处理技术，从而可以处理各种类型的稻谷。

  1994 年，蒸谷市场庞大，美国稻谷公司仅仅对沙特阿拉伯市场预期的蒸谷销售量就超过了 12.5 万吨。美国稻谷公司高管们相信，当世界稻谷消费量上升而世界稻谷储备量在下降时，越南蒸谷的潜在市场不会缺少需求。美国稻谷公司已经同意以竞争性价格销售蒸谷工厂生产的白米，而该竞争性价格以越南和泰国白米之间的白米定价比率来确定。

□ 其他待解问题

  1994 年 6 月，为了使合资企业更好地发展，某些问题需要得到解决。第一个问题是关于美国稻谷公司对蒸谷工厂的投资，以及如何更加深入地将美国稻谷公司的资源投入越南合资企业中。格里想知道该如何评价蒸谷工厂投资和美国稻谷-越南粮食公司项目。贴现现金流技术是合适的分析工具吗？致力于蒸谷项目是否会让美国稻谷公司转入对越南稻谷产业后续的一系列投资中？

  第二个问题是关于合资企业董事长的任命。格里想知道这个岗位需要什么样的技能，以及在哪里能够为这个岗位找到一个合适的候选人。艾利工业公司财务总监兼美国稻谷公司财务执行副总裁理查德·麦库姆斯（Richard McCombs）主动提出承担这个职位。理查德毕业于斯坦福大学，在咨询方面拥有经验，并且一直以来担任艾利工业公司于1987年收购的一家酒业公司的董事长。尽管这样，格里还是想弄清这和越南的管理需求有什么联系，特别是美国稻谷-越南粮食公司的管理需求。如果公司任命理查德为董事长，那么调离财务总监会对艾利工业公司造成怎样的影响？假定理查德被任命为董事长，格里则进一步思忖美国稻谷-越南粮食公司的新董事长应该从何处开始着手工作，自己又该给予他什么建议。

格里面对的其他问题更加抽象，但是很重要。格里认为在越南商务环境和稻谷产业存在明显矛盾，越南南方粮食总公司缺少在市场体制中运行的经验。格里思考着这将如何影响合资企业关系。美国稻谷公司在协议的哪些方面应该做得更加灵活？美国稻谷公司有责任向其越南伙伴授予市场方面的知识吗？格里理解将股东价值最大化的责任，但是在当前环境中，这意味着该怎么做呢？

案例讨论问题

1. 使越南再次成为稻谷出口国的主要驱动因素是什么？
2. 在美国国内环境中，哪些社会因素、政治因素和经济因素促使美国取消了其对越南的禁令？可能存在的国际因素有哪些？
3. 列出越南公司环境与美国稻谷公司本国环境之间存在的明显差异。格里和美国稻谷公司是如何战略性地应对这些差异的？
4. 假设你是美国稻谷公司的顾问。对于案例中给出的其他待解问题，你会向公司提出什么建议？
5. 越南作为新兴经济体，在越南稻谷产业中，国内公司可能面对的关键问题是什么？像美国稻谷公司这样的跨国公司的进入会对这些公司产生怎样的影响？

资料来源

1. *The Economist*，October 22，1994.
2. Terence Lim Tow Suan and Guo Lih Chyi，*Vietnam：Risks，Rewards，and Regulations*，September 1994.

快乐蜂公司：迎合世界各地人的"味蕾"

快乐蜂（Jollibee）公司是一家提供鸡肉、三明治、汉堡和意大利面的快餐连锁店。公司总部设在菲律宾，并且在文莱、迪拜、印度尼西亚、沙特阿拉伯、美国和越南都有餐厅。该公司用一个穿着短上衣、戴着厨师帽的大蜜蜂作为吉祥物。2008年3月，该公司在菲律宾拥有1 462家餐厅，并且在国外有190家餐厅，如表17所示。2008年，为了在本地市场和国外市场进行重大扩张——包括进入中国市场，该公司将资本支出预算从22亿比索提高到40亿比索。该公司希望到2020年可以在世界上拥有4 000家餐厅。

表17　快乐蜂本地餐厅和国际餐厅数量（截至2008年3月）

本地餐厅	
快乐蜂食品公司——菲律宾	627
超群——菲律宾	377
格林威治	236
红丝带	194
德意法兰西	28
本地餐厅总计	1 462
国际餐厅	
快乐蜂——香港	1
快乐蜂——美国（除关岛）	15
快乐蜂——文莱	9
快乐蜂——关岛	1
快乐蜂——越南	9
快乐蜂——塞班岛	1
快乐蜂——中国	1
小计	37
超群——美国	12
超群——迪拜	9
超群——印度尼西亚	5
小计	26
红丝带	22
永和大王	105
国际餐厅总计	190

□ 公司历史

1975年，陈觉中（Tony Tran）和他的家人在菲律宾奎松市创建了两家被命名为"快乐蜂"的冰激凌商店。在观察到副食汉堡相比冰激凌会给公司带来更多盈利后，并在一位商务顾问的建议下，这个家庭在1978年把产品从冰激凌换成汉堡。快乐蜂公司的定位是，以优惠价格提供高品质快餐食品。该公司在1984年获得了5亿比索销售额，并且在1989年成为突破10亿比索销售额的首家菲律宾快餐连锁店。1994年，快乐蜂公司以并购格林威治比萨（Greenwich Pizza）公司的方式进入比萨和意大利面领域。1995年，该公司获得德意法兰西（Delifrance）公司在菲律宾的特许经营权。

□ 进入世界市场战略

在国际业务副总裁基奇纳（Kitchner）的带领下，快乐蜂公司在1994年开启了首次国外扩张之旅。由于公司致力于长久发展，而菲律宾市场有限，所以公司认为其需要进入国外市场。在国际扩张过程中，公司采用了两种战略。第一，该公司瞄准了中东、中国香港及其他亚洲城市中的菲律宾侨民。第二，公司关注竞争程度极小的市场。

□ 快乐蜂公司在运营管理上的创新

快乐蜂公司的理念为：友好、可口的食品、愉快的气氛、迎合客户需求的灵活性，以及对家庭的关注。快乐蜂公司之所以能够提供这5个方面的核心能力，是因为其高超的运营能力。由于这5个方面的英文描述都是以字母"F"开头，因此被称为"5F"理念。

快乐蜂公司在1993年之前一直为菲律宾本地餐厅增长筹资，以获得快速扩张。与运营职能相关的关键岗位都由陈觉中的家庭成员担任，营销部门和财务部门的领导角色则聘请外人担任。

当1993年基奇纳上任时，他改造了快乐蜂公司的国际部门，并且采取了一套不同于国内的管理方法。为了展现世界一流的形象，以及获得外国投资者的更多信任，他开创了公司首套着装规则，要求管理者戴领带。基奇纳逐渐放弃内部招聘，开始招聘富有经验的国际人员。

一旦快乐蜂公司进入一个新市场，基奇纳就将开办特许经营餐厅的责任转交给特许经营服务经理。特许经营服务经理在国外和快乐蜂公司国际部门之间承担衔接人员的角色，而快乐蜂公司国际部门会为其提供财务支持、有保证的质量及整个决策过程中的一致性。快乐蜂公司会派项目经理来监管店铺经理和对员工的任命，如图3所示。特许经营服务经理会采取一套标准的平面设计，而这个设计会保证有效的生产流程。然而，快乐蜂公司同意特许经营服务经理调整吧台和就餐区域来满足每个国家消费者的不同需求。

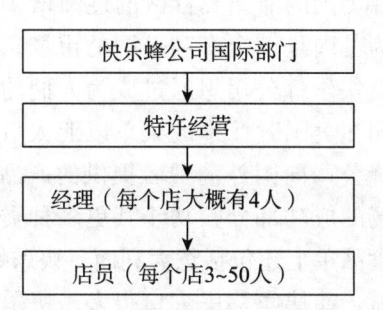

```
┌─────────────────────┐
│  快乐蜂公司国际部门  │
└──────────┬──────────┘
           │
┌──────────┴──────────┐
│       特许经营       │
└──────────┬──────────┘
           │
┌──────────┴──────────┐
│ 经理（每个店大概有4人）│
└──────────┬──────────┘
           │
┌──────────┴──────────┐
│ 店员（每个店3~50人） │
└─────────────────────┘
```

图3 快乐蜂公司特许经营组织构成

在适应国外消费者口味和偏好的过程中，基奇纳对公司经营模式还做了其他几项改变。国际部门将标语"大汉堡、大鸡翅"注入快乐蜂公司的商标中，意图将公司产品融入品牌名称中,来防止消费者将商品与糖果或玩具店联系在一起。在包装食品上,快乐蜂公司用包装纸替代了泡沫塑料盒,而这会迎合国外消费者的环保意识。

国际部门和国内部门关系紧张

快乐蜂国际部门和国内部门几乎完全独立运营,最终导致两个部门之间关系紧张。国内部门控制着价值链活动,如研发和财务,这妨碍了国际部门获取资源的能力,而这些资源是用来改变店面布局、菜单和现存惯例的。随着快乐蜂公司内部在全球化计划进度上的争议逐渐增多,廷佐(Tingzon)很快替代基奇纳成为国际部门的副总裁。

廷佐力图通过将公司资源集中于几个关键且具有高潜力的市场之中,而不是分散在许多地方,来减轻公司的财务限制。他关掉6家盈利微薄的餐厅,并将精力放在进入中国香港和美国加利福尼亚市场。对于公司的长期计划来说,中国和美国市场都很关键,并且香港和加利福尼亚是这两个市场的关键地方。

在不同地区的经营

2008年3月,快乐蜂公司已经在多个关键地方——美国、文莱、中国和越南等建立了35家餐厅。快乐蜂公司的全球化方案已经超过公司主打的汉堡业务。快乐蜂公司买下了专注于中国食品的菲律宾快餐连锁店——超群,而这家连锁店将使公司在中国快餐食品市场上建立优势。同时,快乐蜂公司还取得了一家烘焙连锁店——德意法兰西在中国的特许经营权,并且收购了必胜客的竞争对手格林威治。为了在中国建立影响力,快乐蜂公司收购了另外一家快餐连锁店——永和豆浆。总之,快乐蜂公司于2008年在9个国家拥有1 652家餐厅,并且采用了多品牌战略,逐渐巩固了其在快餐产业的地位。

美国

2007年年底,快乐蜂公司在美国拥有13家餐厅,这些餐厅分别位于加利福尼亚、内华达和纽约。由于在美国的菲律宾社区的逐渐增多为公司提供了庞大的消费群,因此,快乐蜂公司认为美国是一个有利可图的市场。与将自己看作麦当劳和肯德基的直接竞争对手不同,快乐蜂公司想通过成为人们的"另一种选择"来打破市场垄断。因此,快乐蜂公司在美国餐厅中的菜单以亚太口味的美国快餐为特色。相比传统的美国快餐,快乐蜂公司向国外消费者提供的产品往往更甜,并且更辣。同时,快乐蜂公司在美国市场的成功部分归功于其更多种类的菜单项。除了通常的薯条和汉堡外,快乐蜂公司食品单上还包括意大利面、快乐蜂米饭和热狗三明治。

在加利福尼亚州戴利城,菲律宾移民人口很多。快乐蜂公司在戴利城开办第一家餐厅之前,选择不聘用当地专家。快乐蜂公司派遣了一支团队,让其在旧金山生活2年来研究当地市场。最终,这使得快乐蜂公司的运营适应了美国人的习惯和生活方式。该团队发现,美国人主要的交通工具是小汽车,按照这种情况,相比菲律宾，快乐蜂公司在美国应该拥有更多可以开车通过购买食品区的餐厅。

中国

菲律宾公司受西方管理方式影响较大，快乐蜂也不例外。快乐蜂公司采用的是一种自下而上的模式——在管理永和豆浆时，快乐蜂公司也采取同样的方式。

永和豆浆在被收购前并没有进行部门业务绩效分析、决策支持和绩效管理。快乐蜂公司在收购永和豆浆之后，聘请了当地新员工负责管理运营、营销、网络发展和研发，而这些部门之前要么缺少员工，要么不存在。快乐蜂公司希望，随着聘请当地员工，公司可以对中国消费者有更加精准的了解，从而使永和豆浆在中国站稳脚跟。

久而久之，快乐蜂公司意识到，在外部问题，如法律问题及公司与特许经营人之间的关系上，在中国的运营与快乐蜂公司的本土市场不同。然而，两国在员工内部管理、消费者口味偏好及操作问题上都类似。

中东

由于有大批菲律宾人在中东打工，因此中东是快乐蜂公司繁荣兴旺的另一个市场。快乐蜂公司成功地在阿拉伯联合酋长国和沙特阿拉伯开办了超群餐厅。

在阿拉伯联合酋长国，超群餐厅的运营方式与菲律宾的运营方式很不相同。为了迎合阿拉伯联合酋长国的菲律宾人经常进餐厅聚会或庆祝特殊节日的需求，阿拉伯联合酋长国的许多超群餐厅设有包间。除了超群餐厅传统的米饭和面条之外，阿拉伯联合酋长国的超群餐厅还出售菲律宾招牌菜，如牛尾汤。由于快乐蜂公司认为，在阿拉伯联合酋长国的菲律宾人想要一种"家的味道"，因此阿拉伯联合酋长国的超群菜单跟其他餐厅有一点不同。

文莱

2008年，快乐蜂公司在文莱开办了第10家和第11家分店。快乐蜂公司不认为文莱的小市场规模会对其扩张计划形成阻碍。陈觉中认为，有效的公司运营和成功的营销战略会战胜成长限制。同时，他认为快乐蜂公司在理解亚洲口味偏好上具有竞争优势。与西方餐厅不同，快乐蜂公司在文莱提供的餐饮以适应亚洲消费者市场和为亚洲消费者提供其熟悉的食品为特色。提供的产品包括咖喱鸡、香菇汁牛排汉堡等，而这些产品都很迎合文莱消费者的口味。

越南

越南被认为是太平洋沿岸发展速度仅次于中国的经济体，它是快乐蜂公司想要占领的另一个市场。随着经济增长率平均值达到8%，以及西方快餐产业的快速发展，越南是快乐蜂公司国外运营中的一个战略增长源头。2007年，快乐蜂在越南开了5家餐厅。2008年餐厅数将达到9个。

□ 展望未来

2007年，快乐蜂公司总计开了173家新店，其中包括国外的22家。因此，快乐蜂公司的国际扩张已经被证明是成功的。然而，快乐蜂公司也在面对新的挑战。由于商品价格上涨，2007年快乐蜂公司净利润增长率为9.6%，相比2006年的28%，净利润增长率有所降低。

由于稻谷需求上升、稻谷歉收，以及化肥成本上升，2008年全球稻谷市场价格大幅提高。菲律宾是世界上最大的稻谷进口国。快乐蜂公司在菲律宾市场上占领统治地位，并且稻谷是其餐单中的关键原料，因此这无疑将提高公司的投入成本，公司面临利润下降的风险。快乐蜂公司必须找到方法来保持公司在当地市场和全球市场份额的同时，抵消成本上升的风险。快乐蜂公司认为，一种方法是提高国外业务销量。马尼拉某经纪公司常务董事在解释快乐蜂公司所提出的战略时说，"这就是它进入其他市场使市场多元化，并且创办新分公司的原因——它需要分散风险。"

快乐蜂公司在2008年第二次突袭印度尼西亚市场。由于在1997年出现亚洲金融危机，快乐蜂公司在20世纪90年代早期的首次突袭并未成功。公司品牌经理约瑟夫（Joseph）评论说，快乐蜂公司不能承受第二次失手，这也解释了快乐蜂公司加大对该市场的营销和定位的重视力度的原因。随着快乐蜂公司继续国际扩张的流程，这可能给快乐蜂公司带来更大财务压力。尽管快乐蜂公司认为，2008年的营销花费相对不多，但是公司也承认，其长期潜在花费很大。约瑟夫同时指出，伴随着品牌关注和店内活动，快乐蜂公司在印度尼西亚的首次营销活动将以线上和线下相结合的方式进行。

案例讨论问题

1. 在进行国际扩张时，快乐蜂公司面对哪些国际因素？在快乐蜂公司的国际扩张中，这些因素是如何影响快乐蜂公司的？

2. 在不同地区（如美国、中东、文莱、中国和越南）的运营过程中，快乐蜂公司遇到了哪些不同挑战？哪些问题是快乐蜂公司遇到的普遍问题？每个地区的特殊问题是哪些？在每个挑战中，快乐蜂公司如何利用其战略？

3. 假设你被聘任为快乐蜂公司的顾问，任务是为其国际运营提供建议。为了确保在国际市场上取得胜利，请问下一步快乐蜂公司应该采取哪些措施？

第六部分

国际商务运营

第十五章 出口、进口和易货贸易

学习目标

学完本章后,你应该能够:
1. 解释出口带来的好处和风险;
2. 列出公司经理提升公司出口能力可采取的步骤;
3. 找出有助于出口商的信息来源和政府项目;
4. 明白出口融资的基本步骤;
5. 解释如何利用易货贸易促进出口。

● 开篇案例:小公司的出口和成长

摩根汽车(Morgan Motor)公司是一家典型的英国小公司,自1909年起就一直生产其经典款跑车。如今该公司有约150名雇员,每年生产汽车数量高达700辆,每辆售价在4万美元~10万美元。然而,摩根汽车公司在当地市场容量太小,如不出口将难以为继。现在,该公司约70%的产品被运往国外,主要是美国和欧洲。虽然现在的摩根汽车在外形上仍与一般英国跑车一样,但其大量零配件从外国公司进口,比如宝马(BMW)的发动机和博世(Bosch)的ABS刹车系统。对于摩根汽车公司而言,进出口是整个公司重要的生计来源。

不只是摩根汽车公司,其他许多小公司也发现,出口能够促进公司销量增长。另一个成功的案例为总部位于美国密歇根州的制造企业——瓦迪亚(Wadia)公司,该公司为音响发烧友生产高端高价位的激光唱片播放器。该公司每年销售额达800万美元,70%~80%的销量来源于国外市场,其中总销量的35%~45%来自亚洲,每年日本和中国的销量各占总销量的15%。瓦迪亚公司像摩根汽车公司一样,生产专业化的高端产品,仅靠国内市场的销量则难以生存。

然而出口并非易事,特别是对于摩根汽车公司和瓦迪亚公司这类较小的公司。一些公司的成功源于获取了政府出口部门和出口融资机构的协助。美国麦尔登(Malden)工厂专业化生产常用于昂贵户外装备的高科技面料,是"Polartech"商标的所有者。面对美国国内有限的发展机会，麦尔登工厂与南卡罗来纳州出口局签订协议，进行国际市场分析来确定其众多高科技面料的销售潜力。麦尔登工厂利用调查报告找到面料发展的新机会，预测未来的需求趋势，并从美国进出口银行（U. S. Export-Import Bank）获得2 000万美元的流动资金贷款保证，该项资金随后增加到3 500万美元。麦尔登工厂向法国、韩国和英国进行出口扩张，促使其更好地利用资本，并在整个产业因全球化急剧萎缩且发展中国家低成本厂商数量增加的情况下，得以在美国继续生产纺织品。2006年，在麦尔登工厂4 800万美元的销售收入中，有超过一半源于出口。[①]

引言

人们认为，许多大公司的产品被出口到国外，或者在国外生产产品是理所应当的事情，如本章"开篇案例"所述，大量小公司也采取相同的做法，并常常因此获得大量收益。随着出口变得简单，全球经济中的出口业务总量不断增长。在关税及贸易总协定（现为世界贸易组织）和其他区域经济协议的护航下，贸易保护壁垒逐渐减少，出口机会大幅增加。与此同时，现代通信和交通技术减轻了出口相关的物流问题，公司越来越多地使用互联网、800免费电话以及国际航空快递服务来削减出口成本。因此，出口业务繁荣的小公司也不再少见。

然而，对于许多公司来说，出口是一项挑战，小公司会发现整个过程令人心生畏惧。有出口意愿的公司需要先寻找国际市场机会，规避一大堆与国际市场商务活动有关的意外问题，熟悉进出口融资机制，懂得从哪里获取融资和出口信贷担保，学会怎样处理外汇风险。如果交易货币不可自由兑换，那么整个过程还会存在更多问题，如果向货币疲软的国家出口，如何支付将是个问题。这将读者引向易货贸易的主题，在易货贸易中出口报酬以货物和服务而不是金钱形式支付。本章将讨论除外汇风险外的所有问题。

出口的前景和问题

出口的最大好处在于，大部分行业中的大多数公司都有机会从国际市场中获得巨大的利润和收益。国际市场通常比国内市场大得多，这使得公司能够通过出口的方式增加利润和收益。出口通过扩大公司的市场使其获得规模经济，从而降低产品的单位成本。无出口的公司则经常错失发展壮大和降低成本的大好机会。[②]

[①] J. Moules, "Morgan: A Member of the Family, Jonathan Moules Meets the Manufacturer of the First and Last Real Sports Cars," *Financial Times*, August 19, 2006, p. 18; S. Rutberg, "Small Business Growing by Going against the Grain," *The Secured Lender*, November/December 2006, pp. 64–67; G. Hilton, "Knocking Down Export Barriers to Smaller Firms," *Business and Economic Review*, July–September 2005, pp. 18–21.

[②] R. A. Pope, "Why Small Firms Export: Another Look," *Journal of Small Business Management* 40 (2002), pp. 17–26.

研究表明,尽管许多大公司往往积极主动地寻找有利于出口的机会,为了在国际市场上综合利用其技术、产品和营销技巧,对国际市场进行系统搜寻以找出机遇所在,但是许多中、小型公司很被动。① 通常这类被动的公司不考虑出口,除非其国内市场饱和,迫于母国的产能过剩才向国际市场寻求发展机会。还有许多中、小型企业往往坐等世界走向它们,而非主动融入国际市场寻找机会。甚至当国际市场走向它们时,它们仍可能不做回应。缺一音乐集团(MMO Music Group)就是个这样的例子,该公司为卡拉 OK 机生产磁带。国外销售额在其 800 万美元收益中占 15%,但是该公司首席执行官承认,如果他重视国际营销,那么这一数据可能会高得多。当他忙着处理国内迅速增长的业务时,来自亚洲和欧洲的未回复传真和电话信息经常堆积如山。但当其开始将注意力转向国际市场时,其他竞争者已开始填补市场缺口,该公司则发现想要增加出口量很难。②

缺一音乐集团的情况很常见,这意味着公司在寻找出口机会时有必要更积极。但是,对于更多公司来说,被动的原因在于它们并不熟悉国际市场机会,它们只是单纯地不知道机会到底有多大,或者机会藏身何处。单单对这些潜在机会的忽视就是出口的一大障碍。③ 同时,许多潜在出口商,特别是小公司,会因出口目标国的复杂国情和贸易机制心存畏惧,因为这些国家的商务惯例、语言、文化、法律系统和货币等与母国市场差别很大。④

更糟糕的是,很多出口新手在进行首次国际贸易时就碰到了大麻烦,这让它们在今后的出口开拓中心有余悸。常见问题包括对市场分析得不充分、对国外市场竞争条件理解得不充分、无法实现产品本地化以迎合外国消费者需求、缺少高效的分销策划、促销活动执行不力及融资保证问题。⑤ 出口新手往往低估国外商机培育所需的时间和技巧,也很少有公司能搞清楚该花多少管理资源来经营出口业务。⑥ 在出口交易完成之前,出口商可能必须花几个月来研究进口国的贸易规则、商务惯例及其他情况。

出口商常常面临大量文书工作、复杂的入境手续和许多潜在的工作延误及错误。联合国与贸易和发展相关的报告显示,一次典型的国际贸易交易可能会包括 30 个参与方、60 份原始文件和 360 份复印文件,所有这些文档都要通过审核、传送、重新录入各种信息系统、处理并归档。据联合国估算,准备这些文件花费的时间以及文书工作中常见错误折算下来的成本占产品出口最终价值的 10%。⑦

---

① S. T. Cavusgil, "Global Dimensions of Marketing," in *Marketing*, eds. P. E. Murphy and B. M. Enis (Glenview, IL: Scott Foresman, 1985), pp. 577–599.

② S. M. Mehta, "Enterprise: Small Companies Look to Cultivate Foreign Business," *The Wall Street Journal*, July 7, 1994, p. B2.

③ P. A. Julien and C. Ramagelahy, "Competitive Strategy and Performance of Exporting SMEs," *Entrepreneurship Theory and Practice*, 2003, pp. 227–294.

④ W. J. Burpitt and D. A. Rondinelli, "Small Firms' Motivations for Exporting: To Earn and Learn?" *Journal of Small Business Management*, October 2000, pp. 1–14; J. D. Mittelstaedt, G. N. Harben, and W. A. Ward, "How Small Is Too Small?" *Journal of Small Business Management* 41 (2003), pp. 68–85.

⑤ A. O. Ogbuehi and T. A. Longfellow, "Perceptions of U. S. Manufacturing Companies Concerning Exporting," *Journal of Small Business Management*, October 1994, pp. 37–59; U. S. Small Business Administration, "Guide to Exporting".

⑥ R. W. Haigh, "Thinking of Exporting?" *Columbia Journal of World Business* 29 (December 1994), pp. 66–86.

⑦ F. Williams, "The Quest for More Efficient Commerce," *Financial Times*, October 13, 1994, p. 7.

提升出口业绩

缺乏经验的出口商可通过多种途径获得国外市场商机的信息,同时避免犯那些经常让出口新手充满挫败感的常见问题。[1] 本章着眼于能够提升出口商对国外市场商机认知的信息资源,思考利用出口代理公司协助出口的利弊,回顾能提高出口业务成功率的各种出口策略。我们先来看各国如何协助国内厂商出口。

国际比较

出口的一大障碍是可获取商机的信息不足。公司产品通常会有多个市场,但是因为这些市场位于他国,并且其文化、语言、距离和时差与公司母国不同,因此公司并不了解这些市场。200多个文化各异的国家构成这个充满潜在商机的世界,使得公司对出口机会的寻找比这个世界本身更加复杂。面对这样的复杂性和多元性,公司有时对寻求出口机会犹豫不决。

摆脱无知的方法就是收集信息。德国是世界上最成功的出口国之一,该国的贸易协会、政府机构和商业银行会通过收集信息来帮助小公司找到出口商机。日本通商产业省也会搜寻出口机会,并为小公司提供类似服务。此外,许多日本公司会以某种方式加入日本最大的贸易所——**综合商社**(sogo shosha)。综合商社在世界各地都有办公室,积极持续地为其附属公司寻找出口机会,不论该出口机会是大还是小。[2]

德国和日本的公司可以充分利用它们大量的经验、技巧和由其他出口导向机构提供的资源。但是许多美国公司与德国和日本的竞争者不同,它们在寻找出口机会方面相对盲目,在信息方面处于劣势。这部分由历史原因造成。德国和日本一直作为贸易国维持其世界经济中的地位,而美国一直都是一个相对自给自足的大陆国家,国际贸易在其经济中作用很小。直到不久前,这种情况才慢慢改变,现在美国经济中的进出口作用比几十年前的高很多,但是美国至今也没有形成像德国和日本那样促进外贸的机构体系。

●聚焦管理:新比亚迪卡公司

新比亚迪卡(Symbiotica)公司是马来西亚药品原料生产商,这些药品原料是许多知名药物配方中关键的有效成分。新比亚迪卡成立于2001年,在短短5年内就在40多个国家取得市场占有率!该公司现在与亚太、中东、非洲、欧洲和拉丁美洲都有商务往来,并正在英国、日本和澳大利亚市场站稳脚跟。现在,该公司将自己定

---

[1] Burpitt and Rondinelli, "Small Firms' Motivations for Exporting"; C. S. Katsikeas, L. C. Leonidou and N. A. Morgan, "Firm Level Export Performance Assessment," *Academy of Marketing Science* 28 (2000), pp. 493–511.

[2] M. Y. Yoshino and T. B. Lifson, *The Invisible Link* (Cambridge, MA: MIT Press, 1986).

位为激素和荷尔蒙特别是皮质激素领域的主要国际供应商。

这家公司是如何从马来西亚的小工厂转变为国际市场主要供应商的?

对新比亚迪卡而言,关键在于产品质量得到国际认可。在其产品得到国际质量标准认可后,该公司获得向全球买家销售产品的合法资格。新比亚迪卡严格按照 ISO 9001 质量保证体系和国际药品认证合作组织(PIC/S)的指导建立和执行产品质量管理体系。

国际药品认证合作组织是医药用品稽查公司(Pharmaceutical Inspection Convention)和医药用品稽查合作计划(Pharmaceutical Inspection Co-operation Scheme)的共同缩写,具体规范由总部位于瑞士日内瓦的秘书处监督执行。这些国家间的国际框架和协议共同组成制药行业的药品生产质量管理规范。

新比亚迪卡通过了马来西亚国家药物监管局(National Pharmaceutical Control Bureau of Malaysia)进行的药品生产质量管理规范认证。在其成长的第一个 5 年里,马来西亚贸易与工业部(Ministry of Trade & Industry)的重要机构工业发展局(MIDA)为其颁布了"先锋者"称号,该公司充分利用了该称号带来的优势。

通过严格的质量保证和生产规范,新比亚迪卡做好了准备,开始与对手在高度规范的发达国家如美国、英国、日本和澳大利亚市场进行有效竞争,并确立公司地位。

☐ 信息资源

许多国家都有致力于促进出口的政府部门或贸易委员会,其中大部分提供商务咨询、信息收集、技术协助和融资服务。此外,商务联盟和行业联盟也设立了能帮助其成员出口产品和服务的中心和机构。

现在大量私人组织也开始给潜在的出口商提供更多协助。与以前相比,商业银行和大型会计师事务所也更加愿意协助小公司开展出口业务。此外,已在国际市场取得成功的大型跨国公司也变得愿意与小公司业主或经理人交流有关国外机会的相关信息。[①]

☐ 利用出口代理公司

对于初次出口的厂商来说,寻找出口机会并规避相关问题的办法之一就是雇用**出口代理公司**(export management company,EMC)。出口代理公司专门为其客户充当国外的市场营销部或国际部的出口专家。它们通常接受两类出口任务。第一种是它们为客户开展出口业务,并在业务被建成后将其移交客户公司。第二种是出口代理公司提供市场开拓服务,并承担不断销售客户产品的责任。许多出口代理公司为特定行业和特定地区的公司提供专业服务,因此,某家出口代理公司可能精于在亚洲市场销售农产品,而另一家出口代理公司可能专门向东欧出口电子产品。

---

① L. W. Tuller, *Going Global* (Homewood, IL: Business OneIrwin, 1991).

从理论上说，出口代理公司的优势在于它们是经验丰富的专家，能帮助出口新手找到机会，并规避常见问题。优秀的出口代理公司在潜在市场上拥有关系网，雇员能说多种语言，对不同商务习俗有充分了解，熟悉出口过程中前前后后的细节和当地商务规则。然而，出口代理公司的质量参差不齐。[1] 一些出口代理公司能很好地完成任务，然而另一些看上去对有出口需求的公司几乎毫无帮助。因此，出口公司在做决定之前，应该认真了解出口代理公司，并审核其往期业绩。依靠出口代理公司的坏处之一就是，出口公司无法培养自己的出口能力。

出口策略

除了利用出口代理公司，公司小心选择出口策略也能降低出口相关风险。[2] 一些指导方针能帮助公司提高成功概率。例如，明尼苏达采矿和制造有限公司（3M公司）是世界上最成功的出口企业之一，该公司主要利用三大原则成就了自己辉煌的出口业绩，即通过小规模进入市场以降低风险，一旦出口业务初见成效就添加新生产线，雇用本地人进行产品营销。红点绘画装饰（Red Spot Paint & Varnish）公司是另一家成功的出口公司，它在建立其出口业务时强调培养人际关系的重要性。

采用一些简单的战略步骤，能大大增加出口成功的可能性。第一，特别是对于出口新手来说，有帮助的做法是雇用一家出口代理公司，或至少雇一名经验丰富的出口顾问来协助其分辨出口机会，并指导处理出口常见的文件和管理规定。第二，起初主攻一个或几个市场是合理的选择。在移步其他市场之前，出口公司须先搞清楚当前市场取得成功的必备要素。那些一次进攻多个市场的公司将面临有限管理资源的过度分散。这种四面开花的出口方式，其结果可能是在每一个市场都难以站稳脚跟。第三，如3M公司那样，理性选择小规模进入国外市场，以降低随后失败的代价。最重要的是，在做出重大资金决定之前，小规模进入国外市场让公司有更多时间和机会了解国外市场。第四，出口公司需要明白获取一定出口销量在相应时间和管理上所需的保证，并雇用额外人手对出口进行监督。第五，在许多国家，花很多精力与本地分销商和消费者建立牢固持久的关系很重要。第六，像3M公司所做的那样，雇用当地人员来协助公司在国外市场站住脚很重要。第七，几项研究表明，公司在寻求出口机会时应积极主动。[3] 只说不做是没有用的！通常国际市场不会向自己走来。第八，对于出口企业而言，选择实现本地化生产很重要。一旦出口达到一定数量，当能够表明本地化生产有助于降低成本时，出口企业就应当考虑在国外市场建立工厂。这种本地化生产有助于培养出口企业与国外市场的良好关系，从而增

---

[1] R. W. Haigh, "Thinking of Exporting?" *Columbia Journal of World Business* 29 (December 1994), pp. 66 - 86.

[2] M. A. Raymond, J. Kim, and A. T. Shao, "Export Strategy and Performance," *Journal of Global Marketing* 15 (2001), pp. 5 - 29; P. S. Aulakh, M. Kotabe, and H. Teegen, "Export Strategies and Performance of Firms from Emerging Economies," *Academy of Management Journal* 43 (2000), pp. 342 - 361.

[3] J. Francis and C. Collins-Dodd, "The Impact of Firms' Export Orientation on the Export Performance of High-Tech Small and Medium Sized Enterprises," *Journal of International Marketing* 8, no. 3 (2000), pp. 84 - 103.

加国外市场的接纳度。出口本身并非最终结果，这仅是建立国外生产基地中的一步。

● 聚焦管理：3M 公司的出口策略

3M 公司是世界上最大的跨国公司之一，生产的产品超过 40 000 多种，包括胶带、砂纸、医药产品和无处不在的便利贴。如今在该公司收益中，超过 60% 来自美国以外的其他国家。虽然 3M 公司的大部分收益源于国外子公司，但公司的出口额超过 20 亿美元，因此它仍然是一个重要的出口公司。3M 公司通常是通过出口的方式首次占据国外市场，直到销售量满足本地化生产的水平之后才建立国外生产工厂。

3M 公司制定出口策略的原则很简单。第一个原则是"先发制人，克敌制胜"，其本质就是通过第一个进入国外市场，比其他出口商更早了解该国市场，并学会如何销售产品，从而取得优势地位。第二个原则是"小规模生产，小规模销售"，其思路是以非常适度的投资额小规模进入市场，并仅推广一件基础产品，比如俄罗斯的交通标志反光膜和匈牙利的百洁布，直到 3M 公司认为其已经足够了解市场并且能把失败的风险降到合理水平时，它才会增加产品种类。

3M 公司的第三个原则是雇用当地雇员销售公司产品。3M 公司通常在当地设立销售子公司来处理该国的出口事宜，然后为子公司雇用当地员工，因为它相信当地员工比美国外派人员更懂得如何在自己的国家销售产品。由于实施了该项原则，在 3M 公司的 40 000 多名国外雇员中，美国外派人员不满 200 人。

3M 公司常见的另一个操作是制订出口和国外最终产品生产的全球战略计划。在计划框架内给予当地经理适度的自主权，以帮助其找到在该国销售产品的最佳方式。因此，当 3M 公司首次出口便利贴时，3M 公司有发放日光系列产品样品的计划，同时它会告知当地经理找出实施计划的最佳方式。当地经理在英国和德国雇用办公室保洁员分发样品，在意大利使用办公用品经销商分发免费样品，而在马来西亚的当地经理雇用年轻姑娘向各个办公室分派产品样品。3M 公司的传统方式是，当便利贴的销量足够大时，本地化生产将会取代从美国出口的模式。因此，几年之后，3M 公司发现在法国设立生产工厂为欧洲市场生产便利贴更加有利。

● 聚焦管理：红点绘画装饰公司

红点绘画装饰公司成立于 1903 年，坐落于印第安纳州的埃文斯维尔。从很多方面来看，它都算是美国中心地带小镇公司的典型。这家非上市公司现有员工 500 人，每年销量近 9 000 万美元，该公司首席执行官为公司创立者的曾孙查尔斯·斯托姆斯（Charles Storms）。公司的主要产品为用于汽车行业的塑料零部件，如汽车保险杠、轮毂、散热格栅、车头灯、仪表盘、车门嵌件、收音机按钮及其他零部件的油漆。然而，与其他有类似生产规模和地理位置的公司不同，红点绘画装饰公司有繁忙的国际业务。该公司与全球 15 个国家有业务往来，国际销量（包括出口和授权后的当地产品）占每年收益的 15%～25%。

红点绘画装饰公司从事国际贸易由来已久，曾获得过出口奖励。为了进一步发展国际商务，它聘用了懂得多国外语（包括德语、日语和一些中文）的密歇根大学布赖恩·威廉姆斯（Bryan Williams）教授，这也是红点绘画装饰公司聘用的首位专事国际市场营销工作的雇员。威廉姆斯遇到的第一个难题是，公司缺乏精通出口业务和出口细节的人才。他发现，如果公司在出口的基本方法上没有自己的专家，那么很难建立国际业务。红点绘画装饰公司需要懂得出口细节，如信用证、付款条件、提货单等的员工。而对于位于美国中部地区的公司而言，其附近不会有这方面现成的人才可供使用。威廉姆斯花了数年时间才解决这个问题，现在红点绘画装饰公司有两名在出口原则和运营方面受过培训的全职员工。

威廉姆斯遇到的第二个难题是，在遍及美国商务实务的急功近利的思想与成功开辟国际业务所需的长远观点之间常常存在冲突。他发现，和潜在的国外客户建立长期私人关系对达成业务很关键。当国外客户访问埃文斯维尔时，威廉姆斯经常请他们到家中用餐。他年幼的孩子甚至开始叫一个中国香港来访者"叔叔"。然而，即便付出了这样的努力，业务也可能无法很快达成。虽然威廉姆斯指出，与国外客户会谈有利于获得竞争信息并建立亲密关系，但所花费时间中的90%不会达成直接交易。威廉姆斯还发现坚持会得到回报。比如，在威廉姆斯和斯托姆斯与德国一家大型汽车零部件生产商保持长达7年的关系后，该公司最终与红点绘画装饰公司达成了某种业务。[①]

进出口融资

几个世纪以来，进出口融资机制随着信用缺失不断演化。需要信任陌生人时，信用缺失问题就产生了，这在国际贸易中尤其突出。本节主要考察在国际贸易框架内形成的处理信用缺失问题的金融工具，包括信用证、汇票和提单，以及典型的国际贸易交易流程的14个步骤。

信用缺失

从事国际贸易的公司必须信任可能从未谋面的人，这些人住在不同的国家，说着不同的语言，遵守（抑或不遵守）不同的法律体系，一旦违约则可能会难觅其踪。假设一家美国出口商向法国进口商出口产品，美国商人可能担心，如果收到货款前就将货物运往法国，那么法国商人可能在提货之后拒绝付款。反之，法国进口商可能会担心，如果在货物运到之前付款，那么美国出口商可能在收到货款后不发货或发次品。双方都不能完全相信对方。交易双方在空间、语言和文化方面的差异，以及使用不成熟的国际法律体系执行合同业务时带来的问题进一步加剧了信用缺失问题。

双方的信用缺失（合情合理）使得双方对于交易该如何达成有各自偏好。为确保对方付款，美国出口商的偏好是让法国进口商在发货之前先付款，如图15.1所

---

① R. L. Rose and C. Quintanilla, "More Small U. S. Firms Take Up Exporting with Much Success," *The Wall Street Journal*, December 20, 1996, pp. A1, A10.

示。反之，为确保收到货物，法国进口商的偏好是收到货后再付款，如图 15.2 所示。因此，除非有办法建立双方信任，否则交易不可能达成。

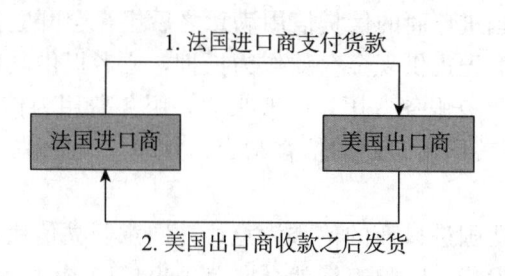

图 15.1　美国出口商的偏好

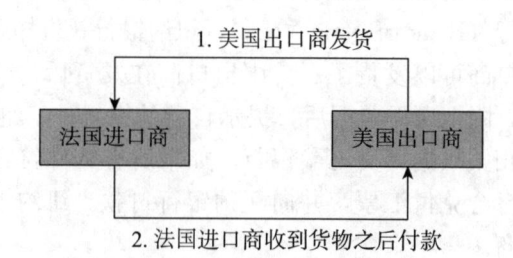

1. 法国进口商支付货款
2. 美国出口商收款之后发货

图 15.2　法国进口商的偏好

1. 美国出口商发货
2. 法国进口商收到货物之后付款

利用双方都信任的第三方充当中间人能解决这一问题。第三方通常是一家信誉良好的银行，如图 15.3 所示。受美国出口商信任的银行向法国进口商承诺将代表法国进口商付款。这个承诺就是众所周知的信用证。而美国出口商在见到信用证之后就会给法国进口商发货，并将货物所有权以提单的文件形式交付银行，转而要求银行支付货款，银行这时就会付款。请求付款的单据叫作汇票。银行在付款后将货物所有权移交给受其信任的法国进口商，此时或晚一些时候，法国进口商会根据协议偿还银行货款。

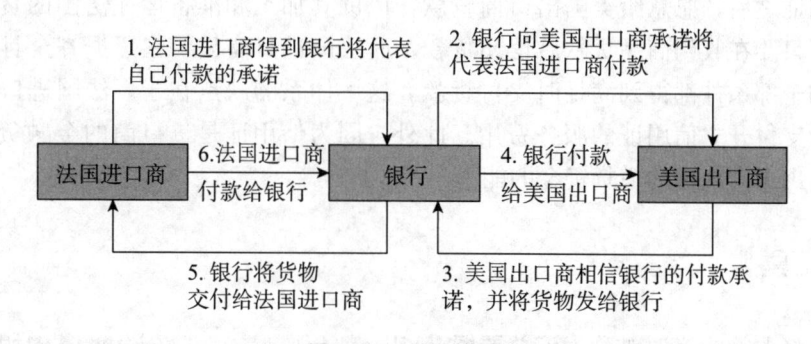

图 15.3　利用第三方

1. 法国进口商得到银行将代表自己付款的承诺
2. 银行向美国出口商承诺将代表法国进口商付款
3. 美国出口商相信银行的付款承诺，并将货物发给银行
4. 银行付款给美国出口商
5. 银行将货物交付给法国进口商
6. 法国进口商付款给银行

☐ 信用证

信用证在国际贸易操作中处于中心位置。银行应进口商的要求开立信用证，**信用证**（letter of credit，L/C）规定银行在收到特定票据后，对受益人（通常是出口商）支付一笔事先约定的款项。

再看一下美国出口商和法国进口商的例子。法国进口商向法国当地银行，比如巴黎银行（Bank of Paris）提出开立信用证的申请。于是，巴黎银行对法国进口商进行信用审核，在对法国进口商的信贷信用满意之后银行会开立信用证。但巴黎银行可能会要求法国进口商先提供现金存款作为抵押，或者提供其他形式的抵押品，此外还会向美国出口商收取服务费用，一般来说，服务费用为信用证价值的 0.5%～2%，具体数额取决于美国出口商的信誉和交易规模。（通常交易规模和信誉越大，服务费用比例越小。）

假设巴黎银行对法国进口商的信誉满意，并同意开立信用证。信用证规定，只要按特定指示和条件发货，巴黎银行就会向美国出口商支付货款。此时，信用证成为巴黎银行和美国出口商之间的金融合同。然后，巴黎银行将信用证送交美国出口商的银行——纽约银行（Bank of New York），纽约银行就告知美国出口商已收到信用证，并告知美国出口商可以发货了。美国出口商在发货后，就会根据信用证条款开立汇票给巴黎银行，附上所需票据后，提示自己的银行——纽约银行付款。接着，纽约银行将信用证和相关票据寄交巴黎银行。如果所有文件符合信用证中包含的所有条款，那么巴黎银行会兑付汇票，并向纽约银行付款。纽约银行收到款项后就会支付货款给美国出口商。

至于巴黎银行，一旦将款项移付纽约银行，就会从法国进口商处收取款项，或者也可能在要求其付款前给予其一些时间售卖货物。给予进口商时间将货物变现的做法并不少见，特别是当出口商为经销商，而非产品最终消费者时更常见，因为这有利于进口商的资金流转。巴黎银行会将这种付款延期为给法国进口商的贷款，并收取合适利率。

这一体系的巨大优势在于，尽管法国进口商和美国出口商彼此不信任，但它们都信任信誉良好的银行。一旦美国出口商见到信用证，知道货款能得到保证，就会发货。同样，出口商会发现信用证有利于出口前期的融资。举个例子，纽约银行在见到信用证之后，愿意给美国出口商贷款，以助其加工和准备运往法国的货物，美国出口商只要在收到商品货款后偿还货款。而法国进口商只要在票据齐全且信用证中规定的全部条件都得到满足时支付货款。这一体系的缺点在于，法国进口商要向巴黎银行支付开立信用证的服务费用。此外，因为信用证是进口商的金融负债，这会减少其出于其他目的借贷资金的能力。

□ 汇票

汇票（draft）有时被称为**汇兑票据**（bill of exchange），是国际商务中用以达成交易的常见支付工具。它是出口商出具的用以要求进口商或进口商的代理人在特定时间支付特定数额款项的票据。在美国出口商和法国进口商的例子中，美国出口商出具汇票要求巴黎银行，即法国进口商的代理人，为已被运往法国的商品付款。出具汇票的一方被称为出票人（在本例中为美国出口商），被提示付款的一方被称为付款人（在本例中为巴黎银行）。

在国际贸易惯例中，各方用汇票来完成贸易结算。这和国内贸易惯例不同，国内卖方通常以赊销方式发货，然后开立详细规定了应付金额和付款方式的发票。国内贸易中的买方通常无须签订承诺付款的正式文件即可先得到货物。相反，由于国际贸易中存在信任缺失的问题，买方在收取货物之前必须先付款，或者先行做出正式的付款承诺。

汇票分为两类：即期汇票和定期汇票。**即期汇票**（sight draft）需要付款人即期付款。**定期汇票**（time draft）允许延期付款，通常延期30天、60天、90天或120天。付款人在收到汇票提示后，在汇票正面写上或盖上承兑字样，即表明付款人承兑汇票。定期汇票一旦被承兑，就变成承兑方的支付承诺。由银行承兑和出具的定期汇票叫银行承兑汇票，由公司承兑和出具的定期汇票叫商业承兑汇票。

定期汇票是可转让票据，即一旦汇票盖上承兑字样，出票人就可以将定期汇票以低于票面价值的折扣价卖给投资者。比如，假设美国出口商和法国进口商之间达成的协议是美国出口商通过纽约银行提示巴黎银行承兑120天后到期的定期汇票，巴黎银行在定期汇票上盖上承兑字样。进一步假设汇票票面价值为10万美元，那么美国出口商就可以持有已承兑汇票，并在120天后收到10万美元，也可以将已承兑汇票以低于票面价值的折扣价卖给投资者，比如纽约银行。如果年贴现率是7%，那么美国出口商卖掉汇票的收入为97 700美元。然后纽约银行在120天后从巴黎银行收取10万美元。如果美国出口商要为交易中的商品支付货款，或者要弥补现金运转缺口，就可能会立即卖掉已承兑定期汇票。

□ 提单

提单（bill of lading）由货物承运方开具给出口商，可作为接收凭证、合同凭证或所有权凭证。当作为接收凭证时，提单表明承运人已经收到票据中所述货物。当作为合同凭证时，提单规定了承运人有责任提供运输服务，并获得一定数额报酬。当作为所有权凭证时，在货物被交给进口商之前，提单可用作收取货物或对方支付货款的书面承诺。提单在货物装运前、装运期间，以及从进口商处最终获取货款之前，还能充当当地银行向出口商预先付款的抵押品。

□ 典型的国际贸易交易流程

我们已经考察了国际贸易交易操作中的主要部分，现在来看在典型例子中这个过程如何运行。我们仍然用美国出口商和法国进口商的例子，典型的国际贸易交易流程包括14个步骤，如图15.4所示。

1. 法国进口商向美国出口商下订单，并询问其是否愿意以信用证支付方式发货。
2. 美国出口商同意以信用证支付方式发货，并规定相关的价格和交货条件等信息。
3. 法国进口商向巴黎银行申请开立信用证以购买需要的货物，并将美国出口商作为受益人。

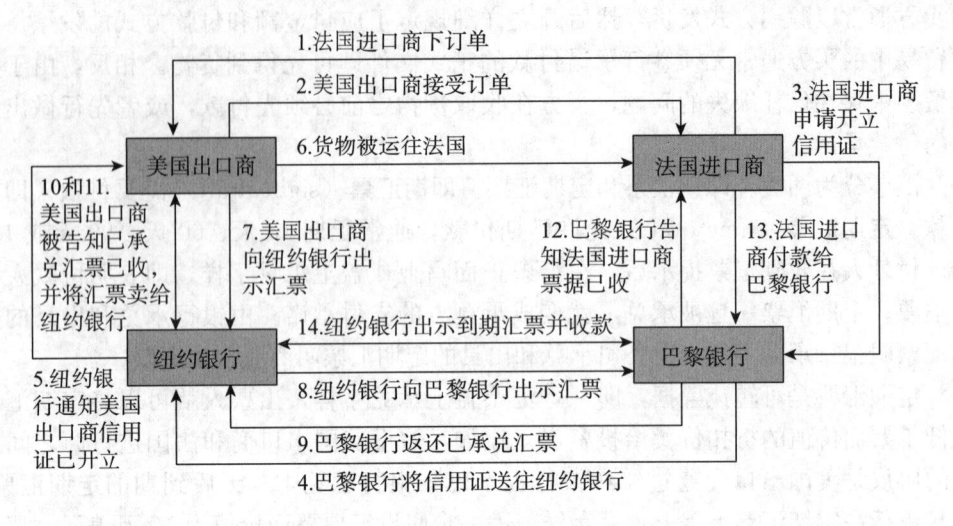

```
                1.法国进口商下订单
                2.美国出口商接受订单
   ┌─────────┐                        ┌─────────┐
   │ 美国出口商 │ ─6.货物被运往法国──→   │ 法国进口商 │   3.法国进口商
   └─────────┘                        └─────────┘   申请开立
                                                   信用证
10和11.         7.美国出口商        12.巴黎银行告    13.法国进口
美国出口商       向纽约银行出        知法国进口商    商付款给
被告知已承       示汇票              票据已收        巴黎银行
兑汇票已收,
并将汇票卖给   ┌─────────┐                        ┌─────────┐
纽约银行       │ 纽约银行 │ ─14.纽约银行出示到期汇票并收款→ │ 巴黎银行 │
              └─────────┘                        └─────────┘
5.纽约银        8.纽约银行向巴黎银行出示汇票
行通知美国      9.巴黎银行返还已承兑汇票
出口商信用      4.巴黎银行将信用证送往纽约银行
证已开立
```

图15.4 典型的国际贸易交易流程

4. 巴黎银行在法国进口商的委托下开立信用证,并送往美国出口商的代理银行——纽约银行。

5. 纽约银行通知美国出口商信用证已经开立,并将其作为受益人。

6. 美国出口商委托承运人将货物运送给法国进口商。承运人向美国出口商出具提单。

7. 美国出口商向纽约银行出示与信用证和提单内容一致的以巴黎银行为付款人的90天期限定期汇票。美国出口商为提单背书,将货物所有权转移给纽约银行。

8. 纽约银行将汇票和提单送往巴黎银行,巴黎银行承兑汇票,接受票据,并承诺90天内支付当前已承兑的汇票。

9. 巴黎银行将已承兑汇票返还至纽约银行。

10. 纽约银行告知美国出口商它已收到已承兑汇票,付款期限为90天。

11. 美国出口商以低于面值的折扣价将汇票卖给纽约银行,收到低于汇票票面价值的现金。

12. 巴黎银行通知法国进口商票据已收,并在法国进口商同意90天内向巴黎银行支付货款时将票据交付法国进口商,此时法国进口商取得货物。

13. 巴黎银行在90天内收到法国进口商支付的货款,于是得到汇票支付的到期资金。

14. 到期承兑汇票的所有者(本例中为纽约银行)在90天内向巴黎银行提示付款。巴黎银行付款。

聚焦国家:巴基斯坦出口加工区管理局

与通常对政府组织的古板印象不同,巴基斯坦出口加工区管理局(EPZA)在英国和中国组织了生动的路演来吸引投资者,同时向投资者承诺提供最先进的设施,免除严格的进口规则,对出口品进行关税豁免。然而,该机制最核心的使命很明确,不仅要促进出口,而且要做得更多,即通过促进出口的方式促成巴基斯坦的国家发展目标。

巴基斯坦出口加工区管理局成立于 1980 年，信条是"为发展而出口"。它负责为巴基斯坦出口加工区创建一个网络，这也是该机构被授命进行的特定工作。巴基斯坦出口加工区是专门生产商品和服务的经济特区，该区域享受关税减免。

目前，巴基斯坦已有 12 个出口加工区，其他的出口加工区还在计划中。其中 6 个出口加工区已经正常运行；另外 6 个出口加工区，包括 1 个港口和 1 个沿海石油精炼厂，处于最后的开发阶段。

虽然巴基斯坦出口加工区管理局曾因效率不佳而苦恼，并且一度缺少清晰一致的政策，但是近年在巴基斯坦出口加工区管理局的带领下，出口加工区的利润和出口量增长显著。巴基斯坦出口加工区的外商投资额仅在 2009 年一年就达到 1 500 万美元。

巴基斯坦出口加工区管理局通过设立经济特区，为一些产业量身定制了灵活的规定和政策，并为其提供相关支持和协助。同时，这些特定产业也能根据该经济特区的需求帮助引导基础设施的发展。

除了关税减免激励和对所有交易中的外币实施灵活兑换外，巴基斯坦出口加工区管理局还为巴基斯坦出口导向型企业的创建提供了便捷通道。巴基斯坦出口加工区管理局提供一站式的窗口服务系统，项目审批周期大概为两周；同时承担了巴基斯坦出口加工区内预定的所得税征收机构的功能。

巴基斯坦出口加工区本身建立在私营企业部门的合作基础上，通常通过合资企业设立，会提供完备的基础设施，包括充足的水电供应。

虽然巴基斯坦出口加工区的经济增长不断向好，但事实上它在整个国家的出口贸易中占比较小。巴基斯坦的年出口总额在 170 亿美元左右，其中份额较大的是纺织品和粮食，然而，巴基斯坦出口加工区目前每年的出口额大约是 2.5 亿美元。

因此，问题就来了：巴基斯坦应该在出口加工区着力于促进本地产业的发展，而非只强调外商投资吗？这对国家经济的发展会有什么影响？[①]

□ 进出口银行

很多国家都有某种形式的**进出口银行**（export-import bank 或 eximbank），这些银行可能是政府机构或私人组织。通常来说，进出口银行的任务就是为便利进出口和货物交换提供融资服务。

这种类型的银行有韩国进出口银行（Korea EXIM Bank）、印度进出口银行（EXIM Bank of India）和日本国际合作银行（Japan Bank for International Cooperation）等。

□ 出口信贷保险

由于以上原因，出口商明显偏好从进口商处获得信用证。然而有些时候，出口

[①] Amanullah Bashar, "Special Report: Export Processing Zones Authority," *Pakistan & Gulf Economist* magazine, April 2000.

商坚持使用信用证可能会损失订单,因为有的进口商不愿意使用信用证。因此,当进口商处于有利的谈判地位并能让出口商相互竞争时,出口商可能不得不放弃信用证。① 没有信用证使得出口商面临进口商付款违约的风险。出口商可通过购买出口信贷保险来确保自己有能力应对这种潜在风险。如果顾客违约,那么可由保险公司赔付大部分损失。

菲律宾进出口银行(PhilEXIM)和澳大利亚出口融资和保险公司(EPIC)都为出口商提供出口信贷保险服务。这类信贷保险范围一般覆盖商务和政治风险,即覆盖由买方破产清算或付款违约带来的商务风险损失,以及由买卖双方不可控的政府行为造成的政治风险损失。

易货贸易

在传统付款方式很难实施,如成本太高或根本不存在传统支付方式时,易货贸易成为国际贸易的替代方式。本书曾经提到,政府可能会对其货币兑换性进行限制,以保住用作偿还国际债务或购买关键进口商品所需的外汇储备。② 但这样做会给出口商造成很大麻烦。货币不可兑换性意味着出口商无法得到以其本国货币支付的货款,没有出口商愿意接受不可兑换的货币。这样易货贸易就成为常见的解决方法。③ **易货贸易**(countertrade)意味着签订一系列类似换货的协议,其宗旨是在不能进行资金贸易时,用一种货物或服务交换另一种货物或服务。以下是一些易货贸易的例子:

(1)某意大利电力设备生产商获得泰国电力局(Electricity Generating Authority of Thailand)7.2亿泰铢的合同,合同中规定该公司必须接受价值2.18亿泰铢的泰国农产品作为部分货款。

(2)沙特阿拉伯同意以低于世界市场油价10%的折扣将原油折算成现金进行支付,向波音公司购买10架747喷气飞机。

(3)通用电气在罗马尼亚获得1.5亿美元发电机项目的合同,条件是同意在罗马尼亚未被允许进入的市场中销售价值1.5亿美元的罗马尼亚商品。

(4)委内瑞拉政府同卡特彼勒公司签订了一份合同——委内瑞拉用35万吨铁矿交换卡特彼勒公司的推土机设备。

(5)阿尔巴尼亚用矿泉水、番茄汁和铬铁矿等商品交换价值6 000万美元的化肥和甲醇合成物。

(6)菲利普·莫里斯(Philip Morris)公司向俄罗斯运送香烟,并收到可用于生产化肥的化学品作为支付,然后将这些化学品运往中国。作为回报,中国向其提供

---

① M. E. Porter, *Competitive Strategy* (New York: Free Press, 1980).

② IMF, *Exchange Agreements and Exchange Restrictions* (Washington, DC: International Monetary Fund, 1989).

③ 有时人们也认为,易货贸易能够降低传统钱货贸易中的固有风险,特别是与新兴经济体中的公司进行交易时。参见 C. J. Choi, S. H. Lee and J. B. Kim, "A Note of Countertrade: Contractual Uncertainty and Transactional Governance in Emerging Economies," *Journal of International Business Studies* 30, no.1 (1999), pp. 189–202。

玻璃制品，并运至北美供其销售。①

易货贸易的产生

近代易货贸易源于 20 世纪 60 年代，是苏联和东欧国家进行贸易的一种方式，当时它们的货币通常不可兑换。20 世纪 80 年代，这种方式在许多想购买进口商品但外汇储备不足的发展中国家流行起来。今天，由于外汇储备不足，一些国家选择定期以易货贸易的方式购买进口商品。据估计，按货物价值计算易货贸易方式的协议在世界贸易中的比重，往高估计为 8%～10%，往低估计也有约 2%。② 具体数据并不确定，但是鉴于国际金融市场流动性增强，以及可兑换货币种类的增加，实际数据可能偏向以上估计值中的低值。然而，易货贸易量可能会随周期性金融危机出现短期峰值。比如，在 1997 年亚洲金融危机之后，易货贸易量明显增加。此次金融危机令亚洲国家几乎没有硬货币进行国际贸易，而货币管制的加强也使很多亚洲公司难以得到出口信贷来为自己的国际贸易业务融资，所以它们转向它们唯一可选择的方式——易货贸易。

易货贸易是国际贸易融资方式之一，尽管是相对次要的方式，但有远见的出口商为进入某些特定国际市场，必须时不时采用这一方式。发展中国家政府有时也会坚持进行一定数量的易货贸易。③ 比如，泰国政府要求所有与其下属机构签订合作项目的外国公司，当项目耗资多于 5 亿泰铢时，都要接受其中至少 30% 的部分以泰国农产品作为支付条件。1994 年到 1998 年年中，在易货贸易中，外国公司购买了价值210 亿泰铢的泰国商品。④

易货贸易的类型

易货贸易的实质为以一种商品或服务简单交换另一种商品或服务，但根据操作的不同，可将其分为 5 种不同的易货协议类型：换货贸易、互购、抵消、转手贸易和回购。⑤ 很多易货贸易涉及不止一种协议类型，可能是两种或更多。

换货贸易

换货贸易（barter）是双方直接交换商品或服务，而非现金交易。虽然换货贸易

---

① J. R. Carter and J. Gagne, "The Do's and Don'ts of International Countertrade," *Sloan Management Review* (Spring 1988) pp. 31 – 37; W. Maneerungsee, "Countertrade: Farm Goods Swapped for Italian Electricity," *Bangkok Post*, July 23, 1998.

② D. West, "Countertrade," *Business Credit* 104, no. 4 (2001), pp. 64 – 67; B. Meyer, "The Original Meaning of Trade Meets the Future of Barter," *World Trade* 13 (January 2000), pp. 46 – 50.

③ J. R. Carter and J. Gagne, "The Do's and Don'ts of International Countertrade," *Sloan Management Review* (Spring 1988) pp. 31 – 37.

④ W. Maneerungsee, "Countertrade: Farm Goods Swapped for Italian Electricity," *Bangkok Post*, July 23, 1998.

⑤ J. R. Carter and J. Gagne, "The Do's and Don'ts of International Countertrade," *Sloan Management Review* (Spring 1988) pp. 31 – 37; J. F. Hennart, "Some Empirical Dimensions of Countertrade," *Journal of International Business Studies*, 1990, pp. 240 – 260; D. West, "Countertrade," *Business Credit* 104, no. 4 (2001), pp. 64 – 67.

是最简单的贸易形式,但并不常见,其原因主要为:第一,如果商品不是同时交换,那么一方其实在一段时间内为另一方提供了融资;第二,进行换货贸易的公司面临所换非所需、不能自用或很难以合理价格出售的风险。正因如此,换货贸易被认为是最受限制的易货贸易类型,主要用来与信用不好、不值得信任的贸易方进行一次性交易。

互购

互购(counterpurchase)是一种互惠性的购买协议。当出口公司与某国达成销售贸易,同意从该国购回一定数量原材料时,就产生了互购。比如,美国公司将产品销售给中国,中国向美国公司支付美元,但作为交换,美国公司同意用一部分销售收益购买中国生产的纺织品。中国虽然必须提取外汇储备给美国公司付款,但它知道互购会收回部分美元。在另一个互购的例子中,劳斯莱斯(Rolls-Royce)公司将喷气飞机的零部件卖给芬兰,作为交易的一部分,劳斯莱斯公司同意用部分销售收益购买芬兰制造的电视机成品,然后在英国售出。

抵消

抵消(offset)在一定程度上与互购相似,交易一方同意用规定比例的原销售所得购买对方的产品或服务。不同之处在于,出口商可与进口国任一公司交易来履行自己的义务。对出口商而言,这比直接互购更有吸引力,因为出口商在选择意向货物时有更大灵活性。

转手贸易

转手贸易(switch trading)是在互购中加入特定第三方贸易公司。当公司与一国签订互购或抵消相关协议时,通常最后获得的是能在该国购买货物的互购信用。当第三方贸易公司购买了该公司的互购信用并将其卖给能更好地利用互购信用的其他公司时,就出现了转手贸易。比如,一家韩国公司与波兰完成了互购,并为此获得一定数量用于购买波兰货物的互购信用。但韩国公司无法利用,也不想购买任何波兰产品,所以将其以折扣价卖给第三方贸易公司,之后第三方贸易公司找到一家能利用互购信用的公司,并将互购信用售出,赚取利润。

在另一个转手贸易的例子中,波兰和希腊选择互购。希腊要求波兰购买与其销售货物美元价值相同的希腊产品,但是波兰找不到足够多想要的希腊产品,因此最后波兰手中以美元计价的互购信用还有余额,而且波兰没有使用意愿了。于是,一家转手贸易商以 225 000 美元的价格从波兰手中购买了价值 250 000 美元的互购信用,并以 235 000 美元将其卖给一家可用互购信用购买希腊葡萄的欧洲葡萄厂商。

回购

当公司在一国建厂,或为该国提供技术、设备、培训或其他服务,并同意接受一定比例的以工厂产出作为合同的部分支付时,就产生了**回购**(buyback)。例如,美国西方石油(Occidental Petroleum)公司与俄罗斯达成协议,西方石油公司将在俄罗斯建立几家氨水生产厂,同时同意以 20 年为期接受氨水作为合同的部分支付。

易货贸易的优缺点

易货贸易的主要吸引力在于,当其他方式不可用时,该方式可为公司提供另一种出口途径。因为很多发展中国家在支付进口所必需的外汇储备方面遇到困难，所以易货贸易可能是与这些国家进行贸易的唯一选择。即使易货贸易并非进行出口交易的唯一选择，相比于现金交易，许多国家还是偏好易货贸易。因此，如果一家公司不愿意签订易货贸易协议，而竞争者愿意，那么它可能会失去出口机会。

此外，意欲出口商品或服务的进口国政府可能会要求进口公司进行易货贸易。而公司为了得到订单常常不得不同意进行易货贸易。比如，波音公司为了得到印度航空（Air India）公司的订单，需从印度购买某些零部件，比如飞机仓门。进一步来看，波音公司可利用同意进行易货贸易的意愿，助其在与空中客车公司的激烈竞争中赢得订单。因此，易货贸易可以成为一种战略营销武器。

然而，易货贸易的缺点也很多。在其他条件相同的情况下，公司通常偏向收到强势货币。在易货贸易中，公司可能会收到不可用或劣质的交换货物，而且无法进行可获利的处置。此外，即使收到的货物质量良好，公司依然要妥善处理这些货物，这就要求公司投资一家专门安置和处理这些货物的内贸公司，这样做不仅成本高昂，而且颇为耗时。

基于以上缺点，易货贸易可能对多样化经营的大型跨国公司最有吸引力，因为这些公司可以利用其全球联系网处理易货贸易中获得的货物。精于易货贸易的公司有日本巨型贸易公司和日本综合商社，它们能利用巨大的公司网络妥善处置易货贸易中获得的货物。比如，日本三井（Mitsui）公司有大约120家子公司，覆盖从制造业到服务业的几乎所有部门。如果其子公司在易货贸易中收到不能使用的货物，通常三井公司会找到能有效使用这批货物的子公司。附属于日本综合商社的公司在偏好易货贸易的国家通常会更有优势。

西方多元化经营的大型全球性公司，如通用电气公司、菲利普·莫里斯公司和3M公司，在易货贸易中有相似的利润优势。事实上，3M公司已建立自己的贸易公司——3M全球贸易公司——来开发和处理公司的国际易货贸易项目。除非找不到别的办法，否则中、小型出口商可能应该避免进行易货贸易，因为有效利用和处置易货贸易中所获取的货物需要有一张遍布全球的运营网络，而它们没有。[①]

● 本章总结

本章中，我们考察了公司出口的步骤。本章要点如下：
1. 出口的一大障碍是无视国外市场机会。
2. 出口新手常因碰到各种问题、拖延和风险而在出口过程中变得气馁或沮丧。
3. 摆脱无知的方式是收集信息。德国和日本有大量机构能帮助公司在匹配过程中收集信息。出口代理公司也有助于公司找到出口商机。
4. 如果公司能雇用一家经验丰富的出口代理公司或者一名出口咨询专家，并且采取了妥当的出口策略，就能规避许多与出口相关的风险。
5. 因为信任缺失问题，国际贸易各方对不同交易类型有不同偏好。

---

① D. J. Lecraw, "The Management of Counter-trade: Factors Influencing Success," *Journal of International Business Studies* (Spring 1989), pp. 41-59.

6. 进口商和出口商之间由于信用缺失引起的问题可由双方信任的第三方，通常是信誉良好的银行来解决。

7. 信用证在进口商的要求下由银行开立，表明银行承诺如收到信用证中规定的票据提示，将付款给受益人，该受益人通常为出口商。

8. 汇票是在国际贸易中常见的有效付款工具，由出口商开具给进口商或进口商的代理人，要求其在规定时间内支付规定款项。

9. 汇票分为即期汇票和定期汇票。定期汇票是可转让票据。

10. 提单由货物承运人开具给出口商，可作为接收凭证、合同凭证和所有权凭证。

11. 出口商可利用两种政府援助方式获取出口商融资帮助：进出口银行的贷款和出口信贷保险。

12. 易货贸易包括一系列类似以物换物的协议，主要用于向货币不能自由兑换的国家出口，或者向外汇储备不足以购买进口商品的国家出口。

13. 易货贸易的主要吸引力在于，当其他方式不可用时，该方式向公司提供了进行出口交易的途径。坚持让买方支付强势货币的公司与一个愿意接受易货贸易的公司相比，可能会处于竞争劣势地位。

14. 易货贸易的主要缺点在于，公司可能会收到不可用或劣质且无法进行有利处置的货物。

●批判性思考和问题讨论

1. 美国华盛顿州的一家公司想向菲律宾出口一船木材成品。虽然潜在进口商无法从国内获得足够贷款来支付货款，但公司坚持认为，这批木材成品很快能在菲律宾销售一空并获利。概述美国出口商为了实现向菲律宾出口应采取的步骤。

2. 你是一家小型纺织品公司的首席执行官助理，你所在的公司生产高质量、高定价的时髦布料。公司首席执行官决定寻找出口机会，并向你询问公司应该采取的步骤。你会向首席执行官提供什么建议？

3. 当没有信用证时，其替代方式是使用出口信贷保险。在以下情况中使用出口信贷保险而不是信用证的优势和劣势分别是什么？（1）从美国加利福尼亚向加拿大出口豪华游艇；（2）从纽约向乌克兰出口机床。

4. 你如何解释易货贸易的持续存在？在未来几年内的什么情况下，它的受欢迎程度会进一步提升？

5. 公司应该如何利用易货贸易作为营销武器以获取出口收益？追求该策略会产生什么风险？

6. 重读"聚焦管理：红点绘画装饰公司"专栏。从红点绘画装饰公司的例子中可以得到什么有关出口策略的基本经验？

●研究任务：出口、进口和易货贸易

利用globalEDGE™网站完成下列练习：

练习1

对小公司和大公司而言，出口都是推广产品和开发市场的重要手段。实际上，在互联网上有丰富的资源可以为想通过出口开拓市场的公司提供指引。globalEDGE™网站提供了去往这类辅导网站的链接，找出5个资料来源，并说明出口新手能从每个资料来源获得什么服务。

练习2

在公司第一次进行出口活动前，必须先理解出口过程中使用的特定术语。利用globalEDGE™网站的国际商务术语表找到以下出口术语的定义：空运提单（air waybill）、检验合格证书（certificate of inspection）、原产地证书（certificate of product origin）、码头费（wharfage charge）和出口经纪人（export broker）。

● 章尾案例：兆赫通信公司

兆赫通信（Megahertz Communications）公司成立于1982年，已快速成长为英国主要的广播系统独立承建商。该公司的核心技能是设计、生产和安装电视及无线广播系统，包括与卫星链接的广播和新闻采访车辆。1998年，兆赫通信公司的总经理阿什利·科尔斯（Ashley Coles）设立了一家子公司，取名兆赫国际（Megahertz International）公司，专门向中东、非洲和东欧出口产品。

虽然欧洲的媒体和广播市场都已饱和，并且与大公司合作良好，但是中东、非洲和东欧的媒体和广播市场拥有巨大的长期增长趋势，与此同时，其他公司尚未向这些区域提供良好服务，这3个地区都缺乏本地广播工程师。

兆赫国际公司的出口策略很简单，目标是为中东、非洲和东欧新出现的广播和媒体公司提供"交钥匙"解决方案，即为客户提供广播系统设计、生产、安装和测试一条龙服务。为了获得客户，兆赫国际公司在这些地区雇用了经验非常丰富的销售人员，在意大利开设了国外销售办事处。还在目标销售地区进行了多次展览，向当地广播商寄邮件或电子邮件，并开设了网站页面，这些举措带来了大量国际客户的询问。

各地反馈很迅速。到2000年年初时，兆赫国际公司已参与了纳米比亚、罗马尼亚、俄罗斯、尼日利亚、波兰、南非、冰岛和埃塞俄比亚等国的多个项目。参与国际运营的员工增加到75人，每年创造1 000万英镑的销售额。订单的平均数额大约为25万英镑，最大订单达到50万英镑。英国政府认可了兆赫国际公司的成功，并在2000年1月授予其小公司出口奖。

尽管公司早期取得了成功，但并非总是一帆风顺。据公司总经理科尔斯说，装运前期的融资问题令人头疼。科尔斯说自己的工作就像杂耍表演，20%的时间都用在向别人要钱上。因为融资问题，这个星期兆赫国际公司的银行户头上可能一个子儿都没有，但下个星期可能就会有30万英镑，最主要的问题还是为订单筹资，公司需要额外的流动资金来购买为客户搭建系统所需的零部件。而银行在贷款时很谨慎，特别是在知道订单来自非洲和东欧之后。银行担心兆赫国际公司不能按时或全部偿还贷款，也担心汇率波动令还款贬值。即使兆赫国际公司从客户银行处得到信用证和出口保险单据，许多贷方还是认为风险太大，拒绝向兆赫国际公司发放过渡资金。

作为权宜之计，兆赫国际公司只能向专门从事国际贸易借贷的公司借款，但是这些公司收取的利率比银行高得多，因此挤压了兆赫国际公司获得的边际利润。

科尔斯希望这些融资问题是短期的。科尔斯希望，在从国际业务中获得更有持续力的现金流，而银行对科尔斯及其团队从外国客户处获取支付的能力更加信任后，银行会乐于以有助于保护公司边际利润的利率向兆赫国际公司提供贷款。然而在2002年，人们发现公司的发展速度明显太慢了，在短期内仍无法实现这一目标。2003年，科尔斯选择了另一条出路，同意将兆赫通信公司卖给一家加拿大公司，该加拿大公司需要利用兆赫通信公司获得在欧盟市场的扩张，以及获得兆赫通信公司在中东的合同。而兆赫通信公司在被收购后获得了更多现金流，从而能够充分利用出口机会获得发展。[1]

案例讨论问题

1. 兆赫通信公司转向出口导向增长策略的动机是什么？为什么你认为国外市场的发展机会更大？你认为发展中国家有可能成为兆赫通信公司的主要市场机会吗？为什么？

2. 基于广播行业的特点，兆赫通信公司促进出口的策略行得通吗？为什么？

3. 兆赫通信公司发现其子公司——兆赫国际公司很难获得国际贸易项目所需的流动资金，你为什么同意这个说法？兆赫通信公司的经历告诉你，有出口意愿的小公司会面临什么问题？

4. 兆赫通信公司通过把公司出售给一家加拿大公司，从而解决了融资问题，兆赫通信公司有可能采取的其他解决方案是什么？

---

[1] W. Smith, "Today Batley, Tomorrow the World?" *Director*, January 2000, pp. 42–49; "AZCAR Acquires 80% of Megahertz Broadcast Systems," Canadian Corporate Newswire, March 31, 2003.

第十六章

全球生产、外包和物流

学习目标

学完本章后，你应该能够：

1. 解释对于许多跨国公司而言，为什么生产和物流决策至关重要；
2. 解释国家差异、生产技术和产品特征如何影响生产活动定位；
3. 讨论国外子公司在生产中的角色如何随着长时间的知识积累而获得增强；
4. 找出影响公司是采用公司内部供应商还是向国外供应商外包的决策的因素；
5. 弄清楚对全球分布的生产系统来说，什么是有效协调。

● 开篇案例：利丰公司

中国香港的利丰（Li & Fung）公司成立于1906年，是发展中国家最大的跨国贸易公司之一。该公司在2000年的销售额达12亿美元。公司现由创始人的孙子维克托·冯（Victor Fung）和威廉·冯（William Fung）管理。在他们看来，利丰公司不是传统的贸易公司，而是其500多家客户的供应链管理专家。它的客户多种多样，有服装零售商，也有家用电器供应商。利丰公司从客户处得到订单，通过关系网络将订单转交给遍布于40多个国家的7 500家独立供应商，以找到最合适的生产商按最低成本和最优质量为客户生产商品。为了实现这一目标，利丰公司通常需要打破价值链，依靠对生产商如劳动力成本、贸易壁垒、交通成本和其他因素的评估，将不同生产活动分散给不同国家的生产商。然后，利丰公司协调整个过程，安排物流，准备装运，把制成品运送给客户。

美国一家大型服装零售商店——The Limited 有限公司是利丰公司的典型客户。The Limited 有限公司将其大部分生产和物流工作外包给利丰公司。合作的流程是，The Limited 有限公司先将下一季时尚服饰的设计师效果图交给利丰公司，当利丰公司了解基本产品概念之后，在市场上为其寻找最合适的纱线、颜料、扣子等材料。然后，利丰公司将材料组装成产品雏形，让客户过目，一旦 The Limited 有限公司敲定产品雏形就会向利丰公司下订单，并要求利丰公司在5个星期之内完成交货。短时间内完成下订单和交货环节在产品淘汰率相当高的时尚服装市场是很有必要的。

订单到手之后,利丰公司基于生产能力和成本,将整个生产过程的不同环节分配给不同厂商。例如,利丰公司会从韩国公司买来纱线,交给中国台湾的公司纺织并染色。所以,利丰公司需要安排物流将纱线从韩国运往中国台湾。日本可能有最好的拉链和纽扣,但是大部分此类产品产于中国。那么,利丰公司会直接联系日本最大的拉链生产商——吉田拉链(YKK),并从它的中国工厂下单。因为出口配额和劳动力成本的限制,利丰公司发现产品的最佳组装地在泰国。所以,利丰公司将所用东西都运往泰国。此外,因为The Limited有限公司像其他很多零售商一样要求快速交货,因此利丰公司可能将订单拆分到泰国的5个工厂里。5个星期之后,成衣出现在The Limited有限公司的货架上,它们颜色匹配,看起来就像是一个工厂生产出来的。结果是,产品可能会被打上"泰国制造"的标签,却是全球性产品。

为了更好地服务客户需要,利丰公司将自身划分成多个以客户为中心的小分部,包括服务华纳兄弟(Warner Brothers)的主题店分部、The Limited有限公司的分部,以及美国童装品牌金宝贝(Gymboree)公司的分部。走进这些分部,比如金宝贝公司的分部,你会看到团队里的40多个人的关注点都是如何满足金宝贝公司的需求。每台电脑上都有一个能直接链接金宝贝公司的软件。成员按各个领域,如设计、技术支持、衍生品、原材料采购、质量保证和装运分成特定小组。这些小组与利丰公司在不同国家如中国、印度尼西亚和菲律宾的分部办公室专门人员有直接的电子联系,同时这些国家也是金宝贝公司进行大量采购的地区。因此,利丰公司利用这一信息系统管理、协调和控制其分布于全球的设计、生产和装运工序,以保证公司收到订单和发货之间的时间最短,以及实现整体成本最小化。[①]

引言

随着贸易壁垒的减少及国际市场的发展,许多公司面临着更多一系列相互关联的问题。第一,公司应该把生产活动定位于世界何处?应该集中在一个国家,还是分散在全球,将生产活动与各国在要素价格、关税壁垒、政治风险等方面的差异相匹配以实现成本最小化和附加值最大化?第二,国外生产基地的长期战略性角色是什么?如果一国要素成本变化,那么公司应该舍弃该国外厂址,并将生产转向其他更有利的地方,还是说即使潜在经济条件变化,在特定位置继续生产也是有价值的?第三,公司应该自己掌管国外生产活动,还是应该把这些业务外包给独立供应商?第四,公司应该如何管理分布于全球的供应链?在全球运输管理中互联网信息技术

[①] J. Magretta, "Fast, Global, and Entrepreneurial: Supply Chain Management Hong Kong Style," *Harvard Business Review*, September-October 1998, pp. 102 - 114; J. Ridding, "A Multinational Trading Group with Chinese Characteristics," *Financial Times*, November 7, 1997, p. 16; J. Ridding, "The Family in the Frame," *Financial Times*, October 28, 1996, p. 12; J. Lo, "Second Half Doubts Shadow Li & Fung Strength in Interims," *South China Morning Post*, August 27, 1998, p. 3; R. Meredith, "At the Crossroads," *Forbes*, April 17, 2006, pp. 31 - 32; "Li & Fung Profit Increases 23% on Improving Margins," *The Wall Street Journal*, March 22, 2007, p. C7.

的角色是什么？第五，公司应该自己管理全球物流，还是应该外包给专业公司？

前文提到的利丰公司就是通过承接其他公司如华纳兄弟、The Limited 有限公司、玩具反斗城（Toys "R" Us）的全球物流业务而快速发展起来的一个很好的例子。作为物流专家，利丰公司处理着大量事务，这也是当今经济全球化中竞争激烈的其他公司需要面对的。为了服务客户需求，利丰公司要做出决策：如何在不同国家之间最优地分派生产活动，以实现最小化成本和生产出质量可接受的产品并及时交货？利丰公司在做出决策之前先浏览其位于 40 多个国家的约 7 500 家供应商网络，权衡劳动力成本、贸易壁垒、交通成本和产品质量等要素后，才决定应该生产什么、在哪里生产以及生产多少。它通常将生产某产品的价值链分解开，在对特定地区的生产活动所能产生的价值进行评估的基础上，将价值链中的不同环节分布到不同地区。此时利丰公司必须协调和管理这些全球分布的价值链，以实现公司收到订单和交出成品之间的时间最少化。

策略、生产和物流

前文中介绍了价值链的概念，并探讨了一些价值增值活动，包括生产、营销、物流、研发、人力资源和信息系统。本章阐述的重点是其中两项活动——**生产**（production）和**物流**（logistics），并试图说明如何进行全球操作以实现：（1）降低创造价值的成本，（2）通过更好地服务客户需求实现价值增值。本章还将探讨信息科技对这些活动的贡献，这在网络时代变得相当重要。在之后的章节中，本书将继续讨论国际框架下的其他价值增值活动，如营销、研发和人力资源等。

本书在第十二章中将生产定义为制造一件产品所涉及的活动。本书所说的生产既包括服务的生产，也包括实物产品的生产，因为人们能生产服务，也能生产实物产品。虽然本章更侧重于实物产品的生产，但是我们也不能忘了这个词同样适用于服务。美国公司将某种服务的生产外包到劳动力成本更低的发展中国家的趋势在近几年中更加明显，比如许多美国公司将客户的保健服务外包给印度这类广泛使用英语且劳动力成本低得多的国家。物流是控制实物原料在价值链之间传送的活动，从采购到生产再到分销。生产和物流是紧密相连的，因为公司进行高效生产的能力取决于高质量原材料的及时供给，而这正是物流负责的部分。

跨国公司的生产和物流功能有几个重要的战略目标。[1] 第一个战略目标是降低成本。公司将生产活动分布于全球各个最有效率的地区生产，可以降低成本。高效管理全球供应链能更好地匹配供给和需求，从而降低成本，同时降低系统内的存货量并提高存货周转率，这意味着公司可以在库存上投入更少的流动资金，且降低了公司卖不掉而只能报废的过量库存出现的可能性。

---

[1] B. C. Arntzen, G. G. Brown, T. P. Harrison and L. L. Trafton, "Global Supply Chain Management at Digital Equipment Corporation," *Interfaces* 25 (1995), pp. 69–93; Diana Farrell, "Beyond Offshoring," *Harvard Business Review*, December 2004, pp. 1–8.

第二个战略目标是通过降低供应链和生产过程中的次品量以提高产品质量。[1] 本书中的提高产品质量意味着提高生产可信度，即产品没有瑕疵且运作良好。降低成本和提高质量的目标不是相互独立的，质量和成本之间的关系如图 16.1 所示。公司在改善产品质量管控的同时能降低价值增值成本，方式如下：

（1）因为没有将时间浪费在生产不能销售的劣质产品上，生产率得以提高，并直接降低了单位成本。

（2）降低了与生产劣质产品相关的返工和报废成本。

（3）降低了与维修劣质产品相关的维修成本。

上述结果是公司降低了生产成本和售后的服务成本，从而降低了价值增值成本，最终提高了利润。

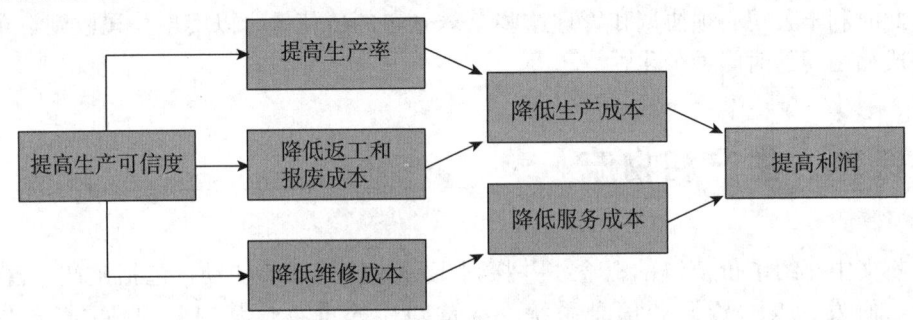

图 16.1　质量和成本之间的关系

资料来源：David A. Garvin, "What Does Product Quality Really Mean?" *Sloan Management Review* 26 (Fall 1984), Figure 1, p. 37

大部分经理现在用来提高生产可信度的主要工具是六西格玛法。六西格玛法直接承袭了在 20 世纪 80 年代和 20 世纪 90 年代初被广泛使用的**全面质量管理法**（total quality management，TQM），该方法由一些日本公司首次采用，然后是美国公司。[2] 全面质量管理法由一些美国顾问，如 W. 爱德华·戴明（W. Edward Deming）、约瑟夫·朱兰（Joseph Juran）和 A. V. 费根堡（A. V. Feigenbaum）等人发展起来。[3] 戴明找出了一些应该被纳入全面质量管理项目中的步骤，并指出公司在管理中应该信奉的哲学为：不能接受且必须消除生产中的错误、瑕疵和劣质原材料。他还建议，如果监督者能有更多时间与雇员一起工作，并提供他们工作所需的工具，那么这能够改善监督质量。戴明还建议应该营造一种雇员不怕上报问题或推荐改进措施的工作环境。他相信工作标准不应局限于数量和配额，还应该包括一些质量概念以提高无瑕疵产品的产出量。他还说管理层有责任对员工进行新技能培训，让他们跟上车间的变化节奏。此外，他还相信质量的提高要求公司中每一个人的付出。

---

[1] D. A. Garvin, "What Does Product Quality Really Mean," *Sloan Management Review* 26 (Fall 1984), pp. 25 – 44.

[2] J. W. Dean and D. E. Bowen, "Management Theory and Total Quality," *Academy of Management Review* 19 (1994), pp. 392 – 418；T. C. Powell, "Total Quality Management as Competitive Advantage," *Strategic Management Journal* 16 (1995), pp. 15 – 37.

[3] "How to Build Quality," *The Economist*, September 23, 1989, pp. 91 – 92；A. Gabor, *The Man Who Discovered Quality* (New York：Penguin, 1990)；P. B. Crosby, *Quality Is Free* (New York：Mentor, 1980)；M. Elliot et al., "A Quality World, a Quality Life," *Industrial Engineer*, January 2003, pp. 26 – 33.

六西格玛法（Six Sigma）是全面质量管理法的继承者，基于统计学原理，其目标是在公司里减少瑕疵品、提高生产率、清除浪费，以及降低成本。几家大公司，如摩托罗拉、通用电气和联合信号（Allied Signal）都采用了六西格玛法。西格玛来自希腊字母，统计学家用它代表平均值的标准差。西格玛值越高，误差越小。在六西格玛法中，生产工序能达到 99.999 66% 的精确度，100 万单位产品中只有 3.4 个瑕疵品。然而公司想达到这种完美程度几乎是不可能的，这只是公司提高产品质量和生产率的努力方向。[1]

国际标准的发展更多关注产品质量的重要性。比如，欧盟要求产品进入欧盟市场之前，其生产工序和产品质量都必须先获得被称为国际质量标准体系 **ISO 9000 标准**（ISO 9000）的认证。虽然 ISO 9000 标准的认证过程被证明有些烦琐，而且对许多公司而言费用昂贵，但这确实能将管理的注意力集中在改善生产工序和产品质量的需求上。[2]

第三个战略目标是生产和物流功能必须和当地需求相适应。如在第十二章中所述，当地需求来自各国客户口味偏好、基础设施、分销渠道和东道国政府偏好的差异。它给公司带来了压力，既要求将生产活动分散到与公司有业务往来的主要国家和地区的市场内，又要求实施柔性生产工序，使得公司能够根据产品销售市场的情况对工厂生产的产品进行客户定制。

第四个战略目标是生产和物流必须随顾客需求的变化而迅速做出反应。近年来，基于时间的竞争越来越激烈。[3] 当客户需求发生大规模不可预见的变化时，能够快速适应这些变化的公司会获得优势。我们知道，生产和物流都在其中扮演重要角色。比如，利丰公司的部分竞争优势是基于其利用订单模式和库存即时信息实现的需求和供给相一致，从而快速满足消费者需求，并具有辨别供应链中过量存货的能力。

在哪里生产？

跨国公司面临的一个重大决定是将生产活动定位在何处才能实现成本最小化，并提高产品质量。考虑跨国生产的公司必须考虑一系列因素，这些因素可被归为三个大类：国家因素、技术因素和产品因素。[4]

国家因素

本书前文曾详细讲述了国家特定因素。各国在政治、经济、文化和相关要素成

---

[1] G. T. Lucier and S. Seshadri, "GE Takes Six Sigma Beyond the Bottom Line," *Strategic Finance*, May 2001, pp. 40-46.

[2] M. Saunders, "U. S. Firms Doing Business in Europe Have Options in Registering for ISO 9000 Quality Standards," *Business America*, June 14, 1993, p. 7.

[3] G. Stalk and T. M. Hout, *Competing against Time* (New York: Free Press, 1990).

[4] Diana Farrell, "Beyond Offshoring," *Harvard Business Review*, December 2004, pp. 1-8; M. A. Cohen and H. L. Lee, "Resource Deployment Analysis of Global Manufacturing and Distribution Networks," *Journal of Manufacturing and Operations Management* 2 (1989), pp. 81-104.

本上存在差异。本书第五章讲述了由于要素成本的差异，有些国家在生产某些产品上具有比较优势。本书第二章和第三章讲述了国家政治、经济和文化是如何影响利润和成本，以及在一国从事商务活动的风险的。当其他条件相同时，公司应该将其各类生产活动定位在政治、经济、文化和相关要素成本对实施该生产活动最有利的地区。我们将从上述战略中获得的利润称为区位经济。本书认为这种战略的结果之一，就是创建了价值增值活动的全球网络。

在一些行业中，同样重要的是某地区出现了全球产业聚集。本书第七章讨论了外部性在影响外国直接投资决策中的作用。外部性包括大量较熟练劳动力和辅助产业的存在，这种外部性在决定将生产活动定位何处的决策中扮演重要角色。[1] 比如，假设某地区聚集着大量半导体生产工厂，随之形成了大量生产半导体的经验丰富的劳动力，而这些工厂又吸引了大量为了接近客户而在该地设厂的辅助产业，如半导体主要设备和硅片生产商。这就意味着相对那些缺少此类外部性的地区，定位在该地区是真正有利的。在其他条件相同时，外部性使得该地区对半导体生产厂商有很强的吸引力。

当然，各国其他因素也并非对等。相关要素成本、政治、经济、文化和外部性等方面的差异很重要，但是其他要素越来越凸显出重要性。正式和非正式的贸易壁垒显然会影响定位决策（参见本书第六章），同样重要的还有交通成本和外国直接投资中的相关法规（参见本书第七章）。比如，虽然从相关要素成本来看，一国对实施某生产活动很有吸引力，但是限制外国直接投资的法规可能会让人舍弃这种决定。出于相关要素成本的考虑，公司应该向某一特定国家外包某产品零部件的生产，但是贸易壁垒会使得该决策变得不经济。

对汇率未来走势的预计也是一个影响因素（参见本书第九章和第十章）。汇率的反向变动会很快改变一国作为生产基地的吸引力，货币升值会使低成本地区变成高成本地区。在 20 世纪 90 年代和 21 世纪初期，许多日本公司就面临这类问题。1950—1980 年，日元在国际汇率市场的价值相对较低，这有利于巩固日本作为低成本生产地区的地位。然而 1980 年到 20 世纪 90 年代中期，日元相对美元持续升值使得从日本进口产品的成本上升，从而削弱了公司将日本作为生产基地的吸引力。因此，许多日本公司将其生产转移到东亚的低成本地区。

●聚焦管理：飞利浦公司在中国

荷兰民用电子、照明、半导体和媒体设备集团飞利浦公司在中国刚向外国投资者打开市场时就在中国设立了工厂。当时中国被视作需求无限的地方，飞利浦公司像其他西方公司一样，梦想着中国消费者会抢购其产品。但飞利浦公司随后发现，其他公司偏好在中国设厂的最大原因是低工资率，而这恰恰意味着中国工人买不起它们生产出来的产品。当时中国工人的工资率是墨西哥和匈牙利的 1/3，是美国或日本的 5%。所以飞利浦公司想到了一个新策略：在中国设厂，将大部分产品出口到美

---

[1] P. Krugman, "Increasing Returns and Economic Geography," *Journal of Political Economy* 99, no. 3 (1991), pp. 483–499; J. M. Shaver and F. Flyer, "Agglomeration Economies, Firm Heterogeneity, and Foreign Direct Investment in the United States," *Strategic Management Journal* 21 (2000), pp. 1 175–1 193.

国和其他地区去。

到21世纪第一个10年中期，飞利浦公司在中国的投资超过25亿美元，并拥有25家全资子公司和合资企业，共雇用约30 000名员工。公司在中国每年生产的产品价值达70亿美元，其中近2/3用于出口。飞利浦公司预期中国将加入世界贸易组织，于是又增加了其在中国的投资，并且计划未来把更多生产转移到中国。2003年，飞利浦宣布将终止其在荷兰的电子剃须刀生产，同时解雇2 000名荷兰工人，并在2005年将生产转移到中国。一个星期后，它又宣布将增加在中国的半导体工厂的资本量，同时关停公司在其他高成本地区的生产。

中国对飞利浦公司的吸引力包括持续的低工资率、受过教育的劳工、稳健的中国经济、稳固的钉住美元汇率、许多其他西方和中国公司（飞利浦公司供应商）在内的快速扩大的工业基础，以及中国加入世界贸易组织后进入国际市场的便捷度。飞利浦公司还宣称，其目标是将中国变成公司向全世界出口产品的国际供应基地。21世纪第一个10年中期，飞利浦全球产量的25%来自中国，管理层说这一数据还在快速增长。一些产品，如光盘播放器仅在中国生产。飞利浦公司也开始在产品研发中赋予中国工厂更重要的角色。比如飞利浦公司电视机业务的初级研发原是在荷兰，但在20世纪90年代初期该业务被转移到新加坡，现在该研发工作被转移到位于中国苏州的一个新研发中心。而手机液晶显示屏的初级研发工作也被转移到上海。

飞利浦公司并不是唯一这样做的公司。21世纪第一个10年中期，从中国出口的半数以上产品都来自外国公司或合资公司。中国是全球售出的80%以上的光盘播放器、50%的相机、40%的微波炉、30%的空调、25%的洗衣机和20%的冰箱的来源地。

一些观察者说，飞利浦公司和其他公司追求的这类策略有点太过了。过分依赖中国是很危险的，如果公司因中国的政治、经济和其他问题中断了生产，那么会削弱公司供应国际市场的能力。一些观察家认为，公司生产工厂在地理位置上的多元化能够更好地应对这类潜在问题，从而防止损失。这些反对者的担心也不是没有根据，2003年上半年，类似肺炎的重症急性呼吸综合征（SARS）在中国爆发，导致几家外国公司的工厂临时性关停，并中断了它们的全球供应链。虽然飞利浦公司没有受到直接影响，但它确实限制了公司经理和工程师前往中国工厂。[1]

技术因素

公司实施特定生产活动所采用的技术类型在生产定位决策中很关键。比如，因为技术限制，在很多情况下公司很有必要将某种生产活动仅定位在一个地区，并由此地区服务全球市场。但在其他情况下，技术可能使得公司在多个地区进行生产成

---

[1] B. Einhorn, "Philips' Expanding Asia Connections," *BusinessWeek* Online, November 27, 2003; K. Leggett and P. Wonacott, "The World's Factory: A Surge in Exports from China Jolts the Global Industry," *The Wall Street Journal*, October 10, 2002, p. A1; "Philips NV: China Will Be Production Site for Electronic Razors," *The Wall Street Journal*, April 8, 2003, p. B12; "Philips Plans China Expansion," *The Wall Street Journal*, September 25, 2003, p. B13; M. Saunderson, "Eight out of 10 DVD Players Will Be Made in China," *Dealerscope*, July 2004, p. 28.

为可能。在此，生产技术的三大特征值得关注，它们分别是固定成本、最低有效规模和柔性制造技术。

固定成本

在一些情况中，公司建立生产工厂的固定成本很高，以至它们必须通过单个地区或少数几个地区来服务全球市场。比如，如今建立最先进半导体芯片生产工厂的成本超过了10亿美元。鉴于这种情况，在其他条件相同的情况下，由位于单个（最优）地区的一家工厂来服务全球市场就说得通了。

而当固定成本相对较低时，公司在多个地区同时进行某种生产活动则更经济。这使得公司能够更好地根据当地需求来进行协调。在多个地区生产也可能有利于公司避免对某一地区的过度依赖，在浮动汇率制下，公司对某一地区产生过度依赖的风险特别大。许多公司将生产工厂分布于不同地区，把这作为应对潜在货币逆向变动的实际对冲手段。

最低有效规模

规模经济的概念告诉我们，工厂产量增加及单位成本减少的原因包括对资本设备的更有效利用，以及工厂内员工生产专业化带来的生产效率提高。[①] 然而，在超过一定产量水平之后，规模经济的增量会减少。因此，单位成本曲线随产量下降到某一产量水平，在该产量水平后，单位成本随产量的进一步增加不会再减少。大部分工厂级别的规模经济耗尽时的产出水平被称为产出的**最低有效规模**（minimum efficient scale）。这是工厂为实现全部工厂级别的规模经济所必须执行的产出规模。典型的单位成本曲线如图16.2所示，其结果是降低了生产成本和售后的服务成本，从而降低了价值增值成本。

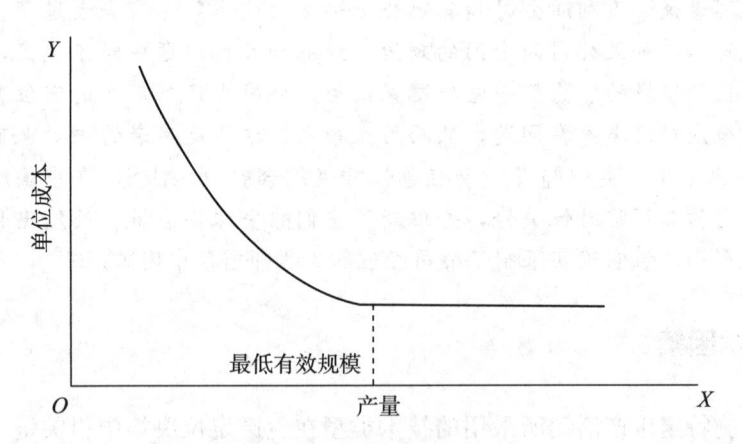

图16.2 典型的单位成本曲线

这一概念的含义如下：工厂相对于全球总需求的最低有效规模越大，其将生产集中在单个地区或有限个地区的做法就越有道理。相反，工厂相对全球总需求的最低有效规模越小，其在多个地区生产同一产品可能越经济。比如一家生产个人电脑

[①] D. A. Hay and D. J. Morris, *Industrial Economics: Theory and Evidence* (Oxford: Oxford University Press, 1979); C. W. L. Hill and G. R. Jones, *Strategic Management: An Integrated Approach* (Boston: Houghton Mifflin, 2004).

的工厂的最低有效规模是每年约250 000台,然而每年全球总需求超过3 500万台。由于该工厂相对全球总需求的最低有效规模较小,因此在多个地区进行生产会更经济。比如,戴尔公司在全球设立6个生产个人电脑的地区是经济的。

在固定成本较低的情况下,最低有效规模产出的优势包括公司能够根据当地需求来进行协调,并在多个地区生产相同产品以规避货币风险。

柔性制造技术

获得高效率和低单位成本的最佳方式是大规模生产标准化产品,这是规模经济概念的核心观点。该观点的内在含义在于单位成本和产品种类之间的取舍。工厂生产多种产品意味着生产运营期更短,反过来又意味着无法实现规模经济。也就是说,公司产品种类越多,提高效率并降低单位成本越难。按这种逻辑,提高效率和降低单位成本的方法就是限制产品种类并大规模生产标准化产品。

柔性制造技术是对这种生产效率观点的挑战。**柔性制造技术**(flexible manufacturing technology)也被称为**精益生产**(lean production),包括一系列生产技术,其目标如下:(1)降低复杂设备的安装时间;(2)通过更好的安排提高单机利用率;(3)改善生产工序各阶段的质量管控。[①] 柔性制造技术使得公司能够以只有大规模生产标准化产品才能获得的单位成本生产更多种类的最终产品。研究表明,相对于大规模生产标准化产品来说,采用柔性制造技术可能的确会提高效率,降低单位成本,同时使得公司能够定制产品,生产出比预期更多的产品种类。**大规模定制**(mass customization)被用来描述公司采用柔性制造技术对降低单位成本和定制产品两大目标进行协调的能力,两者曾被认为不可兼得。[②] 柔性制造技术因公司的熟练程度和复杂程度不同而有所变化。

最著名的柔性制造技术案例是丰田的生产系统,该系统使丰田成为世界上效率最高的汽车公司。公司工程师大野耐一(Ohno Taiichi)发明了丰田的柔性制造技术。大野耐一在丰田工作了5年并参观美国福特公司的工厂后,开始认识到制车行业中大规模生产理论的错误,并看到了大规模生产存在的各种问题。

第一,较长的生产运营造成大量仓库库存。这样花费太高,既因为仓库成本太高,也因为库存占用的资本不能被用于生产用途。第二,如果最初的机器安装有错,那么较长的生产运营会生产出大量瑕疵品(如废品)。第三,大量生产系统无法满足顾客对产品多样化的偏好。

因此,大野耐一寻找经济节约且用时较短的生产运营模式。他发明了几项旨在降低生产设备安装时间的技术,这也是固定成本的大部分来源。通过使用手柄和滑

---

① P. Nemetz and L. Fry, "Flexible Manufacturing Organizations: Implications for Strategy Formulation," *Academy of Management Review* 13 (1988), pp. 627 – 638; N. Greenwood, *Implementing Flexible Manufacturing Systems* (New York: Halstead Press, 1986); J. P. Womack, D. T. Jones, and D. Roos, *The Machine That Changed the World* (New York: Rawson Associates, 1990); R. Parthasarthy and S. P. Seith, "The Impact of Flexible Automation on Business Strategy and Organizational Structure," *Academy of Management Review* 17 (1992), pp. 86 – 111.

② B. J. Pine, *Mass Customization: The New Frontier in Business Competition* (Boston: Harvard Business School Press, 1993); S. Kotha, "Mass Customization: Implementing the Emerging Paradigm for Competitive Advantage," *Strategic Management Journal* 16 (1995), pp. 21 – 42; J. H. Gilmore and B. J. Pine II, "The Four Faces of Mass Customization," *Harvard Business Review*, January-February 1997, pp. 91 – 101.

轮系统，他将冲压设备换模具的耗时从20世纪50年代的一整天减少到1971年的3分钟。这使得小规模生产运营更加经济，也使丰田能更好地满足消费者对产品多样化的需求。小规模生产运营也避免了持有大量库存的需求，因此减少了仓库成本。此外，小规模生产运营及库存的减少意味着瑕疵品数量很少，并且工厂能很快进入组装工序。这样就减少了废品量，并有利于追踪次品、找到源头和解决问题。总之，这些创新使丰田能够比传统的大规模生产以更低的单位成本生产更多种类的产品。[①]

柔性机器单元（flexible machine cells）是另一项常见的柔性制造技术。一个柔性机器单元由多种类型大型机器设备、普通物料处理器和中央单位控制器（电脑）组成。每个单元通常包括4~6个能够完成多项操作的机器。典型的柔性机器单元能够生产出一系列部件或整件产品。机器安装由电脑控制，这使得每个柔性机器单元能够在生产不同部件和产品之间迅速转换。

柔性机器单元的主要效益来自产能利用率的改善以及生产中半成品储存量和废品量的减少。产能利用率的改善来自安装时间的减少，以及由电脑控制的机器之间产品流程的协调，这将减少瓶颈故障。机器之间的紧密协调能减少生产中的库存量。废品量的减少源于电脑控制的大型机器设备能够找到将投入要素转化成产量的途径，并产生最少的不可用废料。要生产出同样数量的成品，独立式机器的工时可能被利用到50%，然而将同样的机器归为一个柔性机器单元后能利用80%以上的工时，且废品仅为其一半。这种效率的提高能降低成本。

柔性制造技术的建立对公司成本结构会产生巨大影响。目前福特公司在其全球汽车工厂中推广柔性制造技术。这些新技术使得福特公司能在同一生产线上生产出多种模型，而且比过去从一种模型转向另一种模型的方式快得多。[②]

柔性制造技术除了能提高效率和降低成本之外，还能使公司实现产品定制，以满足小客户群体的需要，且成本水平与大规模生产标准化产品一样。因此该技术有利于公司实现大规模定制并增加客户响应度。对于跨国公司而言，最重要的是柔性制造技术有助于公司根据不同国家市场定制产品。该优势的重要性怎么夸大都不为过。当使用柔性制造技术时，公司可以在最优区位的单个工厂内根据不同国家市场定制产品，而不用遭受成本的暴增。因此公司不再需要在每个主要国家市场都设立工厂，才能提供满足特定客户口味和偏好的产品，这也是本土化战略的基本观点之一。

小结

一些技术因素支撑了公司将生产集中在少数几个地区甚至一个地区会更经济的言论。如果其他条件相同，当固定成本很高、最低有效规模较高且柔性制造技术可获取时，那么公司将生产集中在少数几个地区的观点很有力。即使各国市场的客户口味和偏好差异很大，这种观点也是正确的，因为柔性制造技术使公司能在单个工厂定制产品以满足各国差异。相反，如果固定成本很低、最低有效规模较低且柔性制造技术不

---

① M. A. Cusumano, *The Japanese Automobile Industry* (Cambridge, MA: Harvard University Press, 1989); T. Ohno, *Toyota Production System* (Cambridge, MA: Productivity Press, 1990); J. P. Womack, D. T. Jones, and D. Roos, *The Machine That Changed the World* (New York: Rawson Associates, 1990).

② P. Waurzyniak, "Ford's Flexible Push," *Manufacturing Engineering*, September 2003, pp. 47-50.

可得，那么公司将生产集中在一个或少数几个地区的观点就不令人信服。在这种情况下，公司在每一个主要市场内设立工厂进行生产则更有道理。这样做有利于公司更好地回应当地需求。这一做法只有在增加的当地响应度能够足以抵消分散生产所造成的成本劣势时才有效。随着柔性制造技术和大规模定制的出现，分散生产策略的吸引力在下降。总之，技术因素使公司在最优区位集中生产更加可行，也更有必要，而贸易壁垒和交通成本是其最大障碍。

☐ 产品因素

两类产品特征会影响区位决策。第一个是产品的价值-重量比，因为这会影响交通成本。一些电子部件和药物的价值-重量比很高，价格昂贵但又不重。因此，即使绕地球半周，其交通成本在总成本中所占比重也很低。有鉴于此，当其他条件相同时，在最优区位生产此类产品并由此地生产服务全球市场的动力较大。而价值-重量比低的产品，如精制白糖、某种散装化学品、油漆和石油的交通成本占总成本的比重很高。因此，当其他条件相同时，在多个地区生产产品并靠近主要市场以降低交通成本的动力较大。

第二个是产品是否服务全球需求且全球需求是否一致，如一些工业产品（工业电子、钢铁和散装化学品等）和现代消费品（便携计算器、个人电脑、电子游戏机等）。因为此类产品的顾客口味和偏好在国家之间差异不大，因此当地响应度较低。这将增加公司在最优区位集中生产的吸引力。

☐ 生产工厂的定位

生产工厂定位的基本策略有两个：将工厂集中在一个中心地区，并由此服务国际市场；或者将工厂分散在多个国家和地区，以靠近主要市场。适宜的策略选择由以上讨论过的国家因素、技术因素和产品因素共同决定。区位策略和生产如表16.1所示。

公司在以下情况中进行集中生产更合理：
(1) 各国要素成本、政治、经济和文化的差异对在多国生产的成本影响很大。
(2) 贸易壁垒低。
(3) 在对公司有利的某个地区进行集中生产能带来很重要的外部性。
(4) 重要货币的汇率预期保持相对稳定。
(5) 生产技术固定成本高，且相对于全球需求来说最低有效规模较大，或者存在柔性制造技术。
(6) 产品价值-重量比高。
(7) 产品能满足全球需求。

相反，公司在以下情况中进行分散生产更合理：
(1) 各国要素成本、政治、经济和文化差异对在多国生产的成本没有太大影响。
(2) 贸易壁垒很高。

(3) 外部性并不重要。
(4) 预期重要货币的汇率波动大。
(5) 生产技术固定成本低、最低有效规模小,且柔性制造技术不可获取。
(6) 产品价值-重量比较低。
(7) 产品不能满足全球需求(也就是说,国家之间的客户口味和偏好差异很大)。

表 16.1　　　　　　　　　区位策略和生产

因素	有利于集中生产	有利于分散生产
国家		
政治、经济差异	很大	小
文化差异	很大	小
要素成本差异	很大	小
贸易壁垒	低	很高
外部性	很重要	不重要
汇率	稳定	波动
技术		
固定成本	高	低
最低有效规模	大	小
柔性制造技术	可获取	不可获取
产品		
价值-重量比	高	低
满足全球需求	能	不能

实际上,区位决策并不明了。比如,要素成本、技术因素和产品因素都指向集中生产,但加上贸易壁垒和汇率影响后又指向分散生产,这种情况很常见。世界汽车行业似乎就是这样的例子。虽然柔性制造技术的可获取性和汽车相对较高的价值-重量比建议公司进行集中生产,但正式和非正式贸易壁垒以及国际货币浮动汇率制的不确定性限制了公司采取该策略。鉴于这些原因,几家汽车公司在三大主要地区市场——亚洲、北美和西欧建立了从上至下的生产模式。

国外工厂的战略性角色

无论建立国外工厂的基本原理是什么,其战略性角色都会随时间的推移而变化。[①] 最初,许多国外公司在劳动力成本最低的地区建厂,其战略性角色通常是以尽

---

① K. Ferdows, "Making the Most of Foreign Factories," *Harvard Business Review*, March-April 1997, pp. 73-88.

可能低的成本生产劳动密集型产品。举个例子，20世纪70年代初期，许多美国电脑和通信设备公司在东南亚设厂生产电子部件以实现最低成本，如电路板和半导体。它们把工厂放在如马来西亚、泰国和新加坡这些国家，因为这些国家都能提供诱人的因素组合：劳动成本低、基础设施充足、税收和贸易优惠。最初这些工厂生产的零部件是在别处设计的，且最终产品组装也在别处完成。然而，其中一些工厂的战略性角色逐渐扩展，成为重要的面向国际市场的产品设计和最终组装中心。比如惠普公司在新加坡的工厂原被当作生产电路板的低成本地区，但新加坡工厂随后成为全球市场便携式喷墨打印机的设计和最终组装中心。同样的情况还出现在飞利浦公司在中国的工厂内。

●聚焦管理：惠普公司在新加坡

　　20世纪60年代后期，惠普公司在亚洲各地寻找低成本区位来生产其劳动密集型电子零部件。公司考察了亚洲的几个地区，最终在新加坡落户，并于1970年开设了第一家工厂。虽然在该地区，新加坡劳动力成本并不是最低，但是相对于北美还是较低的。此外，新加坡有几个其他亚洲地区所不具备的重要优势：当地劳动力的受教育程度很高、广泛使用英语、新加坡政府似乎很稳健且致力于经济发展。此外，新加坡的基础设施在亚洲地区算较好的，包括便利的通信和交通网络，以及快速发展的工业和商务基础。惠普公司还能从新加坡政府处得到优惠政策，包括税收优惠、关税优惠和补贴等。

　　最初工厂只生产基础零部件。低劳动成本和优惠税收体制的结合有利于工厂尽早获利。1973年，惠普公司将其基础便携式计算器的生产从美国转移到新加坡，目标是降低生产成本，新加坡工厂很快做到了。惠普公司总部对新加坡工厂处理全线产品而不止于零部件的信心增强，随后几年，惠普公司管理层又将公司其他产品转移到新加坡，包括键盘、固态显示器和整体电路。然而所有产品的设计、研发和初期生产都是在美国进行。

　　20世纪80年代早期，工厂的地位发生了改变，此时惠普公司正在进行提升产品质量、降低成本的全球竞争。惠普公司将HP41C便携式计算器的生产转移到新加坡，给新加坡工厂经理定下的目标是大幅降低生产成本。新加坡工厂说，只有允许它重新设计产品，总体成本才能降低，成本下降的目标才能实现。惠普公司总部管理层同意了该提议，并派20名新加坡工厂工程师前往美国一年，学习如何设计特定用途集成电路。随后他们将专业技术带回新加坡，并着手重新设计HP41C便携式计算器。

　　结果取得了巨大成功。新加坡工程师通过重新设计产品，将HP41C便携式计算器的成本降低了50%，并开始利用新获得的产品设计技能去设计其生产的其他产品。惠普公司总部管理层被新加坡工厂取得的进步震惊了，以至惠普公司在1983年将整个计算器生产线转移到新加坡，并在1984年和1986年分别将部分喷墨产品和键盘的生产转移过来。在各种情况中，新加坡工厂重新设计产品后，都能降低超过30%的单位生产成本。但所有产品的初期研发和设计还是在美国国内进行。

　　20世纪80年代后期和20世纪90年代早期，新加坡工厂承担了更多生产责任，特别是喷墨打印机的生产。1990年,新加坡工厂受命为日本市场重新设计喷墨打印机。虽然产品的首次重新设计不被市场接受,但新加坡工厂推动惠普公司总部允许其进行再次尝试,并在1991年受命为日本市场重新设计惠普505型号彩色喷墨打印机。这一次重新设计的产品取得了成功,并在日本获得巨大销售额。新加坡工厂受此次成功的鼓励,继续承担更多设计责任。如今,新加坡工厂被认为是惠普公司全球网络中的带头工厂,它不仅在生产中承担主要责任,也在研发和设计一系列瞄准亚洲市场的小型喷墨打印机中承担主要责任。[1]

国外工厂战略性角色的上升在于这些工厂生产能力的升级。[2] 改善来自两个方面:第一,总部要求改善工厂成本结构,或者按特定国家客户需求定制产品的压力引起了连锁反应,最终导致工厂的额外产能得到开发。比如,为了实现总部要求降低成本的指示,惠普公司的新加坡工厂工程师认为,他们需要重新设计产品才能降低生产成本,这促成了新加坡设计中心的建立。当新加坡设计中心的价值得以实现时,惠普公司管理层认识到将设计和生产基地定位在一起的重要性,并逐渐将更多设计任务转移到新加坡工厂,新加坡工厂最终成为针对亚洲市场需求的产品设计中心。这种策略确实合理,因为这意味着相对美国工程师而言,产品可以由离亚洲市场更近、对亚洲市场需求的理解可能更好的新加坡工程师设计。

第二,工厂所在国先进生产要素日益丰富。在过去几十年里,那些曾经被认为在经济上与世隔绝的国家经历了高速经济发展,它们的通信和交通设施以及人口受教育水平得以改善。而那些曾经缺乏先进基础设施,从而难以支撑高端设计、研发和制造活动的国家也变了样。这使得位于这些国家的工厂能承担更重要的战略性角色。

因此,跨国公司不再把国外工厂仅作为低成本生产基地,而是逐渐视国外工厂为遍布全球的卓越中心。[3] 在这种新模式下,国外工厂在产品设计和生产中占领导地位,并服务各地区主要市场,甚至世界市场。这种分散的卓越中心的发展与跨国战略概念相一致。跨国战略的一个主要方面是**全球学习**(global learning),即有价值的知识不仅停留在公司国内活动中,也会出现在其国外子公司中。国外工厂逐渐升级产能将创造出有价值的知识,并可能最终惠及整个公司。

跨国公司经理要记住,国外工厂随着时间的推移能改善产能,这对整个公司来说能产生巨大战略收益。跨国公司经理应该把国外工厂看作潜在的卓越中心,鼓励并推动当地经理升级工厂产能的尝试,以增强它们在公司中的战略地位,而不是仅把它们看作技术含量低、大规模生产低成本产品的血汗工厂。

这一过程也意味着,一旦国外工厂建立并积累了有价值的技术,只是因为一些

---

[1] K. Ferdows, "Making the Most of Foreign Factories," *Harvard Business Review*, March-April 1997, pp. 73–88; "Hewlett-Packard: Singapore," Harvard Business School case no. 694–035.

[2] D. J. Teece, G. Pisano, and A. Shuen, "Dynamic Capabilities and Strategic Management," *Strategic Management Journal* 18 (1997), pp. 509–533.

[3] T. S. Frost, J. M. Birkinshaw, and P. C. Ensign, "Centers of Excellence in Multinational Corporations," *Strategic Management Journal* 23 (November 2002), pp. 997–1 018.

潜在变量如工资率已改变而将生产转移到其他地区就并非明智之举。[1] 惠普公司继续维持其在新加坡的工厂，而不是将其转移到工资率低得多的地区，如越南，是因为惠普公司意识到，新加坡工厂积累的有用技术带来的收益多于工资率的上涨。因此，在进行生产工厂定位时，跨国公司经理必须考虑到在各地区可能积累的有用技术，以及该技术对生产率和产品设计等因素的影响。

生产外包：自制或外购决策

国际公司总是面临**自制或外购决策**（make-or-buy decisions）的选择问题：是应该自己进行某价值增值活动，还是将其外包给其他公司？从以往来看，绝大部分**外包**（outsourcing）都涉及实物产品的生产。大部分公司会自己组装最终产品，但要决定是否进行垂直整合，即是自己生产零部件，还是将这些零部件的生产外包出去，然后从独立供应商处购买。在汽车行业中，一辆传统汽车包含的零部件有 10 000 多个，所以汽车厂商一直面临自制或外购决策的选择问题。在丰田生产线组装完成的汽车价值中，由其自身生产的价值不足 30%，剩下 70% 的价值主要来自独立供应商的零部件和复杂的局部装配。在运动鞋行业中，如耐克和锐步（Reebok）将"自制或外购"做到了极致，这些公司几乎不自己生产产品，其所有生产都外包，且主要外包给低工资国家的生产商。

近几年，外包已经从实物产品发展到服务产品。比如，许多美国公司，从信用卡发行商到电脑公司都将其客户呼叫中心转移到印度。它们购买客户呼叫中心的服务，而把产品生产的其他部分留在公司内部。许多信息科技公司也会将软件研发中的部分环节外包出去，如将在美国编程的代码检测工作外包给印度的独立供应商。这类公司将大部分代码的编写工作留在公司内部，而将部分生产环节如检测外包给其他独立的公司。印度通常是这类外包的中心，因为该国广泛使用英语，而且拥有受过良好教育的劳动力，特别是在工程领域，加上工资比美国低得多（一个印度呼叫中心工人的工资大概是每月 200 美元~300 美元，约为美国工资水平的 1/10）。[2]

外包给纯粹的国内公司带来很多问题，而给跨国公司带来的问题更多。国家政治和经济不稳定、汇率变动、相关要素成本变化等问题使国际范围内的外包更加复杂。本章将先回顾公司自制和外购的优势，并权衡此类决策的得失。然后讨论将战略联盟作为自制全部或部分产品的替代方案。

自制优势

自制支持在公司内部生产全部或部分产品，其优势分为 4 个方面：降低成本、

---

[1] C. W. L. Hill, "Globalization, the Myth of the Nomadic Multinational Enterprise, and the Advantages of Location Persistence," Working Paper, School of Business, University of Washington, 2001.

[2] J. Solomon and E. Cherney, "A Global Report: Outsourcing to India Sees a Twist," *The Wall Street Journal*, April 1, 2004, p. A2.

促进专用资产投资、保护产品技术专利,以及改善生产时间安排。

降低成本

如果在公司内部生产产品或零部件的效率比在其他公司生产更高,那么公司可以选择自制。比如,波音公司对其商用飞机的自制或外购决策很慎重。它将一些零部件的生产外包出去,但把产品设计和最终组装留在公司内。波音公司认为,其在大型系统组装方面拥有核心竞争力,而且比世界上其他公司效率更高。因此,将这一部分关键工序外包出去是不合理的。

促进专用资产投资

有时为了与其他公司进行商务往来,公司需要投资专用资产。[①] **专用资产**(specialized asset)的价值由其维持的特定关系决定。比如,假设福特公司研发了一种全新、性能超群、质量优异且设计独特的汽油喷射系统。其燃料效率的提高将扩大福特公司汽车的销量。福特公司必须决定是将该系统的生产留在公司内部,还是签订合同把它外包给独立供应商。生产该设计独特的系统需要投资设备,而且这些设备只能用于此,不能用于为其他汽车公司生产同类产品。因此对这些设备的投资就构成了专用资产投资。在这种处境下,当一家公司必须投资专用资产来为其他公司供货时,双方就产生了相互依存关系。在此类情况中,各方可能都会担心对方通过寻求更有利的条件滥用依存关系。

为了更好地理解上述问题,我们先从独立供应商的角度审视这种情况。福特公司要求独立供应商进行专用资产投资,供应商在投资前可能进行分析,它对福特公司存在依赖性,是因为福特公司是该设备产出的唯一可能顾客。独立供应商认为,这将使福特公司处于强势谈判地位,从而担心一旦进行专用资产投资,福特公司就会据此压低系统价格。鉴于这种风险,独立供应商拒绝进行专用资产投资。

现在换位到福特公司,它认为,如果自己签订合同将系统生产外包给独立供应商,那么它对该独立供应商产出的关键要素的依赖度太大。因为专用资产是用来专门生产汽油喷射系统的,福特公司不能轻易将订单转移给没有此项设备的供应商(因为转移成本太高)。它认为,这将增加独立供应商的谈判能力,并担心独立供应商会据此提高价格。

因此,外包造成的相互依存关系会令福特公司有所担忧,也会吓跑潜在的独立供应商。此处的问题在于信任缺失,各方都不能完全信任对方。因此,福特公司可能认为,获得全新汽油喷射系统的最安全方法就是自制。它可能无法说服任何一家独立供应商来生产产品,所以福特决定自制而非外购。

我们可以预料,如果生产某零部件要求进行大量专用资产投资,那么公司会偏向在内部自制该部件,而不是将它外包给独立供应商。该猜想已得到大量实证案例验证。[②]

[①] O. E. Williamson, *The Economic Institutions of Capitalism* (New York: The Free Press, 1985).

[②] O. E. Williamson, *The Economic Institutions of Capitalism* (New York: The Free Press, 1985); L. Poppo and T. Zenger, "Testing Alternative Theories of the Firm: Transaction Cost, Knowledge Based, and Measurement Explanations for Make or Buy Decisions in Information Services," *Strategic Management Journal* 19 (1998), pp. 853–878.

保护产品技术专利

对公司而言，产品的技术专利是独一无二的。如果技术专利有助于公司生产出性能优良的产品，那么这将使公司获得竞争优势。公司并不希望其竞争者得到这项技术。如果公司将包含技术专利的整个产品或零部件的生产外包出去，那么可能存在风险。独立供应商可能获取此项技术并用作己用，或将技术卖给公司的竞争对手。因此，为了严格控制技术，公司偏向将这类产品或零部件的生产留在公司内部。随后的"聚焦管理"专栏中给出了做出此决策的公司案例，即波音公司的自制或外购决策。虽然波音公司决定将生产飞机的一些重要零部件外包出去，但是它也明确表示不会外包驾驶室的生产，因为这样做会把关键技术泄露给潜在竞争对手。

改善生产时间安排

将产品生产的全过程或部分过程留在公司内部还有一个理由，即邻近工序间的安排、协调和调度更便利，能节约生产成本。这对于需要适时存货管理系统的公司来说特别重要。对在全球进行外包的国际公司来说，公司和独立供应商之间的时间和距离会加剧时间调度问题。然而上游产品工厂的归属问题不在此处讨论范围内。通过使用信息技术，公司可以对生产的不同阶段进行严密协调。

● 聚焦管理：波音公司的外包

波音公司是全球两大顶级商用飞机生产商之一，掌握着全球大型商用飞机约一半市场。尽管市场份额庞大，但是在过去的几十年里，波音公司的日子并不好过。公司的问题有两个。第一，波音公司面临空中客车公司的强势竞争。波音公司和空中客车公司之间的混战，使得大型航空公司利用其中一方对抗另一方以试图压低商用飞机价格，坐收渔翁之利。第二，航空业务周期性很强，当航空公司业务处于下降期时，新飞机的订单会随之急剧减少。这种情况在20世纪90年代和2001年"9·11"事件后都出现过，航空业损失惨重，波音公司和空中客车公司的订单量急速下挫。

在可能会长期持续的经济低谷期，波音公司和空中客车公司面临需求下降，为了竭力保持市场份额和订单数量，双方通常会进行激烈的价格竞争。在这种价格压力下，波音公司保持利润的唯一办法就是降低生产成本。波音公司将此牢记于心，不断进行自制或外购决策的研究，想找出能外包给国外独立供应商的生产活动，以降低生产成本。

当决定外包时，波音公司有一系列标准。第一，波音公司会着眼于基本经济情况，搞清楚某业务是由外部独立供应商还是波音公司自己实施的成本高。第二，波音公司会考虑外包某业务后带来的相关战略风险。波音公司的决定是不将任何涉及长期竞争优势的活动外包出去，特别是产品的设计、最终整合和组装工作。第三，波音公司会关注外包某业务后带来的相关操作风险，以保证波音公司不会过分依赖某个外部独立供应商来提供关键部件。波音公司防范操作风险的做法就是从两个或多个独立供应商处购买产品。第四，波音公司会考虑将某一业务外包给特定国家是否有利于保证公司获得该国商用飞机的订单。这种操作模式被称为补偿，在许多行业中很常见。比如，波音公司决定将某零部件的生产外包给中国，因为有预测显示，中国在未来20年里将会购买价值1 000多亿美元的商用飞机。波音公司希望，将产

第十六章 全球生产、外包和物流

品外包给中国分包商能帮助其获得比空中客车公司更多的市场份额。

2006年,波音公司将约2/3的商用飞机生产外包出去,在这之前10年的数据是5/1 000,而如今,机身甚至整个机翼直接被从日本、意大利或其他地方运往波音公司。波音公司决定将精力放在设计、最终生产整合和组装及市场营销上,而将其他所有业务外包出去。自2007年开始生产787高性能宽体喷气飞机后,波音公司前所未有地将更多业务外包出去。飞机的大部分机翼和机身来自日本、澳大利亚和加拿大的分包商,客舱门和起落架来自法国,货仓门来自瑞典,水平稳定器来自意大利,翼尖来自韩国。[1]

□ 外购优势

从独立供应商处外购零部件或整件产品能给予公司更大灵活性,有利于公司降低成本,也有利于公司获得国际客户的订单。

战略灵活性

从独立供应商处外购零部件或整件产品的最大好处是,公司能获得灵活性,即公司会随环境变化在独立供应商之间调整订单。这一点在国际市场上特别重要,因为汇率和贸易壁垒的变化会改变供给源的吸引度。某年,中国可能给出某个零部件的最低报价,但下一年可能就是墨西哥了。许多公司将产品外包给两个国家的独立供应商,主要是为了防范要素成本和汇率这类因素的不利反向变动。我们曾讨论过的利丰公司就是将产品外包给多国生产商,并在国家之间转移订单以达成最优交易。

即使生产某产品的最佳地区遭受政治风险,将产品外包给独立供应商还是有利的。在这种环境下,在该国建立零部件生产工厂,其实是将公司置于风险之中。公司可以通过从该国独立供应商处购买的方式规避风险,当一国爆发战争、革命和其他政治风险从而吸引度下降时,公司也可保持将外包市场转移到其他国家的灵活性。

然而,保持公司灵活性也有消极的一面。一旦独立供应商知道汇率、贸易壁垒或总体政治环境改变后,公司将更换合作伙伴,那么它们可能不会愿意投资专用工厂和专用设备(而这些都对公司有利)。

降低成本

虽然在公司内部生产产品或零部件,即垂直整合,通常能降低成本,但也可能产生相反影响。如果这样,那么选择外购可能会降低公司的成本。将整个产品或零部件的生产留在公司内会扩大组织范围,造成组织复杂度上升,并抬高公司成本。原因如下:

第一,组织内部子部门的数量越多,协调和管理这些部门的难度就越大。最高管理层需要处理大量子部门活动的信息以实现协调和管理。子部门的数量越多,最高管理层要处理的信息就越多,处理好就更有难度了。从理论上说,如果公司涉足的业务太多,最高管理层将难以高效处理好所有事务,从而造成效率低下,这将抵

---

[1] D. Gates, "Boeing Buzzes about 'Source' of Work," *Seattle Times*, March 9, 2003, p. A1; S. Wilhelm, "Tough Contest Ahead over 7E7," *Puget Sound Business Journal*, April 11, 2002, p. 50; M. Tatge, "Global Gamble," *Forbes*, April 17, 2006, pp. 78–79.

消垂直整合所带来的好处。[1] 在跨国公司中更是如此，距离、时间和语言的差异会加剧最高管理层管理子部门的难度。

第二，进行垂直整合的公司可能会发现，因为公司内部供应商已有固定客户，从而失去了降低成本的动机。由于无须与其他供应商竞争订单，这可能会导致公司内部较高的操作成本。产品供应部门经理可能会以转移价格的形式把成本增量过渡到公司其他部门，而非想办法降低成本。

第三，垂直整合的公司需要制定内部子部门之间合理的产品转移价格。这对任何公司而言都是一大挑战，在跨国公司中就更复杂。税收体制、汇率变动的差异，以及总部对当地情况的一无所知都会增加转移价格决策的复杂程度。这种复杂程度使得独立供应商能够操纵转移价格以获利，并将成本增量转移到下游部门，而不是想方设法降低成本。

从独立供应商处外购零部件的公司能避免以上各种相关成本问题，这是采用独立供应商的第二个好处。从独立供应商处外购的公司需要管理的子部门很少。独立供应商中不会出现内部供应商的缺乏降低成本动力的问题。独立供应商明白，要想赢得公司订单，必须持续高效。同时，因为独立供应商的价格由市场力量决定，因此不存在转移价格问题。总之，从独立供应商处外购零部件能规避官僚低效，最终达到公司垂直整合时自己生产产品才能达到的价格水平。

补偿贸易

向多国独立供应商外购零部件或整件产品的第三个好处是，这有利于公司从该国获得更多订单。如"聚焦管理：波音公司的外包"专栏所示，商用飞机行业的补偿很常见。比如印度航空在与波音公司签订大订单时，印度政府会要求波音公司将一些生产转包给印度工厂。这在国际贸易中并不少见。美国政府代表多次要求日本汽车公司从美国供应商处购买更多零部件，以部分补偿美国从日本进口大量汽车。

□ 得失权衡

很明显，自制或外购决策各有利弊。当生产中涉及高度专用资本、为保护专利技术有必要进行垂直整合时，或者当公司实施某项业务比外部独立供应商更有效率时，自制全部或部分产品的收益最大。但是当以上条件都不存在时，鉴于战略灵活性风险和组织结构问题，公司还是应将部分或全部产品外包给独立供应商。因为在国际贸易中，战略灵活性和组织结构问题比纯粹国内贸易问题要严重得多，所以跨国公司对零部件生产的垂直整合应该更加谨慎。此外，以补偿贸易方式开展的外包有利于公司在未来获得大订单。

---

[1] C. W. L. Hill and R. E. Hoskisson, "Strategy and Structure in the Multiproduct Firm," *Academy of Management Review* 12（1987），pp. 331-341.

□ 与供应商结成战略联盟

一些跨国公司通过与主要供应商*结成战略联盟的方式获取了垂直整合的好处，同时免除了相关的组织结构问题。比如，在柯达和佳能的战略联盟中，佳能为柯达制造影印机；在苹果和索尼的战略联盟中，索尼为苹果生产笔记本电脑；在微软和伟创力（Flextronics）的战略联盟中，伟创力为微软生产Xbox游戏机。通过战略联盟，柯达、苹果和微软与供应商达成长期合作，这也激励供应商进行专用资产投资。战略联盟在公司和供应商之间建立了信任，这种信任来自公司答应继续以合理条件向供应商购买产品的可信承诺。比如，公司可能会以购买供应商小部分股权的方式向其投资，以表明自己建立高效、互利、长期关系的意愿。

公司和供应商之间的这种合作最先发生在日本大型汽车公司中，如丰田。许多日本汽车公司与供应商之间的合作关系可以追溯到几十年前。在这种关系中，汽车公司和它们的供应商通过多种形式合作以提高附加值，比如，实施适时存货管理系统、合作设计零部件以提高质量、降低组装成本。当汽车公司获得其主要供应商的小部分股权时，这种关系就正式形成了，汽车公司以此表明其达成长期合作关系的意愿。同时，如果供应商不能完成任务，那么公司与供应商之间的市场关系也就中断或终止了。日本汽车公司通过实施这种策略获得了垂直整合的利益，特别是专用资产投资利益，而又无须承受正式的垂直整合带来的组织结构问题。零部件供应商也能从这段关系中获益，因为它们与公司一同发展，分享成功。①

总之，适时存货管理系统、电脑辅助设计（CAD）和电脑辅助生产（CAM）的发展趋势为公司与供应商建立长期关系提供了更大动力。这些发展都有赖于公司和供应商之间的联系，受设备和信息系统硬件的大量专用资产投资的支撑。为了让供应商同意采用此系统，公司需要与供应商建立长期可靠关系，即与供应商建立互信。这可通过战略联盟的框架做到。

但是，战略联盟也不一定都是好的。如进行长期战略联盟的公司可能会因为与合作伙伴之间的承诺而限制了自身的战略灵活性。如与其他公司进行战略联盟的公司可能会面临其关键技术被泄露的风险。

管理公司全球供应链

物流包括将原材料从供应商处运往生产工厂、在生产工厂进行生产、通过分销系统把产品送往最终用户的全部活动。在国际商务中，物流的功能是管理公司全球供应链。物流的两大目标是，以尽可能低的成本管理公司全球供应链，以及最好地满足客户需求。即降低价值增值成本，并且通过优质的客户服务帮助公司建立竞争优势。

---

① C. W. L. Hill, "Cooperation, Opportunism, and the Invisible Hand," *Academy of Management Review* 15 (1990), pp. 500-513.

* 此处供应商不一定为独立供应商，可能与跨国公司存在互相持股的现象。——译者注通过更加高效的物流来降低成本的可能性很大。对于典型的生产工厂来说，原材料成本占总收益的 50%～70%，该比例依据行业不同会有所不同。即使是这些成本的很小变动，也能对利润产生重大影响。据估算，对于收益为 100 万美元的公司，其投资回报率为 5%，原材料成本是销售收入的 50%，因此，可以通过让销售收入增加 30%或让原材料成本降低 3%，使得总利润增加 15 000 美元。[1] 在市场饱和时，降低 3%的原材料成本比增加 30%的销售收入容易得多。

□ 适时存货管理系统

适时存货管理系统在 20 世纪 50 年代和 20 世纪 60 年代时由日本公司开创，现在在多数公司中扮演着重要角色。**适时存货管理系统**［just-in-time（JIT）system］的基本理念是，通过将原材料及时（不早也不晚）送达工厂以进入生产工序，从而节约存货库存成本。大部分成本节约来自库存周转率的提高，这将减少库存成本，如仓库和储存成本。这也意味着公司能够减少用于库存的流动资本，从而将流动资本留作他用，或者减少公司总资本需求量。在其他条件相同时，以资金投入回报衡量的公司利润会增加。同时，这意味着公司不太可能出现过量未售存货，也就不会冲销公司收益或将存货低价贱卖。

除了成本之外，适时存货管理系统有助于公司改善产品质量。在适时存货管理系统下，配件很快进入生产过程，无须被储存。这使得瑕疵品很快能被找到，然后将问题追溯到供应源，并在更多瑕疵品生产出来之前将问题解决。而在传统系统之下，配件在被使用之前已在仓库存放了数个星期，这样导致问题被发现之前公司就已经生产了大量瑕疵品。

适时存货管理系统的缺点在于公司没有缓冲库存。虽然缓冲库存的储藏成本很高，但是它有利于公司迅速回应增长的市场需求，帮助公司渡过供应商供应中断的难关。这种供应中断在 2001 年"9·11"事件后出现过，当时国际航空和海运持续关停，很多依靠全球供应商的公司和严格实施"适时"供应链而没有缓冲库存的公司陷入困境。有一个相似但不那么严重的情况发生在 2003 年中国爆发重症急性呼吸综合征（SARS）期间，造成了多家外国公司工厂的临时关停，打乱了它们的全球供应链。2004 年后期，美国进口量创新高，来自亚洲的大量船只阻塞了美国西海岸的几大重要港口，船只无法快速卸货，几家美国大型公司以前运转协调的全球供应链因此被打乱了。

一些方法能够降低适时存货管理系统给公司全球供应链带来的相关风险。为了降低仅依赖一家供应商提供重要因素的相关风险，许多公司将产品外包给多个国家的多家供应商。但在全球事件，如 2001 年"9·11"事件的背景下，这种方式也没有什么用，但是处理特定国家的供应中断还是有用的，而且这种情况更加常见。

□ 信息技术和互联网的作用

在现代原材料管理中，基于网络的信息系统扮演着关键角色。信息系统能够追

---

[1] H. F. Busch, "Integrated Materials Management," *IJPD & MM* 18 (1990), pp. 28-39.

踪零部件的全球运输和其最终被送往组装工厂的整个过程,并且公司能根据零部件预期送达时间实现生产时间安排最优化。好的信息系统能够精确定位零部件供应链,在必要时将关键零部件从常规供应链中抽出,直接运往生产工厂,从而加速生产。

公司利用电子数据交换系统来协调将材料送往工厂,再从工厂送往客户手中。电子数据交换系统要求购买商、供应商和承运商之间进行电脑连接,有时客户也被包括在电子数据交换系统之内。这些电子数据交换系统被用于向供应商下订单,记录供应商发出的配件,并跟踪这些配件被运往生产工厂的过程,最后记录其到期情况。供应商通常使用电子数据交换系统链接向购买商发送发票。使用电子数据交换系统的第一个结果是供应商、承运商和购买商能够无时间延误地相互沟通,从而增加了整个全球供应链的灵活性和响应度。第二个结果是去除了供应商、承运商和购买商之间的大量文书工作。好的电子数据交换系统能够向公司总部经理提供他所需要的足够信息,以协调和管理分散的物料管理小组,从而有利于公司将物料管理决策降至工厂层面。

在互联网成为主要沟通媒介之前,公司和其供应商通常需要购买昂贵的专利软件以实现电子数据交换系统。无所不在的互联网和便捷的网络应用程序使得大部分专利软件被淘汰。价格实惠的网络系统的安装、管理更加方便,因此成为现在全球供应链管理软件市场内的主导者。这些网络系统快速转变了全球分散的供应链,使得即使是小公司也能更好地平衡供给和需求,从而减少存货,并获得相关经济利益。随着越来越多的公司采用这些网络系统,那些不采用该系统的公司会发现自己处于不利的竞争地位。

● 本章总结

本章解释了高效的生产和物流功能如何降低价值增值成本,以及如何实施价值增值活动,从而改进客户服务,实现价值增值最大化,最终提升跨国公司的竞争地位。本章密切关注了全球生产、外包和物流的三大核心问题:在哪里生产?自制还是外购?如何协调全球分散的生产和供应系统?本章要点如下:

1. 最优的生产区位选择必须考虑国家因素、技术因素和产品因素。

2. 国家因素包括政治、经济、文化和相关要素成本对生产成本的影响,以及外部性的存在。

3. 技术因素包括建立生产工厂的固定成本、生产的最低有效规模,以及柔性制造技术的可获得性。

4. 产品因素包括产品的价值-重量比,以及产品是否服务全球需求且全球需求是否一致。

5. 区位策略既不是指集中生产,也不是指分散生产。公司在做出决策前应该考虑国家因素、技术因素和产品因素。不同区位策略各有得失。

6. 国外工厂可以随着时间的推移改善其产能,这会对公司产生重大战略效益。经理应该把国外工厂看作潜在的卓越中心,并鼓励当地经理升级工厂产能的尝试。

7. 很多跨国公司的一项重要事务是决定将零部件生产留在公司内部还是外包给独立供应商。

8. 将零部件生产留在公司内部能促进专用资产投资，有利于公司保护产品技术专利，同时改善生产时间安排。如果公司是一家高效率且低成本的技术生产商，那么在公司内部生产更有意义。

9. 从独立供应商处购买零部件能提高战略灵活性，且有助于公司规避过度垂直整合带来的组织结构问题。外包可能也被用作一种补偿贸易政策，旨在通过向一国外包获取该国更多订单。

10. 一些公司尝试通过与主要供应商达成战略联盟，来获取垂直整合的好处，并规避组织结构问题。

11. 虽然与供应商的战略联盟使公司获得垂直整合的好处，并免于市场关系利益的全部流失，但是战略联盟也有不足。进行战略联盟的公司可能会发现，其战略灵活性受与战略联盟合作伙伴承诺的限制。

12. 物流包括将原材料运往生产工厂、在生产工厂进行生产、通过分销系统把产品送往最终用户的全部活动。在跨国公司中，由于距离、时间、汇率、关税壁垒等问题，物流功能变得更加复杂。

13. 适时存货管理系统通过降低仓库储存成本、减少过量存货的冲销需要，从而能够大量节约成本。此外，适时存货管理系统有助于公司快速找出瑕疵品，并从生产环节中去除瑕疵品，从而提高产品质量。

14. 信息技术，特别是电子数据交换系统，在原材料管理中扮演着重要角色。电子数据交换系统有利于跟踪投入要素，使公司获得最优的生产时间安排，让购买商、供应商和承运商能够即时沟通，并且减少购买商、供应商和承运商之间纸质文书的输送。

● 批判性思考和问题讨论

1. 一家公司在考虑如何最好地供应工业电子产品——微型处理器的国际市场。建造一个生产工厂的成本大约为5亿美元，且生产工厂对员工的技术要求很高。10年后，世界市场对该产品需求的总价值估计在100亿美元～150亿美元。该行业目前的关税很低。公司应该采取集中生产策略还是分散生产策略？公司应该为生产工厂选择什么类型的区位？

2. 一家化工公司生产硫酸，正在思考如何最好地供应国际市场。建造一家生产工厂的成本约为2 000万美元，生产工厂对员工的技术要求一般。10年后，世界市场对产品需求的总价值在200亿美元～300亿美元。该行业目前的关税适中。公司应该采取集中生产策略还是分散生产策略？公司应该为生产工厂选择什么类型的区位？

3. 重读"聚焦管理：飞利浦公司在中国"专栏，然后回答以下问题：
（1）飞利浦公司将大量全球生产转移到中国的好处是什么？
（2）将生产资本大量集中在中国的相关风险是什么？
（3）为了实现利润最大化，并且减轻将大量产品研发和生产业务放在如中国这样的发展中国家的相关风险，飞利浦公司应该采取什么策略？

4. 公司必须决定是在公司内部自制零部件还是外包给独立供应商。自制零部件需要公司进行不可撤回的专用资产投资。最优独立供应商目前位于其所在国货币预期在未来10年会大幅升值的国家。自制零部件的好处和坏处是什么？外包给独立供应商的好处和坏处呢？你会推荐哪一种选择？为什么？

5. 解释高效的物流功能如何帮助跨国公司在全球市场上进行更高效的竞争。

●研究任务：全球生产、外包和物流

利用 globalEDGE™ 网站完成下列练习：

练习1

生产全球化使得更多人意识到全球生产成本的差异。美国劳动局国际劳工事务司（U. S. Department of Labor's Bureau of International Labor Affairs）发布了《国际劳动力对比图表报告》（Chartbook of International Labor Comparisons）。找出该报告的最新版本，并找出美国、日本、韩国、德国和英国生产工人的每小时补偿成本。

练习2

近年来，生产全球化越来越占据主导地位。《工业周刊》（Industry Week）杂志按销售收入给世界上的大型公司排名。从最近几年的排名中找出中国的大型公司，并特别注意一下这些公司所在的行业。

●章尾案例：微软公司外包 Xbox 游戏机生产

当微软公司决定将自己的 Xbox 游戏机推向电子游戏市场时，它面临着重要的战略决策：自制 Xbox 游戏机还是外包给第三方。如果外包，那么外包给谁？虽然微软公司主要以软件著称，但是它一直也在做硬件生意，如微软品牌名下的电脑鼠标、键盘、游戏手柄，虽然所占份额很少，却也重要。但游戏机不一样，它不是一个简单的电脑周边设备，而是一个功能齐全的专业电脑，并装配了各种部件，包括微处理器、记忆芯片、显卡芯片和内置硬盘驱动器。

微软公司很快发现自己不具备自制并运输 Xbox 游戏机和管理公司全球供应链的能力。在考察潜在独立供应商后，它决定将组装和重要的物流业务外包给新加坡的独立供应商——伟创力公司。该公司的全球销售额超过130亿美元，拥有员工10万多人，客户除微软公司之外，还包括戴尔公司、爱立信公司、惠普公司、西门子公司、索尼公司和施乐公司。该公司为全球28个国家的公司生产产品，最大的业务中心在中国，它在中国拥有35 000名员工。

微软公司已经把电脑鼠标业务外包给伟创力公司，所以它知道伟创力公司的运作模式，对其产品成本和质量很满意。在寻找独立供应商时，微软公司想要找到能以最低成本生产 Xbox 游戏机并保证质量，同时能够迅速对需求变化做出反应的合作伙伴。此外，它还希望对方能跟自己即时分享生产时间安排、产品质量和库存的详细信息，伟创力公司看起来能满足大多数条件。

第一，伟创力公司一直追求工业园区战略，即公司严格控制自己的供应链、减少供应中断的风险，并降低成本，这对微软公司来说就是降低 Xbox 游戏机的成本。伟创力公司的工业园区战略要求其关键供应商将工厂放在伟创力公司组装厂附近，且满足区位成本最低并靠近终端消费者市场的要求。伟创力公司在巴西、中国、匈牙利、墨西哥和波兰拥有大型工业园区，除工厂之外，每个园区内还包括印制电路板、零配件、电缆、塑料和装配像 Xbox 游戏机这样的产品所需的金属部件生产商。伟创力公司和其供应商在工业园区内的区位合作能够促进建立适时存货管理系统，降低交通成本，从而实现物流成本最小化。区位合作还能减少全球分散的供应链可能带来的供应中断问题。

第二，伟创力公司的全球定位使得公司能够根据成本和需求条件或客户（微软）要求，在区位之间调整产量。最初，Xbox 游戏机是在匈牙利（为了欧洲销量）和墨西哥（为了北美和亚洲销量）生产。然而，在一年内，伟创力公司将匈牙利的产量转移到中国，因为中国劳动力成本只是匈牙利的一小部分。2003 年，伟创力公司又将墨西哥的产量转移到中国，原因相同。现在所有 Xbox 游戏机的生产都在中国。伟创力公司能够迅速进行产业转移，据它所说，不会超过 3 个星期，因为所有与生产相关的数据都被储存在公司中央信息系统中。因此，如果未来中国生产 Xbox 游戏机的区位优势地位下滑，那么伟创力公司会将生产转移到别处。

第三，通过使用网络信息系统，伟创力公司和微软公司能够即时与对方分享信息。微软公司向伟创力公司提供需求信息，使得伟创力公司能够安排自己的生产时间，降低库存，实现供给与需求的紧密匹配。此外，微软公司能够得到伟创力公司生产时间安排、库存和产品质量的即时信息。这一点特别重要，因为微软公司管理着全部 40 家 Xbox 游戏机战略性供应商，包括微处理器、显卡芯片、硬盘驱动器和闪速存储器，而伟创力公司控制着一些如电路板和塑料模具的大宗类投入要素。微软公司和伟创力公司之间的信息交换，能够保证供应链中所有厂商的生产时间安排紧密协调，实现库存最小化，规避短缺问题，以及匹配供需。

第四，微软公司信任伟创力公司。微软公司和伟创力公司共事多年，公司员工之间的私交深厚，这有助于订立商务合同。为了促进联合设计（这对降低生产成本很重要），一些微软公司员工被派往伟创力公司在美国加利福尼亚的圣何塞操作中心，而一些伟创力公司的员工被派往微软公司位于华盛顿雷德蒙德的总部。这两家公司之前就在产品设计上有过合作，微软公司知道这一合作还能在 Xbox 游戏机上继续，同时，微软公司还相信伟创力公司能够按时交货，即使游戏机的组装比电脑鼠标的组装难得多。①

案例讨论问题

1. 微软公司将 Xbox 游戏机外包给伟创力公司的战略优势是什么？
2. 微软公司将 Xbox 游戏机外包给伟创力公司的相关风险是什么？微软公司减轻这些风险了吗？你认为微软公司自己生产 Xbox 游戏机会好一些吗？
3. 伟创力公司的工业园区战略如何实现公司对各国相关要素成本差异做出反应？
4. 对于伟创力公司和微软公司的关系来说，网络信息系统有多重要？微软公司、伟创力公司和其子承包工厂之间即时信息流动的经济优势是什么？

---

① J. Carborne, "Outsourcing the Xbox," *Purchasing*, August 15, 2002, pp. 22-25; H. B. Hayes, "Outsourcing Xbox Manufacturing," *Pharmaceutical Technology North America*, November 2002, pp. 88-91; "Weathering the Tech Storm," *BusinessWeek*, May 2, 2003, pp. 24-25; Flextronics 10K Report 2003.

第十七章 全球营销和研发

学习目标

学完本章后,你应该能够:
1. 解释为什么根据国家的不同来调整产品属性是有道理的;
2. 说明为什么公司在各国的分销策略不同,以及如何不同;
3. 说明为什么公司在各国的广告和营销策略不同,以及如何不同;
4. 解释为什么公司在各国的定价策略不同,以及如何不同;
5. 讨论经济全球化如何影响跨国公司新产品的研发。

● 开篇案例:李维斯的本地化

知名牛仔裤生产厂商李维斯(Levi Strauss)曾经经历了一段艰难时期。公司的"501系列"牛仔裤是"婴儿潮"那一代人的标志性装备,然而公司销量从1996年的71亿美元峰值跌至2004年的40亿美元。时尚潮流向前发展,公司广受诟病。李维斯遭受着高成本和过时生产线的拖累,新产品看起来还不如穿旧了的"501系列"。然而,2005—2008年,公司面临着转机。公司销量在8年来第一次增长,且在遭受一系列损失后开始重新盈利。

转机的出现有3个原因。第一,李维斯在母国降低了生产成本,关停了在美国的最后一家工厂,并将生产转移到其他成本更低的地区。第二,公司扩宽了产品线,推广了竞争力更强且能在低端商店内销售的品牌"Signature"。这些商店包括美国核心超市沃尔玛等,从而将价格压得更低。第三,20世纪90年代后期,公司决定赋予国外经理们更多责任,允许他们根据当地情况定制产品和营销组合。在此之前,公司在全球销售同种产品时采用的广告语都是相同的。以往的策略旨在实现生产和广告的规模经济效益,但是没有成功。

在新策略下,国家之间的差异受到更多重视,牛仔裤实现了量身定做。在亚洲,裤腿通常更短一些;而在南非,女款牛仔裤的臀部则要更宽大一些。公司在定制产品时会考虑这些体型差异。此外还有社会文化差异:在日本,紧身的黑色牛仔裤很受欢迎；但是在另外一些国家，妇女不被提倡穿紧身牛仔裤，所以公司在土耳其这类国家卖出的牛仔裤比较宽松。气候对产品设计也有影响。在北欧销售的牛仔裤厚度适中；但是在热一些的国家，公司通常使用轻薄的纱线和不易被热带太阳晒得褪色的鲜艳颜色。

李维斯原来的广告是全球通用的，而现在会根据地区差异进行定制。在欧洲的广告宣扬产品个性；在亚洲的广告宣扬经典再生；在美国的广告展示原创人物，如牧场主、冲浪者和大音乐家。

公司也拥有不同的分销渠道和定价策略。在竞争激烈的美国市场，公司通过大型折扣超市如沃尔玛来销售产品，产品价格低至25美元。在印度，李维斯的低价位品牌"Signature"销量增长很快。在西班牙，牛仔裤被视为时尚装备，产品售价为50美元，且通过较高端的专卖店销售。在英国，"501系列"产品的价格比美国高一些，显示出该国较好的竞争环境。

营销组合的差异似乎能带来收益，虽然美国和欧洲的需求停滞，但是其他地区的销量上涨强劲。自2005年公司实施新策略后，土耳其、韩国和南非的年销量增长率超过20%。而李维斯预计，新兴市场的销量增长率将达60%。①

引言

本书已经研究了全球生产和物流在跨国公司中的角色。本章将继续关注其他特定的商务功能，考察营销和研发（R&D）在跨国公司中的作用。本章重点是，公司应如何进行营销和研发以降低价值增值成本，以及如何更好地服务客户需求以实现价值增值。

在大多数跨国公司中，降低成本的需求和同时响应当地需求（可能会提高成本）之间存在矛盾。在本章中，这一矛盾依然会被关注。认为全球消费者口味和偏好都相似的全球营销策略与大规模生产标准化产品的观点是一致的。通过大规模生产标准化产品，公司能够实现经验曲线中单位成本的大幅下降，以及其他规模经济效益。这基本上就是李维斯在20世纪90年代后期之前采取的策略，但是如"开篇案例"所述，那时该策略已经没什么效果了。忽视国家之间消费者口味和偏好的差异会导致失败。因此，跨国公司在营销时必须决定何时实现产品标准化是合适的，何时是不合适的，并据此调整营销策略。此外，即使产品标准化是合适的，公司也应响应当地消费者需求，找准产品在市场上的定位并制定产品的营销策略和推广信息。同样，在研发中，公司应该在适合标准化时开发全球标准化产品；在定制较合理时实

第十七章 全球营销和研发

---

① "How Levi Strauss Rekindled the Allure of Brand America," *World Trade*, March 2005, p.28; "Levi Strauss Walks with a Swagger into New Markets," *Africa News*, March 17, 2005; "Levi's Adaptable Standards," *Strategic Direction*, June 2005, pp.14-16; A. Benady, "Levi's Looks to the Bottom Line," *Financial Times*, February 15, 2005, p.14; R. A. Smith, "At Levi Strauss Dockers Are In," *The Wall Street Journal*, February 14, 2007, p.A14.

现产品定制以满足当地需要。①

我们同时考虑市场营销和产品研发问题，是因为它们之间关系密切。市场营销中的一个关键方面是找出市场差距，这样公司才能开发新产品以弥补差距。开发新产品要先进行产品研发，这也要求实现营销和研发的结合。公司开发新产品时应该牢记市场需求，而只有营销才能帮助研发人员找到市场需求。同时，只有通过市场营销，研发部门才能知道是应该生产全球标准化产品还是实施本地定制。研究一般认为，新产品成功进入市场主要归功于市场营销和产品研发之间的密切联系。②

本章首先审视有关市场全球化的争论，然后讨论市场分割问题，接着关注组成公司营销组合的四大要素：产品属性、分销策略、沟通策略和定价策略。**营销组合**（marketing mix）是公司进入目标市场的选择组合。很多公司根据各国文化、经济发展、产品标准和分销渠道等方面的差异调整营销策略。比如，在"开篇案例"中，我们看到李维斯在不同国家之间调整营销组合，改变产品设计、分销策略、定价和促销策略，以更好地匹配当地情况。李维斯在调整营销策略时，把当地差异性考虑进去是一件好事，其结果是公司销量下滑停止，并开始重新获得市场份额。

本章将深入研究跨国公司中新产品的研发，以及其对公司研发部门的影响。

市场和品牌的全球化

在一篇非常经典的《哈佛商业评论》（*Harvard Business Review*）的文章中，西奥多·莱维特（Theodore Levitt）着重论述了市场全球化。莱维特的观点成为全球化程度争论的导火索。他认为：

> 将世界推向逐渐聚合的统一体的强大推力是技术。技术免去了沟通、运输和出行，其结果是带来了新的商务现实，即标准化消费品的全球市场以以前难以想象的规模出现。
>
> 国家和地区之间偏好的一般差异不复存在，随之而来的是市场全球化。在这种情况下，跨国商务世界走向了尽头，跨国公司也是一样。跨国公司在多个国家运作，根据国家差别调整产品和商务操作，但这样做成本相对较高。现在跨国公司运作高度一致，即把整个世界看作一个整体，在不同地区出售相同产品，因为这样做成本相对较低。
>
> 从商务上来说，没有什么比从香榭丽舍到东京银座的麦当劳、巴林的可口可乐、莫斯科的百事可乐、世界各地的滚石音乐、希腊沙拉、好莱坞电影、露华浓化妆品、索尼电视和李维斯牛仔这些产品的成功能更好地验

---

① 营销和研发对跨国公司绩效的重要性论据参见 M. Kotabe, S. Srinivasan and P. S. Aulakh, "Multinationality and Firm Performance: The Moderating Role of R&D and Marketing Capabilities," *Journal of International Business Studies* 33, no. 1 (2002), pp. 79–97.

② R. W. Ruekert and O. C. Walker, "Interactions between Marketing and R&D Departments in Implementing Different Business-Level Strategies," *Strategic Management Journal* 8 (1987), pp. 233–248; K. B. Clark and S. C. Wheelwright, *Managing New Product and Process Development* (New York: Free Press, 1993).

证这一观点。

以往国家之间口味差异和商务操作模式的不同消失了,偏好的趋同不可避免地实现了产品、生产、贸易和商务机构的标准化。[①]

这篇文章很有说服力和煽动性,但是莱维特的观点对吗?全球媒体如美国有线电视新闻网(CNN)和音乐电视网的发展,以及此类媒体在塑造全球文化方面的能力,似乎也验证了莱维特观点的正确性。如果莱维特的观点正确,那么将对跨国公司的营销策略产生重大影响。然而,学术界一致认为莱维特夸大了事实。[②] 虽然莱维特的观点在很多基础工业产品中有道理,如钢铁、散装化学品和半导体芯片,但莱维特所持有的市场全球化观点在许多消费品市场和工业品市场中是个例外,而非准则。即使是被莱维特视作在全球销售标准化产品方面最典型的消费品公司——麦当劳,也会根据不同国家当地消费者的偏好修改菜单。比如,麦当劳在中东销售阿拉伯风味的鸡肉三明治——麦香阿拉比亚(McArabia),在法国销售火腿芝士三明治——法式麦香堡(Croque McDo)。[③] 此外,如"开篇案例"所示,即使拥有强势的国际品牌,李维斯还是会调整营销组合以在国外获得成功。

莱维特主张的现代交通和沟通技术有助于世界较发达国家中消费者某种口味和偏好的趋同,这一观点很可能正确。洛杉矶寿司、东京汉堡、嘻哈音乐和全球媒体现象,如音乐电视网的受欢迎程度,都支撑这一观点。长期来看,这些技术力量可能有助于促进全球文化的发展。但是从目前来看,国家之间文化和经济差异的持续存在阻碍了跨国消费者口味和偏好的标准化趋势,实际上,口味的标准化可能不会发生。很多学者认为,全球文化的发展并不意味着消费者口味和偏好一致。[④] 相反,虽然不同国家人们的观点通常有所冲突,但各国逐渐参与共享的全球对话,并达成了一些共有标志,如全球品牌耐克、柯达、可口可乐和索尼。但是这些品牌的感知、推广和运用方式依然随着国家之间口味和偏好的本地差异而改变。此外,贸易壁垒和产品技术标准的差异也限制着公司采用标准化市场战略,从而向国际市场销售标准化产品的能力。本书随后的章节将讨论这些差异的来源,并关注如何在国家之间调整产品。简而言之,莱维特的市场全球化观点在许多行业中还很遥远。

市场分割

市场分割(market segmentation)指找出在购买行为上与其他人有明显差异的

[①] T. Levitt, "The Globalization of Markets," *Harvard Business Review*, May-June 1983, pp. 92-102.

[②] S. P. Douglas and Y. Wind, "The Myth of Globalization," *Columbia Journal of World Business*, Winter 1987, pp. 19-29; C. A. Bartlett and S. Ghoshal, *Managing across Borders: The Transnational Solution* (Boston: Harvard Business School Press, 1989); V. J. Govindarajan and A. K. Gupta, *The Quest for Global Dominance* (San Francisco: Jossey-Bass, 2001); J. Quelch, "The Return of the Global Brand," *Harvard Business Review*, August 2003, pp. 1-3.

[③] J. Tagliabue, "U. S. Brands Are Feeling Global Tension," *The New York Times*, March 15, 2003, p. C3.

[④] D. B. Holt, J. A. Quelch and E. L. Taylor, "How Global Brands Compete," *Harvard Business Review*, September 2004.

消费群。人们可以通过多种方式进行市场分割：地理，个人属性（性别、年龄、收入、教育水平等），社会文化因素（社会阶层、价值观、宗教、生活方式选择）和心理因素（性格）等。因为不同市场分割显示了不同类型的购买行为，公司通常因市场分割不同而调整营销组合。它们可能会调整不同细分市场中的产品细节设计、定价策略、分销渠道和沟通策略，目的是实现给定细分市场内消费者购买行为与营销组合的最优匹配，最终实现销量最大化。比如，汽车公司在不同社会经济细分市场中采用不同的营销策略组合。丰田利用雷克萨斯品牌部向高收入消费者销售高价豪华轿车，而向低收入消费者销售初级水平汽车，如丰田卡罗拉。而个人电脑生产厂商也会提供不同产品属性组合和不同价格水平的电脑机型，精确地吸引不同细分市场内的消费者（如商务用户和家庭用户）。

当跨国公司经理考虑国外市场分割时，他们需要认清两个主要事项：国家之间市场分割结构的差异和超国界市场分割的存在。各国市场分割结构差异很大，在国外市场上很重要的分割在公司母国相应的平行结构中可能不存在，反之亦然。为了引起特定国家特定分割群体的购买行为，公司可能需要开发独有的营销组合。比如调查发现，其他地区很少有像中国45岁～55岁的消费者一样的平行群体。[1] 这一年龄群体生于20世纪60年代后期和20世纪70年代早期，他们对价格高度敏感，对新产品和大部分营销形式反应不大。因此，在中国做生意的公司需要为这一群体定制营销策略，迎合他们的独特价值观和购买行为。这种市场分割的存在会限制公司实施全球标准化营销策略的能力。

相反，跨国界市场分割的存在能显著提高跨国公司把全球市场视作单一整体并追求全球战略的能力，同时有助于公司在全球销售标准化产品，采用相同的基本营销组合，实现在不同国家市场内的产品定位和产品销售。对于跨国界市场分割，消费者在重要的维度下存在很强的相似点，如对年龄、价值观和生活方式的选择，而这些相似之处会转变成相似的购买行为。虽然这种跨国界市场分割在一些工业品市场中明显存在，但是在消费品市场上很少见。一个引起国际营销人员注意的新兴分割被称为全球青年市场分割，全球媒体正在为该市场分割铺平道路。一项涵盖26个国家6 500多名青少年的文化态度和购买行为的研究显示，这种市场分割确实存在。[2] 调查表明，全球青少年日渐过着相似的生活，共享很多相同的价值观，这也意味着他们很有可能出于相同原因购买相同的消费品。

产品属性

每件产品都可被视为属性的集合。[3] 比如，一辆车的属性包括动力、设计、质

---

[1] J. T. Landry, "Emerging Markets: Are Chinese Consumers Coming of Age?" *Harvard Business Review*, May-June 1998, pp. 17-20.

[2] C. Miller, "Teens Seen as the First Truly Global Consumers," *Marketing News*, March 27, 1995, p. 9.

[3] K. Lancaster, "A New Approach to Demand Theory," *Journal of Political Economy* 74 (1965), pp. 132-157.

量、外观、耗油量和舒适度；汉堡的属性包括口味、口感和尺寸；宾馆的属性包括氛围、质量、舒适度和服务。当产品属性与消费者需求匹配且价格合适时，产品就畅销。宝马在对奢华享受、质量和外观有高要求的群体中畅销，就是因为宝马将这些属性融入汽车中。如果全球消费者需求相同，那么公司可以简单地向全世界销售同种产品。但是各国消费者需求不尽相同，这取决于国家文化和经济发展程度。国家之间不同的产品标准则进一步限制了公司在全球销售同种产品的能力。本章将审视其中每一事项，并讨论它们如何影响产品属性。

文化差异

本书曾讨论过文化差异。各国在一系列维度上有所不同，包括社会结构、语言、宗教和教育。这些差异会对营销策略产生重要影响。比如，汉堡在一些国家卖得不好，因为这些国家的法律禁止消费火腿。文化差异中最重要的可能是传统习俗的影响，这在食物和饮品上尤其重要。比如，鉴于传统饮食习惯的差异，瑞士食品巨头雀巢的芬达斯（Findus）冷冻食品分部在英国营销鱼饼和鱼条，在法国销售勃艮第牛肉和红酒焖鸡，在意大利出售鹌鹑蛋烩蘑菇和肉卷。除了一般产品种类之外，可口可乐在日本市场还销售一种灌装的冷咖啡"乔治亚"（Georgia）和提神型饮品"水瓶座"（Aquarius），这两种产品都符合传统日本口味。

因为历史和其他原因，国家之间存在大量文化差异。比如，各国的香氛偏好会有差异。生产石蜡和抛光剂的 SC 约翰逊（SC Johnson）公司就面临日本老年消费者对其柠檬香氛家具抛光剂的抵制。细致的市场调查表明，这种抛光剂闻起来像20世纪50年代日本广泛使用的厕所除臭剂，而公司调整产品香氛后，销量直线上涨。[①] 来自百事公司菲多利部门的"奇多"（Cheetos）饼干（一种艳橘色包装的乳酪口味点心）在中国没有乳酪口味，因为中国消费者大多不喜欢乳酪口味，乳酪也从来没有出现在中国传统菜肴中，且很多中国人对乳糖过敏。[②]

然而有些证据也支持莱维特所说的趋同，即口味和偏好正逐渐变得全球化。在日本和英国，咖啡的地位逐渐赶上茶。此外，配上依据当地口味精心调制的美式冷冻餐也在欧洲越来越流行。雀巢充分利用该趋势，发现自己基本上能够在北美和西欧以同样的方式营销其速溶咖啡、意大利肉酱面和瘦身冷冻餐。但是瘦身冷冻餐在世界其他大部分地区还没有市场，且在未来几年或几十年里也没有。虽然出现了一些文化趋同，特别是在北美、西欧这样的发达工业国家，但是距离莱维特所说的以标准化口味和偏好为特征的全球文化还很遥远。

经济发展水平

和文化差异同样重要的是经济发展水平，本书曾讨论过发展中国家经济差异程

[①] V. R. Alden, "Who Says You Can't Crack Japanese Markets?" *Harvard Business Review*, January-February 1987, pp. 52–56.

[②] T. Parker-Pope, "Custom Made," *The Wall Street Journal*, September 26, 1996, p. 22.

度的问题。消费者行为受国家经济发展水平的影响。位于发达国家的公司倾向于将大量外观属性融入产品中,而发展中国家通常就不要求这些附属属性了,他们偏好更加基础性的产品。因此,在发展中国家销售的汽车通常缺乏一些只能在发达国家汽车中找到的属性,如空调、动力方向盘、动力窗、收音机和音乐播放器。在发展中国家中,大部分耐用消费品的可信度属性更重要,因为相比发达国家,发展中国家购买此类产品的花费占消费者收入的大部分。

与莱维特的观点相反,在大部分发达国家,消费者通常不愿意因低价而牺牲所偏好的属性。发达国家消费者通常避开以最低成本生产的全球标准化产品,他们更愿意买有额外特征和属性且依其口味和偏好定制的产品。比如,对顶级四轮驱动运动型多功能跑车,如克莱斯勒的"吉普"、福特的"探险者"和丰田的"陆地巡洋舰"的需求大部分限于美国。这是由各种因素组合,包括美国消费者的高收入水平、遥远的内陆距离、相对便宜的汽油价格,以及美国文化中根深蒂固的户外生活主题决定的。

▢ 产品和技术标准

尽管推动发达国家之间消费者口味和偏好趋同的力量出现了,但这距离莱维特的全球市场化观点还是很遥远,因为国家之间产品和技术标准的差异依旧存在。

各国政府制定的产品标准的不同使得大规模生产和营销标准化产品难以实现。技术标准的差异同样限制了市场全球化。其中一些差异并非由政府行为而是由很久之前的特殊决策造成的,但是它们的影响深远。比如,针对美国市场生产的数字通用光盘设备无法播放由英国、德国和法国市场销售的数字通用光盘设备所刻录的光盘,反之亦然。电视信号技术标准的差异在 20 世纪 50 年代频繁出现,所以当时的电视机和视频设备都是按照现行通用的标准定制。20 世纪 70 年代,美国无线电公司遇到了麻烦,因为它在亚洲的电视机营销中没有考虑到该因素。虽然有几个亚洲国家采用了美国标准,但是新加坡、马来西亚采用的是英国标准,在这些国家购买美国无线电公司电视机的人只能接收图片,但是听不到声音。①

■ 分销策略

公司营销组合中的一个重要因素是分销策略,即选择将产品运往消费者的方式。本书曾讨论了产品运送方式由公司进入市场的决策决定。本部分将审视典型的分销系统,讨论其在各国的结构如何不同,并关注公司应该如何调整国家之间的分销策略。

典型的分销系统如图 17.1 所示,其中包括生产商、批发商、零售商和最终消费者。如果公司在一个特定国家生产产品,那么它能将产品直接销售给最终消费者、

---

① "RCA's New Vista: The Bottom Line," *BusinessWeek*, July 4, 1987, p. 44.

零售商或批发商。在国外生产的公司也能做出同样的选择。此外，公司可能决定先销售给国外进口机构，然后由它卖给批发商、零售商或最终消费者。本章在后一部分将考虑决定公司渠道选择的因素。

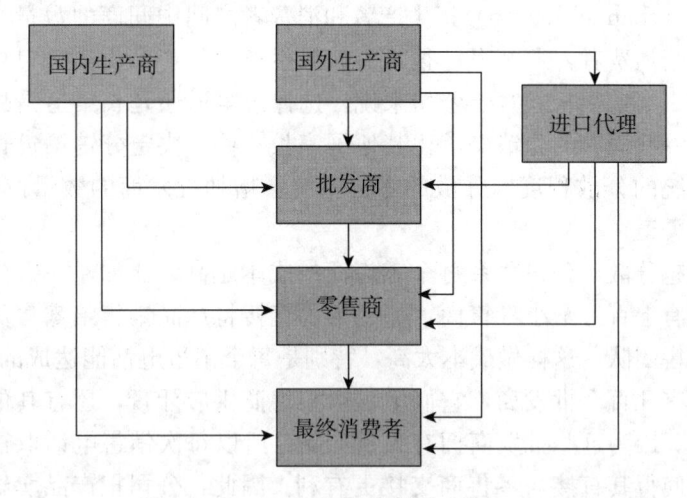

图 17.1　典型的分销系统

国家之间的差异

分销系统在国家之间的四大主要差异是零售系统、渠道长度、渠道排他性和渠道质量。

零售系统

零售系统在一些国家非常集中，但是在其他国家很分散。在**集中的零售系统**（concentrated retail system）中，少数零售商供应整个市场。在**分散的零售系统**（fragmented retail system）中，零售商有很多，没有哪一个占据大部分市场份额。零售集中度的差异多源于历史或传统因素。在美国，汽车的重要性及许多市区的相对年轻化使得分销系统多集中在大型商店或商场这些人们能够开车到达的地方，这都有助于零售系统的集中。日本人口密度更大，且大量城区中心在汽车流行之前就已经发展壮大起来，所以日本的零售系统更分散，多分布在当地街区的小店这些人们能经常走去的地方。此外，日本法律系统保护小型零售商，它们可以通过向当地政府请愿的方式阻止大型零售店的建立。

发达国家趋向拥有集中的零售系统，有 3 类因素造成了这种趋势：汽车拥有量的增加、拥有家用冰箱和冰柜的家庭数量的增加，以及双职工家庭数量的增加。这些因素改变了人们的购物习惯，并推动了位于传统购物区之外的大型零售店的发展。在过去的 10 年中，全球零售行业进一步合并，比如，沃尔玛和家乐福试图通过收购不同国家的零售店成为全球零售巨头。这有利于零售系统的集中。

相比之下，许多发展中国家的零售系统更加分散，这对分销策略是一大有趣的挑战。在一些发展中国家的农村，大部分地区只通泥路，而不通水泥路，这意味着公司只能通过牛车、自行车和手推车到达目的地。比如，尼泊尔的地形太崎岖了，即使是自行车和手推车也用不上，产品只能靠牛车和人背送到成千上万个小零售商手中。

渠道长度

渠道长度（channel length）指生产者和消费者之间中间商的数量。如果生产商将产品直接卖给消费者，那么渠道很短。如果生产商将产品卖给进口机构、批发商和零售商，那么渠道很长。对于公司来说，选择短渠道还是长渠道是战略决策的一部分。然而，一些国家的分销渠道比其他国家长一些。决定分销渠道长度的最重要因素是零售系统的分散程度。分散的零售系统会增加批发商的数量以服务零售商，这样就加长了渠道。

零售系统越分散，公司联系每个零售商的成本越高。比如，一家公司在印度销售牙膏，该国有上百万个小零售商，那么为了直接将产品销售给零售商，公司需要建立庞大的销售团队。这样做成本太高，特别是每个销售电话能达成的订单额很小。但是假设该国有几百个批发商，它们不仅给零售商供应牙膏，还有其他各种个人护理和家居产品。因为这些批发商拥有大量产品，所以每次销售电话取得的订单额会大一些，这样使得其直接与零售商交接更有利。因此，公司把产品卖给批发商，再由批发商与零售商打交道会更经济。

因为这些因素，零售系统分散的国家的分销渠道往往长一些，有时可能有多层。最典型的例子是日本，生产公司和零售商之间通常有两三层批发商。在英国、德国和美国这样的国家，零售系统更集中，渠道也短得多。当零售系统很集中时，公司直接跟零售商打交道，剔除批发商是很合理的。处理集中的零售系统要求的销售团队相对小一些，每次销售电话达成的订单额也很大。这种情况在美国很流行，它的大型食品公司直接向超市而非批发商供货。

近几年快速发展的互联网有利于缩短渠道。比如，西雅图户外设备零售商娱乐装备（REI）公司通过日语网站在日本销售产品，这样就剔除了在日本本土的零售商，也明显缩短了娱乐装备公司和消费者之间的渠道。但是这种策略有明显的缺点，在娱乐装备公司的例子中，消费者不能通过网站得到与实体店同等水平的购买建议。而在实体零售店中，销售人员可以根据消费者的需求，帮助消费者做出最合适的装备选择。虽然娱乐装备公司从日本的短分销渠道中获利，但是因为缺少实体店服务，它可能损失了大量销售额。

许多国家拥有大型折扣超市，如家乐福、沃尔玛和特易购，因此也会缩短渠道。这些零售商的商务模式部分建立在全力降低成本的目标上，它们剔除批发商，直接跟生产商交易。因此，当沃尔玛进入墨西哥时，其实施的直接与生产商交易而非从批发商处购买产品的政策有助于缩短公司在该国的分销渠道。而日本过去较长的分销渠道逐渐被一些外资公司如玩具反斗城和模仿美国模式的当地公司缩短，这些公司都在逐渐剔除批发商，直接跟生产商打交道。

渠道排他性

排他性分销渠道（exclusive distribution channel）限制外来者进入。比如，对新公司来说，产品进入超市货架很难，这是因为零售商倾向于从国内知名食品厂商处购买产品，而不是押注在不知底细的公司产品上。各国的分销渠道排他性不同。日本分销渠道被视为最典型的排他系统。在日本，生产商、批发商和零售商的关系通常能追溯到几十年前，这种关系是建立在生产商相信分销商不会从竞争对手处购买产品的基础上。作为回报，生产商会保证给予分销商诱人的加成。许多美国和欧洲生产商认识到，这种安排下的紧密关系使其进入日本市场困难重重，然而带着新产品冲破障碍进入日本市场是可能做到的。20世纪90年代，宝洁"JOY"牌洗洁精就是这么做的。宝洁克服传统渠道排他性的原因有两个：第一，经过10年的经济低迷，日本正在发生变化。为了获取利润，零售商前所未有地更加愿意打破老旧的排他性常规。第二，宝洁进入日本市场的时间很长，并且消费品种类相当广泛，能对分销商产生巨大影响力，因此能通过分销渠道实现新产品推送。

渠道质量

渠道质量（channel quality）指一国零售商的专业度、能力和技巧，以及其销售和支持全球产品的能力。虽然大部分发达国家的零售商质量优良，但是在新兴国家和发展中国家，如俄罗斯和印度尼西亚等的分销渠道质量参差不齐。优质分销渠道的缺失可能会阻碍产品市场准入，特别是那些对销售点服务和售后服务要求很高的新产品或深加工产品。当渠道质量很差时，跨国公司需要投入大量精力来升级渠道，比如，对现存零售商进行密集培训和支持，甚至建立自己的渠道。因此，自苹果公司在美国推广其零售商店概念以来，它已经在世界很多国家设立了零售商店，如英国，目的是能够在销售点提供iPod和其电脑产品的教授和支持等服务。苹果公司相信这种策略有利于其在这些国家获得市场份额。

选择分销策略

分销策略的选择决定了公司用来获取潜在消费者的渠道。公司应该直接把产品卖给消费者，还是通过零售商、批发商、进口机构或投资建立自己的渠道？最优决策由每种选择的相对成本和收益决定，也取决于前文讨论过的零售系统、渠道长度、渠道排他性和渠道质量。

因为每个渠道中的中间商都会对产品加成，渠道长度、最终销售价格和公司边际利润之间有着重要联系。渠道越长，累计加成越多，终端产品向消费者收取的价格就越高。为了保证产品价格不会因为中间商的加成而太高，公司就必须降低边际利润。因此，如果价格是一个重要的竞争武器，而且公司也不希望边际利润被压缩，那么在其他条件相同时，公司会偏向采用短渠道。

然而，采用长渠道的好处可能会超过其缺点。如上所述，长渠道的一个好处是在零售系统分散时降低销售成本，因此对于跨国公司来说，在零售系统分散的国家采用长渠道，在零售系统集中的国家采用短渠道是合理的。长渠道的另一个好处是市场准入，即进入排他性分销渠道的能力。进口代理机构与批发商、零售商和重要客户可能保持着长期关系，因此它们更容易获得订单，并进入分销系统。而批发商与零售商可能保持着长期关系，因此这比公司自己劝服零售商购买本公司产品更容易。

进口代理机构并非局限于独立交易所，任何当地知名公司都能做得很好。比如，为了打破渠道排他性而进入日本市场，苹果公司跟日本 5 家大型公司签订分销协议，包括商用设备巨头兄弟工业（Brother Industries）株式会社、文具领导者国誉（Kokuyo）、三菱、夏普和美能达（Minolta）。这些公司通过自己与消费者、零售商和批发商的长期分销关系在日本零售系统中推广苹果电脑。结果在协议签订 4 年后，苹果公司在日本的市场份额从不足 1‰增长到 13％。[1]

如果这种安排不能实现，公司就要考虑通过其他不那么传统的方法来进入市场。受日本排他性分销渠道的限制，一些外国消费品生产商尝试直接通过发邮件和商品目录的方法把产品卖给客户。娱乐装备公司在劝服日本批发商和零售商购买其产品时遇到了麻烦，所以转而采用直接发邮件然后建立网站的策略进入日本市场，后来证明该策略是成功的。

如果渠道质量仍然不佳，那么公司应该考虑采取措施升级渠道质量，其中包括建立自己的分销渠道。

沟通策略

还有一个重要的营销组合要素是将产品属性传达给潜在客户。公司可用的沟通策略有很多，包括直接销售、促销和广告等。公司的沟通策略部分取决于其选择的渠道。一些公司主要依靠直接销售，一些公司依靠销售点促销，另一些公司依靠大规模广告宣传，还有一些公司同时使用多种渠道向潜在客户传达信息。在本部分，我们先看国际沟通问题，然后调查影响某种沟通策略在特定国家的有效性的各种因素，最后讨论标准化广告。

国际沟通问题

不管公司在其他国家销售产品时使用何种营销信息，都存在国际沟通问题。公司的国际沟通有效性受 3 种潜在关键变量的阻碍：文化壁垒、源头效应和噪声。

文化壁垒

文化壁垒使得沟通信息的跨文化传播变得困难。本书前文中讨论了一些国家之间文化差异的原因和后果。因为存在文化差异，同样的信息在一个国家中是这个意思，但在另一个国家中可能完全不同。比如，20 世纪 80 年代，宝洁在日本促销其香皂时碰上了意料之外的麻烦。在电视广告中，一个日本男人在妻子洗澡时走进浴室，妻子开始跟丈夫介绍她的新肥皂，但是丈夫抚摸着她的肩膀，并暗示他的妻子，他所想的可不止是肥皂泡。此广告在欧洲很受欢迎，但是在日本失败了，因为在日本，当妻子在洗澡时，丈夫闯入浴室是不礼貌的。[2]

意大利服装生产商和零售商贝纳通（Benetton）也因广告碰上了麻烦。该公司

---

[1] N. Gross and K. Rebello, "Apple? Japan Can't Say No," *BusinessWeek*, June 29, 1992, pp. 32-33.

[2] "After Early Stumbles P&G Is Making Inroads Overseas," *The Wall Street Journal*, February 6, 1989, p. B1.

发布了全球广告，主题为"全色彩的贝纳通"，并在法国获了奖。广告中一个黑人女人给一个白人小孩哺乳，并且在另一个广告中把一个黑人和一个白人铐在一起。当美国民权组织抨击该广告宣传白人种族统治时，贝纳通吃了一惊，立即撤销广告，并解雇了其广告商——法国黄金国度（Eldorado of France）。

对公司来说，克服文化壁垒的最佳方式是发展跨文化知识。此外，公司应该利用当地要素，如当地广告商来开发营销信息。如果公司直接卖出产品，而非通过广告传达信息，那么应尽力培养当地销售团队。文化差异限制了公司使用相同营销信息和销售渠道的能力，在一个国家奏效的策略在另一个国家可能就具有侵犯性。下文"聚焦管理"专栏中宝洁销售丹碧斯卫生棉条的国际策略，显示了文化因素对沟通策略的影响。

● 聚焦管理：突破文化壁垒，销售卫生棉条

宝洁以18.7亿美元买下丹碧斯（Tampax）卫生棉条生产商丹布兰（Tambrands）公司时，想把丹碧斯做成国际品牌。在收购之时，北美约70%及北欧绝大多数女性都使用棉条，然而其他地区的使用量很低，像在西班牙和日本这样的国家，使用的人寥寥无几，拉丁美洲国家更是不足2%。宝洁相信，利用其全球营销技巧和分销网络能够提高产品销量，特别是在像拉丁美洲和南欧这些开发不足的市场，但事实很艰难。

最大的问题是宗教和文化禁忌。很多国家坚持相信，使用棉条会使女孩失去童贞，这一担忧似乎在天主教国家最盛行。虽然罗马天主教声称，它对棉条没有官方立场，但是一些神父公开反对这一产品，认为该产品与教堂禁止的人口控制和性交行为相关。女人必须先了解自己的身体，才会使用棉条。宝洁发现，很多国家的卫生教育很有限，因此难以培养女人对自己身体的了解。

在印度和巴西利用传统营销策略，如平面媒体广告和零售分销的尝试均失败后，宝洁决定改变策略，采用直接销售和关系营销方式，并在墨西哥的蒙特雷进行试验。该策略中心雇用了一个销售顾问团队，而且顾问都是年轻女人，她们要先承诺成为棉条的常规用户，虽然其中大部分人从未用过棉条。宝洁对每个女顾问进行培训，并观察她们的前期表现。通过书面考试之后，公司给她们配备解剖图、女性生殖系统的蓝色泡沫模型，以及一盒样品。这些穿着印有丹碧斯标签的蓝色套装或医生白大褂的顾问被派到商店、学校、健身房和女人多的其他地方进行推广。每天顾问大概与60个女人交谈，配合活页挂图向她们解释产品的功效，结果大概1/3的女人会购买产品。

顾问也模仿特百惠（Tupperware）公司的做法，利用聚会的机会招收新人以组织活动。通常大约有20个女人会参加这种联谊会议，在此期间，顾问会介绍如何使用该产品，回答问题并分发免费样品，其中40%参会的女人会继续组织活动。

宝洁还发现，在蒙特雷有一半医生认为，棉条对女人有害，公司认为这种态度是由于无知，大部分医生是男人，他们只是难以理解产品是如何奏效的。为了解决这一问题，宝洁利用其以前就给医生打过电话销售碱式水杨酸铋和美达施类产品的销售团队给医生分发棉条样品，并解释产品使用方法。宝洁相信，这种做法能减少

至少10%的医生对该产品的抵制。这种销售策略能成功吗?仅仅几个月之后,蒙特雷女性卫生品市场的棉条销量就从2%上涨到4%,丹碧斯棉条的销量翻了3倍。基于这种结果,宝洁又在拉丁美洲开始了相似策略。①

源头效应

当信息的接收者(潜在客户)基于信息发出者的地位和形象评估信息时,**源头效应**(source effects)就产生了。当目标国家的潜在客户对国外公司的认识有偏差时,源头效应对跨国公司的影响是破坏性的。比如,20世纪90年代,打压日本的浪潮席卷美国。本田公司担心美国消费者对其产品反应消极,因此以投放广告的方式做出回应,强调其汽车的美国属性,表明公司已经变得很美国化了。

很多跨国公司通过弱化其外国产地来应对消极的源头效应。1999年,法国反全球化人士罗泽·博韦(Jose Bove)因拆毁一家建到一半的麦当劳餐厅而被一些法国民众视为英雄。法国特许经营商以广告回应,广告中描绘了一个肥胖无知的美国人难以理解为什么法国麦当劳使用当地生产的非转基因食材。尖锐的广告奏效了,如今法国麦当劳是公司全球网络中最强劲的一个。同样,当英国石油(British Petroleum)公司收购美孚石油(Mobil Oil)公司的美国加油站网络时,它将名字改成"BP",想把人们的注意力从美国最大的加油站运营商是一家英国公司的事实转移出去。

源头效应中有一部分被称为**原产地效应**(country of origin effects),即生产地对产品评估的影响程度。研究表明,当消费者评估产品时,原产地可能被视为一大线索,特别是在消费者缺少产品的具体信息时。比如,一项研究发现,日本消费者从多种维度评估后,偏向认为日本产品比美国产品更好,即使独立分析表明实际上日本产品更差。② 如果存在消极的原产地效应,那么跨国公司要耗费大量努力来改变这一效应,比如利用促销信息强调其产品的积极属性。因此,韩国汽车生产商现代公司通过投放广告把自己品牌的汽车和其他著名品牌的汽车做对比,从而改变美国消费者对其汽车质量的消极看法。

源头效应和原产地效应并不总是消极的。法国红酒、意大利服装和德国奢侈汽车几乎在世界范围内从积极源头效应中受益。在这种情况下,公司应该更加强调其国外源头。比如,日本对高质量的国外食品需求很高,特别是来自欧洲的食品。背着古驰的包,戴着劳力士手表,喝着昂贵的法国红酒,开着宝马车已经成为时尚了。

噪声

噪声倾向于降低有效沟通的可能性。**噪声**(noise)指夺走潜在消费者注意力的信息数量,不同国家之间有所不同。在高度发达国家,如美国,噪声相当高。但是在发展中国家,很少有公司会争夺潜在客户的注意力,所以噪声很低。

---

① E. Nelson and M. Jordan, "Seeking New Markets for Tampons, P&G Faces Cultural Barriers," *The Wall Street Journal*, December 8, 2000, pp. A1, A8.

② Z. Gurhan - Cvanli and D. Maheswaran, "Cultural Variation in Country of Origin Effects," *Journal of Marketing Research*, August 2000, pp. 309 - 317.

□ 推拉策略

对于沟通策略来说，最主要的决策是推拉策略的选择。推拉策略包括外推策略和内拉策略。**外推策略**（push strategy）在促销组合中强调直接销售，而不是大众媒体，虽然这种促销手段很有效，但是其要求密集利用销售团队，因而成本相对较高。**内拉策略**（pull strategy）更依靠利用大众媒体将促销信息传达给潜在消费者。

虽然有些公司只采用内拉策略，而有些公司只采用外推策略，但还是有些公司把直接销售和大众媒体结合起来，以实现高效的沟通。决定外推策略和内拉策略相对吸引力的因素包括产品类型和消费者意识、渠道长度，以及大众媒体的可得性。

产品类型和消费者意识

试图向市场大规模销售产品的消费品公司通常偏向内拉策略。这类公司与大众沟通有成本优势，因此它们很少利用直接销售。但是在文化水平较低的国家也有例外，在这类国家直接销售可能是获取消费者的唯一方式。销售工业产品或其他复杂产品的公司更倾向于采用外推策略。直接销售使公司能够将产品特性传达给潜在消费者。但是在发达国家就没有必要了，因为复杂产品已经使用了一段时间，产品属性被人熟记，消费者也更加老练，而且现存优质渠道也能够提供销售点服务。然而，如果消费者对产品不太熟悉（这种情况在发展中国家比较常见），或在发达国家推出新产品时，或高质量的分销渠道缺乏时，那么对消费者进行产品介绍更加重要。

● 聚焦管理：联合利华在印度农村的营销策略

联合利华是全球最大、成立时间最长的消费品公司之一，在很多发展中国家，如印度，占有很大市场份额。大城市之外的地区消费者收入低、受教育程度低、识字率低，而且零售系统分散，缺少公路，以上因素使得营销任务困难重重。然而联合利华通过采用创新型营销策略，在这些贫困的农村地区获得了大量市场份额。

印度的大部分农村人口分散在全国 600 000 多个村庄中，其中 500 000 多个不通公路，摩托车无法到达。约 90% 的农村人口居住在人数不满 2 000 人的小村庄里。农村零售店规模小，日常用品存货有限。这些人极度贫困，可能每天只能挣 1 美元，而且大多被花在食物上，每天仅剩下 30 美分作为他用。村民识字率很低，传统的大众媒体如报纸和电视起不了什么作用。尽管困难重重，联合利华印度子公司印度斯坦利华（Hindustan Lever）为获得农村市场做出了努力。虽然公司从农村所得的收益很少，但是联合利华希望随着国家的发展及人民收入的提高，印度人对联合利华产品的熟知度会提高，且会持续购买公司产品，这将赋予公司长期竞争优势。

为了接触农村消费者，印度斯坦利华试图实际参与村民的频繁集会。这种方法保证了村民在集会和购物时能看到联合利华的广告，比如在村里的水井旁，在每周的农产品市场上，或者在村民使用产品时，如人们聚在河边用联合利华香皂（当然这是公司的愿望）洗衣服的时候。粉刷了联合利华产品促销广告的村庄也很常见。公司也会参与农村的每周集会，比如市场日，人们会在此时出售农产品，购买家庭日用品。印度斯坦利华的销售人员还会参与集会，展销产品，解释产品工作原理，分发试用品，做促销活动，为未来需求打下基础。

然而，印度斯坦利华销售成就的主干是农村分销网络，该网络包括100家工厂、7 500家分销商和近300万家零售店。有些零售店甚至就像墙上开的小洞，不比市场上的小摊贩大多少。这些零售店里的联合利华产品也只是几包洗发水或几条香皂而已。印度各邦的仓库会向主要分销商送去产品，主要分销商再把产品直接卖给成千上万的能通摩托车的小镇和小村庄。如果有些地方不通摩托车，那么主要分销商会把产品卖给二级分销商，再由它们将产品卖向印度500 000多个不通摩托车的村庄，此时产品的送达主要靠自行车、牛车、手推车，或者靠人背回去。①

渠道长度

分销渠道越长，将产品送到消费者手上所需的中间商就越多。这可能引起中间商的惰性，使得进入市场更加困难。通过多层分销渠道将产品直接销售给消费者的成本很高。在这种情况下，公司可以通过使用大众媒体来创造消费需求，一旦需求建立起来，中间商就会更乐意销售产品。

在日本，产品在送达最终零售店之前要经过2~4个批发商，这也使公司进入日本市场更加困难。公司不仅要说服日本零售商帮助其销售产品，还要说服分销渠道中的每个中间商。在这种情况下，大众媒体可以打破这种渠道阻力。然而在印度这类国家，服务大量农村人口的分销渠道很长，但是由于当地识字率太低，广告也起不了什么作用，这时公司就要重新采用直接销售的方法，或者依靠分销商的当地商誉。

大众媒体的可得性

内拉策略依靠大众媒体。在美国有大量大众媒体可供选择，包括平面媒体（报纸和杂志）、广播媒体（电视和广播）及互联网。美国电视信号的发展推动了专有广告的发展，比如面向青少年和年轻人的音乐电视网，面向妇女的生活频道，以及面向运动发烧友的娱乐与体育节目电视网（ESPN）。互联网也是这样，不同网站吸引着不同用户。一些其他发达国家大众媒体的发展水平也较高，但并非所有国家都如此，很多发达国家拥有的大众媒体数量跟美国都没法比。比如在斯堪的纳维亚半岛，直到最近才出现播放广告的电视和广播台，之前的大众媒体都是国有的，而且不含广告，随着卫星电视的出现，政策才有所放宽。在很多发展中国家，因为各种形式的大众媒体通常有限，所以情况更受限制。由于一些国家大众媒体的可得性有限，因此公司采用内拉策略的能力受限。在这种情况下，外推策略更有吸引力。比如，联合利华在大众媒体很少的印度农村地区采用了外推策略以销售其产品。

在一些情况下，大众媒体的可得性受法律的限制。很少有国家会允许在电视和广播中播放香烟和酒精产品的广告，这类广告通常只能出现在平面媒体中。当日本一流酒商三得利（Suntory）公司进入美国市场时，它不被允许进行广告宣传，而这恰恰是公司偏好的大众媒体形式，该公司每年在日本的电视广告上花费约5 000万美元。美国允许通过广告直接向消费者宣传医药产品，但是这在有些发达国家是被禁

---

① K. Merchant, "Striving for Success—One Sachet at a Time," *Financial Times*, December 11, 2000, p. 14; M. Turner, "Bicycle Brigade Takes Unilever to the People," *Financial Times*, August 17, 2000, p. 8; "Brands Thinking Positively," *Brand Strategy*, December 2003, pp. 28-29.

止的。在这种情况下，制药公司必须更加依赖向专业医生进行广告宣传，并努力对他们进行直接销售以卖出产品。

外推策略和内拉策略的组合

外推策略和内拉策略的最佳组合取决于产品类型和消费者意识、渠道长度和大众媒体的可得性。外推策略更适用于以下情形：

(1) 工业产品或复杂的新产品。

(2) 分销渠道较短。

(3) 平面媒体和电子媒体不可得。

内拉战略更适用于以下情形：

(1) 消费品。

(2) 分销渠道较长。

(3) 传达营销信息的平面媒体和电子媒体充足。

标准化广告

受到如西奥多·莱维特这类思想家作品的广泛启发，近几年关于标准化广告优缺点的讨论很多。[①] 其中，历史上最成功的是菲利普·莫里斯的万宝路香烟的促销广告。该广告开始于20世纪50年代，正值品牌重新定位之时，该广告的目的是向烟民保证加上滤嘴之后的香烟口味不变。广告主题"光临风韵之境——万宝路世界"在全球各地获得成功。万宝路在推出"万宝路男人"时提出此广告语，"万宝路男人"即在大草原上骑着马抽着万宝路香烟的粗犷牛仔。该广告几乎在全球各大市场中取得了成功，并将万宝路香烟推向全球市场顶端位置。对于标准化广告，既有支持的言论又有反对的言论。

支持标准化广告

支持标准化广告有三个原因。第一，标准化广告能形成显著的经济优势。标准化广告通过在多国分摊开发广告的固定成本而降低了价值增值成本。比如，李维斯付给广告开发商55万美元，用以开发一系列电视广告，通过在不同国家重复使用该广告，而不是针对每个国家重新开发新广告，李维斯节省了大量成本。同样，可口可乐广告商麦肯-埃里克森（McCann-Erickson）宣称，通过在全球范围内投放其广告，自己在20年里为可口可乐节省了9 000万美元。第二，由于对创作才能稀缺性的担忧，一些人觉得花费大量精力开发的广告要比花费40～50次小努力得到的效果好得多。第三，很多公司品牌的名字在全球是一致的。随着现代国际旅游数量的大幅上升，以及跨国大众媒体的大量重叠，很多跨国公司希望建立单一的品牌形象以避免当地广告引起混淆。这种情况在西欧地区尤其重要，在那里跨国旅游几乎像美国的跨州旅游那么常见。

[①] M. Laroche, V. H. Kirpalani, F. Pons and L. Zhou, "A Model of Advertising Standardization in Multinational Corporations," *Journal of International Business Studies* 32 (2001), pp. 249-266; D. A. Aaker and E. Joachimsthaler, "The Lure of Global Branding," *Harvard Business Review*, November-December 1999, pp. 137-144.

反对标准化广告

反对标准化广告的主要原因有两个。第一，国家之间的文化差异使得在一个国家很受欢迎的信息在另一个国家可能惨遭失败。文化多样化使得开发全球有效的单一广告主题极度困难。与标准化信息相比，根据某一特定国家文化进行信息定制可能更加有效。

第二，各国的广告规范可能会阻碍标准化广告的实施。比如，凯洛格（Kellogg）公司不能用它在英国的电视广告在欧洲其他国家促销玉米片。因为该公司玉米片的铁和维生素含量水平在荷兰是不被许可的，荷兰宣称，根据相关健康和医疗福利法律，该产品非法。如果让孩子穿着"凯洛格"字样的衬衫，那么衬衫需要被重新编辑，去商业化，才能在法国投入使用，因为法国法律禁止利用孩子进行产品代言。"凯洛格生产的玉米片是最好的"这些关键字样在德国是不被允许的，因为德国禁止使用此类竞争性标语。[1] 同样，美国运通（American Express）公司因在德国发布了一项促销方案而与该国管理部门发生了冲突，该方案在其他国家均取得了成功。该方案宣称，美国运通公司用户在每次用卡时能得到奖励积分，而且还说这些奖励积分可被用来享受3家航空公司的空乘和酒店入住服务。美国运通公司因触犯德国竞争法而被罚款，德国竞争法禁止在销售产品时免费提供礼品；此外，公司还要承受因收回广告而带来的大量损失。[2]

应对国家差异

一些公司虽然看到了国家之间文化和法律环境的差异，但还是尝试着从标准化广告中获利。公司可能会选取一些特征来融入标准化广告中，并对其他特征进行本地化处理。这种做法或许能够节省一些成本，建立国际品牌认知，同时对不同文化进行广告定制。

芬兰手机生产商诺基亚一直就是这么做的。以往诺基亚在不同市场采用不同的广告方案，而在2004年，诺基亚发布了一条标准化广告，标语为"选择诺基亚手机的1 001个理由"。诺基亚这么做是为了降低广告成本，获得一些规模经济效益。此外，全球逐渐一体化，诺基亚相信建立一致的全球品牌形象是有益的。同时，诺基亚根据不同文化对广告进行了稍微调整。广告中会使用当地受欢迎的明星，虽然他们所说的广告词是一样的。公司也会调整手机的当地展销场景，比如，在意大利会在商场做广告，而在中东会在集市做广告。

定价策略

国际定价策略是整个营销策略的重要部分。[3] 本部分将研究国际定价策略的3个方面。第一，实施价格歧视的案例，即对相同产品在不同国家收取不同价格的案例。第二，战略性定价。第三，对一些制度因素的审查，如政府价格管控和反倾销法规，

---

[1] "Advertising in a Single Market," *The Economist*, March 24, 1990, p. 64.
[2] D. Waller, "Charged Up over Competition Law," *Financial Times*, June 23, 1994, p. 14.
[3] R. J. Dolan and H. Simon, *Power Pricing* (New York: Free Press, 1999).

这些因素会限制公司按偏好价格在一国销售产品的能力。

□ 价格歧视

在不同国家对同种产品向消费者收取不同价格时，价格歧视就产生了。[①] 价格歧视指按市场所能承受的最高价格定价。相比公司垄断市场，竞争性市场的价格更低。价格歧视有助于公司实现利润最大化，在不同国家收取不同价格是有经济意义的。

价格歧视有利可图需要两个必备条件。第一，公司必须保持国家市场之间相互分隔。如果市场不分隔，那么个人或公司可能会通过套利来削减公司进行价格歧视所做出的努力。当个人或公司利用两国之间某种产品的价格差异，即在价格较低的国家买进产品，在价格较高的国家卖出产品时，套利行为就出现了。比如，欧洲很多汽车公司长期实行价格歧视。福特的"福睿斯"汽车在德国的售价就曾比比利时高出2 000美元，直到汽车经销商从比利时购买"福睿斯"汽车开到德国，并以稍低于福特"福睿斯"汽车在德国的价格卖出时，这一策略才宣告结束。为了保住德国汽车经销商的市场份额，福特不得不将其在德国的售价调整到与比利时的售价水平一致，因为福特不能将两个市场分隔。

然而，福特在英国和比利时之间依然保持着价格歧视。一辆福特汽车在英国的售价比在比利时高出3 000美元。在这种情况下，套利就难以实现产品价格一致了，因为英国汽车是右驾驶，而欧洲其他国家的汽车是左驾驶。因为在英国左驾驶的汽车没有市场，所以福特得以将市场分隔。

有趣的是，本田现在为其美国市场生产左驾驶车，而为亚洲市场生产右驾驶车。丰田运动型跑车和多用途车的常见缺点是，两款车的亚洲车型的后门是相同的，即后门打开的时候是朝向地面的，而不是朝上的，后门打开朝上的车的装载和卸载会方便一些。

第二，不同国家的需求价格弹性不同。**需求价格弹性**（price elasticity of demand）指产品需求对价格变动的反应程度，当价格很小的变化会引起需求很大的变化时，我们就说该产品**富有弹性**（elastic）。当价格变化很大，但引起的需求变化很小时，我们就说该产品**缺乏弹性**（inelastic）。图17.2显示了富有弹性和缺乏弹性的需求曲线。通常来说，公司可以对需求缺乏弹性的国家的产品收取较高价格。

某特定国家产品的需求价格弹性由很多因素决定，其中收入水平和竞争条件是最重要的两项。需求价格弹性在低收入水平下偏高。收入有限的消费者对价格很敏感，他们能花费的很少，所以对价格关注更密切。因此，如印度这类国家对像电视机这样的产品的需求价格弹性比美国高，因为印度把电视机视为奢侈品，而美国将其视为必需品。

通常来说，竞争者越多，消费者的还价能力就越大，消费者从标价最低的公司处购买产品的可能性越大。因此竞争者的数量多会提高需求价格弹性。在这种情况

[①] B. Stottinger, "Strategic Export Pricing: A Long Winding Road," *Journal of International Marketing* 9 (2001), pp. 40-63; S. Gil-Pareja, "Export Process Discrimination in Europe and Exchange Rates," *Review of International Economics*, May 2002, pp. 299-312.

下，如果公司提价，使其价格高于其他竞争者，那么消费者会转向购买其他竞争者的产品。如果公司面临的竞争者很少，那么情况相反。当竞争者有限，消费者还价的能力很弱时，作为竞争手段的价格就不那么重要了。因此，相比竞争激烈的地方，在竞争者数量有限的国家，公司可能会收取较高价格。

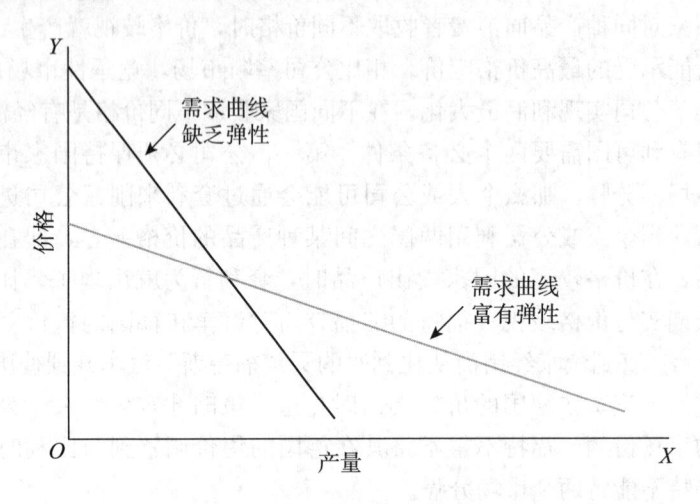

图17.2　富有弹性和缺乏弹性的需求曲线

战略性定价

战略性定价（strategic pricing）可被分为掠夺性定价、多点定价和经验曲线定价。掠夺性定价和经验曲线定价可能都违反了反倾销法规。本章在研究掠夺性定价、多点定价和经验曲线定价之后，再研究反倾销法规和其他规章制度。

掠夺性定价

掠夺性定价（predatory pricing）指利用价格作为竞争武器，将较弱的竞争者驱逐出国内市场。一旦竞争者离开市场，公司就能提高价格享受高利润。为了实现这种定价策略，公司通常需要在其他国家市场取得有利地位，这样才能补贴其在试图操控的市场内的掠夺性定价。历史上，很多日本公司因为实施该策略而受到指控。日本市场因其严格的贸易壁垒，使得外国竞争者难以进入市场，从而日本公司在本国能够实现高定价并获取高额利润，然后它们再利用取得的利润补贴国外的战略性定价，目的是把竞争者从市场上驱逐出去。一旦实现了这一目的，日本公司就会提高价格。三菱公司因在美国电视机市场使用该策略受到指控[1]，该日本电视机巨头在国内争取高额利润，并以此补贴其在美国市场早年中的亏损。该公司用低价提高市场占有量，最后成为世界最大的电视机生产商。

多点定价

当两个以上跨国公司在多个国家市场上彼此竞争时，多点定价就产生了。比如，柯达和富士胶片长期以来在世界市场上相互竞争，对它们而言，多点定价就是一个

---

[1] 该指控于1992年5月出现在美国公共电视网的《前线》纪录片电视频道中。

问题。① **多点定价**（multipoint pricing）指一家公司在一个市场内的定价策略对其竞争对手在另一个市场上的定价策略的影响。一个市场内的侵略性定价可能会诱发其竞争对手在另一个市场内的竞争性回应。比如，富士胶片于1997年1月在美国市场上对柯达发起了侵略性竞争攻势，将其35毫米的多孔胶卷的价格减半。②这一行为致使1997年上半年富士胶片彩色胶卷的装运量增加了28%，然而柯达的装运量下降了11%。这使得柯达陷入两难境地，柯达并不打算在其最大和利润最高的市场进行降价，而是以在富士胶片的最大市场——日本大幅降价作为回应。这一战略性回应显示了富士胶片和柯达之间的依赖性，以及两者在多国市场相互竞争的事实。对于柯达的反击，富士胶片做出的反应是撤销其在美国的侵略性定价。

柯达事件显示出，一方面，在一个市场内的侵略性定价会诱发竞争对手在另一市场内的回击。在公司做出定价策略之前，它需要考虑全球竞争对手可能会做出的反应。另一方面，多个跨国公司关注某特定国家市场，可能会发动激烈的价格战以获得市场主导权。如巴西一次性纸尿布市场中的两个美国公司——金佰利和宝洁，因双方都想占据市场主导权而爆发价格战。③ 结果，3年内一次性纸尿布的价格从每片1美元下降到每片33美分，而其他竞争者，包括巴西本地厂商被逐出市场。金佰利和宝洁在世界范围内争夺市场份额和主导权，巴西只是它们的战场之一。两家公司都能承受这种行为，虽然这会降低它们在巴西的利润，但是它们可以用在世界别处的利润来补贴巴西的损失。

全球的定价策略必须接受公司总部监督。将定价策略的责任全部交给世界各地的经理有利于获得分散化的好处。但是，因为在世界某地的定价策略会引起其他地区的竞争性反应，所以总部管理层需要至少监管或许可某国市场的定价策略，并且当地经理也要明白，他们的行为会对其他国家的竞争行为产生影响。

经验曲线定价

本书前文中曾提到经验曲线。随着公司逐渐积累产量，单位成本会下降。学习效应和规模经济是经验曲线的基础。该问题涉及价格因素，是因为侵略性促销和侵略性广告会带来侵略性定价，而侵略性定价会导致累计销量的快速增加，因此产量会沿着经验曲线向下移动。与位于经验曲线前端的公司相比，位于经验曲线后端的公司更能获得成本优势。

在全球范围内追求**经验曲线定价**（experience curve pricing）的公司会设定较低的全球价格，以尽可能快的速度建立全球销售量，即使这么做意味着公司在早期会遭受巨大损失。这类公司相信，在几年内沿着经验曲线往下移动，它就能获得大量利润，而且会比不具侵略性的竞争者获得更多成本优势。

---

① Y. Tsurumi and H. Tsurumi, "Fujifilm-Kodak Duopolistic Competition in Japan and the United States," *Journal of International Business Studies* 30 (1999), pp. 813–830.
② G. Smith and B. Wolverton, "A Dark Moment for Kodak," *BusinessWeek*, August 4, 1997, pp. 30–31.
③ R. Narisette and J. Friedland, "Disposable Income: Diaper Wars of P&G and Kimberly-Clark Now Heat Up in Brazil," *The Wall Street Journal*, June 4, 1997, p. A1.

▢ 法规对价格的影响

公司实施价格歧视或进行战略性定价的能力可能会受各国或国际法规的限制。更重要的是，公司设定价格的自由会受到反倾销法规和竞争政策的制约。

反倾销法规

掠夺性定价和经验曲线定价都与反倾销法规相抵触。当公司以低于产品生产成本的价格销售产品时，倾销就发生了。然而很多法规对倾销的定义很模糊。比如在《关税及贸易总协定》下，如果产品以低于正常价值的价格出售，而且对当地工业造成实质性损害，那么该国就可以对进口商进行反倾销调查。问题是该术语没有准确定义正常价值是什么，这种模糊性造成了很多争议。一般认为，在外国以低于产品原产国的价格（而非产品成本）销售产品是倾销。

反倾销法规给出口价格设定了下限，限制了公司追求战略性定价的能力。模糊术语在大多数反倾销案例中都会被用到，这表明在反倾销法规下公司实施价格歧视的能力可能受到挑战。

竞争政策

绝大多数发达国家都有旨在促进竞争、限制垄断行为的法规。这些法规可能被用来限制公司在特定国家的定价水平。举个例子，瑞士制药公司霍夫曼罗氏（Hoffmann-LaRoche）垄断了镇定药和安眠药的供应。负责促进英联邦平等竞争的英国垄断和兼并委员会（British Monopolies and Mergers Commission）对该公司进行调查，发现该公司对安眠药的定价过高，因此要求公司将产品价格下调35%~40%，虽然霍夫曼罗氏解释说，公司只是实施了价格歧视。随后，德国企业联合办公室（German Cartel Office）、荷兰政府和丹麦政府也对该公司展开了相似行动。①

配置营销组合

公司可能会在不同国家之间调整营销组合的各个方面，以将国家文化、经济条件、竞争条件、产品技术标准、分销系统、政府法规等这类差异考虑进去。这类差异要求公司调整产品属性、分销策略、沟通策略和定价策略。这些因素的累积效应使得公司采取全球相同的营销组合不太现实。

比如，金融服务行业的营销组合的国际标准通常被认为是不变的。虽然金融服务公司，如美国运通公司的卡服务最低消费是全球相同的，采取的全球产品基础费用结构也是一致的，而且采用的全球广告语"离家不离它"也是不变的，但是各国法规的差异性仍然意味着公司需要根据不同国家的情况调整沟通策略。麦当劳通常被认为是在全球销售相同标准化产品的最好例子，但实际上，它也会根据国家情况调整菜单，菜单是其营销组合中的重要部分。同样，麦当劳也调整分销策略，在加

---

① J. F. Pickering, *Industrial Structure and Market Conduct* (London: Martin Robertson, 1974).

拿大和美国，大部分麦当劳餐厅都分布在汽车很容易到达的地方，但是在人口更密集且汽车较少的国家，如日本和英国，麦当劳则把餐厅定位在行人多的地方。因为各国通常在一两个甚至更多维度上存在差异，所以定制营销组合是很正常的。

然而，对营销组合中的一两个因素进行标准化处理的机会很大。① 公司发现，对全球广告信息和核心产品属性实现标准化很有可能会节约大量成本。它们还发现，利用当地差异性定制分销策略和定价策略是有益的。实际上，关于"定制还是标准化"的争论并非全输或全赢，通常根据各个国家市场条件对营销组合进行部分定制或者部分标准化的做法是合理的。后文的"聚焦管理：嘉实多在越南"专栏就是一个显著例子。嘉实多向全球销售标准化产品——润滑油，然而公司也根据不同国家的经济条件、竞争条件和分销渠道部分调整其营销组合。关于什么应该定制，什么应该标准化的决策应该建立在对营销策略中每一部分的成本和收益的详细调查之上。

新产品研发

成功研发并营销新产品的公司能够获得巨额回报。比如，专业生产一系列成功创新产品——胶膜、尼龙、冷却剂和特氟隆（用于不粘锅）的杜邦公司；成功生产随身听、激光光盘和游戏机的索尼公司；在20世纪90年代生产了几大主要新药，如伟哥的辉瑞制药公司；将核心能力应用于磁带生产，并以此开发一系列新产品的3M公司；持续在用于个人电脑的创新型微处理器研发中处于领先地位的英特尔公司；以及研发位于网络连接中心、引导数字交通的路由器的思科公司。

在当今世界中，竞争归根到底为技术创新的竞争。自18世纪工业革命以来，技术进步的步伐就加快了，今天依旧如此。这急速缩短了产品的生命周期。技术革新既可以是创新性的，又可以是毁灭性的。② 一项创新可以让已有产品在一夜之间被淘汰，但也可能促成一系列新产品的问世。时代见证了电子行业在近年来的改变。从1910年到20世纪50年代初，真空管是收音机中的重要部件，随后被使用在唱片机和早期电脑中。晶体管的出现摧毁了真空管市场，但与此同时，这也给晶体管创造了机遇。晶体管比真空管的发展更快，创造了微型化的趋势并持续至今，但是晶体管作为电子行业主要配件的地位只持续了10年。20世纪70年代，微处理器研发成功，晶体管的销量急剧下降。然而，微处理器也为另一系列新产品创造了机遇，如便携式计算器（摧毁滑行尺市场）、激光唱片机（摧毁虚拟唱片机市场）、个人电脑（摧毁打字机市场）和手机（最终可能取代座机电话）。

技术革新能造成"创造性毁灭"，这表明为了不被竞争对手的创新产品甩在身后，公司占据技术的领导地位很关键。这不仅要求公司增加对研发的投资，同时要求公司在人才集中的地方从事研发活动。自身保持技术的领导地位不足以保证公司能够存活，公司还必须把科技应用于开发满足消费者需求的产品，并且把产品设计

---

① S. P. Douglas, C. Samuel Craig, and E. J. Nijissen, "Integrating Branding Strategy across Markets," *Journal of International Marketing* 9, no. 2 (2001), pp. 97-114.

② Joseph Schumpeter, *Capitalism, Socialism, and Democracy* (New York: Harper Brothers, 1942).

好,以效益最高的方式生产产品。为达到此目的,公司需要保持研发、营销和生产之间的紧密关系。这对于国内公司而言很困难,对于各国消费者口味和偏好都存在差异的行业中的跨国公司更是困难重重。[1] 将以上各点熟记于心,本章接着研究研发定位,以及研发、营销和生产整合之间的问题。

● 聚焦管理:嘉实多在越南

嘉实多(Castrol)是英国石化汽油巨头伯马-嘉实多(Burmah Castrol)集团的润滑油分部。在欧洲和美国,嘉实多拥有15%的自助润滑油市场。嘉实多的目标客户是那些为保养发动机宁愿多花一点钱购买嘉实多"金嘉护"(GTX)牌润滑油而非标准化润滑油的驾车者。嘉实多为支持这一区别定位策略,在美国赞助了世界一级方程式锦标赛(F1)赛车和印地赛车,并花费大量费用在欧洲和美国的电视和汽车杂志上做广告。

然而近年来,嘉实多最大的成功来自亚洲发展中国家。嘉实多在该地区的销量仅为总销量的1/6,但实现了总利润的1/3。越南的汽车相对较少,所以嘉实多的目标为摩托车车主,其策略就是锁定那些想要养护新摩托车的人。公司的长远目标是培养品牌忠诚度,嘉实多相信,越南汽车会越来越普遍,曾经的摩托车车主在开始驾驶汽车之后,也会继续使用嘉实多产品。这一策略在泰国已经奏效,从20世纪80年代早期开始,嘉实多在泰国的摩托车市场就占有领导地位,现在依然在该国快速增长的汽车市场占有领导地位。

不像其在发达国家那样,嘉实多在越南的沟通策略并不太注重电视和平面媒体。公司通过使用大量广告牌和车贴,以及4 000多个无处不在的路边车库和摩托车洗车店的标牌来建立消费者意识。嘉实多还发明了独有的在越语中很押韵的广告语——"Dau nhot tot nhat"(最好的润滑油),让消费者铭记于心。公司调查人员发现,此标语被胡志明市多达99%的市民记住了。

同时,嘉实多开始在越南采用其全球促销策略。2003年,公司开发了一条全球广告,由在美国之外最知名的运动员——英国足球明星贝克汉姆(Beckham)担任主角。作为广告的一部分,贝克汉姆拜访了数个亚洲国家,其中包括越南,并参加了由嘉实多赞助的足球联赛。

与其他地方一样,嘉实多在越南采用最优定价策略,这与公司建立全球高质量产品品牌形象的尝试相符。在越南,嘉实多的机油为每升1.5美元,是从泰国进口的廉价机油价格的3倍。虽然产品价格贵,但是嘉实多宣称,其品牌策略开始奏效,在越南的市场份额也在增加。

嘉实多需要根据越南独有的条件定制分销策略。在其运营的大部分国家中,嘉实多会将国家分成不同的区域,每个区域有一个批发商。但是在越南,每个区域有两个批发商,其中一个面向国有企业客户,该群体在这个国家还是存在的,另一个面向私人客户。虽然嘉实多知道这种系统花费很高,但是它认为,这是在该国做生

---

[1] S. Kotabe, S. Srinivasan, and P. S. Aulakh, "Multinationality and Firm Performance: The Moderating Role of R&D and Marketing," *Journal of International Business Studies* 33 (2002), pp. 79-97.

意的唯一办法，因为国有企业和私人企业之间的关系在该国还很紧张。①

▢ 研发定位

科学研究、需求条件和竞争条件的相互作用会促进新产品的研发。在其他条件相同的情况下，具备以下条件的国家的新产品研发速度会更快一些：

（1）花费在基础性研发和应用性研发上的资金较多。

（2）潜在需求强劲。

（3）消费者富足。

（4）竞争激烈。②

基础性研发和应用性研发能够开发新技术，然后对技术进行市场化。潜在需求强劲及消费者富足为新产品创造了潜在市场。公司之间的激烈竞争能激发创新，因为公司打败竞争对手、获取巨额潜在先发优势的前提是创新成功。

在第二次世界大战结束后的很长时期内，在这一标尺上占据最高地位的是美国。美国投入研发的资金占国内生产总值的比例在各国中最高，其科学基地也是世界上最大、最活跃的。美国消费者最富足，市场最大，国内公司竞争也最激烈。基于以上原因，美国是新产品研发和推出量最多的国家。因此，美国是研发活动的最佳定位，事实也的确如此。

在过去的几十年里，世界变化巨大。美国对新产品的研发垄断相对弱化。虽然美国公司依然占据很多新技术的领导地位，但是亚洲公司和欧洲公司也成为其强劲对手，如索尼、夏普、三星、爱立信、诺基亚和飞利浦都在各自行业促进产品创新。日本和欧盟都拥有广泛富足的市场，而且它们与美国之间的财富差距正在逐渐缩小。

因此，认为美国主导市场的观点不再适宜。如在游戏行业，日本通常在主导市场。索尼和任天堂（Nintendo）会在日本推出其最新的电子游戏，6个月后该新游戏才会在美国被推出。在无线通信行业，欧洲通常被认为走在美国前面。一些最先进的无线通信应用服务会最早出现在芬兰，而不是美国，芬兰的90%以上人口拥有无线手机，而在美国，该比例为65%。然而，是不是所有发达国家市场都能被看作主导市场呢？这个问题引人质疑。为了在现代高科技行业中取得胜利，在所有大型工业化市场推广新产品是有必要的。比如，当英特尔推出其新的微处理器时，它并不是先在美国推广，然后1年之后在欧洲推广，事实是它会同时在全球推广。

因为前沿研发在世界上的很多地区同时进行着，相比几十年前，将研发活动放在美国的言论变弱了。过去有人认为，研发的集中能够避免盗版。现在很多前沿研发都发生在日本和欧洲，将研发活动分散在这些地区，使得公司可以靠近前沿研发

---

① V. Mallet, "Climbing the Slippery Slope," *Financial Times*, July 28, 1994, p. 7; A. Bolger, "Growth by Successful Targeting," *Financial Times*, June 21, 1994, p. 27; "A Decade in Lubricants," *Vietnam Investment Review*, August 30, 2001; V. Bao, "England's Beckham to Visit Vietnam Despite Broken Wrist," *Saigon Times*, May 26, 2003.

② D. C. Mowery and N. Rosenberg, *Technology and the Pursuit of Economic Growth* (Cambridge, UK: Cambridge University Press, 1989); M. E. Porter, *The Competitive Advantage of Nations* (New York: Free Press, 1990).

中心，收集科技和竞争信息，并利用当地科技资源。① 这样可能会造成一些研发活动的盗版，但是盗版的成本损失要比分散化的益处小得多。

举个例子，为了将自己暴露在日本新产品调查和研发的环境中，很多美国公司在日本设立卫星研发中心。柯达在日本的研发中心雇用了大概200人，其中约100人为日本研究员，并指示实验室将精力集中于研发电子成像技术。在日本建立研发分部的美国公司包括康宁（Corning）、得州仪器、IBM、数字设备（Digital Equipment）、宝洁、普强（Upjohn）、辉瑞、杜邦、孟山都和微软。② 根据美国国家科学基金会（NSF）的记录，美国公司在国外的总研发经费急速上升。③ 比如，摩托罗拉有14个研发基地，分别坐落在7个国家；百时美施贵宝（Bristol-Myers Squibb）有12个研发基地，分布在6个国家。同时据美国国家科学基金会调查，为了实现其研究中心国际化并利用美国的人才资源，很多欧洲公司和日本公司在美国投资建立了研发基地。

☐ 研发、营销和生产整合

虽然公司成功研发新产品可能会取得巨额收益，但是新产品的研发失败风险很高。一项囊括化学、医药、石油和电子行业的16家公司的产品研发调查显示，只有20%的研发项目能够生产出在市场上成功的产品或工序。④ 另一项囊括3家公司（1家化学公司和2家医药公司）的产品研发深度调查表明，约60%的研发项目完成技术研发；30%的研发项目进行了市场化；仅12%的研发项目获得经济效益，并超过公司的投入成本。⑤ 同样，另一项调查认为，仅11%的大型研发项目能够生产出市场上成功的产品。⑥ 总之，证据表明只有10%～20%的大型研发项目能够生产出市场成功的产品。公众熟知的产品失败案例包括苹果公司的牛顿个人数字助理，索尼公司的视频播放机和录音机中的贝塔麦克斯磁盘，以及世嘉（Sega）公司的梦丸电子游戏机。

失败的原因有很多，包括技术研发需求低，新技术的市场化不足，新产品的成本效益难以实现。公司可以通过坚持进行跨部门的紧密协调，以及对新产品研发、营销和生产核心功能之间的整合，来降低犯错误的可能性。⑦ 研发、营销和生产之间

---

① W. Kuemmerle, "Building Effective R&D Capabilities Abroad," *Harvard Business Review*, March-April 1997, pp. 61 – 70; C. Le Bas and C. Sierra, "Location versus Home Country Advantages in R&D Activities," *Research Policy* 31 (2002), pp. 589 – 609.

② "When the Corporate Lab Goes to Japan," *The New York Times*, April 28, 1991, sec. 3, p. 1.

③ D. Shapley, "Globalization Prompts Exodus," *Financial Times*, March 17, 1994, p. 10.

④ E. Mansfield. "How Economists See R&D," *Harvard Business Review*, November-December, 1981, pp. 98 – 106.

⑤ E. Mansfield. "How Economists See R&D," *Harvard Business Review*, November-December, 1981, pp. 98 – 106.

⑥ G. A. Stevens and J. Burley, "Piloting the Rocket of Radical Innovation," *Research Technology Management* 46 (2003), pp. 16 – 26.

⑦ K. B. Clark and S. C. Wheelwright, *Managing New Product and Process Development* (New York: Free Press, 1993); M. A. Shilling and C. W. L. Hill, "Managing the New Product Development Process," *Academy of Management Executive* 12, no. 3 (1998), pp. 67 – 81.

跨部门紧密整合能够有助于公司实现:
(1) 产品研发项目由客户需求推动。
(2) 新产品设计为生产提供便利。
(3) 研发成本可控。
(4) 产品上市用时最短。

为了保证产品研发项目由客户需求推动,研发和市场的紧密结合是必要的。公司客户是新产品想法的主要源头。找到客户需求,特别是未满足需求,能够框定成功的产品创新范围。从公司与客户的沟通来看,公司的营销功能可以提供有价值的信息。研发和营销的结合在新产品成功推广中至关重要,缺少此环节,公司将面临新产品无需求或需求量少的风险。

研发和生产的结合有助于公司在产品设计时将生产规格包括在考虑范围内。根据生产进行产品设计能够降低生产成本,提高产品质量。同时整合研发和生产也能降低研发成本,加速产品市场化。如果公司在进行新产品设计的时候没有考虑生产难度,那么最终产品可能会因难度太大而不能被生产出来,接着产品需被重新设计,总研发成本和产品被推向市场的时间可能会大量增加。研究表明,总研发成本会增加50%,产品被推向市场的时间会延长25%。[1] 一些定量产品的创新要求在生产中加入新工序,这就使得研发和生产的整合更加重要。产品被推向市场的时间最短化和研发成本最小化,要求同时进行新产品和新工序的研发。[2]

跨部门团队

实现跨部门整合的方式之一是建立跨部门团队。团队由来自研发、营销和生产的代表组成。因为这些部门可能分散在不同国家,所以团队有时会有跨国成员。团队的目标就是实现产品研发项目由最初的概念向市场推广转变。对于团队来说,以下一系列属性在其高效运转和实现研发成果中相当重要。[3]

第一,团队应该由一位重量级项目经理领头,该经理在组织内地位很高,并且有调动团队所需资金和人力资源的权力。该经理应该主要负责该项目。他应该对项目有信心,对整合不同的部门有经验,而且能协助来自各个部门各个国家的成员为同一个目标努力。同时经理也应该扮演在公司高层拥护该团队的角色。

第二,团队中至少包括一名关键部门成员。团队成员需要有一些品质,包括有能力贡献专业技能,在各自部门中地位较高,愿意为团队行为结果承担责任,而且

---

[1] O. Port, "Moving Past the Assembly Line," *BusinessWeek Special Issue: Reinventing America*, 1992, pp. 177-180.

[2] K. B. Clark and T. Fujimoto, "The Power of Product Integrity," *Harvard Business Review*, November-December 1990, pp. 107-118; Clark and Wheelwright, *Managing New Product and Process Development*; S. L. Brown and K. M. Eisenhardt, "Product Development: Past Research, Present Findings, and Future Directions," *Academy of Management Review* 20 (1995), pp. 348-378; G. Stalk and T. M. Hout, *Competing against Time* (New York: Free Press, 1990).

[3] M. A. Shilling and C. W. L. Hill, "Managing the New Product Development Process," *Academy of Management Executive* 12, no. 3 (1998), pp. 67-81.

放下对本部门和所在国的拥护。通常来说,在项目进行期间,如果核心团队成员能够100%只负责本项目就更好了。这样能保证他们专注于此项目,而不用分散精力关注各自部门中正在进行的工作。

第三,团队成员最好处于同一地区,这样有利于形成同志情谊并促进沟通。如果团队成员来自不同国家的分部,那么就有麻烦了。解决办法就是在产品研发的过程中将关键人员转移到同一地区。

第四,团队应该有清晰的计划和目标,特别对于关键研发成果和研发经费而言。应该给予团队实现目标的动力,如实现重大研发成果时发放奖金和福利。

第五,每个团队都需要建立自己的沟通和争端解决机制。比如,加利福尼亚电脑驱动器生产商昆腾(Quantum)公司的产品研发团队规定,所有重大决定的制定和争端的解决都要在每周一下午的例会中进行。这一简单的规定有助于团队实现其研发目标。在这种情况下,团队成员从日本生产基地飞回美国研发中心参加周一例会就很常见。

□ 建立全球研发能力

整合研发和营销以充分实现新技术的市场化,这在国际商务中将面临特殊难题。因为在不同国家市场化要求生产的新产品为不同版本。[①] 为了实现这一目标,公司需要在研发中心和各国部门之间建立密切联系。研发和生产的整合也面临相似的问题,特别是在跨国公司中,它们出于相对要素成本等因素的考虑而将全球生产活动分散于不同地区。

跨国公司中的研发、营销和生产的整合要求位于北美、亚洲和欧洲的研发中心通过正式的或非正式的整合机制将各国营销运作以及各地生产工厂联系起来。此外,国际商务可能需要建立跨部门团队,其成员分布于世界各地。这一复杂过程要求公司利用正式的或非正式的整合机制把这些分布广泛的操作联系起来,以最有效率的方式及时生产出新产品。

然而没有特定的最好的模式能将产品研发责任分配到各个中心,许多跨国公司采用的方法包括建立全球研发中心网络。在这种模式中,根本性的研究发生在基础研发中心,这些中心通常坐落在高价值科技知识丰裕的地方,或者经验丰富的研究人才分布的地方,如美国硅谷、英国剑桥、日本神户和新加坡。这些中心是公司的创新引擎,它们的任务就是研发能够被转变成新产品的基础技术。

这些技术被与全球产品部门联系紧密的研发单位挑选出来用于生产新产品,以服务全球市场。到这一阶段时,技术的商业化和生产设计更为重要。如果需要进行产品定制,以满足单个市场内消费者的口味和偏好,那么该国的子公司研发团队或地区性研发中心会接受任务,实现产品定制。

惠普有4个基础研究中心,分别分布在加利福尼亚帕罗奥多、英国布里斯托尔、

---

① R. Nobel and J. Birkinshaw, "Innovation in Multinational Corporations: Control and Communication Patterns in International R&D Operations," *Strategic Management Journal* 19 (1998), pp. 479-496.

以色列海法和日本东京。① 这些中心是最终变成新产品的技术的温床。比如，帕罗奥多开拓了惠普热感应式喷墨技术。然后惠普全球产品部门的研发中心产生了研发此产品的想法，接着消费品组（全球总部位于加利福尼亚的圣迭戈）设计、研发并生产了一些使用惠普热感应式喷墨技术的影像产品。然后，各地子公司进行产品定制，以实现与主要国家市场需求的最佳匹配。比如，惠普新加坡子公司负责日本和其他亚洲市场的热感应式喷墨打印机的设计和生产。该子公司产品的最原始模型来自圣迭戈，然后子公司为亚洲市场重新设计产品。此外，新加坡子公司的一些便携式喷墨打印机的设计和研发走在圣迭戈前面。惠普将责任委派给新加坡子公司，是因为该子公司在设计和生产热感应式喷墨产品上能力很强，所以能成为全球承担此业务的最佳地点。

相似的例子还有微软。该公司的基础研发中心位于华盛顿雷德蒙德（微软总部所在地）、加利福尼亚硅谷、英国剑桥、日本东京、中国北京和印度班加罗尔。这些中心的工作人员致力于未来产品的设计等基础性问题。比如，雷德蒙德团队致力于自然语言识别软件，其他地区致力于人工智能。这些中心不生产新产品，但是生产能用于升级现存产品和开发新产品的技术。公司专用产品组（如桌面操作系统和应用）自己生产产品，而当地子公司有时会定制产品以匹配市场需求。因此，中国的子公司可能会做一些项目，如在微软办公软件的基本定制中增加中国元素和定制分界面。

● 本章总结

本章讨论了国际商务中的营销和研发功能，研究了降低成本和响应当地需求（可能会提高成本）之间的矛盾。本章要点如下：

1. 西奥多·莱维特主张，因为现代沟通和交通技术的出现，消费者的口味和偏好逐渐全球化，这创造了标准化产品的全球市场。然而许多评论者认为这是一种极端情况，并认为国家之间依然存在很大差异。

2. 市场分割指找出不同消费者的过程，这些消费者在购买行为等很多重要方面存在差异。跨国公司经理需要了解与市场分割相关的两个主要事项：国家之间市场分割结构的差异和跨国界市场分割的存在。

3. 产品可以被视为属性的集合。产品属性应该根据不同国家进行调整，以满足不同消费者的口味和偏好。

4. 国家之间消费者口味和偏好的差异源自文化差异和经济发展水平。此外，产品和技术标准不同要求公司根据不同国家定制产品。

5. 分销策略试图找到将产品送到消费者手上的最佳渠道。

6. 国家之间的差异存在于零售系统中。一些国家的零售系统集中，而其他国家的零售系统很分散。一些国家的渠道很短，而其他国家的渠道可能很长。在一些国家很难获得分销渠道准入，渠道质量可能也不好。

---

① K. Ferdows, "Making the Most of Foreign Factories," *Harvard Business Review*, March-April 1997, pp. 73-88.

7. 营销组合中的一个关键要素是沟通策略，指公司将产品属性传达给未来消费者的过程。

8. 国际沟通问题包括文化壁垒、源头效应和噪声。

9. 沟通策略既有可能是外推策略，也有可能是内拉策略。外推策略重视直接销售，而内拉策略侧重大众媒体。外推策略最佳还是内拉策略最佳取决于产品类型和消费者意识、渠道长度和大众媒体的可得性。

10. 全球标准化广告，指在全球使用相同的营销信息。这能产生经济效益，却没有把国家之间文化和法律环境的差异考虑进去。

11. 当对不同国家的消费者就同种产品收取不同价格时，价格歧视就产生了。价格歧视有利于公司实现利润最大化。为了使价格歧视有效，国家之间的市场必须被分隔开来，且产品的需求价格弹性必须不同。

12. 掠夺性定价指用在一个市场内的利润支持在另一个市场内的损失的战略性定价，其目的是将竞争者从市场中驱逐出去。

13. 多点定价指公司在一个市场内的定价策略会影响其竞争对手在另一个市场内的定价。公司在一个市场内的侵略性定价可能导致其竞争对手在另一个市场内的竞争性回应，而后一个市场可能对公司很重要。

14. 经验曲线定价指利用侵略性定价尽可能快地建立累积产量，以使得公司产量沿着经验曲线向下移动。

15. 新产品研发是一个具有高风险和高潜在回报的活动。为了获得新产品研发的能力，跨国公司要做到两点：将研发活动分散到此类新产品领先的国家；将研发、营销和生产进行整合。

16. 研发、营销和生产的紧密结合要求建立跨部门团队。

● 批判性思考和问题讨论

1. 假设你是生产一次性尿布的美国工厂的市场部经理。你们公司考虑进入巴西市场。公司首席执行官认为，在美国很有效的广告在巴西也能很有效。列出不支持该观点的理由。公司首席执行官还认为，应该把产品在巴西的定价权交给当地经理。公司首席执行官错了吗？为什么公司首席执行官可能是错的？

2. 在未来20年内，我们能看到标准化产品的大型全球市场的出现。你同意这一观点吗？你会怎么反驳？

3. 你是一家食品公司的市场部经理，公司考虑进入印度市场。印度的零售系统很分散。此外，零售商和批发商与印度食品公司之间存在长期关系，这使得公司进入分销渠道很困难。你会建议公司追求哪种分销策略？为什么？

4. 价格歧视和倾销分不开。讨论这一言论的正确性。

5. 你在一家设计和生产个人电脑的公司工作。公司的基础研发中心位于美国，在中国进行生产。公司的营销策略被指派给三大地区团队的总部：位于芝加哥的北美团队；位于巴黎的欧洲团队；位于新加坡的亚洲团队。每个地区团队制定本地区的营销方案。产品按地区重要性排序，最大的市场为北美、德国、英国、中国和澳大利亚。公司在产品研发和市场化过程中遇到了麻烦，因此产品进入市场较晚，而且产品质量一般，成本比预期高，新产品的市场接受度低于预期。这些问题的源头可能是什么？你会怎么处理？

●研究任务：全球营销和研发

利用globalEDGE™网站完成下列练习：

练习1

消费者对特定品牌产品的购买显示了公司与消费者之间多年来形成的关系。找到最新的全球品牌排名，并找到全球品牌排名使用的指标。在前100位全球品牌排名中，哪个（哪些）国家的品牌最多？为什么会出现这种情况？制作一份简短报告找出拥有全球品牌的国家，并且说明它们成功的潜在原因。

练习2

世界上一些地区因创新实践而广为人知。找出世界上研发支出最多的15个机构。有同事提醒你在《科技回顾》（Technology Review）中能找到很多创新项目的信息资源。制作一份关于研发支出最多的公司来自哪个国家，以及行业内研发支出分配情况的简短报告。

●章尾案例：柯达在俄罗斯

20世纪90年代早期，柯达进入俄罗斯市场。此时俄罗斯正处于动荡转型过程中，俄罗斯致力于进行国有企业的私有化改造，同时进行经济改革以建立竞争市场。柯达进入俄罗斯市场面临一些挑战。俄罗斯消费者对柯达产品不了解，而且照片的消费市场极不发达。此外，国有企业普遍经营不善，甚至连合适的分销摄像设备、胶卷和胶卷加工设备的基础设施都没有。更麻烦的是，俄罗斯消费者很穷，不太可能支付得起昂贵的照相机和胶卷。

10年过去后，柯达进入俄罗斯的决策被广泛认为是一大成功。2004年，柯达在新兴国家市场的销售额达到25.9亿美元，其中俄罗斯占有相当大的份额。俄罗斯成为柯达在新兴国家中销量增速最快的国家，甚至超过中国。柯达是怎样办到的？

柯达拥有清晰且持续的营销信息，并通过多种大众媒体，比如广播、电视和平面广告传达给俄罗斯消费者。该营销信息建立在快捷简单的"留住记忆"的理念之上，"按下快门，其他事情交给我来做"，广告如此说。事实证明，对于不熟悉摄像的消费市场而言，这一营销信息是完美的。为了完善核心营销信息，柯达花费大量资金进行促销活动、参与展销和交流会，并资助赛事等，意图引导消费者，提高品牌认知度。比如，除标准化广告之外，柯达还拥有一个旅游照片公园，这个公园里有一些热气球，这在俄罗斯很受欢迎。

柯达在提升公司形象上也投资了很多，比如坚决反对腐败和黑市交易。公司对其业务了如指掌，且明确拒绝参与不良交易。俄罗斯的此类交易一度盛行，即使是现在在某种程度上也存在。柯达的立场受到消费者的认可，且有利于建立值得信赖的公司品牌形象，这反过来又有利于公司业绩。柯达还在俄罗斯建立相机、胶卷和用于胶卷加工的化学品工厂，以提升公司形象。除了能够建立良好的公众形象，此行动还有利于柯达利用俄罗斯廉价的劳动力，规避产品关税，从而降低成本。

意识到俄罗斯消费者的收入有限之后,柯达改变其产品策略,在俄罗斯开始销售低端胶卷和照相机。柯达在俄罗斯的简易照相机售价低至每台约20美元,因为照相机为本地化生产,所以公司能够承受得住。公司不打算在俄罗斯销售一次性相机,因为每台10美元的成本太高了。公司也从不会在俄罗斯销售在西方国家受到热捧的柯达高端"黄金"胶卷,而是大量销售相对便宜的"色彩加"产品。

柯达还有一项营销策略是鼓励大型公司向优秀员工发放照相机,而非传统的一瓶伏特加酒,从而创造产品需求。公司还与旅行社密切合作,赠给它们照相机以便让它们分发给客户。当然,柯达希望客户会使用照相机,购买胶卷。在很大程度上可以说,柯达的愿望实现了。

柯达意识到需要在俄罗斯建立产品的分销渠道。公司可以在俄罗斯建立特许连锁柯达冲印店来销售产品,冲洗胶卷,而不是自己直接投资开店。这些特许连锁柯达冲印店需要遵守柯达制定的严格的特许经营协议中的商务指南。此外,特许连锁柯达冲印店店面要整洁,外观设计吸引人且一致,这样有利于提升柯达品牌,而且店员要友好礼貌。这类特许连锁柯达冲印店很快在俄罗斯成为零售业的标杆。3年之内俄罗斯就有了350多家特许连锁柯达冲印店,到今天已经有几千家了。[①]

案例讨论问题

1. 俄罗斯市场与其他发展中国家相比有什么不同?这些不同对摄像产品的需求有什么影响?
2. 柯达是如何调整在俄罗斯的营销策略以符合当地需求的?你认为这样做是对的吗?
3. 柯达传统的胶卷业务受到数码拍照的严重影响(柯达也是数码拍照领导者)。柯达应该调整数码产品的营销策略,以进入俄罗斯市场吗?为什么?

---

① G. C. Anders and D. A. Usachev, "Strategic Elements of Eastman Kodak's Successful Market Entry in Russia," *Thunderbird International Business Review* 45, no. 2 (March-April 2003), pp. 171 – 183; S. McNamara, "Kodak Stores Set U. S. Standards in Russia," *USA Today*, December 21, 1998, p. 12B; "Making Foreign Policy Work with Kodak and Norske Skog," *Strategic Direction* 19, no. 11 (November-December 2003), pp. 27 – 30.

第十八章 全球人力资源管理

学习目标

学完本章后,你应该能够:

1. 说出人力资源在国际商务中的战略性作用是什么;
2. 讨论国际商务中不同人事政策的优缺点;
3. 解释为什么外派经理可能会在国外岗位中失败;
4. 说明跨国公司中的管理开发和培训项目如何提升人力资本价值;
5. 解释不同国家的绩效考核如何不同,以及为什么不同;
6. 解释不同国家的薪酬制度如何不同,以及为什么不同。

● 开篇案例:联想公司

2004年年末,IBM公司宣布将其个人电脑业务和整个电脑运营以17.5亿美元卖给当时中国发展最快的个人电脑生产商联想公司。并购使得联想公司成为全球第三大个人电脑生产商。然而问题也来了:一家很少在国际上露面的中国公司将如何管理其在美国的2 400名员工、美国国外工厂的4 000名员工,以及位于全球60多个国家的3 600个销售和分销中心?

联想公司快速行动,安抚雇员,承诺公司会成为拥有全球员工的真正意义上的跨国公司。在两家公司宣布并购的24小时内,IBM公司个人电脑部门的人力资源组向所有员工发布了59条备忘录,告知所有员工他们将成为联想公司的雇员,但是他们的薪酬和福利都保持不变,或者与原来相比只多不少,同时他们也不会被要求变更工作岗位。备忘录也表明,员工可以接受联想公司的雇用或离职,但是离职得不到遣散费,并且两年内IBM公司不会接受原部门员工的调任或重新招聘这批联想公司的新员工。

然而,出乎很多观察者意料的是联想公司高层的组成结构和其全球总部的定位。联想公司高层很聪明,他们意识到,如果IBM公司原经理、工程师和销售人员离开公司,那么并购没有任何价值,所以他们把联想公司的总部搬到纽约。此外,原IBM公司个人电脑部门负责人史蒂芬·沃德(Stephen Ward)被任命为联想公司首席执行官,而联想公司原首席执行官杨元庆成为主席,财务总监马雪微变成首席财务官。30人的管理高层团队对半分开,一半中国人,一半美国人,其中女性比男性多。英语被指定为公司官方语言。杨元庆说,并购目标是将联想公司转变为拥有全球雇员的真正意义上的跨国公司,并在全球个人电脑业务中能与戴尔公司正面竞争,夺取市场主导权。比如,选择沃德出任公司首席执行官是基于推定中国没有有经验、有能力管理真正的跨国公司的管理人才。对于联想公司而言,决定指派谁出任管理岗位时,候选人的国籍并不是问题,联想更加重视候选人是不是有为跨国公司工作的经验和能力。联想公司力求雇用最合适的人,而不管他们来自哪里。

IBM公司前执行官,现任联想公司人力资源部高级副总裁比尔·马特森(Bill Matson)就此次并购说,公司会在各子部门采用相同的人力资源管理规则。他还说,想要管理公司,你先要建立整体原则,然后对这些原则的当地适用情况保持敏锐,以保证能对不同地区人们的需求做出快速响应。[1]

引言

本章将通过关注人力资源管理,继续对国际商务的特定功能进行探讨。**人力资源管理**(human resource management)指组织机构采用的能够高效利用人力资源的活动。[2] 这些活动包括对公司人力资源起决定作用的策略、人事、绩效评估、管理发展、薪资及劳工关系,它们并非独立运行,而是与公司策略相关。我们将会看到人力资源管理中的一个重要的战略性组成部分,它影响着公司人力资源的角色、发展、质量和效率,通过这种影响,人力资源管理能够帮助公司实现降低价值增值成本,并且通过更好地服务客户需求以增加价值的战略性目标。

比如,联想公司的目标是成为世界上个人电脑行业的主要参与者。为了实现该目标,它试图从发源地中国分离出来,并成为拥有全球雇员的真正意义上的跨国公司。在这一目标下,人力资源管理的战略性角色就是保证公司能够为空缺的职位聘任最合适的人才,而不管这些人来自什么国家。当公司任命美国人为首席执行官并将公司总部搬到美国的时候,就明显表明了自己的姿态。

如果联想公司想要建立真正拥有全球雇员的跨国公司,那么事实上人力资源管理仍须随各国差异而调整。在纯粹的国内公司中,人力资源管理的战略性角色就已经相当复杂了,在跨国公司中将更加复杂,国家之间劳动力市场、文化、法律、经济等的巨大差异使得人事、管理发展、绩效评估和薪资问题等复杂化。比如:

(1) 根据现行管理惯例的不同,薪资管理在各国有所不同。
(2) 某国劳动法可能禁止建立工会组织,但在另一个国家工会能得到政府授权。

---

[1] D. Barboza, "An Unknown Giant Flexes Its Muscles," *The New York Times*, December 4, 2004, pp. B1, B3; D. Roberts and L. Lee, "East Meets West," *Business Week*, May 9, 2005, pp. 1-4; C. Forelle, "How IBM's Ward Will Lead China's Largest PC Company," *The Wall Street Journal*, April 21, 2005, p. B1; F. Hansen, "International Business Machine," *Workforce Management*, July 2005, pp. 36-44.

[2] P. J. Dowling and R. S. Schuler, *International Dimensions of Human Resource Management* (Boston: PSW-Kent, 1990).

(3) 某国可能严格实行平等就业法，但在另一个国家不一定。

如果公司想要建立管理层骨干以管理跨国公司，那么人力资源管理功能就要处理一系列问题。人力资源管理需要决定如何给公司内关键管理岗位配备职员；如何培养经理，使得他们在处理国家之间业务差别时更加熟练；如何给不同国家雇员付薪；如何基于不同国家对经理进行绩效评估。同时还要处理一堆外派经理［**外派经理**（expatriate manager）即在公司的国外子公司工作的本国公民］的相关事务，决定什么时候外派，外派谁，并且知道这么做的原因，以及如何给外派经理付薪，并保证在他们回国之后能合理地进行工作汇报和重新调任。

本章将深入研究跨国公司中的人力资源管理工作。本章先简要讨论人力资源管理的战略性角色；然后将重心转向人力资源管理的四大任务，即人事政策、培训和管理发展、绩效考核和薪资，并指出每一任务的战略性寓意；本章结尾会关注劳工关系，以及公司劳工关系管理和整体策略之间的关系。

人力资源管理的战略性角色

大量学术研究显示，人力资源实践和策略之间的匹配是实现高利润率的必要条件。[①] 优秀的绩效不仅要求正确的策略，而且该策略必须受正确的组织结构的支撑。公司策略由组织实施。人力资源管理在构建组织架构中的角色如图 18.1 所示。员工是公司组织结构的关键，公司要想在国际市场上超越对手，必须在合适的岗位上安排合适的员工。公司必须对这些员工进行适宜培训，以使其具备实现高效工作所要求的技能，且处事行为与理想的公司文化一致。公司必须对员工采取与公司策略一致的行为进行激励，而且公司采取的绩效考核系统能够显明公司意图鼓励的员工行为。

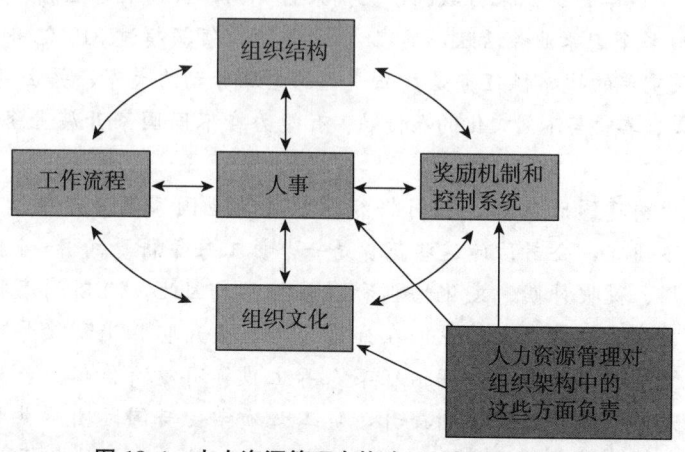

图 18.1 人力资源管理在构建组织架构中的角色

---

① P. Bamberger and I. Meshoulam, *Human Resource Strategy: Formulation, Implementation, and Impact* (Thousand Oaks, CA: Sage, 2000); P. M. Wright and S. Snell, "Towards a Unifying Framework for Exploring Fit and Flexibility in Human Resource Management," *Academy of Management Review* 23 (October 1998), pp. 756–772; B. A. Colbert, "The Complex Resource-Based View: Implications for Theory and Practice in Strategic Human Resource Management," *Academy of Management Review* 29 (July 2004), pp. 341–360.

人力资源管理通过人事、培训、薪资和绩效考核等起作用，对人事、组织文化、奖励机制和控制系统产生重要影响（绩效考核是公司控制系统的一部分）。因此人力资源管理专家拥有极其重要的战略性地位。按照与公司策略一致的方式构建公司组织架构各要素是他们义不容辞的责任，这样公司才能高效地实施公司战略。

简而言之，在全球经济中优质的人力资源管理是保持高生产率和竞争优势的持续源头。同时，有研究表明，很多跨国公司有提升人力资源管理效率的空间。在一项针对326家大型跨国公司竞争力的调查中，调查人员发现，在大部分公司中，人力资源管理是其中最弱的部分之一。该项调查还显示，提升人力资源管理效率可能会带来极大的绩效好处。

本书曾阐述了跨国公司追求的四个战略：本土化战略、国际战略、全球标准化战略和跨国战略。重视本土化战略的公司试图通过加强本地响应度以创造价值；追求国际战略的公司偏向将产品和能力输出国外；追求全球标准化战略的公司选择实现经验曲线和区位经济。追求跨国战略的跨国公司通过同时实施以上所有事项以创造价值。本章将看到人力资源管理政策与公司战略相一致是成功的必备条件之一。比如，跨国战略比本土化战略对人事、管理发展和薪资的要求更多。追求跨国战略的公司需要建立牢固的公司文化，并建立组织内信息和知识传输的非正式管理网络。人力资源管理可以通过员工竞选、管理发展、绩效考核和薪资政策协助公司实现以上目标。因此，如我们所知，人力资源管理在实施公司战略中占据关键地位。在以下各部分，我们将更细致地考察人力资源管理的战略性角色。

● 聚焦管理：阿斯利康

阿斯利康（AstraZeneca）是世界上最大的制药公司之一，其总部位于伦敦，拥有员工65 000人，其中51％来自欧洲，32％来自美国，17％来自亚洲、非洲和澳大利亚。公司在100多个国家业务活跃，其在2008年的销售额超过310亿美元。对该跨国公司而言，至关重要的战略性任务是建立卓越的全球劳动力大军，并由具有全球视角、愿意在各地出差、喜欢与不同文化的人接触、有能力在不同国家开展业务的经理领导。而这并非易事。

为了有助于构建国际优势，公司将经理派往其他国家至多3年。一个问题是，这项任命花费不便宜，公司估计这些花费是一个员工每年薪资的2~4倍，其中包括孩子的教育费用、税收补偿、文化培训和房屋补贴。因此，阿斯利康将国际指派仅集中在其最有前途的雇员身上，他们在公司内部有望升职并坐到领导岗位。在所有情况中，人力资源部门的员工会评估在某人身上投资有没有价值。此外，仅仅将员工指派到国外是不够的，为了得到提升，员工必须学会与国际团队共事，并实现跨国管理。被认为缺乏此类技能的员工将得不到国外职位。如果他们无法在国外岗位上高效工作，那么这将降低其升职可能性。

为了缓解员工被派遣到其他国家过程中的焦虑，阿斯利康向员工及其伴侣提供帮助，包括搬家、为孩子选定学校、学习外语，以及理解文化差异。公司同时向外派员工提供国外职位到期之后的归国培训，因为有经验显示，很多外派经理和他们的家人在不同的文化中待了一段时间后，很难重新适应自己原来的生活。

阿斯利康人力资源管理要处理的另一个问题是，如何培养近年来在公司有过大额投资的新兴市场中的员工人才储备池。中国就是其中一个例子，公司在中国的专业管理方式很有限，直到近期才有所改变，而且发展迅速。2003年，公司在中国有员工1 000多人，而在2010年已超过3 500人。阿斯利康一直试图尽快提升中国关键雇员的技术水平，并派遣重要管理人才去感受他国文化，使他们认同公司运行业务的方式，让他们理解将中国作为部分公司全球业务中心的感受。每个外派人员都听命于东道国主管和母国主管，并由母国主管监督其进步。大部分员工会重新返回中国，其中最优秀的员工有望坐上中国子公司的未来领导位置。而其中最具才华的员工可能超越本地层次，最终上升到集团层级的高级管理岗位。[1]

人事政策

人事政策（staffing policy）旨在为某岗位筛选雇员。从一个层面来说，这与筛选具备某项特殊岗位要求技能的员工相关。从另一个层面来说，人事政策可以成为公司发展和提升所预期公司文化的工具。[2] **企业文化**（corporate culture）指组织准则和价值体系。稳固的公司文化有利于公司实施其策略。比如，通用电气不仅雇用具备实施某项工作所要求技能的员工，它也会雇用那些处事风格、信仰和价值体系与本公司一致的人。不管是雇用一个马来西亚人、意大利人、韩国人还是澳大利亚人，或者是为美国公司或外国公司招聘，规则都是如此。有观点认为，如果员工性格易于受到公司准则和价值体系的影响，那么公司能获得较好绩效。

人事政策的类型

研究表明，国际商务中有3种人事政策类型：民族中心主义类型、多中心主义类型和地心主义类型。[3]本章将说明每类政策及相关公司策略。最有吸引力的人事政策很可能是地心主义类型，虽然采用这一类型也存在一些障碍。

民族中心主义类型

民族中心主义人事政策（ethnocentric staffing policy）指母国国籍员工占据所有关键管理岗位。曾经这种做法非常普遍。比如，宝洁、飞利浦和松下这些公司初期就是这么做的。曾经飞利浦大多数国外子公司的所有重要岗位都被荷兰籍员工占据，

---

[1] S. Stern, "AstraZeneca's Long March to China," *Daily Telegraph*, September 7, 2006, p. 3; J. M. Von Bergen, "More U. S. Workers Getting Global Assignments," *Tribune News Service*, August 12, 2008; T. Mohn, "The Long Trip Home," *The New York Times*, March 10, 2009, p. B6.

[2] E. H. Schein, *Organizational Culture and Leadership* (San Francisco: Jossey-Bass, 1985).

[3] H. V. Perlmutter, "The Tortuous Evolution of the Multinational Corporation," *Columbia Journal of World Business* 4 (1969), pp. 9–18; D. A. Heenan and H. V. Perlmutter, *Multinational Organizational Development* (Reading, MA: Addison-Wesley, 1979); D. A. Ondrack, "International Human Resources Management in European and North American Firms," *International Studies of Management and Organization* 15 (1985), pp. 6–32; T. Jackson, "The Management of People across Cultures: Valuing People Differently," *Human Resource Management* 41 (2002), pp. 455–475.

他们被非荷兰同事戏称为"荷兰黑手党"。很多日本公司和韩国公司，如丰田、松下和三星中国际业务的关键职位通常由母国国籍员工担任。据日本的海外企业协会（Overseas Enterprise Association）统计，1996年，只有29％的日本国外子公司的主席职位由非日本人担任。[1]

公司追求民族中心主义人事政策有3个原因。第一，公司认为东道国缺乏能够填补高级管理岗位的优秀人才，特别是在东道国为发展中国家时，这种观点更加普遍。第二，公司可能把民族中心主义人事政策作为保持统一公司文化的最佳途径。比如，很多日本公司偏向将日本经理外派出去以领导国外业务，因为这些经理是从日本而来，因此对公司文化更加熟悉。[2] 直到最近，宝洁仍然偏向对国外子公司的重要管理岗位指派美国籍经理，因为他们在美国工作了好几年，对宝洁的公司文化更加理解和熟悉。

第三，如果公司试图通过向国外子公司转移核心竞争力以创造价值，那么它可能会认为实现这一目标的最佳方式是将懂得这一核心竞争力的母国国籍经理委派到国外子公司。想象一下，如果公司想要将市场营销方面的核心竞争力转移到国外子公司，但是没有母国相应市场营销管理人员的转移，这会怎么样？这种转移很可能难以产生预期效益，因为核心竞争力的主要技巧难以被说出来或写下来。这类技巧通常通过经验获得。就像最厉害的网球运动员一样，不能仅仅通过写一本书来教会别人如何成为最好的网球运动员。在营销方面或其他方面有核心竞争力的公司，不能仅仅通过写一本教材，告诉国外子公司如何在国外环境下建立自己的核心竞争力，它必须指派管理人员到达国外子公司，向国外经理展示如何成为好的销售员。对外派经理的需求上升，是因为公司核心竞争力的技巧存于国内经理脑中，是通过多年经验获得的，而不是通过读几本书得来的。因此，如果公司要将核心竞争力转移到国外，那么它必须外派经理。

尽管追求民族中心主义人事政策有其道理，但是该政策因为以下两个原因在大多数跨国公司中逐渐衰落。其一，民族中心主义人事政策限制了东道国员工的晋升机会，这将导致团队内部相互埋怨，效率低下，并且离职率上升。通常，如果外派经理薪资比当地员工高很多，那么工作中的埋怨会更严重。其二，民族中心主义人事政策会导致"文化近视"，即公司不能理解东道国文化差异，以匹配不同的营销方式。外派经理的适应时间很长，而在这段时间内，他们可能会犯大错。比如，外派经理不理解适合东道国条件的产品属性、分销策略、沟通策略和定价策略，这种结果很严重。仅仅因为他们不理解所管理子公司的国家的文化，他们就有可能会做出在道德上受人质疑的决定。[3] 举一个在美国熟知的例子，美国的就业机会平等委员会

---

[1] V. Reitman and M. Schuman, "Men's Club: Japanese and Korean Companies Rarely Look Outside for People to Run Their Overseas Operations," *The Wall Street Journal*, September 26, 1996, p. 17.

[2] S. Beechler and J. Z. Yang, "The Transfer of Japanese Style Management to American Subsidiaries," *Journal of International Business Studies* 25 (1994), pp. 467–491; R. Konopaske, S. Warner, and K. E. Neupert, "Entry Mode Strategy and Performance: The Role of FDI Staffing," *Journal of Business Research*, September 2002, pp. 759–770.

[3] M. Banai and L. M. Sama, "Ethical Dilemma in MNCs' International Staffing Policies," *Journal of Business Ethics*, June 2000, pp. 221–235.

(Equal Employment Opportunity Commission)控告三菱汽车在伊利诺伊工厂内容忍严重的性骚扰行为。该工厂的高层管理人员全是日本人，他们否认了此项指控。日本经理没有意识到，在日本可以被接受的行为在美国会不被接受。[①]

多中心主义类型

多中心主义人事政策（polycentric staffing policy）要求由东道国员工管理子公司，而母国员工占据集团总部的关键岗位。从很多方面来看，多中心主义人事政策是对民族中心主义人事政策缺点的一种回应。采用多中心主义人事政策的好处之一是，公司不太可能遭遇"文化近视"。东道国本地经理不太可能错误理解本国文化，而对外派经理来说则很有可能。好处之二是，多中心主义人事政策实施起来不太贵，能够降低价值增值的成本，而维持外派经理的费用不便宜。

但是多中心主义人事政策也有缺点。东道国本地员工获得国外经验的机会有限，因此不能从子公司的高层职位往上晋升。在民族中心主义人事政策的情况下可能会存在埋怨，而多中心主义人事政策的最大缺陷是东道国本地经理和母国经理之间的差异。文化壁垒、国家忠诚度和一系列文化差异可能会将集团总部的员工和国外子公司隔离开来。母国和东道国之间管理人员转移的缺失会加剧隔离，并导致公司总部和国外子公司之间的整合难以进行。结果是各独立的大型国外子公司之间形成"联邦"，只是名义上与公司总部相连。在这种"联邦"之中，转移核心竞争力以及追求经验曲线和区位经济的协调工作难以进行。因此，虽然多中心主义人事政策对于追求本土化战略的公司很有效，但是对其他战略就不合适了。

多中心主义人事政策造成的"联邦"可能成为公司内部惰性的推力。几十年来追求多中心主义人事政策的食品和清洁用品巨头联合利华发现，从本土化战略的立场向跨国战略立场转变很困难。联合利华的国外子公司拥有准自主权，每个子公司都有很强的国家特性。这些"小王国"竭力反抗公司总部限制其自主权，以及调整全球生产的尝试。

地心主义类型

地心主义人事政策（geocentric staffing policy）指为机构内的关键职位搜寻最合适的人，而不管他们的国籍。这也是联想公司采用的人事政策。该政策有以下好处。第一，它使得公司能够最优地利用其人力资源。第二，也许更重要的是，地心主义人事政策使得公司的国际管理骨干团队能够在不同文化环境下有家的感觉。国际管理骨干团队的建立是公司建设强有力的统一公司文化以及非正式的管理网络的第一步，而这也是全球标准化战略和跨国战略的必备要素。[②] 相对于追求其他人事政策的公司，追求地心主义人事政策的公司能够更好地从经验曲线和区位经济以及核心竞争力的跨国转移中实现价值增加。此外，地心主义人事政策带来的管理团队的跨国组合能够减少"文化近视"，并增强当地响应度。因此，在其他条件一致时，地心主义人事政策看起来最有吸引力。

---

① V. Reitman and M. Schuman, "Men's Club: Japanese and Korean Companies Rarely Look Outside for People to Run Their Overseas Operations," *The Wall Street Journal*, September 26, 1996, p. 17.

② S. J. Kobrin, "Geocentric Mindset and Multinational Strategy," *Journal of International Business Studies* 25 (1994), pp. 493–511.

然而，有些问题会限制公司追求地心主义人事政策的能力。很多国家希望国外公司雇用自己的公民，为了达到这一目的，它们使用移民法规要求公司雇用东道国人员（如果本国员工数量充足，并具备必备技能）。大部分国家，包括美国，要求公司在雇用外国人员而非本国人员时提供大量文件，而这些文件既耗时又贵，有些时候还是徒劳无用的。地心主义人事政策实施起来也可能成本高昂，经理在国家之间转移的培训费和迁移费有所提高。公司同时需要标准化的国际薪资水平，而这一国际薪资水平高于很多国家的薪资水平。此外，经理享受的薪资快速增长的国际通道也是公司内部相互埋怨的源头。

小结

表18.1总结了3种人事政策的优缺点。总之，民族中心主义人事政策与国际战略相符，多中心主义人事政策与本土化战略相符，而地心主义人事政策与全球标准化战略和跨国战略都相符。

虽然上文描述的人事政策众所周知，而且在国际商务从业人员和学者中广泛使用，但是很多评论者认为这3种类型太过简单化，并且抹去了国际商务中管理操作的内部差异。他们还称，在国际商务中，人事政策在各国子公司之间的差异很大，有些子公司采取民族中心主义政策，有些子公司采取多中心主义人事政策或地心主义人事政策。[1] 还有一些评论家说，公司采取的人事政策主要由其地域范围决定，与其战略导向相反。地域范围宽广的公司很可能采用地心主义人事政策。[2]

表 18.1　　　　　　　　　　　不同人事政策类型对比

人事政策类型	相应战略	优势	劣势
民族中心主义	国际战略	克服东道国合格经理人的缺乏问题；实现公司文化统一；有利于转移核心竞争力	在东道国内引起埋怨；致使"文化近视"
多中心主义	本土化战略	缓解"文化近视"；实施成本低	限制职位流动；把公司总部和国外子公司隔离开来
地心主义	全球标准化战略和跨国战略	高效利用人力资源；有利于建立牢固的公司文化和非正式的管理网络	国家之间的移民政策可能限制战略的实施；成本昂贵

□ 外派经理

民族中心主义人事政策和地心主义人事政策的实施主要依靠外派经理。外派指一国公民在另一国工作。而回派人员指为母国跨国雇主工作的外国公民，是外

---

[1] P. M. Rosenzweig and N. Nohria, "Influences on Human Resource Management Practices in Multinational Corporations," *Journal of International Business Studies* 25 (1994), pp. 229-251.

[2] S. J. Kobrin, "Geocentric Mindset and Multinational Strategy," *Journal of International Business Studies* 25 (1994), pp. 493-511.

派的一部分。[1] 因此，移居美国并在微软工作的日本公民被称为回派人员。在民族中心主义人事政策中，外派人员都是被派到国外的母国公民。在多中心主义人事政策中，外派人员不一定是母国公民，公司也不必以国籍为基础做出外派决策。在国际人事中，最重要的问题是**外派失败**（expatriate failure），即外派经理提早回到其母国。[2] 本书在此简要回顾外派失败的例子，然后讨论实现外派失败率最小化的一些方式。

外派失败率

外派失败表示公司筛选合适人选的政策失败了，此人没能在国外顺利发展。[3] 外派失败结果包括外派人员从国外职位上提前返回和高离职率，外派经理的离职率是本国经理的两倍。[4] 调查显示，16%～40%从美国派往其他发达国家的雇员都以提早离职告终，而70%被派往发展中国家的雇员都提早返岗归国。[5] 虽然很多国家的详细数据不可得，但是可以猜测，外派失败是一个全球问题。比如，据估计，大约28%的英国外派人员在国外职位中失败了。[6] 外派失败的成本很高。据估计，母公司外派失败的平均成本是外派人员每年国内工资加上搬迁成本的3倍，这也受货币汇率和外派区位的影响。每次外派失败的成本估计在25万美元～100万美元。[7] 此外，30%～50%的美国外派人员的平均每年薪资待遇达到25万美元，他们留在国外岗位上，但是对公司来说没有什么用处或用处很小。[8] 在一项重大研究中，R.T.董（R.T.Tung）调查了美国、欧洲和日本的一些跨国公司，其外派失败率如表18.2所示。调查表明，76%的美国跨国公司经历过外派失败，且外派失败率达到10%或在10%以上；7%的美国跨国公司经历的外派失败率为20%～40%。董的调查还表明，美国跨国公司经理的外派失败率比欧洲或日本的跨国公司高得多。

董询问了案例中的跨国公司经理，他们指出了外派失败的原因。对于美国跨国公司来说，按重要性排序的原因如下：

（1）外派经理的伴侣难以适应新环境。

---

[1] M. Harvey and H. Fung, "Inpatriate Managers: The Need for Realistic Relocation Reviews," *International Journal of Management* 17 (2000), pp. 151-159.

[2] S. Black, M. Mendenhall and G. Oddou, "Toward a Comprehensive Model of International Adjustment," *Academy of Management Review* 16 (1991), pp. 291-317; J. Shay and T. J. Bruce, "Expatriate Managers," *Cornell Hotel & Restaurant Administration Quarterly*, February 1997, pp. 30-40; Y. Baruch and Y. Altman, "Expatriation and Repatriation in MNCs—A Taxonomy," *Human Resource Management* 41 (2002), pp. 239-259.

[3] M. G. Harvey, "The Multinational Corporation's Expatriate Problem: An Application of Murphy's Law," *Business Horizons* 26 (1983), pp. 71-78.

[4] J. Barbian, "Return to Sender," *Training*, January 2002, pp. 40-43.

[5] J. Shay and T. J. Bruce, "Expatriate Managers," *Cornell Hotel & Restaurant Administration Quarterly*, February 1997, pp. 30-40; J. S. Black and H. Gregersen, "The Right Way to Manage Expatriates," *Harvard Business Review*, March-April 1999, pp. 52-63; Baruch and Altman, "Expatriation and Repatriation in MNCs."

[6] N. Foster, "The Persistent Myth of High Expatriate Failure Rates," *Journal of Human Resource Management* 8 (1997), pp. 177-205.

[7] J. Barbian, "Return to Sender," *Training*, January 2002, pp. 40-43.

[8] S. Black, M. Mendenhall, and G. Oddou, "Toward a Comprehensive Model of International Adjustment," *Academy of Management Review* 16 (1991), pp. 291-317.

(2) 外派经理难以适应新环境。
(3) 其他家庭问题。
(4) 外派经理的个人或情感成熟度低。
(5) 外派经理难以承担重大国外责任。

欧洲公司外派经理仅给出唯一一个原因来解释外派失败，即外派经理的伴侣难以适应新环境。对于日本公司，外派失败的原因如下：

(1) 外派经理难以承担重大国外责任。
(2) 外派经理难以解决新环境里的困难。
(3) 外派经理的个人或感情问题。
(4) 外派经理缺乏技术能力。
(5) 外派经理的伴侣难以适应新环境。

表 18.2 外派失败率

召回比例	公司比例
美国的跨国公司	
21%~40%	7%
11%~20%	69%
≤10%	24%
欧洲的跨国公司	
11%~15%	3%
6%~10%	38%
≤5%	59%
日本的跨国公司	
11%~19%	14%
6%~10%	10%
≤5%	76%

资料来源：R. L. Tung, "Selection and Training Procedures of U. S., European, and Japanese Multinationals," *California Management Review* 25, no. 1 (Fall 1982), pp. 51-71

外派失派原因中最大的差异是，外派经理的伴侣难以适应新环境位于美国和欧洲的跨国公司外派失败的第一位，但在日本跨国公司中排第五位。董认为这种差异并不奇怪，日本社会在传统上忽视妻子的角色和地位，而在实际调查中，日本外派经理绝大多数是男人。

继董的研究之后，一些其他调查也证实了外派经理的伴侣难以适应新环境、外派经理难以适应新环境和其他家庭问题成为外派失败保持高水平的主要原因。一家人力资源管理公司——国际资源定位（International Orientation Resources）公司的一项研究发现，60%的外派失败由上述3个原因引起。[①] 另一项研究表明，外派失败

[①] C. M. Solomon, "Success Abroad Depends upon More than Job Skills," *Personnel Journal*, April 1994, pp. 51-58.

的最常见原因是外派经理的伴侣满足度的缺失，27%的受访者选择此项。[①] 外派经理难以适应国外职位，似乎是由其缺乏文化技能引起的。据一家人力资源管理咨询公司所说，这是因为很多公司在外派人员选拔过程中犯了基础性错误。"外派任命的失败很少是由个人无法适应职位技术要求引起的。外派选拔是由部门经理基于技术能力做出的决策，它的失败是因为家庭和个人因素或缺乏文化沟通技能，而这些不包括在选拔过程中。"[②]

外派经理的伴侣难以适应国外生活从而引起的失败有几个相关原因。通常外派经理的伴侣发现自己在国外失去了熟悉的家庭和朋友网络，而语言差异使她们难以结交新朋友。这对外派经理来说不是个问题，他们可以在工作中结交朋友，但是对外派经理的伴侣来说很艰难，她们感觉自己被困在家中。如果移民法限制外派经理的伴侣工作，那么问题会加剧。调查显示，69%的外派人员都结婚了，77%的伴侣会陪伴在他们身边。在这些伴侣中，49%在公司外派任命前有自己的工作，仅11%在国外任命期间能找到工作。[③] 研究表明，公司员工拒绝外派任命的一个重要原因是，外派可能会对其伴侣的事业产生影响。[④] 随后的"聚焦管理：荷兰皇家壳牌公司的外派管理"专栏展示了该大型跨国公司如何应对这一问题。

外派选拔

减少外派失败的方式是通过改善选拔过程以筛除不合适的人选。在关于该问题的研究回顾中，门登霍尔（Mendenhal）和奥德欧（Oddoul）指出，很多公司的重大失误是源于人力资源管理经理倾向于把国内绩效和国外潜在绩效等同起来。[⑤] 国内绩效和国外潜在绩效是不一样的。一个在国内背景下表现良好的管理人员在不同文化背景下可能难以适应。回顾其研究，门登霍尔和奥德欧找出了可能影响外派失败率的4个维度：自我定位、他人定位、认知能力和文化难度。

（1）自我定位。此维度属性能够加强外派人员的自尊、自信和心理健康。自尊心强、自信、心理状态又好的外派人员在国外职位上成功的可能性更大。门登霍尔和奥德欧认为，这类人能够调整其在美食、运动和音乐中的兴趣，在工作之外有可以追求的爱好，并且从技术上来说能力很强。

（2）他人定位。此维度属性能够提升外派人员与东道国员工高效交流的能力。与东道国员工交流的效率越高，外派人员成功的可能性越大。有两个因素在此特别重要：关系构建和交流意愿。关系构建指和东道国员工建立持久友谊的能力。交流意愿指外派人员使用东道国语言的意愿。虽然语言的流利程度能有所帮助，但是外派人员并不需要以此来表现交流意愿，使用该语言的努力才是重要的。如果东道国员工能够合作，那么这些行动能得到回报。

---

① C. M. Solomon, "Unhappy Trails," *Workforce*, August 2000, pp. 36–41.
② C. M. Solomon, "Success Abroad Depends upon More than Job Skills," *Personnel Journal*, April 1994, pp. 51–58.
③ C. M. Solomon, "Unhappy Trails," *Workforce*, August 2000, pp. 36–41.
④ M. Harvey, "Addressing the Dual-Career Expatriation Dilemma," *Human Resource Planning* 19, no. 4 (1996), pp. 18–32.
⑤ M. Mendenhall and G. Oddou, "The Dimensions of Expatriate Acculturation: A Review," *Academy of Management Review* 10 (1985), pp. 39–47.

(3) 认知能力。此维度指外派人员能够理解为什么其他国家的人们会那样行动，即产生共鸣的能力。这一维度对管理东道国员工很关键。不具备这一能力的外派经理会像对待母国员工那样对待国外员工，这样可能造成重大的管理问题或严重挫败感。惠普的一位外派经理说，"我花了6个月的时间才接受员工会议要晚30分钟进行的事实，而似乎只有我深受困扰。"门登霍尔和奥德欧认为，适应良好的外派经理在理解东道国员工行为时不会带有价值批判性，而且愿意依当地许可的文化条件灵活调整自己的管理风格。

(4) 文化难度。此维度指外派国和外派人员对特定职位适应程度之间的关系。相比其他国家，在一些国家工作更加艰辛，因为它们的文化更加不为人知，而且让人不太自在。比如，很多美国人认为，英国是一个相对舒适的国外工作地点，因为两国有很多共同点。但是很多美国人发现，在非西方国家，如在印度、东南亚、中东工作要困难很多。[1] 原因包括不健全的医疗和住房标准、不宜人的气候，以及西方娱乐设施的缺乏和语言障碍的存在。并且，很多文化是极端地由男人主导的，这对西方女性经理来说尤为困难。

● 聚焦管理：荷兰皇家壳牌公司的外派管理

全球石油巨头——荷兰皇家壳牌公司（Royal Dutch/Shell Company，简称壳牌）总部位于英国伦敦和荷兰海牙，公司拥有员工10万多人，其中在任何时候都有大约5 500人被外派到国外生活和工作。壳牌的外派经理是一个多样化的团队，由70多个国家的员工组成，分布在100多个国家中。壳牌作为全球集团，它清楚员工的跨国流动是成功的关键。然而到20世纪90年代，壳牌发现为国外岗位雇用关键人员非常困难。为了得知原因，公司采访了200多个外派人员及他们的配偶，以找出他们最大的担忧。公司用所得数据构建了一份调查问卷，该问卷被送到17 000位现任和前任外派人员和他们的配偶，以及那些拒绝接受国外任命的人士手中。

该调查得到70%人员的回应，这清楚地表明，很多员工认为外派是一件很重要的事情。此调查表明，有5个因素对员工接受跨国任命的意愿产生重要影响，按重要性排序依次是：(1) 在孩子的中学教育时期与他们分离（英国和荷兰的外派人员通常把孩子送到母国的寄宿学校，而父母出国工作）；(2) 对外派人员伴侣事业和工作的不利影响；(3) 在外派决策中没有考虑到外派人员的伴侣；(4) 没有提供外派的足够信息和帮助；(5) 医疗问题。该调查揭示的潜在信息表明，家庭而非个人是外派中最基本的单位，壳牌认识到了这一点。

为了处理这些问题，壳牌实施了一系列旨在解决问题的项目。为了解决孩子的教育问题，壳牌公司在外派集中的地区为员工建立了小学。至于中学教育，壳牌通常以提供赞助的方式与当地学校合作，帮助孩子们得到升学的机会。同时，它也提供教育补助，帮助外派人员送自己的孩子去东道国的私立学校读书。

协助外派人员伴侣的事业则是个更伤脑筋的问题。调查数据显示，仅一半陪着

---

[1] I. Torbiorin, *Living Abroad: Personal Adjustment and Personnel Policy in the Overseas Setting* (New York: John Wiley & Sons, 1982).

壳牌员工到国外就职的伴侣在调任时找到了工作。在外派之时，虽然33%的外派人员伴侣有就业意愿，但仅12%的外派人员伴侣能保证就业。壳牌建立了一个外派人员伴侣就业中心以解决该问题，该中心在外派经理任命期间或从接受任命即刻起就提供就业咨询和协助，以帮助外派人员伴侣找到就业机会。公司还同意每次外派任命为外派人员伴侣报销80%的职业培训费、再教育和复评费用，最高达4 400美元。

壳牌还建立了被称为"据点"的全球信息和建议网络，从而给考虑外派职位的家庭提供支持。"据点"总部在海牙，在30多个国家运营着40多个信息网络。这些网络为外派经理推荐学校和医疗机构，提供住房建议和最新的就业、学习、自主创业和志愿工作的信息。[1]

□ 全球思维模式

一些调查人员认为，全球思维模式是外派经理的最基本属性，其特点是认知复杂度和国际化视角。这类经理能够处理高度复杂和模棱两可的事情，而且心态开阔。但是如何养成这种属性呢？通常他们是从早年的跨文化家庭生活中获得，这些家庭或者在外国生活过，或者把外语学习作为家庭生活的常态之一。

门登霍尔和奥德欧指出，标准的心理测试可用来评估前3个维度，而文化对比可以对员工进行第四维度测试。他们认为，在选拔外派经理时，这4个维度加上国内绩效都应该被考虑进去。然而，实际操作并非总是与门登霍尔和奥德欧的建议相符。比如，董的研究显示，在她样本中，只有5%的公司采用正式步骤和心理测试来评估潜在外派人员的个人品质和相关能力。[2] 国际资源定位公司的调查也显示，在选择外派人员时，在他们调查的50家《财富》500强公司中，只有10%测试了一些重要的个人品质，如文化敏感度、人际交往技巧、适应度和灵活度。相反，90%的公司是以员工的技术能力而非跨文化熟练度为基础选择外派经理。

门登霍尔和奥德欧并没有把外派失败的原因归结到外派经理伴侣对环境的难以适应上。很多调查显示，在外派竞选过程中，公司应该将家庭状况的评估作为其中一部分。[3] 另一家国际人力资源管理咨询公司温达姆（Windam）调查发现，只有在21%的时间里，外派经理的伴侣被包括在外派职位的预竞选面谈中，而且只有其中一半接受过跨文化培训。双职工家庭数量的增加给这一长期存在的问题增添了新的困难。[4] 因为外派经理伴侣会纳闷：为什么要牺牲自己的事业来推动另一半的事业呢？

---

[1] E. Smockum, "Don't Forget the Trailing Spouse," *Financial Times*, May 6, 1998, p. 22; V. Frazee, "Tearing Down Roadblocks," *Workforce* 77, no. 2 (1998), pp. 50 – 54; C. Sievers, "Expatriate Management," *HR Focus* 75, no. 3 (1998), pp. 75 – 76; J. Barbian, "Return to Sender," *Training*, January 2002, pp. 40 – 43.

[2] R. L. Tung, "Selection and Training of Personnel for Overseas Assignments," *Columbia Journal of World Business* 16 (1981), pp. 68 – 78.

[3] S. Ronen, "Training and International Assignee," in *Training and Career Development*, ed. I. Goldstein (San Francisco: Jossey-Bass, 1985); R. L. Tung, "Selection and Training of Personnel for Overseas Assignments," *Columbia Journal of World Business* 16 (1981), pp. 68 – 78.

[4] C. M. Solomon, "Success Abroad Depends upon More than Job Skills," *Personnel Journal*, April 1994, pp. 51 – 58.

培训和管理发展

筛选仅仅是为特定岗位匹配合适外派经理的第一步。第二步是为匹配特定岗位而进行培训。比如,密集的培训能给予外派经理在国外职位上取得成功的技能。管理发展是一个更加广泛的概念,指在公司中培养管理人员的职业技能。因此,作为管理发展项目的一部分,外派经理可能会被派往多个国外职位上工作几年,以建立其跨文化敏感度并积累经验。同时,和公司其他经理一样,外派经理也要定期参加管理发展项目。职位转移的考虑在于,丰富的国际经验能够提高外派经理的管理和领导技能。调查表明情况的确如此。[1]

大部分跨国公司更加重视培训,而非管理发展。此外,它们更倾向于将培训精力集中在对母国人员的国外职位培训上。然而,近期全球竞争的加剧和跨国公司的发展改变了这种情况。除特定职位的培训外,公司提供常规管理发展项目越来越常见。在很多跨国公司中,这些管理发展项目的目的很明确,也具有战略性。管理发展被作为取得战略性目标的工具,不仅赋予管理人员必要的技能,有助于加强合意的公司文化,而且有助于促进跨国公司内部技术分享的非正式网络的建立。

我们已对培训和管理发展的区别进行了说明,接下来学习外派经理培训的类型,然后讨论国际商务中管理发展和公司战略之间的关系。

外派经理培训

本章的前一部分介绍了外派失败的最常见的原因:第一个原因是外派经理伴侣难以适应新环境,第二个原因是外派经理自己难以适应新环境。培训可以帮助外派经理和其伴侣应对这些问题。文化培训、语言培训和实务培训似乎能降低外派失败率。本章将讨论上述培训类型。[2] 尽管这些培训很有用,但事实证明,许多外派经理在被外派之前没有接受过培训。调查发现,仅30%的外派经理在1年~5年的外派任命出发前接受过培训。

文化培训

文化培训旨在促进外派经理对东道国文化的理解。有观点认为,对东道国文化的理解有助于外派经理产生文化共鸣,这将提高其与东道国员工打交道时的效率。还有建议说,外派经理应该接受东道国文化、历史、政治、经济、宗教、社会和商务操作培训。[3] 如果可能的话,公司应帮助外派经理在正式调职之前安排一次东道国的亲密之旅,这样会减缓文化冲击。至于外派经理伴侣的适应性问题,将外派经理

---

[1] C. M. Daily, S. T. Certo, and D. R. Dalton, "International Experience in the Executive Suite: A Path to Prosperity?" *Strategic Management Journal* 21 (2000), pp. 515–523.

[2] P. J. Dowling and R. S. Schuler, *International Dimensions of Human Resource Management* (Boston: PSW-Kent, 1990).

[3] G. Baliga and J. C. Baker, "Multinational Corporate Policies for Expatriate Managers: Selection, Training, and Evaluation," *Advanced Management Journal* (Autumn 1985), pp. 31–38.

伴侣甚至整个家庭包括在文化培训项目中很重要。

语言培训

英语是国际商务的通用语言，仅使用英语在全球开展商务活动也是很可能的（比如，联想公司决定将英语作为其官方语言，虽然它是一家中国公司）。尽管英语的通用度高，但是仅依靠英语交流会降低外派经理与东道国员工互动的能力。如之前所述，即使外派经理使用东道国语言并不流利，但其使用当地语言的意愿有助于融洽他与当地雇员的关系，并提高工作效率。尽管如此，一项包括74位美国跨国公司管理人员的调查发现，仅23人认为通晓外语是开展国外商务的必要条件。① 那些进行外派经理语言培训的公司认为这将改善雇员效率，使他们更好地融入外国文化，并在东道国培养良好的公司形象。

实务培训

实务培训旨在帮助外派经理和其家庭融入东道国的日常生活中。这种日常生活越早建立，外派经理及其家庭成功适应当地生活的前景则越好，而其中主要因素为来自外派经理朋友网络的支撑。公司应投入大量精力来确保外派家庭快速融入群体中。外派人员社区是帮助外派家庭适应外国文化的有用的支撑源头和信息源头，而且价值很大。

● 聚焦管理：外派经理的不同类型

外派经理的行为不仅与其在东道国的同事不同，而且与其母国的同事不一样。黄（Wee）和库姆（Combe）找出了居住在亚洲的5种外派经理类型，特别是那些来自西方国家的外派经理类型。

"遗产构建者"类型是名副其实的商务开发者，他们有潜力获得高层管理职位，甚至在国内曾经有公司对他们发出过首席执行官职位邀请。这些人面临挑战，自愿前往东道国。他们思维开阔，时刻准备听取当地雇员和合作伙伴的想法，而且不拘泥于公司规章制度。这种灵活的处事方式有助于满足当地需求，但有时会惹怒公司总部老板。然而他们的智慧和贡献通常会赢回老板的欢心。

更重要的是他们很有远见，能够看出开发当地人才的需要，并相信业务最好由本地人来管理。因此，他们努力找出3年~5年之后能代替自己的有潜力的当地继任者。他们通常能成功组建强大的当地团队，并最终从中选出一位领导。

"殖民地传教士"类型是被派往东道国的带有偏见的外派经理。他们凭借更好的教育背景和多国经验，以及担负着领导当地雇员的使命，通常认为自己比当地经理和雇员更优秀。他们不会聆听当地雇员的建议，也不会积极融入当地团队，从第一天开始他们就有意疏远普通同事。同样，当地雇员对他们敬而远之，通常不会给出回馈。

在两年高涨的事业热情之后，他们通常会遭受挫败，感到苦涩。他们在推动事业前进途中开始碰到障碍，特别是因为他们不肯花心思获得下属的支持。因为他们

---

① J. C. Baker, "Foreign Language and Departure Training in U. S. Multinational Firms," *Personnel Administrator*, July 1984, pp. 68–70.

不能开发当地人才,所以优秀雇员通常跳槽加入竞争者的公司。这样更多的挫败感产生了,他们开始讨厌这个地方,并不时抱怨由于缺乏当地优秀人才一起共事,他们的绩效表现因此受到影响。他们认为有更好的国家等着他们,而且其技能在那里会得到更好发挥,这令他们倍受鼓舞,并多次提出调职的要求。

"冬眠者"类型给外派经理的几种主要类型增添了最新意义。这些人通常不愿意搬去他们被派往的国家,其伴侣和家庭成员也是这么想的。他们通常也不会做任何事情来改善当地雇员的福利。他们通常对业务不感兴趣,放任自由,行事低调,避免任何挑战。在他们看来,被派往的东道国办公室里不存在变数,所以他们做出努力改善一切也没有意义。

他们的主要目标是在下一次调职之前存活下来。因此他们极少付出努力,并且在出现问题之后指责前任、整个系统或公司政策。总之,他们对这个国家和职位没有半点兴趣,只是在公司的政策系统下过日子。

除了以上3种类型的外派经理之外,以下是几种常见类型的变型。

"男孩"类型指的是不愿冒险、很听话的外派经理,他们仅在咨询过公司总部之后才采取行动。这类外派经理是很令人信任的公司"中尉",但是缺乏动力和创造力,同时不太可能让公司陷入严重的麻烦中。

"反叛者"类型是"男孩"类型的对立面,他们很独立,很冲动,很少听从公司总部的忠告和建议。这类人有时可能将公司置于尴尬之地。然而发现这一缺陷之后,公司总部通常会对他们加以限制,最终也确实这么做了。[1]

□ 外派人员的归国

在对外派经理的培训和管理发展中总被忽视但又相当重要的一个环节是为外派经理们重返母国公司进行的准备工作。[2] 遣返归国被视为完整环形过程的最后一环,该环形过程包括优秀人员的选拔环节、外派经理的跨文化培训环节,以及国外供职的实现环节,最后是回到母国公司。然而,这些外派经理并非被召回国内来分享经验,激励其他优秀经理承接类似国际使命,而是通常面临着不同的职业前景。[3]

通常在国外供职一段时间回国之后,他们面对的是并不了解他们在近几年做了什么的母国公司,母国公司也不知道该如何利用他们的国外经验,其实也并不是特别在乎,然而在国外时,他们通常有自主权,薪资待遇也高,而且被认为大材小用。更坏的情况是,归国后的雇员要努力找工作,或者公司会给予他们一些并不会用到他们的外派技能和实力的后备职位,也无法充分利用公司曾在这些人身上进行的商

---

[1] C. H. Wee and F. Combe, *Business Journey to the East: An East-West Perspective on Global-is-Asian* (Singapore: McGraw-Hill, 2009).

[2] L. Grant, "That Overseas Job Could Derail Your Career," *Fortune*, April 14, 1997, p. 166; J. S. Black and H. Gregersen, "The Right Way to Manage Expatriates," *Harvard Business Review*, March-April 1999, pp. 52-63.

[3] J. S. Black and M. E. Mendenhall, *Global Assignments: Successfully Expatriating and Repatriating International Managers* (San Francisco: Jossey-Bass, 1992); K. Vermond, "Expatriates Come Home," *CMA Management*, October 2001, pp. 30-33.

务投资。

调查显示了该问题的结果。一项针对归国雇员的调查显示，60%～70%的人不知道自己归国之后的职位是什么；60%的人说公司总部对他们的归国、归国后的新角色，以及将来在公司内部的职位晋升很模糊；77%的调查者在母国公司中接受的工作比在外派任命中更低。[1] 因此，15%的外派经理在归国1年之内离开公司，以及40%的外派经理在3年之内离开公司就不奇怪了。

解决这一问题的最好办法是进行人力资源规划。就像人力资源管理需要为外派经理开发合适的选拔和培训项目那样，当外派经理返回母国公司的工作岗位时，也需要匹配的项目来帮助他们应对心理和职业技能范围内的改变，并充分利用他们在国外取得的知识经验。

● 聚焦管理：孟山都的归国项目

孟山都是一家农产品的全球供应商，拥有员工1万多人。公司在任何时期都有100多位中层和高层管理人员被外派到国外岗位上。其中被派往国外的2/3人员是美国人，剩下的是在美国雇用的外国员工。在孟山都，外派经理及其归国管理以严格的选拔过程和密集的跨文化培训拉开序幕，既针对外派经理本人，也针对其家庭。像其他跨国公司那样，孟山都的目标是建立拥有国际思维的优秀经理骨干，以在未来领导整个团队。

该项目最主要的特征是，外派经理和将其送走或迎接他的经理（或发起人）会达成一项协议——关于任职期间如何达成公司的商务目标。重点在于为什么外派经理要前往国外实施这项工作，以及当他们返回时对孟山都做出了什么样的贡献。发起项目的经理要明确，一旦外派经理归国之后，他们将面临什么样的工作机会。

外派经理回到母国之后，他们在述职环节与跨文化培训师见面。同样，他们有机会在特定的信息交流会中向同级、下级和上级展示自己的经验。

然而，孟山都的归国项目不仅关注公司业务，而且关注外派经理家庭的重新回归。孟山都发现，归国困难更多的是与个人和家庭相关的问题而非与工作相关的问题。而个人问题明显会影响外派经理的工作绩效，所以公司对此类问题的关注很重要。

这也是孟山都为归国员工提供解决个人困难的机会的原因。归国3个月之后，根据他们的选择，外派经理会在工作中与几位同事面谈3小时。述职环节实际上是在受过培训的辅导员协助下的谈话，他们的工作要点就是帮助外派经理解决所有归国之后的重要问题。述职环节也使得外派经理得以分享重要经验，并以其专业知识启发其他经理、同事和朋友，让公司内其他人能够采用其全球知识。其中一位参与者说，"听起来很傻，但是对家庭来说，这是一段挺兴奋的日子，你根本没有时间坐下来反思到底发生了什么。你正经历着改变，换了新的工作、新的房子，孩子也要上新学校。述职是一件乐事，你能把个人感受放到台面上进行交流。"很显然，这奏

---

[1] J. S. Black and M. E. Mendenhall, *Global Assignments*: *Successfully Expatriating and Repatriating International Managers* (San Francisco: Jossey-Bass, 1992); K. Vermond, "Expatriates Come Home," *CMA Management*, October 2001, pp. 30-33.

效了，自从启动该项目后，归国员工的离职率急速下降。①

□ 管理发展和公司战略

管理发展旨在通过持续的管理教育和公司内的多个岗位轮岗以赋予经理不同的经验，从而提高经理的整体技巧水平。这些项目试图改善整体生产率和公司管理资源质量。

在国际商务中，公司更多的是将管理发展作为战略性工具，追求跨国战略的公司尤其如此，越来越多的公司也是这么做的。这类公司需要稳固且统一的公司文化，以及非正式的管理网络以协助公司的协调和控制工作。此外，跨国公司经理应能够感知当地响应压力，而这就需要他们对东道国文化的理解了。

管理发展通过让新经理融入公司规则和价值体系而帮助公司建立统一的公司文化。室内公司培训项目和场外培训期间的频繁接触能促进集体荣誉感，即经验、信息网络和公司行话的共享能提高技术能力。这些培训项目通常包括唱歌、野餐和运动。这些培训项目可能包括入会仪式，在仪式中，每人都穿上公司的统一制服（如印有公司标志的衬衫）以削弱个人文化，在仪式中丢面子也是常事（如将馅饼糊在脸上）。所有这些活动的目的都是加强经理在公司中的身份认可度。

在一段时间内将经理们集合在某地或某几国的不同岗位中，并对他们进行轮岗，有利于公司建立非正式的管理网络，而这一网络可以作为公司内部有价值的绩效增强方法的交换通道。② 比如，对于爱立信而言，部门之间的合作极其重要，特别是将技术和核心竞争力从母公司向国外子公司转移时。为了促进合作，爱立信在总部和国外子公司之间大量转移人员。公司将 50～100 人的工程师和经理团队从一个部门转到另一个部门，为期 1 年～2 年，这样就建立了员工之间的联系网络。这一政策对加强统一的公司文化和协调公司全球分散的子公司都很有效。③

绩效考核

绩效考核指按一些标准对外派经理的表现进行评估，这些标准对公司战略实施和竞争优势的获得很重要。绩效考核是公司控制系统中很重要的一项，而控制系统是组织架构的重要组成部分。在很多跨国公司中，如何对外派经理进行评估是一个

---

① C. M. Solomon, "Repatriation: Up, Down, or Out?" *Personnel Journal*, January 1995, pp. 28 - 34; J. Schaefer, E. Hannibal and J. O'Neill, "How Strategy and Culture and Improved Service Delivery Reshape Monsanto's International Assignment Program," *Journal of Organizational Excellence* 22, no. 3 (2003), pp. 35 - 40.

② I. M. Manve and W. B. Stevenson, "Nationality, Cultural Distance and Expatriate Status," *Journal of International Business Studies* 32 (2001), pp. 285 - 303; D. Minbaeva et al., "MNC Knowledge Transfer, Subsidiary Absorptive Capacity, and HRM," *Journal of International Business Studies* 34, no. 6 (2003), pp. 586 - 604.

③ C. A. Bartlett and S. Ghoshal, *Managing across Borders: The Transnational Solution* (Boston: Harvard Business School Press, 1989).

特别棘手的问题。① 本部分将关注该问题,并研究一些用于评估外派经理表现的指导方针。

□ 绩效考核中的问题

受无意偏差的影响,对外派经理进行公正的绩效考核很困难。在很多情况中,东道国经理和母国经理两方都会对外派经理的表现进行评估,但是都存在偏差。东道国经理可能受到自己文化偏好和预期结构的影响而产生偏差。比如,门登霍尔和奥德欧介绍了美国外派经理的例子,该外派经理在印度子公司工作时把参与决策的方法引入子公司。② 因此,他得到东道国经理的消极评估。因为在印度,牢固的社会分层意味着经理是专家,他不能向下属寻求帮助。当地雇员显然认为,美国外派经理的参与性管理尝试表明他无法胜任,而且不了解自己的工作。

母国经理对外派经理的评估可能会受距离和自身国外工作经验缺乏的影响而产生偏差,母国经理通常不知道国外子公司发生了什么。因此,他们倾向于依靠硬数据来评估外派经理的表现,比如部门的生产率、利润率和市场份额,而这些标准可能反映了一些超出外派经理控制的因素(如汇率的反向变动及经济下滑)。同时,硬数据没有将那些同样重要的不可见软性变量考虑进去,如外派经理的跨文化意识和与当地经理高效共事的能力。由于这些偏差,许多外派经理认为公司总部管理层无法对他们进行公正评估,也不能充分赏识他们的工作技能和工作经验的价值。这也是很多外派经理认为国外任职对其事业没有好处的原因之一。在一项针对美国跨国公司经理的调查中,56%的接受调查的经理认为,国外任职对其事业不利或关系不大。③

□ 绩效考核指导方针

以下几点能够矫正绩效考核过程中的偏差。④ 第一,大部分外派经理认为,在绩效考核中,公司应该加大现场经理评估的比重,而非依赖非现场经理评估。据估算,现场经理更可能评估软性变量,而这些是外派经理评估中更重要的方面。如果现场

---

① G. Oddou and M. Mendenhall, "Expatriate Performance Appraisal: Problems and Solutions," in *International Human Resource Management*, eds. Mendenhall and Oddou (Boston: PWS-Kent, 1991); P. J. Dowling and R. S. Schuler, *International Dimensions of Human Resource Management* (Boston: PSW-Kent, 1990); R. S. Schuler and G. W. Florkowski, "International Human Resource Management," in *Handbook for International Management Research*, eds. B. J. Punnett and O. Shenkar (Oxford: Blackwell, 1996); K. Roth and S. O'Donnell, "Foreign Subsidiary Compensation Strategy: An Agency Theory Perspective," *Academy of Management Journal* 39, no. 3 (1996), pp. 678–703.

② G. Oddou and M. Mendenhall, "Expatriate Performance Appraisal: Problems and Solutions," in *International Human Resource Management*, eds. Mendenhall and Oddou (Boston: PWS-Kent, 1991).

③ "Expatriates Often See Little Benefit to Careers in Foreign Stints, Indifference at Home," *The Wall Street Journal*, December 11, 1989, p. B1.

④ G. Oddou and M. Mendenhall, "Expatriate Performance Appraisal: Problems and Solutions," in *International Human Resource Management*, eds. Mendenhall and Oddou (Boston: PWS-Kent, 1991); R. S. Schuler and G. W. Florkowski, "International Human Resource Management," in *Handbook for International Management Research*, eds. B. J. Punnett and O. Shenkar (Oxford: Blackwell, 1996).

经理和外派经理国籍相同，那么评估会更加准确，因为这样能去除文化偏差。在实际操作中，在收到现场经理的回馈之后，母国经理通常才开始撰写绩效考核报告。在这种情况下，大部分专家建议，在同一地点供职的前任外派经理应该被包括在评估中，以矫正偏差。第二，如果公司政策是由国外现场经理撰写绩效考核报告，那么在他完成正式的最终评估之前，应该咨询母国经理。这使得母国经理有机会平衡因文化偏差而造成的不友善评估。

薪资

在每次国际商务薪资讨论中，有两件事总是被关注：一是如何调整薪资以反映国家之间经济环境和薪资的差异；二是如何给外派经理付薪。从战略角度看，不管公司采用何种薪资系统，其中最重要的一点是，外派经理应该因在国外贯彻了与公司一致的战略而受到嘉奖。

国家之间的薪资差异

在不同国家同一职位管理人员之间的薪资差异很大。韬睿咨询（Towers Perrin Consulting）公司的一项调查结果如表18.3所示。这项调查研究了在一些地区中，年销售额在5亿美元左右的公司高级人力资源主管在2005—2006年的平均薪资。[①] 该数据包括基础工资和绩效奖金，但是不包括股票和期货。如表18.3所示，国家之间的差别很大。2005—2006年，美国的高级人力资源主管的平均薪资为525 923美元，而日本为278 697美元。据韬睿咨询公司统计，同样的薪资差异在其他工作岗位，如首席执行官和首席财务官上也存在。很多美国管理层除了薪酬，还能从股票期权中挣取数额可观的资金，因此该数据低估了实际差距。

国家之间的薪资差异给跨国公司提出了难题：公司是应该按不同国家现行的工资标准给外派经理付薪，还是按国际标准付薪？在追求民族中心主义人事政策和多中心主义人事政策的公司中，这种问题不存在。在追求民族中心主义人事政策的公司中，这一问题可以被转化为应该给母国外派经理付多少薪资。至于追求多中心主义人事政策的公司，外派经理在各国子公司之间的流动性很低，这就意味着可以保持各国薪资不同。也就是说，如果英国和美国的经理从未一起工作过，那么按美国经理的标准给英国经理付薪是没有必要的。

但是该问题在实施地心主义人事政策的公司中真实存在。地心主义人事政策与跨国战略一致，该政策要求建立全球经理骨干团队，而团队中会包含很多不同国籍的人员。团队中的所有成员都按相同薪水和激励薪酬付薪吗？对于位于美国的公司来说，这意味着提高国外人员的薪资以达到美国水平，而这成本太高了。如果公司不平衡薪资，那么可能会引起全球经理骨干团队内与美国员工共事的国外成员的严

---

① Towers Perrin, Towers Perrin Worldwide Total Remuneration Study, 2005–2006.

重抱怨。如果公司对建立全球经理骨干团队很重视，那么它可能需要给经理们支付相同水平的薪资，而不管他们的国籍和任职地点。然而目前这种操作并非广泛适用。

近年来，很多公司逐渐走向全球一致的标准薪资结构，即不论雇员在何处工作，都按相同的评分制度对他们进行评估，并且对雇员们使用相同的奖金和津贴结构。实际上，在美世管理咨询公司最近的一项调查中，约85%的公司表示已经建立了全球薪资策略。[①] 麦当劳公司就是如此。另一项调查发现，2/3 的跨国公司对不同国家提供的福利计划进行集中控制。[②] 然而，除了相对小型的国际流动管理团队之外，大多数公司的基本薪资依当地市场条件而定。

表 18.3　一些地区的公司高级人力资源主管在 2005—2006 年的平均薪资　　单位：美元

地区	公司高级人力资源主管的平均薪资
阿根廷	212 879
澳大利亚	293 782
比利时	446 624
巴西	356 733
加拿大	307 053
法国	384 904
德国	456 665
印度	146 384
意大利	432 569
日本	278 697
马来西亚	140 587
墨西哥	382 334
荷兰	287 247
波兰	120 410
新加坡	230 281
南非	371 781
韩国	182 716
西班牙	305 519
瑞典	302 473
瑞士	447 563
英国	494 519
美国	525 923
委内瑞拉	225 317

---

① J. Cummings and L. Brannen, "The New World of Compensation," *Business Finance*, June 2005, p. 8.
② Staff Reporter, "Multinationals Tighten Control of Benefit Plans," *Workforce Management*, May 2005, p. 5.

外派薪资

用于确定**外派薪资**（expatriate pay）的最常见的方法是平衡表法。组织资源咨询（Organizational Resources Consulting）公司于2002年的一项调查显示，在所调查的781家公司中，约有80%的公司采用这种方法。[①] 该方法使得各国之间的购买力均等化，这样员工就能在国外岗位上享受与其在国内相同的生活水平。此外，该方法提供了财务激励以补偿员工在任职地点的生活质量差异。平衡表如图18.2所示，母国工资包括税收、住房支出、商品和服务支出（食物、衣服和娱乐等）以及储蓄（存款、退休金缴款等）。平衡表法试图向外派人员提供与其在母国相同的生活标准，外加接受外派任命的财务激励（如津贴和奖金）。

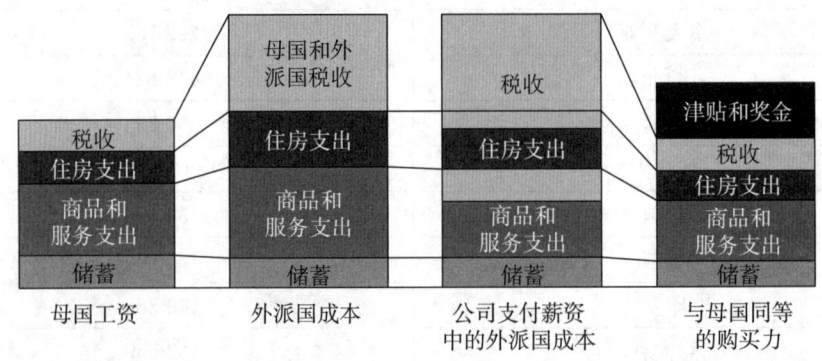

图 18.2 平衡表

注：浅灰色部分指公司支付的额外成本

典型的外派薪资的组成部分有基本工资、国外服务津贴、补贴、税收和福利。本部分简要地说明每一组成部分。[②] 外派薪资是外派人员在其母国岗位上的3倍。因为外派的成本高昂，很多公司近年来减少了外派人员数量。然而，公司减少外派人员数量的能力是有限的，特别是当该公司追求民族中心主义人事政策或多中心主义人事政策时。

基本工资

外派人员的基本工资通常与母国相似岗位的基本工资幅度相同，基本工资通常用母国货币或当地货币支付。

国外服务津贴

国外服务津贴指外派人员在母国之外工作所得的额外收入。它作为激励员工接受国外职位的手段，用以补偿外派人员离开家庭和朋友，在不熟悉的国家中生活，处理新的文化和语言问题，以及适应新的工作习惯等。很多公司以基本工资的一定百分比支付国外服务津贴，税后在10%~30%不等，平均国外服务津贴为基本工资

[①] Organizational Resource Counselors, 2002 Survey of International Assignment Policies and Practices, March 2003.

[②] M. Helms, "International Executive Compensation Practices," in *International Human Resource Management*, eds. M. Mendenhall and G. Oddou (Boston: PWS-Kent, 1991).

的16%。[1]

补贴

在外派薪资中，通常有4种类型的补贴：艰苦补贴、住房补贴、生活成本补贴和教育补贴。当外派人员被派往艰苦的地区，通常是在以母国标准来看，医疗、学校、零售店等生活福利设施不足的地区时，他们会收到艰苦补贴。住房补贴通常用以保证外派人员能够支付得起与母国同等水准的住房条件。在住房很贵的地区，如伦敦和东京，住房补贴很高，可以达到外派薪资的10%～30%。生活成本补贴保证外派人员能够在国外职位上享受与母国相同的生活水准。教育补贴保证外派人员的孩子能接受与母国标准一致的充足的教育资源。东道国的公立学校有时并不适合外派人员的孩子，在这种情况下，他们就必须上私立学校了。

税收

除非东道国和外派人员的母国之间有互惠性税收条款，否则外派人员需要同时向母国和东道国政府缴纳所得税。如果没有互惠性税收条款，那么通常由公司支付外派人员在东道国的所得税。此外，如果东道国的所得税税率较高，从而使得外派人员带回国的收入减少，那么公司会补偿差额。

福利

许多公司也保证其外派人员在国外能接受与母国相同水平的医疗和养老福利。这对公司来说可能很贵，因为很多福利在母国是免税的（如医疗和退休福利），但是在其他国家并非如此。

●聚焦管理：麦当劳的全球薪资管理项目

在21世纪初期的前几年，麦当劳在全球118个国家拥有超过40万名经理和高级员工，这要求公司必须建立全球统一的薪资和绩效评估战略。2003年，麦当劳开始着手解决该问题，并在同全球经理们商讨过后的数月内，于2004年开始实施其全球薪资管理项目。

该项目中重要的一项是要求公司总部为各国经理提供下一年需要关注的经营理念选择表，这些理念包括客户服务、市场营销和餐厅转型。每个经理挑出其中3～5个方面，集中精力争取在本地市场取得成功。比如，如果法国餐厅引进了一项新的理念，那么下一年它就要围绕这一理念创建工作目标，然后人力资源经理要将他们的工作情况和工作目标上交给公司总部的高级管理人员，以获得许可。在下一年年末，该国的年度奖金额度按照实现目标的程度和运营收入而定。单个员工的年度红利比例基于该组合。

员工年度红利比例还可以基于个人表现。麦当劳以往一直采用绩效排名系统，但在2004年，公司引进了全球评估准则，显示公司20%员工的绩效达到了最高水平，70%位于中间，10%垫底。公司采用全球评估准则而非强制性排名，是希望能够激励员工表现的差异化，同时考虑到地区之间的弹性差别。通过采用选单理念和全球评估准则，并且允许当地经理定制薪酬方案以满足当地市场需求，麦当劳称公司离

---

[1] G. W. Latta, "Expatriate Incentives," *HR Focus* 75, no. 3 (March 1998), p. S3.

职率有所下降。公司内部调查显示，有更多员工相信自己的薪酬是公平的，并且反映了当地市场条件。

劳工关系

跨国公司中的人力资源管理通常对劳工关系负责。从战略性角度来看，劳工关系中的主要问题是有组织的劳工限制跨国公司决策的程度。公司整合其全球子公司以实现经验曲线和区位经济的能力受有组织的劳工的限制，这也制约了公司追求跨国战略或全球标准化战略。普拉哈拉德（Prahalad）和道直（Doz）提到通用汽车的例子，该公司以同意不采用最有效手段整合子公司的方式，从而与工会达成和平状态。① 在德国钢铁工人协会（German Metalworkers' Unions）的要求下，通用汽车在德国进行大量投资，金额达到其在澳大利亚和西班牙的最新投资额。

人力资源管理的任务之一是促进公司和有组织的劳工的和谐，并减少双方冲突。基于此，本部分研究内容如下：第一，说明有组织的劳工对跨国公司的担忧。第二，关注有组织的劳工如何努力解决这些担忧。第三，研究国际商务经理如何管理劳工关系以减少劳动纠纷。

□ 有组织的劳工的担忧

工会通常与经理进行集体谈判，以达到为全体成员争取更高待遇、更好工作保障和更优工作条件的目的。工会的谈判能力主要来自罢工或采取其他形式的工作抗议，比如拒绝加班，以此威胁中断生产的能力。这种威胁是很有效的，到目前为止，经理没有别的办法，只得雇用工会工人。

国内工会对跨国公司的第一个担忧是，公司会威胁将生产转移到其他国家，从而降低工会的谈判能力。第二个担忧是，跨国公司会把高技术生产任务留在母国内，把低技术含量的工作转移到国外工厂。在经济条件允许的情况下，以上操作使得跨国公司将生产从一个地区转移到另一个地区相对简单。因此，有组织的劳工的谈判能力再一次被削弱。

第三个担忧是，跨国公司可能在国外子公司使用与其母国一致的雇用惯例和合同契约。如果这些惯例在东道国不常见，那么有组织的劳工担心这一变化会降低他们的影响力和谈判能力。当日本的跨国公司尝试将其劳工关系类型推广到其他国家时，这一担忧便浮出水面。比如，很多日本汽车公司在美国没有工会组织，这让美国的汽车工人协会（United Auto Workers）相当恼火，因为这导致工会在汽车行业中的影响力下降。

---

① C. K. Prahalad and Y. L. Doz, *The Multinational Mission* (New York: Free Press, 1987).

□ 有组织的劳工的策略

有组织的劳工通过以下几种方式提高其在跨国公司中的谈判能力：（1）试图建立国际劳工组织；（2）说服国家立法机构限制跨国公司；（3）试图通过美国的此类机构对跨国公司进行国际监管。但是这些努力并没有取得很大成效。

20世纪60年代，有组织的劳工开始建立国际贸易秘书处（International Trade Secretariats），为各国各行业工会建立全球联系，其长期目标是与跨国公司在国际上进行谈判。有组织的劳工相信通过国际贸易秘书处的跨国协调，加上工会威胁在全球范围内终止生产，能够降低跨国公司的谈判能力。然而，国际贸易秘书处没有取得什么实质成功。一个阻碍合作的因素是，虽然各国工会想要合作，但它们也为吸引跨国公司投资、为成员增加工作岗位而相互竞争。比如，为了获得新的工作岗位，汽车行业的工会通常向寻找新厂址的公司献殷勤。尼桑把欧洲生产基地放在英国，而不是西班牙的原因之一是，比起西班牙工会，英国工会同意做出更多让步。因为各国工会之间存在此类竞争，因此合作难以建立。

另一个阻碍合作的因素是，各工会之间存在巨大的结构差异。各国工会独立发展，结果是国家之间工会的结构和意识形态存在巨大差异，集体谈判的特点也各不相同。比如，在英国、法国和意大利，很多工会受左翼社会人士控制，他们以阶级斗争的视角看待集体谈判。而德国、荷兰、斯堪的纳维亚半岛和瑞士的大部分工会在政治上更加中立。不同国家工会领导人的意识形态差异使得合作更加困难。意识形态的差异反映在对工会在社会中的角色和工会对待跨国公司的立场的观点上。

有组织的劳工要求国内和国际机构监管跨国公司的努力也收效有限。比如，国际劳工组织（International Labor Organization）和经济合作与发展组织都制定了一些劳工关系行为标准，要求跨国公司遵守。但这些标准远没有达到工会的要求。并且这些机构也没有建立强制实施的机制。很多研究者认为这类标准的效果很有限。[1]

□ 处理劳工关系的方式

跨国公司的国际劳工关系有很大不同。最主要的差别在于劳工关系活动被集中管理或分散管理的程度。从以往来讲，大部分跨国公司将国际劳工关系活动分散到各个国外子公司中，因为国家之间的劳动法、工会能力和集体谈判的特点有很大差别。将劳工关系活动分配给当地经理是很合理的。有观点认为，不存在适用于不同环境、高效且即时处理劳工关系各种复杂情况的集中管理方法。

虽然有理论始终这么认为，但是现在集中管理有加强的趋势。这种趋势反映了跨国公司更加合理地管理全球子公司的尝试。各行各业竞争压力的普遍上升使得公司管理成本变得更加重要。因为劳动成本占总成本的比重很大，很多公司在与工会的谈判中威胁将生产转移到其他国家，企图修改公司章程，并限制工资上涨。因为

---

[1] R. S. Schuler and G. W. Florkowski, "International Human Resource Management," in *Handbook for International Management Research*, eds. B. J. Punnett and O. Shenkar (Oxford: Blackwell, 1996).

此行动涉及巨额新投资和工厂关停,所以该谈判策略需要总部管理要素的投入。因此,对劳工关系的集中投入要素水平逐渐上升。

此外,更多人意识到工厂内生产组织方式是竞争优势的重要来源。比如,日本汽车生产公司的竞争优势大部分得益于工厂内采用了自管理团队、岗位轮转、跨岗位培训等方法。① 为了在国外工厂推广其国内模式,日本公司复制了国内的生产工序,但这样会导致与当地国家传统生产工序的直接冲突,并遭到当地工会的抵制。所以,只有在当地工会接受生产工序大幅改变的情况下,日本公司才进行国外投资。为了达到这一目的,很多日本公司总部直接与当地工会谈判,在当地工会同意修改生产章程之后才进行投资。比如,在尼桑决定在英国北部投资时,它就已经得到了英国工会对修改传统生产工序的同意。就其本质而言,追求这种策略要求对劳工关系活动进行集中管理。

● 本章总结

本章的研究重点为跨国公司中的人力资源管理。人力资源管理包括人力资源策略、人事政策、培训和管理发展、绩效考核、薪资和劳工关系,所有这些都不是凭空存在的,都必须与公司战略相符。本章要点如下:

1. 公司要想取得成功,则应保持人力资源管理政策与公司战略、组织结构(正式和非正式的)、控制系统等相一致。

2. 人事政策与员工选拔有关,其目标是选出拥有所需技能以进行某种特殊工作的员工。人事政策还可以作为发展和提升公司文化的手段。

3. 民族中心主义人事政策指公司选用母国员工填补跨国公司内关键的管理岗位,该政策与国际战略相符。缺点是民族中心主义人事政策会造成"文化近视"。

4. 多中心主义人事政策利用东道国员工管理国外子公司,而让母国员工占据公司总部的重要岗位。这种方法能够降低"文化近视"的危害,但是会在母国和东道国公司之间形成代沟。这一政策适合本土化战略。

5. 地心主义人事政策指在公司内寻找最适合关键岗位的人选,而不管其国籍。该政策与建立牢固统一的公司文化和非正式的管理网络相一致,且适合全球标准化战略和跨国战略。但是各国政府的移民政策可能会限制公司追求该政策的能力。

6. 人事政策中突出的问题是外派失败,即外派经理提早返回母国。外派失败的成本相当高。

7. 将不合适的候选人筛选出去的过程可以降低外派失败。最合适的外派人员要有高度的自信心,能和别人友好相处,愿意用外国语言进行交流,而且能与其他国家文化产生共鸣。

8. 培训能降低外派失败的可能性。培训包括文化培训、语言培训和实务培训,而且这些培训应该被提供给外派经理和其伴侣。

9. 管理发展旨在通过公司内部现行的管理教育和不同岗位之间轮岗的组合,赋

---

① J. P. Womack, D. T. Jones, and D. Roos, *The Machine That Changed the World* (New York: Rawson Associates, 1990).

予经理不同的经历，以提高其整体管理水平。管理发展通常被用作建立牢固统一的公司文化和非正式的管理网络的战略性手段，而且这对跨国战略和全球标准化战略都起到支撑作用。

10. 由于无意偏差，公正地考核外派经理的绩效很困难。公司可以采取一些步骤减少偏差。

11. 国家之间薪资水平的差异给跨国公司提出了一个难题：公司应该以各国标准给外派人员付薪，还是应该按国际标准？

12. 最常见的外派薪资确定方式是平衡表法。该方法旨在实现各国之间购买力的均等化，即雇员可以在国外享受与他们在母国相同的生活水准。

13. 劳工关系的重要一点是有组织的劳工能在多大程度上限制跨国公司的决策。公司追求跨国战略或全球标准化战略的能力在很大程度上受工会行为的限制。

14. 有组织的劳工的最大担忧是，跨国公司会威胁将生产转移到其他国家，从而降低工会的谈判能力。

15. 有组织的劳工试图通过建立国际劳工组织以降低跨国公司的谈判能力。总体来说，这些努力没有什么效果。

●批判性思考和问题讨论

1. 民族中心主义人事政策、多中心主义人事政策和地心主义人事政策的主要优点和缺点是什么？这些方法各适用于哪种情况？

2. 调查显示，很多外派人员会面临一些问题，从而限制了他们在国外岗位上的效率和他们归国之后对公司的贡献。这些问题的主要起因和后果是什么？公司如何能够降低这些问题的出现呢？

3. 跨国公司战略和人力资源管理政策之间的联系是什么？特别是在使用外派人员及其薪酬规模方面，两者的联系是什么？

4. 有组织的劳工能够采取什么方式来限制跨国公司的战略性决策？跨国公司又该如何化解这些限制？

5. 重读"聚焦管理：麦当劳的全球薪资管理项目"。在对不同国家的外派经理进行绩效评估和红利奖励时，麦当劳是如何将地区差异考虑进去的？

●研究任务：全球人力资源管理

利用globalEDGE™网站完成下列练习：

练习1

国家之间的生活成本差别很大。美国国务院（The U. S. Department of State）编制了一系列《国外生活成本季度报告》（Quarterly Reports for Living Costs Abroad）。利用最新报告，找出生活成本最高的国家，以及生活成本风险最大的国家。美国国务院认为这些国家之间生活津贴和艰苦程度的差异是什么？

练习2

你在跨国公司总部的人力资源部门工作。你们公司将要派出几位经理去国外工作。利用globalEDGE™网站上现有的关于外派人员生活的资源，制作一份公司将经理送往国外前的担忧和步骤清单。

● 章尾案例：XCO 中国公司

对 XCO 中国（Xco China）公司总经理约翰·罗斯（John Ross）来说，这个上午很艰难，他刚挂了在圣路易斯市的老板菲尔·史密斯（Phil Smith）的电话，老板质问罗斯，为什么在他出任公司最高职位 4 年后，公司的投资回报率还是以个位数计算。"我们期待更好的绩效，"史密斯说，"特别是鉴于你以往的成就，你要解决这个问题。我们的耐心是有限的，我们公司对子公司的目标是投资回报率达到 20%，而你们还差得很远。"罗斯觉得史密斯已经下了最后通牒，因为老板开始要求提供公司绩效。在 XCO 公司工作的 20 多年来，罗斯第一次感觉局势岌岌可危。

XCO 公司是一家美国的电子产品跨国公司，其年销售额达 20 亿美元，子公司遍布全球 10 多个国家。XCO 中国公司专门为手机和电脑行业中的公司大规模生产印制电路板。这是一家 XCO 公司与上海电子集团共同成立的合资企业，上海电子集团持有公司 40% 的股权，XCO 公司持有剩下股权。虽然 XCO 公司持有大部分股权，但是在公司做出重大投资或大规模增减员工决策时，还是要跟其合作伙伴商讨。

罗斯在过去的 4 年中一直运营着 XCO 中国公司。在罗斯取得事业成就，包括其在墨西哥和匈牙利的国外任命之后，他被调任到 XCO 中国公司。当他接任外派到中国的职位的时候，他想，如果成功，那么他可能在几年之内就能成为公司总部重要职位的候选人。他也知道 XCO 中国公司的工作有挑战性，但是这里的情况还是让他始料未及。公司生产率受糟糕的产品质量和松散的库存管理的拖累。公司雇员过多，但是 XCO 公司的合作伙伴把公司视为就业创造项目，不断拒绝裁员的计划。更糟糕的是，XCO 中国公司难以跟上新生产技术的步伐，远远落后于竞争者。罗斯决定改变这一现状，但这并非易事。

为了改善生产，罗斯要求公司总部人力资源部门从美国总部派两位专家与中国员工一起工作。但其中一位专家在因个人原因申请调离之前在中国仅待了 3 个月，因为他的伴侣不喜欢中国。另一位专家待了半年，但是他跟中国雇员的交流很少，这样他不得不被遣返回国。罗斯希望公司总部的人力资源部门能够更好地筛选外派人员，并进行文化培训，但是反过来想，他承认缺乏文化培训并不奇怪，毕竟，他当年也没有接受过文化培训。

这种办法失败之后，罗斯采用了其他方法。他挑选了 4 位最出色的中国员工，把他们派到美国工厂，而且每人配备一名翻译，用两个月的时间专攻最新的生产技术。这样做的效果好多了。中国员工参观了美国、墨西哥和巴西的高效工厂，见识了各种可能性。他们回国后，热情高涨地开始改善 XCO 中国公司的生产工序。一年之内，他们就引进了六西格玛质量监督项目，并在工厂内改善了存货流。现在，当罗斯走在工厂中时，再也不会看到大量存货被堆放在地板上，或者被塞满了因组装质量不合格而被丢弃的电路板的垃圾箱。经过艰难的 3 年，公司生产率提高了，XCO 中国公司终于开始盈利了。

显然，对公司总部来说，这是不够的。罗斯知道进一步改善绩效很困难。中国市场竞争激烈。XCO 公司要同那些为各国客户生产印制电路板的公司竞争，而这些公司在中国也有组装工厂。客户们持续压低价格，但是在罗斯看来，价格下降的速度已经赶上成本下降的速度了。此外，碍于中国合作伙伴的要求，罗斯没法裁员。他试图向史密斯解释所有情况，但是老板好像没能明白。"他看重的是数据，"罗斯认为，"他并不了解中国市场。我为了改善业务，工作这么辛苦，却得不到嘉奖，根本什么都得不到。"①

案例讨论问题

1. 为什么约翰·罗斯之前的外派经验对接管XCO中国公司的工作没什么用呢？

2. 从XCO公司外派人员的经历，外派人员去国外工作遇到的问题，以及利用母国员工在跨国公司中转移重要技术知识的困难中，你学会了什么？

3. 在转移重要技术知识时，为什么派中国员工前往美国，然后转移知识到中国，要明显比公司外派美国员工有效得多？

4. 罗斯在XCO中国公司的工作没能反映在公司的绩效层面上，虽然其绩效足以与XCO公司在其他地区的子公司相匹敌。XCO公司的绩效评估系统应该如何调整，才能让罗斯在中国进行的艰难工作得到应有嘉奖？

---

① 该案例是根据查尔斯·希尔（Charles Hill）所做采访改编的假设性案例。

第十九章

国际商务会计

学习目标

学完本章后，你应该能够：
1. 讨论国家之间会计准则差异的原因；
2. 讨论国家之间会计准则差异的后果；
3. 解释国际会计准则发展的影响；
4. 理解货币转换的会计含义；
5. 解释跨国公司中会计准则对公司控制系统的影响。

● 开篇案例：中国的会计

近年来，越来越多的中国公司迈入国际资本市场，也有越来越多外国人通过上海证券交易所向中国公司投资。国外投资者很自然想要确保他们投资的中国公司的财务信息的可靠性。2003年12月，中国某保险公司在香港交易所和纽约证券交易所成功挂牌上市，筹集了大约34亿美元资金。然而，2004年1月，中华人民共和国审计署透露，在对该保险公司的常规审计中发现，该保险公司在2003年出现6.52亿美元的财务异常！这一发现使得公司股票快速下跌，该保险公司成为美国投资者集体诉讼的众矢之的。此后不久，中国某私营银行承认其在2000年伪造了股东会议，致使其在纽约证券交易所的上市计划被搁置。2004年，另一家成功在纽约证券交易所发行股票的中国公司股票大跌，因为其首席财务官的言论与该公司上报美国证券交易委员会（United States Securities and Exchange Commission）的材料内容相矛盾。

问题的核心是中国的会计准则与国际会计准则不符，这使得投资者很难对中国公司进行评估。传统上，中国会计立足于信息收集和撰写合规性报告，旨在计算政府的生产和税收目标。因为历史原因，中国的会计准则与利润无关。虽然中国会计准则变化很快，但是很多与旧会计准则相关的问题依然存在。

为了使其会计准则更加接近国际会计准则，中国指出，它将逐步采用国际会计准则理事会（International Accounting Standards Board，IASB）开发的会计准则。

2001年，中国采用了一项被称为商务企业会计系统的新规则，该规则的很大一部分是基于国际会计准则，现在用来规范中国当地公司和国外公司。2005年，中国又向前迈出了一步，政府要求2007年1月1日在上海证券交易所和深圳证券交易所挂牌的1 200家公司采用基于国际会计准则的一系列会计准则，但该会计准则与国际会计准则并非完全一致。采用该会计准则之后，中国公司的财务表现是否会更加透明还有待验证。

目前，很多中国大型上市公司按两种准则——中国会计准则和国际会计准则进行成果报告。这两种会计准则的差异很有启发性。比如，中国最大航空公司之一东方航空称，在中国会计准则下，其2008年净利润比2007年下降29%，跌至4 160万元。然而在国际会计准则下，该公司的净损失达到2.125亿元，为5年内最高值！[1]

引言

会计通常被称为商务语言。[2] 该语言以利润和损失的方式表达，包括资产负债表、预算表、投资分析和税务分析。会计信息是公司将其财务状况传达给资金提供者——投资者、债权人和政府的一种手段。它使得资金提供者能够评估其投资价值或贷款安全性，以在未来做出资源配置决策。会计信息和资金流如图19.1所示。会计信息也是公司向政府报告其收入的方式，这样政府就能核算公司应该缴纳多少税。它还是公司评估自己的绩效、管理内部支出以及计划未来支出和收入的手段。因此，好的会计功能对公司的平稳发展乃至对国家的金融系统都是关键的。

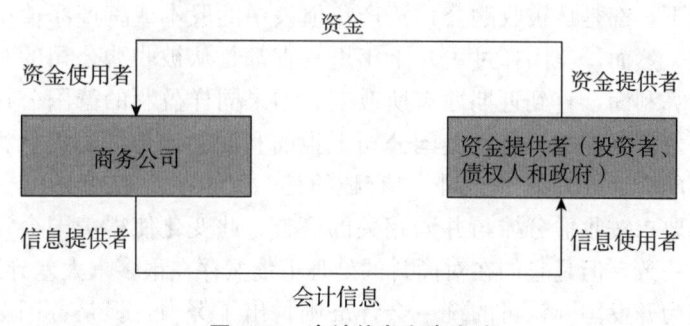

图 19.1 会计信息和资金流

国际商务中存在着很多纯粹的国内贸易不会遇到的会计问题。"开篇案例：中国的会计"专栏中就提到其中一个问题，即不同国家之间缺乏统一的会计准则。中国

---

[1] P. Practer, "Emerging Trends," *Accountancy*, May 2001, p. 1293; E. Yiu, "China Sees Benefits of Global Standards," *South China Morning Post*, November 20, 2004, p. 3; J. Baglole, "China's Listings Lose Steam," *The Wall Street Journal*, April 26, 2004, p. A13; "Skills Shortage a Hurdle to IAS," *The Standard*, December 2, 2003; E. McDonald, "Shanghai Surprise," *Forbes*, March 26, 2007, pp. 62–63; "Cultural Revolution: Chinese Accounting," *The Economist*, January 13, 2007, p. 63.

[2] G. G. Mueller, H. Gernon, and G. Meek, *Accounting: An International Perspective* (Burr Ridge, IL: Richard D. Irwin, 1991).

现行会计规则与很多发达国家不相同，虽然如案例中所述，中国正促使公司采取国际会计准则。这使得国际投资者很难准确评估中国公司，有些公司看起来利润高，财务能力强，但实际可能并非如此。

我们首先说明各国会计准则出现差异的原因，然后将注意力转移到国际会计准则理事会建立国际会计和审计准则的努力上，再讨论已经取得的进步。随后，本书会讨论跨国公司建立统一的财务报表将面临的问题。如本章将要阐述的，这些公司会面临很多特别问题，比如，巴西子公司的账户采用雷亚尔，韩国子公司的账户采用韩元，日本子公司的账户采用日元。如果是美国公司，那么它要决定以什么为基础将这些账户中的货币转换成美元。最后，本章将讨论跨国公司中的控制系统。本书曾提到控制系统的问题，但是比较抽象。本章将从会计的角度看待控制系统的问题。

会计准则的国家差异

会计准则受公司运营环境的影响很大。就像不同国家有不同政治、经济和文化系统，不同国家也有不同会计准则。[①] 在各国，会计准则与对会计信息的需求相对应。

一个差异是，会计准则中对员工信息披露的要求。在很多欧洲国家，政府要求公司公布详细的员工培训和招聘政策信息，但是美国没有此类要求。另一个差异是处理商誉的方式。商誉包括商标和品牌名（如可口可乐）等这些使公司获得比竞争对手更高利润的优势。当一家公司收购另一家公司时，被收购公司的商誉价值通过该公司获得的超过账面价值的那一部分数额计算出来，而且该数额巨大。在多国现行的会计准则下，都是从被收购公司资产负债表中的股本或资产净值中减去商誉价值来计算利润。然而，美国在过去几十年里一直都是从被收购公司的利润表中减去商誉价值来计算利润，直到近期才有所改变。如果同样盈利的德国公司和美国公司收购两家商誉价值相同的公司，美国公司上报的利润会比德国公司低很多，因为两国对商誉价值的会计处理惯例不同。[②] 有趣的是，美国在2001年改变了其处理商誉的方式，不再要求按收益分摊与并购相关的商誉。此变化使得美国会计准则与国际会计准则更为一致，但是它们在对商誉的处理上依然存在很多重大差异。[③]

尽管各国为开发国际认可的统一会计准则付出了努力，但是各国会计准则的差异始终存在。一项调查对比了22个发达地区（包括澳大利亚、英国、法国、德国、日本、西班牙和韩国）的不同会计方式和利润率，以量化这些差异的程度。[④] 调查显

---

① S. J. Gary, "Towards a Theory of Cultural Influence on the Development of Accounting Systems Internationally," *Abacus* 3 (1988), pp. 1 – 15; R. S. Wallace, O. Gernon and H. Gernon, "Frameworks for International Comparative Financial Accounting," *Journal of Accounting Literature* 10 (1991), pp. 209 – 264.

② K. M. Dunne and G. A. Ndubizu, "International Acquisition Accounting Method and Corporate Multinationalism," *Journal of International Business Studies* 26 (1995), pp. 361 – 377.

③ D. L. Holamn, "Convergence: Hurdles Remain," *Financial Executive*, November 2004, pp. 32 – 35.

④ W. A. Wallace and J. Walsh, "Apples to Apples: Profits Abroad," *Financial Executive*, May-June 1995, pp. 28 – 31.

示,在这 22 个地区中,产品成本的计算方法有 76 处不同,资产回报评估中有 65 处不同,研发支出占销售额比重的计算方法有 54 处不同,净边际利润的核算有 20 处不同。这些差异使得不同国家公司之间很难进行财务成果对比。

很多因素会影响国家会计准则的发展,其中 5 大变量[1]如下所示:

(1) 公司和资金提供者之间的关系。
(2) 国家之间的政治和经济关系。
(3) 通货膨胀水平。
(4) 国家经济发展水平。
(5) 国家主流文化。

国家会计准则的决定要素如图 19.2 所示。

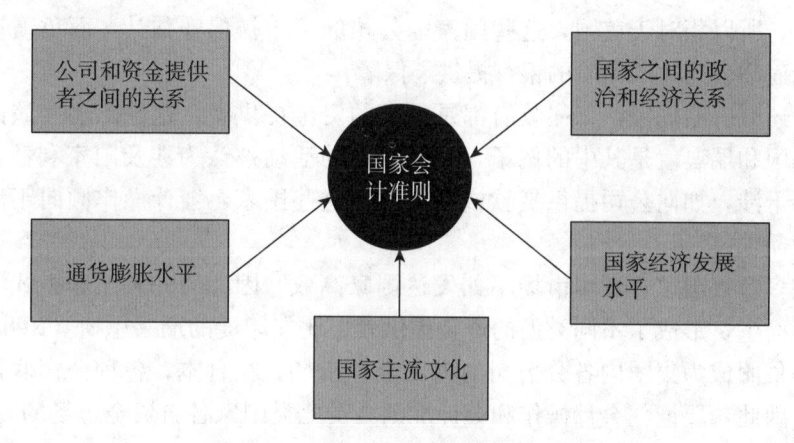

图 19.2 国家会计准则的决定要素

▢ 公司和资金提供者之间的关系

公司最主要的外部资金来源为个人投资者、银行和政府。在大部分发达国家,这几大来源都很重要。比如在美国,公司可以通过证券市场向个人投资者卖出股票和债券以筹集资金。它们也能向银行借款,或者向政府借款(这种例子较少,主要用于扶持国防相关研发工作)。每种渠道的重要性因国家不同而不同。在很多国家,如美国,个人投资者是主要资金来源;在其他国家,银行的角色则更重要;然而在一些国家,政府是主要资金提供者。一国的会计准则通常反映了以上 3 种资金提供方式的重要性。

想想美国和英国的例子,两国都拥有发达的证券市场,公司可以向个人投资者出售股票和债券来筹集资金。个人投资者只是购买了公司股票或债券的一小部分。因此他们没有意愿介入所投资公司的日常管理,而是把这项任务交给专业经理。但是由于他们缺乏对所投资公司的管理接触,个人投资者可能得不到用以评估公司运营状况的信息。而且因为其持有的公司股票占比小,因此个人投资者通常无法从管

---

[1] R. S. Wallace, O. Gernon, and H. Gernon, "Frameworks for International Comparative Financial Accounting," *Journal of Accounting Literature* 10 (1991), pp. 209-264.

理层获得所需信息。英国和美国的财务会计系统能够解决这一问题。这两个国家的财务会计系统旨在为个人投资者提供他们所需的信息,以使得他们能做出购买或抛售公司股票和债券的决策。

像瑞士、新加坡和日本这些国家,传统上一些大型银行就能满足公司的大部分资金需求,直到现在,个人投资者才扮演相对较小的角色。在这些国家,银行的角色相当重要,以至于在接受银行贷款的公司的董事会中,通常有一个银行职员的席位。在这种情况下,资金提供者的信息需求能够以相对直接的方式得以满足,比如通过个人联系、直接拜访或股东会议。因此,即使公司根据这些国家政府规章要求制作了财务报表以向公众披露公司财务状况,这些报表的信息量仍会比美国和英国的公司少一些。因为银行是资金的主要提供者,因此财务会计操作旨在保护银行的投资利益。所以相对于美国,这些国家的公司的资产被保守估计,而负债被过高估计,这为面临公司违约风险的银行提供了保障。

然而还有一些国家,以往政府都是重要的资金提供者,这也影响着该国的会计操作。法国和瑞典就是其中的例子,如果公司的活动被认为涉及国家利益,那么通常政府会干涉,如向公司提供贷款或投资。在这些国家,会计操作倾向于满足政府规划者的需求。

在很多新兴国家,资本市场不如发达国家高效。因此另一种"非正式"的资本市场应运而生,形成了不同类型的资金提供者。比如印度的瑞莱恩斯(Reliance)集团和塔塔集团成为集团内各分公司的内部金融市场。在日本,各种公司联盟也有相似功能。因此,要记住会计操作和会计准则会受此类国家各自资金市场的差异影响,这一点很重要。

☐ 国家之间的政治和经济关系

国家之间会计准则的相似性有时源于国家之间密切的政治和经济关系。比如,美国会计准则就影响着加拿大和墨西哥的会计准则,随着北美自由贸易区的建立,这3个国家的会计准则似乎逐渐向一套常规准则靠拢。菲律宾也适用美国类型的会计准则,因为该地曾是美国的保护国。另一个在世界会计中占据相当重要位置的是英国会计准则。绝大部分英国前殖民地采用的会计准则沿袭的是英国模式。欧盟试图在其成员之间统一会计准则。欧盟成员如英国、德国和法国的会计准则差别很大,但是在欧盟规则下,它们逐渐向国际会计准则靠拢。

☐ 通货膨胀水平

在很多国家,包括德国、日本和美国在内的会计都基于**历史成本原则**(historic cost principle)。该原则认为,用于制作财务成果报告的货币单位不会因为通货膨胀而贬值。公司记录销售额、购买额和此类原始交易价格,并在后期不会做出调整。历史成本原则对会计影响最大的是资产评估领域。如果通货膨胀率很高,那么采用历史成本原则会低估公司资产,所以当设备磨损或过时需要被更换时,基于资产低估的折旧费是不够充分的。

各国通货膨胀水平不同,该原则的适宜度则相应不同。20世纪70年代和20世纪80年代,很多工业国家的通货膨胀率水平很高,这就引起了对建立适应通货膨胀的会计方法的需求。很多工业国家也采用了新方法。英国采用了一项在20世纪80年代影响深远的方法,该方法被称为货币成本账户法,该方法将所有财务报表中的细项,如资产、负债、成本和收益都包括在内,以剔除通货膨胀的影响。该方法利用总物价指数,将历史数据转换成现值。但该准则并非强制性的,20世纪80年代,英国的通货膨胀率下降之后,大部分公司立即停止公布该数据。

国家经济发展水平

发达国家往往拥有大型复合型公司,其会计问题比小公司要更加复杂。同时,发达国家往往拥有健全的资本市场,公司能向投资者和银行筹集资金。资金提供者要求它们投资或贷款的公司能够提供全面的财务报告。发达国家的员工往往受过高等教育且经验丰富,能够处理复杂的会计任务。因为种种原因,发达国家的会计要比不发达国家的会计更加健全,不发达国家的会计标准可能还处于会计发展早期阶段。对于大部分发展中国家,其会计准则沿袭了前殖民国的会计准则。比如,很多非洲国家的会计准则基于英国或法国的会计准则,这取决于哪个国家为前殖民国。但是这些会计准则对发展中国家的小公司来说可能不适用。此外,世界上很多较贫困国家还缺乏训练有素的会计人员。[1]

国家主流文化

一些会计学研究人员说,国家主流文化对会计准则的特点产生了深远影响。[2] 利用霍夫斯泰德提出的文化差异理论,研究人员发现,一国文化中民众对不确定性的规避程度似乎会影响会计准则。[3] **不确定性规避**(uncertainty avoidance)指文化中成员能够接受模棱两可的情况和包容不确定性的程度。不确定性规避程度较高的成员重视工作保障、职业模式、退休金等,他们对规则和章程的需求很强,这样的经理会下达清晰指示,对下属的主动性管得很严。不确定性规避程度较弱的文化特点是民众更愿意接受风险,对改变的感情抵制也较少。根据霍夫斯泰德的理论,英国、美国和瑞典等国家为低不确定性规避的国家,而日本、墨西哥和希腊的不确定性规避程度较高。研究表明,低不确定性规避的文化趋于拥有更强的独立审计行业,用以审计公司账户,确认其是否与普遍认可的会计准则相一致。

---

[1] P. Walton, "Special Rules for a Special Case," *Financial Times*, September 18, 1997, p. 11.
[2] S. J. Gary, "Towards a Theory of Cultural Influence on the Development of Accounting Systems Internationally," *Abacus* 3 (1988), pp. 1–15; S. B. Salter and F. Niswander, "Cultural Influences on the Development of Accounting Systems Internationally," *Journal of International Business Studies* 26 (1995), pp. 379–397.
[3] S. J. Gary, "Towards a Theory of Cultural Influence on the Development of Accounting Systems Internationally," *Abacus* 3 (1988), pp. 1–15.

● 聚焦管理：不同会计准则的后果

1999年，两大制药公司捷利康（Zeneca）公司和阿斯特（Astra）公司合并成为新公司阿斯利康（AstraZeneca）。阿斯利康公司在2000年的利润以美国会计准则计算为8.65亿美元，以英国会计准则计算为33.18亿美元，两种会计准则下的差额达到24.53亿美元，这与摊销成本和并购成本相关。在美国现行会计准则下，阿斯特公司和捷利康公司的结合算作并购，这要求公司将商誉分摊在以后各期中。在英国会计准则下，因为两者的结合算作兼并，这就避免了摊销，商誉问题也就不存在。

美国的史克必成（SKB）公司与英国的美占（Beecham）集团于1989年合并，合并之后史克必成公司在伦敦证券交易所和纽约证券交易所上市，所以它需要按美国和英国的会计准则制作财务报告。史克必成公司的并购后收益按英国会计准则计算为1.3亿英镑，比按美国会计准则计算的0.87亿英镑高一些。差异主要在于英国把兼并作为资本的集中共享，而美国把它作为资本购入。更令人困惑的是，这一差异使得该公司在美国的股本达35亿英镑，而在英国的股本比在美国时减少了3亿英镑。不出意料，数据被公布之后，史克必成公司在伦敦证券交易所中的交易价格比在纽约证券交易所中低17%。

20世纪80年代中期，西班牙最大的工业公司——西班牙电信（Telefonica）公司成为第一个同时在多国进行股票公开发行的公司。1990年，该公司按美国会计准则计算的净收入达1 760亿比塞塔，是按西班牙会计准则计算的760亿比塞塔的两倍多。该差异主要由于美国会计准则对历史成本中资本的渐进性折旧进行"反向加回"，而西班牙报表更能反映市场现值。这一差距对股本的影响正好相反，该公司在美国账户中的股本比西班牙账户中的股本少15%。

2000年，英国航空（British Airways）公司在英国会计准则下亏损了2 100万英镑，但是在美国会计准则下损失了4.12亿英镑。大部分差额是由一些细项，如折旧、摊销、退休金和递延税款的调整造成的。其中最大的调整来自以美国会计准则计算的收益减少，达1.36亿英镑。收益减少与持续飞行里程数相关。在美国会计准则下，飞行里程数会一直递延，直到达到一定数额。显然，在英国会计准则下不是这样。

最后一个例子具有假设意味，但同样具有启发性。两位大学教授建立电脑模型以评估一家虚构公司的净收益，该虚构公司的总营业收益为150万美元。该公司在美国、英国和澳大利亚3个不同的国家运营。研究发现，在其他条件相同时（如各国公司债务利率相同），如果使用不同会计准则，那么公司在美国的净利润为3.46万美元，在英国为26.06万美元，在澳大利亚为24.06万美元。[1]

---

[1] S. F. O'Malley, "Accounting across Borders," *Financial Executive*, March/April 1992, pp. 28 - 31; L. Berton, "All Accountants May Soon Speak the Same Language," *The Wall Street Journal*, August 29, 1995, p. A15; "GAAP Reconciliations," *Company Reporting*, July 2001, pp. 3 - 6.

各国标准和国际标准

前文中讨论的多样的会计操作被列入各国会计准则和审计准则中。**会计准则**（accounting standards）指制作财务报表的规则，它定义了什么是有用的会计信息。**审计准则**（auditing standards）指实施审计的规则，即独立个人或审计师收集证据，以考证公司财务账户是否符合要求的会计准则以及是否可靠的操作过程。

□ 可比性的缺乏

从以往来说，国家之间会计准则和审计准则存在差异的后果是一国与其他国家的财务报告缺乏可比性，虽然这种情况正在逐渐改变，但至今仍存在问题，比如：

（1）荷兰会计准则偏好使用重置资本现值，而日本法律通常禁止再估价和利用历史成本。

（2）在英国，融资租赁的资本化是必需操作，但在法国并非如此。

（3）在美国，研发成本必须在发生当年内被写入报表。而在西班牙，研发成本为延后资本，只要利润能将其覆盖，而且有望在未来升值，那么研发成本无须按期分摊。

（4）德国的会计人员把折旧算作负债，而英国的会计人员则在资产中将折旧扣除。

如果公司总部无须将一国的财务成果报告给另一国公民，那么这些差异没什么大的影响。然而，过去几十年来最惊人的进步是全球资本市场的发展，我们也见证了跨国融资和跨国投资的增长。

当一国公司进入另一国资本市场出售股票和债券以筹集资金时，就产生了跨国融资。比如，德国公司通过伦敦证券交易所出售股票筹集资金，这被称为跨国融资。实际上在过去的几十年中，大型公司越来越多地通过在国外证券交易所，特别是纽约证券交易所和伦敦证券交易所发行股票并挂牌上市，进行跨国融资。

当一国投资者进入另一国资本市场对该国公司股票和债券进行投资时，跨国投资就发生了。英国投资者通过纽约证券交易所购买通用汽车的股票就是跨国投资。跟跨国融资一样，近年来跨国投资也呈增加趋势。

伴随近年来跨国融资和跨国投资的快速扩展，跨国财务报告也相应发展。比如，除了在丹麦的财务报告之外，丹麦公司在伦敦证券交易所融资前需要公布能满足英国投资者需求的财务报表。而拥有大量日本投资者的美国公司希望能公布满足其日本投资者的报告。然而不同国家之间会计准则可比性的缺乏会引起混淆。比如，德国公司会公布两套财务报表，一套依据德国会计准则制定，一套依据美国会计准则制定，但是两套报表中的公司财务状况差别很大，投资者很难发现公司的真正价值。一些混淆的例子来源于可比性的缺乏。

可比性的缺乏问题不仅困扰投资者，同样让公司很头疼。公司需要向投资者解释为什么其财务状况在两种会计准则下会如此不同。此外,跨国公司也发现其难以评估重要外国客户、供应商和竞争者的财务状况。

□ 国际标准

近年来,各国为实现会计准则的标准化付出了大量努力。[①] 近几十年来,全球资本市场的发展加大了问题的急迫性。很多公司从国外投资者处筹集资金。这些投资者要求财务成果报表呈现方式一致,这样他们就能做出更加全面的投资决策。此外,更多人意识到,采用一致的会计准则能促进全球资本市场的发展,使更多投资者投资国外,并最终降低资本成本,促进经济发展。因此,跨国会计准则标准化是全球经济所有参与者的利益所在,这一观点越来越得到认可。

国际会计准则理事会是最主要的国际会计准则提倡者。国际会计准则理事会成立于2001年3月,取代成立于1973年的国际会计准则委员会(IASC)。国际会计准则理事会共有15位成员,在2012年,其成员数量扩展到16位,负责制定新的国际会计准则。到2006年,国际会计准则理事会及其前身国际会计准则委员会共公布了约45项国际会计准则。[②] 在发布新会计准则前,需要获得国际会计准则理事会成员中75%的同意票数,而要获得75%的票数是很困难的,因为各成员来自不同的文化和法律系统。为了解决这一问题,大部分国际会计准则理事会的会计准则都提供两种版本。就像国际会计准则理事会前主席亚瑟·怀亚特(Arthur Wyatt)曾说过的,"2个选择(其实不太算是会计准则)总比6个选择好得多。如果在2个选项上获得同意票数,那么我们就能得到要求的11票,并剔除一些不太常用的会计操作。"

国际会计准则发展的一个阻碍因素是,对该准则的遵守是自愿性的,国际会计准则理事会没有权力强制要求各国执行其准则。即使如此,对国际会计准则理事会的支持和对国际会计准则的认可正逐步增强。国际会计准则理事会逐渐被认为是在定义国际会计准则方面最强有力的声音。比如,在国际会计准则理事会公布其最初会计准则后,日本就开始要求公司按照统一标准制作其财务报表,而且在2004年,日本会计部门开始与国际会计准则理事会密切合作,以实现会计准则的统一。俄罗斯和中国也有意愿采用新的国际会计准则。实际上,在2007年早期就有超过100个国家采用了国际会计准则理事会标准或允许使用国际会计准则制作财务报表。

国际会计准则理事会的影响在美国可能是最不起眼的,因为国际会计准则理事会的大部分会计准则与美国财务会计准则委员会(FASB)公布的一致。美国财务会计准则委员会撰写普遍接受的会计准则(GAAP),美国公司的财务报表须按此制作。虽然国际会计准则理事会和美国财务会计准则委员会之间的差异依然存在,但两者的目标是在未来几年内实现趋同。[③]

---

① R. G. Barker, "Global Accounting Is Coming," *Harvard Business Review*, April 2003, pp. 2-3.
② D. Tweedie, "Globalization, Here We Come," *Financial Times*, February 1, 2001, p. 2; "Bean Counters, Unite!" *The Economist*, June 10, 1995, pp. 67-68.
③ D. Reilly, "SEC to Consider Letting Companies Use International Accounting Rules," *The Wall Street Journal*, April 25, 2007, p. C3.

欧盟也对会计准则标准化产生了重大影响。为了达到其政治经济一体化的目标，欧盟要求其成员之间的会计准则实现标准化。欧盟发出指示，各成员有责任将这一要求放入本国法律中。因为欧盟的指令有法律效用，因此欧盟实现会计准则标准化的效力比国际会计准则理事会要大得多。欧盟要求自2005年1月1日开始，欧盟内约7 000家上市公司公布的财务账户须与国际会计准则理事会的准则保持一致。欧盟希望该要求能够使各成员内公司财务状况的对比更加简便，能够促进泛欧洲资本市场的建立，最终降低欧盟内公司的资本成本。

在各国采用国际会计准则趋势加快的同时，国际会计准则理事会也为试图在国际股票市场上市的公司制定会计准则。同样，美国财务会计准则委员会与加拿大、墨西哥和智利的会计准则制定者合作，寻找4国实现会计准则标准化的领域。美国证券交易委员会也放下其对国际会计准则的一些抵制，促进了国际会计准则的适用性。如果越来越多的跨国公司加入该行列，纷纷采用国际会计准则理事会的准则，那么会发生一些什么情况呢？随后的"聚焦管理"专栏详细讲述了瑞士诺华公司采用国际会计准则后的影响。

● 聚焦管理：诺华公司加入国际会计俱乐部

瑞士历来没有非常详细的会计准则，因此，瑞士大型公司，如诺华（Novartis）公司、罗氏（Roche）公司和雀巢公司发布的财务报表通常令人费解。国际投资者认为，瑞士公司遵从的会计准则并不通用，也难以被理解，与其说它们是完整的会计准则，倒不如说它们更像数据摘要。20世纪90年代，瑞士公司开始逐步采用国际会计准则委员会（现国际会计准则理事会）的会计准则。该变化越来越受到大型瑞士公司股票国外投资者的关注，20世纪90年代早期，拥有这些公司股票的国外投资者占比为近40%。这些投资者作为一个团体，要求公司提供更加详细的财务报表，从而能与其他跨国公司的财务报表进行比较。

首家对此压力做出回应的是瑞士最大制药化工公司——汽巴（Ciba）公司，该公司也是在全球拥有分公司的大型跨国公司。汽巴公司在1998年与另一家瑞士制药公司山度士（Sandoz）公司合并，成立诺华公司。1993年，该公司宣布，其1994年财务报表将按照国际会计准则委员会的会计准则制作；同时，其1992年报表也会与国际会计准则委员会的会计准则保持一致，并重新发布。结果新报表中税后利润增加了18%，库存、资金流和可上市交易的债券也增加了。汽巴公司的决策目的在于安抚在1994年占其股票份额超过1/3的国外持股人，并为其在伦敦和纽约股票市场上挂牌上市提供可能。

汽巴公司同样决定对国内财务报表采取相同的国际会计准则，并组建了一个小型国家团队，以开发和完善新系统。然而，该公司在开发新系统时面临一些初期问题，包括一项价值6.9亿美元的固定资产保险价值数据。新系统如今运行流畅，而且似乎已经获得了几个好处。

该转变在现金管理中节省了资金流，使得资本投资更有效，提供了不同收购方式，而且使得资产管理更加严格，据报道降低了6%的存货价值。新系统使得汽巴公司能够首次在与全球竞争者的对比中设定绩效基准。

新旧系统的最大差异是从原本存在较多争议信息的现行会计成本变为国际会计准则下的历史会计成本，在过去的25年多中，汽巴公司使用的一直是现行会计成本法，该方法根据通货膨胀定期提高资产价值。然而，汽巴公司管理层认为，鉴于瑞士的通货膨胀率较低，加上向新系统转变会产生抵消性收益，该方法的弊端并非很严重。

2000年，诺华公司（由汽巴公司和山度士公司在1998年合并成立）决定更加积极主动地吸引美国投资者。虽然诺华公司的股份已经在美国证券交易所的证券存托凭证中挂牌上市，但诺华公司决定在纽约证券交易所直接上市，而且股份数额较证券存托凭证翻番。随着这一转变，诺华公司还决定在基于国际会计准则委员会的会计准则呈现公司会计账户之外，将采取全套美国会计准则。诺华公司在2002年公布了其第一套完整的美国会计账户。[1]

跨国合并和货币换算

合并财务报表指将两家及以上公司各自的财务报表整合，就像这些公司是一家真正独立的公司那样，形成一份新的财务报表。大多数跨国公司由母公司和位于各国的很多子公司组成。这些公司通常公布整合后统一的财务报表，将所有公司的账户合并，而不是公布母公司和各子公司的财务报表。本部分将先说明合并财务报表，然后学习货币换算的相关问题。

□ 合并财务报表

很多公司发现，以独立法人（公司）身份运营是有优势的。比如，公司会将其业务的各环节分别合并，以减少其总法定负债或利用企业所得税法规。跨国公司通常应业务所在国的要求在本地设立子公司。因此，典型的跨国公司由母国和各国子公司构成，大部分子公司由母公司持有。然而，这些子公司虽然是独立法人，但并非独立经济实体。从经济上讲，集团内的所有子公司都不是独立的。比如，如果美国母公司在巴西的一个子公司出现重大财务亏损并损耗了集团资本，那么该子公司、美国母公司和其他子公司的可用投资资本都会受到限制。因此，合并财务报表的目的在于提供集团内子公司的会计信息，发现它们的经济依赖度。

集团成员间的内部业务不包含在合并财务报表中，只有涉及第三方的资产、债务、收益和支出会在报表中有所显示。然而，各独立法人须依法记录自己的账户，并制作自己的财务报表。因此，与集团内其他成员的交易必须在各自财务报表中显示出来，但是在制作合并财务报表时可以省去。整个过程涉及在各自财务报表中加上各自资产、负债、收益和支出，但在合并报表中可略去。从某家母公司和其一家

---

[1] A. Jack, "Swiss Group Moves from Night to Day," *Financial Times*, March 30, 1994, p. 22; L. Berton, "All Accountants May Soon Speak the Same Language," *The Wall Street Journal*, August 29, 1995, p. A15; A. Beard, "Novartis Steps Up the Pace of Its U.S. Charm Offensive," *Financial Times*, May 14, 2001, p. 23.

国外子公司单个财务报表中选取的几个细项如表19.1所示。

表19.1　从某家母公司和其一家国外子公司单个财务报表中选取的几个细项　　单位：美元

细项	母公司	国外子公司
现金账户	1 000	250
应收账款	3 000[a]	900
应付账款	300	500[a]
收益	7 000[b]	5 000
支出	2 000	3 000[b]

注：a. 国外子公司欠母公司300美元；b. 国外子公司支付母公司1 000美元，作为生产母公司特许商品的特许经营费

包括在母公司财务报表中的300美元应收账款和国外子公司财务报表中的300美元应付账款为集团内的细项。这两个细项相互抵消，因此不被包含在合并财务报表中。而国外子公司欠母公司的1 000美元特许经营费则包含在集团细项下，但是也不会出现在合并财务报表中。调整后的财务报表如表19.2所示：

表19.2　　　　　　　　　调整后的财务报表　　　　　　　　　单位：美元

细项	母公司	国外子公司	借方	贷方	合并后
现金账户	1 000	250			1 250
应收账款	3 000[a]	900		300	3 600
应付账款	300	500[a]	300		500
收益	7 000[b]	5 000		1 000	11 000
支出	2 000	3 000[b]	1 000		4 000

注：a. 国外子公司欠母公司300美元；b. 国外子公司支付母公司1 000美元，作为生产母公司特许商品的特许经营费

因此，如果简单对两个财务报表加总，那么集团的收益为12 000美元，应收账款为3 900美元，而一旦将内部交易从财务报表中去除，数据则分别下降到11 000美元和3 600美元。

制作合并财务报表成为跨国公司的惯例。投资者意识到，如果没有合并财务报表，那么跨国公司会将其损失隐藏在国外子公司中，这样就隐藏了整个集团的经济状况。比如，上述案例中的母公司可以简单通过向其国外子公司收取更高的特许经营费以提高收益。这对集团的整体收益没有任何影响，只是做了一些门面粉饰而已，让母公司的状况看起来好一些。然而，如果母公司不公布合并财务报表，那么集团的真实经济状况会被这些操作所掩盖。基于这些原因，国际会计准则理事会公布了要求公司公布合并财务报表的两项会计准则，而且大部分发达国家也这么要求。

□ 货币换算

跨国公司的国外子公司通常以当地货币为单位记录自己的会计账户，并制作财务报表。因此，美国公司的日本子公司会用日元记录其账户，巴西子公司用巴西雷

亚尔，韩国子公司用韩元等。当跨国公司合并财务报表时，需要先将所有财务报表数据转换成用母国货币计算。然而，随着经济环境的改变，汇率会波动。公司在进行财务报表的货币转换时采用的方法主要有两种——现行汇率法和时态法。

现行汇率法

在现行汇率法下，用资产负债表时间点上的汇率将国外子公司财务报表的货币单位换算成母公司货币单位。尽管这听起来很符合逻辑，但是这与历史成本不一致，而历史成本已经被包括美国在内的很多国家普遍接受。举个例子，美国公司向马来西亚子公司投资10万美元，假设此时汇率是1美元兑5马来西亚林吉特，子公司将10万美元兑换成本国货币，得到50万马来西亚林吉特，并用这笔钱买了一块地。随后，美元对马来西亚林吉特贬值，年末时，1美元可兑4马来西亚林吉特。如果用此时的汇率将土地价值换算成美元制作合并财务报表，那么土地的价值变为12.5万美元。尽管实际上这种升值仅仅是由汇率变动引起的，但这块地仍然升值了25 000美元。因此，这种合并财务报表会引起一些误解。

时态法

避免这种问题的方式之一就是使用时态法换算国外子公司财务报表。时态法指在将以国外币种表示的资产换算成母国货币时，采用资产购买那一时刻的汇率。比如，汇率为1美元兑5马来西亚林吉特，马来西亚子公司购买土地的那个时间点的汇率则被用来在年底时将土地价值换算成美元。虽然时态法能够确保土地的美元价值不随汇率变动而波动，但是它自身有很严重的问题。因为国外子公司各种资产的购买时间肯定不同，而且汇率不会长时间保持稳定，那么将国外资产换算成母国货币可能会涉及不同汇率。结果是，跨国的资产负债表变得不平衡！

想想这个例子，一家美国公司在2005年1月1日向一家新成立的日本子公司投资10万美元，此时汇率是1美元兑100日元，因此原始投资为1 000万日元，日本子公司在2005年1月1日的资产负债表如表19.3所示：

表19.3　　　　日本子公司在2005年1月1日的资产负债表

	日元	汇率	美元
现金账户	10 000 000	1美元＝100日元	100 000
所有者权益	10 000 000	1美元＝100日元	100 000

假设在2005年1月31日，汇率为1美元兑95日元，日本子公司用500万日元投资工厂（如固定资产）。2005年2月15日，汇率变为1美元兑90日元，此时日本子公司购买了500万日元存货。日本子公司在2005年3月1日的资产负债表如表19.4所示：

表19.4　　　　日本子公司在2005年3月1日的资产负债表

	日元	汇率	美元
固定资产	5 000 000	1美元＝95日元	52 632
存货	5 000 000	1美元＝90日元	55 556
总资产	10 000 000		108 187
所有者权益	10 000 000	1美元＝100日元	100 000

虽然以日元计算，资产负债表平衡了，但是在利用时态法将以日元计算的资产负债表数据换算成美元后，资产负债表就不再平衡了。在换算后，资产负债表的借方超出贷方8 187美元。会计学专家至今没有研发出能解决借贷之间差额的方法。

控制系统中的会计

集团总部的作用是在机构内管理子公司，以确保其取得最佳绩效。典型公司的管控过程每年都有，主要包括以下几步：

（1）集团总部办公室和子公司经理共同决定子公司第二年的目标。

（2）在这一年中，集团总部办公室会按一致商定的目标监督子公司的绩效。

（3）如果子公司没能完成目标，集团总部办公室会介入，研究为什么会出现差额，并在合适时刻采取修正行动。

在这一过程中，会计扮演着重要角色。子公司的大部分目标都以财务细项表现出来，而且包含在公司第二年的预算中。预算是财务控制的主要工具。预算通常由子公司制定，但是必须通过集团总部经理的许可。在许可过程中，集团总部经理和子公司经理针对预算目标讨价还价。集团总部经理的功能之一是，确保子公司的预算约束具有挑战性且足够实际，以实现公司目标。一旦集团总部和子公司协定了预算额，集团总部就会利用信息系统来收集全年数据，以评估子公司的绩效是否符合公司预算中的目标。

在大部分跨国公司中，很多子公司为国外企业。因此，第二年的绩效目标须通过集团总部经理和国外子公司经理的共同协商确定。一项针对跨国公司内部控制操作的相关调查显示，在国外子公司的绩效评估中，最重要的标准是子公司的实际收益与预算收益之比[1]，随后是实际销售额与预算销售额之比，以及投资回报。将同样的标准用来评估子公司经理的绩效同样有用，本部分稍后会讨论这一点。本章接下来将探讨使得控制系统复杂化的两个因素：汇率变动和转移价格。

☐ 汇率变动与控制系统

大部分跨国公司要求公司内所有预算和绩效数据以集团货币的形式表现出来，集团货币通常为母国货币。因此，美国集团的马来西亚子公司须上交以美元而非马来西亚林吉特计算的预算表，而且全年绩效数据应以美元为单位上报集团总部。这有利于不同国家之间子公司的对比，也让集团总部的管理层更轻松。然而，这也可能造成年内汇率变动的重大扭曲。比如，马来西亚子公司可能没能实现收益目标，但不是因为任何绩效问题，而仅因为马来西亚林吉特相对美元贬值。相反的情况也会发生，这使得国外子公司的绩效比实际情况看起来好一些。

---

[1] F. Choi and I. Czechowicz, "Assessing Foreign Subsidiary Performance: A Multinational Comparison," *Management International Review* 4, 1983, pp. 14–25.

勒萨德-罗伦基模型

唐纳德·勒萨德（Donald Lessard）和彼得·罗伦基（Peter Lorange）的调查显示，有一些方法能用来解决跨国公司中的这类问题。[①] 勒萨德和罗伦基指出，在制定预算和随后的绩效跟进中，有3种汇率能将外国货币换算成集团货币。

（1）初期汇率，即预算制定时的即期汇率。

（2）预期汇率，即预算期结束时的预期即期汇率（如远期汇率）。

（3）终期汇率，即预算和绩效完成时的即期汇率。

这3项汇率能组成9个可能组合，控制系统中外汇的可能组合如图19.3所示。勒萨德和罗伦基剔除了其中4个不合逻辑、不合常理的组合。比如，以终期汇率换算预算，以初期汇率换算实际绩效的数据是没有意义的。剩下的5个组合则可以用来制定预算和评估绩效。

	用于换算实际绩效的汇率（与预算相对应）		
用于换算预算的汇率	初期汇率（I）	预期汇率（P）	终期汇率（E）
初期汇率（I）	以初期汇率换算预算和实际绩效（II）	以初期汇率换算预算，以预期汇率换算实际绩效	以初期汇率换算预算，以终期汇率换算实际绩效（IE）
预期汇率（P）	以预期汇率换算预算，以初期汇率换算实际绩效	以预期汇率换算预算和实际绩效（PP）	以预期汇率换算预算，以终期汇率换算实际绩效（PE）
终期汇率（E）	以终期汇率换算预算，以初期汇率换算实际绩效	以终期汇率换算预算，以预期汇率换算实际绩效	以终期汇率换算预算和实际绩效（EE）

图19.3　控制系统中外汇的可能组合

5个组合中的3个——以初期汇率换算预算和实际绩效、以预期汇率换算预算和实际绩效、以终期汇率换算预算和实际绩效，是用相同汇率将预算和实际绩效换算成集团货币。这3个组合的优势在于，年内汇率的变动不会对控制系统产生扭曲。另外两个组合就并非如此。在这两个组合中，汇率变动会引起扭曲。以初期汇率换算预算、以终期汇率换算实际绩效组合的潜在扭曲更大，用于换算实际绩效的终期汇率可能与用于换算预算的初期汇率差别很大。在以预期汇率换算预算、以终期汇率换算实际绩效的组合中，扭曲会轻一些，因为预期汇率会把未来汇率的变动因素考虑进去。

在5个组合中，勒萨德和罗伦基推荐公司采用预期汇率将预算和实际绩效换算成集团货币。此处的预期汇率为远期汇率，由外汇市场或公司内部的未来汇率预测决定，勒萨德和罗伦基称其为**内部远期汇率**（internal forward exchange rate）。如果公司想要将其业务换算成某种外币，或者从某种外币换算成另一种货币，那么内部远期汇率与外汇市场给出的远期汇率有所不同。

[①] D. Lessard and P. Lorange, "Currency Changes and Management Control: Resolving the Centralization Decentralization Dilemma," *Accounting Review*, July 1977, pp. 628–637.

转移价格与控制系统

本书前文中介绍了跨国公司追求的各种战略。其中全球标准化战略和跨国战略促进了遍布全球的生产活动网络的建立。追求该战略的公司将其价值增值业务分布在全球最佳区位中。因此，一件产品可能在第一个国家中设计，其中一些零部件在第二个国家中生产，另一些零部件在第三个国家中生产，最终组装可能在第四个国家完成，之后产品在全球进行销售。

这些公司的内部交易量很大，公司也会不断在国外子公司之间运送零部件和制成品。这产生了一个重要问题：如何对跨国公司子公司之间交易的产品和服务定价？针对这类产品和服务的定价被称为转移价格。

转移价格的选择会对两个进行产品或服务交易的子公司产生重大影响。比如，美国跨国公司的一家韩国子公司从斯里兰卡进口重要零部件，该零部件装备于产品中，产品在韩国的售价约为每件230美元。生产产品的成本为200美元，其中100美元用于支付斯里兰卡子公司的零部件费用。剩下的100美元包括在韩国产生的所有成本。因此，韩国子公司每件产品挣30美元。

如果集团总部决定将转移价格提高20%，也就是将每件产品提价20美元，那么韩国子公司的利润从30美元下降到10美元，减少了2/3。因此，韩国子公司的绩效取决于从斯里兰卡进口的零部件的转移价格，而这一价格由集团总部控制。当制定预算和评估子公司的实际绩效时，集团总部要考虑到转移价格的扭曲效果。

应该如何决定转移价格呢？本书在下一章中会进行详细探讨。跨国公司通常操纵转移价格，以实现全球税收负担和进口关税最小化，同时避免政府对资金流的限制。然而到目前为止，在制定预算和进行子公司实际绩效评估时需要把转移价格考虑进去。转移价格改变前后的对比如表19.5所示。

表19.5　　　　　　　　　　转移价格改变前后的对比　　　　　　　　　　单位：美元

	转移价格改变前	转移价格增幅20%后
每单位收益	230	230
每单位零部件成本	100	120
每单位其他成本	100	100
每单位利润	30	10

国外子公司绩效和经理实际绩效

在很多跨国公司中，评估国外子公司和经理的标准是相同的。很多会计人员认为，以投资回报率或其他利润指标为基础对比国外子公司的绩效是合理的，但是用这些指标来评估不同国外子公司的经理就不合适了。国外子公司的运营环境不一样，其环境因经济、政治和社会条件不同差别很大，这对各国商务成本会产生影响，也就影响了国外子公司的利润率。因此，在不利环境中投资回报率为5%的国外子公司经理可能比在良性环境中投资回报率为 20% 的经理的工作表现好。即使公司可能会退出投资回报率仅 5% 的国家市场，但是经理的成就还是会得到肯定。

因此，有人建议，应该把对国外子公司的评估和对其经理的评估区别开来。[①] 对经理的评估应该考虑业务环境是艰难还是良性。此外，应该以当地货币对经理进行评估，而且考虑不可控因素（如利率、税率、转移价格和汇率）对业务的影响。

●本章总结

本章重点是跨国公司中的财务会计，解释了为什么各国的会计操作和会计准则会不同，调查了为实现国际会计准则标准化所做的努力。本章也讨论了合并财务报表的原则，学习了货币换算，回顾了跨国公司中基于会计控制系统的相关问题。本章要点如下：

1. 会计是一种商务语言，一种公司向资金提供者和政府（税务目的）传达其财务状况的工具，也是公司评估其绩效、控制支出、规划未来的手段。

2. 会计受公司运营环境的影响。每个国家的会计准则与该国对会计信息的需求相对应。

3. 有 5 大因素影响一国会计准则的发展，它们分别为：（1）公司和资金提供者之间的关系；（2）国家之间的政治和经济关系；（3）通货膨胀水平；（4）国家经济发展水平；（5）国家主流文化。

4. 国家之间会计准则和审计准则的差异造成了各国财务报表普遍缺乏可比性。

5. 随着国际资本市场的国际化，近年来跨国融资和跨国投资快速发展，可比性的缺乏逐渐成为一个问题。由于缺乏可比性，公司需要向投资者解释为什么采用不同会计准则制作的财务报表的财务状况会差别那么大。

6. 国家之间会计准则标准化的最大推力来自国际会计准则委员会和其继任者国际会计准则理事会。

7. 合并财务报表提供了集团内子公司的财务会计信息，也显示了公司内部的经济依赖度。

8. 集团内成员之间的交易不被包括在合并财务报表中，只有与第三方的资产、负债、收益和支出才被包含在内。

9. 跨国公司的国外子公司会以当地国家的货币记录会计账户，并制作自己的财务报表。当总公司制作合并财务报表时，这些财务报表要被换算成母国货币。

10. 在现行汇率法中，用资产负债表时间点上的汇率将国外子公司财务报表中的货币换算成母国货币。这一方法的缺点是与历史成本原则不相符。

11. 在时态法中，用资产购买时点上的汇率将以国外货币表示的资产换算成母国货币。这种方法会造成跨国公司资产负债表失衡。

12. 在大部分跨国公司中，年度预算是集团总部用于管控子公司的主要工具。在这一年内，集团总部会将子公司的实际绩效与财务目标进行对比（此财务目标被包

---

① G. G. Mueller, H. Gernon, and G. Meek, *Accounting: An International Perspective* (Burr Ridge, IL: Richard D. Irwin, 1991).

含在预算中),并在产生差距时进行适时干预。

13. 大部分跨国公司要求公司内所有预算和实际绩效都要以集团货币的形式表示出来。这样能加强可比性,但是如果国外子公司预算设定和实际绩效评估之间的相关汇率发生变动,那么会引起控制系统的扭曲。

14. 根据勒萨德和罗伦基的模型,解决这一问题的最好方法是利用预期汇率换算预算和实际绩效,并将其转换成集团货币。

15. 转移价格对控制过程也会产生严重扭曲,因此必须将其考虑进预算和实际绩效评估中。

16. 国外子公司的运营环境不一样,有些环境比其他环境更艰难。因此,有人建议,应当将对国外子公司的评估和对国外子公司经理的评估分开。

●批判性思考和问题讨论

1. 为什么国家之间的会计准则有所不同?为何这些不同是重要的?
2. 为什么集团内部成员之间的交易不被包括在合并财务报表中?
3. 本书选取了某家母公司和其子公司财务报表(未合并前)中的几个细项,如表19.6所示。

表19.6　某家母公司和其子公司财务报表(未合并前)中的几个细项　　单位:美元

细项	母公司	子公司
现金	180	80
应收账款	380	200
应付账款	245	110
留存收益	790	680
收益	4 980	3 520
租金收入	0	200
股息收入	250	0
支出	4 160	2 960

其中,母公司欠子公司70美元。母公司全权持有子公司股份,该年内子公司应向母公司支付股息250美元。公司大楼归子公司所有,母公司付租赁费200美元。该年内,母公司以2 200美元向子公司出售部分存货,母公司的成本为1 500美元。然后子公司以3 200美元的价格将存货卖给无关第三方。

基于以上情况,请回答下列问题:
(1) 母公司(未合并前)的净收益是多少?
(2) 子公司的净收益是多少?
(3) 母公司最初卖给子公司的那批存货的合并后利润是多少?
(4) 合并后的现金和应收账款各是多少?

4. 为什么基于会计报表控制系统给集团总部管理层提供的国外子公司的绩效信息可能有偏差?修正这些偏差的最佳方式是什么?

● 研究任务：国际商务会计

利用 globalEDGE™ 网站完成下列练习：

练习 1

globalEDGE™ 网站提供了"国家比较工具"，能让调查者利用数据指标对不同国家进行对比。利用该工具找出以下哪个国家使用了历史成本原则的会计方法，却未能得到准确结果：阿根廷、保加利亚、厄瓜多尔、印度尼西亚、拉脱维亚、马来西亚、墨西哥、罗马尼亚、俄罗斯和塞内加尔。利用"国家排名工具"找到其他利用历史成本原则但同样没得到准确结果的国家。

练习 2

德勤（Deloitte）会计师事务所建立了一个名为"IAS PLUS"的国际会计准则网站，该网站提供相关会计准则的指南，并得到了国际会计准则理事会的认可。找到该网站的国际会计准则分页面，然后制作一份关于记录存货水平的国际会计准则的简短概述。

● 章尾案例：采用国际会计准则

欧盟规定，自 2005 年 1 月 1 日起，在欧洲证券市场上公开交易的近 7 000 家公司须按国际会计准则理事会的格式要求公布其未来所有财务账户。此外，欧盟之外的 65 个国家也要求上市公司按国际会计准则理事会的会计准则公布账户。甚至是以往在国际项目上不参与合作的美国会计权威机构，也试图将其准则融入国际会计准则理事会的会计准则中。

以往各国公司之间不同的会计操作使得财务报表的对比很难进行。比如在 1997 年亚洲金融危机后，联合国分析指出，在金融危机之前，东亚的 73 家大型银行中有 2/3 没有披露与相关各方的问题贷款和问题债务，如母公司与子公司之间的贷款。约 85% 的银行没有公布其从外币兑换或净外币敞口中所获得的收益和遭受的损失，而且有 2/3 的银行没有公布其在衍生品中的投资额度。如果当时使用了发达国家主流的会计准则，那么这些会计信息就能得以公布，东亚银行体系中的问题就很有可能早些浮出水面，从而 1997 年爆发的亚洲金融危机就可能没有实际情况那么严重。

受会计准则差异影响的另一个例子是，摩根士丹利的一项研究发现，国家之间退休金的差异会引起汽车行业内公司收入账户的扭曲。更惊人的是，美国汽车公司每年按收入的一定比例支付退休金补助，然而日本汽车公司不用这样做，它们基本上不会对其退休金责任做会计记录。摩根士丹利调整这些差异之后发现：美国公司通常低估了收入而且资产负债表也更稳健；而日本公司的收入更低，而且资产负债表较弱。国际会计准则的推进将消除此类分歧操作，将各方放在相同立场上，使得跨国对比更简便。

然而，通向国际会计准则的道路并非一帆风顺。比如，2004 年 11 月，最大的石油生产商壳牌公司宣布其在采用国际会计准则后，资产负债表中的资产价值下降了 49 亿美元，这一降幅主要因为公司需要将员工福利，如退休金考虑进去。此外，在采用国际会计准则理事会的会计准则后，法国化妆品巨头欧莱雅（L'Oreal）的净值从 81 亿欧元下降到 63 亿欧元，主要因为某些股票归类方式的变化。当然也有一些公司从中获利。英国手机巨头沃达丰公司在 2005 年早期宣布，其在采用国际会计准则理事会的会计准则后，2004 年后半年的利润上涨了约 130 亿美元，主要因为公司无须将之前并购中的商誉分摊在收入中。

案例讨论问题

1. 对投资者和公司来说，采用国际会计准则的好处是什么？
2. 在一国推动采用国际会计准则的行为有什么潜在风险？
3. 在美国和中国的哪个国家中采用国际会计准则理事会的会计准则可能会造成公司财务绩效的改变？为什么？

第二十章 国际企业财务管理

学习目标

学完本章后，你应该能够：
1. 讨论不同国家的商务操作如何影响国际企业的投资决策；
2. 讨论国际企业的国外子公司所能采用的不同融资选择；
3. 理解国际商务中的资金管理如何实现现金余额、交易成本和纳税总额最小化；
4. 熟悉国际商务中资金管理的基本技巧。

● 开篇案例：宝洁的国际财务管理

宝洁拥有数百个纸巾、洗涤剂、食品、保健品和化妆品品牌，产品远销130多个国家，其60%的收益来自美国以外的国外市场，是个名副其实的国际消费品生产商。尽管产品遍布全球，宝洁的财务管理，包括投资、融资、资金管理和外汇决策分散于各子公司中，这种情况持续到20世纪90年代。基本上每个大型国外子公司都管理自己的投资、借贷和外汇交易，限额以外部借贷额度为准，该额度由位于辛辛那提市的宝洁总部国际财务部门制定。

如今，宝洁的国际财务管理系统更加集中，集团总部对各地区财务中心的监管更加紧密。该变化部分是因为宝洁国际业务总量的上升，使得外汇敞口增加。宝洁像其他国际企业那样，一直尝试使其生产系统合理化，通过将特定产品的生产集中于特定区位以实现成本节约，而非将生产集中在有业务往来的每个大城市。随着这种趋势的发展，跨国原材料和制成品的运输量快速增长，使得宝洁外汇敞口的规模随之增长，在任一时刻都能达到10亿美元之多。此外，宝洁外汇敞口中多于1/3的部分是非美元敞口，如欧元兑换韩元、英镑兑换日元等交易。

宝洁相信对外汇交易的全面管理有助于其实现巨额收益。第一，因为其国外子公司通常积累以当地货币表示的现金余额，而宝洁现在在国外子公司之间进行货币交易，如果在整个过程中剔除银行，那么宝洁能节省交易成本。第二，宝洁发现很多国外子公司之间的货币交易量规模相对较小，如10万美元。通过把这些小规模交易整合成大交易，宝洁可以从国外贸易商那里得到更优惠的价格。第三，宝洁将外汇风险集中起来，并通过购买保护性期权应对各种货币头寸的相关风险，这比直接购买期权来应对各种货币头寸便宜。

除了管理外汇交易之外，宝洁的国际财务管理使其国外子公司能够将其盈余资金投资或借给宝洁以外的企业，而非通过当地银行。国外子公司将其盈余资金借给需要资金的公司，而宝洁国际财务部门在其中扮演金融中间商的角色。宝洁也将合作的当地银行数目从450家降到200家。从企业内部获得借款比从当地银行获得借款的总借款成本低，这可能会产生高达上千万美元，甚至上亿美元的年度储蓄利息。

引言

本章重点为国际企业的财务管理。财务管理范围内的3组相关决策为：
（1）投资决策，关于投资何种项目的决策。
（2）融资决策，关于如何为此类项目融资的决策。
（3）资金管理决策，关于如何高效管理公司财务资源的决策。

"开篇案例"专栏介绍了宝洁制定这些决策的方法。通过利用国际财务功能集中对投资、融资和资金进行管理，宝洁节省了大量成本，从而使其在国际市场上能更有效地参与竞争。

在国际企业中，投资决策、融资决策和资金管理决策会因国家差异变得更加复杂，比如，国家之间存在货币差异、税收体制差异、跨国资本流动管制的差异、商务项目融资准则的差异、经济和政治风险水平的差异等。当财务经理决定投资何种项目，如何进行最佳融资，如何最优管理财务资源，以及如何保护公司免受政治和经济风险及外汇风险时，需要将这些因素考虑进去。

好的财务管理是一项重要的竞争优势资源。比如，芝加哥化学和农用设备生产商富美实（FMC）公司的国外销售额占其总销售额的40%。富美实公司将成功部分归功于其在远期外汇市场上的积极交易。在交易货币期货中，富美实公司能给国外顾客提供3年，甚至3年以上的长期稳定价格，而不管汇率怎么变动。富美实公司发言人说："我们的很多竞争者会根据外汇市场上汇率的变化在相对短的时间内改变价格。而我们想要把长期定价作为一种客户服务，即他们可以在知晓数据的前提下做出预算计划，这样我们也很有希望能够建立和留住客户群体。"为了方便客户，富美实公司还接受客户以任何一种货币形式进行支付，以试图留住客户。如果客户只能以美元支付，那么客户可能将该业务交给一个能提供多种货币定价的竞争者。通过采取这种政策，富美实公司解决了外汇兑换的麻烦，那么其客户就不用再处理这类麻烦了。通过向客户提供多种货币定价选择，富美实公司实际上接受了为其国外子公司管理外汇风险的责任。它还设立了相当于银行的内部机构来管理这一操作，每日盯紧汇率，并利用投资组合控制风险。这一机构每年掌管超过10亿美元的货币交易，这也就意味着富美实公司通常可以击败商业银行报出的货币价格。

第二十章 国际企业财务管理

本书曾在价值链的相关知识中指出，形成竞争优势需要企业降低价值增值成本，或者通过改善客户服务增加价值。好的财务管理可以同时降低价值增值的成本，并改善客户服务以增加价值。通过降低企业资本成本，规避外汇损失，实现税务负担最小化，实现企业面临的无谓风险活动最小化，以及通过高效管理企业现金流和储备金，企业可以降低自身价值增值成本。如在富美实公司中，好的财务管理可以改善客户服务，从而增加价值。

本章首先学习国际企业的投资决策，其中最重要的问题是资本预算。本章的目标是要找出相对于纯粹的国内公司而言，使得国际企业资本预算决策复杂化的因素是什么。更重要的是，本章将讨论如政治风险、经济风险等因素如何影响资本预算决策。

然后本章会学习国际企业中的融资决策。这部分会讨论近几十年来国际资本市场的发展，以及国际资本市场是如何给予企业更多融资选择以降低资本成本。

最后，本章将学习国际企业中的资金管理决策、国际资金管理的目标、资金跨国界流动的不同方式，以及高效管理公司财务资源的技巧。本章不再说明管理外汇风险中的政治因素，虽然此因素对国际企业财务管理很重要，但是我们已经在学习外汇市场和汇率变动的决定力量时囊括了该问题。本章在讨论外汇市场经理的作用时，将探讨国际企业管理外汇风险的技巧和策略。

投资决策

在特定国家进行投资决策要考虑很多经济、政治、文化和策略性变量。本书用了大部分篇幅来讨论这个问题。本书在第二章和第三章讨论了政治、经济、法律和文化环境如何影响一国业务的收益、成本和风险，以及一国作为投资目的地的吸引度。第六章又回到这个问题，讨论了外国直接投资的经济理论，并找出了影响外国直接投资经济吸引力的决定因素。第七章关注了外国直接投资的政治经济学，并讨论了政府干预在外国直接投资中的角色。在第十二章中，本书在讨论企业降低价值增值成本和在其他国家投资生产活动以实现价值增值时，也整合了很多相关材料。在第十四章中，本书在讨论进入外国市场的各种模型时再一次提及该问题。

国际企业中财务管理的角色在于量化了特定国家投资时产生的各种收益、成本和风险。资本预算技巧能协助实现该目标。

资本预算

资本预算能量化投资收益、成本和风险。这使得高层经理能够以合理客观的方式对国内和国家间不同的投资选择进行对比，从而在企业进行稀缺的财务资源投资时，高层经理能做出全面明智的决策。国外项目的资本预算和国内资本预算适用的理论性框架是一样的，也就是企业必须首先随时间推移估算项目相关现金流。在大部分情况中，现金流刚开始时为负，因为企业对生产工厂进行了大量投资。然而初期过后，随着投资成本下降，收益增加，现金流会变为正。现金流被估算出来之后，需要用合适的贴现率对其进行净现值预算。最常用的贴现率是企业的资本成本率，或其他回报率。如果贴现之后的现金流净现值大于零，那么企业就应该进行此项投资。[1]

虽然这听起来很简单，但实际上资本预算是一个很复杂且不完美的过程。国际企业中使该过程复杂化的因素有：

(1) 项目现金流和母公司现金流。
(2) 政治风险和经济风险（包括外汇风险）。
(3) 母公司现金流和资金来源之间的联系。

本部分将学习这些因素中的前两个，对母公司现金流和资金来源之间的联系的研究将放在对资金来源的讨论中。

□ 项目现金流和母公司现金流

从母公司的视角分析国外项目存在理论性争论，因为项目现金流并不一定等于母公司现金流。因为各种原因，子公司可能不能将项目中的所有现金流汇付给母公司。比如，东道国政府可能会限制将现金流汇回母国，或者征收较高税率，或者要求公司使用项目获得的部分资金流在当地重新进行投资。虽然这些限制对项目现金流的净现值没有影响，但是因为其限制了将项目资金汇回国内，所以会对母公司的现金流净现值产生影响。

当评估国外投资机会时，母公司应该感兴趣的是它能收到的现金流，而不是项目现金流，因为公司现金流才是股东股息、世界其他地方投资额，以及支付其他集团债务等的基础。投资者不会接受将冻结收益作为公司价值回报，债权人也不会将冻结收益算在母公司债务偿还的能力中。

但是冻结收益问题不如以往严重。世界对自由市场经济接受度的增强，降低了子公司向母公司汇付现金流的国家数量的限制。此外，公司避开东道国限制子公司自由现金流的方法有很多。

□ 政治风险和经济风险

在分析国外投资机会时，企业需要将该地区中的政治风险和经济风险考虑进去。[2] 在学习如何调整资金预算的方法前，我们先探讨这一问题。

政治风险

政治风险被定义为政治力量造成国内商务环境剧变并损害企业的利润或企业其他目标的可能性。经历社会动荡或社会失序的国家，或者社会潜在特质使得社会动荡可能性高的国家，其政治风险相应很高。如果政治风险很高，那么国家政治环境突变，致使国外子公司处于危机中的可能性就很高。

---

[1] R. A. Brealy and S. C. Myers, *Principles of Corporate Finance* (New York: McGraw-Hill, 1988).
[2] D. J. Feils and F. M. Sabac, "The Impact of Political Risk on the Foreign Direct Investment Decision: A Capital Budgeting Analysis," *The Engineering Economist* 45, 2000, pp. 129-134.

在极端的例子中，政治变动可能导致对国外子公司资产的没收，在1979年的伊朗革命中，美国企业就遭遇了这种情况。近几十年来，企业资产被完全没收的风险几乎为零。然而，由于缺乏持续性立法和与之相匹配的执法，政府无意愿强制实施合同和保护私有产权都会导致企业资产实际上被没收侵占。

政治和社会动荡也可能导致经济崩溃，致使企业资产价值蒸发。南斯拉夫解体后爆发的冲突使得很多企业的资产化为乌有。在不那么极端的情况下，政治变动可能造成税率上升、政府强制实施外汇管制，从而阻碍国外子公司向母公司汇付收益的能力，或者使得政府强制执行价格管控，并对现存合同进行干预。任何这些事件发生的可能性都会削弱国外投资机会的吸引力。

很多企业花费大量精力来分析并量化政治风险。《欧洲货币》（*Euromoney*）杂志公布了一份年度国家风险排名，企业广泛用其进行政治风险和其他风险评估。然而，所有预测政治风险的尝试的问题在于，其预测的未来只能靠猜测获得，而在多数情况下猜测是错误的。很少有人能预见1979年的伊朗革命、苏联戏剧化解体或美国的"9·11"事件，然而所有这些事件都对各国的商务环境产生了重大影响。这并不是说政治风险评估没有用，只是政治风险确实难以被科学预测。

经济风险

经济风险被定义为由经济管理不善造成一国商务环境剧烈变动，从而损害公司利润和公司其他目标的可能性。在实际情况中，经济管理不善的最大问题是通货膨胀。从以往来看，很多政府在错误指引下扩大国内货币供应以刺激经济。结果通常是太多货币追逐太少商品，致使物价上涨。通货膨胀反映在外汇市场上为本国货币的贬值。这对在该国拥有资产的国外企业而言是一个严重问题，因为这些资产的现金价值会随本国货币在外汇市场上的贬值而贬值。这种情况发生的可能性会降低该国对外商投资的吸引力。

量化一国经济风险和其汇率长期动向的尝试有很多。《欧洲货币》杂志的年度国家风险排行榜计算的是各国的整体风险水平，对经济风险的评估也包括在内。一国的通货膨胀率和其货币汇率之间关系的实证研究有很多。这些研究也显示了一国的相对通货膨胀率和汇率变动之间的长期关系。然而两者的关系并非如理论预测的那样，在短期中并不可信，在长期中也并非完全可信。所以，就像政治风险一样，对经济风险的量化尝试也要抱着合理的怀疑态度。

□ 风险与资本预算

在分析国外投资机会时，基于区位的其他风险管理方法至少有两种。第一种方法是把所有风险当作一个问题，并根据国外项目所在国的政治风险和经济风险程度提高贴现率。比如，根据各国的政治和经济平稳状况，一家企业在英国、美国和德国的潜在投资贴现率为6%，而在泰国的潜在投资贴现率为20%，这也反映了泰国较高的政治风险和经济风险。潜在投资贴现率越高，投资项目要获得一定量的正净现值所需要的净现金流就越高。

调整潜在投资贴现率以反映区位风险的做法被广泛采用。比如，针对美国大型国际企业的几项调查发现，这些企业在评估国外项目的潜在投资贴现率时通常会加上额外保障比率。[①] 然而反对该方法的人认为，它对早期现金流的贴现比率过高，而对远期现金流的贴现不足。[②] 他们指出，如果预期未来政治和经济会崩盘，那么投资将不会发生。所以对于投资决策而言，对政治风险和经济风险的可能性评估不是即时的，而是未来某一时期的。因此，在评估此类风险项目时，与其对早期现金流收取较高的贴现率，不如降低该类项目的未来现金流，以反映在未来某一时刻可能发生的政治和经济反向变动。国际企业中的实证调查显示，在实际操作中，降低未来现金流的方法与提高贴现率的方法同样受欢迎。

●聚焦管理：黑海能源公司

1996 年，加拿大卡尔加里的黑海能源（Black Sea Energy）公司与当时俄罗斯第六大石油集团秋明石油（Tyumen Oil）公司以 50∶50 的出资方式成立了合资企业。合资企业名为图拉石油（Tura Petroleum）公司，目标是开发西伯利亚的图拉油田。而俄罗斯政府拥有秋明石油公司 90% 的股权，因此黑海能源公司在成立合资企业时直接与俄罗斯政府代表谈判。协议规定，为成立合资企业，双方各注资 4 000 万美元，黑海能源公司以资金、技术和专家的形式，秋明石油公司以基础设施、开采许可和地区内生产工厂的形式。

从成立合资企业的角度来看，这件事成功了。随着黑海能源公司的资金和技术的投入，图拉油田的产量从每天 4 000 桶上升到每天接近 12 000 桶。然而，黑海能源公司从未得到投资带来的经济收益。1997 年，俄罗斯最大的私有企业之一、总部位于莫斯科的阿尔法集团（Alfa Group）从政府手中收购了秋明石油公司的控股权。秋明石油公司的新主人很快得出结论，图拉石油公司对它不公平，因此要求立刻停止公司业务。它的论据在于，秋明石油公司对合资企业的投资价值远高于 4 000 万美元，而黑海能源公司投入的技术和专家的价值远低于 4 000 万美元。阿尔法集团还发现，有些自相矛盾的法规显示，图拉石油公司的许可证实际上由秋明石油公司持有，因此黑海能源公司无权分得产品。之后，黑海能源公司没有办法，只能退出项目。黑海能源公司说，秋明石油公司通过法律操纵侵占了其在图拉石油公司中的投资。相反，秋明石油公司管理层称，它的行为完全合法。[③]

[①] S. Block, "Integrating Traditional Capital Budgeting Concepts into an International Decision Making Environment," *The Engineering Economist* 45（2000），pp. 309－325；J. C. Backer and L. J. Beardsley, "Multinational Companies' Use of Risk Evaluation and Profit Measurement for Capital Budgeting Decisions," *Journal of Business Finance*（Spring 1973），pp. 34－43.

[②] D. K. Eiteman, A. I. Stonehill, and M. H. Moffett, *Multinational Business Finance*（Reading, MA：Addison－Wesley, 1992）.

[③] D. J. Feils and F. M. Sabac, "The Impact of Political Risk on the Foreign Direct Investment Decision：A Capital Budgeting Analysis," *The Engineering Economist* 45，2000，pp. 129－134；S. Kukes, "Letters to the Editor：Tura Joint Venture," *The Wall Street Journal*，June 14，1999，p. A21；M. Whitehouse, "US Export-Import Bank Agrees to Give Russia's Tyumen Oil Loan Guarantee," *The Wall Street Journal*，May 25，1999，p. A21.

融资决策

在考虑融资选择时,国际企业必须考虑两个问题。第一个是如何进行国外投资项目的融资。如果要求进行外部融资,那么该企业需要决定是在国际资本市场上融资,还是从东道国借款。第二个是如何配置国外子公司的融资结构。

融资来源

如果企业打算从外部获得项目融资,那么它会寻求成本最低的资本来源。企业逐渐转向国际市场进行投资和融资。由于规模和流动性的优势,国际资本市场的资本成本通常比国内资本市场更低,特别是对那些规模小且流动性低的市场而言。因此,美国公司在丹麦的投资和融资可能源于伦敦的欧元债券市场,而非丹麦的资本市场。

然而,即使对融资服务的监管有放宽的趋势,在一些情况下,东道国政府的限制也会排除这种选择。一些国家要求或者至少偏好国外企业在本国进行债务融资或股权出售。在流动性有限的国家,这会增加项目融资的资本成本。因此在资本预算决策中必须提高贴现率。然而这也不是唯一做法。一些国家为吸引国外投资会给国外公司提供低利率贷款,从而降低资本成本。因此,在这种情况下,做资本预算决策时应该降低贴现率。

除东道国对资本成本和融资决策的政策影响之外,公司可能会希望在本币预期将贬值的国家进行该国货币的债务融资。债务本金和利息所要求的本币数量在该国货币贬值时不受影响。然而,如果债务负担为外币,那么当该国货币贬值时,用本币支付外币债务的数量会增加债务负担,这会大量增加资本成本。因此,虽然在当地借贷时资本成本较高,但如果预期本币在外汇市场上会贬值,那么从当地融资更好。

融资结构

不同国家的融资结构有所不同,此处的融资结构指的是融资的债务和股本组合。比如,众所周知,日本企业比大部分美国企业更加依赖债务融资。一项囊括23个国家的调查显示,新加坡的债务-股本比低至0.34,而意大利高达0.76,美国为0.55,英国也为0.55,德国为0.62。[1] 另一项囊括5国4 000多家公司的调查显示,美国的长期债务-股本比为0.185,日本为0.155,英国为0.98,德国为0.88,法国为0.145,这再一次表明,各国对债务融资的依赖度有所不同。

国家之间融资结构差异这么大的原因尚不清楚。其中一种可能的解释是,国家

---

[1] W. S. Sekely and J. M. Collins, "Cultural Influences on International Capital Structure," *Journal of International Business Studies* (Spring 1988), pp. 87–100.

之间不同的税收体制决定了该国债务和股本的吸引力。比如，如果对利息收入征收高税率，那么预期对债务融资的偏好会高于对股本融资的偏好。然而实证调查表明，国家之间融资结构的差异似乎和国家之间税收结构的差异没有系统性关联。[1] 另一个可能的解释是，国家之间的差异反映的是文化规范。[2] 这种解释可能是正确的，虽然文化影响资本结构的机制还未得以阐明。

国际商务中很有趣的问题是：企业应该遵从当地资本结构规范吗？在意大利投资的美国企业应该采取意大利当地典型的高负债率，还是应该坚持自己原来较保守的操作习惯？几乎没有什么有力言论建议遵从当地资本结构规范。遵从东道国的债务规范的好处之一在于，管理层可以更加轻松地估算股本回报率，并与当地同行业竞争者进行比较。然而，这对主要对手而言理由不够充分。好处之二在于，遵从东道国较高的债务规范，可以改善国外子公司原来因为低负债率而对当地货币政策不敏感的企业形象。然而这些言论的重要性尚未建立。最好的建议为，国际企业应该为每个国外子公司采取能实现资本成本最小化的融资结构，而不管这种结构与当地惯例是否一致。

● 聚焦国家：融资国际化——印度公司与美国证券交易所

印度的一流公司正以多种方式走向世界，它们正致力于通过在纳斯达克证券交易所和纽约证券交易所挂牌上市，从而在国际范围内获取关注。

软件巨头印孚瑟斯公司引领了这种趋势，该公司在1999年3月成为第一个在纳斯达克证券交易所上市的印度公司。随后，印度工业信贷投资（ICICI）银行于1999年9月也在纽约证券交易所上市。同样，另一家科技企业——萨蒂扬公司于1999年10月在纳斯达克证券交易所上市。印度雷蒂夫（Rediff India）公司于2000年上市。

如今，印孚瑟斯公司在纳斯达克证券交易所的市价超过350亿美元，排在纳斯达克证券交易所前100位。

在这些证券交易所上市的最明显好处是增加了资本通道和有投资意愿的投资者数量，但这只是众多主要原因中的一个。对于这些公司来说，在美国上市是增强集团品牌形象，在全球竞争激烈的市场中保持品牌认知度的方式之一。

此外，国际投资者对风险的偏好、了解和处理方法与国内投资者是不同的。在国际市场上市可能对旨在收购母国之外公司的企业很关键，并且在美国向员工发行股票期权以在全球范围内招聘外籍人才中也很重要。

虽然在国际一流交易所上市有很多优势，但是要从国外上市中获得好处并不容

---

[1] J. Collins and W. S. Sekely, "The Relationship of Headquarters, Country, and Industry Classification to Financial Structure," *Financial Structure* (Autumn 1983), pp. 45–51; J. Rutterford, "An International Perspective on the Capital Structure Puzzle," *Midland Corporate Finance Journal* (Fall 1985), p. 72; R. G. Rajan and L. Zingales, "What Do We Know about Capital Structure," *Journal of Finance*, 50, 1995, pp. 1421–1460; J. K. Wald, "How Firm Characteristics Affect Capital Structure: An International Comparison," *Journal of Financial Research* 22 (2), 1999, pp. 161–187.

[2] Sekely and Collins, "Cultural Influences on International Capital Structure."; A. C. W. Chui, A. E. Lloyd, and C. C. Y. Kwok, "The Determination of Capital Structure: Is National Culture the Missing Piece to the Puzzle?" *Journal of International Business Studies* 33, 2002, pp. 99–127.

易。能够在国外成功上市的公司通常能够从大幅提升的公司声誉中获得好处。

比如,印孚瑟斯公司会遵守更加严格的公司监管政策,这比印度国内的监管法规严得多。公司还会遵从美国所有的证券法规,以及美国证券交易委员会的各种要求,即使那些非美国本土成立的公司无须遵守的法规,它们也要遵守。监管印孚瑟斯公司合并和管理的法律还是印度法律,但是公司会通过电子化数据收集、分析及检索系统填写美国证券交易委员会的电子文件,其中包括涉及职员优先认购股权奖励的"S-8"文件,而且是在这些文件规定的60天截止日期内完成。当然,对于印孚瑟斯公司来说,这是一种公司文化,它在与印度证券交易所和美国证券交易所的关系中都保持着勤劳的形象。[①]

国际资金管理:效率目标

资金管理(money management)决策试图以最有效率的方式管理企业的国际现金资源,即其运营资本。这涉及实现现金余额最小化以及降低交易成本。

□ 实现现金余额最小化

企业在一定时期内都必须持有一定现金余额,这是该时期内管理账户、注销应付账款、应对突发事件所必须满足的现金需求。企业不会闲置这些现金余额,而是会将这些现金余额投资到资金账户中挣取利息。然而,企业要能自由地从这些账户中取出资金才行,所以这类账户的利率通常较低。相反,如果企业将这些现金余额投入长期金融业务,比如6个月定期存款中,则能得到更高利息。但是问题是在长期业务中,企业在到期之前不能取出资金,除非接受金融罚款。

因此公司面临两难境地。如果把现金余额投资在资金账户或类似业务中,那么资金流动自由,但是利率较低。如果把现金余额投资在长期业务或类似定期存款和债券中,那么企业能获得较高利率,但是流动性受限。最理想的是,企业的流动现金余额最少。本章随后将学习通过中央储备管理国际总现金余额,而非让每个子公司管理自己的现金余额,这有利于国际企业降低持有的流动账户资金数额,从而提高现金余额的回报率。

□ 降低交易成本

交易成本(transaction cost)指交易时产生的成本。企业每次将现金从一种货币兑换成另一种货币时,都会面临交易成本,即为实现交易而支付给外汇交易商的佣金。大部分银行在将现金从一地转向另一地时会收取**转让费**(transfer fee),这是另一种交易成本。企业内部的佣金和转让费数额巨大。据联合国统计,40%的国际贸

---

① "Stock Exchanges," *Capital Markets Magazine*, November 1, 1999; Infosys Technologies Ltd., India, "Standard and Poor's Corporate Governance Score Report," April 8, 2004.

易涉及国际企业各地子公司之间的交易。而子公司之间的多边网络可以降低交易数量，从而降低来自外汇交易和转让费的交易成本。

国际资金管理：税收目标

不同国家有不同税收体制。国际会计师事务所毕马威进行了一项调查，选取的调查对象为2006年企业所得税税率最高的一些国家，2006年企业所得税税率如表20.1所示。[①] 日本企业所得税税率最高，为40.69%，而爱尔兰最低，为12.5%。然而实际数据比表20.1所显示的数据复杂得多。比如，德国和日本对股东股息收入的税率很低，分别为36%和35%，然而法国较高，为42%。美国的税率各州有所不同，联邦税率最高为35%，但是各州也会征收企业所得税，分为州税和地方税，税率为1%~12%，因此美国实际平均税率为40%。

国家有权对在本国成立但在境外获取收入的企业征税，很多国家接受这一国际原则。[②] 当东道国政府和母国政府同时对集团国外子公司征税时，就出现了重复征税。然而重复征税可以通过税收抵免、税收协定和延期原则得到一定程度的减轻。

税收抵免（tax credit）指如果企业已经向东道国政府纳了税，那么允许企业减少对母国政府的纳税额。**税收协定**（tax treaty）指两国协议，该协议详细规定了东道国可以对企业收入中的哪些细项进行征税。比如，美国和德国之间的税收协定规定，美国集团的德国子公司向美国汇付的收益红利无须向德国政府纳税。**延期原则**（deferral principle）指母公司在收到子公司的实际红利之前，政府不会对其征税。

对于在各国都有业务的国际企业，各种税收抵免和税收协定对企业如何构建母公司和子公司之间的内部支付系统有重大影响。企业可以利用转移价格和弗罗庭贷款来实现全球税务负担最小化。此外，可以通过构建母国企业和子公司之间的收入汇付方式来降低企业的全球税务负担，如利用特许经营费的形式，而非红利形式。

很多企业会利用**避税天堂**（tax havens），如巴哈马和百慕大来减少税收负担。避税天堂指那些税率极低，甚至为零的国家。国际企业通过在该地区建立全资非运营的子公司来规避赋税或延期交税。这些避税天堂中的子公司持有其他国外运营的子公司的普通股，这就使得国外子公司能够通过避税天堂的子公司向母公司转移所有资金。企业母国政府对国外子公司的收入所征收的税款，通常在国外子公司向母公司汇付红利时才支付，而在延期原则之下可以一直延期，直到避税天堂的子公司把红利支付给母公司。如果该企业国外业务持续发展，而且需要避税天堂的子公司提供内部融资，那么红利支付就可以无限期延迟下去。然而，企业利用此类机制降低税收负担的程度取决于相关国家执行的法规框架，特别是在企业注册国和实行累进税的国家。

[①] KPMG, "KPMG Corporate and Indirect Tax Rate Survey—January 2007," June 24, 2007.

[②] "Taxing Questions," *The Economist*, May 22, 1993, p.73.

表 20.1　　　　　　　　　　2006 年企业所得税税率

国家	企业所得税税率最高值（%）
加拿大	36.10
智利	17.00
中国	33.00
法国	33.33
德国	38.36
爱尔兰	12.50
日本	40.69
墨西哥	28.00
新加坡	20.00
英国	30.00
美国	40.00

资料来源：毕马威公司于 2007 年 1 月的企业所得税税率调查

资金跨国流转：提高效率，降低税收

追求以最有效的方式利用企业现金资源，以及实现企业全球税收负担最小化的目标，要求企业能够在不同国家之间转移资产。国际企业跨国界转移流动资金的技巧有很多，包括红利汇付、特许经营费和咨询费、转移价格以及弗罗庭贷款。相比以上技巧，一些企业在跨国界转移资金中更依赖于另一种操作，即分类计价。分类计价通过使用这些技巧组合将流动资金从国外子公司转移到母公司，使得母公司能够从国外子公司处收回资金，而不会因为大量红利损失而引起东道国的注意。

当国外子公司由当地合资伙伴或当地股东共同持有时，企业选择特定政策的能力大大受限。同时满足国外子公司的当地持有人的正当需求会限制母公司采取对自身有利的红利政策、特许经营费支付流程或转移价格政策的能力。

□ 红利汇付

红利汇付很有可能是国外子公司向母公司转移资金的最常用方法。通常，每个国外子公司的红利政策各有不同，这取决于税收法规、外汇风险、国外子公司的成立年限和当地股本参与度等因素。比如，东道国政府对红利征收的税率越高，相对于其他转移流动资金的方法，红利汇付就越缺少吸引力。至于外汇风险，企业通常要求位于高风险国家的国外子公司尽快将积累的红利汇付到母公司，这样就能将企业资金从货币预期大幅贬值的国家中转移出来。国外子公司的成立年限会影响红利政策，因为成立时间久的国外子公司向母公司汇付的红利占总收益的比例较高，很有可能是因为国外子公司成熟之后的资本投入量更低。当地股本参与度也是影响因素之一，因为当地共同持有人对红利的要求不容忽视。

□ 特许经营费和咨询费

特许经营费（royalties）指因使用某种产品的技术或生产权，或者以专利或商号销售产品而支付给技术、专利或商号所有者的报酬。通常母公司会向使用其技术、专利或商号的国外子公司收取特许经营费。特许经营费可能会按国外子公司卖出的每单位产品以固定货币数量收取，也可能会按国外子公司总收益的一定比例收取。

咨询费为母公司或其他子公司为某国外子公司提供专业技术服务或专门技能的补偿。这种费用有为一般专业知识和建议支付的管理费，以及为技术层面指导支付的技术援助费。提供特定服务的费用通常会以固定数额形式收取。

与红利汇付相比，特许经营费和咨询费具有某种税收优势，特别是当东道国税率比母国税率高时。特许经营费和咨询费通常在本地享受税收减免（因为它被视为支出），所以特许经营费和咨询费的支付能降低国外子公司的税收负担。如果国外子公司以红利的方式补偿母公司，那么其在红利发放前需要缴付当地所得税，而且需用红利支付预扣税款。虽然母公司会因为国外子公司已经支付了东道国的预扣税款和所得税款而给予税收减免，但是当国外子公司的综合税率高于母公司的税率时，还是会造成部分收益损失。

□ 转移价格

任何国际企业都会涉及母公司与子公司之间、子公司与子公司之间产品和服务的大量转移。在追求全球标准化战略和跨国战略的企业中尤其如此，因为这些企业很可能将其价值增值活动分布在全球多个最佳区位。集团内部公司之间产品和服务转移的价格被称为**转移价格**（transfer price）。①

转移价格在国际企业中可以用来安置资金。比如，对提供给一国子公司的产品和服务设定较高的转移价格，同时对从该子公司流出的产品和服务设定较低的转移价格，这样资金就能流出该国。通过相反的政策，资金可以流入一国，即对供应给一国子公司的产品或服务设定低转移价格，对流出该子公司的产品和服务设定高转移价格。这种资金流动可以用于子公司和母公司之间，或者子公司和子公司之间。

操纵转移价格的好处

操纵转移价格至少有 4 个好处：

(1) 使用转移价格将收益从高税率的国家转移到低税率的国家，企业得以降低税收负担。

(2) 如果预期一国货币将大幅贬值，那么企业可以利用转移价格将资金转移出

---

① S. Crow and E. Sauls, "Setting the Right Transfer Price," *Management Accounting*, December 1994, pp. 41-47.

去，因而降低企业面临的汇率风险。

（3）如果红利形式的财务转移受东道国政府政策限制或阻挠，那么企业可以利用转移价格将子公司资金转移到母公司或避税天堂子公司中。

（4）如果实施的关税为从价税，即按价值的一定比例征收关税，那么企业可以利用转移价格降低进口关税。在这种情况下，需要对该国进口的产品或服务设定低转移价格，因为产品或服务的价值越低，关税则越低。

转移价格的问题

实施转移价格策略也会产生一个问题。[①] 没有哪国政府喜欢这种策略。[②] 当企业使用转移价格以减少税收负担或进口关税时，大部分政府会觉得自己的正当收益受到了损害。当企业操纵转移价格以规避政府对资金流如红利汇付的限制时，政府认为这破坏了法律精神，说得严重点，即违反了法律。现在很多政府对国际企业以上述方式操纵转移价格的行为有所限制。一些国家现在采取的原则认为，合适的转移价格应该是正常的贸易价格，即市场中两个无关企业之间的交易价格。对转移价格的这种严格定义，从理论上限制了企业通过操纵转移价格获得一些好处的能力。

实施转移价格策略的另一个问题是与之相关的管理激励和绩效评估。[③] 转移价格与把各子公司作为利润中心的政策相一致。企业在操纵转移价格时，通常会严重背离正常市场价格，然而企业绩效可能更多依据转移价格，而非其他如管理工作这些更恰当的因素。向外收取高转移价格的子公司的绩效看起来比实际情况变好了，然而被收取高转移价格的子公司的绩效变差了。除非认识到这种情况，不然在进行绩效评估时，管理激励系统会出现严重扭曲。比如，卖出产品的子公司经理可以用高转移价格掩盖企业的低效率，而买进产品的子公司经理会因为高转移价格对公司效率的影响而倍感气馁。

除了这些问题，研究还显示，并不是所有国际企业在子公司之间都使用正常的市场价格，而是采用以成本为基础的转移价格，该价格通常由成本加上一些标准加成。一项囊括164家美国国际企业的调查显示，35%的国际企业采用以市场为基础的价格，15%采用协定价格，65%采用以成本为基础的定价方法，剩下的为采用不止一种方法的国际企业。[④] 只有以市场为基础的价格和协定价格可以被称为正常市场价格。以成本为基础的定价更有可能被用来进行价格操纵。另一项更深入的研究显示，有间接证据表明，很多企业为了降低全球税收负担而操纵转移价格。[⑤]

虽然企业可以通过操纵转移价格来降低税收负担，或者绕过政府对资本跨境流动的限制，但是这并不意味着企业应该这么做。因为这一操作通常至少违反了很多

[①] V. H. Miesel, H. H. Higinbotham and C. W. Yi. "International Transfer Pricing: Practical Solutions for Intercompany Pricing," *International Tax Journal* 28 (Fall 2002), pp. 1–22.

[②] J. Kelly, "Administrators Prepare for a More Efficient Future," *Financial Times Survey: World Taxation*, February 24, 1995, p. 9.

[③] S. Crow and E. Sauls, "Setting the Right Transfer Price," *Management Accounting*, December 1994, pp. 41–47.

[④] M. F. Al-Eryani, P. Alam, and S. Akhter, "Transfer Pricing Determinants of U. S. Multinationals," *Journal of International Business Studies*, September 1990, pp. 409–425.

[⑤] D. L. Swenson, "Tax Reforms and Evidence of Transfer Pricing," *National Tax Journal*, March 2001, 54, pp. 7–25.

国家的法律精神，进行转移价格操作的职业道德是值得怀疑的。此外有明显迹象表明，为了杜绝滥用，很多国家的税务机关正加强对该操作的监管。安永（Ernst & Young）会计师事务所所做的囊括约600家国际企业的2 000多份调查发现，75%的国际企业认为自己在未来两年内会被要求进行转移价格审计。[①] 接受调查的约61%的国际企业指出，转移价格是其面临的最大的税收问题。

□ 弗罗庭贷款

弗罗庭贷款（掩护贷款）指母公司和子公司之间通过金融中间商（通常是大型国际银行）进行借贷。在直接内部贷款中，母公司直接贷款给国外子公司，国外子公司稍后归还借款。在弗罗庭贷款中，母公司在国际银行中存放资金，银行再把同样的资金数额贷给国外子公司。因此，美国母公司可能在伦敦银行存放10万美元，伦敦银行再把10万美元贷给美国母公司的印度子公司。从银行的角度来看，这笔贷款是以母公司账户的形式借出，100%无风险。银行挡在母公司前面，掩护它，这就是弗罗庭贷款（掩护贷款）名字的由来。银行给予母公司较低的存款利率，而对国外子公司的借款金额收取较高利率，以此获利。

国际企业利用弗罗庭贷款的原因有两个。第一，弗罗庭贷款可以绕过东道国对子公司向母公司汇付资金的限制。东道国可能会限制国外子公司向母公司偿还借款，以保持该国外汇储备，但是不太可能限制国外子公司向大型国际银行偿还借款。限制向国际银行付款的行为可能会损害该国的信用形象，但是中止国外子公司向母公司的付款对该国形象的影响很小。因此，当国际企业计划贷款给一国子公司，而该国发生政治动荡的可能性很大（即政治风险高），并可能导致对资金流的限制时，它们有时会采用弗罗庭贷款。

第二，弗罗庭贷款有税收优势。举个例子，由母公司全权控股的避税天堂子公司在伦敦国际银行存放了100万美元，利率为8%。银行以9%的利率把100万美元贷给一家在国外运营的子公司，如图20.1所示。该国外子公司所在国的企业所得税税率为50%。

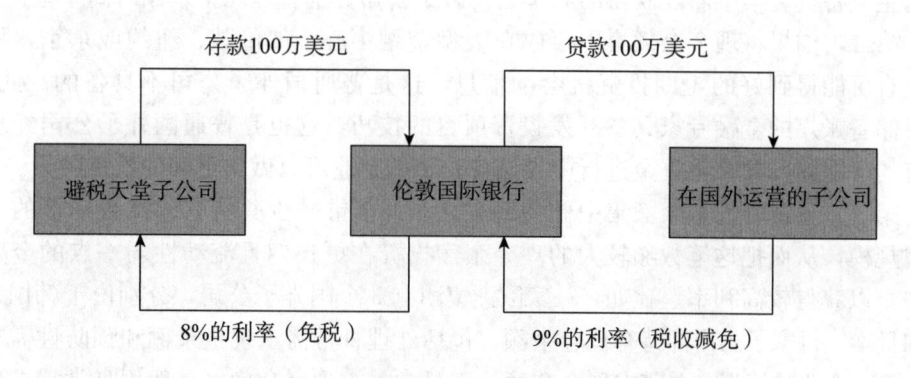

图 20.1　从税收角度看弗罗庭贷款的案例

[①] "Transfer Pricing Survey Shows Multinationals Face Greater Scrutiny," *The CPA Journal*, March 2000, p. 10.

在这种安排下，企业所得税的利息支付关系如下：

(1) 在国外运营的子公司向伦敦国际银行支付9万美元利息。在国外运营的子公司将这笔利息支出从企业应纳税所得额中减去，产生了4.5万美元的净税后成本。

(2) 伦敦国际银行收到9万美元利息支付后，向避税天堂子公司的存款支付8万美元利息，自己留下1万美元作为服务费。

(3) 避税天堂子公司收到8万美元存款利息，而且不用交税。

结果是8万美元现金被从在国外运营的子公司转移到避税天堂子公司。因为在国外运营的子公司借款的税后成本仅为4.5万美元，而母公司在这种安排下也将额外的3.5万美元资金从该国转移出来。如果避税天堂子公司直接贷款给在国外运营的子公司，那么东道国政府可能不允许将该笔利息作为可减税费用，并规定这是以利息形式向母公司支付的红利。

国际资金管理技巧

我们开始学习企业能够采用的两种最有效的管理其国际资金的技巧：中央储备和多边净额结算。

中央储备

每个企业都需要持有一些现金余额以进行账户支付，或者应对项目资金流非预期的负向变动。对于国际企业而言，这是一个关键问题，不管是由国外各子公司持有现金余额还是由总部集中储备。总之，企业偏好对现金余额进行中央储备的原因有3个。

第一，通过将现金余额集中起来，企业积累数额扩大。现金余额账户通常是流动账户，如隔夜货币市场账户。因为通常随着账户数额的增加，账户利率也会提高，因此企业将资金集中后能获得的利率会比各子公司分别管理现金余额时高一些。

第二，如果将现金余额集中存放在大型金融中心，如伦敦、纽约或东京，那么企业有可能得到好的短期投资机会的信息，这是普通国外子公司不具备的。此外，中央储备账户的金融专家具备开发投资项目的技巧，这也是普通国外子公司经理所没有的。因此，如果将资金进行中央储备，那么企业可以做出更好的投资决策。

第三，通过将现金余额集中储备起来，企业能够减少其持有的高流动性的现金账户规模，从而把这笔数额较大的现金余额投资在更长期且流动性弱一点的金融业务中，以获得较高利率。比如，一家欧洲集团有3个国外子公司，分别位于韩国、中国和日本。每家子公司都持有现金余额，包括处理日常需求现金余额和预防性需求现金余额。企业政策为，总需求现金余额等于日常需求现金余额（一般用日常需求现金余额预期额的均值来估算）加3个标准差。3个标准差的要求反映了企业估算子公司实际拥有现金能够满足日常需求和预防性需求的可能性是99.87%。现金余额需求通常在各国之间正常分布且相互独立，如日本的现金余额需求不会影响中国的现金余额需求。

单家子公司的需求现金余额如表20.2所示：

表20.2　　　　　　　　　单家子公司的需求现金余额　　　　　　　　单位：百万美元

国家	日常需求现金余额（A）	1个标准差（B）	总需求现金余额（A+3×B）
韩国	10	1	13
中国	6	2	12
日本	12	3	21
总计	28	6	46

因此，韩国子公司预计需要持有1 000万美元以应对日常需求，其标准差为100万美元，所以它需要持有额外300万美元作为预防性需求现金余额。这样总需求现金余额为1 300万美元，3家子公司的总需求现金余额为4 600万美元。

假设公司决定把3家子公司的现金余额作为中央储备存放在东京。因为当每家子公司的现金分布可能性独立时方差可加，所以加上预防性需求现金余额的标准差为374.165 7万［对（1 000 000^2＋2 000 000^2＋3 000 000^2）开平方根］美元。

因此，如果企业采取中央储备，那么它需要持有2 800万美元的日常需求现金余额加上1 122.497 1（＝3×374.165 7）万美元，也就是总需求现金余额为3 922.497 1万美元。换句话说，公司总需求现金余额从4 600万美元降到3 922.497 1万美元，节省了677.502 9万美元，这笔钱可以用来投资流动性小一些且利率高一些的账户或有形资产。节省资金的增加仅由3个独立的常规可能分布相加的统计效果引起。

然而，企业建立中央储备以满足短期现金需求的能力受东道国政府对资金跨国界流动限制的阻碍，如为保护本国外汇储备而实施的管控。此外，将资金从一种货币换算成另一种货币的交易成本使该系统的好处打了折扣。尽管如此，很多企业至少会持有其子公司的预防性需求现金余额作为中央储备，让每个子公司持有各自的日常需求现金余额。世界资金市场的全球化及对资金跨国流动的壁垒逐渐消除（特别是发达国家之间）可能是增加中央储备采用率的两大原因。

□ 多边净额结算

多边净额结算有助于国际企业降低子公司之间的交易成本。这些交易成本指在外汇结算中支付给交易商的佣金，以及银行收取的跨国资金流转费用。如果国际企业依赖度高的价值增值产业网遍布全球，那么这类交易成本的费用会更高。多边净额结算通过降低交易次数来降低交易成本。

多边净额结算是**双边净额结算**（bilateral netting）的扩展。在双边净额结算框架下，如果法国子公司欠墨西哥子公司600万美元，而墨西哥子公司又欠法国子公司400万美元，那么进行双边净额结算后，法国子公司只要向墨西哥子公司支付200万美元，剩下的债务则相互抵消。

在**多边净额结算框架**（multilateral netting）下，原来简单的概念被扩展为国际企业多个子公司之间的交易。举个例子，某国际企业想要在其分别位于韩国、中国、日本和越南的4个亚洲子公司之间建立多边净额结算。这4个子公司相互贸易，所以在每月月末时需要结算大量资金交易。图 20.2 显示了子公司在特定月份的支付情况，表 20.3 展示了收入净额的计算，总结了子公司之间的债务关系。鉴于子公司之间的资金流达 4 300 万美元，如果交易成本包括占总转移资金 1‰ 的外汇佣金和转移费用，那么母公司将花费 43 万美元。然而，使用多边净额结算能够降低该数额。使用如表 20.3 的支付矩阵后，便可以决定子公司之间的支付数额，从而偿清各方债务。多边净额结算之后的现金流如图 20.3 所示。通过多边净额结算，图 20.2 中描述的交易减少为 3 次：韩国子公司向越南子公司支付 300 万美元，中国子公司向日本子公司支付 100 万美元，并向越南子公司支付 100 万美元。子公司之间的资金流从原来的 4 300 万美元降为 500 万美元，交易成本从 43 万美元降到 5 万美元，即通过多边净额结算节省了 38 万美元。

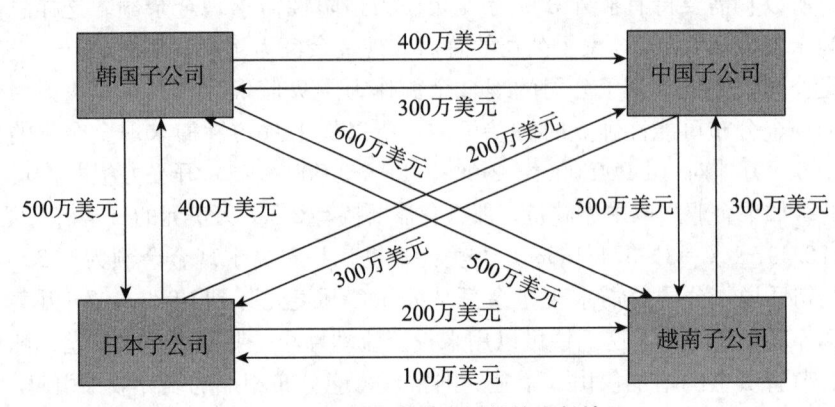

图 20.2　子公司在特定月份的支付情况

表 20.3　　　　　　　　　　收入净额的计算　　　　　　　　　　单位：百万美元

		支付方				总收入	收入净额（支付净额）
		德国	法国	西班牙	意大利		
接收方	韩国	—	3	4	5	12	−3
	中国	4	—	2	3	9	−2
	日本	5	3	—	1	9	1
	越南	6	5	2	—	13	4
	总支付	15	11	8	9		

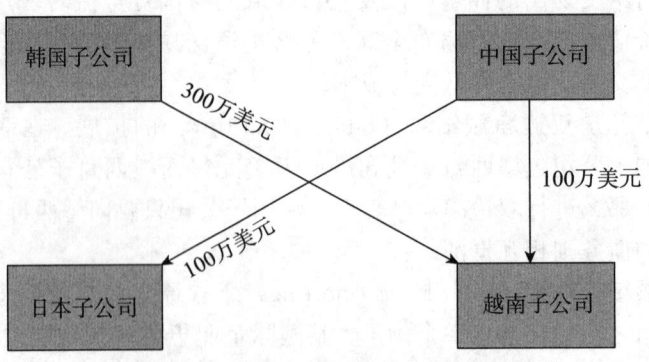

图 20.3　多边净额结算之后的现金流

●本章总结

本章的重点为国际商务中的财务管理。各国之间的货币差异、税收体制差异、政治和经济水平的差异等使得企业投资决策、融资决策和资金管理决策更加复杂化。财务经理在决定投资什么项目、如何最优投资这些项目、如何最优管理企业财务资源，以及如何帮助企业规避政治风险和经济风险时，要把所有这些因素考虑进去。本章要点如下：

1. 使用资金预算技巧评估潜在国外项目时，要分清楚项目现金流和母公司现金流。当东道国政府限制国外项目的现金流流回母国公司时，这两者是不同的。

2. 使用资金预算技巧评估潜在国外项目时，企业要认识到由国外区位产生的特定风险，其中包括政治风险和经济风险（包括外汇风险）。

3. 可以通过在评估风险项目时提高贴现率或降低预期现金流的方式，把政治风险和经济风险考虑到资金预算过程中。

4. 国际资本市场的资本成本通常比国内资本市场低一些。因此在其他情况相同时，企业偏向从国际资本市场获得投资资金。

5. 从国际资本市场借款可能会受东道国相关规则或要求的限制。在这种情况下，企业需要提高资本预算的贴现率。

6. 如果当地货币预计贬值，那么企业可能会考虑在该国进行债务融资。

7. 国际资金管理的目标是最有效地利用企业的资金资源，并且实现企业全球税收负担的最小化。

8. 企业跨国界转移资金的方法有很多，包括红利汇付、特许经营费和咨询费、转移价格和弗罗庭贷款。

9. 红利汇付是资金跨国界转移采取的最常用方法，但是特许经营费和咨询费相对于红利汇付更有税收优势。

10. 企业有时会操纵转移价格，将资金从一国转出，从而实现税收负担最小化，规避外汇风险，绕过政府对资金流转的限制，而且降低关税。

11. 在很多国家中，操纵转移价格与政府规章相抵触，也可能会引起企业内激励系统的扭曲，而且这么做的道德立场值得怀疑。

12. 弗罗庭贷款指母公司通过第三方（通常是国际银行）将资产转移到国外子公司。弗罗庭贷款能够绕过东道国政府对资金汇付的限制，并有一定的税收优惠。

13. 通过中央储备的形式持有现金，企业能够更有效地投资其现金余额，并缩小其具有高流动性的现金账户规模，因此能自由地将资金投资在利率高且流动性低的账户或有形资产中。

14. 多边净额结算能降低子公司常规业务中的交易成本。

●批判性思考和问题讨论

1. 国际企业的财务功能如何改善其在国际市场上的竞争地位？

2. 企业可以采取什么措施来降低全球税收负担？从道德立场来看，这些措施是正当的吗？

3. 你是一家美国企业的首席财务官,你所在企业位于墨西哥的全资子公司为美国组装工厂生产零部件。该墨西哥子公司接受了美国一家银行的贷款。你的一位分析员告诉你,明年在外汇市场中,墨西哥货币相对美元将贬值30%。如果能采取措施,那么你会采取什么措施?

4. 你是一家加拿大企业的首席财务官,公司打算用1 000万美元在俄罗斯建立牛奶生产工厂。在未来10年里,该项投资的净资金流将达到每年300万美元,在工厂因技术过时被关停后,报废资产的价值为零。如果通过欧洲债券市场融资,那么资本成本为6%;但如果从俄罗斯银行借款来资助项目,那么贷款利率为12%。分析员告诉你,因为俄罗斯的高通货膨胀率,俄罗斯货币相对加拿大货币预计贬值。同时分析员指出,未来10年内俄罗斯暴力革命的可能性很高。你该如何把这些因素包括在对投资机会的评估中呢?你会建议你所在的企业怎么做?

● 研究任务:国际企业财务管理

利用globalEDGE™网站完成下列练习:

练习1

各国税率差异会影响各国企业和人民的实际可支配收入。你们企业的高层管理人员要求你做出以下国家的税收政策报告:阿根廷、比利时、保加利亚、中国、捷克、丹麦、埃及、德国、意大利和英国。午餐时,你的一位税务同事告诉你,你可以利用"世界税收"(Worldwide Tax)资源来协助完成报告。请制作一份报表,该报表要包括上述各国的企业所得税税率、个人所得税税率、增值税税率,以及其适用范围。

练习2

在国外投资时,国家风险是投资者必须考虑的要点。新兴市场的市场潜力指标之一就是国家风险。利用globalEDGE™网站提供的排名,找出对投资者而言风险最小的5个新兴市场。

● 章尾案例:巴西戈尔航空公司

巴西戈尔航空(Brazil's Gol Airlines)公司就像美国的捷蓝航空(JetBlue Airways)和欧洲的瑞安航空(Ryanair Airlines)的热带地区版,它们都是提供基本服务的低成本航空公司。巴西戈尔航空公司成立于2001年,采用的是西南航空(Southwest Airlines)开创的低成本模式,该模式又经捷蓝航空和瑞安航空进一步发展。巴西戈尔航空公司主要通过互联网出售打折机票,目标人群是那些对价格敏感的旅客,他们占巴西快速增长的空中旅行市场的70%。巴西的空中旅行需求增长极为快速,增长速度是该国国内生产总值速度的两倍。同时,巴西戈尔航空公司也在开拓巴西广阔的长途客车市场,2001年,约1.3亿人次乘坐了巴西省际客车旅行。巴西戈尔航空公司使用的飞机型号都是波音737系列,机舱内都是同级别座位,没有飞机餐,取而代之的是一些小零食和软饮,也没有机场俱乐部或常客计划。巴西戈尔航空公司支持互联网登机,而且95%的航班按时到达,因此值得信赖。巴西戈尔航空公司的服务得到顾客的积极回应,一项独立的市场调查表明,超过90%的顾客再次乘坐该公司航班，而且将其推荐给其他人。

这种商务模式起步于2001年1月，使得巴西戈尔航空公司在2004年中期获得了巴西22%的市场份额。此时，巴西戈尔航空公司已经拥有25架飞机，成为世界上发展最快且利润最高的航空公司之一。但是巴西戈尔航空公司的抱负远不止于此，它想成为南美成本最低的运营商。

为了给扩张计划融资，巴西戈尔航空公司决定进入国际资本市场。2004年中期，这一私营公司在圣保罗证券交易所和纽约证券交易所中发行无表决权的优先股。此次发行的股票被超额认购，承购人将股票价格抬高两倍，巴西戈尔航空公司筹得3.22亿美元。在解释通过纽约证券交易所公开发行股票的决策时，巴西戈尔航空公司的首席财务官说："我们希望得到了解公司业务的长期固定的投资团队，这个目标我们已经实现了。我们同时希望建立一个调查分析团队，目前已经拥有7个股票分析员。西南航空、捷蓝航空、瑞安航空和西捷航空（Westjet Airlines）都是一级供应商，而且都获得了利润和成功。我们要让巴西戈尔航空公司融入这一群体中。在纽约证券交易所和圣保罗证券交易所上市是我们的战略之一，我们要向熟悉低成本旅行的投资者出售股份。这一战略奏效了。看看公司的投资人，你会发现他们大部分也是捷蓝航空、西南航空和瑞安航空股票的主要持有人。对他们来说，理解巴西戈尔航空公司业务模式和盈利模式很简单。"

在这次融资的支持下，巴西戈尔航空公司快速扩张。2007年早期，公司已经拥有65架飞机，每日运行航班600次，飞往55个目的地，其中包括飞往5个南美国家的7条国际航线。巴西戈尔航空公司在内陆市场和巴西市场的占有率分别为37%和13%，飞机的就座率达到74%，为巴西最高，而且为巴西最准时的航空公司。①

案例讨论问题

1. 公司在纽约证券交易所和圣保罗证券交易所上市的好处是什么？
2. 为什么巴西戈尔航空公司的股票会被超额认购？
3. 如果巴西戈尔航空公司只在圣保罗证券交易所上市，那么它能筹集到这么多资金吗？
4. 在纽约证券交易所和圣保罗证券交易所同时上市会对巴西戈尔航空公司今后的筹资产生什么影响？

---

① E. P. Lima, "Winning Gol!" *Air Transport World*, October 2004, pp. 22-26; G. Samor, "Brazil's Gol Faces Hurdles," *The Wall Street Journal*, August 9, 2004, p. C3; "Gol Launches $322 Million Flotation," *Airfinance Journal*, June 2004, p. 1; "Gol Commemorates Sixth Anniversary," *PR Newswire*, January 15, 2007.

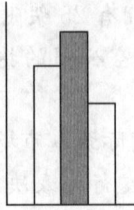

第六部分 结尾案例

莱克斯公司

位于芝加哥的莫莱克斯（Molex）公司是世界第二大电子配件生产厂商。莫莱克斯公司在1967年成立国际部以协调出口问题，并于1970年在日本成立了第一家国外工厂，于1971年在爱尔兰建立了第二家工厂。以此为基础，莫莱克斯公司开展国外业务，在美国之外的国外收益占其总收益18.4亿美元的61%。莫莱克斯公司在全球21个国家建立了约50家生产工厂，在全球的员工超过16 000人，其中仅1/3的员工位于美国国内。莫莱克斯公司的竞争性优势在于公司策略，该策略重视将低成本、优质的客户服务和标准化产品的大规模生产结合起来。莫莱克斯公司的生产工厂坐落于成本条件优越而且靠近主要客户的国家。莫莱克斯公司自20世纪70年代以来的目标是成为真正的国际企业，在世界上任何地方运营都能像在母国一样顺畅自在，而且各地子公司之间能积极共享有价值的知识。在实现该目标的过程中，莫莱克斯公司的人力资源管理扮演着中心角色。

随着莫莱克斯公司国外业务的迅速增长，人力资源管理必须保证各地子公司进行相同的基础性业务。每家子公司都要有书面员工政策、操作手册、新员工培训项目、一致的薪资管理系统、书面岗位简介、书面晋升和申诉程序、书面标准绩效考核系统等。此外，莫莱克斯公司把人力资源管理视为最应实行本地化的功能。各国之间不同的法律系统（特别是劳动法）、不同的薪资标准、不同的工作文化特征以及不同的假期标准等都表明，应该按照当地现行情况制定子公司的政策和项目。为了达到目标，莫莱克斯公司的政策是从其他公司雇用有经验的人力资源专家，这些专家在当地也有运营经历。也就是雇用那些懂得当地语言、信誉好、精通法律、懂得如何在本地招聘人才的人。

莫莱克斯公司建立国际企业的策略从其员工人事政策开始。公司一贯招聘那些在美国生活、完成了 MBA 学位而且愿意被外派的外国人。这些人通常在美国工作过一段时间，对公司文化很熟悉，其中一些人被直接派回他们的母国工作。莫莱克斯公司对应聘者的筛选也很严格，公司偏好至少熟练掌握一种语言的候选人。在此类普通美国公司中，莫莱克斯公司是个特例。莫莱克斯公司总部人士所使用的母语就超过 15 种，公司的跨语言能力很强。公司还在当地雇用了大量经理和工程师。对莫莱克斯公司而言，员工的国际外派意愿和外语能力很重要，虽然英语较其他外语更受欢迎。国外人员担任公司总部高级职位的情况在公司很常见，这也是莫莱克斯公司管理国际化的表现之一。除了美国之外，来自希腊、德国、奥地利、日本和英国的员工都能成为集团的管理人员，并参与最高决策制定。

为了成为国际企业，莫莱克斯公司对员工进行全球轮岗，以丰富他们在其他国家的经验，并帮助他们相互学习。外派形式有 5 种：(1) 常规外派，即把员工派到母国以外的国家工作 3 年~5 年。这种形式的外派在任何时候都占约 50%；(2) 外驻，指外国员工被外派到莫莱克斯公司的美国总部；(3) 将发展中国家员工从莫莱克斯公司子公司外派到另一子公司（比如，从新加坡外派到中国）；(4) 短期调任，指将员工调任到莫莱克斯公司的其他子公司，为期 6 个月~9 个月，以从事某特定项目；(5) 中期调任，指将员工调任到其他子公司，为期 1 年~2 年，也是为从事某特定项目。

保持公司之间高水平员工调任的费用很高。将一个每年基本工资为 75 000 美元的员工进行外派，加上额外员工福利，如教育和住房投入，再加上生活成本调整和较高的税收调整等，总费用可能高达每年 250 000 美元。此外，莫莱克斯公司坚持不论外派人员的国籍是什么，都对他们一视同仁，所以一位被外派到中国的新加坡员工的居住条件和孩子的上学条件，与被外派到中国的美国同事是一样的。这会使得总体成本激增，但是莫莱克斯公司相信，付出的昂贵的外派成本会最终带来利润。这样做会让外派人员认识到在不同国家做生意的挑战性，并且能促进有用知识在不同子公司之间的传播，同时会为建立统一的"展望全球"的公司文化打下基础。

莫莱克斯公司保证每个外派人员都能从两个方面知道自己被调任国外的原因，一是自身职业发展，二是集团目标。为了防止外派人员与自己母国办公室逐渐疏离，莫莱克斯公司人力资源管理部门定期通过电话、邮件或直接拜访的方式与他们取得联系。莫莱克斯公司同时支持外派人员访问母国办公室，这样他们就不会与母国完全失去联系，当归国时也不会感觉太陌生。归国之后，他们要进行工作汇报，而且他们在国外的经验会被利用起来，比如把他们放在特殊任务团队中。

莫莱克斯公司策略的最后一个组成部分是培养具有全球视野的经理团队，这也是公司内部的一项管理发展项目。这一项目对在莫莱克斯公司工作 3 年及以上的经理都适用。莫莱克斯公司不仅利用该项目对经理们进行金融、操作、政策等培训，而且把各国经理聚集起来，以建立人际网络。在这一网络中，经理可以相互认识，为了解决跨国商务问题而一起通力合作。

案例讨论问题

1. 莫莱克斯公司采用的战略是以下哪一个：本土化战略、国际战略、全球标准化战略、跨国战略？

2. 莫莱克斯公司的人事政策的特点是什么？鉴于公司战略，这种人事政策合适吗？

3. 莫莱克斯公司对外派经理的使用很成功。你觉得为什么它能成功？从中你能学到什么？

4. 莫莱克斯公司人力资源管理对公司战略有什么贡献？

资料来源

1. A. C. Poe, "Welcome Back," *HR Magazine*, March 2000, pp. 94 – 105.
2. C. M. Solomon, "Foreign Relations," *Workforce*, November 2000, pp. 50 – 56.
3. C. M. Solomon, "Navigating Your Search for Global Talent," *Personnel Journal*, May 1995, pp. 94 – 100.
4. J. Laabs, "Molex Makes Global HR Look Easy," *Workforce*, March 1999, pp. 42 – 46.
5. 莫莱克斯公司的美国证券交易所年报，2004。

宝洁公司在日本

美国大型消费品公司宝洁公司是享誉世界的最佳营销能手之一。宝洁公司生产和销售的产品超过 200 种，产品被销往全球 130 多个国家。与联合利华公司一样，宝洁公司是全球洗涤用品、清洁用品、个人护理品和宠物食品的主要供应商。第二次世界大战后，宝洁公司开始通过向西欧出口产品，输出公司品牌和营销策略，逐渐向国外扩展，初期取得了很大成功。在随后的 30 年中，宝洁公司确立了先在美国研发产品和营销，然后将该模式转移到其他国家的策略。宝洁公司很少根据各国差异调整营销策略。一般来说，产品在美国研发，在当地生产和销售，营销策略由宝洁公司总部制定。

20 世纪 70 年代，宝洁公司在日本的一系列失误表明，公司采取的这种策略不再有效。到 1985 年，宝洁公司在日本已经经营了 13 年，但是依然每年损失 4 000 万美元。宝洁公司在日本推广的一次性尿片在短时间内占据了 80% 市场份额，但是到 20 世纪 80 年代早期，市场份额跌至可怜的 8%。三大日本消费品公司占据了日本国内市场。宝洁公司在美国研发的一次性尿片对日本消费者来说太宽大了。日本的花王（Kao）公司研发的轻薄尿片更符合日本消费者的偏好。花王公司采取了闪电式的产品营销攻势，迅速占领 30% 市场份额。宝洁公司意识到，如果要在日本竞争，就必须调整尿片型号，而它也做到了。如今，宝洁公司在日本的市场份额为 30%。此外，宝洁的轻薄尿片也成为美国的销售冠军。

宝洁公司在日本的洗衣液市场也经历了相似教训。20 世纪 80 年代早期，宝洁公司开始在日本推广"齐尔"洗衣液。"齐尔"洗衣液在美国研发，而且在日本推广时使用的营销信息——"齐尔"洗衣液适用于不同水温，而且泡沫丰富——也与美国一样。但是很多日本消费者洗衣服用的是冷水，这使得宝洁公司宣称的产品能适用不同水温的营销信息不合适。此外，很多日本人会在水中加入柔顺剂，这会降低洗衣液的泡沫量，所以"齐尔"洗衣液并不像广告所说的那样泡沫多。在此次灾难性推广之后，宝洁公司意识到自身要调整营销信息。现在"齐尔"洗衣液的营销形象为：即使在冷水中加入柔顺剂，产品的除污能力也很强。"齐尔"洗衣液也成为宝洁公司在日本卖得最好的产品之一。

宝洁公司在日本的一次性尿片和洗衣液的经历促使其重新思考产品研发和营销理念。宝洁公司认为，以美国为中心的业务模式没有效。在过去的几十年中，宝洁公司将更多的产品研发和营销责任转移到日本和欧洲的大型子公司中。公司对各地消费者口味和偏好的差异的响应度提高，而且承认好的新产品是可以在美国之外的其他国家研发出来的。

有证据表明，这种新方法在宝洁公司的其他日本业务中也奏效了。宝洁公司直到1995年才开始在日本销售洗洁精。到1998年，宝洁公司的"喜悦"洗洁精已成为日本最畅销的品牌，占日本4亿美元市场份额的20%。宝洁公司给日本国内花王公司和狮王（Lion）公司的产品带来了巨大竞争压力，这两家公司在市场上销售多个品牌产品，而且在宝洁公司进入市场之前占据近40%的市场份额。宝洁公司的"喜悦"洗洁精取得成功，是因为公司研发的产品配方满足了日本消费者的未尽需求，而且产品包装吸引人，产品广告也很出色。

宝洁公司在20世纪90年代早期进行的市场调查中发现消费者的一个奇怪习惯：日本家庭主妇会在洗碗碟时投放过量洗洁精，这明显是对现存产品不满意。宝洁公司进一步观察之后发现，这种习惯是由日本逐渐改变的饮食习惯导致的。日本人吃了更多的油煎食品，而市场上现存洗洁精的去油能力不强。在了解这一情况之后，宝洁公司的日本研究人员基于公司的欧洲科研人员研发出的强去油技术，最终研发出高浓度配方，同时设计了新颖的包装。日本市场上的洗洁精包装有个明显缺陷，就是瓶子颈部太长，浪费货架空间。宝洁公司洗洁精的瓶子是个小圆柱形，能节省产品在商店、仓库和运输中的空间，也改善了产品的分销效率，使得超市能更有效地利用货架空间和储存空间。宝洁公司也投入大量精力为"喜悦"洗洁精开发广告。在宝洁公司的广告商电通（Dentsu）公司为产品开发的商务广告中，一位知名喜剧演员在摄像组的陪伴下遇到了一个家庭主妇，要求对其家中的脏盘子进行"喜悦"洗洁精的测试。摄像组给装满水的平底锅上的油点一个特写，在倒入一滴"喜悦"洗洁精之后，油点瞬间消失了。

在精心完成产品生产、包装和广告策略之后，宝洁公司于1996年3月在日本推广"喜悦"洗洁精。产品几乎瞬间获得了10%的市场份额，并在3个月内上升到15%，在1996年年底时接近18%。由于市场需求强劲，宝洁公司得以提高价格，销售产品的零售商也能得到更丰厚的利润，从而有助于巩固"喜悦"洗洁精的市场地位。

在洗衣液市场，宝洁公司的竞争力也很强。在市场调查之后，宝洁公司发现日本消费者偏好除污力强的洗衣液，所以宝洁公司在日本开发了漂白能力更强和有抗菌能力的碧浪新版本。两个版本的洗衣液在日本都取得了成功，促使宝洁公司在21世纪早期在日本洗衣液市场的份额达到20%。

案例讨论问题

1. 在20世纪70年代和20世纪80年代，宝洁公司在日本的产品研发和营销策略的特点是什么？这种策略的优点是什么？缺点是什么？

2. 20世纪90年代早期，宝洁公司采取策略的特点是什么？这种策略的优点是什么？缺点是什么？

3. 问题1和问题2中的哪种策略更成功？为什么？

4. 为了实现策略转变，宝洁公司的公司文化要做何改变？

5. 针对各国消费者口味和偏好趋同、世界市场逐渐同质化的言论，宝洁公司的经验告诉了我们什么？

资料来源

1. "After Early Stumbles P&G Is Making Inroads Overseas," *The Wall Street Journal*, February 6, 1989, p. B1.

2. A. Mollet, "Japan's Washaday Blues," *Chemical Week*, January 26, 2000, p. 26.

3. C. A. Bartlett and S. Ghoshal, *Managing across Borders: The Transnational Solution* (Boston: Harvard Business School Press, 1989).

4. G. de Jonquieres and C. Bobinski, "Wash and Get into a Lather in Poland," *Financial Times*, May 28, 1992, p. 2.

5. N. Shirouzu, "P&G's Joy Makes an Unlikely Splash in Japan," *The Wall Street Journal*, December 10, 1997, p. B1.

6. "Perestroika in Soapland," *The Economist*, June 10, 1989, pp. 69–71.

美林证券公司在日本

美国金融服务机构及投行巨头——美林证券公司，是世界上第一大债券和股本承销商，而且为排名于摩根士丹利和高盛集团之后的世界第三大兼并业务咨询商。美林证券公司的投行业务早就遍及全球，而且在伦敦和东京市场占据支配地位。然而，美林证券公司一直以来的国际影响力都只局限于其投行业务，直到现在才有所改变。而美林证券公司的私人客户业务，包括面向私人的银行业务、金融建议和证券服务以往都是集中于美国。这种情况从20世纪90年代中期开始改变。1995年，美林证券公司买下英国最大的证券经纪公司史密斯新理事会（Smith New Court），接着在1997年收购英国一流共同基金公司水星资产管理（Mercury Asset Management）公司，然后在1998年兼并加拿大最后一家大型独立证券经纪公司米德兰沃尔温（Midland Walwyn）公司。然而，美林证券公司最大胆的行动很可能是在日本。

美林证券公司从20世纪80年代开始在日本开展私人客户业务，但是取得的成功有限。此时，美林证券公司是第一个进入日本私人客户投资市场的外国公司。美林证券公司发现，在与日本四大证券经纪公司的竞争中，自身吸引人才和客户极其艰难，传统上这四大公司垄断了日本市场。此外，日本的限制性法规使得美林证券公司向日本私人客户提供与美国相同的服务种类几乎是不可能的。比如，日本外汇法规限制将非日本的股票、债券和共同基金卖给日本投资者。1993年，美林证券公司遭受挫折，关闭了在神户和京都的6个零售机构，并从日本私人客户投资市场上退出。

然而，在接下来的几年，情况改变了。20世纪90年代中期，日本大范围放宽金融服务行业的管制，去除了一些曾经限制美林证券公司在日本开展业务的相关法规。比如，1998年，日本对外汇管制的放松意味着日本公民可以购买国外股票、证券和共同基金。自1991年日本股票市场崩盘以来，四大证券经纪公司持续面临严重的财务问题。1997年10月，令日本很多民众震惊的是，山一证券（Yamaichi Securities）宣布由于22亿美元的累计"潜亏"问题，公司倒闭。日本政府认识到日本金融系统的不景气，因此急需新资金和专门技巧，以及更大的竞争刺激，示意要对进入日本金融服务行业的国外公司采取更加宽松的态度。该态度为日本自愿签订由世界贸易组织牵头的《1997协议》（1997 deal）打下了基础，该协议要求实现全球金融服务自由化。最重要的是，该协议使得国外公司能够更加简便地向日本投资者出售金融服务。

1997年，美林证券公司很清楚日本的金融环境已经发生了重大改变，但是市场最吸引人之处不变，即日本民众持有的庞大的金融资产，这些资产在1997年后期总额达1 220万亿日元，其中仅3%投资于共同基金，其他大部分投资于低产出的银行储蓄或政府债券。美林证券公司在1997年中期开始考虑重新进入日本私人客户投资市场。

美林证券公司首先考虑与三和银行（Sanwa Bank）成立合资企业，利用三和银行的400个零售机构向日本消费者销售美林证券公司的共同基金产品。这种联盟使得美林证券公司可以利用三和银行现存的分销系统，而不用建立自己的分销系统。但是该策略的长期缺陷在于，美林证券公司难以在日本建立自己牢固的金融服务业务，而在美林证券公司看来，这很有必要。美林证券公司高级管理人员认为，在日本市场投入大量精力建立公司品牌很重要，公司的品牌目标是成为顶级投资产品供应商和金融建议提供者。这样美林证券公司就能成为市场的主要参与者，并且在其他国外公司进入市场以及日本本土证券经纪公司崛起之前站稳脚跟。与此同时，基于之前在日本的经验，以及高昂的成本和巨大风险，美林证券公司高级管理人员对继续往前走下去有所犹豫。

山一证券的破产解决了美林证券公司应该以何种最佳方式进入日本市场的问题。山一证券的突然破产给美林证券公司提供了它遍布全国的办公室网络和7 000多名员工。美林证券公司在1997年12月宣布会雇用山一证券的2 000名员工和33个支部办公室。这次交易大幅节省了美林证券公司在日本建立零售网络的成本，也受到日本政府积极支持。

美林证券公司业务迅速腾飞。1998年2月，美林证券公司在日本首次发行共同基金，并见证了资产价值在1998年4月增至10亿美元。2002年中期，美林证券公司宣布它在日本的管理资金达129亿美元。然而，2001—2002年的全球股票市场动荡严重打击了美林证券公司的日本子公司。2001年1月，在投资损失达5亿美元之后，美林证券公司解雇了75%的日本员工，关闭了8家零售机构。尽管美林证券公司缩减规模的成本巨大，但是它守住了几乎所有的管理资产，并持续吸引着新账户。自2002年中期，美林证券公司开始在日本盈利。

案例讨论问题

1. 基于近10年国际资金市场发生的改变，美林证券公司在全球的扩张策略有道理吗？为什么？

2. 是什么因素使得日本对美林证券公司而言是一个合适的市场，并吸引美林证券公司进入？

3. 美林证券公司在1997年时重新进入日本私人客户投资市场。注意美林证券公司进入市场的时间和规模，以及美林证券公司在日本的策略特点。这种策略的潜在好处是什么？成本和风险是什么？你认为该策略的收益和风险及成本相抵吗？为什么？

4. 2001—2002年的全球股票市场动荡使美林证券公司日本子公司遭受重大损失。美林证券公司在日本的扩张是一个昂贵的错误，还是只是受难以预测和难以规避的宏观经济事件的拖累？

5. 你认为美林证券公司应该继续在日本经营吗？为什么？

资料来源

1. A. Rowley,"Merrill Thunders into Japan," *The Banker*, March 1998, p. 6.
2. D. Holley,"Merrill Lynch to Open 31 Offices throughout Japan," *Los Angeles Times*, February 13, 1998, p. D1.
3. "Japan's Big Bang. Enter Merrill," *The Economist*, January 3, 1998, p. 72.
4. J. P. Donlon,"Merrill Cinch," *Chief Executive*, March 1998, pp. 28 - 32.
5. J. Singer,"Merrill Reports Profits for Operation in Japan," *The Wall Street Journal*, July 19, 2002, p. A9.

词汇表

A

absolute advantage，绝对优势
accounting standards，会计准则
ad valorem tariff，从价税
administrative policies，管理政策
Andean Pact，《安第斯条约》
antidumping policies，反倾销政策
antidumping regulations，反倾销管制
arbitrage，套利
Asia-Pacific Economic Cooperation（APEC），亚洲太平洋经济合作组织，简称亚太经合组织
Association of Southeast Asian Nations（ASEAN），东南亚国家联盟，简称东盟
auditing standards，审计准则

B

backward vertical FDI，后向垂直外国直接投资
balance-of-payments accounts，国际收支平衡表
balance-of-trade equilibrium，贸易收支平衡
bandwagon effect，从众效应
banking crisis，银行业危机
barriers of entry，进入障碍
barter，换货贸易
basic research centers，基础研究中心
bilateral netting，双边净额结算
bill of exchange，承兑票据
bill of lading，提单
Bretton Woods，布雷顿森林体系
bureaucratic controls，官僚主义控制
business ethics，商务伦理
buyback，回购

C

capital account，资本账户
capital controls，资本控制
capital flight，资本外逃
Caribbean Single Market and Economy（CSME），加勒比单一市场经济组织
CARICOM，加勒比共同体
carry trade，套利交易
caste system，种姓制度
Central American Free Trade Agreement（CAFTA），《中美洲自由贸易协议》
Central American Common Market，中美洲共同市场
centralized depository，中央储备
channel length，渠道长度

channel quality，渠道质量
civil law system，大陆法系
class consciousness，阶级意识
class system，阶级制度
code of ethics，道德准则
collectivism，集体主义
COMECON，经济互助委员会
command economy，计划经济
common law system，普通法系
common market，共同市场
comparative advantage，比较优势
competition policy，竞争政策
concentrated retail system，集中的零售系统
Confucian dynamism，儒家动力
constant returns to specialization，专业化收益不变
contract，合同
contract law，合同法
control systems，控制系统
controlling interest，控制股权
controls，控制
Convention on Combating Bribery of Foreign Public Officials in International Business Transactions，《打击国际企业交易中行贿外国公务人员的公约》
copyright，著作权
core competence，核心竞争力
corporate culture，企业文化
cost of capital，资本成本
Council of the European Union，欧盟理事会
counterpurchase，互购
countertrade，易货贸易
countervailing duties，抵消性关税
country of origin effects，原产地效应
Court of Justice，欧洲法院
cross-cultural literacy，跨文化知识
cross-licensing agreement，交叉许可协议
cultural controls，文化控制
cultural relativism，文化相对论
culture，文化
currency board，货币局
currency crisis，货币危机
currency speculation，货币投机
currency swap，货币掉期
currency translation，货币换算
current account，经常账户
current account deficit，经常账户赤字
current account surplus，经常账户盈余
current cost accounting，现行会计成本
current exchange rate method，现行汇率法
customs union，关税同盟

D

D'Amato Act，《德阿玛托法案》
debt loan，债务贷款
deferral principle，延期原则
democracy，民主
deregulation，放松管制
diminishing returns to specialization，专业化的收益递减
dirty-float system，肮脏浮动汇率制
draft，汇票
drawee，汇款人
dumping，倾销

E

eclectic paradigm，折中理论
e-commerce，电子商务
economic exposure，经济敞口
economic risk，经济风险
economic union，经济联盟
economies of scale，规模经济
efficient market，有效市场
elastic，富有弹性
ending rate，期末利率
entrepreneurs，企业家

equity loan，净值贷款
ethical dilemmas，伦理困境
ethical strategy，伦理策略
ethical systems，伦理体系
ethics officer，道德监督员
ethnocentric behavior，民族中心主义行为
ethnocentric staffing policy，民族中心主义人事政策
ethnocentrism，种族中心主义
eurobonds，欧洲债券
eurocurrency，欧洲货币
eurodollar，欧洲美元
European Commission，欧盟委员会
European Council，欧洲理事会
European Free Trade Association (EFTA)，欧洲自由贸易联盟
European monetary System (EMS)，欧洲货币体系
European Parliament，欧洲议会
European Union (EU)，欧洲联盟，简称欧盟
exchange rate，汇率
exchange rate mechanism (ERM)，汇率机制
exclusive distribution channel，排他性分销渠道
expatriate pay，外派薪资
expatriate failure，外派失败
expatriate manager，外派经理
experience curve，经验曲线
experience curve pricing，经验曲线定价
export-import bank (eximbank)，进出口银行
export management company，出口代理公司
exporting，出口
external stakeholders，对外利益相关者
externalities，外部性
externally convertible currency，对外可兑换货币

F

factor endowments，要素禀赋
factors of production，生产要素
financial account，金融账户
Financial Accounting Standards Board (FASB)，财务会计准则委员会
financial structure，金融结构
first-mover advantages，先发优势
first-mover disadvantage，先发劣势
Fisher effect，费雪效应
fixed exchange rates，固定汇率
fixed-rate bond，固定利率债券
flexible machine cells，柔性机器单元
flexible manufacturing technologies，柔性制造技术
floating exchange rates，浮动汇率
flow of FDI，外国直接投资流量
folkways，社会习俗
foreign bonds，外国债券
Foreign Corrupt Practices Act，《反海外腐败法》
foreign debt crisis，外债危机
foreign direct investment (FDI)，外国直接投资
foreign exchange exposure，外汇敞口
foreign exchange market，外汇市场
foreign exchange risk，外汇风险
foreign portfolio investment (FPI)，外国证券投资
forward exchange，远期外汇
forward exchange rate，远期汇率
forward vertical FDI，前向垂直外国直接投资
fragmented retail system，分散的零售系统
franchising，特许经营
free trade，自由贸易
free trade area，自由贸易区

freely convertible currency，可自由兑换货币
fronting loan，弗罗庭贷款，又被称为掩护贷款
fundamental analysis，基本面分析
fundamental rights of stakeholders，利益相关者的基本权利

G

G20，20国集团
General Agreement on Tariffs and Trade (GATT)，关税及贸易总协定，简称关贸总协定
geocentric staffing policy，地心主义人事政策
global learning，全球学习
global matrix structure，全球矩阵结构
global standardization strategy，全球标准化战略
global web，全球网络
globalization，全球化
globalization of markets，市场全球化
globalization of production，生产全球化
gold par value，黄金平价
gold standard，金本位制度
greenfield investment，绿地投资
gross domestic product (GDP)，国内生产总值
gross fixed capital formation，固定资本形成总值
gross national income (GNI)，国民总收入
gross national product (GNP)，国民生产总值
group，群体

H

Heckscher-Ohlin theory，赫克歇尔-俄林理论
hedge fund，对冲基金
hedging，套利
Helms-Burton Act，《赫尔姆斯-伯顿法案》
historic cost principle，历史成本原则
home country，母国
horizontal differentiation，水平差异化
horizontal foreign direct investment，横向外国直接投资
host country，东道国
human development index，人类发展指数
human resource management，人力资源管理

I

import quota，进口配额
incentives，激励机制
individualism，个人主义
individualism versus collectivism，个人主义和集体主义
inefficient market，无效市场
inelastic，缺乏弹性
infant industry argument，幼稚产业观点
inflows of FDI，外国直接投资流入额
initial tax rate，初始税率
innovation，创新
integrating mechanisms，整合机制
intellectual property，知识产权
internal forward exchange rate，内部远期汇率
internal stakeholders，内部利益相关者
internalization theory，内部化理论
International Accounting Standards Board (IASB)，国际会计准则委员会
international business，国际企业
international division，国际分部
international Fisher effect，国际费雪效应
International Monetary Fund (IMF)，国际货币基金组织
international monetary system，国际货币体系
international strategy，国际战略

international trade，国际贸易
ISO 9000，ISO 9000 标准

J
joint venture，合资企业
just distribution，公平分配
just-in-time (JIT) system，适时存货管理系统
justice theories，正义理论

K
Kantian ethics，康德伦理学
knowledge network，知识网络

L
lag strategy，延期策略
late-mover advantages，后发优势
late-mover disadvantages，后发劣势
law of one price，一价定律
lead market，先导市场
lead strategy，提前策略
lean production，精益生产
learning effects，学习效应
legal risk，法律风险
legal system，法律体系
Leontief paradox，里昂惕夫悖论
letter of credit，信用证
licensing，许可
licensing agreement，许可协议
local content requirement，当地含量要求
localization strategy，本土化战略
location economies，区位经济
location-specific advantages，区位特定优势
logistics，物流

M
Maastricht Treaty，《马斯特里赫特条约》
make-or-buy decisions，自制或外购决策
maker，制造者
managed-float system，有管理的浮动汇率制
management network，管理网络
market economy，市场经济
market imperfections，市场不完全
market makers，造市商
market power，市场力量
market segmentation，市场分割
marketing mix，营销组合
masculinity versus femininity，男性主义和女性主义
mass customization，大规模定制
materials management，物料管理
mercantilism，重商主义
MERCOSUR，南方共同市场
minimum efficient scale，最低有效规模
MITI，通商产业省
mixed economy，混合经济
money management，资金管理
Moore's Law，摩尔定律
moral hazard，道德风险
moral imagination，道德想象力
mores，道德标准
multidomestic strategy，多国策略
Multilateral Agreement on Investment (MAI)，《多边投资协定》
multilateral netting，多边净额结算
multinational enterprise (MNE)，跨国公司
multipoint competition，多点竞争
multipoint pricing，多点定价

N
naive immoralist，幼稚的非道德说教者
new trade theory，新贸易理论
noblesse oblige，高贵的责任
noise，噪声
nonconvertible currency，不可兑换货币
norms，准则
North American Free Trade Agreement (NAFTA)，《北美自由贸易协议》

O
offset，抵消

offshore production，离岸生产
oligopoly industry，寡头行业
operations，运营
optimal currency area，最优货币区
Organization for Economic Cooperation and Development（OECD），经济合作与发展组织
organizational architecture，组织构架
organizational culture，组织文化
organizational structure，组织结构
outflows of FDI，外国直接投资流出额
output controls，产出控制
outsourcing，外包

P

Paris Convention for the Protection of Industrial Property，《保护工业产权巴黎公约》
patent，专利
pegged exchange rate，钉住汇率
people，人事
performance ambiguity，绩效模糊性
personal controls，个人控制
personal ethics，个人伦理
pioneering costs，先驱成本
political economy，政治经济
political risk，政治风险
political system，政治体系
political union，政治联盟
polycentric staffing policy，多中心主义人事政策
positive-sum game，正和博弈
power distance，权力距离
predatory pricing，掠夺性定价
price discrimination，价格歧视
price elasticity of demand，价格需求弹性
private action，私行为
privatization，私有化
processes，工作流程

product liability，产品责任
product life-cycle theory，产品生命周期理论
product safety laws，产品安全法
production，生产
production possibility frontier（PPF），生产可能性边界
profit，利润
profit growth，利润增长率
profitability，盈利能力
projected rate，预期汇率
property rights，产权
public action，公行为
pull strategy，内拉策略
purchasing power parity（PPP），购买力平价
push strategy，外推策略

Q

quota rent，配额租金

R

regional economic integration，区域经济一体化
relatively efficient market，相对有效市场
religion，宗教
representative democracy，代议制民主
right-wing totalitarianism，右翼极权主义
righteous moralist，正义的道德说教者
rights theories，权利理论
royalties，特许经营费

S

short selling，卖空
sight draft，即期汇票
Single European Act，《单一欧洲法案》
Six Sigma，六西格玛法
Smoot-Hawley Tariff Act，《斯穆特-霍利关税法案》
social democrats，社会民主主义者
social mobility，社会流动性

social responsibility，社会责任
social strata，社会阶层
social structure，社会结构
socialism，社会主义
society，社会
sogo shosha，综合商社
source effects，源头效应
sourcing decisions，采购决策
specialized asset，专用资产
specific tariff，从量税
spot exchange rate，即期汇率
staffing policy，人事政策
stakeholders，利益相关者
state-directed economy，政府主导经济
stock of FDI，外国直接投资存量
strategic alliances，战略联盟
strategic commitment，战略承诺
strategic pricing，战略性定价
strategic trade policy，战略性贸易政策
strategy，战略
structural impediments initiative，结构性阻碍倡议
subsidy，补贴
Sullivan principles，沙利文主义原则
swaps，掉期
switch trading，转手贸易
systematic risk，系统风险

T

tarrif，关税
tariff rate quota，关税税率配额
tax credit，税收抵免
tax haven，避税天堂
tax treaty，税收协定
technical analysis，技术分析
temporal method，暂行办法
theocratic law system，宗教法系
theocratic totalitarianism，宗教极权主义
time draft，定期汇票
time-based competition，基于时间的竞争

timing of entry，进入时机
total quality management，全面质量管理法
totalitarianism，极权主义
trade creation，贸易创造
trade deficit，贸易逆差/贸易赤字
trade diversion，贸易转移
Trade Related Aspects of Intellectual Property Rights，《与贸易有关的知识产权协定》
trade surplus，贸易顺差/贸易盈余
trademarks，商标
transaction costs，交易成本
transaction exposure，交易敞口
transfer fee，转让费
transfer price，转移价格
translation exposure，转换敞口
transnational corporation，跨国公司
transnational financial reporting，跨国财务报告
transnational strategy，跨国战略
Treaty of Lisbon，《里斯本条约》
Treaty of Rome，《罗马条约》
tribal totalitarianism，部落极权主义
turnkey project，交钥匙工程

U

unbundling，分类计价
uncertainty avoidance，不确定性规避
United Nations，联合国
United Nations Convention on Contracts for the International Sale of Goods（CIGS），《联合国国际货物销售合同公约》
Universal Declaration of Human Rights，《世界人权宣言》
universal needs，通用需求
utilitarian approach，功利主义学说

V

value creation，价值创造
values，价值观
vehicle currency，交易货币

vertical differentiation，垂直差异化
vertical foreign direct investment，纵向外国直接投资
vertical integration，垂直整合
voluntary export restraint (VER)，自愿出口限制

W

wholly owned subsidiary，全资子公司
World Bank，世界银行
World Intellectual Property Organization，世界知识产权组织
World Trade Organizaiton (WTO)，世界贸易组织
worldwide area structure，世界区域结构
worldwide product division structure，全球产品部门结构

Z

zero-sum game，零和博弈

后　记

本书由北京第二外国语学院倪晓宁教授组织翻译，全书由北京第二外国语学院的倪晓宁、中国出口信用保险公司江西分公司的李娜、中国银行股份有限公司北京市分行的邹颖妮、天津众致云科技有限公司的梅敏超，以及北京盛德玖富资产管理股份有限公司的周宇翔翻译，由倪晓宁校对。具体承担工作如下：第一章到第五章、第二部分结尾案例、关于作者、亚洲版序言、亚洲版新增内容、使用说明、词汇表由倪晓宁翻译；第六章到第八章、第三部分结尾案例由邹颖妮翻译；第九章到第十一章、第四部分结尾案例由周宇翔翻译；第十二章到第十四章、第五部分结尾案例由梅敏超翻译；第十五章到第二十章、第六部分结尾案例由李娜翻译。此外，研究生杨振伟、李阳、杨云舒协助录入了部分校对稿。

倪晓宁
2019 年 4 月于知行楼

经济科学译丛

序号	书名	作者	Author	单价	出版年份	ISBN
1	国际商务:亚洲视角	查尔斯·W. L. 希尔等	Charles W. L. Hill	108.00	2019	978-7-300-26791-3
2	统计学:在经济和管理中的应用(第10版)	杰拉德·凯勒	Gerald Keller	158.00	2019	978-7-300-26771-5
3	经济学精要(第五版)	R. 格伦·哈伯德等	R. Glenn Hubbard	99.00	2019	978-7-300-26561-2
4	环境经济学(第七版)	埃班·古德斯坦等	Eban Goodstein	78.00	2019	978-7-300-23867-8
5	美国经济史(第12版)	加里·M. 沃尔顿等	Gary M. Walton	98.00	2018	978-7-300-26473-8
6	管理者微观经济学	戴维·M. 克雷普斯	David M. Kreps	88.00	2019	978-7-300-22914-0
7	组织经济学:经济学分析方法在组织管理上的应用(第五版)	塞特斯·杜玛等	Sytse Douma	62.00	2018	978-7-300-25545-3
8	经济理论的回顾(第五版)	马克·布劳格	Mark Blaug	88.00	2018	978-7-300-26252-9
9	实地实验:设计、分析与解释	艾伦·伯格等	Alan S. Gerber	69.80	2018	978-7-300-26319-9
10	金融学(第二版)	兹维·博迪等	Zvi Bodie	75.00	2018	978-7-300-26134-8
11	空间数据分析:模型、方法与技术	曼弗雷德·M. 费希尔等	Manfred M. Fischer	36.00	2018	978-7-300-25304-6
12	《宏观经济学》(第十二版)学习指导书	鲁迪格·多恩布什等	Rudiger Dornbusch	38.00	2018	978-7-300-26063-1
13	宏观经济学(第四版)	保罗·克鲁格曼等	Paul Krugman	68.00	2018	978-7-300-26068-6
14	计量经济学导论:现代观点(第六版)	杰弗里·M. 伍德里奇	Jeffrey M. Wooldridge	109.00	2018	978-7-300-25914-7
15	经济思想史:伦敦经济学院讲演录	莱昂内尔·罗宾斯	Lionel Robbins	59.80	2018	978-7-300-25258-2
16	空间计量经济学入门——在R中的应用	朱塞佩·阿尔比亚	Giuseppe Arbia	45.00	2018	978-7-300-25458-6
17	克鲁格曼经济学原理(第四版)	保罗·克鲁格曼等	Paul Krugman	88.00	2018	978-7-300-25639-9
18	发展经济学(第七版)	德怀特·H. 波金斯等	Dwight H. Perkins	98.00	2018	978-7-300-25506-4
19	线性与非线性规划(第四版)	戴维·G. 卢恩伯格等	David G. Luenberger	79.80	2018	978-7-300-25391-6
20	产业组织理论	让·梯若尔	Jean Tirole	110.00	2018	978-7-300-25170-7
21	经济学精要(第六版)	巴德、帕金	Bade, Parkin	89.00	2018	978-7-300-24749-6
22	空间计量经济学——空间数据的分位数回归	丹尼尔·P. 麦克米伦	Daniel P. McMillen	30.00	2018	978-7-300-23949-1
23	高级宏观经济学基础(第二版)	本·J. 海德拉	Ben J. Heijdra	88.00	2018	978-7-300-25147-9
24	税收经济学(第二版)	伯纳德·萨拉尼耶	Bernard Salanié	42.00	2018	978-7-300-23866-1
25	国际宏观经济学(第三版)	罗伯特·C. 芬斯特拉	Robert C. Feenstra	79.00	2017	978-7-300-25326-8
26	公司治理(第五版)	罗伯特·A.G. 蒙克斯	Robert A. G. Monks	69.80	2017	978-7-300-24972-8
27	国际经济学(第15版)	罗伯特·J. 凯伯	Robert J. Carbaugh	78.00	2017	978-7-300-24844-8
28	经济理论和方法史(第五版)	小罗伯特·B. 埃克伦德等	Robert B. Ekelund. Jr.	88.00	2017	978-7-300-22497-8
29	经济地理学	威廉·P. 安德森	William P. Anderson	59.80	2017	978-7-300-24544-7
30	博弈与信息:博弈论概论(第四版)	艾里克·拉斯穆森	Eric Rasmusen	79.80	2017	978-7-300-24546-1
31	MBA宏观经济学	莫里斯·A. 戴维斯	Morris A. Davis	38.00	2017	978-7-300-24268-2
32	经济学基础(第十六版)	弗兰克·V. 马斯特纳	Frank V. Mastrianna	42.00	2017	978-7-300-22607-1
33	高级微观经济学:选择与竞争性市场	戴维·M. 克雷普斯	David M. Kreps	79.80	2017	978-7-300-23674-2
34	博弈论与机制设计	Y. 内拉哈里	Y. Narahari	69.80	2017	978-7-300-24209-5
35	宏观经济学精要:理解新闻中的经济学(第三版)	彼得·肯尼迪	Peter Kennedy	45.00	2017	978-7-300-21617-1
36	宏观经济学(第十二版)	鲁迪格·多恩布什等	Rudiger Dornbusch	69.00	2017	978-7-300-23772-5
37	国际金融与开放宏观经济学:理论、历史与政策	亨德里克·范登伯格	Hendrik Van den Berg	68.00	2016	978-7-300-23380-2
38	经济学(微观部分)	达龙·阿西莫格鲁等	Daron Acemoglu	59.00	2016	978-7-300-21786-4
39	经济学(宏观部分)	达龙·阿西莫格鲁等	Daron Acemoglu	45.00	2016	978-7-300-21886-1
40	发展经济学	热若尔·罗兰	Gérard Roland	79.00	2016	978-7-300-23379-6
41	中级微观经济学——直觉思维与数理方法(上下册)	托马斯·J. 内契巴	Thomas J. Nechyba	128.00	2016	978-7-300-22363-6
42	环境与自然资源经济学(第十版)	汤姆·蒂田伯格等	Tom Tietenberg	72.00	2016	978-7-300-22900-3
43	劳动经济学基础(第二版)	托马斯·海克拉克等	Thomas Hyclak	65.00	2016	978-7-300-23146-4
44	货币金融学(第十一版)	弗雷德里克·S. 米什金	Frederic S. Mishkin	85.00	2016	978-7-300-23001-6
45	动态优化——经济学和管理学中的变分法和最优控制(第二版)	莫顿·I. 凯曼等	Morton I. Kamien	48.00	2016	978-7-300-23167-9
46	用Excel学习中级微观经济学	温贝托·巴雷托	Humberto Barreto	65.00	2016	978-7-300-21628-7
47	宏观经济学(第九版)	N·格里高利·曼昆	N. Gregory Mankiw	79.00	2016	978-7-300-23038-2
48	国际经济学:理论与政策(第十版)	保罗·R. 克鲁格曼等	Paul R. Krugman	89.00	2016	978-7-300-22710-8
49	国际金融(第十版)	保罗·R. 克鲁格曼等	Paul R. Krugman	55.00	2016	978-7-300-22089-5
50	国际贸易(第十版)	保罗·R. 克鲁格曼等	Paul R. Krugman	42.00	2016	978-7-300-22088-8
51	经济学精要(第3版)	斯坦利·L. 布鲁伊等	Stanley L. Brue	58.00	2016	978-7-300-22301-8
52	经济分析史(第七版)	英格里德·H. 里马	Ingrid H. Rima	72.00	2016	978-7-300-22294-3
53	投资学精要(第九版)	兹维·博迪等	Zvi Bodie	108.00	2016	978-7-300-22236-3
54	环境经济学(第二版)	查尔斯·D. 科尔斯塔德	Charles D. Kolstad	68.00	2016	978-7-300-22255-4
55	MWG《微观经济理论》习题解答	原千晶等	Chiaki Hara	75.00	2016	978-7-300-22306-3

经济科学译丛						
序号	书名	作者	Author	单价	出版年份	ISBN
56	现代战略分析(第七版)	罗伯特·M·格兰特	Robert M. Grant	68.00	2016	978-7-300-17123-4
57	横截面与面板数据的计量经济分析(第二版)	杰弗里·M·伍德里奇	Jeffrey M. Wooldridge	128.00	2016	978-7-300-21938-7
58	宏观经济学(第十二版)	罗伯特·J·戈登	Robert J. Gordon	75.00	2016	978-7-300-21978-3
59	动态最优化基础	蒋中一	Alpha C. Chiang	42.00	2015	978-7-300-22068-0
60	城市经济学	布伦丹·奥弗莱厄蒂	Brendan O'Flaherty	69.80	2015	978-7-300-22067-3
61	管理经济学:理论、应用与案例(第八版)	布鲁斯·艾伦等	Bruce Allen	79.80	2015	978-7-300-21991-2
62	经济政策:理论与实践	阿格尼丝·贝纳西-奎里等	Agnès Bénassy-Quéré	79.80	2015	978-7-300-21921-9
63	微观经济分析(第三版)	哈尔·R·范里安	Hal R. Varian	68.00	2015	978-7-300-21536-5
64	财政学(第十版)	哈维·S·罗森等	Harvey S. Rosen	68.00	2015	978-7-300-21754-3
65	经济数学(第三版)	迈克尔·霍伊等	Michael Hoy	88.00	2015	978-7-300-21674-4
66	发展经济学(第九版)	A.P.瑟尔沃	A. P. Thirlwall	69.80	2015	978-7-300-21193-0
67	宏观经济学(第五版)	斯蒂芬·D·威廉森	Stephen D. Williamson	69.00	2015	978-7-300-21169-5
68	资源经济学(第三版)	约翰·C·伯格斯特罗姆等	John C. Bergstrom	58.00	2015	978-7-300-20742-1
69	应用中级宏观经济学	凯文·D·胡佛	Kevin D. Hoover	78.00	2015	978-7-300-21000-1
70	计量经济学导论:现代观点(第五版)	杰弗里·M·伍德里奇	Jeffrey M. Wooldridge	99.00	2015	978-7-300-20815-2
71	现代时间序列分析导论(第二版)	约根·沃特斯等	Jürgen Wolters	39.80	2015	978-7-300-20625-7
72	空间计量经济学——从横截面数据到空间面板	J·保罗·埃尔霍斯特	J. Paul Elhorst	32.00	2015	978-7-300-21024-7
73	国际经济学原理	肯尼思·A·赖纳特	Kenneth A. Reinert	58.00	2015	978-7-300-20830-5
74	经济写作(第二版)	迪尔德丽·N·麦克洛斯基	Deirdre N. McCloskey	39.80	2015	978-7-300-20914-2
75	计量经济学方法与应用(第五版)	巴蒂·H·巴尔塔基	Badi H. Baltagi	58.00	2015	978-7-300-20584-7
76	战略经济学(第五版)	戴维·贝赞可等	David Besanko	78.00	2015	978-7-300-20679-0
77	博弈论导论	史蒂文·泰迪思	Steven Tadelis	58.00	2015	978-7-300-19993-1
78	社会问题经济学(第二十版)	安塞尔·M·夏普等	Ansel M.Sharp	49.00	2015	978-7-300-20279-2
79	博弈论:矛盾冲突分析	罗杰·B·迈尔森	Roger B. Myerson	58.00	2015	978-7-300-20212-9
80	时间序列分析	詹姆斯·D·汉密尔顿	James D. Hamilton	118.00	2015	978-7-300-20213-6
81	经济问题与政策(第五版)	杰奎琳·默里·布鲁克斯	Jacqueline Murray Brux	58.00	2014	978-7-300-17799-1
82	微观经济理论	安德鲁·马斯-克莱尔等	Andreu Mas-Collel	148.00	2014	978-7-300-19986-3
83	产业组织:理论与实践(第四版)	唐·E·瓦尔德曼等	Don E. Waldman	75.00	2014	978-7-300-19722-7
84	公司金融理论	让·梯若尔	Jean Tirole	128.00	2014	978-7-300-20178-8
85	公共部门经济学	理查德·W·特里西	Richard W. Tresch	49.00	2014	978-7-300-18442-5
86	计量经济学原理(第六版)	彼得·肯尼迪	Peter Kennedy	69.80	2014	978-7-300-19342-7
87	统计学:在经济中的应用	玛格丽特·刘易斯	Margaret Lewis	45.00	2014	978-7-300-19082-2
88	产业组织:现代理论与实践(第四版)	林恩·佩波尔等	Lynne Pepall	88.00	2014	978-7-300-19166-9
89	计量经济学导论(第三版)	詹姆斯·H·斯托克等	James H. Stock	69.00	2014	978-7-300-18467-8
90	发展经济学导论(第四版)	秋山裕	秋山裕	39.80	2014	978-7-300-19127-0
91	中级微观经济学(第六版)	杰弗里·M·佩罗夫	Jeffrey M. Perloff	89.00	2014	978-7-300-18441-8
92	平狄克《微观经济学》(第八版)学习指导	乔纳森·汉密尔顿等	Jonathan Hamilton	32.00	2014	978-7-300-18970-3
93	微观经济学(第八版)	罗伯特·S·平狄克等	Robert S.Pindyck	79.00	2013	978-7-300-17133-3
94	微观银行经济学(第二版)	哈维尔·弗雷克斯等	Xavier Freixas	48.00	2014	978-7-300-18940-6
95	施米托夫论出口贸易——国际贸易法律与实务(第11版)	克利夫·M·施米托夫等	Clive M. Schmitthoff	168.00	2014	978-7-300-18425-8
96	微观经济学思维	玛莎·L·奥尔尼	Martha L. Olney	29.80	2013	978-7-300-17280-4
97	宏观经济学思维	玛莎·L·奥尔尼	Martha L. Olney	39.80	2013	978-7-300-17279-8
98	计量经济学原理与实践	达摩达尔·N·古扎拉蒂	Damodar N.Gujarati	49.80	2013	978-7-300-18169-1
99	现代战略分析案例集	罗伯特·M·格兰特	Robert M. Grant	48.00	2013	978-7-300-16038-2
100	高级国际贸易:理论与实证	罗伯特·C·芬斯特拉	Robert C. Feenstra	59.00	2013	978-7-300-17157-9
101	经济学简史——处理沉闷科学的巧妙方法(第二版)	E·雷·坎特伯里	E. Ray Canterbery	58.00	2013	978-7-300-17571-3
102	管理经济学(第四版)	方博亮等	Ivan Png	80.00	2013	978-7-300-17000-8
103	微观经济学原理(第五版)	巴德、帕金	Bade,Parkin	65.00	2013	978-7-300-16930-9
104	宏观经济学原理(第五版)	巴德、帕金	Bade,Parkin	63.00	2013	978-7-300-16929-3
105	环境经济学	彼得·伯克等	Peter Berck	55.00	2013	978-7-300-16538-7
106	高级微观经济理论	杰弗里·杰里	Geoffrey A. Jehle	69.00	2012	978-7-300-16613-1
107	高级宏观经济学导论:增长与经济周期(第二版)	彼得·伯奇·索伦森等	Peter Birch Sørensen	95.00	2012	978-7-300-15871-6
108	宏观经济学:政策与实践	弗雷德里克·S·米什金	Frederic S. Mishkin	69.00	2012	978-7-300-16443-4
109	宏观经济学(第二版)	保罗·克鲁格曼	Paul Krugman	45.00	2012	978-7-300-15029-1

经济科学译丛

序号	书名	作者	Author	单价	出版年份	ISBN
110	微观经济学(第二版)	保罗·克鲁格曼	Paul Krugman	69.80	2012	978-7-300-14835-9
111	克鲁格曼《微观经济学(第二版)》学习手册	伊丽莎白·索耶·凯利	Elizabeth Sawyer Kelly	58.00	2013	978-7-300-17002-2
112	克鲁格曼《宏观经济学(第二版)》学习手册	伊丽莎白·索耶·凯利	Elizabeth Sawyer Kelly	36.00	2013	978-7-300-17024-4
113	微观经济学(第十一版)	埃德温·曼斯费尔德	Edwin Mansfield	88.00	2012	978-7-300-15050-5
114	卫生经济学(第六版)	舍曼·富兰德等	Sherman Folland	79.00	2011	978-7-300-14645-4
115	宏观经济学(第七版)	安德鲁·B.亚伯等	Andrew B. Abel	78.00	2011	978-7-300-14223-4
116	现代劳动经济学:理论与公共政策(第十版)	罗纳德·G.伊兰伯格等	Ronald G. Ehrenberg	69.00	2011	978-7-300-14482-5
117	宏观经济学:理论与政策(第九版)	理查德·T.弗罗恩	Richard T. Froyen	55.00	2011	978-7-300-14108-4
118	经济学原理(第四版)	威廉·博伊斯等	William Boyes	59.00	2011	978-7-300-13518-2
119	计量经济学基础(第五版)(上下册)	达摩达尔·N.古扎拉蒂	Damodar N. Gujarati	99.00	2011	978-7-300-13693-6
120	《计量经济学基础》(第五版)学习习题解答手册	达摩达尔·N.古扎拉蒂等	Damodar N. Gujarati	23.00	2012	978-7-300-15080-8
121	计量经济分析(第六版)(上下册)	威廉·H.格林	William H.Greene	128.00	2011	978-7-300-12779-8
122	国际贸易	罗伯特·C.芬斯特拉等	Robert C.Feenstra	49.00	2011	978-7-300-13704-9
123	经济增长(第二版)	戴维·N.韦尔	David N.Weil	63.00	2011	978-7-300-12778-1
124	投资科学	戴维·G.卢恩伯格	David G. Luenberger	58.00	2011	978-7-300-14747-5
125	博弈论	朱·弗登博格等	Drew Fudenberg	68.00	2010	978-7-300-11785-0

金融学译丛

序号	书名	作者	Author	单价	出版年份	ISBN
1	银行风险管理(第四版)	若埃尔·贝西	Joël Bessis	56.00	2019	978-7-300-26496-7
2	金融学原理(第八版)	阿瑟·J.基翁等	Arthur J. Keown	79.00	2018	978-7-300-25638-2
3	财务管理基础(第七版)	劳伦斯·J.吉特曼等	Lawrence J. Gitman	89.00	2018	978-7-300-25339-8
4	利率互换及其他衍生品	霍华德·科伯	Howard Corb	69.00	2018	978-7-300-25294-0
5	固定收益证券手册(第八版)	弗兰克·J.法博齐	Frank J. Fabozzi	228.00	2017	978-7-300-24227-9
6	金融市场与金融机构(第8版)	弗雷德里克·S.米什金等	Frederic S. Mishkin	86.00	2017	978-7-300-24731-1
7	兼并、收购和公司重组(第六版)	帕特里克·A.高根	Patrick A. Gaughan	89.00	2017	978-7-300-24231-6
8	债券市场:分析与策略(第九版)	弗兰克·J.法博齐	Frank J. Fabozzi	98.00	2016	978-7-300-23495-3
9	财务报表分析(第四版)	马丁·弗里德森	Martin Fridson	46.00	2016	978-7-300-23037-5
10	国际金融学	约瑟夫·P.丹尼尔斯等	Joseph P. Daniels	65.00	2016	978-7-300-23037-1
11	国际金融	阿德里安·巴克利	Adrian Buckley	88.00	2016	978-7-300-22668-2
12	个人理财(第六版)	阿瑟·J.基翁	Arthur J. Keown	85.00	2016	978-7-300-22711-5
13	投资学基础(第三版)	戈登·J.亚历山大等	Gordon J. Alexander	79.00	2015	978-7-300-20274-7
14	金融风险管理(第二版)	彼德·F.克里斯托弗森	Peter F. Christoffersen	46.00	2015	978-7-300-21210-4
15	风险管理与保险管理(第十二版)	乔治·E.瑞达等	George E. Rejda	95.00	2015	978-7-300-21486-3
16	个人理财(第五版)	杰夫·马杜拉	Jeff Madura	69.00	2015	978-7-300-20583-0
17	企业价值评估	罗伯特·A.G.蒙克斯等	Robert A. G. Monks	58.00	2015	978-7-300-20582-3
18	基于Excel的金融学原理(第二版)	西蒙·本尼卡	Simon Benninga	79.00	2014	978-7-300-18899-7
19	金融工程学原理(第二版)	萨利赫·N.内夫特奇	Salih N. Neftci	88.00	2014	978-7-300-19348-9
20	投资学导论(第十版)	赫伯特·B.梅奥	Herbert B. Mayo	69.00	2014	978-7-300-18971-0
21	国际金融市场导论(第六版)	斯蒂芬·瓦尔德斯等	Stephen Valdez	59.80	2014	978-7-300-18896-6
22	金融数学:金融工程引论(第二版)	马雷克·凯宾斯基等	Marek Capinski	42.00	2014	978-7-300-17650-5
23	财务管理(第二版)	雷蒙德·布鲁克斯	Raymond Brooks	69.00	2014	978-7-300-19085-3
24	期货与期权市场导论(第七版)	约翰·C.赫尔	John C. Hull	69.00	2014	978-7-300-18994-2
25	国际金融:理论与实务	皮特·塞尔居	Piet Sercu	88.00	2014	978-7-300-18413-5
26	货币、银行和金融体系	R.格伦·哈伯德等	R.Glenn Hubbard	75.00	2013	978-7-300-17856-1
27	并购创造价值(第二版)	萨德·苏达斯纳	Sudi Sudarsanam	89.00	2013	978-7-300-17473-0
28	个人理财——理财技能培养方法(第三版)	杰克·R.卡普尔等	Jack R. Kapoor	66.00	2013	978-7-300-16687-2
29	国际财务管理	吉尔特·贝克特	Geert Bekaert	95.00	2012	978-7-300-16031-3
30	应用公司财务(第三版)	阿斯沃思·达摩达兰	Aswath Damodaran	88.00	2012	978-7-300-16034-4
31	资本市场:机构与工具(第四版)	弗兰克·J.法博齐	Frank J.Fabozzi	85.00	2011	978-7-300-13828-2
32	衍生品市场(第二版)	罗伯特·L.麦克唐纳	Robert L. McDonald	98.00	2011	978-7-300-13130-6
33	跨国金融原理(第三版)	迈克尔·H.莫菲特等	Michael H. Moffett	78.00	2011	978-7-300-12781-1
34	统计与金融	戴维·鲁珀特	David Ruppert	48.00	2010	978-7-300-11547-4
35	国际投资(第六版)	布鲁诺·索尔尼克等	Bruno Solnik	62.00	2010	978-7-300-11289-3

Charles W. L. Hill, Chow-Hou Wee, Krishna Udayasankar
International Business: An Asian Perspective
0071088059
Copyright © 2012 by McGraw-Hill Education (Asia).

All Rights reserved. No part of this publication may be reproduced or transmitted in any form or by any means, electronic or mechanical, including without limitation photocopying, recording, taping, or any database, information or retrieval system, without the prior written permission of the publisher.

This authorized Chinese translation edition is jointly published by McGraw-Hill Education and China Renmin University Press. This edition is authorized for sale in the People's Republic of China only, excluding Hong Kong, Macao SAR and Taiwan.

Translation copyright © 2019 by McGraw-Hill Education and China Renmin University Press.

版权所有。未经出版人事先书面许可，对本出版物的任何部分不得以任何方式或途径复制传播，包括但不限于复印、录制、录音，或通过任何数据库、信息或可检索的系统。

本授权中文简体字翻译版由麦格劳-希尔（亚洲）教育出版公司和中国人民大学出版社合作出版。此版本经授权仅限在中华人民共和国境内（不包括香港特别行政区、澳门特别行政区和台湾）销售。

版权© 2019 由麦格劳-希尔（亚洲）教育出版公司与中国人民大学出版社所有。

本书封面贴有 McGraw-Hill 公司防伪标签，无标签者不得销售。

北京市版权局著作权合同登记号：01-2013-4867

图书在版编目（CIP）数据

国际商务：亚洲视角/（）查尔斯·W. L. 希尔
(Charles W. L. Hill)，（）黄昭虎（Chow-Hou Wee），
（）克里希纳·乌代阿桑卡（Krishna Udayasankar）著；
倪晓宁等译. —北京：中国人民大学出版社，2019.4
（经济科学译丛）
ISBN 978-7-300-26791-3

Ⅰ. ①国… Ⅱ. ①查… ②黄… ③克… ④倪… Ⅲ.
①国际商务 Ⅳ. ①F740

中国版本图书馆 CIP 数据核字（2019）第 041516 号

"十三五"国家重点出版物出版规划项目
经济科学译丛
国际商务：亚洲视角
查尔斯·W. L. 希尔
黄昭虎　　　　　　著
克里希纳·乌代阿桑卡
倪晓宁　李　娜　邹颖妮　梅敏超　周宇翔　译
倪晓宁　校
Guoji Shangwu: Yazhou Shijiao

出版发行	中国人民大学出版社			
社　　址	北京中关村大街 31 号		邮政编码	100080
电　　话	010-62511242（总编室）		010-62511770（质管部）	
	010-82501766（邮购部）		010-62514148（门市部）	
	010-62515195（发行公司）		010-62515275（盗版举报）	
网　　址	http://www.crup.com.cn			
	http://www.ttrnet.com（人大教研网）			
经　　销	新华书店			
印　　刷	涿州市星河印刷有限公司			
规　　格	185 mm×260 mm 16 开本		版　次	2019 年 4 月第 1 版
印　　张	47.25 插页 2		印　次	2019 年 4 月第 1 次印刷
字　　数	1 032 000		定　价	108.00 元

版权所有　　侵权必究　　印装差错　　负责调换

教师反馈表

麦格劳-希尔教育集团（McGraw-Hill Education）是全球领先的教育资源与数字化解决方案提供商。为了更好地提供教学服务，提升教学质量，麦格劳-希尔教师服务中心于 2003 年在京成立。在您确认将本书作为指定教材后，请填好以下表格并经系主任签字盖章后返回我们（或联系我们索要电子版），我们将免费向您提供相应的教学辅助资源。如果您需要订购或参阅本书的英文原版，我们也将竭诚为您服务。

★ 基本信息

姓		名		性别	
学校			院系		
职称			职务		
办公电话			家庭电话		
手机			电子邮箱		
通信地址及邮编					

★ 课程信息

主讲课程-1		课程性质		学生年级	
学生人数		授课语言		学时数	
开课日期		学期数		教材决策者	
教材名称、作者、出版社					

★ 教师需求及建议

提供配套教学课件（请注明作者／书名／版次）	
推荐教材（请注明感兴趣领域或相关信息）	-
其他需求	
意见和建议（图书和服务）	-
是否需要最新图书信息	是、否
是否有翻译意愿	是、否
系主任签字/盖章	

McGraw Hill

教师服务热线：800-810-1936
教师服务信箱：instructorchina@mheducation.com
网址：www.mheducation.com

麦格劳-希尔教育教师服务中心
地址：北京市东城区北三环东路 36 号环球贸易中心 A 座 702 室 教师服务中心 100013
电话：010-57997600
传真：010 59575582